M

Une réunion de publicistes, de savants et d'hommes de lettres appartenant pour la plupart à la génération nouvelle et unis entre eux par le lien puissant des idées et des aspirations communes, s'est formée récemment en comité pour la publication d'une *Encyclopédie générale*. Les douze premières livraisons de cet immense répertoire des connaissances humaines ont déjà paru; les suivantes sont sous presse et doivent se succéder sans interruption de quinzaine en quinzaine; les travaux sont distribués, les ressources matérielles de l'entreprise sont assurées. Elles consistent dans un capital de 500,000 francs souscrit par une Société en commandite par actions, constituée suivant acte passé devant Mᵉ Lentaigne, notaire à Paris, le 16 novembre 1868.

Il est donc permis aujourd'hui à la Direction de l'*Encyclopédie générale* d'appeler votre attention sur ce travail, et d'en soumettre le plan d'ensemble comme l'exécution dans les détails à votre jugement et à votre approbation.

Il a paru d'abord que le moment actuel était favorable pour la publication d'une *Encyclopédie*. Nous vivons dans une immense anarchie intellectuelle. Les idées sur la foi desquelles l'humanité a si longtemps subsisté sont ébranlées ou frappées à mort. Les vieux dogmes sont en ruines; les traditions n'ont plus d'autorité. D'un autre côté souffle un esprit puissant de libre et universelle recherche. Dans les laboratoires, dans les amphithéâtres, dans les bibliothèques, se sont mis à l'œuvre des hommes courageux qu'inspire et que soutient la vraie méthode, la méthode scientifique d'observation et d'expérience. Il a paru que ce serait entreprendre une œuvre utile et même nécessaire, au milieu même de cette anarchie, de mettre à la portée de tous le tableau très-large, très-clair et très-précis des derniers résultats du travail scientifique dans toutes les branches du savoir humain . sciences physiques et naturelles, historiques et philosophiques, politiques et morales. Tel est le but de l'*Encyclopédie générale*. Elle doit être le résumé des découvertes de la science, dans tous les ordres de connaissances proposés à l'intelligence moderne, résumé substantiel et solide présenté à l'heure même où les anciennes notions s'effacent et disparaissent, où les préjugés invétérés s'évanouissent, où le vieux monde enfin fait place au nouveau.

En ce qui touche l'esprit de l'œuvre, n'est-il pas complétement défini quand on a dit qu'il s'agissait dans l'*Encyclopédie* de tracer un tableau du mouvement scientifique de notre temps? Qui dit science, dit fidélité absolue à la méthode d'observation et d'expérience, et dit aussi nécessairement et du même coup impartialité, exposition calme et paisible des vérités acquises. L'*Encyclopédie générale* sera peut-être considérée comme une œuvre de combat, puisqu'une lutte inévitable s'établit fatalement entre l'erreur et la vérité, entre l'ignorance et le savoir, et cela pour le plus grand bien et le plus grand honneur de l'humanité. Mais si l'on peut dire que l'*Encyclopédie* est une œuvre de combat, on ne pourra pas dire du moins que ce soit une œuvre de polémique transitoire et passagère. Le plan de l'ouvrage exclurait toute polémique quand bien même chacun des écrivains qui y travaillent n'aurait pas compris dès l'abord que l'exposition pure et simple de la vérité est supérieure et vaut mieux dans l'intérêt de la science qu'une polémique vive et passionnée.

Il importait qu'une œuvre aussi sérieuse se présentât sous des dehors dignes d'elle et du public, dignes surtout des sciences qu'elle aspire à répandre et des intelligences qu'elle veut à la fois fortifier et ennoblir. Sous ce rapport rien n'a été négligé. L'exécution matérielle de l'ouvrage ne laisse et ne laissera jamais rien à désirer; à cet égard, l'*Encyclopédie générale* peut défier toute comparaison.

Mais l'*Encyclopédie* peut, dès à présent, être jugée sur ses actes. Douze livraisons, formant les deux premiers volumes, sont en vente actuellement et permettent d'apprécier l'esprit de l'ouvrage et le mérite de la rédaction.

Comme spécimen du côté typographique de l'ouvrage, nous donnons ci-après deux pages extraites de la première et de la troisième livraison, empruntées l'une à l'article *Académie de médecine* et l'autre à l'article *Agriculture*.

Nous osons espérer, M , que le travail dont nous avons accepté la Direction méritera vos suffrages, et que, fixé sur le plan comme sur les détails, vous ajouterez votre nom à la liste de nos souscripteurs.

Veuillez agréer, M , l'expression de notre considération la plus distinguée.

Jules MOTTU et Cᵒ.

ACADEMIE DE MÉDECINE. — ..... Lorsqu'en 1828 l'Académie de Médecine présenta au roi le premier volume de ses Mémoires, le baron Portal, qui avait été nommé par Louis XVIII, président d'honneur perpétuel et qui à ce titre avait le droit de marcher à la tête de l'Académie et de parler en son nom, prononça le discours suivant, que je dois citer en entier, parce que je le considère comme un véritable petit chef-d'œuvre de platitude

« Sire, — C'est au nom de l'Académie royale de Médecine que je viens déposer aux pieds de Votre Majesté l'hommage de ses premiers travaux. Créée par votre auguste frère et soutenue par votre protection royale, puisse-t-elle répondre dignement aux espérances de ses deux fondateurs! Associée chaque jour aux bienfaits que vos mains répandent sur la France, elle n'aspire pour prix de ses efforts qu'à se concilier l'estime des hommes, à faire bénir votre nom, à mériter un regard du père de la patrie, de vous, Sire, dont le noble cœur, mû par des sentiments héréditaires, n'est touché que de ce qui peut servir au bonheur de vos peuples, et qui, à l'exemple des plus grands et plus sages rois, vos prédécesseurs, appelez auprès de vous les sciences et les lettres, afin qu'elles éclairent et qu'elles embellissent ce règne de paix et de vérité qui sera la leçon des rois et l'admiration de l'avenir.

» Pour moi, qui tiens des bontés royales l'honneur d'être à la tête de l'Académie, qu'il me soit permis de me féliciter d'une distinction si flatteuse, doublement heureux d'être, auprès de cette compagnie, l'interprète des sentiments de bienveillance particulière dont vous daignez l'honorer, et auprès de vous, Sire, l'organe des sentiments de respect, de gratitude et de dévouement dont l'Académie entière est pénétrée pour Votre Majesté.

» Je suis, avec le plus profond respect, Sire, de Votre Majesté le très-obéissant et fidèle sujet. — BARON PORTAL. »

Ces choses-là se disaient naturellement dans le monde officiel en 1828, trente-six ans après le 10 août. Mais ce qu'il y a de triste pour le cas qui nous occupe, c'est que l'Académie était derrière et approuvait par son silence.

Deux ans plus tard, Charles X était remercié et l'Académie faisait adhésion au nouvel ordre de choses. Je ne sais pas si le baron Portal marchait toujours en tête pour venir témoigner de son dévouement.

Le 2 mars 1848, l'Académie de Médecine venait féliciter le gouvernement provisoire et apporter son adhésion à la république : elle demandait à prendre le nom de *nationale*. M. Marrast le lui accorda.

Enfin nous l'avons vue redevenir *impériale*. On a *daigné* le lui accorder.

Or, je le demande aux académiciens eux-mêmes, est-il digne et honorable que les représentants les plus élevés et les plus justement célèbres de la médecine aillent, de gaîté de cœur, se prosterner devant tous les gouvernements qui passent? Que, dans leur vie privée, ils obéissent à leurs convictions ou à leurs sympathies personnelles, rien de mieux. Mais, réunis en corps, ils ont d'autres devoirs et, quand ils les méconnaissent, on peut, selon l'expression de Marat, les rappeler à la pudeur.

Si j'étais gouvernement et qu'une Académie quelconque vînt demander à m'offrir son dévouement, je la prierais bien fort de retourner chez elle et de se tenir tranquille.

En revanche, si j'étais académicien et qu'un gouvernement quelconque, même celui que je désire, vînt à triompher, je protesterais énergiquement contre toute démarche officielle et j'engagerais tous mes amis à en faire autant.

'L'Académie de Médecine devrait demander elle-même à être délivrée du joug officiel et se déclarer indépendante.

Je ne sais pas ce qu'elle perdrait au changement, mais je sais bien ce qu'elle y gagnerait.   **Eugène Sémérie.**

AGRICULTURE. — ..... Nous touchons au xix⁰ siècle. L'agriculture est en faveur; on réédite le livre d'Olivier de Serres; Bosc, Parmentier, Yvart, Tessier, Vilmorin, etc., le commentent et l'annotent. Quelques années plus tard, Déterville publie le *Nouveau Cours d'agriculture*, un de nos vieux monuments devant lequel on s'arrête toujours avec profit. La parole est aux Tessier, aux André Thouin. Une quinzaine d'années plus tard, ce sera le tour de Mathieu de Dombasle, le fondateur de l'école de Roville, l'auteur du *Calendrier du bon cultivateur*, un de nos livres classiques, le perfectionneur de nos instruments aratoires, le plus grand nom de la France agricole, et à juste titre.

Tandis que M. de Dombasle professait dans l'Est de la France, Jacques Bujault bataillait dans l'Ouest, se moquait des préjugés, flagellait les vices et vulgarisait les bonnes méthodes sous forme de proverbes, de maximes et d'images frappantes.

A l'école de Roville, succèdent d'autres écoles, Grand-Jouan, Grignon, La Saulsaie. Un établissement supérieur manque encore; la République de 1848 le réalisera et le placera sous la haute réputation agronomique de M. de Gasparin. Mais il suffisait que l'Institut de Versailles eût pris naissance sous la République pour qu'il partageât le sort de celle-ci en 1851. Le coup d'État qui venait d'atteindre les hommes atteignit aussi les choses. L'enseignement de l'agriculture fut décapité.

Cette exécution ne fut pas heureuse; mais pour se la faire pardonner, le régime impérial créa l'institution des concours régionaux qui devaient séduire un moment les populations rurales et rendre des services qu'on aurait mauvaise grâce à méconnaître. Ces fêtes, organisées par l'administration avec l'aide des chefs-lieux de départements, ont eu le mérite d'éveiller la curiosité des indifférents, de déplacer les immobiles, de montrer de beaux outils, de belles machines, de superbes races d'animaux à des hommes qui ne soupçonnaient rien de tout cela, et enfin, d'établir des relations utiles entre cultivateurs qui ne se connaissaient point et ne se seraient peut-être jamais connus sans ces occasions de rapprochement. .

Il va sans dire que la politique devait gâter promptement la nouvelle institution. Où les cultivateurs ne cherchaient que des encouragements à l'agriculture, l'administration cherchait des créatures, des dévouements au régime impérial. Des maladresses et des injustices devaient s'ensuivre, et c'est justement ce qui est arrivé. Aujourd'hui, les vrais cultivateurs abandonnent peu à peu les concours à la convoitise des chercheurs de distinctions honorifiques. Leur temps est fini, à moins que l'administration ne se dessaisisse de ses priviléges et laisse aux cultivateurs le soin de nommer leurs juges. C'est beaucoup demander; cependant, ne désespérons pas, la *Société des agriculteurs de France* pourrait bien lui forcer la main. Déjà, au moment même où nous terminons ce travail, il est question de la création d'une école supérieure d'agriculture, et il nous paraît difficile que l'administration se réserve longtemps le choix des jurés dans les concours régionaux, lorsque la *Société des agriculteurs* se propose de soumettre à l'élection des exposants les jurés appelés à fonctionner dans les concours qu'elle établira de son côté.

Faisons maintenant un retour sur nos pas et voyons ce qui s'est passé au delà de nos frontières. Les Arthur Young, les John Sinclair, les Backwell, les Collins ont illustré l'Angleterre en perfectionnant les cultures et en améliorant les races d'animaux. C'est de la Grande-Bretagne aussi que nous est venu le mode de drainage avec les tuyaux de terre cuite; c'est là qu'on a posé les principes de l'assainissement des terres.

La Belgique a produit Van Aelbroeck, son Mathieu de Dombasle des Flandres, qui a décrit en langue flamande les méthodes culturales de son pays dans un excellent livre traduit en français, mais depuis longtemps épuisé......

P. Joigneaux.

ENCYCLOPÉDIE GÉNÉRALE

En 24 volumes grand in-8° de 600 pages chacun

OUVRAGE ENTIÈREMENT INÉDIT

**Rédigé sous la direction d'un Comité de publication
par les principaux Savants et Écrivains français et étrangers**

LA PUBLICATION A LIEU PAR LIVRAISONS
CHACUNE DE 100 PAGES

Il paraît deux livraisons par mois, soit un volume par trimestre, quatre volumes par an, vingt-quatre volumes en six ans.

En librairie, la livraison : **2 fr.**; — le volume : **12** »
Par souscription, le volume.................. **7 50**

LES DEUX PREMIERS VOLUMES SONT EN VENTE

CONDITIONS DE LA SOUSCRIPTION

Les souscripteurs qui paieront d'avance l'ouvrage entier, l'obtiendront au prix de 150 francs, et le recevront à domicile, livraison par livraison.
Le montant de la souscription est exigible contre la remise des livraisons parues.
Les souscripteurs qui paieront d'avance le prix des 4 volumes qui doivent paraître dans l'année, soit 30 francs, recevront les livraisons à domicile.
L'engagement de 30 francs par an est pris pour six ans.
Le montant de la souscription de 30 francs est exigible contre la remise de la première livraison de chaque série de 4 volumes.

Ci-dessous un Bulletin imprimé de chaque mode de souscription, qu'il suffit de remplir et d'adresser, rue Richer, 48.

Pour la province, envoyer un mandat de poste de 36 fr.; à l'ordre de L. Pinaud, 48, rue Richer.

COMITÉ DE PUBLICATION

MICHEL ALCAN — LOUIS ASSELINE — GEORGE AVENEL — LOUIS BELIN — Dr BERTILLON
M.-L. BOUTTEVILLE — PAUL BROCA — CASTAGNARY — JULES CLARETIE — LOUIS COMBES — CHARLES DELESCLUZE
HENRI FOUQUIER — AMÉDÉE GUILLEMIN — P. JOIGNEAUX — PAUL LACOMBE — ANDRÉ LEFÈVRE — Dr LETOURN'
MARC DUFRAISSE — Dr MAREY — JULES MOTTU — TH. MOUTARD — ALFRED NAQUET — CH. QUENTIN
A. RANC. — F. SARCEY — E. SPULLER — H. VALLIER — CARL VOGT

BULLETIN DE SOUSCRIPTION	BULLETIN DE SOUSCRIPTION
ENCYCLOPÉDIE GÉNÉRALE	**ENCYCLOPÉDIE GÉNÉRALE**
Rue Richer, 48	Rue Richer, 48
Je, soussigné, *demeurant à* *rue n° , déclare souscrire* *pour exemplaire de l'Encyclopédie générale.* *Contre la remise des livraisons parues, je m'engage à payer la somme de 150 francs (prix réduit), moyennant laquelle je recevrai, livraison par livraison, l'ouvrage complet.*	*Je, soussigné,* *demeurant à* *rue n° , déclare souscrire* *pour exemplaire de l'Encyclopédie générale.* *Contre la remise de la première livraison de chaque série de quatre volumes, je m'engage à payer d'avance, pendant six ans, 30 francs par an, prix des quatre volumes.*
Date. Signature.	Date. Signature.
Pour la Province et l'Étranger le port en sus.	Pour la Province et l'Étranger le port en sus.

Pour les ouvrages de tous les auteurs français et étrangers, s'adresser à L. PINAUD, 48, rue Richer.

1093 — Imp. L. Toinon et Cie, à Saint-Germain.

ENCYCLOPÉDIE

GÉNÉRALE

DE L'IMPRIMERIE L. TOINON ET Cᵉ, A SAINT-GERMAIN

ENCYCLOPÉDIE

GÉNÉRALE

La société doit favoriser de tout son pouvoir les progrès de la raison publique, et mettre l'instruction à la portée de tous les citoyens.

(Déclaration des droits de l'homme.)

Présentées à notre esprit sous leur véritable aspect, les découvertes et les généralisations de la science moderne constituent le plus sublime des poèmes qui se soit jamais offert à l'intelligence et à l'imagination de l'homme.

(TYNDALL.

COMITÉ DE PUBLICATION

MICHEL ALCAN — LOUIS ASSELINE — GEORGES AVENEL — LOUIS BELIN

Dr BERTILLON — M.-L. BOUTTEVILLE — PAUL BROCA — CASTAGNARY

JULES CLARETIE — LOUIS COMBES

CHARLES DELESCLUZE — HENRI FOUQUIER — AMÉDÉE GUILLEMIN — JOIGNEAUX

PAUL LACOMBE — ANDRÉ LEFÈVRE — Dr LETOURNEAU

MARC DUFRAISSE — Dr MAREY — JULES MOTTU — TH. MOUTARD — ALFRED NAQUET

CH. QUENTIN — A. RANC

F. SARCEY — E. SPULLER — H. VALLIER — CARL VOGT

TOME PREMIER

PARIS

BUREAU DE L'ENCYCLOPÉDIE GÉNÉRALE

67, RUE MESLAY

GARROUSSE, LIBRAIRE

BOULEVARD BONNE-NOUVELLE, 15

ENCYCLOPÉDIE GÉNÉRALE

, la première des voyelles et des lettres dans la plupart des alphabets, est la plus simple des émissions de la voix humaine. Ouvrez naturellement la bouche, sans mouvement appréciable de la langue, sans contact des lèvres ou des dents, et il sortira dans toute sa plénitude, à peine précédé d'une aspiration plus légère que le souffle. La plus pure des voyelles en est aussi la plus souple et la plus variable.

Un faible abaissement des coins de la bouche l'abrége en *ă*, ou l'altère en *è*, s'il se combine avec une petite élévation de la lèvre inférieure. Si les lèvres se détendent et dépassent d'une ligne l'ouverture nécessaire à l'émission de l'*ā*, c'est *ē* que vous entendrez. Une diminution graduelle de cette ouverture produira *ŏ*, *eŭ* : le moindre mouvement du dos de la langue vers le palais affaiblira l'*a* en *i*, proche voisin lui-même de l'*ŭ*. Enfin les lèvres, avant de se refermer, laisseront échapper des sons plus sourds, *ō* et *u (ou)*, qui, par *eu* et par *ŭ*, se rattachent à la famille dont A est le chef.

Ce classement des voyelles, fondé sur la physiologie, est confirmé par l'histoire du langage.

Des expériences répétées autorisent la philologie à ne voir dans les divers idiomes indo-européens qu'une même langue prononcée différemment selon les climats où elle a été portée et les circonstances où elle s'est développée. Cette langue, dans son état primitif, n'admettait ou plutôt ne notait que trois voyelles A, I, U. Les autres nuances intermédiaires n'y avaient pas reçu de signes spéciaux. De la prédominance de l'A en sanscrit, quelques linguistes ont conclu à son antériorité; ils l'ont considéré comme le premier son dégagé du cri, le premier germe du langage. A l'égard de l'I, cette opinion ne manque pas de probabilité; car I est un des affaiblissements les plus ordinaires de l'A primitif. On peut aussi rattacher I et U aux consonnes et les faire rentrer l'un dans la famille des gutturales par *j* et par *g*, l'autre dans le groupe labial par *v*, *b*, *m*. A est rebelle à toute explication de ce genre.

Les langues sémitiques, qui nous ont donné notre alphabet, sont ici d'accord avec l'idiome indo-européen. Elles n'ont noté primitivement que les trois voyelles types. Plus que nos langues, elles ont abusé de la flexibilité de l'A, *èlif* arabe, *aleph* hébreu, *olaph* syriaque, *alph* éthiopien, pour lui substituer, tout en conservant sa forme littérale, les sons les plus divers; si bien qu'elles l'ont réduit souvent à n'être qu'une aspiration initiale, un esprit doux. Cependant, l'*élif*, toujours nécessaire en arabe pour marquer *â*, figure souvent, dans l'intérieur et à la fin des mots, une voyelle pure, dépourvue de toute aspiration. C'est ce qui permet de penser, avec Sylvestre de Sacy, que ce caractère n'a été affecté autrefois qu'aux fonctions de A. Il sert aussi à représenter un A nasal qui, dans l'arabe littéral, est une désinence de l'accusatif, regardée par quelques savants comme une dégénérescence de la forme pleine *am*. Nous allons voir que A se comporte à peu près chez les Aryas comme chez les Sémites. Seulement ceux-ci, par la faute de leur alphabet, ne peuvent exprimer aux yeux les altérations de leur A primitif. De là une confusion perpétuelle qui est, non-seulement une des difficultés, mais un des vices de l'arabe, qu'on ne peut lire sans le savoir.

L'échelle vocale des langues aryennes s'établit ainsi :

$$\bar{\text{A}}$$
$$\eta \qquad \omega$$
$$\breve{\text{A}}$$
$$\epsilon \qquad \text{o}$$
$$an$$
$$en \quad in \qquad on$$
$$un$$
$$\text{AI} \quad \text{AJ} \quad \text{I} \qquad \text{Ü} \qquad \text{U} \quad \text{AU} \quad \text{AV}$$

Les sons désignés par des majuscules sont seuls primitifs. ε, ο, η, ω, sont des succédanés de l'A (et de quelques diphthongues), créés et employés par le grec, le latin et leurs congénères. ε et ο n'existent ni en sanscrit ni en gothique. η et ω sont pour le sanscrit des sons composés AI, AU, renforcements de I et de U.

Cette échelle se descend, elle ne se remonte pas. C'est-à-dire que A, selon les habitudes phoniques particulières à chaque langue aryenne, peut être représenté par tous les sons secondaires que nous avons groupés autour de lui. Au contraire, sauf de très-rares exceptions, I et U primitifs ne peuvent se changer en A. Quelques exemples feront mieux comprendre comment A se comporte dans les idiomes indo-européens.

1° Ă reste pur, presque toujours en sanscrit, souvent en gothique, assez rarement en grec et en latin. Le sanscrit *ağra* (adjra), le grec ἀγρὸς, ἄγειν, le latin *ager*, *agere*, reproduisent la racine *ag*, pousser, conduire. L'*ă* se retrouve aussi dans *aksa* (sanscrit, œil), ἄξων, *axis*, axe. Le gothique nous offre *thata* (ce), *nakts* (nuit, lithuanien *naktis*), *tamjan* (dompter), *vasthi* (vêtement), pour le sanscrit *tat* (grec τὸ (τ), *naktam* (νυκτὰ, *noctem*), *damjâmi* (δαμάζω, *domare*), *vasti* (Ἐσθής, *vestis*). Partout où l'*ă* bref se présente, il est primitif.

2° Ă se nasalise. Les racines *labh*, *lath*, *math*, donnent au grec λαμβάνω, λανθάνω, μανθάνω, recevoir, se cacher, apprendre. *Çatam* cent, devient en latin *centum*. La racine *agh*, altérée dans le sanscrit *ahi* et le grec ἔχις (serpent), produit en sanscrit la racine secondaire *ang*, le latin *anguis* et *angere*.

3° Ă devient ε. Comparez *ğanas*, γένος, *genus*, genre; *daçan*, δέκα, *decem*; *saptan*, ἑπτὰ, *septem*, sept; *sarp*, ἕρπω, *serpo*, serpenter; *bhar*, φέρω, *fero*, porter. Ce changement est des plus fréquents.

4° Ă, aussi souvent, devient ŏ : *avi*, brebis, en sanscrit et en gothique, est, en grec ὄϊς, en latin *ovis*. *Pati*, maître, en sanscrit, devient πότις, πότης (δισπότης), *potis*, *pote*, qui ont passé dans le français *despote*. A*s*tau, ὀκτὼ, *octo* (gothique *ahtau*, d'où *acht*, *eight*) huit. *Dhumas* (fumée), en grec θυμός.

Le latin a une préférence pour l'o quand l'A primitif est accompagné d'un *v*. *Vomo* représente le sanscrit *vamāmi*, le grec ἐμίω; *novus* est le sanscrit *navas*, le grec νέος pour νέϜος. Pour les terminaisons, le latin classique emploie *u*, assourdissement d'*o*.

Au reste, le grec et le latin, après avoir vécu côte à côte en des temps reculés, n'en ont pas moins poursuivi leur développement isolé. Là où l'un a conservé l'A, l'autre l'a altéré et *vice versa*. Ainsi aux formes grecques (ἐ) κατὸν, δασὺς, ϐραχὺς, (ἐ) λαχὺς, δαμᾶν, καρδία, le latin oppose *centum, densus, bre(g)vis, le(g)vis, domare, cordis*; ailleurs *caput* et *magnus* correspondent à κεφαλὴ et μέγας, *sapiens* à σοφὸς.

En possession de l'ι et de l'ο, les deux idiomes s'en sont servis avec avantage pour varier et nuancer leurs conjugaisons et leurs dérivations. C'est là une ressource précieuse qui manquait au sanscrit. Ainsi, d'un radical *trap*, le grec a tiré ἔτραπον, τρέπω, τέτροπα; et de même pour cent autres. Le latin a des séries analogues : *rapio, abreptus, eripio; capio, præceps, præcipitis; tempus, tempestas, temporis*, etc. Un pareil affaiblissement de l'A est l'origine de l'*ablaut* ou apophonie, procédé de conjugaison germanique : *ich band*, je liai, *gebunden*, lié, *ich bind*, je lie.

5° A passe aisément en I, cela dès la période indo-européenne. Le pronom *ma* qui caractérise originairement la première personne du verbe s'est déjà allégé en *mi*, en sanscrit comme en grec. L'i final du féminin sanscrit paraît aussi être une altération de l'A. Chaque langue a suivi de son côté ses préférences. Là où le sanscrit a choisi le son I : *hita* pour *dhita*, pour *dhata*, participe de *dadhāmi* (τίθημι) poser, le grec s'est arrêté à l'ε : θετός. C'est le contraire dans *açvas* = ἵππος (ἴσπος, et ἄσπος dans *arimaspes*). Le latin a une certaine propension pour l'*i*, nous avons vu que dans la dérivation, il l'emploie concurremment avec l'*a*, l'*e* et l'*o*; mais il s'en sert aussi pour transcrire l'*a* primitif, directement et sans intermédiaire. Là où le sanscrit dit : *antar, pankan, agni, mahjam, aptamas*, le latin prononce *inter, quinque, ignis, mihi, optimus*.

6° Le changement en *u* est fréquent en latin; pour les terminaisons d'abord, nous l'avons noté ; puis dans le corps des mots : *volumus, maxumus, quæsumus, manubus, arcubus*. Citons l'homérique πίσυρες, pour τέσσαρες, qui répond à *katvaras, quatuor*; le gothique *muns*, identique à *manas*, μένος, *mens*.

7° Enfin l'*ă* primitif s'élide et disparaît. Il est au fond de beaucoup de nos muets.

Ā long paraît avoir été d'un usage restreint dans l'indo-européen primitif. Cependant, il existait probablement dans les désinences féminines, où le grec l'a en partie conservé ; et aussi dans des racines comme *dā, dhā, sthā, pā*, donner, poser, se tenir debout, boire, qui se reconnaissent dans le grec, δίδωμι, τίθημι, ἵστημι, dans le latin *dare, stare, potum*. Il faut le constater des génitifs pluriels *ān* qui ont passé en grec sous la forme ων. On le trouve encore à l'état pur dans les formes éolo-doriques λελάϐα pour λέλαϐα, μεισᾶν pour μουσῶν. Le latin l'a gardé dans *māter, frāter*; d'ordinaire il l'altère, soit en o et u longs, soit en *a* et *i* brefs : *dātōrem* et *dătūrus* correspondent à des formes *dātāram* et *dātāras*. *Cognitum* se rapporte à la racine *gnā*. Le grec emploie perpétuellement pour Ā son η et son ω.

Enfin les trois langues classiques, sanscrit, grec et latin, allongent aisément Ă, soit par contraction, soit par renforcement ; elles le font selon leurs lois particulières et sans concordance. Dans les langues romanes l'*ā* n'est guère qu'un effet de contractions et de crases.

Les langues sémitiques, non moins que les langues aryennes, ont fait subir à l'*a* des altérations qui ont été souvent jusqu'à l'anéantissement le plus complet. S'il domine en hébreu, surtout en chaldaïque, grâce à l'enclitique *a* (*malcha* le roi), il devient *o* en syriaque : *Odom*, Adam. Dans la bouche des Israélites dits Allemands, *à* de l'hébreu devient pareillement *ô*. L'éthiopien ne connaît pas l'*à*; il le change en un véritable *e* muet, le *scheva* hébraïque. L'arabe usuel, qui a laissé tomber toutes les désinences casuelles ou verbales en *a* (phénomène qui s'est opéré en hébreu dès les temps les plus anciens) supprime aussi presque toujours cette lettre dans la première syllabe des mots : ainsi *kâtâbâ*, il a écrit, est devenu *ktab*; *takâtaloû* se prononce vulgairement *etkâtâloû*, avec un *e* prosthétique. Nous ne pouvons entrer ici dans plus de détails. Comme dans le groupe de langues dont la nôtre fait partie, les altérations et les variations de l'*a* constituent un des principaux organismes grammaticaux des langues sémitiques.

Les langues de l'Orient qui ont adopté, à leur grand préjudice, l'alphabet arabe moderne, n'y ont rien ajouté pour la représentation des voyelles. Fréquent en turc (idiome touranien), en hindoustani, en malais, etc., le son franc de l'*a* ne se trouve pas dans le persan (langue d'origine tout aryenne); *à* s'y prononce *é*; *à* devient *o*. Les natifs du Farsistan, qui passent, dit M. Chodzko, pour avoir le mieux conservé la prononciation iranienne, articulent même cet *à* long comme *oû*. Il n'existe peut-être pas d'autre langue où le son *a* ait si complétement disparu.

L'anglais n'en abuse pas non plus; s'il l'a gardé à l'état pur dans *man*, il le prononce volontiers *o* (*hall*), surtout *é*, plus souvent encore *eà*, comme dans l'article *an*; il donne à certains *à*, dans *sùa*, par exemple, une intonation gutturale qui ressemble à un *à* étranglé.

On a évalué proportionnellement l'emploi de l'*a* long et bref dans les divers idiomes; c'est d'ordinaire un des sons dominants. Il constitue environ un douzième des mots de notre langue. L'italien, l'espagnol, en sont plus fournis que nous; le grec plus encore que le latin. Mais en sanscrit, l'*a* surabonde, et l'on ne s'en étonnera pas si l'on considère tous les sons qui le suppléent dans les autres idiomes congénères. Son perpétuel retour donne à la langue des Brahmanes et de leurs ancêtres les chantres védiques une ampleur véritable, mais qui n'est pas exempte de monotonie. Nous n'avons pas à regretter cette période primitive de la prononciation indo-européenne; et nous pouvons considérer comme un véritable progrès phonique les variétés nombreuses que le grec, le latin et les langues slaves ou germaniques ont su tirer de l'*a* primordial.

Les diverses formes de la lettre A seront étudiées lorsque nous parlerons de l'alphabet. ANDRÉ LEFÈVRE.

ABBAYE. — On appelle abbaye une communauté nombreuse de moines, ou de nonnes, un couvent considérable. On disait, par exemple, dans l'ancienne France, l'abbaye de Saint-Denis; on ne disait pas le couvent de Saint-Denis. Il est vrai qu'on disait aussi, quoique avec moins de précision, le monastère de Saint-Denis, parce que ce terme, plus général, désignait indifféremment les grandes et les petites communautés. Mais il faut savoir que cette distinction s'applique uniquement aux anciennes communautés. Quand les ordres mendiants, Franciscains et Dominicains, furent fondés au XIIIᵉ siècle, leurs maisons même les plus importantes s'appelèrent des couvents; on disait très-bien le couvent des Jacobins (Dominicains) à Paris.

Le premier moine fut un homme qui désirant à toute force pratiquer la mortification et la pauvreté, et craignant les tentations des villes, rechercha un endroit désert pour y vivre comme il l'entendait, avec plus de facilité; cet homme était, à proprement parler, un ermite. Bientôt son exemple fut suivi ; le désert s'étant peuplé, des ermites se rencontrèrent et au lieu de se fuir, comme la logique l'aurait voulu, ils se rapprochèrent ; ils se fixèrent les uns près des autres, ou se bâtirent une maison commune, et devinrent par là des cénobites. Le prétexte de ce changement fut que chacun serait soutenu par l'exemple des autres ; en réalité c'était l'instinct de la sociabilité qui prévalait sur les résolutions ascétiques.

Ainsi le monachisme avait-il à peine touché son idéal un instant qu'il retombait sur la pente si maudite de la nature humaine.

Dès qu'il exista une réunion de moines, ces moines sentirent sans doute la nécessité d'un chef ; ce chef fut appelé abbas, d'un mot syrien qui signifie père ; d'abbas on a formé ensuite abbaye.

Les premières réunions de moines chrétiens eurent lieu vers la fin du iiie siècle dans un canton de l'Égypte appelé Thébaïde. Ce nom est resté célèbre et même populaire ; on attache encore à ce nom l'idée d'une austérité, d'une mortification excessives. De la Thébaïde, la nouvelle institution se répandit bientôt partout. En Gaule (pour passer sous silence les autres pays), ce fut saint Martin qui établit la première communauté de moines à Ligugé, près Poitiers (360). Les moines n'étaient pas alors ce qu'ils devinrent plus tard ; d'abord c'étaient des laïques et pour la plupart des gens du peuple, des ouvriers ; n'ayant ni terre ni argent, ils devaient conquérir leurs domaines futurs sur les déserts, les espaces en friche ou en forêt, qui ne manquaient nulle part en ce temps-là, et c'est ce qu'ils firent. Ils fabriquaient eux-mêmes les objets dont la communauté avait besoin, aussi étaient-ils en général groupés par métiers.

Il n'était pas encore question de règle, ni d'obéissance passive à l'abbé, ni de vœux perpétuels, ni de renoncement absolu à la propriété, ni même de continence parfaite ; on peut citer des moines qui gardèrent auprès d'eux leur femme et leurs enfants, mais on tendait déjà à tout ce qui vint plus tard. Saint Pacôme, saint Basile, en Orient, formulèrent bientôt chacun sa règle. Les moines prirent de l'une et de l'autre ce qu'ils voulurent, ou les combinèrent à leur fantaisie. Peu à peu, cependant, la règle de Saint-Basile prévalut en Orient, où elle a toujours gardé l'empire, mais en Occident elle devait céder la place à une autre. Saint Benoît (en 528) fonde l'abbaye du Mont-Cassin et édicte sa règle : renoncement à toute propriété individuelle, obéissance aveugle aux ordres du supérieur, vœux perpétuels après un court noviciat ; obligation du travail manuel, abstinence absolue, tels sont les points importants de cette règle qui prescrivait minutieusement, en outre, l'emploi de chaque heure du jour. Voilà bien cette fois le véritable monachisme tel que tout le monde le connaît. La règle de Saint-Benoît fut acceptée par tout l'Occident, et l'on peut dire que jusqu'au xiiie siècle les Bénédictins furent à peu près les seuls moines occidentaux.

On distinguait cependant au moyen âge les moines en : religieux de Cluny, Camaldules, Chartreux, Cisterciens, Célestins, moines de Fontevrault, moines de Grandmont. Ces noms divers ne doivent pas dérouter le lecteur. Tous ces religieux suivaient, quant à l'essentiel, *la règle* de Saint-Benoît ; ils appartenaient à *l'ordre* des Bénédictins, et ne différaient que de *congrégation*. Voici comment il arrivait qu'une congrégation distincte se formait au sein d'un ordre ; prenons l'exemple de Cluny. Aux xe et xie siècles les abbés de Cluny forcèrent leurs moines à pratiquer rigoureusement la règle de Saint-Benoît fort mal observée partout ailleurs. Cluny eut alors la vogue et reçut dans son sein une multitude de recrues attirées par sa réputation ; ne pouvant les garder toutes, Cluny essaima, fonda des abbayes ;

celles-ci restèrent liées entre elles par la communauté des pratiques, par la direction suprême de la maison-mère et formèrent la congrégation de Cluny.

A partir du xiiie siècle les frères ou religieux mendiants viennent disputer la place aux anciens ordres. Ces frères mendiants, Dominicains et Franciscains (divisés en congrégations de Conventuels, Observantins, Récollets, Capucins), forment, avec le grand ordre de Saint-Benoît, le gros de l'armée monacale. (Voir, pour plus de détails, aux mots *Ordre* et *Moines*.) Les Jésuites, les Théatins, les Barnabites, créés au xvie siècle ou après, ne sont plus, à proprement parler, des moines, mais des prêtres, vivant sous une règle et dans une communauté plus ou moins étroite.

Jetons un coup d'œil rapide sur la France pour y voir les principales abbayes, celles qui ont eu un nom dans l'histoire ecclésiastique. A Paris ou aux environs d'abord, voici : Saint-Germain-des-Prés, Saint-Victor, Sainte-Geneviève, Saint-Denis, la Chartreuse de Vauvert, Saint-Maur; en Normandie: Saint-Ouen (à Rouen), La Trappe, Le Bec, Fécamp, Troarn (près de Caen), Saint-Nicolas (à Caen), le Mont Saint-Michel; en Picardie et Ile-de-France : Braisne (près de Soissons), Saint-Riquier-en-Ponthieu, Corbie, Saint-Quentin, Chelles (près de Meaux); en Champagne et Bourgogne : Rheims, Cluny (près Mâcon), Cîteaux (près Dijon), Clairvaux (près Bar-sur-Aube), Morimond (près de Langres), Pontigny, Le Paraclet (près Troyes); en Franche-Comté : Saint-Claude, Luxeuil, Remiremont; en Dauphiné : Vallombreuse; en Provence : La Sainte-Baume; en Languedoc : Aniane, Saint-Gilles (près Montpellier et Nîmes); en Auvergne : La Chaise-Dieu; dans la Marche et le Limousin : Grandmont, Beaulieu, Saint-Martin (à Limoges); dans l'Orléanais : Saint-Aignan, Micy ; en Touraine : Ligugé; en Bretagne : Saint-Gildas; en Poitou : Fontevrault, Saint-Hilaire (à Poitiers); en Périgord : Sarlat, Cadouin; en Gascogne : Saint-Bertrand de Comminges.

Toutes ces abbayes appartenaient aux moines proprement dits, aux diverses congrégations de l'ordre de Saint-Benoît. Quant aux établissements des ordres postérieurs, Frères mendiants, Carmes, Augustins, etc., il faut dire que ces ordres eurent des couvents surtout dans les villes. Au lieu que l'ordre de Saint-Benoît avait choisi pour ses abbayes, au début, les sites sauvages et boisés, puis les bords des grands fleuves et les vallées, mais toujours ou presque toujours la campagne, parce qu'un plan de culture agricole présidait à la fondation de ses maisons, les grands couvents des Frères mendiants s'élevèrent dans les grandes villes. Il y eut les Jacobins, les Cordeliers de Paris, de Tours, de Toulouse, etc. Pour revenir aux abbayes, citons quelques-unes de celles qui, situées hors de France, sont néanmoins connues de tout le monde : en Allemagne, Fulde, Salzbourg, Reichnau, Prum, Ratisbonne, Hirschau, Brême; en Angleterre, Cantorbéry, York, Saint-Alban, Westminster, Glocester, Bury Saint-Edmond, Evesham, Tewkesbury, Glastonbury; en Écosse, Melrose; en Italie, Subiaco, le Mont-Cassin, Grotta-Ferrata, les Chartreuses de Milan, Bologne, Pise; en Belgique, Cambron; en Suisse, Saint-Gall; en Espagne, l'Escurial, Saint-Just, l'abbaye des Hiéronymites de Grenade, etc.

La philosophie de l'histoire du monachisme, c'est que jamais il n'a été si irréprochable et si conforme à son idéal que dans son premier moment; au lieu de s'améliorer, de progresser avec le temps, il est au contraire allé toujours en descendant, en baissant. Rien qu'à ce signe on reconnaîtrait une institution fondée sur un principe contre nature; les gageures contre la nature ne se soutiennent qu'un instant. Et ce qui est vrai du monachisme en général a été aussi vrai de chaque ordre de moines.

Pour eux tous, le premier moment fut le bon. Il n'y en a pas un qui ne nous fasse voir le spectacle singulier du progrès à rebours. De temps à autre, un élan désespéré vers l'idéal inaccessible leur fait remonter quelques degrés; puis le mouvement de décadence recommence irrémédiablement. Ces élans en langage ecclésiastique s'appellent des réformes. Quel est l'ordre qui n'a pas subi quelque réforme, témoignage irrécusable de la fragilité monastique? L'ordre de Saint-Benoît, par exemple, le plus considérable de tous, et qui pendant de longs siècles embrassa à lui seul la presque totalité des moines d'Occident, est fondé au vie siècle. Cent ans après, il est déjà en décadence. Au ixe siècle, saint Benoît d'Aniane lui impose une première réforme. Au xie siècle, bien peu de temps après, une seconde paraît nécessaire, et ce sont les moines de Cluny qui l'accomplissent. L'abbé de Cluny doit à cette initiative de commander au xiie siècle à deux mille monastères et d'être appelé l'abbé des abbés. Mais au xiie siècle, Cluny a elle-même besoin qu'on la corrige, et Cîteaux lui fait la leçon. Cent ans plus tard, Cîteaux la sévère a perdu toute son austérité, et le grand ordre de Saint-Benoît croupit tout entier dans le relâchement et la stérilité. Les ordres mendiants qui viennent de naître (xiiie siècle) seuls s'agitent, se démènent, font ou paraissent faire quelque chose, vivent en un mot. Ils semblent même animés d'une existence plus forte que celle des anciens ordres, et avec cela ils tombent plus vite qu'eux dans la corruption et la nullité. Au xvie siècle, arrivent les Jésuites, et d'abord ils remplissent toute l'Église du bruit de leur activité; ils mènent tout, ils secouent l'ancien monde religieux qui était fort assoupi. Au commencement du xviie siècle, les Jésuites se trouvent déjà usés. Pascal d'un mot les met au ban de l'opinion. C'est encore le bon vieil ordre de Saint-Benoît à qui il est donné de faire les derniers beaux jours de l'Église, grâce à la double réforme de Saint-Maur et de la Trappe, qui vient une dernière fois le galvaniser.

On est habitué de juger toujours les corps et les classes sur un petit nombre d'individus qui s'y trouvent en évidence par leur position ou qui d'eux-mêmes s'y mettent en avant. On est trop disposé quand on rencontre un moine réformateur à croire à des moines réformés. Il n'est guère probable que des gens envieillis dans la paresse, l'oisiveté et dans de pires vices aient été jamais transformés en ascètes, fût-ce par l'éloquence d'un saint Bernard; il est plus probable que la réforme réelle s'arrêtait à l'entourage du promoteur et que le reste se montrait seulement plus réservé, plus circonspect et plus hypocrite. Les annales des couvents sont pleines d'histoires de moines qui maltraitent, empoisonnent, assassinent ou essayent d'assassiner leurs abbés trop vertueux et trop exigeants. Il est malaisé de croire que de pareils caractères soient jamais devenus des saints. Tout le monde connaît les aventures de saint Benoît lui-même avec les moines de Subiaco.

Il en est de la science des ordres monastiques comme de leur austérité, elle fut sans doute toujours l'apanage exclusif d'un bien petit nombre. On se figure aisément tous les Bénédictins de Saint-Maur, comme des Mabillon, parce qu'ils ont compté dans leurs rangs Mabillon et quelques autres. Il est bien connu cependant que l'illustre Mabillon fut violemment persécuté par ses confrères qui lui reprochaient d'avouer en vrai et consciencieux savant la fausseté de certaines reliques fausses. Ces reproches et ces procédés n'indiquent pas assurément une grande culture intellectuelle et morale. Un savant Bénédictin de Saint-Germain-des-Prés écrivait à un de ses confrères du xviiie siècle : « De tous les religieux de votre congrégation qui viennent ici loger, je n'en ai presque pas vu qui nous aient édifiés. Vous en direz sans doute autant des nôtres qui vont chez vous. »

Les apologistes des moines nous disent : Ce sont les moines qui dans les vie et viie siècles ont défriché la moitié de l'Europe. On pourrait leur répondre : Êtes-vous bien sûrs de ne pas exagérer? Mais qu'importe! la question est ailleurs. Les moines des premiers temps cultivaient la terre, en vue d'en tirer des fruits pour leur usage, comme les paysans laïques l'ont toujours fait et le font encore. Les moines alors cultivaient eux-mêmes parce qu'ils étaient pauvres, comme on se sert soi-même quand on n'a pas de domestique. Qu'on nous dise si les moines de Cîteaux qui étaient riches défrichaient en personne, ou s'ils faisaient défricher ? — Nombre de villes et de villages doivent leur origine à des couvents. — Il est vrai que des villes et villages en grand nombre se sont formés autour des abbayes, comme aujourd'hui on en voit se former autour des fabriques et des usines. Si les besoins des monastères attiraient des artisans qui cherchaient à vivre ou à faire fortune en satisfaisant ces besoins, et peu à peu composaient un village ou une ville, est-il raisonnable d'en faire un mérite sérieux aux moines? En tout cas, il est probable que les moines qui firent tant de villes, les firent bien sans le vouloir. Il serait ridicule de penser que des gens qui cherchaient un lieu désert pour s'y établir et y vivre dans la solitude eussent en même temps le dessein de créer autour d'eux une cité. — Les moines nous ont conservé les œuvres de l'antiquité profane. — Ils ont bien détruit autant d'œuvres au moins qu'ils en ont conservées. — Les monastères ont été des écoles et des abris où les arts, les sciences fleurirent durant les mauvais siècles. — Cela est vrai dans une certaine mesure; mais que faut-il en conclure? Si les brigands féodaux, les seigneurs, les princes batailleurs du moyen âge se laissaient impressionner (fort irrégulièrement) par le caractère religieux de ces artistes, de ces savants, qui étaient en même temps des clercs, et les molestaient un peu moins à cause de leur caractère qu'ils n'eussent fait autrement, qu'est-ce que cela prouve? Que les hommes sont superstitieux, ce qu'on sait bien de reste. Si quelques individus bien doués ont pu trouver dans les monastères du repos, du silence, des livres, et une nourriture assurée, en un mot des conditions qui leur ont permis de travailler, comme ils n'auraient pu le faire nulle part ailleurs, cela fait l'éloge de la vie en commun, de l'association, éloge auquel notre siècle n'a pas envie de contredire. Mais il n'y a rien là qui puisse justifier ni le dogme catholique, ni ce qui constitue spécialement cette forme particulière d'association qu'on appelle un couvent. Tout ce qu'on peut dire de bien des anciennes abbayes doit être rapporté aux mérites de l'association, je le répète; tout ce qu'on en peut dire de mal, et on en peut dire beaucoup, doit être rapporté aux principes moraux du catholicisme, à son idéal et aux règles qui en découlent. A l'association, la vie aisée, économique, exempte de soins matériels et de soucis, le secours et le soutien mutuel; au catholicisme, l'obéissance passive, la servitude intellectuelle et morale, la règle minutieuse et ennuyeuse, excédante, les macérations qui détruisent la santé du corps et la rectitude du jugement, le temps perdu en longues et machinales oraisons, le célibat obligatoire avec les désordres, la paillardise et les folies obscènes qui en dérivent.

Dieu sait si l'on nous a rebattu les oreilles des mérites, très-réels d'ailleurs, des Bénédictins. Voyons cependant! En quoi peut-on faire honneur de ces mérites au catholicisme? La curiosité des événements terrestres et le soin obstiné d'en rechercher les traces ne peuvent pas être le produit logique d'une religion qui consiste presque en cette idée, que tout ce qui concerne l'homme est vanité. Quand le Bénédictin Montfaucon, par exemple, mettait en lumière les monuments de l'antiquité grecque et romaine, est-ce qu'il agissait comme catholique? Il faisait son métier d'homme, c'est-à-dire d'esprit curieux et investigateur. Voudrait-on dire que le catholicisme rend laborieux? Ce serait bien fort en face de notre siècle incrédule et infatigable. Qu'on dise qu'il faut être catholique pour se donner la discipline, pour jeûner, pour humilier son esprit et sa volonté devant les supérieurs sans souci de la vérité et de la justice, pour dépenser sa journée en oraisons, hallucinations, etc., à la bonne heure, je le comprends ; tout cela tient en effet au catholicisme, et la meilleure preuve c'est que cela cesse là où il n'est pas ; mais le labeur intellectuel et la science n'ont rien de commun avec lui, puisqu'on les voit encore et plus que jamais là où il n'est plus. Il faut se défaire enfin de cette manière puérile de raisonner : Les abbayes catholiques ont renfermé des esprits très-distingués et des savants très-laborieux, donc les abbayes étaient d'excellentes institutions. C'est comme si l'on disait : La classe des poitrinaires a compté tels savants, tels artistes, donc la phthisie est chose excellente.

BIBLIOGRAPHIE. — *Gallia christiana*, t. IV, in-f°, 1656. — *Narration historique et typographique des couvents de l'ordre de Saint-François et des monastères de Sainte-Claire, en Bourgogne*, par Jacques Foddéré, 1619, in-4°. — *Mémoires sur les plus anciens monastères des Gaules*, par l'abbé Cousseau (*Mémoires de la Société des Antiquaires de l'Ouest*, t. VI, p. 37). — *Archéologie chrétienne, ou précis de l'histoire des monuments du moyen âge*, par l'abbé Bourassé, Tours, 1844. — *Les couvents illustrés*, par L. Lurine et Alp. Brot, grand in-8°. — *Dictionnaire historique des ordres religieux*, Amsterdam, 1695, 2 t. en 1 vol. in-12. — *Histoire des ordres monastiques, religieux et militaires*, par le P. Hélyot. Paris, 1714, 8 vol. in-4°. — *Recueil de tous les costumes religieux et militaires*, par J.-Ch. Bar. Paris, 1778, 6 vol. in-f°. — *Acta sanctorum ordinis sancti Benedicti*. Paris, 1668, 9 vol. in-f°. — *Saint Anselme de Cantorbéry*, par C. de Rémusat. Paris, 1853. — *Dictionnaire raisonné* de Viollet-le-Duc, t. Ier, art. *Architecture monastique*. — *Histoire de l'abbaye de Cluny*. Lorain, Paris, 1845, in-8°. — *Histoire ecclésiastique*, de l'abbé Fleury, notamment le discours VIII sur les ordres monastiques. — *Mystères des couvents de Naples*, par Enrichetta Caracciolo. — *Virginie de Leyva*, par Philarète Chasles. — *Histoire des monastères bénédictins*, par Dantier. — *Histoire monastique d'Orient*, par Bulteau. — *Les moines d'Occident*, par Montalembert.   PAUL LACOMBE.

ABDICATION. — POLITIQUE. — « Le principe de toute souveraineté réside essentiellement dans la nation, » dit la Déclaration des droits de l'homme et du citoyen de 1791 ; à quoi, deux ans plus tard, la Convention nationale ajoute : « Cette souveraineté est une et indivisible, imprescriptible et inaliénable. » Cela posé, qu'est-ce qu'une abdication ? C'est l'acte par lequel un homme, roi ou empereur, fait abandon, renonciation de la souveraineté. On voit par là que les abdications relèvent essentiellement de l'ancien droit dynastique et monarchique, et sont en contradiction manifeste avec le nouveau droit décrété par la Révolution. Ainsi toutes les questions jadis si graves qui se rapportaient à l'abdication des rois paraissent aujourd'hui futiles, en tout cas d'un intérêt qui va sans cesse en décroissant.

Mais à étudier l'histoire des abdications, dans leurs causes et dans leurs effets, les esprits portés à la méditation peuvent trouver profit et plaisir. En parcourant les annales du monde, on verrait que les abdications n'ont été le plus souvent pour les princes qu'un acte trompeur à l'aide duquel ils ont espéré de cacher à la postérité comme à leurs contemporains la nécessité cruelle où ils se sont trouvés de rendre leur sceptre à un ennemi triomphant ou bien à leurs peuples révoltés. Les abdications volontaires sont rares ; presque toutes ont été forcées ; et il serait plus juste et plus digne de l'histoire de les appeler des *dépositions*. Sylla, le dictateur, abdique sa terrible puissance, et rentre dans sa maison privée, après avoir fait trembler tous les Romains. Mais combien y a-t-il eu d'hommes de la trempe de Sylla? Cette orgueilleuse nature en a imposé même à Montesquieu, qui lui donne un beau rôle dans son *Dialogue de Sylla et d'Eucrate*; et l'abdication de Sylla passe aujourd'hui pour la plus libre qui ait été jamais accomplie, avec celle de l'empereur Dioclétien. En 305 après J.-C., Dioclétien, maître de l'univers, abdique la puissance impériale, et, se retirant comme un philosophe dans son petit jardin de Salone, s'occupe à y soigner des laitues. « J'ai passé soixante-sept ans sur la terre, disait-il quelque temps avant de mourir, et j'en ai vécu sept. » Ces sept années de vie véritable dataient de son abdication. C'est une belle parole que celle de Dioclétien ! Mais, comme le dit Montesquieu par la bouche du sage Eucrate : « Nous avons bien vu de grands hommes peu touchés du vain éclat et de la pompe qui entourent ceux qui gouvernent; mais il y en a bien peu qui n'aient été sensibles au plaisir de gouverner, et de faire rendre à leurs fantaisies le respect qui n'est dû qu'aux lois. »

Les fantaisies des rois ! Hélas ! elles se retrouvent jusque dans leur abdication. C'est par la fantaisie que longtemps on a expliqué l'abdication de Charles-Quint, laissant là l'empire du monde pour s'en aller remonter des horloges au monastère de Saint-Just, et assister sous le drap mortuaire à ses propres funérailles (1556). « Il y a aujourd'hui un an, » disait le cardinal de Granvelle au fils de Charles-Quint, « que l'empereur abdiqua. » — « Il y a aujourd'hui un an qu'il s'en repent, » répondit Philippe II. Ces paroles, si souvent citées, laissent voir dans l'abdication de Charles-Quint il y avait autre chose qu'une libre détermination de son esprit. Des documents récemment mis au jour (voir là-dessus les travaux de M. Mignet avec les pièces à l'appui) ont prouvé que Charles-Quint avait été sinon contraint, au moins invité à déposer la couronne. Quoi qu'il en soit, il est certain que Charles-Quint regrettait le parti qu'il avait adopté. Un caprice l'avait fait rentrer dans l'obscurité; son orgueil plus que sa sagesse contribua sans doute à l'y retenir. Et Christine de Suède qui abdiqua (1654) sous prétexte de courir par toute l'Europe à la recherche des hommes de science et de génie ! Sa résolution ne fut pas plus tôt prise qu'elle eut l'envie de remonter sur un trône : elle voulut avoir celui de Pologne. Et pourquoi non ? Christine de Suède, à Fontainebleau, faisant assassiner Monaldeschi, montrait assez qu'elle n'avait pas tout à fait perdu dans le commerce des savants en *us* l'instinct et les habitudes du pouvoir.

Ainsi donc, à peine trois ou quatre abdications volontaires dans toute l'histoire ! Après y avoir ajouté la plus sincère de toutes, celle de Guillaume Iᵉʳ, roi des Pays-Bas, qui renonça à la couronne, pour vivre sérieusement dans la retraite, il faudrait peut-être parler de celle du vieux roi Louis Iᵉʳ de Bavière, qui, dans notre temps, abandonna le rang suprême à son fils Maximilien II, pour jouir en paix du droit d'aimer librement la célèbre danseuse Lola Montès, donnant ainsi la mesure du prix que les rois eux-mêmes attachent à leur puissance. Au fond, toutes les autres abdications ont été forcées. Croit-on, par exemple, pour ne prendre que les plus importantes de notre siècle, que c'est volontairement que Napoléon abdiquait à Fontainebleau en 1814 et à Paris en 1815 ? Toute l'Europe le pressait, l'épée dans les reins; et la France, qu'il avait épuisée et meurtrie, ne le soutenait plus. Et Victor-Emmanuel Iᵉʳ, roi de Piémont, qui abdique en 1821 ! Est-ce volontairement ? Oui, dit-il, parce qu'il aime mieux abdiquer que d'*octroyer* à ses sujets, à l'imitation de Louis XVIII de France, une constitution qui empiéterait sur ses droits de souverain légitime. Mais on sait ce que cela veut dire. Il aime mieux abdiquer que de perdre la couronne qui est menacée sur sa tête. Victor-Emmanuel Iᵉʳ se retire afin de ne pas donner de constitution. Charles X abdique (1830) pour avoir tenté de retirer celle que son frère a donnée et que lui-même a juré de maintenir. Louis-Philippe, en 1848, abdique sous la pression de la nécessité, exactement comme son cousin qu'il avait remplacé sur le trône. Ces deux abdications offrent ce point de ressemblance que toutes deux ont été signées au milieu d'une révolution, et qu'à toutes deux la colère du peuple a répondu par le mot terrible, qui a si souvent retenti aux oreilles des rois dans notre temps : *Il est trop tard!* Il y a cependant cette différence entre elles : c'est que celle de Charles X et du duc d'Angoulême en faveur du duc de Bordeaux est un acte de renonciation pure et simple, tandis que celle de Louis-Philippe en faveur du comte de Paris, est déjà quelque chose de moins, au point de vue du droit dynastique. C'est une sorte de déclaration, avec un vœu : « Puisse mon petit-fils réussir dans la grande tâche qui lui échoit aujourd'hui ! » On ne reconnaît plus ici l'accent du droit divin, et la royauté y est déjà considérée comme une magistrature, tant il est vrai que le prestige monarchique incline à disparaître! Quand Charles-Albert de Piémont, le malheureux vaincu de Novare, abdique (1849) pour s'en aller mourir en Portugal de désespoir et de deuil, ce n'est pas volontairement qu'il fait un tel sacrifice. Et si le vieil empereur Ferdinand Ier d'Autriche vit aujourd'hui retiré dans le château féodal de Prague, depuis son abdication du 2 décembre 1848, c'est que le conseil de famille des Habsbourg a décidé qu'à sa place un archiduc plus jeune et plus vigoureux, son neveu François-Joseph, monterait sur le trône, afin de porter plus vaillamment avec la force de la jeunesse le poids des affaires de l'empire, et d'infuser en quelque sorte un sang nouveau à la vieille Autriche.

Il n'est donc que juste de dire que l'abdication, c'est tout simplement l'abandon par les dépositaires d'un pouvoir qu'ils ne peuvent plus conserver. Il y a plus : par cela que les princes, dans la plupart des cas, ne signent leur abdication qu'à contre-cœur, on doit conclure qu'ils ne renoncent jamais complétement à l'espoir de remonter sur le trône. De rois qu'ils étaient, ils deviennent prétendants, et passent leur temps à fomenter les agitations et les intrigues, à la faveur desquelles ils pourront reprendre la haute situation que les circonstances les ont forcés d'abandonner. Ainsi naissent les querelles dynastiques si souvent signalées par les publicistes au premier rang des fléaux engendrés par les institutions monarchiques. Souvent même les abdications n'ont lieu que pour mettre en scène des prétendants plus hardis et plus jeunes que ceux qui se regardent comme les dépositaires de la souveraineté. L'Europe en a, dans ce moment même, un exemple sous les yeux. On a vu récemment (1868) don Juan de Bourbon, de la branche masculine des Bourbons d'Espagne, abdiquer ses prétendus droits à la couronne d'Espagne en faveur de son fils don Carlos, afin de permettre à ce prince de revendiquer le trône vacant depuis la chute de dona Isabelle II, et de concentrer sur sa tête toutes les sympathies du parti légitimiste en Europe.

Il va sans dire que, depuis la Révolution et la proclamation du principe de la souveraineté populaire, toutes les abdications de princes n'ont plus qu'une valeur purement nominale. Devant la conscience des peuples modernes il ne peut y avoir qu'un seul droit. C'est le droit que les nations possèdent de se gouverner elles-mêmes, en dehors et au-dessus de toutes les prétentions dynastiques. Comme le disent les constitutions révolutionnaires, la souveraineté réside dans le peuple. Ce n'est pas tout. Quoiqu'il soit possible de prétendre dans le domaine de la théorie, que chacun des citoyens d'un État est dépositaire de sa part de souveraineté, il ne serait pas conforme aux principes de soutenir qu'un citoyen, en renonçant à l'exercice de son droit de citoyen, abdique ce droit. Les législateurs de la

Révolution, allant plus loin, ont même pris soin de déclarer que la souveraineté du peuple est, de sa nature, inaliénable et imprescriptible. Il résulte de là qu'une nation où le principe de la souveraineté populaire est la base du droit public, ne peut jamais être considérée comme ayant, par un acte quelconque ou même par plusieurs actes réitérés, abdiqué la souveraineté d'elle-même. Autrefois, dans les cités antiques, il est arrivé que plus d'un citoyen, parmi les plus illustres, en se condamnant à un exil volontaire, a réellement abdiqué ses droits de cité. C'est ce que Scipion, le second Africain, réfugié à Linternum, exprimait par ces mots amers, gravés par son ordre sur la pierre de son tombeau : « Ingrate patrie, tu n'auras pas mes os! » Au XVIIIe siècle, J.-J. Rousseau, le citoyen de Genève, a pu encore abdiquer ses droits de cité. Aujourd'hui ce genre d'abdication ne se comprendrait plus que sous la forme d'un acte de renonciation à la nationalité, et aux prérogatives qu'elle confère. Mais d'abdication proprement dite, au sens exact de cette expression, il ne saurait plus être question ni pour un individu ni pour un peuple.

En dépit de cette théorie toute juridique, il peut arriver qu'une grande nation, saisie tout à coup d'une grande défaillance, sous l'empire de la peur, renonce à l'exercice de sa souveraineté, et, se jetant dans les bras d'un homme, lui remette entre les mains tous ses droits, avec le pouvoir de les exercer. C'est là un phénomène qui relève de l'ordre moral, qui mérite l'attention des hommes d'État et des historiens, mais qui n'entame par aucun point le principe de la souveraineté populaire. Tôt ou tard, les nations qui se laissent aller à de telles faiblesses, se remettent de ces défaillances et secouent cet état de violente prostration. On ne peut pas dire que ces nations ont abdiqué; on doit dire que, succombant sous les coups de la mauvaise fortune, elles attendent dans le silence et dans une résignation qui n'est qu'apparente, l'heure de se relever pour la liberté et de reprendre possession d'elles-mêmes.   E. SPULLER.

ABÉLIENNES (ÉQUATIONS, FONCTIONS). — De nombreux travaux, parmi les plus importants que l'analyse mathématique ait fournis dans ces quarante dernières années, ont leur point de départ dans les découvertes réalisées, en algèbre et en calcul intégral, par *Abel*, jeune norwégien, mort en 1829, à l'âge de vingt-sept ans, et dont le nom, illustre parmi les géomètres, mérite d'être connu de tous ceux qu'intéresse le progrès des sciences abstraites. Après avoir, le premier, démontré rigoureusement l'impossibilité de résoudre par radicaux les équations générales d'un degré supérieur au quatrième, il découvrit une classe étendue d'équations non générales dont la résolution est possible, ou peut du moins être ramenée à celle d'équations de degré moindre. Le caractère essentiel de ces équations, que l'on désigne aujourd'hui sous le nom d'équations abéliennes, consiste en ce que deux racines y sont liées de manière que l'une d'elles puisse s'exprimer rationnellement par l'autre. Parmi les recherches sur cet objet, que la découverte d'Abel a provoquées, et qui ont illustré plus d'un nom contemporain, il est juste de citer au premier rang celles du républicain *Évariste Galois*, qui, bien qu'à peine âgé de vingt et un ans, lorsqu'il fut tué en duel en 1831, a mérité d'être compté parmi les géomètres les plus profonds que la France ait produits.

En calcul intégral, après avoir, concurremment avec *Jacobi*, poussé dans des voies nouvelles la théorie des fonctions elliptiques par la découverte de la double périodicité, *Abel* énonça et démontra un théorème très-général, relatif à toutes les fonctions dont la dérivée est algébrique. Par là, il introduisit en analyse toute une classe nouvelle de transcendantes devenues depuis lors l'objet de recherches savantes et fécondes. Ce sont ces transcendantes auxquelles on donne le nom de *fonctions abéliennes*. TH. MOUTARD.

ABERRATION. — ASTRONOMIE. — Mouvement apparent périodique en vertu duquel chaque étoile oscille autour de sa position vraie, et décrit, dans l'intervalle d'une année, une ellipse dont le grand axe, parallèle au plan de l'écliptique, a une valeur constante d'environ 41″.

La découverte de l'aberration (1727) est due à l'astronome anglais Bradley, à qui revient aussi l'honneur d'avoir reconnu que c'est un effet du mouvement annuel de translation de la Terre, combiné avec le mouvement successif des ondes lumineuses. C'est en cherchant toute autre chose que l'oscillation apparente constituant l'aberration, que Bradley découvrit cette dernière, circonstance qui se présente fréquemment dans l'histoire des sciences. Le but qu'il s'était proposé était de constater le déplacement annuel qu'une étoile doit subir, par le fait seul de la translation de notre planète autour du Soleil, ce qu'on nomme en astronomie sa *parallaxe*; de la connaissance de la parallaxe devait résulter celle des distances des étoiles à la Terre, distances sur lesquelles on n'avait alors que des données très-vagues. Outre l'intérêt que cette recherche présentait en elle-même, les astronomes espéraient y trouver un témoignage direct de la réalité du mouvement de la Terre.

Bradley se mit donc, vers la fin de 1725, à observer les distances zénithales de l'étoile la plus brillante de la constellation du Dragon, à l'aide d'un cercle nouvellement construit par le célèbre Graham, et dont l'installation à Kew était due à un amateur astronome, Molyneux. Il ne tarda point à reconnaître dans l'étoile observée des mouvements qu'il attribua d'abord aux erreurs d'observation ; mais la persistance de ces mouvements et leur régularité ne lui laissèrent bientôt plus de doute sur la réalité de leur existence. Seulement, ce qui le surprit beaucoup, c'est que ces mouvements s'effectuaient en sens contraire du déplacement qui aurait dû produire une parallaxe annuelle. La précision de l'instrument ayant été vérifiée, il s'agissait pour Bradley de trouver la cause du mouvement apparent de l'étoile, qui au bout de douze mois était précisément revenue occuper sa première position.

Il songea d'abord à une nutation ou balancement de l'axe de rotation de la Terre; mais la comparaison du mouvement apparent de l'étoile avec celui d'une autre étoile de la même constellation qui, ayant à peu près même déclinaison, mais une ascension droite opposée, aurait dû éprouver des déplacements pareils, le fit renoncer à cette hypothèse. Il accumula des observations nouvelles, et enfin la discussion des résultats l'amena à cette conclusion, que le phénomène constaté était dû à la transmission progressive de la lumière combinée avec le mouvement annuel de la Terre dans son orbite.

Voici comment on rend compte du mouvement apparent connu sous le nom d'*aberration de la lumière*. Soit E la position réelle d'une étoile et T celle de la Terre. Si l'œil d'un observateur qui regarde l'étoile à la station T était immobile, il verrait le point lumineux dans la direction ET de la route suivie par les rayons de lumière qui en émanent à tout instant. Mais l'œil se meut suivant la direction TA de la tangente à l'orbite terrestre, et son mouvement se combine nécessairement avec celui de la lumière : les choses se passent dès lors comme si, l'observateur restant immobile, le rayon lumineux était animé d'un double mouvement : l'un qui lui fait parcourir, dans sa propre direction, l'intervalle TC, en une seconde par exemple; l'autre qui, dans le même temps, l'entraînerait, en sens contraire du

mouvement de la Terre, et lui ferait parcourir TA', TA' étant en grandeur l'espace
que franchit la Terre en une seconde.

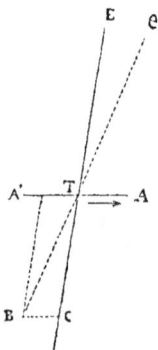

Pour avoir la direction apparente du rayon lumineux,
celle suivant laquelle l'œil voit l'étoile, il faut, selon les
règles de la mécanique, construire un parallélogramme
avec les deux lignes TC et TA', et la diagonale TB donnera
la direction cherchée. C'est donc dans la direction T*e*, prolongement de TB, que l'observateur verra l'étoile, qui
subit ainsi une déviation mesurée par l'angle ET*e*, qu'on
nomme pour cela l'*angle d'aberration*.

La valeur de l'angle d'aberration dépend, comme on
le comprendra aisément, de deux éléments : l'un, constant
ou à peu près, est le rapport de la vitesse de translation
de la Terre avec la vitesse de propagation de la lumière;
l'autre élément, variable d'une étoile à l'autre, est la position de l'étoile, relativement au plan de l'écliptique et à
la direction de la Terre à l'époque où l'on observe.
En tenant compte de ces deux éléments, on trouve qu'en une année, une étoile
quelconque semble décrire une ellipse. Le grand axe de cette ellipse a une valeur
constante d'environ 41″, et il est parallèle au plan de l'orbite de la Terre; quant
au petit axe, constamment dirigé vers le pôle de l'écliptique, il varie de grandeur
selon la latitude céleste de l'étoile considérée; cette latitude est-elle de 90°, ce qui
arrive pour une étoile située à ce pôle même, le petit axe est égal au grand axe
et l'ellipse devient un cercle; est-elle nulle, le petit axe est nul, ce qui revient à
dire que les étoiles situées dans le plan de l'écliptique oscillent suivant des lignes
droites; si la latitude est comprise entre ces valeurs extrêmes, l'ellipse est d'autant plus aplatie que la latitude de l'étoile est plus petite. Enfin, circonstance
importante à noter, quand on compare les positions de l'étoile sur l'ellipse
d'aberration et de la Terre sur sa propre orbite, on trouve toujours que la première est de 90° en avant de la seconde.

Toutes ces circonstances sont en parfait accord avec la théorie; et la valeur de la
constante de l'aberration, ou du demi-grand axe des ellipses apparentes que décrivent
les étoiles, valeur déduite des observations, est celle que donne précisément le
rapport des vitesses de la lumière et de la Terre. Depuis Bradley, cette constante a
été l'objet de recherches qui en ont fixé la valeur au nombre 20″.445 (Peters,
W. Struve); et le rapport qu'on en déduit pour les vitesses comparées de la lumière
et de la Terre, montre que notre planète a une vitesse moyenne 10,000 fois moindre
que celle des ondes lumineuses, résultat confirmé par les autres données de la
physique et de l'astronomie. (Voyez *Lumière, Soleil, Parallaxe*.)

On peut du reste se faire, sans démonstration mathématique, une idée très-juste
du phénomène de l'aberration, par nombre d'expériences familières. Prenons-en
une pour exemple. Supposons un observateur en wagon, au moment où la pluie
tombe verticalement. Si le wagon est d'abord immobile, l'observateur en regardant
tomber la pluie par la portière, verra les gouttes descendre suivant une direction
verticale, qui est, en effet, leur direction réelle. Le wagon vient-il à se mettre en
route, avec une vitesse lente d'abord, puis plus rapide, la pluie lui paraîtra peu
à peu tomber obliquement et les gouttes tomber de l'avant vers l'arrière, d'autant
plus inclinées que la vitesse du train sera plus rapide. Si la vitre de la portière
est fermée, les gouttes y marqueront des empreintes rectilignes obliques, comme
si elles étaient poussées par un vent de plus en plus violent; que la vitesse de

marche vienne à se ralentir et le wagon à s'arrêter, le phénomène se passera en sens inverse, et la pluie reparaîtra verticale comme auparavant, comme elle n'a cessé de tomber par hypothèse. Dans une voiture ouverte par devant, le voyageur en repos serait parfaitement à l'abri; il serait au contraire mouillé par les gouttes au-devant desquelles il marche, si la voiture venait à se mouvoir; c'est une expérience que chacun de nous peut faire aisément, et c'est un exemple de la combinaison de deux mouvements indépendants, entièrement analogue à celui de la combinaison des mouvements de la lumière et de la Terre, dans le phénomène de l'aberration.

Les planètes, le Soleil, les comètes sont sujets à l'aberration, comme les étoiles proprement dites; le Soleil étant toujours dans l'écliptique, sa longitude seule en est affectée. Quant aux planètes et aux comètes, comme elles sont elles-mêmes en mouvement, il y a un autre déplacement apparent qui se mêle à celui de l'aberration, mais avec lequel il ne faut pas confondre ce dernier; c'est celui qui provient du temps que la lumière met à nous parvenir et qui nous fait voir constamment la planète dans la position qu'elle occupait, avant l'époque de l'observation, au moment du départ du rayon lumineux.

L'aberration dépendant de la vitesse de l'observateur, telle qu'elle existe réellement dans l'espace en grandeur et en direction, il y aurait lieu de tenir compte de la translation du système solaire, qui entraîne tous les astres de ce système, et par conséquent la Terre, dans la direction de la constellation d'Hercule; il faudrait tenir compte aussi du mouvement de rotation de notre globe; mais le premier de ces mouvements est encore peu connu; la lenteur relative du second, même à l'équateur où sa vitesse est maximum, empêche que son influence soit sensible. Aussi ne tient-on compte ni de l'un ni de l'autre dans les formules d'aberration qui servent à corriger la longitude et la latitude, l'ascension droite et la déclinaison des étoiles, pour obtenir leurs positions vraies.

La découverte du phénomène de l'aberration et la détermination précise de sa valeur et de ses lois, a été d'une grande importance pour les progrès de l'astronomie, tant planétaire que sidérale. A l'époque où elle fut faite, elle fut une preuve de plus et une preuve directe, non-seulement de la réalité du mouvement de la Terre, mais aussi de celle du mouvement progressif de la lumière, que Rœmer venait de découvrir. La correction systématique qui en était la conséquence, permit d'obtenir des catalogues d'étoiles d'une précision jusqu'alors inconnue, et que la découverte de la nutation par le même Bradley accrut encore. De là, la possibilité de déterminer avec plus de rigueur les mouvements des planètes, de calculer leurs perturbations réciproques, et d'asseoir la mécanique céleste sur des bases solides.

D'autre part, les mouvements des étoiles prétendues fixes étant reconnus, une part en fut faite à la précession, à la nutation, à l'aberration de la lumière : le résidu resta donc livré plus nettement aux investigations des astronomes. La solution du problème de leurs distances à la Terre devint possible; l'étude de leurs mouvements propres fit reconnaître qu'elles se meuvent réellement dans l'espace, et qu'en outre elles subissent un mouvement d'ensemble, mouvement apparent dû à la translation du système solaire tout entier.

Enfin, l'aberration a permis encore de déterminer directement la distance de la Terre au Soleil, sans recourir aux méthodes purement astronomiques; en effet, la constante de l'aberration prouve, comme nous l'avons vu plus haut, que la vitesse moyenne de la Terre dans son orbite est environ 10,000 fois celle de la lumière. Il suffisait donc de mesurer celle-ci directement à la surface de la Terre pour en déduire la première : cette mesure directe a été obtenue récemment par MM. Fizeau et Foucault. Dès lors, un calcul facile donne les dimensions de l'orbite terrestre, et par suite celle du rayon vecteur moyen qui joint le centre de notre planète à celui du Soleil.   AMÉDÉE GUILLEMIN.

ABJURATION. — *Abjurare,* d'où sont venus en français abjurer et abjuration, signifiait chez les Latins : nier une dette ou un gage avec serment. Abjuration chez nous exprime l'action de renier publiquement la religion dans laquelle on vivait pour en embrasser une autre. Un homme qui abjure est toujours sûr de mettre aux prises les prêtres de la religion qu'il quitte avec ceux de la religion qu'il prend, et d'être l'occasion d'un conflit théologique. Il peut être sûr encore d'une autre chose : c'est que ceux qu'il abandonne attribueront son changement aux motifs les plus vils, et que ceux qu'il aborde ne verront rien de si pur et de si beau que ce même changement.

Qu'un homme professe une religion de son premier jour à son dernier, sa constance ne sera pas un témoignage bien convaincant de la vérité de cette religion ; mais qu'un autre homme l'adopte tout d'un coup, après en avoir longtemps suivi une différente, il la rendra plus probable ou plus sûre aux yeux de bien des gens. C'est un résultat vraiment étrange qu'on puisse, par cela même qu'on se montre changeant, accréditer ses opinions.

Il est impossible de dire tout ce que la manie d'opérer des abjurations, des conversions, a fait faire de bassesses, de folies et de crimes. Encore aujourd'hui, que ne feraient pas certains prêtres pour s'introduire dans la maison d'un homme célèbre, connu comme incrédule, et pour lui arracher une rétractation. Il a fallu qu'un certain nombre d'amis se rangeassent résolûment autour du lit de mort de Lamennais et, se tenant étroitement, formassent un cordon solide ; sans cela le mourant eût été en proie à d'irréfrénables convertisseurs. Montesquieu, Voltaire, sans parler de bien d'autres, ont souffert cet ennui suprême. Il y a des catholiques qui ont l'esprit si singulièrement fait qu'ils prétendent tirer avantage pour leur foi de ces conversions *in extremis.* Ils s'imaginent qu'un homme qui a dit quelques vérités dans sa vie peut les changer en faussetés s'il les renie avant de mourir. Ne dirait-on pas que la vérité est comme un pot de terre que son auteur conserve ou brise à son gré? Quand donc certaines gens comprendront-elles que la vérité n'a pas besoin que son inventeur même lui soit fidèle, et que cela importe vraiment bien peu, si ce n'est à la gloire de l'inventeur. Le bel argument que de dire : Cette opinion de Voltaire a été abandonnée par lui-même !

Aujourd'hui, les religions européennes ont peu d'effet les unes contre les autres; on voit peu de gens abjurer une de ces religions pour en prendre une autre. Il n'y a presque plus que des sauvages, des nègres ou de jeunes Chinois qui abjurent, et encore ces abjurations, vues de près, sont-elles de véritables comédies : « Si je fais ce que tu veux, qu'est-ce que tu me donneras à manger? dit l'Australien au missionnaire. — Je te donnerai du mouton, répond l'autre. — C'est bien, dit l'Australien, » et il se laisse baptiser, en rêvant de côtelettes. Le nègre d'Afrique, le peau-rouge de l'Amérique du Sud préfèrent les arguments faits d'une matière plus durable ; un miroir, un couteau, des verroteries leur paraissent plus probants. Il y en a qui ont reconnu que Jésus-Christ était Dieu à ce qu'on leur donnait un simple bouton de métal. Assurément on ne peut pas croire à moins de frais; c'est bien là le dernier terme et le triomphe de la foi. Ailleurs, on inculque la vérité de la religion à coups de nerfs de bœuf, et on amène les sauvages à conclure de la supériorité du bras à celle de l'intelligence. Cette dialectique au reste n'a rien de neuf. L'apôtre saint François Xavier, qui convertit aux Indes tant de gens, sans qu'ils s'en doutassent, disait déjà : « Pour faire quelque chose de bon ici, il faudrait avoir des mousquets placés derrière nos catéchumènes. »

Il faut dire quelques mots des abjurations restées célèbres. Clovis abjura le paganisme et fut le premier des rois très-chrétiens. Il fut aussi l'assassin d'une demi-douzaine de Franks qui l'empêchaient de régner sur toute sa bande, ce qui prouve qu'on ne se convertit pas à l'humanité aussi aisément qu'au catholicisme. Henri VIII, roi d'Angleterre, abjura la religion catholique, en premier lieu pour pouvoir épouser Anne Boleyn et en second lieu pour suivre un culte dont il serait l'inventeur et le chef, comparable en ce dernier point à Calvin, à Luther, à Swingle, etc. Il est certain qu'à changer de religion, le plus sûr c'est de faire soi-même et pour soi celle dont on désire désormais se servir. L'Angleterre se convertit à la suite de son roi par un motif très-simple : elle était excédée de l'ancienne religion, surtout de ses prêtres ; elle crut trouver mieux son compte avec la nouvelle : tout ce qui est nouveau est beau.

Le seul roi dont le peuple ait gardé la mémoire, Henri IV, se permit plus d'abjurations qu'il ne serait séant à un particulier ; car, tout bien compté, il abjura deux fois la religion protestante et une fois la catholique. Il est vrai que sa première abjuration ne fut pas tout à fait volontaire ; c'était au lendemain de la Saint-Barthélemy ; on venait de fusiller dans les rues, de jeter à l'eau, ou d'égorger dans leurs lits des milliers de ses coreligionnaires. Etait-il plus convaincu de la vérité de la religion catholique la seconde fois qu'il l'embrassa ? On sait qu'avant de se convertir, il eut la patience d'écouter, dans de longues conférences, les arguments des docteurs catholiques. Ils ne réussirent pas, ce semble, à lui persuader qu'ils avaient raison, mais ils réussirent à lui faire voir que les ministres protestants n'avaient pas beaucoup raison non plus. Il en eut moins de répugnance à *faire le saut,* que d'ailleurs il était d'avance résolu à faire, on sait bien par quels motifs. Henri IV dut à ces docteurs le double avantage de devenir roi absolu et simple déiste.

Christine, fille de Gustave-Adolphe et reine de Suède, mais reine qui venait d'abdiquer, abjura publiquement le luthéranisme à Insprück, en 1655, pour embrasser le catholicisme. Cette conversion fit en son temps la joie de toutes les âmes dévotes, comme prouvant invinciblement la supériorité du catholicisme sur le luthéranisme. Les luthériens furent obligés, pour parer l'argument, de répondre que la reine ne croyait réellement à rien, et qu'ainsi sa conversion ne prouvait rien. On n'a jamais bien su les motifs de cette démarche : peut-être celui qui a dit que les ministres protestants avaient bien ennuyé la pauvre reine, en la prêchant, a-t-il dit la véritable raison. Une chose serait plus importante à savoir ; c'est à quoi croyait réellement cette reine, le jour où elle fit donner un coup d'épée à Monaldeschi. Au sujet de Christine et de Clovis, il y a une même observation à faire, c'est que le catholicisme n'a pas toujours de la chance. Ce roi et cette reine auraient vraiment bien dû commettre leurs crimes avant leur abjuration et non après ; on aurait pu prétendre que le catholicisme les avait rendus meilleurs.

L'illustre Turenne abjura le protestantisme pour être de la même religion que son roi. Dans le même temps, une multitude de protestants firent comme lui, mais pas par les mêmes raisons. Personne n'ignore ce que c'est que la révocation de cet édit de Nantes qui permettait aux protestants le libre exercice de leur culte. Ce qu'on sait moins, c'est que même avant la révocation le roi et ses ministres avaient déjà arrangé les choses de manière qu'il fût très-gênant et très-nuisible de demeurer protestant. Ils avaient tout simplement interdit aux sectateurs de cette religion d'abord tel métier, puis tel autre, puis encore un troisième, etc.

Bien des gens se trouvèrent ainsi placés entre l'alternative de mourir de faim ou d'abjurer, mais d'ailleurs on ne les forçait pas; ils étaient libres de choisir le premier parti comme plus avantageux. Enfin on en vint à la révocation. Il fut défendu absolument de professer la religion calviniste, puis ordonné absolument de professer la religion catholique. Trois moyens furent employés pour amener les protestants au pied des autels du Dieu très-miséricordieux : l'argent, les dragons, les enlèvements d'enfants. Pellisson, un protestant converti, fut chargé de payer la complaisance des protestants qui voudraient bien faire ce qu'il avait fait. Il obtint pas mal de conversions pour peu d'argent. Il y eut des abjurations de dix francs et même de cent sous : tant la vérité de la religion catholique a d'empire sur les cœurs !

On verra dans un autre article ce que furent les enlèvements d'enfants protestants, et de quels syllogismes vainqueurs usèrent les dragons; nous ne pouvons pas nous étendre sur ce sujet dans cet article-ci. Mais nous pouvons nous demander si les convertisseurs avaient la naïveté de croire qu'il n'y a qu'à obliger les gens à dire noir au lieu de blanc, pour qu'ils voient aussitôt noir ce qui leur paraissait blanc ? Ce n'est pas probable. Les apologistes de la révocation, qui sont aussi ceux de la Saint-Barthélemy et autres belles œuvres de ce genre, disent : « En forçant les protestants à professer la religion catholique, on n'espérait pas les rendre tout de suite catholiques intérieurement; ce qu'on voulait et ce qu'on obtenait très-bien par là, c'est qu'ils ne donnassent pas un exemple corrupteur; on sauvait ainsi l'âme de ceux qu'ils auraient pu entraîner dans leur erreur par leurs paroles ou par leurs actes ! » A la bonne heure! voilà une explication! Quant à une justification, ce serait chose plus malaisée. J'y vois plusieurs impossibilités morales. Et par exemple, est-il permis de forcer un homme à mentir, ce qui a toujours passé pour vice ou pour péché, et de dépraver cet homme à fond, en vue de sauver le moral de son voisin ? Qu'on nous résolve d'abord ce point; après cela, il en restera encore assez d'autres.   P. LACOMBE.

ABRÉVIATIONS. — Dès que l'usage de l'écriture se fut répandu dans le monde, la difficulté de graver sur les substances dures, comme le marbre ou le bronze, le prix élevé des matières sur lesquelles on écrivait à l'aide du pinceau ou du roseau, enfin la nécessité d'épargner le temps engagèrent ceux qui se chargeaient de ce travail à recourir à des procédés plus expéditifs que l'écriture ordinaire.

Le système d'abréviations à la fois le plus rapide et le plus ancien est celui des *sigles*. On appelle *sigle* (de *sigillum*, diminutif de *signum*) la lettre initiale d'un mot, lorsqu'on emploie cette lettre à la place du mot lui-même, ex. : S. pour *Salutem*, H. pour *Henricus*. On désignait d'ordinaire certaines formules, les invocations et les expressions consacrées par plusieurs sigles consécutifs, ex. : D. G., *Dei gratia*, R. I. P., *Requiescat in pace*, S. V. B. E. E. Q. V., *Si vales, bene est, ego quoque valeo*. Lorsque les initiales sont doubles (*sigles répétés*) elles indiquent le plus souvent que le mot doit être pris au pluriel, ex. : DD., *Domini*, NNR., *nostrorum*; ou quelquefois au superlatif : SS., *sanctissimus*. Lorsque le mot représenté en sigle était féminin, on renversait l'initiale : Ɔ, *carissima*, Ɯ, *Marca*. — Ce genre d'abréviations était connu des Hébreux. C'est dans ce sens qu'on entend ces paroles de David : *Lingua mea calamus scribæ* velociter scribentis. L'origine commune de l'alphabet grec et de l'alphabet hébreu ne permet pas de douter que les Grecs aient aussi connu les sigles. On a cru d'ailleurs en apercevoir un indice dans les chiffres attiques. Les Romains ont fait usage des sigles dès les premiers temps de leur histoire. Valerius Probus raconte que, longtemps avant l'introduction des signes abréviatifs appelés *notes tironiennes*, ils avaient pris l'habitude d'écrire certains mots et certains noms seulement par leurs lettres initiales, afin que ceux qui écrivaient, surtout dans le Sénat, pussent le faire avec plus de rapidité. Les sigles étaient également usités dans les lettres, et Aulu-Gelle nous apprend que César s'en servait dans sa correspondance. Au moyen âge, l'usage des sigles se répandit universellement; on s'en servit dans les affaires publiques et privées, dans les inscriptions, les manuscrits, les lois, les discours, la correspondance. Si l'on considère que la seule lettre P avait plus de quatre-vingts significations usuelles, on concevra aisément les inconvénients qui devaient résulter de l'usage immodéré des sigles. Employés sans discernement dans un manuscrit, ils en rendaient souvent la lecture impossible à ceux qui ne le possédaient pas par cœur. On rencontre fréquemment dans les manuscrits des versets de la Bible indiqués par les initiales de chaque mot, et dans le Virgile d'Asper on trouve des vers entiers écrits en sigles; le premier vers de la première églogue est ainsi écrit : *Tityre*, T. P. R. S. T. F. Au vi⁰ siècle, Justinien, frappé de ces inconvénients, voulut y remédier en ce qu'ils avaient de plus dangereux, et interdit l'usage des sigles dans les livres de droit. Dans les temps modernes, on a cessé de se servir des sigles. On en a seulement conservé quelques-uns qui sont familiers à tout le monde et ne donnent lieu à aucune confusion : J.-C., Jésus-Christ, S. M., Sa Majesté.

Comme on le voit, les sigles ne répondaient pas complétement au besoin qui les avait fait créer. Les employait-on avec discrétion? la rapidité était loin d'être satisfaisante. Les prodiguait-on? l'écriture devenait indéchiffrable. Les Grecs imaginèrent un autre système d'abréviations, une sorte de sténographie, qu'ils appelaient séméiographie. Plutarque nous a conservé les caractères de cette écriture avec leur signification. Xénophon fut, dit-on, le premier qui s'en servit pour recueillir l'enseignement de Socrate. De Grèce, cet art passa à Rome, où il fut introduit par Ennius. Dans la suite, Tullius Tiro, affranchi de Cicéron, y apporta de grands perfectionnements, ce qui a fait désigner ces caractères sous le nom de *notes tironiennes*. Elles servaient pour recueillir les discours prononcés dans le Sénat. C'est ainsi que nous est parvenue la réponse de Caton à César, dans la discussion sur la conjuration de Catilina. Par suite de perfectionnements successifs, le nombre des *notes* s'élevait, au temps de Sénèque, à plus de cinq mille. Dans les premiers siècles de l'ère chrétienne, les notes tironiennes contribuèrent beaucoup à la diffusion de la doctrine nouvelle. Saint Augustin raconte lui-même que ses auditeurs recueillaient en notes ce qu'il disait en chaire. Mais on dut ajouter un grand nombre de signes nouveaux aux signes déjà existants pour exprimer les idées nouvelles. Cette addition eut pour résultat de rendre la lecture des manuscrits écrits en notes tironiennes à peu près impossible, et les prélats qui les avaient d'abord recommandées finirent par les proscrire. On écrivait aussi en notes les brouillons de testaments et d'actes publics; et c'est de là que notre mot *notaire* tire son origine. Au x⁰ siècle, on cessa d'écrire en notes tironiennes, et l'on n'en conserva que quelques-unes qui, combinées avec les lettres de l'alphabet ordinaire, formèrent le système d'abréviations usité jusqu'au xvi⁰ siècle. On peut consulter sur les notes tironiennes l'ouvrage de Dom Carpentier, intitulé : *Alphabetum Tironianum, seu notas Tironis explicandi methodus*, et la *Tachygraphia veterum exposita et illustrata*, par V. F. Kopp, Manhemii, 1817, 2 vol. in-4⁰.

Pour former le système d'abréviations employé dans les chartes et les manuscrits du moyen âge, on eut recours aux procédés les plus divers. Tantôt on retranchait les lettres médiales d'un mot, comme dans *apli*, pour *apostoli* : c'était l'abréviation par contraction. Tantôt on écrivait seulement les premières lettres du mot, comme dans *sol.* pour *solidos :* c'était l'abréviation par suspension. D'autres fois l'abréviation consistait en certains signes ayant la valeur d'une ou de plusieurs syllabes, et qu'on introduisait dans les mots à la place de ces syllabes. On plaçait aussi au-dessus des mots de petites lettres destinées à indiquer l'absence de telle ou telle syllabe ; enfin, on abrégeait à l'aide de signes particuliers tirés des notes de Tiron. Il y a des signes dont la valeur est essentiellement variable, et qui, sans changer de forme, remplacent tantôt une voyelle, tantôt une consonne, ou qui, après avoir tenu lieu d'une seule lettre, en représentent ailleurs deux, trois et même davantage. Il serait impossible de donner ici l'explication des abréviations, même les plus générales. M. Walter, dans son *Lexicon diplomatique,* a publié plus de deux cents planches d'abréviations. On peut consulter pour l'explication des abréviations l'excellent *Dictionnaire des Abréviations latines et françaises* de M. Alph. Chassant. — A mesure que les besoins de l'instruction augmentent et que les manuscrits deviennent plus nombreux, nous voyons les abréviations se multiplier. Avant le vᵉ siècle, elles sont assez rares ; au v�e, elles apparaissent d'une manière sensible. A partir du vIIIᵉ, leur nombre s'accroît considérablement. Au xIᵉ siècle, il n'y a pas dans les manuscrits de ligne où l'on n'en rencontre plusieurs. Le nombre des abréviations mises en usage dans les manuscrits du xivᵉ et du xvᵉ siècle est incalculable. Les abréviations cessent alors d'être soumises à des règles fixes ; elles sont à la volonté de l'écrivain, et leur multiplicité rend les manuscrits qui les renferment d'une lecture très-difficile.

Des manuscrits on a voulu faire passer les abréviations dans les imprimés, afin de pouvoir renfermer plus de matière sous un moindre volume et de mettre les livres, par la modicité de leur prix, à la portée d'un plus grand nombre de personnes. Ainsi on trouve dans la logique d'Okam, imprimée à Paris en 1448, le passage suivant : *Sic hic e fal. sm qd smplr : a e pducibile a Deo : g a e. Et silr hic : a n e : g a n e pducibile a Deo ;* c'est-à-dire : *Sicut hic est fallacia secundum quid simpliciter : A est producibile a Deo : ergo A est. Et similiter hic : A non est : ergo A non est producibile a Deo.* Mais cette tentative n'a pas réussi, et les abréviations ont été bannies des livres imprimés.

Toutefois, on a conservé dans les diverses sciences l'habitude de désigner certains termes usuels par des signes conventionnels. Voici quelques-uns de ces signes :

En médecine, on écrit : *Add.* pour *adde,* ajoutez ; *Coq.* pour *coque,* faites cuire ; *F. s. a.* pour *fac secundum artem,* faites selon l'art ; *Inf.* pour *infundatur,* qu'on fasse infuser ; *Q. p.* pour *quantum placet,* à volonté ; *Q. s.* pour *quantum satis,* quantité suffisante ; *R.* pour *recipe,* prenez ; etc., etc.

En botanique, le signe ☉ signifie plante annuelle ; ♂ plante bisannuelle, ♃ plante vivace ; ♄ plante ligneuse. En zoologie, le signe ♂ signifie mâle : ♀ signifie femelle. En astronomie, on désigne les planètes par les signes suivants ; ☿ Mercure, ♀ Vénus, ♂ Mars, ⚳ Cérès, ⚴ Pallas, ⚵ Junon, ⚶ Vesta, ♃ Jupiter, ♄ Saturne, ♅ Uranus, ♆ Neptune.   Laudy.

ABSENCE. — Dans le langage ordinaire, l'absence est l'état de celui qui n'est pas présent ; dans le langage juridique, l'absence est l'état de ceux qui ont cessé de donner de leurs nouvelles et dont l'existence est incertaine.

Le mot absent, considéré relativement à la prescription, désigne aussi celui qui ne réside pas dans le lieu où il devrait agir, à l'effet d'empêcher qu'on ne prescrive contre lui. La prescription est de dix ans entre présents, de vingt ans entre absents.

On s'accorde généralement à attribuer aux rédacteurs du Code civil toutes les dispositions concernant ceux dont l'existence est devenue problématique; il y a lieu de rectifier cette erreur; les lois des 11 ventôse, 16 fructidor an II et 6 brumaire an V, contiennent des mesures pour la protection des droits et la conservation des propriétés des défenseurs de la patrie ; la loi romaine s'était occupée également du sort des militaires absents. Le principe était que nul ne devait être victime de ses soins pour la chose publique; la faveur de la loi s'étendait aux héritiers du militaire absent; la femme, qui avait suivi son mari absent pour le service de l'État, participait aux mêmes priviléges. Toutes les fois enfin qu'une circonstance majeure, indépendante de la volonté du citoyen romain, avait pu compromettre ses droits ou ses biens, la législation avait créé la fiction du *postliminium* et lui accordait la restitution en entier; tous les actes passés en son absence étaient pour lui non avenus. Ces dispositions essentiellement libérales entravaient la translation régulière de la propriété; un acquéreur pouvait toujours redouter la survenance de celui dont il avait acheté la terre; mais à Rome on n'attachait qu'une médiocre importance à l'activité des transactions immobilières ; les droits d'enregistrement ne figuraient point comme un des éléments essentiels du budget; d'autre part, l'esprit de cosmopolitisme, l'amour des voyages étaient loin d'être aussi répandus que de notre temps.

Nous n'avons pas à entrer ici dans le détail des dispositions du Code civil sur l'*Absence*. Le problème à résoudre était ardu : en mettant la main sur les biens d'un homme disparu, on attente au droit de propriété; d'autre part, en laissant à l'abandon ces mêmes biens, on nuit à l'intérêt des tiers, et aussi, dans une certaine mesure, à l'intérêt général qui souffre des temps d'arrêt subis par la production.

Le Code a résolu la question en multipliant les distinctions et les formalités; la dépossession de l'absent, au profit de ses héritiers présomptifs, commence par être provisoire, et devient peu à peu définitive, à mesure que la probabilité de la mort l'emporte sur la probabilité de la vie. Le Titre de l'*Absence* présente un mécanisme compliqué, où les subtilités et, par suite, les difficultés abondent, ce qui fait l'admiration des gourmets de la jurisprudence, et fournit des sujets inépuisables aux conférences des étudiants en droit. Les hommes pratiques ne professent pas tant d'idolâtrie pour ce prétendu chef-d'œuvre. Ils trouvent qu'il eût été plus simple de donner à un magistrat, jugeant par voie de référé, la faculté d'ordonner les mesures conservatoires nécessitées par la disparition d'un citoyen; cela éviterait des frais, fâcheux pour tout le monde, écrasants pour les pauvres.

Et puis, les lenteurs du Code jurent avec la rapidité actuelle des communications. Les relations internationales se multiplient de plus en plus, les longues traversées, les émigrations même s'opèrent, sur une grande échelle, avec un ordre et dans des conditions de sécurité que nos pères ne soupçonnaient pas. Les choses vont vite et bien quand la véritable science s'en mêle. Il est facile aujourd'hui, grâce à la vapeur et à l'électricité, d'avoir, à de grandes distances, des nouvelles de la plupart des voyageurs; l'incertitude sur l'existence des absents ne subsiste plus au même degré qu'autrefois; la législation qui régit cette matière aurait donc besoin d'une révision sérieuse, et, dût-on procéder par voie de suppression presque complète, le mal ne serait pas grand. Louis Belin.

ABSINTHE. — Du grec ἀ, privatif; ψίνθος, douceur. Le mot absinthe est aujourd'hui un nom générique qui s'applique à diverses espèces d'armoises (*Artemisia*), dont les plus importantes sont : la grande absinthe, *Artemisia absinthium;* la petite absinthe ou absinthe pontique, *Artemisia pontica ;* l'absinthe maritime

Artemisia maritima. L'espèce qui doit surtout nous occuper ici est la grande absinthe, désignée aussi sous le nom d'aluyne. La grande absinthe est une plante herbacée, vivace, haute de 0,60 centim. à un mètre; ses tiges sont cylindriques, dressées et rameuses; les feuilles inférieures sont trois fois divisées et à lobes obtus, les feuilles supérieures sont plus petites et finissent par devenir entières et linéaires; les unes et les autres sont molles, blanchâtres, cotonneuses, douces au toucher; les fleurs sont jaunes, en capitules globuleux disposés en panicule feuillue le long des rameaux supérieurs. Toute la plante est douée d'une odeur forte, particulière et d'une amertume insupportable. L'absinthe est commune dans plusieurs régions de l'Europe et de l'Afrique septentrionale; on la trouve chez nous dans les lieux pierreux, incultes, sur le bord des chemins, où elle fleurit en juillet et août. Elle fournit à l'analyse une matière résineuse très-amère, une matière azotée amère, une matière azotée insipide, une fécule de nature particulière, de l'azotate et du chlorure de potassium. L'absinthe possède des propriétés toniques, diurétiques et stupéfiantes; elle est aussi considérée comme stomachique, anthelminthique et emménagogue; en tous cas, elle ne doit être employée comme médicament qu'avec prudence et sur l'avis du médecin. Les parties de la plante dont on se sert sont les feuilles et les sommités fleuries. Les préparations d'absinthe obtenues par distillation : l'essence, l'eau distillée, la liqueur d'absinthe, ne renferment que l'huile volatile et sont surtout stupéfiantes. L'extrait d'absinthe, au contraire, contient seulement les principes fixes; il est surtout amer et partant tonique. La tisane, le vin, la teinture alcoolique, le sirop d'absinthe contenant et le principe aromatique et le principe amer sont à la fois toniques et excitants. On prépare la tisane d'absinthe en faisant infuser 4 grammes de feuilles et de sommités sèches d'absinthe dans un litre d'eau bouillante. Le vin d'absinthe s'obtient par la macération de : sommités d'absinthe, une partie; alcool à 60° centésimaux, deux parties; vin blanc, trente parties. La liqueur alcoolique débitée sous le nom d'*absinthe* est une boisson dont la composition et le mode de fabrication varient d'une distillerie à une autre. Néanmoins la préparation revient toujours à faire macérer dans l'alcool, non pas de l'absinthe seule, comme on pourrait le supposer, mais bien un mélange d'absinthe et de plusieurs autres substances aromatiques. On distille ensuite au bain-marie, et on ajoute au produit obtenu un gramme, par litre, d'essence d'anis vert. Les plantes aromatiques qui accompagnent le plus ordinairement la grande absinthe dans la liqueur de ce nom, sont : l'angélique, le calamus aromaticus, l'anis étoilé, le dictame de Crète et l'origan vulgaire. Quelques distillateurs ajoutent en outre du fenouil, de la mélisse, de la menthe, etc. On trouve, dans le commerce, de l'absinthe de deux sortes : l'une, l'absinthe commune, faite avec les plantes qui viennent d'être indiquées et de l'alcool à 40° centésimaux, l'autre, l'absinthe suisse, fabriquée avec de l'alcool à 60°, 70° ou 72° centésimaux, et dans la fabrication de laquelle la grande absinthe, *Artemisia absinthium*, est ordinairement remplacée par le génépi, *Artemisia rupestris*. L'absinthe suisse est beaucoup plus chargée que l'absinthe commune. Autrefois la consommation de la première était à celle de la seconde comme 5 est à 15. Aujourd'hui la proportion est entièrement renversée; on estime qu'il se consomme plus de 20 litres d'absinthe suisse contre 5 litres d'absinthe commune. En résumé, la liqueur d'absinthe n'est autre chose que de l'alcool tenant en dissolution des quantités variables d'essences auxquelles elle doit sa teinte verte et la propriété qu'elle a de blanchir l'eau plus ou moins fortement, double qualité que recherchent les consommateurs. On colore quelquefois artificiellement l'absinthe avec du jus d'hysope ou d'orties, ou bien avec un mélange de curcuma et d'indigo; les falsificateurs poussent même la témérité jusqu'à employer à cet usage le sulfate de cuivre, déguisé sous le nom de *bleu éteint*. L'absinthe, même la mieux préparée et la plus pure, n'en est pas moins la plus funeste de toutes les liqueurs; elle agit à la fois sur l'organisme par l'alcool et par une des huiles essentielles qu'elle renferme.

Aussi son usage est-il beaucoup plus dangereux pour la santé que celui de l'eau-de-vie, du rhum, etc. Bien que les effets de l'alcool sur l'organisme aient été très-étudiés et soient aujourd'hui parfaitement connus, il est néanmoins fort difficile de déterminer très-exactement, dans cette action complexe de la liqueur d'absinthe, la part qui revient à l'alcool et celle qui reste à la charge des huiles essentielles. Pour élucider ce point intéressant, des expériences sur les animaux ont été entreprises tout récemment par M. le Dr Magnan, médecin du bureau d'admission des aliénés de l'assistance publique. D'après cet observateur, les effets de la liqueur d'absinthe doivent être attribués exclusivement à l'alcool et à l'essence d'absinthe ; les autres substances s'étant montrées à peu près inoffensives. Ainsi l'essence d'anis en particulier, administrée à un chien jusqu'à la dose énorme de 22 grammes, n'a provoqué aucun accident. L'alcool détermine des tremblements et de la paralysie, celle-ci plus marquée dans les membres postérieurs; l'absinthe, à dose assez élevée, fait naître immédiatement des crises épileptiformes. Pour démontrer ce fait, M. Magnan donne 5 grammes d'essence d'absinthe à un chien, qui successivement présente plusieurs crises d'épilepsie (chute subite, convulsions toniques avec courbure en arc de la partie latérale du corps, puis convulsions cloniques, ronflement, écume sanguinolente, morsure de la langue, évacuations alvines). Dans l'intervalle des crises, l'animal offre de véritables hallucinations. Par moments, il se dresse sur les pattes, effaré, les yeux injectés et brillants, aboie avec fureur, et, les yeux fixés dans la même direction, il avance et recule comme devant un ennemi. A dose plus faible, l'essence d'absinthe provoque un état vertigineux avec des secousses brusques dans la tête et dans les pattes antérieures. D'autre part, en combinant l'alcool à l'essence d'absinthe, on voit se développer d'abord du tremblement des membres et de la paraplégie dus à l'action de l'alcool, puis des accidents épileptiformes qu'il faut rapporter à l'absinthe. Par conséquent, les effets de ces deux stupéfiants s'ajoutent et ne se contrarient pas. Les observations qui ont été faites sur l'homme montrent que l'ivresse produite par la liqueur d'absinthe diffère de l'ivresse des autres liqueurs alcooliques par sa forme plus bruyante et plus agressive, par une période d'excitation plus longue, suivie d'une sensation de fatigue et d'accablement que le sommeil ne dissipe que difficilement.

A mesure que les excès d'absinthe se répètent, l'appétit diminue, les digestions deviennent difficiles, une exaltation passagère fait place à un état de torpeur et d'anéantissement. Cet état s'accompagne quelquefois de vertiges, de bourdonnements d'oreilles et, vers le soir, d'hallucinations effrayantes de la vue et de l'ouïe. Cette forme aiguë de l'absinthisme peut durer de deux à huit jours; elle guérit par des sueurs abondantes et un sommeil profond. La forme chronique de l'absinthisme est à peu près celle de l'alcoolisme, mais les accidents sont plus prononcés, la mémoire plus profondément atteinte. Les malades ont un cachet spécial d'hébétude, des trémulations fibrillaires des lèvres, de la langue et des muscles de la face, un regard terne et triste ; ils maigrissent, jaunissent, se rident, perdent les cheveux, s'agitent la nuit en cauchemars et en rêves pénibles interrompus par de brusques réveils ; ils ont de l'embarras dans la parole, une céphalalgie opiniâtre, la tendance à l'hypochondrie. La paralysie générale, la démence, un abrutissement complet sont les termes de cette série fatale de symptômes, qui en peu d'années les conduit inévitablement à la mort. Ce hideux et navrant tableau, que nous empruntons à M. Michel Lévy, montre suffisamment combien les hygiénistes ont le devoir de s'élever avec énergie contre l'usage de ce pernicieux apéritif, dont la consommation a pris depuis quelque temps une extension vraiment effrayante dans les classes élevées de la société.

C'est en Algérie surtout que l'absinthe fait le plus grand nombre de victimes. Ce n'est point assez que ce malheureux pays ait, depuis trente ans, absorbé à la France un si énorme capital de sueurs et de sang, il faut encore que chaque année l'élite de notre armée y soit décimée par les funestes effets de ce stupéfiant, tout autant que par ceux de la non-acclimatation.   Dr Louis HÉBERT.

ABSOLU. — Pour définir un mot vague, et purement abstrait, on ne peut guère employer que des termes vagues. Les métaphysiciens définissent donc l'absolu : ce qui échappe à toute condition, ce qui existe par soi et en soi ; ce qui ne dépend d'aucune autre chose et qui ne suppose rien autre chose au-dessus de soi. L'absolu, c'est la cause première, c'est la raison suprême, c'est le contraire du relatif et du contingent, c'est ce qui ayant créé tout, n'a été créé par rien, le type éternel auquel doivent être comparées toutes les existences particulières, toutes les notions finies, tous les phénomènes transitoires, comme à une mesure immuable, à une règle inflexible qui n'est pas susceptible de plus ni de moins, qui *est* et qui ne *devient* pas.

Les divers systèmes philosophiques qui se sont partagé et qui se partagent encore la pensée humaine, n'ont pas tous envisagé l'absolu de la même façon. Les spiritualistes le font extérieur au monde ; les panthéistes le font identique au monde. Les matérialistes et les positivistes nient son existence, avec cette diffé-rence que les matérialistes le nient ouvertement et que les positivistes affirment qu'il est parfaitement inutile de savoir s'il existe ou n'existe pas. Voyons comment raisonnent à l'égard de l'absolu les uns et les autres.

Selon les spiritualistes, il y a dans l'esprit humain des idées universelles et nécessaires, qui ne peuvent y être entrées par l'intermédiaire des sens. Ainsi tout le monde affirme que tout corps est situé dans l'espace, que tout changement arrive dans le temps, qu'on a beau ajouter des étendues à l'espace, on n'arrivera jamais à une borne où cet espace finisse, qu'on a beau ajouter au temps des heures et des minutes, on n'arrivera jamais à la limite de l'éternité. Ces idées sont absolues, puisqu'on ne peut pas aller plus loin qu'elles, et nécessaires, puisqu'on ne peut pas concevoir qu'elles n'existent pas. Il en est de même en morale : nos actions sont soumises à une loi souveraine, fixe, immuable, éternelle, commune à tous les temps et à tous les pays, qui en juge le mérite ou le démérite, suivant une idée nécessaire. Il en est de même encore en esthétique : il y a un beau absolu auquel doivent être rapportées toutes les manifestations particulières pour être appréciées à leur juste valeur. Or — et ici nous empruntons le langage de M. Cousin — « comme tout phénomène a son sujet d'inhérence, comme nos facultés, nos pensées, nos volitions et nos sensations n'existent qu'en un être qui est nous, de même la vérité suppose un être en qui elle réside et les vérités absolues supposent un être absolu comme elles où elles ont leur dernier fondement. Cet être absolu et nécessaire, puisqu'il est le sujet des vérités absolues et nécessaires, d'un seul mot on l'appelle Dieu... La vérité, la beauté, le bien sont des attributs et non des êtres : or il n'y a pas d'attributs sans sujet, et comme il s'agit ici du beau, du vrai, du bien absolus, leur substance ne peut être que l'Être absolu. » Ainsi, pour les spiritualistes, l'absolu se confond avec Dieu, et ébranler la croyance à l'absolu, c'est ébranler la croyance à Dieu.

Pour les panthéistes, et notamment pour les philosophes allemands tels que Hegel et Schelling, l'absolu n'est pas extérieur au monde. C'est l'identité de l'homme et de la nature, leur commune substance. C'est la réunion de tout ce qui est en un seul être infini, dont le moi est une face et le non-moi une autre. Dieu est l'esprit absolu manifesté dans la nature et dans l'homme. M. Taine a rendu très-claires par un exemple ces subtilités de la philosophie allemande à l'égard de l'absolu. Il prend un bleuet, ce premier bleuet venu qui meurt dans l'année, et il raisonne ainsi : « Le type du bleuet subsiste seul, pendant que les individus passent, on peut donc dire qu'il est leur *substance*. Il est la force qui les produit, on peut donc dire qu'il est leur *cause*. Supposons qu'il n'y ait que des bleuets au monde; comme ce type ne dépend pas d'eux et que partant il ne dépend de rien, on peut l'appeler l'*inconditionnel* et l'*absolu*. Ce type étant donné, ils sont donnés; on peut donc les considérer comme étant *contenus* en lui et dire qu'il est leur *unité* et leur *identité*. Quoique les bleuets qui le manifestent soient placés dans l'espace et se succèdent dans le temps, il est, lui, en dehors *du temps et de l'espace*. Chaque bleuet qu'il produit est limité, puisqu'il est distinct de tous les autres; pour lui, il est absolument *infini*, puisqu'il ne peut y avoir qu'un type abstrait du bleuet. Il est *créateur* et tire de lui-même tous ces bleuets qu'il produit, *car c'est lui*-même qui devient chacun d'eux. Cette création est *nécessaire*, incessante, éternelle, *car sans elle il ne serait pas.* »

On voit que cette notion de l'absolu touche à tous les problèmes de la philosophie. Elle suppose étudiées ces questions énormes : origine des idées, méthode, existence de Dieu, idéalisme, relativité des idées de bien et de beau, etc. Nous renvoyons donc à ces divers mots. Disons seulement que la science moderne nie l'absolu et qu'elle ne voit partout que le particulier et le relatif. A ses yeux, tout ce qu'on appelle absolu n'est qu'une pure abstraction de langage, une pure conception cérébrale et subjective ne répondant à aucune existence réelle. Pour rentrer dans l'exemple commode que nous avons emprunté à M. Taine, elle ne connaît, n'étudie que les bleuets particuliers et ne reconnaît pas de bleuet idéal; pour elle il y a *des êtres* et non pas *de l'Être*. Elle prétend que toute connaissance dépassant la portée du monde qui nous entoure et qui est accessible à nos sens, toute connaissance surnaturelle, absolue, est impossible. Elle élimine l'idée absolue de la morale aussi bien que de l'esthétique, car l'expérience lui démontre que ces idées varient selon les milieux, les temps, les races, que ce qui est beau et moral pour un peuple n'est ni beau ni moral pour un autre, et qu'il n'y a là que les résultats d'une éducation progressive. Elle donne enfin son plein assentiment à cette parole de Büchner : « Nous n'avons point de science, point d'idée de l'absolu, c'est-à-dire de ce qui est au delà des bornes sensibles du monde qui nous entoure. Quels que soient les efforts des métaphysiciens pour définir l'absolu, quels que soient les efforts de la religion pour éveiller la croyance à l'absolu par l'admission d'une révélation immédiate, rien ne peut cacher cette lacune essentielle. Tout ce que nous pensons et savons n'est que *relatif et le résultat de la comparaison des choses sensibles qui nous entourent.* » Toute spéculation sur l'absolu n'aboutit qu'à des impossibilités. En veut-on la preuve? un philosophe français d'un grand talent et d'une admirable sincérité, M. Vacherot, a repris dans son livre : *la Métaphysique et la Science*, le système de Hegel et a soumis l'idée de l'absolu à la critique la plus approfondie et la plus puissante : il y a appliqué toutes les ressources de la métaphysique la plus subtile et la plus pénétrante. Savez-vous à quel résultat suprême il a abouti? le voici : l'absolu ou Dieu n'est qu'une conception : il ne réside pas hors de la pensée, il habite en elle, il n'existe que *par elle* et *pour elle*. L'idée de l'absolu, c'est l'absolu lui-même. *Penser à Dieu, c'est le créer!* En vérité, les savants livrés à la méthode de l'observation et de l'expérience n'ont jamais dit autre chose. Toute idée de l'absolu n'est qu'une pure conception de l'esprit qui ne correspond à aucune réalité extérieure. Ces prétendues idées nécessaires, au service desquelles on a mis cette prétendue faculté qu'on appelle la raison, nous sont, comme toutes les idées possibles, données par l'expérience des sens. C'est ce que démontre une analyse un peu rigoureuse de ces vérités. Dans toutes les questions qui se rapportent à l'absolu, ce n'est donc plus le raisonnement pur qui doit intervenir, c'est la physiologie, c'est l'histoire, ce sont ces sciences nouvelles : l'anthropologie et la philologie comparée. Elles démontrent que toutes les divagations des philosophes sur l'absolu doivent être reléguées avec les divagations théologiques dans le froid royaume des illusions et des chimères. C'est grâce à elles que les entités du spiritualisme et de l'idéalisme disparaissent pour introduire partout la contingence et la relativité.

Quant à la recherche de l'absolu alchimique, c'est-à-dire de la substance unique dont tous les corps de la nature ne sont que des modifications, des dérivés à un état plus ou moins grand de condensation, il en sera question à l'article *Alchimie*. On sait que Balzac a écrit à ce sujet un saisissant roman : *La recherche de l'absolu.* Que ne lançait-il son héros à la recherche de l'absolu métaphysique? Son roman serait devenu l'histoire de presque toute la philosophie.

(Voir : *Athéisme, Dieu, Origine des idées, Morale, Beau, Panthéisme, Hégélianisme, Philosophie allemande, Méthode,* etc.) Louis Asseline.

ABSOLUTISME. — Un gouvernement absolu est celui qui, non-seulement agit en pleine liberté et qui ne doit communication de ses desseins à personne, mais qui encore n'est soumis à aucun contrôle efficace. Un pays où règne l'absolutisme, est celui où la nation ne prend aucune part sérieuse à l'administration de la chose publique, où la puissance législative est usurpée par le souverain exécuteur de la loi qu'il a faite lui-même, où l'autorité du chef de l'État n'est pas limitée, enfin où la responsabilité qu'il encourt ensuite de ses actes n'a pas de sanction.

En saine doctrine absolutiste, on tient que la puissance provient de Dieu. C'est sur ce principe que se prétendent fondées les monarchies dites de droit divin.

Avant 1789 la France était gouvernée par une monarchie absolue. Les gouvernements qui siégent à Constantinople et à Saint-Pétersbourg sont des pouvoirs absolus. Entière liberté d'action, pas de contrôle. Le czar et le sultan sont des souverains absolus dans la forme et dans le fond. Sont-ce les seuls et est-il nécessaire que l'absolutisme, pour exister, se modèle sur les gouvernements de Saint-Pétersbourg et de Constantinople? Un pouvoir limité dans la forme ne peut-il pas être absolu dans le fond? Ne peut-il pas arriver que l'absolutisme se modifie suivant les époques, se plie en apparence aux mœurs et aux tempéraments des nations, se déguise enfin et prenne un masque constitutionnel sans cesser pour cela d'être l'absolutisme et de régner en maître? C'est ce que nous allons examiner.

Voici un souverain qui est libre d'adopter et de suivre dans toutes les questions extérieures telle ligne de conduite, telle marche qui lui plaisent. Il ne demande de conseils à personne; il n'en accepte pas. S'il s'inspire de l'opinion publique, c'est bénévolement et sans y être obligé. Il maintient la paix s'il le juge à propos; il déclare la guerre si cela lui semble à lui, à lui seul, juste et nécessaire. Au moment où il prend ses résolutions, il n'en doit compte qu'à sa conscience. Le pays peut se réveiller un jour en guerre avec un puissant voisin, ou engagé dans une expédition lointaine. Les ministres, à l'exception de ceux dont le concours direct et matériel est indispensable, n'auront pas été prévenus. La question enfin sera engagée et irrémédiablement engagée par une volonté prépondérante et solitaire. Absolutisme dans l'exécutif.

Le souverain, en vertu d'un article formel de la Constitution, a seul l'initiative des lois. Les lois sont élaborées par un corps spécial dont les membres sont à la nomination du souverain. Les députés élus par la nation ne peuvent que les amender, et encore la faculté qui leur est donnée à ce sujet, est-elle entourée de toutes sortes de restrictions. Les députés se trouvent ainsi placés le plus souvent entre une adhésion complète et un rejet pur et simple. Absolutisme dans le législatif.

Toute discussion, toute critique de la Constitution est interdite, soit aux députés élus par la nation, soit à la presse, en un mot à tout pouvoir public autre que le Sénat. Ce corps lui-même ne peut que proposer des modifications à la Constitution, et ces modifications doivent être acceptées par l'exécutif. Si la modification proposée porte atteinte aux bases fondamentales de la Constitution, elle est soumise à la ratification du peuple; mais l'exécutif a seul l'initiative de cet appel au suffrage universel, comme il a seul l'initiative des lois. Absolutisme dans l'ordre constitutionnel.

On peut objecter que, dans un État ainsi ordonné, le contrôle existe puisque les députés élus par la nation peuvent refuser les subsides réclamés par l'exécutif; que le pouvoir législatif du souverain est limité puisque les députés peuvent rejeter les lois; enfin que le pouvoir constitutif est partagé par le Sénat et la nation consultée. Mais si l'on va au fond des choses, on perçoit clairement que cette limitation du souverain est de pure apparence. Nul est un contrôle qui n'arrive qu'après coup et lorsque les ressources du pays sont déjà engagées. Aucun contrôle, aucun refus de subsides ne peuvent faire qu'une situation ne soit pas créée, qu'une lutte ne soit engagée, qu'un traité ne soit signé et irrévocable, qu'une bataille n'ait été perdue, qu'une alliance n'ait été conclue. Le lendemain d'un Leipsick ou d'un Waterloo, le rejet du budget empêcherait-il l'ennemi d'envahir le territoire de la patrie? Sur le second point, en ce qui touche à la législation, n'est-il pas évident qu'en cette matière l'initiative est tout? Initiative au point de vue du principe même de la loi; initiative au point de vue de l'élaboration. La loi étant ainsi conçue et élaborée par l'exécutif, le législatif ne peut même se l'approprier, car il est loisible au gouvernement de la retirer, s'il la trouve trop profondément modifiée soit par un amendement, soit par le rejet d'un article. En résumé il n'y aura de lois nouvelles que celles dont l'idée première et les développements principaux appartiennent à l'exécutif. Le rôle du législatif est purement négatif. Enfin, en ce qui concerne le pouvoir constitutif, la Constitution à l'origine émane du souverain et de lui seul; il est vrai que le Sénat peut y proposer des modifications, mais ce corps dont les membres sont nommés par le souverain ne peut que les proposer; ajoutons que le peuple devra attendre, avant de parler, qu'on lui demande son avis. Absolutisme.

Si maintenant l'on examine quelques points particuliers, mais non pas accessoires, de l'organisme politique et social, si l'on note par exemple ce fait grave que dans l'État où l'exécutif a ainsi absorbé toutes les souverainetés, la connaissance des délits de presse a été enlevée au jury; si l'on voit que la publication des débats dans les procès de presse est interdite; si les journalistes peuvent être à la fois frappés de peines corporelles et d'amendes considérables; si les tribunaux, après un certain nombre de condamnations, peuvent prononcer la suspension et même la suppression du journal incriminé; si la loi admet l'existence d'une foule de délits vagues, indéterminés, élastiques; si enfin le pouvoir s'est réservé d'autoriser ou d'interdire arbitrairement la vente des journaux sur la voie publique, n'aura-t-on pas le droit, en déchirant les voiles et en dédaignant des fictions illusoires, de prononcer encore cet arrêt : Absolutisme dans le régime de la presse?

Il existe un pays où les fonctionnaires ont été mis par une constitution en dehors du droit commun, au-dessus des autres citoyens. Dans ce pays, le grand principe de l'égalité du citoyen devant la loi est, sur un point capital, une vaine formule. Nul ne peut traduire un fonctionnaire public devant les tribunaux, sans avoir obtenu l'autorisation du Conseil d'État, c'est-à-dire d'un corps nommé par le souverain et qui représente directement son autorité. En d'autres termes les fonctionnaires sont placés non pas hors la loi, mais au-dessus de la loi. C'est le souverain, son Conseil d'État entendu, qui décide en dernier ressort si un simple citoyen sera admis à porter plainte contre un dépositaire d'une fraction de l'autorité. Confusion détestable de deux pouvoirs dont la nature est d'être séparés, le judiciaire et l'exécutif, absorption du premier par le second! Quel nom donner à ce privilége exorbitant des agents du pouvoir, à cette inégalité choquante entre les citoyens, sinon despotisme des fonctionnaires, absolutisme administratif?

Longtemps l'absolutisme a affirmé son origine sacrée et s'est réclamé de Dieu. De nos jours il se recommande du peuple dont émane toute souveraineté, il reconnaît les droits tout-puissants, imprescriptibles de la nation. Mais cette volonté de la nation, qui est supérieure à toute autre, comme le reconnaît la doctrine nouvelle de l'absolutisme, comment la nation arrivera-t-elle à la faire entendre, à la faire prévaloir? Là est la question.

Supposons que le peuple soit décidé à modifier radicalement le système gouvernemental qui le régit, il ne peut notifier sa résolution que par deux voies, soit indirectement et par l'intermédiaire de ses députés, soit en s'adressant directement au chef de l'État. La première hypothèse n'est pas admissible; car les pouvoirs des députés sont limités, réglés par la Constitution dont ils ne peuvent même pas aborder la discussion ni entamer la critique, sans sortir de la légalité.

Reste le mode direct, et il semble que la Constitution l'ait admis, puisqu'elle admet la responsabilité du souverain devant l'universalité du peuple. Malheureusement on a oublié de régler la procédure; le souverain peut toujours faire un appel au peuple; mais le peuple n'a aucun moyen de provoquer cet appel, de signifier légalement sa volonté au souverain. La sanction n'existe pas; et toute responsabilité qui n'a pas de sanction n'est qu'un vain mot.

En résumé, dans un pays tel que celui dont nous venons d'étudier le mécanisme politique dans ses ressorts intimes, les pouvoirs législatif, administratif, judiciaire, sont en tout ou pour la plus grande partie aux mains du souverain chargé de l'exécutif. La nation est dans l'impuissance de changer cette organisation; elle n'a, pour arriver à la modification de l'état de choses, aucun procédé légal, elle doit tout attendre de l'initiative du souverain.

Donc la forme nouvelle et présente de l'absolutisme, c'est le gouvernement personnel.   A. RANC.

ABSORPTION. — PHYSIOLOGIE. — On appelle absorption la pénétration à l'intérieur de l'organisme de substances venues du dehors. C'est par l'absorption que les animaux et les plantes reçoivent les aliments dont ils se nourrissent, les gaz qu'ils respirent ou les poisons qui les tuent. Les liquides tenant en solution des substances diverses, les gaz et les vapeurs sont seuls absorbés; parfois pourtant, des substances insolubles réduites à un état de division extrême peuvent être entraînées dans l'absorption des liquides.

C'est dans le sang et dans la lymphe qu'apparaissent tout d'abord les substances absorbées, et comme le système vasculaire est complètement clos, il faut que ces substances traversent les membranes ténues qui constituent les parois des vaisseaux. On sait depuis Dutrochet que si deux solutions différentes ne sont séparées l'une de l'autre que par une cloison organique, il se fait entre ces deux liquides un échange des substances qui y étaient dissoutes. Graham, dans ces dernières années, a poussé très-loin l'étude de l'*osmose*, c'est-à-dire de ces échanges entre liquides ou gaz séparés par des cloisons perméables ; il a montré que la nature des substances employées, la présence de certaines autres dans la solution modifiait beaucoup l'intensité du passage. L'application des découvertes du savant physicien anglais sera sans doute le point de départ de nouveaux progrès dans la physiologie de l'absorption.

Les surfaces naturelles, celles des voies digestives ou respiratoires, les muqueuses et la peau sont, à des degrés divers, susceptibles d'absorber les gaz ou les liquides. Mais l'absorption est plus rapide encore lorsque les *épithéliums*, c'est-à-dire la couche la plus superficielle, l'épiderme de ces surfaces, ont été préalablement enlevés. La surface d'une plaie, celle d'un vésicatoire absorbent très-vite les liquides qui les baignent, cela tient à ce que la partie organisée que doit traverser le liquide extérieur pour arriver jusqu'au sang ou à la lymphe, est alors moins épaisse. On obtient encore une absorption très-rapide lorsqu'on injecte une solution sous la peau et dans l'épaisseur des tissus.

Parmi les surfaces naturelles d'absorption, celle des organes digestifs n'est pas la voie la plus rapide, bien qu'elle soit la plus normale, pour l'introduction des substances venues du dehors ; ainsi une même dose d'un sel de morphine agit moins vite et moins énergiquement quand elle est introduite dans l'estomac que si on l'injecte dans les voies respiratoires. Ce fait ne prouve pas absolument que la muqueuse de la trachée ou des bronches soit plus apte à absorber; la question est plus complexe. Cette différence tient aussi à ce que, dans l'estomac, le poison injecté se trouve dilué dans le liquide gastrique et en outre à ce qu'il est en rapport avec une moindre surface absorbante dans l'estomac que dans les bronches et leurs ramifications si nombreuses. La dilution plus ou moins grande d'une substance dans les liquides de l'organisme, et l'étendue des surfaces avec lesquelles cette substance sera en rapport sont deux points importants à considérer relativement à l'activité de l'absorption. Une goutte d'acide introduite dans l'œil provoque aussitôt la sécrétion des larmes et devient si délayée qu'il s'en absorbe très-peu. Tel poison qui, injecté dans le sang d'un cheval, produirait des accidents rapides, est inoffensif si on l'introduit dans l'estomac de l'animal, où il se dilue dans l'énorme quantité de liquides qui s'y trouve contenue.

Enfin pour prouver l'influence de l'étendue des surfaces de contact sur la rapidité de l'absorption, M. Cl. Bernard a fait une expérience très-concluante. Injectant à deux lapins de même taille deux quantités semblables d'une même solution de *curare* sous la peau, il laissa, sur l'un des lapins, la solution accumulée en un point limité des tissus, tandis que sur l'autre, au moyen de massages, il faisait infiltrer la solution sur une large surface. Ce second animal éprouva rapidement les effets du poison tandis que le premier ne les ressentit que très-tard.

L'absorption est encore facilitée par la pression à laquelle le liquide est soumis. Ce fait, démontré par l'expérience, permet de conclure que les contractions intestinales ont une action favorable à l'absorption des aliments.

Les gaz s'absorbent comme les liquides et parfois avec une plus grande facilité. Ainsi, la peau qui absorbe très-peu de liquide semble plus perméable aux gaz. Un animal enfermé dans une cloche pleine d'un gaz vénéneux est rapidement empoisonné, bien qu'on lui fasse respirer de l'air pris au dehors. La respiration a pour essence l'absorption d'une partie de l'oxygène de l'air. Les vapeurs du chloroforme ou de l'éther s'absorbent rapidement par les voies respiratoires. Les gaz produits dans l'intestin comme ceux qu'on y introduit s'absorbent; enfin, de l'air ou un gaz quelconque insufflé sous la peau s'absorbe également. Ici encore la pression accélère l'activité du phénomène; un individu qui respire dans un milieu où l'air est comprimé à plusieurs atmosphères, y absorbe de l'oxygène en quantité plus considérable que sous la pression normale.

Toute substance absorbée passe dans le sang ou dans les vaisseaux lymphatiques et est entraînée par la circulation. Pour suivre en quelque sorte à l'intérieur des vaisseaux la substance absorbée, les physiologistes emploient différents moyens; ils se servent de poisons dont les effets sur l'organisme prouvent que l'absorption a eu lieu, ou bien ils emploient des substances inoffensives que l'analyse chimique puisse facilement déceler dans le sang de l'animal mis en expérience.

Magendie, voulant prouver que l'absorption se fait par les vaisseaux sanguins, détacha la patte d'un animal vivant, ne la laissant adhérer au corps que par une artère et une veine. De cette façon la patte privée de sentiment et de mouvement ne conservait plus que la circulation du sang à son intérieur. On injectait dans cette patte un peu de solution de strychnine, et en peu d'instants l'animal éprouvait les effets du poison. Pour bien montrer que dans cette expérience le poison, entraîné par le sang, avait suivi le cours normal de ce liquide et s'était introduit par les veines, Magendie répétait la même expérience en liant la veine; alors l'empoisonnement n'avait pas lieu. Il enlevait la ligature et voyait bientôt paraître les effets du poison.

Les *vaisseaux lymphatiques* de l'intestin absorbent une partie des produits de la digestion. Sur un animal tué après un repas, on voit ces vaisseaux gorgés d'un liquide blanc qu'on appelle *chyle*, tandis que sur un animal à jeun les lymphatiques sont invisibles. C'est leur coloration blanche, au moment où ils sont pleins de chyle, qui a fait découvrir par Aselli l'existence de ces vaisseaux.

Il est un réactif que les physiologistes emploient beaucoup dans les recherches sur l'absorption; c'est le *ferro-cyanure de potassium*. Ce sel, lorsqu'il existe en quantité même très-faible dans un liquide, donne une coloration bleue très-intense si l'on y ajoute un sel de fer. On a pu démontrer, au moyen de ce réactif, que les vaisseaux lymphatiques ramènent, comme les vaisseaux veineux, le liquide injecté dans les tissus. Après une injection de ferro-cyanure de potassium sous la peau du crâne d'un cheval, on a vu que la lymphe qui revenait par les lymphatiques du cou, se colorait en bleu au contact d'un sel de fer.

Les vaisseaux lymphatiques semblent chargés aussi d'une absorption spéciale; dans l'*abstinence* prolongée, ils reprennent dans les tissus les substances qui doivent servir à nourrir l'animal, et les versent dans le sang. On voit alors les lymphatiques gorgés de liquide, tandis que l'animal s'amaigrit, ne vivant plus pour ainsi dire qu'aux dépens de lui-même.

Une substance absorbée et entraînée par le sang veineux, n'a pas encore produit sur l'organisme les effets qui lui sont propres; pour qu'elle agisse il faut qu'elle passe par le cœur et qu'elle soit envoyée avec le sang artériel, soit au système

nerveux, soit aux muscles ; en un mot, aux organes sur lesquels elle exerce
une action spéciale. Les poisons, dont l'action est la plus rapide, n'agissent qu'a-
près avoir accompli ce parcours dont la durée minimum semble être d'au moins
trente secondes.   Dr MAREY.

ABSORPTION. — PHYSIQUE. — On comprend sous cette dénomination deux
classes différentes de phénomènes qu'il eût été préférable de distinguer par des
noms spéciaux. A la première classe, se rattachent tous les faits de pénétration
quelconque d'un corps à l'intérieur d'un autre, quand cette pénétration a lieu
dans,les interstices ou intervalles moléculaires, sans d'ailleurs qu'il en résulte de
changement dans la constitution chimique des deux corps : ce sont des phénomènes
d'absorption intermoléculaire. L'autre mode d'absorption consiste dans une
extinction, diminution ou perte de force vive subie par les divers mouvements
ondulatoires qui se transmettent d'un milieu dans un autre, par exemple, de
l'éther dans les milieux solides, liquides ou gazeux : telle est l'absorption de la
lumière dans son passage à travers les substances diaphanes, celle de la chaleur
dans les substances diathermanes.

Quand un gaz est en contact avec un liquide, l'absorption peut avoir lieu sans
qu'il y ait d'action chimique : c'est ainsi que l'eau naturelle, non distillée,
renferme toujours une certaine quantité d'air en dissolution. On verra à l'article
Dissolution quelles sont les lois de cette espèce d'absorption. L'absorption des
gaz par les solides poreux, les membranes, le caoutchouc, celle de l'hydrogène
par des tubes métalliques portés au rouge, ont été l'objet de récents travaux
d'une grande importance, qu'on trouvera résumés au mot *Dialyse*; nous renverrons de même aux articles *Endosmose, Diffusion*, l'étude de l'absorption ou du
mélange de deux liquides séparés par une cloison poreuse, ou d'un liquide et des
substances que ce liquide dissout à des degrés divers.

Quand un faisceau de lumière traverse un milieu transparent, son intensité
diminue avec l'épaisseur, suivant une loi qui a été découverte par Bouguer et
que ce savant a appliquée à l'extinction subie par la lumière du soleil ou des
autres astres à travers les couches atmosphériques. Voir, à ce sujet, l'article
Atmosphère. Selon plusieurs astronomes, la lumière qui nous arrive des étoiles
subit aussi une certaine absorption par son passage dans les espaces interstellaires ;
elle perdrait un centième environ de son intensité en franchissant une distance
égale à celle des étoiles de première grandeur. (V. Olbers, *de la transparence des
espaces célestes*, et W. Struve, *Études d'astronomie stellaire.*)

Les divers rayons dont se compose la lumière blanche sont en général absorbés
en proportion différente par les milieux transparents, qui prennent alors une
teinte, une coloration particulière. Les milieux incolores sont ceux où l'absorption
a lieu pour tous avec une égale intensité. L'absorption varie du reste, pour
chaque espèce de rayon, suivant l'épaisseur : de là, une coloration variable pour
le milieu transparent, selon l'épaisseur que traverse la lumière, phénomène
connu sous le nom de *polychroïsme* (voyez ce mot). Dans les cristaux colorés biré-
fringents, l'absorption varie suivant la direction des rayons de lumière, par
rapport à l'axe du cristal ; de là, deux couleurs différentes, selon que les rayons
passent parallèlement ou perpendiculairement à cette direction : c'est ce qu'on
nomme le *dichroïsme* des cristaux.

Quand un rayon de lumière entre dans un milieu biréfringent, il se divise
en deux rayons, l'un dit *ordinaire*, l'autre *extraordinaire* : c'est celui des deux qui
marche le moins vite, qui subit l'absorption la plus grande.

Enfin, par son passage dans les substances diathermanes, la chaleur subit une absorption dont les lois sont les mêmes que pour les rayons lumineux. Nous renvoyons, pour l'étude de ces phénomènes, aux articles *Diathermansie, Thermochrose*.

AMÉDÉE GUILLEMIN.

ABSTENTION. — Ce mot, qui jadis appartenait exclusivement au vocabulaire du droit civil, a revêtu une signification politique à la fin du siècle dernier, lors de l'établissement du régime représentatif, et depuis le 2 décembre 1851, il est devenu pour un temps le mot d'ordre, le drapeau d'un parti.

Dans toute chose soumise à une délibération commune, le débat doit être tranché par un vote d'acceptation ou de refus. Si la question est bien posée, c'est-à-dire d'une manière assez précise pour que tous les membres de l'assemblée sachent parfaitement, les uns pourquoi ils l'adoptent, les autres pourquoi ils la rejettent, le dépouillement des bulletins ou l'énumération des voix donne autant de suffrages que de membres présents, et la majorité fait loi.

Si, au contraire, la question est complexe, qu'elle ne comporte pas de solution absolue dans un sens ou dans l'autre, on conçoit que certains esprits, précisément parce qu'ils sont de bonne foi, trouvent un inconvénient égal au rejet et au vote de la proposition. Dans ce cas, et pour ne pas engager leur conscience ou leur responsabilité, ils ne prennent pas part au vote; autrement dit, ils s'abstiennent. Pour cela, pas n'est besoin d'une réglementation spéciale. Le votant n'a-t-il pas toujours la faculté de s'absenter au moment où l'on recueille les suffrages, soit qu'il cède à la crainte de se prononcer sans connaissance suffisante, soit qu'il s'enferme dans une neutralité prudente, afin de ménager les partis qui se disputent la majorité. Quand elle est inspirée par ce dernier sentiment, l'abstention est-elle louable? Assurément non, puisque les scrupules de la conscience n'y sont pour rien. C'est la méthode employée d'ordinaire par ceux qu'un grand écrivain a si justement nommés les courtisans de la Providence — lisez de la fortune, — et qui, s'ils ne peuvent s'enorgueillir d'avoir facilité la victoire des uns, veulent avoir le facile mérite de ne pas l'avoir empêchée, sans toutefois encourir le ressentiment des vaincus.

Ce n'est pas d'aujourd'hui qu'on a remarqué cette tendance à se désintéresser de la responsabilité qui s'attache à toute action politique, et l'on se rappelle qu'à Athènes une loi spéciale punissait les citoyens qui se tenaient à l'écart dans les discordes civiles.

La législation moderne, d'accord en cela avec nos mœurs amollies, ne s'est pas montrée si rigoureuse. Nulle part n'existent de dispositions pénales contre les citoyens qui négligent ou refusent d'exercer leurs droits, et l'on n'a que des éloges pour la prudence et le patriotisme de ceux qui, au jour où la société est en péril, s'enferment dans l'inaction. C'est ainsi qu'à force de déshabituer le citoyen de la chose publique, on a pu accomplir trop souvent les plus criminels attentats. La lâcheté politique est devenue un titre à la recommandation générale, un gage de sécurité et de fortune. Ceux qui se dévouent à l'intérêt de tous sont traités de niais ou d'ambitieux; c'est logique.

Il suit de cette tendance trop répandue que les lois ne pouvaient sévir et ne sévissent pas contre quiconque refuse d'aller porter son vote aux comices électoraux de n'importe quel degré, et cependant, en thèse absolue, est-ce faire acte de bon citoyen que de laisser la place aux intrigues, et ne serait-il pas désirable que toute élection fût le produit du libre concours de tous les intéressés?

De même pour les assemblées délibérantes, sans en excepter celles qui représentent la souveraineté nationale dans sa plus haute expression, et quoique l'absence d'un vote frappe d'interdit les milliers de citoyens qui composent chaque groupe électoral, il n'y a point de disposition disciplinaire contre les délégués du souverain qui n'apportent pas leur concours et leur suffrage à la résolution collective. Si nous recherchons ce qui se fait en Angleterre, puisque c'est là que le mécanisme parlementaire fonctionne depuis le plus de temps, nous trouvons que les membres de la chambre des communes ne sont tenus ni à la présence continue, ni au vote. Mieux qu'un règlement, du reste, l'esprit de parti suffit pour assurer l'exactitude des membres du parlement, pourvu qu'il s'agisse de questions de quelque importance. Dans ce cas, tories ou whigs, conservateurs, libéraux et radicaux, se pressent sur les bancs du palais de Westminster, et les retardataires ou les hésitants finissent par arriver à l'appel de ceux de leurs collègues qui sont chargés spécialement de réunir, ceux-ci les ministériels, ceux-là les opposants.

Quant aux mesures d'intérêt secondaire, il n'en est pas de même, et le *speaker* — le président — a grand'peine à réunir autour de son siége le nombre de membres exigé pour la validité des actes législatifs.

Dans nos assemblées républicaines de la fin du xviiie siècle, où on n'admettait pas volontiers la neutralité, les abstenants avaient l'habitude d'expliquer leur abstention à la tribune après le dépouillement du scrutin, et de cette manière la responsabilité se retrouvait égale pour eux comme pour leurs collègues qui votaient non au scrutin secret, mais à visage découvert, et motivaient leur vote dans les grandes circonstances, comme par exemple dans le procès de Louis XVI. Quoique nous soyons bien éloignés de ces temps de courage civique, nous avons vu cette disposition reproduite au sein du parlement belge, et peut-être trouvera-t-on regrettable qu'elle ne soit pas adoptée par toutes les assemblées délibératives.

Pour ne parler que de la France, il y a toujours eu des citoyens qui, mécontents de l'ordre établi et ne croyant pas à l'efficacité de leur vote, sont restés sous leur tente et n'ont pas voulu se mêler des affaires publiques à quelque titre que ce soit. Mais jusqu'aux événements de décembre 1851, ces protestations isolées n'avaient que peu ou point de retentissement. A partir de cette dernière époque, l'abstention a pris un caractère plus décisif et moins restreint. De là est sortie une situation qui mérite d'être examinée.

A ne voir que la lettre des institutions politiques de l'empire, la France jouirait pleinement, depuis dix-sept ans, des bienfaits du suffrage universel. Mais beaucoup se sont demandé ce que valait le suffrage universel, quand la souveraineté nationale était enfermée dans un cercle infranchissable, quand le corps électoral, tout-puissant pour se démettre, n'avait d'autre privilége que de renouveler indirectement sa démission de six en six ans, quand ses élus, destitués de toute initiative, ne pouvaient qu'enregistrer les volontés supérieures du chef de l'État. Un peuple est-il souverain, lorsqu'il est obligé d'accepter sans discussion les faits accomplis, d'en subir à jamais les conséquences déjà lointaines et pour toujours irrévocables, si contraires qu'elles soient à sa prétendue toute-puissance? Quand le libre contrôle des citoyens ne veille pas autour des urnes, quand la peur ou l'aveuglement se charge d'écrire les bulletins, quand le vote ne peut se porter que sur des candidats assermentés — et souvent ce ne sont pas ceux qu'irait chercher le peuple, — faut-il voir dans l'élection le produit sérieux et sincère de la volonté générale, dans les pouvoirs publics l'émanation du peuple tout entier ?

Ces questions ainsi posées ont jeté le trouble dans un grand nombre d'esprits. De là, l'abstention qui éloigne les uns des comices, les autres du corps législatif où nul ne peut entrer s'il n'a prêté serment de fidélité au chef du pouvoir exécutif, les uns et les autres préférant ne pas user d'un droit purement nominal, de peur de se rendre, quoi qu'ils en aient, complices d'un système qui ne satisfait ni leur conscience ni leur dignité.

A leurs yeux, le fait même prolongé ne peut créer le droit; il n'y a pas de prescription en pareille matière et participer, ne fût-ce que par le vote, ne fût-ce qu'à titre d'opposant radical, à la marche des institutions nouvelles, c'était manquer aux principes, compromettre l'avenir sans sauvegarder le présent.

Il faut le dire, le temps n'était pas propice à ce rigorisme. La foi politique, surtout au jour des désastres, n'a de rayons que pour le très-petit nombre et quand l'intérêt individuel tient une si large place dans la vie du plus riche comme du plus pauvre, cet appel héroïque, salutaire assurément, ne pouvait trouver d'échos que dans l'âme de quelques rares fidèles.

Si, au moyen âge, en pleine ferveur religieuse, il était possible d'excommunier, c'est-à-dire de retrancher de la société celui qui avait attiré sur sa tête les foudres de l'Église, c'est qu'à cette époque, la papauté et les évêques étaient acceptés par tous, comme les représentants d'un Dieu impitoyable et jaloux. Alors, l'excommunié se voyait abandonné comme un être immonde. Parents, amis, concitoyens, tous fuyaient son approche, et ce terrible châtiment, exercé par tous, dépassait toutes les rigueurs de la justice humaine. Qu'était-ce que la mort à côté de cette solitude effroyable qui se faisait autour de l'excommunié? Les plus fiers devaient s'humilier devant la main sacrée qui les avait frappés, heureux assez si, à force de soumission, ils pouvaient la désarmer et reconquérir leur place dans l'Église et dans la cité!

Aujourd'hui, la force et le succès ont trop d'adorateurs, pour que l'abstention, si légitime qu'elle soit, prenne jamais des proportions semblables, les seules qui puissent la rendre efficace. Et cependant, il ne serait pas juste de méconnaître l'importance de protestations successives qui seraient toujours le rappel du droit. Que les masses, dépouillées qu'elles sont de conscience collective et par cela même irresponsables, que les gens pressés d'arriver à des satisfactions de détail, refusent de s'associer à cette révolte des esprits généreux et des cœurs inébranlables, il n'y a pas plus à s'en étonner qu'à s'en plaindre. Si faibles qu'ils soient par le nombre, — et ils n'ont pas besoin de recruter de nouveaux adeptes, — les serviteurs du droit, du droit éternel, immuable, seront toujours assez forts, s'ils gardent le principe qui les rend invincibles. A cette société dévoyée, éprise des jouissances faciles, insoucieuse du grand devoir, ils peuvent laisser les compromis, les équivoques, les serments à volonté. Le jour arrivera infailliblement où cette même société, enfin désabusée à force de mécomptes et de souffrance, voudra se réfugier dans le droit et la justice. Ce jour-là, il n'y aura plus d'abstentionnistes.

Ch. Delescluze.

ABSTINENCE. — PHYSIOLOGIE. — Les phénomènes vitaux, on ne saurait trop le redire, n'ont rien de plus merveilleux que les autres phénomènes du monde, seulement leur étude analytique est des plus difficiles. Néanmoins l'observation patiente en est à peu près venue à bout. L'animisme, le vitalisme ont fait leur temps; et comme toutes les conceptions métaphysiques, ils ont duré juste autant que l'ignorance, mère trop féconde de toutes ces puérilités. Aujourd'hui l'âme végétative, le principe vital, les archées sont convenablement inhumés dans l'archéologie scientifique. C'est que, le microscope et la chimie aidant, la physiologie a réellement surpris et compris les actes primaires de la vie. Elle a vu que les actes vitaux, si complexes en apparence, peuvent se ramener en dernière analyse à de purs échanges matériels au sein des tissus, même au sein des liquides de l'économie, et elle a pu conclure, qu'en thèse générale, la vie doit être considérée simplement comme un double courant matériel entre les corps organisés d'une part et le monde extérieur de l'autre.

Tout être, tout corps organisé ou vivant est en état de perpétuelle rénovation. Incessamment il s'use; incessamment aussi il se répare. C'est un laboratoire chimique toujours fonctionnant, s'incorporant sans trêve des matériaux qu'il emprunte plus ou moins directement au monde extérieur, qu'il garde un temps en les élaborant, en en modifiant la composition, qu'il expulse enfin, comme indignes, alors qu'ils sont devenus impropres à jouer leur rôle dans le mouvement vital. Cet apport de matériaux neufs, ce rejet de matériaux usés s'exercent simultanément dans la trame des tissus ; c'est là l'acte vital par excellence. Les conditions de cet acte seront longuement étudiées plus tard (voir le mot *Vie*), mais il était indispensable de les indiquer en termes généraux pour bien faire comprendre le mécanisme et les effets physiologiques de l'abstinence.

L'abstinence, en hygiène et en physiologie, c'est la rupture d'équilibre dans un corps vivant entre le bilan de l'acquêt et de la dépense, c'est la cessation de l'apport alimentaire, d'où la nécessité pour l'économie de vivre plus ou moins bien, plus ou moins longtemps sur son propre fonds. Cette abstinence peut être plus ou moins complète. A la privation absolue on donne habituellement le nom d'inanition, en réservant la dénomination abstinence pour la privation incomplète. Mais des observations nombreuses et bien faites, ayant démontré qu'en définitive inanition et abstinence ont des résultats identiques, plus rapides seulement dans le premier cas, plus lents dans le dernier, nous devons décrire ici les résultats généraux de l'abstinence, sans nous préoccuper de cette différence de durée ; les deux procédés menant également, plus ou moins tardivement, à la ruine finale.

Mais avant d'aller plus loin il importe de remarquer que des causes assez diverses peuvent produire les effets de l'abstinence. Tout ce qui peut troubler les mutations intimes des tissus, de façon à faire prédominer les dépenses nutritives sur les recettes, agit dans ce sens. Par exemple, une alimentation mal choisie, quoique copieuse, manquant de l'un quelconque des principes constituants nécessaires à la rénovation de l'organisme ; ou bien une respiration incomplète, soit par suite d'un vice dans l'appareil respiratoire, soit par un séjour trop prolongé au sein d'une atmosphère confinée, pauvre en oxygène (encombrement, séjour dans les mines, etc.), Dans ce dernier cas les globules sanguins ne charrient plus aux tissus la quantité d'oxygène nécessaire au travail d'assimilation et de désassimilation. Parfois enfin les effets de l'abstinence sont dus soit à des maladies diverses, soit à des chagrins, à des fatigues morales, qui usent les centres nerveux, les isolent en quelque sorte des nerfs périphériques, d'où trouble dans le fonctionnement de ces derniers et par suite dans le jeu des appareils d'absorption et d'excrétion (voir *Nutrition*).

Au plus bas échelon du règne organisé, chez ces êtres extrêmement simples, composés soit d'une seule cellule, soit d'un petit groupe de cellules identiques, l'étude de l'abstinence serait bientôt faite. Après une interruption plus ou moins longue de l'absorption de matériaux nouveaux dans le milieu ambiant, la cellule ou les cellules vivantes se dissoudraient, comme certains infusoires se dissolvent dans une goutte d'ammoniaque, et rentreraient dans le monde inorganique. C'est en fin de compte ce qui arrive chez les êtres les plus complexes, mais ici la scène est plus variée, car le corps des animaux supérieurs n'est pas un tout homogène, c'est un agrégat de divers organes et appareils, constitués par le groupement, l'intrication de tissus dissemblables formés chacun par des éléments, fibres ou cellules (éléments histologiques), spéciaux par la forme, spéciaux aussi par la fonction. Le corps des mammifères supérieurs doit donc être considéré comme une république hiérarchiquement organisée, avec-division du travail. A tel tissu la sécrétion, à tel autre le mouvement, à tel autre la sensibilité, la motilité, la pensée, etc. A tous la vie, le mouvement d'assimilation et de désassimilation, mais plus ou moins tenace, plus ou moins rapide et énergique. Il en résulte que devant l'abstinence, devant la faim, chacun de ces tissus se comporte diversement, qu'une fois les vivres coupés ou fournis en quantité insuffisante, nos citoyens histologiques se résorbent et périssent plus ou moins tardivement. Les moins robustes, ou bien ceux qui ont des besoins nutritifs plus énergiques, qui par essence sont le siége de mutations plus rapides, se détruisent d'abord. Ils se dissolvent; leur substance chimique résorbée repasse dans le torrent circulatoire, et portée par lui jusqu'aux tissus plus résistants par suite de leur nature quasi-minérale, comme les os, ou simplement plus durables, comme les éléments nerveux, elle sert à les alimenter. En résumé, il arrive dans notre république histologique ce qui arrive trop souvent dans la société; les plus forts mangent les plus faibles et vivent à leurs dépens. Quel est l'ordre, quelle est la proportion de cette fusion successive des organes et des tissus?

S'il faut s'en rapporter à un observateur dont les travaux ont singulièrement élucidé cette question [1], la mort d'un animal par abstinence, complète ou non, arriverait quand cet animal aurait perdu environ les 0,40 de son poids total ou même les 0,50, si le patient est obèse. Le tableau suivant indiquerait l'inégale répartition de cette perte totale sur les différents organes [2].

Parties qui perdent plus que la moyenne, 0,400.		*Parties qui perdent moins que la moyenne*, 0,400.	
Graisse	0,933	Estomac	0,397
Sang	0,750	Pharynx, œsophage	0,342
Rate	0,714	Peau	0,338
Pancréas	0,641	Reins	0,319
Foie	0,520	Appareil respiratoire	0,223
Cœur	0,443	Système osseux	0,167
Intestins	0,424	Yeux	0,100
Muscles locomotifs	0,423	Système nerveux	0,019

La résorption porte donc principalement et aussi primitivement sur le tissu graisseux, tissu faiblement organisé, régressif, sorte d'aliment en réserve, qui disparaît presque totalement.

Les muscles sont aussi fortement frappés; ils perdent presque la moitié de leur poids; c'est à eux surtout que s'attaque la résorption après la consommation du tissu graisseux.

En effet, en comparant chaque jour chez un animal inanitié, la quantité d'oxygène absorbée par la respiration avec la quantité de ce même gaz entrant dans la composition de l'acide carbonique exhalé, on voit le rapport s'établir d'abord, comme si l'animal était soumis à une alimentation graisseuse; puis comme s'il était exclusivement nourri de viande, mais en quantité insuffisante [3].

Il va sans dire que ces résultats s'observent aussi bien chez les animaux herbivores que chez les carnivores. En état d'abstinence, tous les animaux deviennent carnivores; ils se consomment eux-mêmes. M. Cl. Bernard a mis hors de doute ce fait curieux [4].

1. Chossat, *Recherches expérimentales sur l'inanition*, in-4°. Paris, 1843.
2. Cité par M. Lévy, *Hygiène*.
3. Sée, *Du sang et des anémies*.
4. L'urine des herbivores est trouble et alcaline; celle des carnivores, claire et acide. Or, l'abstinence donne ces derniers caractères à l'urine des lapins.

Mais le fait le plus intéressant, le plus important au point de vue philosophique, c'est la faible déperdition subie par les centres nerveux, même au moment de la mort. On peut dire qu'avant de mourir ils ont réellement dévoré les autres organes, et c'est à leur intégrité presque complète qu'il faut rapporter l'intégrité *relative* des facultés intellectuelles observée chez quelques hommes inanitiés jusqu'au moment de la mort.

Dans l'abstinence les troubles physiologiques ne sont pas moins intéressants à étudier. La température du corps va s'abaissant graduellement à mesure que se ralentit le mouvement nutritif. M. Chossat, expérimentant sur des animaux [1], a trouvé comme abaissement quotidien et moyen de la température 3°, avec dépression plus considérable le dernier jour. Au moment de la mort la chaleur moyenne a été 24°,9.

La différence entre la température moyenne du corps, le jour et la nuit, qui normalement est d'environ 0°,74, a atteint 3°,28, et l'oscillation a été augmentant toujours d'amplitude et de durée jusqu'au dernier jour.

Les sécrétions sont diminuées ou supprimées. Le foie cesse de former l'amidon animal (glycogène), qui normalement fournit à sa fabrication de sucre (Cl. Bernard). L'urine contient toujours de l'urée, résidu de la combustion des tissus, mais naturellement elle en contient de moins en moins.

Le tube digestif se rétrécit, parfois s'ulcère. La muqueuse exsangue absorbe avidement les liquides mis en contact avec elle, effet dont les lois bien connues de l'endosmose rendent facilement raison.

La combustion vitale allant s'éteignant toujours, la respiration, chargée de fournir à cette combustion l'oxygène nécessaire, fonctionne avec une énergie proportionnellement décroissante. Les mouvements des muscles, dits de la vie animale, se ralentissent. Il en est de même des battements du cœur dont on a vu le nombre tomber chez un homme inanitié à trente-huit par minute. L'usure rapide du tissu même du cœur vient ici s'ajouter à la dépression nutritive générale.

Les troubles fonctionnels des centres nerveux ont été assez mal déterminés. On a noté pourtant chez les animaux [2] de l'insomnie, une période d'agitation d'abord, puis une période de stupeur, enfin de la fureur; chez l'homme souvent des hallucinations, du délire.

L'abstinence est d'autant mieux supportée que le mouvement de la vie est moins énergique [3]. Burdach a curieusement réuni à ce sujet des faits observés chez les animaux les plus divers. Un limaçon n'aurait perdu, après six semaines d'abstinence, qu'un onzième de son poids; des protées auraient pu vivre sans aliments cinq ans, dix ans; des tortues, six ans; des crapauds, deux ans; des poissons dorés de la Chine, plusieurs années; des salamandres, six mois; tandis qu'un jour d'abstinence tue un passereau, trois jours une grive, etc. Dans l'âge moyen de la vie, l'homme peut résister à l'abstinence complète de une à deux semaines; l'enfant, beaucoup moins; le vieillard, davantage. A l'abri de la lumière solaire, ce grand excitant de la vie, l'abstinence se supporte mieux; ainsi, huit mineurs enfermés pendant cent trente-six heures dans une houillère disent n'avoir pas souffert de la faim. Le repos au lit, le sommeil, l'habitude, agissent dans le même sens. (Voir *Hibernation*.)

Il en est de même de certaines affections nerveuses, de la folie, de l'hystérie, du

1. Cochons d'Inde, lapins, corneilles, tourterelles, pigeons, poules.
2. Collard de Martigny. Journal de Magendie, tom. VIII.
3. *Traité de physiologie*.

mysticisme, etc.; mais dans ce cas l'abstinence aggrave encore les désordres intellectuels. Le cerveau mal nourri fonctionne mal. Des hallucinations, du délire surviennent, même chez l'homme sain d'esprit, par le seul fait de l'abstinence. L'histoire des famines ne nous édifie que trop sur ces faits lamentables [1]. (Voir *Famine*.)

Cette tolérance que donnent vis-à-vis de l'abstinence les maladies mentales ainsi que les fâcheux contre-coups de cette abstinence sur les fonctions cérébrales, rendent raison, d'une part, des tours de force accomplis, en fait d'abstinence, par beaucoup de monomanes religieux, et, d'autre part, des prescriptions étranges formulées par bon nombre de fondateurs d'ordres monastiques, de législateurs religieux et même de soi-disant philosophes.   CH. LETOURNEAU.

ABSTINENCE. — PHILOSOPHIE. — Pour tous les penseurs ou les rêveurs fameux dans l'histoire de la philosophie ou dans celle des religions, le mot abstinence n'a pas le sens que lui donnent les médecins et les hygiénistes. Ce qu'ils ont voulu régler, amoindrir ou anéantir, c'est le fonctionnement de la vie, aussi bien le côté sensitif, moral et intellectuel que le côté nutritif. Or, la plupart de ces hommes célèbres, beaucoup à tort, quelques-uns légitimement, n'avaient aucune connaissance scientifique de l'homme et du monde; aussi leurs prescriptions morales ou ascétiques atteignent souvent les dernières limites de l'insanité. La palme en ce genre doit naturellement être décernée au groupe le plus nombreux, à ceux qui ont tenté de scinder artificiellement l'univers et l'homme, en distinguant la matière et l'esprit, le corps et l'âme. Un rapide exposé de leurs doctrines, relativement au sujet qui nous occupe, va mettre en pleine lumière ce point intéressant. Voyons d'abord les philosophes, et naturellement les philosophes grecs.

Voici l'un des plus fameux. Que de conceptions intuitives et bizarres le cerveau de ce rêveur a enfantées pour le malheur des générations suivantes! Est-ce un philosophe? Est-ce un prêtre oriental? C'est un être hybride que les nombres ont à demi affolé. On a nommé Pythagore. A ses yeux, le corps est vil; il est souillé. Il faut donc le purifier par des expiations, par des ablutions. Surtout que l'on n'aille pas se nourrir d'œufs, de mulets, de surmulets, etc. (Diogène Laerce). Sevrez-vous des plaisirs de l'amour; supportez la faim; supportez la soif. Ne retranchez rien au fardeau qui vous accable, mais ajoutez-y. Il est bon de souffrir. Passons.

Celui-ci est de beaucoup plus sage, c'est Démocrite, le père de la célèbre théorie atomique, à laquelle la science moderne fait mine de revenir. Il a des instincts de savant. Pour lui le plaisir intellectuel est le bien suprême. Découvrir la vérité, exercer sa raison, c'est le premier des bonheurs. Mais entraîné par ses tendances, il va jusqu'à condamner les unions sexuelles, c'est-à-dire la famille; cela, dit-il, trouble les fonctions cérébrales.

Socrate fut un monothéiste d'un assez grand bon sens. Il se contente de prêcher la sobriété, le dédain de la pourpre, la médiocre estime de l'argent. Ses sectateurs furent parfois moins sages. Écoutez son disciple Antisthènes le cynique : « J'aimerais mieux, dit-il, être fou furieux que d'éprouver du plaisir. » (Diogène Laerce). Cela sent déjà le moine.

L'ancêtre prolifique d'une trop nombreuse lignée de rhéteurs, d'abstracteurs, de mystiques, celui que l'on a nommé le divin et que Bacon appelle « théosophe en délire » (on a reconnu Platon), fut au sujet de l'abstinence plus sage dans sa conduite qu'on n'aurait pu le croire; trop sage peut-être, car la cour de Denys ne

---

1. Voir, sur les effets de la famine dans les Flandres, Bertillon, article *Belgique* du *Dictionnaire encyclopédique de médecine*.

l'effraya pas [1], ni la richesse, ni les banquets, qu'il est prudent de ne point trop associer à la philosophie. Mais partout, dans ses écrits, il malmène très-fort le corps et finit, dans le Phédon, par parler le langage d'un anachorète de la Thébaïde.

Le pointilleux Aristote, tout en faisant consister le vrai bonheur dans la contemplation de la vérité, dans l'activité cérébrale, ne stigmatise pourtant aucun des modes de l'activité humaine.

Saluons : voici le digne successeur de Démocrite, le grand Épicure. Sans mépriser les plaisirs sensuels, il donne de beaucoup la prééminence à la tranquillité de l'esprit. Il ne craint pas de dire que la vraie fin de la vie, c'est le bonheur; mais, dit-il, le sage doit pouvoir égaler en bonheur Jupiter même, n'eût-il que du pain et de l'eau. De même, l'absence de douleur et la satisfaction modérée des besoins de la nature doivent suffire pour donner le bonheur, aux yeux du grand poëte épicurien, Lucrèce.

Bien différents sont ceux-ci qui exhalent un âcre parfum monacal. C'est Zénon, c'est Cléanthe, etc. Ils ne consultent pas la nature, ils la bravent; ils ne disciplinent pas les passions; ils prétendent les déraciner. Il faut être insensible à tout, même à la douleur la plus poignante, même à la maladie. Puisse la haute opinion qu'ils ont d'eux-mêmes suffire à les dédommager de tant d'inutiles privations ! « Abstiens-toi et souffre. » C'est leur maxime. Elle est chrétienne, mais beaucoup trop vantée. Epictète, en l'exagérant à plaisir, en fait bien voir le caractère anti-social. La femme, l'enfant du stoïque meurent; bien plus on les lui ravit. Qu'importe ! Il ne s'afflige pas pour si peu. C'est une bonne restitution qu'il a faite (Epictète, *Max.*, 13, 83). On ne peut le contrarier; tout ce qui arrive, il le désire et croit commander à l'infortune en courbant le dos devant elle. Que Dieu se serve du stoïque, comme il le voudra ; on ne peut le priver de rien. Il a la fièvre ; très-bien. C'est une partie de la vie (*Max.*, 241). Il en guérit. Cela lui est presque égal. Le départ de son âme est retardé ; voilà tout. Frappez, blessez, volez le stoïque. Il ne se vengera pas ; vous ne lui faites aucun mal (*Max.*, 267). Avec lui la tyrannie a beau jeu ; ce n'est pas lui qui secouera jamais un joug. La fièvre et l'épée du tyran le laissent également indifférent. L'épée pourtant lui paraît préférable, c'est une maladie plus courte (*Max.*, 366). Ne blâmant, ne louant personne (*Max.*, 205), il est résigné à tout, car ce tout, c'est la providence qui l'a voulu, et toujours il s'est considéré dans ce monde comme un spectateur.

Mélangez, triturez par parties égales ce stoïcisme passif avec quelques-unes des impondérables chimères du divin Platon; ajoutez une large dose des insanités vantées et pratiquées par les yoguis brahmaniques, les mounis bouddhistes, les ascètes chrétiens, vous aurez la philosophie (pardon de profaner ce mot) orientale, judaïque, néoplatonicienne de Philon le Juif, d'Apollonius de Tyane, de Plotin, de Porphyre, de Jamblique, de Proclus, tous plus ou moins extatiques, tous agitateurs de grelots vides, pour qui morale et ascétisme sont synonymes; pour qui la matière et le corps sont de vils ennemis de Dieu. Parfois, fous à lier, ils divaguent comme Plotin sur l'*un*, sur l'*autre*, sur le *premier*, le *suprême*, ou bien comme Philon considèrent l'apathie comme le souverain bien.

C'est de l'Orient que cette folie de l'ascétisme s'est communiquée au christianisme. Le Code de Manou, les Védantins, la Bhagavad-Gîta, les bouddhistes, le chinois Lao-Tseu, etc., et les pères, les saints du catholicisme, s'accordent au mieux sur la question de l'abstinence et des macérations. Voici, entre beaucoup d'autres, un verset du législateur Manou.

---

1. Diogène Laerce, *Vie de Diogène le Cynique.*

« L'homme qui entend, qui touche, qui voit, qui mange, qui sent des choses qui peuvent lui plaire ou lui répugner sans éprouver ni joie ni tristesse, doit être reconnu comme ayant dompté ses organes. » (Code de Manou. Verset 98, sacrements, etc [1].)

Quand un homme est-il sage, selon la Bhagavad-Gîta ? « Quand il a chassé tous les désirs ; quand il est inébranlable dans les revers, exempt de joie dans les succès ; quand il a chassé les amours, les terreurs, la colère... quand, comme la tortue retire à elle tous ses membres, il soustrait ses sens aux objets sensibles... quand il est égal envers ses ennemis et ses amis... quand il est détaché des enfants, de la femme, de la maison et des autres objets, etc. [2] »

On sait que le bouddhisme préconise comme souverain bien la quiétude absolue, l'anéantissement moral et intellectuel, ce qu'il appelle le Nirvana et ce que le catholicisme a appelé la mortification. La place nous manque pour citer. Platon avait dit dans le Phédon : « Le corps est un mal, une folie, il faut se délivrer de toutes les passions, s'exercer à mourir. » Selon saint Jean Climaque on doit faire plus encore, il faut haïr tous les biens, toutes les affections humaines, haïr son corps, et nu et vide de tout souci haleter vers le ciel. Mêmes doctrines dans saint Paul et saint Jérôme, dans l'Évangile et dans Bossuet [3].

Toutes ces absurdités incompatibles avec l'existence d'une société quelconque, la raison moderne les condamne, éclairée qu'elle est par une connaissance plus complète de l'homme et du monde. Elle dit avec Épicure, Lucrèce, avec les philosophes du siècle dernier, que la fin de l'homme est le bonheur. A ses yeux la satisfaction des besoins naturels est donc légitime, et chacun a le droit de les satisfaire *dans les limites que comporte le même droit chez les autres*. Sans condamner en soi l'usage d'aucun plaisir, elle donne la prééminence aux plaisirs moraux et intellectuels, car elle sait que par la recherche de ces nobles plaisirs les individus et les peuples durent et prospèrent. Mais elle sait aussi que dans l'organisme humain tout se tient, que tout organe a besoin de vivre, que l'inaction prolongée d'un appareil organique quelconque entraîne ou l'atrophie de cet appareil ou des troubles généraux. Sa conclusion est donc qu'il faut non pas éteindre tel ou tel penchant, mais les subordonner tous aux penchants les plus nobles dans l'intérêt bien entendu de l'individu et de la société. Ch. LETOURNEAU.

ABSTRACTION. — PHILOSOPHIE. — Tous les objets de la nature, au sein de laquelle nous vivons, sont composés, ils nous présentent à la fois, ou successivement, plusieurs phénomènes, qualités, propriétés ou attributs, qui leur sont inhérents.

L'idée que nous concevons en présence et à la vue d'un arbre, si nous envisageons cet arbre dans son essence, dans son être et dans la somme des qualités qui le constituent, est une idée concrète, se rapportant à un objet réel. Si, au contraire, par une analyse toute mentale, nous considérons dans ce même arbre, à l'exclusion de tout le reste, tantôt son volume ou sa forme, tantôt la couleur de sa feuille ou le parfum de sa fleur, tantôt la rugosité ou le poli de son écorce, nous faisons autant d'abstractions, nous concevons de ces divers modes autant de notions dites abstraites.

L'abstraction est donc, en langage philosophique, une opération de l'intelli-

1. Traduction Loiseleur Deslonchamps.
2. Traduction Em. Burnouf.
3. Voir M. L. Boutteville, *De la morale de l'Église et de la morale naturelle*, in-8°.

gence, sorte d'analyse, au moyen de laquelle nous séparons ou détachons d'un objet, par la pensée seulement, tel ou tel attribut inhérent à cet objet, et qui n'a et ne peut avoir, en dehors de lui et de l'esprit qui le conçoit, aucune réalité. Cette faculté s'exerce également sur tous les objets de notre connaissance, de quelque manière qu'ils soient perçus par notre entendement. Elle est la cause et l'origine de toutes les idées simples fournies par l'observation, soit interne, soit externe.

L'abstraction est tellement naturelle à l'esprit humain que nos langues se composent presque entièrement de termes abstraits. Condillac, en raison des rapports très-étroits qui existent entre elles et la faculté d'abstraire, les a nommées des méthodes d'analyse et d'abstraction. Quelques philosophes ont même avancé que le langage est la condition de l'abstraction. D'autres ont renversé la proposition, et, tout en reconnaissant que, sans la parole, l'idée abstraite, née d'abord et formée dans l'esprit, resterait vague, obscure, sans fixité ni précision, comme chez l'enfant et l'animal, ils ont vu dans l'abstraction la condition du langage. Nous soupçonnons que la vérité se trouve entre ces deux affirmations contraires, ou plutôt qu'il suffit, pour la saisir, de les rapprocher et de les confondre. En vertu de la constitution même de notre entendement, la parole ne va pas sans l'abstraction, non plus que celle-ci sans la parole. Il n'y a entre l'une et l'autre qu'une *précession* ou antériorité logique, non réelle. Elles sont toutes deux congénères et contemporaines. Il serait ainsi vrai de dire qu'on ne saurait *parler* sans *abstraire,* ni *abstraire* sans *parler.* Ces deux actes sont identiques, ils procèdent à la fois d'une même faculté.

« Les idées abstraites, a dit Locke, sont les essences des genres et des espèces. » C'est de l'abstraction, unie à la comparaison, que naissent en effet les idées générales, c'est-à-dire celles qui se présentent avec des caractères communs et essentiels à plusieurs objets. Toute idée générale, comme celles que nous exprimons par les mots *homme, animal, arbre, genre, espèce,* est donc nécessairement abstraite. Mais la réciproque n'a pas lieu ; c'est-à-dire que toute idée abstraite n'est pas nécessairement une idée générale : il en est ainsi, par exemple, de l'idée abstraite *particulière* de forme ou de couleur, quand on l'applique à tel ou tel corps individuel ou déterminé.

Les philosophes qui n'admettent, dans la recherche de la vérité, d'autre méthode que celle de l'expérience, ont fait de l'abstraction l'unique fondement de la connaissance et de la science ; d'autres, qui attribuent à l'entendement des notions primitives, prétendent que la science ne peut être constituée que par le concours de l'abstraction et de certaines notions ou vérités premières, nommées aussi idées innées, idées nécessaires, universelles, absolues, lois ou catégories de la raison ou de l'entendement, etc.

Ce n'est pas ici le lieu de chercher à résoudre cette contradiction. Quoi qu'il en puisse être, nous en avons dit assez pour faire aisément comprendre que, sans la faculté d'abstraire, toute science serait impossible.

De tous les penseurs de notre temps, aucun n'a plus que M. Taine exalté la valeur et l'importance de cette faculté. Peut-être nous saura-t-on gré de rappeler ici à quelle occasion et à quel titre.

Dans son livre intitulé *le Positivisme anglais, Étude sur Stuart Mill,* M. Taine, à qui l'audace de l'esprit n'a pourtant jamais fait défaut, s'est presque effrayé, en voyant à quoi peut aboutir le *positivisme* dans une des meilleures et des plus fortes têtes de l'Angleterre. A l'aspect de ces deux abîmes : « un abîme de hasard et un abîme d'ignorance, » qu'il regarde comme la conclusion des doctrines positivistes, « La perspective est sombre, dit-il ; il n'importe, si elle est vraie. » Mais il la croit erronée, et, tout en récusant, dans la question de l'idée de cause, l'autorité de la raison et celle de l'expérience, il garde cette idée, il la retient, il s'y attache, et prétend la légitimer. Voici comment.

D'accord avec l'école positiviste, avec M. Stuart Mill en particulier, M. Taine affirme, — et je suis loin, pour ma part, d'y contredire, — que l'homme ne connaît point les substances; qu'il ne connaît ni l'esprit, ni le corps; qu'il n'a pas plus d'idée de l'esprit que de la matière; qu'il n'atteint que des faits, soit au dedans, soit au dehors; qu'il ne saisit que des couleurs, des sons, des résistances, des mouvements.

Mais il ne s'arrête pas là, il va plus loin : « Nous pensons, dit-il, qu'il n'y a ni esprits ni corps, mais simplement des groupes de mouvements présents ou possibles, des groupes de pensées présentes ou possibles. Nous croyons qu'il n'y a point de substances, mais seulement des systèmes de faits. Nous regardons l'idée de substance comme une illusion psychologique. Nous considérons la substance, la force et tous les êtres métaphysiques des modernes comme un reste des entités scolastiques. Nous pensons qu'il n'y a rien au monde que des faits et des lois, c'est-à-dire des événements et leurs rapports, et nous reconnaissons que toute connaissance consiste d'abord à lier ou à additionner des faits. Mais, cela terminé, une nouvelle opération commence, la plus féconde de toutes, et qui consiste à décomposer ces idées complexes en données simples. Une faculté magnifique apparaît, source du langage, interprète de la nature, mère des religions et des philosophies, seule distinction véritable, qui, selon son degré, sépare l'homme de la brute, et les grands hommes des petits : je veux dire l'*abstraction*, qui est le pouvoir d'isoler les éléments des faits et de les considérer à part. »

Par l'abstraction ainsi comprise, et grâce à la réforme que cette « grande opération scientifique, » en s'élançant « par delà l'observation, » introduit dans les notions de définition, de preuve, d'axiome, de syllogisme et d'induction, M. Taine se flatte de sauvegarder l'idée de cause, d'expliquer l'homme et le monde, de renouveler, en un mot, toutes les sciences, et de leur imprimer un cachet indélébile de certitude et d'universalité.

Pour nous, si nous avons sainement apprécié cette théorie, nous craignons fort que son auteur, quelle que soit la vigueur de son intelligence, ou plutôt à cause de cette vigueur même, ne rencontre, au bout de ses efforts, un troisième abîme : celui du *nihilisme*.

Platon faisait de l'abstraction, lui aussi, l'instrument de sa dialectique; mais, par elle, — et c'est là son tort inexpiable, — il prétendit conférer une réalité substantielle à des idées purement abstraites. M. Taine, au contraire, supprimant la substance, applique l'abstraction à des inanités : que peut-il en sortir que le vide?...

On le voit, l'abstraction, si précieuse en elle-même, peut avoir, comme toutes nos facultés, sans en excepter la raison, ses exagérations, ses abus et ses dangers. Il en est un contre lequel elle doit, surtout, se tenir en garde. Si, oublieuse du précepte que lui impose la logique, — ce qui n'est permis qu'à la poésie, — il lui arrive, — et la chose, hélas! est arrivée souvent, — de se laisser prendre aux attraits et aux séductions de cette *folle du logis*, de cette faculté essentiellement superstitieuse, qu'on appelle imagination, la voilà qui tout aussitôt, en punition de cet accouplement adultère, engendre des fantômes et peuple notre esprit d'entités chimériques. Ces produits illégitimes de l'abstraction, ainsi réalisés et personnifiés, deviennent une des sources les plus fécondes de nos aberrations; ils infectent d'erreurs toutes les sciences. Pour ne citer qu'un exemple, on sait le rôle qu'ont joué, dans la physique ancienne, certaines propriétés de la matière converties en substances, le *chaud*, le *froid*, le *sec*, l'*humide*, etc.

Depuis la fameuse querelle qui retentit dans toutes les écoles du moyen âge sous les noms de *Réalisme* et de *Nominalisme*, et à laquelle Abailard crut mettre fin en inventant le *Conceptualisme*, les entités imaginaires, les abstractions réalisées ont-elles toutes disparu du domaine de la science ? N'y rencontre-t-on plus aujourd'hui de pures modalités auxquelles on prête encore une existence réelle et substantielle ? L'invisible et l'infini n'y sont-ils plus représentés sous des formes finies et visibles ? N'y voit-on plus des idoles, créées par l'imagination, aveuglément adorées ?...

Concluons, — car c'est là ce qu'il faudrait ne jamais perdre de vue, — qu'une idée générale n'a de valeur scientifique, c'est-à-dire ne conserve de vie et de vérité, qu'autant qu'elle garde, dans notre esprit, les rapports qui la rattachent et l'identifient en quelque sorte avec la somme des objets réels dont nous l'avons abstraite. Dans ce sens, mais dans ce sens seulement, on peut dire que toute idée abstraite vraie est en même temps une idée concrète.

Cf. Locke, *Essai sur l'entendement humain*, liv. III ; Condillac, *Essai sur l'origine des connaissances humaines, Logique* et *Art de penser* ; de Gérando, *Traité des signes et de l'art de penser* ; Destutt-Tracy, *les Principes logiques* ; Franck, *Dictionnaire des sciences philosophiques*.   M.-L. BOUTTEVILLE.

ABUS (APPEL COMME D'). — L'appel comme d'abus est une procédure particulière à suivre pour quiconque (simple particulier ou fonctionnaire public) veut obtenir la répression d'un acte abusif commis par un prêtre (d'une religion reconnue) dans l'exercice de ses fonctions. Tout le monde sait cela ; ce qu'on sait moins c'est que l'appel comme d'abus est réciproque ; c'est-à-dire qu'un prêtre qui veut obtenir la répression d'un acte commis par un fonctionnaire public contre l'exercice de son culte ou de ses attributions sacerdotales, est réciproquement obligé de suivre la voie de l'appel.

J'ai dit : l'appel comme d'abus est un procédure particulière ; pour être exact, il faut ajouter que sous ce nom commun, et sous cette procédure commune, il y a réellement deux actions distinctes, aboutissant à deux résultats assez différents.

Ces deux actions ont trait aussi à des situations différentes. Quand il s'agit de faits qui sont réellement un abus d'autorité, religieuse ou laïque, mais qui n'offrent pas le caractère sérieux d'un crime ou d'un délit qualifié, et qui, en conséquence, ne sauraient être punis par les tribunaux ordinaires, le plaignant s'adresse au Conseil d'État pour qu'il reconnaisse tout à la fois la réalité de l'abus allégué et pour qu'il le punisse ou le réprime par une peine disciplinaire, le seul genre de peines qu'on puisse appliquer en ce cas, je le répète. Quand il s'agit au contraire de faits plus graves, ayant le caractère de crime ou de délit, le plaignant s'adresse au Conseil d'État généralement non pour qu'il juge lui-même et punisse le fait, mais simplement pour qu'il autorise la poursuite du fait devant les tribunaux ordinaires. Ainsi, dans le premier cas, l'appel tend directement à obtenir la répression ; dans le second, ce n'est qu'un préalable administratif obligatoire, avant de demander la répression aux tribunaux ordinaires. Au reste, la peine disciplinaire dont nous parlions tout à l'heure consiste dans la déclaration qu'il y a abus ; la peine est, comme on voit, d'être censuré, blâmé officiellement par le Conseil d'État.

L'appel comme d'abus n'est pas porté directement au Conseil d'État. L'appelant doit auparavant recourir au ministre des cultes, en lui adressant un mémoire détaillé des faits. L'obligation de s'adresser d'abord au ministre de qui dépend le prêtre inculpé correspond, dans cet ordre de choses, au préliminaire obligatoire de conciliation qui existe dans l'ordre des procès ordinaires. En effet, il arrive souvent que le ministre des cultes concilie les parties ou obtient à l'amiable une réparation qui satisfait le plaignant. Quand son intervention échoue, il envoie au président du Conseil d'État le mémoire de l'appelant et les autres pièces qui ont pu lui être adressées, en y joignant son propre rapport sur l'affaire. L'examen de ces diverses pièces appartient, non au Conseil d'État tout entier, mais à une de ses sections, à la section de législation. La section peut ordonner un supplément d'instruction, si elle ne se trouve pas suffisamment édifiée. Quand son opinion sur l'affaire est arrêtée, la section rédige son jugement, en forme de décret; mais ce n'est encore là qu'un projet; le Conseil d'État a seul pouvoir d'établir en assemblée générale la forme définitive du décret qui sera soumis ensuite à l'approbation impériale. Les parties peuvent s'aider du conseil d'un avocat, si elles veulent, et envoyer à leurs juges tels mémoires qu'elles estiment nécessaires; mais cela n'est pas obligatoire, et par conséquent les honoraires des défenseurs n'entrent pas dans le calcul des frais à payer par la partie perdante, suivant l'usage commun à toutes les juridictions. L'affaire est d'ailleurs instruite administrativement, c'est-à-dire sans publicité; les parties ni leurs avocats n'ont pas le droit d'y assister.

Voyons à présent quelles sont les diverses résolutions que le Conseil d'État pourra prendre. Il pourra décider : 1o qu'il n'y a pas lieu de donner suite à l'appel ; 2o qu'il y a abus; 3o qu'il autorise la poursuite devant les tribunaux ordinaires (nous avons appuyé tout d'abord sur ce dernier cas). Il faut ici faire quelques subdivisions. Le premier cas renferme réellement deux cas assez différents. Le Conseil d'État ne donnera pas suite à l'appel, soit parce qu'il l'aura jugé irrecevable pour défaut de formes ou défaut de véracité; soit parce que le fait incriminé et constaté n'est pas un abus. Dans le troisième cas, le Conseil d'État peut décider que des poursuites seront autorisées à fins criminelles, correctionnelles, ou à fins civiles seulement, c'est-à-dire que l'appelant pourra simplement demander aux tribunaux civils la condamnation de son adversaire à des dommages et intérêts. J'ai déjà dit que, quant au second cas, la peine d'abus consiste précisément dans la déclaration qu'en fait le Conseil d'État. A cet égard, les choses ne sont pas égales entre le fonctionnaire laïque et le fonctionnaire religieux. Le premier est généralement très-sensible à la censure du Conseil, laquelle d'ailleurs peut avoir une influence malheureuse sur son avancement; le fonctionnaire religieux au contraire s'en moque, soutenu qu'il est en cette occasion par tout le corps du clergé, par la bienveillance de ses supérieurs, et aussi par ce dédain intime qu'il a du laïque et cette profonde conviction de la supériorité de son caractère, qui animent tous les membres d'un clergé quelconque.

Il faut dire quelques mots des origines de l'appel comme d'abus. On a beaucoup discuté (sans arriver à rien de positif) sur l'époque où cette procédure aurait été inventée. Il est certain qu'en tout temps le pouvoir temporel s'est attribué le droit de surveiller le clergé et de réprimer ses écarts; mais ce qui est incertain c'est le moment où cette surveillance a pris la forme précise de l'appel comme d'abus. Il ne paraît pas qu'on puisse la faire remonter plus haut que la fin du xiiie siècle. Son invention doit être de très-peu postérieure à la création des parlements. Dans ces premiers temps, l'appel comme d'abus fut principalement ou même exclusivement employé pour soumettre les sentences des tribunaux religieux (car alors l'Église avait ses tribunaux, les *officialités*) au jugement en dernier ressort des tribunaux laïques; les tribunaux qui connaissaient des appels comme d'abus étaient les *parlements*.

Les officialités n'existent plus; et la source la plus abondante des appels comme d'abus se trouve par là supprimée. Aujourd'hui il y a lieu à un appel comme d'abus : 1º quand le fonctionnaire religieux a commis un excès de pouvoir : par exemple il a publié en chaire une nouvelle politique sans y être autorisé par le gouvernement; 2º quand il a violé une loi ou un règlement : exemple, un archevêque convoque un concile provincial, sans en avoir préalablement demandé permission au pouvoir temporel; 3º quand il contrevient aux canons ou règles ecclésiastiques reçues en France. Cette troisième catégorie concerne uniquement les rapports hiérarchiques des fonctionnaires religieux entre eux. L'évêque est encore aujourd'hui un véritable juge pour les clercs de son diocèse. Il peut leur appliquer des peines; il est vrai que ces peines sont purement disciplinaires : ce sont la déposition, la suspension et l'interdiction *à sacris*. Confirmées par le pouvoir politique, elles ont alors le plus souvent un effet temporel, celui de priver de son traitement le prêtre condamné par son évêque; 4º lorsqu'il attaque les libertés de l'Église gallicane : exemple, il publie en chaire ou dans un mandement un bref de la cour de Rome non vérifié et reçu en France par le pouvoir politique; 5º lorsqu'il se permet *des procédés qui peuvent compromettre l'honneur des citoyens, troubler leur conscience ou dégénérer en oppression et en scandale public :* exemple, un prêtre désigne en chaire un de ses paroissiens à la haine ou au blâme publics. Ce genre d'abus est le plus fréquent. Les refus de sépulture donnent lieu aussi à des appels nombreux, mais c'est une jurisprudence établie dans le Conseil d'État que le refus de sépulture n'est un abus qu'autant que le prêtre l'appuie de quelques injures, ou l'entoure de circonstances propres à produire un scandale. On sent qu'entre le refus simple et le refus scandaleux la limite est difficile à marquer; le Conseil d'État la met où il veut. Le succès de l'appel dépend toujours de son appréciation arbitraire. Au reste, ce qui rend cette procédure chère à l'administration c'est précisément le vague de ses règles et l'indécision de ses principes qui lui permettent de condamner ou d'absoudre le même fait, suivant le temps, suivant les relations momentanées du clergé avec l'État, suivant que le pouvoir civil est bien ou mal avec l'Église, qu'il veut la ménager ou lui chercher querelle. Les plaintes d'un particulier blessé par un fonctionnaire religieux sont jugées non d'après les règles de l'équité, mais d'après les convenances de la politique.

Ce qui constitue le mérite de l'appel comme d'abus aux yeux des politiques de la vieille école, doit être sa condamnation aux yeux du jurisconsulte consciencieux et du politique moderne.

L'appel comme d'abus disparaîtra naturellement le jour inévitable où l'Église sera séparée d'avec l'État. Alors les abus du prêtre seront jugés par les tribunaux ordinaires, et sans autorisation. Il est vraiment singulier qu'au xixe siècle, un homme, lésé dans ses intérêts matériels ou moraux, soit obligé de demander à l'État la permission d'obtenir justice, surtout quand on songe que l'État n'existe que pour assurer à chacun la meilleure justice possible. Il est vraiment singulier que l'État puisse dire à un citoyen : Tu souffriras l'injustice, si je le veux, si je le trouve convenable à mes projets du moment.   PAUL LACOMBE.

ABYSSINIE. — L'Abyssinie est une grande contrée de l'Afrique orientale, située entre 6º et 15º 30 de latitude nord, 32º et 41º de longitude est. Le nom d'Abyssinie, employé par les musulmans et par les voyageurs européens, est impropre, selon les indigènes qui le repoussent comme une injure; il vient en effet de

l'arabe *habech* qui signifie tourbe de bâtards et sang-mêlés. Ce mot a donné
l'adjectif *Habechi* dont les premiers navigateurs portugais firent *Abexin* et les
copistes du xvɪᵉ siècle *Abessinie* et *Abyssinie*. On devrait donc, à en croire les
Abyssiniens, appeler l'Abyssinie de son vrai nom : *Ethiopie*, qu'ils traduisent par
Itiopiavan.

L'Abyssinie est la Suisse de l'Afrique orientale. Elle présente dans son caractère le plus général un plateau escarpé, d'une hauteur moyenne de 3,000 mètres,
borné de tous côtés par des déserts sur lesquels il laisse tomber à pic ses gigantesques parois presque verticales, surtout à l'est. Ce plateau touche, au nord-est,
aux plaines arides qui forment le littoral de la mer Rouge et qu'habitent les nègres
Sohos; à l'est le pays sablonneux et salin des Danakils ou Afars, tribus de sang et de
langue galla; au sud les contrées à peu près inconnues où se trouvent les royaumes
d'Innarya et de Kaffa; au sud-ouest les déserts que baigne de son cours, encore en
partie hypothétique, un affluent du Nil Bleu, le Yabous ou Didessa; à l'ouest et au
nord-ouest le Soudan égyptien. Les premiers escarpements sont situés à deux journées de marche du port de Massouah sur la mer Rouge. Pour se faire une idée de
l'étendue de ce plateau, on n'a qu'à superposer une carte d'Éthiopie sur une carte de
France : Massouah correspondra avec Calais, et le mont Wosho, le point le plus
méridional, avec Saragosse. Gondar, capitale de l'Abyssinie, se trouvera à la hauteur de Château-Gonthier, en Bretagne. Cette comparaison donne, pour le diamètre
du plateau, 1,100 kilomètres du sud au nord et autant de l'ouest à l'est. La surface
de ce plateau est étrangement tourmentée. C'est une suite de montagnes à têtes
plates, séparées les unes des autres par de gigantesques coupures et surmontées
d'aiguilles, de colonnes basaltiques du plus fantastique aspect. Une coupure plus
énorme que les autres, un sillon de 700 mètres de profondeur dont le fond sert de
lit aux eaux du Takkazé, sépare le plateau en deux parties opposées de mœurs et de
caractères, habitées par des habitants d'origine différente, à peu près comme la
Loire sépare le nord et le midi de la France.

Les différentes parties de ce relief, étagées les unes au-dessus des autres, reçoivent des noms divers selon leur degré d'altitude et offrent, dans leur température
et dans leurs productions, des caractères bien tranchés. Les terres basses, celles qui
sont sur les déclivités descendant vers les fleuves, s'appellent *kouallas*. Les plus
élevées ne dépassent pas 2,000 mètres au-dessus du niveau de la mer. La température y est étouffante (75° dans le sable chauffé par le soleil à la surface du sol).
Le typhus et les fièvres y règnent. Les crocodiles, les lions, les éléphants, les rhinocéros, les hippopotames, les reptiles, les singes cynocéphales, les scorpions et les
moustiques y foisonnent. Au printemps jaillit une végétation fougueuse que l'été
dessèche rapidement. Le coton, le maïs, le sorgho ou dourah y sont cultivés avec
succès. On y élève surtout des chèvres. On y trouve peu de chevaux, mais des
bœufs à l'allure rapide et qui servent de bêtes de somme.

Les régions moyennes, celles comprises entre 2,000 et 2,400 mètres, s'appellent
les *Woïna Deugas*. C'est le pays des orangers et des citronniers, à l'atmosphère volup-
tueuse, aux champs fertiles. C'est là qu'on a bâti les principales villes et que flo-
rissent les bourgeois, les commerçants, les avocats et les théologiens. Les Woïna
Deugas sont en géographie physique ce que le tiers-parti est en politique. Ajoutons
qu'on y voit prospérer la vigne et le *tef* (pâturin abyssinien) dont on fait du pain
et de la bière.

A partir de 2,400 mètres, jusqu'aux plus grandes altitudes, les terres reçoivent le
nom de *Deugas*, quelque chose comme les *highlands* de l'Écosse. Le Deuga est un
plateau borné par des escarpements tels souvent qu'en s'asseyant sur leurs bords,

les pieds pendent dans le vide comme si on était assis sur la margelle d'un puits. On y respire un air doux et sec. On y rencontre des pâturages peuplés de poulains, moutons, bisons, bouquetins. On y cultive l'orge et la fève. C'est le pays des guerriers et des laboureurs. C'est là que les barons féodaux de l'Abyssinie établissent leurs aires comme nos seigneurs du moyen âge et qu'ils tiennent cour avec leurs hommes d'armes et leurs nombreux dignitaires. Les Deugas sont dominés par de hautes montagnes souvent neigeuses et qui sont réparties en deux massifs principaux : le Samen dont le principal sommet est le mont Detjem qui a presque la hauteur du mont Blanc (4,600 m.), et le Gojam. M. Antoine d'Abbadie a mesuré dans le Kaffa, en dehors des contrées comprises sous le nom d'Abyssinie, le mont Wosho qui a 5,060 mètres et qui semble le point culminant de tout le plateau éthiopien.

Le système hydrographique de l'Abyssinie est très-curieux. Partout ailleurs les rivières fertilisent leurs bords et servent aussi de moyen de transport. En Abyssinie, elles ne remplissent ni l'une ni l'autre de ces fonctions. Coulant toutes au fond de fissures escarpées et coupées presque à pic, elles colligent comme en des drains gigantesques les eaux du plateau, les précipitent de chutes en chutes jusqu'aux plaines du Soudan turc et les réunissant dans le Nil à divers degrés de latitude, vont porter ainsi à l'Égypte les dépouilles fécondes de la terre abyssinienne. Cette confiscation complète des eaux de l'Abyssinie par le Sennaar et la Nubie a pour instruments principaux deux grands fleuves, le Takkazé et l'Abbaïe.

Le Takkazé prend sa source à l'E., dans les montagnes qui bordent le Lasta. Après avoir coulé d'abord à l'O., puis au N., puis de nouveau à l'O., il se jette, sous le nom de *Settite*, dans l'*Atbara*. Son confluent avec ce dernier fleuve est un des sites les plus pittoresques des frontières abyssiniennes. L'Atbara lui-même se jette dans le Nil, un peu avant la cinquième cataracte. Le Takkazé, qui coule au fond de cette énorme fissure que nous avons signalée et qui sépare le *Tigraïe* de l'*Amhara,* est infranchissable pendant sa crue, qui dure depuis le mois de *senié* (derniers jours de juin) jusqu'au mois de *meuskeurrum* (derniers jours de septembre). — L'Abbaïe prend sa source près du village de Kouellèle, haute vallée située entre les provinces de *Damote*, de *Matcha* et le pays des *Agaws*. Cette source est celle que Bruce prit pour la source du Nil et qu'il se vanta d'avoir découverte le premier, bien qu'elle eût été vue au XVIIe siècle par le missionnaire portugais Paëz. L'Abbaïe pénètre dans le lac Tzana (appelé aussi Dembeia), décrit en en sortant une vaste spirale qui fait une presqu'île des provinces de *Damote*, de *Matcha* et du *Goyam*, et devient plus loin, sous le nom de Bahar el Azerak (*vulgo* Bahr el Azrek) ou fleuve bleu, le vrai Nil des indigènes. Le fleuve bleu s'unit à Khartoum au fleuve blanc pour former la grande artère, aux origines jusqu'ici mystérieuses, qui arrose l'Égypte. Les autres rivières, qui coulent également de l'E. à l'O., sont le *Mareb*, le *Bahr-el-Salam*, le *Rabad*. — Au centre du plateau abyssinien est une vaste dépression, une espèce de cuve volcanique profonde, quatre fois grande comme le lac de Genève, et qu'on appelle le lac *Tzana*.

Comme nous l'avons déjà dit, le Takkazé détermine les deux grandes divisions politiques et en quelque sorte ethnographiques de l'Abyssinie. Le pays au nord du Takkazé est le Tigraïe. Cette région est au reste de l'Abyssinie ce que le midi est au reste de la France, une contrée aux habitants gais, vifs et d'imagination ardente, siège de l'ancienne civilisation éthiopienne (royaume d'Axoum); les principales divisions du Tigraïe sont le *Hamacen*, l'*Agamé*, le *Saraoué*, l'*Enderta* et le *Lasta*. Au sud du Takkazé s'étend l'*Amhara*, contrée qui n'arriva que plus tard à la civilisation et qui ne prospéra que lorsque les incursions des musulmans d'Adel forcèrent les *Atsès* ou empereurs à transporter le siège de l'empire de l'autre côté du

Takkazé. Les principales provinces de l'Amhara sont le fertile *Dambya*, le *Damote*, le *Begamdir*, le *Samen*, vrai Oberland de l'Abyssinie avec ses cimes neigeuses, ses torrents et ses cascades. Au S. E. de l'Amhara est un royaume particulier appelé le *Schoa* ou *Chawa*, et dont la capitale est *Ankobar* (la capitale du Tigraïe est *Adwa* et celle de l'Amhara *Gondar*). Au sud de l'Abyssinie proprement dite s'étendent les contrées à peu près inconnues de l'*Innarya* et de *Kaffa*.

L'Abyssinie compte peu de grandes villes; citons seulement : *Gondar*, fondée il y a deux siècles par l'atsé Facilidas et brûlée par Théodoros, qui n'a laissé subsister que deux de ses dix-neuf églises; *Lalilaba*, dans le Lasta, avec ses huit églises monolithes; *Dabra-Tabor*, à 130 kilomètres S. de Gondar, résidence favorite et camp de Théodoros; *Kuarata*, sur le lac Tzana, la plus grande cité de l'Afrique orientale, dit M. d'Abbadie, fière de son sanctuaire, de ses délicieux jardins et de ses douze mille habitants; *Aringo*, le Versailles des rois éthiopiens; enfin *Magdala*, la dernière forteresse de Théodoros.

L'ethnographie abyssinienne est des plus confuses. Plus on l'étudie, plus on est tenté de donner raison à la dédaigneuse épithète des Arabes, les Habechi, ou ramassis de gens d'origine diverse. Langues, institutions, us et coutumes, types humains, tout cela présente dans un petit espace les plus étranges juxtapositions et les différences les plus tranchées. La philologie seule donne quelques lumières encore bien incertaines. On parle deux langues principales en Abyssinie; l'une dans le Tigraïe : c'est la langue tigraïenne, idiome sémite, qui a pour base le *gheez* (langue morte dont on se sert comme nous nous servons du latin — voir à l'article *Langues sémitiques*); l'autre est l'*amarigna* (*amharique*), ou langue parlée dans l'Amhara, idiome évidemment aborigène et qui est le plus répandu de toute l'Abyssinie. Mais à côté, que de dialectes distincts ! C'est la langue *agaou* parlée par les *Agaws*, qui sont probablement les habitants tout à fait primitifs du pays; le *qimant*, parlé aux environs de Tchelga par une tribu de parias d'origine mystérieuse, semblable aux tsiganes de la Hongrie, la même peut-être que les *Falasas* ou Juifs éthiopiens, qui sont à peu près au nombre de quatre-vingt mille; le *gafat*, langue que personne ne comprend plus, mais dont on a des chansons qu'on se transmet oralement de père en fils, et par lesquelles on accueille, en guise de harangue, les chefs et grands personnages; l'*ylmorma* employée par les *Oromo*, dont le nom de guerre est *Gallas*, tribus vaillantes et farouches, qui s'étendent depuis les Afars ou Danakîls jusqu'aux déserts inconnus de l'Afrique, et qui sont constamment en guerre avec les Abyssiniens, dont ils pressent à l'E. et au S. E. les frontières. On voit les difficultés d'une classification ethnographique. L'hypothèse la plus probable, c'est qu'il subsiste en Abyssinie deux races juxtaposées, l'une aborigène, l'autre conquérante.

Mêmes différences dans les types physiques. La peau y offre toutes les nuances du mulâtre au noir, depuis le teint cuivré jusqu'à l'ébène luisant du nègre : ce qui domine pourtant, c'est la couleur bronze florentin. L'homme des Kouallas est petit, souple, musculeux et sec, avec des membres inférieurs grêles et des genoux cagneux. Il a une tendance à l'émaciation. Ses cheveux sont épais, cassants et rudes. Ses dents sont admirables. Il est bavard, éloquent, vaniteux, raffiné, artiste, ami de la bonne chère et des plaisirs bruyants. L'homme des Deugas est sobre, grave, économe, bref, dur à la fatigue. Sa taille est plus grande, ses dents moins belles, ses formes plus lourdes. Les femmes abyssiniennes sont généralement jolies et bien faites. Beaucoup sont d'une beauté accomplie, avec des chevelures superbes et un teint mat et doré. Hommes et femmes, au dire de tous les voyageurs, ont une sorte de grâce souple et inconsciente et prennent naturellement des attitudes sculpturales. Les Agaws — qui sont peut-être les aborigènes — ont un type étrange avec les yeux relevés aux tempes.

Le vêtement national est la toge. L'Abyssinie pourrait s'appeler, comme certaine partie de la Gaule, *gens togata*. Cette toge de coton blanc à bordure bleue ou écarlate est drapée avec un art infini, si bien qu'on dirait autant de costumes différents. Elle sert — vrai vêtement omnibus — de signal, de couverture, de linceul, de porte de tente. Les grands s'en couvrent les deux épaules, les classes moyennes et le peuple seulement l'épaule gauche. Les cheveux sont tressés en nattes coniques larges comme des côtes de melons ou relevés en natte unique jusqu'au sommet de la tête. Cette coiffure — qu'on ne renouvelle que tous les deux mois — est surtout le privilége des guerriers. Elle est interdite aux esclaves et peu usitée par les paysans, les prêtres, les trafiquants et les citadins. Les femmes portent une sorte de stole traînante et très-ample, brodée de soie chez les riches, recouverte chez les femmes des chefs de burnous de soie aux broderies et aux bosselures de vermeil. On peut encore citer, parmi les vêtements, des pèlerines de peau de mouton richement ornées, des culottes flottantes qui rappellent le *cinctus* romain et que portent surtout les chasseurs, laboureurs et artisans, des ceintures qui atteignent jusqu'à 46 mètres de long, un grand luxe de pendants d'oreilles, bracelets aux chevilles, anneaux, épingles à cheveux de bois, de buffle et de vermeil, etc. Les ecclésiastiques ont une tunique étroite descendant à mi-jambe, une toge et un turban volumineux d'une forme *sui generis*.

Les Abyssiniens sont chrétiens, mais chrétiens schismatiques, et d'ailleurs l'islamisme s'est installé sur presque toutes leurs frontières et les ronge de toutes parts. Ils appartiennent à la communion copte ou monophysite, c'est-à-dire qu'ils ne reconnaissent qu'une nature humaine en Jésus-Christ. Ils ont même l'audace de nier la double procession du Saint-Esprit. Ils ont une vénération particulière pour la Vierge. On distingue le clergé régulier qui a pour chef une espèce de général d'ordre, l'*Itchagué*, et le clergé séculier, très-méprisé et très-méprisable dont le primat est l'*Abun* ou *Abouna*. Ce primat est sacré par le patriarche d'Alexandrie moyennant un droit de pallium de 7,000 talaris, soit 40,000 fr. Le dernier Abouna appelé *Samala* (Frumence), était un homme doué de tous les vices. Théodoros mit fin à la lutte du sacerdoce et de l'empire en jetant ledit Samala dans une prison dont les gardiens baisaient les pieds du pontife tout en l'enchaînant soigneusement. Théodoros avait de ces procédés sommaires à l'égard du pouvoir spirituel : en 1856, David, patriarche d'Alexandrie, vint le trouver de la part de Saïd-Pacha et s'emporta jusqu'à l'excommunier. Théodoros tira un pistolet, le mit à la tempe de David et lui demanda avec douceur sa bénédiction. David tomba à genoux et bénit, dans cette posture, son pieux et terrible interlocuteur. La principale pratique en matière de religion abyssinienne, c'est le jeûne. On jeûne six mois par an. Mentionnons aussi la classe curieuse des *dabtaras* ou clercs, propriétaires usufruitiers des biens des églises, membres du conseil de fabrique et qui louent à l'année, avec droit de réprimande et de renvoi, le curé qui dit la messe. Il y a des colléges de théologie où il faut vingt-neuf ans pour faire un professeur parfait. Voici une particularité curieuse : la musique des hymnes ne change jamais, mais les paroles doivent être renouvelées à chaque fête. On en profite pour y introduire des critiques aux chefs, des avis aux supérieurs ecclésiastiques, des railleries. C'est la presse du pays. Ce qu'on ne peut pas dire, on le chante.

L'histoire ancienne de l'Abyssinie est encore mal établie. Selon la légende,

l'empire des Négous fut fondé par Ménilek, fils de Salomon et de la reine de Saba,
d'où le nom de dynastie salomonienne porté par la suite des empereurs éthiopiens
et repris par Théodoros. L'histoire constate simplement qu'à l'époque où les
Ptolémées envoyaient leurs navires fonder des comptoirs sur les côtes de la mer
Rouge, aucun État civilisé n'était connu en Éthiopie. Il est probable que ce
sont les relations avec les comptoirs qui amenèrent la fondation du royaume
d'Axoum dans le haut pays, royaume que mentionne le premier le périple de
la mer Rouge composé par Arrien l'an 10 de Néron. Les listes des rois d'Axoum
imprimées en Europe par MM. Rüppell, Dillmann et Antoine d'Abbadie
offrent des différences si considérables qu'on en est réduit aux plus fragiles
conjectures (voir dans la *Revue de numismatique* de janvier-avril 1868, un article
de M. de Longpérier, sur les monnaies des rois d'Axoum). Axoum avait pour
port, pour emporium *Adulis*. C'est par là que passait tout le commerce de
l'Égypte avec l'Inde et avec la Chine. On a quatre monuments authentiques
de l'histoire d'Axoum : une inscription grecque recueillie à Adulis, une autre en
grec aussi trouvée à Axoum et enfin deux autres en langue gheez (voir le *Mémoire*
de M. Vivien de Saint-Martin, sur ces inscriptions). En 340, saint Frumence
apporta le christianisme aux Éthiopiens. Ceux d'entre eux qui professaient le
judaïsme et qui résistèrent, se réfugièrent dans les montagnes où l'on trouve
encore leurs descendants sous le nom de *Fellachas* (ou Samen). Un roi d'Axoum
réunit, à la requête de Justinien, une armée de soixante-dix mille hommes à
Adulis pour envahir le royaume homérite de l'Yémen et venger les chrétiens
persécutés (vers 531). On trouve même dans Malala une pittoresque description des
splendeurs de la cour d'Axoum à cette époque. C'est sous le calife Omar, que les
envoyés du patriarche Benjamin convertirent les axoumites au monophysisme.

Après ces quelques lueurs, l'histoire redevient obscure. Les traditions et les
chroniques laissent entrevoir un empire nomade, des souverains ou *Atsés* trans-
portant leur trône successivement dans la Lasta et l'Idjou, puis dans le Choa
et l'Amhara, plus tard au delà de l'Abbaïe, dans le Damote et le fixant enfin
à Gondar en Amhara. Ces mêmes chroniques laissent encore soupçonner une
histoire prodigieusement semblable à celle du moyen âge européen, lutte des
empereurs contre la féodalité (l'Abyssinie est tout entière, physiquement, comme
une immense forteresse féodale bâtie au milieu des déserts), lutte aussi du sacerdoce
et de l'empire, le temporel devenant maître du dogme et du clergé; influence
des légistes du bas empire contre le droit coutumier et les libertés locales; empiétements des grands feudataires se taillant des royaumes éphémères aux dépens
de l'empire. Cette ressemblance avec notre moyen âge, si féconde au point de
vue de la philosophie de l'histoire, est surtout marquée dans les mœurs féodales
des hauts barons abyssins. Il faut lire dans le livre si révélateur que M. Arnaud
d'Abbadie a publié cette année sur la haute Éthiopie, que nous avons souvent
mis à profit, et dont nous n'avons malheureusement encore que le premier volume,
la description de la maison militaire et civile d'un *dedjazmatch* ou duc et de sa femme
la *waïzoro* (princesse), chefs de guerre dont beaucoup ont commencé par détrousser
sur les grandes routes et qui, à force de pillages, de massacres de paysans et trafiquants, ont fait souche de noblesse et de souverains. Tous les offices sont tenus
en fiefs sous condition de renouveler annuellement les investitures. On y retrouve
le grand sénéchal, les pages, le biarque, l'argentier, les chambellans, le grand
écuyer, les échansons, les capitaines des gardes, les porte-glaives, les timbaliers, les trouvères, etc., tout cela hiérarchisé, déterminé avec une minutie mi-
féodale, mi-byzantine.

Au xviᵉ siècle eut lieu la terrible invasion musulmane d'Ahmed Gragne, simple bandit du Harar, qui défit les troupes des empereurs, réunit autour de lui toutes les peuplades du désert et pendant neuf ans promena une vraie trombe de fer et de feu sur l'Abyssinie. Les plus belles églises furent détruites, et, chose plus regrettable, de magnifiques bibliothèques anéanties. C'est d'Ahmed Gragne que les Abyssiniens ont conservé l'affreuse pratique de l'éviration sur les ennemis vaincus. Ahmed Gragne fut défait et tué par une troupe de héros portugais. La découverte de la grande route des Indes avait mis en effet les Portugais en rapport avec les Abyssiniens. La première ambassade, provoquée par l'impératrice Hélène, que menaçaient les Turcs de Sélim Iᵉʳ, arriva à la cour des Atsés en 1520. Son chapelain Alvarez en a laissé la très-curieuse relation (voir le tome Iᵉʳ de Ramusio). Les Portugais restèrent en Abyssinie pendant cent cinquante ans, jouissant d'une très-grande influence par leurs missionnaires. On trouve encore des ponts bâtis par eux et des églises ornées de fresques inspirées par l'affreux art béat des jésuites.

Ce fut le voyage de l'Écossais Bruce (1769-1771) qui révéla vraiment l'Abyssinie à l'Europe. Après vinrent les relations de Salt (1805 et 1809) et de Rüppell (1833).

Les Atsés n'avaient plus qu'une ombre de puissance. Les prétendus descendants de Salomon végétaient dans le palais de Gondar sous la main des Ras, vrais maires de palais qui les déposaient et les étranglaient à la moindre velléité d'indépendance. Les autres provinces étaient au pouvoir des grands feudataires. Vers 1833, le maire du palais de Gondar s'appelait le Ras Ali. Le Tigraïe était soumis au Dedjaz Oubié, le Gojam au Dedjaz Goshu, le Choa au roi Sahela-Selasie, etc. Ras Ali avait pour mère la belle Vaïzoro Ménen qui voulant devenir *Itighé* ou impératrice, fit déposer l'Atsé régnant et proclamer son mari Yohannis. Ménen avait pour capitaine des gardes un officier de fortune nommé Kassa, né d'une pauvre marchande de koso (remède contre le ver solitaire, que tout Abyssin absorbe six fois par an), brave, hardi, intelligent. A la suite d'une brouille avec l'Itighé, Kassa se mit en rébellion et ramassa promptement autour de lui une armée de routiers. Ménen ayant marché contre lui, il la battit et la fit prisonnière, si bien que pour la délivrer, le Ras Ali donna la main de sa sœur et des fiefs au vainqueur. Ce Kassa n'était autre que le futur Négous Théodoros, qui conçut dès lors le projet de réunir toute l'Abyssinie sous son sceptre et de reconstituer géographiquement et moralement l'empire des Atsés. Il battit Ras Ali. En 1855, à la bataille de Deraskie, il battit le Dedjaz Oubié, roi du Tigraïe. Deux jours après il se fit sacrer par l'Abouna Samala, empereur d'Abyssinie, sous le nom de Théodoros. Deux Anglais qui avaient servi le Ras Ali et Oubié, John Bell et Plowden (qui portait le titre de consul d'Angleterre) passèrent à son service. Les commencements du règne de Théodoros furent assez heureux. L'Itighé, sœur du Ras Ali, exerçait une heureuse influence sur le Négous qui abolit l'esclavage et la polygamie. Mais en 1860, les catholiques poussent à la révolte Négoussié, Dedjaz du Tigraïe. Théodoros bat et tue le rebelle en janvier 1861. Mais sa victoire coûte la vie à ses deux amis, Bell et Plowden. Dès lors il semble en proie à une sorte de vertige sanglant; à la tête d'une armée de cent cinquante mille hommes, il parcourt l'Abyssinie, semant partout les cruautés, les massacres, les incendies. En février 1862, le consul anglais Caméron est accrédité près de lui et trouve la mission allemande du docteur Krapf, composée d'artisans; plus tard arrivent les anglais Stern, Steiger, Brandis, les allemands Rosenthal, Schiller, Essler. C'est là le noyau de cette troupe fameuse de prisonniers dont les aventures ont occupé toute l'Europe et motivé l'expédition anglaise. Les querelles de Théodoros avec le consul Caméron jeté dans les fers en 1863, les griefs du Négous, en un mot toute cette affaire si grosse de conséquences est parfaitement expliquée dans un article de la *Revue des Deux Mondes* du 15 juillet 1868. On sait que la seconde ambassade anglaise, composée de M. Rassam, du docteur Blanc et du lieutenant Prideaux, fut également emprisonnée en février 1865.

Nous ne raconterons pas l'expédition anglaise si bien menée par sir Napier (débarquement dans la baie d'Annesley ou d'Adulis le 3 octobre 1867, prise de Magdala le 13 avril 1868, réembarquement vers le 15 juin). Elle a donné lieu à d'innombrables relations (voir surtout celle de M. Cléments Markham, géographe de l'expédition et les articles des numéros de juillet, août et septembre 1868 de la *Revue Britannique*). Qu'il nous suffise de dire que, quand les Anglais débarquèrent, les affaires de Théodoros étaient dans le plus triste état et que sa grande tentative centralisatrice et anti-féodale allait aboutir à un complet échec. De fait il ne régnait plus que sur les quatre provinces riveraines du lac Tzana. Gobaze (le Gobasie des journaux) avait insurgé les montagnards du Waag et du Lasta. Menilek, petit-fils de Sahela-Salasie, avait reconquis le Choa : le Gojan était en pleine insurrection. Il restait à peine au Négous quinze mille hommes mal armés et mal disciplinés. Les Anglais eurent peu à faire pour le vaincre. Il savait lui-même qu'il n'aurait pas trouvé d'asile, après une suprême défaite, dans le reste du pays. Il a préféré mourir et il est mort grandement et bravement, de façon à mériter l'admiration de ses ennemis britanniques, admiration témoignée dans beaucoup de relations et d'articles de journaux anglais avec un enthousiasme véritablement piquant. Presque toute la presse européenne a déclaré que la tentative de Théodoros pour arracher l'Abyssinie à l'anarchie féodale et militaire était aussi légitime qu'intelligente. Nous croyons qu'on en doit juger autrement, que substituer l'unité du despotisme aux chocs des dominations locales n'est pas un remède à préconiser et que le vers de Voltaire : « Pour la rendre illustre, il la faut asservir » n'a pas plus de valeur politique que de valeur poétique. D'après M. d'Abbadie, qui les a si intimement étudiés pendant douze ans et qui les aime, les Abyssiniens haïssent la centralisation, sont énergiquement attachés à leurs libertés provinciales et communales, ont conservé l'attribution du pouvoir judiciaire à tous les citoyens et gardé le respect de l'opinion publique. Leur malheur — et ici nous nous séparons du savant voyageur — c'est d'avoir subi, avec le contre-coup du droit byzantin, le joug du christianisme le plus superstitieux et le plus énervant. Le rôle des théologiens abyssiniens, avec leur prépondérance, leurs subtilités, leur fausse science scolastique, leurs vaines pratiques, leur abus du droit d'asile, a été funeste à leur pays. Ce n'est pas sans raison que le nom de *debtara* ou clerc est maudit. Comme nos aïeux du moyen âge, les Abyssiniens ont été pris durement entre le prêtre et le guerrier. Quand viendra pour eux une ère moderne et réparatrice? Nous n'avons pas les éléments nécessaires pour décider la question. Les dernières nouvelles venues depuis l'expédition anglaise, sont tristes. La guerre civile a recommencé sur tous les points. Gobasie est maître de l'Amhara; Workit, reine des Wollo-Gallas musulmans, occupe Magdala. Mechacha, fils de Théodoros, a soulevé le Kouara. Gobasie semble vouloir reprendre le rôle du défunt Négous et s'est fait, dit-on, proclamer empereur à Gondar sous le nom de Tecla Giorghis. Le Tigraïe s'est déclaré indépendant sous un chef nommé Lassa. Il est probable que Gobasie et Lassa en viendront aux mains, comme l'avaient fait Théodoros et Oubié. Aux frontières veillent deux ennemis, les Égyptiens auxquels le sultan, qui se prétend suzerain de l'Abyssinie, a cédé, à l'instigation de sir Henry Bulwer en 1866, Moussawa et tout le littoral de la mer Rouge — et les Gallas, race énergique, sauvage et envahissante qui pousse devant elle ses troupeaux innombrables. On peut ajouter aux indications bibliographiques déjà données, les suivantes : Rüppell, *Reise in Abyssinien*, Francfort, 1838; Th. Von Heuglin, *Reise nach Abessinien*, Iéna, 1868; Lejean, *Théodore II et l'empire d'Abyssinie*, Paris, 1867; Percy Badger, *Story of the British captives in Abyssinia*, 1863-1864; Arnaud d'Abbadie, *Douze ans dans la haute Ethiopie*, 1er volume, Paris, 1868; Bruce, *Travels*, édition de Londres, 1804; Rochet d'Héricourt, *Voyage au Choa*, 1834; Ferret et Salinier, *Voyage en Abyssinie*, Paris, 1847. On attend avec impatience les publications de M. Antoine d'Abbadie, qui par l'invention d'une admirable méthode dite géodésie expéditive, et pendant douze ans de séjour (voir *Revue des Deux Mondes* du 1er février 1867), est parvenu à dresser une carte d'Abyssinie aussi complète et aussi exacte que la carte de France par l'état-major. LOUIS ASSELINE.

ABYSSINIENS. — ANTHROPOLOGIE. — Les peuples dont il est question dans cet article occupent la région comprise, au sud de la Nubie, entre la rive orientale du Nil Blanc ou Bar-el-Abiad, et le littoral de la mer Rouge. Cette région s'étend au sud jusque vers le 5e degré de latitude septentrionale, où elle confine au pays des Gallas. Elle se subdivise en trois contrées bien distinctes : à l'est la *zone du littoral*, à l'ouest la *zone du Nil*, au centre l'*Abyssinie* proprement dite. Les vrais Abyssiniens sont les habitants de cette dernière contrée ; mais il est impossible de les étudier sans étudier d'abord les populations qui les entourent, et qui, sur plusieurs points, sont en quelque sorte infiltrées au milieu d'eux.

La zone du Nil, située entre le Nil Blanc et l'Abyssinie propre, est entièrement occupée par des peuplades nègres. Ces peuplades, trop nombreuses et trop peu connues pour qu'on puisse songer à les énumérer, forment plusieurs groupes, dont les plus célèbres sont les Shillouks, les Fungi, les Schangallas.

Les principales nations des *Shillouks* occupent la rive gauche ou occidentale du Nil Blanc ou Bar-el-Abiad, mais on en trouve aussi quelques-unes sur la rive droite et surtout dans les nombreuses îles du fleuve. Les Shillouks sont tout à fait sauvages; ils vivent de pêche et de chasse ; ils sont surtout chasseurs d'hippopotames. Ils vont entièrement nus. Leur religion n'est qu'un fétichisme grossier. Ils adorent les arbres et les pierres ; quelques-uns, cependant, adorent en outre le soleil et la lune. Ils ont l'habitude de s'arracher une dent de la mâchoire supérieure à l'époque de la puberté. On ne sait si cette coutume singulière se rattache à quelque idée religieuse.

Les Shillouks, comme la plupart des vrais nègres, ont le teint très-foncé, les cheveux laineux, les mâchoires obliques (ou prognathes), le nez écrasé à la base, épaté aux narines, les lèvres épaisses et retournées en dehors, les pommettes élevées. Leur crâne allongé (ou dolichocéphale), présente une région frontale étroite, oblique et peu élevée. Leurs mains sont petites, leurs pieds plats avec le talon très-saillant en arrière; leur mollet, placé très-haut, est en outre peu volumineux. Leurs genoux enfin sont quelque peu cagneux. Cette description s'applique également aux autres nègres de la région abyssinienne.

Les *Fungi* sont étroitement affiliés aux Shillouks par la race et aussi, paraît-il, par le langage. Ils occupent toute la partie septentrionale de l'espace compris entre le Nil Blanc et l'Abyssinie. Quelques-unes de leurs nations effectuèrent, à la fin du xve siècle, un mouvement vers le nord, et vinrent se fixer jusque sur les bords du Nil Bleu, Bar-el-Azrek, où ils établirent leur capitale à Sennaar. Ce mouvement mérite d'être signalé. C'est un des rares exemples d'une conquête effectuée par de vrais nègres à tête laineuse sur des hommes d'une autre race. Les peuples qui occupaient avant eux le pays de Sennaar, entre le Nil Blanc et le Nil Bleu, étaient plus ou moins foncés, plutôt bruns que noirs; ils avaient les cheveux lisses, et des traits plus voisins de ceux qui caractérisent le type dit caucasique, que de ceux qui caractérisent le type nègre ou éthiopique. Ils différaient peu des habitants de l'Abyssinie propre et de ceux qui, plus au nord, occupent le Méroé. Ils avaient depuis longtemps déjà embrassé l'islamisme, et il y avait en outre parmi eux beaucoup d'Arabes. Les Fungi septentrionaux, en se mêlant à ces peuples, perdirent peu à peu leurs caractères nationaux. Ils devinrent musulmans, et de leurs unions croisées naquirent des métis de tout sang qui, d'après leur couleur et leurs autres caractères physiques, constituèrent des espèces de castes. Au temps du voyage de Cailliaud, on y comptait au moins six castes, savoir : 1° les El-Asfar ou peuple *jaune*, qui ne sont autres que des Arabes fort peu mélangés et qui parlent la langue arabe. Ils ont le teint d'un jaune brunâtre et les cheveux entièrement lisses. C'est par eux que le mahométisme paraît avoir été introduit dans ce pays; 2° les El-Kat-Fatelobem, qui ne diffèrent pas des Abyssiniens proprement dits, et qui constituaient probablement la population prédominante avant l'invasion des Fungi; 3° les El-Akmar ou les *rouges*, peu nombreux, caractérisés par un teint de cuivre et des cheveux qui sont crépus sans être laineux. On dit qu'ils ont les cheveux rougeâtres, mais il est probable que cette couleur est artificielle; 4° les El-Azraq ou les *bleus*, qui ont le teint d'un brun foncé, les cheveux crépus, mais non entièrement laineux, les lèvres volumineuses, mais non retournées en dehors, le nez peu écrasé et peu épaté. Ils descendent surtout des conquérants Fungi; 5° les El-Ahcdar ou les *verts*, sont encore des Fungi, plus rapprochés que les précédents du type nègre; 6° enfin, les Ahbits ou Noubas qui pourraient passer pour de vrais nègres si la plupart d'entre eux n'avaient pas les cheveux plutôt cotonneux que laineux. Ces Noubas viennent du Kordofan, pays situé à l'occident du Nil Blanc, à peu près sous la même latitude que le Sennaar. Les Fungi, à l'époque du développement de leur puissance au XVIe siècle, subjuguèrent le Kordofan, d'où ils tirèrent pendant longtemps un grand nombre d'esclaves. Les Noubas du Sennaar sont les descendants de ces captifs, peu modifiés par les croisements.

Cette simple énumération suffit pour montrer que la population du pays de Sennaar est issue d'un mélange complexe auquel ont pris part les Abyssiniens, les Arabes, les nègres Fungi et les nègres Noubas. Ce mélange explique parfaitement les modifications qu'a subies le type primitif des conquérants Fungi, et il faut que Prichard ait été singulièrement dominé par les préjugés monogénistes, pour qu'il lui soit venu à l'esprit d'attribuer ces modifications à l'influence du changement de climat. Il suffit de jeter un coup d'œil sur la carte d'Afrique, pour voir que les neuf dixièmes de la zone africaine dont le Sennaar fait partie, sont occupés par des races nègres. On objecte, il est vrai, que la plupart de ces races sont situées à l'occident du Nil Blanc, entre ce fleuve et l'Atlantique, tandis que la région de Sennaar, comprise entre le Nil Blanc et la mer Rouge, présente des conditions climatériques toutes différentes; je ne le conteste pas, mais l'exemple des Schangallas prouve que ce n'est pas l'influence du climat qui a pu modifier le type primitif des Fungi du Sennaar.

Les Schangallas en effet sont de véritables nègres. Ils le sont par la couleur noire de leur peau, par leur chevelure laineuse, et par tous les autres caractères déjà énumérés. Ils sont répartis principalement sur la frontière occidentale et septentrionale de l'Abyssinie propre; tout au nord, ils occupent les vallées du Takkazé, qui coule vers le nord-ouest et va se jeter dans le Nil au nord du Méroé. Enfin quelques-unes de leurs tribus sont encore dispersées dans diverses parties montagneuses de la frontière orientale du grand plateau abyssinien. Les Schangallas sont restés entièrement étrangers à la civilisation de l'Abyssinie. Ils vivent dans les forêts, dans les montagnes, dans les vallées d'un accès difficile. Pendant la belle saison, ils couchent à la belle étoile ou se construisent des espèces de huttes provisoires en abaissant et fixant dans le sol les branches des arbres. Pendant la saison des pluies, ils habitent dans les cavernes. Ils n'ont d'autre industrie que la chasse, à laquelle ils emploient des chevaux, et la recherche des petits morceaux d'or roulés par les torrents. Ils y ajoutent le commerce des esclaves; pour cela ils sont fréquemment en guerre les uns avec les autres, n'ayant d'autre but que de faire des prisonniers qu'ils font vendre sur les marchés du Sennaar ou de l'Abyssinie.

D'autres nègres laineux, qui ne portent pas le nom de Schangallas, se rencontrent au sud et au sud-ouest de l'Abyssinie, sur les frontières de la province de Gonga. Entre ces frontières et le cours du Nil Blanc, toutes les populations sont nègres; parmi elles on cite principalement les belliqueux Dobas.

Ainsi, de toutes parts, excepté peut-être au sud-est, l'Abyssinie propre est entourée de peuples nègres, dont la répartition, sur les frontières et dans les parties peu accessibles, est exactement celle que présentent, dans beaucoup d'autres pays, les débris d'une race autochthone dépossédée et refoulée depuis longtemps par d'autres races plus fortes.

Au sud et au sud-est, les peuples qui avoisinent l'Abyssinie, sont les *Gallas*. L'analogie de ce nom et de celui de Schangallas est purement accidentelle, car les Gallas ne sont nullement nègres, ce qui ne veut point dire qu'ils ne se soient jamais croisés avec les nègres. Les Gallas, suivant des traditions recueillies par Bruce, sont originaires d'une région plus méridionale. Leurs tribus nomades, remontant toujours vers le nord, apparurent en 1537 sur la frontière méridionale de l'Abyssinie, et envahirent peu à peu une grande partie du plateau. On en compte plus de vingt tribus. Les Gallas-Edjows, qui sont les plus célèbres, ont embrassé l'islamisme, et ont adopté les mœurs des Abyssiniens, avec lesquels ils se sont mélangés; mais d'autres peuples gallas, tels que les Azubos, sont restés païens. Les Gallas offrent des nuances très-variées. Il y en a de tout à fait noirs; la plupart ne sont que bruns; d'autres ont le teint beaucoup plus clair, et par exemple le nommé Bérilla, un Galla-Edjow, dont Prichard a publié le portrait, n'était pas plus foncé que les mulâtres de premier sang de nos colonies. Les Gallas ont les traits réguliers et presque caucasiques; c'est à peine si l'épaisseur de leurs lèvres, qui d'ailleurs ne sont pas retroussées, trahit leur origine africaine. Du reste leur nez est droit et saillant, leurs pommettes sont un peu élevées, mais d'une largeur modérée. Leurs cheveux enfin sont longs et quelque peu frisés, mais nullement laineux.

A l'est du pays des Gallas, jusqu'au golfe d'Aden et au cap Gardafoui, sont répandues les nations nombreuses des Somaulis. Ils diffèrent peu des Gallas, si ce n'est peut-être que leur chevelure est plus frisée. Ils ont les cheveux noirs, mais ils se les teignent souvent en jaune avec une espèce de chaux. Au sud-est des Somaulis, sur la côte d'Ajan, on retrouve de vrais nègres, entre autres les Suhailis. Les langues des Somaulis et celles des Gallas sont fort différentes, mais cependant affiliées.

Au nord des Somaulis, entre l'Abyssinie propre et la mer Rouge, habitent les Dankalis ou les Danakils, et plus au nord, en tirant vers le littoral de la Nubie, les Hazorta et les Sohos. Ils occupent exactement la région où les Grecs plaçaient leurs *Troglodytes*. Il est possible qu'effectivement leurs ancêtres aient habité dans les cavernes, mais il est possible aussi que les auteurs anciens les aient confondus

avec les nègres Schangallas qui aujourd'hui encore, comme on l'a déjà vu,
sont troglodytes. Quoi qu'il en soit, les Danakils mènent la vie pastorale. La
plupart sont mahométans, mais on trouve encore chez eux quelques superstitions
originaires de l'ancienne Égypte. Ils construisent des tombes en forme de pyramides grossières. Leurs caractères physiques diffèrent peu de ceux des Somaulis.
Leurs cheveux sont crépus, et ils en forment, avec une poudre brune et de la
graisse, une coiffure fort singulière. Parmi les peuples Danakils, on range les
Adaiels et le petit peuple d'Hurrur ou Harar. Les Hazorta et les Sohos, qui
sont plus au nord et qui confinent aux Bédouins de la Nubie, semblent appartenir à la même race que les Danakils, mais ils se sont croisés avec les Arabes, et
dès lors on trouve chez eux des nuances de peau comprises entre le noir et le brun
clair. Tous les peuples affiliés aux Dankalis sont désignés dans le pays sous le nom
collectif d'*Afar*.

Entrons maintenant dans l'Abyssinie proprement dite, c'est-à-dire dans la
région des grands plateaux montagneux qui séparent la vallée du Nil Blanc du
littoral de la mer Rouge. Les peuples qui l'habitent ne sont pour nous que des
barbares ; cependant, si on les compare aux habitants des régions adjacentes, et en
général à tous les Africains de la zone torride, on peut les considérer comme des
civilisés. Ils ont une littérature. Ils ont une histoire, peu précise il est vrai, mais
qui remonte cependant jusqu'à l'antiquité. Leur ville d'Axoum, qui fut pendant un
grand nombre de siècles le centre de leur empire, existait déjà au premier siècle de
notre ère. Leurs autres villes sont moins anciennes, mais quelques-unes pourtant,
comme Tegulet, capitale du Schoa, datent déjà de cinq ou six siècles au moins. La
plupart d'entre eux professent un christianisme qui s'est maintenu sans altération
bien notable depuis le ivᵉ siècle. Leur langue théologique, le *gheez*, est passée
depuis plusieurs siècles à l'état de langue morte ; il n'en reste qu'un dialecte très-
altéré, parlé seulement dans la province du Tigré ; mais elle s'est conservée dans
les livres, dans les cérémonies religieuses, comme le latin chez nous. Cette stabilité
politique, sociale, religieuse et littéraire, contraste de la manière la plus frappante
avec tout ce que l'on observe dans le reste de l'Afrique tropicale ; il est donc
permis d'en conclure que les Abyssiniens se distinguent des autres peuples africains
de la même zone par leurs origines ethniques autant que par le degré de civilisation relative auquel ils sont parvenus. Mais on se tromperait fort si, d'après cela,
on voulait, à l'exemple de Prichard, en faire une race particulière ; tout prouve au
contraire, qu'ils sont une population hybride, issue du mélange, en proportions très-
diverses, de plusieurs races très-différentes. C'est ce qu'indique d'ailleurs le nom
d'*Habech* que les Arabes ont donné à l'Abyssinie. Ce mot veut dire *mélange*. Il est
repoussé comme injurieux par les Abyssiniens, qui ont naturellement la prétention
d'être une race pure, mais on va voir qu'il exprime un fait parfaitement réel.

La couleur des Abyssiniens est tantôt noire, tantôt bronzée ou seulement cuivrée,
tantôt plus claire encore. Leurs cheveux, toujours noirs, sont quelquefois presque
lisses, ordinairement frisés ou crépus, souvent presque laineux. Leurs traits sont
généralement réguliers, même beaux, quoique leurs lèvres soient plus épaisses que
les nôtres et que leurs pommettes soient hautes et saillantes. Ce qui les distingue
surtout du type nègre, c'est leur nez droit et long, quelquefois même aquilin, qui
n'est ni écrasé à sa base, ni épaté aux narines ; mais cela même n'est pas constant.
Le fait le plus remarquable, l'indice le plus certain du mélange, c'est l'irrégularité
de la transmission héréditaire des caractères qui précèdent, et de leur association
dans la même famille ou chez le même individu. Le négous (roi) Tecla Georges,
décrit par Pearce, était tout à fait noir, quoique son père, sa mère, ses frères,

fussent très-clairs pour des Abyssiniens. Pearce a remarqué en outre que des cheveux presque laineux pouvaient coïncider avec le teint le plus clair, les cheveux lisses avec le teint le plus foncé, et si Prichard a eu raison de dire que cet entrecroisement de caractères ne s'observe pas, du moins à ce degré, chez les métis de premier sang, il a eu tort d'ignorer que c'est précisément ainsi que se révèlent les anciens mélanges des races. On sait en effet que l'*atavisme*, ou influence héréditaire des ancêtres éloignés, fait reparaître isolément, à l'état sporadique, et à des degrés très-inégaux, les caractères des races-mères.

La multiplicité des origines ethniques des Abyssiniens ressort tout aussi nettement de l'étude de la linguistique. La célèbre inscription de l'obélisque d'Axoum, découverte et déchiffrée par Salt, est en langue grecque; le roi d'Axoum, Aïezana, y est désigné sous le nom de fils de Mars; ce monument est donc antérieur à l'introduction du christianisme, qui eut lieu vers l'an 335. Pour que la langue grecque, qui était, depuis les Ptolémées, la langue officielle de l'Égypte, fût devenue aussi celle de l'Abyssinie, pour qu'elle fût inscrite sur les monuments nationaux, il fallait qu'elle fût comprise au moins par l'aristocratie, et cela suppose qu'un grand nombre d'étrangers, venus de l'Égypte, s'étaient déjà fixés dans ce pays. Mais la langue du peuple, celle dans laquelle fut prêché le christianisme, et qui, jusque vers la fin du XIIIᵉ siècle, fut seule usitée dans le pays d'Axoum (aujourd'hui le Tigré), était le gheez, langue purement sémitique, dont l'origine asiatique est tout à fait incontestée. Ce fait confirme pleinement l'histoire et les traditions qui attribuent à un peuple venu de l'Arabie, probablement aux Homérites ou Himyarites, la fondation du royaume d'Axoum. La traduction de la Bible en langue gheez date certainement du IVᵉ siècle; elle est par conséquent antérieure à l'époque des conquêtes des Arabes mahométans, et à la prédication de l'islamisme; on sait d'ailleurs que les chrétiens d'Abyssinie ont résisté énergiquement aux armes des musulmans. L'introduction d'une langue sémitique dans l'Abyssinie ne pourrait donc pas être attribuée aux Arabes proprement dits, quand même on ne saurait pas que cette langue diffère entièrement de l'arabe.

Le gheez pur resta la langue nationale du pays d'Axoum, jusque vers l'an 1300, époque où une dynastie du pays de Schoa, au sud-est de l'Abyssinie, renversa la dynastie des Axoumites, et transporta la capitale des peuples abyssiniens à Tegulet, ville principale du Schoa, où était encore le siége du gouvernement, lorsque la première ambassade portugaise pénétra dans ce pays. Le triomphe de la dynastie de Schoa fit prévaloir la langue amharic. Le gheez, n'étant plus dès lors que l'idiome populaire du pays de Tigré, s'altéra rapidement, et ne tarda pas à différer beaucoup du gheez primitif, qui s'est conservé seulement comme langue ecclésiastique; mais, malgré l'introduction d'un grand nombre de mots amharic, ou arabes, et malgré la dégradation des formes grammaticales, l'idiome actuel du Tigré est encore très-nettement affilié au gheez ancien, et doit être rangé, comme lui, parmi les langues sémitiques.

Tous les dialectes, d'ailleurs extrêmement divers, qui se parlent aujourd'hui dans le reste de l'Abyssinie, paraissent appartenir au même groupe que la langue amharic, qui est la plus répandue. Cette langue a acquis un grand nombre de mots et de formes sémitiques tirées du gheez; mais elle diffère essentiellement de toutes les langues sémitiques, et on doit la considérer comme une langue africaine. On n'a pu jusqu'ici la rattacher ni au copte moderne, ni à l'ancien égyptien. Elle paraît donc appartenir à l'Afrique tropicale. Il serait bien intéressant de savoir si elle n'est pas affiliée aux langues des Gallas, à celles des Schangallas et des autres peuples nègres de la région abyssinienne; mais ces dernières langues sont encore trop peu connues pour se prêter à des recherches scientifiques et rigoureuses.

Quoi qu'il en soit, la linguistique confirme pleinement un fait déjà établi par l'observation anthropologique, savoir : que les peuples de l'Abyssinie proprement dite proviennent de la superposition et du mélange de plusieurs races. Quelles ont été ces races, et dans quel ordre se sont-elles superposées? Ici l'histoire ne peut nous être que d'un faible secours, car elle ne date guère que du ive siècle. Quelques notions historiques plus anciennes, quelques traditions plus que contestables, remontent jusqu'au temps de Psammétique, voire jusqu'au temps de Salomon et de la fabuleuse reine de Saba; mais nous ne pouvons y attacher que peu d'importance, et d'ailleurs c'est sans doute à des dates beaucoup plus reculées que se rapportent les premiers mouvements ethniques de l'Abyssinie. Les Égyptiens et les Sémites ne sont évidemment que des immigrants tardifs, et la masse de la population de la région abyssinienne reconnaît à coup sûr une autre origine. Lorsqu'on étudie sur une carte la répartition des Schangallas et autres nègres laineux de l'Abyssinie, on reconnaît en eux les premiers habitants du grand plateau dont ils n'occupent plus que les parties les plus ingrates et les moins accessibles. Ces nègres primitifs, ces « Éthiopiens orientaux », comme on les appelait déjà au temps d'Homère, complétaient la zone nigritique du continent africain. Le reste de cette zone, du Nil à l'Atlantique, est resté jusqu'ici l'apanage à peu près exclusif des races nègres. Mais le plateau abyssinien n'est pas protégé au même degré, par les conditions climatériques, contre l'invasion des autres races, et tandis que les « Éthiopiens occidentaux » restaient possesseurs de leur patrie originaire, ceux de la région orientale se trouvaient exposés aux convoitises et aux agressions de l'étranger. Or, ce que nous savons aujourd'hui des mœurs, des langues, des caractères physiques et de la position géographique des Gallas, des Somaulis, des Danakils, et des autres peuples répandus au sud et à l'est de l'Abyssinie, dans la grande région qui s'étend jusqu'au cap Gardafoui et à la côte d'Ajan, nous permet de considérer comme fort probable que cette région, qu'on peut appeler l'angle oriental de l'Afrique, fut occupée, sinon dès l'origine, du moins à une époque extrêmement reculée, par une race d'hommes au teint foncé, mais aux cheveux plus ou moins lisses, au nez saillant, aux traits réguliers, et entièrement différents des nègres. Quelques traditions recueillies chez les Somaulis tendraient à placer dans l'Inde le berceau des peuples de cette race; mais la linguistique ne découvre aucune analogie entre leurs langues et celles de l'Asie.

Ce fut très-probablement par cette race que les nègres autochthones de l'Abyssinie furent subjugués et dépossédés de la plus grande partie de leur pays. Quelques tribus des frontières ou des montagnes conservèrent, avec leur indépendance, la pureté de leur type, attestée par leur chevelure laineuse. Des autres, il ne reste aucun souvenir, et nous devons admettre qu'elles furent en partie exterminées; mais elles ne le furent pas entièrement, et les débris de cette race autochthone, se croisant avec les vainqueurs, produisirent une population hybride, où l'influence prédominante du sang étranger ne put effacer complétement l'empreinte du type nègre.

C'est de ce mélange préhistorique que sont issus la plupart des habitants actuels de l'Abyssinie. Quant aux immigrations ou aux invasions dont on retrouve la trace dans l'histoire et dans les légendes, elles n'ont exercé qu'une influence anthropologique peu appréciable, car elles n'ont eu lieu que dans le pays de Tigré, dont la population ne diffère pas sensiblement, par ses caractères physiques, de celles de l'Amhara, du Schoa et de l'Abyssinie méridionale.

Les deux pays qui, depuis les temps historiques, ont pu, par voie de rayonnement, de migration ou de conquête, faire pénétrer leur influence dans l'Abyssinie, sont d'une part l'Égypte, dont nous ne séparons pas la Nubie, et d'une autre part l'Arabie.

L'influence de l'ancienne Égypte n'a pu être que très-superficielle. Il n'est pas démontré que les conquérants des temps pharaoniques aient jamais porté leurs armes jusqu'en Abyssinie. La grande émigration des 240,000 soldats de Psammétique, qui, au dire d'Hérodote, passèrent chez les Éthiopiens et allèrent, sous le nom d'Automoles ou d'Asmach, s'établir bien au sud du Méroé, ne peut être considérée comme suffisamment authentique. Hérodote ajoute d'ailleurs que les Éthiopiens au milieu desquels se fixèrent les Automoles, adoptèrent les mœurs et la civilisation de l'Égypte; et cette narration ne peut évidemment pas se rapporter à l'Abyssinie. Mais l'influence de l'Égypte grecque est mieux établie. Plusieurs monuments du Tigré et de la partie adjacente du littoral paraissent dater de la grande expédition que Ptolémée-Évergète dirigea vers le Haut-Nil et vers la mer Rouge; et si on a pu émettre des doutes sur l'authenticité de l'inscription grecque d'Adulis, retrouvée au VIe siècle de notre ère par Cosmas Indicopleustes, l'inscription grecque d'Axoum, dont nous avons déjà parlé, atteste que l'Abyssinie septentrionale, avant de se convertir au christianisme au IVe siècle, commençait à accepter la langue, les arts et la religion de l'Égypte hellénisée. Un pareil fait implique nécessairement l'idée d'une immigration assez active; mais la rapide extinction de la langue grecque et le petit nombre de mots qu'elle a déposés dans la langue du peuple du Tigré prouvent que cette immigration ne fut pas suffisante pour laisser sur la population abyssinienne une empreinte durable.

Restent donc les immigrations qui ont pu s'effectuer d'Arabie en Abyssinie, à travers le détroit de Bab-el-Mandeb. Tout concourt à en démontrer la réalité et l'importance. C'est par cette voie seulement qu'une langue sémitique a pu être introduite en Abyssinie, et toutes les traditions du pays attribuent à un peuple sémitique la fondation de l'empire d'Axoum. La parfaite coïncidence du témoignage tout moderne de la linguistique et de ces antiques traditions, qui datent d'une époque où la filiation des langues était inconnue, équivaut à une preuve historique directe. Ajoutons que, d'après l'inscription grecque d'Axoum, le roi des Axoumites, Aeizana, comptait les Homérites, ou Arabes de la partie méridionale de l'Yémen, au nombre des peuples soumis à ses lois. Il est naturel que les conquérants sémites, qui fondèrent l'empire d'Axoum, aient conservé, pendant quelque temps encore, la souveraineté de l'Yémen, comme les Normands conservèrent, après la conquête de l'Angleterre, la possession de la Normandie. C'est dans l'Yémen, et tout près des Homérites, que les anciens géographes plaçaient, d'après Uranius, un peuple appelé Ἀβασηνοί, Abasseni, d'où quelques auteurs font dériver le nom de l'Abyssinie. N'oublions pas d'ailleurs que les Abyssiniens sont désignés sous le nom d'*Abassini* dans plusieurs ouvrages du XVIe et du XVIIe siècle, en particulier dans celui du jésuite Godignus (*de Abassinorum rebus*, Lyon, 1615, in-8). Cette étymologie n'est nullement incompatible avec le surnom d'*Habech*, donné au même pays par les Arabes musulmans. Il n'est pas invraisemblable que, trouvant dans leur propre langue un mot injurieux (à ce qu'ils croyaient du moins) et peu différent de celui d'un pays chrétien, ils aient altéré à dessein le mot d'Abasseni pour exprimer par le nom d'Habech l'impureté de la race de leurs ennemis. Quoi qu'il en soit, les Homérites, mentionnés dans l'inscription d'Axoum, faisaient partie du groupe des Sabéens, et il est digne de remarque que la dynastie d'Axoum se considérait comme sabéenne. La légende ridicule qui attribue la fondation de cette dynastie à un bâtard de Salomon et de la reine de Saba, et la liste généalogique qui la consacre sont évidemment postérieures à l'introduction du christianisme ; les rois d'Axoum voulurent descendre de Salomon, comme leurs prédécesseurs païens avaient voulu descendre de Mars; mais s'ils furent obligés pour cela d'accepter le sceau de bâtardise, c'est probablement parce que des souvenirs encore vivants rattachaient leur race aux peuples sabéens. On peut donc considérer, comme certain, que l'empire d'Axoum fut fondé par les Arabes de l'Yémen, et c'est à cette conquête qu'on doit attribuer l'introduction d'une langue sémitique dans le Tigré.

L'époque où eut lieu la conquête du Tigré par les Sémites ne peut être déterminée; on sait qu'elle est antérieure au premier siècle de notre ère, mais on ne sait que cela. Il est probable toutefois qu'elle est beaucoup plus ancienne, puisque le gheez, langue des conquérants sémitiques, était déjà devenu la langue du bas peuple au IVe siècle; or, il faut en général un grand nombre de générations pour qu'une population adopte entièrement la langue de ses conquérants. Ceux-ci, par là même, durent être très-nombreux, mais on peut se demander s'ils le furent assez pour modifier, par voie de croisement, le type des indigènes. Si les habitants actuels du Tigré différaient notablement, par leurs caractères anthropologiques, de ceux du reste de l'Abyssinie, où la langue gheez n'a pas pénétré, on serait en droit d'attribuer cette modification à l'infusion du sang sémitique; mais il ne paraît pas qu'il en soit ainsi. Les Abyssiniens du Tigré ne se distinguent ni par leurs caractères ethniques, ni par le degré de mélange, de ceux de l'Amhara, du Schoa, ou des pays plus méridionaux de Kaffa et de Gonga.

Il est donc probable que les immigrations égyptiennes et arabes n'ont pris qu'une part peu importante à la formation de la population hybride de l'Abyssinie, et que celle-ci doit principalement son origine au mélange préhistorique des nègres autochthones et des peuples bruns aux cheveux lisses qui habitent encore aujourd'hui l'angle oriental de l'Afrique.

Quant au petit peuple des Félashas, qui occupe, à l'est du Gondar, la région montagneuse du Samen, et qui professe le judaïsme, il soulève plutôt un problème historique qu'un problème anthropologique. Les Félashas, en effet, ne diffèrent des chrétiens qui les entourent par aucun caractère typique. Ils prétendent que leurs ancêtres étaient des Juifs de la Judée, qui émigrèrent, il y a deux mille cinq cents ans, pour échapper au joug de Nabuchodonosor, et ils se flattent d'avoir conservé depuis lors, par leur bravoure, la pureté de leur croyance et de leur race. Les chrétiens d'Abyssinie rejettent cette légende; ils n'admettent pas qu'un peuple étranger, même juif, ait pu venir s'installer au centre de leur pays; mais ils prétendent que toute l'Abyssinie fut convertie au judaïsme par le bâtard de Salomon, que depuis lors leurs ancêtres restèrent fidèles à Jéhovah, qu'ils ne cessèrent d'être juifs que pour devenir chrétiens, et que les Félashas sont les descendants des juifs endurcis qui, au IVe siècle, refusèrent d'accepter l'Évangile. Cette légende n'est pas plus valable que la première. L'inscription d'Axoum prouve que les peuples du Tigré avaient adopté le paganisme grec, avant de se convertir au christianisme. L'origine des Félashas reste donc problématique. Si l'on songe, toutefois, que cette population juive, entourée de chrétiens ennemis, a dû, par suite de l'horreur réciproque des deux croyances, échapper à tout mélange depuis le IVe siècle, et que cependant elle ne diffère pas des populations mélangées des pays adjacents, on est conduit à penser que la constitution des Félashas en tribu distincte a dû être un fait purement religieux. Qu'un grand nombre de Juifs, après la prise de Jérusalem par Titus, et surtout après la conversion de l'Égypte au christianisme, se soient réfugiés en Abyssinie, qu'ils y aient fait des adeptes, à la faveur de la tolérance que les païens accordaient à toutes les croyances, cela ne peut surprendre personne. Que ces Juifs abyssiniens aient ensuite été rebelles, comme la plupart des autres Juifs, à la prédication de l'Évangile, cela est tout aussi vraisemblable; et il est facile de comprendre que bientôt, menacés par le fanatisme chrétien, ils se soient massés dans un district montagneux qui leur offrait un refuge, et qu'ils aient constitué un peuple sans qu'il y ait eu entre eux d'autre lien que celui d'une foi commune. PAUL BROCA.

ACADÉMIES (LES). — Deux choses frappent, par-dessus tout, lorsqu'on étudie l'histoire de nos différentes Académies. C'est d'abord le peu de services qu'elles ont rendu, soit à la science, soit à la philosophie, soit à la littérature. C'est ensuite l'obstination avec laquelle elles se sont toujours refusées à admettre les idées nouvelles, avec laquelle elles se sont opposé au progrès, quel qu'il fût, et d'où qu'il vînt. Et le fait est d'autant plus remarquable qu'elles ont compté, toujours, parmi leurs membres, des esprits éminents; parfois des génies exceptionnels. Puisque l'on n'a que peu ou point de reproches à adresser aux hommes, il faut que l'institution elle-même soit vicieuse.

Quand, au contraire, on songe au rôle que jouent, dans le Nouveau-Monde, — j'entends aux États-Unis, — les sociétés savantes ou littéraires, on s'étonne presque de l'influence énorme qu'elles exercent sur l'esprit public; de l'appui qu'elles peuvent prêter aux idées nouvelles; de la part immense qu'elles prennent au mouvement littéraire et scientifique. Et cela, sans que l'Amérique, qui, à la vérité, possède des hommes de premier ordre, ait encore donné naissance à l'un de ces puissants esprits comme la France, l'Angleterre, l'Allemagne, l'Italie, en ont produit plusieurs. C'est qu'aux États-Unis les institutions sont bonnes.

L'infériorité qu'on remarque chez nous, vient, mes savants collaborateurs en ont tous fait la remarque, de ce vieux préjugé enraciné en France, qui veut que les sciences, les lettres, les arts, aient besoin d'être « protégés. » Cela pouvait être vrai autrefois, sous l'ancien régime. Rien aujourd'hui n'est plus faux. Quoi qu'il en soit, les divers gouvernements, que nous avons subis, ont toujours voulu « protéger » les savants, les auteurs, les philosophes. Cette protection, et c'est ce qui l'a rendue funeste, n'a eu d'autre effet que de subordonner la philosophie, la littérature et la science à la politique. Il en est résulté que, telle conception géologique, par exemple, est devenue incompatible avec telle constitution; tel système de philosophie, avec telle forme de gouvernement, et que des hommes d'État se sont faits responsables de ce qui pouvait se passer en histoire naturelle.

Cela était inévitable. Tout idéal politique (royauté absolue, monarchie constitutionnelle, république, etc., etc.) suppose un idéal philosophique, un idéal scientifique et même un idéal littéraire. Tout se tient. Il n'est pas difficile de démontrer que l'enseignement du matérialisme ne saurait avoir lieu dans une monarchie de droit divin; que la théorie des générations spontanées (vraie ou fausse, il ne m'appartient pas de l'examiner) ne sera jamais officiellement admise par un gouvernement catholique, etc., etc. Il s'ensuit que chaque parti qui arrive au pouvoir est obligé d'avoir des savants à lui; des philosophes à lui; des écrivains à lui; et que chaque Académie, bon gré mal gré, devient un corps politique et conservateur — ni plus ni moins que le Sénat.

A chaque changement de régime, en France, on a renouvelé la philosophie et presque la science. Nos révolutions ont eu leur contre-coup jusque dans le royaume des cieux. Dieu, sous Louis XIV, était un souverain absolu ; 93 l'a détrôné ; M. Cousin en a fait un monarque constitutionnel. Il lui a imposé une Charte ; il lui a permis de régner à la condition que les ministres de Louis-Philippe gouverneraient pour lui. Le vieux Cuvier lui-même flattait l'esprit religieux et lui faisait faire des politesses par les mastodontes. C'est que la science officielle, non plus que la philosophie gouvernementale, ne peut s'inquiéter de la vérité. Leur mission, à toutes deux, consiste à plier certaines idées admises par les masses, aux exigences du moment et aux fantaisies de ceux qui gouvernent.

Il est donc tout naturel que nos Académies, essentiellement politiques, essentiellement conservatrices se refusent à admettre ou à protéger les nouveautés. Elles n'ont qu'une pensée : réprimer les révolutions scientifiques ou littéraires qui sont aussi dangereuses que les révolutions de la rue. Une idée qui surgit leur produit le même effet qu'une barricade qui se dresse. A de certains moments, la philologie peut devenir subversive ; la biologie peut menacer l'ordre et la société.

Les novateurs, les chercheurs, les inventeurs ? Elles les repoussent fatalement, comme les idées qu'ils représentent. Elles les repoussent de parti pris. Et, — conséquence inévitable ! — quand le chercheur est homme de génie, il arrive ceci : ou que le public impressionné par les sévérités du corps savant refuse de rendre justice à un mérite exceptionnel ; ou que l'Académie, ridiculisée par sa conduite, perd son autorité et son prestige.

N'avons-nous point vu cela arriver à la plus ancienne de nos Académies, à l'Académie française ? Certes, je ne veux pas médire, après tant d'autres, de cette illustre assemblée, qui compte parmi ses membres tant d'hommes de premier ordre. Il n'en est pas moins vrai que la position faite à l'Académie lui ôte toute l'influence qu'elle devrait avoir. L'Académie, depuis bientôt trente-neuf ans, ne songe qu'à taquiner le pouvoir. Mais ses taquineries sont petites, mesquines, puériles, parce qu'en somme, elle dépend du gouvernement. Telle élection se fait pour racheter telle autre qui avait déplu « en haut lieu. » A peine sur trois nominations y en a-t-il une vraiment littéraire. L'Académie passe une partie de son temps à faire de l'opposition ; l'autre partie, à obtenir qu'on lui pardonne.

Elle obéit à une coterie. Elle ferme ses portes à l'écrivain de talent ou de génie qui, selon l'expression usitée, « ne pense pas bien. » Elle accepte, à bras ouverts, des nullités qui ont le mérite d'être orthodoxes. Aussi, quel effet ses jugements ont-ils sur nous ? De quel poids est son avis ? Quelle influence a-t-elle sur la littérature ? Que pense-t-on de l'immortalité qu'elle confère ? Le public, hélas ! sait à quoi s'en tenir là-dessus. Il a vu tant d'académiciens survivre à leurs œuvres, tant d'immortels oubliés passer de l'Institut au Père-Lachaise, comme d'une concession temporaire à une concession à perpétuité !

Quel beau rôle cependant avaient à jouer l'Académie française et les diverses Académies qui composent l'Institut ! Elles ne l'ont point rempli, et, disons-le, ne l'ont pu remplir, retenues qu'elles étaient par le lien officiel. Je ne veux pas, certes, exagérer ici l'importance que peuvent avoir des assemblées de ce genre. Les grandes recherches scientifiques, les travaux de longue haleine ne sont point de leur domaine. C'est l'affaire des hommes de génie. Mais à elles et à elles seules appartient d'encourager les novateurs, d'accueillir les idées nouvelles ; de les discuter, d'en faire la critique, de guider le goût du public, de stimuler sa curiosité ; de récompenser et de propager les découvertes ; de fournir aux travailleurs les moyens de continuer et de perfectionner leurs ouvrages. Cette mission, il me semble, a été admirablement définie par M. Vogeli, dans une lettre qu'il adressait dernièrement au directeur de cette Encyclopédie.

« Les sociétés savantes, dit-il, ont une fonction importante à remplir. Elles doivent réunir et concentrer les *éléments*. Elles doivent créer ou, tout au moins, constituer le *milieu*. Ni le zinc, ni le charbon, ni l'eau acidulée, ne sont la pile, mais que ces trois choses soient mises en contact d'une certaine manière et le courant s'établit; l'électricité se dégage. Voilà, je crois, le rôle de ces sociétés, et c'est là, suivant moi, un rôle important et assez utile pour qu'elles aient lieu d'en être fières. »

Nos Académies, en France, ont-elles joué ce rôle-là? Évidemment non. Eh bien! ce rôle est rempli en Amérique par des sociétés libres. J'emprunte encore à M. Vogeli les lignes suivantes :

« Il y a, aux États-Unis, dans presque toutes les villes un peu populeuses, et sous les dénominations les plus diverses, un grand nombre de sociétés savantes. Il n'y a point, à proprement parler, d'Académies, si l'on entend par ce mot un corps scientifique officiel ayant avec le gouvernement une attache plus ou moins étroite et occupant, dans l'organisation administrative de l'État, une place quelconque. Ces sociétés ne relèvent que d'elles-mêmes et du public. Il en est de justement célèbres.

» Il est incontestable que ces sociétés ont été fort utiles en organisant le bataillon des volontaires de la science; en leur fournissant un drapeau; en le recrutant par d'incessants appels; en fomentant l'agitation scientifique. Je n'ai pas dit : en « disciplinant, » elles s'en sont toujours abstenues; elles n'ont pas cru que ce fût leur fonction, et c'était d'ailleurs contraire à l'esprit américain. Mais elles ont enregistré les faits d'autant plus nombreux, d'autant plus intéressants, que le pays était neuf, vierge pour ainsi dire, qu'il y avait tout à explorer, tout à découvrir.

» Ajoutons que le courant scientifique aux États-Unis a un autre véhicule encore : les lectures publiques, les conférences, quotidiennes, innombrables, extrêmement diverses, et auxquelles prennent part les hommes les plus célèbres, je veux dire les plus profondément savants. Il y a encore une autre source : les réunions particulières, les petites *coteries*, dirai-je en prenant le mot dans une acception favorable. Tel l'*Atlantic club* de Boston..... »

Cette activité, ce mouvement, cet enthousiasme, nous les cherchons vainement en France. Nous n'avons point de ces clubs scientifiques, de ces lectures, de ces conférences, de ces discours qui entretiennent la curiosité du public, qui font naître l'amour de la science, qui stimulent l'ardeur des savants, des artistes, des philosophes. Nos penseurs, isolés, ne trouvent d'appui nulle part. Ils ont à lutter contre la froideur générale et souvent contre les résistances et le mauvais vouloir de ceux-là même qui leur devraient protection.

Si, en Angleterre, l'influence des sociétés savantes ou littéraires est plus grande que dans le reste de l'Europe, cela vient aux institutions libérales, dont l'énergie et le patriotisme des citoyens ont, à la longue, doté le pays. Car, et l'on ne saurait trop insister là-dessus, de la constitution politique d'une nation dépend le progrès dans toutes les branches de la science et de la littérature. Sous un gouvernement rétrograde, la littérature et la science ne peuvent rien attendre que des efforts toujours comprimés de l'initiative individuelle. Les Académies créées pour les protéger et les encourager se tournent contre elles. Les Académies conservent les traditions. Or, la science ajoute sans cesse des vérités nouvelles aux vérités qu'elle possède déjà; la philosophie découvre tous les jours de nouveaux horizons; la littérature cherche sans cesse de nouvelles formes. Une société littéraire, philosophique ou savante, doit être un comité révolutionnaire en permanence.

Verrons-nous, en France, se former de ces comités? La science et la philosophie se débarrasseront-elles des entraves dont on les charge ? L'avenir nous le dira. En attendant, nous savons que tant qu'on voudra enrégimenter les savants, les penseurs, les écrivains, le progrès rencontrera des obstacles insurmontables ; nous savons que nous assisterons à des scènes douloureuses, que nous verrons des hommes supérieurs repoussés, honnis, conspués par des nullités triomphantes. Nous savons qu'il faudrait se débarrasser de la science officielle, de la littérature officielle, de la philosophie officielle. Nous savons qu'il faudrait balayer les Académies avec les derniers vestiges de l'ancien régime. Leur règne est passé.

Édouard Lockroy.

ACADÉMIE FRANÇAISE. — Société officielle et privilégiée d'écrivains français, fondée par Richelieu et patentée par Louis XIII, en 1635, composée de quarante membres, qu'elle nomme elle-même par voie d'élection. Le but de cette société était « de perfectionner, d'épurer, de fixer la langue, de la nettoyer » des ordures qu'elle avait contractées et de la rendre capable de la plus haute élo-» quence. » Le mobile du fondateur était de continuer, dans le domaine littéraire, la grande œuvre unitaire commencée dans le domaine politique et religieux, de rehausser le prestige et l'autorité de la monarchie, en disciplinant autour d'elle toutes les forces morales de la nation, en enchaînant au pied du trône la plus indomptable de toutes, celle de l'esprit et du talent; il s'agissait pour lui, le terrible unitaire, d'unifier la littérature, d'assiéger le cénacle de Conrart, comme il assiégeait La Rochelle, de conquérir les beaux esprits, et de s'annexer la république des lettres, enfin de faire graviter toutes les gloires françaises autour du roi de France. Pour cela, il employa le vieux moyen : la protection. Boisrobert alla dire à la petite société du Marais que le cardinal voulait la protéger, et l'Académie française fut fondée. Cette fondation rencontra trois sortes de résistances : la résistance de l'opinion, celle du parlement et celle des futurs académiciens. L'opinion publique appréhendait « que cet établissement ne fût un nouvel appui de la domi-» nation du cardinal, que ce ne fussent des gens à ses gages, payés pour soutenir » tout ce qu'il ferait, et pour observer les actions et les sentiments des autres » (Pélisson); et de fait, une clause des statuts, art. v, effacée sur la demande du cardinal, mais consignée aux registres de l'Académie, portait « que chacun des académiciens promettait de révérer la vertu et la mémoire de monseigneur leur protec-» teur. » — Le parlement voyait avec peine la littérature subir la tutelle de la royauté; il savait que tout ce qui augmentait la puissance royale diminuait la sienne; défenseur, tant de fois vaincu, de la liberté politique, il lui répugnait d'avoir encore à signer l'acte d'abdication de la liberté littéraire; il résista deux ans; ce n'est que le 16 juillet 1637 qu'on put obtenir de lui l'enregistrement et la vérification des lettres patentes, avec cette clause : « que l'Académie ne pourra con-» naître que de la langue française et des livres qu'elle aura faits ou qu'on exposera » à son jugement. »

Enfin la société du Marais ne fut patentée que malgré elle et ne devint Académie royale qu'à son corps défendant; depuis 1629, elle se réunissait chez Conrart, quand la faveur de la cour tomba sur elle, comme la foudre. Deux de ses membres, entre autres, Serizay et Malleville, attachés à des maisons ennemies du cardinal, craignaient de « passer pour espions, » en devenant ses protégés. Le petit cénacle était aux abois, mais ne se rendait pas ; l'aspirant-protecteur s'impatientait; il fut donc décidé, sur l'avis de Chapelain, « que, pour la société et pour ses membres, il » était *dangereux* de refuser, que leurs *réunions* seraient *interdites* ; qu'on remerciera » très-humblement le cardinal, et qu'encore qu'ils n'aient jamais eu une si haute

» pensée, ils étaient tous résolus de suivre les volontés de Son Éminence. » Bientôt
la nouvelle Académie écrira au cardinal : « qu'elle ne veut recevoir l'âme que de
» lui. » Le sacrifice était consommé. Le projet de statuts fut présenté au cardinal
par Faret ; le cardinal y fit des corrections, dont deux furent repoussées par l'Académie, « liberté assez louable, dit un historien, en un temps où toute la cour était
» idolâtre de ce ministre, et où c'eût été un crime que d'oser lui contredire. » On
trouve dans ces statuts : que le sceau de l'Académie doit porter l'image et le nom
de Richelieu, et le contre-sceau, une couronne de laurier et la devise : *à l'immortalité;*
que l'agrément du protecteur est nécessaire pour valider une élection ; que les discussions religieuses seront interdites, et que « la politique et la morale seront
» traitées conformément à l'autorité du prince, à l'état du gouvernement et aux
» lois du royaume. » L'Académie a un directeur et un chancelier, nommés au sort,
pour deux mois ; et un secrétaire, nommé à vie, par les suffrages. Les peines que
peut prononcer l'Académie contre un de ses membres, sont ; le refus de certificat,
l'interdiction temporaire, ou l'exclusion; cette dernière peine fut appliquée deux
fois : à Granier, pour une mauvaise action, dit l'historien de l'Académie ; à Fure-
tières, pour plagiat du Dictionnaire, disent les Registres. La prétention de faire de
la littérature un instrument ou un ornement de règne éclate dans tous les documents relatifs à la fondation de l'Académie, et n'est guère déguisée dans certains
passages des lettres patentes, où il est dit : « que les lettres font partie des *ornements*
» convenables à la plus illustre et la plus ancienne de toutes les monarchies ; que
» c'est une marque glorieuse de la félicité d'un État qu'elles y soient en honneur
» *aussi bien que* les armes, et qu'après avoir fait tant d'exploits mémorables, Sa Ma-
» jesté Louis XIII n'a plus qu'à ajouter les choses *agréables* aux nécessaires, et *l'or-*
» *nement* à l'utilité. » L'Académie de Conrart, devenue l'Académie du roi, avait perdu
son indépendance ; voici ce qu'elle avait gagné : l'exemption de toutes les tutelles et
curatelles, de tous guets et gardes; le droit de *committimus* dans ses procès; les jetons
de présence ; six places au théâtre de la Cour; une salle au Louvre, pour ses assemblées ; le droit de haranguer le roi dans les circonstances solennelles, et d'être reçue
avec les mêmes honneurs que les Cours supérieures; le droit de sceller ses actes
avec de la cire bleue, et de porter un uniforme. Elle fut critiquée dès ses débuts dans
diverses publications satiriques, dont les principales sont : deux volumes de l'abbé
de Saint-Germain ; *la Comédie de l'Académie*, attribué à Saint-Evremond ; *le Roolle des*
présentations faites aux grands jours de l'éloquence française, attribué à l'auteur du *Eran-*
cion; la Requête des Dictionnaires, par Ménage. Voici quelle était la composition de
l'Académie en 1635 :

BARDIN.	COLOMBY.	G. HABERT.	DE LA CHAMBRE.
P. DU CHASTELET.	VOITURE.	SERVIEN.	RACAN.
PH. HABERT.	SIRMOND.	COLLETET.	D. DU CHASTELET.
DE MÉZIRIAC.	VAUGELAS.	SAINT-AMANT.	GODEAU.
AUGER DE MAULFON.	BARO.	BOISSAT.	BOURZEIS.
A. DE PORCHÈRES.	BAUDOIN.	BOIS-ROBERT.	GOMBERVILLE.
SÉGUIER.	CL. L'ÉTOILE.	BAUTRU.	CHAPELAIN.
FARET.	DE SERIZAY.	GIRY.	CONRART.
MAYNARD.	BALZAC.	GOMBAULD.	DESMARETS.
DE MALLEVILLE.	L. PORCHÈRES.	DE SILHON.	MONTMOR.

Cette liste est instructive; on y distingue trois sortes d'immortalité; parmi ces
quarante immortels, les uns doivent leur immortalité aux registres de l'Académie,
les autres, aux satires de Boileau; six, seulement, si je compte bien, au mérite de
leurs œuvres.

Les occupations de l'Académie furent réglées de la manière suivante : elle devait faire : un dictionnaire, une grammaire, une rhétorique, une poétique; entendre chaque semaine une dissertation d'un de ses membres sur un sujet quelconque; examiner des œuvres littéraires, et publier ses décisions; tenir deux recueils, l'un en vers, l'autre en prose; haranguer d'augustes personnages, ou leurs envoyés; haranguer les nouveaux élus; enfin mettre des sujets au concours et distribuer des prix. Les cahiers du dictionnaire furent dressés par Vaugelas: après lui, la conduite de l'ouvrage fut donnée à Mézeray. La première édition du dictionnaire est de 1694; l'Académie y avait mis soixante ans; pour terminer une œuvre semblable, l'Académie de *la Crusca* a mis quarante ans; M. Littré, vingt ans. La sixième édition est de 1835; une édition, publiée pendant la Révolution, fut désavouée par l'Académie; la septième édition se prépare, sur un plan nouveau. La grammaire a été rédigée par l'abbé Régnier. L'usage des dissertations hebdomadaires a été interrompu, après la vingtième. La plus célèbre des décisions de l'Académie est celle qu'elle rendit à la demande de Richelieu, sur le *Cid* de Corneille et sur les *Observations* de Scudéry, contre le *Cid*; on a pu dire de ce jugement, que c'était un chef-d'œuvre de critique, sur un chef-d'œuvre de poésie; ajoutons que c'est un chef-d'œuvre que l'Académie fit bien à contre-cœur. Son admiration s'y opposait, son règlement aussi, Corneille n'étant pas encore académicien, ni justiciable de l'Académie, et la demande d'examen ne venant pas de lui. Mais l'invitation du cardinal dramaturge était pressante : « Faites savoir à ces messieurs que je le » désire, et que je les aimerai comme ils m'aimeront. » Le cardinal eut sa critique, mais non pas telle qu'il l'eût souhaitée; il arriva là, comme souvent, que les hommes valaient mieux que l'institution; et l'arbitraire du protecteur se brisa contre l'honnêteté de ses protégés. Parmi les auteurs examinés par l'Académie, on trouve encore : Gombauld, de l'Étoile, de la Chambre, Balzac, Silhon, Sirmond, Desmarets, Racan. Quelquefois l'Académie examinait des auteurs morts. Ainsi elle donna son sentiment sur les *stances* de Malherbe, *pour le roi allant en Limousin;* ce travail l'occupa trois mois. Un des recueils des *décisions de l'Académie* fut rédigé par l'abbé Tallemant; un autre, par l'abbé de Choisy, auteur du *voyage de Siam;* un troisième, par Th. Corneille. Plus d'une fois, l'Académie fut prise pour arbitre dans des disputes de grammaire; c'est ainsi qu'elle fut consultée par l'hôtel de Rambouillet, sur le mot : *muscadin;* par Naudé, sur le mot : *rabougri;* par deux parieurs hollandais, sur le mot : *température.*

En plus d'une occasion, l'Académie s'occupa des intérêts particuliers d'un de ses membres, témoin la députation qu'elle envoya à Richelieu, pour le rappel de Boisrobert exilé; et la lettre qu'elle écrivit à de Boissat, au sujet de sa querelle avec le comte de Sault, jugée par la noblesse de Dauphiné. Mais son zèle pour la mémoire de son premier protecteur dépassa peut-être la mesure; car il fut arrêté, à la mort du cardinal, que De La Chambre ferait un éloge; de Serizay, une épitaphe; de Cerisy, une oraison funèbre; et chacun des autres académiciens, un ouvrage à sa louange, en prose ou en vers; ce fut un deuil enthousiaste, comme si la mort de ce bienfaiteur eût mis le comble à ses bienfaits. L'Académie donne des prix d'éloquence, de poésie, de prose, de morale et de vertu; le prix d'éloquence fut fondé par Balzac; le prix de poésie, par Clermont-Tonnerre. Jusqu'en 1756, les sujets de ces deux prix offrent peu de variété; c'est toujours un éloge de Louis XIV ou de Louis XV, ou une dissertation religieuse; un panégyrique ou un sermon; et chaque composition devait être terminée par une prière à Jésus-Christ ou à Dieu, pour le roi. Sur quatre-vingt-seize sujets, quatre-vingt-huit appartiennent à ces deux genres. Parmi les huit autres, on remarque celui-ci, donné en 1755 : « Jusqu'à quel point

» convient-il de multiplier les sociétés littéraires? » Aucun prix ne fut décerné et le sujet fut abandonné. A partir de cette époque, les sujets sont sérieux; on trouve parmi les lauréats : Lemierre, Thomas, Chamfort, Laharpe, Necker, Garat, Florian. (V. sur les occupations de l'Académie les deux discours de l'abbé de Saint-Pierre et la lettre de Fénelon.) Le projet de Boileau, relatif à la correction des chefs-d'œuvre, a été heureusement abandonné. L'Académie, en 1750, était ainsi composée :

DE LUYNES.	LA CHAUSSÉE.	DE BISSY.	HARDION.
BIGNON.	VOLTAIRE.	FONTENELLE.	SEGUY.
GIRARD.	SALLIER.	VAURÉAL.	GIRY DE SAINT-CYR.
CRÉBILLON.	DE RICHELIEU.	ALARY.	DE BELLE-ISLE.
BOYER.	D. DE SAINT-MAUR.	D'OLIVET.	DE LA VILLE.
DUCLOS.	DE VILLARS.	DESTOUCHES.	SAINT-AIGNAN.
LANGUET.	SURIAN.	MAIRAN.	MIRABAUD.
DE ROHAN-SOUBISE.	DE BOZE.	DU RESNEL.	MONTESQUIEU.
FONCEMAGNE.	HÉNAULT.	GRESSET.	DE NIVERNOIS.
MAUPERTUIS.	DE BERNIS.	MARIVAUX.	MONCRIF.

Quelques élections furent marquées de circonstances singulières : Ballesdens donna un exemple de désintéressement, en écrivant sa lettre à Messieurs de l'Académie, pour les prier de nommer Corneille à sa place. L'Académie donna un exemple d'équité en repoussant le fils de l'académicien De La Chambre, qui comprenait dans un sens trop large les droits héréditaires, et en le priant d'attendre. Louis XIV demanda six mois pour réfléchir sur l'élection de La Fontaine; enfin la bouche royale laissa tomber ces mots : « Vous *pouvez* recevoir La Fontaine, il a promis » d'être sage. » Piron fut élu et non agréé. Sa muse avait mauvaise réputation; il courait de méchants bruits sur elle; l'Académie inclinait à la miséricorde; Fontenelle même tenait ses péchés pour vertus; il fut élu; mais l'indulgence de l'Académie scandalisa la pudeur du Parc-aux-Cerfs, et le roi refusa son agrément tout en accordant, de la main gauche, une compensation de 1,000 livres de rente à un poëte dont, au fond, il ne méconnaissait pas le mérite. L'usage de l'Académie est de ne donner le fauteuil à personne qui ne l'ait fait solliciter. Elle s'en est départie quelquefois. Elle a essuyé trois refus : Arnaud, Lamoignon, Béranger; à chaque refus, l'usage s'est consolidé; il doit être aujourd'hui définitif.

L'usage de la visite au souverain n'a souffert qu'une seule exception : Berryer. On sait qu'autrefois le souverain était protecteur. Après Richelieu les protecteurs de l'Académie ont été : le chancelier Séguier et les rois, jusqu'en 93. Les secrétaires perpétuels, pour la même période, furent : Conrart, Mézeray, Régnier, Dacier, Dubos, Mirabaud, Duclos, d'Alembert, Marmontel. L'Académie fut supprimée par la Convention, puis incorporée dans l'Institut national; enfin rétablie par la Restauration, qui lui rendit son organisation primitive; elle se composait, le 1er janvier 1868, de MM.

VILLEMAIN.	PATIN.	BERRYER.	O. FEUILLET.
P.-A. LEBRUN.	SAINT-MARC GIRARDIN.	DUPANLOUP.	DE CARNÉ.
LAMARTINE.	SAINTE-BEUVE.	S. DE SACY.	DUFAURE.
PH. DE SÉGUR.	MÉRIMÉE.	E. LEGOUVÉ.	DOUCET.
PONGERVILLE.	VITET.	LE DUC DE BROGLIE.	PARADOL.
VIENNET.	RÉMUSAT.	DE FALLOUX.	CUVILLIER-FLEURY.
THIERS.	EMPIS.	E. AUGIER.	GRATRY.
GUIZOT.	DE NOAILLES.	DE LAPRADE.	JULES FAVRE.
MIGNET.	NISARD.	SANDEAU.	X...
V. HUGO.	MONTALEMBERT.	PRINCE DE BROGLIE.	X...

En dehors des trois listes que nous avons données pour les années 1635, 1750,

1868, les académiciens les plus illustres sont : Quinault, Racine, Boileau, Corneille, Fénelon, Perrault, Colbert, La Fontaine, La Bruyère, Bossuet, Fléchier, d'Aguesseau, Buffon, Marmontel, d'Alembert, Bernardin de Saint-Pierre, Condillac, Chamfort, Condorcet, Massillon, Volney, Chateaubriand, Laplace, Cuvier, Royer-Collard, Scribe, Casimir Delavigne, Lacordaire, Nodier, A. de Musset. — Il y a eu depuis la fondation un peu plus de quatre cents académiciens. On appelle quarante-unième fauteuil un fauteuil imaginaire, donné par l'opinion à ceux à qui l'Académie refuse le quarantième. Cela arrive toutes les fois qu'une gloire littéraire, étrangère à l'Académie, paraît jeter un plus vif éclat que quelques-unes de celles qui brillent dans son sein. Le nombre est grand de ces gloires, sans fauteuil, et au moins égal à celui des gloires académiciennes. On cite surtout : Descartes, Pascal, Bayle, Regnard, Lesage, J.-J. Rousseau, Diderot, Beaumarchais, André Chénier, Courier, Balzac, Lamennais. L'Académie, elle-même, a déploré ses propres rigueurs pour quelques-uns, témoin le vers de Saurin sur Molière :

> « Rien ne manque à sa gloire, il manquait à la nôtre. »

L'Académie a eu sa part d'influence sur la littérature française, mais une part seulement. L'exemple donné par une société officielle ne suffit pas pour déterminer le caractère d'une littérature; les causes qui ont amené la forme littéraire du siècle de Boileau sont multiples et complexes; l'Académie est une de ces causes. Malgré sa mission conservatrice elle a peu fait pour conserver à la langue son originalité gauloise, ses grâces natives et cette pure essence d'esprit français, vertu littéraire du XVIe siècle, véritable tradition du génie national. Elle a contribué à former l'école, dite classique ; elle a créé un style, dit style académique, qui n'est pas le bon ; enfin, dans la querelle des anciens et des modernes, elle prit parti pour les anciens. Elle a eu la prétention de fixer l'art comme de fixer la langue; double erreur; la langue et l'art ne se sont point laissé fixer, et courent encore. L'Académie a été admirée, critiquée, chansonnée ; voici divers jugements remarquables soit par la forme, soit par l'esprit, soit par la justesse, soit comme celui de d'Olivet, par l'affirmation solennelle d'une erreur surannée :

> « Voilà comment nous nous divertissons,
> En beaux discours, en sonnets, en chansons;
> Et la nuit vient qu'à peine on a su faire
> Le tiers d'un mot pour le vocabulaire. » (Boisrobert.)

« On ne saurait prévoir tous les accidents qui peuvent un jour menacer la fortune des lettres; au moins est-il certain que l'un des plus dangereux serait le *manque de protection.* » (d'Olivet.)

« On reçoit à l'Académie toutes sortes de gens... même des gens de lettres. » (Voltaire.)

« Il n'y a plus que trente-neuf personnes dans le monde qui aient plus d'esprit que moi. » (Fontenelle, apprenant son élection.)

> « Sommes-nous trente-neuf, on est à nos genoux;
> Quand nous sommes quarante, on se moque de nous. » (Fontenelle.)

« Les académies et tous les corps littéraires doivent être libres et non privilégiés. » (Lanjuinais.)

« Peut-être, quelque jour, dans l'Académie française... elle-même, verrait-on des philosophes repentants écrire ou parler avec indécence de la Révolution. » (Mirabeau.)

« École de servilité et de mensonge... » (Chamfort.)

« La moins dispendieuse de toutes les inutilités. » *(Id.)*

« Il est plus facile de faire concourir à une œuvre collective des recherches de science ou d'érudition, que de mettre en commun des inspirations et des talents. Le génie littéraire est purement individuel et incommunicable. » (E. Despois.)

Que l'Académie soit considérée comme corporation, comme sénat ou comme prytanée, la part d'éloge et de blâme que nous lui devons sera toujours la même ; ce qui est bon, c'est l'association, l'exemple, l'élection, le concours ; ce qui est mauvais, c'est le caractère officiel, le privilége, l'esprit de conservation, la tendance autoritaire ; c'est d'être sous la dépendance de l'État qui, partout, veut commander, et, partout, ne doit qu'obéir, et que la raison moderne condamne à restituer ses attributions littéraires aussi bien que toutes les autres. Le problème des sociétés littéraires se résout donc, comme tous les autres problèmes sociaux, par la liberté absolue, indispensable garantie de toute justice. L'idée qui a présidé à la formation de l'Académie française : absorption de la vie littéraire par l'État, est incontestablement une idée fausse ; mais comme toute critique doit se prendre aux idées plus qu'aux hommes, nous devons condamner le principe de cette institution, sans méconnaître le bien qui s'est fait dans son sein, et les hommes à qui elle n'a pu ôter leur génie et qui lui ont donné leur gloire.

On a remarqué avec raison que, de toutes les institutions antérieures à 92, l'Académie française est la seule qui soit restée debout ; nous ajouterons que, de toutes les institutions présentes, elle est la plus libérale, et que son aristocratique enceinte a quelquefois servi de refuge à des vérités qui n'osaient pas se faire entendre ailleurs. Il semble que depuis Richelieu son attache officielle se soit quelquefois détendue. L'illustre compagnie n'a jamais été complétement soumise ; il n'y a pas de protection qui puisse dompter l'éternelle rébellion de l'esprit ; pour avoir une Académie docile, il faudrait exclure le talent et le génie ; on ne l'a pas fait, et l'œuvre de Richelieu est restée incomplète ; et l'honneur de l'Académie française, fondée par le génie de la discipline, c'est d'avoir toujours possédé dans ses rangs de sublimes indisciplinés.

BIBLIOGRAPHIE. — *Histoires de l'Académie :* Pélisson, — d'Olivet, — Mesnard. — *Éloges,* lus dans les séances de l'Académie, recueillis par d'Alembert. — *Choix de discours de réception,* par Boudou. — *Les Couronnes académiques,* par Delandine.

A. ROGEARD.

ACADÉMIE DES INSCRIPTIONS ET BELLES-LETTRES. — Peu de

corps savants ont eu des commencements plus humbles que l'Académie des Inscriptions. Née d'une pensée adulatrice de Colbert (1663), tenue près de quarante ans dans la domesticité de ce ministre, puis de Louvois et des Pontchartrain, protecteurs hautains qui l'emmenaient à la campagne et la ramenaient à la ville, toujours à portée des ordres du roi, qui l'occupait à imaginer des inscriptions sur lui, pour lui, à organiser pour lui des carrousels, à préparer pour lui des dessins de tentures, à revoir les *libretti* de Quinault, les plans de Lenostre ou de Mansart et les projets de Coypel, à décrire les maisons et les fêtes royales, enfin à publier l'*Histoire métallique du roi,* la Petite Académie ou Académie des Médailles ne fut d'abord qu'une commission de l'Académie française, composée de quatre membres obscurs, Chapelain, Cassagne, Charpentier et Bourzeis. L'adjonction successive de Charles Perrault, de Quinault, d'André Félibien (critique d'art), de Racine et de Boileau, de l'orientaliste Renaudot, du voyageur La Loubère, lui donna quelque lustre et autorisa l'abbé Bignon, l'un de ses membres influents, à demander pour elle, en 1701, une constitution particulière et des attributions sérieuses.

Elle prit alors le titre d'Académie des Inscriptions et Médailles ; son personnel, qui, de quatre membres, avait été élevé à huit environ, fut porté à quarante; dix pensionnaires résidants, dix associés et dix honoraires non astreints à l'assiduité, tous trente nommés par le roi sur la présentation de deux noms; puis dix élèves, choisis par les pensionnaires. La nouvelle compagnie, installée au Louvre dans la salle de l'Académie française, déjà affectée par Louvois à ses séances, devait fournir régulièrement des travaux sur l'antiquité grecque et latine, sans préjudice des légendes et inscriptions pour jetons et médailles. Les religieux, ne remplissant pas les conditions exigées d'assiduité, n'étaient admis que dans la classe des honoraires. En tête de ceux-ci il faut inscrire Mabillon, le père de la paléographie et de l'érudition historique. Fontenelle, Rollin, figuraient parmi les associés. Baudelot, à défaut de Spon (protestant exilé), représentait la sigillographie, Vertot l'histoire, Dacier et les Boivin l'antiquité, de Valois la géographie, F. Félibien l'art, Galland l'Orient. Après une période obscure et stérile de douze ans, l'Académie, vivement réprimandée par une lettre de Pontchartrain, entra d'un pas plus décidé dans le domaine, alors inexploré, de l'érudition ancienne et moderne; elle étendit ses relations et s'adjoignit trois associés étrangers (1715). Le régent, qui comprit son utilité future, lui conféra le titre d'Académie des Inscriptions et Belles-Lettres (1716). Florissante sous le *mécénat* du duc d'Antin, elle reçut en 1719 la visite de Louis XV, honneur qui ne s'est pas renouvelé pour elle.

Dès 1714, elle comptait au nombre de ses élèves l'illustre Fréret, qui, avec Sainte-Croix, Sainte-Palaye, La Nauze, Montfaucon, Secousse, De Brosses, Bouhier, Le Bœuf, Barthélemy, Villoison et d'Anville, résume en lui toute la science de son temps. Citons tout de suite, avant de revenir à ces grands critiques et aux questions qu'ils agitèrent, un certain nombre d'érudits estimables ou de personnages singuliers qui acquirent au dernier siècle une modeste renommée, plus ou moins solide. C'est d'abord de Boze, antiquaire, secrétaire perpétuel, Mongault et La Bletterie, apologistes de Julien l'Apostat, Lévesque de Burigny, libre penseur pour son temps, Canaye, ami de d'Alembert, Léon Dupuy, qui retrouva les miroirs ardents d'Archimède, Foncemagne, qui ne croyait pas à Pharamond, le journaliste La Barre, Bonamy, historien des invasions normandes, Bréquigny, habile feudiste, le spirituel président Hénault, Lelong, Fontette, Laporte du Theil, explorateur des archives du Vatican, Falconet, bibliographe consommé, Le Beau, historien du bas-empire, Caylus, auteur de contes de fées, connaisseur de l'antiquité et du moyen âge, Lachausse, céramographe, Larcher, bon humaniste, Chabanon, qui s'occupa de la musique des anciens, Rochefort, De Guignes, de Sacy, D. Bouquet et D. Calmet, presque déféré au saint-office pour ses *Commentaires sur l'Écriture sainte*, l'ignorant Louis Racine, Fourmont, sinologue, Anquetil du Perron, qui découvrit l'*Avesta*. D'autres noms reviendront à propos des travaux de l'ancienne Académie; mais il faut signaler encore à titre de curiosités Mongez, qui soutint que le cygne chantait (du moins autrefois, et à l'état sauvage); Henrion, qui mesurait les patriarches et donnait à Ève cent dix-huit pieds, neuf pouces trois quarts; Boissy, qui rattachait les sacrifices druidiques au sacrifice d'Abraham; le médecin Mahudel, plus connu par sa bigamie que par ses travaux numismatiques; enfin l'athée Nicolas Boindin, de la lignée des Saint-Pavin et des Patru, l'un des membres de la réunion du café Procope, où J.-B. Rousseau, J. Saurin, Lamotte-Houdart, Boulainvilliers, Hénault, sous l'œil de la police, désignaient l'âme et Dieu par des noms de convention. Boindin, déjà *vétéran*, académicien en retraite, en 1714, mourut en 1751. Le secrétaire perpétuel n'osa prononcer son éloge.

On ne saurait estimer à leur valeur les résultats souvent incomplets des recherches érudites au XVIIIe siècle, si l'on ne se rendait compte des entraves de tout genre que l'oppression religieuse, la tradition monarchique et l'extrême nouveauté des études orientales accumulaient sur le chemin de la science. S'agissait-il du christianisme, il n'en fallait pas parler du temps du père Lachaise, qui imposait à tous son orthodoxie moliniste; et quand les jansénistes trouvèrent à l'Académie un refuge, le mieux était encore de veiller sur sa langue. C'était hardiesse à Du Resnel d'assimiler les *sorts des saints* aux *sortes virgilianæ*. Vertot risquait gros, en touchant à la sainte ampoule. Quant à la philosophie ancienne, il faut savoir gré à Batteux d'avoir exposé les *homœomœries* d'Anaxagore. La mythologie, périlleuse, était dans l'enfance. On n'y admettait guère que l'évhémérisme de l'abbé Banier, ou des rapprochements insensés de la fable avec l'histoire sainte, ou enfin, mais avec quelle réserve! le symbolisme de Fréret et de Sainte-Croix; néanmoins, on peut citer de bons travaux de Leblond, Vaillant, Le Beau, Burigny, sur divers usages et divinités. Dans son *Hellénisme*, l'abbé Faucher est plus avancé que Fréret lui-même; le mémoire d'Élie Blanchard sur les *Exorcismes magiques* parut si hardi qu'on n'osa l'insérer (1735). Fontenelle sut faire passer quelques vérités dans son livre des *Oracles*. On connaissait mieux les Romains que les Grecs. Fréret devina, dès 1740, que la mythologie romaine n'avait revêtu ses formes grecques qu'après de longues relations avec la Grèce. Mais dans toutes ces monographies, dans ces aperçus parfois lumineux, il n'y avait que de la bonne volonté. La même insuffisance se remarque dans le domaine de la philologie orientale; l'un explique les hiéroglyphes par l'astronomie; l'autre tire toutes les langues de l'hébreu. Quelques-unes des langues sémitiques et le chinois formaient tout le bagage de la linguistique. Le mémoire du père Cœurdoux, sur l'affinité du sanscrit et du grec, passa inaperçu. Anquetil du Perron, bien qu'il eût visité l'Inde et la Perse, ne savait pas leurs idiomes anciens. Il est vraiment admirable que Fréret, dans cette pénurie de la science, ait soupçonné par une puissante intuition la parenté originaire des peuples européens; ces grandes vues sont consignées, notamment, dans son mémoire sur les Cimmériens. Que dire des études celtiques de Le Brigant, de la Tour d'Auvergne, origines chimériques de cette celtomanie qui possède encore quelques-uns de nos contemporains?

Si nous considérons comme non avenus les travaux de notre xviiie siècle, en ce qui touche à la science des religions et des langues, nous nous gardons bien d'oublier tout ce que doivent à l'Académie des Inscriptions l'histoire de l'antiquité, l'archéologie, la chronologie, la géographie et notre histoire nationale; les origines de celle-ci étaient, il est vrai, tenues en quarantaine par la tradition monarchique : Fréret, sur la dénonciation de Vertot, fut jeté à la Bastille pour avoir mal parlé des Francs; mais l'intérêt même de ces questions y introduisit à la longue une certaine liberté. Nous ne pouvons que mentionner le travail de Vertot sur Frédégaire, les montagnes de documents rassemblées par plusieurs des érudits nommés plus haut, les recueils commencés par les Bénédictins, et dont notre siècle a accepté et complété l'héritage : *Les historiens de France*, la *Gallia Christiana*, les *Ordonnances des rois*; les histoires locales de l'abbé Le Bœuf (Paris, Auxerre); les mémoires de Secousse sur la guerre de Cent ans; de Lancelot, de l'abbé Dubos, de D. Poirier sur Hugues Capet; de Lacurne de Sainte-Palaye sur une foule de points de nos annales.

L'histoire de l'antiquité et l'archéologie, presqu'entièrement inoffensives, fournirent une multitude de travaux excellents. Lévesque de Pouilly, frère de Burigny, osa renverser l'édifice laborieux de Tite-Live et proclamer l'incertitude des cinq premiers siècles de Rome, audace qui provoqua une lutte de trois ans avec le lourd abbé Sallier, et dont Pouilly fut récompensé par l'amitié de Voltaire, de Bolingbroke et du P. Hardouin (1724). Il devançait Beaufort (1738), Niebuhr et Mommsen.

Godefroy reconstitua la loi des Douze Tables. Maizeroy, Sigrais, Leroy, élucidèrent des questions relatives à l'armée et à la marine des Grecs et des Romains; Sainte-Croix écrivit un morceau achevé sur Hadrien; de Brosses (le président) traita des grandes familles romaines, de la seconde guerre servile. L'*examen critique des historiens d'Alexandre* par Sainte-Croix; les mémoires de La Nauze sur la mort de Périandre, sur la quatrième églogue de Virgile; de Barthélemy sur Zeus amycléen, sur l'alphabet attique, sur l'année attique; de d'Ansse de Villoison sur l'épigraphie grecque, marquent un progrès immense, définitif, dans l'étude de l'antiquité.

De la géographie d'Anville fit son domaine. Ce géographe par excellence n'avait jamais voyagé; il n'en écrivit pas moins jusqu'à soixante-dix-huit mémoires, tous approfondis, sur l'ancienne Gaule, la Dacie, Ophir, Babylone, le mille romain, Pythéas à Thulé, le *li* des Chinois, etc. La Nauze, rival parfois heureux de Fréret, Bougainville (le frère de l'amiral), Le Bœuf, géographe des Mérovingiens et des Carolingiens, ont à peine et rarement égalé d'Anville. Walckenaër, depuis, est resté loin de lui. La numismatique eut ses classificateurs habiles. Caylus, Barthélemy, Vaillant, marchèrent sur les traces de Morell, archéologue suisse que Louvois avait mis à la Bastille pour ne pas le payer.

La chronologie et l'histoire des origines furent l'empire peu contesté de Fréret. Il savait tout, d'ailleurs. Que sert de nommer sèchement quelques-unes de ses productions, de le montrer infatigable, se prenant corps à corps avec les mystères de l'Italie ancienne, des Pélasges, de la Perse et de l'Inde, de la Grèce primitive? Auprès de lui, La Nauze mérite de prendre rang, pour son travail sur le *Calendrier romain* et sa *Chronologie égyptienne*. Mais ce qui doit immortaliser Fréret, c'est sa compétence universelle, son large esprit, sa libre et lumineuse critique. Ce grand homme, qu'il faut faire monter dans le Panthéon du xviiie siècle à côté de ses pairs, les Diderot, les d'Holbach, les Voltaire, mourut en 1749, après une vie noblement consacrée à la science. Le Beau, qui lui succéda comme secrétaire perpétuel, prononça son Éloge, tout entier résumé dans cette ligne : « M. Fréret semblait être le dépositaire des archives de toutes les nations et de tous les peuples. »

L'Académie des Inscriptions avait acquis par tant de travaux une légitime influence. Malgré les dédains de l'Académie des Sciences et de l'Académie française, elle se sentait leur égale. Aux approches de la Révolution, pénétrée par le principe de la vie nouvelle, elle appelait dans son sein Dupuis, l'auteur de l'*Origine des cultes* (1788), Bailly, et se préparait à récompenser les remarquables *Lettres sur l'histoire primitive de la Grèce*, par Rabaud Saint-Étienne, lorsque les événements interrompirent ses séances. Vauvilliers, Dacier, Pastoret, Keralio, Brunck, Dupuis, Dusaulx, Camus avaient accepté les idées républicaines; mais leurs collègues, troublés dans leurs habitudes tranquilles, s'étaient dispersés; de Sacy travaillait, aux environs de Paris, à ses *Antiquités de la Perse*, Villoison était à Orléans, Belin de Ballu à Bordeaux. D'autres, comme D. Poirier, étaient restés à Paris. Sainte-Croix y revint, après s'être enfui à Avignon où la populace avait brûlé ses manuscrits et sa bibliothèque. L. Dupuy, Barthélemy, Bréquigny moururent en 1795. Bailly, Lefèvre d'Ormesson, L'Averdy et quelques autres avaient été guillotinés.

Supprimée de fait en août 1793, l'Académie des Inscriptions, ou ce qui en restait, fut reversée en octobre 1795 dans les deux classes des *Sciences morales et politiques* et de *Littérature et beaux-arts*. C'est dans celle-ci que nous retrouvons Monge, Leblond, Leroy, Ameilhon, Camus, Dupuis, Larcher, Laporte du Theil,

Villoison. D'autres ne figurèrent plus que comme associés. De Guignes ne rentra pas à l'Institut, c'est une perte; mais Anquetil du Perron et de Sacy ne tardèrent pas à y reprendre leur place, lorsque le Consulat (1803) rétablit l'Académie des Inscriptions sous le nom de *Classe d'histoire et de littérature ancienne*, qui lui convenait d'ailleurs beaucoup mieux qu'aucun de ses titres précédents. La Restauration (1816) ajouta aux quarante membres pensionnés et aux huit associés étrangers, dix membres libres; elle rétablit le nom traditionnel. Réduite en 1823 à trente membres (sous des prétextes pécuniaires assez peu honorables pour elle), l'Académie des Inscriptions revint en 1831 au chiffre de quarante : elle s'est divisée en commissions spéciales.

La nouvelle Académie est un des corps savants les plus utiles et les plus brillants qu'aucun pays puisse citer. Les érudits les plus illustres s'y sont rencontrés ou succédé; il suffit de nommer Champollion, S. de Sacy, Letronne, Augustin Thierry, B. Guérard, Eugène Burnouf, Boissonade, V. Leclerc, Munk, MM. de Rougé, Mohl, Renan, Stanislas Julien, Hauréau, L. Quicherat, enfin, l'un des plus libres esprits de la France, M. Littré. Sans renoncer à aucune des voies ouvertes par l'ancienne Académie du xviiie siècle, celle du xixe a suivi le mouvement de l'esprit moderne. La science des philosophies, des religions, des langues, sera son plus grand titre de gloire. Les noms de ses membres et la mention de leurs découvertes reviendront assez souvent dans l'*Encyclopédie* pour que nous terminions ici cette notice, point avant toutefois d'avoir signalé les grands recueils que nous devons à l'Académie des Inscriptions et qui, soit commencés, soit reçus des Bénédictins par l'ancienne, ont été continués par la nouvelle. Ce sont : deux séries de *Mémoires*, l'une allant de 1701 à 1844 (51 vol. in-4o), l'autre commencée en 1809 (25 vol. in-4o); les *Historiens de France* (D. Bouquet, 1738), continués par D. Brial et M. Natalis de Wailly; la *Gallia Christiana* (1715-1725 etc.), continuée par M. Hauréau; l'*Histoire littéraire de la France* (1733), continuée par Raynouard, Fauriel, Victor Leclerc et Renan; les *Ordonnances des rois de France*, réunies par Laurière (1715), Secousse (1728), Bréquigny, Villevaux (1754-90); la *Table chronologique des diplômes*, par Bréquigny (1776). Enfin, mentionnons pour mémoire l'*Histoire métallique* de Louis XIV (*séries de la grande et de la petite histoire*), présentée à Louis XV lors de sa majorité. Cette œuvre, qui était puérile en son temps, est devenue précieuse aujourd'hui.   ANDRÉ LEFÈVRE.

ACADÉMIE DES BEAUX-ARTS. — Avant la Révolution de 1789, la France décentralisée comptait presque autant d'académies des beaux-arts que de chefs-lieux de province. Chaque grande ville, Paris, Bordeaux, Toulouse, Pau, Marseille, Dijon, Rouen, Amiens, Nancy, Metz, étant à la fois un foyer d'activité morale et de production manuelle, il y avait une académie dans chaque grande ville. Nées, à des dates différentes, du même besoin ressenti en tous lieux de soustraire l'art à la domination tyrannique des corps de métiers, ces institutions, quoique organisées à peu près sur le même type, étaient indépendantes et autonomes. Chacune d'elles avait sa tradition, son originalité, ses grands hommes, et exerçait souverainement sa suprématie dans toute l'étendue de son territoire. Nous en étions encore à ce point de notre développement intérieur où, malgré l'ascendant ininterrompu du pouvoir central, les provinces conservaient un reste de vie propre, et n'attendaient point pour penser que la capitale leur eût envoyé des idées toutes faites.

La Révolution, qui poursuivait l'abolition des priviléges dans tous les ordres de l'économie sociale, rencontra un jour devant elle cet organisme, et le jeta bas.

La mesure était radicale, et depuis longtemps les faux artistes ont entrepris de déclamer contre elle; mais, le moment est venu de le dire, jamais renversement ne fut plus intelligent ni plus légitime : c'était la conséquence nécessaire et directe du principe de la liberté du travail appliqué à la série artielle.

Les idées de la Révolution sur ce sujet étaient trop justes et trop d'accord avec les conclusions mêmes de la raison moderne, pour que la réaction monarchique, qui suivit, les respectât. Elle n'eut rien de plus pressé que de ressaisir l'art émancipé, pour le faire rentrer de force dans la série des choses qu'on réglemente, c'est-à-dire qu'on asservit; et, quand l'Institut reçut sa constitution originaire, il compta tout de suite une *section des beaux-arts* qui, ambitieuse de ressusciter l'une après l'autre ses prérogatives détruites, ne tarda pas à se faire adjuger son antique dénomination d'*Académie*. C'est le nom qu'elle porte depuis 1816.

Cet aperçu général nous donne la division exacte de notre matière : nous allons la suivre en descendant dans l'exposé des détails.

§ Ier. — *Académie royale de peinture et de sculpture depuis son origine jusqu'à sa suppression, 8 août 1793.*

Entre toutes les académies des beaux-arts dont nous avons signalé l'existence simultanée sur le territoire de la monarchie, la plus ancienne, la plus illustre et par conséquent la plus fatale fut l'*Académie royale de peinture et de sculpture* de Paris, créée sur le modèle des académies de Florence et de Rome. En écrivant son histoire, nous aurons rendu inutile l'histoire des autres.

Les sociétés primitives sont éminemment synthétiques. Le travail de l'homme n'y est pas plus divisé que l'homme même.

La Renaissance, dont il faut reporter l'origine au grand mouvement d'émancipation des communes, n'avait donc pas connu la distinction, imaginaire ou réelle, qui sépare les arts de l'esprit des arts de la main. Dans les *confréries* de cette époque, peintres, doreurs, encadreurs, vernisseurs, ornemanistes, sculpteurs, praticiens, fondeurs, polisseurs, quelquefois même coffretiers, gainiers et selliers, vivent côte à côte, englobés dans la même organisation corporative. Cet accouplement de l'art et de l'industrie, pour répugner à nos idées contemporaines, n'en fut pas moins en son temps d'une utilité suprême. C'est lui qui présida au magnifique développement des xve et xvie siècles; et nous lui devons, indépendamment des monuments et de leurs fresques, ces meubles, ces armes, ces coupes, ces vaisselles, ces joyaux, toutes ces merveilles d'invention et de goût dont une recherche patiente enrichit chaque jour nos musées. Mais, s'il est admirable quand on n'envisage que les résultats artistiques, il tombe sous le coup de la critique aussitôt qu'on considère les conditions et les personnes. Confondus avec les gens de métier, les artistes y vivaient pêle-mêle dans le même monde subalterne et méprisé. Les seigneurs et les rois avaient beau se servir d'eux et s'instituer leurs protecteurs, on ne les distinguait point de la domesticité ordinaire. C'est ainsi qu'à la Cour du Louvre, raconte M. Léon de Laborde « il n'y avait pas de galopin de cuisine qui ne passât fièrement, et sur l'état des offices, et dans les cérémonies, devant un peintre et un sculpteur, quel que fût son talent. » Molestés dans leur dignité, les pauvres diables l'étaient encore dans leurs intérêts. Au sein de la confrérie, le capital avait la main haute, et le capital, on ne le sait que trop, n'est pas le fort des artistes. Les *jurés* étaient toujours choisis parmi les notables, c'est-à-dire les plus riches; et il se trouvait que c'étaient de simples industriels arrogants ou grossiers, qui disposaient des commandes et contrôlaient les œuvres de la pensée. Quand le capital empiète, il ne le fait pas à demi. Les *jurés* avaient fini par s'arroger le droit d'interdire la pratique de l'art à ceux qui ne feraient point partie de la maîtrise. Or, l'entrée coûtait gros : « Les peintres et les sculpteurs parisiens sont tourmentés si cruellement, dit Pignaniol de la Force, qu'à moins de payer une grosse somme, ils sont obligés de déguerpir. »

De la lutte de ces intérêts contradictoires, naquit la pensée d'une séparation et de la fondation d'une académie où entreraient les peintres et les sculpteurs, ainsi soustraits à la domination des marbriers et des doreurs de la *confrérie*. Cette pensée, longtemps agitée par les opprimés, ne prit corps que lorsque M. de Charmois, qui avait accompagné en Italie le maréchal de Schomberg, revint de Rome, et put mettre à la disposition d'hommes comme Lebrun, La Hyre, Sarrazin, Sébastien Bourdon et les autres, son habileté consommée et une influence décisive. C'est lui qui obtint, du conseil de régence, la fameuse ordonnance du 27 janvier 1648, laquelle admettait le principe de l'Académie, et consommait la séparation, en faisant défense aux maîtres et aux jurés « de donner aucun trouble ni empêchement aux peintres et sculpteurs de l'Académie, soit par visites, saisies de leurs ouvrages, confiscations, ou les voulant obliger de se faire passer maîtres, ni autrement, en quelque sorte et manière que ce soit, à peine de deux mille livres d'amende. »

Par cette ordonnance les artistes se trouvaient affranchis. L'art l'eût été du même coup, si les nouveaux émancipés avaient pu à leur tour résister à l'envie de se constituer ou plutôt de se laisser constituer en corps privilégié. Mais ils tendirent eux-mêmes le cou au riche collier que leur présentait Louis XIV; et en 1655, un brevet du roi « qui avait une vue toute particulière pour la peinture et pour la sculpture, » c'est-à-dire qui voulait s'en emparer pour les faire servir à sa gloire, vint doter l'Académie d'immunités sans nombre. Un logement au Collége de France, une pension de mille livres, d'autres avantages analogues à ceux dont jouissait déjà l'Académie française, ce fut là le prix dont les peintres et sculpteurs payèrent la direction de l'enseignement et le monopole des grands travaux.

Telles ont été les origines de l'Académie des Beaux-Arts. Légitime à son point de départ, en 1648, lorsqu'elle se basait sur le principe de l'indépendance professionnelle, elle ne garda pas longtemps ce caractère, et sept ans ne s'étaient pas écoulés, que, suivant le sort de toutes les corporations privilégiées, elle tournait au despotisme. Justifia-t-elle au moins par d'heureux résultats sa tyrannie ombrageuse? Nullement. Inféodée à la royauté et vassalisée par elle, elle fut en France une institution factice, isolée au-dessus de l'opinion et par conséquent condamnée à ignorer toujours les conditions vitales de l'art. Le respect et la continuation de la tradition, tel fut son unique enseignement. Substituant sans cesse la démonstration scolastique du professeur à l'inspiration personnelle de l'élève, elle réduisit le beau à n'être plus qu'une réminiscence et usa les cervelles des apprentis à des formules aussi vaines que les exercices de rhétorique. Pas un talent de quelque valeur n'est sorti de son école, et elle entra pour la plus grande part dans cette décadence accélérée qui mène de la Régence à la Révolution française. C'est que l'art, dit très-bien M. Viardot, échappe à toutes les combinaisons arbitraires qu'on imagine pour l'acclimater, le propager, le diriger. Il est proprement cet oiseau des bois dont parle Platon « qui hait la cage et ne chante qu'en liberté. »

Lorsque éclata la révolution de 1789, il venait de s'accomplir, sous l'impulsion de Louis David, un mouvement si formidable en art, et les idées en toutes choses se trouvaient si démesurément exhaussées, que, du sommet de l'universel renouvellement, l'académie où avaient trôné les Bouchardon et les Boucher n'apparaissait plus que comme une boutique de manière, instrument misérable de luxure éhontée

et de frivolité affadie. Que si vous vous rappelez les priviléges scandaleux dont les
membres étaient pourvus, privilége d'exercer et d'enseigner sans payer de droit de
maîtrise, privilége de figurer seuls au Salon, privilége de fournir seuls des conservateurs aux galeries royales et des directeurs aux Gobelins et à Sèvres, etc. : vous
comprendrez de quel coup de pied de la Révolution renvoya au néant une institution
dont l'histoire passée était un désastre national, et dont l'existence présente, basée
sur le monopole, était un outrage au premier de tous les droits. Le 8 août 1793, sur
la proposition de Grégoire, ancien évêque de Blois, la Convention nationale décréta
sa suppression, comme elle décrétait celle de toutes les sociétés savantes et de
toutes les académies. Pour la première fois l'art et l'artiste rentraient dans leur
condition naturelle. Ils étaient libres.

§ II. — *Académie des Beaux-Arts.*

L'organisation de l'Académie des Beaux-Arts, telle que nous l'avons vue fonctionner jusqu'à nos jours et telle qu'il nous fut donné tant de fois de la maudire,
date de 1816.

Ce n'est pas qu'elle vint précisément au monde à cette époque. Elle existait déjà,
en germe, dans la *section des beaux-arts* de l'Institut, installée par la loi du 3 brumaire an IV (25 octobre 1795) et plus tard complétée par la loi du 3 pluviôse an XI
(23 janvier 1803). Mais, au retour des Bourbons, le lien qui unissait les sections
entre elles étant rompu, elle reconquit son ancien titre d'académie et s'arrogea la
direction suprême de l'art en France.

Jamais corps enseignant ne fit preuve d'autant d'ignorance, d'étroitesse et de
mauvais vouloir; jamais aussi, il faut le dire, société savante ne fut composée d'une
plus belle collection de médiocrités.

Au début, bien qu'on lui ait enlevé son plus grand nom, Louis David, le peintre
immortel de la *mort de Marat*, rayé comme régicide par la stupide rancune des Bourbons, on y trouve encore quelques personnalités remarquables : Gros, Girodet,
Carle Vernet, Guérin, Houdon. Mais à mesure que le temps s'écoule, on voit arriver
les Drolling, les Bidault, les Blondel, les Alaux, les Hesse, les Abel de Pujol, les
Robert Fleury, les Schnetz, les Picot, les Signol, de plus obscurs encore. Gali-
mard n'y figure point : il eût refusé d'en être.

La grande histoire, qui plane sur les hauteurs, s'étonne de ces nouveaux venus;
elle se demande avec stupeur de quel bas-fonds ils émergent et quelle influence
souveraine les met si soudainement en lumière? La grande histoire a ignoré et
ignore encore l'existence de la *Société de l'Oignon.* Nous allons la lui révéler pour
qu'elle en tienne compte désormais.

Vers le milieu de la Restauration, à Paris, il se forma une association occulte
d'artistes peintres, sculpteurs et architectes, dont le but était d'arriver, par les voies
les plus rapides, au monopole des travaux et des honneurs. On se réunissait tous
les trois mois chez l'un des membres, qui devenait président, et le premier plat
servi sur la table était une soupière où fumait la soupe à l'oignon. Les membres
s'étaient juré que leurs réunions dureraient jusqu'à ce que les vingt convives con-
fédérés fussent tous entrés à l'Académie. Comme on le voit, c'étaient des gens moins
sentimentalistes et plus pratiques que les fameux *Treize* illustrés par Balzac.
« L'union fait la force, dit M. Arthur Dinaux, qui enregistre le fait dans son histoire des *Sociétés badines* ; ils s'assirent tous les vingt sur les fauteuils académiques ;
le dernier franchit les portes de l'Institut en 1845. » Les maîtres passés, le tour des
élèves commença; il dure encore. La Société de l'oignon est, fut et sera longtemps
la pépinière de l'Académie des Beaux-Arts.

Comment des hommes d'une telle origine et arrivés par de tels moyens auraient-ils été au niveau de leur tâche, au moment où cette tâche se compliquait pour eux de toutes les difficultés amenées par un renouvellement absolu de la matière et de la doctrine artistiques ? Par deux fois, en moins de quarante ans, la peinture, sous la pression des idées sociales, changeait de voie, s'élançant d'abord en croupe de la muse romantique à travers le champ du rêve, et plus tard revenant, fatiguée d'une course haletante, s'asseoir au sein des réalités paisibles. Ils n'eurent l'intelligence d'aucun de ces deux mouvements, et, pour ne pas être emportés par l'émeute, ils se barricadèrent dans leurs vieilles formules. Comme professeurs, ils continuèrent d'enseigner que le beau est en dehors de l'histoire et de la géographie, en dehors de la durée et de l'espace, quelque chose comme une révélation d'en haut qui s'impose à tous, étant la même pour tous les peuples et pour tous les temps ; et, maintenant l'École dans je ne sais quel idéalisme de leur convention, ils confectionnèrent pendant un demi-siècle, pour le plus vivant de tous les peuples et le plus épris de la vie, un art de catacombes, un art fait de pièces et de morceaux qu'ils ramassaient au fronton des monuments d'Athènes, une ruine ! aux caves des musées de Rome, une nécropole ! Comme juges, ils déclarèrent une guerre sans merci à tous les novateurs, qu'ils fussent du Romantisme ou qu'ils fussent du Naturalisme. Ils les chassèrent du Salon, leur refusèrent la publicité, voulurent leur interdire le pain et le sel. Ils auraient tué Eugène Delacroix, si la révolution de 1830 n'était venue le leur arracher des mains, et ne lui avait donné pour protecteur un ministre tout-puissant. Ils auraient étouffé Courbet, si la révolution de 1848 n'était venue briser le cercle de silence où ils l'enfermaient, et n'avait mis tout d'un coup le peintre du peuple en présence du peuple victorieux. S'il est une chose glorieuse dans notre peinture moderne, et en dehors des contestations d'école, c'est le paysage : eh bien, le paysage, ils le poursuivirent à outrance, et le malheureux Rousseau paya cher pendant vingt ans l'honneur d'y exceller.

Tant d'entêtement dans la stupidité criait vengeance. La justice fut lente à venir, mais enfin elle vint, appelée à grands cris par l'opinion irritée.

Aujourd'hui l'Académie des Beaux-Arts n'entre plus dans la formation du jury d'examen qui accueille ou rejette les œuvres envoyées au Salon ; et le décret de 1863 qui a réorganisé l'École, a enlevé aux académiciens la direction de l'enseignement.

Ces vieillards n'avaient une puissance que pour mal faire ; on la leur a retirée : à quoi leur sert-il d'exister encore et de s'appeler académie ?   CASTAGNARY.

ACADÉMIE DES SCIENCES. — Dans la première moitié du XVIIe siècle, le mouvement scientifique avait pris un élan considérable, et les savants, qui jusque-là avaient vécu dans l'isolement, commencèrent à comprendre qu'ils devaient se voir et se grouper pour étendre leurs connaissances par des échanges réciproques et par le frottement de leurs différentes spécialités. Jusqu'à ce moment et à ce moment même, bien des hommes croyaient tout savoir, ou tout au moins tentaient de tout apprendre. Les progrès des mathématiques, l'application de l'algèbre, l'invention des logarithmes, les nouveaux travaux en mécanique, l'application si féconde de la méthode expérimentale à la physique, les recherches anatomiques et physiologiques, l'éclosion de la chimie qui sortait à peine du chaos alchimique, commençaient à prouver à tous ces hommes encyclopédiques que l'objet des recherches est illimité et que l'intelligence la plus vaste est impuissante à tout embrasser. Les savants français, déjà en relation avec les grands esprits de l'Angleterre, de l'Allemagne et de l'Italie; comprirent tout le bénéfice qu'ils trouveraient à se grouper entre eux et à se communiquer leurs travaux dans des réunions périodiques; vers 1635, se trouve formée une Académie des Sciences libre; elle renfermait dans son sein les hommes les plus érudits du temps et les esprits les plus curieux des choses de la nature. Au reste ce n'était pas en France seulement que ce mouvement de cohésion scientifique se faisait sentir: en Allemagne se fondait l'Académie des *Curieux de la nature*, en Angleterre la *Société royale d'Oxfort*, à Florence l'*Académie del Cimento*. L'Académie des Sciences de Paris n'avait aucune attache officielle et n'en était pas moins connue à l'étranger par tous ceux qui se livraient à l'étude, quelques-uns de ses membres avaient un nom européen et suffisaient à faire sa réputation; on y comptait Descartes, Gassendi, Pascal père et fils, Roberval, etc. Aussi, en 1640, Hobbes tint-il à honneur d'y être présenté. Les réunions eurent lieu d'abord chez le maître des requêtes Montmort, puis chez le voyageur Melchisédech Thévenot, qui avait voulu voir tous les pays d'Europe comme il avait étudié toutes les sciences.

Colbert connaissait l'existence de cette Société et voulut faire pour la science ce que Richelieu avait fait pour les lettres; le grand roi, qui voulant tout protéger aplatissait tout, approuva le projet de son ministre, décréta l'existence de l'Académie et fit de cette compagnie indépendante et libre, une réunion de savants à gages, aux ordres de sa puérile majesté. Car si du vivant de Colbert les savants ne furent pas dérangés par des demandes inutiles et indiscrètes, il n'en fut pas de même sous Louvois, qui regardait les académiciens comme devant se rendre aux volontés et aux caprices du roi qui les payait. Protection voulait donc dire domesticité.

Les premiers membres nommés furent des mathématiciens et des astronomes, Huygens, Frénicle de Bessy, Roberval, Picard, Adrien Auzout, Pierre de Carcavi, Buot. Ils sentirent bientôt le besoin de s'adjoindre les autres spécialités de la science, et Colbert chargea son médecin Samuel du Clos et Amable de Bouzeis, de faire un triage parmi les savants les plus connus dans les sciences d'observation; parmi ceux qui furent nommés on compte : Mariotte le physicien, Pecquet l'anatomiste, Marchand le botaniste, Cureau de la Chambre médecin, Claude Perrault architecte, médecin, naturaliste, physicien, etc. On commit une première injustice, Melchisédech Thévenot qui avait tant servi la société libre, ne fut point nommé dans l'Académie officielle dont il ne fit partie que vingt ans plus tard, six ans avant sa mort.

Le 22 décembre 1666, l'Académie des Sciences ouvrit ses séances dans une des salles de la bibliothèque du roi. Il devait y avoir deux séances par semaine : le mercredi était consacré aux mathématiciens et le samedi aux physiciens; on comprenait sous cette dénomination tous les savants qui se donnaient à l'étude des sciences d'observation. Le roi nomma un secrétaire perpétuel, l'oratorien J.-B. Duhamel, et un trésorier, le mécanicien Couplet.

Bientôt cette Académie, toute à la dévotion du roi, de ses créatures et de ses ministres, servit aux plaisirs de la cour; les savants de premier ordre furent employés aux embellissements et aux eaux de Versailles; à Chantilly, ils firent des fontaines et des jets d'eau pour le grand Condé; ils se donnèrent par ordre, au perfectionnement des engins de guerre, et bientôt on leur demanda des amusements de salon, on leur posa des problèmes honteux : les courtisans les interrogeaient sur le moyen de gagner à coup sûr, et le roi infaillible, vexé d'être soumis comme le dernier de ses sujets aux chances du hasard, se fit expliquer les probabilités mathématiques par l'académicien Sauveur, qui dut écrire différents traités sur la bassette, le jeu en vogue, sur le lansquenet, sur le quinquenove, etc. L'Académie tombait dans la torpeur, étouffée par l'air de la cour.

L'abbé Bignon tenta de lui donner une nouvelle impulsion et refit le règlement, qu'on lut dans la séance du 4 février 1699.

Le nombre des membres fut notablement augmenté; de plus on apporta, dans la composition de la Compagnie, deux modifications : l'une donnait aux savants un peu d'initiative dans le choix d'une catégorie de sociétaires, l'autre servait seulement la vanité des grands qui devenaient savants par décret royal. D'après la nouvelle constitution, il y avait dix membres honoraires, places réservées aux plus hauts personnages et aux grands seigneurs que ne rebutaient pas trop les noms baroques des nomenclatures scientifiques; dix-huit pensionnaires, les véritables académiciens, divisés en six sections, plus un secrétaire et un trésorier; les associés au nombre de deux par section, plus huit associés étrangers et quatre associés libres; enfin les élèves, qui devaient être âgés au moins de vingt ans; chaque pensionnaire pouvait en avoir un. Plus tard ces élèves prirent le nom de membres adjoints. C'était le roi qui nommait les pensionnaires; les présidents et vice-présidents étaient toujours choisis parmi les membres honoraires; les directeurs et vice-directeurs étaient pris parmi les pensionnaires, c'étaient les véritables présidents; toutes ces fonctions étaient annuelles.

L'Académie prit une nouvelle vie, grâce à l'introduction de la jeunesse dans son sein. C'est cette jeunesse qui fit triompher les principes de Leibnitz et de Newton contre lesquels luttait avec acharnement le cartésianisme, devenu l'arme de combat du clergé qui avait si vivement combattu Descartes. Ainsi va le monde et toujours la jeunesse, avec sa clairvoyance qu'aucun intérêt n'obscurcit, avec son amour du vrai et du bien, s'élance vers le nouveau, vers l'avenir, malgré les étreintes impuissantes de la vieillesse qui veut rester immobile dans le sillon qu'elle a creusé. N'en est-il pas de même aujourd'hui, et ne voyons-nous pas des membres de l'Institut reculer et trembler devant les conséquences que la jeunesse tire de leurs découvertes ?

Depuis 1702, l'Académie publiait chaque année ses mémoires, qui contenaient : 1° tous les travaux lus par les académiciens, 2° l'histoire de la Compagnie, qui se subdivisait elle-même en deux parties : l'histoire générale de l'Académie et les éloges des membres que la mort avait frappés dans l'année.

Les relations avec les savants étrangers avaient été singulièrement excitées par la création des prix dont la première idée était venue à Rouillé de Meslay, qui, en 1721, avait légué au corps savant une somme ayant cette destination; le prix Montyon ne fut créé qu'en 1779. Afin d'encourager davantage les communications faites par les membres associés ou correspondants il fut arrêté qu'on les publierait sous le nom de *Recueil des savants étrangers;* cette publication commença en 1750.

L'Académie, dominée dans la première moitié du XVIII° siècle par Clairaut et Réaumur, dans la deuxième moitié par Buffon et d'Alembert, qui lui donna une impulsion philosophique si élevée, arriva avec son cortège de remarquables découvertes et aussi de honteuses erreurs, jusqu'en 1785, sans changement dans sa constitution.

Louis XVI, par une ordonnance du 23 avril 1785, modifia le règlement du 26 janvier 1699. Deux grandes sections furent établies, celle des sciences mathématiques et celle des sciences physiques; chaque section était divisée en quatre classes ; la première comprenait : géométrie, mécanique, astronomie, physique générale ; et la seconde : anatomie, chimie et métallurgie, botanique et agriculture, minéralogie et histoire naturelle. Chaque classe se composait de six membres, trois pensionnaires et trois associés. Le nombre des membres honoraires et des associés libres était fixé à douze et celui des associés étrangers à huit.

La Révolution jeta le trouble dans la Compagnie. Si une partie des pensionnaires était portée vers les idées nouvelles, d'autres regrettaient le passé et conspiraient contre le mouvement qui entraînait la France vers des réformes. Quelques-uns de ses membres firent partie des États-Généraux et de la législature, ce qui n'empêcha pas l'Académie de se réunir et de continuer ses travaux; mais l'agitation du dehors pénétrait jusque dans son sein, inquiétait les uns, éloignait les autres soit pour remplir des devoirs politiques, soit pour sauver leur vie menacée. Au mois de novembre 1792, la Convention porta un décret qui suspendait les nominations aux places vacantes dans ce corps aristocratique; sa suppression fut définitivement consommée le 8 août 1793.

Par une loi du 3 brumaire an IV (25 octobre 1795), la Convention décréta la fondation de l'Institut national des sciences et des arts, destiné à remplacer toutes les académies. Ce corps savant fut divisé en trois classes : 1° sciences physiques et mathématiques, 2° sciences morales et politiques, 3° littérature et beaux-arts. La première classe était divisée elle-même en dix sections : mathématiques, arts mécaniques, astronomie, physique expérimentale, chimie, histoire naturelle et minéralogie, botanique et physique générale, anatomie et zoologie, médecine et chirurgie, économie rurale et art vétérinaire; chacune de ces sections était composée de six membres. On le voit, cette première classe de l'Institut était destinée à remplacer l'ancienne Académie des Sciences. On avait pour toute modification divisé en deux sections l'ancienne classe de botanique et agriculture, et créé une section de médecine et de chirurgie qui faisaient partie de la classe d'anatomie dans l'ordonnance de 1785. L'Institut devait tenir séance générale quatre fois par an; chaque classe devait se réunir deux fois par décade; le bureau de chaque classe était formé d'un président et de deux secrétaires nommés par voie d'élection, l'un pour six mois, les autres pour un an; la Compagnie nommait ses membres elle-même. Tous les ans devaient paraître les mémoires de la Société, les travaux qu'elle avait couronnés ou qu'elle avait reçus de ses correspondants. L'assemblée s'était donc démocratisée malgré la fatale réaction qui minait la République. Les membres de l'ancienne Académie qui faisaient partie du nouvel Institut servirent de trait d'union entre l'ancienne Académie et la nouvelle, et nouèrent la chaîne de la tradition; Laplace, Monge, Lalande, Daubanton, A.-L. de Jussieu, Lamark, Berthollet, Lagrange, Méchain, Ténon, Haüy, Borda, Bougainville, etc., de l'ancienne Académie, firent partie de l'Institut.

Le 3 pluviôse an XI, un décret du premier consul réorganisa l'Institut, qui fut divisé en quatre classes : 1° sciences physiques et mathématiques, 2° langue et littérature françaises, 3° histoire et littérature anciennes, 4° beaux-arts. Cette division nouvelle était loin de valoir celle de l'an IV de la République et un retour aux tendances du passé détruisit en partie l'œuvre de la Convention; tout membre élu devait être confirmé par le premier consul; l'autorité gouvernementale s'intronisait dans l'Académie.

En 1816, le gouvernement de la Restauration voulut faire son changement et essaya de rappeler dans sa nouvelle organisation les allures de l'ancien régime. L'Académie française reprit son nom et fut placée au premier rang, comme sous Louis XIV; l'Académie des Sciences fut reléguée au troisième, à la grande colère des savants, la deuxième place étant occupée par les deuxième et troisième classes réunies de l'Institut de 1803. Ce changement de forme n'a rien changé au fond et la renaissance du nom *Académie française* n'a pas ajouté du génie à ses membres, qui sont restés immobiles dans leurs vieilles traditions, tandis que l'Académie des Sciences, lancée sur la vraie voie des progrès intellectuels, avançait et grandissait sans cesse et souvent malgré elle, car sa constitution et sa nature officielles sont d'étroites entraves.

Aucun changement notable n'a été apporté dans la constitution de l'Académie des Sciences depuis 1816. Aujourd'hui elle est divisée en deux grandes classes, subdivisées elles-mêmes, la première en cinq sections, la seconde en six :

1re CLASSE — SCIENCES MATHÉMATIQUES	2e CLASSE — SCIENCES PHYSIQUES
Géométrie.	Chimie.
Mécanique.	Minéralogie.
Astronomie.	Botanique.
Géographie et navigation.	Économie rurale et art vétérinaire.
Physique générale.	Anatomie et zoologie.
	Médecine et chirurgie.

Chacune de ces sections est composée de six membres, chaque classe a un secrétaire perpétuel qui ne fait partie d'aucune section, ce qui porte le nombre total des membres de l'Académie des Sciences à soixante-huit.

Il y a dix académiciens libres et huit associés étrangers.

Tous les lundis de chaque semaine, l'Académie tient une séance publique. Ses publications sont les suivantes : 1° comptes rendus des séances hebdomadaires; 2° un volume par an, contenant les mémoires des savants faisant partie de l'Académie; 3° un volume de mémoires, contenant les travaux des savants étrangers à l'Académie.

Les prix distribués chaque année sont nombreux :

SCIENCES MATHÉMATIQUES

Le grand prix de mathématiques, 3,000 fr.

Le grand prix des sciences mathématiques, 3,000 fr.

Le grand prix extraordinaire de 6,000 fr., sur l'application de la vapeur à la marine militaire.

Prix d'astronomie (fondation Lalande), 542 fr.; annuel.

Prix de mécanique (fondation Montyon), 427 fr.; annuel.

Prix de statistique (fondation Montyon), 453 fr.; annuel.

Prix fondé par Mme Laplace, consistant dans la collection des œuvres de Laplace, décerné chaque année au premier élève sortant de l'école Polytechnique.

Prix Trémont, rente annuelle de 1,100 fr., pour aider dans ses travaux un ingénieur, un mécanicien ou un savant.

Prix Damoiseau, 3,000 fr.; triennal.

Prix du legs Dalmont, 3,000 fr., triennal, pour le meilleur travail présenté par un ingénieur en activité de service.

SCIENCES PHYSIQUES

Prix de médecine et de chirurgie, 5,000 fr.; application de l'électricité à la thérapeutique.

Grand prix des sciences physiques.

Prix de physiologie expérimentale (fondation Montyon), 764 fr.; annuel.

Prix de médecine et de chirurgie et prix dit des arts insalubres (fondation Montyon), somme indéterminée; annuel.

Prix Bréant, 100,000 fr., pour celui qui aura trouvé le moyen de guérir du choléra asiatique ou qui aura découvert ses causes. En attendant que ce prix soit décerné, l'intérêt du capital sera donné à la personne qui aura fait avancer la science sur la *q*uestion du choléra ou toute autre maladie épidémique, ou à celui qui trouvera le moyen de guérir les dartres.

Prix Jecker, destiné à accélérer les progrès de la chimie organique.

Prix Barbier, 2,000 fr., annuel, pour une découverte précieuse dans l'art de guérir.

Prix Godard, 1,000 fr., annuel; anatomie, physiologie et pathologie des voies génito-urinaires.

Prix Savigny (fondé par Mlle Letellier), legs de 20,000 fr., dont l'intérêt servira à aider les zoologistes voyageurs non subventionnés.

Prix Desmazières, 1,600 fr., annuel; travaux sur la cryptogamie.

Prix Thore, 200 fr., annuel; travaux sur les cryptogames d'Europe ou sur les insectes d'Europe.

Prix Cuvier, 1,500 fr., triennal; travaux sur le règne animal ou la géologie.

Deux prix Bordin, de 3,000 fr. chacun, triennaux; botanique et zoologie.

Prix Morogues, la rente d'un capital de 10,000 fr., donnée tous les cinq ans à l'ouvrage qui aura fait faire le plus grand progrès à l'agriculture en France.

Les divisions actuelles de l'Académie des Sciences sont mal faites et mal dénommées; et d'abord il y a dans cette Académie des Sciences des sections séparées pour : géographie et navigation, économie rurale et art vétérinaire, médecine et chirurgie, qui ne sont pas des sciences, mais des arts; ensuite on est surpris de voir la physique ne pas faire partie des sciences physiques et se trouver dans une autre classe que la chimie qui lui est attachée par des liens si étroits; puis la minéralogie forme une section à part quand, dans l'état de la science actuelle, elle fait partie intégrante de la chimie; enfin, le nom de géométrie remplace depuis 1803 celui de mathématiques, donné en 1795 à la première section, ce qui est absurde, car la partie ne peut être prise pour le tout.

Une division plus logique serait la suivante :

SCIENCES COSMOLOGIQUES	SCIENCES BIOLOGIQUES	
Mathématiques.		Anatomie.
Mécanique.	Botanique.	Physiologie.
Astronomie.	Zoologie.	Taxonomie.
Physique.	Sociologie.	
Chimie.		

Mais cela n'est rien; les vraies entraves de toute réunion savante sont les attaches officielles ; Auguste Comte l'avait si bien compris qu'il ne voulut jamais se présenter à l'Institut, lui qui avait tant de titres pour y entrer. Il y a de fait une philosophie d'État, comme il y a une religion d'État, et tout ce qui tient au pouvoir doit penser comme le pouvoir; aussi avons-nous vu Claude Bernard s'élever, comme philosophe, contre la philosophie à laquelle il a donné de si bonnes et de si incontestables preuves comme physiologiste. Or aujourd'hui, où la philosophie et la science ne font qu'une seule et même chose, nous allons donc avoir une science d'État; l'Institut en est déjà l'église. Qu'on se rappelle combien l'officiel Cuvier tortura ses travaux pour les faire entrer dans le cadre de la science officielle tout imprégnée alors d'une si forte dose de catholicisme d'apparat. Du reste, nous avons encore présent à la mémoire, le tapage que les travaux de M. Pouchet soulevèrent dans l'église académique; l'hétérogénie parut un danger public sous la coupole mazarine et tout ce qui s'intéresse aux sciences resta scandalisé des violences, de la colère aveugle et de l'injustice de tous ces vieillards. Mais, dans ce corps, l'injustice est de tradition . au siècle dernier, le calcul infinitésimal souleva des tempêtes dans l'orgueilleuse assemblée et il fallut l'ardent appui d'hommes tels que Varignon, Clairaut, d'Alembert, etc..., pour lui faire prendre droit de cité à l'Académie, et encore après combien de temps? La question de l'inoculation de la variole ne souleva pas moins de tapage et de réprobation, alors qu'on la pratiquait déjà en Angleterre et en Suisse; le mémoire de Fargeau qui annonçait les applications modernes du caoutchouc ne fut pas même imprimé dans les mémoires de la Compagnie, où il ne trouva qu'un seul défenseur, le voyageur La Condamine; la physiologie fut longtemps repoussée, les idées de Papin n'y furent pas remarquées et lorsque le marquis de Jouffroy fit marcher un bateau à vapeur sur le Rhône, la fière Académie ne daigna même pas envoyer un de ses membres pour assister à cette expérience. D'ailleurs de nos jours comme au siècle dernier, la vapeur n'a pas eu de chance dans la savante assemblée, n'avons-nous pas vu Arago repousser l'introduction des chemins de fer en France? Il y a évidemment, dans ces réunions officielles, un souffle autoritaire qui conseille mal les hommes, car ce n'était qu'à l'Institut qu'Arago pouvait avoir peur d'une innovation. C'est ce souffle qui inspirait probablement Pouillet quand il déclara formellement que la télégraphie électrique était une utopie irréalisable; et Velpeau, quand il combattit avec acharnement la lithotritie qu'il pratiqua plus tard; et Magendie, quand il protesta contre l'application du chloroforme au nom de la morale et de la sécurité publique. On le voit, comme dans l'ancienne Académie et malgré la présence de Sturm, Fourier, Ampère, Arago, Biot, Vauquelin, Gay-Lussac, Thénard, Al. Brongniart, Richard, Adrien de Jussieu, Cuvier, Geoffroy Saint-Hilaire, de Blainville, etc., bien des injustices, bien des sottises ont été commises à l'Institut, bien des intrigues ont dirigé ses décisions. Mais dans toute compagnie officielle, ou seulement à nombre limité, il en est et il en sera toujours de même, toute société dans ces conditions devient un corps sacré, un dispensateur infaillible de la lumière et non une réunion d'hommes sincères qui cherchent à s'éclairer. Les Académies sont sourdes de naissance ; autrefois l'Académie des Sciences n'a pas entendu Papin, aujourd'hui elle n'entend pas Pouchet; sans les travaux de Cl. Bernard et de Robin, elle serait plus que caduque, elle serait enterrée; la fosse est béante.   Dr H. Thulié.

ACADÉMIE DES SCIENCES MORALES ET POLITIQUES. —

Quand à côté des sciences physiques et mathématiques, de tout temps reconnues comme sciences, la Convention nationale, en créant l'Institut de France, eut l'idée de placer les sciences morales et politiques, notre grande assemblée révolutionnaire eut une grande idée, digne d'elle, de la France et de l'esprit humain. Ce que l'on appelle aujourd'hui l'*Académie des sciences morales et politiques* formait en effet, dans le principe, la seconde classe de cet admirable Institut national « chargé de recueillir les découvertes, de perfectionner les arts et les sciences, et de suivre les travaux scientifiques et littéraires qui auraient pour objet l'utilité générale et la gloire de la République, » que la Convention avait placé au sommet de l'édifice de l'enseignement public. Réunir ainsi l'histoire, la politique et la morale aux autres sciences, c'était proclamer qu'il y a des sciences — au sens propre du mot — qui considèrent l'homme en lui-même ou en société, qui enseignent à connaître l'origine de ses idées et les lois morales auxquelles il obéit, qui font comprendre son histoire et qui apprennent à perfectionner ses sentiments en améliorant sa condition. C'était une grande idée, parce que c'était proclamer le droit que possède l'esprit humain de puiser en lui-même les règles de la morale individuelle et d'organiser les forces sociales.

Un corps académique chargé de donner une expression à ce grand et noble droit ne peut se concevoir que s'il est composé de libres esprits, voués à la recherche du vrai, affranchis de tous les préjugés et résolus à tenir la raison pour la maîtresse du monde. La seconde classe de l'Institut créé par la Convention renfermait un certain nombre d'esprits de ce genre. On y avait mis un peu pêle-mêle des hommes tels que Ducange, Garat, Lacuée, Merlin, Rœderer, Cabanis, Destutt de Tracy, Sieyès, Talleyrand, Volney, Bernardin de Saint-Pierre, Reinhard. Dans les commencements, la seconde classe avait pris sa mission très au sérieux. En 1798, on la voit mettre au concours cette question d'une importance capitale : *Quels sont les moyens de fonder la morale d'un peuple?* L'un des membres de la classe, Destutt de Tracy, s'avisa de traiter lui-même le sujet du concours. Parmi les idées qu'il développa, se trouvait celle-ci : « Le plus utile principe de la morale que l'on puisse graver dans la tête des êtres sensibles, c'est que tout crime est une cause certaine de souffrance pour celui qui le commet. » C'est assez pour faire voir quel esprit régnait à l'Institut dans ce temps-là. Tous les philosophes et publicistes qui y avaient trouvé place avaient été nourris de la forte philosophie du xviii° siècle, et particulièrement des théories de Condillac. Le *Traité des sensations* était leur bréviaire ; et pour eux, toute philosophie se ramenait à la célèbre question de l'origine de nos idées. C'est sans doute pour cela que Bonaparte, premier consul, leur donnait le nom qu'il croyait méprisant d'*idéologues*, et qu'il les détestait de cette haine profonde que le despotisme a toujours porté aux libres penseurs. Dès que son coup d'État lui eut mis en main le pouvoir, il s'empressa de supprimer la seconde classe de l'Institut, non pas tant comme inutile que comme dangereuse. (Arrêté des consuls du 3 pluviôse an XI.) Ainsi ce dominateur, non moins fourbe que violent, qui, au début de sa carrière, aimait tant à se parer, dans les fêtes de la République, du titre et de l'habit de membre de l'Institut, porta la main sur l'illustre compagnie dans les rangs de laquelle il figurait sans titres sérieux, pour la mutiler. Depuis lors cependant, l'Institut a plus souvent retenti des louanges de Bonaparte qui l'a outragé que de celles de la Convention qui lui a donné naissance. Mais ce n'est là qu'un exemple insignifiant de l'ingratitude et de l'inconséquence des hommes !

La Restauration ne pouvait pas songer à rétablir la classe des idéologues supprimée sous le Consulat. Ce n'est qu'après la révolution de Juillet, qu'une ordonnance royale du 26 octobre 1832, rendue sous l'administration de M. Guizot, ministre de l'instruction publique, répara la brèche faite à l'Institut. Quelques membres de l'ancienne deuxième classe survivaient, Merlin, Reinhard, Sieyès, Talleyrand, Pastoret. On les appela à former le noyau d'une Académie qui est aujourd'hui la cinquième classe de l'Institut. C'est l'*Académie des Sciences morales et politiques*, divisée longtemps en cinq sections : 1° Philosophie ; 2° Morale ; 3° Législation, droit public et jurisprudence ; 4° Économie politique et statistique ; 5° Histoire générale et philosophique. A côté de ces sections et en dehors d'elles, sont admis six académiciens libres. L'Académie des Sciences morales élit un secrétaire perpétuel. Elle a sa séance annuelle comme toutes les autres classes de l'Institut. Le secrétaire perpétuel y prononce d'habitude l'éloge de l'un des membres de la compagnie décédés dans l'année. L'Académie distribue des prix comme les autres académies. Son règlement ne diffère pas beaucoup des autres règlements de l'Institut. Elle se recrute par voie d'élection. Les choix sont faits par la section où doit être admis le récipiendaire, et ratifiés par l'Académie tout entière en séance générale. Depuis 1841, elle publie le compte rendu de ses travaux et de ses séances; c'est dans cette collection que l'on peut trouver le résumé des questions traitées par les membres de l'Académie depuis son rétablissement.

Le système de cooptation, adopté pour combler les vides que la mort fait dans les compagnies savantes, et qui est peut-être le seul mode de recrutement possible des académies, n'est cependant pas sans inconvénients. Nulle part ces inconvénients ne se sont révélés avec plus d'évidence qu'à l'Académie des Sciences morales et politiques. En histoire, l'influence de l'école doctrinaire a systématiquement écarté tous les autres historiens qui ne s'inspirent pas des mêmes principes. En philosophie, l'éclectisme de M. Cousin régnait en maître absolu et incontesté : ce n'est que depuis la mort du célèbre professeur que ceux de ses élèves mêmes, qui ne pensaient pas tout à fait comme lui, ont pu prétendre à forcer les portes de l'Académie. Quant aux autres sections, à la section d'économie politique notamment, tous les choix qui se font procèdent directement de l'esprit de secte et du froid dogmatisme de la science officielle. Sous ce rapport donc, on peut dire que l'Académie des Sciences morales et politiques ne répond en aucune manière aux intentions de la grande assemblée qui a fondé l'Institut. Les sujets de concours sont toujours choisis dans un certain ordre d'idées étroit et exclusif, et les prix ne sont jamais décernés qu'à ceux des concurrents qui, dans leurs mémoires, adoptent par avance les opinions de l'Académie et les soutiennent par des arguments nouveaux.

Il suit de là que l'action de l'Académie sur la masse des esprits et les progrès des sciences morales et politiques au sein de la société contemporaine, est radicalement nulle. On l'a bien vu, en 1848, dans une occasion solennelle où les académiciens de la cinquième classe ont voulu sortir de l'enceinte où ils échangent leurs idées, pour se jeter dans la mêlée publique. En 1848, quelques mois après l'établissement de la république, au plus fort de la crise redoutable qui avait mis aux prises la nouvelle société avec l'ancienne, le général Cavaignac, chef du pouvoir exécutif, eut l'idée de demander à l'Académie « de concourir à la défense des principes sociaux attaqués par des publications de tous genres. » L'Académie entra aussitôt dans ces vues. Plusieurs de ses membres les plus célèbres se mirent à l'ouvrage et composèrent de petits écrits destinés à redresser, à leur point de vue, les esprits égarés par de « funestes théories, » en exposant « les principes sur lesquels sont fondés les droits de la propriété, le bien-être des familles, la liberté des peuples, les progrès du monde. » Ces écrits divers, tous marqués au coin du sec et pédant dogmatisme dont il a été parlé plus haut, forment ce que l'on appelle la *Collection des petits Traités de l'Académie des Sciences morales et politiques.* Quoiqu'ils fussent répandus à très-bas prix, ces petits livres, enveloppés dans le sentiment de haine soulevé par l'imprudente réaction de cette époque, n'ont jamais été populaires. Quand on les relit aujourd'hui, en dépit de certaines phrases sur le bien-être et les droits du peuple, on sent que toute cette philanthropie n'était qu'affectée, et ne pouvait ni éclairer ni toucher les lecteurs auxquels s'adressaient les membres de l'Institut. Nous avons vu, depuis, des circonstances où les principes du gouvernement libre n'ont pas été moins méconnus que les droits de l'autorité ont pu l'être à d'autres époques. Il eût été digne de l'Académie des Sciences morales et politiques de tenter une épreuve en sens inverse, de défendre la liberté méconnue et outragée par les théoriciens du despotisme, et de publier une nouvelle série de petits *traités* qui eussent été la contre-partie des premiers. L'Académie a gardé le silence. Il n'entre pas dans les traditions des compagnies patronnées par le pouvoir de prendre une initiative qui risque d'être déplaisante. D'ailleurs l'esprit qui règne dans la cinquième classe de l'Institut s'accommode mieux de la tâche de défendre ce qui existe, que de rechercher ce qui devrait être.

Cette abstention prudente de l'Académie des *idéologues* ne l'a cependant pas préservée des atteintes qu'elle était exposée à recevoir sous un régime qui s'était annoncé comme l'héritier du Consulat et de l'Empire. En 1855, sous le prétexte spécieux que l'Académie des Sciences morales et politiques comptait un nombre de membres inférieur à celui dont les autres académies se composent, le gouvernement impérial imagina de créer une section nouvelle : Politique, Administration et Finances, dont il désigna lui-même les premiers membres. C'étaient pour la plupart des hommes dévoués au nouveau régime, fort ambitieux des honneurs académiques, et qui, sans ce coup de force du pouvoir, n'auraient jamais conçu l'espoir d'y être admis. On remarquait, parmi ces académiciens improvisés, le ministre des finances Bineau, un magistrat de la cour de cassation, vice-président du Sénat, M. Mesnard, un général, M. Pelet, le directeur de l'administration des douanes, et des hommes comme MM. Barthe et de Cormenin, qui depuis longtemps avaient rangé parmi les objets de leur ambition de parvenus les palmes vertes de l'Institut de France. L'Académie ouvrit ses rangs, non sans quelques murmures, à ces nouveaux confrères imposés par une sorte de coup d'Etat au petit pied. Que voulait le gouvernement, par cette mesure? Récompenser quelques serviteurs zélés, ou bien introduire au sein d'une compagnie, qui passait pour hostile, quelques hommes dévoués? L'un et l'autre sans doute. Ce qui est certain, c'est que cette sixième section qui, en 1855, avait paru nécessaire, est aujourd'hui supprimée, que les membres qui la composaient ont été répartis dans les sections antérieurement établies, et que tout est rentré dans l'ordre primitif. Cet épisode de l'histoire intérieure de l'Académie des Sciences morales et politiques n'en était pas moins utile à rapporter. Il montre jusqu'où va la complaisance des compagnies savantes placées sous la main du pouvoir. Il ne peut y avoir d'indépendance véritable que dans les associations libres.   E. Spuller.

ACADÉMIE DE MÉDECINE. — Lorsque la réaction napoléonienne rétablit les académies abolies par la Convention, la science des corps vivants ne possédait qu'un petit département à l'Institut. Mais, bientôt, sous l'impulsion féconde de Bichat, les prétentions des biologistes augmentèrent, et, se trouvant trop à l'étroit sous la coupole mazarine, ils résolurent de fonder une société plus nombreuse et plus indépendante. L'Académie de Médecine naquit de ce besoin de développer plus librement les méthodes et les doctrines propres à la biologie, à l'abri de l'oppression algébrique et cosmologique.

Mais au lieu de se réunir tout simplement, en ne faisant, auprès du pouvoir, que les démarches nécessaires pour se constituer, on alla bien vite trouver le roi ; car c'est une habitude, en France, chez la plupart des savants, de croire que tout est perdu s'ils n'obtiennent pas l'estampille.

Louis XVIII *daigna* accorder ce qu'on lui demandait.

L'ordonnance royale, portant création de l'Académie et donnant les motifs de cette création, est datée du château des Tuileries le 20 décembre 1820. Elle commence ainsi :

« Louis, par la grâce de Dieu, roi de France et de Navarre, à tous ceux qui ces présentes verront, salut :

» Notre intention étant de donner, le plus tôt possible, des règlements propres à perfectionner l'art de guérir et à faire cesser les abus qui ont pu s'introduire dans l'exercice de ses différentes branches, nous avons pensé qu'un des meilleurs moyens de préparer ce double bienfait était de créer une Académie spécialement chargée de travailler au perfectionnement de la science médicale, et d'accorder à cette Académie une protection particulière. Nous nous sommes d'ailleurs rappelé les services éminents qu'ont rendus, sous le règne de nos prédécesseurs, la Société royale de Médecine et l'Académie royale de Chirurgie, et nous avons voulu en faire revivre le souvenir et l'utilité en rétablissant ces compagnies célèbres sous une forme plus appropriée à l'état actuel de l'enseignement et des lumières.

» A ces causes, sur le rapport de notre ministre secrétaire d'État au département de l'intérieur, nous avons ordonné et ordonnons ce qui suit :

» ARTICLE PREMIER. — Il sera établi à Paris, pour tout notre royaume, une Académie royale de Médecine.

» ART. 2. — Cette Académie sera spécialement instituée pour répondre aux demandes du gouvernement sur tout ce qui intéresse la santé publique, et principalement sur les épidémies, les maladies particulières à certains pays, les épizooties, les différents cas de médecine légale, la propagation de la vaccine, l'examen des remèdes nouveaux et des remèdes secrets, tant internes qu'externes, les eaux minérales naturelles ou factices...

» Elle sera en outre chargée de continuer les travaux de la Société royale de Médecine et de l'Académie royale de Chirurgie : elle s'occupera de tous les objets d'étude et recherche qui peuvent contribuer aux progrès des différentes branches de l'art de guérir. En conséquence tous les registres et papiers ayant appartenu à la Société royale de Médecine ou à l'Académie royale de Chirurgie, et relatifs à leurs travaux, seront remis à la nouvelle Académie et déposés dans ses archives. »

L'intention royale était louable à beaucoup d'égards, et le but que l'on se proposait a encore, de nos jours, un côté utile qu'il ne faut pas méconnaître. Pour que les critiques que nous adresserons à l'Académie de Médecine aient toute leur valeur, il faut que l'on sache bien qu'il n'y a chez nous aucun parti pris d'être malveillant.

L'Académie, à sa fondation, était divisée seulement en trois sections, une de médecine, une de chirurgie et une de pharmacie. Elle était composée de membres honoraires, titulaires, associés et adjoints, ayant des droits et des attributions différentes.

Il y avait soixante honoraires, quatre-vingt-cinq titulaires, cent quarante associés et des adjoints en nombre indéterminé.

Les élections étaient faites par l'Académie et approuvées par le roi. Toutefois, pour la création, le roi se réserva de nommer une partie des membres.

Les séances n'étaient pas publiques; elles avaient lieu le premier mardi de chaque mois.

Diverses ordonnances successives ont modifié cette organisation primitive.

Parmi ces ordonnances il en est une de Louis-Philippe qui, sur la demande faite par l'Académie, accorde un costume à tous ses membres. Ce costume est ainsi réglé : habit à la française noir, broderies violettes, chapeau demi-claque, épée à poignée d'or. J'aurais voulu connaître les noms des membres qui ont ainsi demandé, à leur manière, le couronnement de l'édifice ; car je me plais à reconnaître que l'amour du panache officiel n'est pas une des faiblesses du corps médical.

Voici quelle est actuellement l'organisation de l'Académie :

La distinction entre les membres honoraires et titulaires est supprimée. Il y a des titulaires, des associés et des correspondants.

Les membres titulaires sont au nombre de cent, répartis en onze sections dont voici les noms :

1re Section :	Anatomie et physiologie......	10	7e Section :	Accouchements...............	7
2e	— Pathologie médicale.........	13	8e —	Hygiène publique, médecine	
3e	— Pathologie chirurgicale.......	10		légale et police médicale...	10
4e	— Thérapeutique et histoire naturelle médicale............	10	9e —	Médecine vétérinaire.........	6
5e	— Médecine opératoire	7	10e —	Physique et chimie médicales..................	10
6e	— Anatomie pathologique... ...	7	11e —	Pharmacie..................	10

Les associés libres peuvent être au nombre de 10.

Les associés nationaux pourront être portés au nombre de 20.

Le nombre des correspondants nationaux est fixé à 100;

Celui des correspondants étrangers, à 50.

Les correspondants nationaux et étrangers sont distribués en quatre divisions ainsi qu'il suit :

1re DIVISION. — *Anatomie et physiologie.* — *Pathologie médicale.* — *Thérapeutique et histoire naturelle médicale.* — *Anatomie pathologique.* — *Hygiène publique et médecine légale.*

Correspondants nationaux................ 50

Correspondants étrangers................ 25

2e DIVISION. — *Pathologie chirurgicale.* — *Médecine opératoire.* — *Accouchements.*

Correspondants nationaux................ 24

Correspondants étrangers................ 12

3e DIVISION. — *Médecine vétérinaire.*

Correspondants nationaux................ 6

Correspondants étrangers................ 3

4e DIVISION. — *Physique et chimie médicales.* *Pharmacie.*

Correspondants nationaux................ 20

Correspondants étrangers................ 10

Les séances de l'assemblée ont lieu tous les mardis à trois heures; elles sont publiques.

Le bureau de l'Académie se compose d'un président, d'un vice-président, d'un secrétaire perpétuel, d'un secrétaire annuel et d'un trésorier.

Les travaux des séances ont lieu dans l'ordre suivant :

1o Lecture et adoption du procès-verbal de la séance précédente;

2o Correspondance avec le gouvernement et les autorités constituées;

3o Correspondance avec les savants agrégés ou non à l'Académie;

4o Annonce des observations, mémoires et ouvrages manuscrits;

5o Annonce des observations, mémoires et ouvrages imprimés;

6o Compte rendu des décisions en matière d'administration prises par le conseil;

7o Élections;

8o Rapport des commissions nommées par l'Académie;

9o Lecture des observations, mémoires et ouvrages des membres de l'Académie;

10o Lecture des observations, mémoires et ouvrages présentés par les savants étrangers à l'Académie;

11e Exposition et démonstration des objets matériels.

Il y a tous les ans une séance solennelle qui a pour objet la lecture des éloges des membres décédés, la proclamation des noms des auteurs qui ont mérité des prix et l'annonce des sujets de prix mis au concours pour les années suivantes.

Faire l'histoire des travaux de l'Académie de Médecine, ce serait raconter toute la médecine et entrer dans des détails trop spéciaux. Il n'a pas surgi, depuis quarante-huit ans, une question importante et même parfois inutile qui n'ait été portée devant le tribunal académique et vivement discutée, je ne dis pas résolue. Ceux qui voudraient avoir sur toutes ces discussions des renseignements précis, devront consulter le Bulletin de l'Académie dont la publication a commencé le 1er octobre 1836. Publié d'abord tous les quinze jours par cahiers de cinquante à soixante pages in-8o, il est publié, depuis le 1er octobre 1847, toutes les semaines par cahiers de trente à quarante pages. Rédigé par les soins des secrétaires de l'Académie, il rend un compte exact de toutes les séances, transcrit tous les rapports faits dans le sein de l'Académie et les discussions auxquelles ces rapports donnent lieu. Le bulletin présente ainsi le tableau fidèle des travaux de l'Académie.

Une autre publication utile à consulter est celle des *Mémoires de l'Académie.* Elle se compose d'environ trente volumes in-4° et contient les éloges des membres décédés et les mémoires lus devant l'Académie et qui ont paru dignes d'être insérés.

Notons encore, au nombre des travaux réguliers de l'Académie, le fonctionnement des commissions permanentes. Elles sont au nombre de six : la commission de publication, la commission des épidémies, la commission des eaux minérales, la commission de vaccine, la commission de topographie et de statistique médicales et la commission des remèdes secrets. Leur nom suffit à indiquer leur destination. Les travaux accomplis par quelques-unes de ces commissions sont au nombre des plus réels et des plus utiles de l'Académie. En relation continuelle avec le gouvernement et les corps constitués, ayant dans toute la France et à l'étranger des ramifications nombreuses, ces commissions peuvent avoir sur les questions de statistique, sur la marche et le nombre des épidémies, la vaccine, etc., des renseignements nombreux qu'un médecin isolé ne pourrait certainement pas recueillir.

Enfin l'Académie avait un autre devoir à remplir, c'était d'encourager la science et le travail en proposant tous les ans des sujets de prix. L'un de ces prix est fondé par l'Académie elle-même, qui propose le sujet qu'elle croit le plus utile et le plus opportun. Les autres prix, résultant de dons particuliers, sont décernés suivant les intentions des fondateurs qui, généralement, circonscrivent plus ou moins le sujet de recherche.

Les legs faits à l'Académie pour la fondation de prix sont, par ordre de date :

Celui du baron Portal (1833), 12,000 fr. destinés à la fondation d'un prix annuel pour le meilleur mémoire sur l'anatomie médicale.

Celui de Mme Bernard de Civrieux (1837), 1,000 fr. de rente perpétuelle, pour un prix annuel à l'auteur du meilleur ouvrage sur le traitement et la guérison des maladies provenant de la surexcitation de la sensibilité nerveuse.

Celui du marquis d'Argenteuil (1838), 36,000 fr., pour fondation d'un prix sexennal, pour celui qui apportera le perfectionnement le plus important à la guérison des rétrécissements du canal de l'urètre.

Celui d'Itard (1840), 1,000 fr. de rente à 5 p. 100, pour fondation d'un prix triennal de 3,000 fr., au meilleur livre de médecine pratique ou de thérapeutique appliquée.

Celui de Mme de Chateauvillard (1845), 100,000 fr. à 3 p. 100, pour un prix annuel au savant dont le travail concourra le plus au soulagement des malades.

Celui du baron Barbier (1846), 3,000 fr. de rente, pour un prix annuel à celui qui découvrira des moyens complets de guérison pour des maladies reconnues jusqu'à présent incurables, comme le cancer, la rage, l'épilepsie...

Celui de M. Lefèvre (1847), 20,000 fr., pour fondation d'un prix triennal de 8,000 fr. à l'auteur du meilleur ouvrage contre la mélancolie.

Celui de Capuron (1848), 1,000 fr. de rente en laissant à l'Académie le soin de déterminer les conditions du prix à fonder.

Celui d'Orfila (1853), instituant un prix de 2,000 fr., à décerner tous les deux ans, sur une question de toxicologie ou de médecine légale.

Celui d'Amussat (1856), 500 fr. de rente, pour un prix de chirurgie expérimentale à décerner tous les deux ans.

Celui de Godard (1863), instituant un prix annuel de 1,000 fr. sur la pathologie interne et externe alternativement.

Celui de M. Rufz de Lavison, 2,000 fr., pour un prix sur les conséquences de l'acclimatement chez l'homme et chez les animaux.

Enfin le prix fondé l'an dernier par M. le marquis d'Ourches, 20,000 fr., à décerner à l'inventeur d'un moyen simple, facile, populaire et à la portée de chacun, de vérifier la réalité de la mort.

Qu'on me permette maintenant quelques lignes de critique.

Une académie est une assemblée de savants fonctionnant d'après le type des assemblées parlementaires.

Or, l'application du parlementarisme à la science est inutile et dangereux.

Tous les travaux sérieux et difficiles, toutes les vraies découvertes exigeant des méditations profondes et prolongées, ne s'accomplissent que dans le silence, et sont faits par une seule tête qui s'appellera Bichat, Gall ou Broussais. Une académie n'a jamais fait et ne fera jamais de grands travaux et de grandes découvertes.

Mais si un travail important était entrepris par un de ses membres, pourrait-elle du moins l'aider de ses conseils et de sa science? Pas davantage.

Les forces musculaires peuvent s'additionner, les forces intellectuelles ne le peuvent pas. Deux hommes sont plus forts qu'un seul, dix sont plus forts que deux. Dans les œuvres de l'esprit une collaboration à deux peut encore avoir lieu, parce qu'il y en a généralement un qui fait tout. Mais plus on augmentera le nombre des collaborateurs, plus on rendra le problème insoluble. La vieille croyance à la supériorité et à l'infaillibilité des assemblées nous vient des conciles. Mais les théologiens avaient le Saint-Esprit pour les éclairer, et nous ne l'avons plus. Deux cents hommes de talent réunis ne feront pas un Bichat.

Ce que l'on peut constater, au contraire, c'est que toutes les fois qu'un savant livre à l'appréciation académique le résultat de ses travaux, la discussion s'engage mais n'élucide rien. On remue beaucoup d'idées, quelquefois on perd de vue le point de départ, et enfin la lutte cesse par lassitude générale.

Et pourtant les hommes qui composent les académies sont presque tous des savants distingués et honorables. S'il y a avortement, c'est que le procédé est mauvais. Un grand nombre parmi eux pense ce que je dis et ne prend qu'une part peu active aux travaux de l'assemblée qui devient souvent, et au grand détriment de la science, un piédestal pour les médiocrités vaniteuses et remuantes qui s'infiltrent partout, dirigent tout et se soucient fort peu de faire un bon mémoire pourvu qu'elles puissent le lire, le faire discuter et soulever du bruit.

Un autre reproche que je ferai toujours à toute académie, c'est d'être un corps officiel et non pas une libre réunion de savants.

Laissons le gouvernement enrégimenter ses fonctionnaires, et ne nous enrégimentons pas pour obtenir le chapeau demi-claque et l'épée à poignée d'or.

Et ceci, qu'on le sache bien, n'est point une chicane puérile sur une question de forme. La question est plus grave, parce que là où il y a un corps officiel, il y a une science officielle.

En acceptant la protection du pouvoir, vous acceptez aussi sa tutelle et vous devenez mineurs. Il vous laissera parler librement tant qu'il n'y verra pas d'inconvénient pour lui, et je conviens qu'en France, dans l'ordre philosophique et scientifique, on laisse dire bien des choses. Mais si grande que soit la tolérance, elle n'est que la tolérance, et on ne vous permettra pas, messieurs les savants, de nous créer des embarras politiques, et de nous mettre mal avec les évêques. On l'a bien vu récemment, à la Faculté de médecine, quand on a appris que la physiologie du cerveau dépendait du ministère de l'instruction publique et était subordonnée aux élections de 1869.

Lorsqu'en 1828 l'Académie de Médecine présenta au roi le premier volume de ses Mémoires, le baron Portal, qui avait été nommé par Louis XVIII président d'honneur perpétuel et qui à ce titre avait le droit de marcher à la tête de l'Académie et de parler en son nom, prononça le discours suivant, que je dois citer en entier, parce que je le considère comme un véritable petit chef-d'œuvre de platitude.

« Sire, — C'est au nom de l'Académie royale de Médecine que je viens déposer aux pieds de Votre Majesté l'hommage de ses premiers travaux. Créée par votre auguste frère et soutenue par votre protection royale, puisse-t-elle répondre dignement aux espérances de ses deux fondateurs! Associée chaque jour aux bienfaits que vos mains répandent sur la France, elle n'aspire pour prix de ses efforts qu'à se concilier l'estime des hommes, à faire bénir votre nom, à mériter un regard du père de la patrie, de vous, Sire, dont le noble cœur, mû par des sentiments héréditaires, n'est touché que de ce qui peut servir au bonheur de vos peuples, et qui, à l'exemple des plus grands et plus sages rois, vos prédécesseurs, appelez auprès de vous les sciences et les lettres, afin qu'elles éclairent et qu'elles embellissent ce règne de paix et de vérité qui sera la leçon des rois et l'admiration de l'avenir.

» Pour moi, qui tiens des bontés royales l'honneur d'être à la tête de l'Académie, qu'il me soit permis de me féliciter d'une distinction si flatteuse, doublement heureux d'être, auprès de cette compagnie, l'interprète des sentiments de bienveillance particulière dont vous daignez l'honorer, et auprès de vous, Sire, l'organe des sentiments de respect, de gratitude et de dévouement dont l'Académie entière est pénétrée pour Votre Majesté.

» Je suis, avec le plus profond respect, Sire, de Votre Majesté le très-obéissant et fidèle sujet. — BARON PORTAL. »

Ces choses-là se disaient naturellement dans le monde officiel en 1828, trentesix ans après le 10 août. Mais ce qu'il y a de triste pour le cas qui nous occupe, c'est que l'Académie était derrière et approuvait par son silence.

Deux ans plus tard, Charles X était remercié et l'Académie faisait adhésion au nouvel ordre de choses. Je ne sais pas si le baron Portal marchait toujours en tête pour venir témoigner de son dévouement.

Le 2 mars 1848, l'Académie de Médecine venait féliciter le gouvernement provisoire et apporter son adhésion à la république; elle demandait à prendre le nom de *nationale*. M. Marrast le lui accorda.

Enfin nous l'avons vue redevenir *impériale*. On a *daigné* le lui accorder.

Or, je le demande aux académiciens eux-mêmes, est-il digne et honorable que les représentants les plus élevés et les plus justement célèbres de la médecine aillent, de gaîté de cœur, se prosterner devant tous les gouvernements qui passent? Que, dans leur vie privée, ils obéissent à leurs convictions ou à leurs sympathies personnelles, rien de mieux. Mais, réunis en corps, ils ont d'autres devoirs et, quand ils les méconnaissent, on peut, selon l'expression de Marat, les rappeler à la pudeur.

Si j'étais gouvernement et qu'une Académie quelconque vint demander à m'offrir son dévouement, je la prierais bien fort de retourner chez elle et de se tenir tranquille.

En revanche, si j'étais académicien et qu'un gouvernement quelconque, même celui que je désire, vint à triompher, je protesterais énergiquement contre toute démarche officielle et j'engagerais tous mes amis à en faire autant.

L'Académie de Médecine devrait demander elle-même à être délivrée du joug officiel et se déclarer indépendante.

Je ne sais pas ce qu'elle perdrait au changement, mais je sais bien ce qu'elle y gagnerait.

EUGÈNE SÉMÉRIE.

ACADÉMIE (ÉCOLE DE L'). — PHILOSOPHIE. — Un citoyen d'Athènes, du nom d'Académe, possédait, à peu de distance de cette ville, une maison de campagne, entourée de jardins. Il en fit don à ses concitoyens, pour y établir un gymnase. C'est là que, dans la suite, Platon institua, vers 388 avant Jésus-Christ, une école de philosophie, qui fut, du nom d'Académe, appelée *Académie*.

La philosophie était née en Grèce environ deux siècles auparavant. Elle avait fait son apparition à la suite des poëtes mythiques, que les Grecs ont appelés *théologiens*, tels qu'Hésiode et Orphée, et s'était d'abord, comme il était naturel, inspirée de leurs idées sur le monde et sur Dieu. Les uns et les autres embrassaient le même objet, et un très-grand objet : les poëtes, dans leurs cosmogonies, avaient chanté d'inspiration la naissance des dieux et la formation du monde; les philosophes, d'abord appelés *physiciens* ou *physiologistes,* en même temps qu'ils posaient, dès le début, la lutte doctrinale, encore aujourd'hui subsistante, mais qui semble enfin toucher à son terme, de la matière et de l'esprit, du sensualisme et de l'idéalisme, aspiraient à expliquer l'univers dans ses éléments, dans son essence et ses origines. Thalès, Anaximandre, Pythagore, Xénophane, à peu près contemporains, prenant, les premiers, pour point de départ, l'observation, mais une observation imparfaite et obscurcie par beaucoup de préjugés, abordèrent hardiment le mystérieux problème, avant même de s'être enquis d'un principe de certitude et d'avoir soupçonné la nécessité d'une méthode scientifique.

Sur leurs pas, les penseurs se multiplient, mais aussi les difficultés surgissent; les doctrines, à mesure qu'elles se développent, s'opposent toujours davantage, les enseignements se combattent ; avec le doute, résultat inévitable de ce pêle-mêle d'opinions contradictoires, le scepticisme se produit, une révolution s'opère : c'est l'époque des sophistes.

La critique, jusque-là, avait été absente. Elle naît avec Socrate : encore n'est-elle appuyée, chez lui, que sur la science de l'homme, science qui, elle-même, ne repose que sur des données incomplètes, et dont l'achèvement, que nous entrevoyons à peine aujourd'hui, malgré d'incontestables progrès, était alors si éloigné. Socrate, du moins, — et c'est là, au regard de la philosophie, son titre le plus glorieux, — écartant comme prématurée, faute d'une méthode, et peut-être même comme inutile, l'étude du monde et de Dieu, avait mis le pied dans la voie légitime, et invité à l'y suivre. L'impatience de dogmatiser, naturelle en tout temps à l'orgueil humain, ne permit à aucun de ses disciples, non pas même au plus illustre d'entre eux, à celui que l'on a surnommé le *divin*, d'être docile à cette invitation.

C'est au mot *Platonisme* qu'il conviendra d'exposer dans leur ensemble les doctrines et les théories du fondateur de l'école académique. Rappelons seulement, ici, qu'elles ont exercé sur la marche de l'esprit humain et sur les destinées des nations une immense influence. On a dit de ces doctrines, qu'elles avaient été la préface humaine de l'Evangile : elles ont été bien davantage, elle ; ont constitué, pour une grande part, l'essence même et la moelle du christianisme. Supprimez Platon, et le christianisme, tel du moins qu'il s'est formulé dans l'histoire, n'existe pas. La philosophie elle-même, sur laquelle les idées de Platon ont exercé et exercent encore aujourd'hui une si grande influence, eût sans doute suivi un autre cours.

Platon était né, avant tout, pour la poésie et pour les arts. Il avait vingt ans quand, après avoir suivi, pendant quelque temps, les leçons du philosophe Cratyle, disciple d'Héraclite, il entendit pour la première fois Socrate, qui le détourna de sa vocation première. Il s'attacha dès lors à lui et lui demeura constamment fidèle. Singulier exemple de la mutuelle affinité des contraires!

l'homme d'imagination et d'enthousiasme devenait le disciple de l'homme de calme réflexion et de sens commun.

Platon n'en resta pas moins poëte : à ce titre, son grand et beau génie se montra toujours facilement accessible aux doctrines des différentes écoles avec lesquelles, de près ou de loin, il se trouva, directement ou indirectement, en contact; il fut surtout séduit par les doctrines idéalistes et théosophiques, dans lesquelles se complaisait de préférence sa brillante imagination.

On sait le mot ironique de Socrate, à la lecture des premiers dialogues de Platon : « Que de belles choses ce jeune homme me fait dire, auxquelles je n'ai jamais songé! » Ce mot ne doit étonner aucun de ceux qui comprennent la distance établie entre le maître et le disciple par l'abus que fit ce dernier de l'idéalisme tempéré de Socrate, et par les écarts de méthode auxquels l'entraînait le génie même de l'abstraction, si puissant chez lui, quand une imagination non moins puissante lui prêtait ses ailes.

Les idées et les principes de Platon ne se systématisent pas. Sa méthode manque à la fois de fixité et d'unité : sur toutes les questions qu'il touche et qu'il élabore, mais dont aucune n'est par lui résolue, il ouvre en même temps la voie à des solutions diverses. C'est qu'il procède par inspiration et par enthousiasme, autant au moins que par analyse et induction.

De là, dans ses écrits, sur toutes les parties de la science, sur l'ontologie, la physique, la métaphysique, la morale, la politique, ce mélange d'erreurs et de vérités que nous admirons ou qui nous afflige; de là, en particulier, ces étranges aberrations sur Dieu, sur les génies ou démons, sur l'âme des hommes et des bêtes; de là sa doctrine du péché originel et de l'expiation.

C'est aussi à ce vice de méthode qu'il faut attribuer, en partie, les excentricités spéculatives auxquelles s'abandonnèrent, dans la suite, plusieurs des disciples de Platon, et la rapide perversion de son école.

Parmi ses disciples immédiats, se rencontrait un homme, appelé à devenir. dans le vrai sens du mot, le plus grand philosophe de l'antiquité : c'était Aristote, Ce ne fut pas à lui que Platon, en mourant, confia la direction de l'Académie. Il lui préféra le fils de sa sœur, Speusippe.

Il était naturel que les académiciens accordassent tout d'abord une très-grande importance à la théorie des idées : c'était le fond, c'était le lien, c'était la clef des doctrines de Platon; c'était sur elle que devait reposer la science de l'univers. Leurs plus grands efforts se tournèrent donc de ce côté; mais cette théorie, d'ailleurs incomplète, était enveloppée de tant de difficultés, de tant de mythes obscurs, de tant de doutes, que les premiers, bientôt découragés, s'écartèrent peu à peu des sentiers frayés par le maître : les derniers devaient aller se perdre, les uns dans le mysticisme, les autres dans un scepticisme presque absolu.

Le successeur immédiat de Platon à l'Académie, Speusippe lui-même, tout en continuant de son mieux les doctrines que Platon y avait si longtemps enseignées, y apporta néanmoins, dans certaines parties, autant qu'on en peut juger par le peu de documents qui nous restent, d'assez graves modifications. C'est ainsi que, dans sa théorie des principes idéaux de l'être, n'admettant comme tels que les êtres mathématiques, les nombres et les figures, il délaissa Platon pour Pythagore, et substitua, dans les questions ontologiques, des rêveries à d'autres rêveries. Platon n'avait pas inventé, mais il avait développé le principe de l'unité dans les sciences. Ce principe, si vrai et si fécond, Speusippe le faussa, dit-on, en l'exagérant jusqu'à prétendre qu'on ne peut, sans posséder toutes les sciences, en définir aucune. Il se flattait apparemment d'avoir lui-même atteint la science universelle, s'il est vrai, comme l'affirme Diogène Laërce, qu'entre beaucoup d'autres ouvrages, aujourd'hui perdus pour nous, il avait composé une sorte d'encyclopédie, où il exposait tous les rapports qui relient toutes les sciences en un vaste système. Platon, dans sa dialectique, n'avait accordé aux sens que la simple perception des phénomènes. Speusippe enseigna, — et ceci témoigne qu'il savait observer, — que les sens participent de la vérité rationnelle, et que la sensation, comme la raison, peut être scientifique, et affirmer sans erreur les objets de la nature sensible. Il s'éloignait encore de Platon, en admettant, avec quelques pythagoriciens, que l'imparfait est antérieur au parfait, ce qui semble rentrer dans la théorie moderne, — quoique déjà très-ancienne, — du progrès.

Speusippe avait fait placer dans l'Académie les statues des Grâces. On l'accusa d'aimer le plaisir. Il enseignait que la vertu suffit au bonheur, lequel, selon lui, consiste dans une parfaite égalité d'âme, mais il y joignait volontiers l'exemption de la douleur, l'abstention des excès dans la volupté, en un mot la satisfaction modérée de tous les besoins créés par la nature.

Après avoir tenu, pendant huit ans, le sceptre académique, Speusippe, vaincu par la paralysie, le déposa entre les mains de Xénocrate, qui devait le garder vingt-cinq ans, et qui passe pour avoir été, de tous les disciples de Platon, le plus fidèle à sa doctrine. C'est à lui que Platon conseillait quelquefois de *sacrifier aux Grâces*. La noblesse et la loyauté de son caractère lui valurent une grande autorité.

Comme Speusippe, et peut-être plus que lui, il se rapprocha, dans son enseignement ontologique, des pythagoriciens, ou, du moins, il s'appliqua à traduire dans leur langage, celui des nombres, les doctrines de son maître. On sait que Platon avait inscrit sur la porte de son école : *Que nul n'entre ici, s'il n'est géomètre.* Xénocrate fit de cette défense une rigoureuse application. Il écarta tous ceux que l'étude de la musique, de la géométrie ou de l'astronomie n'avait pas préparés à ses leçons. C'est que lui-même ne voyait dans la physique, la théologie, la mythologie, que des dépendances de la science des nombres. La matière intelligible des êtres était, dans sa doctrine, composée tout entière d'éléments mathématiques. Il enseignait que la matière étendue, divisée, à la fois sensible et intelligible, imaginée par Platon, est le ciel même ; au delà du ciel, il plaçait le pur intelligible, c'est-à-dire l'idée, que l'esprit seul peut atteindre ; en deçà et autour de nous, dans les corps, le pur sensible. Comme Platon et les pythagoriciens, il attribuait la vie et l'animalité à l'univers ; la divinité, aux parties principales dont il est composé. Il croyait l'air habité par de mauvais démons, dont la malice était à craindre, et qu'il fallait chercher à apaiser. Il faisait, ce semble, remonter l'origine du mal à un Dieu inférieur. Sa doctrine sur ce point est restée pour nous fort obscure. Peut-être l'avait-il empruntée, ainsi que celle des mauvais démons, à la théologie chaldéenne, dont certaines notions avaient dû pénétrer en Grèce, à la suite de l'expédition d'Alexandre. — Ses idées sur la vertu et le bonheur se rapprochaient de celles de Speusippe, plus humaines que celles de Platon.

A Xénocrate succédèrent l'un après l'autre, comme chefs de l'école académique, trois autres disciples de Platon : Polémon, qui ouvrit la voie à l'école stoïcienne par la prééminence qu'il accorda à la morale sur la dialectique ; Cratès d'Athènes et Crantor de Soli, dont les noms seuls, ou à peu près, nous ont été conservés. Avec ce dernier, qui vivait encore vers 300 avant Jésus-Christ, s'éteignit ce qu'on a nommé l'ancienne Académie.

Arcésilas fut le fondateur de la deuxième ou moyenne Académie. Il avait succédé à Polémon. La séve du dogmatisme, quelque peu instable, de Platon, était alors épuisée. Les temps du doute étaient venus. Déjà l'école de Pyrrhon était fondée. Arcésilas, à son tour, après avoir étudié et médité Platon, conclut que ni l'esprit, ni les sens ne sont aptes à la connaissance, et qu'il n'existe, en aucune matière, un critérium de la vérité. Il crut par là renouveler le principe de Socrate, celui du doute; mais, en cela, comme on l'a judicieusement remarqué, « il n'observait pas la prudente réserve de Socrate : *Je sais que je ne sais rien.* Cette réserve était toute la méthode : elle supposait l'idée du savoir, elle était grosse de science. » Dès lors, Arcésilas entreprit de soutenir indifféremment, sur toutes les questions, le pour et le contre. Il ne faisait d'exception qu'en ce qui touche à la conduite de la vie, et, distinguant, selon toute apparence, entre la théorie et la pratique, il admettait, dans ce dernier cas, la *vraisemblance rationnelle.* En tout le reste, il n'enseignait pas, il disputait. C'est lui qui commença la lutte entre l'Académie et le Portique. Son école, dans laquelle il eut pour successeurs, après sa mort (241 avant Jésus-Christ), Lacyde, Evandre, Hégésine et Carnéade, resta fidèle au dogme principal du maître, l'*acatalepsie* (incompréhensibilité), et l'exagéra encore, dans sa polémique contre les sectateurs de Zénon et d'Epicure.

On reconnaît Carnéade pour le fondateur de la troisième ou nouvelle Académie. Esprit subtil, ingénieux, pénétrant, il enseigna, avec une merveilleuse éloquence, qu'on ne peut trouver ni dans la sensation, ni dans la perception qui en résulte, ni dans la pensée, aucun motif de rien affirmer d'une manière certaine et absolue, et que, par suite, aucune connaissance *apodictique* ou indiscutable n'étant possible, il ne reste qu'à s'attacher en toute chose au vraisemblable, dont les degrés s'élèvent ou s'abaissent selon le degré même de notre persuasion subjective. Carnéade devint ainsi l'inventeur de la théorie du *vraisemblable* ou de la *probabilité*, et il l'appliquait, comme une sorte de critérium, non pas seulement, ainsi qu'avait fait Arcésilas, aux actes de la vie pratique, mais à tous les objets de science et de discussion.

Il eut pour successeur Clitomaque, dont les disciples, Philon et Charmadas, tentèrent de se rapprocher des doctrines de Platon. Quelques-uns s'en sont autorisés pour admettre une quatrième Académie qui procéda de Philon, et reprit, dans ses enseignements, la méthode dogmatique, depuis longtemps abandonnée. Son disciple, Antiochus d'Ascalon, qui fonda, selon plusieurs, une cinquième Académie, alla plus loin : il fit alliance avec le stoïcisme, et il essaya de démontrer qu'il n'y a point de différence essentielle entre les doctrines de Platon et celles d'Aristote.

On sait que Cicéron, qui avait entendu les leçons de Philon et d'Antiochus, lorsqu'il voulut orner des monuments de la Grèce ses belles maisons de campagne, fit élever à Tusculum, d'un côté l'Académie, de l'autre le Lycée. On sait aussi qu'attaché presque en tout le reste aux doctrines de la nouvelle Académie, il suivait d'ordinaire, en morale, les leçons du Portique. A l'exemple de l'école à laquelle il appartenait, il pratiquait ainsi une sorte d'éclectisme logique, fondé sur la vraisemblance. En l'absence d'une science complète, ou du moins très-avancée, que peut faire de mieux le sage?

Conférez, outre les histoires générales de la philosophie, et en particulier le *Manuel de philosophie ancienne*, de Ch. Renouvier : Foucher, *Histoire des Académiciens;* le même, *Dissert. de philosophia academica;* Vict. Leclerc, *Hist. abrégée du Platonisme;* Gerlach, *Commentatio exhibens Academicorum juniorum de probitate disputationes;* Cicéron, *Quæst. Academicæ;* Diogène Laërce, *Vie des Philosophes;* Ravaisson, *Speusippi de primis rerum principiis placita;* le *Dictionn. des sciences philosophiq.*, etc.

M.-L. BOUTTEVILLE.

ACALÈPHES. — Ce nom, tiré du grec (ἀκαλήφη, Ortie (plante) et Ortie de mer ou Actinie), a été imposé par Cuvier à sa troisième classe de l'embranchement des zoophytes. Cuvier comprit d'abord dans ce groupe les Actinies, sous le nom d'Acalèphes fixes; mais plus tard il les en détacha pour les reporter dans la classe des Polypes, et n'admit plus dans celle des Acalèphes que deux ordres : celui des *Acalèphes simples* : Méduses, Béroés, Porpytes, Vélelles, et celui des *Acalèphes hydrostatiques*, appelées ultérieurement *Siphonophores* par Leuckart et par d'autres auteurs. Dans ces dernières années, la classification de Cuvier a été, on le sait, bien des fois remaniée. Aujourd'hui la dénomination d'*Acalèphes* a été abandonnée par plusieurs naturalistes. Quelques-uns même ont rattaché ce groupe au *type* des Polypes, le quatrième du vaste embranchement des animaux mollusco-radiaires, ou *Allocotyles*. Il est, du reste, d'autant plus difficile de leur assigner, dans la classification zoologique, une place définitive, que ces zoophytes, non-seulement subissent dans le cours de leur existence des métamorphoses qui ont dû nécessairement dérouter les observateurs, mais présentent souvent, en outre, des exemples de génération alternante; en sorte que tels de ces animaux avaient naguère été rangés à la fois dans deux groupes différents, et qu'aujourd'hui encore on hésite à les classer dans l'un ou dans l'autre.

Quoi qu'il en soit, les Acalèphes peuvent être définis : des animaux marins, dont le corps, mou et de consistance gélatineuse, est d'une structure simple et affecte une forme généralement arrondie; n'ayant guère d'autres organes intérieurs qu'un estomac d'où partent des vaisseaux qui se ramifient dans toutes les parties du corps, mais possédant des organes des sens, — notamment des yeux, faciles à reconnaître chez les Méduses, — et des organes de locomotion consistant en appendices plus ou moins longs et déliés, et en nombre indéterminé; respirant directement par la peau, sans organes spéciaux; ayant presque toujours les sexes séparés, et pouvant présenter indifféremment les modes de reproduction ovipare et gemmipare. La particularité curieuse qui a valu aux animaux qui nous occupent leur nom d'Acalèphes, consiste dans la présence, à la surface de leur corps, d'appareils *urticants*, dont le contact produit sur la peau une sensation de cuisson semblable à celle qu'on éprouve lorsqu'on s'est frotté à des orties. Ces appareils, qui existent chez tous les Polypes, se trouvent particulièrement à l'extrémité ou sur la longueur des tentacules et des appendices locomoteurs. Ils se composent d'une capsule microscopique logée dans l'épaisseur de la peau, et d'une sorte de fil rétractile, hérissé de petites pointes imperceptibles. Ce sont ces pointes qui jouent le rôle des cils de l'ortie, et qui servent aux Acalèphes à engourdir leur proie avant de l'avaler.

Les zoologistes qui ont maintenu la classe des Acalèphes, la divisent en *Médusides* ou *Médusaires* (ce sont les *Discophores* ou *Polypo-méduses* de la nouvelle classification (Eschscholtz), les *Arachnodermaires* de Blainville, etc.); *Beroïdes* (*Cténophores* d'Eschscholtz, *Ciliogrades* de Blainville) et *Acalèphes hydrostatiques* (*Physogrades* de Blainville, *Diphydes* de Huxley). Ces derniers ont été appelés par Cuvier Ac. hydrostatiques, parce qu'ils possèdent une ou plusieurs vessies analogues aux vessies natatoires des poissons, et qui, étant gonflées d'air, leur permettent de se tenir suspendus dans l'eau. Ils sont munis, en outre, de nombreux appendices dont les formes et les dimensions sont très-variées, et qui paraissent remplir des fonctions très-diverses : les plus longs servant de tentacules, d'autres de suçoirs, d'autres d'ovaires. Enfin, tandis que les autres Acalèphes ont un orifice servant à la fois, il est vrai, à absorber les aliments et à rejeter les excréments, les Acalèphes hydrostatiques n'ont point de bouche appréciable. Cette division comprend un assez grand nombre de genres et d'espèces. Nous citerons, comme genres principaux, les *Physales* ou *Physalies*, les *Physophores*, les *Stéphanomies* et les *Diphydes*.   ARTHUR MANGIN.

ACCAPAREMENT. — C'est dans la Bible que nous trouvons le type le plus complet et le plus imposant de ce genre d'opération, que nous n'avons pas à définir après tant d'autres. Je ne sais trop pourquoi les économistes ne se sont jamais avisés d'aller le recueillir à cette source, où cependant il est assez visible et assez frappant. Sans doute il conviendrait de rechercher dans ces vieux récits ce qui appartient à la légende pure ou à quelque réalité historique. Mais c'est un travail de critique tout à fait en dehors de notre sujet. Nous nous bornons à dégager un fait économique assez remarquable, sans nous inquiéter de l'ensemble et des détails.

On connaît l'histoire de Joseph, si exactement juive d'un bout à l'autre. *Vendu* par ses frères (et non tué, ce qui n'eût rien rapporté), il commença sa carrière administrative et industrielle chez Putiphar, chef des bandes armées du pharaon d'Égypte, une manière de connétable ou de ministre de la guerre. Jeté en prison pour sa continence méconnue, ou pour avoir préféré la sécurité de sa place aux satisfactions aléatoires du sentiment, il se rencontra dans sa geôle avec deux officiers de la bouche royale et commença à expliquer les rêves et à prophétiser (autre signe de race). Bientôt il eut pour client le pharaon lui-même, obsédé de préoccupations sur la question des subsistances et l'équilibre des denrées, ce que les poëtes bibliques symbolisent par les vaches grasses et maigres, les épis, etc.

Ici se révèle le génie de Joseph. Il explique à ce barbare les premiers principes de la spéculation et de l'agio, il lui enseigne les éléments du monopole gouvernemental, cette autre plaie d'Égypte dont ce pays ne guérit plus. Chargé d'appliquer son système, avec tous les pouvoirs d'un ministre de l'agriculture et du commerce, il fit faire de grandes réserves de blé pendant plusieurs années d'abondance, puis il attendit patiemment les vaches maigres, c'est-à-dire la disette, résultat ordinaire d'un débordement incomplet du Nil. Il fut alors le maître absolu du marché, et sa spéculation apparut dans toute sa grandeur. Ouvrant successivement ses silos et ses greniers, il commença à débiter son blé aux affamés, probablement au prix qu'il lui plut de fixer, car le commerce des grains ne comptait pas un autre marchand. Il nourrit l'Égypte, mais en l'asservissant, et fut ainsi le créateur de cette philanthropie spéciale qu'on pourrait appeler la science de la famine.

En effet, quand les Égyptiens n'eurent plus d'argent, ils achetèrent avec leurs bestiaux, puis avec leurs domaines, et enfin finirent par engager leurs propres personnes. C'est ainsi, nous apprennent avec admiration les documents sacrés, que Joseph assujettit au roi toute la terre et tout le peuple dans le royaume entier, d'un bout du Nil à l'autre. Il va sans dire que le clergé échappa à cette absorption, qu'il garda ses vastes propriétés, ses immunités et la liberté de tous ses membres. C'est l'histoire de tous les temps et de tous les pays. Il est vraisemblable qu'en échange il aida à l'opération, car on retrouve la main du sacerdoce dans toutes les grandes spoliations publiques et privées.

La famine passée, Joseph consolida son œuvre, la rendit viable et possible en affermant les terres aux anciens possesseurs, sous la condition d'une redevance annuelle de la cinquième partie des récoltes. Il avait créé le fellah. De propriétaires libres, les Égyptiens étaient devenus métayers.

Il y a peu d'exemples, croyons-nous, dans l'histoire de l'exploitation de la misère, d'une opération aussi largement et aussi simplement conçue, conduite avec le génie même de la spéculation, et produisant un résultat aussi grandiose : la dépossession et l'asservissement de tout un peuple.

Aussi Joseph mourut-il plein de gloire et fut-il, quoique étranger, embaumé à la manière nationale, traité en citoyen éminent, élevé enfin aux honneurs de la momification. Aujourd'hui encore, les Orientaux ne prononcent le nom de *Yusuf ben Yakoub* qu'avec la plus profonde vénération. Ce qui prouve que les peuples sont plus reconnaissants qu'on ne le prétend du mal qu'on leur fait, quand on y met d'ailleurs l'intelligence et les formes.

En tirant d'un injuste oubli ce prototype de l'accapareur, nous n'avons pas, qu'on se rassure à cet égard, l'intention d'infliger aux lecteurs l'énumération de tous les faits de ce genre qu'on rencontre dans l'histoire de l'antiquité, non plus que dans celle du moyen âge et des temps modernes. On peut relever ces exemples dans toutes les encyclopédies et dans maints ouvrages d'économie politique. Il y a peu de sujet qui ait été plus souvent traité à fond. Et ce n'est qu'en passant que nous rappellerons les puissants monopoles organisés par les chevaliers romains, dont toutes les opérations financières et commerciales étaient basées sur le principe de l'accaparement. On sait que l'espèce d'accaparement qui a toujours attiré d'une manière plus particulière l'attention du législateur et soulevé l'émotion publique est celui des denrées alimentaires et spécialement des grains. Chez les Grecs et chez les Romains, les lois contre cette spéculation meurtrière furent aussi nombreuses que sévères. On conçoit, en effet, que dans l'économie sociale des cités antiques, l'accaparement était d'autant plus aisé, d'autant plus redoutable, que les communications étaient moins fréquentes, plus difficiles, les opérations commerciales moins développées, concentrées dans un petit nombre de mains, et conséquemment très-aisément monopolisables. Pendant le moyen âge, où les mêmes nécessités subsistaient en grande partie, la police commerciale consistait surtout à empêcher l'emmagasinement des blés. Les peines édictées en France, en Angleterre et dans les autres États de l'Europe, étaient en général la prison à temps, des amendes graduées, et en cas de récidive, le pilori, la prison perpétuelle et la confiscation des biens. A diverses époques, cette législation tomba en désuétude, mais pour reprendre une nouvelle énergie dans les temps de disette, et même quand les prix-courants dépassaient simplement une certaine limite.

Chez nous, les premières lois connues sur cette matière remontent à Charlemagne. Abandonnées sous l'administration de Sully, les mesures répressives furent remises en vigueur sous Louis XIII, Louis XIV, abolies sous Louis XV, enfin rétablies en 1770 et, comme toujours, imposées par des nécessités impérieuses, par la famine.

C'est un fait économique assez connu que toute marchandise devient par sa rareté même l'objet d'un commerce lucratif, souvent exercé d'une manière déloyale et contraire à l'intérêt de la société, et combien plus l'aliment, dont nul ne peut se passer !

Il n'y a donc pas lieu de s'étonner en voyant renaître les mesures prohibitives à toutes les époques de crise. Les économistes auront beau invoquer leur panacée de la libre concurrence, ils n'empêcheront point que le commerce des blés ne relève de la politique en une certaine mesure et ne s'impose à la sollicitude des hommes d'État, sinon dans les temps ordinaires, au moins dans des circonstances et des situations données.

On connaît assez l'histoire de cette spéculation fameuse qui a conservé le nom légendaire de *pacte de famine*. Certains historiens trop complaisants n'y veulent voir qu'un acte de mauvaise administration, basé cependant sur une idée louable et utile, le système des réserves de grains. En réalité, c'était une vaste opération d'accaparement. C'était toujours l'antique méthode (celle de Joseph) : nourrir maigrement le peuple, en l'exploitant monstrueusement, recueillir un bénéfice hors de proportion avec le service rendu. En 1765, le contrôleur des finances Laverdy passa au nom du roi une convention avec Malisset et autres spéculateurs, tous grands fonctionnaires publics, dans le but d'emmagasiner le blé dans les bonnes années pour le revendre dans les mauvaises. Louis XV mit des fonds considérables dans cette affaire juteuse. Les récoltes abondantes de 64, 65 et 66 (les vaches grasses) permirent d'accaparer en grand. En 67 et 68, disette et famine, hausse des prix, rafle copieuse d'argent, émeutes, extermination des affamés, etc. Le parlement de Rouen veut poursuivre les *monopoleurs* : un ordre du roi annule la procédure commencée. Le prévôt de Beaumont dénonce l'acte de société : on l'enterre à la Bastille, où il restera jusqu'en 89. En 70, on interdit l'exportation, mais la société royale n'en continue pas moins ses accaparements à l'intérieur. En outre, le contrôleur des finances, l'abbé Terroy, faisait sortir secrètement des blés et les accumulait à Jersey, Guernesey, pour les revendre quand la hausse était au comble. La famine était devenue un phénomène naturel, permanent, une loi de l'État, un fait d'ordre civil et administratif. Le roi s'en engraissait avec cent autres vampires, parmi lesquels ce misérable Foulon, si justement et si tardivement puni en 89. La Société continua de prospérer sous Louis XVI et jusqu'à la Révolution.. L'honnête Turgot, avec ses innocents axiomes d'économiste, essaya de lutter contre la horde, mais fut brisé.

La Révolution même ne délivra qu'incomplétement la France de ces bêtes de proie, qui devinrent des instruments de parti, tout en travaillant pour leur propre compte, en de ténébreuses coalitions qui n'étaient qu'une suite, une génération du pacte de famine.

On ferait une histoire volumineuse et tragique sur la question des subsistances pendant la Révolution. La première idée de la faction du passé fut de prendre le peuple par la faim, vieille tactique militaire dont le succès semblait assuré. On empêchait les convois de farine d'arriver à Paris, on apportait mille entraves à l'approvisionnement, on enfouissait les grains, on laissait pourrir les meules de blé, on noyait les farines, ou se livrait à d'infâmes manœuvres qui sont attestées par mille témoignages historiques, irrécusables, et qui ne sont nullement des fictions de la crédulité populaire, comme on le prétend quelquefois; puis on disait au peuple : « Quand vous n'aviez qu'un roi, vous mangiez; maintenant que vous en avez douze cents (l'Assemblée nationale), allez leur demander du pain! » C'était se jouer trop grossièrement de la naïveté populaire; qui donc pouvait oublier que depuis Louis XIV (voyez les témoignages de Vauban, Boisguillebert, etc.), et sous Louis XV, et jusqu'en 89, on mourait de faim, périodement, régulièrement, par mesure d'État, *de par le roi?* Les *queues* aux portes des boulangers datent au moins de la Régence, et l'histoire des cinquante dernières années de la monarchie est ensanglantée par les séditions de la misère et de la faim.

Dès 89, on voit les autorités municipales de Paris lutter jour et nuit pour assurer l'approvisionnement de la capitale et déjouer les manœuvres qui s'y opposaient, envoyer de tous côtés des détachements de volontaires, commandés par des officiers de la garde nationale, pour protéger les convois, des commissaires civils pour découvrir les amas de farine, constater les accaparements, etc. Nous avons sous les yeux un grand nombre d'actes officiels, arrêtés, procès-verbaux et autres pièces relatives à cet objet. Il en existe une immense quantité d'autres à l'Hôtel-de-Ville et à la Préfecture de police; et il résulte de tous ces documents la certitude de complots très-réels et de spéculations pour créer des disettes factices et en bénéficier, sous le rapport politique et commercial tout à la fois. On rencontre fréquemment des épisodes comme celui-ci : le comité des subsistances passant des nuits dans les angoisses, n'ayant qu'une trentaine de sacs de farine aux halles pour nourrir la ville le lendemain, attendant la mort, sauvé par quelque convoi arrivé le matin, et recommençant la même vie dès le lendemain.

C'est au milieu de telles anxiétés que se forma naturellement la légende de l'*accapareur*, fantôme sinistre qui joue dans les événements un rôle qui n'est pas sans analogie avec celui du sorcier pendant le moyen âge. Le peuple en voyait partout. Dans son désespoir aveugle, il immola quelques innocents, comme le boulanger François, le maire d'Étampes, Simoneau, etc. Mais s'il s'égara dans ses colères, les faits n'en étaient pas moins patents, avérés. D'un côté, les princes, les émigrés, le gouvernement anglais, inondaient la France de faux assignats et précipitaient ainsi l'avilissement du signe des échanges; de l'autre, une multitude de spéculateurs agiotaient sur les biens nationaux, sur le numéraire et les subsistances; sans compter les manœuvres des agents royalistes, le mauvais vouloir et la cupidité des paysans, affranchis d'hier, que la Révolution avait faits propriétaires et citoyens, et qui ne songeaient guère qu'à exploiter la crise, enfouir leurs récoltes et se créer ainsi des disettes fructueuses, pendant que les villes mouraient de faim et que nos malheureux soldats expiraient de misère en répandant leur sang pour couvrir le pays. C'est même en partie contre ces accapareurs ruraux que fut formée l'Armée révolutionnaire, fort décriée par les historiens, et qui n'en rendit pas moins de grands services au pays, en contenant la réaction, en découvrant les dépôts de grains, en assurant la circulation des subsistances et l'approvisionnement des villes et des armées.

De bonne heure, donc, la Révolution fut amenée à faire revivre les mesures répressives contre le genre de manœuvres qui fait le sujet de cette notice. Outre les arrêtés municipaux et les mesures locales, il existe toute une législation sur le commerce des grains en général, et en particulier sur l'accaparement. L'Assemblée constituante avait aboli toutes les lois restrictives, comme conséquence du principe de la liberté du commerce. Mais bientôt les abus criants qui, au milieu de circonstances exceptionnelles, naquirent de l'application des théories absolues des économistes, imposèrent la nécessité de nouvelles restrictions. Déjà, en décembre 92, sur la dénonciation de Roland, que des émissaires empêchaient l'arrivage des subsistances à Paris, la peine de mort avait été décrétée contre ce genre de manœuvres. Le 26 juillet 93, fut rendue la loi sur les accaparements, qui furent rangés au nombre des crimes capitaux et punis de mort. La loi définissait l'accaparement, toute accumulation secrète de denrées de première nécessité dérobées à la circulation. Cette législation fut remaniée, précisée en germinal an II, et l'on restreignit les cas où la peine de mort pouvait être prononcée. Sans entrer dans plus de détails, nous résumerons ainsi la doctrine et la pratique du gouvernement révolutionnaire : prohibition absolue de l'accaparement de toutes les denrées de première nécessité; libre circulation à l'intérieur; interdiction, sous peine de mort (décret du 5 décembre 92), de l'exportation des grains hors de France. Le 20 septembre 93, on décréta même que des corps d'observation seraient établis aux bouches de la Seine, de la Loire et du Rhône, pour empêcher la sortie des grains.

Dans l'état où était le pays, ces mesures étaient aussi prévoyantes qu'indispensables. Dans aucune place assiégée, on ne souffrirait l'espèce d'exploitation meurtrière de l'accaparement des denrées de première nécessité, non plus que la sortie des substances alimentaires hors des murs, sous le prétexte de liberté du commerce. Or, la France était alors exactement dans la situation d'une place assiégée. De plus, elle était, à l'intérieur, déchirée par la guerre civile, par les complots et les trahisons.

La loi du *maximum* qui se rattache au même ordre de nécessités, se justifie par les mêmes raisons ; mais nous n'avons pas à nous en occuper ici, bien qu'elle n'ait été qu'une suite, un complément de toutes les mesures relatives aux subsistances publiques.

En résumé, et sans nous livrer à des discussions oiseuses sur les systèmes inflexibles des économistes, nous admettrons volontiers avec eux la plus large liberté possible; nous pensons que le Code pénal, qui ne punit que les manœuvres frauduleuses, peut à la rigueur suffire, en temps ordinaire, à réprimer la rapacité des écumeurs de la fortune publique; mais nous croyons aussi que ces dispositions anodines sont impuissantes aux époques de crise. Quelque dévotion qu'on ait pour les vertus de la libre concurrence, quand la vie du peuple est en question, il faut agir, il faut frapper.   Louis Combes.

ACCÉLÉRATION. — Le mot *accélération* désigne, en *mécanique*, une affection du mouvement, dont la notion entièrement géométrique, et dégagée de toute hypothèse sur la cause, renferme tout ce qu'il y a de vraiment positif dans l'idée de *force*. A ce titre, cette notion ne joue pas seulement un rôle considérable dans la *cinématique pure* (étude du mouvement considéré en lui-même); elle intervient encore d'une manière essentielle dans l'établissement des premiers principes de la *dynamique*, c'est-à-dire dans l'étude des relations qui lient un mouvement aux causes qui le déterminent, ou pour mieux dire, aux circonstances où il se produit généralement. Mais ce dernier point de vue, philosophiquement le plus important, ne doit être développé que plus tard, et nous n'avons ici à présenter cette notion qu'à un point de vue exclusivement mathématique.

La notion d'accélération s'est formée progressivement. Née de la considération d'un mouvement particulier dont la *chute des corps* offre un exemple remarquable, elle s'est d'abord étendue à l'étude d'un mouvement rectiligne quelconque, et s'est finalement élargie de manière à permettre d'exprimer pour le mouvement le plus général d'un point dans l'espace, la loi suivant laquelle la *vitesse* varie en grandeur et en direction.

Prise dans ce sens général, elle est fondée sur une conception qui, pour paraître artificielle, n'en dérive pas moins très-naturellement, comme on le verra plus tard à l'article *Composition des vitesses*, des premières questions que suggère l'étude des mouvements relatifs.

Imaginons que l'on représente une vitesse quelconque par une droite dont la direction soit la même que celle de la vitesse, et dont la longueur soit mesurée par le même nombre; et concevons que l'on porte bout à bout, en leur conservant leurs directions et leurs longueurs respectives, les droites qui représentent diverses vitesses données : la droite qui fermera le contour ainsi formé, pourra elle-même être considérée comme représentant en grandeur et en direction une certaine vitesse; cette dernière est dite le résultat de la composition ou simplement la *résultante* des premières, qui inversement sont dites les *composantes* de la vitesse finale. Dans le cas où on ne considère que deux vitesses, la résultante n'est autre que la diagonale du parallélogramme construit sur les deux composantes; et on voit par là qu'une vitesse peut toujours être décomposée en deux autres, assujetties à avoir des directions données, ou bien en deux autres, dont l'une soit donnée en grandeur et en direction. Dans le cas où les vitesses à composer ont la même direction, la composition revient d'ailleurs simplement à les ajouter ou à les retrancher suivant qu'elles sont dirigées dans le même sens ou en sens contraires.

Cela posé, de quelque manière qu'un point se meuve dans l'espace, nous pouvons à un instant quelconque rechercher la vitesse qu'il faudrait composer avec la vitesse en cet instant, pour obtenir la vitesse en un autre instant, postérieur au premier et séparé de lui par un intervalle de temps *infiniment petit*. La direction de cette composante inconnue fournit la direction de l'accélération à l'instant considéré, et le rapport du nombre qui mesure cette composante à celui qui mesure l'intervalle de temps, est l'expression numérique de cette accélération.

La définition qui précède renferme en principe toutes les propriétés de l'accélération, et de pures considérations géométriques suffisent pour en tirer des conséquences très-importantes. Nous signalerons en particulier, la forme très-simple que la considération de l'accélération permet de donner à l'énoncé de la loi du mouvement des planètes autour du soleil, et l'on concevra par là le rôle essentiel qu'elle a dû jouer dans la découverte des lois de la *gravitation universelle*. Kepler a reconnu par l'observation directe que le mouvement des planètes est soumis aux trois lois suivantes : 1° les droites qui joignent le centre du soleil à celui d'une planète, restent dans un plan fixe et décrivent des aires égales dans des temps égaux (loi des aires); 2° la trajectoire de chaque planète est une ellipse dont le soleil occupe un des foyers; 3° les carrés des temps de révolution des diverses planètes sont dans le même rapport que les cubes des grands axes de leurs orbites.

Or de la première loi, la géométrie permet de conclure que l'accélération est constamment dirigée vers le centre du soleil, de la seconde, que cette accélération est inversement proportionnelle au carré de la distance pour tout le mouvement d'une même planète, et de la troisième, que cette proportionnalité se conserve dans la comparaison du mouvement de deux planètes différentes. On arrive donc ainsi à définir complétement les mouvements de toutes les planètes, en se bornant à dire que l'accélération est constamment dirigée vers le centre du soleil, et qu'elle varie en raison inverse du carré de la distance.

La définition de l'accélération se simplifie naturellement, lorsqu'on ne considère que des mouvements rectilignes. Sa direction restant alors constamment confondue avec celle de la trajectoire, il suffit d'en obtenir l'expression numérique. Or la définition même montre que dans ce cas, cette expression numérique est la *dérivée* de la vitesse considérée comme fonction du temps. Lorsqu'elle est nulle, le mouvement est uniforme; lorsqu'elle est constante, le mouvement est uniformément accéléré, et le chemin parcouru par le mobile au bout d'un temps quelconque, à partir du moment où la vitesse était nulle, est mesuré par la moitié du produit de l'accélération et du carré du nombre qui mesure le temps écoulé.

Lorsque la trajectoire est une ligne courbe, l'accélération du mobile en un point quelconque est nécessairement dirigée dans le *plan osculateur* de la courbe relatif à ce point. Pour en apprécier plus facilement la grandeur et la direction, il est fréquemment avantageux de la décomposer, comme si c'était une vitesse, en deux composantes, l'une dirigée suivant la tangente à la trajectoire, et l'autre suivant la normale principale, c'est-à-dire la perpendiculaire menée à cette tangente dans le plan osculateur. Ces deux composantes prennent les noms d'*accélération tangentielle* et d'*accélération centripète*. L'accélération tangentielle ne dépend que de la variation de grandeur de la vitesse, et son expression numérique est, comme dans le cas du mouvement rectiligne, la dérivée de la vitesse considérée comme fonction du temps; elle est nulle lorsque la vitesse conserve constamment la même grandeur.

L'accélération centripète mesure, en quelque sorte, la rapidité avec laquelle la trajectoire du mobile dévie de sa tangente; elle a pour expression numérique le carré de la vitesse, divisé par le rayon de courbure. Ainsi lorsqu'un point se meut sur un cercle avec une vitesse constante, l'accélération tangentielle est nulle, et l'accélération centripète, constante en grandeur, est constamment dirigée vers le centre du cercle.   Th. Moutard.

ACCENT TONIQUE. — L'accent (*accentus*, τόνος, en sanscrit *udâtta*, élevé), est l'insistance de la voix sur une syllabe. Dans plusieurs idiomes, et en général dans le langage des gens passionnés, il équivaut à une modulation, dont un observateur attentif pourrait noter la valeur musicale. Il appuie ou supplée le geste, et détermine le sens, l'intention, du mot ou de la phrase. Dans l'état primitif du langage, lorsque les parties à peine soudées du mot, gardant leur sens particulier dans l'ensemble, formaient une sorte de proposition, un groupe plutôt qu'une unité, l'accent tonique servait à mettre en vedette la syllabe significative, soit qu'elle renforçât, soit qu'elle modifiât la racine centrale. Il dut être alors excessivement mobile, selon l'individu, la circonstance et les nuances nombreuses dont peut se colorer une idée. Il n'y a donc pas à s'étonner de ses divergences dans des langues et des dialectes voisins; cette diversité est la marque même de son origine et de sa nature propre.

On entrevoit parfaitement, pour le sanscrit, une époque où l'accent n'était qu'une élévation ou un repos libre de la voix sur un point quelconque du mot; il est à peine fixé par l'usage, et dans tout le caprice de sa spontanéité première; toute place lui est bonne : tantôt il se plante sur la première lettre d'un mot démesuré, tantôt au milieu ou à la fin. Mais pourquoi disait-on *ábubaudhišâmahi* (nous voudrions savoir), et *babandhimá*, (nous avons lié), *náubhjós* (*navibus*) et *dhâtávjas* (qu'il faut poser, grec θετέος?) Sans doute parce que les syllabes accentuées ont paru, à un moment donné, les plus significatives. Selon MM. Benfey et Benloew (1846, 1847), l'accent sanscrit s'est posé de préférence sur le dernier déterminant, sur la syllabe qui impliquait le sens le plus nouveau et le plus spécial. Leur théorie a pour elle la probabilité et de nombreux exemples ; mais elle devrait exclure l'accent de toute syllabe radicale, et c'est ce qui n'a pas lieu. Toutefois les exceptions peuvent s'expliquer par un état antérieur et un usage invétéré; elles n'autorisaient donc pas Bopp à rejeter, comme il l'a fait, la règle, très-élastique d'ailleurs, du dernier déterminant.

Les mêmes principes semblent avoir présidé à l'accentuation germanique, mais avec plus de rigueur et moins de mobilité; si bien que l'accent allemand, par exemple, arrive, non sans une certaine monotonie, à n'affecter que la première syllabe du mot; il porte ainsi presque toujours sur le préfixe, demeuré séparable du verbe qu'il caractérise ; cependant lorsque le préfixe a perdu tout sens appréciable et s'est fondu dans le mot, c'est le radical qui reçoit l'accent. Cette distinction donne lieu à quelques nuances délicates qui enrichissent et varient la langue : citons *übergehen*, dans le sens de *aller au delà*, et *ubergéhen*, avec l'acception métaphorique de *négliger; ábnehmen* (ôter), et *benéhmen* (prendre). Toutefois le plus grand nombre de verbes s'accentue comme *aúsgehen* (sortir); la plupart des noms, comme *éigenthumlich* (propre, particulier). Dans les composés, la seconde partie du mot est préservée par une sorte de contre-accent : *hórner-trágend* (qui a des cornes). Un balancement analogue existe dans la plupart des idiomes. Quand le mot est long, il faut bien que la voix se repose. N'y a-t-il pas deux accents toniques dans des mots français comme *accablemént, vérité, cónstitutionnél* ? L'anglais cependant, qui obéit à l'accentuation germanique la plus rigoureuse, est à peu près privé de ce contre-accent. Tout l'effort de la voix porte sur la première syllabe ; de là une tendance à

l'atrophie des syllabes suivantes, et au monosyllabisme, défaut que rachètent
quelque peu l'allégement et la rapidité qui en résultent. Sous le rapport de l'accent,
l'anglais est à peu près au même degré vis-à-vis de l'allemand que le français et
l'espagnol vis-à-vis du latin. Seulement l'accent anglais finira par ne laisser des
mots que le préfixe; c'est presque le contraire qui se produit dans les langues latines.

Si les idiomes germaniques n'ont point conservé la mobilité primitive de l'accent
indo-européen, ils n'en sont pas moins demeurés fidèles à la loi, chez eux très-
rigoureuse, du dernier déterminant. C'est l'appauvrissement des désinences qui a
rejeté l'accent sur le préfixe. Le grec et le latin, au contraire, forcés par les convenances particulières de leur prononciation à négliger la règle logique, ont porté
l'effort de la voix sur les dernières syllabes du mot. Mais la plénitude de ses formes
grammaticales a permis au premier de reproduire souvent l'accentuation sanscrite,
qui paraît appartenir au langage primordial des races aryennes. Ainsi le grec πcδὸς
(du pied), reproduit le sanscrit *padás* ; ἡδὺς (doux), ναὸς (du vaisseau), ζευκτὸς (joint),
φυτὸν (plante), γιρὼν (vieillard), sont identiques à *svâdús, nâvás, juktás, bhutám, ĝarán;*
πέντε (cinq), δαμάζω (je dompte), φέρουσι (ils portent), ἔλαϐον (je reçus), correspondent
également à *pánka, damájámi, bháranti, álabham.* Pour ces concordances, qui sont
très-nombreuses, nous ne pouvons que renvoyer à Bopp. En grec, partout où l'accent a pu rester libre, on est tenté de le considérer comme organique; mais il est
difficile, surtout pour les noms, d'en justifier toujours la position, sur laquelle
les dialectes ne sont pas toujours d'accord ; il y a là une suite infinie de problèmes
où l'analyse philologique se donne carrière ; et souvent on ne peut remonter au delà
du fait et de l'usage. Quant à l'accentuation d'une finale brève, suffixe ou désinence,
comme les habitudes helléniques ne la nécessitent jamais, elle est évidemment primitive, indo-européenne.

La science entrevoit un état du grec et du latin où l'accent pouvait reculer vers
le commencement du mot : on aurait dit, par exemple, λέγοντja, ἀλήθεjα, *pópulicus,*
vicenties, avant de prononcer λέγουσα, ἀλήθεια, *publicus, vicies.* Ces contractions se trouveraient expliquées par la force de l'accent, qui aurait ainsi prélude dans les langues anciennes au rôle prépondérant dont il fut investi dans la formation des dialectes romans. Déjà le langage avait perdu cette belle transparence du sanscrit qui
permet de reconnaître la valeur de la forme primitive de chaque partie du mot; il
s'en faut qu'un vocable grec ou latin puisse rendre compte de toutes ses syllabes;
c'est ce qui explique comment l'accent, fixé par la tradition, a pu mutiler et
alléger les syllabes qui le suivaient, au lieu d'avancer simplement à la place que
devaient plus tard lui assigner les lois propres à la prononciation grecque ou latine,
lois qu'il contribuait à établir et auxquelles il obéissait d'avance instinctivement.

Le grec, tel que nous le possédons, n'admet l'accent que sur l'une des trois dernières syllabes; il aime à le reculer sur l'antépénultième, quand la tradition indo-
européenne n'a pas accentué la pénultième ou la finale. Un principe nouveau intervient, qui limite encore la liberté de l'accent grec : on voit ici commencer entre
l'accent et la quantité la lutte qui finira par une confusion presque absolue entre
la durée et la valeur tonique du son. En sanscrit, la quantité n'exerce aucune
influence sensible sur l'accent; en grec et en latin, elle le tyrannise. Quand la finale
est longue, le recul de l'accent grec ne peut dépasser la pénultième. En latin, c'est
la pénultième qui commande : longue, elle porte toujours l'accent. Ajoutons que,
à moins d'apocope, le latin, dans l'état où il nous est parvenu, n'accentue jamais la
finale. L'accent grec a donc trois places : ἡδὺς, ἡδίων, ἡδίστος; λύω, λυόμεθα, λυτὸς; l'accent
latin n'en a que deux : *dóminus, hómines; magister, avénas.* Ici, nos deux langues classiques sont reliées par l'éolien, qui répugne à accentuer la dernière.

L'accentuation grecque est des plus complexes, parce qu'elle est le résultat et la conciliation de trois forces : la tradition logique (règle du dernier déterminant), la tendance de la prononciation, et la quantité. L'accentuation latine, éliminant le premier principe et ne se guidant que d'après la quantité de la pénultième, est aussi simple que rigoureuse.

Les langues romanes ne sont que du latin populaire (ni bas-latin, ni latin littéraire), plus ou moins allégé de ses flexions casuelles et verbales, sous l'influence de l'accent tonique. Leurs radicaux sont latins, sauf quelques centaines, leur grammaire est latine, leur accent est latin; et c'est lui qui les forme, qui les façonne à son gré. Dominé, dans la période latine, par la quantité de la pénultième, il domine à son tour, dans la période romane, la quantité de l'antépénultième; ou pour mieux dire, il absorbe et s'assimile la quantité. Ainsi disparaît cette anomalie qui rend si difficile à saisir le véritable rhythme de la poésie grecque ou latine, et qui force ou de scander le vers sans se préoccuper de l'accent ou d'appuyer sur des syllabes brèves, au risque de détruire l'harmonie. C'est ainsi qu'en italien, par exemple, toute prosodie est fondée sur l'accent; le français va plus loin; ne se préoccupant que du nombre et du rhythme, il écarte du débat et renvoie dos à dos l'accent comme la quantité. Est-ce progrès? Est-ce dégénérescence? Ni l'un ni l'autre. A l'extrême délicatesse de la poésie ancienne, à la musique du vers italien, le français a substitué une liberté extrême qui ne laisse plus au vers que la valeur propre des idées et des images.

Mais n'allez pas tomber dans cette commune erreur qui présente notre langue comme dépourvue d'accent et sujette à la monotonie. Il serait plus vrai de dire que le français est le plus fermement accentué des idiomes; car plus que tout autre, il a été constitué et modelé par la force prépondérante de l'accent latin.

Tandis que l'italien reproduit purement le mot latin, avec atténuation de la désinence : *ámo, amábile, amáto, amánte, amándo*; tandis que les contractions *amó* (il aima, *amávit*), *virtú, pietá* (pour *virtúde, pietáde*), ne sont, en italien, que des exceptions; le français a pris pour loi générale, pour pivot de sa prononciation, l'accent, autour duquel il groupe les syllabes, contractant celles qui précèdent, affaiblissant ou supprimant celles qui suivent. On peut formuler ainsi les règles qui ont présidé à sa formation : 1° persistance de l'accent latin vulgaire; 2° chute de la consonne médiane et suppression de la voyelle brève; 3° atrophie de la désinence. Ces règles ont été appliquées dès le VIII° siècle, mais progressivement, et l'on en peut suivre l'effet, d'âge en âge, depuis *ánema*, par *ánme, alme*, jusqu'à *âme*; depuis *quércinus*, par *quásnus*, jusqu'à *chêne*. C'est par des transformations analogues que *fémina, dómina, lámina, fábrica, manducáre, dormitórium*, sont devenus *femme, dame, lame, forge, manger, dortoir*.

Dans les terminaisons, les voyelles non accentuées ont sauté, les consonnes se sont altérées : *admirábilis* est devenu *admirable, circulus, cercle; diáconus, diacre; mónachus, moine; monastérium, moutier; dominiárium, danger; viáticum, voyage*.

Nos diphthongues *oi, ai, ié, ui*, renforcements ou transpositions, sont nées de l'accent : *glória, história*, ont donné *gloire, histoire; avéna, avoine; plága, plaie, mánus, main, contrárium, contraire; férus, fier, héri, hier, léporis, lièvre*, etc.; *córium, hódie, óstrea, módius, cuir, hui, huître, muid*. De même pour *ou, au, eu, ieu*, etc.

Tous les mots terminés par *on, un, in, é, e*, et généralement par une voyelle, dérivent d'un cas indirect ou d'un féminin latin, dont l'accent a contracté la désinence : *Potiónem, poison, ratiónem, raison, factiónem, façon; únum, un; scabinum, échevin; veritátem, vérité; amáta, aimée*.

Lorsque l'accent a opéré sur des mots commençant par *sc, sm, sp, st*, comme *scán-*

dalum, spiritum, smarágdum, strictum, le rude monosyllabe qui résulte de la contraction se munit d'un *e* prosthétique : *esclandre, esprit, é(s)meraude, é(s)troit.*

En voilà assez pour faire comprendre que le français est la plus fortement accentuée des langues; mais au moins faut-il mentionner, pour écarter toute objection, le fait d'une seconde formation de mots, formation savante, pur décalque du latin, qui, en dépit de l'accent tonique et au désespoir de quelques philologues, a, dès le xive siècle, enrichi notre langue d'une foule de nuances, criardes peut-être autrefois, aujourd'hui parfaitement fondues dans l'unité française. Cette famille, qui comprend des vocables de tout ordre, accentue la dernière syllabe sonore; c'est la seule concession qu'elle fasse, mais à contre-sens bien souvent, au vieux génie de la langue. Ainsi, des termes comme *inclination, fraction, potion, colonie, calomnie, scandale,* et des centaines d'autres, dont on trouvera plusieurs listes dans la *Grammaire historique* de M. Aug. Braschet (voir aussi Gaston Paris, *L'accent latin dans la langue française*), ne peuvent trouver grâce aux yeux des puristes. Nous constatons seulement que ce sont des demi-rebelles à l'accent tonique, et nous les employons volontiers.

En résumé, l'accent tonique indo-européen a traversé quatre périodes; libre et capricieux dans la première, qui semble avoir laissé quelques traces en sanscrit, il a subi dans la seconde la loi du dernier déterminant, que l'allemand applique encore dans toute sa rigueur; la troisième, représentée par le grec et le latin, l'a vu perdre sa mobilité et se renfermer dans un cercle d'évolution de plus en plus restreint, sous l'empire de la quantité, dont il avait jusque-là été indépendant; la quatrième est la période romane, où il absorbe et s'assimile la quantité, et où il exerce une influence prépondérante sur la formation des langues. Après avoir groupé autour de lui les syllabes et organisé le mot, il en amalgama les éléments et les contracta jusqu'à l'atrophie, de manière à n'en faire qu'un corps, une sorte de personne, dont les origines multiples ne se distinguent plus. Son œuvre n'est ni une altération, ni une maladie; c'est un fait, sans doute inévitable, puisqu'il s'est produit en dehors de notre volonté, par le seul jeu de notre organisme. La pensée en a fait plus d'une fois son profit; ne lui doit-elle pas cette netteté d'expression, cette clarté (à défaut d'une transparence chatoyante), qui permettent au français, en particulier, de soutenir le parallèle avec les langues anciennes ? La fixité de notre accent tonique n'a-t-elle pas aussi le mérite de laisser une liberté plus grande à l'accent oratoire ?

Nous n'avons point parlé des signes grammaticaux que nous nommons accents, et qui n'ont qu'un rapport très-indirect avec l'accent tonique. Le plus souvent ils représentent des nuances vocales qui n'ont pas trouvé place dans notre alphabet. Souvent aussi ils indiquent, surtout le grave et le circonflexe, la chute d'une consonne intermédiaire ou une contraction, amenée par l'accent tonique : *écrin, époux,* sont pour *escrin, espoux; père, mère, frère,* pour *pátrem, mátrem, frátrem; maître, être, chute,* pour *maistre, estre, cheute; aimât* pour *aimast.* Enfin, quel que soit leur rôle, ils contribuent pour leur bonne part à la pureté et à la variété incontestables de notre prononciation.   ANDRÉ LEFÈVRE.

L'accent tonique n'a pas joué dans les langues sémitiques un rôle aussi important que dans les langues aryennes. Pourtant on peut lui attribuer la chute à la fin des mots des voyelles nasales et des voyelles brèves, qui formaient les désinences grammaticales dans l'ancien arabe, désinences dont l'hébreu, si jamais il les a eues, n'a guère conservé de traces, et que l'arabe vulgaire a depuis longtemps rejetées. D'après S. de Sacy, l'accent en arabe porte sur l'avant-dernière syllabe, si cette syllabe est longue, et, dans le cas contraire, toujours sur l'antépénultième, jamais sur la dernière. Cette règle doit s'entendre de l'arabe littéral avant la chute des désinences; mais, même ainsi entendue, elle ne permet guère de comprendre comment les mots de la forme *kátala*, avec l'accent sur le premier *a*, ont pu se réduire à la forme *ktal* et non *katl*. Nous croyons qu'abstraction faite de toute voyelle brève finale (il n'en reste pour ainsi dire plus dans la langue usuelle), on peut appliquer à l'arabe la règle qui convient à l'hébreu et à l'éthiopien : accent généralement sur la dernière syllabe et plus rarement sur la pénultième. En somme, on ne s'écartera guère de la vérité en appliquant aux langues sémitiques, en général, ce que Ludolf dit de l'éthiopien : « On conserve en lisant un ton à peu près égal, à la façon des Français (nous avons vu dans quelle mesure il faut accepter ce jugement sommaire) et des Polonais, de sorte qu'il serait difficile de reconnaître le mot ou la syllabe accentuée.   Marcel-Devic.

ACCESSION, DROIT D'ACCESSION. — On donnerait difficilement une définition satisfaisante de ces termes selon le Code civil qui emploie le mot *accession* pour exprimer, tantôt un droit réel, comme la propriété elle-même (art. 546), tantôt une des différentes manières dont on acquiert la propriété (art. 712).

Afin de mettre quelque exactitude et quelque clarté en cette matière, que ce vice de rédaction du Code a rendue confuse et obscure, il faut opter pour l'une ou pour l'autre de ses deux dispositions concernant l'*accession*.

Or il est évident que l'accession est plutôt un droit réel qu'un mode d'acquérir. En effet, ce terme exprime, dans la pure langue juridique, un fait et un résultat. Le fait consiste dans la réunion d'un objet réputé secondaire à un autre objet considéré comme principal ; et de ce fait résulte virtuellement un droit de propriété sur la chose accessoire au profit du maître de la chose principale. D'où l'adage : *Accessorium sequitur principale*. Ce droit n'a pas besoin d'être consacré par la loi positive. La propriété de l'accessoire étant la conséquence naturelle et légitime de la propriété du principal, celle-là est engendrée de celle-ci indépendamment d'une disposition législative, à la différence des divers modes d'acquérir la propriété, tels que succession, donation entre-vifs ou testamentaire, contrats à titre onéreux, occupation, invention, prescription même, qui ne constituent un droit de propriété en faveur de l'héritier, du donataire ou légataire, de l'occupant, de l'acheteur, de l'inventeur, du long possesseur, que parce que la loi l'a voulu ainsi.

La saine doctrine doit donc s'en tenir à la disposition de l'art. 546, et rejeter comme inexacte celle de l'art. 712 en tant qu'elle s'applique à l'accession et à l'incorporation. Après avoir dit que « la propriété d'une chose donne droit sur tout ce qu'elle produit et sur tout ce qui s'y unit accessoirement », après cette reconnaissance explicite du *droit d'accession*, il était tout au moins inutile d'ajouter ailleurs que « la propriété s'acquiert par accession ».

Ce n'est pas tout : que l'accession soit un droit réel, ou un mode d'acquérir, il reste toujours difficile, étant données les dispositions du Code, d'en faire l'application avec sûreté.

La difficulté vient de ce que, l'accession étant la réunion de deux objets dont l'un est considéré comme principal, l'autre comme secondaire, il n'est pas possible de déterminer d'une manière générale et certaine ce qu'il faut entendre, au cas d'adjonction, de mélange, de spécification, par chose principale et chose accessoire.

Sans doute, le Code « répute partie principale celle à laquelle l'autre n'a été unie que pour l'usage, l'ornement ou le complément de la première » (art. 567); mais il n'est pas facile, même à l'aide de cette règle, de discerner toujours avec certitude celle de deux choses réunies que le juge devra tenir pour principale. L'insuffisance de la règle tracée par l'art. 567 est si manifeste, que le législateur a été obligé de recourir à d'autres raisons de décider, en statuant que « si de deux choses unies pour former un seul tout, l'une ne peut être regardée comme l'accessoire de l'autre, celle-là est réputée principale qui est la plus considérable en valeur »; et, comme il sera souvent difficile de s'entendre sur la valeur respective des choses réunies, la loi ordonne, « si les valeurs sont à peu près égales », de faire acception « du volume » pour trancher le différend (art. 569). La difficulté augmente encore, au cas de spécification (art. 571), lorsqu'il s'agit de savoir quelle est, de la matière employée ou de la main-d'œuvre, l'élément dont la valeur l'emporte sur le prix de l'autre.

Quant aux mots *droit d'accession*, la signification en semble d'abord plus claire que celle du terme *accession* employé seul. Mais, l'application de la règle tracée par l'art. 546 supposant, ainsi que les mots *accession* et *accessoire*, deux objets unis et envisagés, l'un comme principal, l'autre comme secondaire, et la nature des choses n'indiquant pas toujours celui des deux objets qui doit être considéré comme subordonnément uni à l'autre, ou qui vaut plus que l'autre, on rencontre de nouveau dans la pratique l'embarras auquel on s'est déjà heurté en cherchant théoriquement une ligne de démarcation entre le principal et l'accessoire.

C'est donc dans la détermination de ce qui sera réputé le principal et le secondaire que gît la difficulté comme l'intérêt de la matière. Car, le rapport des choses réunies étant une fois constant, l'application du droit d'accession s'ensuit logiquement. Le principe, en vertu duquel tout ce qui provient de notre chose ou s'y unit, de manière à ne faire qu'un avec elle, nous appartient par cela seul que nous sommes propriétaires de la chose principale, devient alors d'une application facile, puisqu'il est de maxime ancienne que *accessio cedit principali*, ou, suivant les modernes, que « l'accessoire doit suivre le principal ».

Pour ce qui est du principe en lui-même, il repose sur un fait d'éternelle raison et d'ordre universel : c'est que, dans le monde moral, dans le régime civil, comme dans la nature, il y a des subordonnées qui sont soumises à la loi du général. — Mais, on le répète, l'application n'en peut être exacte et juste que sous la condition de déterminer avec exactitude et justesse celle de deux choses unies à laquelle il faut attribuer la qualité de principale. Or, le rapport ou état corrélatif des choses, à cet égard, étant ondoyant et divers, il n'est pas toujours facile d'en saisir les nuances.

L'accession, en tant qu'elle s'applique aux choses mobilières, est presque toujours l'ouvrage de l'art, à la différence de l'accession d'un meuble à un immeuble, ou d'un immeuble à un autre immeuble, laquelle peut être un effet de la volonté seule de l'homme ou de la loi. Qu'elle ait lieu par adjonction, spécification ou mélange, l'accession d'une chose mobilière à une autre chose mobilière est presque constamment artificielle.

Le droit d'accession reconnu, dans ce cas, au profit de l'un ou de l'autre des maîtres à chacun desquels appartient une des deux choses réunies, a eu pour but de conserver l'objet utile, quelquefois l'œuvre d'art, que le partage détruirait. La loi préserve le tout, soit en l'attribuant exclusivement au propriétaire de l'un des éléments dont il se compose, à la charge par celui qui en reste maître d'indemniser le propriétaire de l'autre partie, soit en déclarant la chose commune avec faculté de la liciter au profit commun.

Il est difficile de ramener à des règles générales, certaines, la solution du débat qui vient à s'agiter au sujet de cette espèce d'accession. Le droit romain échoua dans cette tâche ardue. Le Code civil l'a laissée incomplète, défectueuse même. La loi sera imparfaite aussi longtemps qu'on n'aura pas adopté un moyen héroïque de trancher les difficultés que présente le droit d'accession relativement aux choses mobilières tel qu'elle l'a admis.

Il n'y aurait peut-être qu'un moyen d'y parvenir, ce serait d'étendre à tous les cas d'accession mobilière la disposition des articles 573 et 574, c'est-à-dire de déclarer que la chose sera commune dans la proportion de la quantité, de la qualité, de la valeur des matières (y compris le travail) appartenant à chacun des propriétaires, et licitée au profit commun.

Cependant, les cas de fraude faisant toujours exception aux règles générales du droit, les juges auraient à examiner la question préjudicielle de la bonne ou de la mauvaise foi de celui qui a opéré la réunion, et, sa mauvaise foi constatée, ils laisseraient à l'autre partie la faculté d'opter, soit pour la séparation, si elle est possible, soit pour la propriété du tout sauf indemnité raisonnable, soit pour l'abandon de la chose à l'adversaire, moyennant indemnité légitime à payer par celui-ci.

En cette matière, au surplus, il semble impossible d'édicter des règles universelles. Le tort des rédacteurs du Code est de l'avoir tenté. La loi ne pouvant prévoir tous les cas possibles et les résoudre, les espèces litigieuses présentant des questions de fait plutôt que des questions de droit, le plus sage eût été de laisser celles-là ressortir à la juridiction du préteur, c'est-à-dire au tribunal de l'équité.

MARC DUFRAISSE.

ACCIDENTS. — (*Ad cadere*, tomber sur.) Pour l'hygiéniste et le démographe, au point de vue desquels cet article est rédigé, l'accident est tout événement fortuit ayant amené un dommage. Mais nous ne voulons nous occuper ici que des accidents ayant été cause de blessures ou de mort d'homme. Les autres accidents seront traités aux mots spéciaux : *Inondations, Naufrages, Incendies, Grêle*, etc., ou au moins indiqués au mot *Assurance*. Remarquons même, afin de limiter encore plus rigoureusement notre sujet, que, pour mériter le nom d'accident, l'événement nuisible ou fatal doit avoir eu son point de départ ou au moins sa cause occasionnelle en dehors de l'organisme. Ainsi la mort par apoplexie, par rupture anévrismale, ne doit pas être qualifiée de mort accidentelle. Les suicides et les meurtres sont également écartés. Cela posé, nous avons à nous occuper dans cette étude, d'abord des accidents, des faits en eux-mêmes, puis des mesures préventives.

I. *Les faits.* — Considérer dans chaque pays, d'une part, le nombre des accidents relativement à la population exposée, en la divisant par sexe et âge, la nature des causes extérieures qui les amènent, et, d'autre part, les nombres respectifs des morts et des blessés, en observant la division légale des blessures graves et des blessures légères, voilà ce que nous aurions à faire pour être complet. Mais pour cela, le résultat des enquêtes administratives est insuffisant, surtout en France, le pays du monde le plus, mais non le mieux administré. Seuls, les cas de mort par accident qui ont donné lieu à une enquête judiciaire y sont relevés; les autres sont non avenus. Heureusement la Belgique, où ces faits sont l'objet d'une double enquête, celle de la justice et celle de la statistique générale des causes de décès, nous permet d'évaluer approximativement l'écart entre l'enquête judiciaire et le dénombrement complet. Dans ce pays, pendant que l'enquête judiciaire ne dénonce que **200** décès par accident sur un million d'habitants le relevé des causes de décès en accuse **333** (1851-1860). Même distinction en Angleterre, où les enquêtes des *coroners* portent sur **550** morts, tandis que les causes de décès en relèvent **680** (1856-61).

En étendant à la France la proportion obtenue en Belgique, pays que régissent à peu près le même code et la même organisation judiciaire que la France, nous aurons pour la France **450** morts accidentelles, puisque l'enquête judiciaire en annonce **270** (1854-1860), soit encore **16** décès par accident sur **1000** décès généraux.

Faire la statistique comparée des accidents chez les diverses nations est chose difficile, les relevés étant exécutés dans chaque pays plus ou moins fidèlement et suivant des procédés divers. Néanmoins le petit tableau suivant est instructif et intéressant.

PAYS.	DURÉE DE L'OBSERVATION.	ACCIDENTS MORTELS POUR UN MILLION D'HABITANTS	SUR 1,000 DÉCÈS DE CHAQUE CATÉGORIE.			ACCIDENTS FÉMININS POUR 100 MASCULINS.
			SEXE MASCULIN.	SEXE FÉMININ.	DEUX SEXES.	
France......................	1854-60	450	25.8	5.85	16	22.3
Paris ancien, minimum.......	1852-60	452	»	»	»	18.4
Paris nouveau, maximum....	1865-67	457	»	»	»	27
Bavière....................	1857-61	236	12.0	4.0	8.1	32
Prusse....................	1831-60	407	22.0	6.9	14.7	29
Angleterre..................	1850-64	692	27.6	10.3	19.1	36
Belgique....................	1840-49	332	23.2	7.41	14.8	33.6
Bruxelles..................	1863-66	490	»	»	15.3	30.4
Genève.......	1838-55	560	»	14.4	27.4	36
Suède......................	1856-60	420	32.3	8.8	20.7	27
États-Unis.................	1860	575	60.2	30.5	46.2	46

L'Angleterre vient donc au premier rang, sans doute à cause du développement de son industrie; puis le canton de Genève, ce qui pourrait tenir simplement à l'excellence de l'enquête de Marc d'Espine. Dans tous les pays les hommes sont bien plus largement frappés que les femmes. Ainsi en France, sur **1,000** décès généraux de chaque sexe, il y aurait **15,52** décès masculins par accident et seulement **3,52** décès féminins (relevés judiciaires).

En France, la proportion des décès par accident s'élève proportionnellement à l'activité du mouvement industriel; il était pour un million d'habitants de **150** dans la période 1827-1830; de **240** dans celle de 1846-1850, de **310** en 1862 (enquêtes judiciaires).

Des accidents à Paris. — A Paris il y a une double enquête, celle de la préfecture de police et celle de la statistique municipale, qui relève tant bien que mal les causes de décès. Les relevés municipaux de 1865-1867, donnent pour chiffre moyen et annuel des décès par accident, sur un million d'habitants, **457**, chiffre qui paraît déjà bien faible pour Paris, si on le compare à ceux que donnent à Genève, à Bruxelles, à Londres, etc., des statistiques soigneusement faites. Néanmoins la préfecture de police n'a relevé pendant ces mêmes trois années que **346** décès par an et par million. C'est-à-dire que plus de **22** % des morts accidentelles échappent à son contrôle. Son personnel est pourtant bien touffu, mais c'est qu'il n'y a là aucun intérêt fiscal ou politique. C'est le cas de dire avec Gœthe : « Si les chiffres ne gouvernent pas le monde, ils montrent comment le monde est gouverné. » Nous devons cependant reconnaître que le bureau de la préfecture chargé de coordonner les éléments insuffisants qui lui sont fournis, les groupe chaque année en tableaux clairs et instructifs. De ces tableaux ressort, entre autres faits, qu'à Paris cinq à six fois plus d'hommes que de femmes sont tués ou blessés par accidents et sept fois plus d'hommes sont tués.

Si plus d'un cinquième des morts accidentelles échappe au contrôle de la préfecture de Paris, la proportion doit être bien autrement grande pour les blessures. En effet, la préfecture compte, année moyenne, à Paris, **627** tués et **2,301** blessés, soit **3,67** blessés seulement pour un tué. Or, dans les mines, la proportion des blessés est **6,5**; elle est dans les houillères **5,3**, et enfin à Bruxelles le rapport, encore plus considérable, s'élève à **9** ou **10** blessés pour un tué; il est donc à peu près certain que plus du cinquième des tués et de la moitié des blessés restent inconnus à la préfecture de police.

Age des morts par accidents. — Sur ce sujet, à peu près rien en France : mais les relevés très-exacts de Marc d'Espine pour le canton de Genève et les documents anglais s'accordent parfaitement dans leurs données générales. On y apprend avec étonnement que les enfants et les vieillards sont bien plus souvent victimes des accidents que les adultes, beaucoup plus exposés pourtant par leurs travaux journaliers et les risques professionnels. Ainsi, en Angleterre, les enfants au-dessous de cinq ans sont au moins deux fois plus atteints, et les vieillards au-dessus de soixante-quinze ans, cinq à six fois plus que les adultes de vingt-cinq à quarante-cinq ans! Rien donc ne vaut la vigilance individuelle, ni la sollicitude de la famille, ni même l'amour maternel. — Que l'administration veuille retenir cette conclusion.

Causes et nature des accidents. — La cause des accidents varie naturellement avec chaque pays. Ainsi sur **1,000** décès accidentels, il y a : **537** noyés en Suède; **603** en Norwége, **438** en France, et seulement **154** en Angleterre. En ce pays industriel, ce sont les décès par suite de contusions, d'écrasements, de fractures, de brûlures, d'asphyxie qui prédominent. C'est que la grande industrie et notamment l'exploitation des mines est terriblement sanglante. Ainsi, en France, où l'on extrait, chaque année (1860-65), 100 millions de quintaux métriques de houille, on compte régulièrement **2** hommes tués et **10** à **11** blessés par million de quintaux. Le tableau suivant indique, selon les relevés judiciaires, les principales causes de morts accidentelles en France.

SUR DIX MILLE MORTS ACCIDENTELLES DUES A TOUTES LES CAUSES RÉUNIES, COMBIEN POUR CHAQUE CATÉGORIE D'ACCIDENTS :

SEXES.	NOYÉS	TUÉS OU ÉCRASÉS PAR				TUÉS EN TOMBANT		Tués par l'explosion d'une arme à feu.	ASPHYXIÉS			VICTIMES			TOTAL
		des voitures, charrettes et chevaux.	éboulements de terrains, de constructions, etc.	des roues de moulins, de mécaniques, explosions de mines, etc.	l'explosion des machines à vapeur et accidents de chemins de fer.	dans des carrières et précipices.	d'un lieu élevé, d'échafaudages.		par le feu ou brûlés.	par la foudre.	de toute autre manière.	Morts de faim, de froid et de fatigue.	de l'usage immodéré du vin et de liqueurs alcooliques.	de tout autre genre de mort.	
Hommes..	433	117	100	26	17	15	139	10	50	8	17	24	29	15	10.000
Femmes..	450	67.8	39	10.7	5	4.7	97.2	2.1	220	14.5	16	30.4	18.5	24.4	10.000
Total.....	438.5	108	83.8	22.8	15	13.5	131	8.8	81	9.6	16.7	22.4	26.6	17.1	10.000

Chemins de fer. — Malgré le retentissement des accidents de chemin de fer et l'émotion publique qu'ils excitent, ils sont relativement peu à redouter et relativement moins meurtriers que les accidents dus aux voitures mues par les chevaux. En France, on ne trouve, en réunissant pour une période de 20 ans les tués de toute catégorie, voyageurs, agents, passants, etc., que **821** tués et **1 553** blessés, tandis que les seules enquêtes judiciaires de 1840-53 dénoncent **10 324** personnes tuées ou écrasées par les voitures, soit **737** par an. Néanmoins il est fort à regretter que chacune de nos administrations de chemins de fer ne soit pas tenue de publier, comme elle le devrait, le bilan annuel de ses accidents. Il faudrait aussi pouvoir rapporter les accidents, non-seulement au nombre des voyageurs, mais aussi à la distance parcourue et à la vitesse du trajet, fonctions évidentes du danger. Quoi qu'il en soit, en faisant abstraction des agents des compagnies et des voyageurs tués par le fait de leur imprudence, il y aurait eu, en France, jusqu'en 1855 : **1** voyageur tué sur **1 703 000**; en Belgique, **1** sur **8 861 804**; en Prusse, **1** sur **21 411 488**; en Angleterre, **1** sur **5 256 290**.

A l'article *Profession*, on indiquera le danger comparé selon les professions.

II. *Mesures préventives.* — Ces mesures sont publiques ou privées. Pour les premières, il faut considérer que : l'on peut s'exposer volontairement à un danger prévu; on peut s'y exposer par ignorance; on peut y être exposé par l'imprudence d'autrui. Donc, trois ordres de mesures préventives.

A. — Dans le premier cas, toute mesure préventive, dépassant le simple avis, est restrictive de la liberté individuelle, partant tyrannique. Elle va même contre son but, car nous avons vu, en comparant les morts par accidents à l'âge des victimes, qu'aucune tutelle, même celle de la famille, même celle de la mère, ne vaut la vigilance de l'individu lui-même. Or, la prudence administrative ne peut qu'endormir cette vigilance, inspirer une aveugle confiance, sans compter qu'elle fait parfois fausse route en édictant des mesures dangereuses (accident du chemin de fer de Versailles, rive gauche, etc., etc.).

B. — Le seul devoir de l'administration est donc de ne pas cacher les accidents au public. Par exemple, il serait bon de remplacer les ordonnances impératives et dépourvues de sanction, affichées dans tous les wagons français, par le tableau des accidents imputables à l'imprudence des voyageurs. A chacun ensuite de se garantir lui-même.

C. — Pour parer aux accidents qu'occasionne l'imprudence des autres, il y a des mesures préventives qui doivent être formulées par les comités de salubrité, de sécurité publique, avec sanction pénale. La classe d'accidents la plus importante dans cette catégorie est celle des accidents inhérents aux professions. Le remède ici doit consister dans la publicité, dans l'instruction professionnelle. Enfin, pour les grandes exploitations (chemins de fer, houillères, etc.), qui ne peuvent être que l'œuvre d'une collectivité, des règlements délibérés à la suite d'enquêtes, d'études scientifiques, doivent être publiés, de fortes indemnités imposées. Nous proposons, comme innovation éminemment utile, d'obliger toutes ces *exploitations collectives* à dresser un état des vies et des santés exposées, enfin à tenir une comptabilité humaine analogue à celle des écus, et à en publier le résumé chaque année.

En ce qui concerne les mesures préventives qui s'adressent à l'individu, elles puisent leur source dans une éducation générale et professionnelle, apte à développer la rectitude du jugement, l'adresse du corps et la connaissance des dangers inhérents à chaque profession (V. *Profession*). Mais, en outre, un des principes les plus féconds de la sociologie moderne, la mutualité, dont la démocratie commence seule à soupçonner l'immense avenir, — la mutualité, sous sa forme la plus connue, l'*assurance mutuelle,* permet à chacun de mettre sa famille et lui-même à l'abri des suites pécuniaires de tout accident menaçant sa santé, sa fortune ou sa vie.

Dr BERTILLON.

ACCLIMATEMENT ET **ACCLIMATATION** sont deux termes presque synonymes : cependant le premier, plus ancien, indique plus généralement la révolution *spontanée* par laquelle l'organisme, transporté dans un climat nouveau, se met en harmonie avec lui; tandis que acclimatation suppose que cette adaptation s'accomplit, au moins en partie, sous *l'effort de l'industrie* humaine. C'est ainsi qu'on a dit : société d'acclimatation.

Avant d'indiquer les éléments et les solutions que comporte aujourd'hui le problème de l'acclimatement, signalons aux lecteurs les articles de cet ouvrage où seront exposées les notions complémentaires de cette étude. Aux mots FAUNE et FLORE, on dira la distribution actuelle des espèces sur le globe ; au mot CLIMAT, les divisions climatériques et leurs conditions météorologiques ; au mot MÉSOLOGIE, on traitera de l'influence générale des milieux; on dira comment un être plongé dans un milieu, ou s'y développant, doit ou périr, ou se mettre en harmonie avec lui, soit que l'être se modifie pour s'accommoder au milieu qui l'entoure, soit qu'il se trouve assez puissant pour modifier ce milieu lui-même, soit enfin que l'adaptation résulte de ces deux efforts combinés. Aux mots HÉRÉDITÉ, SÉLECTION, on montrera comment le temps et l'espace vont perfectionnant sans cesse cette nécessaire harmonie et sont les vrais dieux créateurs de cette adaptation, quelquefois si parfaite, toujours suffisante (puisqu'elle est *condition d'existence*), et qui, sous le nom de causes finales, a été si exploitée par la rhétorique mystique.

L'acclimatement n'est évidemment qu'un cas particulier de la MÉSOLOGIE, ou science de l'influence des milieux, et pour se dégager de toute vaine hypothèse, le problème doit en être ainsi posé : si un être vivant s'est développé dans un climat ou s'y est solidement adapté depuis un grand nombre de générations, pourra-t-il, s'il est transporté sous un autre climat, se mettre en harmonie avec les nouvelles conditions climatériques, de manière à conserver à lui-même et à sa descendance, la *vie*, la *santé* et la *fécondité ?* Une observation même superficielle montre qu'il n'y a pas une solution générale à ce problème; que pour les animaux comme pour les végétaux, elle varie *au moins* avec chaque espèce; que certaines espèces, certaines variétés, plus étroitement reliées à leur milieu, ne peuvent subir la plus légère translation, tandis que d'autres ont pu suivre l'homme dans les climats les plus variés. L'homme lui-même ne paraîtrait-il pas à une observation superficielle, prenant l'identité du mot pour celle de la personne, s'approprier à tous les climats ? On voit qu'il ne s'agirait de rien moins que de savoir la mesure de l'aptitude de chaque espèce à s'adapter à de nouveaux climats. Si ce savoir était acquis, des lois générales s'en dégageraient sans doute, et, plus heureux, nous pourrions en quelques lignes en formuler la substance. Mais il n'en est pas ainsi; trop peu de faits sont connus et pourtant ils sont encore trop nombreux pour pouvoir être énoncés ici un à un. Tâchons donc d'en résumer l'ensemble et les conclusions, en quelques lignes seulement, pour ce qui concerne les végétaux et les animaux, et un peu moins succinctement en ce qui regarde l'homme.

Les végétaux. — Il faut à chaque espèce végétale un *minimum* de rayon solaire et de chaleur pour effectuer sa nutrition et parcourir toutes les phases de son évolution, depuis la germination jusqu'à la maturation de son fruit. Si cette chaleur lui manque trop tôt, les derniers actes de la végétation ne s'accompliront pas; mais plusieurs, quand ils sont transportés dans un climat dont l'été est plus court, parviennent, soit spontanément, soit par l'art de l'agriculteur, à précipiter leur végétation de manière à parcourir toutes les phases de leur vie en un temps beaucoup moindre; c'est ainsi que le froment qui, en France, se développe en neuf

à dix mois, n'en emploie que cinq à six dans le nord de la Suède où on peut le
cultiver jusque vers le 65e degré de latitude; de même le ricin, qui est arborescent
et vivace sous les tropiques, devient annuel sous notre ciel parisien et accomplit
en huit mois le cycle de sa végétation; mais on conçoit que cette rapide croissance
s'effectue au détriment de l'ampleur générale de la plante qui devient, relativement
à elle-même, de plus en plus grêle et misérable en s'avançant vers le nord. Au
contraire nos gramens (froment, pois, etc.) de la zone tempérée, transportés dans
la zone tropicale, s'ils ne périssent pas de sécheresse, poussent un feuillage
luxuriant aux dépens des fleurs et des fruits. Citons enfin, dans un autre ordre
d'idées, un fait bien digne de remarque. La vigne, originaire de la Syrie vers le
32e degré de latitude, s'est répandue en France jusqu'au 49e, tandis qu'elle prospère
à Madère sous le 32e; cependant si l'on transporte la vigne française à la Mar-
tinique (14e degré de latitude), elle dégénère vite et cesse bientôt de donner des
fruits; mais si c'est la vigne de Madère, elle s'y développe à souhait.

Les animaux. — Tandis qu'en général les végétaux de la zone tempérée supportent mieux les translations vers les régions chaudes, les animaux au contraire
souffrent moins en s'avançant vers le froid, c'est ainsi qu'à Paris l'ours blanc,
le renne, sont débiles et souffrants, et succombent vite, tandis que les ours, les
herbivores de l'Inde se maintiennent ici dans un état relatif bien meilleur; et notre
énorme rat parisien, si solidement acclimaté, est aussi un indien. Des modifications remarquables se passent dans le pelage des animaux qui subissent
l'acclimatement : ceux des régions chaudes, transportés dans les pays froids,
voient ordinairement leur toison s'épaissir et souvent devenir plus fine et plus
chaude; et inversement, le pelage de ceux qui ont à subir un climat plus chaud
s'éclaircit et quelquefois disparaît.

Une règle très-générale pour les végétaux et pour les animaux, c'est que ce
sont les espèces dont les organismes ont été assouplis par une longue domesticité
sous l'influence de laquelle de nombreuses variétés se sont développées, qui peuvent
le plus facilement supporter les changements considérables de climat : c'est ainsi
que le porc, le plus remarquablement doué sous ce rapport, prospère aux Antilles,
et encore, mais avec beaucoup de soin, en Islande. On pourrait croire le chien
plus apte encore à de plus grandes mutations de climats; mais rien de moins
certain, car il est aujourd'hui hors de doute que les types du genre *canis* ont des
origines très-diverses et constituent un grand nombre d'espèces fécondes entre
elles; ces espèces des régions polaires ne peuvent impunément être transportées
sous les tropiques, et nos chiens dogues succombent vite aux Antilles.

L'art de l'acclimatation. — Jusqu'à ce jour, on peut dire que c'est le hasard qui
a présidé aux acclimatements obtenus dans le règne végétal comme dans le règne
animal. Depuis peu seulement est née l'idée de soumettre ce hasard, de tirer des
résultats qu'il a donnés une science et un art : *l'acclimatation*, et nous regrettons
que l'opinion n'en ait pas compris tout l'avenir. Il est vrai que le public et par
suite les savants qui s'en sont occupés nous paraissent trop pressés de résultats
immédiats; ils ne tiennent pas assez compte des enseignements si concordants de
l'histoire qui montrent la nécessité des transitions, et combien il est utile que de
nombreuses générations de l'espèce à transporter dans un climat très-différent, s'adaptent d'abord à des climats intermédiaires; je crains que, en voulant franchir de
suite de trop grandes étapes, on n'arrive, par cette grande hâte, à une descendance
sans résistance, maladive et peu profitable.

Mais ces difficultés sont accidentelles et temporaires; elles sont bien moindres
que celles dont les acclimatements connus ont déjà triomphé par un peu de

hasard et par un temps immense. L'art, inspiré désormais par la science, surprend aujourd'hui les secrets de ces triomphes; il supprimera le hasard, il abrégera les temps !

Alors, comme la matière brute nous est déjà soumise, nous sera soumise aussi la substance vivante!

L'homme. — Ces indications, nécessairement sommaires, étant données sur les végétaux et les animaux, abordons ce qui concerne l'homme lui-même; ici le sujet se complique, car l'homme, si bien doué pour l'observation de ce qui est en dehors de lui, se trouble dès qu'il se regarde lui-même; ce n'est plus alors la pure observation qui sert de base à ses jugements, mais ses craintes, ses espérances avec les préjugés et les légendes qu'elles ont enfantés, détestables mirages qui l'abusent depuis tant de siècles et le promènent de déception en déception. Aussi serons-nous ici sans tendresse pour ces antiques préjugés, de quelques oripeaux que les pare une fausse sentimentalité. C'est pourquoi, pour étudier l'homme, notre seule base solide sera celle qui nous sert pour le reste de la nature : l'observation. C'est pourquoi nous écartons de notre sujet la question, irritante pour quelques-uns, de savoir si le genre de l'homme constitue une ou plusieurs espèces, et encore si son origine est une ou multiple.

Pour notre sujet, peu nous importe l'une ou l'autre thèse. Il s'agit seulement de savoir si, aujourd'hui, le Lapon, le Groenlandais peut *vivre, travailler*, et se *reproduire* indéfiniment au Sénégal et inversement; *si les nègres* de la Guinée peuvent vivre en Islande, ou seulement si les Français peuvent se flatter de faire souche... en Égypte, au Sénégal, etc., ou au moins en Algérie?

Avant d'aborder ces questions de notre temps, il y aurait grand intérêt et profit à analyser à notre point de vue les nombreuses pérégrinations des peuples sur le globe : car, à vrai dire, l'histoire n'est guère que le récit des émigrations, des immigrations des peuples, du succès ou de l'insuccès de leur acclimatement. Mais l'espace qui nous est accordé ici ne nous permet guère qu'un très-rapide résumé.

Rappelons seulement la longue et triomphante émigration aryenne qui part du bassin de l'Oxus et, pendant des siècles, s'écoule peu à peu, d'un côté vers l'Occident, remplit l'Europe, dont elle a absorbé et fait oublier les premiers habitants; d'un autre côté, elle s'épanche dans l'Inde, où, avec un temps très-long, une habile exploitation des races vaincues, avec des mélanges sobres, mais manifestes, au sang des aborigènes, ces heureux aryas ont encore pu s'adapter suffisamment à l'un des climats les plus terribles, après la terre d'Afrique.

En poursuivant cette revue, nous aurions étudié les nombreuses colonies grecques et romaines sur le littoral méditerranéen; et leur longue prospérité continuée jusqu'à nos âges *quand* elles se sont fixées sur les côtes de l'Europe; au contraire leur vie éphémère et qui nulle part n'a laissé trace *quand* elles ont établi leurs tentes sur les bords africains, littoral où les seuls Sémites (Tyriens, Carthaginois, Arabes, Juifs, etc.) ont pu se maintenir. Ensuite, nous aurions suivi ces inondations des hommes du Nord (Goths, Visigoths, Ostrogoths, Vandales, etc.), quittant leurs glaciers et se précipitant aussi rapides, aussi terribles, aussi dévastateurs que les avalanches, mais fondant, s'anéantissant comme elles sous le chaud soleil d'Italie, d'Espagne ou d'Afrique. Nous aurions vu tous les peuples trafiquants et tous les peuples conquérants venant tour à tour se gorger aux dépens de la féconde Égypte, et tour à tour s'abîmer sous les humides et brûlantes exhalaisons de la vallée du Nil et disparaître sans y laisser seulement leur trace ; tandis que le Fellah, le peuple qui a bâti les pyramides et y a gravé son ineffaçable type, peuple esclave de tous ces maîtres successifs, peuple sphinx, demeure plus immuable que ses pyramides!

Après cet enseignement que nous laisse le passé, il faut recueillir celui des temps modernes, et, pour cela, suivre encore les nouveaux colons qui, depuis que Vasco et l'immortel Génois leur ont ouvert des mondes inconnus, ne cessent de fuir l'ancien monde pour les nouveaux. Il faudrait suivre et nos Français et nos voisins les Anglais : aussi forts et aussi laborieux mais beaucoup plus prolifiques au Canada, aux États-Unis que dans leur patrie, ils s'alanguissent, au contraire, et s'étiolent aux Antilles et dans l'Inde ; ils meurent vite et sans postérité dans cette luxuriante Guyane que les premiers colons, dans leur ravissement pour cette plantureuse mais traîtresse nature, avaient appelée Eldorado! Et singulier contraste, dans ces climats qui nous domptent et nous tuent, nous aurions vu, triomphant, l'indolent Espagnol; nous aurions mesuré sa prospérité par les produits de son travail, par sa vigueur, par sa fécondité aux Antilles, sur les terres chaudes du Mexique, dans les régions tropicales des républiques du Sud! soit que l'Espagnol doive cette remarquable aptitude aux longues influences du chaud soleil d'Espagne, soit au sang ibérien et africain dont, plus d'une fois, il a subi le mélange.

Le nègre, transporté avec succès des tropiques africains sous ceux des Amériques, paraît y jouir des bénéfices de l'acclimatement, quand sa misérable condition d'esclave ou d'ilote ne masque pas toute autre influence. Mais, dans les États du Nord, il succombe vite à la phthisie, à l'aliénation. Une petite colonie pourtant, réfugiée sous le froid ciel arcadien, paraît s'y soutenir assez bien. Comme fait du même ordre, il y aurait à étudier les Scandinaves, d'abord prospérant, aujourd'hui s'étiolant en Islande, île déserte dont ils ont été les premiers et seuls occupants, tandis que, au contraire, les paysans russes du haut nord, plutôt Tartares que Slaves-Aryens, et s'infiltrant par leurs alliances le sang finnois et même samoïède et lapon, gagnent de plus en plus vers le cercle polaire en conservant leur vigueur. De là, nous aurions pu passer à l'autre hémisphère, constater le facile acclimatement des Européens au Cap comme à Buenos-Ayres, la salubrité relative de l'île Maurice et de l'île de France, et même de Sainte-Hélène ; la terrible nocuité des terres basses de Madagascar et des petites îles de Mayotte, Sainte-Marie et Nossi-Bé.

L'Océanie nous eût présenté à son tour d'instructifs sujets d'observation : redoutable à Java, aux Hébrides et sur certains rivages de l'Australie, le climat devient inoffensif dans la Nouvelle-Calédonie et dans une partie de l'Australie, et, ce qui est tout à fait extraordinaire pour des médecins, nous aurions eu à signaler, dans l'un et l'autre hémisphère (îles Havaï, Nouvelle-Calédonie, etc., et aussi en Californie, San-Francisco, etc.), de grands territoires à température élevée, infiltrés de marécages et pourtant fort salubres, et où l'acclimatement semble ne pas devoir éprouver de difficulté.

Enfin, et pour terminer par un sujet qui nous intéresse tout particulièrement, nous eussions étudié notre *Algérie* (V. ce mot) et constaté si cette terre, qui, jusqu'à ce jour, a dévoré tous les Européens qui y ont mis le pied (Romains, Vandales et Français), nous permet d'espérer pour l'avenir un meilleur sort. Nous eussions prouvé par l'étude des mouvements de population des colons de chaque nationalité (naissances, mariages et décès) et par la mortalité enfantine, si considérable chez les familles françaises et allemandes, que, pour elles, l'avenir est fort incertain, malgré une certaine atténuation dans leur mortalité générale, tandis que l'acclimatement paraît s'y effectuer rapidement et sans peine pour le Maltais et pour l'Espagnol; de sorte que, si la science avait de nos jours quelque crédit sur le gouvernement des hommes, ce serait la colonisation espagnole et maltaise, et le mélange de ces deux peuples avec les Français, qu'il faudrait solliciter et sur lesquels il faudrait fonder l'espoir de notre colonie. C'est de cette longue chaîne des faits, de cette laborieuse étude faite ailleurs et dont nous avons ici à peine énuméré les têtes de chapitres que sont tirées les conclusions suivantes :

1º Tout mouvement migratoire à marche séculaire résultant plutôt de l'extension des populations de proche en proche, a toujours abouti à l'acclimatement, quelque loin qu'il s'étende, et c'est sans doute une des secrètes causes du cosmopolisme dont les Juifs paraissent jouir.

2º Une migration rapide ne peut espérer une colonie durable et prospère, que si elle ne change que peu sa latitude, c'est-à-dire si elle a lieu sur la même zone isotherme, qu'elle change ou non d'hémisphère. Le succès sera d'autant plus compromis que l'émigration s'éloignera de la zone isotherme. Pour le végétal, il le sera plus, si l'écart est vers le froid, pour l'animal et pour l'homme, s'il est vers le chaud. En *moyenne,* un écart qui dépasse 12 à 15 degrés de latitude sort des limites du petit acclimatement et ouvre des chances contraires.

3º Le croisement avec la race aborigène, si les individus sont féconds, s'ils donnent de nombreux et bons produits (tels les métis espagnols avec les nègres ou les indiens) favorise, accélère l'acclimatement, tandis que la sélection séculaire la consolide.

4º Pour qu'un type humain transporté d'un lieu dans un autre puisse être dit acclimaté, il faut qu'il ait, *pendant plusieurs siècles,* fourni une longue suite de générations et que les dernières soient vivaces et prolifiques.

Phases de l'inacclimatement. — L'inacclimatement peut, en effet, survenir à quatre époques, ou quatre âges de la colonie. Dans les deux premiers, il frappe les émigrants eux-mêmes et, dans les deux autres, leur descendance.

La *première* épreuve survient dès le début de l'installation, et consiste dans les maladies endémiques de la région : *fièvre jaune* aux Antilles, *choléra* dans l'Inde, le *bouhou* aux îles Havaï, certaines *fièvres bilieuses* sous les tropiques, la *dyssenterie* et les *fièvres palustres pernicieuses* en maintes localités.

Ce premier assaut évité ou heureusement supporté, la *seconde* épreuve consiste dans un lent étiolement, une dégradation insensible de l'organisme, un affaiblissement physique et intellectuel, une vieillesse et une mort anticipées. La *troisième période* s'applique aux nouveau-nés des premiers colons. Ces nouveau-nés (supposés de race pure) n'ont pas reçu de leurs auteurs les bénéfices de l'acclimatement ; ils en doivent subir eux-mêmes les épreuves ; et l'expérience apprend que, pour peu que le climat soit défavorable, l'épreuve leur est funeste. C'est (entre beaucoup d'exemples) ce qui arrive aux enfants des Européens et des Turcs en Égypte : les soins les plus assidus parviennent rarement à leur faire franchir la première enfance ; et le petit nombre de ceux qui ont échappé à la dyssenterie succombent à la méningite vers leur quatrième année. Cependant, si ces nouveau-nés sont envoyés en Europe, on les élève facilement. C'est donc le défaut de coordination entre le nouveau-né et le climat, et non déjà la dégénérescence du fœtus qui développe cette mortalité qui, en Égypte, n'en laisse survivre aucun ! La *quatrième épreuve* s'adresse à la descendance ; quand, grâce aux soins, à l'hygiène, ou seulement à une apparente bénignité du climat, les enfants de la première, de la seconde... génération se sont élevés, quand une certaine prospérité s'est manifestée, il peut arriver, peu après cet éclair de vigueur de la jeune colonie, un temps d'arrêt, puis bientôt une dégradation évidente : les naissances deviennent moins nombreuses ; elles ne sont plus en rapport avec les subsistances, avec l'abondance du travail; elles compensent à peine les décès, ou laissent un déficit; l'activité intellectuelle et l'activité physique baissent : des mercenaires, des esclaves deviennent indispensables pour nourrir cette population étiolée, et des garnisons étrangères pour la garder et la défendre !

Que ces ressources viennent à lui manquer, qu'une invasion, une guerre, une épidémie surviennent, la dépopulation devient flagrante: elle amène promptement le découragement, l'abandon de soi-même, l'anéantissement de la colonie. C'est ainsi qu'ont disparu ces nombreuses colonies que les divers rameaux de la souche indo-européenne ont tentées depuis trente siècles sur le sol africain; n'est-ce point cette quatrième et dernière crise de l'acclimatement qui dépeuple l'Islande, qui paralyse nos Antilles françaises? et c'est encore elle qui menace la race française en Algérie et qui empêchera sa naturalisation, si, au lieu de s'en tenir à l'acclimatement *spontané*, vainement essayé dans ces mêmes lieux par le fort et persévérant peuple romain, la France n'appelle à son aide l'Hercule moderne, la science appliquée, l'art qu'avec le public nous avons désigné sous le mot d'*acclimatation !*

Conclusion. C'est cet art dont j'eusse aimé à dire les principes, conclusions des faits observés; j'eusse montré que le petit, tout au plus, le moyen acclimatement, rendu plus solide et plus prompt par le croisement, est la clef de toute bonne acclimatation « car, dit justement Flourens, pour obtenir par le climat et par la nourriture ce que l'homme peut obtenir d'abord par le croisement, il faut une longue série de siècles... » et encore? J'aurais montré avec M. Darwin et M. Rufz que des types humains nouveaux et mieux doués peuvent être espérés par les croisements, tandis qu'ils sont fixés et perfectionnés par l'hérédité et par la sélection. J'aurais insisté sur le rôle immense auquel sont conviés les Juifs, les Espagnols, les Portugais et les Maltais, et prouvé que, par suite de leur acclimatement possible, de leur facile et heureux croisement avec la race nègre, les régions de l'Afrique tropicale, sans espoir pour nous, peuvent, seulement par eux, jouir des bénéfices d'une civilisation encore aryenne — révolution déjà accomplie dans l'Amérique tropicale. Enfin, j'aurais demandé pourquoi l'homme, qui applique si victorieusement les données scientifiques pour adapter à son profit tout ce qui est hors de lui, abandonne cette triomphante méthode pour se confier aux douloureuses, aux hasardeuses voies des chances fortuites, quand il s'agit de sa propre personnalité et de la création de ses destinées futures; pourquoi il tient si sévèrement le grand-livre des profits et pertes de son négoce, et si négligemment le grand-livre des profits et pertes de l'acclimatement, la statistique humaine, et j'aurais montré que c'est parce que nos mœurs ont encore pour base le théologisme et la métaphysique, tandis que l'avenir de la démocratie, de l'humanité même, consiste à leur donner une base scientifique. J'aurais prouvé que l'homme moderne n'était plus appelé seulement « à se connaître lui-même, » suivant le vœu de l'antique sagesse ; mais encore (ce qu'elle n'eût pas même osé rêver) appelé « à se créer lui-même, » à faire ses propres destinées; car « savoir c'est pouvoir, » dit la sagesse nouvelle; qu'il n'y a pas lieu de s'abandonner aux hasards de l'acclimatement, mais qu'il faut se confier aux sécurités à venir de la science et de l'art de l'acclimatation; — que ni la dignité, ni la liberté humaines n'auraient rien à craindre d'un changement de mœurs compris et voulu, qui épargnerait seulement à l'homme le renouvellement des lenteurs, des défaites, des cruelles souffrances dont l'enfance de l'humanité, sous la décévante protection de ses dieux, a été toute remplie [1] !

Dr BERTILLON.

[1] Voyez la monographie du même auteur sur l'*Acclimatement*. (*Dictionnaire encyclopédique des sciences médicales*, tome I.)

ACCOMPAGNEMENT. — Il est certains mots du glossaire musical, qui, par eux-mêmes, sont tellement explicites, qu'ils se passeraient à la rigueur des longues notices que les musicistes ont l'habitude de leur consacrer. Le mot ACCOM-PAGNEMENT est de ce nombre. Quel est, en effet, l'homme assez primitif pour se servir de ce terme sans posséder une idée très-précise de sa signification? Où trouver une oreille assez inculte pour ne pas savoir distinguer, dans un morceau de musique, la partie principale — la mélodie — des parties secondaires qui l'accompagnent? — C'est que l'*accompagnement* a l'âge même de la musique. Chant et accompagnement sont nés ensemble, et le jour où l'homme, se rendant maître absolu de ses cordes vocales, réussit à produire des sons rhythmés, s'échelonnant par intervalles distincts, en un mot le jour où il sut chanter, — ce jour-là il eut aussi l'idée de transformer les cornes du taureau, le jonc du bambou, etc., en instruments de musique, qui devaient imiter et accompagner son chant.

L'art d'accompagner remonte donc aux temps les plus reculés. Suivre cet art dans tous ses développements depuis sa période embryonnaire jusqu'aux évolutions de la musique moderne, rappeler les différentes phases qu'il a parcourues depuis l'accompagnement à l'unisson et les timides essais d'harmonie des anciens jusqu'aux combinaisons merveilleuses d'un Sébastien Bach, mesurer la distance qui sépare la lyre d'Apollon de l'orchestre de Beethoven — autant vaudrait écrire tout au long l'histoire de l'art musical, et tel ne peut être l'objet de cet article. Nous laisserons donc de côté, pour le moment, les hypothèses plus ou moins ingénieuses sur lesquelles on a établi le système musical des peuples anciens; nous réserverons pour d'autres études les ébauches d'accompagnement, imparfaites et grossières, dues aux moines de Saint-Grégoire, de même que les formes savantes et relativement parfaites que cet art a revêtues pendant l'ère glorieuse des contre-pointistes flamands et italiens, et, pour abréger, nous arriverons d'emblée au commencement du XVIIᵉ siècle.

C'est vers cette époque, presque inconnue du commun des musiciens et cependant pleine de séductions pour les esprits investigateurs, que se passent les plus hauts faits de l'histoire musicale. L'art, enchaîné jusqu'alors aux dogmes de la religion et étroitement confiné dans les limites du contre-point, était, pour ainsi dire, le privilége des savants, — c'était la *musique des musiciens,* une science plutôt qu'un art. Mais en dehors de cela il existait un autre art — celui-là appartenant au peuple et cultivé par lui, en Italie par les *cantori a liuto,* en France par les *trouvères,* en Allemagne par les *Minnesaenger* [1] — un art qui, ayant le sentiment pour base et l'expression pour but, était prédestiné à ébranler dans leurs fondements les combinaisons architecturales des compositeurs de profession. C'est à cette source que les musiciens de la fin du XVIᵉ siècle vont retremper leur inspiration; la *monodie,* c'est-à-dire le chant à une voix avec accompagnement d'un instrument, d'art populaire qu'elle était jusqu'alors, devient, entre les mains des Caccini et des Peri, une branche de l'art cultivé; le style récitatif se crée, la mélodie expressive prend son essor; l'art des Mozart et des Beethoven essaye ses premiers pas; la musique a enfin trouvé son chemin, celui qui la conduit à servir de fidèle interprète à nos sentiments.

Étudions le rôle qui échoit à l'*accompagnement* pendant cette importante révolution

1. Voir : les *livres de luth,* qui se trouvent à la Bibliothèque impériale. — *L'art harmonique,* par E. de Coussemaker, contenant un recueil de chansons de trouvères découvert à Montpellier. — *Jahrbücher für musikalische Wissenschaft,* 2ᵉ volume, par F. Chrysander, contenant un intéressant travail sur le *Locheimer Liederbuch,* recueil de *lieder* tiré d'un manuscrit du XVᵉ siècle. — Voir aussi la précieuse notice qui précède les *Gloires de l'Italie,* par Gevaërt et Wilder.

musicale. — Dès à présent, cette partie de l'art, qui, pendant le règne absolu du contre-point, disparaissait, pour ainsi dire, sous les formes austères de la science, se modifie sensiblement; l'accompagnement forme désormais le tissu harmonique qui sert d'enveloppe à la mélodie, le corps sonore de la pensée musicale, et déjà ses formules originales, empruntées à l'art instrumental des chanteurs populaires, contiennent en germe les dessins infiniment variés de la musique moderne. — A vrai dire, ce n'est qu'à ce moment que le mot *accompagnement* entre avec une signification spéciale dans le vocabulaire de la musique. Dorénavant accompagner voudra dire : réaliser une *basse chiffrée*.

Dans un dictionnaire de musique, la *basse chiffrée* occuperait, à juste titre, une place importante, mais ici nous devons nous borner à des indications très-sommaires. A l'époque où nous nous sommes arrêtés, les compositeurs perdirent peu à peu l'habitude d'écrire, dans toutes ses parties, l'accompagnement qu'ils destinaient à telle ou telle mélodie, et ils imaginèrent de ne mettre sous les yeux de l'accompagnateur qu'une simple partie de *basse*, au-dessous de laquelle des chiffres exprimaient la nature des accords à frapper. Disons tout de suite que la basse chiffrée réclamait naturellement des instruments où l'on pût exécuter des suites d'accords, tels que la harpe, le théorbe (espèce de luth-basse), et surtout l'orgue et le clavecin; ces deux derniers instruments servaient aussi à seconder l'orchestre, à en renforcer la sonorité et à remplir les vides qui pouvaient exister dans l'harmonie, — et en ce cas, la basse chiffrée prenait de préférence le nom de *basso continuo*, basse continue, basse qui, sans discontinuer, s'étend sous les portées de la partition [1].

Ce nouveau procédé d'écriture musicale était, après tout, d'une très-grande simplicité; il consistait à indiquer les intervalles d'un accord par leurs nombres respectifs. La seconde se chiffrait par 2, la tierce par 3, la quarte par 4, et ainsi de suite pour tous les intervalles, de sorte que l'accord de septième, par exemple, s'indiquait par les chiffres ⁷₃ placés au-dessous de la basse [2]. — Pour éviter l'encombrement des chiffres et des signes, pour faciliter autant que possible la lecture de la basse chiffrée, on inventa certaines règles qui, cependant, variaient beaucoup selon le pays, l'époque ou le compositeur. En voici, toutefois, quelques-unes, celles qui me paraissent être les plus élémentaires en même temps que les plus universelles.

1º L'accord parfait n'est chiffré qu'autant qu'un de ses intervalles doit éprouver une altération.

2º Dans les accords très-usuels on ne chiffre que les intervalles qui déterminent la nature de l'accord; l'accord de septième, par exemple, s'indique par un simple 7; l'accord de sixte par 6, l'accord de sixte et quinte par ⁶₅, etc.

3º Pour indiquer l'altération de la tierce on ne chiffre pas 3 avec le signe accidentel, mais bien ce dernier tout seul. ♯, ♭ ou ♮, placés seuls sous la basse, se rapporteront donc toujours à sa tierce. — Quant aux autres intervalles, pour les diéser, on se borne souvent à les barrer : on écrit 4̸ au lieu de 4♯.

4º De petites barres (≡), placées sous la basse, signifient que cette note seule vient de changer, et que les autres notes de l'accord précédent sont à maintenir.

5º Quand plusieurs accords se succèdent sur la même basse, on les chiffre les uns à côté des autres.

---

1. Quelques-uns emploient le mot *basso ostinato* dans le sens de *basso continuo*. C'est inexact. *Basso ostinato*, basse obstinée, basse contrainte, signifie : un sujet de basse plus ou moins court, qui recommence sans cesse, tandis que les autres parties le contre-pointent différemment à chaque reprise. Un bel exemple de ce genre, c'est la *Passecaille* de S. Bach, pour orgue ou piano à pédales; dans la musique moderne, voir le *trio* du menuet de la *Suite* en *ré* mineur, par Franz Lachner.

2. Il est bien entendu qu'il ne faut point confondre la *basse*, c'est-à-dire la note qui se trouve simplement au-dessous des autres, avec la *basse fondamentale*, c'est-à-dire la note qui engendre un accord.

6º *Tasto solo,* ou un o placé sous une note ou une série de notes de la basse, indique que la basse doit se jouer seule sans harmonie aucune.

Etc., etc. De peur de transformer cette notice en un traité de basse chiffrée, j'arrête ici mon énumération.

Pendant longtemps l'invention de ce nouveau système d'accompagnement, dont l'usage se maintenait pendant près de deux siècles, fut attribué à Ludovico Viadana, qui naquit à Lodi vers 1580. Il est étrange, cependant, que précisément dans l'ouvrage (1603) sur lequel la postérité a fondé la réputation de cet inventeur[1], la basse chiffrée ne soit nulle part employée. Il est étrange que l'Allemand Praetorius (*Syntagm.,* III, 1619) en parle comme d'une chose universellement connue, et plus étrange encore que l'*Euridice* de Peri (1600) contienne déjà une partie de basse chiffrée. Faut-il admettre que cette fois, comme presque toujours, la pratique avait devancé la théorie, et que les savants construisaient leur système à l'aide des habitudes acquises? — C'est probable.

Quoi qu'il en soit, ce système était assez ingénieux, en ce sens qu'il rendait palpables les rapports entre les intervalles et l'enchaînement des accords, et qu'il réussit à donner une idée précise du contexte harmonique d'un morceau de musique; mais du moment qu'il ne s'agissait plus de réaliser purement et simplement la basse chiffrée en *plaquant* des accords les uns sur les autres, du moment qu'il fallait soulever cette harmonie cristallisée, la mettre en mouvement et l'encadrer de dessins en rapport avec le caractère du morceau à accompagner, les côtés défectueux du système apparaissaient au grand jour. En ce cas, le compositeur était obligé de s'en remettre, pour toute une partie importante de son œuvre, au talent et à l'intelligence de l'accompagnateur, *alla discretione di buon sonatori,* comme le dit Domenico Mazzochi dans l'avertissement placé en tête de son opéra *la Catena d'Adone* (Venise, 1626). Rien de mieux tant que les *sonatori* étaient d'habiles musiciens; mais malheur au compositeur qui tombait entre les mains d'un exécutant maladroit ou peu consciencieux! Sa pensée était impitoyablement défigurée par des accompagnements à contre-sens.

Le système de la basse chiffrée, on le voit, laissait une porte ouverte à la médiocrité. Néanmoins, le fait seul de son maintien pendant près de deux siècles prouve que les compositeurs n'avaient pas trop à se plaindre de leurs accompagnateurs, et que ces derniers ne reculaient pas, en général, devant les études pénibles auxquelles ils devaient s'astreindre. Après tout, ce n'était point chose facile que d'accompagner *prima vista,* et sur une simple partie de *basso continuo,* les chefs-d'œuvre des Haendel et des Bach — je me sers tout de suite des exemples les plus éclatants, — et ceux qui se chargeaient de cette besogne devaient être rompus à toutes les difficultés de la science, avoir l'instinct musical très-développé et posséder une force d'intuition d'autant plus surprenante qu'ils étaient souvent obligés de deviner l'harmonie, le compositeur ayant négligé de chiffrer la basse. Bref, il fallait être musicien dans toute l'acception du mot; seule l'étude approfondie de la composition musicale pouvait conduire à la science de l'accompagnement, et il est vraiment plaisant de voir nos savants du dernier siècle discuter la question de savoir s'il était plus opportun d'étudier l'accompagnement avant ou après la composition. Au fond c'était absolument la même chose, et les Allemands l'ont bien senti, en identifiant dès le commencement leurs mots *Generalbass* (basse chiffrée) et *Tonsatz* (étude de la composition).

Des ouvrages spéciaux enseignent l'accompagnement pris dans le sens de *basse*

---

1. *Cento concerti ecclesiastici,* etc., etc. Venitia, 1603.

chiffrée, mais il serait sans utilité de faire cette longue bibliographie; dans tout traité d'harmonie et de contre-point à peu près bien fait, on trouvera ce qu'il faut savoir sur ce point. Car si la basse chiffrée, pour des causes que nous allons expliquer tout à l'heure, n'est plus en usage parmi les compositeurs, en tant qu'écriture musicale, l'école l'a conservée comme un excellent élément d'éducation, et tout musicien est forcé d'en acquérir la connaissance, sous peine de se voir interdite la jouissance des trésors que les maîtres d'autrefois nous ont légués.

Maintenant, choisissons, par exemple, dans les œuvres de Sébastien Bach, le premier volume venu; nous mettrons peut-être la main sur une de ces admirables cantates possédant une partie de basse soigneusement chiffrée. C'est encore la première moitié du xviiiᵉ siècle, et déjà quelle richesse de formes, quelle variété de dessins, sans parler de la valeur intrinsèque de l'idée musicale! Mais aussi quelle forêt de chiffres! Vraiment, le musicien le plus intrépide de nos jours, si l'on ne lui mettait pas sous les yeux la partition générale de l'œuvre (c'était l'exception autrefois), n'affronterait qu'en tremblant sa partie de basse continue. Et dire que l'idée musicale allait en grandissant; tous les jours l'importance des parties secondaires, celles qui constituent l'accompagnement, devenait plus patente; le besoin se faisait sentir de les traiter autrement que sur des modèles stéréotypés; tous les jours aussi les moyens d'exécution se multipliaient et se perfectionnaient; l'orchestre, qui, au commencement du xviiᵉ siècle, n'était encore qu'un assemblage d'instruments, timides de tempérament, était devenu une merveille de sonorité, qui pouvait se passer du concours de l'orgue et du clavecin. Rien d'étonnant si désormais la basse chiffrée tombait en désuétude parmi les compositeurs. Les chiffres perdirent leur droit, parce qu'ils ne pouvaient plus dire tout ce qu'il y avait à dire dans un morceau de musique; le système devint d'une impossibilité matérielle, et force fut au musicien de noter son œuvre, de la première jusqu'à la dernière note, dans toutes ses parties intégrantes.

Nous pouvons enfin nous souvenir que nous écrivons au déclin de l'année 1868, et dire quelques mots sur le rôle que l'*accompagnement* joue dans la musique moderne. Ce rôle est avant tout d'une importance esthétique. Soutenir et préciser un sentiment exprimé par la mélodie, expliquer le caractère d'un morceau, commenter une situation dramatique, c'est là son principal but. Écoutez le piano qui accompagne une mélodie de Schubert ou de Schumann, observez l'orchestre dans les opéras de nos grands maîtres, ils vous donneront de meilleurs renseignements là-dessus que tous les dictionnaires du monde.

C'est surtout dans ce dernier domaine, dans le domaine de l'art dramatique, que l'accompagnement a acquis une importance capitale, — esthétique, disais-je tout à l'heure, c'est psychologique qu'il faut dire. Qui ne se rappelle l'exclamation de Gluck, lorsqu'on lui reprocha l'agitation de l'accompagnement sur les paroles d'Oreste : *Le calme renaît dans mon âme.* « Il ment ! s'écria le maître, il ment! Il a tué sa mère ! »

Ai-je besoin de dire que les influences d'école se font sentir dans l'accompagnement pour le moins autant que dans la mélodie. Les Allemands, fidèles à la nature de leur esprit, et ceux des Français qui marchent sur leurs traces, développent de préférence l'élément psychologique; les Italiens, au contraire, à de rares exceptions près, aiment à cultiver le côté brutalement sensuel de l'accompagnement. C'est une question de vérité dramatique pour les uns, une simple affaire de rhythme et de remplissage harmonique pour les autres. D'un côté l'empire de la pensée, de l'autre le despotisme des sens !   H. VALLIER.

ACCORD. — Les accords, dans leur ensemble, ne sont autre chose que les matériaux qui ont servi à construire le système d'harmonie tel qu'on l'enseigne de nos jours. Ce sont les petites roues de la grande machine harmonique. Détailler le mécanisme de la machine, dire sous l'influence de quelles lois les accords s'enchaînent entre eux, ce sera l'objet de l'article *Harmonie*. Ici nous ne devons nous occuper que de l'*accord* pris isolément.

Comme toutes les parties de la théorie musicale, le système des accords s'est formé par des procédés empiriques. Le premier qui se soit emparé des connaissances acquises pour les grouper dans une théorie générale, c'est J.-P. Rameau qui, vers 1722, fit paraître, à Paris, son célèbre *Traité de l'Harmonie*. Prenant pour base la découverte des sons harmoniques par *Sauveur*, et rattachant ainsi son système directement aux phénomènes de la nature, Rameau démontra la genèse des consonnances, la filiation des accords et le principe de leur renversement. Aussi, malgré ses entraînements et ses erreurs, d'ailleurs inévitables, son nom vivra autant que vivra l'harmonie.

Après Rameau, tout le monde se mit à l'œuvre. Ce fut, en Italie, Tartini qui, prenant le contre-pied du système de Rameau, établit son *Trattato di musica* (1754) sur les sons résultants, découverte attribuée par les Italiens à Tartini, par les Allemands à Sorge (1745), par les Français à Romieu (1743); ce fut, en Allemagne, Marpurg qui fit paraître une traduction du traité de Rameau, augmentée de ses réflexions personnelles (1757); puis Kirnberger, Mattheson et toute cette phalange de littérateurs musicaux, qui comptait tous les jours de nouveaux combattants dans ses rangs. — Combattants, c'est le mot. Car c'est surtout en Allemagne que les questions pendantes de la science musicale provoquèrent les plus violentes controverses; le mot *accord*, ce mot plein de douceur et de charme, qui ouvrit à nos poètes comme une carrière de rimes heureuses, ne cessa pas de donner le signal de la discorde entre les musiciens; de toutes parts éclatèrent les disputes et les polémiques; on s'irrita, on s'injuria, et parfois même on s'en alla sur le pré discuter, la rapière en main, la question des consonnances.

Un des principaux mérites des ouvrages théoriques de Rameau, celui qui n'est pas généralement apprécié, c'est d'avoir allumé cette belle ardeur pour la recherche de la vérité, d'avoir donné l'impulsion à ce mouvement, unique dans l'histoire de la science musicale. Jusqu'alors cette science avait été une espèce de culte secret qui n'admettait que fort peu d'élus. Mattheson, selon ses propres expressions (*Orchestre*, I), se serait fait conscience d'en dévoiler tous les *mystères*, de peur d'attirer sur sa tête le courroux des initiés; plus tard encore, Sarti, l'illustre maître de Cherubini, choisissait, pour enseigner les principes du contre-point, une chambre plongée dans un demi-jour savamment combiné, qu'une lanterne magique, aux reflets jaunes et roses, éclairait mystérieusement. Le voile une fois déchiré, toute cette fantasmagorie devait cesser, et grâce au mouvement que nous avons indiqué, la musique, même dans sa partie la plus abstruse, finit par devenir accessible à tout le monde.

Maintenant disons ce que c'est qu'un accord. Pour être précis il suffit d'interroger les usages établis. Or, deux sons se faisant entendre simultanément, le musicien les appelle *consonnance* ou *dissonance* (voyez ces mots); à ces deux sons ajoutez un troisième, un quatrième, etc., qui tous résonneront à la fois, et vous aurez un *accord*. Donc un accord doit nécessairement se composer de plus de deux sons se faisant entendre simultanément.

En examinant l'*Harmonique* d'un morceau de musique, nous sommes frappés tout d'abord par deux espèces d'accord, l'*accord parfait* sur la *tonique*, et l'*accord de septième* sur la *dominante*. Ces deux accords déterminent la tonalité, et sont comme les deux piliers, sans lesquels tout le système harmonique s'écroulerait.

Prenons la tonalité de *do* pour type, réduisons les accords à leur plus simple expression, et ils se noteront comme suit :

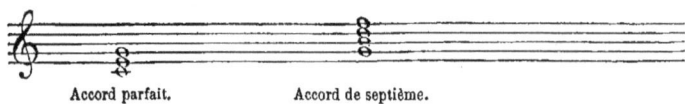

Accord parfait.   Accord de septième.

Quant à leur structure, on s'aperçoit facilement que l'un se compose de deux, l'autre de trois tierces superposées. Le procédé une fois donné, il est facile de l'appliquer à toutes les notes de la gamme, et voici les accords que nous trouvons :

Accords parfaits.   Accords de septième.

Cependant ces accords, qui viennent se grouper autour des deux *accords principaux*, ne sont pas tous de la même nature. Il suffit, pour s'en convaincre, d'examiner les proportions numériques de leurs intervalles. L'*accord parfait* type se compose d'une tierce majeure et d'une quinte juste; nous savons que ce sont là les attributions du mode majeur; aussi appellerons-nous *accord parfait majeur* tous ceux qui sont construits d'après ce modèle. Il n'y en a que deux qui viennent se joindre à l'accord de la *tonique*, ceux établis sur le cinquième et le quatrième degré de la gamme, les accords de la *dominante* et de la *sous-dominante*. Ces trois accords, qui, pour le dire en passant, contiennent toutes les notes de la gamme, sont les plus essentiels du groupe que nous avons sous les yeux, et la plus petite bluette musicale ne saurait se passer de l'harmonie qu'ils fournissent. — Examinons maintenant l'accord du second degré : il se compose d'une tierce mineure et d'une quinte juste; la tierce mineure est le signe du mode mineur; par conséquent cet accord, et tous ceux qui lui sont pareils, c'est-à-dire les accords du troisième et sixième degré, portent le nom d'*accord parfait mineur*. — Un seul accord nous reste encore à classer, un accord de composition étrange et qui se montre assez rebelle aux systèmes des harmonistes, je veux parler de l'accord sur le septième degré. — Est-ce un accord, est-ce un fragment d'accord? Doit-il faire partie du groupe des accords parfaits? La quinte diminuée, produit des deux tierces mineures dont cet accord se compose, ne le place-t-elle pas parmi les accords dissonants? — Comme cet *accord de la quinte diminuée* devient surtout intéressant par les lois de succession auxquelles il doit obéir, selon qu'il s'établit sur la *sensible* du mode majeur ou sur le deuxième ton du mode mineur, c'est dans l'article *Harmonie* qu'on trouvera la réponse à toutes ces questions.

Après les accords parfaits considérons de même les accords de septième, et nous verrons tout d'abord que l'*accord de la septième dominante* n'a point d'égal. Il se compose de tierce majeure, quinte juste et septième mineure, tandis que ses collatéraux de la tonique et de la sous-dominante se distinguent par une septième majeure; tes accords des autres degrés lui ressemblent bien, en tant qu'ils possèdent la septième mineure et la quinte juste, mais la tierce qui est mineure leur donne un caractère absolument différent; quant à l'accord du septième degré, il partage le sort incertain de l'accord de la quinte diminuée, dont nous parlions tout à l'heure, et à son égard la même réserve nous est imposée.

Tous les accords que nous venons d'examiner reposent sur leur son *fondamental*, celui qui engendre les autres. On peut doubler à l'octave tel ou tel intervalle de l'accord, changer la position des autres notes, les écarter ou les resserrer plus ou moins, — tant que cette note restera à sa place, tant qu'elle servira de basse à l'accord, cet accord conservera son caractère et sa dénomination. Ce sera un *accord fondamental*. — L'ordre des sons ainsi établi peut être renversé; souvent tierces, quintes, septièmes, réclament à leur tour la place d'honneur, et la *basse fondamentale*, tout en conservant sa qualité de son générateur, la leur cède. Autant de sons dans un accord, autant de *renversements* possibles. Les voici, opérés sur les accords que nous avons adoptés comme types :

ACCORD PARFAIT

1ᵉʳ renversement.
Accord de sixte.

2ᵐᵉ renversement.
Accord de sixte et quarte.

ACCORD DE SEPTIÈME

1ᵉʳ renversement.
*Accord de quinte mineure
et sixte.*

2ᵉ renversement.
Accord de sixte sensible.

3ᵉ renversement.
Accord de triton [1].

Le principe des renversements peut être appliqué à tous les accords fondamentaux; cependant la pratique n'a pas manqué d'apporter des restrictions quant aux renversements de quelques accords de septième, notamment de cet accord amphibologiqué qui se balance sur le septième degré de la gamme. Ces restrictions, inspirées par un sentiment d'euphonie, n'ont d'autre but que d'assurer la bonne succession des accords, et trouveront par conséquent leur mention dans l'article *Harmonie.*

Jusqu'à présent, nous avons divisé le système des accords en *accords fondamentaux* et *accords renversés*. Il importe de l'envisager à un troisième point de vue, celui de la consonnance et de la dissonance. Ai-je besoin de dire qu'un accord est *consonnant*, tant que tous ses intervalles seront consonnants entre eux, et qu'il deviendra *dissonant* aussitôt qu'il s'y joindra un intervalle formant dissonance avec n'importe quel son de l'accord? Cela établi, l'accord parfait, l'accord de septième et leurs renversements se classent d'eux-mêmes. A la catégorie des *dissonants* vien-

nent s'ajouter *l'accord de neuvième* un parent de l'accord

1. J'emprunte ces dénominations à M. Fétis, non pas que je les trouve les meilleures, mais seulement parce qu'il faut bien choisir l'une ou l'autre parmi toutes celles que l'usage a consacrées. Je me soucie fort peu de faire la guerre à nos savants à propos d'une question aussi insignifiante; mais pourquoi, pour éviter toute confusion, ne pas faire comme les Allemands et appeler les renversements de l'accord de septième simplement comme on les chiffre : *Accord de quinte et sixte, accord de tierce, quarte et sixte, accord de seconde ?*

de septième, qui se compose de quatre tierces superposées, et ensuite toute cette multitude d'accords, d'existence éphémère, qui naissent des *altérations* que les différentes notes d'un accord peuvent éprouver. Voici quelques-uns de ces ac-cords quasi-artificiels, qui, dans la musique moderne, jouent cependant un rôle des plus importants :

Accords avec la *quinte augmentée* :

Les renversements de ces accords sont parfaitement possibles ; l'accord de septième,

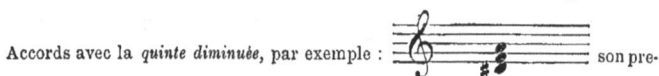

par exemple, se rencontrera souvent dans cette position :

Accords avec la *quinte diminuée*, par exemple :   son pre-

mier renversement   qui donne l'accord de *sixte augmen-*

tée, est d'un emploi particulièrement fréquent.

Accords de *septième diminuée* :   etc. Leurs formes sont

multiples, leurs renversements pleins de surprise, et nous verrons plus tard quelle place importante ils occupent dans le système harmonique de nos jours.

On pourrait grossir à volonté le nombre des accords dissonants créés par l'alté-ration d'une note. On pourrait y ajouter tous ceux qui doivent leur existence aux *retards*, aux *appoggiatures*, aux *anticipations* ; mais, nous l'avons dit, la plupart de ces accords n'ont point d'autonomie ; leur structure est artificielle, leur existence pas-sagère. Ce sont des semblants d'accords qui, dans le contexte harmonique, naissent *accidentellement* de la marche mélodique des différentes parties. Il suffit de les avoir indiqués sommairement et d'avoir signalé les causes de leur apparition, pour que chacun puisse découvrir leurs traces dans les compositions musicales, les examiner et les analyser à sa guise.

Avant de terminer cet article, qu'on nous permette de faire une bonne fois jus-tice d'une de ces vieilles redites qui, encore aujourd'hui, se glissent dans les livres, les journaux et les dictionnaires... Un accord consonnant, a-t-on coutume de dire, c'est un accord qui plaît à l'oreille. Par conséquent, un accord dissonant doit lui déplaire, et, pour être logique, nous devrions considérer comme le plus agréable de tous les compositeurs celui qui, dans la simplicité de son âme, n'emploierait que des accords consonnants. Et pourtant il est certains accords dissonants, l'accord de neuvième sur la dominante par exemple, qui portent en eux-mêmes un charme inexprimable et qui sont pleins de douceur et de caresse pour nos oreilles ! — Ces expressions de « plaire » et de « déplaire, » doivent être supprimées dans l'esthétique musicale. Elles engendrent des idées fausses, des discussions fas-tidieuses et inutiles. D'ailleurs, en musique comme dans tout autre art, la théorie de l'absolu *agréable* a fait son temps ; le musicien ne peut plus avoir qu'un seul but, celui d'atteindre la vérité dans l'expression. C'est, après tout, chose impossible que de vouloir déterminer la valeur esthétique d'un accord en l'arrachant à son entourage harmonique qui, seul, peut nous servir de critérium. Or la grande loi, la loi fondamentale qui gouverne l'*Harmonique* moderne, peut se formuler ainsi : Le consonnant appelle le dissonant; le dissonant attire le consonnant. Emblème du repos, symbole du mouvement, telle est la vie exprimée sous ses deux formes.

H. VALLIER.

ACCOUCHEMENT. La plus noble, mais aussi la plus douloureuse fonction de la femme, est évidemment celle de l'enfantement. Cet acte, dont l'accomplissement a quelque chose de dramatique et de poignant, paraît de prime abord si incompréhensible, qu'il a toujours excité une extrême curiosité, et cela à un point tel, qu'à une époque heureusement loin de nous, on vit le public affluer à des représentations données par des sages-femmes, indignes matrones, qui, dans un but de spéculation, livraient aux regards de tous de malheureuses créatures en proie aux douleurs de la délivrance. Cette curiosité, d'ailleurs très-naturelle, peut être moins grossièrement satisfaite, et il est facile, avec un peu d'étude, de se rendre très-bien compte de ce qu'est l'accouchement. Il importe d'abord d'avoir une idée générale nette et précise de la génération ; aussi allons-nous indiquer à grands traits les principaux phénomènes qui la constituent.

On sait qu'une des propriétés qui distinguent la matière organisée et vivante, qu'elle constitue un animal ou un végétal, est celle de la *reproduction*. Chez les animaux supérieurs, cette fonction s'opère par le procédé des *germes* ou *oviparité*. Le germe ou *ovule* est un très-petit amas de matière organique, élaboré dans des organes spéciaux (les ovaires) et susceptible par la fécondation de devenir un corps organisé semblable à ceux qui l'ont produit. Les oiseaux, par exemple, rejettent au dehors, par la ponte, un œuf, qui, s'il a été fécondé, a besoin encore pour donner naissance à l'être parfait d'un temps plus ou moins long d'*incubation*. C'est là un fait connu de tout le monde ; cependant on ignore encore généralement que, chez les mammifères, par conséquent chez l'homme, cet œuf existe, identique, quant à l'élément fondamental germinateur, à celui des oiseaux. Ce qui en fait la différence, c'est qu'il ne porte pas avec lui les éléments accessoires de nutrition et de protection (le blanc, la coque) indispensables à l'embryon de l'oiseau pendant l'incubation, mais inutiles à l'embryon humain, puisqu'il doit trouver dans l'utérus toutes les conditions qui assureront son existence et son développement pendant le temps de la grossesse. Cet œuf, donc, formé dans les ovaires, arrive à maturité et s'en détache périodiquement à chaque époque menstruelle. Il descend alors dans la trompe de Fallope, y chemine lentement et pénètre dans l'utérus. Si, pendant ce trajet, il se trouve en contact avec le sperme, la fécondation a lieu, l'œuf s'arrête, se fixe dans la matrice et y subit toutes les phases de son évolution. Dans le cas contraire, au bout de quelques jours il s'altère, se décompose et ses débris sont entraînés par les liquides qui s'écoulent des parties génitales.

De ces données, parfaitement établies par l'observation et l'expérimentation, découle ce fait de haute importance que le moment le plus propice à la fécondation est précisément l'époque des règles et *surtout* les quelques jours qui la suivent.

Sans nous arrêter au merveilleux travail d'organisation dont l'œuf est le siége depuis sa fécondation jusqu'à son entier développement (voyez *Ovulation*) nous chercherons maintenant à bien établir quelles sont les conditions physiques qui, au terme de la grossesse, vont concourir à l'expulsion du produit de la conception, et en quoi consiste ce produit.

D'une part nous trouvons un organe creux (l'utérus) analogue par sa forme à une grosse bouteille ovoïde, largement ventrue, terminée par un étroit goulot (le col). Cet organe, muni de fibres musculaires puissantes, et distendu par l'œuf, st logé dans la cavité abdominale où il repose sur la partie évasée de cette portion du squelette qu'on appelle le bassin. Celui-ci, qui résulte de l'assemblage des os iliaques, sacrum et coccyx, représente une sorte d'entonnoir courbe, dont la large ouverture est tournée en haut et en avant (détroit supérieur), tandis que la petite (détroit inférieur) regarde presque directement en bas. La partie rétrécie comprise entre les deux détroits, se nomme petit bassin ou excavation pelvienne. C'est par cette filière osseuse, doublée de parties molles, que le fœtus doit passer, en prenant successivement des directions telles que les diamètres de sa tête viennent s'adapter exactement aux diamètres du canal dans ses différentes parties. Le vagin, canal membraneux faisant immédiatement suite au col de l'utérus et dont l'extensibilité est limitée par les parois osseuses du petit bassin, vient s'ouvrir à l'extérieur par un orifice qui est la vulve. Pendant le cours de la grossesse, ces parties ont subi diverses modifications ayant pour but de rendre plus facile l'acte final de la gestation. L'utérus, par l'augmentation en nombre et en volume de ses fibres musculaires, a acquis une puissance de contractilité considérable; le col, lui, s'est ramolli et a diminué d'épaisseur en s'étalant, pour offrir moins de résistance au passage; les articulations du bassin ont pris une certaine laxité qui permettra à la tête du fœtus de franchir plus aisément le détroit supérieur et de se loger dans l'excavation; enfin les parties molles, continuellement imprégnées par des mucosités abondantes, sont devenues plus dilatables. Les seins se sont développés et sont prêts à sécréter le lait.

Si maintenant nous nous reportons au produit à expulser, nous voyons qu'il est constitué par une poche membraneuse fermée de toute part, pleine d'un liquide (liquide amniotique ou eaux) au milieu duquel le fœtus est plongé. Celui-ci est relié à l'organisme maternel par les vaisseaux du cordon ombilical qui, en s'épanouissant, forment une masse spongieuse de capillaires (le placenta) s'enchevêtrant, sans se confondre, avec des canaux sanguins ou lacunes, développés à la surface de la muqueuse utérine épaissie. Les membranes limitantes de l'œuf, le liquide amniotique, le placenta et le cordon ombilical sont ce que l'on appelle les annexes du fœtus.

En résumé, on voit là un réservoir contractile, terminé par un orifice rétréci mais dilatable et garni de fibres musculaires constituant un véritable sphincter; dans ce réservoir, un corps étranger qui va sans cesse en s'accroissant et qui, à un moment donné, sollicitera, par sa présence, l'entrée en contraction du muscle utérin. Une véritable lutte s'engagera alors entre le réservoir qui a besoin de se débarrasser et le sphincter qui résiste. Mais bientôt, le col cédera, et le corps étranger, chassé par de violents efforts, franchira tous les obstacles, et sera expulsé à l'extérieur. Si l'on compare ce qui se passe là, et ce qu'on observe dans l'excrétion des urines ou des matières fécales, on est frappé des analogies nombreuses qu'on y découvre. A part la nature du produit excrété, et les difficultés qu'il rencontre pour parvenir au dehors, les phénomènes sont de part et d'autre exactement semblables. Aussi, cette théorie qui fait de l'accouchement une véritable excrétion, et que Depaul a si ingénieusement développée (voy. *Dict. encycl. des sciences médicales. Paris*, 1864), laisse-t-elle bien loin derrière elle toutes les hypothèses plus ou moins acceptables par lesquelles on avait cherché à expliquer jusqu'ici la cause déterminante du travail.

Nous voici maintenant à même de comprendre l'accouchement, qui est l'expulsion à travers les voies naturelles d'un fœtus viable et de ses annexes, et qu'on ne doit pas confondre avec l'*avortement* ou *fausse-couche* qui est l'émission d'un produit de conception encore inapte à vivre, c'est-à-dire avant le septième mois de la grossesse.

L'accouchement est dit *prématuré*, quand il a lieu avant le deux cent soixantième jour à dater de la conception ; à *terme* ou *tempestif*, lorsqu'il arrive entre le deux cent soixantième et le deux cent quatre-vingtième jour de la grossesse, et enfin *tardif* après cette dernière époque. En outre, on a établi des distinctions pour exprimer la manière plus ou moins favorable dont il s'exécute. Ainsi, on l'appelle *spontané* quand il se termine par les seuls efforts de la nature, *artificiel* si l'intervention de l'art a été nécessaire. Parmi les accouchements *spontanés*, les uns, par leur durée, leur simplicité et l'absence de tout danger pour la mère ou l'enfant, méritent le nom de *naturels*, tandis que d'autres sont dits *contre nature*, lorsqu'ils ont été accompagnés de dangers et de difficultés parfois d'une extrême gravité.

L'accouchement spontané naturel, étant de beaucoup le plus fréquent, ainsi que le montrent les statistiques (à la Maternité, de 1830 à 1835, sur 11,765 accouchements, 154 seulement nécessitèrent des soins médicaux : à une autre époque, sur 15,672 accouchements, 15,400 s'effectuèrent sans nul accident), notre description s'étendra spécialement sur l'accouchement physiologique et ordinaire.

Pendant les quinze derniers jours de la grossesse, quelques signes précurseurs annoncent l'imminence du travail. On remarque un changement dans la forme du ventre, causé par l'inclinaison en avant du fond de l'utérus et l'engagement du sommet de la tête dans l'excavation pelvienne. On dit alors que le ventre tombe. Cet *abaissement* de la matrice se traduit pour la femme par un sentiment de bien-être qu'elle n'avait pas ressenti depuis longtemps : les digestions redeviennent faciles, l'appétit se relève, la respiration est plus ample, les mouvements plus alertes, et le moral se ressent de ces améliorations physiques. Cependant il n'en est pas toujours ainsi, car parfois le malaise augmente, la respiration reste pénible, et le caractère devient triste et irritable, et cela sans qu'on en puisse découvrir la cause. En outre, il se produit une sensation pénible de pesanteur au fondement et de fréquentes envies d'uriner et d'aller à la garde-robe. L'écoulement des mucosités vaginales augmente de quantité et de consistance : ce sont des glaires épaisses qui s'échappent par la vulve. Bientôt l'utérus commence à se contracter sourdement à des intervalles plus ou moins éloignés. En appliquant alors la main sur le ventre, on sent à chaque contraction le globe utérin se durcir et se redresser. Les femmes et surtout celles qui ont eu plusieurs enfants n'ont pas toujours conscience de ces premières contractions, mais la plupart éprouvent pendant leur durée une sorte de crampe ou de resserrement quand ce ne sont pas des douleurs plus ou moins vives que l'on désigne sous le nom de *mouches*. Ces premiers efforts de l'utérus ont pour effet d'amincir le col et de commencer la dilatation de son orifice. Le travail est ainsi préparé, et ce temps *secret* de l'accouchement, quoique peu appréciable souvent, n'en est pas moins efficace, car on a remarqué que plus ces contractions ont été énergiques et prolongées, moins longtemps se fait attendre la délivrance.

Après un laps de temps variable, au bout de quelques heures même dans certains cas, le travail s'établit pour ainsi dire au grand jour. Pendant un *premier temps*, le col s'amincit et se dilate de plus en plus jusqu'à effacement complet. L'utérus et le vagin arrivent alors à former un large canal courbé dans le sens du sacrum, canal que le fœtus pendant le *second temps* devra parcourir avant d'être expulsé au dehors.

Pour arriver à ce double résultat, dilatation du col et expulsion du fœtus, le muscle utérin seul d'abord, secondé plus tard par les muscles abdominaux et thoraciques, se contracte violemment et par intermittences de plus en plus rapprochées. Chaque contraction entraîne avec elle une douleur dont l'intensité varie avec la force de la contraction elle-même et aussi avec le degré de sensibilité des femmes. Il en est, en effet, qui sentent peu ces douleurs; d'autres même, et cela existerait normalement, au dire des voyageurs, chez certaines peuplades sauvages, n'éprouvent aucune autre sensation que celle déterminée par des efforts énergiques, comme s'il s'agissait de vaincre une constipation opiniâtre. Le phénomène douleur est tellement inséparable de la contraction dans la plupart des cas que, dans le langage ordinaire, on confond les deux expressions en les rendant synonymes, bien que de cette façon l'on prenne l'effet pour la cause. Ces douleurs ont reçu des noms différents suivant leurs caractères et la période du travail à laquelle elles appartiennent. On les dits *préparantes* pendant toute la période de dilatation du col, *expultrices* pendant le second temps, et enfin *conquassantes* pour exprimer leur violence au moment où la tête arrive brusquement au dehors. Ces douleurs se font sentir dans la partie inférieure de l'abdomen et principalement suivant une ligne qui, de l'ombilic, gagne le sacrum et le coccyx. Elles commencent et cessent complétement avec chaque contraction; aussi les femmes ont-elles entre chaque effort un moment de calme et de repos absolu. Il se produit souvent aussi des douleurs très-pénibles dans les reins et la région lombaire (*fausses douleurs*); celles-ci ne paraissent agir en rien sur la progression du travail, et occasionnent aux femmes une fatigue et une angoisse très-grandes, d'autant plus qu'elles sont moins intermittentes et plus prolongées que les vraies douleurs.

Dans le premier temps, avons-nous dit, les contractions ont pour but d'effacer le col. A chaque nouvelle douleur, l'œuf, encore intact, vient presser sur l'orifice, et les membranes pleines du liquide amniotique forment une saillie lisse et arrondie (poche des eaux). Pendant ces douleurs qui sont annoncées par un petit frisson, le pouls devient dur et fréquent, la face se colore, la langue se dessèche, la respiration s'arrête momentanément. Les femmes, n'ayant pas conscience encore du travail qui s'opère, pleurent et se découragent, disant qu'elles ne sentent rien avancer. Mais bientôt la poche des eaux se crève, le liquide coule au dehors avec impétuosité, et la tête s'engage, comme un bouchon, dans le col (on dit qu'*elle est au couronnement*), elle achève la dilatation et le deuxième temps commence. C'est alors que l'utérus, secondé par les contractions spontanées et volontaires de tous les muscles qui concourent à l'effort, arrive à sa plus grande puissance. Les douleurs qui se produisent, quoique plus intenses, sont moins agaçantes pour les femmes, qui apprécient mieux leur but et leur résultat; aussi leurs cris, à ce moment, diffèrent-ils beaucoup de ceux qu'elles poussaient dans la première période. Autant les premiers étaient plaintifs, aigus, prolongés, autant les seconds sont concentrés, sourds et gutturaux.

Poussée par une force puissante, la tête franchit le détroit supérieur. Une fois cet obstacle surmonté, il y a un quart d'heure environ de calme et de repos. Puis la tête, engagée dans l'excavation du bassin, descend et vient peu à peu, à chaque contraction, refouler le périnée et entr'ouvrir la vulve. La vessie et le rectum comprimés laissent alors échapper leur contenu. Les douleurs prennent un caractère encore plus expulsif : la femme, plus courageuse et déterminée à en finir, cramponnée à tout ce qui peut lui offrir un point d'appui, frémissante, rassemble toutes ses forces. Le pouls s'accélère, la peau se couvre de sueur, la face se gonfle, les yeux s'injectent, les parties supérieures s'échauffent tandis que les inférieures se refroidissent, on entend des sons étouffés. Mais bientôt,

« un cri inouï, qui n'est pas de ce monde-ci, qui n'est pas de notre espèce, ce semble, cri aigre et aigu, sauvage, perce l'oreille. Une petite masse sanglante est tombée... et voilà donc l'homme... » comme dit Michelet dans un élan poétique. Et en effet, pendant une atroce douleur qui a arraché à la mère ce cri surhumain, la tête a franchi l'anneau vulvaire, et presque aussitôt le corps de l'enfant a été expulsé à son tour, en même temps que le reste des eaux de l'amnios. Un petit cri répond à celui, si poignant, que vient de lancer la femme : l'enfant vient de manifester son existence. Les douleurs sont vite oubliées alors, et la mère, ressentant une joie indicible et un immense soulagement, va s'abandonner au repos dont elle a tant besoin. Cependant, au bout de quelques minutes, l'utérus, en se rétractant a rompu les adhérences qui l'unissaient au placenta en déterminant quelques coliques, puis il s'ébranle de nouveau, mais cette fois avec une douleur relativement moindre, et rejette le placenta, les membranes, une certaine quantité de sang liquide et quelques caillots. L'issue de ces annexes du fœtus constitue le dernier terme de l'accouchement, ce qu'on appelle à proprement parler la *délivrance*. Le drame est terminé.

Alors, à l'excitation provoquée par le travail et les émotions du résultat, succède un affaissement général. Une sensation de fraîcheur, de froid même, remplace la chaleur exagérée du corps. L'accouchée, étendue sur son lit, est étonnée de ne plus sentir son gros ventre, et se plaint souvent d'une brûlure désagréable qu'elle ressent aux parties génitales, brûlure qui est causée par la distension et les déchirures subies par ces organes.

A dater de ce moment, la femme entre dans la période des *couches*.

La durée totale de l'accouchement naturel et spontané varie suivant que la femme est primipare ou qu'elle a eu déjà plusieurs enfants. Dans le premier cas, la moyenne est de douze à vingt ou vingt-quatre heures; dans le second, elle est de sept à douze heures. L'âge, la constitution, le courage de la femme et les émotions morales qu'elle peut ressentir, le degré de résistance des parties molles, le volume plus ou moins considérable du fœtus, sa position, etc., influent beaucoup sur la rapidité de la terminaison, et si l'on a vu, chez des primipares, l'accouchement durer plus de vingt-quatre heures, on a vu aussi des femmes, déjà mères, délivrées en moins de deux heures. Ce sont là des exceptions. Quant à la durée relative des diverses périodes, on sait qu'en moyenne, la dilatation du col, pour être complète, demande, chez la primipare, de six à huit heures au plus, et, chez une multipare, de quatre à six seulement. La période d'expulsion dure deux ou trois fois moins de temps.

Nous venons d'esquisser, d'une manière très-générale, les principaux phénomènes de l'accouchement ordinaire, alors que toutes les conditions sont favorables, c'est-à-dire, que le fœtus est unique, normalement conformé, bien situé, alors aussi que la mère est saine, régulièrement constituée et vigoureuse. Mais il n'en est pas toujours ainsi, et de nombreuses circonstances peuvent modifier l'accouchement dans sa marche naturelle, le rendre difficile ou même impossible par les voies ordinaires. Nous allons indiquer brièvement quelques-unes de ces principales circonstances.

Lorsque la grossesse est gémellaire, c'est-à-dire qu'il y a deux fœtus (une fois sur 95 ou 100 grossesses) le travail traine en longueur parce que les fibres musculaires de l'utérus ont perdu une partie de leur énergie par suite de la distension exagérée que leur a fait subir l'œuf double plus volumineux qu'à l'état normal. La première période, celle de préparation et de dilatation, est surtout longue, tandis que la seconde, ou d'expulsion, est plus rapide. Après la sortie du premier fœtus, on s'aperçoit au volume que présente encore l'utérus qu'il contient un second enfant. Au bout d'un quart d'heure ou d'une demi-heure de repos un nouvel accouchement se prépare, l'utérus entre en action et expulse, le plus souvent sans difficulté, le second fœtus. Dans les cas où la grossesse est triple (une fois sur 5,000) ou quadruple (une fois sur 150,000), il y a autant d'accouchements successifs, séparés par de courts intervalles. Le plus souvent les jumeaux sont contenus dans une seule poche : dans ce cas, il y a un placenta commun, et le travail, une fois commencé pour l'un, se continue pour l'autre après un court intervalle. Lorsque un ou plusieurs jours, quelques semaines même séparent la naissance des deux jumeaux, il est à supposer que le premier a été chassé avant sa complète maturité, et que la matrice s'est refermée sur lui. Mais pour cela il faut que les deux fœtus aient été contenus dans deux œufs indépendants l'un de l'autre. Ici, nous n'avons pas, à proprement parler, de grandes difficultés, car les grossesses doubles peuvent être considérées comme un fait normal quoique rare.

Parmi les obstacles qui peuvent entraver l'accouchement, les uns dépendent du fœtus, les autres de la mère. La plupart influent sur le mécanisme de l'accouchement, le rendent long, pénible, ou impossible sans le secours de l'art : d'autres constituent des accidents qui intéressent plus ou moins directement la vie de la mère ou de l'enfant.

Ceux dépendant du fœtus résident soit dans l'excessif volume de la tête, ce qui peut nécessiter l'emploi du *forceps*, soit dans certaines difformités du tronc ou des membres, soit dans son état de souffrance ou de mort, soit enfin et surtout dans la position dans laquelle il se présente à l'orifice du col utérin. Le fœtus, en effet, peut se présenter de trois façons : par la tête (*présentation céphalique*), par le siège (*présentation pelvienne*), par un des côtés du tronc (*présentation latérale ou de l'épaule*). Les présentations par la face, par les pieds ou les genoux, par le bras, sont des variétés des trois précédentes. Chacune de ces présentations n'est pas également favorable. La première ou céphalique, et par le sommet, est de beaucoup la plus fréquente ; on l'a rencontrée 42,421 fois sur 44,260 accouchements (statistiques réunies de Dugès, Boivin et Dubois). Elle peut être considérée comme la plus naturelle et la plus favorable puisqu'il ne meurt du fait de l'accouchement qu'un enfant sur trente, se présentant ainsi. La présentation céphalique par la face, rare (130 fois sur 21,723 accouchements), est cause de lenteurs dans le mécanisme de l'expulsion, et nécessite parfois l'assistance active de l'accoucheur. La présentation pelvienne, peu commune (2,890 fois sur 82,155 accouchements), a l'inconvénient de prolonger un peu le travail, et d'exposer l'enfant à l'asphyxie par compression du cordon. Dans les accouchements de jumeaux, les fœtus se présentent généralement tous deux par la tête. Cependant il n'est pas rare de les voir l'un en présentation céphalique, l'autre en présentation pelvienne, c'est-à-dire tête-bêche. Ces accouchements ordinairement faciles parce que les fœtus sont de petit volume, peuvent entraîner quelques complications lorsqu'il y a engagement à travers le col et le détroit supérieur de deux parties fœtales à la fois, tête de l'un et pieds de l'autre, par exemple. En outre, la délivrance exige des précautions spéciales. Enfin, la présentation latérale, par l'une ou l'autre épaule, peut être considérée comme vicieuse, et exige presque toujours l'opération de la *version*, quoique cependant la nature, par ses seules forces, arrive quelquefois à la corriger et à la transformer en une présentation céphalique ou pelvienne. Mais ce travail de transformation qu'on appelle *évolution spontanée*, est si pénible et si long que sur 137 enfants naissant ainsi, 125 arrivent morts, et que les trois quarts des mères succombent par épuisement nerveux ou par métro-péritonite consécutive (Velpeau). Cette mauvaise présentation est heureusement fort rare (une fois sur 230 accouchements, d'après Lachapelle).

Les obstacles se rapportant à la mère sont aussi de natures diverses. Les uns tiennent à son état de santé générale (anémie, syncopes, albuminurie, convulsions éclamptiques, folie, etc.), les autres sont engendrés par des vices dans le fonctionnement de l'appareil utérin (faiblesse, irrégularités ou extrême violence des contractions, inertie utérine, rigidité, contracture ou oblitération du col, etc.). Quelques-uns sont causés par des tumeurs situées dans le voisinage de l'utérus ou du vagin, ou par la résistance et le défaut d'élasticité des parties externes de la génération, d'où résultent parfois des déchirures du vagin et du périnée plus ou moins graves.

Outre toutes ces causes de dystocie, il en est une très-grave et assez fréquente, c'est l'étroitesse du bassin. Ce vice de conformation est le plus habituellement une conséquence du rachitisme. Il en résulte que, au terme de la grossesse, les diamètres de la tête du fœtus sont plus grands que les diamètres du bassin, et que l'enfant ne pouvant plus franchir la filière osseuse que forment les os de la mère, l'accoucheur se voit dans l'effroyable nécessité, soit de broyer la tête de l'enfant (*céphalatripsie*), soit même, si la réduction des diamètres du bassin est excessive, de pratiquer la plus terrible des opérations, l'*opération césarienne*. Cependant, dans le cas de rétrécissement du bassin, il est possible de prévenir ces déplorables accidents. En effet, le médecin peut s'assurer longtemps avant, par un examen minutieux, du degré de rétrécissement du bassin, et lorsqu'il reconnaît l'impossibilité de l'accouchement à terme, il doit tenter l'*accouchement prématuré artificiel*. Cette opération a pour but de provoquer le travail par des manœuvres spéciales, exemptes de danger, à une époque où l'enfant étant viable, c'est-à-dire après le septième mois révolu, les diamètres de la tête ne sont pas encore arrivés à leur plus grande longueur et pourront dès lors s'accommoder aux diamètres rétrécis du bassin. Quoique cette opération ait soulevé autrefois une opposition qui puisait souvent ses arguments dans des raisons extra-médicales, elle est aujourd'hui reconnue nécessaire et utile, car elle peut sauver deux existences à la fois, celle de la mère et celle de l'enfant.

Nous ajouterons qu'il y aurait un moyen bien plus simple d'empêcher ces complications de se présenter aussi fréquemment. Il suffirait, avant le mariage, alors surtout qu'il y a quelque motif de crainte, de consulter le médecin. Son avis, en fin de compte, vaut bien celui du notaire. Si ce dernier peut renseigner sur les conditions de fortune et de successions, le médecin lui, peut, au point de vue de la santé et de la vie, indiquer le péril pour la femme si elle devient mère, pour les enfants futurs s'ils doivent hériter de certaines maladies de leurs ascendants. Négliger un pareil avis, c'est quelquefois se créer pour l'avenir des chagrins irrémédiables.

Un mot, en passant, sur l'emploi du chloroforme dans les accouchements. Aussitôt que la découverte de Jackson fut connue, et que les expériences de Simpson démontrèrent que les inhalations d'éther ou de chloroforme, tout en supprimant la sensibilité, n'enlevaient pas à l'utérus sa contractilité et par conséquent n'entravaient pas la marche du travail, on pensa pouvoir soustraire pour toujours la femme aux douleurs de la parturition. Quelques esprits étroits, voyant dans cette pratique un moyen d'éluder la loi divine qui aurait dit à la femme : « Tu enfanteras dans la douleur, » cherchèrent bien à la combattre par des arguments de casuistes, mais la science d'aujourd'hui s'est élevée trop haut pour tenir compte de pareilles objections, et l'anesthésie obstétricale se répandit bientôt, devenant en Angleterre d'abord, en Amérique et en France ensuite, d'un usage fréquent. Cependant, vouloir se servir du chloroforme dans les accouchements ordinaires, pour céder aux caprices ou à la pusillanimité des femmes, serait, croyons-nous, d'une grave imprudence, car les cas de mort, qui lui sont imputables, sont trop nombreux pour qu'il soit permis de jouer avec cet agent merveilleux, mais terrible. En l'absence d'un anesthésique moins dangereux, on doit réserver le chloroforme pour les cas dans lesquels une opération sérieuse est urgente, car alors il rend les plus grands services, en supprimant pour la femme les douleurs et la frayeur que cause l'opération et en donnant à l'accoucheur une plus grande liberté d'action. Le chloroforme est aussi très-utile pour faire cesser les attaques d'éclampsie qui se montrent quelquefois pendant l'accouchement. Dans tous les cas, il faut tenir compte des contreindications que l'accoucheur expérimenté sait toujours apprécier.

N'écrivant pas ici pour des médecins, nous n'entreprendrons pas de décrire les soins nombreux qu'il est utile de donner à la mère ou à l'enfant pendant et après le travail. S'il est vrai que, très-souvent, la femme peut accoucher seule et heureusement, ainsi que nous le constatons fréquemment dans les campagnes et même à la ville, le bon sens et la prudence commandent, cependant, certaines mesures préventives contre les accidents variés qui peuvent surgir à tous les moments, et certaines précautions qui rendront l'enfantement plus facile et moins douloureux.

Le médecin seul est à même de conseiller la femme, de diriger le travail, de prévoir les complications qui pourraient se présenter et de les combattre. Nous dirons donc seulement qu'au terme de la grossesse, la femme devra éviter les fatigues, prendre quelques bains, se purger légèrement. Puis, dès le début du travail, elle observera le repos à la chambre, s'abstenant surtout des boissons stimulantes, vin chaud, eau-de-vie qui, au lieu de donner des forces comme bon nombre de personnes le croient, prédisposent au contraire aux hémorrhagies abondantes en excitant la circulation. Un lavement sera administré pour débarrasser l'intestin des matières qu'il renferme, et la vessie sera vidée. On préparera tout ce qu'il faut, c'est-à-dire le *lit de misère*, du linge en abondance, du fil solide, des ciseaux, de l'huile ou du cérat, de l'eau tiède et de l'eau froide. La toilette de la mère et de l'enfant seront disposées à l'avance ainsi que le berceau, ainsi que le lit où la mère passera le temps de ses couches.

Une fois la première période ou de dilatation passée, la femme se couchera, et ne devra pas se lever pour satisfaire le besoin illusoire d'aller à la selle, car elle pourrait accoucher brusquement pendant les efforts et l'enfant serait précipité dans la fosse d'aisance ou dans le vase de la chaise percée. Au moment où la tête de l'enfant franchit la vulve, la femme doit cesser ses efforts volontaires qui, s'ils étaient excessifs, pourraient entraîner la rupture du périnée. Enfin quand l'enfant tout entier est au dehors, il faut se hâter de le retirer d'entre les jambes de la mère où il pourrait être asphyxié par les liquides qui s'écoulent après lui. On coupe le cordon à quatre centimètres de l'ombilic, après avoir fait une ligature solidement nouée pour arrêter l'écoulement du sang qui serait préjudiciable au nouveau-né. Par précaution, on fait aussi une ligature sur le bout placentaire du cordon ombilical qui reste pendant entre les jambes de la femme. Après s'être assuré que l'enfant respire bien, qu'il n'a aucun vice de conformation, on le nettoye, on panse le cordon ombilical. Enfin on emmaillotte le bébé. Dans le cas où l'enfant ne respire pas, il faut l'exciter par un bain chaud, par une aspersion d'eau froide, par des frictions sur le thorax, ou même pratiquer la respiration artificielle. La mère, d'autre part, aussitôt après la délivrance qui se fera spontanément ou qui sera provoquée par l'accoucheur, sera lavée, changée de linge, et transportée dans son lit où on la laissera prendre le repos dont elle a besoin, tout en surveillant de temps à autre l'écoulement du sang pour savoir s'il n'est pas trop abondant. Dans les accouchements naturels et simples, on doit donc se borner à observer, conseiller, surveiller et protéger. La patience et l'absence de toute précipitation sont deux choses indispensables, car il faut savoir attendre la nature pour la seconder utilement. Dr LEGROUX.

ACÉPHALES. — (*Acéphalés* de Blainville, *Acéphalophores* de Lamarck : — du grec à privatif, et κιφαλή, tête). D'après la méthode de Cuvier, les Acéphales forment la quatrième classe de l'embranchement des Mollusques, et se divisent en Acéphales *testacés* et Acéphales sans coquille, ou *Tuniciers*. Mais cette classification a été notablement modifiée par les zoologistes contemporains. Les uns ont écarté la dénomination même d'Acéphales, et institué une classe des Lamellibranches et une classe des Tuniciers, ne renfermant chacune qu'un seul ordre : la première, celui des *Conchifères;* la seconde, celui des *Ascidies.* Les autres, se rapprochant davantage du système de Cuvier, ont fait des *Acéphales* le deuxième *type* de l'embranchement des Mollusques; ils ont partagé ce type en deux classes, celle des *Lamellibranches* et celle des *Brachiopodes,* et rattaché celle des Tuniciers à un nouveau type, le troisième de l'embranchement, celui des *Molluscoïdes.* On voit que, dans l'un et l'autre système, les Tuniciers forment une classe distincte. Nous croyons donc devoir les laisser de côté pour le moment, nous réservant de leur consacrer en leur lieu un article spécial, et nous ferons seulement connaître ici les caractères des Acéphales testacés ou Conchifères (Lamellibranches).

Ces Mollusques ont une organisation beaucoup plus simple que celle des Mollusques céphalés. Leur corps est enveloppé d'un manteau formé de deux lames membraneuses à bords frangés ou simples, tantôt séparées, tantôt réunies en avant. Ils n'ont ni tête ni yeux, ni tentacules; leur bouche, dépourvue de parties dures, est cachée sous quatre feuillets membraneux. Le seul sens qu'on ait pu constater chez eux est celui du toucher, et ils n'exécutent guère que des mouvements de contraction et de distension. Leur respiration s'effectue par des branchies ayant la forme de grands feuillets couverts de faisceaux vasculaires. Le sang se rend de ces branchies au cœur, qui a deux oreillettes et un seul ventricule. Le système nerveux est des plus élémentaires : un cordon médullaire avec quelques ganglions épars, dont un, situé au-dessus de la bouche, peut être considéré comme une sorte de cerveau. L'appareil digestif, terminé d'une part par la bouche, de l'autre par un anus, présente souvent des circonvolutions; l'estomac consiste en une cavité creusée au milieu du foie.

Chez le plus grand nombre des Acéphales, les sexes sont séparés; mais comme les organes d'accouplement n'existent pas, la fécondation a lieu après la ponte. Quelques-uns cependant sont hermaphrodites; quelques-uns aussi sont vivipares; les autres sont ovipares. Presque tous, au moment de leur éclosion, vivent librement dans l'eau, et se meuvent au moyen de cils vibratiles insérés sur une aile membraneuse qui est l'embryon du *pied.* En cas de danger, ils se réfugient sous le manteau maternel. Bientôt le mollusque se fixe à un corps résistant où il continue son développement, et sur lequel il doit passer sa vie entière. L'immense majorité des Acéphales ont pour abri une coquille bivalve; ils sont fixés à l'une des valves par leur pied, et à l'autre par un ligament qui leur permet d'ouvrir et de fermer à volonté leurs coquilles, réunies par une charnière. On en rencontre cependant qui présentent des pièces calcaires accessoires, et qui peuvent être considérés comme multivalves. Dans tous les cas, c'est le manteau qui est l'organe sécréteur de la matière calcaire qui constitue la coquille. Certains Acéphales possèdent d'ailleurs un *byssus*, c'est-à-dire une frange de fils plus ou moins déliés qui ne sont que le développement des cils vibratiles dont nous avons parlé, et à l'aide desquels l'animal *s'amarre* (qu'on me permette cette expression) aux corps qui lui servent d'appui.

Les Acéphales sont, en général, de petite taille ou de taille moyenne. Toutefois, M. Émile Blanchard a établi que certaines espèces peuvent acquérir avec l'âge des dimensions énormes. Tous sans exception sont aquatiques; les uns vivant dans les eaux douces, les autres dans les eaux salées. C'est parmi ces derniers qu'on trouve les plus grandes espèces. Les paléontologistes connaissent un assez grand nombre d'Acéphales fossiles. Arthur Mangin.

ACÉTIQUE (acide) et **ACÉTATES.** — On a trouvé l'acide acétique libre et les acétates de potassium, de radium ou de calcium dans la séve des végétaux et dans plusieurs sécrétions animales. Les matières organiques les plus diverses : les sucres, la fécule, les acides tartrique et citrique, l'alcool, l'aldéhyde, certains éthers, les matières albuminoïdes, sous l'influence d'agents oxydants appropriés, peuvent donner naissance à de nombreux produits parmi lesquels figure l'acide acétique. On admet dans la constitution de l'acide acétique l'existence d'un radical monoatomique, l'acétyle C^2H^3O qui peut être considéré comme de l'éthyle oxydé.

Acide acétique normal. $C^2H^4O^2 = C^2H^3O.OH$. — En distillant avec ménagement, dans une cornue munie d'une allonge et d'un ballon récipient, un mélange d'acide sulfurique et d'un acétate desséché, spécialement l'acétate de sodium, on obtient de l'acide acétique normal contenant toujours de l'acide sulfureux, souvent même de l'acide sulfurique. Cet acide acétique impur est distillé de nouveau sur de l'acétate de sodium. Les premiers produits recueillis dans cette seconde opération sont les plus faibles; les derniers, au contraire, sont de l'acide pur qui se concrète par le refroidissement. Toutefois, pour obtenir l'acide acétique parfaitement exempt d'eau $C^2H^4O^2$, il faut égoutter l'acide cristallisé, le liquéfier, le congeler ensuite et l'égoutter de nouveau.

L'acide acétique pur cristallise en tables hexagonales qui restent solides au-dessous de + 17°. A cette température, il est liquide, d'une densité de 1,063 (8°,5 Baumé), incolore, d'odeur piquante, agréable, de saveur fortement acide, brûlant énergiquement la peau et les muqueuses. Il bout à 120°. Il se mêle à l'eau et à l'alcool en toutes proportions. Lorsqu'on y ajoute de l'eau, il se produit une contraction et par conséquent une augmentation de densité. Le maximum de contraction correspond à un mélange représentant $C^2H^4O^2 + H^2O$, dont la densité est 1,079. A partir de ce point, l'acide acétique se comporte comme les autres acides, et de nouvelles additions d'eau diminuent proportionnellement son poids spécifique. En raison de cette particularité, la valeur réelle d'un acide acétique concentré ne sera point recherchée à l'aide des aréomètres; elle ne devra être déterminée que par un essai acidimétrique.

Dirigées à travers un tube de porcelaine incandescent, les vapeurs d'acide acétique donnent des gaz et du charbon et en petite quantité de l'acétone, de la benzine, du phénol, de la naphtaline (Berthelot). Si le tube renferme de l'hydrate de calcium, il se produit de l'hydrogène protocarboné et du carbonate de calcium.

L'acide acétique concentré, produit par la décomposition à chaud de l'acétate de cuivre, porte le nom de vinaigre radical. En même temps que l'acide acétique, il passe à la distillation une quantité appréciable d'acétone, liquide particulier, inflammable et volatil, qui donne à l'acide obtenu par ce procédé une odeur à la fois plus pénétrante et plus agréable.

L'acide acétique cristallisable et le vinaigre radical sont fréquemment employés pour stimuler la membrane pituitaire, dans les cas de syncope ou d'asphyxie. Toutefois, comme ils produisent l'un et l'autre, au contact direct avec les muqueuses, une très-vive sensation de brûlure, il faut avoir soin qu'ils ne pénètrent dans les fosses nasales qu'à l'état de vapeurs. On obtient ce résultat en se servant de petits flacons, remplis de sulfate de potassium en menus cristaux que l'on imprègne d'acide acétique. C'est ce mélange qui constitue le sel de vinaigre ou sel d'Angleterre. L'acide acétique cristallisable peut en outre servir à cautériser les verrues, les aphthes, les vésicules d'herpès, etc. Il existe dans le commerce une variété d'acide acétique qu'on désigne sous le nom d'acide pyroligneux et qui provient de la distillation du bois. Le bois, soumis à l'action de la chaleur dans des appareils distillatoires, donne naissance à de nombreux produits qui se volatilisent, en même temps que du charbon reste pour résidu. Les matières condensées dans les récipients constituent deux couches distinctes : l'une, formée par de l'acide acétique mêlé d'un vingtième environ d'hydrate de méthyle, ou esprit de bois, et coloré en rouge brun par des produits empyreumatiques; c'est l'acide pyroligneux brut. Un stère de bois de sapin fournit 44 kilog. de goudron et 375 litres d'acide pyroligneux. Fourcroy et Vauquelin ont démontré, les premiers, que cet acide est identique, après sa purification, avec l'acide acétique extrait du vinaigre; aussi le désigne-t-on quelquefois sous les noms de vinaigre de bois ou de vinaigre de Mollerat, du nom de l'industriel qui, le premier, l'a versé en grande quantité dans le commerce. Il sert particulièrement à préparer les acétates.

Les acétates sont des sels qui peuvent être représentés par de l'acide acétique $C^2H^4O^2$ dans lequel un atome d'hydrogène est remplacé par un atome d'un métal monoatomique. Ex. : $C^2H^3O^2.M'$ — $C^2H^3O^2.K$ (acétate de potassium). Lorsque le métal qui remplace l'hydrogène est diatomique, la formule est : $(C^2H^3O^2)^2M''$. Ex. : $(C^2H^3O^2)^2Pb''$ (acétate de plomb).

Les acétates sont presque tous plus ou moins solubles dans l'eau et dans l'alcool; l'acide sulfurique les décompose en dégageant de l'acide acétique. Chauffés fortement, quelques-uns, comme ceux d'argent, de cuivre, donnent, par la distillation, de l'acide acétique très-concentré, et laissent pour résidu la base ou le métal qui les constituaient. D'autres fournissent les produits ordinaires de la décomposition des matières organiques et un résidu de carbonate. Ex. : les acétates de potassium, de sodium, de barium, de calcium, etc. Ces derniers, en présence d'un excès d'alcali, donnent, par un dédoublement très-net de l'acide acétique, de l'hydrogène carboné CH^4 et de l'anhydride carbonique CO^2 à l'état de carbonate qui reste pour résidu. (Persoz.) Chauffés avec un mélange d'acide sulfurique et d'alcool, les acétates produisent de l'acétate d'éthyle (éther acétique) que son odeur agréable et caractéristique fait aisément reconnaître. Tous les acétates, mélangés d'hydrate de potassium (potasse caustique) et d'acide arsénieux, que l'on porte à la température de 200°, répandent une odeur fétide fortement alliacée, (mélange de cacodyle et d'oxyde de cacodyle) tout à fait caractéristique. Les acétates sont extrêmement nombreux; parmi les plus importants, nous citerons ici ceux de potassium, de sodium, d'ammonium, d'aluminium, de fer, de plomb et de cuivre. On emploie fréquemment en pharmacie, sous le nom d'extrait de Saturne, une solution d'acétate tribasique de plomb.   Dr L. Hébert.

ACÉTONES. — On donne le nom générique d'*acétones* à une classe de composés, dont le type est un liquide inflammable, incolore, découvert au siècle dernier, se produisant dans la distillation sèche des acétates, et appelé tour à tour *éther pyroacétique, esprit pyroacétique* et enfin *acétone*.

Les acétones se forment par la distillation sèche des sels d'acides monobasiques et monoatomiques [1]. Elles représentent essentiellement du carbonyle ou oxyde de carbone, CO, combiné à deux radicaux alcooliques. Leur formule générale est donc COR^2 (R étant un radical alcoolique). On peut encore les représenter comme une aldéhyde CORH, dont l'atome d'hydrogène est remplacé par un radical (Chancel). D'après la formule COR^2, on voit deux sortes d'acétones possibles; dans les unes, les deux radicaux seront identiques; celles-ci proviennent de la distillation du sel d'un seul acide. Dans les autres, les deux radicaux R seront différents; on les nomme *acétones mixtes*, elles résultent de la distillation d'un mélange équimoléculaire des sels de deux acides différents. Ainsi, l'acétate de chaux donnera l'acétone ordinaire $CO (CH^3)^2$ [2] où les radicaux sont du méthyle; tandis que la distillation d'un mélange d'acétate et de valérianate de chaux donnera l'acétone mixte $CO (CH^3) (C^4H^7)$, où il y a deux radicaux différents, le méthyle et le butyle. Dans tous les cas, la réaction est la même, elle a lieu entre deux molécules des sels mis en réaction; et les produits sont une acétone et un carbonate de la base du sel: l'équation qui représente les produits de la distillation de l'acétate de potasse, par exemple, est générale, et exprime la formation de toutes les acétones [2].

Les acétones mixtes prennent aussi naissance, et comme produits secondaires, dans la formation des acétones simples, les réactions dues aux distillations sèches présentant toujours une grande complexité.

La synthèse directe des acétones a été réalisée par Pebal et Freund; leur procédé consiste à faire réagir les chlorures de radicaux acides sur les composés organométalliques; ainsi, avec le chlorure d'acétyle et le zinc-méthyle, ils ont fait la synthèse de l'acétone, identique avec celle que fournit la distillation sèche des acétates; avec le même chlorure, et le zinc-éthyle, ils ont préparé l'acétone mixte éthylméthylique. Ce procédé est donc général, et permet d'obtenir les deux classes d'acétones.

Wanklyn a préparé la propione en faisant passer de l'oxyde de carbone sur du sodium-éthyle.

Les propriétés générales de ces composés se retrouvent dans l'histoire de l'acétone ordinaire CO (CH) [1].

Découverte par Courtenvaux en 1754, considérée tour à tour comme un éther et comme un alcool, l'acétone a été étudiée par Dumas, qui en fixa la composition, par Kane, qui se méprit cependant sur sa fonction en la prenant pour un alcool, par Chancel, qui le premier en dévoila la constitution et celle de ses congénères, par Williamson, qui découvrit les acétones mixtes, par Pebal et Freund, et par Friedel, qui en firent la synthèse, et ajoutèrent, ainsi que Fittig et Stœdeler, de nouveaux faits à son histoire.

L'acétone est un liquide incolore, très-fluide, inflammable, d'une densité de 0,814 à 0^0. Elle bout à 56^0, et n'est pas solidifiée par un froid de $- 15^0$. Elle est soluble dans l'eau, l'alcool et l'éther, et dissout facilement les résines et les matières grasses. Elle partage avec les aldéhydes la propriété de se combiner aux bisulfites

---

1. Excepté les formiates. (V. *Aldéhydes*.)
2. $2(CH^3,CO,OK)$ = $CO.(CH^3)^2$ + CO^3K^2.
   Acétate de potasse.   Acétone.   Carbonate de potasse.

alcalins en donnant un composé cristallisé. Sous les influences oxydantes, elle fournit, suivant l'agent employé, de l'acide acétique, de l'acide formique ou de l'acide oxalique. Dirigée en vapeur sur l'hydrate de potasse chauffé, elle se décompose, suivant la température, en carbonate de potasse et hydrure de méthyle, ou en acétate et formiate de potasse. Abandonnée longtemps avec de la chaux, ou saturée d'acide chlorhydrique, elle se polymérise en perdant une ou deux fois les éléments de l'eau, et fournit deux corps nouveaux, la *dumasine* et la *phorone*. Sous l'influence de l'acide sulfurique, trois molécules d'acétone se condensent en perdant trois molécules d'eau, et le carbure d'hydrogène ainsi formé, le mésitylène C^9H^{12}, est isomérique avec le cumène. Avec le chlore et le brome, il y a production de dérivés chlorés et bromés, liquides huileux très-irritants qui agissent vivement sur les yeux et sur la muqueuse nasale.

En présence des alcalis, le chlore et le brome agissent différemment, et donnent du chloroforme et du bromoforme. L'hydrogène naissant se fixe sur l'acétone, en fournissant un alcool, isomère de l'alcool propylique de fermentation, et qui alors par oxydation perd deux atomes d'hydrogène pour régénérer l'acétone. On recueille en même temps un corps nouveau, la *pinakone*, qui résulte de la fixation de deux atomes d'hydrogène sur deux molécules d'acétone réunies.

Le perchlorure de phosphore l'attaque vivement, et fournit deux composés, dont l'un représente de l'acétone dont l'oxygène est remplacé par deux atomes de chlore (méthyl-chloracétol); l'autre, qui se produit en même temps, est du propylène chloré. Il dérive du méthyl-chloracétol, par élimination d'une molécule d'acide chlorhydrique.

L'acétone, ainsi que nous l'avons dit, se prépare par la distillation sèche des acétates; aussi en obtenait-on dans l'industrie des quantités considérables, lorsqu'on distillait le mélange d'aniline et d'acétate de fer provenant de l'action de la limaille de fer et de l'acide acétique sur la nitro-benzine.

La synthèse de l'acétone a été réalisée : 1° par l'action du chlorure d'acétyle sur le zinc-méthyle (Pebal et Freund); 2° par le chloracétène C^2H^3Cl et l'alcool méthylique sodé (Friedel); 3° par l'action de l'acide hypochloreux, aqueux, et de l'oxyde de mercure sur le propylène chloré ou bromé (Linnemann). Il se forme de l'acétone chlorée ou bromée qui, par l'hydrogène naissant, fournit l'acétone. Enfin, comme l'alcool isopropylique peut être dérivé de l'éther dichlorhydrique de la glycérine, et que cet alcool se transforme en acétone par les oxydants, on passe ainsi de la glycérine à l'acétone.

Les réactions générales de l'acétone ont été constatées sur ces congénères, la butyrone, la propione, la valérone, la benzophénone, etc.

USAGES. — L'acétone dissout facilement à froid le copal préalablement chauffé jusqu'à commencement de fusion. Pour une partie de copal, il ne faut que deux parties huit dixièmes d'acétone.

Le vernis ainsi obtenu, sèche presque instantanément en laissant une couche dure, brillante et bien résistante. Wiederhold, qui a étudié les propriétés dissolvantes de l'acétone, pense en outre qu'on pourrait l'employer avec avantage pour restaurer les peintures à l'huile, dont le vernis est altéré. Le vernis devient souvent opaque, parce qu'il passe de l'état vitreux et transparent à l'état cristallin ou pulvérulent. En employant avec précaution l'acétone, on dissoudrait le vernis opaque, qui par évaporation du solvant se déposerait de nouveau dans la modification vitreuse. L'acétone dissout aussi facilement le coton poudre.　　E. GRIMAUX.

ACHROMATISME. — On appelle achromatisme la destruction de toute coloration opérée dans les images des objets vus à travers deux ou plusieurs prismes.

Les divers rayons, dont se compose la lumière réfractée, diffèrent entre eux par un caractère physique important, par la couleur. La lumière du soleil est blanche : si l'on reçoit directement un faisceau de ses rayons sur un écran, on obtiendra une tache parfaitement blanche; mais si l'on présente à cet écran le même faisceau, après qu'il a traversé un prisme, l'on verra une image colorée de diverses teintes, lesquelles se succéderont dans un ordre constant, quel que soit le milieu réfringent.

Cette expérience simple, mais instructive, nous apprend qu'un rayon de lumière blanche consiste en une infinité de rayons simples qui diffèrent tous de couleur et de réfrangibilité; de plus, en opérant avec différents milieux, on reconnaît que ceux-ci détournent plus ou moins les rayons lumineux, c'est-à-dire qu'ils varient beaucoup en pouvoir réfringent. (Voir *Dispersion*.) Cette propriété était connue des anciens physiciens qui ont précédé Newton. Ce grand homme, en établissant les lois de la décomposition de la lumière, fut naturellement conduit à rechercher si chaque couleur avait la même réfrangibilité relative pour tous les transparents. Il voulut essayer de corriger les effets de la réfraction par le verre à l'aide d'un prisme rempli d'eau, ce qui devait lui donner des images faiblement colorées : malheureusement, il avait mêlé de la litharge avec l'eau pour augmenter la réfraction; et le grand pouvoir dispersif des sels de plomb, pouvoir qu'il ne pouvait soupçonner, lui enleva la gloire d'une des plus grandes découvertes de l'optique : guidé par cette expérience trompeuse, Newton fut conduit à considérer la dispersion comme un phénomène plus simple qu'il n'est en réalité, et à regarder comme constants les rapports de réfrangibilité des rayons colorés dans leur passage à travers les milieux transparents, ou, en d'autres termes, à supposer la dispersion proportionnelle à la réfraction : d'où il tira cette conséquence, que si la lumière traversait deux substances transparentes pour se rendre dans l'air, l'effet de la dispersion ne pouvait disparaître qu'avec celui de la réfraction. Mais cette *action proportionnelle* sur les rayons diversement colorés est loin d'être exacte, quoique, en général, ce soient les substances les plus réfringentes qui dispersent le plus.

En 1733, M. Hall, gentilhomme du comté de Worcester, fut le premier qui reconnut l'erreur de Newton. S'étant assuré que le pouvoir dispersif varie pour chaque espèce de verre, il construisit avec le plus grand succès des lunettes achromatiques, dont quelques-unes existent encore. Sa découverte tomba dans un regrettable oubli, et ce ne fut qu'en 1757, que cette propriété fut retrouvée et appliquée par Dollond, célèbre opticien de Londres, à la suite d'une discussion soulevée par le grand Euler sur cette question.

L'artiste anglais démontra la fausseté de l'idée de Newton par l'expérience suivante : il fit traverser par un rayon solaire le système de deux prismes accolés et ayant les angles tournés en sens inverse : le premier était formé d'une masse de verre; le second, à angle variable, était creux et rempli de liquide. En faisant varier l'angle du prisme à liquide, il obtint un faisceau émergent de lumière blanche, avant que la déviation fût nulle. La possibilité de l'achromatisme était donc démontrée. En optique, on se sert de prismes et de lentilles achromatiques, c'est-à-dire de prismes et de lentilles tels, que les images, vues à travers leur épaisseur, conservent les teintes des images vues directement, et ne sont pas terminées par des franges irisées. Les prismes achromatiques sont ordinairement composés de deux prismes, l'un de verre ordinaire (*crown glass*), l'autre de verre renfermant une grande quantité de plomb (*flint glass*), dont les angles réfringents sont disposés en sens inverse.

Pour concevoir comment l'achromatisme peut exister avec ce système, il suffit de rappeler que le second prisme est formé d'une substance plus dispersive que celle du premier; or, comme la dispersion augmente avec l'angle du prisme, le second prisme, pour rendre l'image incolore, devra avoir un angle réfringent plus petit que le premier; et l'image sera blanche, tout en conservant une certaine déviation. La théorie indique que le rapport de ces angles est égal au rapport inverse des coefficients de dispersion, ce que Dollond avait trouvé par tâtonnements.

En n'employant, comme nous venons de le supposer, que deux prismes, on ne saurait empêcher la décomposition que pour deux couleurs : mais si l'on fait choix des couleurs les plus éclatantes du spectre, le jaune et le bleu, les rayons intermédiaires ne subiront pas de décomposition sensible, et le système sera suffisamment achromatique. Quand on veut obtenir une plus grande exactitude, on emploie trois prismes dont on détermine les angles de manière à faire émerger parallèlement les rayons rouges, jaunes et bleus. A la rigueur, il faudrait employer autant de prismes que l'on voudrait achromatiser de rayons colorés.

De l'achromatisme des prismes à celui des lentilles il n'y a qu'un pas, en se rappelant qu'une lentille peut être considérée comme un système de prismes infiniment étroits, disposés en zones circulaires autour d'un centre commun, et dont les angles réfringents croissent avec la distance au centre de manière à réfracter tous les rayons en un même point. Mais la lumière se décompose en traversant une lentille comme en traversant un prisme. Les rayons de différentes couleurs ne forment donc pas leurs foyers au même point; il en résulte que les images obtenues par réfraction présentent des franges irisées sur leurs bords. C'est à ce phénomène que l'on donne le nom d'*aberration de réfrangibilité*. L'achromatisme a pour but de la faire disparaître. On forme ordinairement les lentilles achromatiques d'une lentille convergente de crown-glass, et d'une lentille divergente de flint-glass, réunies par une face commune. En se donnant arbitrairement deux des rayons de courbure, on pourra déterminer le troisième par le calcul, de manière que les rayons jaunes et bleus viennent concourir au même point, après avoir traversé le système réfringent. L'achromatisme sera imparfait, il est vrai, mais suffisant dans la pratique. Il en est des lentilles comme des prismes : on ne pourrait réellement parvenir à un achromatisme parfait qu'en employant une infinité de lentilles différentes.

L'invention de l'achromatisme a été le point de départ de perfectionnements notables apportés dans la construction des instruments d'optique, et a étendu considérablement le champ des découvertes, surtout en astronomie et en micrographie.

L'achromatisme complet du microscope et de la lunette astronomique est réalisé par l'emploi simultané d'un objectif achromatique et d'un oculaire composé.

L'objectif est formé d'une, de deux ou de trois lentilles achromatiques : quant à l'oculaire, on utilise deux dispositions particulières : l'*oculaire positif de Ramsden* qui s'adapte spécialement aux lunettes, et qui n'est autre chose qu'une loupe double, et l'*oculaire négatif d'Huyghens* qui convient parfaitement au microscope : ce dernier diffère du précédent en ce que l'image réelle formée par l'objectif vient se faire dans l'intervalle des deux lentilles qui constituent cet oculaire composé.

Il sera parlé de l'achromatisme de l'œil quand on traitera des phénomènes de la vision.   V. DESPLATS.

ACIDES. — Pour arriver à une conception claire de ce que représente aujourd'hui le mot *acide*, il faut remonter aux époques qui ont précédé Lavoisier et voir par quelles acceptions successives ce mot a passé.

Aux premiers temps de la chimie ce mot, *acide*, ne représentait point encore une fonction chimique. Il représentait une simple propriété, cette propriété spéciale qui se manifeste au sens du goût par la saveur aigre. Un corps acide, un corps aigre étaient alors des expressions synonymes. Plus tard on reconnut que les corps acides, au point de vue du goût, avaient la propriété de faire virer au rouge la teinture bleue de tournesol. Ce nouveau caractère entra dans la définition des acides. On considéra comme tels toutes les substances de saveur aigre et capables de rougir le tournesol. Bientôt les chimistes firent de l'acidité un principe à part, quelque chose de spécial qu'ils mirent à côté des quatre éléments, et de même qu'ils représentaient ceux-ci par des symboles, ils donnèrent également un symbole au principe acide, le symbole +. Mais Lavoisier est le premier qui ait défini les acides d'une manière précise, sinon définitive.

Lavoisier, introduisant la balance dans l'étude de la chimie, avait renversé la vieille théorie de Stahl, la théorie du phlogistique. Il avait découvert que la plupart des transformations qui se produisent, lorsqu'on chauffe les corps à l'air, proviennent de la fixation d'un principe gazeux contenu dans l'atmosphère, l'*oxygène* ou *air respirable*. D'autre part, il avait dégagé d'une manière complète la notion d'éléments ou corps simples, et désigné sous ce nom tous les corps que le chimiste est impuissant à décomposer. Il avait reconnu que les métaux, jadis considérés comme des combinaisons de *chaux* et de *phlogistique,* étaient en réalité des corps simples et que les *terres* ou *chaux* jadis considérées comme des corps simples, étaient au contraire des corps composés d'oxygène et d'un métal. Enfin Lavoisier avait vu que certains éléments non métalliques tels que le soufre et le phosphore qui peuvent aussi brûler dans l'air, se transforment par cette combustion en un composé oxygéné.

Mais lorsqu'on fait brûler dans l'oxygène des corps métalliques et des corps non métalliques, on obtient des produits d'un ordre tout différent. Les corps métalliques, en brûlant, c'est-à-dire en fixant l'oxygène, forment ce que l'on appelait alors des terres, ce que nous appelons aujourd'hui des bases, des substances analogues à la potasse, qui à cette époque n'avait point encore été décomposée. Au contraire les corps non métalliques brûlés dans l'oxygène fournissent des composés qui, lorsqu'ils peuvent se dissoudre, donnent des liqueurs jouissant de toutes les propriétés jusque-là attribuées aux acides, c'est-à-dire des liqueurs aigres et susceptibles de rougir le tournesol.

Lavoisier partant de ce fait divisa en deux la grande classe des composés oxygénés binaires, c'est-à-dire des composés qui ne contiennent qu'un seul corps simple uni à l'oxygène. Aux uns, à ceux qui, dissous dans l'eau, rougissent le tournesol, il donna le nom d'*acides,* aux autres, à ceux qui ne jouissent pas de cette propriété, il donna le nom d'*oxydes.* Un progrès immense se trouvait réalisé par cette conception. Le mot *acide* ne désignait plus une simple propriété, il désignait toute une classe de corps, les oxydes des éléments non métalliques.

Lavoisier ne s'en tint pas là. On savait déjà que lorsqu'on met un oxyde métallique dans un acide, ce dernier perd sa propriété de rougir le tournesol en même temps que sa saveur aigre, et qu'il se forme un sel. D'autre part, à côté des oxydes reconnus se trouvaient la potasse et la soude, alors encore considérées comme corps simples, mais dont Lavoisier soupçonnait déjà la nature oxydée. La potasse et la soude sont solubles dans l'eau et leurs solutions donnent avec la teinture de tournesol une réaction inverse de celle des acides. Elles ramènent au bleu cette teinture préalablement rougie. Or, lorsqu'on verse un acide dans une solution de potasse, les deux corps se neutralisent réciproquement. L'acide cesse de rougir le tournesol bleu et la potasse cesse de bleuir le tournesol rouge. On avait là une nouvelle réaction qui permettait de déterminer la nature acide des corps, même lorsque ceux-ci étaient insolubles dans l'eau. Ainsi la silice, je suppose, ne se dissolvant pas dans l'eau et ne pouvant, par conséquent, rougir la teinture de tournesol, on ne pouvait savoir si ce corps était ou non un acide. Par la nouvelle méthode, cela devenait possible. La silice se combine avec la potasse en faisant un sel, comme le fait l'acide sulfurique. La silice est un acide.

Les acides étaient donc considérés comme une classe de combinaisons binaires oxygénées jouissant de propriétés inverses de celles qui caractérisaient une autre classe de combinaisons binaires oxygénées, les oxydes ou les bases. Les acides étaient les antagonistes des bases.

Berzélius alla plus loin. Le fait d'antagonisme entre les acides et les bases, ne se manifestait jusque-là que par les réactions des couleurs végétales. Ce n'était point assez pour une classification vraiment scientifique. La théorie de Lavoisier avait besoin d'être complétée, achevée. C'est le chimiste suédois qui en eut la gloire.

Berzélius reliait tous les faits de la chimie par une hypothèse, l'hypothèse dualistique, appuyée sur une seconde hypothèse, l'hypothèse électro-chimique. Il supposait que les atomes de tous les éléments sont chargés d'électricité tantôt positive tantôt négative. De là la classification des corps simples en électro-positifs ou métaux et électro-négatifs ou métalloïdes. Cette hypothèse reposait sur un fait. Lorsqu'on décompose une combinaison binaire en solution aqueuse, le chlorure de fer je suppose, par le courant, l'un des éléments, le métal, se rend au pôle négatif; l'autre élément, le métalloïde, se rend au pôle positif. En vertu de la loi des attractions électriques, on concluait que le métal qui va au pôle négatif est chargé d'électricité positive et que le métalloïde qui va au pôle positif est chargé d'électricité négative. Jusque-là l'hypothèse était on ne peut plus légitime, elle était une simple expression des faits.

De plus, Berzélius admettait que quand deux composés binaires ayant un élément commun s'unissent, les deux groupes restent distincts dans le composé et que l'un de ces groupes est chargé d'électricité positive, l'autre d'électricité négative. Ainsi le sulfate potassique était formé pour lui de deux groupes binaires, l'acide sulfurique composé d'oxygène et de soufre, et la potasse composée d'oxygène et de potassium. De même, quand deux composés ternaires s'unissent pour former un composé d'un ordre plus compliqué, les deux éléments ternaires resteraient distincts et seraient chargés l'un d'électricité positive et l'autre d'électricité négative. Ainsi, le sulfate d'alumine en s'unissant au sulfate de potasse constitue l'alun, où Berzélius supposait les deux sels primitifs conservant leur groupement distinct.

Revenons aux composés ternaires. Trompé par une erreur d'expérience, Berzélius avait cru que, sous l'influence du courant électrique, le sulfate de potasse se dédoublait en acide sulfurique allant au pôle positif et par conséquent chargé d'électricité négative et en potasse allant au pôle négatif et par conséquent chargée d'électricité positive.

Les sels étaient donc pour lui le résultat de l'union chimique de deux composés binaires, l'un électro-négatif ou *acide*, l'autre électro-positif ou *basique*. On remarquera que dans cette définition les questions relatives à la coloration du tournesol disparaissent. On peut bien encore se servir des réactifs colorés comme d'un moyen analytique pour reconnaître les acides, mais la conception générale de l'acidité repose sur des bases plus solides. Un acide est un composé binaire électro-négatif, ou, en d'autres termes, les acides et les bases sont, parmi les corps composés binaires, ce que sont les métalloïdes et les métaux parmi les éléments. Les acides sont les correspondants des métalloïdes et les bases les correspondants des métaux.

Une autre remarque aura sans doute frappé le lecteur. Lavoisier disait : *les acides sont des composés oxygénés...*; Berzélius disait : *les acides sont des composés binaires...*; dans cette seconde définition il n'est plus question d'oxygène. C'est qu'en effet Berzélius avait étendu à un grand nombre de métalloïdes les idées de Lavoisier sur l'oxygène. Il admettait que le soufre, le sélénium, le chlore, l'iode, peuvent, en s'unissant aux métaux, former tout comme l'oxygène des composés binaires acides ou basiques capables de s'unir entre eux et de donner des sels. De là la division des acides, des bases et des sels en *oxacides, oxybases et oxysels ; sulfacides, sulfobases et sulfosels; chloracides, chlorobases et chlorosels;* etc. De ces conceptions de Berzélius une partie est restée, une partie a été abandonnée. Nous admettons encore l'existence de sulfacides, de séléniobases, de tellurosels, etc.; mais nous n'admettons plus qu'il existe des chloracides, des bromobases et des iodosels.

Quoi qu'il en soit, la science se trouvait en possession d'une notion claire et précise. Malheureusement, cette notion n'était pas conforme à la réalité des faits. Lavoisier d'abord et Berzélius ensuite avaient commis une faute. Ils avaient négligé l'eau qui intervient dans les réactions réciproques des acides sur les bases. Ils avaient cru que cette eau jouait là un simple rôle de dissolvant. C'était une erreur. Cette erreur entraînait comme conséquence que la théorie dualistique ne montrait pas les rapports qui existent entre les acides binaires tels que l'acide chlorhydrique (composé d'hydrogène et de chlore) et les acides ternaires oxygénés ou non. Humphry Davy le premier reconnut cette lacune et s'efforça de la combler. Pour lui, les composés oxygénés que l'on avait désignés jusque-là sous le nom d'*acides anhydres* n'étaient plus des acides. Ce nom devait être réservé aux combinaisons ternaires formées par les soi-disant acides anhydres avec l'eau. Ainsi le trioxyde de soufre n'était plus de l'acide sulfurique, l'acide sulfurique était le composé que l'on obtient en combinant le trioxyde de soufre avec l'eau. Davy considérant dès lors tous les acides comme des composés hydrogénés parvint très-bien à expliquer l'analogie qui existe entre les acides binaires et les acides ternaires. Il admit qu'en présence des bases tous les acides binaires ou ternaires se comportent de même et échangent leur hydrogène contre le métal des bases pour former un sel et de l'eau [1]. Dulong alla plus loin encore. Il admit que tous les acides dérivent de l'union de l'hydrogène avec un radical électro-négatif, soit simple, comme dans le cas des acides binaires, soit composé comme dans le cas des acides ternaires. Ainsi, au lieu d'envisager l'acide azotique comme résultant de l'union d'une molécule d'eau avec une molécule de pentoxyde d'azote (acide azotique anhydre), il considérait l'oxygène de l'eau comme s'ajoutant à celui du pentoxyde d'azote pour former un radical composé, lequel s'unissait ensuite à l'hydrogène comme pourrait le

---

1. Dans la notation chimique, on peut se rendre compte de la différence qui sépare les idées de Berzélius de celles de Davy, par les équations suivantes :

Formation du sulfate potassique d'après Berzélius.

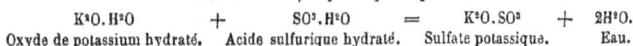

$$K^2O.H^2O \quad + \quad SO^3.H^2O \quad = \quad K^2O.SO^3 \quad + \quad 2H^2O.$$
Oxyde de potassium hydraté.   Acide sulfurique hydraté.   Sulfate potassique.   Eau.

Formation du sulfate potassique d'après Davy.

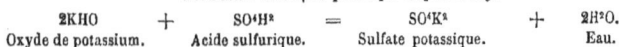

$$2KHO \quad + \quad SO^4H^2 \quad = \quad SO^4K^2 \quad + \quad 2H^2O.$$
Oxyde de potassium.   Acide sulfurique.   Sulfate potassique.   Eau.

faire le chlore[1]. Malheureusement, à l'époque où Dulong émit cette idée, on considérait les radicaux composés comme des corps nécessairement isolables ayant une existence propre. L'hypothèse de Dulong, faisant prévoir l'existence d'une foule de radicaux jusque-là inconnus, fut abandonnée comme devançant par trop l'expérience, sans qu'il fût cependant possible de la démontrer fausse. M. Dumas l'écartait encore par ces considérations dans son cours de philosophie chimique professé au Collége de France en 1836.

Les choses en restèrent là jusqu'à Gerhardt. Ce chimiste, par des considérations tirées de la chimie organique, et sur lesquelles nous reviendrons à l'article (*atomique théorie*), fut conduit à doubler le poids atomique de l'oxygène et le poids moléculaire de l'eau, et à rapporter le poids moléculaire de tous les corps au poids de deux volumes de vapeur. (V. *atomique théorie*.) Ces nouveaux poids atomiques et moléculaires lui permirent de reconnaître que les acides monoatomiques (V. plus loin) ne renferment pas les éléments d'une molécule d'eau. Ces corps renferment en effet un seul atome d'hydrogène et l'eau en renferme deux. Il fallait dès lors considérer les acides non plus comme formés par l'union de l'eau et d'un acide anhydre, mais comme un tout renfermant de l'hydrogène remplaçable par les métaux[2].

Une vue exacte sur les phénomènes qui se passent dans la décomposition électrolytique des sels est venue appuyer la nouvelle manière de formuler adoptée par Gerhardt. Berzélius, avons-nous dit, croyait que lorsqu'on décompose un sel par le courant, le sulfate de potassium par exemple, il se forme de la potasse qui va au pôle négatif et de l'acide sulfurique qui va au pôle positif. En effet, si l'on remplit de sulfate de potasse en solution aqueuse, un tube en forme d'U, et que l'on fasse plonger l'électrode positive d'une pile dans l'une de ses branches et l'électrode négative dans l'autre branche, il suffit de verser un peu de tournesol dans le tube pour voir ce corps bleuir fortement au pôle négatif et rougir au pôle positif. Il s'est donc formé de la potasse à un pôle et de l'acide sulfurique à l'autre. En même temps on recueille un volume d'oxygène au pôle positif et deux volumes d'hydrogène au pôle négatif. Ces gaz suivant Berzélius provenaient de l'électrolyse d'une molécule d'eau décomposée en même temps que le sel.

Au lieu de sulfate de potasse prend-on du sulfate de cuivre, les choses se passent autrement. Au pôle positif on observe bien encore qu'il se produit de l'acide sulfurique et qu'il se dégage de l'oxygène ; mais au pôle négatif au lieu d'un dégagement d'hydrogène et d'un dépôt d'oxyde de cuivre, que l'on devrait avoir si les deux réactions étaient parallèles, on a un dépôt de cuivre métallique et il ne se dégage pas le moindre gaz. Pour expliquer cette différence entre ces décompositions, Berzélius admettait que le sulfate de cuivre se décomposait d'abord en oxyde de cuivre et acide sulfurique, mais que l'oxyde de cuivre étant moins stable que l'eau, c'est sur lui que se portait l'action secondaire du courant. Dans cette hypothèse, l'oxygène

1. Pour Berzélius, l'acide azotique hydraté répondait à la formule $Az^2O^5 . H^2O$. Pour Dulong, l'oxygène de l'eau uni au groupe Az^2O^5 donnait le groupe Az^2O^6, lequel, en s'unissant à l'hydrogène, formait l'acide azotique $Az^2O^6 . H^2$.

2. On écrivait, avant Gerhardt, l'acide azotique $AzO^5 . HO$. Dans cette formule, $O = 8$. $H = 1$. Pour Gerhardt, l'oxygène égalant 16, et le poids moléculaire de l'eau étant 18, il aurait fallu revenir à la formule de Berzélius, $Az^2O^5 . H^2O$. Mais la formule $Az^2O^5 . H^2O$ donne pour le poids moléculaire de l'acide azotique le nombre 126. Ce nombre correspond au poids de quatre volumes de vapeur de cet acide, et comme les poids moléculaires de tous les corps correspondent au poids de deux volumes de vapeur, il faut dédoubler cette formule, qui devient alors AzO^3H. Ainsi dédoublée, la formule de l'acide ne renferme plus une quantité d'hydrogène suffisante pour former de l'eau, puisqu'elle ne contient que H, et que l'eau H^2O renferme 2H. On ne peut donc plus admettre que l'acide azotique renferme de l'eau toute formée.

dégagé au pôle négatif aurait été le résultat de la décomposition de l'oxyde de cuivre, et l'eau n'étant pas décomposée, il devenait naturel qu'il ne se produisit pas d'hydrogène libre. Pour Berzélius, le cas général était donc la décomposition du sulfate de potasse, le cas du sulfate de cuivre et de tous les sels des métaux proprement dits, était l'exception.

C'est l'inverse qui était vrai. En réalité, lorsqu'un sel est soumis à l'action du courant, celui-ci agit toujours, comme s'il s'agissait d'un composé binaire. Le métal (et non l'oxyde) se rend au pôle négatif, et tout le reste du sel se rend au pôle positif. Mais les acides ne diffèrent des sels que par le simple fait qu'ils renferment de l'hydrogène au lieu d'un métal. Il est donc clair qu'après avoir enlevé à un sel son métal, il suffirait d'ajouter au résidu une quantité d'hydrogène équivalente au métal enlevé pour transformer ce résidu en un acide. Ainsi, je suppose du sulfate de potassium. Ce sel est formé d'un atome de soufre, de quatre atomes d'oxygène et de deux atomes de potassium. — Lorsque les deux atomes de métal auront été éliminés, il restera un résidu formé d'un atome de soufre et de quatre atomes d'oxygène, et il suffira d'ajouter deux atomes d'hydrogène à ce résidu pour avoir de l'acide sulfurique. Or le résidu du sel qui se rend au pôle positif rencontre de l'eau ; il la décompose, s'empare de son hydrogène en donnant un acide et met l'oxygène en liberté,

Seulement l'électrolyse ne donne pas toujours des résultats aussi simples. Dans le cas des sels alcalins, le métal mis en liberté au pôle négatif décompose l'eau, s'empare de son oxygène et dégage de l'hydrogène. De là la formation secondaire d'un hydrate métallique, et la production d'hydrogène.

Entre cette théorie de l'électrolyse et celle de Berzélius, il fallait choisir. Celle-ci conduisait à admettre l'hypothèse dualistique, celle-là justifiait les vues de Gerhardt sur la constitution des acides et des sels. C'est cette dernière qui s'est trouvée vraie. Voici comment on est parvenu à le démontrer.

1° Si en décomposant une solution de sulfate de potasse, on prend du mercure pour électrode négative, le métal, à mesure qu'il devient libre, se combine au mercure et se trouve ainsi soustrait à l'action de l'eau. Dans ces conditions on n'observe plus le moindre dégagement d'hydrogène, et, à la fin de l'opération, il suffit de distiller le mercure pour en retirer le potassium; tout se passe donc comme dans le cas du sulfate de cuivre.

2° Faraday a découvert cette loi importante qu'un courant d'une intensité donnée décompose dans le même temps des quantités équivalentes de sels différents. La quantité d'azotate de potassium qui équivaut à 63,5 p. de chlorure de fer est égale à 101. Si donc on fait agir un courant d'intensité constante sur une dissolution d'azotate potassique pendant un temps égal à celui qu'il a fallu au même courant, pour décomposer 63,5 p. de chlorure de fer, le courant devra décomposer, d'après la loi, 101 parties du premier de ces sels. Or, on observe bien qu'il décompose en effet 101 parties d'azotate potassique, soit une molécule de ce sel. Mais en même temps il se dégage une quantité d'oxygène et une quantité d'hydrogène correspondant à une molécule d'eau. Dans l'hypothèse de Berzélius, le courant aurait eu dans le second cas une action décomposante deux fois plus forte que dans le premier cas, puisqu'il aurait décomposé la quantité d'azotate potassique équivalente aux 63,5 p. de chlorure de fer plus une molécule d'eau. Ceci étant contraire à la loi de Faraday, l'hypothèse de Berzélius ne peut plus être admise. Au contraire, avec l'idée que nous nous faisons de l'électrolyse tout s'explique parfaitement. Le courant décompose dans le second cas, 101 parties d'azotate potassique, comme il décomposait dans le premier cas 63,5 p. de chlorure de fer. Seulement, les produits formés, c'est-à-dire le sodium et le résidu électro-négatif du sel, décomposent secondairement l'eau aux deux pôles pour s'emparer, le métal, de son oxygène en mettant l'hydrogène en liberté, le résidu électro-négatif, de son hydrogène en mettant son oxygène en liberté. L'oxygène et l'hydrogène recueillis ne proviennent plus alors de l'action directe du courant mais d'une action secondaire exercée par les deux radicaux du sel après leur séparation, et la loi de Faraday reste intacte.

3° Lorsqu'on décompose un sel anhydre fondu, au lieu d'obtenir un oxyde au pôle négatif et un acide anhydre au pôle positif, on obtient le métal au pôle négatif, et au pôle positif, le résidu du sel qui ne trouvant pas d'eau à décomposer, se scinde en acide anhydre et en oxygène.

La théorie de Berzélius se trouva donc condamnée à la fois par les considérations qui avaient porté Gerhardt à modifier la notation chimique et par une saine interprétation des phénomènes qui se passent dans l'électrolyse des sels. A partir de ce moment, le mot acide a exprimé ce qu'il exprime encore aujourd'hui.

Actuellement les chimistes désignent, sous le nom d'*acides*, des composés hydrogénés dans lesquels l'hydrogène est uni à un radical fortement électro-négatif. On les distingue surtout à l'action qu'ils exercent sur les hydrates basiques, action qui consiste en une double décomposition dont le résultat est la production d'une certaine quantité d'eau et la formation d'un sel qui dérive de l'acide par la substitution d'un métal à l'hydrogène [1].

Cette réaction, suffisante en chimie minérale pour caractériser les acides, serait insuffisante en chimie organique. Il existe en effet des corps, les *phénols*, qui ne peuvent pas être considérés comme des acides et qui jouissent de cette propriété. Pour rendre la définition complète, nous ajouterons donc ce caractère : les acides traités par les chlorures de phosphore perdent une ou plusieurs fois le groupe oxhydryle formé d'un atome d'oxygène et d'un atome d'hydrogène, et prennent à sa place un atome de chlore. Les phénols se comportent de même. Seulement les chlorures dérivés des phénols résistent à l'action de l'eau, tandis que ceux qui dérivent des acides se décomposent sous l'influence de ce liquide en donnant de l'acide chlorhydrique et l'acide primitif régénéré [2].

Pour se rendre compte de la propriété qu'ont les acides d'échanger leur hydrogène contre un métal par voie de double décomposition, on admet que dans ces corps l'hydrogène est uni à un élément ou à un radical composé fortement électro-négatif, c'est-à-dire à un élément ou à un radical composé jouissant à un haut degré des propriétés opposées à celles des métaux. S'il en est ainsi, ce radical doit

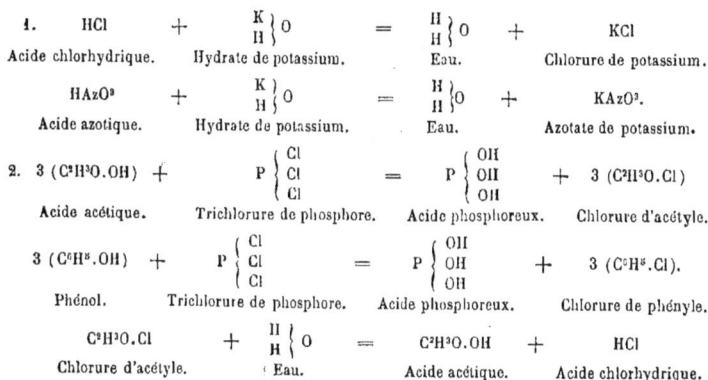

---

1. HCl $+$ $\left.\begin{array}{c} K \\ H \end{array}\right\} O$ $=$ $\left.\begin{array}{c} H \\ H \end{array}\right\} O$ $+$ KCl

Acide chlorhydrique.   Hydrate de potassium.   Eau.   Chlorure de potassium.

$HAzO^3$ $+$ $\left.\begin{array}{c} K \\ H \end{array}\right\} O$ $=$ $\left.\begin{array}{c} H \\ H \end{array}\right\} O$ $+$ $KAzO^3$.

Acide azotique.   Hydrate de potassium.   Eau.   Azotate de potassium.

2. $3 (C^2H^3O.OH)$ $+$ $P\left\{\begin{array}{c} Cl \\ Cl \\ Cl \end{array}\right.$ $=$ $P\left\{\begin{array}{c} OH \\ OH \\ OH \end{array}\right.$ $+$ $3 (C^2H^3O.Cl)$

Acide acétique.   Trichlorure de phosphore.   Acide phosphoreux.   Chlorure d'acétyle.

$3 (C^6H^5.OH)$ $+$ $P\left\{\begin{array}{c} Cl \\ Cl \\ Cl \end{array}\right.$ $=$ $P\left\{\begin{array}{c} OH \\ OH \\ OH \end{array}\right.$ $+$ $3 (C^6H^5.Cl)$.

Phénol.   Trichlorure de phosphore.   Acide phosphoreux.   Chlorure de phényle.

$C^2H^3O.Cl$ $+$ $\left.\begin{array}{c} H \\ H \end{array}\right\} O$ $=$ $C^2H^3O.OH$ $+$ HCl

Chlorure d'acétyle.   Eau.   Acide acétique.   Acide chlorhydrique.

avoir pour le métal de l'hydrate métallique une affinité plus grande que pour l'hydrogène, puisque les métaux sont plus électro-positifs que l'hydrogène et que l'affinité de deux corps est d'autant plus grande que ces corps sont plus éloignés les uns des autres dans la série électrique. Comme d'ailleurs, ainsi que le formulait M. Dumas en 1836, dans un mélange quelconque les affinités fortes se satisfont d'abord, laissant les affinités faibles se satisfaire comme elles peuvent, le radical électro-négatif de l'acide s'unit au métal de l'hydrate, et l'hydrogène de l'acide s'unit à l'oxhydryle qui reste de l'hydrate, pour former de l'eau.

Ce qui dénote qu'en effet c'est le caractère électro-négatif du radical qui donne ses propriétés spéciales à l'hydrogène des acides, c'est que lorsqu'on ajoute un ou plusieurs atomes d'un élément négatif comme le chlore ou l'oxygène à un composé hydrogéné neutre ou déjà acide, l'acidité augmente ou se détermine. Prenons des exemples :

L'hydrogène sulfuré est un acide faible. Il est formé d'un atome de soufre et de deux atomes d'hydrogène. Vient-on à y ajouter trois atomes d'oxygène, il devient l'acide sulfureux dont l'acidité est bien 'plus prononcée que celle du composé primitif. Y ajoute-t-on un quatrième atome d'oxygène, il se convertit en acide sulfurique, l'un des acides les plus puissants.

Autre exemple : l'hydrogène phosphoré renferme un atome de phosphore pour trois d'hydrogène. C'est un corps qui n'est pas du tout acide, qui est même légèrement basique. Y ajoute-t-on deux atomes d'oxygène, il se transforme en acide hypophosphoreux dont un des trois atomes d'oxygène est remplaçable par les métaux. Avec trois atomes d'oxygène, il devient l'acide phosphoreux dont deux atomes d'hydrogène sont remplaçables par les métaux. Enfin avec trois atomes d'oxygène il donne l'acide phosphorique dont les trois atomes d'hydrogène sont tous les trois remplaçables par les métaux.

L'acide hypophosphoreux que nous avons cité plus haut ne renferme qu'un seul atome d'hydrogène remplaçable par les métaux. Pour exprimer ce fait, on dit qu'il est *monobasique*; l'acide phosphoreux renferme deux atomes d'hydrogène remplaçables par les métaux, on le dit *bibasique*; l'acide *phosphorique* en renferme trois, on le dit *tribasique*, etc., on emploie les termes *tétrabasique, pentabasique* et *hexabasique* ou *sexbasique* pour les acides qui renferment quatre, cinq et six atomes d'hydrogène remplaçables par les métaux.

Quelquefois les acides renferment de l'hydrogène qui ne fait pas partie du radical négatif, mais qui n'est cependant pas remplaçable par les métaux. Généralement cet hydrogène-là peut-être remplacé par des radicaux négatifs. L'acide phosphoreux en offre un exemple. Il renferme trois atomes d'hydrogène dont deux peuvent être remplacés par le potassium, tandis que le troisième ne peut être remplacé que par les radicaux acides ou alcooliques. Cet hydrogène remplaçable par des radicaux négatifs ou faiblement positifs et non par les métaux, a reçu le nom *d'hydrogène typique non basique* des acides, par opposition à l'hydrogène remplaçable par les métaux qui est dit typique et basique. On dit qu'un acide est *mono, di, tri, tétra, penta, hex... atomique*, suivant qu'il renferme un, deux, trois, quatre, cinq ou six atomes d'hydrogène typique, que celui-ci soit d'ailleurs basique ou non basique. On voit par là que quelquefois le nombre des hydrogènes typiques peut être supérieur à celui des hydrogènes basiques, auquel cas on dit que l'atomicité de l'acide dépasse sa basicité. Ainsi l'acide phosphoreux est triatomique parce qu'il renferme trois atomes d'hydrogène typique, et il n'est que bibasique parce que sur ces trois atomes d'hydrogène typique, deux seulement sont basiques. L'hydrogène basique étant en même temps typique, tandis que l'inverse n'est pas vrai, on conçoit que l'atomicité d'un acide puisse dépasser sa basicité, tandis que la basicité peut égaler mais jamais dépasser l'atomicité.

Les acides ternaires oxygénés peuvent perdre de l'eau et donner de nouveaux composés nommés *anhydrides*. Parfois ils sont obligés, pour perdre cette eau, de doubler leur molécule. C'est ce qui arrive lorsqu'ils ne renferment qu'un seul atome d'hydrogène, ou qu'en renfermant un nombre supérieur à 1, mais impair, ils se déshydratent complétement. D'autres fois, lorsqu'ils renferment un nombre pair d'atomes d'hydrogène, ils perdent simplement de l'eau sans se doubler [1].

Lorsque les anhydrides ainsi produits renferment encore de l'hydrogène typique, ils fonctionnent eux-mêmes comme des acides d'une atomicité inférieure à celle des acides dont ils dérivent; lorsqu'au contraire ils ne renferment plus d'hydrogène typique, ils constituent les anhydrides définitifs, les anciens acides de Berzélius et de Lavoisier, qui ne sont plus des acides pour nous.

Avec les sulfacides on observe des phénomènes semblables, à cette différence près, qu'au lieu d'eau il s'élimine de l'hydrogène sulfuré, et que les produits, au lieu de recevoir le nom d'anhydrides, ont reçu le nom d'*anhydrosulfides*. (Naquet.)

On connaît actuellement des acides *monoatomiques* et *monobasiques;* des acides *diatomiques*, les uns *monobasiques*, les autres *bibasiques;* des acides *triatomiques mono, di* ou *tribasiques;* des acides *tétratomiques* de basicité diverse *;* et quelques acides d'une atomicité supérieure à 4. Nous exposerons rapidement les caractères fondamentaux de ces divers groupes d'acides.

ACIDES MONOATOMIQUES. — 1° Ils sont nécessairement monobasiques, et forment par suite une seule série de sels résultant de la substitution d'un métal à leur unique atome hydrogène basique. Ces sels sont neutres. On connaît, il est vrai, quelques sels acides (voy. *Sels*) dérivés des acides monobasiques, mais on doit les considérer comme renfermant un excès d'acide uni avec le sel neutre, de la même manière que l'eau de cristallisation est unie à la molécule des corps cristallisés, plutôt que comme constituant une véritable combinaison atomique. La facilité avec laquelle ils perdent leur excès d'acide, justifie cette manière de voir.

2° Les acides monobasiques ne fournissent qu'une seule amide et qu'une seule classe d'éthers. (Voy. *Amides* et *Éthers*.)

3° Comme ils ne renferment pas les éléments d'une molécule d'eau, ils ne peuvent former leur anhydride qu'en doublant leur molécule. (Voir à la note [2], l'exemple de l'*Acide acétique*). Il en résulte que les deux molécules qui s'unissent en perdant de l'eau peuvent aussi bien appartenir à deux acides différents qu'à un seul et même acide, de là des anhydrides mixtes [2]. Ces anhydrides simples ou

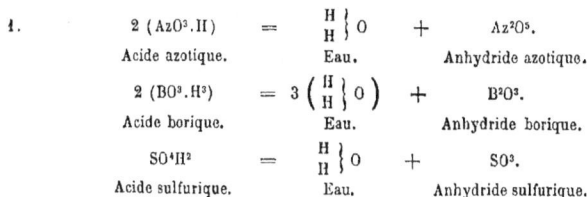

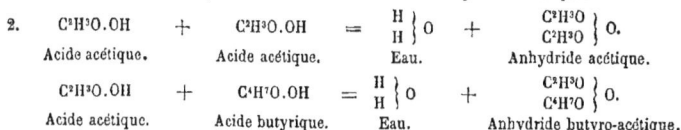

---

[1]. $2 (AzO^3.H)$ $=$ $\left.\begin{matrix} H \\ H \end{matrix}\right\} O$ $+$ $Az^2O^5.$

       Acide azotique.   Eau.   Anhydride azotique.

       $2 (BO^3.H^3)$ $= 3 \left(\begin{matrix} H \\ H \end{matrix} \middle| O \right)$ $+$ $B^2O^3.$

       Acide borique.   Eau.   Anhydride borique.

       SO^4H^2 $=$ $\left.\begin{matrix} H \\ H \end{matrix}\right\} O$ $+$ $SO^3.$

       Acide sulfurique.   Eau.   Anhydride sulfurique.

[2]. $C^2H^3O.OH$ $+$ $C^2H^3O.OH$ $=$ $\left.\begin{matrix} H \\ H \end{matrix}\right\} O$ $+$ $\left.\begin{matrix} C^2H^3O \\ C^2H^3O \end{matrix}\right\} O.$

   Acide acétique.   Acide acétique.   Eau.   Anhydride acétique.

   $C^2H^3O.OH$ $+$ $C^4H^7O.OH$ $=$ $\left.\begin{matrix} H \\ H \end{matrix}\right\} O$ $+$ $\left.\begin{matrix} C^2H^3O \\ C^4H^7O \end{matrix}\right\} O.$

   Acide acétique.   Acide butyrique.   Eau.   Anhydride butyro-acétique.

mixtes ne peuvent jamais être obtenus par le seul effet des agents déshydratants, mais seulement par des moyens détournés [1].

Les acides monoatomiques sont très-nombreux et beaucoup d'entre eux sont fort importants [2].

Acides diatomiques. — Ils peuvent être monobasiques ou bibasiques.

Acides diatomiques et monobasiques. 1° Comme monobasiques, ces acides forment une seule série de sels.

2° Traités par le perchlorure de phosphore, ils perdent deux molécules d'oxhydryle (nous avons déjà dit qu'on désigne sous ce nom le groupe qui est formé d'un atome d'oxygène et d'un atome d'hydrogène) et prennent deux atomes de chlore à la place. Les chlorures ainsi produits, lorsqu'on les traite par l'eau échangent, par une action inverse de la précédente, un de leurs deux atomes de chlore contre l'oxhydryle, mais n'échangent pas le second atome de chlore; le produit est un acide monoatomique chloré.

3° A ces acides correspondent deux monamides isomères (voy. *Amides*), l'une acide, l'autre neutre. On conçoit aussi qu'ils puissent fournir des diamides, mais aucun de ces corps n'est connu jusqu'à ce jour.

4° Ils fournissent trois classes d'éthers, l'un dialcoolique neutre, le second mono-alcoolique neutre, et le troisième monoalcoolique acide. (Voy. *Ethers.*) L'isomérie des deux monamides et des deux éthers monoalcooliques, provient de ce que dans ces acides on peut remplacer par d'autres radicaux l'oxhydryle qui renferme l'hy-

1. On les obtient en faisant agir le chlorure d'un radical acide sur un sel bien sec du même acide ou d'un acide différent :

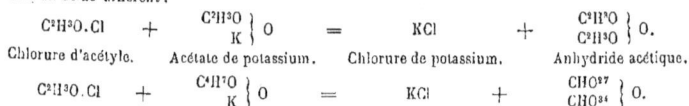

$$C^2H^3O.Cl \quad + \quad \left.\begin{matrix}C^2H^3O\\K\end{matrix}\right\}O \quad = \quad KCl \quad + \quad \left.\begin{matrix}C^2H^3O\\C^2H^3O\end{matrix}\right\}O.$$

Chlorure d'acétyle.　Acétate de potassium.　Chlorure de potassium.　Anhydride acétique.

$$C^2H^3O.Cl \quad + \quad \left.\begin{matrix}C^4H^7O\\K\end{matrix}\right\}O \quad = \quad KCl \quad + \quad \left.\begin{matrix}CHO^{27}\\CHO^{24}\end{matrix}\right\}O.$$

Chlorure d'acétyle.　Butyrate de potassium.　Chlorure de potassium.　Anhydride butyro-acétique.

2. Les principaux de ces acides connus en chimie minérale sont: l'acide *chlorhydrique* HCl, l'acide *bromhydrique* HBr, l'acide *iodhydrique* HI, l'acide *cyanhydrique* HCAz, l'acide *hypochloreux* HClO, l'acide *hypobromeux* HBrO, l'acide *chloreux* HClO², l'acide *chlorique* HClO³, l'acide *bromique* HBrO³, l'acide *iodique* HIO³, l'acide *perchlorique* HClO⁴, l'acide *perbromique* HBrO⁴, l'acide *periodique* HIO⁴, l'acide *azoteux* HAzO², l'acide *azotique* HAzO³, l'acide *métaphosphorique* HPO³, l'acide *métarsénique* HASO³, et l'acide *antimonique* HSbO³. Ces trois derniers acides sont les premiers anhydrides des acides *phosphorique* PH³O⁴, *arsénique* ASH³O⁴ et *antimonique* SbH³O⁴ (ce dernier inconnu), qui sont triatomiques et tribasiques.

En chimie organique, tous les acides à deux atomes d'oxygène appartiennent à cette classe. Le nombre en est considérable: ce sont : les acides *formique* CH²O², *acétique* C²H⁴O², *propionique*, C³H⁶O², *butyrique* C⁴H⁸O², *valérique* C⁵H¹⁰O², *caproïque* C⁶H¹²O², *œnanthylique* C⁷H¹⁴O², *caprylique* C⁸H¹⁶O², *pélargonique* C⁹H¹⁸O², *rutique* C¹⁰H²⁰O², *laurique* C¹²H²⁴O², *cocinique* C¹³H²⁶O², *myristique* C¹⁴H²⁸O², *bénique* C¹⁵H³⁰O², *palmitique* C¹⁶H³²O², *margarique* C¹⁷H³⁴O², *stéarique* C¹⁸H³⁶O², *arachidique* C²⁰H⁴⁰O², *cérotique* C²⁷H⁵⁴O², et *mélissique* C³⁰H⁶⁰O², que l'on désigne sous le nom d'*acides gras*; les acides *acrylique* C³H⁴O², *crotonique* et *méthacrylique* C⁴H⁶O², *angélique* et *méthyl-crotonique* C⁵H⁸O², *pyrotérébique* et *éthyl-crotonique* C⁶H¹⁰O², *damalurique* C⁷H¹²O², *campholique* C¹⁰H¹⁸O², *moringique* C¹⁵H²⁸O², *physétolèique* C¹⁶H³⁰O², *olèique* C¹⁸H³⁴O², *dœglique* C¹⁹H³⁶O², *érucique* C²²H⁴²O², que l'on désigne sous le nom d'acides de la *série acrylique*; les acides *sorbique* et *parasorbique* C⁶H⁸O², *camphique* C¹⁰H¹⁶O²; les acides *hydrobenzoïque* C⁷H⁸O², *térébenthylique* C⁸H¹⁰O², *hydro-phényl-propionique* C⁹H¹²O²; les acides *benzoïque* C⁷H⁶O², *toluique* et α-*toluique* C⁸H⁸O², *xylénique* et *phényl-propionique* C⁹H¹⁰O², *cuminique* C¹⁰H¹²O², α-*cyménique* C¹¹H¹⁴O²; l'acide *cinnamique* C⁹H⁸O²; l'acide *phényl-propiolique* C⁹H⁶O², et l'acide *ménaphtoxylique* C¹¹H⁸O².

Il est à remarquer qu'à cette liste s'ajouteraient les anhydrides d'une foule d'acides d'une atomicité égale à 3.5.7... 2n+1, et les innombrables produits de substitution dérivés soit de ces anhydrides, soit des acides que nous avons cités. Lorsque nous n'avons donné qu'une seule formule pour plusieurs acides, c'est que ceux-ci ont la même composition, sont isomères.

drogène typique non basique, ou celui qui renferme l'hydrogène basique. Dans le premier cas, le produit renferme encore de l'hydrogène basique, et jouit par conséquent de propriétés acides; dans le second cas, il n'en renferme plus : il est neutre.

5° Ces acides forment un seul anhydride qui ne renferme plus d'hydrogène typique, et qui se forme directement par l'action de la chaleur. L'acide dans ce cas perd une molécule d'eau sans se doubler. Dans certaines conditions spéciales il peut cependant arriver que deux molécules d'acide s'unissent en perdant une molécule d'eau; que trois molécules d'acide s'unissent en perdant deux molécules d'eau, ou d'une manière plus générale, que n molécules d'acide s'unissent en perdant $2n-1$ molécules d'eau. Les produits ainsi formés ont généralement perdu de l'eau aux dépens de leur hydrogène typique non basique, aussi jouissent-ils encore de propriétés acides et sont-ils même bibasiques. On les appelle *acides condensés* [1].

ACIDES DIATOMIQUES ET BIBASIQUES. — 1° En leur qualité d'acides bibasiques, ces corps fournissent avec les métaux deux séries de sels, les uns neutres provenant du remplacement de deux atomes d'hydrogène par une quantité équivalente de métal et les autres acides provenant de la substitution d'un métal à un seul atome d'hydrogène.

2° Ces acides, lorsqu'on les soumet à l'action du perchlorure de phosphore, perdent deux oxhydryles auxquels se substituent deux atomes de chlore. Sous l'influence de l'eau les chlorures qui proviennent de cette réaction donnent deux molécules d'acide chlorhydrique et régénèrent l'acide diatomique et bibasique dont ils dérivent.

3° Ils donnent naissance à une monamide qui dérive de leur sel ammoniacal acide par soustraction d'une molécule d'eau. Cette amide est acide comme le sel d'où elle provient. Ils forment aussi une diamide qui dérive de leur sel ammoniacal neutre par soustraction de deux molécules d'eau. Cette seconde amide est neutre.

4° Ils donnent naissance à deux éthers, l'un acide ne renfermant qu'un seul radical alcoolique, l'autre neutre renfermant deux radicaux alcooliques. Il est à remarquer que l'éther monoalcoolique et la monamide sont toujours acides et ne présentent pas le cas d'isomérie que l'on observe dans les amides et dans les éthers des acides diatomiques et monobasiques.

5° Comme les acides diatomiques et monobasiques, ils donnent un anhydride sans se doubler et par déshydratation directe. Dans certains cas cependant deux, trois,... n molécules de ces acides peuvent s'unir en perdant une, deux,... $n-1$ molécule d'eau. Les produits sont alors des acides condensés bibasiques [2].

1. On ne connaît aucun acide minéral qui appartienne au groupe des acides diatomiques et monobasiques. Tous ceux qui, en chimie organique, dérivent des glycols par substitution de O à H², en font partie. Il en est de même de ceux qui dérivent de corps moitié alcools moitié phénols comme la saligénine. En ne tenant pas compte des anhydrides des acides d'une atomicité égale à 4.6.8...2n et des produits de substitution, les acides diatomiques et monobasiques actuellement connus sont : les acides *glycolique* $C^2H^4O^3$, *lactique* et *sarbolactique* $C^3H^6O^3$, *oxybutyrique* et *diméthoxalique* $C^4H^8O^3$, *éthométhoxalique* $C^5H^{10}O^3$, *leucique* et *diéthoxalique* $C^6H^{12}O^3$; les acides *pyruvique* $C^3H^4O^3$, *rocellique* $C^9H^{22}O^3$, *ricinoléique* $C^{15}H^{24}O^3$; l'acide *gaïacique* $C^4H^8O^3$; les acides *salicilique*, *oxybenzoïque* et *paraoxybenzoïque* $C^7H^6O^3$, *formo-benzoïlique*, *crésotique* et *anisique* $C^8H^8O^3$, *mélilotique*, *phényl-lactique* et *tropazique* $C^9H^{10}O^3$, *phlorétique* $C^{10}H^{12}O^3$, *thymotique* $C^{11}H^{14}O^3$; les acides *coumarique* $C^9H^8O^3$, *butyro-coumarique* $C^{11}H^{12}O^3$, *valéro-coumarique* $C^{12}H^{14}O^3$; l'acide *benzilique* $C^{14}H^{12}O^3$.

2. Les principaux acides minéraux diatomiques et bibasiques sont les acides : *sulfhydrique* H²S, *sélenhydrique* H²Se, *tellurhydrique* H²Te, *sulfureux* H²SO³, *hyposulfureux* H²S²O², *sulfurique* H²SO⁴, *dithionique* H²S²O⁶, *trithionique* H²S³O⁶, *tétrathionique* H²S⁴O⁶, *pentathionique* H²S⁵O⁶, *sélénieux* H²SeO³, *sélénique* H²SeO⁴, *tellureux* H²TeO³, *tellurique* H²TeO⁴, *diméta-phosphorique* P²H²O⁶, *chromique* H²CrO⁴, *stannique* H²SnO³, et *métasilicique* H²SiO³.

En chimie organique, les acides connus de cette classe, en n'y comprenant pas les anhydrides des acides d'une atomicité supérieure et les produits de substitution, sont : les acides *oxalique* $C^2H^2O^4$,

ACIDES TRIATOMIQUES. — Les acides triatomiques peuvent être mono, bi ou tribasiques. Les propriétés générales de chacune de ces classes peuvent être prévues, d'après ce qui précède.

1° Tous les acides triatomiques, lorsque leur molécule est assez stable, fournissent, par le perchlorure de phosphore, un chlorure qui en dérive par substitution de trois atomes de chlore à trois molécules d'oxhydryle. Seulement, lorsqu'on traite ce chlorure par l'eau, il régénère l'acide primitif si celui-ci est tribasique; il n'échange que deux atomes de chlore contre deux molécules d'oxhydryle s'il dérive d'un acide triatomique et bibasique, et il fournit alors un acide diatomique monochloré; enfin il ne subit qu'une seule fois cette substitution s'il dérive d'un acide triatomique et monobasique. L'acide phosphoreux fait cependant exception à cette règle. Son trichlorure échange la totalité de son chlore contre de l'oxhydryle, bien que cet acide ne soit que bibasique.

2° Ces acides peuvent tous donner trois séries d'éthers provenant du remplacement de un, deux ou trois atomes d'hydrogène typique (basique ou non) par des radicaux d'alcools. Les éthers trialcooliques sont neutres dans tous les cas; les éthers mono et dialcooliques sont toujours acides lorsqu'ils dérivent d'acides tribasiques. Au contraire, lorsqu'ils proviennent d'acides triatomiques dont la basicité n'est égale qu'à deux ou à un, ils peuvent être neutres ou acides suivant que le radical d'alcool y est substitué à l'hydrogène basique ou à l'hydrogène non basique. Il y a alors plusieurs éthers différents par leurs propriétés, et identiques par leurs formules brutes, c'est-à-dire isomères. C'est ainsi qu'il existe un malate diéthylique qui est neutre, bien que l'acide malique soit triatomique. Mais l'acide malique n'étant que bibasique, on conçoit l'existence probable d'un second malate diéthylique qui aurait des propriétés acides.

3° Les acides triatomiques, lorsqu'ils sont en même temps tribasiques, donnent trois amides : une monamide et une diamide acides et une triamide neutre (voy. Amides); les acides mono et bibasiques, au contraire, ne fournissent jamais de triamides comme leur triatomicité le ferait supposer, mais seulement des diamides et des monamides, s'ils sont bibasiques, et des monamides, s'ils sont monobasiques. Au moins jusqu'à ce jour n'a-t-on obtenu aucune triamide avec des acides triatomiques d'une basicité inférieure à trois.

4° Les acides triatomiques forment deux anhydrides; l'un directement et sans se doubler, le second en doublant leur molécule. En effet comme ils renferment trois atomes d'hydrogène typique, ils peuvent en perdre deux à l'état d'eau. Mais lorsqu'ils en ont perdu deux, il ne leur en reste plus qu'un, et alors ils se trouvent dans la même condition que les acides monoatomiques. Pour que ce dernier atome d'hydrogène typique puisse s'éliminer à l'état d'eau, il faut de toute nécessité que la réaction se passe entre deux molécules de l'acide[1]. Les premiers anhydrides

---

malonique $C^3H^4O^4$, succinique $C^4H^6O^4$, pyrotartrique $C^5H^8O^4$, adipique $C^6H^{10}O^4$, pimélique $C^7H^{12}O^4$, subérique $C^8H^{14}O^4$, sébacique $C^{10}H^{18}O^4$; l'acide quinonique $C^6H^4O^4$; les acides phtalique et térephtalique $C^8H^6O^4$; les acides isomères maléique et fumarique $C^4H^4O^4$; les acides isomères itaconique, citraconique et mésaconique $C^5H^6O^4$; enfin l'acide camphorique $C^{10}H^{16}O^4$.

1. Ainsi, l'acide phosphorique PH^3O^4 donne un premier anhydride PHO^3 et un second anhydride P^2O^5.

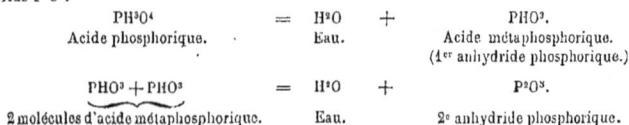

$$PH^3O^4 \qquad = \qquad H^2O \quad + \qquad PHO^3.$$
Acide phosphorique.   Eau.   Acide métaphosphorique.
(1er anhydride phosphorique.)

$$PHO^3 + PHO^3 \qquad = \qquad H^2O \quad + \qquad P^2O^5.$$
2 molécules d'acide métaphosphorique.   Eau.   2e anhydride phosphorique.

fonctionnent toujours comme acides monobasiques, quand l'acide dont ils proviennent est tribasique. Quand la basicité de cet acide est inférieure à deux, l'anhydride peut être neutre ou acide suivant que l'hydrogène éliminé est ou n'est pas l'hydrogène basique. C'est ainsi que la *glyoxylide ou anhydride glyoxylique*, est neutre quoique étant dérivée par soustraction d'une molécule d'eau de l'acide glyoxylique, triatomique et monobasique.

5° Les acides triatomiques forment trois séries de sels s'ils sont tribasiques, deux s'ils sont bibasiques, une s'ils sont monobasiques.

6° Plusieurs molécules de ces acides peuvent s'unir entre elles en éliminant de l'eau et en donnant des acides condensés, comme nous avons vu que c'est le cas pour les acides diatomiques [1].

ACIDES TÉTRATOMIQUES. — On en connaît de tétrabasiques comme l'acide *silicique*, de tribasiques comme l'acide *citrique*, de bibasiques comme l'acide *tartrique*, et de monobasiques comme l'acide *gallique* [2]. Nous pourrions répéter à leur égard ce que nous avons dit en nous occupant des acides diatomiques et triatomiques. Nous ne le ferons pas parce que vu la complication de leurs molécules, ces acides sont moins stables et donnent des réactions moins nettes. Ainsi l'acide tartrique traité par le perchlorure de phosphore devrait pouvoir donner un tétrachlorure, tandis qu'aucun corps de cette composition n'est connu.

Acides d'une atomicité supérieure à quatre. — Certains acides triatomiques actuellement connus ne sont que les premiers anhydrides d'acides pentatomiques qui n'existent pas. Ainsi l'acide phosphorique est le premier anhydride d'un acide pentatomique inconnu qui résulterait de la fixation de cinq oxhydryles sur un atome de phosphore. On ne connaît jusqu'à ce jour aucun acide pentatomique, et les acides *saccharique, malique* et *mellitique* sont les seuls acides hexatomiques connus [3].

ACIDES CONDENSÉS. — Lorsque deux molécules d'un acide monoatomique s'unissent en éliminant de l'eau, le produit est un anhydride qui ne renferme plus d'hydrogène typique. Aussi ce corps est-il incapable de perdre une seconde fois de l'hydrogène pour se combiner à une nouvelle molécule d'acide. La condensation s'arrête au premier terme.

Lorsque au contraire les acides qui s'unissent ainsi sont polyatomiques, le produit condensé est lui-même un véritable acide renfermant encore de l'hydrogène typique. Il est alors capable de s'unir à de nouvelles molécules de l'acide simple en éliminant une molécule d'eau par molécule d'acide ajoutée [4], et la condensation

---

1. Les acides minéraux triatomiques sont : l'acide *hypophosphoreux* PH^3O^2 monobasique, l'acide *phosphoreux* PH^3O^3 et l'acide *arsénieux* AsH^3O^3 bibasiques, l'acide *phosphorique* PH^3O^4, l'acide *arsénique* AsH^3O^4, et l'acide *borique* BH^3O^3 tribasiques.

En chimie organique on connaît, comme acides triatomiques et monobasiques, les acides : *glyoxylique* $C^2H^4O^4$, *glycérique* $C^3H^6O^4$, *dioxybutyrique* $C^4H^8O^4$, *oxysalicylique* $C^7H^6O^4$, *carboacétoxylique* $C^3H^4O^4$, *carbohydroquinonique* et son isomère l'acide *protocatechique* $C^7H^6O^4$, l'acide *caféique* et ses isomères les acides *camphrénique* et *homotérephtalique* $C^9H^8O^4$, et l'acide *eugénitique* $C^{11}H^{12}O^4$.

Comme acides triatomiques et bibasiques, l'acide *tartronique* $C^3H^4O^5$, l'acide *malique* $C^4H^6O^5$, et trois acides isomères homologues (voy. *Séries organiques*) de l'acide malique, les acides *itamalique, citramalique* et *mésomalique* $C^5H^8O^5$.

Enfin, comme acides triatomiques et tribasiques, l'acide *aconitique* $C^6H^6O^6$, l'acide *carballylique* $C^6H^8O^6$, et l'acide *trimésique* $C^9H^6O^6$.

2. L'acide silicique a pour formule SiH^4O^4, l'acide citrique $C^6H^8O^7$, l'acide tartrique $C^4H^6O^6$, et l'acide gallique $C^7H^6O^5$.

3. L'acide saccharique et l'acide mucique sont isomères; ils sont bibasiques et ont pour formule $C^6H^{10}O^8$; l'acide mellitique est sexbasique, sa formule est $C^{12}H^6O^{12}$.

4. L'équation générale qui indique la formation des acides condensés, est :

$$M HR''(OH)^n \quad = \quad m{-}1 \; H^2O \quad + \quad R'^h (OH)^{mn-2m+2} O^{m-1}.$$

n'a plus de limites que dans les lois inconnues qui régissent la stabilité des corps. La théorie de la saturation n'en laisse pas prévoir.

Les acides condensés qui proviennent d'acides d'une atomicité supérieure à deux renferment un nombre d'atomes d'hydrogène typique supérieur à celui qu'en renferme l'acide générateur. Ce nombre va croissant avec chaque degré de condensation suivant une progression arithmétique dont la raison est 1.2.3.4.5...n, suivant que l'atomicité de l'acide générateur est 3.4.5.6.7...$n+2$. C'est-à-dire que la raison de la progression est égale au nombre qui représente l'atomicité de l'acide diminuée de deux unités. Avec les acides diatomiques, cette raison devient égale à 0. Il en résulte qu'il n'y a pas de progression; ce qui revient à dire que les produits de condensation des acides diatomiques sont toujours eux-mêmes diatomiques, quel que soit leur degré de condensation.

THÉORIE DES ACIDES. — Les acides, avons-nous dit, résultent de l'union de l'hydrogène avec un radical électro-négatif. Ce radical peut être un corps simple comme le chlore, le brome, le soufre, etc., ou un radical composé. Quand c'est un radical composé on lui donne le nom de résidu halogénique de l'acide. Ainsi l'acide sulfurique renfermant deux atomes d'hydrogène typique uni à un groupe négatif constitué par un atome de soufre et quatre atomes d'oxygène, ce dernier groupe porte le nom de résidu halogénique de l'acide sulfurique.

Que faut-il, quelles sont les conditions nécessaires à la production d'un acide? Il résulte de la définition même des acides que ces conditions doivent varier avec la nature des éléments que ces acides contiennent.

Lorsqu'un élément est très-fortement électro-négatif, on conçoit qu'il lui suffise de s'unir à l'hydrogène pour communiquer à ce corps des propriétés basiques et que l'on obtienne ainsi un acide binaire. Le cas se présente avec le chlore, le brome, l'iode; et à un degré moindre, avec le soufre, le sélénium, le tellure. En effet, l'union de l'hydrogène avec ces divers métalloïdes donne soit des acides puissants comme l'acide chlorhydrique, l'acide bromhydrique, ou l'acide iodhydrique; soit des acides faibles comme l'acide sulfhydrique, l'acide sélenhydrique et l'acide tellurhydrique.

Mais le plus souvent les éléments qui s'unissent à l'hydrogène sont trop peu électro-négatifs pour communiquer à ce métalloïde des propriétés basiques. Alors il faut qu'un troisième élément négatif intervienne, afin que la somme négative représentée par les deux éléments négatifs puisse suffire là où la force d'un seul de ces éléments était insuffisante. L'élément négatif qui s'ajoute ainsi est ordinairement l'oxygène ou un de ses congénères, le soufre, le sélénium, le tellure.

Lorsque l'oxygène ou un de ses congénères s'ajoute ainsi à un autre élément pour constituer un résidu halogénique d'acide, cet oxygène sert de lien entre l'hydrogène et l'autre élément. Chaque atome d'oxygène étant diatomique (voy. *atomique théorie*), s'attache par un de ses centres d'attraction à cet élément, et par l'autre à l'hydrogène. L'hydrogène ainsi uni à un autre corps médiatement au moyen de l'oxygène est de l'hydrogène typique. On exprime quelquefois ce mode d'union en disant que l'élément fondamental de l'acide est uni avec le groupe oxygène et hydrogène, l'*oxhydryle*. Ainsi l'on dira que l'acide silicique est formé d'un atome de silicium uni à quatre molécules d'oxhydryle.

Quelquefois, dans le cas du silicium que nous venons de citer, par exemple, cette interposition de l'oxygène entre l'hydrogène et l'autre élément, suffit pour rendre l'hydrogène basique. Mais d'autres fois il faut, pour qu'un composé devienne acide, que la molécule renferme plus d'oxygène qu'elle ne renferme d'hydrogène typique. Ainsi, lorsqu'on unit le phosphore avec trois atomes d'oxygène et trois atomes d'hydrogène, deux seulement de ces trois atomes d'hydrogène acquièrent des propriétés basiques. Pour rendre le troisième atome basique, il faut ajouter au composé un quatrième atome d'oxygène.

Les acides ont donc une constitution qui varie avec la nature des éléments qui les fournit. On a surtout bien étudié les lois qui président à la constitution des acides organiques, c'est-à-dire des acides du carbone.

Dans les carbures d'hydrogène, l'hydrogène est directement uni au carbone. Lorsque, dans de tels corps, on remplace un atome d'hydrogène par de l'oxhydryle, c'est-à-dire lorsqu'on interpose un atome d'oxygène entre le carbone et l'hydrogène, on communique à ce dernier corps des propriétés nouvelles. Il devient plus facile à remplacer. Les corps ainsi obtenus sont des alcools, et l'hydrogène, dont nous parlons, reçoit les noms d'*hydrogène alcoolique* ou d'*hydrogène typique non basique.* Mais il n'est point encore assez électro-positif pour s'échanger par voie de double décomposition contre les métaux contenus dans les hydrates métalliques, il n'est point encore basique.

Pour que cet hydrogène devienne basique, il faut que, dans son voisinage le plus prochain, un second atome d'oxygène vienne se substituer à deux atomes d'hydrogène directement unis au carbone. Si donc, dans un alcool polyatomique, c'est-à-dire dans un alcool qui renferme plusieurs atomes d'hydrogène alcoolique (voy. *Alcools*), la substitution se fait seulement dans le voisinage d'un hydrogène alcoolique et non dans le voisinage de l'autre, celui-là seul, dans le voisinage duquel cette substitution s'opère, acquiert des propriétés basiques. Pour transformer tous les hydrogènes typiques en hydrogènes basiques, il faut donc introduire dans le composé, autant d'atomes d'oxygène de substitution qu'il y a d'atomes d'hydrogène typique.

Lorsqu'on introduit une quantité moindre d'oxygène de substitution dans la molécule, la basicité de l'acide reste égale à celle de l'alcool, mais sa basicité est moindre, et se trouve déterminée par le nombre d'atomes d'oxygène substitués. Cela explique comment un alcool polyatomique peut donner naissance à plusieurs acides, tous de même atomicité que lui, mais d'une basicité variable suivant la proportion d'oxygène de substitution qu'ils renferment[1].

1. Les formules suivantes aident à bien se rendre compte de ces faits. Elles représentent un hydrocarbure avec deux alcools et trois acides qui en dérivent. Les traits indiquent que les atomes réunis par ces traits se saturent entre eux en totalité ou en partie.

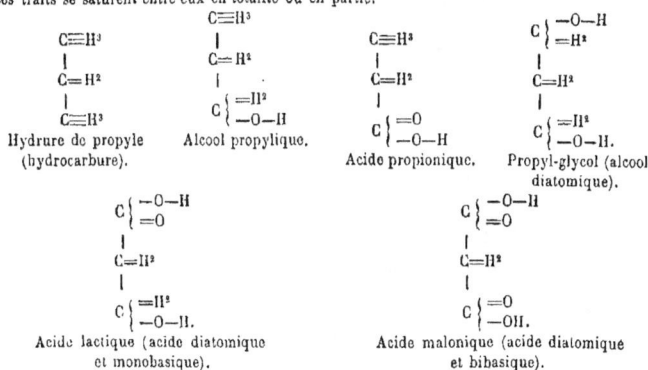

Hydrure de propyle (hydrocarbure). — Alcool propylique. — Acide propionique. — Propyl-glycol (alcool diatomique).

Acide lactique (acide diatomique et monobasique). — Acide malonique (acide diatomique et bibasique).

On voit très-bien comment il se fait que l'acide lactique soit diatomique et monobasique, tandis que l'acide malonique est diatomique et bibasique.

L'hypothèse dont nous venons de donner un résumé, se vérifie dans tous les cas observés, excepté celui de l'acide carbonique, lequel est bibasique, bien qu'il ne renferme qu'un seul oxygène de substitution Mais, chose remarquable! cette exception au lieu de renverser la théorie tourne encore à son avantage. En effet l'acide carbonique ne renfermant qu'un atome de carbone, les deux oxhydryles se trouvent rapprochés l'un de l'autre et ont tous deux dans leur voisinage l'oxygène substitué, ce qui suffit à rendre basique l'hydrogène qui en fait partie[1].

La théorie des acides organiques que nous venons d'esquisser a été exprimée pour la première fois par M. Wurtz. Cet éminent chimiste a reconnu que les propriétés basiques de l'hydrogène des acides, croissaient avec l'oxygène renfermé dans leur radical. M. Kékulé l'a systématisée, en ajoutant que la basicité est égale au nombre d'atomes d'oxygène substitué. C'est pour cela qu'elle porte le nom de *théorie de Kékulé*.

ÉLECTROLYSE DES ACIDES ORGANIQUES. — Nous avons vu plus haut que les sels minéraux soumis à l'électrolyse se décomposent en métal qui va au pôle négatif et résidu halogénique de l'acide qui se rend au pôle positif. Nous avons dit de plus que le métal, suivant qu'il peut ou non coexister avec l'eau, décompose ce liquide en mettant l'hydrogène en liberté, ou se dépose lui-même en nature, tandis qu'à l'autre pôle le résidu halogénique décompose également l'eau, s'empare de son hydrogène pour donner un acide et donne lieu à un dégagement d'oxygène.

Les acides minéraux ou organiques n'étant que des sels d'hydrogène subissent exactement la même action de la part du courant, à cela près que leur métal étant l'hydrogène, c'est l'hydrogène qui est directement transporté au pôle négatif. Ainsi électrolyse-t-on de l'acide sulfurique, l'hydrogène se rend au pôle négatif où il se dégage, et le résidu halogénique se rend au pôle positif où il décompose l'eau en régénérant de l'acide sulfurique et en dégageant de l'oxygène. C'est ainsi qu'une faible quantité d'acide sulfurique peut, en se décomposant et se régénérant sans cesse, décomposer une quantité d'eau indéfinie sous l'influence du courant.

Avec les acides organiques en solutions neutres ou acides les choses se passent de même. Il en est encore ainsi lorsque, les solutions étant basiques, on opère sur des acides très-stables comme l'acide benzoïque. Mais lorsqu'on opère sur des acides moins stables, et que la solution est faiblement alcaline, le résidu halogénique qui se rend au pôle positif s'y détruit. Il s'en sépare de l'anhydride carbonique qui se fixe sur l'alcali, et le résidu se dégage en liberté ou se double suivant qu'il peut ou non exister à l'état libre. C'est ainsi qu'en électrolysant de l'acide acétique on ob-

1. Il suffit d'écrire à côté l'une de l'autre, la formule de l'acide carbonique $C \begin{cases} -O-H \\ =O \\ -O-H \end{cases}$ et celle de l'acide glycolique, $\begin{cases} C \begin{cases} -OH \\ =H^2 \end{cases} \\ C \begin{cases} =O \\ -OH \end{cases} \end{cases}$ pour voir immédiatement la différence fondamentale qui existe entre ces deux acides. Dans le premier, l'oxygène O a dans son voisinage les deux oxhydryles liés tous deux au même carbone. Dans le second cas, les deux oxhydryles tiennent à deux atomes de carbone différents, et l'un d'eux se trouve par cela même éloigné de l'oxygène substitué. Donc dans l'acide glycolique un seul hydrogène devra être basique, et dans l'acide carbonique ils devront l'être tous deux. Mais l'acide carbonique étant le seul acide diatomique qui renferme un seul atome de carbone, la bibasicité déterminée par un seul atome d'oxygène substitué reste à l'état d'exception.

tient de l'hydrure d'éthyle, qu'en électrolysant de l'acide lactique on obtient de l'aldéhyde, qu'en électrolysant de l'acide succinique on obtient de l'éthylène, etc. [1].

Si enfin la solution est fortement alcaline, il se dégage de l'oxygène au pôle négatif qui provient de l'action du courant sur l'alcali, cet oxygène brûle le corps organique qui tend à se former à ce pôle en vertu de la réaction précédente et l'on n'obtient finalement que de l'anhydride carbonique et de l'eau.

CONCLUSIONS. — La notion d'acide, vague au début, exprimant à peine une propriété organoleptique, la saveur aigre s'est dégagée peu à peu. La première notion précise que l'on a eue sur les acides était erronée parce qu'elle ne tenait pas compte des éléments de l'eau que les acides renferment. Il a fallu pour corriger cette fausse notion que les progrès de la chimie démontrassent à l'évidence que l'eau n'existe pas toute formée dans ce qu'on appelait les acides hydratés. Aujourd'hui nos idées à cet égard sont au nombre des idées les plus exactes et les mieux définies, et l'on peut dire que la fonction acide est une des mieux connues parmi les fonctions chimiques. Toutefois, comme toutes les fonctions chimiques se lient intimement les unes aux autres, nous engageons les lecteurs à compléter les notions que nous avons pu leur donner ici par la lecture des articles : *Bases, Basicité, Alcools, Aldéhydes* et *Phénols.*

ALFRED NAQUET.

ACIER. — MÉTALLURGIE. — L'*acier* est un produit intermédiaire entre la fonte et le fer doux, susceptible, comme la première, de subir la trempe par un refroidissement brusque, mais restant malléable, comme le second, à chaud et à froid, s'il n'est pas trempé. L'acier renferme, mais en proportion moindre que la fonte, une certaine quantité de substances étrangères, parmi lesquelles domine le carbone, et dont la présence suffit pour modifier les propriétés du fer, avec lequel elles sont ou combinées ou simplement mélangées, et le faire passer à l'état d'acier. Il est à peu près impossible d'indiquer les limites de composition auxquelles commence ou finit l'acier : de la fonte noire la plus impure au fer le plus mou et le plus pur, il y a une série continue de produits. La fonte passe à l'acier dur en devenant malléable, et l'acier proprement dit passe au fer, en donnant successi-

1. Supposons qu'on électrolyse de l'acide acétique, de l'acide lactique, de l'acide succinique et de l'acide maléique. Pour connaître le résultat de l'électrolyse, écrivons d'abord les formules rationnelles de ces corps :

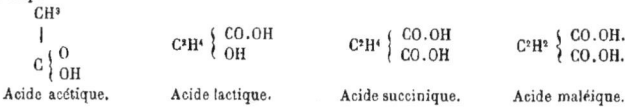

$$CH^3 \mid C \begin{cases} O \\ OH \end{cases} \qquad C^2H^4 \begin{cases} CO.OH \\ OH \end{cases} \qquad C^2H^4 \begin{cases} CO.OH \\ CO.OH \end{cases} \qquad C^2H^2 \begin{cases} CO.OH. \\ CO.OH. \end{cases}$$

Acide acétique.   Acide lactique.   Acide succinique.   Acide maléique.

Le courant portera au pôle négatif l'hydrogène de ces acides, et au pôle positif le résidu halogénique dont la formule sera celle de l'acide diminuée de l'hydrogène typique, c'est-à-dire :

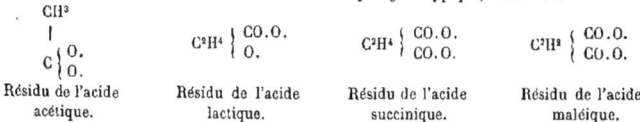

$$CH^3 \mid C \begin{cases} O. \\ O. \end{cases} \qquad C^2H^4 \begin{cases} CO.O. \\ O. \end{cases} \qquad C^2H^4 \begin{cases} CO.O. \\ CO.O. \end{cases} \qquad C^2H^2 \begin{cases} CO.O. \\ CO.O. \end{cases}$$

Résidu de l'acide   Résidu de l'acide   Résidu de l'acide   Résidu de l'acide
acétique.   lactique.   succinique.   maléique.

Si la liqueur est alcaline, chacun de ces résidus perdra autant de fois CO^2 qu'il en contiendra. Le résidu de l'acide acétique donnera alors le composé CH^3, celui de l'acide lactique le composé C^2H^4O, celui de l'acide succinique le composé C^2H^4, et celui de l'acide maléique le composé C^2H^2. Le premier, le composé CH^3, n'existe pas à l'état de liberté. Doublé, il constitue l'hydrure d'éthyle C^2H^6. Le corps C^2H^4O n'est autre que l'aldéhyde acétique, le corps C^2H^4 est l'éthylène, et le composé C^2H^2 est l'acétylène. C'est M. Bourgoin qui a découvert cette remarquable réaction, qu'il nomme *réaction caractéristique des acides organiques.*

vement de l'acier doux, de l'acier ferreux, du fer aciéreux, du fer à grains. Les éléments qui entrent dans la composition de l'acier sont si variés et en proportion si faible devant le fer, qu'on ne peut tirer aucune conséquence certaine des analyses chimiques qui en ont été faites. Ces éléments se retrouvent dans les fontes, les aciers et les fers, en quantités décroissantes, sans qu'il y ait une loi absolue, et la principale différence entre les trois espèces de produits paraît être, ainsi que Karsten l'a indiqué depuis longtemps, dans la proportion relative du carbone.

L'acier est mieux défini par ses propriétés physiques que par sa composition chimique, bien que ses qualités, particulièrement la dureté et la faculté de recevoir la trempe, dépendent surtout de sa teneur en carbone, qui reste habituellement comprise entre 0,02 et 0,006. L'acier véritable a une densité peu différente de celle du fer, une nuance plus claire et un grain plus fin ; il est susceptible d'un beau poli. Il est plus dur que le fer, même à chaud, et doit être travaillé à une température plus basse. Il se soude d'autant plus difficilement qu'il est plus carburé. Il est beaucoup plus élastique que le fer, et possède une ténacité qui est presque double. Trempé à un faible degré de chaleur, il acquiert une grande dureté, uniforme dans toute la masse ; il ne la perd que par un recuit très-intense. Il est très-sonore lorsqu'il a été forgé, refroidi lentement et limé ; la trempe lui fait perdre en partie cette propriété.

La température à laquelle les instruments et outils d'acier, d'abord trempés, sont recuits, exerce une influence notable sur leurs qualités ; on apprécie cette température par la nuance que prend le métal pendant le recuit, et d'après la gamme suivante : jaune pâle 221°, jaune paille 232°, jaune orange 243°, brun 254°, pourpre 277°, bleu clair 288°, bleu foncé 293°, bleu noir 316°, vert d'eau 332°. A 360°, la coloration disparaît. Le même phénomène se reproduit, mais avec moins d'intensité, vers 500°.

Outre le fer et le carbone, l'acier peut contenir de petites quantités de silicium, de soufre, de phosphore, d'arsenic, d'aluminium, de cuivre et de divers autres métaux ; on y a aussi signalé l'existence de l'azote. Le silicium et le phosphore augmentent la dureté de l'acier sans altérer ses qualités, si leur proportion reste très-faible. L'arsenic, beaucoup plus rare, paraît se comporter comme le phosphore. Le soufre rend l'acier cassant à chaud. Le cuivre est très-nuisible à ses propriétés fondamentales. Le chrome et le tungstène augmentent la dureté du métal.

L'industrie n'a consommé pendant longtemps que l'acier dans lequel les qualités de dureté, d'élasticité, d'homogénéité se trouvaient portées à leur degré le plus élevé, et qu'on pourrait appeler *acier type*. C'est celui qui est toujours recherché pour la fabrication des instruments tranchants, de la coutellerie fine, des outils de graveur, des ressorts de montre, etc. Mais, à côté de ce métal, la série qui conduit de la fonte au fer doux renferme beaucoup d'autres produits aciéreux intermédiaires, jouissant des mêmes qualités à un degré moins éminent, quoique possédant encore des aptitudes spéciales qui les rendent propres à certaines applications. Ceux de ces produits qu'on a pu obtenir d'une manière régulière en fabrication courante sont entrés dans la consommation sur une grande échelle depuis une quinzaine d'années, et leur emploi tend chaque jour à se développer. La construction des machines, des bateaux à vapeur, des chemins de fer, demande des quantités chaque jour croissantes d'aciers ordinaires, et l'on prévoit le moment où le réseau entier des voies ferrées devra être refait avec des rails en acier.

Procédés de fabrication. — On peut les partager en deux groupes, suivant que le produit de l'opération est obtenu à l'état solide ou à l'état liquide. Dans les deux cas l'acier peut d'ailleurs être formé soit directement par décarburation de la fonte, soit indirectement par recarburation du fer. En partant d'une fonte donnée, cette dernière méthode donnera un produit plus pur que la première, car, dans l'affinage nécessaire pour obtenir le fer doux, l'élimination des matières étrangères est bien plus complète que dans l'affinage imparfait qui conduit directement de la fonte à l'acier. En revanche, le procédé est plus coûteux, puisqu'il faut ajouter aux frais d'affinage ceux de la recarburation. Les usages auxquels l'acier est destiné doivent guider dans le choix de la méthode à adopter.

I. — FABRICATION DE L'ACIER BRUT SOLIDE.

1° *Acier obtenu par carburation du fer, ou acier cémenté.* — Le procédé de la cémentation est anciennement connu dans le Yorkshire, où il n'a pas subi de modifications sensibles depuis le commencement du siècle dernier. Il consiste essentiellement à chauffer le fer en vase clos, au contact du charbon de bois, sous l'influence d'une haute température. Le four de cémentation se compose de deux caisses en matériaux réfractaires, entre lesquelles se trouve une chauffe longitudinale, et qui sont recouvertes d'une voûte. Le tout est surmonté d'une vaste cheminée conique. Les barres de fer sont placées dans les caisses en couches alternant avec des lits de charbon de bois concassé; on achève de les remplir au moyen d'un ciment provenant des meules siliceuses employées à l'aiguisage des outils d'acier. La charge est de 16 à 18 tonnes de barres. L'opération dure de sept à neuf jours, suivant la nature d'acier qu'on veut produire. Après la cémentation, les barres sont recouvertes d'ampoules qui ont fait donner au produit le nom d'*acier poule.*

Dans le *procédé Chenot*, le minerai est d'abord réduit à l'état d'*éponge de fer* par calcination en vase clos au contact du charbon de bois; la cémentation s'obtient ensuite en mélangeant l'éponge métallique avec du poussier de charbon de bois ou de la résine, ou en l'imbibant de substances liquides carburées, telles que le goudron de bois, des matières graisseuses, etc.

La cémentation par les gaz a été essayée dès 1825 par Ch. Mackintosh, qui chauffait au blanc le fer malléable dans l'hydrogène carburé.

Les aciers provenant de ces procédés de cémentation directe, ne peuvent être immédiatement employés; ils doivent être *corroyés* par le martelage, et plus ordinairement *fondus* comme il le sera indiqué plus tard.

En résumé, le fer peut être carburé de bien des manières différentes par voie de cémentation, puisqu'on peut employer à cet effet le carbone pur, les charbons ordinaires, les carbures solides ou liquides, les hydrogènes carburés et l'oxyde de carbone, les cyanures solides ou gazeux, et, en général, toutes les substances animales ou végétales. On s'explique par là la multitude des *recettes* ou formules de traitement proposées depuis l'époque de Réaumur par les empiriques, et dont aucune n'a pris rang dans la pratique industrielle. La cémentation se propage d'ailleurs graduellement de la surface au centre des barres.

La théorie de la cémentation, malgré les recherches d'un grand nombre de chimistes et de métallurgistes, est encore assez incertaine, ce qui tient sans doute à ce que l'on a souvent voulu définir l'acier par sa composition chimique, au lieu de regarder comme aciers les dérivés du fer jouissant de certaines propriétés caractéristiques et faciles à constater pratiquement, mais plus ou moins développées suivant la catégorie des produits considérés.

MM. Le Play et Laurent, en 1846, avaient donné une théorie, longtemps classique, de la cémentation, d'après laquelle l'oxyde de carbone seul servait de véhicule au carbone pour le propager jusqu'au centre des barres placées dans les caisses. Cette hypothèse semblait plus rationnelle que celle de la volatilité du carbone à la température des caisses de cémentation. Mais, depuis, d'autres explications du phénomène ont été fournies. M. Margueritte a constaté que le carbone chemine réellement de molécule à molécule, ainsi que Gay-Lussac l'avait déjà annoncé; ce mouvement des molécules solides paraît se rattacher à l'ordre de faits récemment découverts par M. Tresca dans ses recherches sur l'écoulement des corps mous. M. Caron a contesté l'exactitude des expériences de M. Margueritte, et pense que la cémentation est toujours produite par un gaz carboné. D'autre part, M. Frémy a voulu attribuer à l'azote un rôle prépondérant dans la formation de l'acier, tandis que M. Saunderson admet que l'azote des cyanures n'est utile à la cémentation que comme véhicule du carbone. En réalité, il paraît résulter nettement des expériences de M. Margueritte que si les cyanures sont capables de carburer le fer, l'azote n'intervient ni comme véhicule ni comme élément constitutif de l'acier.

La vérité se trouve dans la réunion de ces diverses opinions, et la théorie de la cémentation s'établira en remarquant, ainsi que le fait M. Grüner, que le fer se trouve dans les caisses en présence du charbon, de l'oxyde de carbone et de l'hydrogène faiblement carburé. Chacune de ces substances contribue donc pour sa part à la carburation. L'oxyde de carbone fait la navette : il est décomposé par le fer qui lui prend son carbone, puis de nouveau ramené par le charbon à l'état d'oxyde. Mais cette action est lente, et laisse une part importante au rôle du carbone solide comme agent de cémentation. D'un autre côté, le charbon de bois renferme du carbonate de potasse, et l'azote existe avec l'air ou les autres matières contenues dans les caisses; il se formera donc du cyanure de potassium, dont le cyanogène sera décomposé par le fer, tandis que le potassium, mis en liberté, reformera du cyanure. Une partie de ce composé se perd par volatilisation, ce qui explique qu'au bout d'un certain temps, le charbon des caisses, privé de son alcali, perde une partie de son efficacité.

Les ampoules que présente le fer cémenté s'expliquent très-facilement en remarquant que les fers en barres les plus purs retiennent toujours des parcelles de scories. Le carbone, en pénétrant dans le fer, rencontre ces silicates et les réduit, avec production d'oxyde de carbone, dont le dégagement détermine la formation des ampoules.

2° *Acier obtenu par décarburation de la fonte.* — *Acier naturel.* — Sa fabrication est caractérisée par l'emploi du bas-foyer. Dans l'extraction du fer par la méthode catalane, on arrive souvent à carburer assez le fer pour obtenir une sorte d'acier naturel; mais on réserve habituellement ce nom, ou celui d'*acier de forge*, au produit obtenu en affinant incomplètement la fonte dans un bas-foyer assez profond, au contact de l'air et sous l'influence de l'oxyde de fer qui agit comme décarburant.

Ce procédé présente diverses variétés. Dans la *méthode rivoise*, pratiquée dans l'Isère, l'affinage a lieu dans un foyer à parois en brasque, n'ayant qu'une seule tuyère presque horizontale; il se produit par réaction des scories riches très-basiques sur la fonte. Il faut que les scories soient bien fluides, quoique la température soit moins élevée que dans les feux d'affinerie ordinaire. La charge est de 800 à 1,200 kilogrammes. L'opération totale dure vingt-deux heures. Le montage du feu et les détails de l'opération subissent quelques modifications, suivant qu'on traite des fontes très-riches en carbone, telles que la fonte blanche lamelleuse et la fonte grise, ou des fontes peu carburées. C'est à ces variations que correspondent les *méthodes de Thuringe, de Westphalie, de Carinthie.*

La cherté croissante du charbon de bois, l'abaissement du prix des fers et les progrès du puddlage tendent à faire disparaître le travail au bas-foyer, excepté dans les régions où le minerai est très-pur et le bois encore abondant, telles que les Alpes, la Suède et l'Oural. Ce mode de traitement présente encore l'inconvénient de ne fournir que des masses d'acier d'un faible poids.

Acier puddlé. — Sa production est caractérisée par l'emploi du four à réverbère et de la houille. — Cette méthode a pris naissance en Prusse, vers 1840, par suite des essais de M. Stengel; elle s'est rapidement propagée, depuis 1855, pour la fabrication des aciers communs.

Le puddlage pour acier diffère du puddlage pour fer ordinaire, par la forme du four et par la conduite de l'opération. La voûte du réverbère doit être plus surbaissée, afin de mieux concentrer la chaleur; le travail doit être conduit très-lentement, à la plus haute température possible, sous un bain de scories, dans une atmosphère aussi peu oxydante que possible. Dans quelques usines, on emploie un courant d'air forcé; dans plusieurs, on ajoute au bain du sel marin et du peroxyde de manganèse. La charge et la durée de l'opération présentent d'assez grandes variations. Les fontes recherchées pour ce traitement sont les fontes manganésées, pures ou peu chargées de silicium et de soufre, et susceptibles d'une grande fluidité. Le peroxyde de manganèse, ajouté au commencement du brassage, fournit de l'oxygène qui contribue à la scorification du silicium. Le sel marin agit par la soude qu'il renferme, qui augmente la fluidité du bain, en favorisant le passage du silicium, du phosphore et même du soufre dans la scorie.

M. Graham a donné une ingénieuse théorie du puddlage, basée sur la division qu'il a faite des corps en *cristalloïdes* et en *colloïdes*. Il admet que le fer, sous l'action d'une haute température, prend l'état colloïdal, et ne passe à l'état cristalloïde qu'en se refroidissant. La silice peut prendre de même les deux états. Ces différences expliqueraient le départ du silicium et celui du carbone, et la formation de l'acier dans le four à puddler, par suite de la puissance de diffusion qui appartient aux colloïdes, état dans lequel se trouvent les silicates et les oxydes légers.

II. — FABRICATION DE L'ACIER FONDU.

1° *Fusion de l'acier obtenu à l'état solide.* — Les diverses sortes d'acier brut obtenues par la cémentation, l'affinage au bas-foyer ou le puddlage, manquent en général d'homogénéité et de ténacité, malgré les corroyages répétés qu'on peut leur faire subir; ce ne sont en effet que des particules aciéreuses juxtaposées, dont la composition peut être différente et qui sont séparées par des parcelles de scories qu'on ne peut jamais expulser complétement. Benjamin Huntsmann, de Sheffield, trouva, en 1740, le moyen de remédier à ces inconvénients et d'obtenir par la fusion un produit homogène doué des qualités les plus précieuses. Il a ainsi doté le Yorkshire d'une magnifique industrie qui en a fait la fortune.

La fusion de l'acier se fait dans des creusets réfractaires placés par deux ou par quatre dans un fourneau à courant d'air naturel, et hermétiquement fermés pour que le métal soit à l'abri des gaz du foyer. La charge est ordinairement de quatorze kilogrammes d'acier par creuset. Le foyer est rempli de coke qui entoure les creusets. La fusion demande environ quatre heures. Le métal fondu est coulé dans des lingotières. Pour obtenir de plus grandes quantités d'acier fondu et dans des conditions plus économiques, on emploie la fusion à la houille; les creusets sont alors rangés sur la sole d'un four à réverbère sans pont, et soufflé. Plusieurs inventeurs, entre autres M. Sudre, ont cherché à fondre l'acier en grande masse simplement sur la sole d'un four à réverbère, en le préservant de l'oxydation au moyen d'une couche de verre à bouteille ou de laitier de haut-fourneau au bois, matières qui n'attaquent pas les parois du four et n'agissent pas sur l'acier.

L'acier fondu, abandonné à un refroidissement lent, est toujours rempli de bulles, que l'on ne fait disparaître que par un étirage prolongé. M. Caron a attribué ce phénomène à la décomposition, par le carbone de l'acier, du silicate de fer formé aux dépens de la silice des creusets et de l'oxyde de fer que produit l'atmosphère toujours un peu oxydante du fer. Il conviendrait donc de substituer des matières réfractaires *calcaires* aux matières siliceuses ordinairement employées à la confection des creusets.

2° *Production d'acier fondu par affinage de la fonte fluide.* — Cette méthode consiste essentiellement à affiner la fonte à une température assez élevée pour obtenir, comme produit épuré, de l'acier fondu. On obtient ainsi d'un seul coup une masse homogène et mieux purgée de scories, puisque toutes les réactions ont eu lieu entre des corps à l'état fluide. Ce mode d'affinage présente diverses variétés.

Procédé Bessemer. — Il consiste essentiellement à faire passer un courant d'air dans une masse de fonte liquide; la température s'élève rapidement par la combustion des corps plus oxydables que le fer, et si l'on arrête l'opération au moment précis où la décarburation est suffisante, on a de l'acier fondu, qui peut être coulé immédiatement. Ce point étant très-difficile à saisir, on pousse ordinairement l'affinage jusqu'à l'obtention du fer, et on ajoute de la fonte miroitante pure, pour recarburer le fer brûlé. Dans les appareils du type anglais, la cornue ou *convertisseur*, où se passe l'opération, est mobile autour d'un axe horizontal, ce qui permet de la renverser pour faciliter la coulée. En Suède, l'appareil est fixe et muni de tuyères dont les axes sont tangents à un même cercle intérieur. L'analyse spectrale a fourni un moyen peu répandu encore, mais très-sensible, pour apprécier l'instant où l'opération est terminée, instant qu'il ne faut pas dépasser sous peine d'obtenir du fer pâteux ou du fer brûlé. L'opération ne dure que quelques minutes, et permet d'obtenir des masses d'acier fondu de plusieurs milliers de kilogrammes, suivant la capacité du convertisseur, et de satisfaire ainsi aux exigences variées de l'industrie.

Les réactions qui se passent dans l'appareil Bessemer ont été étudiées par plusieurs métallurgistes, et en particulier par M. Grüner. L'absence du charbon est une des causes de la rapidité de l'affinage, toute l'action oxydante de l'air injecté et des scories se portant sur les corps à éliminer. Le manganèse et surtout le silicium sont rapidement brûlés dès l'origine, tandis que le fer n'est oxydé d'une manière certaine qu'après le départ presque complet du silicium, du manganèse et du carbone. Le soufre paraît disparaître lorsqu'il est en proportion très-faible. Le phosphore et le cuivre ne sont pas oxydés. Lorsque la fonte renferme du manganèse, il s'oxyde en partie directement et en partie par l'oxyde de fer ; il contribue, du reste, comme base forte, à faciliter le départ du silicium.

Le défaut du procédé Bessemer tient à ce qu'il ne peut s'appliquer aux fontes sulfureuses et phosphoreuses. La rapidité de l'opération, l'élévation de la température, et la nature des scories trop siliceuses empêchent le soufre et le phosphore d'être éliminés. On a proposé de remédier à cette imperfection par un mazéage préalable de la fonte, par l'action de l'hydrogène, du vent, de la vapeur d'eau sur la fonte en fusion. L'épuration des fontes *ordinaires* est une question non encore résolue pratiquement, mais tout à fait à l'ordre du jour en sidérurgie. M. Bérard a cherché à résoudre la difficulté en se servant d'un four à réverbère double, chauffé au gaz, où la fonte est alternativement traversée par un courant d'air et des gaz hydrocarburés chauds. Le vent oxyde et réchauffe, tandis que l'hydrogène a pour but d'enlever le soufre et le phosphore.

3° *Affinage par réaction.* — Cette méthode consiste à fondre la fonte avec du fer ou de l'oxyde de fer. Elle a donné lieu à de nombreux essais faits par Réaumur et par Clouet au siècle dernier, plus tard par Mushet, et récemment par le capitaine Uchatius, par le commandant Alexandre et par M. Martin, de Sireuil. Ce dernier a obtenu et exposé en 1867 des résultats vraiment dignes d'intérêt.

Procédé Martin. — Il est basé sur la combinaison du four à réverbère avec le régénérateur de Siemens ; l'acier est produit par réaction du fer doux sur la fonte, avec ou sans intervention de minerais de fer riches. Le réverbère n'a qu'une seule porte placée au milieu de l'une des longues parois, tandis qu'en face, du côté opposé, se trouve au point le plus bas de la sole un trou avec canal de coulée. L'opération, comme dans l'appareil Bessemer, peut être dirigée de deux façons différentes, c'est-à-dire qu'on peut affiner complétement, puis recarburer par des additions de fonte pure, ou bien arrêter l'affinage quand on le juge arrivé au point convenable. Le premier système assure une épuration plus complète du produit. On suit les diverses phases de l'opération en prenant des *témoins*.

Théorie de la constitution de l'acier. — La connaissance certaine de cette constitution serait un immense progrès métallurgique, car elle permettrait de répondre sûrement à cette question, sur laquelle se sont égarés d'excellents esprits : est-il possible de faire de bons aciers avec tous les minerais ou tous les fers donnés ? Réaumur l'a cru possible, et sa haute autorité a fait frapper de droits prohibitifs les fers suédois et russes, les meilleurs encore pour la fabrication de l'acier, tandis que les Anglais, avec leur esprit pratique, s'assuraient par des marchés à long terme, dont plusieurs ne sont pas encore expirés, le monopole des fers du Nord, et créaient la magnifique industrie dont nous fûmes longtemps tributaires. De nos jours, M. Frémy a tranché la question dans le même sens, en attribuant à l'azote le rôle prépondérant dans la formation de l'acier. Les métallurgistes, déçus dans les espérances qu'inspirait le nom du savant chimiste, ont appliqué le nom d'*aciers académiques* aux tristes résultats de leurs essais dans cette voie.

Pour les praticiens, il faut donc encore aujourd'hui des fontes pures ou des fers purs, quand on veut obtenir de bons aciers. M. Le Play, il y a vingt-cinq ans, avait désigné par le mot de *propension aciéreuse* l'aptitude spéciale de certains fers à subir l'aciération, et Adrien Chenot annonçait que les minerais propres à la fabrication de l'acier se classeraient, comme les crus pour les vins, par l'indication de leur origine.

La question en est encore à peu près au même point, bien que la science répugne à admettre ces qualités mystérieuses et ait fait bien des efforts pour les expliquer. M. Rivot les attribue à un état moléculaire spécial qui préexiste dans les minerais. M. Grüner, se basant sur l'observation, montre que les aciers se distinguent des fers et des fontes surtout par leur pureté et leur teneur en carbone. Les autres explications, plus ou moins contestables, se rattachent à deux ordres de considérations, les unes chimiques, les autres physiques.

L'impuissance de l'analyse chimique pour fixer avec certitude le rôle des éléments nombreux qui figurent en quantités pour ainsi dire infinitésimales dans l'acier, est aujourd'hui reconnue. Elle ne peut actuellement qu'entretenir des querelles d'école sans résultats utiles, et l'ignorance où l'on est du rôle réel de l'azote ou de l'oxyde de carbone n'empêche pas de fabriquer de vrais aciers dans des conditions bien déterminées. Il en est de même de la question de savoir si le carbone de l'acier est à l'état de combinaison ou simplement de dissolution.

Toutes ces discussions ont laissé de côté un point de vue dont l'importance n'a pourtant pas besoin d'être démontrée : c'est l'état physique ou moléculaire, qui exerce une si notable influence sur les propriétés des corps. C'est ce que divers savants ont compris en cherchant dans cette voie l'explication des phénomènes singuliers présentés par l'acier.

M. de Chancourtois a remarqué que les nombres qui jouent un rôle dans l'explication des phénomènes naturels peuvent se disposer en séries sur des hélices cylindriques ; ces tracés graphiques ont permis de faire ressortir des analogies ou des différences remarquables, et conduit à des inductions qui se sont vérifiées. En ce qui concerne l'acier, il a été porté à le regarder comme un fer amené au caractère numérique, ou si l'on veut à l'état moléculaire qui lui assigne, dans la série du carbone-diamant, la place la plus voisine de ce prototype de cristallinité, le carbone pouvant ne figurer là que comme élément sériaire, et non comme constituant indispensable.

Pour M. Blondeau, l'aciération consiste essentiellement dans la transformation moléculaire qu'éprouve le fer lorsqu'il se trouve soumis à l'action d'un gaz qui se décompose sous l'influence combinée d'une haute température et du fer qu'il s'agit de cémenter.

Depuis longtemps déjà, M. Jullien cherche à faire admettre une théorie ingénieuse basée sur la différence de structure que présentent les solides suivant qu'ils sont refroidis lentement ou brusquement : structure *cristalline* dans certains cas, *amorphe* dans d'autres. Les corps qui affectent la structure correspondant au refroidissement brusque, prennent, sous l'influence du recuit ou des vibrations, la structure correspondant au refroidissement lent. Selon M. Jullien, les métaux ne se combinent pas mutuellement, et ne forment que de simples dissolutions. D'après cela, l'acier chauffé au rouge cerise serait une dissolution de carbone liquide dans le fer, soit amorphe, s'il a été fondu et coulé en lingotière mince, soit cristallisé, comme au sortir des caisses de cémentation. L'acier trempé serait une dissolution de carbone cristallisé dans le fer amorphe, et l'acier doux une dissolution de carbone amorphe, soit dans le fer amorphe, soit dans le fer cristallisé.

L'expérience prononcera sur la valeur de ces théories, mais il convenait de les signaler, car elles ont ouvert la voie à un ordre nouveau de considérations trop négligées jusqu'à présent.

BIBLIOGRAPHIE. — Réaumur, *Art de convertir le fer en acier.* — Jullien, *Traité de a métallurgie du fer et de l'acier.* — Landrin, *Traité de l'acier.* — Dessoye, *Études théoriques et pratiques sur les propriétés de l'acier.* — Ansiaux et Masson, *Manuel du puddlage pour fer et pour acier.* — Percy, *Traité complet de métallurgie* (traduction française par Petitgand et Rouna). — Le Play, *Mémoire sur les fers à aciers.* — Mémoires divers de M. Le Play, M. de Cizancourt, M. Lan et M. Grüner (dans les *Annales des mines*), de M. Grateau (dans la *Revue universelle des mines*), etc.

ED. GRATEAU.

ACOTYLÉDONES. — Les Acotylédones ou végétaux acotylédonés, également appelés Acotylédons (du grec α privatif et κοτύλη écuelle, cavité), sont des plantes dont l'embryon est privé de cotylédons, c'est-à-dire de feuilles nourricières (voy. *Cotylédones*) et qui forment l'un des trois grands embranchements de la méthode de A.-L. de Jussieu (voy. *Classifications*). Pour Linné, ces végétaux furent les *Cryptogames*, pour Necker les *Agames*, pour Richard enfin les *Inembryonés*.

Les Acotylédones ou Cryptogames sont les premiers-nés du règne végétal ; ils en ouvrent la série et en marquent l'origine. Placés aux confins, disons plutôt au seuil des deux règnes organiques, qui, empiétant l'un sur l'autre à leur début, rendent fort difficile la classification de leurs premières formules vivantes, les Cryptogames sont comme l'ébauche de la vie et résument tous les essais d'organismes végétaux, depuis certaines Algues unicellulaires et microscopiques qui mesurent à peine un trois-centième de millimètre, jusqu'aux grandes Fougères arborescentes hautes de quinze à vingt mètres, ou ces Algues colossales, ces *Macrocystis pyrifera* du Pacifique qui entravent la marche des navires et mesurent jusqu'à cinq cents mètres de longueur. Ce n'est pas seulement par leurs dimensions, à ce point disproportionnées, mais encore par la structure anatomique de leurs tissus, que les végétaux acotylédonés diffèrent les uns des autres. Tandis que le Protococcus ou Cryptococcus, le Volvox, la Psorospermie et autres genres de ces Algues douteuses (*Algæ spuriæ*), qui font le désespoir des classificateurs, ne se composent que d'une seule cellule à parois transparentes dont l'intérieur est rempli de granulations colorées, et que d'autre part les Champignons ne nous offrent qu'une matière fongueuse dont l'utricule constitue tous les tissus, les Lycopodiacées, les Equisétacées et les Fougères possèdent non-seulement une tige avec feuilles et racines, qui rappellent celles des végétaux d'un embranchement supérieur, mais encore un système vasculaire qui pénètre dans toutes leurs parties.

Le moyen le plus simple — sinon le plus exact — de se rendre compte de l'importance relative des groupes végétaux répandus sur le globe, est de les répartir en imagination sur une mappemonde idéale, ainsi que l'a fait M. Payer entre autres, et de les y grouper suivant leurs caractères communs et leurs affinités. Cette sphère donc étant donnée, nous y verrions l'ancien continent représenté par les *Végétaux dicotylédonés*, l'Amérique figurée par les *Végétaux monocotylédonés*, et c'est dans l'Australie qu'il faudrait aller chercher le troisième grand embranchement, c'est-à-dire les *Végétaux acotylédonés* ou *Cryptogames*. Ces trois continents se subdiviseraient naturellement en régions fort distinctes; c'est ainsi, pour ne parler que du dernier, qui seul doit nous occuper présentement, que nous y trouverions deux grandes provinces représentées, l'une par les *Acotylédones cellulaires*, l'autre par les *Acotylédones vasculaires*, puis enfin divers groupes fédératifs ou familles, tels que les *Algues*, les *Champignons* et les *Lichens*, appartenant à la première province, puis les *Mousses*, les *Equisétacées*, les *Lycopodiacées*, les *Fougères*, etc., appartenant à la seconde.

Nous devons ajouter, pour poursuivre les analogies, que cette Australie végétale ne diffère pas moins des deux autres continents que l'Australie réelle. Les Cryptogames ne se distinguent pas seulement par une physionomie spéciale et la contexture élémentaire de leurs tissus, mais encore par les phénomènes essentiels de leur végétation, tels que la germination et la fécondation dont il sera question plus loin. Il est facile de comprendre, en songeant à l'extrême petitesse de la plupart d'entre eux, combien ont dû être difficiles les observations et lentes les découvertes dont ces végétaux bizarres ont été l'objet. Aussi peut-on dire que la Cryptogamie est encore très-imparfaitement connue, malgré les admirables résultats auxquels sont arrivés les cryptogamistes modernes. Ce n'est guère qu'à la seconde moitié du xviiie siècle que remontent leurs premières études. A cette époque, Linné ne put mentionner que huit cent vingt-deux espèces d'Acotylédones, réparties en quarante-trois genres; aujourd'hui on en connaît plus de vingt-cinq mille réparties en plus de mille genres, et la diffusion en même temps que le perfectionnement des instruments de microscopie ne permettent pas d'assigner de limites à ces incessantes découvertes.

L'importance du rôle que jouent les plantes cryptogames dans l'économie de la nature ne peut en aucune façon se mesurer aux proportions infimes de la plupart d'entre elles. Ce sont elles qui, grâce à leur incomparable sobriété, servent de transition entre le règne inorganique et les règnes organiques. Elles rongent et émiettent la pierre, se nourrissent des minéraux et de l'air dont elles fixent le carbone et

l'azote avec une très-grande énergie, s'assimilent tous les détritus, en un mot organisent l'inorganique et, par leurs puissants appareils de réduction, transforment en
terre végétale les éléments divers qu'elles désagrégent. L'importance de ce rôle est
singulièrement augmentée par la rapidité avec laquelle les Cryptogames se reproduisent et se développent. Kieser a calculé que certains tissus cellulaires peuvent en
une minute augmenter de soixante millions d'utricules, c'est-à-dire d'environ quatre
milliards par heure, et il ne faut rien moins en effet qu'une semblable puissance de
vitalité pour expliquer l'apparition presque subite de certains Champignons dont
la croissance rapide est devenue proverbiale. Si, d'autre part, on songe à la quantité
prodigieuse des germes reproducteurs qu'émettent ces végétaux prolifiques, on
pourra se faire une idée de l'importance de leur œuvre collective. Les arbres morts
les plus énormes, tout aussi bien que la jonchée des feuilles d'automne, deviennent
bien vite la proie d'une infinité de Cryptogames parasites qui les réduisent en
poussière. On sait que les monuments abandonnés ne tardent pas à tomber en
ruines; on a vu des vaisseaux de ligne s'effriter, s'effondrer pour ainsi dire, sous
l'action d'une désorganisation que nulle tentative ne pouvait arrêter. C'est ainsi
que toute matière organique que la vie a quittée retourne au tourbillon vital, sous
l'action purifiante des Cryptogames, si bien qu'on a pu dire sans métaphore, que si
toute chose commence par elles, c'est également par elles que toute chose finit.

Ce n'est pas seulement sur les matières mortes que s'exerce leur œuvre de désorganisation, les tissus vivants deviennent aussi leur proie, et il n'est guère de classes
de plantes ou d'animaux, insectes, mollusques, poissons, reptiles, oiseaux et mammifères, y compris l'homme lui-même, dont les liquides extravasés ou les plaies
de mauvaise nature ne deviennent le siége d'une production plus ou moins spontanée de Cryptogames parasites donnant lieu à toute une série de maladies
spéciales.

Nous ne pouvons ne pas mentionner ici, ne fût-ce qu'en passant, la grande question bien connue sous le nom de *génération spontanée*, ou mieux *genèse spontanée*, et bien
que la discussion de ce mystérieux phénomène ne rentre pas directement dans le
cadre du présent article, il ne nous paraît pas possible de parler des Cryptogames
microscopiques, sans faire tout au moins allusion à l'un des faits biologiques les
plus importants que la science moderne ait enregistrés, et dans lequel ces Cryptogames jouent, avec les animalcules infusoires, un rôle d'importance capitale. Que
ce rôle soit encore imparfaitement connu, cela est incontestable; que les expériences dont il a été l'objet — expériences innombrables cependant et généralement
faites avec les soins les plus méticuleux — n'aient pas toujours eu ce caractère
d'évidence qui dessille les yeux les plus obstinés et contraint les convictions les plus
rebelles, nous le reconnaissons volontiers. Mais pourquoi donc faire dépendre
d'observations dont l'exécution parfaite est manifestement impossible, malgré la
puissance de nos instruments, la solution d'un problème qui s'impose à la raison
de tout physiologiste que n'aveuglent pas les traditions de la science dogmatique?

La genèse spontanée n'est plus une hypothèse, c'est une nécessité philosophique.
Elle seule est rationnelle, elle seule nous débarrasse à tout jamais des puériles cosmogonies et fait rentrer dans la coulisse ce *Deus ex machinâ* extérieur et tout artificiel, qu'ont si longtemps adoré hors du monde les siècles d'ignorance.

Les Cryptogames inférieurs se distinguent des Cryptogames supérieurs, en ce que
chez les premiers les organes de la végétation sont en même temps ceux de la fécondation, tandis que chez les seconds ces organes diffèrent. On donne le nom de *thalle*
ou de *fronde* aux filaments et aux membranes dont les utricules renferment de l'en-
dochrôme ou matière colorée, tels que ceux des Algues ou des Hépatiques, et le nom

de *mycelium* aux filaments généralement blanchâtres des Champignons. Les couleurs du thalle sont très-diversement variées. Ce dernier est tantôt d'un vert nuancé, tantôt noirâtre, brun, pourpre, olivâtre ou rose, et il présente également, quant à l'organisation de ses tissus, de très-remarquables différences. Parfois homogène dans toutes ses parties, comme chez les Algues inférieures, il offre, dans les Algues supérieures, les Hépatiques et autres Cryptogames élevées, une telle hétérogénéité, qu'on a souvent cru pouvoir distinguer en lui soit des parties extérieures plus ou moins analogues aux membranes corticales des végétaux phanérogames, soit des zones sous-corticales, qui rappellent la moelle des Cotylédones.

C'est particulièrement par la nature de leurs organes reproducteurs que les Cryptogames se distinguent des végétaux cotylédonés. Il n'y a chez eux encore ni étamines, ni pistils, mais de singuliers corpuscules qui, sous les noms divers de *sporules*, *spores* ou *zoospores*, et d'*anthérozoïdes*, représentent tantôt les bourgeons des Phanérogames, tantôt leurs organes fécondateurs et leurs graines, suivant que le phénomène de la fécondation s'opère ou non entre ces corpuscules. Cette question, du reste, est encore fort obscure, bien qu'il paraisse résulter d'observations récentes que la plupart des Cryptogames réunissent les deux sexes. Les spores, en effet, d'abord renfermées dans un petit sachet ou *sporange*, sont généralement fécondées par les anthérozoïdes, qui, de leur côté, sont d'abord renfermées dans un sachet appelé *anthéridie*. Quant aux zoospores, ce sont des corpuscules de forme ordinairement ovoïde, qui semblent n'avoir d'autre origine que la coagulation de la matière contenue dans les cellules ou endochrome, et qui, sans fécondation apparente, reproduisent la plante mère par le mode végétatif habituel aux Cryptogames. Généralement, zoospores, spores et anthérozoïdes, munis de cils vibratiles plus ou moins nombreux, d'un rostre conique et parfois d'un point rougeâtre oculiforme, sont animés d'un mouvement caractéristique qui les fait ressembler à des animalcules infusoires.

La germination des Cryptogames, qui n'ont qu'un thalle où on ne peut distinguer ni axe, ni appendice, s'opère directement par la production d'une nouvelle plante; mais celle des Cryptogames munis d'une tige distincte et de feuilles, donne naissance à une formation particulière, rameuse ou étalée, qu'on nomme *prothalle*, et qui tantôt se développe en une sorte de bourgeon végétatif, tantôt sert de support aux organes sexuels, et devient alors le siège des phénomènes de la reproduction.

Ces phénomènes présentent chez beaucoup de Cryptogames une extrême complexité. Tantôt c'est une zoospore qui, sans fécondation apparente, nous l'avons dit, s'immobilise et germe comme une bulbille de Phanérogame, après s'être agitée pendant quelques heures; tantôt c'est par le fait d'une reproduction sexuelle, que la spore, manifestement fécondée par les anthérozoïdes (spermatozoaires ou androspores) qui nagent autour d'elle, puis s'attachent à elle et disparaissent à sa surface, finit par germer comme la zoospore; tantôt, enfin, c'est par une sorte de reproduction ambiguë appelée conjugation, que deux filaments voisins se rapprochent, se soudent et se transforment en un canal par lequel s'opère une double résorption de matières granulées, qui, combinées dans une cellule spéciale, y déterminent le phénomène de la germination.

En résumé, un thalle et des spores, constituant des espèces d'embryons chez les Cryptogames cellulaires ; un axe, des feuilles, puis des séminules produisant un prothalle chez les Cryptogames vasculaires, tels sont les caractères essentiels qui distinguent l'une de l'autre les deux grandes classes des Acotylédones. Ces deux embranchements sont désignés, dans la méthode de M. Brongniart, sous les noms d'*Amphigènes* et d'*Acrogènes*. Le premier groupe, que distinguent un thalle sans axe ni appendices, un tissu cellulaire et des spores ou embryons nus, se divise en trois classes (*Algues, Champignons, Lichénées*); le second, caractérisé par une tige, des feuilles, un tissu généralement vasculaire et des séminules ou embryons munis de tégument, comprennent deux classes (*Muscinées* et *Filicinées*), subdivisées elles-mêmes en sept familles, ainsi que l'indique le tableau suivant :

AMPHIGÈNES	ACROGÈNES
1ʳᵉ classe : *Algues*.	4ᵉ classe : *Muscinées* (Mousses, Hépatiques).
2ᵉ — *Champignons*.	5ᵉ — *Filicinées* (Characées, Équisétacées, Ly-
3ᵉ — *Lichénées* (Lichens).	copodiacées, Fougères, Marsiléacées.)

Voyez *Classifications* et *Familles végétales*.   ED. GRIMARD.

ACOUSTIQUE. — Les corps soumis à des influences diverses peuvent donner naissance, par suite de leur élasticité, à des phénomènes qui, en agissant sur notre oreille, déterminent des sensations d'une nature spéciale, les sensations *auditives.*

Distinctes, régulières et continues, ces sensations prennent le nom de *sons musicaux*; discontinues et irrégulières, on les appelle *bruits*. Cette distinction est vague, arbitraire, car elle dépend des impressions perçues par un organe dont la sensibilité peut varier à l'infini ; et telle sensation que nous classons parmi les bruits, lorsqu'elle est isolée, peut, dans une suite d'impressions analogues, se présenter avec le caractère d'un son musical ; c'est ce qui arrive lorsque l'on jette sur un corps dur un petit fragment de bois sec; le choc donne lieu à un bruit. Mais si on fait tomber successivement des morceaux de bois ayant des rapports de longueur simple, par exemple, des longueurs proportionnelles aux nombres 4, 5, 6 et 8, il se manifestera réellement une série de sons musicaux. On obtient des effets analogues en débouchant brusquement des tuyaux cylindriques fermés à une extrémité et dont les longueurs sont dans les rapports précédemment indiqués. C'est par l'observation des bruits, ou sons excités par des marteaux de poids différents, que Pythagore fut conduit à étudier les lois qui régissent les sons.

L'étude des sons en général et des sensations qu'ils produisent porte le nom d'*acoustique*, du mot grec (ἀκούω, j'entends).

De nombreuses expériences faciles à interpréter ont mis hors de doute que la cause du son réside dans un mouvement vibratoire, c'est-à-dire un mouvement de va-et-vient, excité dans les corps solides, liquides ou gazeux, et transmis à l'organe auditif par une suite non interrompue de milieux élastiques; non pas que ce mouvement considéré en lui-même constitue le son, car perçu par les doigts il donne la sensation d'un frémissement; mais le nerf auditif, sous l'influence de cet ébranlement, subit une modification qui se transforme en sensation. Le son n'est donc qu'une manière d'être du nerf de l'audition dépendant de notre organisation ; ce qui le prouve, c'est qu'une excitation quelconque, l'électricité par exemple, appliquée sur le nerf acoustique, détermine la sensation d'un son, comme elle détermine la sensation lumineuse en agissant sur le nerf optique.

L'expérience vulgaire montre qu'un son un peu fort est toujours accompagné d'un mouvement facile à constater. Le bruit d'un tambour ou d'un coup de canon produit un ébranlement de toutes les parties voisines. Quand une cloche ou un diapason résonne, on entend très-distinctement une série de petits chocs produits par les contacts alternatifs d'une bille contre les parois du corps sonore, ce qui démontre l'existence d'un mouvement de va-et-vient, ou périodique. Lorsqu'on pince une corde avec les doigts, elle s'agite autour de sa position première et semble se renfler vers son milieu en prenant l'aspect d'un fuseau, l'œil confondant les positions extrêmes en une seule, par suite de la persistance de l'impression lumineuse. On produit du reste à volonté des sons par des séries de chocs se succédant régulièrement. Si l'on présente un ressort ou même une simple carte aux dents d'une roue d'engrenage tournant très-rapidement, on obtient un véritable son. Le même effet se produit en dirigeant un jet continu de gaz ou de liquide sur un disque percé de trous et animé d'un mouvement de rotation suffisamment rapide. Enfin, lorsqu'on place un tube de verre de dimensions convenables autour de la flamme développée par la combustion de l'hydrogène, on produit un son d'une grande douceur. Cette expérience, connue sous le nom d'*harmonica chimique*, est devenue le point de départ de recherches très-curieuses faites par le comte Schaffgotsch et par Tyndall sur les flammes *chantantes*.

Les verges, les plaques, les tiges rendent des sons différents suivant leur forme et les points où on les attaque : si alors on les recouvre de sable fin, on le voit s'agiter et finalement se réunir en courbes régulières qui forment des lignes de repos appelées lignes *nodales*, ou *figures acoustiques*, découvertes par Chladni.

L'oreille distingue dans le son trois qualités particulières qui sont : l'*intensité*, la *hauteur* et le *timbre*.

Le même son peut affecter notre ouïe fortement ou faiblement : il suffit de s'éloigner d'un instrument faisant entendre une note pour se rendre compte de la diminution de sensation. L'intensité du son dépend de l'amplitude des vibrations du corps sonore. Elle décroît avec la distance au centre d'ébranlement; et quand les vibrations sont excitées dans un gaz, elle diminue avec la densité de celui-ci. C'est ainsi qu'un coup de fusil tiré sur une haute montagne est bien moins fort que dans la plaine. L'affaiblissement du son, qui résulte en ces lieux élevés de la grande dilatation des couches aériennes, n'empêche pas l'audition de se faire entendre à de grandes distances, comme l'attestent les expériences de MM. Martins et Bravais. Ce résultat s'explique par le silence absolu qui règne dans ces hautes régions.

L'intensité ou la force du son diminue en raison inverse du carré de la distance du corps résonnant. Cette loi ne trouve sa pleine et entière application qu'autant que des courants aériens opposés, ou d'autres obstacles n'interviennent pas; ainsi le son d'une cloche d'église, par un vent contraire, s'entend à peine à la distance de quelques mètres, tandis que le retentissement de la canonnade de Waterloo fut, dit-on, entendu de Douvres, et le fracas du combat naval entre les Anglais et les Hollandais, en 1672, fut entendu à Shrewsbury, à la distance de deux cents milles. Dans ces cas remarquables, l'intensité du son était évidemment soutenue, à ces distances, par la présence de courants aériens qui se déplaçaient dans les directions par lesquelles arrivaient les sons.

La hauteur du son est la qualité qui distingue un son grave d'un son aigu. On reconnaît qu'un son est d'autant plus aigu que ses vibrations sont plus rapides. L'acoustique fournit plusieurs procédés d'une exactitude remarquable pour compter le nombre des vibrations qui se succèdent dans une seconde; ce nombre peut donc être pris pour la mesure d'un son. Il était intéressant de rechercher la limite des sons perceptibles par notre oreille. D'après M. Helmholtz, un son commence à être entendu lorsqu'il correspond à soixante vibrations simples par seconde : à quatre-vingts vibrations, il prend un caractère musical. La limite supérieure des sons perceptibles, variable suivant les individus, paraît être comprise entre quarante et soixante mille vibrations par seconde d'après les nouvelles expériences du physicien allemand.

Enfin, deux sons de même intensité et de même hauteur, émis par des instruments différents, sont encore nettement distingués par l'oreille la moins exercée. Cette distinction dépend de la troisième qualité du son, le *timbre*. C'est encore au timbre qu'il faut rapporter la différence entre les voyelles prononcées avec la même note, c'est-à-dire en excitant des sons de même intensité et de même hauteur. D'où vient le timbre ? Quelle est la cause de cette variété de sensations sonores ? Cette question a longtemps préoccupé les physiciens et les physiologistes ; ce n'est que dans ces derniers temps que, grâce aux travaux de M. Helmholtz, elle a été résolue à peu près complétement.

Le timbre, qui est au son ce que la couleur est à la lumière, provient de la forme particulière des vibrations des corps sonores, comme on peut le reconnaître en étudiant la courbe graphique du mouvement vibratoire dû au son d'une guitare, d'un violon, ou d'un diapason. Plus la forme des vibrations est arrondie, plus le timbre est doux; plus cette forme est déchirée, anguleuse, plus le son est rude.

Après avoir prouvé que le son est le résultat des vibrations des corps élastiques, il faut établir que sa transmission, du lieu de production à l'organe spécial qui doit le recueillir, se fait par une suite de milieux également élastiques. Vient-on à interrompre cette chaîne conductrice, aussitôt la sensation cesse. Voici une expérience simple et facile à reproduire : suspendez par quelques brins de chanvre non tordus une petite clochette au centre d'un ballon de verre et enlevez l'air au moyen d'une pompe pneumatique; quelle que soit l'agitation qu'on imprime au ballon, la clochette vibre, mais le son n'est plus entendu. Dès qu'on laisse pénétrer un peu d'air, le son renaît, faible d'abord, et augmente progressivement d'intensité à mesure que l'air rentre. L'introduction dans le ballon de tout autre gaz, ou d'un liquide volatil, ramène, comme l'air, la sensation sonore. Tous ces faits montrent la fonction importante que remplit l'atmosphère gazeuse dans le phénomène du son.

Les liquides transmettent les sons également. Les plongeurs savent que, lorsqu'ils sont sous l'eau, ils entendent les sons produits à la surface; et inversement, lorsqu'on se trouve sur le rivage de la mer, on entend le bruit des cailloux roulés par les vagues. Colladon affirme, d'après ses expériences sur le lac de Genève, qu'on pourrait communiquer par le son, sous l'eau, à une distance de cent kilomètres.

Enfin, les sons se propagent à travers les solides. Le mineur, en creusant sa galerie, entend les coups du mineur qui lui est opposé et juge ainsi de sa direction. En frappant légèrement l'extrémité d'une pièce de bois de plusieurs mètres de longueur, le son peut être entendu à l'autre extrémité. Cette facile transmission des sons par l'intermédiaire du bois a été mise en pratique par M. Wheatstone, pour conduire à travers plusieurs étages d'une maison un concert donné dans une cave. Cette expérience a été répétée par M. Kœnig, avec une boîte à musique cachée dans une caisse enveloppée de ouate.

Examinons maintenant de plus près le mode de propagation du son dans l'air, et en général dans les fluides élastiques.

Le mouvement de l'air, au moment où un son le traverse, présente la plus grande analogie avec le mouvement ondulatoire qui se forme à la surface d'une nappe d'eau tranquille, dans laquelle on laisse tomber une pierre. Autour du centre d'ébranlement, on voit naître une série d'ondes circulaires qui se propagent uniformément, en devenant de moins en moins visibles, à mesure qu'elles s'éloignent de leur origine. Pendant que l'onde avance à la surface du liquide, les particules d'eau qui la constituent se meuvent sur place suivant la verticale : elles ne suivent pas l'onde; ce qui est transmis, c'est une forme de la surface, forme qui disparaît et se renouvelle continuellement. On peut s'en assurer en faisant flotter sur l'eau de petits corps légers : les ondes qui les atteignent les font monter et descendre alternativement sans produire un déplacement sensible.

L'ensemble d'une élévation et d'une dépression porte le nom d'*onde*; l'intervalle entre ces deux positions mesure sa longueur.

Dans le phénomène du son, le mouvement des ondes s'effectue par un mécanisme semblable. Le calcul guidé et confirmé par l'expérience prouve que, dans un milieu indéfini homogène, toute vibration se propage par ondes sphériques avec une vitesse uniforme. Seulement, les molécules d'air, contrairement à ce qui se passe dans les liquides, se meuvent horizontalement, en s'écartant et se rapprochant tour à tour de leur position d'équilibre : de là, il résulte des dilatations et des condensations alternatives dans la masse d'air, qui correspondent aux élévations et aux dépressions observées dans les liquides et qui, en se transmettant de proche en proche, déterminent le mouvement général de l'onde. Mais, lorsque l'onde sonore qui semble avoir une existence réelle, vient à rencontrer un corps dur et résistant, elle se réfléchit comme la lumière, comme se réfléchissent les ondes liquides, et l'oreille attribue la production du son à un point symétrique du véritable centre de vibrations par rapport au plan fixe. Ce phénomène de la *réflexion* du son donne l'explication des *échos* et de la *résonnance*.

La transmission du son n'est point instantanée ; c'est ce qui résulte des observations les plus simples. Le bruit du tonnerre ne s'entend ordinairement que bien longtemps après l'éclair. Le feu d'une pièce d'artillerie apparaît trois secondes avant l'arrivée de la détonation, si on se trouve à une distance de mille mètres. On appelle *vitesse* du son, l'espace parcouru en une seconde par l'onde sonore. Cette vitesse est constante dans un même milieu et la même pour tous les sons. Comme c'est l'air qui est le véhicule ordinaire du son, les physiciens ont cherché à déterminer avec précision la vitesse de propagation dans ce milieu. Déjà le P. Mersenne, Gassendi et l'Académie de Florence s'étaient occupés de cette question. Cent ans plus tard (1738), une commission de l'Académie des sciences, composée de Lacaille, Maraldi et Cassini de Thury, mit en expérience le programme proposé par Mersenne. Les stations choisies étaient Montmartre et Montlhéry. Des pièces de canon placées sur ces hauteurs tiraient alternativement, et les observateurs mesuraient le temps qui s'écoulait entre l'apparition de la lumière et l'arrivée du son. Ces expériences furent reprises, en 1823, par Arago, Gay-Lussac et de Humboldt. La distance des stations choisies, Villejuif et Montlhéry, était de 18,613^m. La durée moyenne des expériences s'élevait à 54",6. Afin d'éviter l'influence perturbatrice du vent, on employait la méthode des feux croisés à de courts intervalles. Il résulte de ces expériences que la vitesse du son dans l'air est de 340^m à la température de 15°. Cette vitesse varie avec la température. A 0°, elle est de 333^m.

La vitesse de transmission du son dans les liquides est plus considérable que dans les gaz. Les expériences de Colladon et Sturme sur le lac de Genève (1827), donnent une vitesse de 1,435^m à la température de 8°. Dans les solides, cette transmission est plus grande encore : d'après les expériences de Biot, faites sur les tuyaux de conduite d'eau de l'aqueduc d'Arcueil, la vitesse dans la fonte est environ de 3,496^m par seconde.

Il est un fait certain et dont la théorie analytique a donné la raison, c'est que des ondes diverses peuvent coexister, se superposer, sans cesser d'exister individuellement. On a presque constamment la sensation de sons simultanés très-différents par leur nature et par leur point de départ, et que l'on distingue néanmoins. Dans des cas particuliers, les ondes sonores peuvent être telles que leurs effets

s'ajoutent ou s'annulent en des régions déterminées. Il se présente alors le phénomène très-remarquable des *interférences*, dans lequel deux sons, très-distincts séparément, se renforcent ou se détruisent lorsqu'ils sont produits simultanément; en
sorte qu'on arrive à cette conclusion singulière, qu'un son ajouté à un son donne
le silence. Ce curieux phénomène peut être mis en évidence par les expériences de
MM. Wheaststone, Lissajous et autres.

L'étude des corps sonores peut être divisée en deux parties, suivant que les
vibrations excitées sont transversales ou longitudinales. Les vibrations transversales sont celles des cordes telles qu'on les emploie dans les instruments de musique. Le nombre de ces vibrations et les hauteurs du son correspondant dépendent
des éléments divers de la corde, longueur, diamètre, densité et tension. Les vibrations des lames élastiques fixées par une extrémité, celles des plaques métalliques
planes ou courbes et celles des membranes rentrent dans le même ordre.

Les vibrations longitudinales, dont l'étude dans les solides est sans intérêt pratique, sont au contraire la cause du son produit par le mouvement des liquides et
des gaz dans les tuyaux, et méritent à cet égard un sérieux examen. Au point de
vue théorique, ces vibrations longitudinales ont servi à la détermination des
vitesses de propagation du son dans certains corps.

Les corps sonores, à quelque genre qu'ils appartiennent, émettent bien rarement des sons simples, c'est-à-dire des sons produisant à l'oreille une impression
unique. En général, outre le son principal plus intense, on distingue deux, trois,
quatre, cinq sons plus aigus et plus faibles; l'emploi d'instruments convenables
permet d'en compter un plus grand nombre. On les appelle les *harmoniques* du son
principal. Ces harmoniques, dont l'ordre et le rang ont été trouvés par l'observation et par la théorie, sont dus à ce que le corps sonore, outre son mouvement
vibratoire de totalité, se partage en segments ou parties qui vibrent séparément,
tout en étant entraînés dans le mouvement d'ensemble. Ces harmoniques jouent
un rôle important dans l'explication des timbres divers.

Lors de la production simultanée de deux ou plusieurs sons, des phénomènes
particuliers peuvent prendre naissance : si les sons ont entre eux une faible différence de hauteur, l'oreille perçoit des *battements;* à des intervalles de temps égaux,
variant, suivant les cas, entre un demi et un soixantième de seconde, l'intensité
augmente très-manifestement, puis décroît, augmente de nouveau, et ainsi de suite.
Si les sons concomitants sont assez éloignés comme hauteur, on entend un nouveau son plus grave que chacun des deux premiers, et qui est appelé son *résultant.*
Dans le cas de sons complexes, c'est-à-dire accompagnés d'harmoniques, ces harmoniques, les sons principaux et les sons résultants, peuvent donner naissance à d'autres
sons résultants dont l'intensité est assez faible. Enfin, entre les deux limites déterminées par l'expérience (soixante vibrations par seconde pour les sons graves,
quarante mille pour les sons aigus), l'oreille perçoit les sons correspondant à tous
les nombres intermédiaires. On a fait choix de certains d'entre eux pour constituer la *gamme,* échelle des sons qui, par leur réunion en séries successives ou
simultanées, constituent la mélodie et l'harmonie, dont l'étude est la base de la
musique.

La recherche des lois de l'acoustique s'exécute par des procédés divers. En première ligne, et contrairement à l'ordre chronologique, il convient de placer l'analyse mathématique qui, se basant sur les lois de l'élasticité, a pu expliquer tous les
faits et même en prévoir un grand nombre. L'expérience a cependant le plus souvent précédé la théorie. Cette étude expérimentale a été faite par les moyens les
plus variés : le sonomètre, la sirène de Cagniard-Latour, la roue dentée de

Savard, la méthode graphique de Duhamel, les verges du kaléidophone de Wheaststone, la méthode optique et le comparateur de Lissajous, le phonautographe de Scott et l'appareil à flammes de Kœnig, ont servi successivement, sans le secours de l'oreille, à étendre le champ des découvertes. L'oreille seule, lorsqu'elle a été convenablement exercée, aidée par les phénomènes des battements produits dans un but déterminé, et surtout guidée par les *résonnateurs* de M. Helmholtz, est un puissant instrument d'investigation, le plus naturel tout au moins, et très-capable de faire discerner d'une manière nette les détails précis d'un phénomène acoustique.

Les applications de l'acoustique, malgré le caractère presque matériel des phénomènes que cette science étudie, sont plutôt théoriques que pratiques. Les résultats des expériences faites sur le son dans des conditions variables, ont fourni souvent des renseignements précis sur les propriétés mécaniques des corps, sur leur constitution; et, d'autre part, ces résultats ont pu servir de vérifications pour la théorie mécanique de la chaleur. On chercherait presque vainement une application pratique à laquelle ait conduit la théorie.

Les instruments de musique sont dus à l'expérience et aux tâtonnements nombreux; et la science ne peut encore donner la raison d'être de leur forme, du moins pour la plupart. On ne peut cependant oublier que c'est à l'application des principes les plus généraux de l'acoustique que l'on doit attribuer le perfectionnement des instruments en cuivre. La science n'a pas davantage pu déterminer les conditions de sonorité d'une salle dont les parois sont soumises aux vibrations de la voix humaine ou d'instruments de musique.

Parmi les anciens, Aristote, Pythagore et Aristoxène, se sont occupés d'acoustique ou plutôt de la théorie de la musique. Ce n'est que vers 1630 que le P. Mersenne, de l'ordre des Minimes (dans son *Traité de l'harmonie universelle*), et Gassendi établirent les premiers principes de cette science dans leurs recherches sur les vibrations des cordes, la propagation des ondes sonores et l'influence du nombre de vibrations sur la hauteur du son. Vers la même époque, le P. Kircher, auquel on attribue la lanterne magique, découvrit la cause de l'écho. En 1645, Otto de Guérike, après la découverte de la machine pneumatique, démontra la nécessité d'un milieu matériel pour la propagation du son. Mais c'est Newton qui, le premier, appliqua le calcul à l'étude des phénomènes acoustiques et donna la formule théorique de la vitesse du son dans un milieu homogène. De son côté, Daniel Bernouilli fondait la théorie des tuyaux sonores, tandis que d'Alembert (dans ses *Éléments de musique*, 1760) exposait scientifiquement la théorie de l'harmonie de Rameau. Euler, Taylor, et un peu plus tard Poisson, Laplace et Fourier, continuèrent l'application de l'analyse mathématique à cette partie de la physique.

L'étude expérimentale de l'acoustique physique et physiologique a surtout occupé un grand nombre de physiciens. C'est à Sauveur que l'on doit la découverte des nœuds et des ventres et la loi des harmoniques. Chladni et Savard ont établi les lois si complexes des vibrations des plaques et des verges. Duhamel, en fondant la méthode graphique, Wheaststone et Lissajous, en créant la méthode optique, ont surtout contribué aux progrès de cette science. Citons, enfin, les travaux récents de M. Helmholtz, qui est parvenu à faire d'une manière précise l'analyse, puis la synthèse d'un son quelconque, et qui, partant de ces résultats, a donné l'explication d'un grand nombre de faits physico-physiologiques dont l'origine était restée inconnue jusqu'à nos jours. |V. Desplats.

ACTES. — DROIT. — Le droit, dans le sens pratique, signifie l'ensemble des lois, c'est-à-dire la règle des actions ; il est donc tout simple que le mot *acte* revienne souvent dans le langage juridique. Les espèces, en effet, doivent en être nombreuses puisqu'on peut définir l'*acte* dans son acception la plus générale : le mode légal de constater un fait, de telle sorte que la preuve de ce fait puisse être fournie en cas de dénégation.

Ainsi, les actes de l'état civil constatent les faits de naissance, de mariage, de décès.

Les actes notariés constatent les faits de vente, de louage, de prêt, tous les contrats enfin, et d'autres faits encore, tels que donations, testaments, liquidations, inventaires, partages, etc., etc.

Les actes judiciaires, dont la variété est infinie, constatent tous les incidents de l'action en justice, depuis la citation et l'ajournement jusqu'au jugement ou à l'arrêt définitifs ; ils constatent encore les détails innombrables des différentes procédures autorisées pour l'exécution des condamnations prononcées. De là : actes de greffe, actes d'huissier, actes d'avoué, actes de commissaire-priseur, actes qui prennent les noms de minutes, d'exploits, de significations, de sommations, de procès-verbaux, etc., etc.

Arrêtons là cette nomenclature.

Quant au caractère essentiel des actes, c'est-à-dire à l'utilité dont ils peuvent être comme instruments de preuve, ils se divisent en plusieurs catégories.

Les actes authentiques, comprenant les actes de l'état civil, les jugements et arrêts, les actes notariés et d'autres encore, font preuve de leur contenu jusqu'à inscription de faux ; tant qu'ils ne sont pas attaqués par cette voie, on peut dire d'eux : *pro veritate habentur.*

Puis, quand les expéditions des jugements ou des actes notariés sont revêtues de la formule exécutoire, elles acquièrent, sous le nom majestueux de *grosses* et sous e titre grotesque de *voie parée,* une puissance irrésistible. Tous les huissiers de l'État sont obligés, à la première réquisition, de les ramener à exécution ; tous les procureurs généraux et les procureurs près les tribunaux de première instance sont obligés d'y tenir la main ; enfin tous les commandants et officiers de la force publique sont tenus de prêter main-forte à cette exécution, s'ils en sont légalement requis.

L'acte authentique, revêtu de la formule exécutoire, est donc l'acte par excellence ; il devient comme une émanation directe du pouvoir exécutif qui lui prête toutes ses forces ; il requiert, il commande : *Pareatis.*

Ensuite, viennent les actes qui ne font foi de leur contenu que jusqu'à preuve contraire, tels que les procès-verbaux des gendarmes, des gardes champêtres, des gardes forestiers, des gardes-chasse assermentés, etc., qui peuvent être discutés en justice et combattus par la preuve testimoniale.

Il y a enfin les actes sous seing privé, c'est-à-dire ceux qui sont rédigés, écrits ou du moins signés par de simples particuliers.

Le principe général est que ces actes, lorsqu'ils ne sont pas entachés de dol ou de fraude, font, mais entre les parties seulement, foi de leur contenu, et la preuve testimoniale n'est admise, toujours de la part des signataires, ni outre ni contre ce contenu.

Il y aurait beaucoup à dire sur cette classification. Relevons les énormités les plus saillantes.

L'authenticité qui est le privilége des actes notariés, par exemple, se fonde sur les garanties que présenterait l'accomplissement de certaines formalités. Mais, si ces formalités, que nous supposerons bonnes, ne sont pas observées, que devient l'authenticité? Un mensonge, et quelquefois un danger qu'il est impossible de conjurer.

Or, les actes les plus simples des notaires doivent être dressés en présence de deux témoins ou d'un second notaire. En fait, chaque notaire rédige ses actes en l'absence des deux témoins et du second notaire, et ces derniers signent après coup et de confiance. Et, comme la jurisprudence s'obstinait à ne pas voir dans cette infraction à la loi une cause de nullité, le pouvoir législatif est intervenu pour donner raison à la jurisprudence, et il a déclaré, le 21 juin 1843, que la présence réelle n'était exigée, à peine de nullité, que pour certains actes spéciaux.

Si nous passons de là aux actes d'huissier, les abus sont bien plus flagrants encore. Tous les exploits, sans exception, présentent l'huissier comme ayant agi lui-même, comme ayant remis une copie à la personne et dans le lieu désignés dans l'acte.

De plus, et en admettant que l'huissier, s'il contrevient au texte de la loi, n'en viole pas l'esprit lorsqu'il se fait aider de ses clercs pour la remise des copies, tout au moins, semble-t-il, cette remise devrait être faite sérieusement.

Or, chacun sait que, dans les grandes villes surtout, le lendemain des jours d'échéances, la remise des copies de protêts, pour nous en tenir à cette seule espèce d'actes, est faite d'une façon absolument dérisoire. Non-seulement les clercs ne parlent pas à la personne à qui la copie est destinée, mais ils ne cherchent pas à la voir. Tantôt la copie est glissée sous une porte fermée, tantôt elle est jetée dans la boîte destinée aux journaux, sans que le concierge même en soit prévenu.

A cela on répond que la multiplicité des actes nécessite toutes ces violations de la loi; que chaque notaire ne peut pas avoir en permanence deux témoins dans son étude, et bien moins encore un second notaire; que les huissiers, à moins d'être doués du don d'ubiquité, ne peuvent pas, de leur personne, se trouver à la même heure dans tous les lieux où ils sont tenus d'instrumenter.

Cette réponse est plausible; mais, si elle excuse une pratique imposée par la nécessité, qui est au-dessus de la loi, elle implique la condamnation radicale du système.

Si la foi attachée à l'acte du notaire, à l'acte de l'huissier, a ce privilége de ne pouvoir être combattue que par l'inscription de faux, c'est que ces actes sont censés accompagnés de certaines formes. Ces formes étant, quelques-unes du moins, reconnues impraticables, on les supprime; très-bien. Mais ne doit-on pas supprimer du même coup le privilége qui ne reposait que sur leur scrupuleuse observation?

Allons au fond des choses. Il y a des actes nécessaires; ce sont ceux qui constatent des faits dont il est important, dans une circonstance donnée, de pouvoir fournir la preuve.

Il y a des actes inutiles; ce sont ceux qu'on exige pour la validité de certaines procédures surchargées des formalités les plus abusives.

Quant aux actes utiles, les contrats, par exemple, ils sont complets, tant pour le fond que pour la forme, dès qu'ils portent la signature des parties intéressées. La forme authentique est un luxe inutile.

L'intervention du notaire, dira-t-on, a une autre utilité; dans son étude, la minute des actes se conserve à l'abri des risques de perte, qu'elle peut courir chez les particuliers; et puis, le notaire écrit pour ceux qui ne le savent point faire.

Ce n'est pas ici le lieu d'exposer le plan d'une organisation à substituer à celle du notariat. Mais, si l'on se préoccupe surtout de l'intérêt qu'ont les particuliers à mettre en sûreté l'original des actes importants de la vie civile, ne voit-on pas que ces actes se conservent très-bien ailleurs que dans les études de notaire? Les actes de l'état civil, par exemple, ne sont-ils pas en sûreté dans les mairies et dans les greffes? Ces asiles ne pourraient-ils pas recevoir en dépôt d'autres actes de toute sorte? La plupart des secrétaires de mairie ont assez de loisirs pour suffire au surcroît d'occupations qui résulterait pour eux de cette réforme. Si l'on pouvait s'étendre sur ce sujet, on démontrerait sans peine que ces fonctionnaires, dans une foule de cas, serviraient très-facilement d'instruments presque gratuits pour les mutations d'immeubles et pour les communications, judiciaires ou autres, que les plaideurs, les acquéreurs et les contribuables paient si cher aujourd'hui. Il y a plusieurs États en Europe où les actes et les transactions de la vie civile s'accomplissent presque gratuitement. Et la date certaine, l'un des grands prétextes invoqués à l'appui de l'administration de l'enregistrement, ne serait-elle pas encore donnée là bien aisément? Et ces fonctionnaires ne pourraient-ils pas écrire, eux aussi, pour les ignorants?

La difficulté de cette utile réforme ne réside donc pas dans la nature des choses; elle est tout entière dans le côté fiscal de la question; mais, il faut bien l'avouer, de ce côté l'obstacle est presque invincible.

Pour les particuliers, il est bien indifférent que leurs conventions soient écrites sur papier libre ou sur papier timbré, mais cela n'est pas indifférent du tout pour le fisc; et les notaires, les greffiers, les officiers ministériels de toute sorte sont les grands consommateurs de papier timbré. Le timbre est l'une des branches les plus fructueuses de l'impôt indirect, cette grande iniquité sociale; car l'assiette n'en est pas même conforme à la règle, insuffisante encore pour l'exacte justice, de la simple proportionnalité. On sait pourtant la tendresse de certains économistes pour les contributions indirectes. Ils en admirent la fécondité, qui est prodigieuse en effet, car elles s'étendent à tout le monde, elles prennent partout, elles se déguisent sous toutes les formes; elle ne se discutent guère, soit parce qu'elles sont incorporées au prix même des choses, soit parce qu'elles se produisent au moment où l'intéressé se procure une jouissance ou se courbe sous le joug d'une nécessité; on a soif, on a faim; l'envie de boire ou de manger fait passer sur le tribut de consommation, sinon sans regret, du moins sans murmure. Ou bien, l'on fait une affaire, et, la croyant bonne puisqu'on la fait, on ne regarde pas au timbre que coûte le papier du règlement. On achète, donc on a de l'argent pour payer; on vend, donc on reçoit de l'argent. Et le fisc se garde bien de laisser échapper de si belles occasions de réclamer sa part sous forme de droits proportionnels, avec l'appendice obligé des rames de papier timbré. Car le fisc ne regarde pas plus loin, et ne se demande pas si tel achat, telle vente ne représentent pas souvent un dernier et suprême sacrifice, l'engloutissement d'un patrimoine, la consommation d'une ruine. Le fisc, avant tout.

Et les héritiers? quelle aubaine! Et les plaideurs? quelle curée!

Et l'on se demande pourquoi ces charges privilégiées, dont les inconvénients frappent tous les yeux, ont été, sont et seront toujours soutenues par les gouvernements monarchiques, par les gouvernements aux appétits robustes? Mais la chose est toute simple; ces charges sont les pompes aspirantes qui aident à remplir les coffres du trésor. L'intérêt des titulaires est si étroitement solidaire de celui du fisc!

Que faut-il à ce dernier? Beaucoup de droits fixes ou proportionnels, un grand débit de papier timbré. Que faut-il aux autres? Beaucoup d'actes, car chacun de ceux-ci rapporte un salaire. L'accord est donc parfait. Qui pourrait se plaindre? Le contribuable, peut-être. Mais, grâce aux préjugés régnants, ce contribuable, surtout s'il fait partie de la classe moyenne, de la bourgeoisie, n'admet pas généralement de société possible sans une légion de faiseurs d'actes, avoués, notaires, huissiers, greffiers, outre les fonctionnaires qui enregistrent les minutes, et qui constituent ce mécanisme compliqué, si fort admiré de ceux dont il devrait faire la terreur. Que deviendraient les licenciés en droit, si toutes ces carrières se fermaient devant eux, et comment voulez-vous qu'un jeune bourgeois ne fasse pas son cours de droit?

Ne vaudrait-il donc pas mieux que ces jeunes gens, pour la plupart, ne trouvassent plus devant eux d'autres débouchés que l'industrie, le commerce, l'agriculture, les arts et métiers, et, pour les mieux doués, les sciences et les lettres appliquées à l'instruction publique? Alors, sans doute, la décentralisation et le désarmement aidant, le budget cesserait de soutirer le plus clair du revenu des contribuables, et l'État, n'ayant que faire d'impôts désormais inutiles, renoncerait au système qui nécessite, de la part de tant de fonctionnaires parasites et pour des actes souvent frustratoires, cette effroyable consommation de papier timbré.

Louis Belin.

ACTEUR, ACTRICE. — Ce mot, qui vient du latin *agere*, a primitivement servi à désigner tout homme qui, par occasion, jouait un rôle ou représentait un personnage dans quelque affaire, tout aussi bien que sur un théâtre. Il s'emploie encore dans cette acception très-large. On dit de collégiens, qui montent une pièce pour la distribution des prix, qu'ils y sont acteurs, comme on dit d'un ministre qu'il a été acteur dans tel ou tel drame parlementaire. Mais l'usage a peu à peu réduit ce terme à exprimer plus spécialement ceux dont la profession est de paraître tous les soirs sur une scène de théâtre, et d'y jouer des rôles. Il a, dans cette signification plus restreinte, remplacé le mot de *comédien*, qui était plus usité jadis, comme l'indique la formule si connue : *les comédiens ordinaires du roi*. Il a pour synonyme *artiste dramatique*, et tous deux peuvent se prendre indifféremment l'un pour l'autre.

Comédien et *artiste* sont des termes dont on use fréquemment, comme de qualificatifs, pour marquer le genre de talent que possède un *acteur*. Dire d'un acteur qu'il est *comédien*, c'est faire entendre qu'il a étudié son art et qu'il en possède à fond tous les secrets; quand on lui donne de *l'artiste* on veut plutôt signifier qu'il a un certain tour d'imagination et je ne sais quel goût de costumes, qui indiquent chez lui quelque parenté avec le peintre et le poëte. Un acteur naît artiste, il devient comédien. Mais il ne faut pas trop presser ces distinctions, dont les nuances se confondent, le plus souvent, dans la conversation ordinaire.

Il n'y a guère de profession qui n'ait, par-dessous le terme honorable qui la désigne, une appellation méprisante, qui en présente à l'esprit les côtés bas et fâcheux. Le *cabotin* est à l'acteur ce que le pion est au maître répétiteur. Outre qu'il désigne parmi les acteurs ceux qui jouent sur des scènes infimes, il emporte encore avec lui des idées de vie dégingandée et d'imagination libertine.

Comme il y a trois manières de traduire une pensée, la parole, le chant, le geste, il y a aussi trois espèces d'acteurs : mais les chanteurs, danseurs et mimes seront étudiés à part à leurs places respectives. On réserve plus particulièrement le nom d'acteur à ceux qui pratiquent l'art de la déclamation. Ils se divisaient, il n'y a pas longtemps encore, en deux catégories bien distinctes : *les tragédiens* et *les comédiens*. Mais depuis que l'antique tragédie est tombée en désuétude, le mot de tragédien s'est perdu avec elle. On dit encore de Rachel qu'elle était une grande tragédienne, mais on ne dirait point de Frédérick Lemaître qu'il fut un admirable tragédien, bien que la plupart des rôles qu'il ait joués soient tragiques. Il est, dans notre langage actuel, un acteur de drame, ou, si on prétend le louer en le nommant, un vrai, un grand, un sublime comédien, ou tout simplement même un comédien.

Comédien sert donc à la fois pour les acteurs dont le partage est de faire couler les larmes, comme pour ceux qui prétendent exciter le rire. Et il semble qu'en les confondant tous ainsi sous une même dénomination, nous soyons plus dans le vrai que nos pères. Car la joie et la douleur se coudoient sans cesse dans la vie; il est assez naturel que les drames qui la représentent mêlent aussi le rire et les pleurs, et que les artistes, chargés de les jouer, sachent également toucher l'une ou l'autre corde. Mais qui dit art, dit aussi choix et abstraction. La vérité est qu'en dépit des théories, les auteurs dramatiques ont pour habitude constante de choisir entre la gaîté et la tristesse, qui sont, la plupart du temps, au théâtre, exclusives l'une de l'autre; et que le nombre des acteurs qui ont su à la fois les manier toutes deux, est prodigieusement restreint. Le même timbre de voix et la même forme de nez qui font éclater le rire, se prêtent malaisément à émouvoir la tendresse ou la pitié. Les deux genres restent donc et resteront toujours séparés; mais les frontières en sont indécises, et les grands artistes ont le privilége de passer de l'un à l'autre.

Les acteurs, même en s'enfermant dans l'un des deux genres où leur talent se confine, ne peuvent pas jouer tous les rôles qu'il comporte. Tel qui représentera fort bien un amoureux n'aura rien de ce qu'il faut pour le personnage du père indulgent ou grondeur. Ce n'est pas l'âge des comédiens qui établit ces différences; il n'y a pas d'âge au théâtre; Laferrière jouait encore Antony à soixante ans; Mlle Mars avait passé la cinquantaine, quand on l'applaudissait encore dans Agnès ou Henriette. Nous voyons en revanche des jeunes gens tout frais sortis du Conservatoire revêtir le pourpoint de Géronte ou le haut-de-chausses d'Harpagon. Il est certain que si la disproportion entre l'âge du comédien et celui du personnage qu'il représente est trop visible, elle choque et gâte tout plaisir. Mais la complaisance du public aide, en cette sorte d'affaire, aux illusions de la rampe.

Le tour du visage, la taille et surtout, et avant tout le timbre de la voix, marquent au comédien l'emploi qu'il doit choisir. Vous ne tireriez jamais du bois d'une petite flûte une fanfare de trompette. Il y a de même des voix sèches et âpres qui ne s'attendriront jamais à une déclaration d'amour. Mme Jouassain était, de par son nez pointu et sa voix aigre, née duègne, et à vingt ans elle envoyait déjà Colombet son gendre à la campagne. Regardez la bouche fendue et le nez en l'air de Coquelin; écoutez sa voix mordante et gaie, et dites si la nature ne l'avait pas destiné à porter toute sa vie le bonnet de Scapin ou la résille de Figaro. Les emplois sont nombreux au théâtre, mais ils peuvent tous se ramener à quatre ou cinq larges catégories, qu'a établies, dès l'origine, la nécessité même des choses. Les vieillards prennent le nom de *pères nobles*, quand ils gourmandent les écarts du *menteur*, de *grimes*, quand ils se laissent duper sottement par leurs fils, de *ganaches*, quand le vaudeville s'en empare et les traîne aux confins de l'imbécillité. Les vieilles femmes s'appellent *duègnes*, quand l'âge les a rendues tout à fait ridicules, et *mères*, quand elles viennent de renoncer à tout autre amour que l'amour maternel. Les jeunes gens, quand ils se destinent à l'amour, se nomment des *jeunes premiers*, ou des *amoureux*, qu'on divise ordinairement en premiers amoureux et en seconds amoureux. On dit encore, ce qui est assez bizarre, des *seconds jeunes premiers*. Le jeune premier est le ténor d'une troupe de comédie; il a pour partenaire *la jeune première* ou *amoureuse* : quelques années de plus, vous trouvez la *grande coquette*; quelques années de moins, l'*ingénue*, qui prend le nom d'*ingénue comique*, si au lieu de roucouler tendrement avec son petit cousin, elle fait endiabler les gens. Entre le père noble et le jeune premier flottent les *rôles marqués ;* ce sont les hommes de quarante à cinquante ans, beaux encore et capables d'inspirer ou tout au moins de justifier une passion, mais désabusés, et qui penchent insensiblement vers la gravité paternelle. De cousins, ils ont passé oncles. Voici venir maintenant la joyeuse armée des *valets,* Scapin, Crispin, Figaro, qui donnent la main aux *soubrettes* de l'ancien répertoire, Marinette, Toinon et Suzanne. Les soubrettes n'ont plus guère d'emploi dans la comédie moderne, où les personnages de femmes comiques sont extrêmement rares ; elles languissent inutiles, et ne savent chez quelle sorte de personnages reporter l'éclat de leur franc rire, leurs yeux pétillants de malice, leur nez en trompette, leur voix au timbre gouailleur. Les valets sont plus heureux ; ils ont trouvé à se répandre dans une foule de rôles, appropriés à leur figure et à leur organe, et que faute d'un nom plus spécial on a désignés sous celui de *rôles à caractères :* ainsi Giboyer, Vernouillet, maître Guérin. Par-dessus toutes ces variétés se dressent les *grands rôles,* Alceste, Tartuffe, qui n'appartiennent à aucun emploi particulier, et sont proposés à l'ambition de tous les comédiens. Valets et jeunes premiers, tous s'y sont essayés au déclin de leur carrière, et en ont vu leur réputation augmentée. Au dernier degré de l'échelle, se tiennent modestement sous le nom d'*utilités* les domestiques qui portent une lettre, ou les vicomtes qui font le second et le troisième invité. Le public ne les estime guère ; il n'en est pas moins vrai qu'ils contribuent au bon ensemble d'une troupe, et que sans eux une comédie ne saurait être bien jouée et faire plaisir.

Il nous eût été facile de pousser plus loin cette nomenclature qui serait infinie. Car il peut y avoir autant de genres de rôles que de professions parmi les hommes. Tel acteur joue les paysans, tel autre les marquis ; mais il est évident que tous ces personnages rentrent dans quelques-unes des grandes divisions que nous avons données. Il ne faudrait peut-être faire d'exception que pour les *financiers,* dont le nom sert à désigner à la Comédie française un certain nombre de rôles qui hésitent entre le *père noble* et le *grime,* Arnolphe, Chrysalde, l'avare et autres de cette espèce. Citons encore le *raisonneur* de l'ancienne comédie, dont la nouvelle, en transformant l'allure de son style, a fait un Desgenais. La plupart des acteurs qui marquent au théâtre, ont un personnage qu'ils jouent de préférence, dont les auteurs tirent un grand nombre d'exemplaires, mais qui est toujours le même, et où chacun d'eux empreint son individualité. Il finit par lui imposer son nom. On dit : jouer les Arnal, les Geoffroy, les Ravel ; mais ces appellations ne durent pas plus que la mode d'où elles sont nées. Le goût change, et l'on ne joue plus les Arnal, par l'excellente raison qu'Arnal lui-même, s'il redevenait jeune, ne les jouerait plus.

Il en est des acteurs comme de tous les autres artistes : c'est la nature qui les commence, et c'est l'étude qui les achève. Il faut avouer pourtant qu'il n'y a point d'art où la part de la nature soit si considérable. Si bien doué que l'on soit, on ne devient écrivain ou peintre ou statuaire, qu'après des travaux préliminaires qui sont longs et pénibles. Prenez un homme qui ait l'instinct du théâtre, jetez-le sur la scène, sans autre temps d'études qu'un rôle appris par cœur : vous serez étonné de l'effet qu'il produira, sans se donner le moindre mal. Ce débutant, qui ne sait rien de son métier, met du premier coup les plus vieux comédiens en déroute. C'est que dans cet art tout particulier de l'acteur, les dons extérieurs sont pour une bonne moitié dans le succès. Une belle figure et une voix tendre, il n'en faut pas davantage pour séduire à demi tout un public. Un masque gai et une voix comique, et tout le monde se sent prêt à éclater de rire, au premier mot drôle. C'est l'instinct qui fait le reste ; car je n'oserais appeler du nom de génie, cette force obscure et inconsciente que beaucoup d'acteurs portent en eux, et qui agit, à leur insu, sur un grand nombre d'hommes assemblés. Le génie ne va pas sans intelligence. L'instinct

de l'acteur s'en passe parfaitement. C'est une erreur de croire que l'artiste dramatique comprend toujours ce qu'il traduit avec tant de puissance et d'effet. Quelques-
uns de nos acteurs célèbres sont d'une bêtise rare; ils n'entendent rien à ce qu'ils
disent; ce sont des instruments très-harmonieux où lepoëte souffle sa parole, et qui
la renvoient au public plus éclatante et plus tendre. Parmi ceux qui ont connu la
grande Rachel, beaucoup assurent que son intelligence n'était point à la hauteur de
son génie artistique. Elle se pénétrait des intonations que lui versait Samson de son
filet de voix maigre et nasillard, et les reproduisait sur le merveilleux instrument
dont la nature l'avait douée.

Il n'y a donc point de comédiens sans ces dons naturels des avantages extérieurs
et de la force intime et analysable que nous nommons instinct. Mais le comédien
vraiment grand doit y joindre l'intelligence d'abord, et l'étude profonde ensuite.
Celui qui réunirait dans un degré éminent ces trois qualités, serait le comédien
parfait. Il n'en a pas existé de tel au monde. Nous venons de reconnaître que Rachel
péchait par l'intelligence; Talma trouvait dans sa taille, un peu trop petite, un
obstacle à rendre certains rôles, qui exigent la dignité d'une haute stature. Lekain
avait à lutter contre le désavantage d'une figure ingrate. Les anciens nous ont parlé
de Roscius, comme de l'idéal du comédien. Mais il faut se défier des admirations
que nous a léguées l'antiquité grecque ou latine.

Tout comédien chez qui l'une des trois qualités dont se compose la perfection de
son art sera poussée à un degré éminent, ne possédât-il que celle-là, n'en tiendrait
pas moins un rang considérable dans l'histoire du théâtre. Un homme très-
intelligent eût-il été disgracié de la nature, en eût-il reçu un physique désobligeant
et une voix désagréable, peut encore, à force de compréhension vive, d'opiniâtre
labeur, s'élever très-haut dans l'estime des connaisseurs; il peut atteindre au
sublime, si le hasard lui donne un rôle en rapport avec ses moyens. De notre temps
Geffroy a été un rare exemple de ce que peuvent le goût, le travail et l'art, réduits
à leurs seules forces. Samson, Régnier, Provost, Got, et d'autres que je pourrais citer
sont des acteurs qui doivent plus à l'étude éclairée et patiente de leur art qu'à la
nature qui leur avait refusé quelques-uns des dons du comédien. Mais ils savent si
bien leur métier, ils sont si parfaitement sûrs d'eux-mêmes, qu'ils dérobent au
public la vue des points faibles; ils escamotent ce qu'ils ne peuvent faire; ils *trichent*;
c'est le mot consacré, et le public est complice et dupe en même temps de cette
tricherie. Un acteur peut, à l'aide de l'art seul, devenir un comédien estimable, et
tel qu'il en faut pour les besoins du répertoire courant; la nature, de son côté, si elle
agit seule, forme des acteurs, qui enlèvent la foule et la transportent, mais qui ne
mériteront jamais d'être rangés parmi les comédiens. Le vrai, le grand, unit en
soi ces deux éléments : il a l'instinct d'abord, l'intelligence ensuite, il met ces deux
qualités en œuvre par le travail, et de tout cela, il sort un Talma ou un Frédérick
Lemaître.

Quelques personnes s'étonneront sans doute que je n'aie pas mis la sensibilité
parmi les dons requis par l'exercice de cet art. Sentir n'est-il donc pas l'égal de
comprendre ? Il lui serait bien supérieur, si l'on en croyait certains acteurs, qui
n'ont jamais qu'une raison à donner de l'interprétation qu'ils adoptent : « C'est
ainsi que je le sens. » L'auteur a beau leur traduire lui-même sa propre pensée :
« C'est ainsi que je le sens, » répondent-ils invariablement, et tout finit là pour eux.
Il est vrai de dire que ceux qui font ainsi le mot *sentir* synonyme de *comprendre*, sont
presque toujours les mêmes qui ne sont capables ni de comprendre ni de sentir.
Sentir, au sens où nous l'entendons, c'est éprouver pour son propre compte les
émotions que l'on exprime pour celui d'un autre. Le public est porté à croire que

le meilleur moyen de rendre au théâtre la douleur, la colère, l'amour, serait d'être
en proie soi-même à ces émotions, et de répandre son cœur sur la scène. Il court à
ce sujet, dans les annales des théâtres, beaucoup d'histoires devenues légendaires.
La plus célèbre est celle de ce Polus, qui, chargé du rôle d'Électre, enferma dans
l'urne où le poëte avait feint que se trouvaient les cendres d'Oreste, les propres
restes de son fils mort depuis peu. Au moment où il entra en scène, le souvenir de
cette perte cruelle lui arracha des cris si déchirants et l'expression d'une douleur si
vraie que la foule en l'écoutant fondit en larmes. A supposer que le conte ne soit
pas une invention de ces Grecs, qui furent les Gascons de l'antiquité, il ne prou-
verait pas grand'chose. Ces accents de sensibilité profonde, Polus les eût-il ressaisis
le lendemain, le surlendemain, cent jours de suite? Eût-il, chaque soir, à l'heure
voulue, retrouvé cet ébranlement nerveux, où l'avait jeté une première fois l'aspect
de son urne? Est-ce un comédien, celui dont le talent est abandonné au caprice
de ses nerfs?

L'art n'est point la nature, il n'en est que l'imitation, et une imitation qui
enchérit sur le modèle. Un acteur ne doit point pleurer en scène, mais traduire aux
yeux du public l'aspect d'un homme qui pleure. C'est là œuvre de réflexion, et non
de sensibilité. Tout ce que je puis accorder, c'est que lorsqu'on a soi-même éprouvé
de certains sentiments, on est plus apte à les bien rendre, et qu'un artiste est à
lui-même un sujet d'études plus profitable que ne lui sera jamais un étranger. On
conte que Talma, apprenant la mort de son père, qui lui avait été brusquement
annoncée, jeta un cri, et qu'aussitôt ce cri, poussé par le fils, éveilla l'artiste qu'il
portait en lui. Il le trouva si juste, si touchant, qu'il se mit à le répéter, à l'étudier;
il s'en rendit maître à la fin, l'emmagasina dans sa mémoire, et put ensuite le
retrouver à toute réquisition, et le reproduire sur la scène, sans rien éprouver
de ce que ce cri exprimait. Il est inutile de s'étendre plus longuement sur une
question que Diderot a rendue plus claire que la lumière du soleil : on trouvera
dans son *Paradoxe sur le comédien* tous les développements qu'elle comporte, et j'y
renvoie le lecteur.

C'est de même une grande discussion de savoir si un comédien doit marcher et
parler sur la scène, comme on fait dans la vie réelle, ou donner plus d'ampleur à sa
voix et à son geste pour l'accommoder à l'éloignement de la perspective. Il y a deux
écoles bien tranchées : les Anglais appartiennent à la première. Leurs acteurs se
comportent sur les planches exactement comme ils feraient dans un salon; ils
tournent le dos au public, ne soulignent aucune phrase, et laissent à chaque chose
la physionomie et l'accent qu'elle aurait dans le monde. Nos artistes relèvent pour
la plupart de la seconde manière. La tragédie a longtemps exigé une sorte de
déclamation qu'on aurait pu noter, et qui ressemblait furieusement à la mélopée
antique; elle demande encore aujourd'hui une certaine majesté d'exécution, peu
compatible avec les habitudes de simplicité anglaise. La comédie même a toujours
eu des allures plus nobles, et si l'on descendait jusqu'au simple vaudeville, on
verrait que nos acteurs en tiennent un peu par la façon dont ils s'inquiètent du
public, s'avancent à la rampe, et lancent le mot, en plein visage à l'orchestre. Je
n'ose pas dire qu'ils sont plus dans le vrai que leurs confrères d'outre-Manche. Je
crois pourtant qu'en thèse générale, l'art ne doit point se réduire à n'être qu'une
exacte photographie de la nature; il la doit rendre, par tous les moyens qui sont
à sa disposition, plus grande, plus brillante, plus sensible. Vous figurez-vous
Coquelin, disant les mains dans ses poches, et d'un timbre de voix ordinaire : « Va,
nous partagerons les périls en frères, et trois ans de galères de plus ou de moins
ne sont pas faits pour arrêter un noble cœur, » la phrase sera odieuse; il lui faut

l'éclat de la voix, le pittoresque du geste, l'allure fantasque du matamore. Nous ne satisferons personne en disant que les deux écoles ont du bon; que si nous souhaiterions souvent de voir nos artistes plus soucieux de la vérité vraie, en revanche Matthews, qui nous est venu rendre visite en ces derniers temps, affectait un débit si uni, si proche de la réalité, qu'il ne passait pas toujours la rampe. L'institution du *Conservatoire* (voyez ce mot) est peut-être pour quelque chose dans cette méthode de déclamation qui a dès l'abord prévalu chez nous, et qui domine encore malgré les efforts tentés en ces derniers temps au Gymnase.

Chaque profession a ses vices et ses ridicules : mais la vanité est le péché mignon et la marque distinctive de l'acteur; une vanité irritable, maladive, dont aucun n'est exempt et que quelques-uns poussent jusqu'à la folie. Tous les hommes sont sujets à l'amour-propre; et les artistes plus que les autres. Mais il est monté, chez les comédiens, à un degré de surexcitation dont rien ne saurait donner une idée. Toutes les jalousies, toutes les querelles, qui divisent si fréquemment les acteurs, viennent de ce défaut; on s'y déchire pour un rôle donné à l'un plutôt qu'à l'autre, pour un nom mis en vedette sur l'affiche, pour un surcroît d'applaudissements payés à la claque, pour tout et pour rien. Voltaire, quand il parlait de la maison de Molière, la nommait plaisamment : *le tripot comique*, elle serait encore digne de ce nom. Tout ce qu'on saurait dire à la décharge des comédiens, c'est que s'ils étaient philosophes, s'ils ne tressaillaient point au bruit des bravos, s'ils ne frémissaient point au cri aigre du sifflet, ils ne seraient point nés pour être artistes. La vanité, et une vanité toujours en éveil, est l'âme de leur profession et le mobile de leurs travaux.

Le monde a toujours regardé cette profession avec défiance. Le préjugé est si universel, si ancien, qu'il doit tenir à des causes plus profondes que celles qui sont signalées d'ordinaire. L'anathème du clergé suffit d'autant moins à l'expliquer, que c'est précisément dans les pays les moins religieux qu'il sévit avec le plus de force. La puritaine Angleterre et la sévère Allemagne sont plus obligées sans aucun doute aux prescriptions d'une religion qui hait les théâtres, que ne peut l'être la France voltairienne; et pourtant c'est chez nous qu'on est revenu avec le plus de peine sur cette défaveur, attachée au nom de comédien. Rome, qui n'écoutait pas la voix de ses prêtres, ne a toujours traités avec mépris, et je crois qu'il n'est guère de peuple chez qui l'on ne trouvât quelque trace de cette prévention.

Ne serait-ce pas que la profession de l'acteur est d'exprimer une pensée qui n'est pas la sienne, de feindre des émotions qu'il n'éprouve pas; et que le mensonge a toujours, en tout pays, passé pour honteux? Prenez garde que notre mot *hypocrite* vient du mot grec qui signifiait comédien : υποκριτης. Je ne prétends pas que cette idée soit parfaitement sensée et logique. Il est clair qu'il n'y a rien de commun entre cette sorte de mensonge et celui que flétrit si justement la conscience publique; qu'écouter avec plaisir dans un théâtre l'œuvre d'un poëte dramatique, et proscrire ensuite, sous prétexte de mensonge, les artistes qui le récitent, c'est une contradiction énorme. Mais le monde ne vit-il pas de contradiction? Est-ce que les préjugés sont autre chose que des opinions en désaccord avec la logique?

On parle des Grecs, qui, eux, ont tenu les acteurs en haute estime; et l'on cite toujours l'histoire d'Aristodème, qui, après avoir joué un rôle dans une tragédie, fut envoyé en ambassade à Philippe, roi de Macédoine : mais leurs acteurs peuvent-ils se comparer aux nôtres? était-ce une profession pour eux? Les représentations dramatiques n'étaient, en Grèce, qu'une des cérémonies de telle ou telle fête religieuse; elles étaient donc rares, et participaient à la dignité du dieu qu'on célébrait alors. Et avec tout cela, je doute très-fort, pour ma part, de ce respect d'Athènes pour ses comédiens : l'étonnement même des historiens, qui nous ont parlé de cet Aristodème, nommé ambassadeur, les cris qu'ils ont poussés en nous contant l'histoire d'Aristophane, jouant lui-même un rôle dans une de ses pièces, témoignent assez que ce n'étaient pas là des faits passés en habitude.

A Rome, les acteurs étaient fort méprisés. Tacite nous apprend que, suivant des ordonnances spéciales, un sénateur ne pouvait les visiter chez eux, ni un chevalier romain les accompagner dans la rue. Il fallut que Tibère maintînt expressément une ordonnance, qui les déclarait exempts du fouet. Les plus grands mêmes, bien qu'ils fussent protégés par ce respect qu'inspire le génie, se sentaient de cette défaveur, et la phrase de Cicéron est célèbre, qui disait parlant de Roscius : Il est si bon acteur qu'il n'aurait jamais dû descendre du théâtre, et si honnête homme, qu'il n'aurait jamais dû y monter. Le voisinage des mimes et des gladiateurs, qui tous étaient esclaves, n'était sans doute point sans jeter quelque ombre de déconsidération sur les vrais comédiens.

Voltaire a dit, avec sa bonne grâce habituelle, en parlant de notre manière d'être avec les acteurs : « Nous pensons d'eux comme les Romains, et nous vivons avec eux, comme les Grecs. » Le mot est plus spirituel que juste. La vérité est que l'on a toujours traité en France les artistes dramatiques, comme on fait des déclassés. On les regarde avec curiosité ; on les flatte, on les choie, on les admire, s'ils ont du talent et de la célébrité ; mais on ne peut se défendre à leur égard de je ne sais quel sentiment de déconsidération et de défiance. Il est bien entendu que je ne parle que de l'opinion des hommes éclairés, des honnêtes gens, comme on disait au xviie siècle. Les fanatiques et la canaille ont poussé jusqu'au mépris et à l'insulte, dans certaines circonstances très-connues, l'enterrement de Molière, et celui de Mlle Lecouvreur. Mais le vrai public n'a jamais donné chez nous dans ces extrémités : il se montrait à la fois avec eux friand et sur la réserve. Une anecdote, bien connue quoiqu'elle ne soit pas très-authentique, indique assez joliment cette nuance : Baron se fait annoncer, un soir de grande réception, au salon d'une duchesse. Elle lui demande avec hauteur qui lui a permis de se présenter, et ce qu'il vient faire : « Ah ! pardon, madame, répondit-il impertinemment, j'étais venu chercher mon bonnet de nuit que j'ai oublié chez vous ce matin. » Les comédiens étaient des espèces, encore un mot du xviiie siècle : une grande dame les pouvait admettre dans son boudoir, mais non leur ouvrir son salon. Cent ans plus tard un bourgeois se fût honoré de traiter au café Procope un acteur connu, et lui eût refusé sa fille en mariage. Nous en sommes encore un peu là maintenant ; le préjugé bat lentement en retraite, il n'a point encore disparu tout à fait.

La vie irrégulière qu'ont longtemps menée les comédiens, n'a pas laissé que de contribuer pour sa part à entretenir la mésestime du public. Il est vrai que ces mœurs un peu aventureuses se sont singulièrement modifiées depuis un demi-siècle ; mais je ne sais si le changement n'a pas été trop radical, si l'art en tout cas y a beaucoup gagné. Théophile Gautier s'est plaint bien souvent de cette moralité déplorable qui a peu à peu envahi et embourgeoisé l'existence des acteurs. Ils ne se souciaient guère autrefois d'être des citoyens ; ce n'étaient pas même des hommes ; l'un était Scapin, l'autre Léandre, celui-ci Turcaret, et ils avaient si peur d'être pris pour des êtres réels, que, même descendus de leurs planches, ils s'appelaient de noms de guerre tout à fait impossibles et fabuleux : Bellerose, La Rancune, Floridor, et autres sobriquets romanesques. Ces messieurs ne répondent plus à présent qu'à leurs noms de famille : ils se marient, font des enfants légitimes, paient leurs dettes, montent la garde, achètent du trois pour cent ; ils sont bons citoyens, bons pères, bons époux, et craignent les rôles qui ne sont pas sympathiques : cela porterait atteinte à la considération dont ils jouissent chez leur concierge. Célimène spécule sur les Mobiliers, Alceste intrigue pour être nommé sergent dans sa compagnie; Marton vient au théâtre, avec un parapluie; elle est d'une vertu ignoble et monstrueuse, c'est une vestale, et Gautier s'écrie avec cette gaieté fantasque qui est un des caractères de son talent : « O sainte morale! frotte de joie tes mains jaunes aux ongles noirs! Mais avec ces façons que deviennent l'éclat de rire insolent, la joie aventureuse, la verve et l'entrain endiablé des comédiens d'autrefois! où est la folle vie d'artiste, le gaspillage effréné, l'or des traitants noblement jeté par les fenêtres? où sont ces jeunes et belles créatures du bon temps, ces Gaussin si tendres et d'une pitié si douce aux amoureux sans argent? Laguerre, la bacchante échevelée, qui demandait au vin de Sillery ses fougueuses inspirations? la Duthé, la Sophie Arnould, toutes ces charmantes sangsues qui pompaient l'argent des financiers et des grands seigneurs, l'éparpillaient ensuite à droite et à gauche, en fantaisies extravagantes et gracieuses, et mouraient à l'hôpital, après avoir dévoré des millions? »

Non, la vertu ne consiste pas pour une actrice à écumer le pot-au-feu et à repriser les bas de son mari. Il y a autant de morales que de conditions parmi les hommes : celle d'un comédien est de se répandre dans le monde pour étudier les mœurs et les caractères, pour saisir des ressemblances et reproduire des types. Une jeune artiste qui, après avoir tiré dans son enfance le cordon de madame sa mère, épouse pardevant M. le maire un de ses camarades, se claquemure dans son ménage, et arrive, pour faire des économies, en socques articulés, au théâtre où elle représente les duchesses ou les cocottes, sera peut-être louée des honnêtes bourgeois, qui se pâmeront d'aise en contant ses qualités domestiques; il est certain qu'elle ne remplira point le premier devoir de sa profession, qui est d'étudier les personnages dont les auteurs et son directeur peuvent la charger.

Il n'y a plus de milieu aujourd'hui : quand les actrices ne sont pas des filles, dans la plus grossière acception du mot, elles jouent à la vestale ou à la mère de famille; les acteurs ne sont plus que d'infimes cabotins, ou ils se prennent au sérieux, exercent un sacerdoce, et jouent comme s'ils pontifiaient. Voilà maintenant qu'on parle de leur donner la croix : eh bien! il ne leur manquerait plus que cela, pour être de parfaits chefs de bureau.

Les comédiens n'ont pas d'histoire : car ils périssent tout entiers, et il ne reste d'eux qu'un nom qui surnage dans la mémoire des hommes. C'est la rançon par où ils paient la célébrité prodigieuse dont ils jouissent pendant leur vie et les appointements fabuleux dont on les comble. Eux morts, leur gloire s'évanouit; le théâtre grec nous a légué deux noms : ceux de Polus et de Théodore. Nous en trouvons deux autres à Rome : Æsopus et Roscius : et c'est tout. Que savons-nous d'eux? qu'ils ont charmé toute une génération; mais leur renommée ne repose sur aucun fondement durable, et tandis qu'on relit encore les belles œuvres auxquelles ils ont prêté leur talent, on ignore la façon dont ils les ont déclamées. Baron ne vit plus que par le souvenir de l'amitié que lui témoigna Molière. A peine saurait-on, sans le témoignage de Voltaire, qu'il y eût un Lekain et une Lecouvreur? La gloire de Talma trempe déjà plus d'à moitié dans l'ombre, et Rachel elle-même, dont la mort est pourtant si proche, commence à flotter vaguement, comme un fantôme qui recule et se perd peu à peu dans la nuit. L'histoire des acteurs se réduirait donc à une sèche et inutile nomenclature. Si l'on veut faire plus intime connaissance avec leur génie, il faut lire les mémoires que les plus célèbres d'entre eux ont laissés. Il a été publié vers 1820, une *collection de mémoires dramatiques*, qui forme de seize à vingt volumes; quelques-uns sont traduits de l'anglais. Il y a là-dedans bien du fatras; des pièces justificatives, des anecdotes, des niaiseries. Une préface de Talma aux *Mémoires* de Lekain, quelques pages de Clairon, et par-ci par-là des études signées des plus célèbres acteurs de la Comédie française, méritent qu'on s'y arrête.

La bibliographie de l'artiste dramatique serait immense. Il n'y a point de sujet qui ait fourni et fournisse tous les jours à plus de brochures et de volumes que la vie et l'art du comédien, depuis *les trois cents calembours pour un sou par les principaux acteurs de Paris* jusqu'à la biographie de Mlle Rachel par Jules Janin. Mais ces ouvrages qui sont lus avidement de la génération présente tombent bientôt dans l'oubli avec la gloire qu'ils célèbrent, et vont rejoindre les almanachs de l'an passé. Je ne crois pas qu'on ait encore fait une monographie sérieuse, où le comédien soit étudié dans sa vie, ses mœurs et son art; où les diverses questions que soulève son état social soient discutées et résolues. Si elle existe, je ne la connais pas.

Francisque Sarcey.

ACTION. — L'action, en philosophie, est la manifestation extérieure de certaines modifications physiques et chimiques qui se produisent dans l'organisme vivant.

L'acte purement physique, le mouvement instinctif et spontané relève exclusivement de la physiologie; nous en parlerons peu ici. La philosophie considère spécialement l'action raisonnée, *voulue*, et ayant pour cela même une valeur morale.

Toutefois, disons-le bien haut : la limite n'est pas aisée à tracer entre l'action simplement instinctive et l'action morale. Où finit l'une, où commence l'autre? La question ne peut être tranchée dans l'état actuel de la science.

De quelle nature sont les mouvements qui s'accomplissent en nous et quel est le moteur? Je suis entraîné ici à faire une excursion sommaire dans le domaine de la biologie.

La source de l'activité dans le règne animal est localisée dans la cellule nerveuse (excepté peut-être pour les organismes inférieurs qui sont en quelque sorte un trait d'union entre la végétation et l'animalité). Éparse d'abord, elle se centralise de plus en plus à mesure qu'on s'élève dans l'échelle des êtres. Chez les animaux supérieurs, elle est localisée dans le système cérébro-spinal.

Dès qu'il y a vie, il y a action. Or, la vie est essentiellement un échange perpétuel, un double mouvement continu de substance à travers une membrane : mouvement de composition, ou de l'extérieur à l'intérieur, *endosmose;* il apporte des matériaux nouveaux à l'économie qui les utilise pour réparer ses pertes, pour s'accroître et pour produire d'autres organismes semblables ou différents. Le deuxième, mouvement de décomposition, a lieu de l'intérieur à l'extérieur, *exosmose;* il a pour but de débarrasser l'économie des matériaux brûlés, qui ont joué leur rôle et ne sont plus aptes à la vie.

Par cela seul qu'il vit, l'être éprouve des besoins et en a conscience. Cette conscience paraît fort obscure, il est vrai, dans les degrés inférieurs de l'animalité. Pour beaucoup d'animaux, elle est purement nutritive (rayonnés, zoophytes). Chez d'autres, elle est plus rudimentaire encore. En descendant au dernier échelon, nous ne voyons plus que la mise en œuvre d'une loi de physique pure et simple, l'*osmose.* Cependant, envisageant la question au point de vue de la physiologie générale, entre l'action simple de la cellule à vie purement osmotique et les actions complexes d'un homme de génie, il y a gradation insensible, et toute ligne de démarcation est absolument arbitraire.

Tout être vivant manifeste par des actes en rapport avec son organisation, une tendance énergique à satisfaire ses besoins. Il a donc conscience des besoins qu'il éprouve.

Le mot conscience n'a pas toujours le sens métaphysique que les spiritualistes lui attribuent. La conscience est le rapport pur et simple qui relie la sensation à l'action : une cellule nerveuse sensible a été impressionnée, elle met en vibration une cellule centrale; celle-ci réagit sur une cellule motrice qui provoque un mouvement en rapport avec la sensation perçue. Telle est la conscience, considérée, pour ainsi dire, à son état embryonnaire.

Les plus hautes fonctions de l'intelligence peuvent être ramenées en dernière analyse à un phénomène physique, l'osmose, et à un phénomène chimique, la combustion. Il est urgent aujourd'hui d'insister sur ce point. Assez et trop longtemps l'humanité a fait découler la cause de ce qui est de sources surnaturelles. En réalité, elle ne sera indéfiniment perfectible qu'à dater du jour où elle saura qu'elle a en elle-même et à côté d'elle les causes qui la font agir, que ces causes lui sont toutes accessibles, qu'elle peut les étudier et, dans une certaine mesure, les modifier presque à son gré en utilisant à son profit les lois de la nature.

Toute action reconnaît pour cause une sensation. Dans tous les mouvements que nous appelons instinctifs, nous ne trouvons que ces deux termes : sensation, action. Les organismes inférieurs n'en manifestent pas d'autres, et les animaux supérieurs eux-mêmes, l'homme compris, exécutent une infinité d'actions de ce genre. Ces manifestations extérieures, quelque simples ou compliquées qu'elles soient, résultent toujours de mouvements moléculaires internes, de la combustion de certains matériaux dont les réactions, suivant la nature chimique des éléments mis en jeu, produisent des effets physiques, physiologiques ou psychologiques.

Dans son plus grand état de simplicité, nous l'avons dit, l'effet succède immédiatement à sa cause, l'action à la sensation, avec une telle rapidité souvent qu'elle semble être simultanée comme l'étincelle électrique se développant au contact de deux corps chargés d'électricités contraires.

Mais les rapports de la sensation à l'action ne sont pas toujours aussi simples. En les étudiant dans la série zoologique, nous les voyons se compliquer en raison directe de la complexité de l'organisme, en raison surtout du développement du système nerveux. Et si les termes du rapport se compliquent alors, c'est que les besoins à satisfaire se sont compliqués en même temps que l'organisme. Or, le besoin est la pierre angulaire de l'édifice moral. Il domine tellement la scène, se confond si bien avec la conscience qu'on pourrait presque dire de lui qu'il est la conscience elle-même. Véritable despote de tout organisme animal, c'est lui, lui seul, qui juge; et la conscience, magistrat-valet de sa tyrannique volonté, ne fait que traduire les arrêts qu'il lui dicte.

L'homme n'est donc pas libre ?

C'est affaire de définition.

Une certaine école qui a trop longtemps régné sur les intelligences a défini la liberté : le pouvoir que possède à tout moment l'homme de se déterminer à agir en bien ou en mal indépendamment de toute influence intérieure ou extérieure. Pour les adeptes de cette école, le *bien* et le *mal* sont des types supposés définis, absolus. Pour eux encore, tout homme est supposé avoir la connaissance innée, la notion claire et précise de ce qui est *mal* et de ce qui est *bien*.

Ils n'ont tenu compte que de leurs suppositions. Épris de leur idéal, ils s'en sont grisés et ont voulu l'imposer à tous comme une réalité. Comme ces sectaires indiens qui passent leur vie à contempler leur nombril, ils n'ont rien vu au delà de leur étroit horizon. Ils ne se sont point aperçus que l'idéal de l'un ne ressemble jamais à l'idéal de l'autre. Ils ont méconnu l'influence des besoins de toutes sortes qui résultent du tempérament, des passions, de l'état physiologique ou pathologique, des milieux climatérique ou social, etc. Ainsi définie, la liberté est un leurre.

L'homme agissant ne relève, dit-on, que de sa volonté. Soit! Mais la volonté ne ne relève-t-elle pas elle-même d'une multitude d'influences dont elle n'est en définitive que la résultante?

L'action doit être considérée dans ses *causes* et dans ses résultats, dans son point de départ et son point d'arrivée.

Pourquoi l'être agit-il? Pourquoi agit-il de la manière dont il agit?

L'être agit parce qu'il vit et que la vie ne saurait exister sans l'action. L'action est la mise en œuvre, dans un moment donné, de l'activité d'un ou de plusieurs des organes dont l'être se compose. — Or, un organe entre en activité quand il est le siége d'un besoin ou d'une sensation.

La cause première de toute action est le besoin. Son but est la satisfaction de ce besoin. Exemple : manger est un besoin; la sensation de la faim (un besoin) en est la cause.

Les besoins et par suite les actions sont de différents ordres : nous distinguerons les besoins nutritifs, spécialement affectés à l'entretien de la vie; les besoins affectifs qui comprennent la sociabilité, la morale; les besoins intellectuels, qui embrassent la science, la littérature, la philosophie.

Je ne fais qu'indiquer ici ces diverses sources d'action. Il en sera parlé dans des articles spéciaux.

J'appuierai davantage sur le mécanisme de l'action. Rappelons, pour n'y pas revenir, ce que j'ai dit plus haut du mécanisme de l'action considérée dans son plus grand état de simplicité. Considérons maintenant ce qu'on appelle « l'action morale » et tâchons de faire pénétrer un rayon de lumière là où tant de prétendus philosophes ont entassé ténèbres sur obscurités.

Il est peu d'actions humaines qui ne subissent à la fois l'influence des trois ordres de causes que j'ai énumérés tout à l'heure. L'homme est un organisme façonné par la nature et perfectionné par un milieu social. Tous ses actes, les plus simples même, portent à la fois cette double empreinte de la nature et de l'éducation. La satisfaction d'un besoin est toujours subordonnée à la satisfaction d'autres besoins. L'action qu'il accomplit se trouve, à cause de cela, modifiée par un certain côté. Ainsi un homme a faim, il mange. Mais il ne mange pas simplement. L'action de manger est soumise à certaines conditions. Cet homme a une tâche à accomplir, il faut qu'il termine son travail et qu'il endure le besoin pendant un certain temps avant de le satisfaire. Ou bien il doit se rendre à une heure fixe dans un lieu éloigné; il est obligé de manger avec une rapidité extrême. Dans les cas de ce genre l'action succède toujours à sa cause et n'est modifiée par les causes secondaires que dans la manière dont elle s'accomplit.

Dans « l'action morale » proprement dite, le mécanisme est plus compliqué. La nature dominait dans l'exemple de tout à l'heure. Nous allons voir ici les causes sociales occuper le premier rang et souvent effacer la nature à tel point qu'on la distingue à peine.

Un homme court un grand danger; un autre homme s'expose au même danger pour sauver le premier. Analysons son action : plusieurs motifs le sollicitent en sens opposés. Tout d'abord le fils de la nature sent le besoin de se conserver, d'éviter le danger qu'il voit courir à un autre. Une voix de la société vient parfois appuyer le conseil de la nature. Il a une famille qui l'aime et qui a besoin de lui. Mais la nature l'a doué d'une grande impressionnabilité et l'éducation a développé chez lui cette disposition nerveuse au point qu'il ressent douloureusement en lui-même la souffrance qu'il constate chez autrui. Il éprouve un véritable soulagement intérieur chaque fois qu'il peut empêcher quelqu'un de souffrir : d'où sa tendance à porter secours à tous ceux qui en ont besoin. D'autre part, il est heureux quand les autres hommes lui témoignent de l'estime, de l'affection, et il sait que le plus sûr moyen d'obtenir de tous estime et affection, est de faire du bien à tous. Bien d'autres motifs encore, pour et contre l'action, peuvent entrer en ligne de compte. Je me borne à ceux-ci.

En présence de ces motifs, l'un se précipite immédiatement au secours de l'homme en danger. Un second hésite quelques instants, puis se décide à porter secours. Un troisième hésite d'abord et poursuit son chemin. Il y en a qui passent sans hésiter.

Ces phénomènes peuvent être analysés ainsi qu'il suit : nous éprouvons d'abord une *sensation*. Suivant sa nature la sensation produit en nous une *impression* agréable ou désagréable qui nous inspire le *désir* d'agir dans un sens déterminé. Mais les sensations sont multiples, et, par suite, multiples sont nos tendances. Apparaît la *délibération*.

Le mot *délibération*, comme le mot *liberté* (V. ce mot) vient de *libra*, balance, et veut dire : *pesée*. Nous pesons isolément, puis tous ensemble, les motifs divers qui nous sollicitent dans des sens différents. Une discussion intérieure s'engage. Peu à peu il se fait entre les avis opposés une sorte de compromis. De la fusion de toutes les volontés partielles naît une volonté nouvelle qui n'est identique à aucune des parties constituantes. Elle est en quelque sorte le parallélogramme des forces intellectuelles et morales. A la délibération a succédé la détermination. Nous agissons alors.

Le pouvoir de nous déterminer à l'action, en pesant nos motifs propres dans une balance morale qui nous est propre, constitue pour nous la liberté. C'est la seule vraie. Elle n'a rien de commun, comme on voit, avec la liberté métaphysique, en vertu de laquelle l'homme aurait le pouvoir de se déterminer *sans motifs* à agir dans le sens idéal, du *bien en soi*, du *bien pur*, comme disait Platon.

Dans la détermination prise, cherchons le but de l'action qui va s'accomplir. Quelles qu'aient été les pesées, la détermination, quelle que soit l'action, le but est le même : le bien-être, l'intérêt. Aussi voyons-nous l'action morale et la morale elle-même varier avec l'organisation individuelle et l'organisation sociale. Tout individu considère comme bon, par suite comme moral, tout ce qui a, à ses yeux, un caractère d'utilité. Tel est le *criterium* d'après lequel il juge les actes d'autrui et décide s'ils sont bons ou mauvais. La morale est essentiellement individuelle, et ce qu'on nomme la morale publique n'est autre chose que le point de vue où l'on se place pour juger si, dans telle organisation sociale, tel acte sera utile ou nuisible au plus grand nombre.

De singulières théories ont été émises et continuent à avoir cours sur les causes de nos actions. Parmi les plus extravagantes, citons la théorie de la Grâce et celle de la Fatalité ou Providence.

Ces deux théories doivent se résumer dans cette phrase que Vaucanson eût pu placer dans la bouche de sa poupée : « L'homme s'agite et Dieu le mène. » Elles ont cela de particulièrement remarquable que, déniant à l'homme toute espèce de liberté et toute spontanéité d'action — témoin une certaine façon d'écrire l'histoire bien caractérisée dans ce titre : « *Gesta Dei per Francos*, » elles accordent des récompenses à l'homme pour de soi-disant mérites qui reviennent de droit à la *grâce*, et lui demandent compte avec une rigueur inouïe des sottises que lui fait faire la *providence*.   A. COUDEREAU.

ACTION EN JUSTICE. — On désigne ainsi le droit de saisir les tribunaux en cas d'infraction à la loi administrative, civile ou pénale.

Dans un sens plus étroit et inexact, on applique spécialement ce mot au cas d'infraction à la loi civile.

L'action en justice constitue le signe propre et caractéristique du droit. Tandis que la loi morale a pour unique sanction la conscience, la loi juridique a, en outre, pour sanction l'action.

Avant d'indiquer les données de la législation positive en cette grave matière, esquissons-en rapidement la théorie philosophique. En dehors des textes légaux, l'action en justice repose sur l'idée d'une réquisition de la force de tous pour protéger le droit de chacun. L'état social n'ayant d'autre but que d'assurer à chacun le développement de son activité, tous, dans l'état social, contractent implicitement envers chacun l'obligation de lui garantir le respect de son droit et d'intervenir en sa faveur dans tous les cas où ce droit est violé ; de là, pour chacun, le droit d'action.

Au point de vue philosophique, l'action en justice est donc finalement *la sanction sociale du droit individuel.*

Ce principe posé, les traits les plus généraux de la théorie de l'action en justice ressortent d'eux-mêmes.

Dans l'état social, on doit distinguer deux catégories d'individus, les uns mineurs, les autres majeurs.

Les mineurs, le petit nombre, sont ceux qui, à raison de la faiblesse de leurs facultés, ne sont pas aptes à user de leur liberté. Les majeurs, le grand nombre, se composent de tous les autres.

Juridiquement, on est mineur, soit en vertu d'une présomption générale fondée sur l'observation de faits accoutumés, soit en vertu d'une preuve exceptionnelle et spéciale. La présomption générale s'applique aux individus qui n'ont pas encore atteint l'âge normal où l'homme est capable de se gouverner lui-même ; la preuve exceptionnelle et spéciale concerne les individus que les infirmités ou la vieillesse privent de cette capacité.

De même que les individus sont mineurs ou majeurs, de même l'action est tantôt relative aux mineurs et tantôt relative aux majeurs.

L'action relative aux mineurs, ou plus exactement aux faibles, doit avoir le double but :

1° De faire attribuer à la personne elle-même les soins dont elle a besoin ;

2° De prévenir toute atteinte à son droit.

L'action relative aux majeurs doit avoir seulement en vue de réprimer l'empiétement d'un droit sur un autre.

Par là, on voit quel est, en ce point fondamental, le critérium rationnel de la valeur des législations positives.

Ces législations, et en particulier la législation française, satisfont-elles à ce critérium ? Admettent-elles l'action dans tous les cas où il est juste de l'admettre ? Ne l'admettent-elles que dans ces cas ?

Même en tenant compte pour les différents peuples des raisons contingentes de traditions, de climat, d'inégalité de civilisation, la réponse négative générale n'est pas douteuse. Les législations positives les plus avancées ne sont pas ordonnées d'après l'idée de justice, et c'est surtout au point de vue législatif, qu'il est vrai de dire que l'humanité en est encore à l'âge barbare.

D'après la législation française, où l'on distingue la règle administrative, la règle civile et la règle pénale, recherchons en quelques mots les résultats de l'application de notre critérium rationnel.

Qu'est-ce d'abord que la loi dite administrative ?

La loi administrative se rapporte spécialement à l'organisation et aux attributions de la délégation exécutive. Comme le droit politique tout entier, dont elle forme une sorte de section bâtarde, la loi administrative a pour seule base scientifique possible l'idée d'un mandat donné par la collectivité sociale à quelques-uns de ses membres. L'action en justice, en matière administrative, doit donc être fondée sur la théorie du mandat.

La loi administrative française contient sur ce point deux erreurs essentielles, toutes les deux complexes.

La première erreur consiste en ce que :

1º L'action en justice n'existe pas à l'égard du délégué le plus haut placé dans la hiérarchie gouvernementale, c'est-à-dire à l'égard du chef de l'État;

2º L'action en justice n'existe pas non plus à l'égard des ministres, sauf dans le cas exceptionnel et illusoire prévu par l'art. 13 de la Constitution du 14 janvier 1852 ;

3º L'action en justice ne peut être exercée à l'égard des délégués subalternes, appelés *agents du gouvernement,* que sous la condition d'une autorisation préalable accordée par l'administration elle-même (art. 75 de la Constitution du 22 frim. an VIII), ce qui équivaut en fait à un refus d'action;

4º L'action en justice n'existe pas pour la réformation d'un certain nombre d'actes administratifs, qualifiés de *réglementaires.*

Dans les cas appartenant à ce qu'on nomme le *contentieux administratif,* c'est-à-dire où l'action en justice est admise, la seconde erreur consiste en ce que :

1º L'action en justice doit toujours être portée devant des mandataires du même ordre que le mandataire actionné;

2· Lorsqu'il s'agit des ministres, juges de droit commun en matière administrative, l'action en justice qui concerne l'acte administratif émané d'eux ou de leurs subalternes doit être portée en première instance devant eux.

Au surplus, les règles actuelles de la compétence administrative sont subtiles, confuses, controversées; elles ouvrent un vaste champ à l'arbitraire.

La loi dite, selon la défectueuse terminologie reçue, loi civile, concerne la famille et la propriété.

D'après la loi civile française, l'action en justice est tantôt restreinte ou exclue dans des cas où elle devrait exister librement, tantôt admise dans des cas où elle devrait être rejetée.

C'est ainsi que :

1º Dans l'ordre de la famille,

La femme mariée ne peut en principe agir en justice sans l'autorisation du mari; son droit de personne libre et responsable est méconnu; elle est rangée parmi les mineurs.

A l'inverse, le mariage est regardé comme un contrat, et les deux époux ont action l'un contre l'autre pour se contraindre à la vie commune.

Enfin, en général, l'enfant né hors mariage n'a action ni pour être reconnu, ni pour être élevé.

2º Dans l'ordre de la propriété, les restrictions à la liberté de l'individu sont innombrables; de là, une série d'actions qui heurtent cette liberté et parmi lesquelles il faut placer en première ligne l'action fondée sur le prétendu droit de *réserve*.

La procédure de l'action en justice, en matière civile, abonde d'ailleurs en formalités frustratoires, longues et coûteuses, et aboutit finalement à priver l'homme pauvre de la possibilité d'user de son droit.

Théoriquement, la loi pénale est la sanction sociale extrême du droit individuel ; le malfaiteur est un mineur qu'il faut rendre apte à exercer sa liberté et empêcher d'attenter à celle des autres.

La loi pénale française procède d'une pensée d'intimidation ; elle frappe préventivement et réprime abusivement; l'action en justice y est admise dans une foule de cas où l'idée du droit la condamne.

La refonte de l'ensemble de la législation positive est un des premiers besoins qui s'imposent à la démocratie; le jour où elle accomplira cette refonte et où elle réorganisera l'action en justice, la démocratie se réglera d'après cette double devise : protection des mineurs, autonomie des majeurs.   Émile Acollas.

ACTIVITÉ. — philosophie. — Tout se meut, tout s'agite dans la nature, à tous les instants de la durée. Aucune molécule de cet univers n'est jamais dépourvue de certaines forces. Il n'y a d'inerte que le néant.

Toutefois, il ne faut pas confondre ce mouvement moléculaire, qui est une propriété de tous les corps, minéraux, végétaux, animaux, avec ce que l'on nomme activité. Ces mots, *activité, action*, aussi bien que leurs contraires, *passivité, passion*, ne conviennent qu'à des êtres animés, et, comme tels, doués, à un degré quelconque, de sensibilité : ils ne s'appliquent que par métaphore à tous les autres. L'homme, qui se sent actif, est naturellement porté, surtout alors que la jeunesse et l'ignorance donnent tant de vivacité et d'empire à l'imagination, à supposer dans tous les êtres une activité semblable à la sienne. « Les sauvages, dit l'abbé Raynal, mettent une âme partout où ils aperçoivent un mouvement qu'ils ne peuvent expliquer. » De là une foule de superstitions et d'erreurs, dont toutes nos langues ont gardé l'empreinte. Nous disons : *Le vent souffle, la mer s'irrite, le soleil se lève* ou *se couche*, etc., etc.

Nous reconnaissons dans la sensibilité la condition essentielle, l'unique condition de toute activité : c'est à elle que se ramène, en définitive, tout mobile, tout motif d'action : l'instinct, l'habitude, l'appétit, le désir, l'affection, l'intérêt, le devoir. L'homme n'est, de tous les animaux, le plus actif, que parce qu'il en est le plus sensible. Il a, sur tous les autres, ce privilége de réunir, à un degré éminent, tous les modes connus de la sensibilité, par conséquent aussi tous ceux de l'activité : sensibilité et activité physiques, sensibilité et activité intellectuelles, sensibilité et activité morales. La vie se produit-elle, en d'autres mondes et chez d'autres êtres, sous des formes encore plus complexes, et avec une plus grande intensité? Nous l'ignorons.

Nous n'entreprendrons pas de définir et de distinguer, *ex professo*, les différentes sortes d'activité qui se rencontrent dans l'homme; d'en étudier la nature, la loi, le développement; d'exposer, par exemple, comment l'activité intellectuelle, à l'aide d'une série d'actes, auxquels nous donnons les noms d'attention, d'abstraction, de comparaison, de généralisation, de classification, de raisonnement, d'analyse et de synthèse, opère le difficile engendrement des idées, les élucide, les systématise, fait la science et l'applique. Nous nous bornerons à indiquer quelquesunes des questions les plus générales qui ressortissent à notre sujet.

On a dit de la sensation, principe de notre activité, qu'elle est passive et *fatale*.

Cela est vrai. Mais s'ensuit-il nécessairement que ce caractère de fatalité se communique toujours de la cause à l'effet? Dans la sensation même, se montre-t-il constamment absolu, et la volonté ne peut-elle, dans aucun cas, en atténuer ou même en annuler la puissance? Il nous semble qu'aucun homme, initié par l'expérience aux choses de la vie, n'oserait l'affirmer. Qui de nous, en effet, n'a quelquefois, avec un souverain empire, refréné, suspendu tout à coup, au moment de leur plus grande violence, ses plaisirs, ses douleurs, ses besoins, ses désirs? Ainsi, la sensibilité elle-même, sous l'action de la volonté, se prête ou se refuse à la sensation. Quand le soldat, dans l'ardeur du combat, est frappé par la balle ou le glaive d'un ennemi, il ne sent pas sa blessure. Quand Mutius Scævola mit sa main sur un brasier ardent, il dut être à peu près insensible à l'action du feu. Ces exemples sont de tous les jours. Ils prouvent que, s'il y a des volontés faibles et pusillanimes, il en est aussi d'une puissante, d'une admirable énergie.

Ici se présente une question qu'il ne nous est pas permis d'esquiver entièrement, et dont aucun de ceux qui la comprennent ne saurait méconnaître l'importance et les difficultés. Elle a occupé les anciens, sans toutefois exciter grand bruit parmi eux : presque tous, avec quelques nuances, il est vrai, et certaines restrictions plus ou moins graves, se sont accordés à la résoudre dans le sens affirmatif. Ainsi firent en particulier Démocrite, Platon, Aristote, Épicure, Sénèque, Épictète, Marc-Aurèle. Elle a, de bonne heure et très-vivement, agité les modernes. On sait les disputes qu'elle suscita, dès les premiers siècles de l'Église chrétienne, au sujet de la grâce et du libre arbitre. La grande voix de saint Augustin ne put apaiser le débat. Il se prolongea avec toute l'acrimonie et la violence particulières aux querelles religieuses, entre saint Thomas et Duns Scot, entre Luther et Erasme, entre Arminius et Gomar, entre Port-Royal et Molina. Longtemps, la querelle avait gardé surtout un caractère religieux. Elle s'en dépouilla peu à peu, pour revêtir, au xviiie siècle, un caractère décidément philosophique. Les grands événements qui signalèrent la fin de ce siècle et le commencement du xixe, la firent taire, ou du moins la calmèrent en partie. Elle a été reprise, de nos jours, avec une nouvelle ardeur.

La question s'agite, comme on sait, entre le *fatalisme* ou *déterminisme* et la *liberté morale* ou le *libre arbitre*. On considère généralement les *matérialistes* comme inféodés à la première de ces doctrines, les *spiritualistes* à la seconde. La vérité est pourtant que, parmi ceux-ci, il en est qui nient la liberté morale, tandis que, parmi ceux-là, plusieurs n'hésitent pas à l'admettre.

Voici, du reste, les points principaux sur lesquels porte aujourd'hui la discussion.

Quand Auguste, dans *Cinna*, fait entendre ces paroles, toujours admirées :

> Je suis maître de moi comme de l'univers :
> Je le suis, je veux l'être.

n'exprime-t-il autre chose qu'une illusion dont il est dupe, et tous les spectateurs avec lui? Ou bien faut-il admettre, avec Fénelon, que « tout homme sensé, qui se consulte et qui s'écoute, porte au dedans de soi une décision invincible en faveur de sa liberté; » et, avec Lucrèce, que la volonté s'arrache quelquefois aux étreintes de la fatalité, *fatis avolsa voluntas?*

Quelques-uns, parmi les partisans du fatalisme, avouent qu'il est impossible de croire à ce système, au moment où l'on agit : d'où résulterait que toute notre liberté, comme le veulent Spinoza, Leibnitz, M. Littré, — trois grands noms! — se réduit à la fallacieuse croyance que nous sommes libres. On persiste à demander si, dans cette hypothèse, aussi bien que dans le système de la nécessité absolue, il est possible de démontrer que ces mots, obligation morale et responsabilité, louange et blâme, mérite et démérite, justice et injustice, récompense et châtiment, sagesse et folie, ne soient pas des mots vides de sens. D'ailleurs, ajoute-t-on, pourquoi délibérer, si l'acte, objet de notre délibération, et les moyens volontaires de l'accomplir ne sont pas en notre pouvoir ? Pourquoi engager notre foi dans une promesse ou dans un contrat, si nous sommes d'avance et nécessairement convaincus qu'il ne dépendra pas de nous de dégager notre parole? Pourquoi nous proposer un but, nous prescrire à nous-mêmes une règle de conduite et de vie?....

Nous avons l'idée, nette et précise, d'une chose que l'on nomme *liberté morale;* nous avons, au même degré de netteté et de précision, l'idée d'une autre chose que l'on nomme *nécessité.* Ces deux idées sont également concrétées dans notre intelligence par les termes dont nous nous servons pour les exprimer : elles sont corrélatives entre elles, elles nous apparaissent comme nécessaires, comme indispensables l'une à l'autre, ne pouvant subsister l'une sans l'autre, s'appuyant, se soutenant, se vivifiant mutuellement. Supprimer l'une, n'est-ce pas anéantir l'autre, et se placer, du même coup, sur une pente irrésistible, aboutissant fatalement au doute universel, ou même au nihilisme ?

Encore une fois, sans prétendre aucunement à les résoudre, je me borne à poser ici quelques-unes des questions qui devront être, au mot *Libre arbitre,* complétées, approfondies et résolues par quelqu'un de mes honorables collègues de l'*Encyclopédie.* Toutefois, et par un motif que tous, sans nul doute, ils apprécieront, je désire qu'il me soit permis de rappeler en quels termes je me suis ailleurs prononcé sur ce grave sujet : « L'homme, disais-je, est soumis par nécessité aux lois de son essence; il l'est par conscience aux lois dérivant de ces lois primordiales, en harmonie avec elles, et qu'il a, après réflexion, librement consentis. La liberté de l'homme n'est donc pas absolue : elle est circonscrite, disons-nous, dans un cercle qui n'est autre que celui de la nécessité, par quoi nous entendons la force permanente et invariable des lois de la nature. — Il en résulte que l'homme, individu ou espèce, marche à l'accomplissement de ses destinées à la fois sous l'impulsion de la nécessité et sous celle de la liberté. — Nous entendons ici par liberté, ou libre arbitre, une volonté efficiente, c'est-à-dire capable par elle-même d'opter entre le bien et le mal, et d'accomplir l'un ou l'autre. — Nous faisons de cette liberté une condition essentielle de l'être moral. Si l'homme a droit à ce titre, il doit donc être, il est en effet, dans sa volonté, une force libre et éclairée, consciente d'elle-même, se possédant et se mouvant par son énergie propre, *« vis sui conscia, sui potens, sui motrix. »*

Je n'ai rencontré depuis lors aucun motif de changer de pensée

Il est temps, pour conclure, de nous demander quel est le but définitif de l'activité humaine. — La réponse à cette question nous est indiquée par la constitution naturelle de l'homme et par l'histoire de son espèce. Ce but, dans sa formule générale, n'est autre, évidemment, que la félicité de chacun et de tous, se réalisant au moyen d'une série progressive de modifications et de perfectionnements, opérés par l'homme sur lui-même, sur ses semblables, et sur toutes les parties de la nature accessibles à son action. L'homme, par ses efforts, ne tend à rien de moins qu'à supprimer la pauvreté, les maladies, la laideur et la mort; à se mettre en possession de la science et de la vérité, en élaguant l'ignorance et l'erreur, et, par l'institution de la liberté et de la justice, fruits de la science, à rendre inutile, dans la voie et la pratique du bien moral, la vertu elle-même. Tel est, dans son idéal, le but de l'humanité, identique à celui de notre activité. Si nous comparons à la condition présente de l'homme celle dans laquelle il a dû être, dans laquelle il a été, quand, à son origine, il vivait au sein d'une nature aussi sauvage, aussi grossière et désordonnée que lui, nous serons en admiration devant son œuvre, et, dans l'enivrement de l'orgueil, aveuglés sur les vestiges encore si nombreux autour de nous de notre premier état, nous pourrons croire que l'humanité est entrée dans l'âge de sa virilité et de sa force; si, au contraire, nous mesurons le progrès accompli à l'étendue qui nous sépare encore du terme de notre route, nous nous étonnerons du peu de chemin que nous avons parcouru jusqu'ici, nous serons humiliés de notre faiblesse, de nos défaillances, et nous devrons tout au moins soupçonner que l'humanité sort à peine aujourd'hui de l'enfance.

M. L. Boutteville.

ADJECTIF. — Il n'y a pas de différence originaire entre l'adjectif et le substantif. Tous deux sont des noms exprimant une qualité, une manière d'être, soit généralisée et applicable à tous les objets qui la possèdent, soit spécialisée et identifiée avec la totalité de l'objet, dont elle ne désigne, en fait, qu'une propriété. Ainsi *akva* qui, dans l'indo-européen primitif, signifiait rapide, a fourni au sanscrit, au grec, au latin, au perse, le nom du cheval, bien que le cheval ait d'autres qualités, et que cette qualité appartienne à beaucoup d'autres êtres. De même pour *gāvas* qui, du sens général d'errants, allants, a passé au sens particulier de bœufs.

On ne s'étonnera donc pas de rencontrer dans nos langues classiques un certain nombre de racines isolées, déclinables, et restées à mi-chemin entre l'adjectif et le substantif. Tels sont les mots védiques *réš*, qui blesse, *róš*, qui s'irrite; les termes grecs πτάξ ou πτώξ, qui a peur; τρώξ, rongeur; le latin *dux*, qui conduit. Le plus souvent, ces racines nues s'ajoutent, pour former des adjectifs, à des prépositions ou à des radicaux verbaux et nominaux; citons, en sanscrit : *mitra-druh*, qui hait ses amis, *ǧaja-ghn-a-s*, meurtrier de sa femme; en grec : οἰν-οπ-ς (ψ), couleur de vin, αἰθ-οψ, couleur de feu, παρα-βλώψ, qui regarde de travers, ἀπο-φράς, néfaste, πρός-φυγ-ς (ξ), qui fuit, ἄ-ζυξ, non attelé, ἐπί-τεκ-ς (ξ), près d'accoucher; en latin : *opi-fec-s (x)*, ouvrier, *ju-dex, pel-lex, prœ-cox, rem-eg-s (x), con-jux, au-cep-s, tubi-cen*. Quant à *ger, fer*, qui terminent tant de mots, ils sont pour *ger-u-s, fer-u-s*. Il en est de même pour les monosyllabes employés adjectivement par les idiomes germaniques, *lich, bar, sam* : ce sont, non des racines nues, mais des racines dénudées par l'apocope. On les trouve, avec leurs formes complètes, soit dans le gothique (*ga-leik-s, sam-a*), soit dans le vieux et le moyen-haut allemand (*pári, bœre*).

La plupart des adjectifs sont dérivés de noms, verbes et prépositions à l'aide de suffixes qui en déterminent la valeur. Les principaux suffixes adjectifs sont, en sanscrit: *ja, sja, ka, aka, ika, uka, ta, tar, da, na, ans, āna, amāna, la, ra, va, vas*; en grec : ας, αξ, αντ, εἰς, εσσα, αινος, αριος, ευς, ιδιον, ιος, ως (οτ-ς), ϡης, ειδης, τος, τες, τηρ, τωρ, τρος, μος, μιος, κος; en latin : *aris, alis, arius, ilis, abilis, ulus, ans, anus, ensis, osus, umnus, bundus, uus et vus, issa, ax, ex, ox, tis, tus, cus, icus, ucus*. Dans l'état présent des langues germaniques : *ah, ag, ig, t, et, and, end, an, en, ter, el, lein, chen, niss*, etc. Parmi les langues romanes, en français : *able, ible, ain, aire, ier, ien, ois, eux, eur, iste, esse, ant, ent, on, t, ique, ial, al, el, et, ard, if, in*, etc. Ces divers suffixes indiquent l'habitude, le penchant, la provenance, l'obligation, la possession.

Partout le mécanisme de l'adjectif est à peu près le même. Les Sémites le tirent volontiers des racines verbales par des modifications intérieures de voyelles, extrêmement variables : *kătăl, kătel, kătŏl, kotel, kătoul, kătil, kătil*, etc.; quelquefois par l'addition d'un suffixe, *ăn* en arabe, *on* en hébreu. L'adjectif dérivé d'un nom reçoit le suffixe *iy* ou *t : ardhiy* (de *ardh*), terrestre, *chemsiy* (de *chems*), solaire. Les Arabes emploient, pour indiquer les couleurs et les difformités, la forme comparative, c'est-à-dire un *a* prosthétique : *a-zrak*, bleu, *a'-radj*, boiteux. L'adjectif thibétain n'est autre que le génitif du nom. En chinois, leur position seule distingue les parties du discours; l'adjectif précède le nom.

Les degrés de comparaison s'expriment, soit par des prépositions isolées, soit par des suffixes inséparables de l'adjectif. Pour le comparatif, le sanscrit emploie les désinences *tara* et *ijas;* le grec, τερος et ιων; le latin, *ior, ius;* les langues germaniques modernes, *er*. Le superlatif est : en sanscrit, *tama* et *ishta;* en grec, τατος et ιστος; en latin, *timus, simus, issimus;* dans les langues germaniques, *st, est.* Beaucoup de formes comparatives et superlatives ont passé du latin dans les langues romanes, mais l'usage des prépositions y a prévalu.

La syntaxe de l'adjectif se résume dans une règle générale, toujours appliquée dans les idiomes classiques anciens, très-compliquée par l'allemand moderne, et oubliée par l'anglais : accord de l'adjectif avec le substantif en cas, genre et nombre. Dans l'ancien français, l'adjectif avait deux cas ; comme le substantif, il a, au xive siècle, abandonné le cas sujet pour ne conserver que le cas régime. C'est aussi au xive siècle qu'on a donné un féminin aux adjectifs qui, en latin, n'avaient qu'une forme pour les deux genres. On disait régulièrement une *grand* femme, une forêt *vert*, une terreur *mortel*. Une trace de l'ancienne orthographe est restée dans les locutions *grand route, grand faim, grand garde, grand mère* et *mère grand, grand tante*, où Vaugelas introduisit indûment une apostrophe. Ce ne sera pas sortir de notre sujet que de noter en français bon nombre d'adjectifs devenus substantifs : *vivant, mort, mortel*, etc.; *domestique, sanglier (singularis), coursier, grenade* (fruit à grains), *linge (lineum,* tissu de lin). ANDRÉ LEFÈVRE.

ADJUDICATION. — L'*adjudication* est l'acte qui termine une enchère ou une soumission. L'adjudicataire est celui qui est déclaré propriétaire de la chose mise aux enchères, ou qui reste chargé de l'entreprise, de la fourniture soumissionnées.

La principale obligation de l'adjudicataire est de se conformer aux clauses et conditions du cahier des charges, qui est la préface obligée des enchères et des soumissions.

Nous n'avons pas à nous étendre ici sur l'adjudication qui sert de dénoûment à une saisie mobilière ou immobilière; c'est un simple acte de procédure, qui a le tort, comme ses pareils, de coûter cher et d'être coordonné dans l'intérêt du fisc bien plus que dans l'intérêt des particuliers. Passons sur cet incident, gros de papier timbré, dont les praticiens seuls ont besoin de connaître le mécanisme.

Les adjudications qui se rapportent aux services publics ont un caractère tout différent et tiennent une grande place dans l'organisme administratif. Voici, en effet, les applications principales du procédé de l'adjudication : il y a celles des ministères, celles des préfectures, celles des sous-préfectures, celles des mairies, celles du domaine, et quelques autres encore.

Les conditions générales de ces adjudications ou soumissions au rabais consistent dans :

L'engagement pris par l'adjudicataire d'exécuter le cahier des charges;

Le dépôt d'un cautionnement;

Le payement successif du prix dû par l'administration, au fur et à mesure de l'avancement des travaux;

La réception des travaux ou des fournitures par les agents de l'administration.

Les adjudications peuvent être viciées, soit par la préférence donnée abusivement à tel ou tel adjudicataire, au mépris de l'égalité et du principe de la libre concurrence, soit par l'absence de contrôle sérieux au moment de la réception des travaux ou des fournitures.

Ces abus ne sont pas toujours le résultat de l'inattention ou de la simple négligence. Ils sont dus quelquefois à une connivence coupable de la part des agents, connivence obtenue par l'entraînante séduction des *pots-de-vin*.

A ce mal, il y a des remèdes.

Le premier, et le plus efficace, c'est l'honnêteté des employés de l'administration. La plupart d'entre eux sont probes sans doute; mais l'expérience démontre qu'ils ne le sont pas tous. Pour ramener les malhonnêtes dans la bonne voie, le moyen pratique consiste moins dans la multiplicité des mesures pénales, trop souvent illusoires, que dans la suppression des occasions et des tentations de faillir; et, si l'on ne peut pas raisonnablement espérer cette suppression, du moins faudrait-il y tendre par une réduction graduelle.

Les grosses tentations sont la conséquence fatale des grosses entreprises, des gros marchés, et ceux-ci sont les produits naturels de la centralisation.

Puis, quand il s'agit d'équiper, de nourrir, de vêtir, de loger ces effroyables collections d'hommes qu'on appelle les armées permanentes, quelle marge pour la fraude, même en temps de paix! En guerre, c'est bien autre chose, et lorsqu'il faut pourvoir au transport et à l'entretien de tant d'hommes, de tant de chevaux, quelle aubaine pour les fournisseurs!

Ainsi la décentralisation, la réduction des armées permanentes, la paix affermie, voilà les remèdes efficaces contre les abus des adjudications administratives.

A défaut de ces remèdes, il y a des palliatifs.

Pour n'en citer qu'un, la centralisation, tout en subsistant, pourrait tempérer sa force d'absorption. Si, par exemple, les travaux qui n'ont qu'une importance locale ne s'opéraient que sur l'initiative des véritables intéressés, si l'adjudication se faisait sous leurs yeux, s'ils étaient appelés à contrôler eux-mêmes l'exécution, on peut affirmer que l'emploi des fonds serait mieux surveillé, et que les adjudicataires ne feraient que des bénéfices licites. Ce qui facilite la fraude, c'est l'adjudication à distance, c'est la filière des bureaux, dans lesquels il se rencontre des hommes dont la protection, elle aussi, est à l'enchère, non pas, bien entendu, l'enchère au rabais.

La question des adjudications administratives doit encore être examinée à un autre point de vue.

Parmi les travaux qui sont l'objet de soumissions, il en est beaucoup qu'on peut appeler des travaux simples, c'est-à-dire qui sont susceptibles d'être exécutés directement par un groupe d'ouvriers, sans l'intervention d'un entrepreneur. Tels sont, par exemple, les nivellements, les terrassements, les tranchées, les remblais, etc. Il est bon, toutes les fois que la chose se peut, que la totalité d'un salaire appartienne à celui qui le gagne par ses efforts, par ses fatigues, par ses bras, par son intelligence. Les sociétés coopératives, dont le succès est désirable parce qu'elles développent chez l'ouvrier le sentiment de la responsabilité et qu'elles le rendent ainsi économe et prévoyant, semblent naturellement appelées à exécuter un jour tous les travaux que nous venons d'énumérer. Mais il faudra, pour cela, que les conditions actuelles des adjudications soient modifiées.

L'obligation de verser un cautionnement, le retard dans le payement des travaux, payement qui ne s'effectue qu'au fur et à mesure de leur exécution, constituent pour ces sociétés des obstacles presque insurmontables. Il faudrait se relâcher, pour elles, de la rigueur de ces règlements.

Mais, dira-t-on, c'est là demander le sacrifice de l'intérêt public, ou tout au moins le compromettre. A défaut de garanties pour la bonne et prompte exécution d'une entreprise, on court le risque de la voir abandonnée à moitié, ou terminée tardivement et mal.

Je réponds qu'il faut exiger des sociétés coopératives de sérieuses garanties de bonne exécution, mais que ces garanties doivent différer des garanties ordinaires.

Une collection d'individus, lorsqu'elle a fait preuve d'ordre, d'intelligence et de moralité, présente évidemment plus de garanties pour l'exécution de ses engagements qu'un simple particulier, si honnête qu'on le suppose. Car, pour ne parler que d'une seule hypothèse, ce dernier peut mourir inopinément, et cette mort causer un vide irréparable. Une société ne meurt pas, et, avec elle, on est du moins certain de la durée.

Il ne faut pas considérer les sociétés coopératives comme la panacée universelle, mais on ne peut leur refuser une utilité relative, dans la sphère qui leur est propre, c'est-à-dire pour les entreprises qui n'exigent de l'ouvrier que son contingent personnel de force et d'aptitude. Toutes les industries qui nécessitent des achats plus ou moins importants de matières premières, et dont les produits s'écoulent irrégulièrement, lentement parfois, avec des alternatives de hausse et de baisse dans les prix, ne sont bien dirigées que par une volonté unique, intelligente et responsable, et disposant du capital et du crédit indispensables, pour résister aux crises de chômage et de morte-saison.

Quant aux travaux manuels qui s'exécutent moyennant un salaire quotidien, hebdomadaire, ou au plus mensuel, il est absolument juste et désirable que ce salaire entier tombe aux mains des ouvriers, associés ou non, qui l'ont gagné. Pour cela, il faut traiter avec eux sans intermédiaire, et les règlements administratifs devront être modifiés de manière à rendre possible ce contrat direct.

Louis Belin.

ADHÉSION. — physique. — Quand on a appliqué, l'une contre l'autre, les faces bien planes et bien polies de deux masses solides, de deux balles de plomb par exemple, on éprouve ensuite une certaine difficulté à les séparer. Pour vaincre leur adhérence, il faut exercer un effort dont l'évaluation se mesure aisément en grammes ou en kilogrammes. La même expérience, faite dans le vide, réussit également bien, ce qui prouve que l'adhérence des deux masses n'est pas due à la pression atmosphérique, de sorte qu'on est conduit à admettre l'existence d'une force en vertu de laquelle les molécules des corps s'attirent énergiquement, quand elles sont très-rapprochées.

Un phénomène semblable se manifeste dans les corps liquides : une gouttelette de mercure conserve sa forme sphérique, quand elle repose sur un plan horizontal. La goutte qui se rassemble à l'extrémité d'une baguette de verre, quand, après avoir plongé celle-ci dans un vase plein d'eau, on la retire, s'allonge en forme de larme et reste suspendue : ce qui prouve à la fois que les molécules liquides adhèrent au verre, puisque le poids de la goutte ne suffit pas à les en séparer, et qu'elles adhèrent entre elles, puisque le poids de la partie inférieure de la goutte est impuissant à la séparer de la partie supérieure.

On donne le nom d'*adhésion* à la force qui se manifeste dans ces circonstances, aussi bien qu'au phénomène lui-même : cette force n'est évidemment qu'un cas particulier de l'*attraction moléculaire*. Elle prend spécialement le nom de *capillarité*, quand elle s'exerce entre les liquides et les solides : alors on observe une série de

phénomènes d'un haut intérêt, dont les lois seront résumées à l'article correspondant. (Voyez *Attraction moléculaire, Cohésion, Capillarité.*)

AMÉDÉE GUILLEMIN.

ADMINISTRATION. — Quand on veut se former une conception nette et
simple de cette machine si vaste et si compliquée qu'on appelle en France l'administration, il faut en chercher la raison et la philosophie dans une idée plus haute,
celle du *service public.* — Les hommes sont associés en vue de se garantir mutuellement contre certains risques déterminés; il est convenu entre eux que chacun cè-
dera une partie de ses ressources, de ses forces, pour composer une force publique
capable d'écarter tous les *risques* de quelque part qu'ils viennent. Le soin constant
et efficace de prévenir un risque déterminé, c'est proprement ce qui s'appelle un
service public; autant de risques bien caractérisés, autant de services publics distincts. Créer de toutes pièces un service public qui n'existait pas encore, ou changer
quelque ressort à un service déjà existant, c'est exercer ce pouvoir d'*innovation*, qu'on
appelle, dans la langue politique, *le pouvoir législatif.* Maintenir, entretenir tels
quels les services, les organes divers d'un État, c'est proprement *administrer*;
ainsi, administrer c'est conserver ce qui est. Nous n'avons pas à exposer ici la
théorie du pouvoir législatif, mais nous devions marquer brièvement les rapports
de ce pouvoir et de l'administration ou *pouvoir exécutif.*

En France (comme d'ailleurs dans tous les pays pourvus d'un véritable gouvernement), le pouvoir législatif est et demeure à peu près séparé de l'administration.
J'ai dit à peu près; en effet, en France, la séparation n'est pas complète (quoi
qu'en disent les traités de droit administratif et le public à leur suite), puisque
l'empereur, chef du pouvoir exécutif et le premier des administrateurs, participe à
la confection des lois. Il en résulte des inconvénients immenses qui seront exposés
ailleurs. Il est encore un troisième pouvoir dont parlent tous les traités de droit
administratif, qu'ils disent devoir être nettement séparé dans un État, et être réellement séparé en France des deux premiers : c'est le *pouvoir judiciaire*; — marquons
la différence de celui-ci au pouvoir exécutif. La fonction du pouvoir judiciaire consiste à décider entre les particuliers disputant sur leurs droits respectifs, et à attribuer à chacun son droit, suivant des règles consignées dans les lois. Le pouvoir
judiciaire dans son idée est, comme on voit, très-distinct des deux autres, et il est
clair qu'il n'en saurait être trop séparé; en ce point, les auteurs ont raison, mais
ils ont grand tort de prétendre que cette séparation existe en France. Le pouvoir judiciaire y est, au contraire, déplorablement confondu dans le pouvoir exécutif ou administratif, les juges étant nommés par le chef de ce pouvoir.

Revenons à présent à l'administration; essayons de nous en expliquer les divers
rouages, en recherchant le motif originel de leur création. Nous sommes d'abord
partis de l'idée très-rationnelle des risques publics. Poussons plus avant.

Il y a d'abord le danger que l'association soit attaquée en bloc par des hommes
étrangers à l'association; c'est le risque de la guerre, lequel est prévenu ou combattu par la diplomatie, par l'armée et par la marine. Voilà un service bien déterminé; mais comme l'action de prévenir la guerre a paru différente de celle de la soutenir, et que l'action de la soutenir sur terre a paru aussi suffisamment différente
de celle de la soutenir sur mer, on a formé contre ce risque non un seul *ministère*,
mais trois : les affaires étrangères, la guerre, la marine. Ces ministères sont *naturels*, qu'on nous passe l'expression, c'est-à-dire logiques et raisonnables. Il y a
ensuite le danger que quelqu'un des membres de l'association soit attaqué, dans sa
propriété ou dans sa personne, par quelque autre membre, c'est le risque de la spo-

liation. A ce danger répond le ministère de la justice. Les deux services que nous venons de dire, le service de la paix extérieure, et celui de la paix intérieure sont nécessaires, indispensables; tellement qu'on ne peut pas concevoir l'existence d'une association nationale sans leur existence. Il y a sûrement des travaux, des ouvrages qui ne seraient jamais accomplis si l'on s'en remettait du soin de les faire aux particuliers, parce que, devant servir à tous par leur nature, personne ne pourrait ou ne voudrait les faire pour tous, exemple : une grande route allant de Paris à Perpignan. Il faut nécessairement que l'État, le pouvoir public, formé des ressources de tous les associés, se charge de ces sortes de travaux. Ils composent le service, ou comme on dit plus ordinairement, le ministère des travaux publics. Ce ministère peut encore, comme on voit, se justifier en raison.

Il est certain que l'homme ignorant est un ouvrier moins productif que l'homme instruit, et que, d'autre part, étant plus enclin aux crimes et aux délits, il menace davantage la sécurité publique. A ces titres, l'ignorance est un risque universel, et en tout cas, l'instruction est un avantage non-seulement particulier, mais public. Cependant, s'arrêter à cette conclusion serait ne voir qu'un côté de la question. C'est un principe de haute sagesse que l'État doit borner son action aux risques généraux que l'action particulière ne peut pas conjurer. Il ne suffit pas, répétons-le, qu'un risque soit général pour que l'État s'occupe légitimement à le parer, il faut encore que les particuliers ne puissent le faire à sa place. Or, l'ignorance n'est certainement pas de ce nombre; chacun peut la combattre en soi aussi bien et mieux que l'État. On répond que les particuliers ne sentent pas assez, pour le moment, les inconvénients et les dangers de l'ignorance, et que laisser à chacun le soin de s'instruire ou d'instruire ses enfants serait reculer bien loin le jour où tout homme saura seulement lire et écrire. A l'appui de cette objection, on cite des faits incontestables, et notamment l'exemple de l'Angleterre, où l'initiative privée, pourtant si active et si éveillée, n'a pas pu créer toute seule un système suffisant d'instruction populaire. Cette objection est juste; elle est très-forte; l'exemple de l'Angleterre est certainement décisif. Disons donc qu'il est bon, pour le moment, que l'État s'occupe de l'instruction populaire, qu'il aide de ses ressources une œuvre si nécessaire, mais ajoutons qu'il faudra revenir à pratiquer dans toute sa rigueur tutélaire le principe cité plus haut, dès que des conditions supérieures dans l'humanité le permettront.

Nous arrivons à présent à des services prétendus qui n'en sont pas, ou qui ont l'énorme inconvénient de porter le pouvoir de l'État hors de ses bornes légitimes, et de soumettre à ce pouvoir des actes qui sont du domaine inviolable de l'individu. Nous voulons parler des services accomplis en France par le ministère des cultes et par celui des beaux-arts.

Dès que les véritables principes commenceront à prévaloir, l'État renoncera à solder les prêtres des diverses religions. Il ne soldera pas davantage les artistes peintres et les artistes comédiens. La messe, le prêche et l'opéra seront payés par ceux qui y iront et non point, ainsi qu'il arrive aujourd'hui, par ceux qui les regardent comme des superstitions ou comme des abominations.

Il est deux ministères qui ne sont, au moins dans leur idée première, que les auxiliaires des autres. Ce sont le ministère de l'intérieur et le ministère des finances. Recueillir les contributions des membres de l'État, puis en distribuer le produit aux agents des divers services, faire circuler dans toute l'administration l'argent qui est le nerf des affaires, ce n'est pas proprement accomplir un service public, dans le sens que nous avons donné à ce mot; mais c'est les seconder et les doubler tous. Quant au ministère de l'intérieur, sa fonction consiste à maintenir dans des rap-

ports harmoniques les autres parties de l'administration; à en être le centre et le
lien (c'est pour cela qu'il les domine et les régit jusqu'à un certain point); sa fonction consiste encore à entretenir les relations nécessaires entre l'État et les divisions
de l'État, départements et communes, enfin entre les particuliers et l'administration.
Nous verrons si ce ministère n'étend pas ses attributions beaucoup plus loin qu'il
ne faudrait.

Nous avons jusqu'ici nommé huit ministères : 1º la guerre; 2º la marine; 3º les
affaires étrangères; 4º la justice, auquel on a joint récemment les cultes; 5º les travaux publics et le commerce; 6º l'instruction publique; 7º les finances; 8º l'intérieur.
Nous en avons encore deux autres en France : 1º le ministère de l'Algérie et des
colonies qui est chargé d'accomplir pour les pays susdits tous les services qui se
trouvent répartis pour la France entre les divers ministères; 2º le ministère d'État,
qui n'a pas de raison d'être.

Nous ne pouvons entrer ici dans le détail des services; nous ne pouvons même
pas exposer les divisions, les circonscriptions qui partagent la France, et qui sont
nécessaires afin de limiter pour chaque agent ou groupe d'agents la sphère de leur
activité. D'ailleurs ces circonscriptions sont, pour la plupart, connues de tout le
monde. On sait bien que la France est divisée en *départements, arrondissements,
cantons* et *communes*, quant à l'administration générale; que, pour le service des
cultes, elle est divisée en *archevêchés, évêchés* et *paroisses;* en *cours impériales* et *tribunaux
de première instance* pour la justice, etc. Nous n'avons qu'à renvoyer le lecteur à un
traité quelconque de droit administratif pour ces notions, purement techniques.
Il importe beaucoup plus de connaître les divisions qui affectent le personnel administratif, le distribuent en diverses classes, parce que ces divisions sont en rapport
étroit, comme on va le voir, avec la puissance même de l'administration, avec
l'autorité qu'elle exerce sur nous tous.

L'administration, en France, se compose : 1º d'*agents;* 2º de *conseils;* 3º de
tribunaux administratifs. Les agents sont (en allant de haut en bas) : 1º l'*empereur;*
2º les *ministres;* 3º les *préfets* et *sous-préfets;* 4º les *maires.* L'administration, sans
doute, compte bien d'autres fonctionnaires que ceux-ci, mais ce ne sont pas des
agents proprement dits; ils n'ont pas l'autorité, la volonté initiale, l'initiative
des ordres, ils ne font qu'exécuter, tandis que les agents *ordonnent* dans une sphère
plus ou moins large.

Chaque agent est seul dans sa sphère, mais il a un conseil placé à côté de lui
pour l'éclairer, et ce conseil est toujours composé de plusieurs personnes. Aussi,
disons-nous en France : « agir est le fait d'un seul, délibérer est le fait de plusieurs. » — Le conseil de l'empereur est le *conseil d'État.* L'empereur est obligé de
consulter son conseil en certains cas déterminés, mais il n'est jamais obligé de
suivre la consultation. — Les préfets ont deux conseils : 1º le *conseil de préfecture,*
2º le *conseil général du département.* Le préfet est tenu, assez souvent, de prendre
l'avis du conseil de préfecture, beaucoup plus rarement celui du conseil général;
mais jamais il n'est tenu de déférer à l'avis de l'un ou de l'autre. — Le maire est
éclairé par le *conseil municipal,* mais, en tant qu'agent du pouvoir central, il n'est
pas plus obligé que les autres agents de suivre les avis de son conseil. — Il y a bien
d'autres conseils encore; ainsi, notamment, chaque ministre a son conseil spécial,
mais nous ne pouvons entrer dans ces détails.

Assurément ce n'est pas une mauvaise maxime que celle qui attribue l'action à
un seul; il est bon de ne pas diviser la responsabilité; et les Américains, nos maîtres
en fait de vrais principes, sont tout à fait de cette opinion; mais il manque en
France la condition principale pour que la maxime soit efficace : nos agents ne

sont pas véritablement responsables; car ils ne répondent de leurs actes que devant leurs supérieurs ou les tribunaux de l'administration, toujours solidaire des fautes de ses membres, tandis qu'ils en devraient répondre devant les juges de droit commun.

Les tribunaux (nous ne donnons que les principaux) sont : le *conseil d'État*, les *ministres*, les *conseils de préfecture*, la *cour des comptes*. — La cour des comptes est un tribunal fort spécial, qui vérifie et juge la gestion de tous les fonctionnaires ayant le maniement de l'argent public et la charge d'acquitter avec cet argent les dépenses *ordonnées* par d'autres fonctionnaires; les fonctionnaires *ordonnateurs* ne relèvent pas de la cour des comptes, qui, du reste, ne juge les fonctionnaires *payeurs* que sauf appel au conseil d'État. — Les conseils de préfecture, les ministres et le conseil d'État ont à juger deux sortes de causes. Il se peut qu'un agent administratif en exécutant fidèlement son mandat et en gérant les intérêts publics dans les termes exacts des lois et des règlements, provoque cependant les réclamations d'un particulier, qui croit son intérêt sacrifié à celui de l'État; on sent que le particulier fait le procès en ce cas, non à l'agent lui-même qui a fait son devoir, mais à l'administration, à sa manière d'appliquer les règlements; c'est ce qu'on appelle une affaire *contentieuse*. Ou bien, il se peut que l'agent ait blessé les droits du particulier, non en suivant strictement son mandat, mais au contraire en l'excédant. Le procès, en ce cas, est fait au fonctionnaire en personne; c'est une plainte en *abus de pouvoir*. Les affaires contentieuses sont jugées généralement en premier ressort, les unes par les ministres, les autres par les conseils de préfecture, en dernier ressort par le conseil d'État. Les plaintes en abus de pouvoir vont droit au conseil d'État, non pour y être jugées, mais pour y être autorisées à se présenter devant les juges ordinaires qui les jugeront au fond. Nous reviendrons sur ce dernier point. Quant au premier, y a-t-il quelque bonne raison à donner pour que l'administration soit ainsi établie juge en sa propre cause? Pour mon compte, je n'en vois pas. Ajoutons, ce qui aggrave encore les choses, que si le conseil de préfecture *juge* véritablement, le conseil d'État, tribunal de second ressort, ne juge pas véritablement, même au contentieux; il ne donne que des avis. Quel est donc le juge véritable? le chef du pouvoir exécutif. Ainsi tout finit par aboutir à un seul homme, responsable, sans doute, mais comment? C'est ce que personne ne pourrait dire; car on n'a oublié qu'un point : de régler en quelle manière et devant qui un citoyen pourrait se plaindre de l'empereur.

Après cet exposé trop succinct de l'administration générale (on ne peut pas *résumer* le droit administratif; l'immense complexité de ses dispositions ne se ramenant pas à un petit nombre de principes, par la raison qu'il n'y a guère de principes en cette matière), venons aux administrations particulières, qui se trouvent contenues dans l'administration générale, et surtout prenons soin de bien marquer leurs rapports réciproques. Mettons en saillie l'étroite dépendance des *administrations locales*, et cette étrange prétention qu'a l'*administration centrale* de régenter, de conduire, voire même de suppléer les premières dans la gestion de leurs propres intérêts.

Le *département* est, comme l'État, une société de personnes qui contribuent ensemble pour se garantir de certains risques, ou pour se procurer certains avantages; mais comme cette société est déjà contenue dans une autre plus grande, l'État, qui est chargé, ainsi que nous l'avons vu, de prévenir les risques les plus importants et les plus généraux, il ne reste au pouvoir départemental, à l'administration départementale, que des services secondaires à accomplir. Voyons quelle est la besogne particulière réservée au département, quels services il a charge de rendre, quelles dépenses lui incombent et avec quelles ressources il y pourvoit.

Le pouvoir qui représente véritablement l'association départementale est le *conseil général*. Ce conseil se compose (suivant les lois des 22 juin 1833, 7 juillet 1852 et 18 juillet 1866) de membres élus au suffrage, un membre par chacun des cantons du département. Pour être élu, il faut avoir vingt-cinq ans accomplis, et être domicilié ou payer une contribution directe dans le département.

Les services départementaux que le conseil général règle sont : 1º la confection et l'entretien des *routes départementales*, c'est-à-dire des routes qui ne sortent pas du département (il y a cependant des *routes impériales*, c'est-à-dire s'étendant dans plusieurs départements, que l'État, contrairement à la logique, a mises à la charge des départements), la confection et l'entretien des *chemins de fer départementaux*, lesquels sont encore assez rares; 2º la construction et l'entretien des bâtiments publics nécessaires à l'accomplissement, dans le département, des services généraux, qui d'ailleurs incombent à l'État, tels que tribunaux, prisons et gendarmeries pour le service de la justice, préfectures et sous-préfectures pour l'administration générale, lycées pour le service de l'instruction publique, églises diocésaines pour le service des cultes.

Voyons à présent les ressources du département. Il a ou peut avoir des biens à lui légués ou donnés par des particuliers; car c'est une personne morale capable de posséder. En fait, les départements ont rarement des biens considérables, et aucun n'est assez riche de ce côté-là pour subvenir à ses dépenses sans employer un autre moyen : ce moyen, c'est l'impôt ou l'emprunt.

Le conseil général a-t-il plein pouvoir pour la gestion des biens du département ? Naguère encore, il faut le dire, il était sous ce rapport soumis à la tutelle du pouvoir central. Aujourd'hui, en vertu de la loi de 1866, il peut passer, au sujet de ces biens, tous les baux qu'il trouve convenable de faire; il peut échanger ces biens, les hypothéquer, les aliéner sans autorisation préalable, ni ratification postérieure. Réciproquement, il peut accepter les dons et legs qui lui sont faits; mais ici son indépendance est bornée par une restriction. Si les biens donnés sont frappés d'une charge immobilière, ou si la famille du donateur élève des réclamations, l'acceptation du conseil ne suffit pas pour rendre le département propriétaire : il faut que le chef de l'État, en conseil d'État, autorise l'acceptation.

Le conseil peut décider et voter un impôt départemental; mais, à cet égard, des explications sont nécessaires. En réalité, le conseil ne décide pas les impôts destinés à payer les dépenses ordinaires du département. C'est le corps législatif qui, tous les ans, après avoir résolu le chiffre des impôts nationaux, fixe ce que chaque département payera en sus pour ses propres services. Il établit cette contribution indirectement, en déclarant que chaque département payera tant de centimes pour chaque franc d'impôt national ; de là, le nom de cette contribution : elle s'appelle *centimes additionnels;* on en voit aisément la raison. Le conseil général vote bien ces centimes additionnels (dits *ordinaires*), mais c'est une pure forme, et il ne les voterait pas que le département les payerait tout de même. Un conseil général voudrait cesser d'entretenir ses routes, ses monuments, etc., qu'il n'en serait ni plus ni moins ; l'administration départementale, en ce qu'elle a d'essentiel, continuerait à fonctionner d'après les ordres du préfet et avec l'argent levé au nom du pouvoir central. Mais il est un impôt dont l'établissement dépend du conseil général, c'est celui qu'on appelle *centimes facultatifs*. Cet impôt, le conseil général peut le voter, soit pour l'appliquer aux services ordinaires en sus des centimes ordinaires, soit à des services nouveaux, décidés par lui-même, comme par exemple la construction d'un édifice ou l'ouverture d'une route. Seulement, le conseil ne peut pas voter le chiffre qu'il veut. Le Corps législatif, chaque année, décide quel sera le maximum des centimes facultatifs que les départements ne pourront pas dépasser. Donc le conseil général est maître de voter des centimes facultatifs ou de n'en pas voter, mais, au premier cas, il est obligé de se tenir dans les limites du maximum. Enfin le conseil peut, en vue d'un service particulièrement coûteux, voter des *centimes extraordinaires;* mais ici, le vote du conseil général n'est guère qu'une simple proposition. Le Corps législatif, en l'autorisant après coup, lui donne seul la valeur d'une résolution effective.

En résumé, l'association départementale est aujourd'hui jugée (mais depuis peu) capable de gérer ses biens et est maîtresse de les gérer. Elle n'est pas maîtresse de négliger l'entretien de ses édifices, de ses routes, maîtresse de cesser ses services ordinaires, et cette dépendance-là, du moins, est très-naturelle, très-justifiable. Le département fait partie de l'État, de l'association nationale. Il ne peut pas lui être permis de tomber dans une incurie ou un désordre, qui ne nuirait pas uniquement à ses membres, mais à tous les membres de l'association nationale. Il est clair, pour prendre un exemple, que si le palais de justice d'un chef-lieu appartient au département et si son entretien relève du département, ce n'est pas au département seul, cependant, mais à tout le pays, qu'il importe que les juges aient un édifice où ils puissent se réunir et faire leur office. Ce qui est moins justifiable, c'est que le conseil départemental ne puisse pas voter tel impôt facultatif ou extraordinaire qu'il lui plaît. Le conseil de la nation, c'est-à-dire la Chambre, le peut bien pour toute la nation. Pourquoi la chambre du département, le conseil général ne le pourrait-il pas pour le département? D'un député à un conseiller général, la nature humaine ne change pas beaucoup; tout ce qu'on peut craindre du second est aussi à craindre du premier, et peut-être plus; car la politique nationale offre de bien autres occasions de faire des folies ou des sottises que l'administration d'un département. Le conseil général de Tulle, par exemple, n'aura jamais lieu de voter une expédition contre le Mexique ou le Monomotapa.

Le conseil général est nommé pour neuf ans, et se renouvelle par tiers tous les trois ans; il ne se réunit guère qu'une fois par an; l'élection de ses membres est, en cas de plainte, examinée, et validée, par le conseil de préfecture, c'est-à-dire par l'administration; enfin il doit remettre au préfet le soin d'exécuter ses décisions, au préfet qui ne dépend de lui en aucune manière et qui le domine par son titre de représentant du pouvoir central. Ce sont là autant de points à réformer. Le conseil devrait être élu pour un ou deux ans, vérifier lui-même l'élection de ses membres comme fait le Corps législatif, se réunir souvent, et avoir des agents à lui pour exécuter ses décisions, car celui qui n'a pas de mains au service de sa tête n'est pas une personne véritable.

L'analogue du département, en Angleterre, c'est le *comté.* Comparons sommairement l'état administratif de l'un à celui de l'autre. Les autorités importantes d'un comté sont le *shériff,* le *lord lieutenant,* les *juges de paix.* Le shériff est le représentant par excellence du pouvoir central dans le comté, comme le préfet l'est dans nos départements. Cependant quelles sont les fonctions du shériff? On serait en peine d'en nommer une bien définie. Il est chargé de maintenir la paix et de faire exécuter les sentences des tribunaux; de présider aux élections. On pourrait dire qu'il préside à tout sans faire réellement aucune chose, ou encore qu'il règne et ne gouverne pas. Le lord lieutenant, autre représentant du pouvoir central, commande la milice et en choisit les officiers. Il faut remarquer qu'il est nommé à vie, qu'il fonctionne pour rien, qu'il est riche par conséquent, trois choses qui lui rendent l'indépendance facile. Les véritables administrateurs du comté sont les juges de paix. Leur nombre n'est pas limité; la couronne les choisit parmi les propriétaires fonciers et en choisit autant qu'il lui plaît. Il y a mieux, c'est qu'elle ne refuse jamais ce titre et ces fonctions à un propriétaire aisé qui les lui demande. Une autorité si divisée et si à portée de toute une classe, ne saurait devenir dangereuse pour la liberté des citoyens. Les juges de paix, outre leurs fonctions judiciaires dont nous ne parlerons pas ici, ont, non individuellement, mais réunis en *session*, des pouvoirs considérables. D'abord ce sont eux qui votent les taxes locales et qui les répartissent. Ces taxes sont destinées à payer le service de la justice comtale, les prisons, les hospices d'aliénés, la police, l'entretien et la construction des ponts, celle des édifices publics du comté; (quant aux routes, elles relèvent des paroisses.) On voit que les magistrats du comté ont des attributions bien plus étendues que nos conseils généraux. Sans parler du pouvoir judiciaire qu'ils ont en matière correctionnelle et même criminelle, sans insister sur ce trait si étrange pour un Français que la justice est jusqu'à un certain point localisée, décentralisée, les juges de paix ont toute la police du comté, ce qui est infiniment important; ils ont les travaux publics qui concernent le comté; ils ont enfin ces pouvoirs multiples, divers, qu'on appelle ici l'administration générale et qui appartiennent aux préfets. Ajoutez encore qu'ils établissent le budget de leur comté sans avis ni autorisation quelconque du pouvoir central; qu'ils votent les taxes locales sans être restreints en rien par un maximum édicté à Londres. Un Français pourra faire cette observation; que si les représentants du comté ont plus de pouvoir et d'indépendance que les représentants du département en France, en revanche ces derniers nommés à l'élection sont plus véritablement des représentants que les magistrats du comté, nommés par la couronne. Cette observation est moins juste qu'elle n'en a l'air. En somme, est magistrat du comté tout propriétaire aisé qui le veut; en réalité le pouvoir central ne choisit pas, la classe aisée est représentée autant et aussi bien qu'elle le veut. Les classes inférieures, il est vrai, ne sont pas représentées; mais la liberté de la presse, celle de la tribune, la liberté et l'usage des réunions, des associations, contiennent et dirigent les magistrats bien plus efficacement que ne ferait la crainte de n'être pas réélus. Ces magistrats vivent sous une surveillance universelle, constante, et qui ne connaît aucune borne légale à l'expression de son blâme. Au reste, il y a quelque chose qui répond à tout : en Angleterre les administrés sont fort contents de leurs administrateurs. On n'en peut pas dire autant de tous les administrés du monde.

Revenons à la France. Voyons ce qu'est *la commune*, l'association communale, et dans quel cercle cette personne morale a pouvoir d'exercer une activité libre.

L'organe de l'association communale, *c'est le conseil municipal*. On lit partout que le *maire* est aussi le représentant de la commune auprès du pouvoir central en même temps que celui du pouvoir central auprès de la commune. Les deux caractères qu'on voudrait réunir sur la tête de cet honorable fonctionnaire sont inconciliables; en fait, le maire nommé actuellement par le pouvoir, parmi le conseil municipal ou en dehors, n'est et ne peut être que l'homme de ce pouvoir. Les conseillers municipaux sont au contraire élus par les membres de la commune au suffrage universel. Maintenant qu'est-ce que le conseil municipal a droit de décider, de résoudre seul, sans autorisation venue d'en haut ? La réponse sera simple. Rien ! Ce n'est pas précisément que ses délibérations, pour être valables, aient besoin d'être autorisées, non, il suffit qu'elles ne soient pas annulées, — mais elles peuvent toujours l'être. Il y a quatre cas où par grâce, si la délibération du conseil n'est pas annulée dans les trente jours, si elle a échappé pendant trente jours à la sévérité de M. le préfet, c'est une affaire faite, la délibération est sauvée, on ne peut plus l'annuler.

On conçoit très-bien que la commune n'ait pas une force armée à elle, on conçoit qu'elle n'ait pas la *justice*, parce qu'on ne trouverait pas toujours dans son sein des individus aptes à exercer ce pouvoir ; mais elle pourrait fort bien avoir la *police* sur son territoire, posséder le droit de faire des arrêtés et des réglements ; elle pourrait surtout avoir son petit ministère des travaux publics tout à fait indépendant. Tout ce qu'on lui a laissé, c'est une certaine initiative à l'égard de ce dernier article. Le conseil municipal peut voter spontanément la construction d'une mairie, d'une école, mais d'autre part il est certain (sans vouloir entrer ici dans des détails fastidieux) que si le projet déplaît au préfet, il ne sera jamais exécuté. Le maire, qui est l'homme d'affaires de la commune, homme d'affaires obligé pour elle, et entièrement dépendant du préfet, et le préfet lui-même ont plusieurs moyens infaillibles d'empêcher que la volonté du conseil n'arrive à la réalisation. En fait de chemins, le conseil municipal peut voter l'ouverture d'un chemin; mais il faut dire (sans distinguer ici entre les chemins *ruraux*, *vicinaux* et de *grande communication*) que si le préfet n'approuve pas, le conseil sera indirectement arrêté, par la raison qu'il ne pourra appliquer à ce chemin aucune de ses ressources financières. Il ne pourra y appliquer que l'excédant de ses recettes ordinaires, ce qui restera, tous les services payés, s'il reste quelque chose.

Voyons à présent les recettes de la commune. Ce sont d'abord les revenus de ses biens (les communes ont généralement des biens et quelques-unes même possèdent des forêts étendues) et en second lieu le produit de l'impôt municipal. Cet impôt, comme celui du département, consiste en centimes additionnels ; il y a encore ici des centimes d'espèces différentes : il y a les *centimes ordinaires* et les *centimes extraordinaires*.

Jusqu'où va l'indépendance de la commune quant à la gestion de ses biens ? D'abord, elle ne peut ni les vendre, ni les échanger, ni les hypothéquer, ni plaider à leur sujet sans l'autorisation du préfet. Elle peut décider, il est vrai, le régime, le genre de gestion qui sera appliqué à ces biens, décider s'ils seront jouis directement par les membres de la commune ou s'ils seront affermés; elle peut cela, mais le préfet peut aussi annuler la délibération dans les trente jours, sur la réclamation du maire.

Les centimes ordinaires se divisent en : 1o *législatifs* ; 2o *spéciaux*. Les centimes législatifs sont votés par le Corps législatif et payés par la commune, sans que le conseil municipal ait été appelé à en dire son avis ; la raison, c'est que ces centimes sont destinés à solder des dépenses nécessaires, et dont l'État ne permet pas à la commune de se dispenser. Quant aux centimes spéciaux, le régime est autre. Le Corps législatif fixe chaque année le maximum de centimes que les communes pourront s'imposer pour *l'instruction primaire* et pour *les chemins vicinaux*. De là le nom de spéciaux. La commune ne peut pas dépasser le maximum édicté. Peut-elle en revanche ne rien voter pour ces services ? Oui. Mais le préfet peut les voter à sa place. Il faut convenir cependant que le pouvoir central n'a pas tort d'imposer parfois aux communes des sacrifices pour l'instruction primaire; au fond c'est un service national, il importe à tous que l'ignorance disparaisse.

Les centimes extraordinaires sont ceux que le conseil général peut imposer à la commune, soit pour suppléer à l'insuffisance des centimes ordinaires, soit pour solder quelque service extraordinaire. Cette imposition doit être autorisée suivant les cas, ou par le préfet, ou par l'empereur, ou par le Corps législatif. C'est ici qu'il y a véritablement du trop. On suppose, pour justifier cette tutelle étroite, que sans ce frein les communes se ruineraient; cela arriverait peut-être à quelques-unes; mais ce n'est pas une raison. Les préfets devraient, par les mêmes principes, ordonner le budget de chaque ménage, car il y a certainement beaucoup de ménages qui se ruinent; et il importerait à l'État que tous les ménages fussent tenus avec économie!

Il faut voir à présent les rapports de l'administration centrale avec les simples particuliers. C'est la partie du droit administratif la moins compliquée, la plus compréhensive, la plus claire, mais c'en est aussi la plus défectueuse, celle qui appelle le plus de réformes, ou plutôt elle appelle une révolution radicale.

L'administration, chez nous, s'est mise sur le pied d'être tout, et de traiter l'individu comme rien, ou au moins comme pas grand'chose. Sans doute, à chaque licence qu'elle prend sur le droit naturel de l'individu, l'administration a une raison ou un prétexte à lui offrir; le motif du salut public arrive toujours à point nommé, mais je crois qu'un temps est proche où l'individu, payé de cette excuse, se trouvera mal payé et réclamera autre chose. — Il semble tout naturel que l'homme puisse aller et venir sur la surface de la terre, sans avoir à en demander la permission à personne. Mais l'administration n'en juge pas ainsi; elle pencherait plutôt à croire qu'en principe, l'homme ne doit pas bouger, à moins qu'elle, administration, ne lui accorde cette liberté. Ce qu'il y a de sûr, c'est qu'en droit administratif tout citoyen, dès qu'il sort de son canton, doit être muni d'un *passe-port* délivré par le maire de sa commune : s'il n'a pas son passe-port, il pourra être arrêté très-légalement. En fait, les personnes bien mises sortent de leur canton, et même de leur département tant qu'elles veulent, sans que personne leur cherche chicane; mais il n'en est pas de même pour les gens pauvres et mal accoutrés; tous les jours on en voit qui sont arrêtés faute de passe-port. Dans certaines circonstances, à certains moments, ou dans le ressort de certains magistrats tracassiers, il peut arriver que la redingote, l'habit noir même ne parviennent pas à suppléer le passe-port, et à vous garantir d'avanie.

L'individu est-il libre de parler et d'écrire? Il faut distinguer : s'il s'agit de parler, de causer avec un petit nombre de personnes (vingt au plus), l'individu est libre, en ce sens qu'on ne l'en empêche pas préventivement, ce qui est bien quelque chose : il aura seulement à répondre après coup de ses paroles à la justice, si elles renferment quelqu'un de ces crimes ou de ces délits fort vagues, que nos lois définissent aussi peu qu'elles peuvent (par exemple l'excitation à la haine et au mépris du gouvernement), mais enfin l'individu a dans ce cas affaire à la justice, non à l'administration. S'il s'agit d'écrire des lettres privées, l'individu est encore libre, de la manière que nous venons de voir.

C'est autre chose quand l'individu ambitionne de causer avec plus de vingt personnes. Ici la conversation, même la plus innocente, devient par le fait même du nombre des causeurs ou auditeurs un délit prévu et puni. Si l'on veut ôter au fait son caractère délictueux, il faut remplir certaines conditions, s'imposer certaines réserves. A-t-on l'intention de converser sur des sujets *littéraires* ou de *morale*, ou d'*économie politique*, il suffit de prévenir l'administration. Mais d'abord il ne faut pas annoncer publiquement la prétention de se réunir plusieurs fois de suite; on doit se borner publiquement à une seule conversation, quitte, si intérieurement on en médite une série, à prévenir pour chaque réunion de la série. L'administration prévenue a de son côté la liberté de défendre la réunion, et celle-là est au moins une liberté illimitée. A-t-on l'intention de converser sur des sujets *politiques*, il faut attendre certaines conjonctures très-particulières, il faut attendre d'avoir à nommer un député pour son arrondissement; alors on a à peu près huit jours pour s'épancher sur les affaires publiques, — huit jours chaque six ans ; car il n'y a d'élections régulières pour les députés que tous les six ans. On voit que c'est un carnaval bien court pour un carême infiniment long. A-t-on l'intention de converser sur des sujets *religieux* ou de faire ensemble quelque prière, c'est encore un autre régime. Il n'y a pas de temps marqué pour la liberté et la spontanéité du sentiment religieux. En tous temps, il lui faut l'autorisation du pouvoir central pour se produire.

Venons maintenant à l'écriture imprimée. L'administration a sur ce point des ménagements fort louables; elle a cet égard pour l'individu de paraître le laisser libre et de ne l'empêcher qu'indirectement. Ainsi voulez-vous fonder un journal, vous en êtes le maître; il ne s'agit que de trouver une centaine de mille francs que vous déposerez d'abord entre les mains de l'administration, sous le nom de *cautionnement*; ensuite vous lui payerez, sous le nom *de timbre*, un impôt tout à fait extraordinaire, qui vous prendra simplement le *tiers* du revenu brut de l'entreprise. Rien que par ces deux moyens, que de gens sont empêchés ou de fonder un journal, ou de continuer longtemps un journal imprudemment fondé, et notez-le bien, sans que l'administration ait seulement l'air d'y toucher. Il y a encore un troisième moyen qui a cela d'avantageux, qu'il empêche les livres en même temps que les journaux. Les livres, l'individu peut les faire imprimer sans cautionnement, par le ministère d'un imprimeur; mais voici justement le point. L'imprimeur est un commerçant privilégié, qui a reçu permission spéciale de l'administration pour imprimer livres et journaux, à l'exclusion de tous autres citoyens. Il a reçu, dis-je, permission, mais non pas permission irrévocable. S'il fâche l'administration, elle lui retirera la permission d'imprimer tout naturellement, et tout naturellement aussi l'imprimeur sera ruiné. L'individu, obligé de demander ses services à ce quasi-fonctionnaire, imprime donc tout ce qui plaît à lui et à l'imprimeur conjointement.

Si l'individu n'est pas très-libre de parler et d'écrire, on comprend qu'il doit l'être encore moins quand il est question d'agir, de faire quelque chose. D'abord, l'action en commun lui est défendue en principe pour une entreprise quelconque; il ne peut s'associer avec d'autres individus qu'autant qu'il est autorisé à ce faire par l'administration. L'action solitaire lui est généralement permise, à moins que cette action ne concerne la profession d'avocat, de médecin, d'huissier, d'agent de change, de notaire, de sage-femme et autres, à moins aussi que sa profession ne consiste à enseigner publiquement quelque chose à quelqu'un; car pour tous les genres d'enseignement, il faut remplir des conditions ou au moins demander des permissions.

A présent, si l'administration, qui empêche, entrave et vexe l'individu en tant de manières légales, y ajoute encore des vexations abusives, qu'arrivera-t-il? Comment l'individu devra-t-il s'y prendre pour faire cesser la tyrannie de l'administration, ou pour la faire punir? A qui devra-t-il s'adresser? A l'administration d'abord. Nous avons parlé du conseil d'État, qui est comme le cerveau du grand corps administratif; c'est au conseil d'État, présidé par l'empereur, qu'un homme arrêté illégalement par un commissaire de police, ou insulté par un préfet, doit demander s'il pourra bien traduire son oppresseur devant les juges.

Cette disposition, qui fait toujours l'étonnement d'un Anglais et d'un Américain, est contenue dans l'art. 75 de la constitution de l'an VIII. Le lecteur ne doit pas pour cela se figurer qu'il vit sous l'empire de la constitution de l'an VIII; ce serait une grosse erreur. Cette constitution est depuis longtemps abolie; mais son art. 75 est considéré comme ne l'étant pas, à cause de son excellence. Il protége en effet la faiblesse de notre administration contre la force de l'individu, ce qui est à coup sûr bien nécessaire. On ajoute qu'il la protège aussi contre la magistrature, qui, sous couleur de juger les agents de l'administration, pourrait entraver l'administration elle-même. (Voir tous les traités de droit administratif.) Ce danger paraîtra peut-être un peu chimérique à ceux qui considéreront la modération et la bienveillance dont les magistrats ont toujours fait preuve à l'égard du pouvoir exécutif. Cependant, il faut le dire, le privilége de l'art. 75 ne s'étend pas aussi loin qu'on le croit généralement. Il ne couvre que les actes commis *dans l'exercice de leurs fonctions* par des *agents du gouvernement*, c'est-à-dire par ceux des fonctionnaires qui exercent une partie de l'autorité publique. Ainsi il ne couvre pas les fonctionnaires qui, comme les conseillers de préfecture, les conseillers généraux, municipaux, ou comme les employés des contributions indirectes, n'ont entre leurs mains aucune parcelle d'autorité proprement dite. Il est vrai que ce sont les *dépositaires de l'autorité* qui sont les plus menaçants pour la liberté; ce sont ceux-là justement que l'art. 75 a pris soin de défendre contre la tyrannie de l'administré.

Si l'on veut caractériser brièvement l'administration française, on n'a qu'à dire : Cette administration semble profondément persuadée que les particuliers et les associations locales, qui ne sont pour elle que des particuliers d'une autre espèce, sont incapables de comprendre leurs propres intérêts, et qu'elle, administration centrale, possède au contraire l'intelligence de ce qui convient à chacun. Nous verrons plus loin quelle est l'origine de cette idée extraordinaire. C'est justement l'idée contraire qui a prévalu dans les États-Unis d'Amérique, et qui a modelé toutes leurs institutions administratives. De ce que l'individu est estimé en Amérique être le meilleur juge et même le seul bon juge de ses intérêts, il résulte que le pouvoir de l'État se mêle uniquement de faire ce que l'individu ne pourrait pas réaliser, soit seul, soit réuni en corporation; il résulte que liberté illimitée est laissée à l'individu d'exercer toutes les professions, de former toutes sortes de réunions, de fonder tout genre d'établissements, de dire, d'écrire, de croire toutes espèces d'opinions, d'aller, de venir, de demeurer comme il lui plaît. Quant aux grandes individualités morales, telles que la *commune* et le *comté*, on a réglé leurs rapports avec le pouvoir central, avec l'*État*, par le même principe. Les considérant aussi comme les meilleurs juges, les seuls bons juges des intérêts communaux et comtaux, on les a constituées en pleine indépendance du pouvoir central, pour tout ce qui concerne purement l'association locale. Nous ne parlerons pas ici du comté américain (qui n'a d'existence sérieuse qu'au point de vue judiciaire); nous nous bornerons à parler de la commune américaine, qui est l'élément de beaucoup le plus vigoureux, le plus énergique et le plus essentiel de ce grand édifice qu'on appelle la république américaine.

Disons d'abord que la commune américaine, par son étendue et le nombre de ses habitants, répondrait plutôt à notre canton qu'à notre commune. La commune américaine n'a besoin du consentement de qui que ce soit pour recevoir, posséder, aliéner, administrer des biens, pour établir et lever des impôts destinés à ses besoins, pour créer des écoles, élever des églises, ouvrir des routes, entreprendre des travaux qu'elle juge utiles, organiser une police municipale. C'est un État en petit ; un État qui, si l'on peut ainsi parler, renferme dans son sein tous les services, tous les ministères, hors celui de la guerre et celui de la justice. On sent très-bien les raisons de cette lacune. La commune américaine emploie un assez grand nombre de fonctionnaires qu'elle paye et qu'elle élit pour un temps très-court, un an généralement. Ces fonctionnaires, une fois élus, administrent chacun dans une sphère bien circonscrite, nettement déterminée, et sous leur responsabilité personnelle; ils administrent, c'est-à-dire conservent ce qui est; mais, dès qu'ils veulent changer quelque chose, ils demandent à l'assemblée communale le pouvoir d'exécuter le changement projeté, pouvoir qu'ils n'estiment pas être contenu dans leur mandat primitif. Les agents de la commune répondent de leur administration devant les juges de paix réunis en sessions (nous avons déjà vu cette institution en Angleterre) ou devant la cour du comté, suivant les cas. Remarquons bien ces deux points : 1° En Amérique il n'y a pas généralement de conseil municipal, (les grandes communes seules en ont); c'est le peuple assemblé en corps qui en tient lieu; 2° les juges ordinaires jugent tous les procès entre administrateurs et administrés.

Il va sans dire que le pouvoir central, l'État, est investi du droit d'imposer à la commune tout ce qui est nécessaire à l'intérêt général, comme par exemple l'ouverture d'une route nationale; mais ce qui est bien remarquable, c'est que l'État, après avoir édicté l'obligation, laisse à la commune la liberté d'exécuter la chose obligée avec ses propres agents, et jusqu'à un certain point, suivant ses convenances particulières.

Quelques mots encore sur l'Amérique : on pourrait dire à la rigueur que ce pays n'a pas d'administration, mais seulement des administrateurs, parce que ceux-ci ne sont liés entre eux par aucune hiérarchie. Ils ne forment point une immense machine à rouages dépendants les uns des autres; ce n'est qu'une juxtaposition de pièces isolées, indépendantes. Chaque administrateur élu par le suffrage ou nommé irrévocablement par l'autorité centrale, n'a rien ni à espérer ni à craindre d'un autre administrateur; il se meut en toute liberté dans le cercle d'une fonction précise et ne répond de sa conduite que devant les tribunaux. Cela empêche que les mœurs administratives, que le déplorable esprit administratif dont nous pâtissons ici puissent se former là-bas.

L'administration des États-Unis n'a pas comme la nôtre la manie des écritures; elle ne paperasse pas. Elle tomberait plus tôt dans l'excès contraire. Ici le moindre acte administratif donne lieu à un dossier, et tout papier est conservé avec soin. On en forme des archives immenses dans lesquelles on va chercher à chaque instant les usages et les précédents de l'administration. Un employé ne saurait être tranquille, quand il décide une affaire, s'il n'avait d'abord mis de son côté les précédents. Cette timidité d'esprit c'est proprement ce qu'on appelle la routine : timidité d'ailleurs qui ne regarde pas le public, vis-à-vis duquel l'employé est au contraire très-assuré et très-dégagé généralement, mais qui regarde l'administration. L'employé craint aussi peu de mécontenter le public, qu'il redoute de mécontenter ses supérieurs. C'est qu'il est tout à fait couvert du côté du premier par la loi de brumaire an VIII et qu'il est à la merci des seconds pour l'avancement, sinon pour la conservation de son grade. Notre administration est une échelle de dépendances.

C'est une opinion très-répandue que notre administration est l'œuvre de la révolution de 1789. L'illustre Tocqueville, dans un livre qu'il faudrait transcrire ici tout entier, a prouvé qu'elle était au contraire l'œuvre de la monarchie absolue :

« Sous l'ancien régime, dit-il, les ministres avaient déjà comme aujourd'hui la manie de vouloir, de Paris, régler toutes choses dans leurs détails jusqu'au fond des provinces. On ne crée pas une maison de mendicité à l'autre bout du royaume qu'il ne veuille savoir le nom des mendiants, l'heure précise où ils entrent dans la maison, celle où ils en sortent; pour arriver à tout diriger de Paris et à y tout savoir, il faut inventer mille moyens de contrôle. La masse des écritures est déjà énorme, et les lenteurs de la procédure administrative si grandes, que je n'ai jamais remarqué qu'il s'écoulât moins d'un an avant qu'une paroisse pût obtenir l'autorisation de relever son clocher ou de réparer son presbytère. Le plus souvent deux ou trois années se passent avant que la demande soit accordée. Il n'y a pas jusqu'au goût de la statistique qu'on croit récent qui n'existe déjà chez les administrateurs. Les bureaux envoient souvent à l'intendant de petits tableaux imprimés qu'il n'a qu'à remplir de renseignements, sur les terres, sur leur culture, sur la quantité des produits, le nombre des bestiaux, voire les mœurs et les opinions des habitants. Les renseignements ainsi obtenus ne sont guère moins circonstanciés, ni plus certains que ceux que fournissent en pareil cas les sous-préfets et les maires. Généralement les intendants manifestent une assez mauvaise opinion de leurs administrés (comme aujourd'hui peut-être). Il n'y a pas jusqu'à la langue administrative des deux époques qui ne se ressemble d'une manière frappante. Des deux parts, le style est également décoloré, coulant, vague et mou. La physionomie particulière s'y efface et va se perdant dans une médiocrité commune. Qui lit un préfet, lit un intendant. »

« Le gouvernement central ne se bornait pas à venir au secours des paysans dans leurs misères; il prétendait leur enseigner l'art de s'enrichir, les y aider et les y forcer au besoin. Dans ce but, il faisait distribuer de temps en temps par ses intendants et ses subdélégués, de petits écrits sur l'art agricole, fondait des sociétés d'agriculture, promettait des primes, entretenait à grands frais des pépinières dont il distribuait les produits. » Cela ressemble assez à ce qui se fait de nos jours.

« Quelquefois le *conseil* du roi entendait obliger les particuliers à prospérer quoi qu'ils en eussent. Les arrêts qui contraignent les artisans à se servir de certaines méthodes et à fabriquer de certains produits sont innombrables. Il y a des arrêts du conseil qui prohibent certaines cultures dans des terres que le conseil y déclare peu propres. On en trouve où il ordonne d'arracher des vignes plantées, suivant lui, dans un mauvais sol. »

L'administration d'alors, comme celle d'aujourd'hui, jugeait elle-même ses procès avec les particuliers, jugeait les fautes et les excès de ses membres. Ce n'était pas qu'en droit ces sortes de causes ne relevassent des tribunaux ordinaires, *des parlements;* mais en fait le conseil du roi, tribunal suprême de l'administration, s'en réservait toujours la connaissance. Il rendait un *arrêt d'évocation,* et la juridiction des parlements était éludée.

En voilà assez pour prouver que la centralisation n'est pas chose nouvelle. Il est fâcheux que nous ne puissions pas remonter ici plus haut que l'ancien régime jusqu'au moyen âge, plus haut encore, jusqu'au despotisme des empereurs romains ; nous verrions clairement que si l'administration n'a pas été aussi paternellement dominatrice à ces diverses époques qu'elle l'est aujourd'hui, si le pouvoir central n'a pas été aussi présent et aussi pesant sur tous les points du territoire qu'il l'est aujourd'hui, si la centralisation en un mot n'a pas été aussi parfaite, c'est que les conditions matérielles ou politiques ne l'ont pas permis; mais tout cela s'est établi aussitôt que les conditions s'y sont prêtées. En chaque temps, on nous a administrés autant que c'était possible. Durant la période où la royauté existait à peine notamment, le seigneur, à défaut du roi, s'entendait fort bien à gêner ses sujets d'une multitude de prescriptions inutiles et les autorités municipales en faisaient autant à l'égard de leurs administrés, au sein des communes. Cela est bon à dire pour qu'on ne s'imagine pas qu'administrer est le propre d'une civilisation avancée; que plus les peuples progressent, plus leur administration doit se perfectionner et s'étendre. Il faut se bien pénétrer au contraire de l'idée que plus les peuples avanceront, moins ils seront administrés et que, en cela même, consiste un des progrès les plus importants de l'humanité.

Cessons surtout de croire que notre administration centralisée soit une inspiration du génie de la liberté; tant s'en faut; elle est l'œuvre du despotisme et son instrument capital que nous avons pour notre malheur recueilli dans son déplorable héritage. Aussi bien cette administration porte visiblement l'empreinte de la main qui l'a façonnée. L'esprit qui l'anime est encore ce dédain de l'individu non officiel, du particulier libre, qui fut toujours l'âme de toutes les tyrannies. C'est pourquoi il est bien à craindre que nous ne nous épuisions en efforts inutiles pour fonder la liberté sur notre sol, tant qu'il restera encombré par cette funeste épave du despotisme.   Paul Lacombe.

ADOPTION. — Juridiquement, l'adoption est un contrat qui, tout en laissant une personne dans sa famille naturelle, établit entre cette personne et une autre certains rapports fictifs de filiation.

A Rome, comme l'on sait, il existait deux sortes de famille; l'une, la famille naturelle, fondée sur les liens du sang et composée des cognats; l'autre, la famille civile, ayant pour base la *patria potestas* et dont les membres portaient le nom d'agnats.

L'adoption fit partie de l'organisation de la famille civile.

On distinguait deux espèces d'adoption, l'une applicable aux *patres familias*, l'autre aux *filii familias*.

La première portait le nom d'adrogation; la seconde conservait spécialement celui d'adoption.

Dans l'adrogation, le *pater familias* entrait avec tous ses biens dans la famille civile de l'adrogeant; il devenait *filius familias* et *alieni juris*.

C'était la cité, représentée par les comices, qui statuait sur les adrogations; il s'agissait en effet de régler, en pareil cas, l'état nouveau d'un *civis romanus*.

Dans l'adoption proprement dite, le *filius familias* était donné en adoption par le *pater familias*, et, en même temps qu'il entrait dans la famille adoptive, il cessait de faire partie de la famille naturelle.

Sous la législation impériale et justinienne, les deux espèces d'adoption perdirent leur caractère. L'adrogation fut autorisée par le prince, proclamé successeur du peuple; l'adoption proprement dite ne fit plus, en général, sortir l'adopté de sa famille naturelle; elle lui attribua seulement des droits de succession *ab intestat* dans la famille adoptive.

Comme on le voit, l'adoption correspondit à la société qui se l'appropria, société essentiellement différente de la nôtre, où la notion même du droit individuel n'existait pas, et où le double despotisme de la cité et de la famille confisquait toutes les activités.

L'adoption ne fut pas pratiquée dans l'ancienne France.

La Révolution la rétablit ou plutôt elle la créa, car elle y mit une pensée que l'antiquité n'avait pas connue. Dans l'esprit du code de la Convention, l'adoption devait servir à étendre la tutelle des riches sur les enfants orphelins et sur ceux des déshérités de toutes sortes; elle devait fonder sur les meilleurs sentiments du cœur humain le rapprochement des membres de la grande famille sociale.

Voici les dispositions caractéristiques consacrées en cette matière par le droit de la Révolution :

1° La faculté d'adopter pouvait être exercée par ceux même qui avaient des enfants;

2° L'enfant impubère seul pouvait être adopté;

3° L'enfant demeurait libre de ne pas ratifier l'adoption à l'époque de sa majorité (art. 3, 4 et 10 du Code de la Convention).

Le Code de la Convention ajoutait que les noms des citoyens qui auraient adopté seraient honorablement inscrits dans un tableau destiné à être rendu public.

Sauf en ce dernier point, étranger à l'idée du juste, l'ensemble revêtait cette forme simple et grande qui est la marque de toutes les créations de ces temps immortels.

Le code issu de brumaire a fait de l'adoption une institution sans caractère et sans but; l'adoption n'est plus aujourd'hui qu'un moyen de consolation offert aux vieillards privés d'enfants.

En restituant les principaux traits du droit de famille de la Révolution, le code de la démocratie n'oubliera pas l'adoption : il lui rendra toute son importance sociale.   Emile Acollas.

ADRESSE. — Sans parler des significations nombreuses que peut avoir ce mot dans la langue politique, et dont il serait inutile de présenter ici une sèche énumération, car tous les points qui s'y rapportent seront traités en leur lieu, on entend de nos jours plus particulièrement par Adresse la réponse que sous le régime parlementaire les Chambres font au discours de la Couronne. C'est dire que l'Adresse est un mode d'action politique qui s'exerce et a toute sa valeur dans les pays où règne, avec les fictions constitutionnelles, la pondération des pouvoirs, où la souveraineté est partagée entre la royauté et les Chambres. Aussi l'Adresse est-elle née en Angleterre, et s'est-elle surtout développée comme institution parlementaire en France de 1815 à 1848. Deux Adresses sont restées célèbres, celle des deux cent vingt et un, en 1830, où la Chambre des députés inscrivit ces paroles devant lesquelles Charles X ne sut pas s'incliner : « Entre vos ministres et nous que Votre Majesté prononce! » celle de 1847, où une majorité de satisfaits encouragea le roi Louis-Philippe dans sa résistance contre « des passions aveugles ou ennemies. » L'une et l'autre ne furent que deux incidents du mouvement révolutionnaire de 1830 et de 1848.

En 1852, l'Adresse ne figura pas d'abord au nombre des rouages parlementaires institués à la suite du coup d'État. En 1861, le droit d'Adresse fut une des plus importantes parmi les modifications apportées au régime constitutionnel de l'Empire. Puis, ce droit a disparu pour faire place à la faculté d'interpellation, entourée de prudentes et habiles restrictions. C'est le propre du gouvernement personnel de donner et de reprendre au gré de ses caprices. Il faut le reconnaître, l'Adresse, dans la constitution impériale, était illogique et contradictoire. En 1861, lors de la première Adresse qui ait été votée sous le second empire, un membre de la majorité, le marquis de Pierre, s'exprimait ainsi : « Jamais je ne contredirai le souverain; je veux un ministère responsable à qui je puisse m'adresser, et en exprimant ce désir, je déclare que je n'ai jamais mieux compris et mieux apprécié qu'à présent les anciennes fictions constitutionnelles. » Le marquis de Pierre avait pleinement raison; l'Adresse ne se comprend que dans un régime où se meuvent librement les fictions constitutionnelles et parlementaires. Sous un gouvernement personnel, comme dans un État complètement libre, elle n'a pas de raison d'être. Rédiger une Adresse au souverain, au chef de l'État, c'est le reconnaître, c'est admettre un pouvoir en dehors de la nation elle-même. Quand un peuple est libre, c'est-à-dire quand il est maître, — car la liberté n'est rien sans la puissance d'agir, et c'est pour cela que les systèmes doctrinaires de parlementarisme ne se peuvent concilier avec la souveraineté du peuple, — quand le peuple donc est souverain et exerce sa souveraineté, il ne garde de l'Adresse que le souvenir d'une de ces fictions à l'aide desquelles les nations en tutelle, et qui ont laissé usurper tout ou partie de leurs droits, cherchent à se faire illusion à elles-mêmes Le peuple dicte ses volontés, il les fait exécuter ou il n'est rien.   A. RANC.

ADULTÈRE. — L'attrait sexuel, qui chez l'homme prend le nom d'amour, produit non-seulement la perpétuation de l'espèce, mais encore l'amour conjugal, l'amour paternel, maternel et filial, en un mot la famille, cet élément social qui élève les nations au-dessus des troupeaux.

Dans tous les temps et chez tous les peuples on a compris que la famille est la base de la société et, en conséquence, qu'il est nécessaire de soumettre l'amour sexuel à des lois qui le maintiennent au-dessus de la simple bestialité. De là, le mariage et son organisation; de là, chez tous les peuples, les cérémonies et les rites religieux qui ont présidé à sa consommation. La société tout entière est intervenue pour conférer aux époux une dignité juridique et morale, qui fait de leur union quelque chose de supérieur à la promiscuité des animaux et pour recevoir le serment de deux êtres qui se jurent fidélité et amour.

L'adultère, qui est le fait de ceux qui violent la foi conjugale, est donc tout ensemble un crime contre la société et la violation d'un serment.

Aussi l'adultère a-t-il été condamné chez tous les peuples : « Si un homme a » abusé de la femme d'un autre et a commis un adultère avec la femme de son pro- » chain, l'homme et la femme adultères mourront » (Lévitiq., chap. XX, v. 10). On lit ce texte terrible dans la loi de Manou (lib. VII) : « Si une femme d'une classe distin- » guée est infidèle à son époux, que le roi la fasse dévorer par les chiens dans une » place publique; qu'il condamne son complice à être brûlé dans un lit de fer » chauffé au rouge et que les exécuteurs alimentent sans cesse le feu jusqu'à ce que » le pervers soit brûlé. » On voit par les légendes d'Hélène, de Clytemnestre et de Phèdre, que les Grecs avaient vu tout ce que l'adultère peut produire de crimes et de troubles dans la société. Il occupait dans la tradition romaine une place non moins grande, c'est lui qui précipita les rois de leur trône et amena l'ère de la république.

Les nations modernes ne sont pas moins convaincues de toutes les désastreuses conséquences de l'adultère. Comment se fait-il donc qu'il soit devenu chez quelques-unes d'entre elles, le sujet d'une espèce de réhabilitation ; qu'il soit présenté par-fois dans la littérature comme la source de l'idéal de l'amour et qu'il soit presque toujours le prétexte de traits acérés et de plaisanteries sans fin contre les maris trompés?

Toutes les fois qu'une pareille dépravation de l'opinion publique se montre, on peut être certain qu'une raison puissante la produit, et, dans le cas particulier dont nous nous occupons, on peut affirmer d'avance que le mariage souffre dans son organisation et qu'il manque quelque chose à sa dignité. En effet, qu'est-il chez beaucoup de nations modernes? l'alliance de deux bourses, un marché, une affaire de convenance sociale, l'union de deux êtres qui s'unissent par hasard, sans s'être donné la peine de se connaître et de s'informer s'ils peuvent vivre ensemble. Lors-que l'amour ne se trouve pas au foyer domestique, on va le chercher au dehors, car tout cœur a besoin d'affection, surtout celui de la femme. Voyez cet être délicat, sensitif, élevé dans la pudeur la plus grande, dans l'ignorance de la vie, qui fait des rêves d'autant plus beaux qu'elle ignore davantage la réalité; elle éprouve un be-soin d'amour, d'idéal, qui doit être satisfait au moins dans une juste mesure. On la marie avec un homme qu'elle ne connaît pas, qui l'a prise pour faire une fin, pour augmenter sa fortune, pour essayer de chasser l'ennui qui menace les vieillards après une vie où l'on s'est blasé sur toutes les jouissances. Bientôt, au lieu de l'amour, c'est l'ennui, l'indifférence et souvent la haine qui loge au foyer domestique. Alors tous les freins que l'on a essayé de mettre à l'âme, par l'éducation, la pudeur, la morale, sont rompus par les besoins du cœur, par la soif du bonheur. L'idéal semble apparaître au dehors et la foi conjugale est violée. Tout en condamnant la femme, mais légèrement et seulement pour la forme, l'opinion publique rit du mari, le couvre de ridicule et semble lui donner tous les torts. C'est que l'homme seul a choisi librement la femme qu'il a épousée, c'est que seul il a fait jusqu'à ce jour toutes les lois sociales, c'est que seul il a présidé à l'éducation et à la condition de la femme, c'est qu'il a récolté ce qu'il a semé, c'est que la femme ne comprend pas ce qu'elle fait en se mariant, qu'elle ignore à quoi elle s'engage et qu'en conséquence, son serment est vicié dans son essence et, pour ainsi dire, nul.

Voilà pourquoi l'opinion publique couvre la femme de sa tolérance, pourquoi le roman, la comédie, semblent parfois n'avoir pour but que la défense de l'adultère, et l'on aura beau prêcher les préceptes de la morale la plus pure, beau demander la répression la plus dure, la conscience publique ne changera pas, l'adultère ne diminuera pas aussi longtemps que le mariage restera un marché dans lequel la femme est à peu près certaine d'être trompée.

Mais il est des pays où l'adultère est extrêmement rare, où l'opinion publique le condamne absolument, par exemple, en Angleterre et aux États-Unis. C'est que là, le mariage se fait dans d'autres conditions. La femme y choisit librement l'homme qu'elle prend pour époux ; elle n'a même pas besoin de l'autorisation de ses père et mère pour se marier, et cette remarque n'est pas d'une médiocre importance, car on peut être certain que chez tous les peuples qui ont hérité plus ou moins de l'autorité du père de famille romain, à l'occasion du mariage, le mariage est devenu un contrat forcé, et qu'il est en grand danger de tourner comme chez les Romains en un contrat de divorce ou au moins d'adultère si le divorce n'est pas permis. Dans les pays où la femme se marie librement, elle sait ce qu'elle fait en engageant sa foi ; l'opinion publique lui fait comprendre toute la responsabilité qui pèse sur elle ; elle sait qu'il y va du bonheur de toute sa vie ; elle sait que ce bonheur dépend d'elle, de son choix. Elle se donnera donc bien garde de s'engager légèrement, elle voudra bien connaître celui qui demande à partager son sort. Aussi ce n'est qu'après de longs mois, souvent plusieurs années de connaissance intime, de vie presque commune, qu'elle se décidera à prêter le serment qui la liera ; mais alors, le jour où elle le violerait, l'opinion publique lui dirait avec indignation : Vous aviez le droit de faire un choix, vous l'avez fait ; si vous avez agi légèrement ce n'est pas à la société, mais à vous-même, à porter la peine de votre erreur.

Voilà ce que dit l'opinion publique en Angleterre et aux États-Unis. Nous en avons une preuve irréfutable, c'est l'état de la littérature en général et du théâtre en particulier dans ces deux pays. Ni dans les romans anglais, ni dans les comédies, ni même dans les farces populaires de la race saxonne, vous ne trouverez ce perpétuel ricanement sur le mariage, sur la chose la plus importante dans toute la civilisation humaine. L'opinion publique ne le souffrirait pas et c'est elle qui commande, en littérature comme ailleurs.

On voit donc que la question de l'adultère se rattache à l'organisation même de la famille. Mais l'organisation de la famille tient aux lois politiques d'un pays ; en Angleterre le fils et la fille ont la libre disposition de leurs personnes, parce que la liberté individuelle y est la condition de tout être humain ; parce que la liberté ne souffre pas de limite, parce qu'elle est tout entière ou n'est pas ; parce qu'elle disparaît avec tous ses avantages, le jour où en la rognant, on lui ôte une partie de cette responsabilité qui fait la force, l'intelligence et la moralité de l'être libre.

Tous les pays de race latine ont hérité plus ou moins de l'autorité du père de famille romain, et en même temps d'un état politique construit sur le modèle de la famille romaine, dans lequel le chef commande plus ou moins absolument; dans ces pays le mariage est plus ou moins forcé, au moins pour les femmes; l'adultère y est fréquent et on le chante, sous le nom d'amour, aussi bien en Espagne, en Italie qu'en France.

On peut voir d'après ces considérations combien l'on se trompe lorsqu'on croit pouvoir réprimer l'adultère par des pénalités sévères. Le mal est profond; pour faire disparaître l'effet, il faut faire disparaître les causes. Pour détruire l'adultère, il faut donner à un peuple la liberté politique qui est le spécifique universel pour guérir ses maladies morales et pour élever le niveau de la famille en l'organisant sur de justes bases. Il faut encore que la femme reçoive une éducation qui la fasse la compagne de l'intelligence de l'homme aussi bien que de son cœur. Mais ce résultat sera encore le produit de la liberté. Dans les pays où la femme a la libre disposition d'elle-même, elle comprend la nécessité d'avoir une valeur personnelle qui lui permette de choisir celui qu'elle croira digne de son affection, elle sait que, lorsque l'homme marche dans le monde réduit à ses seules forces individuelles, lorsqu'il doit surmonter par sa seule initiative toutes les difficultés de la vie, la véritable dot d'une femme et sa véritable valeur, c'est son intelligence. Voilà pourquoi l'éducation des femmes est chose si importante dans les pays libres, et pourquoi la femme anglaise ou américaine tient tant à recevoir une forte et bonne instruction.

Au contraire, dans les pays gouvernés par un pouvoir jaloux de son autorité, l'éducation d'un peuple est nécessairement médiocre. Le despotisme à tous les degrés comprend qu'il ne peut marcher avec une culture intellectuelle développée. Dans ces pays, l'homme, à peine émancipé par la raison et par la volonté, sent tout ce qui manque à sa valeur, à sa dignité d'homme; la femme subit le niveau général ou reste encore au-dessous, et les hommes pensent qu'il faut la maintenir dans un état de dégradation intellectuelle, qui réprime ses velléités de se croire supérieure à eux :

> Nos pères, sur ce point, étaient gens bien sensés,
> Qui disaient qu'une femme en sait toujours assez,
> Quand la capacité de son esprit se hausse
> A connaître un pourpoint d'avec un haut de chausse.

Comment trouver le bonheur dans de pareils mariages? on va donc le chercher au dehors, dans ce nouveau monde qui tend de plus en plus à rappeler le monde des courtisanes de l'antiquité. En Grèce, les femmes étaient élevées avec une rigueur qui ne leur laissait aucune liberté; elles étaient confinées dans le Gynécée, et ni les pères ni les maris ne voulaient leur permettre de fréquenter les hommes qui auraient pu leur donner quelque instruction. Au contraire, les courtisanes, à l'exemple d'Aspasie, suivaient librement les écoles des philosophes; elles étaient infiniment plus instruites que les femmes des classes les plus élevées. C'est ce qui explique le succès d'Aspasie, de Laïs, de Phryné et des autres, auprès des hommes les plus remarquables de la Grèce. Si nous ne donnons une meilleure instruction aux femmes, l'homme chez nous sortira du foyer domestique par ennui, et les progrès que fait la classe des courtisanes disent assez ce qu'il en adviendra plus tard. Si nous ne donnons à la femme la liberté du mariage, qui ne peut être que la conséquence des mœurs enfantées par toutes les autres libertés, elle continuera à chercher au dehors la juste satisfaction de son besoin d'aimer, et le bonheur auquel elle a droit.

Le législateur français semble avoir fait toutes ces réflexions, car voici ce qu'on lit dans l'exposé des motifs du code pénal :

« Il est une infraction aux mœurs, moins publique que la prostitution, mais » presque aussi coupable (!). Si elle ne suppose pas des habitudes aussi dépravées, » elle présente la violation de plus de devoirs : c'est l'adultère; placé dans tous les » codes au nombre des plus graves attentats aux mœurs, l'opinion publique, à la » honte de la morale, semble excuser ce que la loi doit punir; une espèce d'intérêt » accompagne le coupable, les railleries poursuivent la victime. Cette contradiction » entre l'opinion et la loi a forcé le législateur à faire descendre dans la classe des » délits, ce qu'il n'était pas en sa puissance de mettre au nombre des crimes. » C'est avec raison que le législateur a senti qu'il n'était pas en sa puissance de mettre l'adultère, pas plus qu'aucun autre fait, au rang des crimes. L'opinion seule peut peser les raisons et les causes qui déterminent la plus ou moins grande culpabilité d'un fait.

Trois circonstances sont nécessaires pour constituer le délit d'adultère. 1º L'union consommée, c'est-à-dire qu'il ne suffit pas de privautés licencieuses. En effet, comment constater l'intention plus ou moins coupable? Le juge irait se perdre dans un labyrinthe de présomptions et d'enquêtes. 2º Le mariage de l'une des deux parties, car l'adultère est une espèce de larcin fait à l'autre époux. Le délit n'existe donc pas lorsque le commerce illicite a eu lieu soit avant la célébration du mariage, soit après sa dissolution même par la mort civile de l'un des conjoints. 3º La volonté formelle de commettre l'adultère. On a vu des cas où un homme avait pu s'introduire frauduleusement, la nuit, dans le lit d'une femme mariée et se faire prendre pour son mari.

Le code pénal trace des règles différentes de poursuite pour l'adultère de la femme et pour celui du mari. Sous l'ancien droit romain la plainte en adultère n'appartenait qu'au mari. Ce délit devenant de plus en plus fréquent à l'époque de la corruption romaine, et l'opinion publique couvrant sans doute de ridicule, comme chez nous, les maris qui osaient se plaindre, Auguste fit porter la loi *Julia, de adulteriis,* qui déclara l'adultère un crime public et donna le droit de le dénoncer, non-seulement à la famille, mais aux étrangers. Ce pouvoir des étrangers fut aboli par Constantin. Notre ancienne législation resserra l'action en adultère aux mains seules du mari, et le code pénal a fait de même. On comprend, en effet, qu'il est extrêmement dangereux de donner le droit à un étranger, souvent un ennemi, de venir troubler les familles par des dénonciations légères ou calomnieuses. Le juge lui-même ne peut poursuivre d'office le délit d'adultère (art. 336). « L'adultère de la femme ne pourra être dénoncé que par le mari. » C'est que le législateur s'est trouvé entre deux dangers : l'impunité d'un délit, et les fâcheuses conséquences qu'entraînent les poursuites pour l'époux outragé, et pour les enfants issus du mariage. On a pensé que le mari était seul apte à juger lequel de ces deux maux était le moindre.

Dans l'ancien droit français, le mari était lui-même accusateur; il était investi de l'action publique dans les procès en adultère. Le code moderne a repoussé toute espèce de délit privé; aujourd'hui tout délit doit être poursuivi au nom de la société, mais le ministère public ne peut agir que sur la dénonciation du mari. La conséquence de ce principe, c'est que le désistement du mari arrête le procès, à quelque point que soit arrivée l'instance. Comment en serait-il autrement, puisque le mari reste maître d'empêcher même l'effet de la condamnation en consentant à reprendre sa femme ?

La loi romaine ne permettait pas aux femmes d'accuser leurs maris d'adultère. Notre ancien droit était du même avis. Les jurisconsultes prétendaient, pour expliquer cette inégalité de droits, que l'incontinence du mari n'a pas l'inconvénient d'introduire des étrangers au milieu des enfants légitimes, et que ce serait fournir aux femmes le prétexte de réclamations scandaleuses. Notre code pénal, sans mettre une aussi flagrante inégalité entre les droits des deux époux, ne reconnaît à la femme le droit de poursuite, que dans le cas où son mari aurait entretenu une concubine dans la maison conjugale (art. 339 Code pénal). On a jugé sagement que cet article avait voulu punir tout commerce du mari dans cette maison, avec une autre femme que la sienne.

Cette inégalité entre les deux époux, dans les droits de poursuite, prouve d'abord que jusqu'à ce jour les lois et les codes ont été faits uniquement par les hommes, et en second lieu que notre code pénal manque absolument de principes. Si c'est l'outrage et la violation de la foi conjugale que l'on veut punir, il faut les poursuivre partout où ils se commettent; si la loi n'entend punir que l'introduction d'enfants adultérins, pourquoi donner le droit de poursuite à la femme, au moins dans un cas?

Il nous paraît que le délit réel, dans l'adultère, est la violation de la loi conjugale, de l'engagement pris devant la société tout entière par les deux époux de se réunir pour constituer la famille, sur laquelle reposent la société et la civilisation. Le délit est égal dans les deux cas; qu'il soit commis par le mari ou par la femme, il doit être également réprimé. Quant à ce fait, que l'adultère de la femme tend à mettre sous le nom du mari des enfants qui ne sont pas les siens, enfants qu'il devra cependant élever, nourrir et doter comme les autres, c'est là un dommage matériel qui doit se traduire par des dommages et intérêts matériels, vis-à-vis du complice de la femme.

Les peines contre l'adultère ont été bien diverses chez tous les peuples. Les Parthes, les Lydiens, les Arabes le punissaient de la peine de mort, quelques-uns de la mutilation. Chez les Germains, la femme coupable, « nue, et les cheveux rasés, » est chassée de la maison, en présence des parents, par le mari, qui la promène en » la frappant à travers la bourgade. » (Tacite, *Mœurs des Germains*, XIX). La législation romaine subit l'empire des mœurs. A l'origine, le mari était l'arbitre du sort de sa femme; il fallait cependant, avant de prononcer la peine, qu'il prît l'avis de ses plus proches parents. Il paraîtrait d'après Tacite (*Ann.* lib. 2) que la peine aurait été le bannissement. Cependant, lorsqu'on sait que chez les Romains, la femme était assimilée aux enfants du mari, et que le père de famille romain avait droit de vie et de mort sur ses enfants, on ne peut douter que le mari n'eût le droit de prononcer la peine de mort pour adultère.

La peine de mort fut édictée formellement par l'empereur Constantin. Justinien modifia cette législation et porta que les femmes seraient fustigées et enfermées dans un monastère. En France, sous la loi des Franks, l'adultère était puni d'une peine pécuniaire. Sous l'influence de la législation romaine, un capitulaire de Charlemagne le punit de nouveau de la peine de mort. Sous le droit coutumier du moyen âge, on voit les coupables condamnés soit à courir tout nus, soit à être fustigés, soit à payer cent sols d'amende au seigneur. Au xvie siècle, on revint à la législation de Justinien, et cette législation était encore en vigueur en 1789; mais au xviiie siècle il dut y avoir beaucoup de tolérance sur ce sujet, sans quoi l'on eût dépeuplé la cour et la haute société de leurs plus beaux ornements.

Aujourd'hui le code pénal prononce, contre la femme convaincue d'adultère, la peine de trois mois à deux ans d'emprisonnement (art. 337), tandis que le mari, convaincu d'avoir entretenu une concubine dans la maison conjugale, n'est puni que d'une amende de cent francs à deux mille francs. Voilà une inégalité dans les peines qui est encore plus injuste, si c'est possible, que celle qui existe dans le droit de poursuite.

La loi prussienne prononce contre la femme une réclusion de trois mois à un an; le code autrichien une réclusion d'un à six mois; au Brésil, la peine va d'un à trois ans. La loi anglaise n'admet que des condamnations pécuniaires contre le complice de la femme; elle pense que l'adultère est suffisamment réprimé et puni par la flétrissure et le mépris public, chez un peuple dont la famille est bien organisée et chez lequel l'opinion publique reçoit le souffle de la liberté.

C'est qu'en effet la liberté politique donne la solution de ce problème, comme de tant d'autres. La liberté peut seule amener des mœurs plus pures, une opinion publique plus morale, des mariages plus heureux; elle peut seule rendre les femmes plus fortes contre la séduction, et c'est par l'élévation des mœurs, par le perfectionnement des hommes et des femmes et non par des peines sévères, que l'on peut espérer la disparition graduelle de l'adultère.   H. DE FERRON.

ADVERBE. — L'adverbe (ἐπιρρήμα, *adverbium, nebenwort, umstandswort*) peut être défini un complément de l'attribut, un accessoire qui détermine les modes ou circonstances de l'action, les nuances ou degrés de la qualité. L'étude comparée des langues à flexions nous défend de voir en lui une forme primitive de la parole. Ce n'est qu'un nom ou pronom que l'esprit subordonne au verbe ou à l'adjectif sans l'y relier directement. Le plus souvent son office, dans les idiomes anciens, est rempli par divers cas du pronom et du nom, qui perdent ou plutôt étendent leur signification première et prennent l'apparence de suffixes invariables. En sanscrit, où la déclinaison a gardé presque tous ses cas primitifs, l'origine des désinences adverbiales est aisément reconnaissable. Le grec et le latin, qui ont rejeté plusieurs des flexions nominales, imposent au philologue une tâche plus délicate et aussi plus attachante; beaucoup d'adverbes, dans ces deux langues, nous reportent à des âges plus anciens, où la déclinaison indo-européenne était complète encore; et ces débris d'une période plus voisine des origines aryennes sont aussi précieux pour la linguistique que le seraient pour l'histoire naturelle des monotrèmes ou des édentés conservés dans les lacs et les forêts de l'Europe.

L'accusatif, dont la vraie fonction est de marquer le mouvement, le but, l'intention, a fourni de nombreux adverbes et très-variés de formes; citons, en sanscrit, *naktam*, de nuit, *laghu*, légèrement, *nāma*, par exemple, *tāvat*, aussi longtemps (que), *kim*, pourquoi; en grec, des neutres comme ἀλλά, mais, τάχα, vite, τῆτις, cette année, διαμπερές, entièrement, ἀντικρύ, en face, ἀκμήν, en un clin d'œil, μακράν, loin, σήμερον, aujourd'hui; en latin, *multum, clam, viritim, facile*.

L'ablatif n'a pas formé autant d'adverbes en sanscrit qu'en grec et en latin; cependant il s'en faut que des mots comme *paçcāt*, après, *akasmāt*, sans cause, soient rares dans les textes de l'Inde. Le latin affectionne cette forme, que l'on retrouve sans peine dans ses adverbes en ō, ē, ā, ī, ū : *primō, multō, rarō, rectē, pulchrē, extrā, suprā, brevī, noctū*, etc. La dentale finale, conservée par des inscriptions et des vers d'Ennius, employée aussi en osque dans des mots comme *imprufid (improbē)*, n'est tombée qu'au VIᵉ siècle de Rome. L'ablatif, en grec, ayant disparu de la déclinaison, est devenu le suffixe par excellence de l'adverbe. La dentale, que cette langue ne peut supporter à la fin des mots, a passé en sifflante; et *āt* s'est trouvé représenté par ως, quelquefois par ω : οὕτως et οὕτω, ἐλευθέρως, ἀληθῶς, etc. Une autre désinence ablative *as*, qui appartient aussi au génitif, joue un grand rôle dans la formation des adverbes en *tas* et en *ças : prathamatas*, premièrement, *kramaças*, avec effort; en latin, *tus* et *cus, funditus, secus, mordicus*; en grec, δόν, θεν, θι, ἐνδόν, ἔνθεν, ὕπερθε.

Le génitif confine à l'ablatif et le supplée quelquefois en grec dans les formations adverbiales : ἀγχοῦ, près, ὑψοῦ, haut, ἐξίσης, également, sont des génitifs. Mais les désinences latines qu'on a coutume de rapporter à ce cas, *Lugduni, Romæ, humi, domi*, révèlent d'anciens locatifs. Le locatif, qui a donné la caractéristique *i* au datif grec et qu'on ne peut méconnaître dans les formes παραί, παλαί, etc., est aussi employé adverbialement en sanscrit : *dūroi*, loin, *sampadai*, à l'instant. Enfin, l'instrumental (*ā, ēna, ajā, bhi, bhis*), fréquemment employé en sanscrit pour former des adverbes, a été reconnu dans un certain nombre de mots grecs : νόσφι, séparément, ἀμφίς, des deux côtés, etc.

En gothique, on doit retrouver des désinences casuelles dans les adverbes en *e, u, a, is;* mais il est difficile d'en déterminer la valeur et l'origine exacte; les langues germaniques altèrent profondément les terminaisons, et d'autre part elles préfèrent à l'emploi des cas celui des prépositions.

Il nous resterait à tracer le tableau des divers suffixes qui, dans les langues classiques, ont servi à former des adverbes; mais la plupart appartenant également à des noms, nous aurons occasion d'y revenir, et plus d'une fois. Bornons-nous ici à renvoyer, pour le sanscrit, aux grammaires, et, pour les notions comparatives, à l'excellent livre de M. Ad. Régnier : *Formation des mots dans la langue grecque*.

Les principales langues romanes n'ont pour l'adverbe, chez elles invariable et indéclinable, qu'un seul suffixe emprunté au latin *mente*. Cette syllabe *ment*, dont le Français abuse trop, se joint d'ordinaire au féminin des adjectifs, sans égard au sens intentionnel qui y était jadis renfermé. L'anglais emploie les suffixes *ly, where, fore;* l'allemand *wo, warts, dig, ten, sen, um, for, zu*, et généralement toutes les prépositions. Un grand nombre d'adjectifs allemands peuvent prendre le sens adverbial.

Dans les langues sémitiques, comme dans l'état ancien des langues aryennes, l'adverbe n'est qu'une forme d'un pronom ou d'un nom. On peut dire qu'en arabe tout nom, tout adjectif, tout verbe, peut devenir adverbe; le mot prend, dans ce cas, pour tout suffixe, la désinence de l'accusatif, *an*. Les adverbes hébraïques en *am* ou *om* présentent le même caractère.   ANDRÉ LEFÈVRE.

AÉROLITHES. — ASTRONOMIE. — Il n'y a pas plus de trois quarts de siècle que les chutes de pierres ou d'autres masses minérales, tombées du ciel à la surface du sol, sont considérées par les savants comme authentiques : tous les faits de ce genre, rapportés en assez grand nombre par les anciens auteurs et les chroniques de l'antiquité et du moyen âge, étaient mis sur le compte de la superstition ou de la crédulité populaire. On lit bien à l'article *Étoiles tombantes* de l'Encyclopédie, article publié en 1756, que les globes de feu connus sous ce nom tombent quelquefois à terre, laissant une matière jaunâtre, visqueuse comme de la colle. Mais on ne croyait nullement à l'origine cosmique de ces météores, et d'Alembert rapporte sans commentaire l'explication de Muschembroek, qui attribue leur formation aux matières flottant çà et là dans l'air, et donne même un moyen « d'imiter ces sortes d'étoiles. »

C'est en 1794, que Chladni fit les premières recherches sérieuses sur ce genre de phénomènes. Il rapporte d'ailleurs lui-même à Lichtenberg la première idée de l'origine cosmique des bolides. « Étant en 1792 à Göttingue, dit-il, je lui demandai son opinion sur la nature des météores ignés qu'on appelle *bolides*, dont les phéno-

mènes, comme la flamme, la fumée, l'explosion, etc., étaient très-peu conformes aux
phénomènes électriques, avec lesquels on les avait confondus. Il répondit que la
meilleure manière d'expliquer ces phénomènes serait d'attribuer à ces météores une
origine plutôt *cosmique* que *tellurique*, c'est-à-dire de supposer que c'était quelque
chose d'étranger qui arrivait du dehors dans notre atmosphère, à peu près comme
Sénèque avait bien expliqué la nature des comètes, qu'on a pourtant regardées
pendant beaucoup de siècles comme des météores atmosphériques. » Chladni réunit
et discuta toutes les relations qu'il put trouver des chutes de pierres ou de masses de
fer, et prouva qu'elles n'étaient point des fictions ou des illusions, mais des observations de phénomènes réels; de plus, il démontra que les masses de pierre ou de
fer tombées à diverses époques à la surface du globe terrestre avaient une origine
étrangère au globe même. Son mémoire venait de paraître quand eut lieu la chute
de pierres arrivée à Sienne, le 14 juin 1794. Mais, ni ce dernier événement, ni les raisons données par Chladni, ne purent encore vaincre l'incrédulité des hommes de
science : il fallut tout le retentissement donné à l'apparition d'un bolide aux environs de Caen, et la chute de pierres qui s'ensuivit sur le territoire de la petite ville
de Laigle, en Normandie, pour mettre enfin hors de toute contestation la réalité de
ce genre de météores. L'académicien Biot fut chargé de prendre note de toutes les
circonstances du phénomène : il apprit qu'un globe enflammé, très-brillant, avait
été vu, vers une heure de l'après-midi, de Caen, de Pont-Audemer, des environs
d'Alençon, de Falaise, de Verneuil, et que, quelques instants après, une détonation
violente s'entendit à Laigle et au moins à trente lieues à la ronde. Une grande quantité de pierres furent projetées sur une surface elliptique de deux lieues et demie de
longueur et d'une lieue de large : la plus grosse de toutes pesait 8 kilogrammes et
demi.

Depuis cette époque, un grand nombre d'observations semblables ont été faites ;
des échantillons des masses tombées du ciel ont été recueillis et analysés chimiquement[1]. Mais ce qu'il importait surtout d'établir, c'est l'origine cosmique des
aérolithes, c'est leur identité avec les corps qui apparaissent de temps à autre sous
la forme de globes enflammés, de bolides ou étoiles filantes, et dont l'apparition
dans l'atmosphère de la Terre est due à la rencontre de notre globe et de corps qui
viennent des profondeurs des espaces célestes. Cette identité est aujourd'hui démontrée, cette origine est prouvée. Il arrive fréquemment que des bolides apparaissent et même font explosion, sans qu'on puisse trouver et recueillir les matières
dont ils étaient composés; mais outre la chute de Laigle, un nombre assez notable
de chutes semblables a suffi à prouver qu'aérolithes et bolides sont en général
des phénomènes identiques[2].

Quant à leur origine extra-terrestre, elle n'est plus contestable, depuis que Brandes

---

1. Dans ces dernières années notamment, les phénomènes de ce genre sont l'objet d'observations
très-suivies. Pour la description des particularités qui ont signalé les chutes d'aérolithes les plus
récentes, telles que celle de l'aérolithe tombé à Orgueil en mai 1864, ou les chutes qui ont eu lieu sur
le territoire de l'Algérie en 1865 et 1867, nous devons renvoyer aux *Comptes-Rendus de l'Académie
des Sciences* et aux autres recueils spéciaux.

2. Le Muséum d'histoire naturelle de Paris renferme, dans sa galerie de géologie, une magnifique
collection d'échantillons d'aérolithes, ou mieux de météorites, représentant deux cent trois chutes
distinctes. Le poids total de ces échantillons est de 1,682 kil. 524 gr. En outre, une suite d'échantillons
montrent les divers caractères des météorites, forme, structure, croûte extérieure, composition minéralogique, et des tableaux explicatifs résument la plupart des circonstances des chutes, leur répartition
horaire, mensuelle, géographique; la hauteur, la vitesse, la trajectoire des bolides, etc. La classification nouvelle de cette collection précieuse est due au professeur de géologie du Muséum, M. Daubrée.
Vienne (Autriche) possède aussi une très-remarquable collection de météorites.

et Benzenberg ont déterminé les hauteurs des points où les bolides s'enflamment et de ceux où on les voit s'éteindre, et depuis qu'ils ont mesuré leurs vitesses. Les mêmes éléments ont été l'objet de recherches récentes qui confirment les résultats obtenus par les physiciens allemands à la fin du siècle dernier. C'est ainsi que d'observations faites simultanément en novembre 1866, à Greenwich et à Cambridge, à Hawkhurst et à Münster, on a déduit, pour 10 bolides, une hauteur moyenne de 122 kilomètres au moment de leur apparition : c'est donc aux limites de l'atmosphère qu'ils deviennent lumineux et visibles. Pour ceux qui font explosion, dont les débris tombent à la surface du sol, il n'y a pas lieu de mesurer leur hauteur au moment de leur disparition; mais, pour les 10 bolides que nous venons de citer, cette hauteur s'est trouvée de 79 kilomètres, et il faut en conclure qu'ils ont plongé à une profondeur d'environ 40 kilomètres dans l'atmosphère.

La vitesse de ces corps est comparable aux vitesses planétaires. On a calculé, pour plusieurs, des vitesses de 20, 24, 30 kilomètres par seconde, et l'on sait que la Terre parcourt 30 kilomètres de son orbite dans le même temps. Cependant, on a vu souvent des bolides traverser l'atmosphère avec une grande lenteur apparente, et il est à remarquer que les fragments d'aérolithes arrivent le plus souvent au sol avec une faible vitesse. Mais cette dernière circonstance s'explique par la résistance considérable que les couches de l'atmosphère opposent au mouvement de la masse : une portion considérable de la force vive du mobile se transforme en chaleur, peut-être en électricité, ce que démontre d'ailleurs leur vive incandescence. Enfin, on verra, aux articles *Bolides* et *Étoiles filantes*, d'autres arguments décisifs en faveur de l'origine cosmique des aérolithes, et, en général, de tous les météores compris sous ces dénominations presque synonymes.

Nous avons dit qu'au siècle dernier, les physiciens attribuaient vaguement leur formation à des concrétions atmosphériques. Après les chutes de pierres, très-nettement constatées dont il a été question plus haut, quelques savants soutinrent encore cette hypothèse; d'autres se demandèrent s'ils n'étaient point dus à des éruptions de volcans terrestres : mais ces explications ne résistèrent point à une discussion sérieuse. Il n'en fut pas de même d'une autre hypothèse, qui en faisait des pierres lancées par les volcans de la Lune. Laplace calcula qu'une vitesse initiale de 2,500 mètres par seconde, dans la direction de la verticale, suffirait, en l'absence de toute atmosphère lunaire, pour qu'un corps ainsi projeté pût atteindre et dépasser la limite où l'attraction de la Terre commence à l'emporter sur l'attraction de la Lune. Alors, il deviendrait un satellite de la Terre, et, soit que l'impulsion primitive l'ait dirigé du premier coup vers l'atmosphère terrestre, soit qu'il n'y parvînt qu'après un certain nombre de révolutions, il présenterait évidemment tous les phénomènes des bolides : le frottement de l'air contre la surface du corps serait assez intense pour en déterminer l'incandescence et produire les explosions que l'observation constate. Cette explication est mathématiquement rigoureuse, mais l'auteur de la mécanique céleste ne la présentait que comme n'étant point dénuée de vraisemblance. Maintenant, ce n'est plus qu'un point curieux de l'histoire des idées scientifiques.

Aujourd'hui, les dénominations de *bolides*, *aérolithes*, *étoiles filantes*, *météorites*, se rapportent à des phénomènes, sinon complétement identiques, du moins ayant de commun leur origine extra-terrestre. Quand on considère les masses recueillies après une chute, une pluie météorique, on leur donne le nom d'*aérolithes* ou mieux de *météorites*; car, ce ne sont pas seulement des pierres qui tombent, mais des masses de fer plus ou moins pur, des poussières, des substances terreuses plus ou moins molles, sèches ou humides. Si l'on a en vue l'apparition du météore lui-même, la lumière qu'il produit, la trajectoire qu'il décrit dans l'atmosphère, les circonstances de hauteur, de vitesse, l'explosion et le bruit souvent très-intense et très-prolongé qui l'accompagne, les expressions de *bolide* ou *d'étoile filante*, sont celles qu'on emploie de préférence, bien qu'on se serve plus souvent du mot bolide, quand il s'agit d'un météore qui présente un diamètre appréciable, et celui d'étoiles filantes pour les météores dont la partie lumineuse est un point brillant, semblable aux points stellaires. Ici, nous n'avons eu à considérer que les aérolithes, nous réservant de donner ailleurs ce qui se rapporte à l'ensemble des apparitions météoriques, à leur périodicité, au rôle que les essaims jouent dans l'économie du monde solaire, aux rapprochements qu'une théorie ingénieuse a établis entre leurs mouvements et les mouvements des comètes. Mais, dès maintenant, nous pouvons dire que nous sommes en relation directe avec les corps qui circulent dans les espaces interplanétaires : notre planète, dans sa circumnavigation annuelle autour du Soleil, côtoie des bancs de corpuscules, et, quand elle les approche de trop près, elle reçoit une mitraille de projectiles qui nous permet de juger à la vue et au toucher de la constitution physique et chimique des corps célestes. On va voir par l'article suivant en quoi cette constitution ressemble à celle des minéraux qui forment notre globe, en quoi elle en diffère.

BIBLIOGRAPHIE.—Les descriptions des observations, les recherches, les catalogues relatifs aux aérolithes sont disséminés dans une foule de recueils dont la citation minutieuse exigerait des pages. Ce sont, outre les *Comptes-rendus de l'Académie des Sciences*, les *Astronomische Nachrichten*, les *Annales de Pogendorf*, l'*Annuaire du Bureau des Longitudes* pour 1826. Voy. aussi *Expériences synthétiques relatives aux météorites*, par M. Daubrée, Paris, 1868; et *Étude descriptive, théorique et expérimentale sur les météorites*, par M. St. Meunier. Les travaux les plus importants sur la matière sont, outre ceux de Chladni et Brandes, ceux de Howard (1803), Olmstedt, Ed. Biot, Heis, Rammelsberg, Haidinger, Reichenbach, Daubrée.   AMÉDÉE GUILLEMIN.

AÉROLITHES. — MINÉRALOGIE. — On a longtemps regardé les aérolithes comme essentiellement composés de fer associé à de petites quantités de nickel et de cobalt, et on leur attribuait en minéralogie le nom de *fer météorique*. Des observations de chutes récentes, bien scientifiquement constatées, et l'analyse d'un grand nombre de ces minéraux d'origine extra-terrestre, ont montré qu'ils présentent de nombreuses variétés comprises entre deux types extrêmes, dont l'un est formé de fer presque pur, tandis que l'autre comprend des masses exclusivement pierreuses. Pour cette raison, M. Daubrée, qui s'est spécialement occupé de la question, a proposé de rejeter le mot *aérolithes*, qui ne s'appliquerait bien qu'à la seconde catégorie, et de le remplacer par celui de *météorites*, applicable à toutes les matières qui nous arrivent des espaces planétaires, soit qu'elles présentent l'aspect métallique ou l'aspect pierreux, soit qu'elles se trouvent à l'état pulvérulent et même à l'état gazeux.

Les météorites n'ont révélé à l'analyse aucun corps simple étranger à notre globe. Les éléments qu'on y a reconnus sont au nombre de vingt-deux, classés ainsi à peu près suivant l'ordre décroissant de leur importance : fer, magnésium, silicium, oxygène, nickel, cobalt, chrome, manganèse, titane, étain, cuivre, aluminium, arsenic, phosphore, azote, soufre, chlore, carbone, hydrogène.

On y a reconnu aussi des espèces minéralogiques terrestres bien définies, telles que le péridot, le pyroxène, le feldspath anorthite, le fer chromé, la pyrite magnétique, très-rarement le fer oxydulé. Il faut probablement joindre à ces minéraux le graphite et même l'eau.

M. Daubrée a réuni au Muséum d'histoire naturelle, une curieuse collection de la plupart des météorites recueillies jusqu'à présent, et il a été conduit par ce travail à proposer une classification, publiée récemment (1868), et que nous reproduirons comme résumant l'état de nos connaissances chimiques et minéralogiques sur les météorites.

Les météorites se partagent, suivant ce savant, en deux grandes divisions : 1o *Sidérites*, ou météorites renfermant du fer à l'état métallique, ce sont de beaucoup les plus nombreuses; — 2o *Asidérites*, ou météorites ne renfermant pas de fer à l'état métallique.

Les sidérites comprennent trois groupes :

1o Les *holosidères*, ou masses exemptes de matières pierreuses, et quelquefois assez pures pour pouvoir être immédiatement forgées; le fer y est toujours allié à divers métaux, notamment au nickel; en traitant par un acide la surface polie d'une de ces météorites, on fait apparaître des figures bizarres, dites de *Widmanstätten*, du nom du savant qui les a signalées. A ce groupe appartient le fer de Charcas. Les chutes d'holosidères sont beaucoup plus rares, au moins à l'époque actuelle, que les chutes de pierres; on n'en a observé que deux bien certaines depuis plus d'un siècle.

2o Les *syssidères*, renfermant des parties pierreuses disséminées dans une pâte ferrugineuse et formant une sorte d'éponge métallique. Telles sont : la fameuse masse du désert d'Atacama, au Chili, et la météorite célèbre sous le nom de Pallas. La matière pierreuse est précisément le péridot, quelquefois le pyroxène.

3o Les *sporadosidères*, dans lesquelles le fer se présente en grains disséminés. On peut y distinguer les sous-groupes suivants : *polysidères*, où la quantité de fer est considérable, comme dans la météorite de la Sierra de Chaco (Chili); *oligosidères*, renfermant peu de fer, et les plus fréquentes de toutes les météorites; *cryptosidères*, où le fer est indiscernable à la vue.

Les asidérites sont rares et à peu près restreintes aujourd'hui aux météorites *charbonneuses*, caractérisées par la présence du charbon, non à l'état de graphite, mais que l'on admet être combiné à l'hydrogène et à l'oxygène, et par la présence de l'eau combinée et de matières salines solubles. A ce groupe appartient la météorite d'Orgueil.

En outre des masses cohérentes, pierreuses ou métalliques, les espaces nous fournissent encore des matières pulvérulentes, sur lesquelles l'attention est seulement éveillée depuis quelques années. C'est peut-être à des poussières météoriques qu'on doit rattacher la cause des traînées qui suivent les météorites au moment de leur explosion; peut-être aussi doit-on attribuer à la combustion de ces poussières l'incandescence des bolides.

Il n'est pas impossible d'admettre, avec M. Daubrée, que certaines météorites soient pourvues d'atmosphères, et nous apportent ainsi, en constituant le groupe des *météorites gazeuses*, des échantillons de la composition des espaces où les observations et les calculs révèlent la présence d'une matière extrêmement peu dense. Mais jusqu'à présent ce n'est là qu'une hypothèse, servant surtout à embrasser dans la classification toutes les matières susceptibles d'une origine extra-terrestre.

Ed. Grateau.

AÉROSTATION. — AÉROSTAT. — Ces deux mots sont dérivés du latin *aer*, air, et *stare*, se tenir. L'aérostation est donc l'art de se tenir, de flotter dans l'air (*in aere stare*). C'est l'application d'une branche de la physique qui a pour objet l'étude des conditions d'équilibre des gaz et des corps qui y sont immergés, et qu'on pourrait appeler l'*aérostatique*, de même qu'on a donné le nom d'*hydrostatique* à la partie de la science qui s'occupe des conditions d'équilibre des liquides. On sait d'ailleurs que les lois de l'aérostatique sont les mêmes que celles de l'hydrostatique, sauf les différences résultant de l'élasticité des gaz, et que le principe d'Archimède, notamment, s'applique aussi bien à un corps flottant dans l'air qu'à un corps plongé dans l'eau. Un aérostat, un ballon gonflé de gaz hydrogène ou de gaz d'éclairage, n'est donc autre chose qu'une masse plus légère que le volume d'air qu'elle déplace. Comme tous les corps placés dans cette condition, il est sollicité à la fois par trois forces, savoir : d'une part, la pesanteur, à laquelle s'ajoute la pression exercée par l'air sur l'aérostat de haut en bas, et qui tend à le faire tomber ; d'autre part, la *poussée* qui le sollicite en sens opposé, c'est-à-dire de bas en haut. Et comme, grâce à la faible densité de l'aérostat, la troisième force est, à elle seule, plus puissante que la somme des deux autres, il obéit à cette troisième force ; au lieu de tomber, il s'élève jusqu'à ce qu'il atteigne une hauteur où, son poids spécifique devenant égal à celui de l'air ambiant, l'équilibre des forces contraires se rétablit, et il demeure suspendu dans l'atmosphère.

C'est là pour nous de la science élémentaire, à la portée du plus humble écolier. Et pourtant, lorsque — il y a, au moment où nous écrivons, quatre-vingt-cinq ans et sept mois — nos pères virent s'élever et planer dans la région des nuages le premier de ces météores artificiels, rien n'égala leur étonnement et leur admiration. C'est qu'alors la physique et la statique des gaz étaient à peine ébauchées ; que l'existence de fluides élastiques autres que « l'air commun » venait seulement d'être reconnue par quelques chimistes, et qu'à force de se traduire par des théories et des tentatives insensées, l'idée si séduisante de voguer au sein de l'atmosphère avait fini par tomber au rang des chimères ridicules, avec l'élixir de longue vie, la panacée universelle et la pierre philosophale. Mais il n'est pas d'utopie si discréditée dans l'opinion, si solennellement condamnée par la science, qui ne passionne çà et là quelques esprits aventureux et indisciplinés ; et il n'est pas rare qu'un hasard heureux, parfois même une conception erronée conduise inespérément à la solution du problème quelqu'un de ces rêveurs obstinés. Loin de moi la pensée de diminuer la gloire des créateurs de l'aérostation ! Certes, les frères Montgolfier n'étaient pas des ignorants. Le hasard, cependant, fut bien pour quelque chose dans la découverte qui a immortalisé leur nom ; ou plutôt les lois de la physique vinrent fort à propos corriger leurs erreurs, et ils durent le succès de leurs expériences à un effet tout autre que celui qu'ils s'efforçaient d'obtenir. Leur idée première consistait à essayer de produire des *nuages artificiels*. Sachant que les nuages naturels sont formés par la vapeur d'eau, ils gonflèrent d'abord avec cette vapeur, puis avec de la fumée de bois, des enveloppes de toile qui furent bien soulevées, mais qui retombèrent presque aussitôt. Lorsqu'en 1777, ils connurent les propriétés de *l'air inflammable* (gaz hydrogène) découvert par Cavendish, ils songèrent aussitôt à en tirer parti ; mais ce gaz avait l'inconvénient de s'échapper promptement à travers l'étoffe et le papier dont MM. Montgolfier formaient leurs enveloppes, et qu'ils ne savaient pas rendre imperméables. Ils revinrent donc à leur idée primitive, de composer des nuages, pour ainsi dire, de toutes pièces. L'électricité était alors à la mode. On y avait recours pour expliquer tout ce qu'on ne comprenait pas. Les deux frères, supposant que c'était l'électricité qui tenait les nuages suspendus dans l'atmosphère, imaginèrent de combiner une fumée alcaline, celle de la laine, avec une fumée acide, celle de la paille, croyant obtenir ainsi un mélange de vapeurs dans un état électrique analogue à celui des nuages. Un ballon ouvert à sa partie inférieure, et sous lequel ils brûlèrent de la paille hachée et de la laine humide, s'éleva, comme ils l'avaient espéré, à une assez grande hauteur, mais ne tarda pas à retomber. Ils eurent alors l'heureuse idée de suspendre un réchaud sous l'orifice, en sorte que la machine emportât avec elle la source même des vapeurs qui servaient à la gonfler. Ce fut de cette façon qu'ils exécutèrent, le 3 juin 1783, à Annonay, l'expérience publique qui est restée depuis si célèbre. Un globe de 11 mètres 30 centimètres de diamètre, en toile doublée de papier, pesant 215 kilogrammes, et chargé, en outre, d'un poids de 200 kilogrammes, s'éleva en dix minutes à une hauteur de 1,500 mètres, et alla tomber à environ 2,500 mètres de son point de départ. Il est inutile de faire remarquer que l'ascension de ce ballon était due, non pas à la nature particulière de la fumée produite par le mélange de laine et de paille, mais simplement à la dilatation des gaz par la chaleur. Les frères Montgolfier n'en demeurèrent pas moins persuadés qu'ils avaient trouvé leur nuage électrisé, et même qu'ils avaient découvert un nouveau gaz; et leur illusion fut partagée pendant quelque temps par le public, et, ce qui surprendra davantage, par les savants. On parlait du *gaz de MM. Montgolfier*, lequel était, disait-on, deux fois moins pesant que l'air. Ce fut Th. de Saussure qui fit justice de cette erreur, et donna le premier la vraie théorie de l'ascension des ballons à air chaud ou *montgolfières*.

Il y avait alors à Paris un physicien nommé Jacques-Alexandre-César Charles, connu pour un professeur disert et un expérimentateur ingénieux. Ce physicien n'eut pas plus tôt connaissance de la nouvelle invention, qu'il s'occupa de la perfectionner, en substituant l'*air inflammable* au prétendu gaz-Montgolfier. Il ne fut point arrêté par la facilité avec laquelle l'hydrogène s'échappe à travers les tissus, et réussit sans peine à faire disparaître cet inconvénient en enfermant le gaz dans une enveloppe de taffetas rendu imperméable par un enduit de caoutchouc, dissous dans l'essence de térébenthine. Les montgolfières furent dès lors à peu près abandonnées pour les *charliennes*, ou ballons à gaz hydrogène. L'aérostation était créée, et l'on pourrait presque dire que son histoire finit là, si du moins l'histoire d'un art ou d'une science doit être celle de ses perfectionnements successifs. En effet, hormis l'invention du parachute, due à l'ancien conventionnel Jacques Garnerin, l'art aérostatique n'a réalisé, depuis la fin de l'année 1783, aucun progrès notable. Quant aux services que l'aérostation a rendus à la civilisation et à la science, ils se réduisent à peu de chose. La presque totalité des innombrables ascensions exécutées en Europe depuis plus de quatre-vingts ans n'a été pour le public qu'un amusement, et pour les aéronautes qu'une spéculation : spéculation sans doute légitime, mais dans laquelle l'intérêt scientifique n'entrait, en général, pour rien. Il faut excepter toutefois celles que de savants et courageux investigateurs ont entreprises dans le but d'étudier la décroissance de la température et de la densité de l'air, ses conditions électriques et magnétiques, etc. Ces explorations, parmi lesquelles il faut citer celles de Biot et de Gay-Lussac, de MM. Barral, Bixio, Glaisher, Coxwell, ont puissamment contribué aux progrès de la physique atmosphérique et de la météorologie. N'oublions pas non plus le rôle que l'aérostation joua dans les guerres de la Révolution. Ce rôle ne fut ni sans gloire ni sans utilité, mais il n'a eu et ne pouvait avoir qu'une durée éphémère.

En résumé, l'aérostation demeurera un art banal et à peu près stérile, jusqu'au jour où elle se transformera en *aéronautique*, c'est-à-dire jusqu'au jour où l'on saura, non plus seulement demeurer suspendu dans les airs et flotter au gré de tous les vents, mais *naviguer*, c'est-à-dire se diriger et marcher, sans le secours, et même en dépit du vent. On sait, — ou plutôt il est impossible de savoir combien de tentatives ont été faites, essayées ou projetées dans ce but; combien de systèmes bizarres ou puérils ont été imaginés; combien de mémoires et de brochures ont été écrits et imprimés. De tout cela qu'est-il résulté? Rien. Je me trompe. Il en est résulté, pour tous les hommes compétents qui ont étudié la question sans parti pris, sans illusion, sans préjugé, la conviction que, dans l'état actuel de la science, la navigation aérienne est une chimère. La plupart de ceux qui ont essayé de résoudre ce problème ont eu en vue la direction des ballons, c'est-à-dire une chose physiquement, mécaniquement impossible, ainsi que je vais essayer de le démontrer.

Les divers systèmes proposés peuvent se réduire à deux principaux. Le premier, sans prétendre diriger réellement les ballons, veut mettre simplement à profit les courants qui règnent aux diverses hauteurs de l'atmosphère, et dont quelques-uns ont une direction constante et une durée plus ou moins longue. Ce système est, comme on le voit, exempt d'ambition; il se soumet de bonne grâce au despotisme des vents; il se résigne à attendre leur bon plaisir, à n'aller à l'orient que lorsque la brise vient de l'ouest, au sud que lorsqu'elle souffle du nord. Ce n'est pas là une solution, c'est un aveu d'impuissance. Dans le second système, on se préoccupe surtout de trouver la forme qu'il conviendrait de donner au ballon, les agrès et les engins dont il faudrait le pourvoir pour en faire un véhicule plus commode, plus rapide et plus sûr que la locomotive et le bateau à vapeur. Car, remarquons bien que l'aéronautique ne sera qu'un exercice de fantaisie, un tour de force stérile, tant qu'elle ne réalisera pas un progrès sensible sur nos moyens actuels de transport. Or le ballon, quelle que soit sa forme, n'est autre chose qu'une bulle de gaz tenue en suspension dans l'air, devenue partie intégrante de ce fluide, impliquée dans toutes ses fluctuations, et incapable, par conséquent, d'acquérir un mouvement indépendant.

En effet, pour qu'un corps puisse se mouvoir dans un milieu, la première condition, c'est qu'il possède une *masse* où le mouvement produit puisse s'accumuler de façon à fournir toujours une force capable de vaincre la résistance de ce milieu; et cette plus grande masse suppose nécessairement une plus grande densité. Ainsi sont faits les oiseaux, plus lourds que l'air, comme chacun sait, et aux pattes desquels la nature s'est bien gardée d'attacher, sous prétexte de les soutenir, de petits ballons qui leur eussent rendu le vol impossible. Quant aux poissons, dont l'exemple a été souvent invoqué par les théoriciens de la direction des aérostats, leur poids spécifique, à la vérité, est à peu près le même que celui de l'eau où ils se meuvent en tous sens. Mais le poisson, comme l'oiseau, *se meut lui-même*; il n'est pas formé de deux parties distinctes : l'une inerte, l'autre faisant fonction de moteur. Tout son corps est un muscle doué d'une énergie prodigieuse, n'ayant, pour ainsi dire, que de la force et presque pas de volume. Et puis, le poisson nage dans l'eau et non dans l'air; ce qui est fort différent; car si l'eau, étant beaucoup plus dense que l'air, oppose aux mouvements de l'animal plus de résistance, en revanche elle n'est pas élastique et offre à ses nageoires et à sa queue. qui sont de véritables leviers, un point d'appui incomparablement plus ferme que le fluide aérien. Aussi faut-il admirer la naïveté des inventeurs qui se sont imaginé qu'ils *fendraient* l'air avec des ballons pisciformes, coniques, ovoïdes... Loin de pouvoir jamais aider à la locomotion aérienne, le ballon, quelque forme qu'on lui donne, ne saurait être qu'un impédiment, une sorte de boulet dont l'inertie paralysera toujours la marche de l'appareil. Et de deux choses l'une : ou cet appareil aura assez de force pour vaincre la résistance de l'air; dans ce cas la même force lui servira également à s'y maintenir; ou il ne pourra se soutenir seul, et alors sa force motrice sera d'autant moins capable de triompher de la résistance atmosphérique, que cette résistance trouvera un puissant auxiliaire dans le ballon, qui portera, il est vrai, la machine, mais qu'en revanche la machine devra traîner.

Donc, pour arriver à une solution rationnelle du problème, la première chose à faire, c'est de renoncer au ballon, par la raison même que le ballon donne à l'appareil un volume total hors de toute proportion avec la force motrice qu'il est possible d'y adapter : le poids de la machine augmentant avec cette force et nécessitant un ballon d'autant plus énorme. Et maintenant, si l'on me demande comment je conçois qu'on puisse parvenir à naviguer dans l'air, je montre un oiseau et je réponds : imitez cela ; construisez un navire dont la densité spécifique soit avec celle de l'air dans le même rapport que celle de cet oiseau. Donnez-lui une forme analogue, et surtout trouvez un moteur capable de remplacer la force musculaire de l'animal, et de produire un mouvement d'une énergie et d'une rapidité suffisantes, sans nuire à la légèreté de l'appareil.

C'est là le principe qui a été soutenu avec beaucoup de raison par les partisans de l'*aviation*. MM. Nadar, de la Landelle, Pline, Ponton d'Amécourt ont parfaitement reconnu la nécessité de renoncer au ballon et de construire un oiseau artificiel. Qu'ils donnent à cet oiseau, au lieu d'ailes, des hélices, des raquettes, des plans inclinés, peu importe : ce sont là des *organes propulseurs*, et non des moteurs. Ces messieurs, comme tous leurs devanciers, ont le tort de négliger précisément le point fondamental : la production du mouvement. Quel que soit le propulseur adopté, il devra toujours, pour faire avancer le navire, opposer à l'air une large surface, posséder une solidité considérable, et être animé d'une très-grande vitesse, qui ne peut lui être imprimée que par une machine puissante. Quelle sera cette machine ? Là est le nœud du problème. Ce qui nous manque pour naviguer dans l'air, c'est précisément une force motrice douée d'une immense énergie et n'exigeant qu'un appareil générateur de petites dimensions et d'une grande énergie. Voilà l'*inconnue*, l'*x* faute duquel tous les projets de direction aéronautique échoueront misérablement.   ARTHUR MANGIN.

AFFECTION. — Dans un sens restreint, c'est l'attrait qui nous porte à chérir des parents, des semblables, même des animaux ; dans un sens plus large, plus philosophique et que nous adopterons ici, c'est tout sentiment affectif, toute impression, toute émotion, toute passion même, devant lesquelles nous sommes évidemment passifs. Chacun des principaux modes affectifs de notre être sera examiné à part (voir *Impression, Émotion, Passion, Amour*, etc.) ; nous avons donc seulement à décrire ici les sentiments affectifs dans leurs conditions générales.

Ils s'observent chez tous les hommes normalement organisés ; ils s'observent aussi chez les animaux, mais naturellement de moins en moins développés à mesure que l'on descend l'échelle organique, à mesure que l'on a affaire à des centres nerveux plus imparfaits. Il est bien curieux de noter cette gradation, cette gamme affective dans la série animale et chez les divers groupes humains. Espérons qu'un jour, que bientôt, la psychologie étant enfin considérée, sans conteste, comme un département de la physiologie des centres nerveux, tout psychologue sera d'abord un naturaliste ; alors la psychologie comparée sera cultivée comme elle doit l'être ; tout fait psychique important étant observé à partir du point où il apparaît dans l'échelle des êtres, on verra qu'il est simplement l'expression d'un besoin organique, très-souvent lié à la conservation de l'individu ou de l'espèce.

Prenons, comme exemple, le plus puissant, le plus irrésistible des sentiments affectifs bienveillants chez l'homme et chez les animaux supérieurs, l'amour maternel. Il paraît manquer absolument chez les ovipares invertébrés, chez les poissons, chez beaucoup de reptiles. C'est que les petits n'ayant, après l'éclosion, nul besoin d'assistance, l'espèce se maintient, se propage, sans que l'amour ma-

ternel soit nécessaire; le penchant à soigner, à protéger les jeunes ne devient pas
objet de sélection; la femelle pond et dissémine ses petits comme la plante fructifie,
comme elle éparpille ses fruits.

Nous voyons l'amour maternel poindre chez beaucoup d'insectes, qui préparent
une nourriture spéciale pour des larves qu'ils ne verront pas plus qu'ils n'ont
connu leurs mères. Y a-t-il là prévoyance, acte raisonné ? Ce n'est guère probable;
ce sont de purs enchaînements d'actes inconscients, des habitudes héréditaires se
conservant et se développant sans cesse, parce qu'elles sont éminemment utiles à
l'espèce, parce que les individus qui en sont dépourvus sont presque fatalement
condamnés à ne pas laisser de postérité viable. Continuons.

Les mollusques céphalopodes, après avoir surveillé leurs œufs jusqu'à l'éclosion,
abandonnent ensuite leur progéniture aux hasards de la lutte (struggle for life).
Les crocodiles s'en occupent un peu plus; ils convoient leurs petits jusqu'au milieu
aquatique, où ils doivent surtout vivre. Chez les insectes vivant en république,
fourmis, abeilles, l'amour maternel est remplacé par les soins des travailleurs
neutres, agissant dans un but d'utilité sociale. Chez les oiseaux, chez les mammifères nous observons un véritable amour maternel, mais s'éteignant généralement dès que les petits peuvent à peu près se suffire. Dans l'espèce humaine enfin,
l'amour des parents ne s'éteint guère qu'avec leur vie; pourtant, celui de la mère
paraît être encore d'autant plus vif que l'enfant est plus jeune. L'échelle affective
relative à la génération dans le règne animal, se peut noter ainsi d'après le degré
d'énergie et de fréquence : amour, soin des œufs et leur incubation, élevage des
petits, amour des parents durant plus que l'enfance et la jeunesse de leur progéniture. Le premier terme de la série est le plus général; le dernier ne s'observe
guère que chez l'homme, et particulièrement chez l'homme des races supérieures,
car le sauvage tue très-facilement ses enfants. Ainsi l'infanticide est encore très-
fréquent chez les Hottentots. Suivant Ellis, les Taïtiens mettaient à mort les deux
tiers des nouveau-nés. C'est la lutte brutale contre la terrible loi de Malthus. En
temps de famine l'Australien dévore sans scrupule ses enfants et sa femme. En
général, les sentiments affectifs bienveillants sont d'autant moins développés que
la race est moins civilisée, moins intelligente, que par suite elle est moins industrieuse, moins prévoyante, que sa vie est plus rude. Au dernier degré social
l'adage : *Homo homini lupus*, est la règle. Il faut vivre. Les exemples à l'appui ne
manquent pas.

Les Esquimaux enterrent les enfants vivants avec leur mère morte; ils bâtissent
aux vieillards un *iglou* neuf (tanière de glace) et les y laissent mourir de faim. Le
patient trouve d'ailleurs le procédé tout simple; c'est ainsi qu'il a traité ses parents.
Les Vitiens apprennent au jeune enfant à battre sa mère; ils enterrent cérémo-
nieusement leurs vieux parents vivants; c'est *un devoir* qu'ils ont à remplir envers
eux [1]. A Viti encore, pour acquérir quelque considération, il est besoin d'être
un assassin reconnu. Un chef, Ra-Undre-Undre, homme très-estimé, passait pour
avoir mangé neuf cents personnes à lui tout seul.

Après cela, il y a bien en Europe des peuples qui admirent par-dessus tout les
conquérants dont la botte les a vigoureusement écrasés.

Chez les Taïtiens, les Néo-Zélandais, les Australiens, les Esquimaux, etc., le
baiser était inconnu. Dans l'idiome algonquin, pas de mot pour dire *aimer*. En
sichuana, pas de mot pour remercier [2].

---

1. Lubbock, *L'homme avant l'histoire.*
2. Lubbock, *loc. cit.*

C'est que l'homme primitif, bien voisin encore de son frère aîné l'animal, n'a que deux soucis : manger et ne pas être mangé; et, même chez les races supérieures, ce vieux fonds reparaît dans les crises, dans les calamités sociales. Puis, l'homme arrivant, par la domestication des animaux, par l'agriculture, etc., à s'asservir plus ou moins la nature, à assurer à peu près son dîner de chaque jour, sent s'éveiller en lui des besoins plus relevés. Il devient graduellement sensible aux plaisirs artistiques et moraux. Il aime d'abord ses enfants, ses femmes, ses parents, les étrangers même s'ils ont avec lui des sympathies de goûts, de mœurs, d'idées, car plus on se ressemble, plus on s'aime : « S'esjouir et recevoir plaisir ou desplaisir des mesmes choses, comme le dit Plutarque, c'est ce qui assemble et conjoint les hommes en amitié. » Après l'amitié fleurit l'amour de la nation, celui de l'humanité; mais c'est là le couronnement de l'être affectif.

Tous ces grands faits moraux s'engendrent et se supportent, tous sont indispensables, car l'homme ne serait pas devenu un être affectueux, s'il n'avait d'abord maintenu quand même, par les moyens les plus atroces, son droit de vivre.

Aug. Comte a dit avec raison que les sentiments affectifs sont les plus forts stimulants de l'activité intellectuelle, ce qui est généralement vrai, car ils sont rares les hommes capables de se livrer au travail intellectuel pour le seul plaisir de penser. Pourtant, dans la vie de l'humanité comme dans celle de l'individu, c'est l'intelligence et la raison qui doivent dominer. Les facultés intellectuelles sont à la direction de l'individu ce que les *rémiges* sont aux ailes de l'oiseau, ce qu'est le gouvernail au navire. Un coup d'œil sur l'histoire de notre race nous montre l'homme sentant d'autant plus, raisonnant d'autant moins que nous remontons plus avant dans le passé. L'amour, la haine, la vengeance, la cupidité, les fureurs religieuses, etc., tels sont d'abord les mobiles dominants, et ils ont pour corollaires des guerres incessantes, l'oppression de l'individu ou de certaines classes sociales, etc. Tels étaient les ressorts de la société dans notre moyen âge, tels ils sont de nos jours chez divers peuples, notamment en Abyssinie [1]. En Europe même, l'idée d'utilité sociale est loin encore de jouer le rôle dominant qui lui appartient. Les gouvernements sont bien loin de se considérer comme de simples mandataires chargés de veiller au bien-être général.

Les grandes manifestations morales et intellectuelles étant toujours l'expression d'un certain état organique, nous sommes amené, en présence de la disparité morale des races humaines, à nous demander si les grandes diversités morales sont liées à des différences organiques facilement appréciables, et déjà l'anthropologie nous donne à ce sujet quelques données générales. A la seule inspection d'un crâne australien, au front déprimé, à l'occiput développé, au museau saillant, on reconnaît l'homme à peine dégagé des liens de l'animalité. Chez les races supérieures, le cerveau grandit, sa région antérieure prend de l'ampleur, l'os frontal se redresse; les circonvolutions cérébrales sont plus sinueuses; et l'on peut faire des observations analogues sur les divers individus d'une même race. Mais la relation de la prédominance des sentiments affectifs avec une conformation crânienne et cérébrale donnée est encore bien mal déterminée. Pourtant, on est porté à croire que l'être spécialement affectif est caractérisé par un développement modéré des lobes cérébraux antérieurs avec prédominance des régions latérales et postérieures du cerveau. En Europe, l'être affectif par excellence, c'est la femme; l'homme l'est beaucoup moins, l'enfant ne l'est pas encore : or, pour la forme et le volume, le cerveau féminin se place juste entre le cerveau de l'enfant et celui de l'homme [2].

1. D'Abbadie, *Douze ans dans la haute Ethiopie.*
2. Hermann-Welcker, *Untersuchen über Wachstum und bau des menschlichen Schädels.* Leipsig, 1862.

C'est qu'en effet il y a un certain antagonisme entre l'impressionnabilité morale et l'activité intellectuelle. Sentir peut bien être et avoir été fréquemment le stimulant de penser. A coup sûr, c'en est aussi bien souvent l'ennemi.

CH. LETOURNEAU.

AFFINAGE. — MÉTALLURGIE. — Les méthodes de traitement métallurgique employées pour extraire les métaux usuels de leurs minerais, comprennent en général deux séries d'opérations : dans la première, on cherche à préparer le *métal brut*, c'est-à-dire à obtenir un produit fondu, débarrassé de la gangue que retient toujours le minerai, et séparé des principaux éléments métalliques qui peuvent lui être associés soit chimiquement, soit minéralogiquement ; dans la seconde, qui constitue l'*affinage*, on cherche à éliminer les substances étrangères ou impuretés retenues par le métal brut, et à obtenir un produit plus ou moins rigoureusement pur, mais du moins jouissant des propriétés que recherchent le commerce et les arts industriels.

Le procédé d'affinage varie nécessairement avec la nature du métal, mais il a ordinairement pour but de lui enlever du carbone, du silicium, du phosphore, du soufre ou de l'arsenic; dans ce cas, on a recours à une réaction oxydante, et les corps étrangers oxydés par le vent d'une soufflerie ou par des réactifs chimiques convenables sont scorifiés, c'est-à-dire combinés avec la silice, pour donner des silicates fusibles que l'on écoule, comme dans le cas de l'affinage de la fonte pour sa transformation en fer marchand, ou bien ils sont séparés à l'état de crasses, comme dans l'affinage du plomb, du cuivre, de l'argent. L'opération peut se faire soit dans un bas foyer au charbon de bois, soit dans un four à réverbère chauffé à la houille.

Dans certaines formules de traitement, l'affinage se fait par *liquation*, c'est-à-dire en profitant de la différence de fusibilité des métaux mélangés. Tel est le cas pour le cuivre noir argentifère, le plomb, l'étain.

On fait quelquefois subir au métal affiné une nouvelle épuration, qui porte le nom de *raffinage;* elle consiste ordinairement, comme dans la métallurgie du cuivre, en une opération réductive ayant pour objet de ramener à l'état métallique une certaine quantité d'oxyde formée pendant les réactions oxydantes de l'affinage, et qui altère les propriétés physiques du produit, particulièrement au point de vue de la malléabilité et de la ductilité.

L'affinage du mercure se fait par une simple distillation.

L'affinage des métaux précieux constitue une industrie toute spéciale et complexe, presque uniquement concentrée dans les grandes villes, Paris, Londres, Saint-Pétersbourg. Il a pour but de retirer l'or et l'argent contenus dans les alliages métalliques, dans les produits d'ateliers connus sous le nom de cendres d'orfèvre, dans les débris de bois ou de faïence dorés, dans les vieux galons et broderies d'uniformes, dans les bains des photographes et les résidus de diverses autres fabrications.

Les procédés d'affinage proprement dit et ceux d'affinage des matières d'or et d'argent seront décrits en exposant la métallurgie des métaux correspondants.

Voir *Argent, Cuivre, Etain, Fer, Or, Plomb.* ED. GRATEAU.

AFFINITÉ. — On entend par affinité *la cause inconnue en vertu de laquelle les corps se combinent*, ou encore *la force particulière qui relie les uns aux autres les atomes dans la molécule.*

Ces deux définitions sont au fond identiques. L'une et l'autre en effet montrent bien que l'affinité est la force inconnue dans sa cause qui détermine les combinaisons. Seulement la deuxième définition est un peu plus large que la première. Elle

montre en effet d'une manière plus saisissante, que la force qui relie plusieurs
atomes d'un même élément dans la molécule d'un corps simple est encore de l'affinité et nullement de la *cohésion*, la cohésion reliant les diverses molécules d'un
même corps pour former une masse liquide ou solide, mais ne s'exerçant pas à
l'intérieur des molécules. Ainsi, la molécule de chlore est formée de deux atomes
semblables ; la molécule d'acide chlorhydrique renferme deux atomes dissemblables, l'un de chlore, l'autre d'hydrogène. Eh bien! la force qui relie les deux
atomes de chlore dans la molécule de cet élément est aussi bien de l'*affinité* que
celle qui relie l'atome de chlore à l'atome d'hydrogène dans la molécule d'acide
chlorhydrique.

On dit quelquefois que l'affinité réunit des parties dissemblables et la cohésion
des parties semblables. Ceci reste vrai avec notre définition. Dans toute combinaison il y a un certain antagonisme qui se manifeste par ce fait que, quand on détruit la combinaison par le courant électrique, un des éléments, l'élément métallique, se rend au pôle négatif, tandis que l'autre élément, l'élément métalloïdique,
se rend au pôle positif.

Or, cette distinction entre les éléments métalliques et métalloïdiques n'a rien
d'absolu. Tel corps qui se polarise métalliquement (qu'on nous passe ce mot) par
rapport à un second corps, se polarise métalloïdiquement vis-à-vis d'un troisième.
Ainsi le chlore, métallique par rapport à l'oxygène et peut-être au fluor, est métalloïdique vis-à-vis de tous les autres éléments connus.

Quand deux ou plusieurs atomes d'un même élément se réunissent pour constituer la molécule d'un corps simple, on peut donc admettre que parmi eux les uns
jouent le rôle de métal et les autres le rôle de métalloïde, de manière à maintenir
l'antagonisme que nécessite l'exercice de l'affinité.

Le mot *affinité* remonte très-loin dans la science. On le trouve pour la première
fois dans la *Pyrosophia* de Barchusen (1698). Pour cet auteur, le mot *affinitas* était le
commun lien de parenté qui existe entre les éléments et qui fait qu'ils se recherchent[1].

Toutefois, si Barchusen a le premier prononcé le mot, c'est Boerhaave le premier qui a attribué la cause de la combinaison des corps à une force spéciale, qui a
par conséquent défini l'idée de l'affinité. Parlant de la dissolution de l'or dans l'eau
régale, cet auteur disait : « Ne voyez-vous pas clairement qu'il y a entre chaque
particule d'or et chaque particule d'eau régale une force spéciale en vertu de laquelle
elles se recherchent, s'unissent et se retiennent? Ne faut-il pas qu'il y ait une cause
pour que les particules du menstrue se séparant les unes des autres aillent chercher
les particules du corps à dissoudre plutôt que de rester dans leur état primitif? Et,
la désagrégation une fois opérée par l'action dissolvante du menstrue, ne faut-il pas
admettre une raison semblable pour que les particules de ce menstrue et celles du
corps dissous restent unies ensemble, plutôt que de se rechercher à leur tour entre
elles et se réunir de nouveau d'après l'*affinité* de leur nature en corps homogènes ? »

Il est vrai que Boerhaave confondait sous une même dénomination la cohésion
et l'affinité. Mais en somme, s'il ne distinguait pas les deux ordres de phénomènes
par des mots différents, il saisissait la différence qui les sépare, la véritable combinaison étant ce qu'il appelait l'union des corps dissemblables.

Notons ici en passant une idée curieuse de Boerhaave. Aux yeux du médecin

---

1. « Arctam enim et reciprocam inter se habent affinitatem, quod illud, quod a se separatum modo
videbatur, tractu temporis ab aere ambiante, omnis generis particulis abundante, id sibi demum
adsciscat; quapropter impossibile quid arbitror, inveniendum elementum quodpiam simplicissimum,
quod non peregrinis heterogeneisve gaudeat particulis. »

de Leyde, la véritable combinaison chimique est une espèce de mariage, l'affinité
est une forme de l'amour ; *elle provient bien plus de l'amour que de la haine,* « *magis ex*
amore quam ex odio. » Les phénomènes qui accompagnent la combinaison, l'effervescence, la chaleur, le bruit, la lumière sont comparables aux fêtes qui accompagnent
les noces.

A part la dernière partie de la comparaison qui sent encore l'alchimie, nous
voyons, nous osons l'avouer, plus qu'une métaphore dans l'idée de Boerhaave et
nous la signerions aujourd'hui.

Plus les découvertes se multiplient, plus les divergences extrêmes que l'on avait
cru trouver au début entre la matière organisée et la matière inorganique disparaissent ; plus on voit que tout tend à se réduire à une question de forme et de
mouvement, la substance restant la même partout.

S'il en est ainsi, il n'est pas étonnant de retrouver d'un bout à l'autre de l'é-
chelle les mêmes classes de mouvements modifiés par l'évolution successive et
sériaire.

Dans les corps bruts nous trouvons deux forces, c'est-à-dire deux ordres de mouvement, l'un qui réunit des particules dissemblables pour former des molécules,
l'autre qui réunit des particules semblables pour former des corps. Dans les corps
organisés ces deux mêmes forces se rencontrent encore, tout en se manifestant
d'une manière tout à fait différente, et concourent à l'établissement et au maintien
de la société. Ce sont l'*amour* qui réunit des êtres dissemblables et l'*amitié* qui
réunit des êtres semblables. L'amour et l'amitié sont, respectivement aux sociétés
humaines, ce que l'affinité et la cohésion sont aux corps bruts. Il est évident que si
l'on admet la comparaison à des degrés si éloignés de la série, aucune comparaison n'est aussi juste.

En même temps que Boerhaave développait ses idées à Leyde, Geoffroy l'aîné
publiait à Paris une table d'affinité dans laquelle il rangeait les corps dans un
ordre tel que celui qui occupe le haut de la colonne ait plus d'affinité pour le
second que pour le troisième, pour le troisième que pour le quatrième, et ainsi de
suite.

Malheureusement les tables de Geoffroy étaient fondées sur la décomposition
réciproque des sels d'un même acide par les différentes bases, ou des sels d'une
même base par les différents acides. Or, Berthollet devait montrer plus tard dans
sa statique chimique que les phénomènes de double décomposition ne tiennent pas
seulement aux affinités mais encore aux propriétés physiques (insolubilité, volatilité) des corps mis en présence et des produits qui se forment [1]. La table de Geoffroy n'avait donc aucune valeur comme classification, mais elle en avait une grande
au point de vue philosophique ; elle introduisait dans la science une idée nouvelle,
l'idée de *plus* ou de *moins* appliquée à l'affinité.

L'idée de Geoffroy eut un grand succès ; Bergman, à son tour, construisit des
tables d'affinités et il eut de nombreux imitateurs. Mais nous passerons sur toutes
ces tentatives infructueuses pour mesurer l'affinité. Ce n'est qu'à notre époque, en
effet, que cette question de mesure a pu se reproduire, et cette fois avec une solution possible.

Quelle que soit l'hypothèse que l'on puisse faire sur la nature de l'affinité (nous
n'en ferons aucune parce qu'ici on sort sans besoin réel du fait pour entrer dans
l'hypothèse ultra-expérimentale), il y a un fait établi. Toute décomposition est un
véritable travail qui exige l'emploi d'une certaine quantité de force vive. Au con-

1. Voir l'article Sels.

traire, toute combinaison est la destruction d'un travail. Les corps en s'unissant abandonnent une quantité de force vive égale à celle qu'il avait fallu employer pour les séparer.

Avec la théorie mécanique de la chaleur il est donc permis de dire que la *chaleur* se transforme en *affinité* lorsqu'on décompose une combinaison, et que l'*affinité*, au contraire, se transforme en *chaleur* lorsque la combinaison se reproduit.

On voit donc que si les phénomènes chimiques, trop complexes de leur nature, ne suffisent pas à nous fournir des notions numériques sur l'affinité, les phénomènes thermiques qui accompagnent les combinaisons et les décompositions pourront nous en fournir. La chaleur dégagée pendant les combinaisons étant le résultat de la transformation de l'affinité en chaleur, il est clair que les affinités d'un corps pour une série d'autres corps seront entre elles comme les quantités de chaleur dégagées par la combinaison de ce corps avec toute la série des autres.

Nous nous bornons ici à faire ressortir l'importance extrême de ces données numériques que la théorie mécanique de la chaleur a introduites dans l'étude de l'affinité, sans entrer dans les développements considérables que cette question entraînerait [1]. Disons toutefois que déjà MM. Favre et Silbermann, d'une part, M. Berthelot, de l'autre, ont résolûment abordé le problème et que les travaux dans cette direction se continuent.

Avant de terminer cette digression sur l'affinité, un mot sur les idées récemment émises par M. Deville. Pour ce savant l'idée d'affinité serait à supprimer, à bannir de la science.

Pour bien comprendre les raisons qui poussent M. Deville, il faut savoir que pour ce savant la chimie cesse d'être une science distincte. Il croit que les phénomènes chimiques ne sont qu'une branche de la physique et qu'ils obéissent tous à des lois analogues à celles qui régissent les tensions de vapeurs des corps.

Nous ne pouvons partager les vues de M. Deville. Sans doute nous sommes loin d'admettre, avec les positivistes, l'irréductibilité des sciences les unes dans les autres. Il est probable qu'en fait tout se réduit à une question de mécanique et que la diversité des sciences tient plutôt à l'imperfection de notre cerveau ou à l'état peu avancé de nos connaissances qu'à une différence fondamentale entre les sciences elles-mêmes.

Mais ce que nous ne pouvons admettre, c'est que, si la chimie doit un jour rentrer dans la physique, ce soit, comme le pense M. Deville, exclusivement par l'étude des phénomènes qui rappellent les lois de la vaporisation des corps [2].

Cela est si vrai que M. Deville, pour retrancher actuellement la chimie du nombre des sciences, est obligé de ne pas tenir compte de la loi des proportions définies.

Nous conserverons donc la chimie comme constituant pour nous une science distincte, et par conséquent le mot *affinité*, qui indique la cause inconnue des phénomènes chimiques comme le mot *électricité* indique la cause inconnue des phénomènes électriques.

Si les phénomènes chimiques constituent un ordre de phénomènes distincts, tout comme les phénomènes électriques, lumineux ou calorifiques, il n'y a pas plus de raison pour bannir de la science le mot affinité qu'il n'y en aurait pour bannir les mots électricité, lumière et chaleur. Le seul résultat d'une telle suppression serait de créer des difficultés de langage en mettant partout une périphrase à la place d'un mot bien défini.   ALFRED NAQUET.

1. Pour ceux qui désireraient étudier à fond cette question, voir l'article *Affinité*, de M. G. Salet, dans le *Dictionnaire de chimie pure et appliquée*, de M. Wurtz.
2. Lire sur ce sujet mon article dans la *Philosophie positive*, première année, deuxième numéro.

AFGHANISTAN. — L'Afghanistan, ou royaume de Caboul, dont l'étendue est d'environ 900,000 kilomètres carrés et la population de 6 millions d'habitants, est une contrée méditerranéenne de l'Asie, se déroulant à l'est de la Perse sur le prolongement du plateau Iranien, sous le 32e degré de latitude nord. Le Turkestan le borne au nord, l'Inde à l'est et au sud-est, le Béloutchistan au sud. Placé entre la Russie et l'Angleterre, également jalouses de leur suprématie, ce pays est destiné à devenir un jour le grand champ de bataille de ces deux nations. Sa position intermédiaire, assez comparable à celle de la Belgique et du Luxembourg relativement à l'Allemagne et à la France, semble l'indiquer comme devant être forcément témoin de la lutte.

L'Afghanistan est traversé par de grandes chaînes de montagnes; le Caucase indien ou l'Hindou-Khouch, dont les plus hauts sommets, couverts de neiges éternelles, atteignent jusqu'à 6,500 mètres, se ramifie dans la région septentrionale. Une chaîne s'en sépare, parcourt la partie orientale du pays jusqu'au Béloutchistan, et porte les noms de monts Soliman et de monts Khaïsa. De même qu'en Perse, aux territoires fertiles succèdent des plaines sablonneuses et stériles; le principal désert est celui de Seïstan, d'une altitude constante d'environ 800 mètres, et malheureusement exposé à des chaleurs suffocantes, à des vents brûlants et malsains.

Néanmoins, prise dans son ensemble, cette contrée peut être considérée comme l'une des plus heureusement partagées de l'Asie sous le rapport des productions. Ainsi le blé, le riz, le tabac, le lin, la garance, le cotonnier, la canne à sucre, le gingembre, les mûriers, la plupart de nos arbres fruitiers y viennent sans culture. On y recueille aussi en abondance la manne et l'assa-fœtida.

Les animaux y sont nombreux : on y trouve d'excellents chevaux, fort appréciés même des Anglais, qui les achètent souvent pour leur cavalerie; des chameaux, des ânes, des moutons, de bonnes espèces bovines, des chèvres, des chiens, des chats, des vers à soie, des abeilles. La faune compte encore des lions de petite taille, des léopards, des tigres, des sangliers, des loups, des hyènes, des renards, des chacals, des ours, des singes, etc.

Les minéraux ne sont pour ainsi dire pas exploités; on y rencontre néanmoins de l'or, de l'argent, du mercure, du fer, du plomb, du cuivre, de l'antimoine, de la houille, du soufre et du naphte.

L'Afghanistan manque de grande artère fluviale; ses cours d'eau ne favorisent en rien ses transactions. L'absence de voies navigables importantes est une des causes qui éloigneront pendant longtemps cette contrée du mouvement de la civilisation. Son système hydrographique la condamne à marcher à la remorque des nations voisines, l'oblige à subir leur influence.

Le pays est partagé en deux divisions physiques : le bassin de l'Indus et le plateau de l'Iran. Dans le premier coule le Caboul, affluent de droite de l'Indus; dans le second, on voit l'Helmend (l'Etymander de l'antiquité), qui se perd dans le lac Hamoun, masse d'eau de 150 kilomètres de longueur, correspondant sans doute au marais Aria des anciens. Les eaux de ce lac sont généralement saumâtres. On y trouve peu de poissons. Le lac Zéreh, entièrement marécageux, s'étend au sud.

Au point de vue politique, l'Afghanistan comprend trois contrées principales : le Caboulistan ou Afghanistan propre, le Séistan ou Sedjestan, et le territoire de Hérat, jadis indépendant. L'Afghanistan propre, plus vaste que les autres divisions, renferme la capitale de l'état, Caboul, située au nord-est, sur la rivière du même nom, à 1,950 mètres d'altitude, au milieu d'une riche vallée qu'environnent les sites les plus grandioses et les plus pittoresques. La population de cette cité ne dépasse pas 60,000 habitants; elle doit quelque animation au commerce établi entre l'Inde, la Perse et le Turkestan. Le principal édifice est le Balka-Hissah, dont l'architecture assez élégante contraste avec la laideur de la plupart des constructions. Au sud-ouest, dans un district montagneux, est Ghiznih, berceau de l'illustre famille des Ghiznévides.

Istalif est entourée de vergers et récolte du coton. Djelal-Abad et le défilé voisin de Khaïber rappellent un grave échec des Anglais en 1841; Gandamah est sur la limite de la région chaude de l'Indus et des territoires froids de l'intérieur; Bamian, au milieu des montagnes, dans une étroite vallée, est une des plus curieuses cités de l'Orient : les habitants n'élèvent pas de maisons, mais vivent dans des excavations taillées dans le roc et qui sont au nombre de plus de 12,000. La ville de Ghoulgoula est construite de la même façon. On ignore à quelle époque précise ces deux étranges localités ont pris naissance. Elles sont aujourd'hui moins habitées qu'autrefois. Il y a dans les environs de colossales idoles taillées en relief sur des rochers et qui se rapportent sans doute au culte de Bouddha.

L'ancienne capitale de l'Afghanistan, Candahar, place industrieuse et commerçante, située à peu près au centre du pays, est encore la plus importante ville du royaume. Sa population est de 100,000 habitants. Ferrah ou Farrah, cité fortifiée, appartient au bassin du lac Hamoun, ainsi que Subzaouar. Cette ville, qui, comme tant d'autres, a fort à se plaindre de l'ambition des guerriers, a été prise par Tamerlan en 1384, par Chah-Abbas, en 1620, et par les Anglais, en 1839.

Dans le Séïstan, la région la moins riche et la moins salubre de l'Afghanistan, on remarque principalement une autre Djelal-Abad, qui fut un moment la rivale d'Ispahan, et dans laquelle on croit retrouver l'antique Prophthasia.

Le territoire de Hérat ou Khoraçan oriental, aujourd'hui sous la suprématie directe de l'Afghanistan, fut, pendant plusieurs années de ce siècle, un État indépendant, mais qui se reconnaissait néanmoins vassal de la Perse. La capitale, Hérat (autrefois Aria ou Ariopolis, puis Alexandria), est peuplée de 50,000 habitants. C'est une des meilleures positions stratégiques et commerciales de tout le plateau Iranien. Ses murailles ne l'ont pas garantie de l'attaque victorieuse de bien des ennemis. Tour à tour prise et reprise plus de vingt fois, elle est encore aujourd'hui l'objectif des conquérants. Sa position extrêmement favorable l'a fait surnommer Bender, le port. Nadir-Chah, qui y pénétra en vainqueur (1731), disait : « le Khoraçan est le sabre de la Perse, celui qui possède Hérat en a la poignée et peut être le maître du monde! »

Il est facile de prévoir quel maître elle aura un jour ! Point de passage des grandes caravanes de l'Asie intérieure, célèbre par ses fabriques de sabres, de tapis et d'eau de rose, entourée de beaux territoires, merveilleusement située pour commander aux pays voisins, Hérat semble appelée à jouer un rôle important dans le terrible conflit que l'avenir prépare entre la puissance qui règne dans l'Inde et celle qui a soumis en peu d'années le Turkestan.

Arrivons maintenant à la population : les Afghans qui s'appellent eux-mêmes Pouchtaneh et que les Hindous nomment Patans, paraissent se rattacher par leur langage à la famille indo-celtique. Les classes élevées parlent du reste le persan. Ils forment une nation belliqueuse, quelque peu rude, mais fière, indépendante et hospitalière. Le costume adopté rappelle celui du plateau Iranien. L'organisation sociale est très-simple : les Afghans se divisent en tribus ou oulous, qui se subdivisent elles-mêmes en clans. Le khan est le véritable chef de la tribu. L'islamisme est la religion la plus répandue ; la majorité des habitants appartient à la branche sunnite. On rencontre également des partisans d'Ali et un assez grand nombre de sectaires de Brahma. Ces diverses religions sont surtout expliquées par la présence des peuples de différentes origines : ainsi l'on remarque dans ce pays, non-seulement des Afghans, mais des Béloutchis, des Persans ou Tadjiks, des Hindous, etc.

Jusqu'à présent, les arts, les lettres, l'agriculture, n'ont pris parmi eux aucun essor; le commerce seul est assez bien compris : on importe chaque année en Afghanistan pour un demi-million de coton, d'indigo, de mousseline, d'ivoire, de bois de sandal, de sucre et d'épices de l'Inde, de l'or, de l'argent, de la cochenille, de la coutellerie, de la quincaillerie, du thé, de la porcelaine et des métaux précieux de la Chine, des dattes, des noix de coco du Béloutchistan. L'Afghanistan exporte de la garance, de l'assa-fœtida, du tabac, des fruits, des chevaux, des châles, des matières tinctoriales, des turbans, etc.

Parlons de l'antiquité. L'Afghanistan correspond au Paropamise, à l'Arie, à l'Arakhosie et à la Drangiane. A l'époque d'Alexandre, cette région était encore fort peu connue : on la désignait comme sauvage, barbare, inhabitable. Le conquérant macédonien la franchit. Au xie siècle, Mahmoud établit dans la ville de Ghiznih le siège d'un grand empire; plus tard, le Caboul, sous les Mongols, fut soumis à l'Hindoustan et ne put recouvrer son indépendance qu'à l'époque du démembrement de leur empire.

La politique contemporaine tourne parfois des regards inquiets du côté de cette contrée, qui, entre les mains d'une nation puissante, pourra devenir un État florissant. L'avenir paraît certainement lui réserver pour dominateurs ceux qui en moins de quinze années ont subjugué sur le sol asiatique des territoires vingt fois plus considérables que la France.   RICHARD CORTAMBERT.

AFRICAINES (LANGUES). — Malgré un grand nombre de travaux partiels, de grammaires, de vocabulaires, la philologie africaine n'est pas assez avancée pour que l'on prétende donner ici soit une énumération complète, soit une classification définitive et toujours justifiée des quatre ou cinq cents idiomes plus ou moins différents qui sont ou ont été parlés dans ce vaste continent. Un tel travail dépasserait les forces d'un Appleyard, d'un Barth, d'un Bleek ou d'un Krapf, c'est-à-dire des savants qui ont étudié sur les lieux mêmes un ou plusieurs groupes de langues africaines. Les matériaux sont épars encore et la synthèse serait prématurée. Toutefois il ne paraît pas téméraire de signaler certains traits communs dans la formation et la physionomie de ces dialectes si divers, traits qui les rapprochent ou les distinguent d'autres familles de langues.

Il y a trois états progressifs du langage à l'un desquels se rattache tout idiome connu : l'état monosyllabique, représenté par le chinois; l'état agglutinatif où en sont restés la plupart des peuples à peau jaune, rouge ou noire; et l'état amalgamant ou à flexions où sont parvenues, sans doute après avoir traversé les deux autres, les races blanches, dites aryennes et sémitiques. Nous aurons assez d'occasions de reprendre et de préciser ces grandes divisions pour ne pas sortir de celle qui paraît contenir, jusqu'ici, toutes les langues africaines. On entend par agglutination, en philologie, la juxtaposition de deux ou plusieurs racines, ordinairement monosyllabiques, dont l'une, dite attributive, forme le corps et comme l'essence du mot, et dont les autres, dites démonstratives ou pronominales, expriment et déterminent certaines circonstances, certaines particularités de la pensée et de l'objet. Cette jonction des racines, dans la classe qui nous occupe, s'opère de telle façon que la racine centrale, attributive, conserve, dans toutes les positions, sa forme inaltérable, tandis que les autres, qui lui sont attachées en qualité d'affixes, peuvent être plus ou moins atrophiées par l'usage.

Un autre caractère des idiomes africains, c'est leur répugnance pour l'accumulation des consonnes; ils aiment les syllabes terminées par des voyelles; et, dans les groupes septentrionaux qui souffrent des consonnes à la fin des mots, on remonte aisément à une période antérieure où la voyelle finale était respectée. C'est ainsi que, par licence poétique, la plupart des mots italiens peuvent perdre la voyelle qui les termine. A ce point de vue euphonique et rhythmique, on appelle les langues africaines *allittérales*. On se tromperait d'ailleurs, si l'on considérait cette multiplication des voyelles comme une garantie constante de douceur et d'harmonie. La plupart des dialectes de l'Afrique, sauf le groupe cafre, admettent des gutturales et des aspirées très-dures, et surtout un grand nombre de consonnes confuses, nasales, que nos alphabets traduisent par deux lettres : *ng, nk, nt, nd, mt, mb, mp*, et qui, très-fréquemment, figurent au commencement des mots.

En tant qu'agglutinantes, les langues africaines se rapprochent de la grande famille touranienne, où M. Max Müller réunit une foule de langues qui n'ont souvent de commun que leur procédé formatif. Comme allittérales, elles ont quelque rapport avec le groupe dravidien de l'Inde et de la Malaisie, et avec les membres de la classe ouralienne, le finnois, l'ostiak, le hongrois. Mais ces analogies de mécanisme n'entraînent aucunement l'idée d'affinités originaires et fondamentales; on fera sagement de n'y voir que la marque d'un même niveau intellectuel, manifesté par des procédés identiques. C'est là une ressemblance toute morale. Il en est de même pour le polysynthétisme, âme des langues américaines, et qui, très-puissant encore en Afrique, a laissé quelques vestiges dans le verbe et les composés sanscrits. Cette réunion d'une foule de sens accessoires dans un seul mot produit une apparente richesse de formes verbales, causatives, locatives, réfléchies, fréquentatives, désidératives, négatives, et en somme n'aboutit qu'à la pauvreté et à la confusion; faute de pouvoir noter et décomposer toutes les nuances de l'idée, les Africains en sont réduits à ne point les exprimer ou à les mal traduire. On ne s'étonnera pas que les termes un peu généraux ou abstraits manquent d'ordinaire à ces peuples incapables d'analyser leur pensée et de la résoudre en ses éléments; ils ont beaucoup de voix pour leurs verbes, mais ils peuvent avoir peu de verbes; au Congo, pour exprimer tant soit peu l'idée de vivre, il faut la tourner par une périphrase : *être dans son cœur*, ou *conduire son âme*; dormir, se taire, souffler, dans les langues du centre et du nord, sont des composés enfantins : *faire sommeil, dire souffle, dire silence.*

Ajoutons à ces traits communs des langues africaines leur singulière conception du genre et du nombre. Elles rangent les objets dans deux catégories, l'animé et l'inanimé; dans l'animé, elles établissent deux divisions qui se rapportent, non à la différence des sexes, mais à la qualité d'homme ou être intelligent et à celle d'animal ou de brute. Elles possèdent donc un neutre et deux degrés correspondant à une classification rudimentaire du monde vivant; mais elles n'ont ni masculin ni féminin proprement dits. Pour ce qui est du nombre, quelques-unes ont deux pluriels qui s'appliquent, l'un aux choses de même nature, l'autre à toute collectivité d'objets quelconques. Certains dialectes de l'Amérique et de la Polynésie présentent la même particularité.

L'étude sérieuse des langues africaines, si l'on en excepte le copte, ne date guère que de trente ans environ. Mais on peut, dès à présent, se faire une idée de leur importance au double point de vue de la philosophie et de la philologie, c'est-à-dire de l'histoire de l'esprit humain. Nul doute que la connaissance plus parfaite des langues de l'Afrique, comme de celles de l'Amérique et de l'Australie, ne jette une vive lumière sur le problème de l'origine du langage et sur les procédés rudimentaires de l'intelligence, procédés par lesquels ont certainement débuté les nations et les langues les plus favorisées, et que ne semblent pas devoir dépasser jamais les races inférieures de l'humanité.

Les idiomes africains peuvent être répartis selon trois grandes zones : l'une, au nord, occupée par des races très-éloignées du type nègre, autochthones, selon M. Vivien de Saint-Martin, mais fortement sémitisées; l'autre, centrale, où se pressent les innombrables tribus noires; la dernière, australe, que se partagent les Cafres et les Hottentots, populations très-distinctes et d'origine douteuse.

Dans la première zone, nous rencontrons deux groupes principaux, le nilotique (égyptien et galla) et le berbère.

L'égyptien est l'antique idiome des Pharaons, éteint depuis quinze siècles au moins, et qui nous a été conservé par des monuments écrits et figurés de toute sorte, répartis sur une longue période d'environ deux mille ans. La découverte de cette langue est une des conquêtes de ce siècle, et une conquête française. La *Grammaire égyptienne* de Scholtz (Oxford, 1775), et les *Réflexions* de l'abbé Barthélemy sur les rapports des langues égyptienne, phénicienne et grecque, ne présentaient que des hypothèses plus ou moins ingénieuses. Il faut chercher dans les œuvres de Champollion le jeune, premier lecteur des hiéroglyphes (1814-1841), et de ses successeurs Rosellini, Spohn, Salvolini, Lepsius, Brugsch, de Rougé, Devéria, des principes certains et maintenant définitifs. On a essayé de rattacher l'égyptien à la famille sémitique; mais, malgré des affinités sensibles naturellement contractées dans des relations séculaires avec la Phénicie et l'Arabie, il s'est rarement départi du caractère agglutinatif propre aux dialectes africains; proche parent, par son vocabulaire, des idiomes de l'Abyssinie et de la Nubie, il est né, a vécu et est mort sur les rives du Nil. Tout vocable égyptien est un monosyllabe entouré de particules modificatives qui en font un verbe, un nom, un adjectif et expriment le mode, le temps, le nombre ou le genre. Il y eut de bonne heure en Égypte deux langues, l'une sacrée, l'autre populaire, qui, dès l'antiquité même, présentèrent de notables différences. La plus marquée était la préférence accordée par l'idiome démotique aux préfixes; ce caractère a été relevé par M. Lepsius dans l'inscription de Rosette. Ce que les prêtres écrivaient à la suite de la racine ou du radical, pronoms, marques de temps, de nombre, de genre, le peuple aimait à le placer en tête du mot, comme cela a lieu dans beaucoup de langues africaines. De l'idiome démotique est descendu le copte, devenu à son tour langue sacrée, et éteint dans le courant du XVIIe siècle. Le copte a été étudié par Peiresc, et Saumaise y trouva l'explication d'un certain nombre de termes égyptiens conservés par les écrivains grecs et latins. Le Père Kircher (1636-1643, Rome), de la Croze (Oxford, 1787), Jablonski (1804), Étienne Quatremère (Paris, 1808), Champollion (manuscrit), Rosellini, Tattam (Londres, 1830-1835), enfin Peyron (Turin, 1835-1841), ont publié d'importants travaux sur cette langue, dont les conquêtes successives et les liturgies ont singulièrement altéré la physionomie africaine.

Le galla semble être le type des langues abyssiniennes autochthones plus ou moins sémitisées, qui ont fini par confiner le ghéez dans la littérature sacrée et dans quelques cantons du Tigraïe. Ses diverses branches règnent aussi au sud-est de l'Abyssinie, chez les Gallas proprement dits et chez les Somalis. M. Arnaud d'Abbadie, qui s'est occupé des dialectes de l'Abyssinie, les a rapprochés, sur certains points, du kanuri, du hausa et autres langues de l'Afrique centrale; il constate aussi leurs rapports avec l'égyptien, par exemple l'emploi du causatif pour le passif. Citons, parmi les idiomes qui se rattachent au galla, l'amhariñña (langue de l'Amhara), le chillouk (Sennaar), le dinka, l'ilmorma, le saho, le danakil, assez voisin de l'égyptien, le fazoglo, l'agau et le gonga qui semblent avoir donné leurs noms de nombre au hausa, le changalla, le kamba, le somaligalla. On a signalé, entre ces langues et le malgache (Madagascar), une lointaine parenté qui les relierait ainsi au groupe malayo-polynésien.

Les idiomes nilotiques occidentaux sont parlés en Nubie (le nuba, le kensi, le dongolawi), et dans le Kordofan (le kodalgi et le tumali) ; ils aiment les consonnes, et, sauf le tumali, s'éloignent quelque peu du caractère allittéral, signalé dans la grande majorité des langues africaines.

L'arabe, après le latin et le grec, est venu s'emparer de toute la côte méditerranéenne, et a repoussé vers le désert la langue nationale, indigène, libyque, parlée jadis par les Numides, les Gétules et les Mauritaniens. Il est vrai que la domination carthaginoise avait de bonne heure implanté en Barbarie l'élément sémitique. Néanmoins des dialectes berbères ont survécu, et dans nos possessions algériennes, et, par delà le Sahara, dans le haut Soudan. Tels sont le kabyle, le mozabi, le chaouya, le zénatya (parlé aux environs de Constantine), le tamachek, le touareg, l'idiome de l'oasis de Syouah, et celui des Tibbous ou marabouts, au nord du lac Tchad, qui forme lien entre le hausa et le galla. La langue berbère (ou amazig), car il y a dans ses vocabulaires assez d'identité pour qu'on puisse la considérer comme un seul idiome, a donc encore un très-vaste domaine, depuis le désert libyque jusqu'à l'Océan ; elle avait même gagné les îles Canaries, et les Guanches l'employaient. C'est une langue dure, irrégulière, altérée par le sémitisme, mais africaine par l'emploi des préfixes et le polysynthétisme de ses verbes ; elle a, comme le basque, une voix doublement réfléchie, exprimant d'un seul mot des propositions comme : je me fie à vous, je m'en doute. M. Hanoteau, qui a publié des grammaires kabyle et tamachek (1856-1860), pense que les Berbères ont emprunté aux Arabes tous leurs noms de nombre, sauf deux. Cependant les Touaregs possèdent peut-être les cinq premiers ; ils n'auraient pris aux Sémites que 6, 7, 8, 9. De ce fait, M. Reinaud (1860) avait conclu que les Berbères ne s'étaient élevés d'eux-mêmes qu'à la numération quinaire ; il s'appuyait sur l'exemple des Chambas, des indigènes du Souf et de l'Oued-Ghyr, des Wolofs et autres Sénégaliens. Mais son opinion, en ce qui concernait les Touaregs, a été contestée. Comme l'égyptien et le copte, le berbère a été écrit ; non-seulement on possède quelques contes et quelques poésies dans cette langue, mais aussi l'on a découvert des inscriptions touareg gravées sur des rochers, avec vingt-huit caractères particuliers, évidemment d'origine sémitique et composant peut-être l'alphabet numide signalé par Valère-Maxime. Parmi les savants qui se sont occupés des langues berbères, il faut citer MM. Berbrugger, Aucapitaine, Faidherbe, Hanoteau, Olivier, Conestabile.

La zone centrale, de beaucoup la plus vaste, comprend un polygone déterminé par cinq points extrêmes : le Darfour, le Sénégal, le Congo, Zanzibar et le lac Tanganyka.

Si nous la parcourons de l'est à l'ouest, et de l'ouest au sud, nous y distinguerons d'abord les langues du Bornou et du Kanem et celles qui flottent des sources du Nil au Zambèse, dans la région des lacs. Elles ont été l'objet des savantes études du docteur Barth (*Sammlung und Bearbeitung Central Afrikanischer Vocabularien*, 3 parties, 1862). Nous mentionnons les plus importantes : le kanuri, assez anciennement cultivé ; cinq cas, nombreuses voix du verbe ; rapports avec l'égyptien, le copte, le finnois, notamment le mode négatif ; parenté avec les langues de l'Odji du Fanti et de l'Achanti ; le tédā, étroitement lié au kanuri, malgré la différence de leurs pronoms ; le hausa, idiome dans lequel Barth a traduit le deuxième chapitre de saint Matthieu ; le fulfúlde, le songui, le lógonā, le wándalā, le bágrimma et le mâba.

A ce groupe central proprement dit se rattachent, dans le haut Soudan, le gura, le legbé, le roama, le kasm, les neuf idiomes barbares de la famille nupé ou tagba, qui se parlent à l'entour du lac Tchad, le gbali, enfin les dialectes foula ou peul, répandus chez les Fellatas, et proches parents du hausa, qui lui-même est lié au tibbou et au kanuri.

Puis viennent les langues innombrables du Sénégal, de la Guinée, que l'on rapporte à quatre types principaux : le fouloup, qui, avec ses congénères le filhòl, le sarar, le pépel, le biafare ou dshola, le boulam et le baga, le mampua et le kisi, règne le long de l'Océan et dans les îles de Los et Bischlao, depuis le Sénégal jusqu'au Rio-Nunez ; le wolof ou yolof, subdivisé en serère, bidschoro, gadschaga, landoma et nabou, est répandu dans le Cayor, le Walo, le Dakar, chez les Séréhuélé, aux environs de la Gambie ; l'eivé ou ewe, qui semble se confondre avec une famille krou, admise par Kœlle dans sa *Polyglotta*, et qui comprend le dénoi (bords de la rivière Saint-Paul), le bassa (partie de Libéria), le dahomé ou popo, le maohi, le péki, l'adampé, l'anfué, le hwida, qui règnent dans le Dahomey et l'Achanti ; l'akou-igala et l'yorouba, entre l'Egba et le Niger ; l'ycbou, l'eghelé et l'okouloma, qui occupent le delta du Niger ; et enfin le mandingue ou malinké, représenté par treize dialectes, dans les régions moyennes de la Gambie et du Niger.

De cette immense famille sénégambienne, on n'a que des vocabulaires recueillis par Kœlle, quelques notions sur le dialonké, rapportées de ses voyages par M. Mage ; un travail sur l'eivé, du missionnaire Steinmann ; enfin des grammaires wolof, par Dard (Paris, 1826), et Boilat (Paris, 1859.) L'eivé est fortement allittéral ; le mot anglais *school* y devient *su-ku*, et l'allemand *fenster*, *fe-sre*. Le wolof présente le même caractère ; il est de plus très-nasal, sans cesser d'être harmonieux et rhythmique. Très-agglutinatif, il obtient, par divers suffixes, dix-sept voix des verbes et plusieurs nuances dans la signification des noms, selon que l'objet est proche ou éloigné.

Nous rassemblons sous le titre de groupe atlantique les dialectes du Congo et du N'gola, ou Angola, que caractérise la flexion initiale, les langues kihiau ou mountou, voisines des précédentes et qui modifient le sens des radicaux par des préfixes ; à la première famille appartiennent le mbamba, le mpongwé (au Gabon), les idiomes atam et moko ; à la seconde le ngindo, le makumbé, le nyambam, le méto. Il semble que ces langues se soient étendues à travers toute l'Afrique : on retrouve leurs congénères sur la côte de Zanguébar, aux bords de l'océan Indien, chez les Wanikas, les Wakambas, les Wakouafis, qui parlent des dialectes nommés souhaili.

Le groupe cafre ou zingien, ou ba-ntu, (selon Bleek), semble s'être interposé entre les familles septentrionales et le hottentot ; on y range le zoulou, le temné, le sechuana, le bassouto, le damara, le kinika, le makossi-tonga, le manika, le barué, le tsiambo, le tipui, le niungué : ces derniers idiomes se raprochent du groupe souhaili et du groupe kihiau, tandis que les premiers, certainement sémitisés, confinent aux familles nilotiques.

Toutes ces langues, nous dit M. Max Müller, d'après Bleek, sont généralement d'accord quant à la simplicité des syllabes, qui ne peuvent commencer que par une seule consonne, soit à son double, soit nasalisées, soit accompagnées du cliquement de langue, ou suivies du *w*. Ces consonnes sont considérées comme simples. En outre, les syllabes ne peuvent jamais se terminer par une consonne. Des exemples de mots anglais transcrits en cafre, donneront une idée de l'euphonie cafre : *baptize* devient *bapitizesha; gold, kamel, bear, priest, kirk, apostle, sugar, english,* sont représen-

tés par *igolide, nkamela, ibere, mperesite, ikerike, mposile, isugile, ama-ngezi* (Appleyard).
Les différences entre le cafre et ses dialectes consistent presque toujours en changements de consonnes, parfois très-inattendus. Ainsi le séchuana manque des sons *g* dur et *s* doux que possède le cafre; en revanche il prononce assez distinctement *r*, là où le cafre n'arrive qu'à un *l* plus ou moins roulé. Le cafre préfère les moyennes *b, d, g, v, z;* le séchuana les fortes *p, k, t, f, s.* Les lettres molles du cafre *mb, ts* se durcissent en *p.* Les dentales permutent avec les linguales : tous changements avec lesquels nous familiarisera la grammaire comparée des langues aryennes elles-mêmes.

Notons une particularité qui n'a pas dû peu contribuer à défigurer certains dialectes cafres. « Les femmes cafres, dit Appleyard, ont beaucoup de mots qui leur sont particuliers à elles seules. Cela leur vient d'un usage appelé *ukuhlonipa,* qui leur défend de prononcer les mots dans lesquels existe un son qui se trouve également dans les noms de leurs plus proches parents mâles. » Une coutume analogue, le *tépi,* qui bannit de la langue tahitienne les syllabes dont se composent les noms des rois et des reines, a existé aussi chez les anciens Cafres. On sait que les Amambalu, tribu cafre, par respect pour leur chef Ulanga, remplacèrent le mot *Ilanga,* soleil, par le mot *Isota.* Calculez ce que de telles bizarreries ont pu produire, répétées pendant de longues générations!

Le groupe hottentot termine la longue série des langues africaines. En général rudes et pauvres, les dialectes qui le composent (hottentot, boschiman, namaqua, corana, o-tyi-héréro), sont caractérisés par l'absence de pronoms, d'articles, de verbes auxiliaires, par l'émission de lourdes diphthongues, surtout par des claquements de langue nommés kliks, aspirations étranges qu'on a retrouvées chez quelques tribus abyssines. Le boschiman, encore mal connu, a été rencontré par Livingstone dans la région des lacs, bien au nord de sa patrie ordinaire; et c'est une des raisons qui font croire à une intrusion violente du groupe cafre à travers l'Afrique méridionale, le long du fleuve Zambèse. Le hottentot, comme les autres langues africaines, évite les consonnes composées au commencement des mots. Quant aux syllabes finales, elles étaient originairement terminées par des voyelles qui sont souvent tombées après *p, s* et *ts;* cette langue ne possède ni *f* ni *v.* Terminons par une citation que Max Müller emprunte à *sir G. Grey's Library,* et qui fera mieux comprendre à quelles tristes races ont été dévolus les idiomes hottentots.

« Le dialecte o-tyi-héréro n'a ni *l,* ni *f,* ni les sifflantes *s, z, r.* La prononciation de ce dialecte ressemble à un bégaiement d'enfant, par suite de la coutume qu'ont les Va-héréro de se faire limer en partie les dents de devant de la mâchoire supérieure et de se faire sauter les quatre dents correspondantes de l'inférieure. C'est là peut-être ce qui est cause que le o-tyi-héréro a deux sons semblables à son rude et au son mou du *th* anglais. »

BIBLIOGRAPHIE. — Joignez aux ouvrages mentionnés dans le cours de cet article, les indications suivantes : Appleyard, *La langue cafre,* classification générale des dialectes de l'Afrique méridionale, 1850. — Bleek, *Grammaire comparée des langues sud-africaines,* 1862. — Barth, *Vocabulaires de l'Afrique centrale,* 1862. — Boyce, *Grammaire cafre,* 1863. — Hahn, *Grammaire héréro.* — Mitterutzner, *Grammaire dinka,* 1866. — Koelle, *Africa polyglotta, Mémoire sur le hausa et le kanuri.* — Schön, *idem.* — Isenberg, *La langue amharique,* 1841. — Tutschek, *Lexique de la langue galla,* 1844. — Norris, *Grammaire bornou,* 1852. — Hanoteau, *Grammaires kabyle et tamachek,* 1856-1860; *Pôesies populaires de la Kabylie,* 1867. — Meuzinger, *Études sur l'Afrique orientale.* Schaffouse, 1864 (vocabulaire bédaouié). — De Heuglin, *Expédition des dames Tinné* (vocabulaire de la langue dôr).' Gotha. — Dr Baikie, *Observations sur le hausa et le fulfulde.* Londres, 1861. — Dr Lewis Krapf, *Vocabulaire de six idiomes de l'Afrique orientale,* en anglais. Tubingue, 1861.   André Lefévre.

AFRIQUE. — Pendant longtemps l'Afrique s'est dérobée aux investigations de la curiosité scientifique et du commerce: elle a constitué le grand inconnu géographique de notre planète. Les préjugés populaires, les traditions erronées, les légendes naïves planaient au-dessus de ce continent mystérieux et ajoutaient encore, par tant de données fantastiques et contradictoires, aux difficultés du problème. Cette immense masse triangulaire aux rivages faiblement infléchis, aux contours sans articulations, semblait ne permettre d'accès que sur quelques points du littoral. On disait que ses régions centrales n'offraient que plaines brûlantes et désertes, repoussant tout organisme animal ou végétal. Mais, depuis quarante ans, l'esprit de découverte a fait des merveilles en Afrique. Le bloc formidable a été attaqué de tous côtés par d'intrépides voyageurs: quand, dans cette bataille acharnée livrée au mystère, l'un d'eux tombait victime des éléments ou des hommes, il était immédiatement remplacé. Grâce à tant d'efforts héroïques, on a réuni une telle masse de notions diverses, qu'en les comparant, en les contrôlant les unes par les autres, on a pu établir dans leurs traits les plus généraux le relief orographique, l'hydrographie et l'ethnologie de cette gigantesque partie du monde. Aux plaines arides, il a fallu substituer des mers intérieures, recevant dans leur sein ou envoyant dans tous les sens des fleuves énormes; aux régions désolées et calcinées, des provinces fertiles et des alpes chargées de neiges éternelles; aux sables stériles, des flores et des faunes d'une colossale exubérance; aux déserts silencieux et solitaires, de grands empires en possession d'une histoire politique, offrant des phases alternées de grandeur et de décadence, et présentant une infinie variété de formes sociales, de religions et de mœurs. Chacune des grandes divisions physiques ou politiques du continent africain sera, dans l'Encyclopédie, l'objet d'un article spécial. On ne trouvera ici qu'une esquisse tracée à grands traits de l'ensemble de ce continent, un résumé des résultats les plus précis et les plus récents constatés par la science. (Voir *Algérie, Égypte, Guinée, Maroc, Sénégambie, Cafrerie, Soudan, etc., etc.*).

Le nom d'Afrique vient de celui de la peuplade appelée *Africani* ou *Afri*, que les Romains trouvèrent sur le territoire de Carthage. Les conquérants étendirent ce nom à tout le continent. L'historien Ibn-Khaldoun, qui écrivit, au XIVe siècle, l'histoire des Berbers, compte parmi les tribus les plus célèbres celle des *Awrigha*, et on trouve encore parmi les neuf familles des Touaregs Askàr, qui habitent à l'ouest le pied du plateau du Fezzan, celle des *Aouraghèn.* Africani, Awrigha, Aouraghèn, autant de formes du mot qui a eu l'honneur de nommer l'immense continent.

L'Afrique s'étend au sud-ouest de l'ancien monde. Elle est comprise entre 37° de latitude nord et 35° de latitude sud, 20° de longitude ouest et 49° de longitude est. Sa superficie peut être évaluée à 29,125,000 kilomètres carrés. Elle est donc trois fois un tiers aussi grande que l'Europe. Sa plus grande largeur de l'est à l'ouest est de 7,500 kilomètres, et sa plus grande longueur du nord au sud de 8,000. Son littoral maritime ne présente qu'un développement de 20,215 kilomètres, tandis que la petite Europe compte 31,906 kilomètres de côtes. C'est dans cette rigidité de contours qu'est le secret de l'inaccessibilité si prolongée de l'Afrique.

L'Afrique a la forme d'un triangle. Sa partie septentrionale (c'est-à-dire les régions de l'Atlas comprises entre le Sahara et les côtes actuelles du Maroc, de l'Algérie et de Tunis) fut certainement une dépendance de l'Europe, séparée du reste de l'Afrique par une mer intérieure qu'un mouvement turgescent de la terre a convertie en un vaste désert. Les promontoires de Gibraltar et de Ceuta faisaient partie de la même chaîne de montagnes. Les données géologiques, botaniques et zoologiques prouvent surabondamment cette antique réunion.

L'idée la plus précise qu'on puisse se faire du relief général de l'Afrique est celle-ci : une série de plateaux peu élevés, s'appuyant, pour la plupart, à de hautes chaînes de montagnes, plateaux et montagnes dont les points culminants se trouvent vers la côte orientale, à une faible distance du littoral, et dont la déclivité la plus allongée est dans le sens de l'ouest et du nord. Les grands explorateurs de l'Afrique centrale, Speke, Livingstone et Baker, sont d'accord sur ce point et ont cherché à exprimer, par des comparaisons familières, cette conformation physique. « Le continent africain, dit Speke, représente assez exactement une assiette renversée. Au centre s'élève un plateau que forment des plaines immenses et qu'entourent des bourrelets de montagnes. A l'orient, ce plateau va rejoindre, par une pente brusque, les grèves plates qui confinent à la mer. Au nord, il va s'abaissant toujours graduellement de l'équateur à la Méditerranée. Enfin, dispersés à la surface du plateau inférieur, se trouvent des bassins remplis d'eau (les lacs) que les pluies font déborder, et d'où sortent alors des fleuves assez puissants pour percer leur enveloppe de montagnes, rompre ainsi la digue qui leur était opposée, et de cataractes en cataractes, rouler vers la mer. » « Nous pensons qu'on n'a pas eu tort, dit à son tour Livingstone, de comparer l'Afrique équatoriale à une assiette renversée, ou plutôt à un chapeau de feutre noir dont la forme serait un peu déprimée et les bords bossués... la bande extérieure est fort irrégulière; quelquefois elle s'incline doucement comme le pourtour d'une assiette renversée; ailleurs une rampe élevée surgit près de la plage, et à cette chaîne côtière succède une région basse qui la sépare du plateau central. Il est des endroits où la zone maritime a jusqu'à 500 kilomètres de large. Dans tous les cas, sa largeur détermine l'étendue de la navigation fluviale à partir de la mer. Tant que les rivières africaines ne font que la traverser, elles ne présentent aucun obstacle à la navigation; mais, dès qu'elles émergent de la partie haute, elles offrent des rapides et des cataractes qui en diminuent l'utilité. »

Les données numériques confirment ces vues. En partant du littoral sud (Cap), on trouve un plateau de 200 mètres d'altitude, qui s'élève par degrés jusqu'au désert de Kalahari (de 600 à 1,000 mètres) : du Kalahari à l'équateur, cette hauteur moyenne ne doit s'accroître que faiblement. De la région des lacs équatoriaux au nord, c'est-à-dire à la Méditerranée, la vallée du Nil s'abaisse par pentes successives sur un plan excessivement allongé. Les escarpements brusques ne se trouvent que vers l'orient. On y rencontre d'abord le plateau de la haute Éthiopie (de 2,400 à 2,700 mètres), dont les points culminants sont le Sámen, et dans le Kaffa, ce mont *Wosho*, que M. d'Abbadie a visité et mesuré, et auquel il attribue une hauteur de 5,060 mètres; puis plus bas, et juste sous l'équateur, cette région alpine si peu soupçonnée, située à 120 lieues de la côte, découverte de 1847 à 1852 par les missionnaires Krapf et Rebmann, visitée en 1861 par le baron de Decken et M. Thornton, et qui comprend entre autres deux pics couverts de neiges éternelles, le *Kénia* et le *Kiliman'djaro*. Cette dernière montagne a deux sommets, l'un de 6,115 mètres, l'autre de 5,285. On a pu constater que la ligne des neiges permanentes était à 3,000 mètres. Il est probable que ce massif neigeux envoie quelques dérivés au lac Victoria de Speke, et est un des points de cette vaste circonférence dont le Nil recueille les eaux. Plus bas encore, dans la Cafrerie, sont les montagnes appelées *Sneeuwberg* et *Nieuwveld*, et qui complètent ainsi toute cette ligne orographique de la côte orientale séparant le plateau central du littoral de la mer des Indes. Les escarpements du littoral occidental ou versant de l'océan Atlan-

tique sont moins connus. Au fond du golfe de Guinée se dressent les monts Came-
rouns, parallélogramme situé entre 3°57' et 4°25' de latitude nord, et 9°1' et 9°25' de
longitude est de Greenwich. La neige y tombe quelquefois. Richard Burton les a
gravis en décembre 1861, et en a donné une excellente monographie. Quant à ces
prétendues montagnes de *Kong*, que les cartes font courir le long de la côte de
Guinée, elles sont plus que problématiques. Un missionnaire, l'abbé Borghero,
affirme que ce sont de simples plis de terrain, qui ne s'étendraient même pas jusqu'au *Kouara* (vulgo Niger), et qui, par 5° de longitude ouest, s'infléchiraient vers le
nord pour mourir en éventail vers 15° de latitude nord.

Mais ici se présente le point le plus important de la géographie africaine. L'A-
frique peut être considérée comme partagée en quatre divisions naturelles : 1° au
nord, le versant de la Méditerranée par lequel coulent le Nil et les petits fleuves du
littoral barbaresque (le *Chélif*, la *Malouia*, etc.); 2° à l'ouest, le versant de l'Atlantique sur lequel coulent le Sénégal, la Gambie, le Rio Grande, le gigantesque Kouara
(si indûment appelé Niger et connu dans son cours supérieur sous le nom de Djo-
liba), l'Ogovaï (exploré par du Chaillu), le Zaïre ou Congo, le Coanza, l'Orange ou
Gariep ; 3° à l'est, le versant de la mer des Indes sur lequel coulent le Zambèse
(rival en majesté du Kouara et du Nil), la Rovouma, le Loufidji et le Djoub ; enfin
4° le versant des lacs intérieurs tels que le Tchad qui reçoit le Châri. Or l'origine
de tous ces fleuves semble converger vers cette partie de la zone équatoriale qui
nous est encore inconnue. La conséquence serait que cette zone qui envoie ainsi
ses eaux aux quatre versants du continent serait sa partie la plus élevée, le sommet
de la pyramide irrégulière, du polyèdre inégal dont la base est circonscrite par la
Méditerranée, la mer Rouge, l'océan Indien et l'Atlantique. Il y aurait là sous l'é-
quateur un massif alpin qui serait à l'Afrique ce qu'est à l'Europe le Saint-Gothard
d'où rayonnent le Tessin, l'Inn, le Rhin et le Rhône. C'est dans ce nœud central,
dont le *Kenia et le Kiliman'djaro* seraient l'extrémité orientale, dont les montagnes
bleuâtres vues par Baker au delà de la rive occidentale de l'*Albert-Nyanza* ne seraient que des contreforts, c'est là, dis-je, que prendraient naissance et les innombrables cours d'eaux qui forment le Nil et cette rivière Binoué ou Tchadda qui va
se jeter dans le Kouara et avec laquelle communique peut-être le Châri affluent du
lac Tchad, et ce magnifique Zambèse exploré avec tant de science et de courage par
Livingstone, et ce mystérieux Ogovaï sur les bords duquel du Chaillu a rencontré le
gorille et qui n'a guère été remonté que jusqu'à 120 milles marins. Toutes les probabilités sont pour cette opinion professée depuis longtemps par M. Vivien de Saint-
Martin (voir année géographique de 1863) et proclamée par Baker. A qui est reser-
vée la gloire d'explorer ce prodigieux quadrilatère de plus de 600 lieues de côté qui
s'étend du Gabon au lac Tanganyca et de 10° de latitude nord à 10° de latitude sud?
C'est là que l'Afrique, attaquée de toutes parts, a retranché ses derniers mystères.
C'est à la conquête de cette région inconnue que marchait notre compatriote Le Saint
quand la mort l'a frappé le 27 janvier 1868. C'est sur elle que Livingstone qu'on
croyait mort et dont on vient de recevoir à Londres des lettres datées de décembre 1867 (bords du lac de Tanganyka) fera peut-être bientôt la lumière. C'est
là enfin que le problème des sources du Nil recevra une solution définitive.

On ne saurait en effet trop le répéter. Rien n'est moins fondé que cette opinion
qui a pris droit de cité dans les notions géographiques des gens du monde : que
Speke, Grant et Baker ont découvert les sources du Nil. C'est aussi exact que de
dire : le voyageur qui le premier a vu sortir le Rhône du lac de Genève a découvert
la source du Rhône. Je ne dirai certes pas avec Burton qu'après les résultats
obtenus par ces admirables explorateurs, la question est vingt fois plus embrouillée,

mais il importe de déterminer nettement ce qui a été fait et ce qui reste à faire à propos de ce problème dont la solution établirait le tiers de la géographie de l'Afrique.

Les anciens avaient un proverbe pour désigner une chose impossible : « Chercher les sources du Nil. » Néron envoya deux centurions à la recherche de ces sources mystérieuses. Ils allèrent jusqu'aux immenses marais situés par 9° de latitude nord, à 1,200 kilomètres au-dessus de l'antique Méroé (le lac Nô des voyageurs modernes et notamment des dames Tinné). Ce sont les expéditions de d'Arnaud en 1840, du docteur Peney en 1860, de Burton et Speke en 1858, de Speke et Grant en 1861-63, de Baker en 1863-65, qui ont permis d'établir successivement l'hydrographie du grand fleuve, depuis Khartoum jusqu'aux lacs équatoriaux. Voici les résultats les plus généraux qui ont été obtenus : Depuis son embouchure dans la Méditerranée jusqu'à Khartoum (par 15°50' de latitude nord), le Nil ne reçoit qu'un seul affluent, qui descend du plateau éthiopien, l'*Atbara* (v. *Abyssinie*). A Kartoum, le Nil reçoit le *Bahr-el-Azrek* ou fleuve bleu, qu'on a pris longtemps pour le vrai Nil dont il n'est qu'un affluent. Le Nil, à cette réunion, est à 330 mètres au-dessus du niveau de la mer. Après Khartoum et jusqu'à Gondokoro (4°54'5" de latitude nord et 29°25'16" de longitude est de Paris), c'est-à-dire pendant un parcours de 400 lieues, le Nil ne reçoit que trois affluents : à droite, le *Yal* (par 10° de latitude nord), et le *Saubat* (par 9°20' de latitude nord), qui descend de l'Abyssinie et dont les branches supérieures sont inexplorées; à gauche, et à 22 lieues au-dessus du Saubat, le *Bahr-el-Ghazal*, qui descend du mystérieux pays des *Nyam-Nyam*, et qui traverse le lac Rek, visité en 1865 par les dames Tinné. C'est là que sont les immenses marais atteints par les centurions de Néron. Le Nil, à ce point, forme plusieurs canaux parallèles, qui, après un intervalle plus ou moins long, se réunissent au courant principal appelé *Kir* par les indigènes. Les expéditions pour remonter le fleuve n'ayant pu dépasser Gondokoro, lieu de trafic pour les marchands d'ivoire et d'esclaves, on résolut de prendre à revers les sources du Nil et d'y arriver par Zanzibar sur la côte orientale. C'est cette heureuse direction donnée aux explorations qui amena la découverte des grands lacs équatoriaux. Ces lacs sont au nombre de trois : 1° le lac *Tanganyka* découvert par Burton le 13 février 1858, situé à 280 lieues de la côte orientale, long de 300 milles anglais sur une largeur moyenne de 40 milles (résultats approximatifs), supposé à 562 mètres au-dessus du niveau de la mer, connu des Arabes sous le nom d'*Oudjiji*; 2° le lac *Ukéréwé*, visité par Speke et Grant, en octobre 1861, nommé par eux *Victoria-Nyanza*, et dont l'extrémité orientale est par 2°24' de latitude sud. Speke et Grant ne reconnurent que la côte occidentale qui reçoit de nombreux affluents. Ils estimèrent le niveau du lac à 1,082 mètres au-dessus du niveau de la mer, et ils virent, à l'ouest, des montagnes évaluées par eux à 10,000 pieds d'altitude. Peu profond, le Victoria-Nyanza aurait 75 lieues de diamètre en tous sens ; 3° le *Mivoutan-Nzigé*, découvert par Baker le 14 mars 1864, nommé par lui *Albert-Nyanza*, estimé à 631 mètres au-dessus du niveau de la mer et qui aurait 260 milles géographiques de longueur, ce qui en ferait le plus grand lac de l'Afrique.

Quel est le rôle de ces lacs dans l'hydrographie du Nil? Selon Speke et Baker, le Victoria-Nyanza serait la source orientale du Nil et l'Albert-Nyanza sa source occidentale. Suivant eux, le Nil sort du lac Victoria sous 3° de latitude sud, par un canal que Speke a appelé le canal Napoléon (les explorateurs semblent vouloir faire de la carte de l'Afrique centrale une succursale de l'almanach de Gotha), et par une chute baptisée chute *Ripon*. De là, après avoir traversé les pays d'*Uganda* et d'*Unyoro*, il se jette dans le lac Albert par les magnifiques chutes *Murchison*, à un point appelé *Magungo*, par 2°16' de latitude nord; puis, à une vingtaine de milles

au nord de Magungo, il sort du lac pour continuer sa course jusqu'à Gondokoro.
Mais n'est-ce pas aller un peu vite en besogne? Qui dit que le Nil, à sa sortie de
l'Albert-Nyanza, est bien le prolongement de la rivière qui entre dans ce lac à
Magungo? Ce qu'il y a de certain, c'est que l'Albert-Nyanza, situé à 1,500 pieds
au-dessous du niveau général des pays environnants, est le grand réservoir du
Nil. Comme le dit Baker lui-même : « Dans cette région, où il pleut dix mois de
l'année, chaque goutte d'eau, depuis l'averse passagère jusqu'aux torrents tombés
en mugissant des profondeurs des montagnes, tout vient s'y engloutir, s'y réunir,
s'y amasser. » Mais pourquoi les tributaires inconnus que reçoivent ces vastes
nappes n'auraient-ils pas droit à être appelés sources du Nil aussi bien que la rivière de Speke et de Baker, qui va des chutes Ripon à Magungo? Laquelle, dans ce
vaste réseau de branches venues de l'est, du sud et du sud-ouest, et se déployant,
comme dit Vivien de Saint-Martin, « en un immense éventail qui embrasse peut-
être la moitié de la largeur de l'Afrique sous-l'équateur, » laquelle peut être considérée comme la branche mère? C'est ce que nous apprendront seules les explorations futures. Livingstone va peut-être nous dire bientôt quels sont les rapports du
Tanganyka avec l'Albert-Nyanza, si ce lac Tanganyka est une Caspienne sans écou-
lements, à un niveau inférieur à celui des deux lacs de Speke et de Baker, et si la
ligne de séparation des eaux de l'Afrique passe au nord, entre lui et le lac Albert,
ou au sud, vers Cazembé. Toujours est-il qu'il est démontré maintenant que le Nil
coule sur une longueur de 36° de latitude, et que, dans ce prodigieux parcours (le
cinquième de la distance d'un pôle à l'autre de la terre), il arrose les régions les
plus diverses et les climats les plus opposés.

Grâce à Livingstone, l'hydrographie de l'Afrique australe a fait autant de progrès
que celle de l'Afrique équatoriale. Il y a également dans cette contrée, réputée jadis
torride et inhabitable, des cours d'eau magnifiques et des lacs nombreux. Citons le
lac *Ngami*, entre 22° et 20° de latitude sud, vaste nappe d'eau découverte le 14 août 1849,
d'une circonférence de 150 kilomètres, de peu de profondeur, et qui reçoit de nombreux affluents; le lac *Dilolo* par 11°40′ de latitude sud et 20°10′ environ de longitude est, réservoir de 12 kilomètres de long sur 4 ou 5 de large, et très-important
en ce sens qu'il est le point de partage entre les deux bassins du *Zambèse* (versant de la mer des Indes) et du *Zaïre* ou *Congo* (versant de l'Atlantique). D'après
Livingstone, le Congo prendrait sa source par 12° de latitude sud et 16°10′ de
longitude est : il coulerait en droite ligne vers le nord jusqu'au 5° degré, où il reçoit le
Casaï, et où il tourne à l'ouest pour tomber dans l'Atlantique. Quant au Zambèse,
rival du Nil, formé de plusieurs affluents dont le principal est le *Chobé*, il descend
du plateau central, montre, par 23°21′ de longitude est et 17°51′ de latitude sud, ces
splendides chutes *Victoria*, les plus magnifiques cataractes du monde, dont il faut
lire la description dans Baines et dans Livingstone, et où il mesure encore
1,700 mètres de largeur, coule ensuite dans une admirable vallée, atteint la première
factorerie portugaise, *Tété*, qui est au centre d'un immense bassin houiller, traverse
les gorges de *Lupata*, murailles de 700 pieds de haut qui ne lui laissent qu'un cours
de 250 mètres, et se jette dans l'océan Indien par un delta de 40 kilomètres de base
(la prétendue branche à laquelle Quillimane sert de port n'appartient pas au Zambèse).
A 100 kilomètres de la côte, sur la rive gauche, le Zambèse reçoit le *Chiré*. Livingstone remonta le Chiré en bateau pendant 200 kilomètres. Arrivé par 15°30′ de latitude sud, il fut arrêté par une série de neuf superbes cataractes dont l'une a plus
de 100 pieds de hauteur. Plus haut, sous le 15° parallèle sud, il rencontra le lac *Shirwa*
(125 kilomètres de long sur 30 de large), puis, par 14°43′ de latitude sud, le lac *Pa-
malombé* (20 kilomètres de long sur 8 ou 10 de large). Enfin, le 17 septembre 1859, il

découvrit le plus grand lac de l'Afrique australe, le *Nyassa des Maravis* (extrémité méridionale par 14°25′ de latitude sud) de 300 kilomètres de long sur 100 de large, et le remonta jusqu'à 11°. Ce lac est à 463 mètres au-dessus du niveau de la mer, c'est-à-dire qu'il occupe un des gradins échelonnés entre les hautes plaines centrales de l'Afrique et le littoral.

Qu'y a-t-il entre le Nyassa des Maravis et le Tanganyka de Burton? Au moment même où nous écrivons, Livingstone visite sans doute cet espace vierge. Il y aurait, selon les indigènes, une ligne de faîte d'où partirait une rivière appelée *Louapula* qui, après avoir formé le lac *Mofoué*, tournerait au nord et se jetterait dans le Tanganyka. Il faut attendre de plus sûrs renseignements. Mais qu'on remarque cette chaîne de lacs située presque sous un même méridien depuis l'Albert-Nyanza jusqu'au Nyassa des Maravis. Qu'on étudie aussi ces paroles de sir Roderick Murchison sur le lac intérieur que renfermait probablement dans les premiers âges le centre de l'Afrique australe et qui jettent tant de jour sur la constitution générale de l'Afrique. « Tous les lacs et marais qu'on trouve actuellement dans le centre de la région méridionale, depuis le lac Tchad jusqu'au lac Ngami, ne sont que les restes modernes de l'âge mésozoïque... Seulement, depuis cette époque primitive, le niveau des terrains s'est élevé de beaucoup au-dessus du niveau de la mer. Des roches éruptives les ont traversés, de profondes déchirures, des gorges étroites se sont formées tout à coup dans les chaînes de soutènement des plateaux supérieurs où les rivières ont trouvé des issues... On saura plus tard si cette structure en forme de bassin, que nous désignons ici comme étant le principal trait de la conformation de l'Afrique australe dans le passé et dans le présent, s'étend, oui ou non, à la partie septentrionale. Il est permis de le supposer... »

Les bassins du Nil, du Zambèse et du Congo étant ainsi déterminés, il reste à donner quelques notions sur la troisième grande contrée de l'Afrique, le *Soudan*, cette vaste concavité qui renferme les bassins du lac *Tchad* et du *Kouara*. Disons d'abord que l'altitude absolue du lac Tchad au-dessus du niveau de la mer a été fixée à 276 mètres, ce qui résout négativement la question longtemps débattue de la communication du bassin du Tchad avec celui du Nil. Le *Kouara* (vulgo *Niger*), dont la reconnaissance a exigé tant d'efforts et tant de victimes, sort par 9° de latitude nord et 13° de longitude ouest du groupe de montagnes qui sépare son bassin de celui du Sénégal. Il tourne à l'est et pousse ensuite une pointe au nord jusqu'à Timboktou, à 18° de latitude nord. De là il redescend à l'est, puis au sud et se jette par un immense delta au sud-ouest dans le golfe de Guinée, après un cours d'au moins 900 lieues. Le Kouara reçoit un affluent d'une singulière importance, la *Binoué* ou *Tchadda* qui arrose l'*Adamawa*, province située au sud du lac Tchad. La Binoué est peut-être en communication avec le *Chári*, affluent du Tchad. Le Kouara, la Binoué et le Chári constitueraient donc une immense route fluviale permettant au commerce européen l'accès direct du Soudan par le golfe de Guinée, au lieu de cette route terrestre par le Sahara si périlleuse et si coûteuse. Cent millions d'hommes, dit M. de Lanoye, mis en contact avec nos arts et nos lumières, de nouveaux et immenses marchés ouverts aux produits de notre industrie, une terre vierge livrant aux investigations de nos arts et de nos sciences les trésors de sa mystérieuse et inépuisable fécondité, cent nations réveillées d'une léthargie immémoriale et venant s'unir comme autant de membres actifs et utiles à la grande république du genre humain......... telles seront les conséquences de ces découvertes géographiques » (voir article *Soudan*). Ajoutons que toutes les contrées à l'orient du Tchad (et notamment ce terrible *Ouaday* où ont péri Vogel et de Beurmann), dans une étendue de 14 à 15 degrés jusqu'au *Darfour*, n'ont pas même été entrevues par un

Européen. Le Darfour et le Ouaday sont comme une chaîne d'oasis séparant le Sahara des régions centrales inconnues comprises entre le 10° degré de latitude nord et l'équateur, et se liant par l'immense plateau sablonneux du *Kordofan* à la vallée du Nil.

Pour terminer cette esquisse générale de la géographie physique de l'Afrique, disons quelques mots du *Sahara* sur lequel les récentes explorations ont singulièrement modifié les préjugés régnants. L'espace accordé aux sables mouvants, à la suite infinie de plaines arides inhabitables et inhabitées, a été très-restreint. Grâce à M. Henri Duveryier, on sait que la région orientale du Sahara est constituée par des plateaux élevés que dominent des pics sourcilleux et que sillonne un vaste réseau de vallées. Les oasis d'*Aïr* et de *Hogár* sont de vraies Suisses africaines. Le vaste plateau appelé *Ahaggár* envoie par son versant sud ses eaux au Kouara et par conséquent au golfe de Guinée, par son versant nord au golfe de Gabès sur la Méditerranée; par son versant ouest enfin à l'oûadi *Draa* qui débouche dans l'Atlantique en face des Canaries. Cette région est en un mot une continuation du plateau du Fezzan (capitale *Mourzouk* où réside le pacha turc). C'est à la partie occidentale qu'il faut réserver les descriptions terribles des voyageurs: c'est là que cette bande de terrain qui sépare le massif de l'Atlas des plaines de la Nigritie, soulevées à des époques inconnues du fond de l'océan dont les flots la couvraient, présente, pour employer les expressions d'un savant géographe déjà cité : « ces roches primitives rongées par les vagues, ces coulées de déjections volcaniques modelées par les eaux en chaussées de basaltes, ces couches arénacées, ces immenses dépôts de corps organiques et de muriate de soude accumulés par le temps, ces vastes et profonds lits de courants aux parois abruptes et aux angles saillants, » qui démontrent si nettement son origine.

Le climat de l'Afrique, mieux étudié, a été, grâce aux explorations modernes, en partie réhabilité. Ce n'est plus cette région désolée, uniformément brûlée par le soleil, et menaçant tout Européen qui essaierait de s'y acclimater d'une mort inévitable. Beaucoup de points offrent une température très-favorable et très-salubre. Si le littoral est généralement malsain et présente les extrémités les plus funestes de chaleur ou d'humidité, l'intérieur est presque toujours soumis à une influence modérée. A Gondokoro, là où commence la région des grands lacs, le maximum de température observée a été de 30° à 31° Réaumur de janvier à mars, et de 16° à 17° Réaumur de juillet à août au minimum. Au *Karagoué*, royaume entre le lac Victoria et le lac Albert, la température de décembre 1861 à avril 1862 oscilla de 25° à 29° centigrades. Son maximum fut de 29°44. La nuit, on constatait de 14° à 18°. Les étés de Rome et de Naples sont plus brûlants. Sur la côte occidentale, le docteur Welwich a établi que la température moyenne d'Angola était de 28° centigrades à moitié hauteur, et de 21° sur les plateaux. « Je suis persuadé, disait Livingstone, dans la conférence qu'il a faite à Bombay, que si l'on croit le climat de l'Afrique excessivement mauvais, c'est qu'on n'en a pas fait l'essai dans de bonnes conditions... Avec une bonne nourriture et un abri suffisant, avec une occupation active pour l'esprit et le corps, je suis persuadé que sur les hautes terres de l'Afrique, les Européens pourraient vivre et prospérer. » Il serait ainsi facile de relever, dans les récits des voyageurs modernes, tous les points de l'immense continent où pourrait s'exercer sans péril l'activité européenne. Les régions vraiment inhabitables sont celles du Sahara circonscrit, comme nous l'avons dit plus haut. C'est là, pour prendre l'expression du grand géographe Karl Ritter, le vrai Sud du monde. C'est dans le Sahara, vers le 20° degré de latitude nord, que passe l'équateur thermique de la terre, c'est-à-dire la courbe de plus grande chaleur moyenne, de chaque côté de laquelle la température diminue jusqu'aux pôles.

La météorologie de l'Afrique a pu être aussi déterminée dans ses traits les plus généraux. D'après M. Élisée Reclus, qui a résumé toutes les recherches antérieures, le Sahara est traversé régulièrement par un vent du nord-est, qui court des bords du Nil à ceux du Kouara, en ne laissant tomber de pluies, sur cet énorme parcours de 2,700 kilomètres, qu'au sommet des monts, tel que le Djebel Hogär. Sur la côte occidentale du Sahara, ce vent prend le nom de *Harmattan*. Aux frontières du Soudàn, le domaine des vents permanents est remplacé par la zone des calmes équatoriaux aux courants ascendants tout chargés de vapeurs aqueuses. Aussi là des pluies abondantes pénètrent le sol, qui revêt une végétation exubérante. Ajoutons que les moussons du golfe de Guinée d'une part, et de l'autre celles de l'océan Indien, cette prodigieuse cuve d'évaporation, précipitent des torrents d'eau dans la zone équatoriale. Il pleut dix mois par an sur les pentes du Kiliman'Djaro. Ce régime des pluies et des vents explique comment cette région centrale, aux montagnes saturées d'humidité, renferme la source de tous les grands fleuves africains.

L'anthropologie ou ethnologie de l'Afrique est encore très-confuse. La science n'a pas encore assez rassemblé de faits empruntés, soit à l'observation immédiate, soit aux monuments historiques pour résoudre des problèmes aussi complexes. Cependant les travaux des voyageurs et des missionnaires ont ouvert les plus curieuses perspectives et pratiqué des éclaircies imprévues dans ce vaste horizon, où tout était si confus et si vague. Sans se hâter, sans se livrer à des synthèses prématurées et en n'attachant aux résultats obtenus que le caractère de simples prévisions, on peut déjà poser des points d'une haute importance dont le principal est celui-ci : l'Afrique n'est pas, comme on l'a cru si longtemps, le domaine exclusif d'une race nègre aborigène. A côté de la race nègre subsiste une race blanche qui présente dans sa configuration les traits caractéristiques de la race caucasique. Cette race, autochthone ou non, issue des Sémites ou venue de l'Inde, a son point de départ dans cette corne immense que le continent projette vers l'Arabie, et dont la pointe est formée par le cap *Gardafoui*, région inexplorée par les Européens, connue sous le nom de pays des *Gallas*, des *Somaulis* et des *Danakils*. C'est de là que rayonne, soit au nord et au nord-ouest dans la vallée du Nil et dans la région de l'Atlas, soit au sud à travers le plateau de l'Afrique australe, soit enfin à l'ouest dans toute la zone équatoriale, cette race au teint clair, au profil régulier et aux cheveux non laineux. En contact avec les nègres, elle a formé ces peuplades mixtes de couleur rouge qui ont tant surpris les voyageurs et qui ont reçu le nom heureusement trouvé de négroïdes. Au nord et au nord-ouest, cette race, primitive ou non, réclamerait les peuples de la Nubie et de la moyenne région du Nil, ainsi que les *Berbers* ou *Kebaïls* de l'Atlas et que les *Touaregs* ou *Imouchar* du Sahara. C'est à elle qu'appartiendraient dans l'Afrique australe ces tribus négroïdes, dispersées depuis l'équateur jusqu'au 30e parallèle sud, qui n'ont pas de dénomination commune, mais que les Arabes ont divisées en *Saouâhilis* ou habitants des côtes, et *Káfirs* (Cafres) ou mécréants (par opposition aux Saouâhilis qui avaient embrassé l'islam). Enfin tout le long de la zone équatoriale, cette race aurait poussé ses tribus jusqu'au golfe de Bénin et au Gabon. Les *Fáns* ou *Pahouins*, qui en ce moment même refoulent les nègres du Gabon et dont le contre-amiral Fleuriot de Langle compare l'invasion à celle des Vandales et des Goths, seraient un peuple nomade qui, parti de cette mystérieuse terre Gallà, puis fixé dans les régions inconnues qui s'étendent de chaque côté de l'équateur, aurait repris ses migrations et ses conquêtes. Enfin, les Pouls, Foulath ou Fellatath, qui ont asservi le Soudan, fondé des empires et formé avec les nègres la race métisse des *Toucouleurs* du Sénégal, seraient un dérivé de cette race blanche africaine, un rameau secondaire de la race Berbère plus ou moins altéré par le sang éthiopien. La philologie semble confirmer ces résultats. Krapf a constaté l'analogie étonnante de toutes les langues de l'Afrique australe, et, de son côté, Barth a démontré le rapport existant entre le groupe central des langues soudaniennes et la langue gallá, en passant par les idiomes du Nil Blanc. On réunit patiemment une masse de faits à l'appui de cette grande vue ethnologique si grosse de conséquences. On peut voir ce que Speke dit des *Houmas* ou habitants des bords du Victoria Nyanza. Il les croit issus des Gallás dont ils se rapprochent par les caractères physiques, et il croit les Gallás eux-mêmes (ce qui est absolument incertain) venus de l'Asie. Je citerai aussi les travaux du docteur Hartmann (*Voyages du baron d'Arnim dans le nord-est de l'Afrique*. Berlin, 1863), qui soutient que toutes les populations non nègres du nord-est de l'Afrique appartiennent à une seule race, aborigène du nord de l'Afrique, et qui aurait constitué les Kouschites des livres hébreux, et les Éthiopiens des Grecs. Cette année même, M. Linant de Bellefond a publié une notice sur les *Bichariéh*, habitant le massif montueux de l'*Elbáh*, sur la côte de la mer Rouge, par 22º de latitude nord, et qui appartiendraient à cette race blanche autochthone du nord. Ce sont de très-beaux hommes au teint chocolat très-clair, quand il est pur de tout mélange avec le nègre, et ocre rouge tirant sur le jaune, quand le sang nègre s'y est allié. Enfin, ces mystérieux *Nyam-Nyam*, qu'on a si longtemps gratifiés d'une queue, qu'on dit anthropophages et qui habitent la région inconnue s'étendant du bassin supérieur du Bahr-el-Ghazal au Darfour, semblent appartenir à la même race que les Pouls, tandis que leurs voisins, les *Noüer* et les *Rek*, offrent le type nègre le plus prononcé.

C'est dans le Soudan, la Sénégambie et la Guinée qu'existe la vraie race nègre. Les noirs plus laids habitent la côte de Guinée. Ce sont les *Papels*, les *Bisagos*, les *Balantes*, les *Iolas*, tribus probablement repoussées de l'est sur la côte occidentale par la race blanche conquérante. Plus loin, entre les rivières Assinie et Volta, se trouve une race plus belle, celle des *Amina* (*Fantis, Aguapim, Inta* et *Aschantis*). Puis viennent les *Dahomans* et les *Yebous* du Benin. Les nègres qui habitent la contrée s'étendant de Mozambique à l'est, au golfe de Guinée à l'ouest, sont les *Bachinjé*, les *Balondas*, les *Wazaramo* du lac Tanganyka, les nègres du *Congo* (Angola, Benguela et Loango). Dans le Soudan, les nègres du Bornou sont appelés *Kanouris* : chose étrange, ils semblent absorber la race conquérante des Pouls ou Fellatas, dont le rôle pourrait bien être fini. Les *Malinkés* du Kaarta et de Ségou (noir tirant sur le jaune), et les *Yolofs* de la Sénégambie (très-noirs) appartiennent à un groupe plus élevé et se rapprochent des Pouls. Les *Torodes* de l'Adamawa semblent être issus du mélange des Yolofs et des Pouls. Citons encore les *Soninkés* (race noire et aborigène, selon M. Faidherbe), qui ont reculé devant les invasions des Berbères et qui habitent le pays de Bakel. Si nous dépassons la région des grands lacs, nous trouvons, dans la haute vallée du Nil, depuis 4º jusqu'à 12º de latitude nord, des tribus noires divisées en quatre groupes : 1º les *Shillouks* (rive gauche du fleuve jusqu'au Bahr el Ghazal et au Kordofan); 2º les *Noüers* (au sud des Shillouks, sur les deux bords du Sobat) 3º les *Dinka* (nomades, sur les deux rives du fleuve); 4º les *Bari* (au sud des Dinka), cultivateurs. Le domaine propre du nègre, dans le nord-est de l'Afrique, commencerait donc par 12º à 15º de latitude nord.

N'oublions pas la race *Hottentote* (*Quaiquas*), si singulière par sa petite taille, sa peau d'un jaune sale et les particularités anatomiques de ses femmes. Les Hottentots, peut-être aborigènes de l'Afrique australe, descendaient jadis jusqu'au cap de Bonne-Espérance. On y distingue les *Coronas* et les *Namaquas*, et ces misérables *Buchsmans* ou *Boschtmans* (hommes des buissons). La race Hottentote disparaît rapidement. Du mélange des Hottentots et des colons hollandais sont nés les *Griquas*.

Telles sont, à un point de vue extrêmement général, les races en présence sur ce vaste continent dont nous avons essayé de tracer à grands traits la géographie physique. Avant de dire quelques mots sur l'avenir de l'Afrique, il est bon de constater quelles sont les nations européennes qui y ont des colonies et qui sont appelées à y introduire la civilisation. Les Français ont l'Algérie sur le littoral méditerranéen et la colonie du Sénégal sur la côte occidentale. Ils ont de plus : à l'embouchure de la Casamance les établissements de *Diogué, Sedhiou, Carabane* et *Guiemberin*; sur la côte de Guinée les comptoirs d'*Assinie,* de *grand Bassam* et de *Wydah* en Dahomey; dans la Guinée méridionale, l'établissement du *Gabon.* Ils ont acheté *Obok* à l'entrée de la mer Rouge. Les Anglais possèdent la magnifique colonie du Cap et du Natal; ils ont au Sénégal *Bathurst, Albreda* et *Pisania* à l'embouchure de la Gambie ; — *Loss, Freetown, York* et *Sherboro* sur la côte de Siera-Leone; — *Harper, cap Corse, Anamabou, Adda, Quitta, Badagry, Lagos* en Guinée; *Périm, Missah* et *Camaran* à l'entrée de la mer Rouge. Les Portugais ont sur l'Atlantique les colonies de *Benguela,* d'*Angola* et du *Congo* et sur la mer des Indes la côte de *Mozambique* (Sofala, Quilimané, Quérimba, etc.); au Sénégal, *Zingicor, Cacheo, Bissao, Geba,* l'archipel des *Bissagos,* les îles *du Prince* et *Saint-Thomas.* Les Espagnols ont les *présides* du Maroc et, sur la côte de Guinée, les îles *Fernando Pô* et *Annobon.* Les Hollandais, jadis maîtres du Cap, n'ont plus que *Saint-Georges de la Mine, Axim* et *Grand-Popo* en Guinée.

Ceci posé, comment la civilisation pénétrera-t-elle en Afrique? quels peuples européens en seront les principaux agents et quels obstacles rencontrera-t-on dans cette œuvre qui va sans doute être entamée prochainement? La France possède dans sa colonie du Sénégal un admirable point d'attaque sur le Soudan, cette immense contrée aux prodigieuses ressources, arrosée par une des plus belles voies fluviales du monde, le *Kouara.* Il y a dans le Soudan deux empires musulmans fondés par les Pouls, l'un occidental à Ségou où le lieutenant Mage vient de passer trois ans, l'autre oriental à Sokoto, entre le Niger et le Tchad. Ce marché est exploité par les Sahariens et par les Marocains. Il s'agirait de le leur enlever en attirant tout ce commerce vers le Sénégal. Pour cela il faudrait de Médine (l'établissement français le plus avancé) à *Bamakou* sur les bords du haut-Kouara, c'est-à-dire sur une distance de 80 lieues environ, une ligne de postes fortifiés qui serviraient de lieux de dépôts pour les marchandises et de points de protection pour les caravanes. De là, des bâtiments français descendraient le Kouara jusqu'au saut de Boussa où ils pourraient rencontrer les navires venus par le delta du fleuve. Il y aura peut-être là plus tard une ville qui sera un des plus riches centres commerciaux du monde. Le général Faidherbe proclame chimérique le projet de rattacher le Soudan à l'Algérie à travers le Sahara. Les Anglais le comprennent bien. Ils fondent des comptoirs sur le bas-Kouara: de là ils pourront atteindre directement soit Boussa, soit même par la Binoué et le Châri, le lac Tchad.

La mémorable expédition de la Pleiad en 1855 sur la Binoué a prouvé qu'on pouvait braver par des précautions appropriées la terrible fièvre africaine. Mais, dans le Soudan, les Européens se heurteront contre l'islamisme. Comme le dit si bien le général Faidherbe dans la note qu'il a donnée aux *Annales des voyages* d'octobre 1866, « le vieux monde africain régénéré par la demi-civilisation musulmane, galvanisé par le fanatisme, pressent que c'est par cette brèche de la vallée du Sénégal que la race européenne et son cortége d'idées et d'institutions pénétrera avant peu au cœur de ce continent arriéré et, par l'instinct de conservation naturel à toute chose, il cherche à se défendre de cette invasion. »

Ces vues sont confirmées par Speke qui trouve aussi que les populations musulmanes, maîtresses des côtes orientales et septentrionales, seront le véritable obstacle au progrès de la civilisation. « Sous le nom de Pellani, de Berbères, d'Arabes, de Maures, dit-il judicieusement, elles occupent les côtes qu'elles ont conquises, et, à l'intérieur, elles emploient tous les moyens possibles, calomnie, assassinat, ruse ou violence, pour isoler cet immense marché qu'elles exploitent avec l'espoir de s'en réserver absolument le monopole. » Cette zone littorale de l'Afrique est donc terrible sous le double rapport de la nature et des hommes : de par la nature, elle est ou couverte de sables arides ou noyée de mortels marécages ; de par les hommes, elle est la proie de trafiquants d'esclaves et d'ivoire, bandits sans foi ni loi, qui ne montrent la civilisation aux populations riveraines que sous ses plus odieux aspects, et qui leur inspirent la haine des blancs. Il faudrait donc, comme l'a si bien dit Barth et après avoir franchi cette zone littorale, « établir des centres coloniaux sur les principaux fleuves, afin que, de ces points, il se produisît un rayonnement salutaire et un courant civilisateur qui ne tarderaient pas à les joindre l'un à l'autre. » Mais le premier soin devrait être de supprimer cette effroyable plaie de l'Afrique, la traite des noirs. Il faut lire les détails sur cette traite dans Baker pour celle qui se fait par Khartoum et la mer Rouge, dans Livingstone pour celle qui passe par Mozambique, dans Barth pour celle qui emprunte les voies du Sahara vers le Maroc et Tripoli. Tout cela serait facile si l'Europe voulait sérieusement s'en occuper et consacrer à cette pacifique attaque du continent africain tant de trésors inutilement et absurdement dépensés.

Quant à l'aptitude du nègre à la civilisation, elle est vivement controversée et les anthropologues sont très-divisés sur ce point. Le général Faidherbe pour l'Afrique occidentale, l'illustre Livingstone pour l'Afrique australe soutiennent la cause du nègre. La question sera discutée dans l'*Encyclopédie* (voir article *Nègre*). Le tableau de l'état social des noirs, tel qu'il résulte des récits comparés des voyageurs, n'est pas très-consolant. On peut dire qu'en général, la forme des gouvernements africains est le patriarcat, soit despotique, soit avec assistance d'un conseil formé par les anciens de la tribu. Ce patriarcat va souvent jusqu'au meurtre à l'état d'institution, à la folie sanguinaire en permanence. (Voir à l'occident le Dahomey et, dans la région des lacs, la cour de ce roi du Ganda, Mtésa, visitée par Speke, et qui fait exécuter quatre ou cinq femmes tous les jours.) Et ces excès ne rencontrent que victimes soumises et respectueuses. La condition de la femme est celle d'un animal domestique qui doit constamment travailler pour l'homme et cependant, car les plus énormes contradictions abondent dans l'étude des mœurs africaines et défient tout tableau d'ensemble — les voyageurs citent nombre de reines et de chefs femelles sur tous les points, de même qu'ils peignent aussi, par-ci par-là, un exercice très-doux et très-paternel de l'autorité.

La religion est ou absolument nulle (v. article : *Peuplades athées*) ou réduite au plus grossier fétichisme, c'est-à-dire, pour prendre la définition du docteur Maury, « à l'adoration d'objets bruts, inanimés ou inintelligents, auxquels l'homme prête une intelligence et une puissance supérieure à la sienne, au culte des pierres, des arbres, des animaux, à la vénération des amulettes et des talismans. » On connaît le culte des noirs du Soudan et de la Guinée pour les talismans appelés *gris-gris*. L'instinct de l'immortalité n'existe pas chez la plupart des tribus africaines, ou est d'un vague insaisissable. Le culte consiste surtout en danses, et prend en Guinée un caractère orgiastique et mystérieux (v. Dr Maury), transporté par les nègres aux Antilles sous le nom de *Vaudou*. Dans un livre original (l'*Histoire du travail*), M. Félix Foucou a dit de l'Afrique : « C'est la terre des embryons. » Telle est, en effet, l'impression finale que laisse une étude de l'Afrique physique et morale, de ce continent qui, selon les géologues, n'a pas été submergé, qui n'a pas subi ces dépressions et ces soulèvements des mers qui ont remanié si largement l'Europe, l'Asie et l'Amérique, et qui est, par conséquent, la plus vieille des parties du monde. C'est à l'activité occidentale qu'il appartient de faire de ces embryons, de ces germes, des organisations développées et complètes.

BIBLIOGRAPHIE. — On indiquera aux articles spéciaux la bibliographie spéciale de chacune des contrées de l'Afrique. Nous citerons seulement ici : *Histoire générale des voyages de Walckenaër*, 1826-1831, 21 vol. in-8o (tous consacrés à l'Afrique). — *L'Univers pittoresque* (l'Afrique comprend 5 vol. de la collection). — *L'Année géographique*, par Vivien de Saint-Martin, 1863-1869, 7 vol., le plus riche et le plus utile répertoire qu'on puisse consulter sur les découvertes faites depuis sept ans dans le continent africain. — *L'Afrique nouvelle*, par A. Jacobs, 1862. — Roullet, *les Pahouins, leur origine, leurs mœurs, leurs coutumes*, 1867. — Barth, *Voyage et découvertes dans le Nord et dans le Centre de l'Afrique*, 4 vol. in-8o (5 dans l'édition anglaise de 1857). — Burton, *Voyage aux grands lacs*, 1 vol. in-8o, 1861. — Speke et Grant, *Journal de la découverte des sources du Nil*, 1 vol. in-8o, 1863. — Baker, *Découverte de l'Albert-Nyanza*, 1 vol. in-8o, 1868. — Livingstone, *Explorations dans l'intérieur de l'Afrique australe*, 1 vol. in-8o, 1859; *Explorations du Zambèse*, 1 vol. in-8o, 1866. — De Lanoye, *le Niger*, 1 vol. in-18, 1858. — Mage, *Trois ans au Soudan*, 1 vol. in-8o, 1868. — La collection du journal de Petermann, les *Mittheilungen*, qui peut remplacer toute une bibliothèque spéciale de l'Afrique. — Les *Annales des voyages*. — Les *Bulletins de la Société de géographie*.   LOUIS ASSELINE.

AGE DE L'HOMME. — (La forme archaïque de ce mot, *édage*, montre qu'il vient de *ætatem agere* et veut dire proprement : accumulation d'âge.) Ce mot indique tantôt le point de la durée où est arrivée une existence : « âge de puberté; âge de retour ; chaque âge a ses plaisirs » ; tantôt il semble, conformément à l'étymologie, exprimer plutôt le temps déjà écoulé depuis le premier instant de la vie : « il ne paraît pas son âge, etc. » ; tantôt la durée entière de l'existence : « être à la fleur de l'âge ; avancer en âge ». Cependant comme, dans tous les cas, cette expression réveille l'idée ou d'une durée, ou d'un instant à définir, elle doit nécessairement être accompagnée d'un déterminatif qui la complète en mesurant cette idée ou en fixant cet instant. Dans les relations sociales, la mesure la plus commode a été l'unité de temps : jours, mois, années ; cette estimation par année a, dans ce cas, outre sa commodité, l'inappréciable avantage d'échapper, par sa fatalité, à tout arbitraire, à toute fraude; ce qui permet d'en faire une annexe du nom, fort importante dans les rapports sociaux. Cependant cet article n'est point écrit au point de vue de la sociologie mais de la biologie; notre but est d'y résumer les diverses phases de l'évolution organique, et ce ne sont pas les années qui les accusent, mais les modifications anatomiques, lesquelles s'effectuent en plus ou moins de temps suivant les individus, et, sans doute, suivant les milieux et les types humains ; c'est pourquoi, pour nous, la vraie détermination de l'âge de l'individu n'est pas dans la supputation des ans écoulés depuis sa naissance, mais dans la fixation du point précis où est parvenu l'ensemble de son évolution organique. Aussi cet adage de la coquetterie que « l'on a l'âge que l'on paraît », est pour nous absolument vrai. Sous ce rapport, le biologiste doit s'inspirer de la pratique de l'art vétérinaire; c'est en consultant l'état de développement ou d'usure des organes et non la date de la naissance que l'on estime l'âge de l'animal. Il est seulement regrettable que, même dans ce cas, la pauvreté de notre langue oblige de traduire cette estimation en années d'âge, car si l'animal a vieilli plus vite ou moins vite que la moyenne idéale que l'on a dans l'esprit, c'est la traduction qui sera inexacte et non la notion que l'on a voulu exprimer : il vaudrait mieux imiter l'Arabe qui, à partir de la naissance, a saisi et nommé dans la vie de son chameau dix périodes distinctes, tandis que dans la langue courante nous n'en avons guère que quatre à cinq pour l'homme!

Les deux grandes phases de l'organisme. Cependant l'homme, comme les autres vivipares, a deux existences successives et fort distinctes : durant la première, plongé dans le sein maternel, flottant dans le liquide amniotique, il est parasite et aquatique ; la seconde phase de son existence, qui débute à sa sortie du sein maternel, commence sa vie indépendante et aérienne. Elle est le point de départ adopté pour la supputation des années servant à représenter l'âge légal.

Peu de jours après le début de la vie indépendante, si le nouveau-né demeure en bonne santé, une nutrition active continue à développer rapidement, mais *inégalement*, chacun de ses organes ; il en résulte que c'est par l'examen de chacun d'eux que l'on doit se renseigner pour dire à quelle période moyenne de son évolution est arrivé l'organisme entier. Mais l'espace nous manquerait, et quelquefois la science elle-même, si nous nous proposions de tracer le tableau successif et complet de l'évolution de chacun de ces organes ; nous indiquerons succinctement les principaux.

Taille et poids. L'accroissement de l'organisme entier jusque vers la vingt-cinquième année s'effectue par l'accroissement continu de chacun de ces deux éléments. On donnera ailleurs le tableau du développement simultané de ces deux éléments.

Système osseux. La charpente de l'embryon est d'abord cartilagineuse, et, chez un certain nombre de poissons, la raie par exemple, elle reste toujours telle. Chez l'embryon humain, l'ossification de ces cartilages commence vers le cinquantième jour de la vie intra-utérine et se continue sans interruption jusqu'au delà de la cinquantième année. On dira l'histoire de ce travail incessant au mot *Ostéologie.* Rappelons seulement ici que la plupart des os, mais notamment les os longs, sont composés de trois pièces, une médiane, ou le corps de l'os, et deux têtes articulaires appelées *épiphyses.* A la naissance, toutes ces épiphyses sont encore entièrement cartilagineuses, sauf un petit point osseux isolé qui, peu de jours avant la naissance, vient se former dans la tête supérieure du fémur. Bientôt ces têtes articulaires s'ossifient : mais une zone cartilagineuse continue longtemps à les séparer du corps de l'os long, car elle se maintient par de nouvelles formations à mesure que l'ossification l'envahit. Or c'est presque exclusivement par l'allongement successif de cette zone que les os se développent dans le sens de leur longueur ; quand elle est ossifiée, la croissance s'arrête. C'est, en moyenne, entre dix-huit et vingt-cinq ans que se soudent au corps de l'os les extrémités articulaires des os longs de la cuisse et du bras.

Crâne et cerveau. On verra ailleurs que cette cavité est constituée notamment par sept os concaves qui, contigus par leurs bords, circonscrivent presque entièrement la cavité qui protège, mais aussi emprisonne le cerveau. Ces os s'accroissent par leurs bords qui sont d'abord cartilagineux et indépendants ; mais, peu à peu, ces bords se soudent entre eux, les soudures s'ossifient et la masse cérébrale, enserrée dans leur inextensible enceinte, ne peut plus augmenter son volume. Or, cet organe n'échappe point aux lois qui régissent les autres organes : la puissance de ses fonctions est sous la double dépendance de la *qualité* et de la *quantité*, c'est-à-dire de son volume ; chez un même individu, la qualité, qui paraît surtout tenir aux mystérieuses conditions héréditaires des tissus, ne peut guère changer ; il n'en est pas de même sans doute du volume ; comme tout organe, une gymnastique appropriée peut le développer aussi longtemps que la muraille osseuse qui l'enveloppe restera extensible; elle le sera tant que les jointures osseuses, dites *sutures*, ne seront pas soudées par une inflexible ossification; ainsi apparaît toute l'importance de cette ossification crânienne par les progrès de l'âge. Ainsi, chez le nouveau-né, le frontal (l'os qui constitue le front) est divisé en deux par une suture médiane qui va du nez au sommet de la tête; cette suture, mieux que toute autre, permet au front de s'étendre en largeur. Malheureusement, chez la plupart, elle se soude de très-bonne heure, avant la fin de la première année; mais il y a des privilégiés chez lesquels elle ne s'oblitère que vers cinquante ans, et nous verrons ailleurs les importantes conséquences de cette heureuse exception qui paraît héréditaire. En général, c'est vers quarante à cinquante ans que les dernières sutures de la voûte crânienne s'ossifient successivement suivant un ordre variable, quoique assez constant chez une même race, mais très-différent dans les divers types humains. Cependant, si le cerveau ainsi muré ne peut plus accroître son volume, il peut, hélas, diminuer, et il diminue! En effet, 1400 grammes étant à peu près le poids moyen du cerveau entre trente et quarante ans (âge auquel il paraît atteindre son poids maximum), il n'est plus que de 1350 environ à soixante ans, de 1200 et moins au delà de soixante-quinze ans. Cependant il faut dire que si ces pesées sont assez nombreuses et tout à fait concluantes pour prouver la diminution du cerveau avec l'âge, elles ne le sont peut-être pas pour déterminer des valeurs moyennes *précises*. Quoi qu'il en soit, il est manifeste que le cerveau n'échappe pas au mouvement progressif, puis rétrograde, qui entraîne fatalement tous les autres organes de l'économie; il a ses âges comme le crâne qui l'enveloppe, comme le reste du système osseux, comme le système pileux et dentaire dont nous allons rapidement esquisser l'évolution.

Système pileux et cutané. Le nouveau-né, sortant des entrailles maternelles, est couvert d'un assez long duvet foncé qui tombe promptement et souvent est remplacé par un autre plus clair qui disparaît aussi avec la première enfance; puis vient la vigoureuse poussée pileuse qui caractérise et donne son nom à l'âge de la puberté; poils qui vont le plus souvent en s'épaississant jusqu'à la maturité, tandis que les cheveux commencent souvent à s'éclaircir vers le milieu de l'âge adulte (trente à quarante ans). On sait du reste que les modifications de nuances ne sont pas moins caractéristiques; ainsi, et malgré de nombreuses exceptions, on peut établir que les cheveux d'abord de nuance claire brunissent en masse jusqu'à vingt et vingt-cinq ans, tandis que, vers trente à quarante ans, ils commencent un par un leur décoloration ou *canitie*..... ensuite les poils de la barbe sont atteints... enfin les aisselles et les cils sont les plus réfractaires; aussi leur complète décoloration caractérise-t-elle le dernier âge.

La *peau* ne subit pas des transformations moins marquées. Souple, épaisse, poreuse, élastique, douce et onctueuse dans la jeunesse, bien tendue et doublée d'un tissu lamelleux dont les mailles sont remplies d'une pulpe graisseuse, elle s'amincit dans la vieillesse, perd son élasticité, se ride, se plisse par la disparition de sa doublure adipeuse; elle se macule, se ternit d'un brun sordide surtout dans les parties découvertes, et finit par ressembler à un vernis sec et aride que ne traverse plus la transpiration cutanée.

Dentition. Son évolution et sa dégradation successive seront traitées un peu plus loin à propos de la division de la vie humaine en quinze âges ou périodes; nous citerons les points principaux de l'évolution dentaire.

Organes de reproduction. Leur intéressante histoire sera traitée au mot *Génération*; mais ils dominent tellement les phases de la vie humaine, qu'il faut au moins en nommer les traits principaux, car eux seuls ont servi à établir les phases que l'observation spontanée et le langage ont marquées dans notre existence :. tant qu'ils sont somnolents, c'est l'*enfance*; *l'adolescence* commence avec leur premier réveil et fait place à la *jeunesse* adulte dès leur complet épanouissement; l'âge *adulte* ou de fécondité, et, plus spécialement chez l'homme, la *virilité*, comprend tout le temps de leur activité; l'âge mûr arrive quand commence leur déclin, et la vieillesse quand ils se sont flétris sans retour. Ils tiennent si étroitement les autres systèmes sous leur dépendance que, quand ils s'épanouissent, tous reçoivent un supplément d'activité, d'énergie et se revêtent d'un éclat jusqu'alors inconnu, tandis que tout décline avec eux; mais, quand on veut traduire en années la durée respective de ces phases, on éprouve de grandes difficultés, surtout pour l'homme dont les étapes d'entrée et de sortie ne sont pas aussi ostensiblement marquées qu'elles le sont chez la femme par le phénomène de la menstruation.

Les sens. Je dois m'arrêter dans cette revue; je ne puis que citer l'ouïe qui devient dure; l'œil, dont le cristallin et la cornée perdent de leur transparence, et ce cercle sénile opalin si singulier, qui, dans la moitié des cas, entre soixante-cinq et soixante-dix ans, se dessine sur le pourtour de la cornée transparente. Ainsi se développe, puis vieillit à part et inégalement, chacun de nos organes. Chez chacun de nous, l'ordre et la vitesse de ce mouvement sont extrêmement variables.— Que de femmes sont vieilles à quarante ans, quand Ninon, qui commence à quinze ans, est encore jeune à cinquante! Que d'hommes dont l'intelligence inactive est comme figée avant leur quarante-cinquième année, tandis que d'autres sont dans leur force à cinquante ans. Ainsi se démontre ce que nous disions au début de cette étude : la supputation des années est une appréciation fort imparfaite de l'âge vrai de notre organisme; mais il n'en importe pas moins de mesurer la durée *moyenne* de chacune des phases physiologiques de la vie humaine : c'est ce que l'on a essayé de tout temps avec plus ou moins de bonheur; mais il faut avouer que tant que l'on ne fera pas l'analyse par organe, et que l'on n'emploiera pas la méthode sérielle des grands nombres et celle des moyennes, on n'aura qu'une solution fort imparfaite... Car, si l'on n'établit ses divisions que sur la considération d'un seul organe, les coupures seront artificielles; si l'on en considère plusieurs, comme l'évolution est inégale pour chacun, on n'aura aucune limite déterminée, et les coupures seront plus ou moins arbitraires. Racontons pourtant celles qui ont été essayées.

On peut d'abord poser une division binaire : âge ou période d'*accroissement*, période de *déclin*; excellente coupure, parce qu'elle s'applique à chaque organe comme à l'ensemble, mais évidemment trop large, trop synthétique. C'est pourquoi quelques-uns ont proposé d'intercaler entre ces deux phases une période d'*état* durant laquelle on suppose l'organisme immuable. La difficulté est que, dans l'organisme, le *statu quo* n'est nulle part, il faut progresser ou rétrograder; entre ces deux mouvements, saisir une période de repos, même relatif, semble impossible. Cependant, il est certain que l'évolution, qui va si vite au début et vers la fin de la carrière, se ralentit extrêmement vers le milieu, et, comme nous avons vu que ce milieu, sorte de point mort de ce double mouvement, n'est pas le même pour chaque organe, nous proposons de déterminer cet âge médian ou période d'*état*, en le faisant commencer au moment où l'organe le plus diligent arrive au *summum* de son développement, par exemple, vers l'époque où, soit les organes du sexe, soit le squelette, ont atteint toute leur puissance, tout leur développement : peut-être vers vingt-sept ans, et en la terminant avec le moment où l'organe le plus long à se développer, à atteindre l'apogée de sa puissance, le cerveau, par exemple, va franchir cette limite, peut-être entre quarante-cinq et cinquante ans. Cependant, avant cette division rationnelle, mais trop peu analytique, on s'était confié aux inspirations métaphysiques ou à des inductions dues à de fausses séries. Ainsi, comme il y a quatre saisons, quatre éléments, quatre humeurs, il devait, pensait-on, y avoir quatre âges. Les poëtes les ont assez heureusement chantés et nommés : *l'enfance, la jeunesse, la maturité, la vieillesse;* mais les mystiques ont renchéri et sans de moins bonnes raisons, car il y a sept cordes à la lyre, sept planètes, sept jours dans la semaine : il devait donc y avoir sept âges dans la vie humaine, et, pour plus de perfection, chacun devait être un multiple de sept années. Voilà les engins qui ont dominé longtemps la logique de l'humanité, et notre intelligence est si adroite à étayer ses erreurs, qu'elle a fait sortir de ces prémisses absurdes une division passable, et dont plusieurs termes et points d'arrêt sont restés dans nos lois et nos usages :

1° Le petit enfant, ou *première enfance,* comprenait le premier septenaire de zéro à sept ans;

2° La *seconde enfance,* le second septenaire, ou de sept à quatorze ans;

3° Le troisième septenaire, *l'adolescence,* de quatorze à vingt et un ans ;

4° Le quatrième, le *jeune homme,* de vingt et un à vingt-huit ans ;

5° Le nombre cabalistique, sept fois sept, de vingt-huit à quarante-neuf ans, la *virilité;*

6° Le septenaire suivant (7×8), de quarante-neuf à cinquante-six, l'âge *mûr ;*

7° Et au delà, la *vieillesse.*

Depuis que la raison humaine a abandonné les voies mystiques, beaucoup d'autres divisions ont été essayées ; avec raison, elles ont pris pour base, non plus les années, mais les phénomènes physiologiques les plus saillants : nous allons rapporter tout de suite la plus analytique de ces divisions qui, par cela même, renferme toutes les coupures adoptées pour les autres.

La vie humaine peut se diviser en 17 périodes : 4 pour la vie intra-utérine et 13 pour la vie indépendante.

Période de la vie utérine. 1° Le *germe,* pendant la courte durée duquel l'être n'est encore représenté que par la sphère ovulaire, ses granulations et son blastoderme; 2° il prend le nom d'*embryon* aussitôt que, vers le dixième ou douzième jour, on y distingue nettement l'axe rachidien et les premiers vaisseaux sanguins constituant une circulation propre qui manifeste la présence d'un être à part; 3° le troisième âge, ou *fœtus,* commence lorsque les organes génito-urinaires sont assez développés pour permettre de distinguer le sexe, ce qui arrive vers la fin du troisième mois; mais ce fœtus, à existence parasitaire, *n'est pas viable* (fœtus non viable, c'est le 3ᵉ âge) : expulsé de l'utérus, c'est un *avorton* inhabile à vivre d'une vie indépendante; ce n'est guère qu'après le septième mois qu'il y a quelque probabilité de le supposer viable ou apte à une vie indépendante; c'est le 4ᵉ âge de la vie intra-utérine, celle du *fœtus viable.*

Les 13 âges de la vie humaine depuis la naissance. L'enfant, sorti vivant des entrailles maternelles, est dit NOUVEAU-NÉ (1) tant qu'il porte des traces anatomiques de la vie fœtale (cordon, trou de Botal, etc.), c'est-à-dire environ cinq à six semaines. Il s'appelle NOURRISSON (2) jusqu'à la poussée de ses deux premières incisives, environ vers le huitième mois. Le PREMIER AGE (3), ou première dentition *de la première enfance,* durant laquelle les vingt dents de lait font leur sortie : ce qui s'étend généralement jusqu'au vingt-huitième ou trentième mois. Le SECOND AGE (4) *de cette première enfance,* entre cette première évolution de dents provisoire et la seconde qui se prépare et dont la première apparition commence vers quatre ans et demi à cinq ans, avec la première grosse molaire permanente et qui commence la TROISIÈME étape de la *première enfance* (5) qui prend fin quand arrive la chute de la première dent de lait et son remplacement par la première incisive permanente, vers la septième année. Alors commence la *seconde enfance* que l'on divise aussi en deux périodes : la PREMIÈRE (ou 6ᵉ de la vie), qui se termine avec l'achèvement de cette seconde dentition, en moyenne vers onze à douze ans ; la SECONDE (7) qui va jusqu'aux approches de la puberté, entre douze à quatorze ans chez les filles, quatorze à seize ans chez les garçons.

Alors commence l'âge de la PUBERTÉ ou ADOLESCENCE (8) ; il s'étend jusqu'à la complète évolution de tous les signes qui caractérisent les sexes, vers la quinzième à la dix-septième année chez les filles, et la dix-huitième à la vingt et unième chez les garçons.

Puis apparaît la JEUNESSE (9) ; elle s'étend jusqu'au complet développement de l'organisme, la sortie de la troisième molaire, dite *dent de sagesse*, etc., environ la vingt-troisième année chez la femme, la vingt-septième chez l'homme ; alors finit la période d'*accroissement*, l'homme est à l'apogée de sa force et semble y demeurer quinze à vingt ans : c'est l'âge de VIRILITÉ et la période d'ÉTAT (10) ; on peut estimer en moyenne qu'elle s'étend jusque vers la trente-septième année chez la femme et la quarante-septième chez l'homme ; alors commence la période de *déclin* ; on y entre avec l'AGE MUR (11) ou AGE DE RETOUR manifeste pour quelques organes (par exemple la peau et ses annexes), à peine sensible pour d'autres, telles que les forces musculaires et surtout intellectuelles chez ceux qui les exercent. Mais enfin cet âge s'allanguit et peu à peu fait place à la VIEILLESSE (12), quand le déclin devient manifeste sur *tous* les organes, les dents s'allongent, chancellent et tombent ; le rapport de ces changements avec les années vécues devient plus difficile et plus variable. On peut, suivant les individus, placer le début de cet âge entre cinquante-cinq et soixante-cinq ans. Cependant le déclin marche encore avec une certaine lenteur ; quelques facultés peuvent encore conserver de l'éclat, mais bientôt le déclin s'accélère et la vieillesse devient une irrémissible DÉCRÉPITUDE (13), dernière période qui, suivant les cas, commence le plus souvent entre soixante-dix et soixante-quinze ans et se termine avec la vie. Aux mots *Enfance, Puberté, Vieillesse,* on exposera les règles d'hygiène spéciales à chacun de ces âges.

Dᵣ BERTILLON.

AGE DES ANIMAUX (CONNAISSANCE DE L'). — Les animaux domestiques n'ont de valeur qu'en raison de la somme de travail ou de produits qu'ils fournissent. Trop jeunes, il faut attendre leur complet développement ; à mesure qu'ils vieillissent, la somme de services qu'ils peuvent rendre s'amoindrit, parce que la machine s'altère. L'âge des animaux représente donc assez exactement ce qu'ils valent, puisqu'on peut apprécier ainsi les limites de leur utilisation.

Il est vrai que les efforts du zootechnicien peuvent imprimer aux animaux une précocité qui diminue la période d'attente, mais les intérêts agricoles et l'économie générale ne s'accommodent pas toujours de ces tentatives. Des conditions exceptionnelles ont trop souvent servi de prétexte à des formules absolues.

Trois périodes partagent la vie des animaux, et chacune de ces périodes est indiquée par des signes généraux qu'il est important de connaître. Trois mots suffisent pour exprimer ces trois phases d'une même existence : 1ᵒ l'*accroissement* dure jusqu'au complet développement de l'individu ; 2ᵒ l'*âge fort* se prolonge tant que les organes fonctionnent dans l'intégrité de leur organisation ; 3ᵒ le *déclin* est marqué par l'affaiblissement général, les modifications intérieures ou apparentes des organes.

Ces grandes étapes de la vie ne sont point marquées par des limites précises, et les phénomènes qui les caractérisent se révèlent sans brusquerie et disparaissent sans secousse.

La première période, ou premier âge, est entièrement consacrée à l'assimilation des parties qui constituent les différents tissus. Les animaux font deux parts des substances absorbées : la plus considérable est pour l'accroissement, c'est une sorte de dépôt; la plus petite portion est réservée à l'entretien. Les fonctions les plus actives sont les fonctions intestinales : elles sont pour ainsi dire continues. Les formes extérieures choquent par leurs disproportions : les tissus sont mous, inachevés, les mouvements sont incertains, les attitudes sont sans fixité, la masse presque sans équilibre. Les fonctions de respiration, de sécrétion, d'absorption sont en pleine activité, la vie de relation est fort limitée, les organes génitaux sont à peine apparents.

La deuxième période peut justement s'appeler l'âge d'équilibre. L'animal est complet dans son développement; il donne la plus grande somme de produits ou de travail; extérieurement, il offre l'ensemble d'une conformation achevée; il devient sujet complet, type à son tour, et peut transmettre la vie dans les conditions les plus propres au maintien de sa race.

Troisième âge. Depuis longtemps l'individu a cessé de croître, il va entrer dans la période de déclin. Mais dans les animaux domestiques, l'usure de la machine est presque toujours précoce, parce qu'on a, ou trop exigé de l'activité de certains organes, ou négligé de fournir à la masse les moyens de réparer ses pertes. L'embonpoint disparaît, les membres perdent les lignes de leurs aplombs normaux ; la peau, aride et sèche, ne glisse plus sur les parties qu'elle recouvre; sur plusieurs points du corps les poils blanchissent, l'œil perd son éclat, l'impressionnabilité générale s'affaiblit. Rarement on peut constater chez nos animaux domestiques les caractères de l'ultime décrépitude. En économie zootechnique, tout animal est un capital : si ce capital ne produit plus rien, il doit être remplacé.

Il est donc important de formuler, aussi clairement que possible, les moyens qui servent à déterminer l'âge des animaux. Chez les solipèdes (cheval, âne, mulet) c'est presque exclusivement par l'inspection des dents qu'on arrive à ce résultat. L'évolution, le remplacement, l'usure ou les modifications de l'appareil dentaire fournissent de précieuses indications et des données presque certaines.

Chez les animaux à cornes, le développement de l'armure frontale est pris en considération pour fixer l'âge des sujets rentrant dans cette catégorie.

Les lois générales qui régissent l'évolution des dents sont, dans plusieurs cas singulièrement modifiées. La nature de l'alimentation et son abondance, les croisements avec des races précoces ou tardives, une foule de circonstances individuelles, précipitent ou retardent l'apparition de la dernière dentition.

En France, les données scientifiques ne sont réellement bien établies que depuis les travaux des Girard (père et fils). L'étude anatomique des dents, la sortie des incisives caduques et des incisives de remplacement, la configuration, les courbures longitudinales et transversales, les caractères de la surface de frottement, les formes diverses que prennent, avec l'âge, la table et le cornet dentaires, rentrent dans l'ensemble des caractères à l'aide desquels on peut préciser le temps écoulé depuis la naissance.

Voici comment se manifestent les grandes époques de la dentition chez les solipèdes (cheval, âne, mulet, hémione).

A la naissance, la mâchoire du jeune animal est dépourvue de dents.

De six à quinze jours, les incisives antérieures (pinces) apparaissant en montrant leur bout antérieur.

Du trentième au cinquantième jour, se montrent les incisives mitoyennes.

Les coins (incisives des extrémités de l'arc dentaire) terminent vers le sixième mois, quelquefois plus tôt, souvent plus tard, l'ensemble de l'appareil *incisif*.

Le frottement ou usure de ces dents de lait amène ce qu'on appelle le rasement. — Cette modification dans la forme de la table dentaire sert à marquer les âges intermédiaires jusqu'à la chute des dents, dites de lait ou de première dentition.

Les étapes de la deuxième dentition sont ainsi marquées : les pinces *de remplacement* sortent de deux ans et demi à trois ans; les mitoyennes, de trois ans et demi à quatre ans, enfin les coins d'adulte complètent définitivement la mâchoire, vers cinq ans.

Les molaires de lait sont, dans la même période, remplacées par les molaires d'adulte. Elles sont rarement consultées pour établir l'âge des animaux, parce que leur examen exige des manœuvres que les animaux n'endurent point volontiers.

La dentition est complète, l'animal est *fait* dans l'acception physiologique du mot.

La deuxième époque est comprise entre cinq et douze ans, et c'est le rasement successif des bords, la forme modifiée de la table, achevant vers huit ans son ovalité, qui servent à indiquer si l'animal a six, sept ou huit ans.

A neuf ans, l'*arrondissement* de la dent commence pour les pinces, à dix ans, il se continue pour les mitoyennes, et n'atteint les coins que vers la onzième année.

A partir de cette époque, et même un peu avant, l'incertitude commence et la précision devient difficile.

Des circonstances spéciales d'alimentation, la fraude, etc., des particularités individuelles peuvent dérouter l'homme qui n'a pas une grande expérience de praticien.

A douze ans, rondeur de toutes les incisives, disparition de l'émail central, l'angularité commence sur le bord postérieur des pinces, la régularité de la double courbure dentaire disparaît.

Ces derniers caractères sont très-importants à recueillir, car ils servent à corriger la formule trop absolue de Girard sur la disparition de l'émail.

Troisième époque. — La marche vers la triangularité, puis la *biangularité*, le départ de l'émail, la direction oblique des dents qui s'allongent en avant et forment à leur rencontre un angle de plus en plus aigu. — Voilà les signes qui servent, non pas à marquer l'âge avec précision, mais à diriger l'observateur dans son appréciation et lui permettent de ne pas trop s'écarter de la vérité, si la dentition a marché régulièrement.

Mais, signalons ici un fait ostéologique qui peut être d'un grand secours dans la détermination de l'âge : c'est l'amincissement du bord inférieur du maxillaire inférieur, par la sortie et l'usure continuelle des molaires. — Le degré de cet amincissement doit être pris en considération.

Enfin, la couleur des dents, la présence du tartre, en couches plus ou moins épaisses, l'état des crochets, l'usure plus ou moins complète de l'appareil dentaire sont des éléments précieux qui rendent les erreurs plus rares et moins grossières.

Quand les chevaux n'usent pas régulièrement leurs dents, on les dit *mal dentés* ou *mal bouchés*.

Quelquefois le sac dentaire se montre encore à une époque où il devrait avoir disparu; cette présence anormale pourrait tromper sur l'âge du cheval si l'observateur ne rétablissait, par la pensée, la longueur réelle de la dent du cheval, qualifié *bégu* dans cette circonstance.

Par contre, le cheval est dit *faux-bégu* quand le cul-de-sac de ce même cornet dentaire persiste lorsqu'il devrait avoir disparu.

En définitive, les deux grands points de repère dans la troisième période, sont la direction des incisives, et leur plus ou moins de longueur en dehors de la muqueuse gingivale.

Il est bien entendu que nous ne parlons ici que du développement et de l'usure étudiés dans les conditions normales.

Nous reportons à un autre article les manœuvres que les maquignons emploient pour modifier artificiellement les incisives et tromper sur l'âge des chevaux : évulsion des dents de lait, cavités pratiquées sur les dents d'adulte, etc. (*Maquignon, Maquignonnage*).

Age du bœuf. — Les animaux de l'espèce bovine ne présentent pas des éléments aussi certains d'appréciation. — C'est surtout pour eux qu'il faut rappeler ce que nous disions au commencement de cet article, c'est-à-dire l'influence considérable de la destination et du croisement. — La race spécialement précoce, le travail, les croisements, le mode d'alimentation exercent une influence considérable sur l'évolution des dents et sur la rapidité de l'usure.

Le bœuf a de trente-deux à trente-six dents, dont huit incisives, toutes à la mâchoire inférieure : les incisives de la mâchoire supérieure sont remplacées par un dur bourrelet cartilagineux.

Deux dentitions comme chez le cheval. — Vingt dents caduques : huit incisives et six molaires à chaque mâchoire.

Les incisives, mobiles dans leurs alvéoles, sont appelées en partant du centre : pince, première mitoyenne, deuxième mitoyenne, coin.

Comme le cheval, le bœuf a des molaires caduques, ce sont les trois premières.

Éruption des dents. — Le jeune veau, à sa naissance, a déjà les pinces et, quelquefois, les premières mitoyennes; vers le huitième jour, se montrent les secondes mitoyennes; les coins n'apparaissent que du quinzième au vingtième jour.

Le rasement des pinces est complet à dix mois; celui des premières mitoyennes, à un an; — à quinze mois, rasement des secondes mitoyennes; — à dix-huit mois, rasement des coins.

Les pinces caduques sont remplacées de dix-huit à vingt-quatre mois; les premières mitoyennes, de deux ans à trois ans; les deuxièmes mitoyennes, de trois ans à quatre ans, les coins, de quatre ans à cinq ans.

Ce sont là les anciennes lois, pourrait-on dire; car l'amélioration des races, ou, si l'on veut, leur précocité, a singulièrement modifié ces données générales. Et pour résumer en un fait les considérations que nous ne pouvons développer ici, rappelons que nous avons souvent rencontré des bœufs de moins de quarante mois ayant toutes leurs incisives d'adulte. A l'appui de ces observations, invoquons les noms et l'autorité de Simonds, Renault, Bouley, Macé, Chrétien, etc.

De cinq à neuf ans, les quatre paires d'incisives se rasent successivement des pinces jusqu'aux coins, assez régulièrement, paire par paire, et d'année en année. De dix à douze ans, les dents commencent à s'espacer; la forme carrée de l'étoile dentaire s'accentue, l'écartement interdentaire augmente.

Puis, successivement, la triangularité, l'usure de la partie libre, etc..., l'incrustation tartrique indiquent bien une période de vieillesse, la décrépitude du sujet, mais ne donnent point les indications précises, nécessaires pour marquer exactement l'âge, à deux ou trois ans près.

Cornes frontales. — On peut encore, en consultant la surface des cornes, trouver un élément de plus pour la désignation de l'âge des animaux dont le front est armé.

Dès le premier mois, le mamelon rudimentaire de la corne se détache de la peau ;

au bout de cinq ou six mois, il s'incurve légèrement et, dès la fin de la première année, il peut atteindre une longueur de 15 centimètres. Alors on peut apercevoir à la base le *cercle* qui marque assez distinctement le développement acquis dans l'année. A la fin de la seconde année, nouveau cercle à la base, séparé du premier par un sillon. Le cercle de la troisième année est beaucoup plus saillant; le sillon intermédiaire est bien indiqué. D'année en année, la corne s'accroît d'un nouveau cercle; mais, après neuf ans, il ne faudrait pas attacher une trop grande importance aux cercles et aux sillons, car ils deviennent trompeurs chez un grand nombre de sujets. Nous indiquerons, comme pour le cheval, à l'article *Maquignon*, le moyen employé pour travailler ou rajeunir la corne.

Age du mouton. — Beaucoup des observations faites à propos de la précocité du bœuf et du développement hâtif des dents, peuvent s'appliquer au mouton. Les croisements, l'alimentation quelquefois exagérée, certaines influences locales apportent des modifications dont les praticiens savent tenir compte. Indiquons ici seulement le développement normal de l'appareil dentaire au point de vue de la connaissance de l'âge.

Dans la première semaine de sa vie, l'agneau présente les pinces et les premières mitoyennes. Les deuxièmes mitoyennes apparaissent vers le dixième jour; les coins viennent seulement vers la cinquième semaine.

Les molaires temporaires sont au nombre de trois et ne se montrent presque jamais avant le vingtième jour de la vie. La deuxième molaire, par son apparition, rend de grands services pour la connaissance de l'âge. Elle se montre vers le neuvième mois, c'est-à-dire dans cette époque intermédiaire du développement général où les dents de lait ne suffisent plus pour préciser l'âge, et alors que les dents d'adulte n'ont pas encore fait leur apparition.

Nous sommes à dix mois : les dents d'adulte vont se montrer. A un an (quelquefois avant) les pinces de remplacement chassent les dents de lait. A vingt mois, souvent plus tard, rarement avant, les mitoyennes; à vingt-huit mois, chez les animaux précoces, la troisième paire d'incisives est mise. Il y a de très-grands écarts, entre les animaux de différentes races, pour ces différentes évolutions.

Enfin la bouche n'est faite, c'est-à-dire complétée par les coins, que de trois ans à trois ans et demi.

L'étude du rasement ne peut guère servir à la connaissance de l'âge du mouton.

Les appréciations qui précèdent sont extraites de l'ouvrage de Simonds; les travaux de Girard, sur la même matière, sont bien antérieurs et les chiffres bien différents, puisque cet auteur fixe de trois ans et demi à quatre ans et demi l'apparition des coins de remplacement, qui viennent compléter la bouche.

Le rasement chez le mouton, l'usure produite par le frottement et l'alimentation n'apportent que des indices insuffisants pour les étapes de la deuxième période. Ainsi, il y a une très-grande différence entre les animaux nourris à la bergerie et ceux qui vivent dans les pâturages. Enfin l'appareil dentaire se développe, comme les autres organes, en raison de la précocité organique.

Age du porc. — Le porc adulte est armé de quarante-quatre dents, disent les anciens auteurs; de quarante-deux, prétend Desmarets. A deux ans on n'en compterait encore que quarante, ajoute M. Bardonnet, ainsi distribuées : douze molaires à la mâchoire supérieure, dix à l'inférieure, qui porte en outre deux surdents; enfin quatre crochets et douze incisives. N'est-il point arrivé à certains auteurs de mettre au nombre des dents d'adulte des dents de lait qui n'avaient point encore été chassées? Les dents du porc sont ainsi désignées : *incisives, crochets, prémolaires* et *molaires.*

Première dentition. — Au vingtième jour, le porc de lait présente à la mâchoire supérieure ou antérieure deux crochets, deux coins ; à la mâchoire inférieure, deux pinces, deux coins, deux crochets. Au deuxième mois (mâchoire antérieure), deux pinces, deux mitoyennes déjà fatiguées, deux coins et deux crochets branlants (mâchoire supérieure).

Au dixième mois, deux coins et deux crochets de remplacement (mâchoire supérieure). La dent prémolaire se présente vers le·sixième mois, mais il ne faut pas attacher trop d'importance à son apparition et à son usure.

Au quinzième mois (mâchoire supérieure), pinces de remplacement longues de un centimètre, deux mitoyennes caduques prêtes à disparaître, deux coins de remplacement, deux crochets d'adulte déjà noircis.

Au trentième mois (mâchoire antérieure), deux pinces usées, deux mitoyennes presque complètes, coins et crochets antérieurs usés et recourbés en arrière.

Nous avons donné les caractères de dentition pour la mâchoire supérieure ; il nous a toujours semblé que les dents s'y montraient plus régulières, et que leur degré d'usure ou de fraîcheur était plus certain qu'à la mâchoire inférieure, dans les races pures principalement.

Age du chien. — Le chien adulte a quarante-deux dents, dont vingt à la mâchoire supérieure. — A l'exception des crochets, toutes les dents sont colletées, leur extrémité libre est en outre armée de saillies irrégulières.

Incisives; six à chaque mâchoire, quatre *crochets* ou *crocs* ou *canines*, deux à chaque mâchoire; douze molaires supérieures, six de chaque côté, quatorze molaires inférieures.

Le jeune chien, à l'âge de vingt jours, a complété sa dentition de lait; il naît souvent avec cette dentition complète.

A quatre mois, les pinces et les mitoyennes (incisives) tombent. A huit mois, le chien est adulte par ses mâchoires; à un an, la gueule est parfaitement fraîche : les incisives et les crochets sont d'une blancheur éclatante; ni l'usure, ni le tartre ne les ont altérées; à quatorze mois, les pinces, surtout au bord antérieur, portent des traces d'usure; à vingt mois, c'est le tour des mitoyennes qui se déflorent et s'usent; les pinces inférieures sont rasées.

A trente mois, les mitoyennes inférieures sont tout à fait rasées; les pinces supérieures sont considérablement usées; les crochets, comme les incisives, n'ont plus l'éclat ni les lignes intactes du jeune âge.

Vers quatre ans, les pinces supérieures sont rasées, les crochets, comme les incisives, ont jauni et pris l'incrustation tartrique; à cinq ans, rasement des mitoyennes supérieures.

Un caractère spécial à la dent du chien, c'est la forme de la portion libre des incisives. Cette partie libre présente assez exactement, avec ses lobes, la forme d'une *fleur de lis*, qu'on nomme aussi trèfle (*trifolium*), à cause des trois lobules. Le plus ou moins de fraîcheur ou d'usure de cette portion de la dent, sa déformation ou sa disparition complète sont d'excellents moyens d'appréciation.

Il ne faut pas compter que l'on pourra facilement, après cinq ans, reconnaître l'âge du chien d'après l'état de la dentition. Il ne faut même point donner aux caractères que nous avons tracés une valeur absolue, car c'est surtout chez le chien que le mode d'alimentation modifie profondément l'appareil dentaire. Le chien use, altère, brise même ses dents lorsqu'il broie ou ronge les os; d'autre part, la physionomie de la mâchoire répond souvent à un caractère de race (les bulls, par exemple), et, alors, les incisives sont dans un état d'usure ou d'intégrité relatives, qui peut exceptionnellement tromper l'observateur inattentif.

Conclusion. — Il resterait encore, pour compléter l'ensemble de ces considérations, à désigner les caractères qui servent à reconnaître l'âge chez d'autres animaux. Il serait intéressant, par exemple, de parler du chat et des oiseaux de
basse-cour, du grand gibier et du gibier à plume; mais il manque, pour préciser
de pareils faits, un ensemble d'observations qu'une utilité immédiate n'a point
inspirées. On comprend qu'ici les généralités sont insuffisantes, et que les renseignements spéciaux sont difficiles à coordonner.

Il est plus pratique et plus utile de reporter, à chaque mot et à chaque nom,
les remarques exceptionnelles ou les désignations spéciales qui rentrent dans la
question de l'âge.   LÉON LOISEAU.

AGES PRIMITIFS DE L'INDUSTRIE. — Si de récentes découvertes ont
reculé loin dans le passé géologique l'existence de l'homme, les anciens n'étaient
point sans soupçonner quelque chose de cette antiquité de notre espèce et des premières phases de son industrie. Leurs poètes comme leurs historiens se sont tous
accordés à reconnaître que l'usage du fer était relativement récent, qu'antérieurement on n'avait employé que l'airain, ou parfois l'or, et que l'humanité avait traversé une période primitive durant laquelle, l'art de fondre les métaux étant
inconnu, l'homme n'était armé dans ses luttes contre l'homme ou contre les animaux
que de pierres grossièrement taillées. (V. *Ages mythologiques*).

C'est dans les sépultures de l'époque gallo-romaine, les dépôts superficiels des
cavernes ou les alluvions très-récentes, que le fer apparaît pour la première fois,
mêlé au bronze et à la pierre taillée, avec les vestiges d'une civilisation encore toute
barbare. Dans les couches sous-jacentes on ne trouve plus que le bronze mêlé à la
pierre, et enfin dans les couches inférieures la pierre reste seule. Partout où, dans
un même lieu, les couches des trois âges se sont trouvées superposées, elles se sont
montrées dans un ordre constant qui ne peut laisser aucun doute sur leur succession
chronologique; sans qu'il en résulte pourtant que chaque âge ait nécessairement
commencé et fini en même temps en des contrées différentes. Mais on peut affirmer
que jamais en une même contrée, l'âge de la pierre n'a succédé à celui du bronze,
ou l'âge du bronze à celui du fer.

L'âge de la pierre, d'une incalculable durée, peut être subdivisé lui-même en
plusieurs époques : la plus récente ou époque néolithique, durant laquelle la pierre
était polie après avoir été taillée, est caractérisée par la présence des animaux
domestiques et l'absence d'espèces aujourd'hui éteintes. Elle appartient par conséquent à notre période géologique actuelle. Mais avec la période quaternaire et la
présence d'espèces éteintes, on entre dans l'époque archéolithique, elle-même subdivisée en trois périodes à l'aide des synchronismes paléontologiques. Pendant la
période dite du renne et celle de la faune des cavernes, la pierre est éclatée, puis
retaillée à petits coups; elle est seulement taillée durant la période, encore antérieure, des grands pachydermes ou des alluvions anciennes, qui marque le commencement de l'époque quaternaire.

Mais l'homme paraît aujourd'hui avoir laissé des traces de son existence à une
époque bien plus reculée, dans les terrains tertiaires eux-mêmes, aussi loin que
l'étage moyen. C'est donc une période primitive d'une immense durée à ajouter aux
précédentes, et durant laquelle l'homme sembla s'être exercé maladroitement à se
servir de la pierre comme arme et à la tailler en instruments grossiers propres à
dépecer la chair des animaux, et qui ne semblent pas même avoir pu servir à tailler
le bois pour en façonner une massue, ce qui d'ailleurs était trop présumer peut-être
de son intelligence alors à peine éveillée.

AGE DE LA PIERRE : SOUS-AGE ARCHÉOLITHIQUE OU DE LA PIERRE TAILLÉE.

TERRAINS TERTIAIRES. — I. *Période miocène.* — L'homme, si tant il est vrai qu'il existât dès lors, avec tous les caractères humains, aurait été le contemporain de l'Halitherium, du Dinothérium, du Mastodonte et des autres animaux de la faune miocène, c'est-à-dire de nombreux pachydermes et ruminants, ainsi que des premiers carnivores, Ursides, Canides et Hyénides. C'est pour lutter contre tant d'ennemis qu'il eut à demander à son industrie des moyens de défense et d'attaque.

Du reste, le seul fait qui nous atteste alors son existence consiste en stries ou entailles plus ou moins profondes sur les ossements de quelques-uns de ces animaux, et qui semblent faites, à l'état frais, à l'aide de silex tranchants que l'homme employait sans doute pour en détacher la chair. Certains de ces ossements paraissent également avoir été cassés avec une pierre pour en avoir la moelle; mais ces pierres, l'homme les employait-il à l'état où il les trouvait éparses sur le sol ou les modifiait-il déjà par un travail préparatoire pour les adapter à ses besoins? La question est restée longtemps pendante, et plusieurs ne la croient pas même encore résolue. Cependant, M. l'abbé Bourgeois a trouvé enfin, dans des couches du même âge, des silex qui paraissent en quelques points taillés de main d'homme, c'est-à-dire aiguisés à petits coups sur leurs bords. Pour quelques-uns de ces cailloux, le petit nombre, le doute semble difficile; pour les autres, au contraire, le fait paraît contestable. D'ailleurs, si ces silex n'ont pas tous été taillés, aiguisés, ils semblent du moins avoir été employés, c'est-à-dire avoir servi à un travail, s'ils ne sont travaillés eux-mêmes. Il s'agirait alors de savoir si l'acte consistant à user d'un silex naturellement tranchant pour détacher la chair des os auxquels elle est attachée constitue un acte humain, un acte d'industrie consciente. Enfin, si ces silex ne sont pas bien évidemment taillés sur leur tranchant, ce tranchant lui-même paraît devoir provenir de chocs assez violents pour avoir brisé la pierre en éclats à arêtes plus ou moins vives; il reste à savoir si le choc a été accidentel ou s'il a été produit intentionnellement par l'homme ou par l'anthropomorphe qui s'en est servi. Mais il suffit qu'un seul de ces éclats porte incontestablement des traces d'un travail manuel, prémédité dans un but, pour nous permettre de conclure à l'existence de l'homme, non pas déjà intelligent, mais en voie d'acquérir l'intelligence industrielle, et il en est quelques-uns, dans la collection de M. l'abbé Bourgeois, qui, selon lui, présentent incontestablement ce caractère.

Quelques-uns de ces silex sont craquelés et portent la trace de l'action du feu. Le feu était-il donc dès lors connu de l'homme, ou ces silex ont-ils seulement été exposés au foyer de quelque incendie naturellement allumé dans une forêt ou dans une lande? C'est ce qu'il nous est impossible de décider. Mais comme il faut admettre qu'à l'époque où l'homme a employé le silex, il a dû souvent en tirer des étincelles qui n'ont pu manquer d'attirer son attention, que ces étincelles, fortuitement obtenues, ont dû parfois communiquer le feu à quelques amas d'herbe ou de mousse sèche, l'homme, s'il était doué d'une ombre d'intelligence, a dû connaître le feu et le moyen de le produire à volonté. La découverte du feu et l'usage du silex semblent donc avoir dû être deux progrès nécessairement corrélatifs. On pourrait objecter que les couches qui renferment les silex taillés et craquelés au feu, ainsi que les ossements striés, n'ayant donné jusqu'ici aucune trace de cendres ou de charbon, on en pourrait conclure réciproquement que puisque l'homme ne connaissait pas le feu, il ne savait probablement pas utiliser le silex et encore moins le tailler. Mais l'absence de cendres et de charbon n'est qu'une preuve négative qui peut être démentie par une découverte postérieure, et ne peut l'emporter sur la preuve positive tirée de la présence de silex taillés et d'ossements striés à leur aide. D'ailleurs, l'homme a pu connaître le feu et le moyen de le produire, sans en apprécier l'utilité sous un climat alors assez doux ; il a pu savoir pendant longtemps l'allumer, sans se sentir pressé du besoin de s'en procurer, sans vouloir s'en donner la peine. Certainement que dès lors il ne l'employait pas pour cuire ses aliments ; car tous les os striés par lui ne portent aucune trace de cuisson.

II. *Période pliocène.* — Si l'homme de l'époque miocène avait déjà été capable d'accomplir de si importants progrès, il semblerait difficile d'admettre qu'il soit resté longtemps sans en accomplir de nouveaux ; or, nous le retrouvons à l'époque géologique suivante ou du pliocène, et il n'a pas fait un pas de plus ; les stries laissées par lui sur les ossements des animaux dont il se nourrit ont le même caractère et n'indiquent pas des silex plus habilement ou plus évidemment taillés. On ne trouve pas davantage trace de foyer, et l'homme, s'il faut appeler de ce nom l'être certainement anthropomorphe, c'est-à-dire pourvu de mains préhensiles, qui vivait alors, semble avoir été endormi dans une immobilité intellectuelle et industrielle tout animale. Si donc nous ne pouvons rien préjuger de ses transformations physiques durant ces deux longues périodes, dans la durée desquelles toute notre existence historique et antéhistorique quaternaire ne serait qu'un moment, au point de vue des instincts, des facultés mentales et de leurs produits manuels, il n'a ni changé, ni progressé, pas plus que nous ne voyons aujourd'hui progresser l'industrie du castor ou de l'abeille. Et si l'homme physique d'alors était spécifiquement identique à l'homme physique d'aujourd'hui, il aurait alors moins changé, moins progressé que les espèces animales qui l'ont entouré, menacé et nourri. En effet, au Dinotherium et au Mastodonte succèdent, à l'époque tertiaire supérieure, l'Éléphant méridional, *E. meridionalis*, l'Éléphant antique, *E. antiquus*, un petit Éléphant, *E. melitensis*, grand à peine comme un âne, plusieurs Rhinocéros, le grand Hippopotame. Au milieu de cette faune toute nouvelle, si l'homme physique s'est modifié, ce que nous ignorons, l'homme intellectuel et industriel est resté le même ; il continue de dévorer la chair crue des os qu'il raye de ses silex presque informes et de les briser pour en extraire la moelle. Ce ne sera qu'avec l'époque quaternaire, et après ou pendant les phénomènes glaciaires, qui ont eu pour résultat de détruire graduellement, mais presque en entier, la faune pliocène, que nous verrons son industrie acquérir un caractère bien évidemment et indiscutablement humain ; comme si les mêmes phénomènes naturels qui ont eu pour effet d'anéantir les grandes espèces animales, avec lesquelles il avait vécu jusqu'alors, l'avaient placé dans des conditions nouvelles, sous l'empire desquelles il dût ou périr, ou progresser en modifiant ses instincts.

TERRAINS QUATERNAIRES. — III. *Période des alluvions anciennes.* — Les phénomènes glaciaires et diluviens sont alors en voie de succession. Les vallées fluviales et les plateaux sont habités par l'Éléphant antique et le Mammouth, *E. primigenius*, avec les Rhinocéros *tichorhinus* et *megarhinus*. Le grand Hippopotame lui-même, bien que sous l'influence d'un climat plus rude, persiste quelque temps. Le grand Ours, à front bombé, *Ursus spelæus*, habite en foule les cavernes des districts montagneux, et en dispute la propriété à l'Hyène, *H. spelea*, et au grand Felis, *F. spelea*. Le Bœuf musqué, avec d'autres animaux aujourd'hui émigrés dans l'Amérique du Nord ou vers les pôles, erre dans les plaines ou les forêts avec le Mégaceros, *M. Hibernicus*, l'Aurochs, le *Bos primigenius*, le Cheval sauvage et presque toutes les espèces encore vivantes.

Si l'homme a jusque-là pu vivre nu et sans asile, il semble que, sous un climat qui alors paraît avoir été assez rude, il a dû chercher à se vêtir, à s'abriter, à se défendre du froid des nuits à l'aide du feu. Et cependant nous sommes réduits, à cet égard, à nous perdre en conjectures. Mais du moins, dès lors, l'existence de races, à tous égards humaines, n'est plus douteuse, puisqu'on retrouve leurs ossements, leurs crânes aplatis et longs, leurs mâchoires aux caractères semi-simiens, leurs ossements robustes. D'ailleurs les armes de silex ne permettent plus l'indécision. Elles ont pris des formes arrêtées, symétriques; en les voyant, on ne peut que s'écrier comme cet ancien philosophe grec, qui, mettant le pied sur un rivage inconnu, voyait des figures géométriques tracées sur le sable : Je vois des pas d'hommes..

Ces formes flottent entre deux ou trois types et passent insensiblement de l'un à l'autre. C'est le type de la hache en tête de lance, plus ou moins conique ou allongée, taillée sur ses deux faces. C'est alors l'extrémité ou pointe du cône qui en forme le tranchant. D'autres fois, au contraire, le tranchant s'étale et s'élargit en courbe, et c'est la partie destinée à être tenue dans la main qui devient conique ou cylindrique. D'autres fois, les formes passent à celles d'un ovale aplati, tranchant sur presque toute sa circonférence. D'autres noyaux irréguliers présentent, au contraire, un seul tranchant rectiligne ou légèrement courbé, tandis que la partie brute de la pierre sert à la tenir dans la main : c'est le grattoir des tanneurs du temps, analogue à celui qu'emploient aujourd'hui encore certaines tribus du pôle Nord. Sa présence suffit à démontrer que déjà l'homme abritait sa nudité sous les fourrures qu'il enlevait aux animaux dont la chair servait à le nourrir. Tels sont les types principaux de silex taillés qu'on a trouvés dans les alluvions du bassin de la Somme, à Saint-Acheul, Abbeville, Amiens, et qu'on retrouve également dans les alluvions anciennes des bassins de la Seine, de l'Oise, de l'Eure, de la Loire, et probablement de tous nos autres grands cours d'eaux, ainsi que sur les plateaux qui les avoisinent. On les a retrouvés en Allemagne, en Italie, en Espagne, et partout ils se reproduisent sous des formes et des conditions identiques, qui portent à croire que tous les hommes qui habitaient à cette époque le sol de l'Europe, quelles que fussent leurs diversités ethniques, avaient des mœurs, des instincts, une industrie partout semblables. Et cette identité se maintient à l'état fixe durant toute la longue période géologique, durant laquelle ces dépôts fluviâtiles se sont accumulés. Si l'époque de transition climatérique qui a donné lieu aux phénomènes glaciaires, semble donc avoir modifié l'instinct industriel de l'homme, l'avoir fait accomplir quelques progrès, ces progrès se sont aussitôt arrêtés dans une immobilité toute spécifique. L'homme d'alors est, au point de vue des instincts, une variété constante, un peu différente de l'homme tertiaire; mais ce n'est pas encore l'homme constamment perfectible que nous ne verrons apparaître que beaucoup plus tard.

Les alluvions anciennes ne nous ont présenté jusqu'ici aucune trace de poterie, aucuns vestiges de ces ossements taillés que nous verrons apparaître à un âge plus récent. Sommes-nous en droit de conclure pour cela que l'homme n'avait pas encore atteint ce degré de son industrie? Les alluvions caillouteuses des fleuves, le limon des plateaux peuvent sembler impropres à conserver longtemps et jusqu'à nous de pareils vestiges ; cependant nous en trouvons des traces dans des alluvions plus récentes et surtout, ce qui est moins étonnant, dans les dépôts des cavernes. D'ailleurs, d'après les renseignements que peut nous fournir à ce sujet l'observation des mœurs et coutumes des tribus sauvages actuelles dont plusieurs, avec une industrie beaucoup plus avancée que celle de l'homme de nos alluvions anciennes, ne sont pas arrivées à l'industrie de la poterie, même la plus rudimentaire, nous devons penser, par analogie, que l'espèce humaine de ce temps n'en était pas encore arrivée à ressentir des besoins aussi compliqués et n'était douée ni des instincts, ni de l'intelligence propres à les satisfaire. Nous sommes même conduits à croire que l'homme de ce temps, malgré les rigueurs relatives du climat, n'avait point encore éprouvé le besoin d'habitations stables, qu'il se bâtissait peut-être pour chaque nuit ou pour quelques jours un abri de branchages, peut-être une tente de peaux, dont il emportait les matériaux avec lui dans sa vie de chasseur nomade. Il ne paraît pas même avoir souvent et pour longtemps habité les cavernes, qu'il lui aurait fallu disputer aux Ours et aux Hyènes; mais s'être plutôt campé de préférence sur les bords des fleuves, dans les grandes et larges vallées, ou dans les plaines alors toutes couvertes de forêts où la chasse était encore si abondante. Il est probable d'ailleurs que l'homme de ce temps était pour une grande part ichthyophage et que s'il hantait de préférence les fleuves et les bords de la mer, c'est qu'il trouvait dans la pêche un moyen moins dangereux de se procurer une nourriture abondante. Car ce n'était pas alors une petite affaire à l'homme mal armé de se rendre maître d'animaux aussi puissants que le Rhinocéros, l'Éléphant et l'Ours, ou aussi agiles que les Cerfs et autres ruminants qui peuplaient alors en foule le sol de l'Europe. La nécessité de se prêter mutuellement appui tenait sans doute les familles groupées en tribus ou hordes : l'abondance de silex taillés en certains lieux témoigne de la présence de sociétés nombreuses qui ont dû y séjourner plus ou moins longtemps ou y revenir périodiquement en certaines saisons.

IV. *Première époque des cavernes.* — C'est à cette époque qu'appartiennent la grotte du Moustier, le gisement de Cœuvres, les sépultures d'Aurignac et du Trou-Magnan près des Eyzies, etc. La faune reste la même, mais les proportions des espèces ont changé. L'Hippopotame, le Mammouth et le Rhinocéros à narines cloisonnées, *R. tich.*, sont plus rares. L'Ours, l'Hyène et le grand Félis continuent à disputer à l'homme l'abri des cavernes, mais commencent à se retirer devant lui, à lui céder la place. Le *Bos primigenius*, l'Aurochs, le Megaceros avec notre Cerf élaphe, lui fournissent sa nourriture et le Renne commence à se multiplier. Le climat paraît encore assez rude. Une race forte, à crâne oblong, moins bestial, mais aux maxillaires puissants, aux arcades zygomatiques très-voûtées, aux orbites basses et larges, au nez retroussé, aux narines largement ouvertes et dirigées obliquement, occupe le sol de la France et une partie de l'Allemagne. Dans certaines cavernes de Belgique qui semblent appartenir à cette époque, on constate, sur des ossements de femmes et d'enfants entassés en grand nombre, des traces de cannibalisme. Nos vieilles traditions populaires d'ogres qui enlevaient les petits enfants pour les dévorer, et qui servent aujourd'hui de base aux contes des nourrices, ne sont peut-être que l'écho lointain d'une vérité antéhistorique.

Cependant l'homme, d'un autre côté, semble avoir appris à ensevelir ses morts et dépose avec eux dans les cavernes leurs armes et des provisions. L'usage du feu est dès lors attesté par les foyers des repas funéraires. Les ossements des herbivores sont calcinés, et font supposer que l'homme s'accordait déjà parfois, sinon toujours, le luxe de rôtir son gibier.

La taille du silex s'est modifiée. Des éclats enlevés d'un seul coup, et retaillés ensuite à plus petits coups sur leurs bords, forment des outils plus légers et plus maniables. Ce ne sont plus seulement des haches, des assommoirs, mais de véritables instruments, de véritables armes. De nombreux éclats ou longues lames de silex servent de têtes de javelots aiguës et légères ou de couteaux pour dépouiller les ossements des animaux et les tailler pour divers usages. Des manches de hache en sont formés, ainsi que des poinçons, des poignards, des harpons, des marteaux, mais les formes sont bien flottantes et l'adresse de l'ouvrier laisse bien à désirer.

L'homme, du reste, aime déjà la parure ; car on retrouve des séries de pierres, de dents d'animaux ou de coquillages percés de trous, qui semblent avoir été enfilés en colliers. Quelques-uns de ces colliers, reconstruits en entier, affectent des formes esthétiques.

Si l'on trouve de rares traces de poterie assignables à cette époque, elle est encore de pâte très-grossière, façonnée à la main, sans ornements, incomplétement cuite et presque informe. Il est probable que si la poterie existait déjà, elle n'était que séchée au feu et au soleil, et conséquemment, si quelques traces s'en sont conservées jusqu'à nous, c'est grâce aux débris qui se sont trouvés jetés au feu et calcinés ainsi par hasard.

Du reste, il n'est pas complétement établi que cette première époque des cavernes n'ait pas été contemporaine, au moins en partie, de l'époque des alluvions anciennes ; et certaines couches fluviales, surtout du bassin de la Seine, ont donné des silex du type du Moustier, c'est-à-dire éclatés, avec les débris d'une faune au moins aussi ancienne que celle du bassin de la Somme. Le plus ou moins de perfection dans la taille des silex peut donc tenir à des différences ethniques autant qu'à des différences chronologiques.

V. Deuxième époque des cavernes, dite du Renne. — Devant l'homme de mieux en mieux armé, les grands carnivores diminuent comme les grands pachydermes ; les espèces encore vivantes augmentent en proportion, et le Renne apparaît en si grande abondance, que l'on se demande si l'homme ne l'avait pas déjà domestiqué à cette époque. Il semble en effet qu'on assiste à une première ébauche de civilisation pastorale, assez analogue à l'état social actuel des Lapons. C'est en effet une petite race à tête ronde, comme nos Lapons, qui occupe les cavernes de cette époque, en France, en Belgique et en Allemagne. Ses mœurs semblent relativement douces. On n'aperçoit aucune trace de cannibalisme, mais un respect croissant pour les morts, et déjà quelques signes évidents de religiosité grossière, tels que des amulettes, des symboles.

De fins éclats de silex peuvent avoir servi de flèches fort imparfaites. Des lames plus fortes, habilement éclatées de manière à présenter trois arêtes vives, quatre au plus et deux tranchants finement retaillés, servent de tête de javelots ou de lances, ou de lames de couteaux. La hache change et varie ses formes ; celles des grattoirs se multiplient pour différents usages. L'homme paraît moins préoccupé de la guerre et davantage de l'industrie. Les bois de Renne fournissent à ses outils, à ses armes des manches aussi forts qu'élégants et des harpons symétriquement barbelés. Les os du Renne donnent la matière de poinçons acérés, d'aiguilles plus ou moins fines, trouées d'un chas parfaitement foré.

Enfin l'art apparaît sous la forme de représentations d'êtres vivants, et l'on croirait volontiers que les hommes de l'âge du Renne ont légué leurs instincts aux pâtres des montagnes de l'Oberland. Sur des plaques de schiste, on reconnaît les formes gravées au trait de divers animaux, le Cheval, le Renne, le Bos primigenius ou l'Aurochs. Un Mammouth, esquissé grossièrement sur l'ivoire d'une de ses défenses, atteste la contemporanéité de cette race humaine avec les derniers représentants de cette espèce. Des figures d'Éléphant encore, puis de Renne, de Cheval ou de poissons, sculptées sur bois de Renne, servent de manches ingénieux à d'élégants poignards.

Le goût de la parure se développe. L'homme de cette époque devait déjà se vêtir de peaux, puisqu'on retrouve, avec les grattoirs pour les tanner, les poinçons et les aiguilles pour les coudre, les épingles d'os pour les attacher. C'est peut-être durant les loisirs de longs hivers que ce peuple s'amusait à sculpter, comme le font encore aujourd'hui les Lapons dans leurs huttes souterraines; et si les Lapons actuels étaient les descendants éloignés de cette race primitive, peu à peu ou violemment rejetée vers le pôle par les immigrations successives d'autres races plus puissantes, il faudrait convenir qu'en tout ce qu'ils n'ont pas emprunté de notre civilisation qui les envahit, ils ont plutôt rétrogradé que progressé sur ces ancêtres de l'époque du Renne, chez lesquels l'humanité semble avoir accompli une évolution rapide, mais non pas définitive.

SOUS-AGE NÉOLITHIQUE OU DE LA PIERRE POLIE.

PÉRIODE GÉOLOGIQUE ACTUELLE. — VI. *Apparition des animaux domestiques.* — Ces progrès, en effet, paraissent suivis soudain d'une sorte de rétrogradation durant la période de transition qui va préparer l'avénement de la pierre polie. L'Aurochs y domine, avec le Bos primigenius et diverses races de Cerfs ou autres espèces encore vivantes, tandis que le Renne, si abondant à l'âge précédent, disparaît pour jamais du midi de la France, et paraît se retirer par l'Allemagne vers le nord de la Russie où il vit encore. La faune dite des cavernes et des alluvions anciennes, a complétement disparu : nous sommes dans la période géologique actuelle, mais nous y entrons par une phase de décadence. C'est un moment d'arrêt dans le développement humain, mais il sera court.

Une race robuste et grossière semble avoir anéanti ou chassé la race petite et douce, mais intelligente, de l'âge précédent. La sauvagerie l'a emporté sur la civilisation; le chasseur guerrier a fait fuir le pasteur artiste et industriel. L'art s'est éteint. Toute imitation des formes de la vie va disparaître pour longtemps, jusqu'à l'époque du fer, jusqu'aux âges historiques. Cependant l'homme taille toujours l'os, le bois de Cerf; il utilise l'ivoire fossile, sculpte des aiguilles dans les dents de l'Ours brun, et bientôt recommencera une nouvelle série de progrès. Il donnera des formes mieux appropriées à la lance, au javelot, au grattoir qui devient le ciseau, à la hache que déjà il sait polir, à la flèche, dès lors recourbée en ailerons et arrivée à sa forme classique. Avec la hache polie, on retrouve le polissoir. Le couteau de silex se fait scie par une suite de dentelures plus ou moins fines, et de fins éclats de silex sont appropriés pour polir les aiguilles d'os et leur rendre leur pointe émoussée. Les cavernes du midi de la France et les alluvions récentes nous ont livré nombre d'objets qui par leur facture portent le cachet de cette époque. Ce qui caractérise surtout cette phase du développement industriel, c'est un caractère essentiellement pratique appliqué à développer les commodités de la vie sociale, et qui bientôt n'exclura pas le luxe. Ces barbares se civiliseront.

Il y a eu évidemment de grandes migrations ethniques, car on se trouve soudain en présence de deux faits nouveaux, dont l'apparition semble simultanée et dont l'un fut peut-être la conséquence de l'autre. C'est, d'un côté, la construction des grands monuments mégalithiques qui bientôt vont couvrir toute l'Europe de monticules mortuaires et de longues files de pierres dressées ou entassées; c'est, de l'autre, la construction de ces palafittes des lacs, qui furent peut-être le refuge de populations antérieures, chassées des grandes plaines et des bassins de nos fleuves par l'invasion des bâtisseurs de dolmens.

Les deux races, du reste, semblent lutter de progrès et de découvertes. Tandis que l'une défie la mécanique moderne dans l'entassement de ses blocs cyclopéens, dans l'équilibre de ses galeries souterraines, l'autre dresse au fond des lacs les pilotis de ses habitations lacustres. Ces étranges villages nautiques ont du reste encore leurs analogues chez certaines tribus de la mer du Sud, et ces exemples contemporains nous aident à reconstruire le plan des stations antéhistoriques qui ont existé autrefois dans tous les lacs des divers versants des Alpes et dans ceux de Bohême et de Hongrie. De semblables habitations existaient également au temps de Xercès, dans le lac Prasias, en Péonie, d'après le témoignage d'Hérodote. Des pieux grossièrement équarris, enfouis dans la vase et soutenus d'amas de pierres, en formaient les fondements. Sur ces pieux des poutres transversales soutenaient un plancher sur lequel étaient construites un certain nombre de huttes, probablement circulaires, dont la charpente, formée de piquets et de branchages entrelacés, soutenait un revêtement de boue battue avec de la mousse. Une trappe, s'ouvrant peut-être dans l'habitation même, permettait de rejeter dans le lac les immondices et les débris des aliments de la famille, et un foyer composé de pierres plates en occupait le centre ou le fond, et laissait échapper sa fumée par une ouverture ménagée dans le toit.

Des ustensiles de pierres taillées ou polies pour la chasse, des filets pour la pêche, des poteries parfois de grandes dimensions, meublaient ces abris, où les membres d'une même famille s'étendaient sur des nattes de paille ou de jonc ou sur des lits de peaux.

D'autres fois, dans certains lacs, la palafitte devenait une véritable île artificielle, un crannoge irlandais ; c'est-à-dire que tout l'intervalle compris entre les pilotis était comblé de pierres et pouvait recevoir à sa surface un lit artificiel de terre végétale qui ne tardait pas à se transformer en bosquet. Dans cet asile insulaire, une ou plusieurs familles construisaient des huttes grossières et vivaient à l'abri de leurs ennemis.

Les marnières ou terramares d'Italie nous montrent l'existence de pareilles stations. Ces asiles devaient être fort recherchés, car les plus petits étangs, les marais eux-mêmes recèlent la trace de semblables habitations humaines, d'abord entourées d'une petite nappe d'eau que le progrès des temps et l'accumulation des débris humains eux-mêmes ont fini, plus tôt ou plus tard, par combler.

Mais ce n'est point faire une hypothèse illégitime que de supposer que toute la population de l'époque ne vivait point ainsi retranchée au milieu des eaux. Les cavernes continuaient d'être habitées, et ceux qui ne trouvaient ni caverne à s'approprier, ni lacs pour s'y établir, se construisaient sans doute des habitations plus ou moins solides sur la terre ferme ou dans les bois. Il se peut que certains grands monuments mégalithiques aient servi d'enceinte et de retranchements à des campements humains, et, en même temps, de temples, de lieux de rendez-vous ou de véritables places d'armes à des populations éparses dans les forêts environnantes. Sur ce point nous n'avons encore que des doutes. En tout cas, soit l'existence des palafittes, soit celle des monuments mégalithiques attestent l'existence de sociétés stables, reliées déjà par des institutions politiques assez développées. Mais si les constructeurs des dolmens nous apparaissent surtout comme des guerriers chasseurs, les habitants des palafittes semblent surtout avoir été des tribus de pasteurs, déjà même adonnés à un commencement d'agriculture.

Ainsi, c'est dans les palafittes de l'âge de la pierre polie que l'art de tisser fait son apparition par de grossières tentatives. C'est le lin qui fournit la première matière textile, avec la paille et peut-être l'écorce des arbres. Mais à peine le tissu existe-t-il, qu'il se couvre déjà de broderies d'un travail patient et varié, dont la laine a fourni la matière. Le fuseau est donc inventé et l'on en retrouve les pesons. L'homme des palafittes poursuivait le poisson du lac qu'il habitait, avec des filets, des hameçons et des harpons d'os. Il chassait, dans les forêts voisines, le Cerf, l'Ours, l'Élan, l'Aurochs, quelques autres espèces, mais de plus on le voit successivement en possession de deux races de Chiens, deux races de Porcs, trois races de Bœufs, d'un Mouton qui avait de grands rapports avec la Chèvre, et peut-être du Cheval. Il avait préludé à l'agriculture et possédait avec une variété de blé, l'orge à six rangs, cultivée également par les Égyptiens, les Grecs et les Romains. Il s'en faisait même un pain ou plutôt un gâteau grossier dans lequel se trouvent mêlés les grains de la meule de grès sur laquelle on l'écrasait avec un pilon sphérique. D'autres fois il mangeait le grain grillé, moulu et délayé dans de l'eau où il recevait quelques degrés de cuisson. Cet usage existait encore aux îles Canaries à l'arrivée des Espagnols. Mais si nous retrouvons le blé et l'agriculteur, nous n'avons pas retrouvé encore les instruments agricoles. Avant le métal, en effet, que pouvait être la charrue? L'homme des palafittes de la pierre mangeait la pomme et la poire sauvages, la noisette et la faîne, la fraise, la framboise, la mûre, mais il est probable qu'il ne les cultivait pas.

Tandis qu'en Suisse les habitants des palafittes accomplissaient tous ces progrès, une autre population, peut-être aussi refoulée sur les côtes du Danemark par l'invasion de la race des dolmens, restait en arrière et vivait presque exclusivement de chasse et de pêche sur les bords de la mer Baltique, sans pénétrer dans les terres, envahies dès lors par les conquérants. Elle n'y avait d'autre compagnon que le chien dont peut-être elle se nourrissait. Elle demeurait étrangère à l'agriculture et conservait, à l'époque de la pierre polie et jusqu'à celle du bronze, les armes, les instruments et les mœurs sauvages des époques précédentes.

Sous le rapport des arts industriels, la population des dolmens paraît également être restée en arrière des populations lacustres, comme si elle eût dédaigné ces occupations trop au-dessous de son orgueil guerrier. C'est donc un peu sous les traits du Peau-Rouge américain qu'il faut nous la représenter; car le Peau-Rouge aujourd'hui encore repousse le travail et ne trouve dignes de lui que la chasse et la guerre. Il n'est peut-être pas sans importance de constater que l'Amérique du Nord garde les traces d'une antique population de constructeurs qui ont couvert les vallées de ses grands fleuves de leurs immenses monuments symboliques, mais qui, dans les arts industriels, en sont toujours restés à l'âge de pierre et ne sont qu'à peine arrivés à l'élève du bétail et à un commencement d'agriculture. Mais, en revanche, le Peau-Rouge est vain, il aime la parure, comme les constructeurs de ces dolmens qui nous ont conservé les plus belles armes de cette époque, avec des colliers, des amulettes et d'autres ornements symboliques.

La présence de l'ambre et certaines haches polies d'un beau travail en jadéite, néphrite, serpentine et diverses autres espèces de pierres, trouvées soit dans les dolmens, soit dans les palafittes et qui ont paru à plusieurs de provenance étrangère à l'Europe, ont fait penser qu'à cette époque existait déjà un commerce assez étendu avec le Midi ou l'Orient. L'introduction de tant de races domestiques qui ne paraissent pas toutes dériver de souches sauvages indigènes, et surtout celle du cheval, semblerait appuyer cette induction. Mais de grandes migrations ethniques, lentes ou violentes, et apportant avec elles leurs troupeaux et leurs armes, semblent plus probables à une telle époque de barbarie qu'un commerce régulier et continu d'échanges lointains.

AGE DU BRONZE

VII. — Mais avec l'âge du bronze l'existence de ce commerce ne paraît plus guère douteuse. Tout le bronze de cette époque est formé de neuf parties de cuivre contre une partie d'étain. Or l'étain est assez rare en Europe. Aujourd'hui, on ne le trouve guère avec abondance qu'en Cornouailles et en Saxe. Même en admettant que l'industrie métallurgique soit née dans les districts où l'étain se rencontre et que la race qui l'a trouvé la première l'ait apporté avec elle dans ses migrations, il faut encore, pour que cette industrie ait pu se perpétuer, qu'un commerce plus ou moins lointain, plus ou moins actif, lui ait fourni constamment le métal qu'elle ne rencontrait pas sur les lieux divers où elle s'est successivement établie. On a pensé que les Phéniciens étaient les facteurs de ce commerce; mais le bronze paraît avoir précédé de beaucoup la puissance, sinon l'apparition de ce peuple dans l'histoire. Pour le moment, nous en sommes réduits à chercher quelque autre source d'importation. Or, M. Simonin a découvert récemment la trace d'anciennes exploitations de mines d'étain dans le Limousin, la Marche et la Bretagne, qui tendraient à établir que si l'industrie du bronze n'a pas pris naissance en France, elle y a du moins été en activité.

L'âge du bronze, du reste, doit avoir nécessairement été précédé d'un âge du cuivre : nul ne se serait imaginé de fondre ensemble deux métaux avant de les avoir découverts et utilisés ou essayés séparément.

Le cuivre se présente souvent à l'état natif, et son éclat a dû attirer de bonne heure l'attention de peuples enfants qui suspendaient à leur cou, comme ornements, des pierres, des dents d'animaux ou des coquilles d'un éclat beaucoup moins remarquable. Nous trouvons, dès l'âge de pierre, des pépites d'or qui ont certainement été employées à cet usage, car elles sont perforées pour être suspendues. Le cuivre, plus malléable encore, a d'abord été martelé à l'aide d'un instrument de pierre et façonné ainsi en hache ou en ornements, avant qu'on eût appris l'art de le couler. C'est ainsi qu'il paraît avoir été employé en Sibérie et dans l'Amérique du Nord, où l'âge du cuivre s'est perpétué jusqu'à l'arrivée des conquérants européens. Et cependant il devait suffire d'un hasard pour révéler l'art de le fondre et de le mouler. Du cuivre natif brut ou déjà façonné, jeté dans un brasier funéraire, devait se fondre et se mouler sur les pierres du foyer, les tisons éteints, les débris de poteries brisées. Tout l'art du fondeur était là; il ne s'agissait que de l'y reconnaître. Mais puisque le cuivre se façonnait si aisément en le martelant, pourquoi l'homme sauvage aurait-il senti le besoin de le mouler? Rien d'étonnant donc, si, dans toute l'Amérique, les Mexicains et les Péruviens seuls sont arrivés à connaître le bronze. Car, pour arriver au bronze, il fallait avoir eu l'idée de fondre l'étain. L'on conçoit que si le hasard a dû se charger le premier de fondre du cuivre et de l'étain ensemble en certaines proportions déterminées, c'est-à-dire de former lui-même le premier alliage métallique et, de plus, d'en découvrir les propriétés à des sauvages qui n'avaient pas même l'idée de les chercher, mais qui étaient tout juste assez intelligents pour en tirer parti une fois connues, il a fallu peut-être attendre longtemps la rencontre de tant de circonstances fortuites. Si l'on doit s'étonner que l'âge du cuivre et du cuivre martelé, employé enfin à l'état de pierre, se soit perpétué si longtemps chez les Américains, c'est seulement sous ce rapport que les Mexicains, au milieu d'eux, ayant trouvé le bronze, ils ne le leur aient point emprunté. Le bronze a donc pu être inventé spontanément et indépendamment par deux peuples différents, l'un en Amérique, l'autre dans notre continent, mais il n'a pu l'être que dans les contrées où existaient à la fois des mines d'étain d'un facile accès, du cuivre natif et une population arrivée déjà à employer celui-ci et à en reconnaître les défauts. Ces conditions semblent s'être réalisées en Sibérie. Puisque nous trouvons une époque de cuivre en Sibérie et jusqu'à présent ne la trouvons très-développée que là, il se peut que les districts métallifères du nord de l'Asie aient vu naître sinon la civilisation du bronze, du moins seulement l'art de le mouler, et que de là il ait rayonné, avec le peuple qui l'avait le premier découvert, à l'Orient jusqu'au Japon, à l'Occident jusqu'au Danemark et à l'Islande. Mais la pauvreté, la rareté des mines d'étain de l'Europe, où l'on ne trouve que de rares traces d'une époque du cuivre, ne permet guère d'assigner cette contrée pour berceau à cette découverte, dont les conséquences devaient changer la face du monde. Il serait plus aisé encore d'admettre qu'elle y a été apportée d'Amérique à travers quelque continent, quelque Atlantide submergée; car il existe des mines d'étain au Mexique, et c'est la rareté de l'étain en Europe qui l'a fait remplacer par le plomb dans les instruments de bronze de l'époque romaine. En somme, quelle est l'origine du bronze, quels sont les peuples qui en ont fait la découverte, d'où sont venus ceux qui l'ont importé? On n'a pu encore faire à ce sujet que des hypothèses plus ou moins probables, mais dont aucune n'a réuni tous les caractères de l'évidence. Tout ce que nous savons, c'est que la race du bronze était petite, à en juger par la poignée de ses épées, par l'étroitesse de ses bracelets, par les empreintes faites avec le doigt qu'on a remarquées sur ses poteries. Elle ne paraît pas être née en Europe, ni même s'y être développée, car on ne suit aucune trace de phases successives dans la civilisation qu'elle a apportée avec elle, et qui, du nord du Danemark au sud des Alpes, et de l'Angleterre au fond de l'Allemagne, a partout des caractères identiques, et partout semble avoir apparu soudain et comme importée par une race étrangère.

Les haches de l'époque du bronze ont sensiblement la même forme que les haches polies de l'époque précédente, mais c'était la forme que l'Américain du Nord donnait à ses haches de cuivre martelé. Du reste, c'est presque le seul rapport entre l'une et l'autre époque, il faut bien le constater. La race de la pierre ensevelissait ses morts, et la race du bronze les brûlait : celle-ci était petite, l'autre était de haute stature. Si nous avons vu les arts imitatifs se manifester antérieurement dès l'âge du Renne, avec tous les caractères d'un progrès spontané et indigène, à l'âge du bronze l'art est essentiellement géométrique. C'est un art ornemental, où nulle part n'apparaît la représentation de la vie. Ce sont des lignes parallèles, entre-croisées ou brisées, des points, des pyramides, des cercles, des spirales. Ce caractère ornemental est commun aux poteries déjà fines, bien cuites, vernissées et de formes aussi variées qu'élégantes, comme aux instruments, bijoux et armes de bronze. Si cet art a des analogies avec celui d'une race historique, c'est avec celui des Chinois et des Japonais plutôt qu'avec celui des Étrusques, à toute époque représentatif des formes de la vie. Si, en effet, c'était en Asie qu'eût été inventé le bronze, il pourrait y avoir eu filiation et parenté entre les premiers colonisateurs de la Chine et les peuples qui ont importé le bronze en Europe. Mais l'art de l'âge du bronze aurait, d'autre part, presque autant de rapports avec l'art mexicain. Quoi qu'il en soit, que le bronze soit venu de l'Orient ou de l'Occident en Europe, c'est par le Midi qu'il semble y avoir pénétré. Car les palafittes de l'âge du bronze ont été seulement retrouvées dans la Suisse occidentale, et comme on en trouve dans tous les lacs du versant italien, ainsi que dans les terramares, on peut admettre que l'invasion a marché du sud au nord; que la race du bronze, pénétrant en Suisse par la vallée du Rhône, ne l'a pas dépassée, et a laissé se perpétuer, dans les lacs placés sur le cours inférieur du Rhin ou de ses affluents, la population antérieure de l'âge de pierre. Mais quel chemin la civilisation du bronze a-t-elle suivi pour pénétrer en Danemark, en Suède, en Angleterre? C'est ce qu'on ignore absolument, et elle peut avoir envahi la Suisse en venant de la France tout comme en venant de l'Italie.

Non-seulement la matière, mais la forme des armes a changé avec la civilisation nouvelle. Dès lors, on trouve l'épée, sous sa forme classique, parfois d'une énorme largeur et toujours d'une magnifique forme ; plus, la dague, la tête de lance ou de javelot, le tout sous cet aspect qui rappelle les armes des combattants homériques. Puis ce sont des ornements sans nombre, des épingles à cheveux, des fibules ingénieuses à ressorts en spirales, des peignes, des boutons, des agrafes de manteaux et de ceinturons, des bracelets en nombre infini, et des formes les plus variées, bien qu'oscillant toujours autour de deux ou trois types, des colliers également très-divers, et plusieurs sont d'or martelé ou fondu, comme les torques gaulois.

Le tour du potier a été trouvé. Les débris d'étoffe marquent également un grand progrès du travail et du luxe. Ce sont partout les signes d'une richesse relative que l'âge du fer ne dépassera que longtemps après.

Si le bronze a remplacé les aiguilles et poinçons d'os, les outils et armes de pierre continuent à se montrer néanmoins, mais sous des formes en quelque sorte dégénérées. C'est un art en décadence qui n'exerce plus le génie inventif occupé ailleurs. Dans quelques stations lacustres, elles sont même en petit nombre. La pierre continue également de se montrer à côté du bronze dans les dolmens, mais avec le caractère d'une tradition religieuse.

Les habitations lacustres de l'âge du bronze, bien que construites avec plus d'art que celle de l'âge de pierre, paraissent l'avoir été sur le même plan. Mais elles sont en général plus loin des rivages, ce qui peut tenir à la diminution progressive du niveau des eaux. Les pieux, au lieu d'être assujétis à l'aide de pierres entassées, sont enfoncés dans le sous-sol lui-même. A l'âge de pierre, ce sont des troncs entiers, appointés au feu ; à l'âge de bronze, les troncs plus gros ont été divisés en quatre, et sont plus soigneusement équarris. Si le plus grand nombre des habitations lacustres de l'âge de bronze paraissent avoir été délaissées peu à peu ou subitement par leurs habitants qui emportaient, en ce cas, avec eux, tout ce qu'ils avaient de plus précieux, un grand nombre d'autres semblent avoir été détruites par l'incendie. Celles-là seulement offrent aux archéologues l'occasion de fouilles fécondes en trouvailles. Le grand nombre d'armes ou d'ornements neufs trouvés rassemblés dans des urnes ou sur l'emplacement d'une même hutte, a pu faire penser qu'il s'agissait à cette époque de magasins, plutôt que d'habitations constantes ; mais on conçoit que dans un temps de guerre, les populations riveraines ont dû y rassembler ce qu'elles avaient de plus précieux, sans que pour cela ces stations fussent inhabitées en temps de paix. Bien des campements lacustres, il est vrai, ont pu être livrés aux flammes dans une guerre entre tribus voisines, pendant que la population en était sortie pour aller combattre l'ennemi, ou après sa défaite, ce qui rendrait compte de leur destruction sans recourir à l'invasion de races étrangères, et expliquerait comment on y trouve si peu de restes humains. Du reste, les cadavres tombés dans un lac, flottant avec le courant au bout de peu de jours, doivent avoir été emportés par lui bien loin du lieu où ils y ont été précipités.

Si l'existence du cheval à l'état domestique était douteuse à l'âge de la pierre, elle est certaine à l'âge de bronze, et plusieurs dépôts de cette époque, en Suisse et autre part, ont fourni des mors, des ornements, des harnais ; mais ni l'étrier, que n'employaient pas les Romains, ni le fer à cheval ne paraissent avoir été connus.

Quant à la faune, si, à l'âge de la pierre, le nombre des espèces sauvages l'emportait encore de beaucoup dans les débris alimentaires, à l'âge du bronze il y a une prédominance marquée des animaux domestiques. Les races se sont modifiées ou ont été remplacées par d'autres races nouvelles, dont plusieurs de nos races actuelles paraissent descendre. Les relations avec l'Asie, le mélange ethnique entre l'Orient et l'Occident ne sont plus douteux.

Ce qui ferait supposer que la race du bronze s'est imposée comme dominatrice aux anciens constructeurs des monuments mégalithiques, c'est qu'elle semble lui avoir imposé ses rites funéraires. Ainsi, dans les dolmens de l'âge de bronze, l'incinération a remplacé l'ensevelissement. Le tumulus moins élevé ne renferme plus ni galerie, ni même parfois de vaste chambre sépulcrale, mais seulement l'urne cinéraire ou la tombe cubique des Étrusques. De nombreux objets votifs y sont déposés. Ce sont des bijoux et des armes. Ce qui indiquerait une religion imposée et déjà en décadence, c'est qu'à côté d'armes réelles ayant pu servir, mais cependant neuves et intactes, en général, on remarque de petits simulacres de haches dont les proportions exiguës n'ont pu menacer personne, et qui semblent trahir l'avarice d'un donateur économe envers les morts et les dieux. Du reste, souvent à côté des cendres du noble de race conquérante on trouve le squelette de l'esclave de race conquise. Dans la période antérieure on trouvait aussi l'esclave à côté du maître, mais tous deux inhumés, seulement selon des rites différents.

Quelques croissants de pierre ont exercé la sagacité des archéologues quant à leur usage. Les uns y ont vu un témoignage du culte lunaire; d'autres en font simplement des oreillers ou chevets analogues à ceux que certains sauvages emploient pour préserver, d'un jour à l'autre, l'édifice laborieux de leur coiffure crêpée, graissée et fort peu peignée. En somme, nous n'avons aucune donnée sur les mœurs et sur les coutumes religieuses de ces peuples, et nous ne pourrons hasarder quelque induction à ce sujet que si nous parvenons un jour à découvrir leur origine et à établir leur parenté ethnique. On a bien trouvé toute une collection d'inscriptions et de pierres couvertes de signes ou caractères, mais elles attendent encore leur Champollion.

AGE DU FER

VIII. — Avec l'âge du fer nous entrons dans un monde connu. Nous trouvons les Scandinaves dans le nord de l'Europe, les Celto-Gaulois et les Germains au centre, les Helvètes en Suisse, les Ibères en Espagne, les Pélasges en Italie et en Grèce. Presque toute l'Europe est déjà aryenne, c'est-à-dire en général agricole et pastorale.

C'est vers le commencement de l'âge de fer que nous voyons paraître la monnaie, ce signe de l'activité commerciale, ce symbole de la grande sociabilité. Il existe encore des habitations lacustres, mais en plus petit nombre, et s'il se construit des dolmens, c'est dans de bien petites proportions. L'homme n'habite plus les cavernes que comme des abris temporaires. De grandes associations ethniques, des ligues de peuples se sont formées. L'Asie a ses tribus nomades, qui peuplent même le bassin du Volga et des fleuves qui débouchent dans l'Euxin; mais sur tout le bassin méditerranéen ce sont des sociétés pastorales, agricoles et même industrielles et urbaines. L'homme a conquis le règne de la terre, car les espèces féroces de notre faune actuelle ont déjà diminué ou fui devant lui; il a conquis le domaine des eaux que ses navires sillonnent déjà avec hardiesse. C'est enfin le seuil de l'histoire, sur lequel nous devons nous arrêter.   CLÉMENCE ROYER.

AGES MYTHOLOGIQUES. — Le passé du monde et de l'homme a été l'une des premières préoccupations des races intelligentes; mais comment le reconstituer, alors que la mémoire encore vague n'était fixée ni par les arts ni par l'écriture, alors qu'aucune science n'était commencée, ni même entrevue? L'imagination ne s'embarrasse pas pour si peu; quelques traditions confuses, quelques analogies fausses et le sentiment des misères de la vie lui suffirent pour inventer et décrire une succession de périodes antéhistoriques. L'Égypte, l'Inde, la Grèce et

Rome, la Palestine, s'abandonnèrent à l'envi à ces spéculations sans objet et sans base.

Sur les bords du Nil, comme aux rives du Phison, du Gange ou du Tibre, il y eut un âge d'or, un âge des dieux. Phta et Phré gouvernèrent le monde pendant quarante-deux mille ans, tout juste assez pour façonner de leurs mains brillantes et de leur souffle ardent le sol fauve de l'Égypte, pour élever au-dessus des mers les alluvions basses du Delta; ils déposèrent ensuite leur puissance entre les mains des prêtres, leurs vicaires, comme on sait.

Dès l'époque védique, du XIVe au VIIIe siècle avant notre ère, les Aryas indiens semblent avoir divisé la durée en quatre âges ou Yougas, nommés Krita, Tretâ, Dvâpara et Kali. On en trouve l'énumération dans des Brahmanas antérieurs à la période des épopées. Cette légende, si favorable à l'empire de la caste sacerdotale, et qui, d'après le professeur Albrecht Weber, aurait été inspirée par le retour régulier des quatre phases lunaires, fut exploitée, enjolivée par les poëtes et les philosophes mystiques. Les quatre Yougas formèrent un âge divin dont on détermina la durée : en tout, une période de douze mille années des dieux, qui représente quatre millions trois cent vingt mille années des hommes. Pourquoi s'arrêter en si beau chemin ? Les chiffres ne coûtent rien quand ils ne répondent à rien de réel. Le cycle des Yougas est perpétuel, et ramène indéfiniment, comme la lune, les mêmes phases. Mille âges divins (quatre mille Yougas) équivalent à peine à un Kalpa, c'est-à-dire à un jour de Brahma. Or vous saurez que, le soir de chaque Kalpa, tous les quatre cent trente-deux millions de siècles, Brahma se baigne dans un déluge et procède à une nouvelle création. « Les créations et les destructions du monde sont innombrables, » dit Manou, ou du moins le brahmane qui a écrit, sous son nom et longtemps après notre ère, le fameux *Mânava-Dharma-Çastra*. D'âge en âge décroissent la justice, la santé et la vie ; et, cela va sans dire, l'homme en est toujours au dernier, au triste, au noir Kali-Youga. Chaque âge a certaines vertus qui lui sont propres, mais de plus en plus rares et faibles. En effet, si, dans le Krita, la Justice demeure ferme sur ses quatre pieds (comparaison flatteuse), elle les perd successivement par le vol, la fraude, et autres vices. La santé physique suit les destinées de la santé morale, elle diminue graduellement d'un quart. Dans cette décadence, dans cette chute sans fin, l'homme a sans cesse besoin de secours, de rédemption. La théorie n'est pas neuve, et elle est le complément logique et la condamnation de l'histoire imaginaire. Quoi qu'il en soit, puisque les dieux laissent péricliter leur création et leurs créatures, c'est à eux d'intervenir, de consoler le monde par quelque fantasmagorie; sans quoi, ils courraient le risque de perdre avant peu leurs derniers adorateurs. Ainsi raisonna, fort sagement, Vichnou, l'un des membres de la trinité ou trimourti. C'est pourquoi il s'est manifesté par neuf incarnations ou avatars, qui ont traversé comme des météores l'horizon assombri des Yougas. Tour à tour poisson, tortue, sanglier, lion, héros vainqueur du serpent qui étreignait la demeure des dieux, déguisé en Rama, en Krichna et en Bouddha, il accomplit les tours de force les plus surprenants : d'un seul pied n'a-t-il pas couvert les trois mondes? Depuis les temps du Bouddha, que le brahmanisme vainqueur essaya d'englober dans sa mythologie, la terre n'a pas revu Vichnou. Incessamment, sa dixième incarnation et la fin du Kali-Youga. Le dieu, sous la forme d'un cheval (est-ce que les temps seraient proches?) parcourra l'univers et régénérera le monde; puis tout s'éteindra comme une fusée, comme un feu d'artifice, sous le souffle dévorant du dragon dont le venin jadis a bleui pour jamais la face de Vichnou.

La Grèce, plus sage, s'est livrée à de moins transcendantes fantaisies. Mais elle

n'en a pas moins accepté, avec des variantes, la fable de la dégénérescence universelle, elle n'en a pas moins désiré, sinon affirmé, le miracle d'une rédemption.

Hésiode, qui représente l'époque immédiatement postérieure à l'âge des rhapsodes homériques (viii° siècle avant notre ère?), raconte qu'au temps de la commune naissance des dieux et des hommes, les dieux de l'Olympe créèrent une race
d'or de mortels qui, toujours jeunes, largement nourris par la terre féconde,
partageant sans fatigue et sans querelle les fruits et les richesses, vivaient égaux
aux dieux et mouraient comme on s'endort. Kronos régnait au ciel. Lorsque cette
génération eut été couverte par la terre, elle forma, par la volonté du grand Zeus,
un peuple de génies excellents, terrestres, gardiens des hommes : « ils protégent
la justice et veillent sur les mauvaises œuvres, vêtus d'obscurité, errants sur la
terre, distribuant la richesse. Telle fut leur récompense royale. »

La deuxième génération ne fut que d'argent; elle n'égalait la première ni en force
ni en vertu. L'enfant demeurait cent ans près de sa mère pour se développer; puis,
la puberté atteinte, mourait vite. Les hommes ne s'abstenaient plus de mutuelles injures et n'honoraient plus les dieux par des sacrifices. Zeus mit fin à cette race sans
ferveur. Bienheureuse cependant sous la terre, elle occupa le second rang. Celle
qui la suivit lui fut inférieure encore : race d'airain, ardente aux travaux d'Arès, au
cœur de roche, implacable! Elle ne mangeait pas de pain. Les bras vigoureux de
ses fils naissaient d'épaules invincibles. Ils avaient des armes d'airain, des demeures
d'airain; ils travaillaient l'airain; le fer bleuâtre n'existait pas encore. Entre-tués,
ils descendirent, sans nom, dans les vastes domaines du froid Adès. Ils quittèrent
la lumière brillante du soleil, et la mort sombre les prit malgré leur force.

Une quatrième race, plus juste et meilleure, race de héros nommés demi-dieux, fut,
par la guerre et les combats, anéantie, soit devant Thèbes aux sept portes, sur la terre
cadméenne, pour les troupeaux d'Œdipe, soit devant Troie, où les conduisit à travers la vaste mer la cause d'Hélène aux beaux cheveux. Zeus, après leur mort,
transporta ces guerriers aux confins de la terre, où ils habitent des îles heureuses
au bord du profond Océan; héros fortunés, la terre qui donne la vie leur offre chaque
année trois moissons florissantes.

Et maintenant, c'est l'âge de fer. « Plût au ciel, s'écrie le poëte, que je ne vécusse
pas avec cette cinquième race! J'aurais dû mourir plus tôt ou naître plus tard! » Et
il déroule les maux dont nous souffrons : violence, corruption, envie, impiété. La
Pudeur et la Justice sont remontées aux cieux.

Rien n'est plus ordinaire et plus banal que ce dénigrement de l'époque où l'on
vit; mais dans le grandiose tableau qui précède, on commence à découvrir quelque
apparence de vérité, une tentative d'explication de certaines croyances. Il y eut un
temps où l'homme ignorait le pain, où l'usage du fer n'existait pas. Les fantômes
et les génies sont les mânes des ancêtres. Voilà les idées nettes qui se dégagent du
récit d'Hésiode; mais le plus curieux passage est l'invention de l'âge héroïque, où
vivaient réellement les demi-dieux dont les rhapsodes ont chanté les aventures fa-
buleuses. Les Pélée, les Ajax, les Agamemnon, ces figures mythiques animées par
la poésie, ces dieux redevenus hommes, étaient déjà, huit siècles avant notre ère,
pourvus d'une existence historique. Seulement ils ne reviendront plus, comme le
Vichnou indien, se mêler aux affaires humaines. L'imagination grecque, tout en
travaillant sur les éléments communs à tous les peuples aryens, a soin de ne jamais
dépasser la mesure et n'empiète pas sur l'avenir.

L'esprit sec des Latins a aussi accommodé ses traditions nationales à la légende
des âges. Il plaça l'âge d'or sous l'invocation de Saturne, dieu des semailles, qui
s'assimila plus tard le vieux Kronos; et d'un mélange gréco-latin sortit le lieu com-

mun classique que nous connaissons, qu'Ovide a traité en vers élégants et Virgile admirablement développé dans son *Pollion*. Quelques passages de cette églogue fameuse ont fait de Virgile une sorte de Père de l'Église, un précurseur du Christ; il serait puéril de prêter au chantre des Romains comme un pressentiment de cette religion si funeste à l'empire et à Rome; mais il ne faut pas méconnaître, dans les vœux que forme Virgile pour le retour de l'âge d'or, le même désir, la même soif de rédemption qui anime et soutient les prophètes juifs au milieu des plus cruelles calamités. Le messianisme est la conséquence logique de la théorie des quatre âges.

On ne saurait dire si les Hébreux, qui ont tout emprunté, ont conçu d'eux-mêmes le paradis terrestre, le péché originel, les amours des anges et des géants avec les filles des hommes, le déluge et le Sauveur. Sans doute leurs malheurs constants pouvaient leur inspirer le sentiment d'une décadence inévitable et l'impérieux besoin d'un avenir meilleur; mais l'esprit des Sémites nous apparaît, en général, assez pauvre, assez peu inventif pour que nous soyons autorisés à demander à l'imagination de leurs voisins l'origine de leurs mythes. C'est en Assyrie et en Perse que les Juifs ont trouvé le prototype de leur Éden, ces paradis (le mot lui-même est perse), grands jardins enclos de murailles où les satrapes faisaient planter des arbres de toute espèce et rassembler des animaux de tout pelage et de tout pays. De pareils rapprochements, la plupart aussi vraisemblables, sinon aussi certains, font descendre jusqu'au vii° siècle environ la date de quelques chapitres de la Genèse, renversent toute la prétendue chronologie biblique, et M. de Bunsen n'hésite pas à rattacher l'Écriture sainte tout entière aux traditions et aux mythologies de l'Inde, de la Perse et de la Grèce.

Quoi qu'il en soit, lorsqu'une religion fondée sur le dogme de la chute et de la rédemption vint fausser toute la destinée, tout l'avenir de l'humanité, elle trouva une puissante et universelle alliée dans la croyance au lieu commun de l'âge d'or. On voit de quelle importance a été cette fausse conception, qui contenait en germe tous les brahmanismes, tous les christianismes du monde, et toute la série des superstitions expiatoires.

Une seule doctrine, dans l'antiquité, a su réduire à sa juste valeur la théorie des quatre âges décroissants, c'est la doctrine de Démocrite, d'Épicure, de Lucrèce, ces grands précurseurs de la philosophie moderne, qui prenaient pour base, à l'exclusion de toutes les fictions et de tous les mythes, la science de leur temps. Cette science, si incomplète qu'elle fût, et, à son défaut, la simple raison, leur disaient assez que la déchéance de l'homme était une fable peu vraisemblable, que l'invention progressive des arts avait au contraire apporté à l'humanité le bien-être et développé les facultés intellectuelles. Aussi avec quelle verve Lucrèce fait justice de l'âge d'or dans l'admirable cinquième livre du *De Natura rerum!* Avec quelle intuition de génie il peint la condition des premiers animaux humains luttant pour la vie, les informes débuts de la parole, de la musique et de la danse, et comment les ongles, les dents, le bois, les os, les pierres furent d'abord les seules armes des antiques dompteurs de bœufs ou de chevaux, comment le bronze précéda le fer, comment la société enfanta la loi, l'idée du juste et de l'injuste, et comment l'homme, hélas! créa les dieux.

Mais ces rudiments de science furent étouffés pendant dix-sept cents ans par le triomphe d'une théurgie insensée. Le xviii° siècle les vit renaître, et en comprit la portée; s'apercevant que l'humanité faisait fausse route depuis près de deux mille années, il fit, lui, brusquement volte-face et plaça l'âge d'or au fond de l'avenir. Dès lors la cause de la religion était perdue. L'homme n'a plus besoin d'un bras qui le relève; il marche désormais d'un pas ferme et décidé vers ce mirage qu'il laissait jadis à regret derrière lui. De même que la Révolution française a coupé l'histoire en deux parts, âge de l'autorité, âge de la liberté, les nobles vues de Buffon, de Condorcet, aujourd'hui familières à tout esprit sans préjugés, ont tracé la ligne de démarcation entre l'âge des mythes et l'âge des faits.

Toutefois, quelques têtes chimériques, chez lesquelles un grain de génie peut-être se mêlait à la fantaisie et au mysticisme, ont caressé l'idée d'un accord entre les vieilles erreurs et les vérités nouvelles. Fourier place l'Éden en tête des périodes qu'il invente, et les termine par l'avénement d'une ère d'Harmonie ; ainsi l'âge d'or est aux deux bouts de nos destinées. Mais l'heure des rêveries palingénésiaques est passée ; nous sourions même quand le grave Hegel, expliquant par sa transcendantale métaphysique la chute ou procession, la rédemption ou retour, s'en va chercher dans le christianisme des rapports intimes avec la science moderne. Il est temps de ranger les dogmes du péché et du salut, avec les quatre âges de la fable, parmi les plus dangereuses inventions de l'ignorante curiosité des premiers hommes.

ANDRÉ LEFÉVRE.

AGIO. — Le mot *Agio*, de l'italien *aggio*, a été employé à son origine pour indiquer la différence entre l'argent courant et l'argent de banque.

Avec le développement des banques et des opérations commerciales le sens du mot s'est élargi, et d'Aguesseau nous semble lui avoir donné sa véritable signification en disant : L'agio « est ce qui se donne à un courtier ou à un agent de change ou à un » banquier pour le change ou pour sa peine et son industrie, ou pour l'escompte » d'une lettre de change qu'il se charge de négocier. » (*Mémoire sur le commerce des actions de la Compagnie des Indes*, 1720.)

Ainsi, s'il s'agit de monnaies, et que mille francs en pièces de 20 francs, par exemple, vaillent 1005 francs en argent, on dira que les 5 francs sont l'agio de l'or.

On appellera également *agio* la différence entre le montant d'un effet et son produit à l'escompte, et dans ce cas l'intérêt se trouvera confondu avec les autres frais.

Recherchant les différentes parties qui composent l'agio, nous trouverons : 1º l'*intérêt*, variable suivant les lieux et les circonstances ; 2º le *change de place* ; 3º la *commission* ou salaire de l'intermédiaire, comprenant les risques de non paiement ou de non remboursement à l'échéance.

Tous les termes de l'opération étant connus, il est facile de calculer le bénéfice qu'elle procure à l'intermédiaire en déduisant, de l'agio perçu, l'intérêt et le change. Le jeu, on le voit, est étranger à cette opération. Aussi ne comprenons-nous pas la confusion, qui, trop souvent, est faite entre l'*agio* et l'*agiotage*.

L'agio est le produit d'un service rendu, d'un travail effectif, un auxiliaire de toutes les autres branches du commerce, un rouage de la circulation ; il donne la facilité de réaliser, contre espèces courantes, des valeurs n'ayant pas cours, ou non encore échues ; le commerçant lui doit de pouvoir — sitôt une vente effectuée, même à terme — trouver les ressources nécessaires pour de nouvelles affaires, et, au moyen d'un sacrifice dont il connaît à l'avance l'étendue, changer les dollars en napoléons, et rendre New-York voisin de Paris.

L'agio surélevé peut — ainsi ramené à son véritable sens — devenir de l'usure, mais non de l'agiotage.

Longtemps, par suite des préjugés de la loi chrétienne, qui avait prohibé le prêt à intérêt, l'industrie de l'agio a été flétrie par l'opinion publique. Alors, tout ce qui avait trait au commerce de l'argent fut compris dans l'anathème qui frappait l'usure, et ce commerce devint la profession des hommes qui n'avaient pas d'autres ressources. Lorsqu'on a compris qu'il y avait réellement service rendu, on a admis l'équité de la rémunération et on a fini par classer honorablement une industrie utile à tous, et liée étroitement au développement commercial et industriel. On voit sans peine que le commerce et l'agio ont dû suivre des voies parallèles, et que celui-ci a dû être d'autant plus onéreux que celui-là était plus chargé d'entraves.

Chez les nations anciennes, en présence de l'inégalité radicale des civilisations, de la diversité des lois et des coutumes, en l'absence de communications, alors que la guerre de peuple à peuple existe presque à l'état permanent, le commerce se fait par des procédés absolument contraires à ceux de nos jours; le marchand colporte lui-même sa marchandise sur terre et sur mer, et touche directement le produit des ventes.

Que pouvait être le commerce chez les Romains? Chaque peuple conquis n'augmente-t-il pas de ses dépouilles la fortune des patriciens? De plus, le prêt se fait à 30 pour 100, et l'emprunteur, lorsqu'il ne peut rembourser, donne en paiement sa liberté, et vient accroître la multitude du bétail humain. Pourquoi chercher dans des entreprises pacifiques un profit que la rapine et la conquête procurent, sachant qu'il est si aisé de s'assurer l'impunité en donnant au peuple — qu'on n'admet pas au partage du butin — le pain et le cirque?

Le commerce et l'industrie ne pouvaient guère être plus florissants durant le moyen âge, alors que le passe-temps des seigneurs et des barons était d'aller par les grands chemins attaquer à coups de lance et d'épée les malheureux voyageurs. « Les » marchands, dit Jacopo Filiasi, devaient voyager en grosses caravanes et se faire » escorter d'hommes armés ; de telles escortes coûtaient fort cher, et il en coûtait » plus encore pour les cadeaux que les marchands devaient faire aux princes, les- » quels imposaient des taxes arbitraires sur les marchandises et pillaient les cara- » vanes. »

Enfin, grâce aux mécréants, le commerce et l'industrie vont donner au peuple un solide instrument d'affranchissement : la richesse, fruit d'un travail opiniâtre. Venise, Florence, Gênes, en rapport plus direct avec l'Orient, seront aussi les premières favorisées. Florence aura ses deux cents fabriques de drap et autres tissus de laine; ses teintureries serviront aux produits de l'Espagne, de l'Angleterre et des Flandres. Venise ira à Constantinople avec ses flottes chercher les tributs de l'Inde et portera en échange des vins, des blés, des chanvres, des métaux, et ses comptoirs rivaliseront avec ceux de Gênes, et sur les côtes de la mer Noire et dans tout le Levant. Mais quelles entraves financières! Quand on songe que, vers l'an 1200, Florence — pour ne prendre que cet exemple — avec ses quatre-vingts boutiques de change, ne verra pas circuler moins de quatre à cinq cents sortes de valeurs et d'effigies de toutes provenances, depuis les *provani* de Rome, les *migliaresi* de Sicile, de Turin, de Constantinople, etc., etc., jusqu'aux *sequins* de Venise, aux *marabotins* d'Espagne, aux *ducats* de Sicile, aux *agnelets* de France, etc., etc.! Que d'entraves, disions-nous, si l'on songe que, suivant Cibrario, chaque opération de change donnait droit à une commission, qui n'allait pas à moins de 6 à 12 pour 100.

Mais notre intention n'est point de suivre pas à pas la marche du crédit, alors surtout que l'industrie et le commerce vont prendre un rapide essor, non-seulement en Italie, mais en France, en Allemagne, en Angleterre, et que de nouveaux comptoirs vont s'ouvrir à Hambourg, à Amsterdam et dans mille autres lieux.

Bornons-nous à dire qu'aujourd'hui, par suite des facilités de communication et de transport, des opérations colossales, qui auraient paru fantastiques au commencement du siècle, sont devenues possibles, et que l'*agio* et le change se sont mis au niveau des besoins les plus importants et les plus variés.

Aidés par de nombreux arrivages provenant en partie de la Californie et de l'Australie, tous les pays ont augmenté l'importance de leur *stock* monétaire, si utile aux transactions journalières, et la prime qui a existé longtemps en faveur de l'or a disparu. Les difficultés que soulevaient les monnaies, les rapports et les cours du change et la plupart des calculs compliqués qui en résultaient, ont diminué avec la simplification et l'unification des systèmes monétaires.

Les sociétés de crédit et les banques de dépôts, en plaçant sur premières valeurs une partie de leur capital de fondation et de dépôt — qu'elles laisseraient ainsi toujours disponible, — permettraient à ces valeurs de se placer souvent au-dessous du taux moyen, de sorte que l'agio finirait par représenter, dans les transactions, des changes de moins en moins onéreux. Mais, pour réaliser ce bien, qui est une des causes essentielles de la création de ces sociétés, il ne faudrait pas que leurs fonds fussent mis à la disposition du syndicat de la Bourse ; elles ne devraient pas alimenter la fièvre du jeu pour se procurer des bénéfices.

Qu'un contrôle sérieux, établi sur les finances des divers États, ne leur permette plus de s'approprier, au moyen d'emprunts incessants, les économies et les ressources disponibles, et, l'intérêt s'abaissant de plus en plus, l'opération qui produit l'*agio* sera reconnue comme l'une des plus fécondes, l'une des plus utiles pour le développement de l'industrie.   JULES MOTTU.

AGIOTAGE. — I. — Durant la guerre qui suivit la paix de Ryswyk, des courtiers et des changeurs s'établirent dans la rue Quincampoix, sous le nom de banquiers, pour faire le commerce des papiers publics : on leur donna le nom d'agioteurs. Le mot *agiotage* commence, dès cette époque, à être pris en mauvaise part et à désigner spécialement — comme aujourd'hui — le trafic sur les fonds publics, le jeu sur la hausse et la baisse des valeurs, ou les manœuvres pour faire varier, en vue d'un profit, le prix de certaines marchandises.

Plusieurs économistes ont cherché à établir une différence marquée entre l'agiotage et la spéculation. Cette différence n'est que dans les mots, et ne peut aboutir qu'à une question de plus ou de moins.

La spéculation commerciale, comme l'agiotage, est funeste ; elle est contraire à la morale. C'est un pari, au moyen duquel, sans travail, le joueur tend à réaliser de gros bénéfices.

Si la spéculation précède l'agiotage, c'est comme l'escroquerie le suit, c'est-à-dire de si près, qu'il est souvent difficile d'établir la ligne de démarcation. Presque toujours l'agioteur achète à terme et sans la moindre intention de prendre livraison, ou bien il vend ce qu'il ne possède pas, et ce qu'il ne possédera jamais. Gagner une différence est son seul but, et, pour arriver à ce résultat, il compte sur un événement incertain, ou sur une nouvelle qu'il inventera au besoin, ou sur des bruits qu'il mettra en circulation.

Aussi le bénéfice de l'agioteur sera-t-il tout juste l'équivalent de la perte qu'il fera subir à un autre, et, l'opération terminée, aucune valeur n'aura été créée, aucun service rendu ; il n'y a qu'un déplacement : ce qui était dans la poche de l'un aura passé dans la poche de l'autre.

Les conséquences morales de l'agiotage sont plus tristes encore.

Pourquoi se livrer à un travail opiniâtre, à une continuité d'efforts, si l'on peut, en quelques instants, et, pour ainsi dire, sans bourse délier, gagner ce que ne sauraient procurer des années de labeur et d'économie ?

La vie n'est plus qu'un tapis vert pour ces hommes incessamment ballottés entre la crainte et l'espérance, pour ces hommes insatiables, toujours menacés de tomber d'une richesse scandaleuse dans une misère dégradante, car l'habitude du jeu les a rendus impropres à tout travail et leur ferme l'accès à la réhabilitation. « Le » joueur est sous le joug du despotisme *obscène* — comme dit si énergiquement » Juvénal — qui pousse les tuteurs à voler leurs pupilles, les hommes robustes à » trafiquer de leur sang, et à s'enrichir dans les bras d'une vieille opulente, les » maris à hériter des amants de leur femme — le despotisme de l'argent. »

Quant à l'agiotage, la chose existait avant le nom. Pour ne citer qu'un exemple, rappelons la royale escroquerie de Louis XIV, pour se procurer les 4 millions des fêtes de Fontainebleau.

Samuel Bernard ne voulait plus prêter au roi, même à gros intérêts ; mais le contrôleur général, Desmarets, sait que les agioteurs recherchent — comme aujourd'hui — les nouvelles qui peuvent influer sur le cours des valeurs, et qu'ils les obtiennent souvent par des laquais qui les dérobent dans son cabinet. Il fait donc fabriquer pour 30 millions de billets de la caisse des emprunts, et les donne à négocier à Samuel Bernard ; puis il rédige un projet de loterie et le laisse sur son bureau...

Les agioteurs sont bien vite informés du fait. Pleins de confiance dans l'avenir des billets de la caisse des emprunts, ils font monter ces valeurs en quelques jours de 35 à 85 pour 100 ; Samuel Bernard écoule ces titres qui ne lui coûtent rien, qui ne valent rien, et qui vont bientôt prendre le nom de *Bernardins ;* il réalise pour le roi plus que la somme nécessaire à ses nouvelles folies.

Que l'on ne vienne pas dire que Louis XIV était étranger à ces tripotages honteux ; tout le monde sait que, depuis la chute de Fouquet, le roi était ordonnateur et comptable des dépenses, et qu'ainsi il était doublement responsable de leur administration ; Desmarets ne faisait qu'exécuter ses ordres.

Comment s'étonner, après des exemples partis de si haut, de voir quelques années plus tard, à l'appel de Law, soutenu par le régent, les millions pleuvoir dans les caisses de cet ancien croupier?

Pour les besoins de la cause, les solitudes du Mississipi vont se transformer en montagnes d'or, d'argent, de cuivre. Des estampes représenteront les sauvages faisant accueil aux Français et leur offrant leurs richesses. Puis, si un vieux soldat, ayant visité le Nouveau-Monde, hasarde quelques objections, on le convaincra d'ignorance en l'envoyant à la Bastille.

Le public, enfiévré par l'espoir des énormes bénéfices entrevus, et dupe des manœuvres employées pour faire croire à la grandeur de l'entreprise, fera monter, vers la fin de 1719, à quarante fois le capital les actions de la Banque Law.

« Alors, dit Saint-Simon, le commerce des actions de la Compagnie des Indes, » appelé communément du Mississipi, établi depuis plusieurs mois dans la rue » Quincampoix, de laquelle chevaux et carrosses furent bannis, augmenta tellement » qu'on s'y portait toute la journée, et qu'il fallut placer des gardes aux deux bouts » de cette rue, y mettre des tambours et des cloches, pour avertir à sept heures du » matin de l'ouverture de ce commerce et de la retraite à la nuit, enfin redoubler ᴸ les défenses d'y aller les dimanches et fêtes. »

« Law, dit encore Saint-Simon, assiégé chez lui de suppliants et de soupirants, » voyait forcer sa porte, entrer du jardin par ses fenêtres, tomber dans son cabinet » par sa cheminée. On ne parlait que par millions. »

On criera sur le passage de cet Écossais, dont l'Église a fait la conquête et qui remplace le duc de Noailles comme marguillier d'honneur : « *Vive le roi* et *Monseigneur Law.* » Il aura pour flatteurs le clergé et le Parlement, et le régent lui-même, dans le courant de février 1719, n'hésitera pas à aller présider à l'hôtel de *Mesmes,* escorté de princes et de maréchaux, une assemblée de la Banque.

Des femmes monteront dans le carrosse de sa maîtresse, Catherine Knorel, se disputant ses bonnes grâces. Une duchesse baisera les mains de Law, ce qui fera dire à la mère du régent : « Si les duchesses agissent ainsi, que lui baiseront donc » les autres femmes ? »

Enfin, lorsque la fille de Law, âgée de cinq à six ans, donnera un bal où se presseront et la cour et la ville, on verra parmi les plus empressés, qui ? le nonce du pape !

Il serait trop long de suivre pas à pas le développement de l'agiotage durant un siècle et demi. Qu'il nous suffise de dire qu'à la suite de la catastrophe de Law, prévue par les agioteurs adroits qui avaient soutenu les cours pour dégager leur situation, le gros du public, composé de gens simples et de spéculateurs inhabiles, supporta le poids de la banqueroute, mais fut pour quelque temps guéri de la fièvre du jeu.

Durant les glorieuses années de la République, la réduction des rentes et la création des assignats donnèrent lieu à de vils trafics, et de nombreuses familles payèrent de leur fortune la légèreté coupable de leur chef.

Sous le Directoire, au milieu des roués et des transfuges de la Révolution, on spéculera sur les châteaux, les domaines, sur le papier-monnaie, sur l'emprunt forcé, sur le maximum, et même sur les fournitures de l'armée et le pain du soldat.

Sous l'Empire, la guerre absorba la spéculation.

Avec la Restauration l'agiotage reprit, et fit de nouveaux progrès sous Louis-Philippe.

Il était réservé à l'époque actuelle d'en voir le complet épanouissement.

II

L'agiotage se développe avec l'esprit d'entreprise. Fruit d'une civilisation basée sur de nombreuses erreurs économiques, il se montre surtout chez les nations les plus industrieuses, l'Amérique, l'Angleterre, la France.

Il semble donc que, dans une certaine mesure, la forme du gouvernement n'influe pas sur l'agiotage; ce qui ne veut pas dire que les exemples des cours somptueuses et partant besoigneuses n'impriment pas aux affaires une fâcheuse impulsion.

L'agiotage s'exerce aussi bien sur les marchandises, blés, vins, terrains, etc., que sur les effets publics, jetant la perturbation dans tous les éléments de la production et de la consommation. Quant aux procédés, ils n'ont pas varié depuis un siècle et demi et resteront probablement toujours les mêmes. Ils consistent en gageures sur la hausse et sur la baisse : par exemple, si X... croit à la hausse, il achètera fin du mois pour revendre avant ce terme; si sa prévision se réalise, son acheteur lui doit une différence qui constituera son bénéfice, puisqu'il aura vendu plus cher qu'il n'avait acheté.

Si c'est la baisse qui prévaut, la différence sera contre lui et constituera sa perte.

Cette opération est la plus simple, et on la désigne par le mot de *ferme*.

Mais si l'acheteur veut limiter sa perte, tout en réservant les chances de gain, il traitera à *prime*. Dans ce cas, l'acheteur conserve le droit de ratifier son marché ou de le rompre au terme convenu, en payant une somme également convenue.

Les combinaisons peuvent varier et se multiplier à l'infini, et dans une seule bourse on peut réaliser, en opérant sur des valeurs considérables, des différences énormes. L'exposé de ces calculs compliqués ne saurait trouver place ici.

On remarquera que les marchandises ne se prêtent pas aussi bien que les fonds publics aux brusques variations de prix qui sont l'âme du jeu ; aussi les préférences sont-elles pour les fonds publics, qui ont de plus l'avantage d'un cours authentique.

Aussi, bien qu'on vende et qu'on achète souvent en un mois plus de vins, de blés, d'huiles, de cotons que le pays n'en pourrait produire dans un siècle, l'agiotage sur les marchandises est peu de chose, comparé à l'agiotage sur les valeurs.

Les valeurs admises à la cote officielle s'élèvent actuellement à environ 25 milliards, sans compter les valeurs qui se négocient en dehors de la Bourse, et dont le capital ne saurait être indiqué exactement.

Durant l'année 1868, le gouvernement ayant, — suivant l'heureuse expression d'une feuille officieuse, le *Constitutionnel*, — conseillé la hausse pour faciliter l'émission de son emprunt, et le syndicat des banquiers ne la désirant pas moins par suite des nombreuses souscriptions à couvrir, cette hausse a eu lieu et ne saurait être estimée à moins de 2 milliards sur l'ensemble des valeurs.

Durant cette même année, les faillites, qui en 1866 étaient de 1500, en 1867 de 1620, se sont élevées à 1943.

De 1866 à 1868, une spéculation à la baisse avait déprécié les valeurs; en 1868, une spéculation contraire relève les cours, — affaire de jeu, voilà tout.

La fortune de la France ne profite pas en réalité de ces coups de spéculation, les valeurs ne sont pas mieux classées, et le capital productif, les revenus du pays ne sont pas accrus, ce qui prouve que la situation industrielle et commerciale du pays ne peut pas être appréciée d'après les résultats de l'agiotage.

Le législateur s'est préoccupé à toutes les époques des conséquences de ce fléau social.

Sous la monarchie comme sous la république, les lois se sont multipliées et n'ont atteint que rarement les coupables.

De bons esprits pensent qu'il serait utile de réprimer plus sévèrement de tels abus. Pour nous, nous croyons que le moyen le plus efficace de voir diminuer la fièvre de l'agiotage, serait d'abord que les gouvernements, tout en ayant l'air de refréner le jeu, n'en fissent plus l'auxiliaire de leur politique.

Il ne faudrait pas que, pour subvenir à des nécessités pressantes que leur incurie n'a su ni prévoir ni combattre, ces gouvernements fissent des appels si fréquents au crédit public, appels qui, pour réussir, doivent fasciner les yeux du public par les lueurs trompeuses des primes et des dividendes.

C'est peu d'avoir supprimé les loteries si elles sont remplacées par le parquet et la coulisse.

De la roulette à la corbeille, la différence n'est pas grande, ou plutôt, dans le cas de la loterie, la perte est limitée par la modicité de l'enjeu, tandis que pour l'agiotage de la Bourse les enjeux peuvent s'élever sans mesure.

Il ne faudrait pas non plus que l'on vît les grandes institutions de crédit, — depuis les banques d'État, jusqu'aux banques spéciales créées pour favoriser le crédit et l'industrie, — abandonner les utiles opérations qui ont servi de prétexte à leur création, pour s'absorber dans les émissions, les emprunts, et le patronage d'affaires plus ou moins mal étudiées, qui n'aboutissent que grâce à cette protection, au grand préjudice des intérêts du public. En somme, ces établissements devraient faire l'agio et non pas l'agiotage.

N'est-il pas déplorable de voir passer à la Bourse et employés comme ressort pour maintenir ce jeu effréné, si funeste aux intérêts généraux, des dépôts considérables faits à 1 ou 2 pour 100? Quoi! ces maisons de crédit, qui repousseraient tout effet commercial soupçonné de n'être pas le résultat d'une opération sérieuse et d'appartenir à ce qu'on appelle le papier de circulation, n'hésitent pas à consacrer leurs ressources au soutien de valeurs non classées, que les acheteurs ne peuvent pas lever définitivement et qui encombrent le marché! Puis, s'il survient une crise, ou simplement une panique, ces dépôts, affectés aux reports, sont retirés brusquement, le mécanisme artificiel des jeux de Bourse est brisé, le marché s'effondre, et l'on assiste à ces baisses formidables qui jettent l'épouvante dans le monde des affaires. Ainsi le mal engendre le mal.

Le sans-façon avec lequel on pratique en fait ce que l'on condamne en théorie, avec lequel on blâme le jeu et l'agiotage tout en vivant de l'agiotage et du jeu, ne peut que jeter le trouble dans toutes les classes de la société, et leur faire perdre de vue que la richesse ne s'acquiert honnêtement et solidement que par le travail.

BIBLIOGRAPHIE. — *Les Manieurs d'argent*, par Oscar de Vallée. — *Le Manuel du spéculateur à la Bourse*, par P.-J.-P. Proudhon. — *La Spéculation devant les tribunaux*, par G. Duchêne.   JULES MOTTU.

AGONIE. — L'étymologie (αγων, combat) fait naître l'idée d'une lutte de l'organisme vivant contre les causes de destruction; c'est la définition que l'on donne habituellement. C'est à tort, selon nous, et si l'on fait appel à l'observation physiologique rigoureuse, on ne tarde pas à reconnaître la fausseté de cette appréciation inspirée sans doute par la vue des mouvements convulsifs qui agitent quelquefois les agonisants. Ces convulsions indiquent seulement que les centres nerveux, déjà profondément troublés, cessent de coordonner les mouvements et subissent inégalement l'influence de la désorganisation. A vrai dire il n'y a rien qui indique une lutte, il nous semble plus conforme à la vérité de dire que l'agonie est l'abolition graduelle des différents actes de l'organisme.

Lorsque la mort arrive lentement, les organes et les tissus perdent peu à peu leurs propriétés. On meurt en détail pour ainsi dire, et on a fait remarquer depuis longtemps que la cessation de la vie arrivait graduellement en sens inverse de son apparition; dans l'embryon c'est le cœur qui manifeste les premiers mouvements, c'est ce même organe qui, chez le mourant, palpite encore lorsque tout le corps est immobilisé, c'est ce qui a fait dire qu'il était l'*ultimum moriens*. Il faut ajouter que les battements du côté droit du cœur persistent plus longtemps que du côté gauche, et ceux de l'oreillette droite plus longtemps que ceux du ventricule droit; cela tient à ce que les artères en revenant sur elles-mêmes chassent peu à peu le sang dans les capillaires qui sont encore perméables, puis dans les veines; l'oreillette droite continue donc à recevoir du sang pendant un certain temps et se contracte sous l'influence de cette excitation qui se produit, à peu de chose près, comme pendant la vie. En réalité, ces derniers mouvements sont du domaine de la vie végétative, et il n'est pas bien exact de dire que le cœur est l'*ultimum moriens ;* à ce compte on devrait qualifier ainsi les mouvements de l'intestin ou des cils vibratiles qui persistent plus longtemps.

L'*ultimum moriens* n'est pas le cœur, c'est le cerveau; quelle que soit la cause morbide, quel que soit l'organe primitivement lésé, c'est au cerveau que se fait le dénoûment fatal. On ne peut plus dire avec Bichat que l'on meurt de trois façons : par le cœur, le cerveau et les poumons, on ne meurt que par le cerveau. Sans nul doute l'arrêt du cœur détermine la mort, mais c'est en privant la substance cérébrale du liquide nourricier qui lui est indispensable. Supposez un instant que la tête puisse continuer à recevoir du sang oxygéné, et l'arrêt du cœur ne produira plus la mort. De même lorsque les poumons malades ne permettent plus l'oxygénation du sang, les fonctions des éléments nerveux cessent parce qu'ils ne sont plus en contact avec un liquide capable de les nourrir. Le cœur et le poumon amènent la mort indirectement, et si l'on voulait accepter la classification de Bichat, il faudrait la compléter et dire que l'on peut également mourir par le rein, l'intestin, etc. ; il est plus rationnel de reconnaître que toutes les fois qu'il y a lésion des éléments nerveux cérébraux, et spécialement de ceux du bulbe, il y a mort. La lésion peut être directe comme dans un traumatisme ou un épanchement séreux ou sanguin, d'autres fois elle est indirecte lorsque le sang n'entretient plus les phénomènes de nutrition ou bien encore lorsqu'il sert de véhicule à des substances toxiques.

Ces considérations sont importantes et montrent que, dans l'agonie, quel que soit le point de départ de la maladie, il y a toujours, au moins dans les derniers moments, un trouble des fonctions cérébrales. Si l'agonie est lente, les facultés intellectuelles s'éteignent peu à peu, et, dans l'hypothèse de l'union d'un principe immatériel avec la matière, il faudrait admettre nécessairement que ce principe immatériel se dégage progressivement et pour ainsi dire en détail à mesure que les éléments anatomiques sont atteints.

Je sais bien que les poëtes et les rêveurs ont dit que l'âme s'échappait avec le dernier soupir, mais le dernier soupir est simplement la dernière expiration et ne diffère en rien de celles que l'homme accomplit habituellement dix-huit fois en une minute.

Cette croyance a régné chez tous les peuples et à toutes les époques ; les anciens recueillaient l'âme sur la bouche du moribond. Dans les Indes on chargeait de ce soin un chien dont on approchait la gueule près de la tête du mourant, et les voyageurs racontent que, chez certaines peuplades sauvages, lorsqu'un chef mourait, on réunissait près de la couche funèbre douze jeunes gens et douze jeunes filles avec mission de se livrer à la reproduction de l'espèce afin que l'âme du mort, s'échappant avec le dernier soupir, pût de suite trouver un refuge.

Dans les descriptions et les peintures du paganisme, et surtout des premiers temps du christianisme, un oiseau qui s'envole figurait cet exil de l'âme. Aux représentations que l'on nommait des *Mystères*, l'âme du juste s'envolait sous la forme d'un oiseau blanc ; pour les pervers l'oiseau était noir.

De nos jours encore cette superstition est en faveur; rendre le dernier soupir est, pour beaucoup de personnes, synonyme de rendre l'âme.

La mort n'est pas nécessairement précédée d'une agonie; dans de violents traumatismes, dans quelques apoplexies ou même dans des maladies chroniques qui se terminent fréquemment par syncope, il y a brusquement passage de la vie à la mort.

L'agonie peut durer plusieurs jours ou quelques instants ; la plupart des symptômes qui surviennent dès son apparition sont dus à un arrêt progressif de la circulation périphérique; les extrémités deviennent froides et insensibles, c'est le nez qui commence à se refroidir, parce que les mains et les pieds sont généralement protégés par des couvertures ou des vêtements ; le refroidissement gagne peu à peu le tronc, et lorsque le cerveau cesse de recevoir le liquide nourricier, soit par l'arrêt du cœur, soit par l'arrêt du sang dans les capillaires, la vie s'éteint. Dès le début les yeux se ternissent et la cornée devient moins transparente à cause du ralentissement des échanges moléculaires et d'une sorte de déshydratation ; le pouls est intermittent, la respiration s'embarrasse et l'haleine est froide; bientôt les tissus des mains et des pieds sont moins élastiques à la pression et donnent la même sensation que le contact d'un cadavre ; ce phénomène est dû à la congélation de la graisse. Les sens sont profondément troublés, la sensibilité disparaît; les yeux à demi fermés cessent de voir ; on a dit que l'ouïe persistait plus longtemps, cela est vrai le plus souvent et on peut expliquer cette persistance par la situation plus profonde des organes de l'ouïe qui, à l'abri du refroidissement, peuvent conserver leurs propriétés pendant que des organes plus superficiels sont atteints d'impuissance ; aussi doit-on se garder de toute parole imprudente au chevet du moribond.

Tels sont les caractères généraux de l'agonie ; suivant la maladie, on observe quelques différences dans la marche plutôt que dans la nature des symptômes, c'est toujours le ralentissement de la circulation qui domine la scène. Dans les affections fébriles, on voit généralement, après une période d'excitation, survenir le coma ; lorsqu'il n'y a pas de fièvre comme dans quelques empoisonnements, dans le choléra, etc., une grande partie du corps peut être déjà privée de sensibilité et de vie, sans que les fonctions intellectuelles soient notablement modifiées, c'est à la fin seulement que la circulation du cerveau s'embarrasse et qu'il survient une sorte de sommeil ou de coma suivi de mort.

On rapporte des cas où des aliénés ont recouvré la conscience et en partie la raison peu de temps avant leur mort ; tout en tenant compte d'une certaine exagération, on peut admettre qu'une surexcitation très-vive des centres nerveux puisse disparaître au moment où la circulation du cerveau se ralentit, il y a là une certaine analogie avec la cessation des attaques convulsives par la compression des carotides, mais il est difficile de croire à la possibilité d'un retour complet à la raison.

C'est surtout dans les maladies chroniques que s'observent les agonies de longue durée et que l'on peut suivre pas à pas la marche de l'anéantissement ; l'intelligence et la mémoire diminuent d'abord, il y a une certaine obnubilation des idées, quelques mouvements incoordonnés ou irréfléchis, comme par exemple l'acte de repousser les couvertures que l'on a considéré avec raison comme étant d'un fâcheux pronostic, puis il y a du délire et enfin de la stupeur ; en un mot le cerveau perd progressivement ses propriétés, aussi voit-on les caractères les plus fermement trempés faillir pendant l'agonie et nul ne peut être assuré que ses derniers moments ne démentiront pas des principes enracinés pendant une longue existence ; en général l'homme agonisant n'est plus responsable de ses actes et doit être considéré comme un aliéné. Souvent on a profité de cet état mental des agonisants pour leur extorquer des promesses ou des aveux ; il est triste de penser que certaines personnes appelées au chevet d'un mourant et dont l'unique but doit être de consoler, jettent à ce mourant pour dernier adieu la menace et l'intimidation et parviennent quelquefois, malgré les précautions des législateurs, à spolier une famille au profit de quelque œuvre ténébreuse. Quand donc comprendra-t-on qu'il serait humain d'épargner aux moribonds ces dernières tortures ? N'augmentons pas l'horreur qu'inspire à l'être vivant l'approche du néant ; l'animal, près d'expirer, se cache dans une retraite où la mort le prend doucement, l'homme civilisé à ses derniers moments ne trouve qu'embûches et hypocrisie, on lui fait acheter cher le droit au repos.

Fort heureusement les sensations des agonisants sont tellement confuses et troublées que d'ordinaire tout ce qui se passe autour d'eux leur semble un rêve, un rêve horrible ; la douleur physique est à peine ressentie, il y a une anesthésie presque complète. Quant aux souffrances morales, lorsqu'elles existent, c'est surtout au début ; mais il ne faut pas oublier que l'agonie peut être complétement inconsciente ; lorsque le cerveau est atteint en dernier lieu le malade peut avoir conscience de sa fin prochaine, et suivant une expression populaire, *il se voit mourir*. C'est alors que la terreur de la mort vient assaillir les esprits timorés auxquels toutes les religions promettent un autre monde et qui désirent et redoutent l'éternité. Mieux vaut encore pour le mourant la certitude du néant que l'hypothèse d'une autre vie pleine d'inconnu et que notre esprit ne peut concevoir. Celui qui, confiant dans les traditions, espère une éternité de délices et craint une éternité de tortures, ne peut quitter la vie sans une secrète appréhension. Si, à tort ou à raison, on pense que la mort n'est que la dissociation des molécules qui composent l'organisme, on éprouve peut-être quelque regret de perdre la vie, mais on peut du moins, sans redouter l'inconnu, sans terreur et sans incertitude, dire comme Mirabeau sur son lit de mort : « Je vais entrer dans le néant. »

Les amis du merveilleux et les protecteurs de la superstition ont cru ou affecté de croire que l'approche de la mort pouvait déterminer des révélations, des prédictions, des conceptions élevées; c'est vouloir prendre au sérieux des idées délirantes et des hallucinations; l'œil du mourant ne voit pas dans l'avenir, il perçoit à peine ce qui se passe autour de lui.

Où commence et où finit l'agonie? La limite qui sépare la maladie de l'agonie est quelquefois difficile à déterminer ; on peut dire que l'agonie débute au moment où la circulation périphérique se ralentit et qu'elle se termine lorsque le cœur cesse de battre; je crois inexact de dire qu'elle se termine avec la dernière inspiration, car les mouvements du cœur, la sensibilité et la vie peuvent continuer quelque temps en l'absence de la respiration.

Dès que le cœur est arrêté, toute perception cesse, mais si l'ensemble a péri, chacun des éléments qui composent le corps vit encore isolément, les muscles peuvent se contracter sous l'influence d'une excitation, quelques éléments (cellules vibratiles) continuent à présenter des mouvements ; après l'agonie de l'individu, commence l'agonie des éléments qui le composent, les échanges endosmotiques nécessaires à la vie de ces éléments sont suspendus, il y a refroidissement et coagulation de certaines substances et bientôt la décomposition s'empare des parties élémentaires dont la nutrition a cessé. La diminution, puis la cessation de la nutrition régulière des éléments anatomiques est la véritable cause de l'agonie et plus tard de la mort; il n'y a là rien de mystérieux, et il est facile de le démontrer; si vous prenez un cadavre ou une portion quelconque d'un cadavre peu de temps après la mort et si vous injectez dans les vaisseaux du sang oxygéné, vous ramenez avec la nutrition les phénomènes qui accompagnent la vie ; les démonstrations en faveur d'un principe immatériel s'accordent difficilement avec cette brillante expérience de Brown-Séquard.

On est autorisé dans certains cas exceptionnels à prolonger artificiellement l'agonie des malades, et le moyen le plus sûr est de déterminer une excitation violente (cautérisation au fer rouge, par exemple); on comprend que ce procédé barbare ne doit être employé qu'en cas d'absolue nécessité lorsqu'il y a un intérêt de premier ordre à retarder la mort de quelques minutes.

Le mot agonie s'emploie quelquefois au figuré, on dit : « l'agonie d'un gouvernement, d'une association, etc., » pour indiquer les derniers moments qui précèdent la chute ou l'anéantissement.   Dr Ch. Legros.

AGRAIRES (lois). — Les Romains comprenaient sous le nom de lois agraires toutes les lois qui avaient pour objet le domaine public (*ager publicus*). Dans un sens plus restreint, mais d'un usage beaucoup plus fréquent chez les historiens, on désignait ainsi les lois qui avaient pour but de distribuer aux citoyens pauvres les terres du domaine.

Lorsque les Romains avaient fait une guerre heureuse, ils enlevaient ordinairement au peuple vaincu une partie de son territoire. Sous les rois, ces terres étaient partagées par tête entre les citoyens; une portion seulement, sans doute la moins propre à la culture, était transformée en communaux pour la pâture des bestiaux.

Cette coutume était favorable à la classe des petits propriétaires qui s'accroissait peu à peu, puisque même les simples domiciliés étaient admis à la répartition.

Il en fut autrement quand l'expulsion des rois eut mis tout le pouvoir aux mains des patriciens. Les *assignations* ou distributions de terres ne cessèrent pas tout à fait, mais elles furent à peu près illusoires. La plus grande partie des terres conquises resta réunie au domaine public et fut abandonnée au premier occupant, moyennant une redevance de la dixième gerbe ou du cinquième des fruits en huile ou en vin. L'État conservait la propriété réelle, se réservant le droit imprescriptible de reprendre les terres occupées ainsi à titre précaire. Ce nouveau système était détestable pour l'occupant comme pour le trésor, puisque le premier, n'ayant aucune sécurité, devait mal cultiver, et que le second ne recevait qu'une part du produit. Le sénat le savait et ne voulait que livrer sans bruit les terres conquises à l'aristocratie. Comme les patriciens étaient en possession de toutes les magistratures, les occupants furent presque tous des patriciens ou des plébéiens agissant en leur nom.

Il en fut de même du droit de commune pâture. Dans les temps les plus anciens, les patriciens en avaient seuls l'usage, car ils étaient seuls citoyens; mais les rois paraissent en avoir accordé la jouissance à des plébéiens, ce qui était naturel, puisqu'ils étaient devenus de véritables citoyens, quoique à un degré inférieur. Quand le sénat fut seul maître de la république, on en revint à l'antique coutume. Cependant les plus riches plébéiens, ceux sans doute qui faisaient partie du sénat, furent admis dans une certaine mesure à occuper des terres conquises et à jouir des communaux. Peu à peu les redevances fixées furent négligemment perçues ou abandonnées. C'était encore une ressource enlevée au trésor et les impôts retombaient d'autant plus lourds sur tous les citoyens.

De plus, par la connivence des magistrats intéressés eux-mêmes à ces abus, les détenteurs du domaine agrandissaient leurs héritages à ses dépens en déplaçant les bornes pendant la nuit; il devint bientôt difficile de distinguer la propriété privée des terres usurpées. Le résultat de cette avidité déplorable fut d'abord d'entraver, puis d'arrêter le développement de la petite culture, d'augmenter la détresse des plébéiens de la ville et de la campagne, et de diviser les citoyens en pauvres et en riches. Si l'on ajoute à ces maux les abus effroyables de l'usure et l'iniquité des jugements rendus par les patriciens, on ne pourra qu'admirer la patience et l'honnêteté obstinée de la plèbe romaine, si calomniée par les écrivains latins. Il n'a pas fallu moins de quatre siècles pour la détruire dans les guerres extérieures, la dégrader par la misère et la remplacer par cette lâche populace dont les Césars se firent les pourvoyeurs.

Le peuple, écrasé par les dettes, s'était depuis huit ans déjà donné des tribuns sans que la question du domaine public eût été soulevée, quand, l'an 486 avant Jésus-Christ, un patricien, Spurius Cassius, résolut de briser la puissance des riches en enlevant au sénat la disposition des terres conquises. Il proposa de faire une recherche exacte des terres usurpées; une partie devait être affermée au profit du trésor; le reste serait partagé entre les citoyens pauvres. Deux fois honoré du triomphe, consul pour la troisième fois, il comptait que sa réputation personnelle aplanirait tous les obstacles. Mais l'aristocratie, aveuglée par son égoïsme, ne voulut rien entendre; elle se leva tout entière, et les plébéiens riches avec elle. Le bas peuple, d'abord entraîné, se montra ensuite plein de froideur, parce que le consul, suivant le droit fédéral, proposait d'admettre les Latins au partage. Le sénat, inaugurant une politique qui lui réussit presque toujours, fit offrir par l'autre consul la distribution des terres, à condition que les Romains seuls y auraient part, et le tribun Rabuléius fit voter cette partie de la proposition en ajournant l'autre. Au fond, le sénat triomphait, et, tout en choisissant dix commissaires pour exécuter la loi, il était bien sûr de l'éluder. Cassius, chargé de l'accusation banale d'aspirer à la royauté, fut précipité de la roche Tarpéienne pour servir d'exemple aux patriciens qui oseraient à l'avenir prendre le parti du peuple.

Le danger ne fut que déplacé. Les pauvres, trompés par le sénat, regrettèrent bientôt l'audacieux consul, et les tribuns, qui avaient redouté en lui un rival, avaient aussi compris quel usage ils pouvaient faire de la terrible proposition. Les lois agraires vont désormais soulever le forum toutes les fois qu'ils voudront forcer les patriciens à abandonner une partie de leurs privilèges politiques. En réalité, les tribuns se souciaient assez peu des intérêts des pauvres. Riches eux-mêmes et détenteurs de terres publiques, ils eussent été au désespoir d'obtenir l'exécution des lois agraires; ce n'était entre leurs mains qu'un épouvantail. Aussi le sénat, qui comprenait leur politique ambiguë, sut-il prolonger la résistance. Enfin les plébéiens riches, lassés d'attendre, durent s'exécuter, car le prix de la lutte était cette fois le partage du consulat. Les tribuns Licinius Stolon et L. Sextius, pour vaincre l'indifférence trop justifiée du peuple, proposèrent à la fois une loi agraire et le partage du consulat. Désormais, nul ne pourrait occuper plus de 500 jugères (126 hectares) du domaine public; tout propriétaire foncier serait tenu d'employer des travailleurs libres en nombre proportionnel à celui des esclaves; nul ne pourrait envoyer sur les communaux plus de cent bœufs et de cinq cents moutons; l'un des deux consuls serait toujours plébéien.

Le sénat fit d'immenses efforts pour repousser ces propositions; le peuple, de son côté, eût volontiers accepté la loi agraire et laissé le consulat. Mais les tribuns tinrent bon. Enfin, après onze ans de lutte, l'an 387 avant Jésus-Christ, les lois liciniennes passèrent dans leur entier. Le vieux Camille persuada au sénat de cesser une résistance désormais inutile et bâtit un temple à la Concorde. En effet, la concorde était rétablie entre les patriciens et les plébéiens riches; mais les plébéiens pauvres y gagnaient peu de chose. Il allait se former une noblesse mixte non moins orgueilleuse et non moins avide que l'ancien patriciat. Licinius Stolon fut lui-même condamné pour avoir violé sa propre loi.

Cependant la décadence des petits propriétaires fut arrêtée pour quelque temps. Les nombreuses condamnations provoquées par les tribuns prouvent qu'ils rappelèrent à l'exécution de la loi, du moins tant qu'il resta quelques privilèges politiques à conquérir. Quand l'égalité des deux ordres fut complète, c'est-à-dire après les lois de Publilius Philon (339 ans avant Jésus-Christ), les choses reprirent leur ancien cours. Mais le sénat se montra plus adroit que dans la période précédente. Par la fondation de nombreuses colonies en Italie, il obtint le double avantage de contenir les vaincus et de se débarrasser des plus pauvres citoyens. Depuis le siège de Véies, l'armée recevait une solde; la situation florissante du trésor et l'abondance des revenus indirects permirent de n'avoir que rarement recours à l'impôt direct; d'ailleurs le peuple était occupé par les guerres extérieures, surtout par les guerres puniques qui mirent en danger l'existence même de Rome. Ce fut une période relativement heureuse, et les écrivains romains la célèbrent comme l'âge d'or de la république. Cependant, malgré la tranquillité du forum, le mal faisait sourdement de rapides progrès, et il éclata brusquement vers 133 avant Jésus-Christ.

Carthage était abattue, la Grèce soumise, l'Espagne à moitié domptée, la Syrie et l'Égypte annulées. Il n'y avait plus que des guerres secondaires qui laissaient un peu de répit au peuple; il put sentir toute l'horreur de sa situation. Le sénat avait usurpé dans la pratique la plupart des droits que la loi réservait aux assem-

blées du peuple; la noblesse avait à peu près achevé d'envahir le domaine public
tant de fois agrandi par la conquête, et avait dépossédé les pauvres par fraude
et par violence; le nombre des petits propriétaires était prodigieusement réduit;
l'Italie était couverte de vastes domaines exploités au moyen de troupeaux d'esclaves; les citoyens réduits à la misère affluaient à Rome où le travail libre
disparaissait comme dans les campagnes; la multitude des pauvres grossissait
sans cesse par les affranchissements qui versaient dans la cité des hommes amenés
de tous les coins du monde; le recrutement des légions devenait de plus en plus
difficile; il était évident que la république était perdue si on ne se hâtait de reconstituer la petite propriété. Un grand citoyen, Tibérius Gracchus, osa l'entreprendre.
De même que Cassius était patricien, Gracchus appartenait à l'aristocratie nouvelle.
Fils d'un consulaire, petit-fils du premier Scipion, illustré lui-même par sa valeur,
il obtint le tribunat, l'an 133 avant Jésus-Christ.

Son discours au peuple ne fut contredit par aucun de ses adversaires : « Les
» bêtes sauvages ont leurs repaires et leurs tanières, et ceux qui combattent et
» versent leur sang pour la défense de l'Italie n'y ont d'autre propriété que la
» lumière et l'air qu'ils respirent! Sans maisons, sans établissement fixe, ils
» errent de tous côtés avec leurs femmes et leurs enfants. Les généraux les trompent
» quand ils les exhortent à combattre pour leurs tombeaux et pour leurs temples;
» dans un si grand nombre de Romains, en est-il un seul qui ait un autel domestique
» et un tombeau où reposent ses ancêtres? Ils ne combattent et ne meurent que
» pour entretenir le luxe et l'opulence d'autrui. On les appelle les maîtres du
» monde, et ils n'ont pas en propriété une motte de terre! »

La loi agraire qu'il proposa n'était que la loi de Licinius Stolon adoucie. Les
difficultés aussi étaient bien plus grandes qu'en 387. Ce que les riches avaient
usurpé avait passé à des héritiers, avait été donné en dot, avait été vendu, était
grevé d'hypothèques, en un mot avait subi la plupart des transformations légales
des autres biens. Comment se retrouver dans ce dédale? Les intéressés étaient
nombreux et puissants, et s'appuyaient sur les riches Italiens qui avaient agi de
même dans leurs cités. Il est vrai que les droits de l'État n'avaient jamais été
formellement abandonnés; mais une longue prescription morale, sinon légale,
semblait couvrir les possesseurs. La loi nouvelle, en pourvoyant à l'avenir, tenait
compte des droits acquis. « Nul ne devait occuper plus de 500 jugères du domaine
» public en son nom, et 250 au nom de chacun de ses enfants mâles; le surplus
» serait distribué aux citoyens pauvres, et les nouveaux colons ne pourraient
» vendre leurs lots. Le trésor public indemniserait les détenteurs des terres qu'ils
» auraient cédées et des constructions qu'ils y auraient faites. »

Gracchus espérait par ces larges concessions calmer les regrets des riches et fit
un éloquent appel à leur humanité. Ce fut en vain. Ils étaient bien moins touchés de
ne rien perdre dans le présent que désespérés de voir poser une limite qu'ils ne pourraient plus franchir. « Aux propositions de Tibérius, dit Plutarque, les nobles
» répondent par des violences de brigands. » Le peuple se presse autour de lui pour
le garder. Le sénat, suivant sa vieille politique, suscite l'opposition du tribun
Octavius, seul contre les neuf autres. Tibérius le supplie devant l'assemblée de se
désister et renouvelle le lendemain ses instances, sans pouvoir le fléchir. Légalement tout était fini. Mais Tibérius, pour assurer la révolution morale qu'il croyait
nécessaire, ne recula pas devant une révolution politique. Malgré l'inviolabilité
tribunitienne, il fit déposer Octavius par le peuple. La loi fut alors votée sans
résistance; il restait à l'exécuter. Tous les artifices furent mis en œuvre par la
noblesse pour entraver cette œuvre déjà si difficile. On voulait traîner en longueur

jusqu'à l'expiration de l'année. Pour sauver sa loi et aussi pour défendre sa vie menacée, Tibérius voulut se faire réélire. Déjà deux tribus avaient voté pour lui, quand Scipion Nasica sortit du sénat à la tête d'un groupe de nobles furieux suivis d'esclaves armés, se jeta sur lui et l'assassina.

Le sénat, un moment épouvanté de sa victoire, feignit de vouloir exécuter la loi, mais ne tarda pas à l'éluder. Dix ans après, Caïus Gracchus reprit les projets de son frère avec plus de violence, puisque sa loi n'indemnisait pas les anciens possesseurs. Il périt comme lui.

Une sanglante réaction effraya pour longtemps les partisans des Gracques, dont le nom a été maudit par les auteurs latins, presque tous dévoués au parti des nobles; la cohue des compilateurs a répété d'âge en âge leurs calomnies. « Le dernier des Gracques, en mourant, jeta son sang vers le ciel, et de ce sang naquit Marius! » a dit Mirabeau. En effet, la noblesse avait donné le signal des révolutions sanglantes. Nul effort sérieux ne pouvait plus être tenté pour combler l'abîme qui séparait les riches et les pauvres. Lorsque le tribun Rullus présenta la dernière et la plus radicale des lois agraires, Cicéron, alors consul, la fit rejeter par le peuple lui-même. Il est vrai qu'il dut son succès moins à son éloquence encore qu'à la lâcheté de la populace. Elle était maintenant trop avilie pour désirer des terres qu'il eût fallu cultiver; elle aimait mieux vivre sur la place publique à la solde des ambitieux qui payaient ses suffrages. Dépouillée par les riches, pleine de haine contre le sénat, convaincue de l'impuissance du tribunat, elle était prête à se jeter dans les bras du premier général qui lui promettrait du pain et des jeux. Elle avait suivi Marius, elle était près de suivre Catilina, elle divinisa César et Auguste.

L'empire fut la conclusion inévitable de la lutte entre une aristocratie sans entrailles et une plèbe de plus en plus dégradée par la misère. Mais les bienfaits du despotisme sont courts. S'il semble d'abord apporter quelque soulagement par un calme trompeur qui n'est que l'affaissement de la vie publique, il ne peut arrêter la décomposition sociale dont il est le produit. Le siècle heureux des Antonins ne fut lui-même qu'une halte dans la décadence. Après eux, comme auparavant, les tyrans succèdent aux tyrans. Le monde romain s'abîme au milieu d'effroyables guerres civiles, jusqu'au moment où cent millions de Romains abâtardis deviendront la proie facile de quelques poignées de barbares.

Bibliographie. — *Des lois agraires*. 1 vol. in-8°, Paris, 1844. — Nitsch, *Die Gracchen und ihre nœchsten Vorgænger*. 1847. — *Die Gracchen und ihre Zeit, dargestellt von* Thaddœus Lau. Hambourg, 1854. — *Historische Studien von* E. D. Gerlach. Basel, 1847. — Dureau de la Malle, *Mémoires de l'Académie des Inscriptions*, tome XII, 1836. — Ahrens, *Rechtfertigung des Tib. Sempronius Gracchus*. Cobourg, 1833.   C. Simonnot.

AGRICOLE (législation.) — Le sujet indiqué par cet article est trop vaste et surtout trop divers pour être traité en une fois; nous éliminerons donc les parties purement techniques de la matière, ne retenant que celles qui se prêtent à une généralisation ou qui nécessitent une discussion de principes.

Ainsi, quant aux deux classes de biens que contient la propriété rurale, nous renverrons le lecteur aux mots *Meubles et Immeubles;* nous les renverrons aux mots *Accession, Contrat, Donation, Occupation, Prescription,* pour les manières d'acquérir la propriété rurale; aux mots *Bail, Cheptel, Propriété, Usage, Usufruit,* pour les diverses manières de posséder. Ces points écartés, nous nous occuperons de deux questions qui dominent par leur importance toute la matière : 1° la question des limitations imposées par le législateur au droit de propriété; 2° l'état de la propriété, au point de vue des *démembrements* possibles du droit de propriété. Le lecteur verra tout à l'heure quel est le sens, la portée du mot démembrement.

Les principes généraux qui président à la jouissance de la propriété du sol, ont été proclamés par une loi de l'Assemblée constituante sur la *police rurale*, en date du 23 septembre 1791, dans les deux articles que voici :

« Article premier. — Le territoire de la France, dans toute son étendue, *est libre*, comme les personnes qui l'habitent. Ainsi toute propriété territoriale ne peut être sujette envers les particuliers qu'aux redevances et aux charges dont la *convention* n'est pas défendue par la loi, et envers la nation qu'aux contributions publiques établies par le *Corps législatif...*

» Art. 2. — Les propriétaires *sont libres de varier à leur gré la culture et l'exploitation de leurs terres, de conserver* à leur gré leurs récoltes, et de *disposer de toutes les productions de leur propriété dans l'intérieur du royaume ou au dehors*, sans préjudice aux droits d'autrui... »

Le premier sentiment qu'on éprouve en lisant ces articles, c'est celui de l'étonnement. On admire qu'on ait été obligé de faire une loi pour consacrer des choses si simples, et qui doivent, ce semble, aller de soi ; mais c'est que ces choses si simples et si rationnelles avaient été méconnues jusqu'alors. Elles ne sont venues qu'au jour de la Révolution, après de longs siècles d'erreur et de servitude. Malheureusement, les principes proclamés par la Constituante souffrent encore aujourd'hui des exceptions. Les restrictions imposées à la liberté du propriétaire et du cultivateur sont encore plus nombreuses qu'il ne faudrait. Nous allons les exposer ; mais il est nécessaire d'établir d'abord la règle idéale qui nous permettra de juger chacune d'elles et de décider jusqu'à quel point elle est légitime ou arbitraire.

Tout citoyen doit être libre de faire de sa propriété tel usage qui lui plaît jusqu'à la limite où cet usage empêcherait un autre citoyen d'user de ses propres biens. Cette règle est simple ; hors de là il n'y a qu'arbitraire, plus ou moins bien déguisé sous le nom d'intérêt public. Venons maintenant à l'examen des limitations du droit de propriété.

D'abord il n'est pas permis à tout le monde de cultiver du tabac. Une loi du 9 décembre 1810 a rétabli, au profit du gouvernement, le monopole de cette culture. C'est un impôt indirect qui doit être condamné au nom de la liberté individuelle, et au nom des vrais principes économiques.

La propriété et la possession des eaux sont soumises à de graves restrictions. Le Code distingue : 1° les eaux qui découlent d'un héritage ; 2° les eaux qui bordent ; 3° les eaux qui traversent. — Les fonds inférieurs sont obligés de recevoir les eaux de pluie ou de source qui découlent d'un fonds supérieur *naturellement* ; les propriétaires des fonds supérieurs ne devant modifier, en aucune manière, les conditions physiques primitives. Cette servitude est plutôt imposée par la nature que par la loi ; nous n'avons rien à en dire. — Quand l'eau d'une source est nécessaire à un corps d'habitants, village ou hameau, le propriétaire de la source ne peut ni la tarir ni en changer le cours ; mais les habitants sont obligés de lui payer une indemnité. *C'est un cas d'expropriation pour cause d'utilité publique ;* nous jugerons cette servitude tout à l'heure en même temps que les autres cas d'expropriation. — Quant aux eaux qui bordent ou traversent un héritage, il faut d'abord savoir qu'elles ne sont pas toutes susceptibles d'une appropriation privée. Les cours d'eau non navigables ni flottables peuvent seuls appartenir à des particuliers ; les cours d'eau navigables et flottables appartiennent à l'État. Celui dont un cours d'eau (de la première catégorie, bien entendu) traverse l'héritage, peut se servir de cette eau comme il l'entend, à condition qu'il rendra cette eau à son cours ordinaire à la sortie du fonds. Celui dont un cours d'eau borde l'héritage, peut se servir de cette eau pour l'irrigation. Un propriétaire, en se servant d'une eau qui le traverse ou d'une eau qui le borde, peut épuiser le cours d'eau, ou le diminuer considérablement, ou l'infecter, le rendre insalubre. Dans ces divers cas, les propriétaires opposés ou inférieurs peuvent se plaindre aux tribunaux. Ici encore rien à dire.

Mais voici ce qui ne se peut admettre. Qu'un ou plusieurs propriétaires riverains adressent au préfet une pétition pour obtenir un *règlement d'eaux*, le préfet envoie le sous-préfet, un conseiller de préfecture et un ingénieur sur les lieux; ceux-ci font un rapport au préfet; le préfet fait un règlement; le ministre approuve le règlement; et dorénavant les propriétaires jouiront respectivement des eaux de la manière que l'administration aura jugée convenable. Si un particulier se croit lésé par le règlement et qu'il réclame, c'est l'administration encore qui jugera. Il y a plus fort. Le Code civil accorde aux particuliers le droit de se servir des cours d'eau non navigables ni flottables pour l'irrigation de leurs terres. Il ne parle pas du droit d'établir des usines quelconques sur ces cours d'eau. L'administration, en conséquence, s'est mise en possession de la faculté de consentir ou de refuser l'établissement d'une usine sur les cours d'eau bordant ou traversant. Enfin, un décret du 25 mars 1852 va jusqu'à dire qu'il faut l'autorisation du préfet pour se permettre même une prise d'eau. Ce décret semble contredire le Code. On discute, il est vrai, sur la réalité de cette contradiction, mais il est certain pour nous que l'administration pourrait, si elle le voulait, interdire même une prise d'eau; elle n'aurait qu'à objecter que la prise d'eau en question est une prise d'eau importante. Maintenant, comment faudrait-il que les choses fussent modifiées pour être conformes aux vrais principes? D'abord il faudrait effacer la distinction des rivières navigables ou non navigables, décider que les eaux courantes ne peuvent être à personne en propriété, mais que leur usage est commun à tous; laisser un citoyen en user sans autorisation préalable, pour tout ce qui lui plairait; et, dans le cas où ce citoyen en ferait un usage qui diminuerait ou empêcherait celui d'autrui, laisser autrui déférer le litige aux juges ordinaires, lesquels feraient à chacun sa part, comme dans toute autre question de propriété indivise; tout cela est bien simple, mais, en France, le gouvernement a la prétention de se confondre avec le public, et l'habitude de traiter, comme lui appartenant, ce qui appartient à tous. Nous montrerons ailleurs que ce qu'on nomme le domaine public de l'État est véritablement le *domaine national* ou plutôt que les choses contenues dans ce domaine ne peuvent être la propriété de personne, mais que leur usage doit appartenir librement à tous, sous la seule condition de ne pas gêner l'usage du *concitoyen*, de *l'égal*.

Un propriétaire riverain d'un cours d'eau, qui veut conduire les eaux de ce cours dans un autre fonds à lui, séparé du premier par un propriétaire interposé, peut forcer ce propriétaire à lui livrer passage, moyennant indemnité. (Loi du 29 avril 1845.) Un propriétaire riverain peut obliger le riverain d'en face à recevoir sur son fonds l'extrémité d'un barrage destiné à élever les eaux, et à faciliter par là une prise d'eau. Le second propriétaire doit être indemnisé. (Loi du 11 juillet 1847.) Un propriétaire peut forcer, moyennant indemnité, ses voisins à laisser passer dans leurs fonds, par tuyaux de drainage ou autres canaux, les eaux dont il désire débarrasser sa propriété. (Lois des 29 avril 1845 et 10 juin 1854.) On voit que ce sont là des espèces d'expropriations; quoiqu'elles semblent n'être établies que dans l'intérêt des particuliers, il est certain en effet qu'elles intéressent le bon état de l'agriculture, et partant l'intérêt public.

Un propriétaire peut forcer son voisin au bornage à frais communs de leurs propriétés contiguës, parce qu'il y va, dit-on, de l'intérêt public que les propriétés soient bornées. C'est une mauvaise raison. Devrait se borner qui voudrait. — Les propriétaires riverains, le long des rivières navigables et flottables, sont astreints à fournir le chemin de halage et le marchepied; cela se comprend, l'usage des rivières serait impossible sans cela. — Les propriétaires ne peuvent pas construire, et sont obligés de démolir les choses construites dans un certain rayon autour des places de guerre. C'est une loi de salut public; par conséquent une loi mauvaise, mais nécessaire jusqu'à l'abolition de la guerre. — Tout propriétaire, dans les villes et les faubourgs, peut être obligé par son voisin de se clore à frais communs. Il n'y a qu'à répéter ici ce que nous avons dit du bornage. Le législateur a la manie de s'occuper de ce qui ne le regarde pas. — Un propriétaire peut être forcé de livrer passage à un autre propriétaire enclavé. Rien n'est plus raisonnable.

Quant aux obligations que la loi impose aux propriétaires de planter leurs arbres à certaines distances du fonds du voisin, de ne pas établir des amas de certaines substances près d'un mur mitoyen, d'ouvrir des fenêtres dans leurs maisons de certaines manières; quant à cet ensemble de défenses désignées sous le nom de *servitudes établies par la loi*, ce ne sont pas des limitations absolues. Un particulier peut les transgresser impunément, tant que les particuliers voisins ne jugent pas à propos de s'en plaindre. Aussi aurait-il mieux valu peut-être que la loi évitât de décider d'avance, et une fois pour toutes, que l'arbre planté à telle distance, que la fenêtre ouverte à telle hauteur nuisaient nécessairement au voisin; il aurait mieux valu, dis-je, laisser les juges décider en fait pour chaque cas particulier s'il y avait préjudice ou non.

Aucun particulier ne peut user du droit d'arracher ou de défricher ses bois qu'après en avoir fait la déclaration à la sous-préfecture au moins quatre mois à l'avance, durant lesquels l'administration peut faire signifier au propriétaire son opposition au défrichement. (Loi du 18 juin 1859.) L'opposition au défrichement ne peut être formée que pour les bois dont la conservation est reconnue nécessaire. Mais elle peut être reconnue nécessaire pour six raisons, et ces six raisons peuvent aisément englober tous les cas. C'est l'administration qui juge elle-même entre elle et le particulier, s'il y a débat. En cas de contravention, le particulier est condamné à une amende calculée à raison de 500 fr. au moins et de 1,500 fr. au plus par hectare de bois défriché; de plus, à reboiser ce qu'il a déboisé. Il est possible que l'intérêt public exige qu'on mette une limite au droit des particuliers de couper leurs bois; mais, en ce cas, comme c'est une espèce d'expropriation, les tribunaux devraient être seuls aptes à défendre une coupe de bois, et s'il résultait de leur défense un dommage ou une gêne réelle pour le propriétaire, il devrait y avoir lieu à indemnité; c'est ce que les principes exigent impérieusement.

Les bois, les forêts possédés par l'État, par les communes ou par les communautés, sont soumis à un régime beaucoup plus étroit, qui sera exposé au mot *Eaux et Forêts*.

Un propriétaire de marais peut (en vertu d'une loi de septembre 1807) être soumis à une expropriation partielle. Le gouvernement est autorisé à ordonner le dessèchement de son marais, et la manière d'exécuter ce dessèchement. Si le propriétaire veut bien l'exécuter lui-même de la manière arrêtée, l'expropriation n'a pas lieu; sinon l'administration adjuge le dessèchement à un tiers. On constate la valeur du marais avant et après les travaux. La plus-value est partagée entre le propriétaire et l'exécuteur du dessèchement, dans des proportions qu'a fixées l'ordonnance de concession. Le propriétaire a deux manières de payer à l'exécuteur la part qui lui revient. Il lui délaisse une portion du sol asséché, ou lui constitue une rente sur le pied de 4 pour 100 du montant de l'indemnité allouée à l'exécuteur. Le propriétaire a le choix. Evidemment, s'il n'y avait pas dans nos Codes une mesure plus abusive que celle-ci, les citoyens auraient tort de se plaindre.

Le propriétaire d'une terre qui renferme à une profondeur quelconque un métal, or, argent, fer, cuivre, etc., ou bien encore de la houille, est exposé à se voir exproprié de son sous-sol et même de son sol, en tant que cela est nécessaire pour l'exploitation du sous-sol. Le gouvernement se considère comme le maître de tout sol renfermant des métaux ou de la houille. Cela est si vrai que le propriétaire ne pourrait pas exploiter une mine qu'il aurait découverte dans son fonds, sans en obtenir la concession du gouvernement comme un étranger, et le gouvernement peut la lui refuser pour la donner à l'étranger. On verra au mot *Mine* comment une concession se demande, comment et par qui elle s'obtient, ainsi que les conditions et règles imposées à tout exploiteur de mines. Une mine concédée forme une propriété distincte de la propriété du sol, immobilière, perpétuelle, transmissible comme tout autre immeuble (depuis la loi du 21 avril 1810). Le concessionnaire a le droit de faire sur la surface du sol, qui répond à l'étendue du sous-sol concédé, telles recherches, fouilles et bouleversements qu'il juge nécessaires moyennant des indemnités variables que la loi a déterminées. La loi oblige en outre les concessionnaires à donner aux propriétaires une part dans les bénéfices de la mine. Tout cela est fondé sur le principe que la bonne exploitation des richesses minérales importe à l'intérêt public, ce qui est vrai, et c'est par l'intérêt public que cette expropriation se justifie comme toutes les autres. Disons donc quelques mots de l'expropriation en général; ils seront d'autant mieux placés ici, que plusieurs des limitations que nous venons de voir ne sont que des expropriations partielles.

Toutes les fois qu'un propriétaire en jouissant de sa propriété empêche un voisin d'en faire autant de la sienne, il peut être traduit devant un tribunal qui le condamnera à changer ou à restreindre, ou même à cesser sa jouissance; ce cas ne doit pas être confondu avec celui de l'expropriation: il n'offre aucun doute à la conscience. L'expropriation va plus loin; l'expropriation consiste généralement à ôter à quelqu'un sa propriété, non parce qu'elle cause une perte positive à un égal, mais, ce qui est bien différent, parce qu'elle empêcherait quelques-uns ou tous de gagner, parce qu'elle fait obstacle à un bénéfice général. A-t-on bien le droit d'exproprier un particulier, dans l'intérêt de tous? Cela dépend de la portée qu'on donne au mot exproprier. S'agit-il de priver réellement l'individu de sa propriété? Alors non, l'intérêt de toute la terre ne saurait justifier cette mesure. S'agit-il seulement de changer, pour ce particulier, la forme de sa propriété, de lui imposer de l'argent au lieu de terre, ce changement de forme devant permettre à la communauté d'accroître sa propre fortune à elle sans diminuer celle du particulier? Alors, c'est une autre affaire; et l'expropriation est sûrement permise. Cette distinction n'est pas purement théorique, mais au contraire très-pratique; car si, en général, l'expropriation est opérée comme nous l'avons admise dans le second cas, trop souvent on l'opère telle que nous l'avons définie dans le premier. Trop souvent les pouvoirs publics entravent, au nom de l'intérêt public, la liberté des propriétaires, et par là leur causent ou un préjudice matériel, ou tout au moins une gêne morale, sans leur allouer la moindre indemnité, sans avoir même l'idée qu'il puisse y avoir lieu à indemnité en pareil cas. Nous verrons ailleurs les formes légales de l'expropriation.

Il nous reste à signaler une limitation, immense par la valeur des biens et l'importance des personnes auxquelles elle s'applique. Le Code dit (art. 537) : «Les particuliers ont la libre disposition des biens qui leur appartiennent, sous les modifications établies par la loi. Les biens qui n'appartiennent pas à des particuliers sont administrés et ne peuvent être aliénés que dans les formes et suivant les règles qui leur sont particulières, » c'est-à-dire que si la liberté de posséder est la règle pour les particuliers, l'impuissance de posséder et de jouir est la règle pour les *personnes morales*, pour les *associations* d'individus. Celles-ci n'ont d'autres droits de propriété que ceux que le législateur veut bien leur accorder. Cette erreur du législateur, s'imaginant qu'il peut davantage entreprendre sur les associations d'individus que sur chacun de ces individus pris isolément, cette erreur est absurde, et elle a les conséquences les plus énormes. Nous en avons déjà montré quelque chose au mot *Administration*. Cette question d'une importance capitale sera reprise ici toutes les fois que l'occasion naturelle s'en offrira (aux mots *Communes, Hospices, Universités*).

Nous avons vu les limitations imposées par la loi, venons à celles que les particuliers peuvent s'imposer réciproquement par des contrats, ou plutôt, comme celles-là sont infiniment variées, voyons non les limitations qu'on peut s'imposer, mais celles que la loi a défendu qu'on s'imposât. C'est la question des démembrements possibles du droit de propriété. Il faut toutefois, auparavant, faire une courte excursion dans l'histoire; cela permettra de bien saisir cette question des démembrements; question que réciproquement nous avons tenu à exposer ici, par cette raison même qu'elle domine toute l'histoire de la propriété.

Il y avait à la fin de l'empire romain, comme aujourd'hui, des propriétaires qui cultivaient eux-mêmes leurs champs ou les faisaient cultiver par des ouvriers, des domestiques libres, ou enfin par des esclaves. Les petits propriétaires cultivant eux-mêmes leur champ étaient infiniment rares; à peu près aussi rares étaient ceux qui faisaient cultiver par des ouvriers ou domestiques libres; plus nombreux, mais non les plus nombreux, les propriétaires qui faisaient cultiver par des esclaves. Ce dernier mode de culture avait été cependant le plus usité, le plus général dans l'empire durant des siècles. C'était quand les Romains conquérants se fournissaient largement d'esclaves chez tous les peuples vaincus. Mais le moment était arrivé où l'empire ne faisait plus de conquêtes, où au contraire les barbares, le pressant de toutes parts, venaient faire des esclaves chez lui. Alors la population servile de l'empire ayant diminué rapidement, parce que les esclaves mouraient plus et plus vite que les hommes ordinaires, et qu'ils se reproduisaient mal, il avait fallu que la plupart des propriétaires changeassent leur manière de cultiver. Deux innovations immenses eurent lieu : 1º les propriétaires donnèrent à la plupart de leurs esclaves une demi-liberté, comptant sans doute que ceux-ci, dans ce nouvel état (qu'on appelle le colonat), travailleraient mieux ; 2º ils prirent (ce qui leur avait beaucoup répugné autrefois) des hommes libres comme fermiers, métayers, ou comme *emphytéotes*. Nous passerons sur les fermiers, les métayers, parce que ce genre de contrat est bien connu et puis parce que le nombre des fermiers, des métayers devint peu à peu très-inférieur à celui des emphytéotes, et l'une des grandes raisons de ce fait, c'est que ces esclaves à demi affranchis, dont nous parlions tout à l'heure, passèrent tous dans la classe des emphytéotes. Voyons donc ce que c'était que ce colonat, cette *emphytéose*, qui englobaient presque tous les cultivateurs à la fin de l'empire.

L'emphytéose était un contrat par lequel le propriétaire d'une terre la livrait à un homme pour la posséder perpétuellement, ou pendant un très-long temps, avec la faculté d'en jouir de toutes les manières et même de la céder à d'autres, sous la condition de payer à lui propriétaire et qui restait tel, une redevance fixe, soit en argent, soit en fruits. L'emphytéose fut perpétuel le plus souvent ; et c'est d'ailleurs celui-là seul qui a eu des effets importants. L'emphytéote, preneur de cette terre, le contrat fait, se trouvait être attaché à sa possession, *adscriptus glebæ*; il ne pouvait plus la quitter. Réciproquement, le propriétaire ne pouvait pas non plus l'en séparer. On voit par là que si l'emphytéote était un esclave auparavant, il se trouvait à moitié affranchi par ce contrat, le maître ne pouvant plus disposer de lui à sa fantaisie ; s'il avait été au contraire un homme libre jusquelà, c'était pour lui déchoir, descendre à demi vers l'esclavage, que d'accepter cette condition. La misère des temps, l'instabilité de toutes choses, les lois mêmes, cent causes diverses, firent que presque tous les agriculteurs libres tombèrent en effet dans l'emphytéose ou le colonat, tandis qu'en sens inverse la plupart des esclaves montaient à cet état. Ainsi donc, quand les barbares arrivèrent, la très-grande majorité des agriculteurs étaient des colons et le régime général de la terre était l'emphytéose. Cela étant, remarquons bien ce point : dans l'emphytéose, la propriété d'une même terre est nettement décomposée entre deux personnes. A celui qui a cédé la terre, restent le droit de toucher une partie des revenus annuels, et surtout le titre de propriétaire, avec des effets matériels et moraux très-sensibles, ce qu'on appellera plus tard le *domaine honoraire* ; au preneur la jouissance, la possession indéfinie, ce qu'on appellera plus tard le *domaine utile*.

Tel est le régime que les barbares trouvèrent en arrivant. Après avoir bouleversé longtemps toutes choses sur notre sol, ils s'y assirent enfin et s'y fixèrent. De nouvelles mœurs, de nouvelles relations, une nouvelle société en un mot s'établirent à la suite de ce formidable événement. Quelle fut dans cette société nouvelle l'état de la propriété? Nous allons voir que la propriété est plus que jamais démembrée, décomposée de façons très-diverses, et qu'il en résulta les plus grands inconvénients, tant pour l'économie publique que pour la liberté des personnes.

Il serait très-long et très-fastidieux d'exposer les divers contrats qui eurent lieu au moyen âge entre les détenteurs *honoraires* de la propriété, et ceux qui la détenaient, la cultivaient et en jouissaient réellement; il y avait dans l'ancienne France un grand nombre d'espèces de *tenures*. Expliquons brièvement les plus usitées. — D'abord toutes les tenures se partageaient en deux grandes classes, les tenures nobles, et les tenures roturières. Voyons l'origine des premières. Les barbares, en s'établissant dans la Gaule, s'étaient emparés d'une partie des terres, ici un tiers, là un quart, là une autre quotité. Les rois franks avaient pris pour leur part les domaines très-étendus du fisc romain. Pour s'attacher des serviteurs, des soldats, les rois avaient ensuite distribué autour d'eux des portions de leurs domaines à condition que les donataires (on disait alors les *bénéficiers*) leur rendraient des services divers, mais surtout et avant tout des services militaires. Ce que les rois avaient fait, les hommes importants et riches parmi les barbares le firent à leur tour, et dans le même dessein de se créer des serviteurs, des soldats. De personnels et viagers qu'avaient été les *bénéfices* à l'origine, ils devinrent perpétuels, héréditaires. Ils changèrent alors de nom, et s'appelèrent des *fiefs*. Le bénéficier, le donataire fut le *vassal*; le donateur fut le *suzerain*. Il faut bien remarquer que le suzerain était toujours censé avoir la propriété du *fief servant*, ou, pour parler exactement, une partie de la propriété et la partie prééminente; la preuve, c'est que si le vassal venait à transgresser certains devoirs, son fief retournait aux mains du suzerain, comme à son suprême propriétaire; on disait que le fief tombait alors en *commise*. Il y avait bien des sortes de fiefs, mais nous ne pouvons nous étendre sur ce sujet; il suffit d'avoir une idée générale de la tenure noble. En somme, on reconnaissait la tenure noble à ce signe qu'elle était astreinte au service militaire, et n'était pas astreinte à des services en argent. — C'était naturellement le contraire pour les tenures roturières. Il faut en voir les principales espèces, avec leur origine. Les colons, les emphytéotes, dont nous parlions tout à l'heure, passèrent pour la plupart, après la conquête, des mains des grands romains, à celles des grands barbares. Leurs nouveaux maîtres n'étaient pas gens à respecter beaucoup les conditions du bail emphytéotique; il n'y eut plus de règle ni de limite pour les redevances, pour les services. Les seigneurs barbares exigèrent tout ce qui leur convint. Cet état qui dura de longs siècles est ce qu'on appelle le *servage*. Cependant peu à peu, par des causes très-diverses, les seigneurs affranchirent leurs serfs spontanément, c'est-à-dire, firent avec eux des conventions qui réglaient et limitaient les services; ou bien ils acceptèrent de leurs serfs révoltés ces conditions nouvelles. Alors on vit se multiplier, se généraliser des situations, des tenures qui n'étaient pas inconnues tout à fait, mais qui avaient été jusque-là très-rares. On vit l'emphytéose (c'était pour ce contrat une espèce de renaissance), le bail à cens, à rente, à champart, à complant, et une foule d'autres encore.

Nous connaissons déjà l'emphytéose. — Dans le bail à cens, le propriétaire d'un fonds l'aliène sous la réserve de sa seigneurie, de *sa directe*, comme on disait, et moyennant une redevance annuelle, en argent généralement. — Dans le bail à rente, le propriétaire aliène son fonds moyennant une rente annuelle en argent; mais ici, il n'y a pas de seigneurie réservée : la différence fondamentale entre le bail à cens et le bail à rente c'est que l'objet du contrat, dans le premier, est une terre noble, un fragment détaché d'une seigneurie, tandis que, dans l'autre, c'est une terre roturière. En principe (et sauf des exceptions dont nous ne parlerons pas ici), dans le premier, c'est un noble qui contracte avec un bourgeois; dans le second, un bourgeois qui contracte avec son égal. Aussi, verrons-nous la Révolution traiter bien différemment le bail à cens et le bail à rente. Donc ce que les seigneurs ne donnaient pas à *fief* à d'autres nobles, ils le donnaient à *cens* à des roturiers généralement. — Le champart était la concession d'un fonds moyennant une rente annuelle en fruits; — le complant, une concession du même genre, mais pour un fonds jusque-là inculte, et qu'il fallait planter d'abord (généralement en vignes).

En résumé, voici la situation que tous ces contrats faisaient à la propriété foncière, et que la Révolution trouva établie : presque tout le sol possédé concurremment, parallèlement par deux classes de propriétaires, naturellement opposées d'intérêts, ennemies; presque tout le sol chargé et surchargé, entre les mains de la classe inférieure des propriétaires, d'une foule de redevances au profit de la classe des propriétaires honoraires, des propriétaires ayant la seigneurie ou la directe. La Révolution ne pouvait tolérer un tel état de choses; il y avait là trop d'abus d'espèces diverses. La hiérarchie des fiefs avait pour effet de subalterniser des hommes à d'autres hommes, de détruire l'égalité. Les tenures roturières avaient l'inconvénient immense d'enlever le plus clair du revenu aux cultivateurs de la terre, par le payement de la redevance annuelle, de les tenir par là dans une éternelle gêne, qui les empêchait d'améliorer le sol. Ainsi elles étaient de ce côté contraires à l'intérêt public, et elles l'étaient encore d'un autre côté. Le public a intérêt à ce que l'échange, la vente des terres aient lieu facilement; intérêt à ce que les mutations de propriété, et la jouissance même de la propriété soient réglées par des lois simples qui préviennent les procès, car tout procès est une perte particulière d'abord, générale ensuite. Or justement, cette façon de posséder le sol à deux formait une situation compliquée qui donnait lieu à de nombreux procès, et de plus elle rendait la vente, la circulation des biens difficile, coûteuse. Enfin, et c'est peut-être le point capital, cette situation était contraire au droit individuel; mais ce dernier point n'a pas toujours été bien compris. Il se rattache, il faut le dire tout de suite, à la formidable question de l'intérêt. Nous ne discuterons pas ici si l'intérêt est ou non légitime. Il nous suffira d'établir, ce qui est incontestable, qu'il est dangereux pour l'emprunteur. On pourrait même dire que quand c'est de la terre qu'on emprunte, moyennant un intérêt en argent ou en fruits (et au fond tous les contrats susnommés revenaient à ce fait), cela offre encore bien plus de dangers. C'est pour cela que l'emprunteur doit toujours pouvoir, en rendant l'objet emprunté, résilier son contrat, et rejeter la charge qui menace de l'écraser. Eh bien! au contraire de ce principe, sous l'ancien régime, le bail à rente et l'emphytéose étaient irrachetables, c'est-à-dire que l'emprunteur ne pouvait pas garder la terre, cette terre que lui et ses aïeux avaient fécondée, embellie, habitée, la garder libre de toutes charges en payant son prêteur. Et pour quelle raison? Parce que le prêteur étant censé être demeuré propriétaire, propriétaire du domaine honoraire, le payer, le désintéresser, c'eût été lui acheter sa propriété malgré lui, l'*exproprier*.

L'Assemblée constituante décréta (4 août 1789) l'abolition des droits féodaux. Mais, en réalité, ce qui fut aboli d'abord, ce fut seulement cette partie de la féodalité qui se composait de droits régaliens, comme par exemple les justices seigneuriales; car l'Assemblée, le 15 mars 1790, maintenait au contraire les droits utiles des fiefs, les cens, les rentes, etc., tout en les déclarant rachetables. La Législative fit un pas de plus; par décret du 25 août, elle abolit sans rachat toutes les redevances qui ne seraient pas prouvées, par titre, avoir été constituées en échange d'un fonds concédé. La Convention alla plus loin encore; le 17 juillet 1793, elle déclara abolies sans rachat toute rente foncière perpétuelle qui paraîtrait entachée de féodalité. La Convention partait de cette idée que les rentes consenties au profit des anciens seigneurs avaient été, pour la plupart, imposées par l'intimidation, par l'abus de la force ou du prestige social. Sans doute, la Convention savait qu'il y en avait dans le nombre qui résultaient de contrats libres; entre annuler celles-ci avec les autres, ou maintenir les autres par respect pour celles-ci, la Convention n'hésita pas. Les tribunaux devaient avoir à décider cette question épineuse, à quels signes se reconnaissait le caractère féodal.

On peut protester contre les trop souveraines façons de faire de la Convention, mais il faut avouer que la Convention a singulièrement fertilisé le sol de la France en balayant d'un coup, comme elle fit, ces innombrables droits parasites qui l'épuisaient. Des millions d'hommes sont nés, et ont vécu, qui n'auraient pas trouvé de quoi vivre sur l'ancienne terre de France.

Voyons à présent quel est l'état actuel de la propriété rurale; quels sont les démembrements usités ou permis, quels sont ceux qui ne sont pas permis.

On peut avoir sur un fonds le droit d'en jouir, d'en percevoir les fruits, sans avoir celui de le détruire, de le vendre; c'est ce qu'on nomme l'*usufruit*; on peut avoir, pour l'exploitation de sa terre, le droit de prendre sur une autre terre voisine certaines libertés, d'accomplir certaines actions, par exemple d'aller y chercher de l'eau, du sable; c'est ce qu'on nomme une servitude (v. *Servitude*). On peut avoir, sur une terre appartenant à un autre, des droits divers appelés antichrèse, privilége, hypothèque, consistant soit à garder cette terre entre ses mains, jusqu'à ce que le propriétaire vous paye ce qu'il vous doit, soit à faire vendre cette terre pour se payer sur le prix de la vente (v. les mots *Priviléges* et *Hypothèque*). On voit que ces derniers droits diffèrent des premiers par une circonstance très-importante : les premiers sont des pouvoirs directs que nous possédons sur un fonds, les autres des pouvoirs indirects, accessoires, qui nous sont donnés à l'occasion d'une créance, et qui, pour leur existence, dépendent de cette créance. Nous pouvons enfin avoir sur une propriété un droit de jouissance rigoureusement déterminé quant à sa durée, soumis à des conditions fixes et à des redevances convenues; c'est ce qu'on appelle un *métayage* ou un *fermage*. Voilà de quelles manières, suivant la loi actuelle, la propriété d'un même objet peut être divisée entre deux ou plusieurs personnes. Maintenant, dans le silence de la loi, des particuliers pourraient-ils se permettre d'autres divisions, d'autres démembrements? Pourraient-ils faire pour l'avenir tel de ces contrats, de ces démembrements de propriété que la Révolution annula pour le passé?

D'abord, il est certain que sous l'empire des lois révolutionnaires encore en vigueur, il n'est pas permis 1o de créer une rente irrachetable; 2o de convenir d'un service qui aurait le caractère féodal, c'est-à-dire subalterniserait un des contractants à l'autre, socialement parlant. A part cela, il n'y a rien (quoique bien des auteurs soutiennent le contraire) dans les lois qui empêche de renouveler quelqu'un de ces contrats dont nous avons parlé.

Mais (et c'est là véritablement le point de morale important) pourquoi deux individus ne peuvent-ils pas convenir d'une rente perpétuelle irrachetable? La loi qui le défend ne blesse-t-elle pas en cela le droit individuel? Ce qui reviendrait à dire : les lois de l'avenir ne devront-elles pas lever cette défense? Non, elles ne le devront pas. Ce n'est pas, comme on l'a dit, que le propriétaire, en démembrant sa propriété, aille contre *la notion scientifique de la propriété*, ce qui est une raison assez peu claire. Le propriétaire a parfaitement le droit de démembrer sa propriété comme il veut, et ce n'est pas de ce côté qu'est l'obstacle moral; mais il est du côté de celui qui reçoit la propriété, moyennant une rente, parce qu'au fond *c'est un emprunteur*. La loi qui, très-raisonnablement, n'admet pas qu'un emprunteur d'argent renonce à la faculté de se libérer en rendant l'argent, ne peut pas plus admettre, par des raisons du même ordre, que l'emprunteur d'une terre perde la faculté de se libérer, en payant le prix de la terre. C'est la même loi morale, sous deux espèces.

Suivons encore cet ordre d'idées, il nous amènera à des conclusions qui ont, cette fois, un intérêt pratique autant que théorique.

Quand un propriétaire donne sa terre en *métayage*, c'est une société qu'il forme avec un cultivateur; ils courent ensemble les bonnes et les mauvaises chances. Sous ce point de vue, le métayage serait supérieur au fermage; dans son principe, il est certainement plus équitable, mais en fait plusieurs causes le rendent désavantageux aux deux contractants. Dans le métayage, il n'y a pas de démembrement de propriété. — La *servitude*, qui est un démembrement, donne lieu à un reproche grave. Quand le propriétaire consentant la servitude n'a pas stipulé dans le contrat la faculté de s'en racheter, il ne peut pas forcer son créancier à le libérer, à accepter une somme équivalente à la valeur de la servitude. Cette décision de la loi est tout à fait contraire au principe simple et évident que nous avons posé plus haut. Il est absurde, il est inique qu'un homme soit contraint de rester éternellement, irrémissiblement chargé d'une obligation, quand cette obligation est de nature à pouvoir être accomplie en une fois, susceptible d'être éteinte; il est absurde et inique d'enfermer à perpétuité un débiteur dans la dette qu'il a contractée. Nul n'hésite sur ce point, quand il s'agit d'une somme d'argent. Si l'on se détache des formes matérielles, on s'aperçoit qu'une servitude (généralement consentie au prix d'une somme d'argent une fois payée, ou d'un autre avantage procuré en une fois), n'est autre chose qu'une espèce d'intérêt, et, je le répète, on ne peut pas être contraint à payer éternellement un intérêt. — L'hypothèque est, à notre avis, plus qu'un droit réel, c'est un démembrement de la propriété. La très-grande majorité des propriétaires fonciers, dans notre pays, ont leurs biens grevés d'une ou de plusieurs hypothèques, c'est-à-dire que la très-grande majorité des propriétaires n'ont pas la propriété entière. Chacun sait que l'établissement d'une hypothèque sur un fonds rend la circulation de ce fonds difficile et coûteuse. Les dépenses annuelles qui se font chez nous pour établir ou pour rayer les hypothèques, se montent à un chiffre très-considérable; c'est une perte sèche pour le pays. Le système des hypothèques, qui offre tant de complications et des complications inévitables, est, dit-on, l'organisation du crédit territorial, soit; mais il s'agit de savoir s'il fallait se donner tant de mal pour l'organisation du crédit territorial, en un mot, si le crédit territorial est une bonne chose.

Il faut s'expliquer nettement pour éviter au lecteur toute méprise. Écartons d'abord ici la question de la légitimité de l'intérêt. Disons que, fût-il illégitime, immoral, le prêt à intérêt n'est pas chose à défendre par des lois. L'intervention des pouvoirs publics, en cette matière, aurait les résultats les plus fâcheux. Fût-il illégitime, le prêt à intérêt devrait être toléré par le législateur, comme une multitude d'autres actions immorales que la loi a mises hors de sa sphère d'action et renvoyées au tribunal de l'opinion. A présent, ajoutons que si le crédit n'est pas un vol, comme le disait Proudhon, c'est, au contraire de l'opinion presque universellement reçue, un agissement très-ambigu, une pratique périlleuse et désavantageuse les trois quarts du temps. Le crédit, on finira par s'en convaincre, fait infiniment plus de ruines que d'œuvres nouvelles. C'est donc une chose que l'opinion devrait décourager. La loi, avons-nous dit, ne doit pas le défendre, mais au moins ne doit-elle pas l'aider, le faciliter, comme elle l'a fait en créant le système des hypothèques.

Le crédit rural est particulièrement indigne de faveur et de protection. A quoi sert généralement l'hypothèque? Elle permet au paysan ou au petit bourgeois d'acheter une terre, sans avoir de quoi la payer et sans savoir s'il la payera jamais, ce qui se peut excuser, mais ce qui d'abord n'a rien de louable. L'emprunt est très-souvent contracté à un taux usuraire. Qu'arrive-t-il? C'est que l'acquéreur se tue à cultiver pour l'emprunteur à qui va chaque année le plus clair du revenu territorial; c'est qu'il lui est impossible de faire les dépenses qui amélioreraient sa terre. Trop heureux, quand, après avoir travaillé péniblement durant plusieurs années, après avoir usé ses forces et sa vie, après avoir vu chaque année les produits s'en aller aux mains du créancier, il ne lui arrive pas d'être exproprié faute de payement, et de perdre enfin cette terre pour laquelle il a tant souffert d'ennuis et tant enduré de fatigues. Combien il eût mieux valu pour lui que la funeste ressource de l'hypothèque n'existât pas, et qu'il lui eût été impossible de trouver à sa porte un créancier destiné à causer sa ruine. Cela eût beaucoup mieux valu aussi pour le public qui, dans les pertes particulières, a toujours sa bonne part.

Ce que nous venons de dire contre l'hypothèque porte également sur le bail à ferme, parce que ce n'est au fond qu'un prêt de terre. — Le bail à ferme doit, comme l'hypothèque, devenir de plus en plus rare et finalement tomber en désuétude. Les principes demanderaient cette transformation. L'expérience du passé semble indiquer qu'elle aura lieu. En effet, l'histoire prouve que l'état de la propriété, à chaque époque, a toujours reflété les conditions politiques de l'époque. Quand il y a dans un temps des différences sociales, une hiérarchie de classes superposées, l'état de la propriété offre des complications, des décompositions en quelque façon correspondantes à la complication de la société. A mesure que l'égalité s'établit parmi les hommes, l'état de la propriété devient simple; il y a plus de gens qui ont la propriété entière et libre, moins de gens qui détiennent entre leurs mains des éléments séparés de la propriété. A en juger par cette tendance, par cette loi apparente des choses, la propriété se simplifierait. Ces démembrements aujourd'hui existants, l'hypothèque, le bail, qui retracent pour ainsi dire la différence encore très-marquée de la bourgeoisie et du prolétariat, disparaîtraient peu à peu, se réduiraient progressivement. Le nombre des cultivateurs propriétaires augmenterait à proportion. La terre tomberait de plus en plus aux mains de ceux qui la cultivent.

Si telle était la marche des choses (comme c'est notre avis), il se produirait sans doute des formes intermédiaires; avant d'arriver au régime final, où le sol sera la propriété exclusive du paysan, des associations entre le bourgeois propriétaire et le cultivateur pauvre, entre le capital et le travail, associations meilleures et plus justes que le métayage, remplaceraient partout et le métayage et le fermage. Il faut bien qu'enfin la Révolution produise ses conséquences suprêmes; que la justice, descendant dans tous les contrats privés, féconde une seconde fois la terre, et que la misère, qui est notre honte à tous, disparaisse de ce coup-là.   P. Lacombe.

AGRICOLE (personnel). — Ce personnel comprend nécessairement tous les individus qui se livrent aux travaux de l'agriculture, quelle que soit la nature des fonctions qu'ils remplissent et les conditions dans lesquelles ils opèrent. Quiconque remue la terre, la féconde et l'ensemence pour en obtenir des produits, quiconque dirige une exploitation petite ou grande, quiconque paye de ses bras, de ses ordres ou de ses conseils, fait partie du personnel agricole. Chacun d'eux, dans la mesure de ses forces et de son intelligence, est un agent de production, et à ce compte, il nous semble qu'il pourrait être permis de ranger dans le personnel en question, les écrivains spéciaux, les savants qui traitent de l'application de la science à l'agriculture, les fabricants d'instruments et de machines indispensables à l'industrie rurale. Mais nous ne voulons pas donner au mot qui nous occupe une acception plus large que l'acception usitée.

La terre est soumise à divers modes d'exploitation qui sont : l'exploitation directe, l'exploitation par régie ou par délégation de pouvoirs, l'exploitation par le fermage et enfin l'exploitation à moitié fruits ou par voie de métayage. Dans le premier cas, le personnel agricole se compose du propriétaire, de sa famille et aussi de serviteurs à gages. Dans le second cas, le propriétaire est représenté par un régisseur, des domestiques et des journaliers. Dans le troisième cas, nous avons le fermier, homme d'exécution presque toujours, sa famille, des domestiques et des journaliers au besoin. Dans le quatrième cas, notamment dans les pays pauvres, nous avons une sorte d'association du capital et du travail. Le propriétaire met dans l'association sa propriété, le cheptel et quelquefois l'outillage, tandis que le travailleur apporte ses bras, ceux des siens et même de la main-d'œuvre étrangère, de loin en loin. Cet associé travailleur se nomme métayer, colon et bordier.

Voilà pour les grandes divisions du personnel agricole.

Avons-nous besoin d'ajouter que les dénominations sous lesquelles on désigne les agents agricoles, varient nécessairement avec les emplois qu'ils s'attribuent ou qu'on leur confie, aussi bien que par les spécialités qui les mettent le plus en évidence. Ainsi, on est laboureur, berger, pâtre, bouvier, porcher, chevrier, fille de basse-cour, dans l'ordre des emplois infimes, comme on est vigneron, houblonnier, betteravier, éleveur, engraisseur, etc., selon les spécialités d'un autre ordre auxquelles on se livre.

Ces divisions et subdivisions du personnel agricole n'ont, à nos yeux, qu'un intérêt très-secondaire. Il y aurait beaucoup à dire sans doute sur les qualités qu'il faut demander à ce personnel, sur les aptitudes exigibles de chacun de ses membres en vue du rôle qu'il est appelé à remplir, mais il en sera parlé forcément à meilleure place que celle-ci, et le mieux que nous puissions faire, c'est de nous demander pourquoi, dans l'état des choses, le personnel agricole est réellement insuffisant et à quelles causes on doit attribuer la disette de main-d'œuvre.

L'insuffisance du personnel agricole n'est pas contestable ; les moyens d'action ne répondent plus aux exigences de la culture. Généralement, on accuse de ce fait la dépopulation des campagnes; mais, sans nier qu'elle y soit pour beaucoup, nous croyons qu'on lui fait une part excessive, et qu'une autre cause s'ajoute à celle-là et l'égale peut-être en importance. Cette autre cause, la voici : — Les progrès agricoles qui se sont accomplis depuis trente ou quarante ans, de tous les côtés, ont créé peu à peu de la besogne, et la main-d'œuvre, autrefois très-commune et par conséquent à très-bas prix, est devenue rare et chère.

Le temps où le travail s'offrait une année à l'avance est déjà loin de nous; aujourd'hui il attend qu'on le sollicite, qu'on lui fasse des coquetteries, et il ne se livre pas au premier venu. Les serviteurs à gages ont élevé, eux aussi, leurs prétentions. Il suit de là que tout propriétaire ou fermier, forcé de recourir aux auxiliaires payés, a plus souvent diminué qu'augmenté ses profits. Et si vous voulez remarquer en passant que les appétits de bien-être et même de luxe sont fortement accusés dans nos campagnes, vous reconnaîtrez que la grande et la moyenne propriété, à la merci de la main-d'œuvre étrangère, ont dû essuyer bien des mécomptes et que la réalité de leur situation ne répond guère aux apparences. Mais en même temps que les gros et moyens propriétaires pâtissaient, on a vu l'aisance se produire à côté d'eux, les vieilles misères s'effacer peu à peu, les journaliers et les domestiques acheter de la terre avec leurs économies et devenir ainsi, à leur tour, petits propriétaires. Pendant que le niveau de la fortune s'abaissait d'un côté, il s'élevait lentement et sûrement de l'autre.

Le travailleur n'a eu et n'a qu'un but : s'affranchir de la domesticité et du salariat, et il s'en affranchit en achetant de la terre et en louant ce qu'il lui faut avec cela pour occuper ses bras, en attendant qu'il puisse encore acheter et se débarrasser du fermage. Il n'a qu'une visée : se soustraire aux maîtres, travailler sur son bien, chez lui et pour lui. Quand nous regardons autour de nous, nous voyons que le plus grand nombre de ceux qui travaillaient pour les autres, il y a une vingtaine d'années tout au plus, ont conquis leur indépendance et ne mettent leurs bras à la disposition d'autrui qu'à leur jour et à leur heure.

Il est tout naturel, après cela, que les grands et moyens propriétaires fonciers se plaignent de la rareté de la main-d'œuvre, mais il n'en est pas moins vrai qu'une bonne partie de celle-ci n'a fait que se déplacer sans déserter les campagnes. Elle existe toujours, mais elle s'appartient; elle produit pour elle d'abord, quitte ensuite à imposer ses conditions où et quand il lui plaît. Encore une fois, elle n'a pas disparu; seulement on n'en dispose plus comme autrefois, et elle tient la dragée haute à qui a besoin d'elle.

Que la dépopulation soit pour beaucoup aussi dans la disette du personnel agricole, c'est un fait évident et acquis. Oui, beaucoup ont déserté et beaucoup déserteront, et rappelons-nous ceci : Quiconque quitte la campagne, n'y revient plus travailler.

C'est à nous maintenant de rechercher les raisons qui provoquent le départ.

En première ligne, on peut citer le recrutement. Il nous prend chaque année des milliers d'hommes pour les armées permanentes; il nous enlève de vigoureux pionniers pour en faire des oisifs, des hommes qui produisaient chez eux et qui ailleurs se contentent de consommer. Les seuls soldats qui rentrent au village après leur libération, sont ceux qui appartiennent à des familles un peu aisées, et encore le nombre en est bien faible. En somme, le gros de l'armée sort des campagnes, et sur cent hommes qu'on nous prend, on ne nous en rend peut-être pas dix en temps de paix. En temps de guerre, c'est bien pis ; si les vivants ne reviennent qu'en petit nombre, les morts, à coup sûr, ne reviennent plus.

Une autre cause de la dépopulation, a-t-on dit, c'est l'instruction. Sur divers points on a constaté, en effet, que les meilleurs élèves de nos écoles primaires sont précisément ceux qui ont le plus de tendance à quitter les campagnes. D'aucuns en ont conclu fort lestement qu'une ignorance bien complète retiendrait les campagnards chez eux, et ils ont eu soin d'ajouter que pour devenir excellent cultivateur il n'était pas nécessaire de savoir lire et écrire. C'est trop outrager la dignité humaine, et nous ne nous arrêterons pas à cet outrage. Ceci, toutefois, ne nous empêche point de reconnaître que la désertion porte réellement sur les intelligences les plus éveillées, sur ceux qu'on nomme les savants de l'endroit, sur ceux à qui le maître n'a plus rien à apprendre, pour nous servir de la formule consacrée.

Eh bien ! voyons ce que savent ces savants de village : ils savent lire couramment, ils ont une belle écriture, une belle main si vous voulez ; ils sont plus forts en arithmétique que la plupart de nos bacheliers ; ils savent cuber, arpenter, rédiger un procès-verbal de bornage. En géographie, ils vous diront aisément le nom des fleuves et des principales rivières qui arrosent la France, les noms de quelques départements et de quelques chefs-lieux ; ils vous indiqueront nos frontières et les pays qui nous touchent. En histoire, ils savent que Louis IX est allé en Palestine, que Louis XIII a succédé à Henri IV, qu'une révolution a éclaté chez nous en 1789, que Louis XVI et Marie-Antoinette ont été exécutés, que le premier Napoléon a fait parler de lui pour ses guerres, que les Anglais seront nos éternels ennemis, que Cambronne a crié à Waterloo « la garde meurt et ne se rend pas, » qu'on s'est battu en 1830 pour mettre Louis-Philippe à la place de Charles X, et en 1848 pour mettre la république à la place de Louis-Philippe, et que, le 2 décembre 1851, Napoléon III a sauvé la religion, la famille et la propriété. Ils connaissent leur histoire sainte. Le monde, vous diront-ils, a été créé en six jours et le bon Dieu, qui était fatigué, s'est reposé le septième. Le premier homme s'appelait Adam, la première femme Ève. Tous les deux habitaient le Paradis, un endroit charmant où il y avait un pommier, etc., etc. Ils connaissent l'histoire du serpent et du premier péché, celle de Caïn et d'Abel, celle du déluge et tout ce qui s'en est suivi.

Voilà, en somme, et sans exagération, les connaissances qui constituent le bagage intellectuel des bons élèves de l'école primaire, à de très-rares exceptions près. Leurs parents, émerveillés par tant de savoir, n'ont plus, après cela, d'autre souci que de les éloigner des rudes travaux des champs et de les mettre en ville au chaud et à couvert, dans un bureau quelconque, persuadés qu'une fois là, ils feront leur chemin sûrement et iront loin. C'est ainsi que le personnel agricole s'amoindrit.

Le fait est que dans tout ce qu'on enseigne à nos enfants, il n'y a rien, absolument rien qui les attache au sol ; au contraire, le travail de la terre leur est présenté comme un châtiment de Dieu, et l'on s'étonne qu'ils cherchent à fuir ce châtiment ! Si, au moins, on leur apprenait les notions les plus essentielles de la géologie, de la physique, de la chimie, de la physiologie, de la botanique, de l'entomologie, de la zootechnie, de l'hygiène, de l'économie rurale, de l'économie politique, les jeunes intelligences auraient de quoi s'exercer et se satisfaire, la tête fonctionnerait en même temps que les bras, et nos enfants se passionneraient pour des travaux qui aujourd'hui ne les intéressent pas ou leur déplaisent.

Et qu'on ne vienne pas nous dire que cet enseignement est impossible. Nous savons le contraire par expérience. Il y a des heures disponibles à prendre sur les jours de fête, de chômage, et plus encore sur les longues veillées d'hiver.

L'essentiel serait d'avoir un corps de professeurs nomades bien choisis et de porter l'instruction chez ceux qui ne se dérangent point pour aller la chercher à la ville. Si l'on voulait se donner autant de peine et s'imposer autant de sacrifices pour instruire les populations rurales que l'on s'en donne et s'en impose pour avoir leurs suffrages en temps d'élection, on se féliciterait bien vite des résultats de cette guerre à l'ignorance.

Passons, si vous le permettez, à une autre cause de la dépopulation des campagnes. Le goût du luxe a gagné nos villages en même temps que le relâchement des mœurs. Or les villes seules sont en mesure de donner complète satisfaction à ce goût et d'offrir des distractions et des plaisirs faciles. Dans les villes, on s'amuse, à ce qu'on dit autour de nous, tandis qu'au village on s'ennuie. Il s'ensuit que les jeunes filles de familles aisées, dégrossies par quelques mois de séjour dans un pensionnat et de contact avec la bourgeoisie, ne veulent plus entendre parler ni des champs ni de la ferme et ne songent qu'à déserter; de leur côté, les jeunes filles pauvres cherchent à se placer dans les villes, avec l'espoir d'y toucher de gros gages, d'allumer quelque passion et de s'abandonner à la coquetterie sans craindre de trop faire parler d'elles. Eh bien, quand les jeunes filles s'en vont des campagnes, les garçons ne sont guère tentés d'y rester. De ce côté, il y a donc à corriger, à combattre un vice d'éducation et d'instruction, dont on ne se préoccupe pas assez.

Autrefois, quand les chemins n'étaient pas praticables, quand les communications étaient difficiles, les voyages longs et coûteux, les rapports entre paysans et citadins très-rares, les lignes de démarcation entre maîtres et serviteurs ruraux moins accusées qu'à présent, on ne se déplaçait pas aisément, on ne désirait pas ce qu'on ne soupçonnait point. Aujourd'hui, les longs voyages des temps passés sont devenus des excursions de pur agrément. Pour une espérance, une fantaisie, un rien, on quitte le village, on court à la ville, on y reste, tandis que les gens de la ville ne vont jamais au village combler les vides, ou, s'ils y vont, ce n'est point pour travailler, c'est pour prendre du repos de corps et d'esprit et vivre économiquement. Les feuilles qui poussent les attirent, les feuilles qui tombent les chassent, et ainsi chaque année.

En résumé, d'une part, le personnel agricole manque à la grosse et moyenne propriété, parce que le salarié s'affranchit et s'occupe plus souvent de son bien que du leur; d'autre part, il diminue aussi par suite de la dépopulation qui a pour causes principales le recrutement, une instruction insuffisante, absurde, hébétante, le mirage des villes et la corruption des mœurs.

A moins de fermer les yeux à la lumière, on doit reconnaître que le personnel en question va et ira chaque jour en se restreignant, comme le trésor où l'on puise toujours et où l'on ne remet jamais rien. La main-d'œuvre abandonne peu à peu le propriétaire foncier ou le ruine; la domesticité tend à disparaître et fait ses conditions; en beaucoup de contrées, la culture à prix d'argent par les bras étrangers, est déjà à peu près impossible; elle le deviendra partout, un peu plus tôt un peu plus tard. La terre échappe à celui qui ne la cultive pas de ses propres mains; elle retourne au paysan. Ainsi, plus de journaliers, plus de serviteurs à gages, mais seulement des hommes maîtres de leurs actions, travaillant chez eux, pour eux, et se multipliant, eux et les leurs, pour accomplir les diverses fonctions qui leur incombent. Voilà le personnel agricole de l'avenir et même un peu du présent. Nous n'affirmons cependant pas que tous les propriétaires non travailleurs se trouveront exclus de la grande famille rurale, mais nous affirmons que leur personnel agricole ne sera plus, en un temps assez rapproché, qu'un personnel d'associés. Bien arriéré ou bien injuste qui s'en plaindrait.

Le problème, après cela, sera-t-il tout à fait résolu? ce n'est pas notre avis; le point noir de la désertion s'effacera bien un peu, mais pas assez. On s'en ira moins, mais on continuera toujours de s'en aller, aussi longtemps qu'on n'aura pas trouvé une organisation qui, par ses bienfaits, attache solidement les populations au sol et les fasse vivre largement de la vie intellectuelle et morale. Ce sera difficile à trouver.   P. JOIGNEAUX.

AGRICULTURE. — On a donné à ce mot deux significations : l'une très-large et en désaccord avec l'étymologie, l'autre restreinte et vraie. Nous n'acceptons pas la première qui fait d'agriculture le synonyme du *res rustica* des anciens, de *ménage des champs*, comme disait Olivier de Serres, ou mieux d'*économie rurale*, comme nous disons à présent. L'agriculture n'est, en réalité, dans le sens rigoureux de l'expression, que l'art de cultiver la terre; elle ne comprend pas l'ensemble des connaissances rurales; elle n'est qu'une branche de cet ensemble, mais la branche la plus importante de toutes.

Nous ne perdrons pas notre temps à la recherche du berceau de l'agriculture, ou mieux de la nation ou de la peuplade qui, la première, l'a pratiquée. Cette recherche n'aboutirait pas; elle s'arrêterait forcément devant l'abîme des conjectures. Il y a lieu de supposer que l'origine de l'agriculture se confond avec celle des premières sociétés humaines, mais il y aurait peut-être de la témérité à placer dans l'Inde le point de départ de nos pratiques agricoles, à les faire rayonner ensuite de l'Égypte en Grèce, et de la Grèce en Italie. Nous aimons mieux croire que l'agriculture n'a pas eu de foyer unique, et qu'elle n'a pas eu la peine de lancer ses rayons à de grandes distances. Elle a dû s'imposer à tous ceux qui, renonçant à la vie nomade ou errante, prirent possession d'un coin de terre quelconque avec l'intention de s'y fixer. Le nomade ne pouvait ignorer que la terre remuée est plus productive que la friche; il ne devait pas ignorer non plus que la terre fumée rend plus que la terre non fumée; les déjections de ses troupeaux avaient dû le lui prouver. Le nomade, enfin, devait savoir que les plantes servant à sa nourriture et à celle de ses bêtes, se reproduisaient par leurs graines.

Eh bien! toute l'agriculture était en germe dans ces trois observations; et du moment où la nécessité de fumer, de labourer et d'ensemencer était reconnue, il ne restait plus qu'à trouver les engrais, les instruments de labourage et les moyens de répartir la semence pour la multiplication des espèces et variétés. L'agriculture était donc inventée.

Que l'Inde et l'Égypte soient arrivées les premières à la découverte, c'est possible, mais qu'elles aient pris la peine de la porter hors de chez elles, ce n'est guère vraisemblable et ce n'était pas nécessaire. Ce qui était venu à l'esprit des uns devait nécessairement venir à l'esprit des autres.

L'utilité du labourage étant soupçonnée ou reconnue, l'homme primitif ne pouvait pas se servir de ses mains pour diviser le sol. Avec une pierre dure et tranchante fixée au bout d'un bâton, il a inventé la bêche, puis il l'a perfectionnée en substituant le fer à la pierre. Le labourage à la bêche dut lui paraître lent, et tout naturellement il chercha un moyen plus expéditif, et la charrue primitive ne fut pas plus difficile à inventer que la bêche, ainsi que nous chercherons à le démontrer en parlant des instruments aratoires. Nous nous bornons en ce moment à soutenir que l'agriculture a eu autant de berceaux qu'il y a eu de tribus ou de peuplades barbares passant de l'existence nomade à la vie sédentaire; elles sont arrivées les unes et les autres, sans se connaître, sans se copier, à découvrir les mêmes moyens d'action pour satisfaire les mêmes besoins.

Il était difficile qu'on ne se rencontrât pas au point de départ de l'outillage agricole, et c'est ce qui nous explique l'analogie qui existe entre les premiers instruments d'agriculture des Indiens, des Égyptiens, des Gaulois, etc. S'il eût été aussi facile qu'on le prétend de se copier de race à race, de peuple à peuple, on aurait retrouvé, par exemple, le semoir des Indiens ailleurs que dans l'Inde et la Chine; on aurait retrouvé la moissonneuse des Gaulois ailleurs que dans les Gaules. Il y a des conceptions qui se présentent à l'esprit de tout le monde, et dans la réalisation desquelles il semble qu'on ait eu le même dessin sous les yeux; il y en a d'autres, au contraire, qui exigent certains efforts d'imagination et d'intelligence. Pour celles-là, on ne se rencontre plus.

On n'attend pas de nous une histoire des progrès agricoles par petites étapes, à partir des temps les plus reculés; nous ne savons d'ailleurs rien de positif sur l'agriculture égyptienne, sur l'agriculture grecque, sur l'agriculture romaine. Soyons sobre de conjectures et de traditions contestables.

A Rome, sous la royauté, l'agriculture était honorée; mais à quels titres l'était-elle? Était-ce pour elle-même, pour ses produits, ou seulement en vue de créer des hommes robustes par la gymnastique rurale, des hommes durs à la fatigue, ennemis de l'oisiveté, sachant au besoin se contenter de peu? Les historiens ne s'expliquent point là-dessus. Ils se bornent à nous apprendre que les personnages les plus considérables, sous la royauté et dans les premiers temps de la république, ne dédaignaient point la vie des champs. On demandait à la charrue les hommes de guerre et les hommes d'administration, et, dès que la patrie pouvait se passer de leurs services, ils retournaient modestement à leurs rustiques travaux. Chaque citoyen avait son champ, et pour que chacun l'eût et le mît en culture, il fallait qu'il l'aimât.

Bientôt on ne se contenta plus des petits domaines, chacun voulut agrandir le sien, et à partir du jour où les Romains eurent en leur possession plus de biens qu'ils n'en pouvaient cultiver de leurs propres mains, ils se déshabituèrent vite du travail et de la vie modeste. Les prisonniers de guerre, les esclaves furent chargés du travail des champs. L'agriculture devait perdre ainsi, et perdit, en effet, peu à peu de sa considération, et la production baissa.

Malgré cela, on n'oublia jamais que des hommes éminents de l'ancienne Rome avaient illustré la charrue, et l'agriculture ne cessa point d'être honorée. On laissait aux esclaves les travaux manuels, mais les maîtres avaient les connaissances nécessaires pour la direction des entreprises rurales, et les meilleurs esprits consacraient leur intelligence et leur temps au premier des arts. Caton le Censeur, Varron, Virgile, Columelle, Pline le naturaliste et Palladius, nous ont laissé des écrits qui donnent une idée assez exacte de l'état de l'agriculture italienne au temps où ils vivaient. Columelle surtout est à consulter. Les procédés de culture qu'il décrit sont intéressants; les engrais qu'il recommande sont pour la plupart ceux qu'aujourd'hui nous estimons le plus; les plantes cultivées, dont il nous donne la nomenclature, sont plus variées et plus nombreuses qu'on ne le suppose. Depuis lors, nous n'avons pas ajouté beaucoup d'espèces à sa liste. On savait irriguer et drainer. Pour ce qui est de l'outillage agricole, il laissait à désirer.

L'agriculture des Gaules, avant la conquête, n'était pas, assure-t-on, au-dessous de celle des Romains. Les Gaulois connaissaient la marne, allaient la chercher à de grandes profondeurs et savaient s'en servir. Ils semaient des fourrages artificiels; ils avaient imaginé une moissonneuse mécanique, dont la description nous a

été transmise par un auteur latin. Pline, de son côté, rapporte que les Eduens et les
Pictons avaient, au moyen de la chaux, rendu leurs terres très-fertiles. Dans le
nord des Gaules, la fertilité et les richesses n'étaient pas moindres que dans la Gaule
narbonnaise, et passaient pour être les causes permanentes des invasions des Germains. Une fois entrés, ils n'en sortaient plus. — Pline signale les Ubiens comme
pratiquant dans un sol très-riche des défoncements d'un mètre, et ramenant au-
dessus la terre du fond; mais ces Ubiens, peuple germain établi dans la Belgique,
n'avaient pas apporté avec eux cette pratique agricole; ils l'avaient probablement
trouvée établie par les Gaulois, ainsi que le croit M. Victor Cancalon, l'auteur d'une
intéressante *Histoire de l'agriculture.*

Les guerres fréquentes, les invasions de barbares, les brigandages incessants
devinrent funestes à l'agriculture. Le partage des terres conquises entre les chefs
de tribus n'était pas propre à la relever et à l'encourager. Ce partage constituait le
début du régime féodal. Or, non-seulement tout progrès agricole devenait impossible sous ce régime qui n'offrait aucune sécurité aux travailleurs du sol, mais les
connaissances acquises pouvaient disparaître, les bonnes traditions pouvaient se
rompre et se perdre. Si les unes ne disparurent pas tout à fait, si les autres ne
se rompirent pas absolument, on le dut aux moines défricheurs de ce temps-là.

Pendant qu'on se battait, qu'on s'égorgeait, qu'on se pillait en France, on ne s'y
occupa plus d'agriculture, par cette excellente raison qu'elle exige la sécurité et
qu'il n'y en avait plus pour personne. Quand on n'a pas l'espoir de récolter, on ne
prend point la peine de semer, et quand la production s'en va, les disettes et les
famines arrivent.

Il n'y eut plus en ce temps féodal que les Maures d'Espagne qui prirent sérieusement intérêt à l'agriculture. On peut s'en convaincre à la lecture de la traduction
française du livre arabe d'Ebn-el-Avam. Ce livre fut écrit au xiie siècle. C'est plus
qu'un recueil de recettes, plus qu'un intéressant traité de l'art agricole à cette date
reculée. Les principes cherchent à se dégager des pratiques rurales, les règles tendent à sortir des observations. Nous sommes déjà bien loin de Columelle; ce ne sont
plus de simples récits sur les travaux des champs; l'auteur arabe se livre à des
efforts d'intelligence; il a le désir bien accentué d'expliquer les faits qu'il expose,
et ses explications n'ont souvent d'autre tort que celui de ne point avoir à leur
service les termes scientifiques d'aujourd'hui.

Jusqu'au xvie siècle, l'agriculture ne s'affirma par aucun progrès saillant; cependant on doit reconnaître que les croisades ne lui furent point défavorables, en
ce sens qu'au retour de leurs expéditions aventureuses, les barons ruinés durent
chercher des ressources dans l'aliénation de leurs domaines et dans l'affranchissement de leurs serfs. A mesure que la puissance féodale s'affaiblissait, la sécurité
s'établissait et, avec celle-ci, une culture mieux suivie, plus productive et plus
encourageante.

La découverte de l'imprimerie et l'impulsion donnée aux sciences servirent nécessairement à l'agriculture. On réapprit qu'elle avait été honorée chez les Romains,
et il se rencontra, de loin en loin, de bons esprits qui voulurent l'honorer à leur
tour, tels que Gallo en Italie, Camille Tarello à Venise, Herrera en Espagne,
Heresbach en Allemagne, Fitz Herbert en Angleterre, Jean Liébault, Bernard
Palissy et Olivier de Serres en France. Le *Théâtre d'agriculture* de ce dernier eut un
succès inattendu dans le monde des gros propriétaires fonciers, seigneurs ou bourgeois, et aussi dans les abbayes et monastères, chez tous ceux enfin qui, sachant
lire et comprendre, plaçaient le bonheur d'un peuple dans la prospérité de son agriculture. Le paysan, le colon, le serf, n'ont pas connu le livre d'Olivier de Serres ;

les hommes de guerre, qui mettaient tout leur orgueil dans leur épée, ne l'ont pas connu davantage; mais, à côté des ignorants et des tueurs d'hommes qui ne savaient pas lire, il y avait des propriétaires terriens qui lisaient, qui profitaient des observations d'Olivier de Serres, et imposaient ensuite leur volonté aux hommes des métairies, aux colons, bordiers, censiers et grangers. Olivier de Serres avait écrit pour les riches et les lettrés ; ceux-ci lui servirent d'interprètes. Le peuple des campagnes ne connut pas le maître, pas même de nom, et aujourd'hui encore, si ce n'est sur quelques points du Midi, ce nom est tout à fait ignoré de nos paysans.

On a donné à Olivier de Serres le titre de père de l'agriculture qui nous plaît médiocrement. Ce qu'il y a de positif toutefois, c'est qu'il a tiré l'agriculture de l'oubli, qu'il l'a réhabilitée, qu'il a su la faire aimer, qu'il en a parlé en connaisseur, en observateur, et que son beau livre est un modèle sous plus d'un rapport. Il y montre sa connaissance parfaite des hommes et des choses. C'est le premier traité d'économie rurale qui ait paru, et il est et restera la gloire du xviie siècle. Il est regrettable seulement qu'Olivier de Serres ne se soit pas inspiré un peu de la science de Bernard Palissy. Il devait connaître les écrits de ce dernier, et lorsqu'il fait le silence autour de cet homme distingué, nous sommes presque autorisé à croire que le nom du grand prolétaire huguenot réveillait la colère mal éteinte du gentilhomme catholique. On sait qu'Olivier de Serres avait pris une part regrettable dans les guerres de religion.

L'agriculture doit plus à Palissy qu'on ne le pense, et il a eu l'honneur d'arriver avant Olivier de Serres. Sa théorie du fumier est admirable pour le temps où il la formulait. Il serait bien à désirer que, même en ce temps-ci, les cultivateurs raisonnassent de la même façon; la science n'en souffrirait pas trop et la pratique s'en trouverait très-bien.

On n'a pas attendu MM. Liebig, Boussingault, Lawes, Gilbert, Georges Ville et tant d'autres pour établir la loi de restitution; c'est Palissy qui a dit d'abord : — « Il faut que tu reconnaisses que si tu apportes le fumier à la terre, c'est pour lui rendre une partie de ce qui lui a été enlevé. Lorsqu'on sème du blé, on espère qu'un grain en rapportera plusieurs. Eh bien! il ne saurait en être ainsi sans prendre quelque substance au sol; en sorte que si le champ a été ensemencé pendant plusieurs années, sa substance a été emportée avec les pailles et les graines. En conséquence, il est nécessaire de rapporter les fumiers, boues et immondices, même les excréments et ordures, tant des hommes que des bêtes, si la chose est possible, afin de restituer sur place une substance de même nature que celle enlevée. »

C'est Palissy qui a écrit cette grande vérité : — « Il est nécessaire que les laboureurs raisonnent quelquefois. Autrement ils ne feront qu'épuiser la terre. »

C'est Palissy qui, le premier, a conseillé de couvrir les fumiers de ferme « pour qu'ils ne soient gâtés ni par les pluies ni par le soleil, » et cependant c'est aux Anglais que nous faisons honneur de cette recommandation.

C'est encore et toujours Palissy qui, le premier, en France, a conseillé le marnage et le chaulage des terres. Ceci se passait vers 1550.

Il y avait dans les écrits de Palissy toute une révolution agricole; mais elle ne se fit point, faute de révolutionnaires, et aussi parce que Palissy était trop huguenot. L'esprit de secte, l'esprit de parti, l'esprit de corps sont de tous les temps et de tous les lieux. Ils ne manquent jamais de faire la nuit sur leurs adversaires, sur leurs ennemis, et même sur ceux qui, n'étant ni adversaires ni ennemis, ne sont pas des leurs.

Revenons au xviie siècle, pour signaler une grande conquête agricole qu'on ne connaît guère, et qui honore du même coup Antoine Verhulst et la Belgique. Tout à la fin de ce siècle, Verhulst, un fermier de Bruges, plantait des pommes de terre, et en 1702 il donnait rendez-vous à tous les cultivateurs de la confrérie de Sainte-Dorothée, pour leur distribuer la plus grande partie de sa récolte et les engager à multiplier cette plante. Il fallut prier les cultivateurs d'accepter et il les pria. Malgré tout, les pommes de terre n'apparurent au marché de Bruges que vers 1740.

Le xviiie siècle n'effaça pas le xviie, il le compléta. Un homme de génie et d'audace, un Anglais du nom de Jethro Tull, essaya de bouleverser toutes les vieilles méthodes et de révolutionner l'agriculture par une méthode nouvelle. Tull voulut prouver que la terre bien préparée suffisait aux plantes, et que l'emploi des engrais n'était pas nécessaire. Il ne voyait dans les engrais en question et l'eau de pluie ou des arrosages que des moyens de diviser le sol, et il se disait qu'avec des outils de labourage on arriverait au même résultat. Il eut des succès apparents d'abord, mais, comme il partait d'un principe faux, les mécomptes ne tardèrent pas à se produire. Notre Duhamel du Monceau, de Chateauvieux à Genève, et d'autres encore furent éblouis un moment par le novateur anglais et l'exaltèrent dans leurs écrits, mais ils reconnurent bientôt qu'ils avaient fait fausse route, et ils retournèrent sagement sur leurs pas.

En cherchant à démontrer l'inutilité des engrais, Tull ne perdit pas précisément son temps; il ne réussit qu'à prouver une fois de plus l'utilité des bons labours. Sa méthode exigeait la culture en lignes et, pour cela, l'emploi d'instruments perfectionnés et expéditifs. Il imagina le semoir, la houe à cheval, le scarificateur et l'extirpateur. Sa part dans les progrès agricoles est donc considérable ; beaucoup sont allés à l'immortalité avec un bagage moins lourd et moins précieux, et nous espérons bien que le nom de Jethro Tull ne s'effacera pas de la mémoire des agriculteurs.

Pendant que Tull étonnait le monde agricole par ses hardiesses, par son audace et le charmait du récit de ses essais, Duhamel du Monceau se livrait à de solides études dans sa propriété de Denainvilliers et publiait d'excellents écrits à la portée des cultivateurs. Ses *Éléments d'agriculture* sont pleins de renseignements utiles et de bons conseils.

L'abbé Rozier, de son côté, se faisait une réputation méritée et publiait un dictionnaire d'agriculture très-estimé.

Daubenton a marqué aussi de son génie le xviiie siècle. L'agriculture lui doit l'introduction des mérinos en France, leur acclimatation et leur perfectionnement. Elle lui doit son *Catéchisme des bergers*, traduit dans toutes les langues, et un bon souvenir pour les efforts qu'il fit en faveur des prairies artificielles.

Enfin, les écoles vétérinaires françaises datent de la fin du grand siècle qui nous occupe.

Vers la même époque, un grand nom surgissait en Allemagne, celui d'Albert Thaër, et la réputation de Parmentier commençait en France par une rude et difficile propagande à l'endroit de la pomme de terre qui n'était encore bien connue que dans les Vosges, la Belgique, et quelques contrées de l'Allemagne.

Nous touchons au xixe siècle. L'agriculture est en faveur; on réédite le livre d'Olivier de Serres; Bosc, Parmentier, Yvart, Tessier, Vilmorin, etc., le commentent et l'annotent. Quelques années plus tard, Déterville publie le *Nouveau cours d'agriculture*, un de nos vieux monuments devant lequel on s'arrête toujours avec profit. La parole est aux Tessier, aux André Thouin. Une quinzaine d'années plus tard, ce sera le tour de Mathieu de Dombasle, le fondateur de l'école de Roville, l'auteur du *Calendrier du bon cultivateur*, un de nos livres classiques, le perfectionneur de nos instruments aratoires, le plus grand nom de la France agricole, et à juste titre.

Tandis que M. de Dombasle professait dans l'Est de la France, Jacques Bujault bataillait dans l'Ouest, se moquait des préjugés, flagellait les vices et vulgarisait les bonnes méthodes sous forme de proverbes, de maximes et d'images frappantes.

A l'école de Roville, succèdent d'autres écoles, Grand-Jouan, Grignon, La Saulsaie. Un établissement supérieur manque encore; la république de 1848 le réalisera et le placera sous la haute réputation agronomique de M. de Gasparin. Mais il suffisait que l'Institut de Versailles eût pris naissance sous la république pour qu'il partageât le sort de celle-ci en 1851. Le coup d'Etat qui venait d'atteindre les hommes atteignit aussi les choses. L'enseignement de l'agriculture fut décapité.

Cette exécution ne fut pas heureuse ; mais pour se la faire pardonner, le régime impérial créa l'institution des concours régionaux qui devaient séduire un moment les populations rurales et rendre des services qu'on aurait mauvaise grâce à méconnaître. Ces fêtes, organisées par l'administration avec l'aide des chefs-lieux de départements, ont eu le mérite d'éveiller la curiosité des indifférents, de déplacer les immobiles, de montrer de beaux outils, de belles machines, de superbes races d'animaux à des hommes qui ne soupçonnaient rien de tout cela, et enfin, d'établir des relations utiles entre cultivateurs qui ne se connaissaient point et ne se seraient peut-être jamais connus sans ces occasions de rapprochement.

Il va sans dire que la politique devait gâter promptement la nouvelle institution. Où les cultivateurs ne cherchaient que des encouragements à l'agriculture, l'administration cherchait des créatures, des dévouements au régime impérial. Des maladresses et des injustices devaient s'ensuivre, et c'est précisément ce qui est arrivé. Aujourd'hui, les vrais cultivateurs abandonnent peu à peu les concours à la convoitise des chercheurs de distinctions honorifiques. Leur temps est fini, à moins que l'administration ne se dessaisisse de ses privilèges et ne laisse aux cultivateurs le soin de nommer leurs juges. C'est beaucoup demander ; cependant, ne désespérons pas, la *Société des agriculteurs de France* pourrait bien lui forcer la main. Déjà, au moment même où nous terminons ce travail, il est question de la création d'une école supérieure d'agriculture, et il nous paraît difficile que l'administration se réserve longtemps le choix des jurés dans les concours régionaux, lorsque la *Société des agriculteurs* se propose de soumettre à l'élection des exposants les jurés appelés à fonctionner dans les concours qu'elle établira de son côté.

Faisons maintenant un retour sur nos pas et voyons ce qui s'est passé au delà de nos frontières. Les Arthur Young, les John Sinclair, les Backwell, les Collins ont illustré l'Angleterre en perfectionnant les cultures et en améliorant les races d'animaux. C'est de la Grande-Bretagne aussi que nous est venu le mode de drainage avec les tuyaux de terre cuite; c'est là qu'on a posé les principes de l'assainissement des terres.

La Belgique a produit Van Aelbroeck, son Mathieu de Dombasle des Flandres, qui a décrit en langue flamande les méthodes culturales de son pays dans un excellent livre traduit en français, mais depuis longtemps épuisé.

L'Allemagne, qui avait eu, au XVIIIe siècle, dans la personne du pasteur Mayer, l'honneur de découvrir les effets du plâtre sur les légumineuses et d'être copiée par Franklin, l'Allemagne est entrée dans le XIXe siècle avec Thaër qui créa l'école de Mœglin en 1806, publia les *Principes raisonnés d'agriculture* en 1810 et plus tard sa *Description des nouveaux instruments les plus utiles* qui fut le point de départ du fondateur de Roville dans le perfectionnement des instruments agricoles. Un autre grand nom se plaça bientôt à côté de Thaër; nous voulons parler de Schwerz, un praticien de l'école flamande. Et puis, tout à fait de notre temps, ç'a été le tour de Justus Liebig de jeter un vif éclat sur l'Allemagne agricole et savante. Le célèbre chimiste de Munich publia d'abord ses *Lettres sur l'agriculture*, et quelques années plus tard son beau livre sur *Les lois naturelles*, où il accuse les cultivateurs de ruiner follement la terre, où il le leur prouve avec l'histoire et la science, en même temps qu'il les rappelle sévèrement à l'ordre. Ce que demande le chimiste prussien, Bernard Palissy le demandait il y a trois cents ans, mais avec la simple autorité du bon sens, tandis que Liebig s'appuie sur les documents historiques, sur les analyses chimiques, sur des faits, sur des chiffres. Il a eu certainement ses moments d'erreur et ses écarts d'imagination, mais il a eu aussi le mérite de remuer des idées, d'élever le niveau de l'agriculture, de soulever des discussions profitables, quoique très-vives, d'entraîner un public nombreux et de faire école.

Ajoutons à l'honneur de l'Allemagne, qu'elle a pris l'initiative de ces institutions connues sous le nom de *Stations agricoles*, où des savants expérimentent, observent et cherchent la solution des nouveaux problèmes posés en agriculture. Ce sont ces stations qu'un chimiste français, M. Grandeau, a été chargé d'examiner et d'appliquer chez nous, à Nancy d'abord.

En Suisse, M. de Fellemberg a rendu des services et laissé des traces de son passage.

L'Italie a compté et compte des hommes éminents. Parmi ceux qui ne sont plus, nous citerons le comte Dandolo, l'auteur du meilleur livre qui ait encore été publié sur la sériciculture.

Le XIXᵉ siècle a beaucoup fait pour l'agriculture. On lui doit quelques instituts remarquables, des hommes d'une valeur incontestée, le perfectionnement et l'explication du drainage, l'application de la vapeur à diverses machines et aux charrues, la découverte ou le perfectionnement d'un grand nombre d'engins, et l'annexion de plusieurs industries aux exploitations rurales, l'amélioration du bétail, les belles études zootechniques de Baudement, des voies de communication convenables et rapides, de bonnes publications spéciales; et avant que la dernière moitié de ce siècle soit écoulée, nous espérons bien que de nouvelles conquêtes honoreront l'agriculture, que les idées coopératives ou d'association auront fait du chemin, que nos sociétés et comices d'agriculture seront transformés, que les connaissances spéciales les plus essentielles seront vulgarisées dans nos campagnes, et que la plupart des entraves qui nuisent à la production et à la consommation auront disparu. Au temps où nous sommes, les progrès vont vite, parce que la nécessité les impose. La rareté de la main-d'œuvre appelle les machines; le morcellement excessif de la propriété appelle les échanges et l'association. Les moyens empiriques ont fait leur temps; il n'y a de salut, à présent, que dans l'intelligence, le raisonnement, l'entente des affaires et la solidarité. L'agriculture n'était d'abord qu'un art; elle devient une science complexe, qui comprend la chimie, la physique, la géologie, la physiologie végétale, la botanique, la météorologie, etc. Elle aboutira nécessairement à une industrie régulière.

P. Joigneaux.

AIGUILLE. — technologie. — On distingue sous ce nom, dans les travaux domestiques, les arts et l'industrie, un outil primitif, destiné à l'exécution de la couture, à confectionner les tricots, à servir d'indicateur dans les montres, les horloges, les boussoles, les appareils dynamométriques, etc. Les aiguilles varient de forme et de volume, non-seulement suivant leur destination, mais encore avec la nature du travail et le mode d'action qui doit leur être imprimé pour atteindre un même résultat. Elles ne sont pas les mêmes pour coudre un tissu délicat, l'enveloppe d'une balle, pour piquer des matelas, des coussins, pour faire de la tapisserie ou des reprises; elles varient également selon qu'elles doivent fonctionner à la main ou mécaniquement. Dans ce dernier cas, elles diffèrent encore entre elles et avec le type de machines à coudre ou à broder auxquelles elles s'adaptent. L'invention de la couture automatique a créé des spécialités dans la fabrication des aiguilles proprement dites; l'importance de celles-ci a diminué au profit de celle-là.

Malgré leur nom, les aiguilles à tricoter ont des fonctions toutes différentes de celles à coudre. Ce sont en quelque sorte des moules autour desquels le fil non tendu vient se boucler suivant certaines combinaisons d'entrelacements, qui déterminent les mailles rangée par rangée, à mesure que ces aiguilles les abandonnent. Leurs formes et leur jeu varient selon que le travail est exécuté à la main ou sur le métier, mais le résultat reste identique. Pour les métiers à tricots, comme pour les machines à coudre, les progrès réalisés ont déterminé des modifications dans les organes qui constituent ces machines.

Nous nous occuperons spécialement ici de la fabrication des aiguilles à coudre proprement dites. La description de celles nécessaires à la fabrication des tricots trouvera sa place dans l'article qui traitera des métiers employés à cet usage.

1. *Aiguilles à coudre.* En les envisageant indépendamment de leur emploi et de leur volume, on peut les ranger en six grandes catégories, sous le rapport de leur forme : 1º les aiguilles à coudre ordinaires, qui sont coniques et très-fines à la pointe, caractérisées par la position de l'œil ou trou pratiqué près du gros bout, à l'extrémité opposée à la pointe. Les dimensions de ces aiguilles varient naturellement en raison des résultats auxquels elles doivent servir, depuis une ténuité extrême, se chiffrant par fractions de millimètres, jusqu'aux aiguilles à piquer mesurant en moyenne 0m20 de longueur, et grosses en proportion ; 2º les aiguilles à faire les balles, ou *carrelets*, ainsi nommés à cause de leur forme à trois pans à partir du milieu de leur longueur, qui est à peu près la moitié des précédentes; 3º les *passe-lacets* sont des aiguilles différant des précédentes par l'absence de la pointe, une extrémité arrondie la remplace. On peut ranger les aiguilles à tapisserie, qui ont une forme à peu près semblable, dans la même catégorie ; 4º les aiguilles à deux pointes, de la forme de celle des boussoles, mais percées d'un trou dans le milieu de leur longueur. Cette catégorie n'est en usage que dans certaines machines à coudre et surtout à broder ; 5º les aiguilles à crochet, également destinées au travail automatique et dont le nom indique la particularité caractéristique; c'est le crochet qui fait agir le fil qui fixe les diverses parties à réunir. Il existe des crochets de diverses formes ; 6º enfin l'aiguille qui se distingue des précédentes par sa forme courbe. Le but et l'appropriation de ces divers genres d'aiguilles trouveront leur place dans la description des machines auxquelles elles se rapportent (voir *Machines à coudre*). Nous allons par conséquent nous occuper de ce qui concerne la fabrication des aiguilles en général, destinées à la couture à la main.

2. *Nature de la matière employée.* On emploie, pour faire des aiguilles, le fil de fer qu'on cémente ou acière après, ou du fil d'acier. Ce dernier est mis en usage pour les aiguilles fines et de belle qualité, et le premier sert aux grosses aiguilles communes.

3. *Caractères généraux et qualités que doivent présenter les aiguilles.* Afin qu'on puisse se rendre compte des nombreuses conditions à remplir dans la fabrication de ces produits et de la délicatesse des opérations à réaliser, il est bon de résumer les caractères et les qualités des bons produits.

Les aiguilles doivent être en même temps résistantes et élastiques, pouvoir par conséquent se plier selon un certain effort et se redresser aussitôt que la résistance cesse. Ces qualités dépendent en même temps de celle de la matière première et des soins et de l'intelligence avec lesquels elle a été transformée. Le corps cylindrique de l'aiguille doit être parfaitement rond, la décroissance pour former la pointe doit partir du tiers environ de la longueur, afin qu'elle résiste aussi bien que possible et ne soit pas trop dure à pousser. Si l'amincissement commençait trop haut, le premier effet se présenterait, et le second aurait lieu dans le cas où la diminution partirait trop près de la pointe. L'œil doit être bien percé dans l'axe et ne pas présenter d'arêtes vives, qui seraient susceptibles de couper le fil. La cannelure au fond de laquelle est percé le trou doit être droite et polie. La pointe doit être franche et bien au centre; la tête en pointe obtuse par le haut, pour faciliter son entrée dans les trous du dé. Enfin l'aiguille doit être parfaitement polie.

Pour obtenir l'ensemble de ces conditions, on a été obligé de diviser le travail de telle façon qu'il comprend environ quarante opérations, que nous allons indiquer par séries. Entrer dans tous les détails, nous entraînerait trop loin.

4. *Façonnage ou transformation pour donner la forme.* Le fil métallique doit être choisi et reconnu de bonne qualité, après examen, et des essais pratiqués dans les cas analogues, et notamment dans le calibrage, le jaugeage pour s'assurer du titre et de la régularité de la matière première. Après s'être assuré de l'état de cette matière, on la décrasse à la main avec du mâchefer pour enlever les impuretés de la rouille. Ainsi préparé et épuré, on donne : 1° le calibre voulu au fil en le passant à la filière disposée à cet effet; 2° on le dévide en une botte ou écheveau; 3° on coupe cette botte par le milieu pour en former deux faisceaux d'une longueur égale, par conséquent de la moitié de la circonférence du dévidoir, environ 0^{m}26 à 0^{m}27; 4° ces bouts sont à leur tour divisés par longueurs égales à un peu plus du double de celle de deux aiguilles. Pour que cette opération se fasse régulièrement et rapidement, on réunit un faisceau de ces fils dans un cylindre creux, disposé convenablement, afin que la cisaille employée agisse aisément et permette à un seul ouvrier de couper environ un million d'aiguilles par jour.

5. *Redressage.* Pour redresser les fils qui ont pu être faussés ou recourbés dans l'opération précédente, on les réunit par paquet de cinq à six mille, qu'on serre et presse bien parallèlement entre eux, en les assujétissant par leurs extrémités entre deux anneaux. Le faisceau ainsi disposé, après avoir été chauffé au rouge cerise, est placé sur une surface métallique unie (une plaque de fonte, par exemple), sur laquelle on lui imprime un mouvement de roulement de va-et-vient, au moyen d'une règle qui lui est superposée, et à laquelle l'action est imprimée par une brinde-bal articulée à l'extrémité opposée à celle fixée à la règle. Celle-ci a des vides ou cannelures correspondant aux anneaux des faisceaux de fils. Les cannelures forment en quelque sorte des guides ou chemins des anneaux. Quelques courses de ce cylindre, fournies par les bouts de fils d'acier, suffisent pour les redresser.

6. *Émeulage ou aiguisage pour former la pointe.* Des meules en grès dur de 0^{m}50 de diamètre sur 0^{m}12 à 13, sont employées à cet effet ; le traitement est ici le même que dans tous les cas analogues. Seulement, au lieu d'agir sur un objet à la fois, l'ouvrier opère simultanément sur une certaine quantité de fils réunis. Il en prend soixante à soixante-dix entre le pouce et l'index; il présente et appuie une extrémité sur la partie découverte de la meule, tournant avec une rapidité telle que les fils rougissent, on les refroidit alors en les trempant dans l'eau; on les reprend ensuite pour faire la seconde pointe. Pour déterminer cette forme pointue, on donne au faisceau un mouvement de rotation sur lui-même, contre la surface de la meule. On

conçoit qu'une telle opération ne pourrait se pratiquer à la main si l'ouvrier ne garantissait ses doigts par des doigtiers en peau.

7. *Coupe des aiguilles à leur longueur.* A cet effet on dispose de nouveau un faisceau de ces bouts, dans un cylindre de la longueur exactement égale à celle à donner aux aiguilles; on coupe par conséquent avec des cisailles, toute la partie formant saillie. On obtient ainsi deux aiguilles avec chacune sa pointe; chaque fil ou tige précédemment préparé se trouvant partagé en deux.

8. *Aplatissage de la tête.* Ce résultat est obtenu par un coup de marteau donné sur la partie à aplatir, placée sur un *tas* ou petite enclume en acier. On opère sur un certain nombre d'aiguilles à la fois, en retenant les pointes entre le pouce et l'index et en disposant les têtes en éventail sous le marteau.

9. *Recuit.* L'action du marteau ayant écroui et durci la matière, il est nécessaire de lui rendre sa douceur en la chauffant modérément; on la place à cet effet dans un four convenablement approprié, et on la retire ensuite pour la laisser refroidir lentement.

10. *Marquage.* Cette opération a pour but d'exécuter le trou dans la partie aplatie de la tête; elle est pratiquée par un enfant qui donne alternativement un coup de poinçon sur les deux côtés de la tête placée sur un tas. Le travail doit avoir lieu de manière à ce que les places ou pointes résultant des deux coups sur les deux faces se correspondent et se rencontrent pour former l'œil au milieu de l'aplatissement.

11. *Troquage.* Le troquage, qu'on pourrait nommer l'épuration de l'œil, consiste en effet : 1° dans l'évidement de l'orifice, au moyen d'un poinçon agissant sur la tête placée sur un *tas* en plomb. Ce métal malléable permet aux débris d'acier, chassés par le poinçon, de s'y loger; 2° dans l'arrondissage du trou déterminé par un second coup de poinçon dans la tête aplatie, disposée cette fois sur une enclume en acier.

12. *Évidage ou exécution de la rainure.* Elle est pratiquée de chaque côté de la tête de façon à former le prolongement de l'œil, dans le sens de la longueur de l'aiguille. L'ouvrier se sert à cet effet d'un petit outillage spécial, d'une petite lime de la forme la mieux appropriée; d'une pince à bride pour tenir l'aiguille, et d'un petit tasseau en bois, portant deux petites entailles, l'une angulaire et l'autre demi-cylindrique. L'aiguille, tenue par la pince et ayant sa tête dans l'entaille angulaire placée de façon à ce que son œil soit dans une position horizontale, reçoit alors une rainure longitudinale d'un côté, au moyen de la petite lime, puis une seconde rainure semblable de l'autre côté, après avoir retourné l'aiguille. Pour arrondir la tête, l'aiguille, toujours tenue en place par la pince, la tête dans la rainure demi-cylindrique du tasseau, reçoit quelques coups d'une lime à pans quadrangulaires. Ainsi préparées, les aiguilles sont jetées pêle-mêle dans une auge, et y sont rangées parallèlement entre elles, par quelques mouvements de va-et-vient imprimés à l'auge, dans un sens déterminé; elles glissent alors les unes sur les autres, sollicitées par leur forme pointue, et viennent se ranger naturellement de la façon la plus régulière.

Pour mieux faire saisir les nombreux détails du travail, nous avons supposé les dernières opérations dont nous venons de parler pratiquées à la main comme elles l'ont été pendant longtemps, mais depuis un nombre d'années on les réalise par un outillage mécanique plus avantageux. On modifie alors un peu l'ordre des transformations. La séparation d'un fil en deux aiguilles, n'a lieu dans ce cas qu'après le percement et l'évidage des trous. L'aplatissement de la tête est produit par l'estampage mécanique, l'aiguille double placée sur une surface dure en acier est disposée de façon que le mouton en tombant brusquement forme simultanément les deux têtes; il agit par conséquent sur le milieu du fil destiné aux deux aiguilles. Ce travail a lieu en appuyant du pied sur un étrier attaché à une corde qui passe sur une poulie pour se fixer à l'autre extrémité à la partie supérieure d'un *mouton* en fonte d'un poids considérable. La manœuvre a lieu avec une telle rapidité, qu'un estampeur produit les têtes et la place du trou ou *chas* de 10 à 12,000 doubles aiguilles, par conséquent de 20 à 24,000 aiguilles dans une journée. Le perçage des deux trous, un pour chaque aiguille, a lieu d'une manière analogue, si ce n'est qu'ici le mouton est remplacé par un poinçon à double pointe; l'ouvrier agit sur un levier adapté à une vis qui porte ce poinçon à sa partie inférieure. C'est à cette période du travail que chaque longueur est séparée en deux aiguilles. Quelques dispositions spéciales et ingénieuses sont prises à cet effet. Une fois séparées, les têtes sont terminées par un coup de lime ou par l'émeulage.

Cémentation. Lorsqu'on emploie du fil de fer, comme cela arrive pour les articles communs, on doit les aciérer après les opérations que nous venons d'indiquer. On sait que cette transformation est le résultat de la *cémentation*, qui consiste dans le chauffage du fer au contact du charbon. Ici une quantité considérable d'aiguilles, des centaines de mille sont disposées par couches dans une boîte en fonte; des lits de charbon de bois séparent ces couches; la boîte est ensuite hermétiquement fermée par un couvercle luté, puis chauffée pendant 7 à 8 heures dans un four afin que la combinaison du fer et du charbon s'effectue. On laisse ensuite refroidir lentement comme pour le recuit.

Lorsqu'on opère sur du fil d'acier destiné aux beaux produits, on procède immédiatement à la trempe et au recuit. *La trempe* a pour but de durcir l'acier, et le *recuit* de déterminer son élasticité de façon à lui maintenir sa résistance et de lui ôter sa fragilité. L'opération de la trempe consiste à porter la substance à une haute température, au rouge cerise pour les produits ordinaires et à un degré au-dessous pour les plus délicats, et à abaisser brusquement cette température en plongeant les objets dans l'eau ou un autre liquide à une température aussi basse que possible. Le recuit consiste à réchauffer ces mêmes objets trempés à une température modérée, et bien au-dessous de celle employée à la trempe. (Voir les mots *Trempe* et *Recuit*.) Les moyens spéciaux employés dans la fabrication des aiguilles tiennent surtout au petit volume des produits. Là où l'on opère d'ordinaire sur une pièce lorsqu'elle a un certain volume, il faut ici en réunir des quantités, les disposer méthodiquement sur des plateaux en fonte afin de les porter par masse dans le four ou fourneau construit à cet effet. Une fois l'ensemble arrivé uniformément à la température voulue, on les immerge dans un cuvier d'eau froide. Comme la trempe oxyde l'acier, on fait disparaître sa rouille avant le recuit par une espèce de frottement, exercé par le roulement d'un paquet ou rouleau d'aiguilles sur lui-même. On les mouille ensuite, on les roule de nouveau, puis on les fait sécher pour que la crasse s'en détache spontanément. On procède alors au recuit, pour leur restituer le degré d'élasticité convenable. Après le recuit on redresse celles qui ne seraient pas droites; cette action a lieu sur chaque aiguille isolée, et est pratiquée au moyen d'un marteau; on les range ensuite parallélement entre elles par la méthode déjà indiquée.

Polissage. L'aiguille brute terminée, il faut lui donner le poli nécessaire à son bon fonctionnement et l'apparence brillante qu'elle doit offrir à l'acheteur. L'opération du polissage se divise en deux temps; dans le premier, une masse d'aiguilles en contact de petits corps durs, tels que du silex, de l'émeri, de la potée d'étain, etc. et d'une petite quantité d'huile de colza, sont placées dans des toiles pour former un paquet parfaitement lié sous la forme d'une petite bourriche grosse au milieu et mince à ses extrémités. Elle est placée dans un compartiment d'un chariot doué d'un mouvement de va-et-vient ; le frottement des corps durs qui se divisent de plus en plus par le mouvement, et la présence du corps gras déterminent le poli. Afin d'opérer dans les conditions les plus économiques et les plus avantageuses, on fait usage de deux chariots accouplés solidairement de façon à leur donner l'impulsion en sens opposé. Chacun des chariots est garni d'un certain nombre de compartiments pour autant de rouleaux, afin d'agir sur une quantité considérable d'aiguilles à la fois.

Le traitement dont il vient d'être question dure au moins un jour et provoque une couche de cambouis dont il faut débarrasser les aiguilles. Cette opération constitue la fin du polissage, elle est réalisée par un nouveau roulement des aiguilles en contact avec la sciure de bois. Elles sont ainsi placées dans une espèce de baril fermé auquel on imprime un mouvement de rotation autour de deux tourillons, et lorsqu'on juge le produit suffisamment dégraissé et les trous des têtes bien nets et évidés, on verse les aiguilles dans un van où elles sont agitées pour les séparer de la sciure. Pour arriver à un résultat convenable, il est indispensable de réitérer le polissage un certain nombre de fois, les aiguilles sont ensuite essuyées une à une avec soin. C'est alors seulement que commencent les triages méthodiques pour réunir celles de même forme, pour les disposer parallèlement entre elles, etc. Tout n'est pas fait encore; on procède généralement au *bronzage*, exécuté par le contact d'une barre rouge avec les têtes d'un certain nombre, dépassant une table sur laquelle elles sont rangées; au *drillage*, destiné à perfectionner le trou ou *chas*; au brunissage pour donner le fini ou dernier poli en faisant passer l'aiguille sur une bobine de buffle en rotation.

On procède enfin à la mise en paquet pour la vente qui constitue à son tour une besogne vétilleuse et délicate, dans les détails de laquelle le cadre de cet article ne nous permet pas d'entrer. Nous croyons toutefois en avoir dit assez pour faire comprendre les nombreux soins que demande ce genre de fabrication, et comment il se fait qu'un pays qui, comme l'Angleterre, a depuis trois siècles une population aux environs de Birmingham, familiarisée avec toutes les parties de ce travail, conserve sa supériorité sur les contrées qui, comme la France et la Prusse, n'ont introduit cette industrie chez elles que deux siècles plus tard.

Michel Alcan.

AILES. — zoologie. — Organes de la locomotion aérienne. Chez les oiseaux, ils sont constitués par les membres antérieurs. Le squelette de chaque membre se compose : du bras, formé par l'humérus; de l'avant-bras, formé par le cubitus et le radius; du carpe, formé par le cubital et le radial; de la main, formée par deux métacarpiens réunis à leurs extrémités, et de trois doigts inégaux; l'un d'eux est isolé, représente le pouce et n'a qu'un seul os; l'autre est le long doigt, et est formé de deux phalanges; le troisième, ou petit doigt, n'est pas visible en dehors, il est représenté par un petit os styliforme. L'aile est couverte de plumes ; les plus grandes portent le nom de *pennes*, elles sont recouvertes par les petites plumes qui forment les *couvertures*. Le grand doigt et le métacarpe supportent les plus longues pennes, les *pennes primaires;* elles sont ordinairement au nombre de dix ; l'avant-bras supporte les *pennes secondaires*, et le pouce, les *pennes bâtardes.* Parmi les couvertures, celles de la base ont été qualifiées de *petites*, elles en recouvrent d'autres ou *moyennes*, qui elles-mêmes recouvrent les *grandes;* celles-ci doublent et recouvrent la base des pennes primaires. Des muscles plus ou moins puissants, au nombre de douze, relient les différentes parties du membre entre elles et avec le thorax et, par leur mouvement de contraction, fléchissent ou étendent ces différentes parties. Les pennes rapprochées, imbriquées, constituent une palette résistante élastique, dont l'oiseau se sert comme d'une rame pour fendre l'air, s'y appuyer et s'élancer dans l'espace. La puissance du vol varie suivant le rapport qui existe entre la longueur du bras et celle de l'avant-bras; ainsi, chez les Hirondelles, le cubitus est deux fois plus long que l'humérus; chez la Poule, ces deux os sont presque égaux; chez l'Autruche, la longueur du cubitus n'est plus que les deux tiers de celle de l'humérus. L'Autruche, le Casoar, le Pingouin, bien que munis d'ailes, ne volent pas; ce fait indique que la définition du mot ailes ne doit pas être prise trop à la lettre. — Parmi les Mammifères, les Cheiroptères (Chauves-souris), les Galéopithèques ont les membres antérieurs transformés en ailes. Les os du bras et de l'avant-bras sont allongés, les métacarpiens deviennent de longs os divergents, ainsi que les doigts, les téguments du corps les relient entre eux et forment un double feuillet qui les rattache souvent aux membres postérieurs et à la queue. Les doigts de la main sont privés de la phalange onguéale, à l'exception du pouce, qui reste libre et conserve son ongle. — La plupart des Insectes sont munis d'ailes; les unes sont encroûtées et portent le nom d'élytres; les autres sont membraneuses, nues ou couvertes d'écailles, parcourues par des nervures. Leur insertion sur le thorax les a fait regarder comme des membres modifiés; on a dit que chez les Tétraptères, elles étaient les membres dorsaux des deuxième et quatrième anneaux supposés du thorax, tandis que les pattes étaient les membres des premier, troisième et cinquième anneaux. Quoi qu'il en soit, lorsqu'un Insecte a quatre ailes, elles sont placées par paires, l'une sur le mésothorax, l'autre sur le métathorax, et si l'Insecte n'a que deux ailes, elles sont placées sur le mésothorax.

L'action des ailes dans le vol n'est pas la même chez toutes les espèces animales. L'insecte, au point de vue du vol, diffère essentiellement de l'oiseau, et les oiseaux eux-mêmes présentent entre eux des différences capitales. — L'insecte doit sa faculté de vol à ce que ses ailes présentent en avant une nervure rigide, et en arrière un plan flexible. Dans leurs mouvements d'ascension et d'abaissement, les ailes fléchissent en arrière sous l'influence de la résistance de l'air, et se transforment en plans inclinés, qui décomposent cette résistance en deux forces, dont l'une, parallèle à l'axe du corps de l'animal, est utilisée pour produire la propulsion. M. Marey a pu construire des appareils artificiels imitant ces conditions du vol de l'insecte et se propulsant dans l'air avec une certaine vitesse. — Les oiseaux se distinguent, d'après le type de leur vol, en *rameurs* et en *voiliers*. Les premiers frappent l'air de coups successifs, avec la face inférieure de leur aile largement déployée. Cette face inférieure concave, et s'abaissant avec une vitesse supérieure à celle qui produit la remontée de l'aile, trouve sur l'air une résistance qui n'est pas compensée par la résistance que l'aile éprouve en se relevant; de là résulte une force que l'oiseau utilise pour se soutenir et se diriger. Les oiseaux voiliers semblent n'utiliser pour leur vol que l'impulsion du vent; leurs ailes déployées sont immobiles, et on les voit tantôt soulevés par le vent à la manière d'un cerf-volant, tantôt glissant sur l'air comme sur un plan incliné, et transformant en une translation rapide l'ascension que le vent leur avait fait subir. — Les Cheiroptères semblent voler à la manière des oiseaux rameurs. Nous donnerons à l'article *Vol* des détails plus complets sur le mécanisme de cette fonction.　　　　　　　　　　Dr H. Bocquillon.

AIMANT, AIMANTATION. — Les anciens connaissaient les deux faits qui ont servi de points de départ aux deux branches de la physique, connues sous les noms de magnétisme et d'électricité : ils savaient que l'ambre jaune frotté avec une étoffe de laine attire les corps légers dont on approche la partie frottée ; ils savaient aussi qu'une certaine pierre, à laquelle ils donnaient les noms de *pierre d'Hercule* (ἡράκλεια λίθος), de *pierre de Lydie*, ou même simplement de *pierre par excellence* (ἡ λίθος, Aristote), jouissait de la propriété curieuse d'attirer le fer. Mais ils s'en tinrent là, ou à peu près, eux et leurs successeurs du moyen âge. Depuis Thalès de Milet (six cents ans avant l'ère vulgaire) jusqu'au commencement du xviie siècle, ces deux propriétés, qui devaient devenir si fécondes sous l'impulsion de la méthode d'observation expérimentale, restèrent isolées et stériles.

Du milieu des fables que les auteurs se transmirent, enchérissant les uns sur les autres, relativement aux propriétés merveilleuses de la pierre d'aimant, il se dégage cette conséquence, qu'ils ignoraient même l'action réciproque de deux aimants l'un sur l'autre, notamment la répulsion de leurs extrémités semblables, bien qu'ils aient entrevu d'une manière confuse cette dernière action, en considérant la propriété répulsive comme spéciale à une espèce d'aimant éthiopien, nommé par eux *théamède*. D'après Th. H. Martin, « aucun des auteurs qui nous restent de l'antiquité n'a constaté que l'aimant libre se meut vers le fer. » (*La Foudre, l'Électricité et le Magnétisme chez les anciens.* Paris, 1866.) Il paraît également certain que les Grecs, les Latins et les Juifs ne connurent point l'orientation magnétique, c'est-à-dire la direction de l'aiguille aimantée vers le nord, et l'application de la boussole à la conduite des navires. Ils surent néanmoins que la pierre d'aimant, pendant son contact avec le fer, communique à celui-ci sa vertu magnétique, et ils firent l'expérience aujourd'hui connue sous le nom de chaîne magnétique ; ils s'aperçurent aussi que le contact du fer augmente la vertu de l'aimant. Quant à l'aimantation, tout ce qu'ils en savaient, c'est que le contact prolongé d'un morceau de fer avec l'aimant naturel, ou le frottement de l'un de ces corps contre l'autre, communique au fer, pour un temps, la propriété magnétique.

L'orientation vers le nord d'un aimant librement suspendu fut certainement connue des Chinois plus de trois siècles avant l'ère vulgaire ; leurs navigateurs se servaient, pour s'orienter, de chars indicateurs du sud (V. *Boussole*). Mais le fait important, c'est l'introduction de l'aiguille aimantée dans la navigation européenne, introduction qui paraît remonter à la seconde moitié du xiie siècle. A partir de ce moment, les idées qu'on se faisait des propriétés de l'aimant furent moins confuses : la boussole elle-même fut perfectionnée, la déclinaison, l'inclinaison et la variation de la déclinaison furent reconnues ; et, tout en essayant de formuler des théories, naturellement bien vagues, sur les propriétés de l'aimant, les savants, que la Renaissance avait peu à peu conduits à la vraie méthode, accumulèrent les observations et les faits. Vers 1600, W. Gilbert jetait à la fois les fondements du magnétisme et ceux de l'électricité, en reprenant pour point de départ les deux faits simples de l'attraction de l'ambre frotté pour les corps légers et de celle de la pierre d'aimant pour le fer.

On trouvera, à l'article *Magnétisme*, l'histoire des progrès rapides de cette branche de la physique, les faits et les lois qui la constituent et en font aujourd'hui une dépendance de la branche plus générale de l'*Électricité*. Nous devons ici nous borner à dire ce qu'on sait de l'*aimant naturel*, des substances dites *magnétiques*, et des procédés à l'aide desquels on communique à quelques-unes de ces dernières le magnétisme polaire, qui caractérise la pierre d'aimant.

On donne, en minéralogie, le nom de *fer oxydulé* ou de *fer magnétique* à un minerai de ce métal qui se rencontre principalement dans les terrains de formation ancienne. C'est une combinaison définie de protoxyde et de sesqui-oxyde de fer (FeO, Fe^2O^3), qui cristallise en octaèdres ou en dodécaèdres rhomboïdaux, de couleur noire ou brun foncé, d'un faible éclat métallique; sa poussière est noirâtre; sa densité, variable, est 5.1 en moyenne. Quelques échantillons de ce minerai sont doués du magnétisme polaire, en un mot sont des aimants; les autres sont simplement magnétiques ou attirables par l'aimant. Il existe des gîtes de fer oxydulé dans toutes les parties du monde; mais les plus importants sont en Suède, en Norwége, où ils forment des amas considérables, de véritables montagnes, en Allemagne, dans l'île d'Elbe, aux environs de Bone (Algérie), dans les Indes, enfin aux États-Unis. Le nom de *pierre de Lydie*, que les anciens donnaient à l'aimant naturel, celui de *pierre magnésienne*, étaient fondés sur la croyance qu'on le trouvait en abondance aux environs de l'une ou l'autre des deux villes qui portaient le nom de Magnésie; mais il paraît certain qu'il n'existe pas dans ces contrées; et alors il faut croire que les pierres d'aimant que possédaient les Grecs, les Égyptiens, venaient de l'Inde; les Romains les tirèrent plus tard, sans aucun doute, des minerais de l'île d'Elbe.

Aujourd'hui, l'aimant naturel a beaucoup perdu de son importance, depuis qu'on sait communiquer d'une manière durable à l'acier le magnétisme polaire, et que, par l'influence des courants électriques, le fer doux lui-même devient un aimant temporaire. Il y a une autre raison à cette déchéance; c'est que les aimants artificiels ont une puissance magnétique beaucoup plus énergique que celle des aimants naturels. Toutefois, avant de passer en revue les divers procédés d'aimantation, il importe de rappeler sommairement en quoi les aimants, tant artificiels que naturels, se distinguent des substances simplement magnétiques, en quoi le magnétisme simple diffère du magnétisme polaire.

Un aimant, roulé dans la limaille de fer, reste chargé en certains points de sa surface, notamment aux deux extrémités, s'il a la forme d'un prisme allongé, d'une multitude de parcelles de métal, formant des houppes plus ou moins grosses. La disposition des parcelles de limaille indique, en chaque extrémité de l'aimant, un centre d'attraction magnétique qu'on nomme *pôle* de l'aimant. A égale distance des deux pôles, se trouve une région où la limaille ne s'est point attachée; c'est la *ligne neutre*. D'autres pôles secondaires, ou *points conséquents*, également séparés par des lignes neutres, se montrent parfois dans les aimants.

Un aimant librement suspendu par son milieu autour duquel il peut osciller dans tous les sens, constitue *l'aiguille aimantée* et se dirige alors, sauf les perturbations qui pourraient provenir de l'influence de masses magnétiques voisines, dans un plan qui fait, avec le méridien du lieu et avec la verticale, des angles en général constants pour une même époque ou un même point du globe. (V. *Inclinaison et déclinaison magnétiques*). Cette propriété de l'orientation est caractéristique pour les aimants.

Deux aimants agissent l'un sur l'autre, de façon à s'attirer par leurs pôles contraires, à se repousser par leurs pôles semblables ou de même nom. C'est une seconde propriété caractéristique des aimants, soit naturels, soit artificiels. Les substances simplement magnétiques, comme le fer doux, s'en distinguent donc parce qu'elles sont également attirables en tous leurs points, parce que, mises en présence d'un aimant librement suspendu, elles attirent également l'un et l'autre de ses pôles.

On ignorait, il y a trente ans, qu'il y eût d'autres substances magnétiques que le fer, le cobalt, le nickel et le manganèse, ainsi que certains composés tels que le fer oxydulé, la pyrite magnétique ou sulfure de fer. On ignorait surtout que l'aimant pût exercer sur une multitude de corps une action répulsive : le fait, découvert en 1778 par Brugmann (*Antonii Brugmanni magnetismus*, § XL), de la répulsion exercée sur le bismuth par les aimants, semblait un fait isolé et inexplicable. Mais des expériences décisives de Faraday, effectuées dès 1845, ont mis dans tout son jour ce résultat capital, que presque toutes les substances subissent une action de la part d'aimants suffisamment énergiques, action qui est attractive pour les unes, répulsive pour les autres. Plucker, E. Becquerel, Matteucci, Tyndall, Weber, Reich de la Rive ont étendu le champ de cette branche nouvelle du magnétisme et étudié les conditions dans lesquelles se manifestent ces phénomènes si nouveaux et si inattendus. Ils ont reconnu que les diverses substances, solides, liquides ou gazeuses, se partagent en deux classes, les unes *magnétiques*, comme le fer (nous avons nommé les principales), les autres *diamagnétiques* (c'est le nom que leur a donné Faraday), comme le bismuth, c'est-à-dire subissant de la part des aimants une action répulsive.

Parmi les substances diamagnétiques, citons le bismuth, le plomb, le zinc, le cuivre, le cristal de roche, le verre, la résine, le sucre, le bois, dans les solides ; l'eau, l'alcool, l'éther, l'huile d'olive, le mercure dans les liquides ; enfin les flammes et les gaz. Mais il faut tenir compte de l'influence de la température, surtout de l'influence des milieux où les corps sont plongés. (Voyez *Diamagnétisme*.)

Aimanter un corps, c'est lui communiquer d'une façon temporaire ou permanente, toutes les propriétés qui constituent le magnétisme polaire d'un aimant naturel. Nous avons vu que les anciens ne connaissaient pas de procédé d'aimantation permanente : ils avaient remarqué seulement que le fer, en contact avec un aimant, devient un aimant lui-même, mais l'aimantation ne durait que le temps du contact, ou peu au delà [1]. Les procédés d'aimantation, aujourd'hui nombreux, peuvent se ranger en trois classes : aimantation par le magnétisme des aimants naturels et de la Terre ; aimantation par les aimants artificiels ; aimantation par les courants électriques.

On donne ordinairement aux aimants artificiels la forme d'un barreau prismatique ou d'une aiguille en forme de losange.

Le plus ancien procédé d'aimantation est celui de la *simple touche*, consistant à mettre le pôle d'un aimant en contact avec l'une des extrémités du barreau ou de l'aiguille. Au bout d'un certain temps, le barreau se trouve aimanté, mais d'une façon assez irrégulière, à moins que l'aimant employé n'ait une grande puissance, et que le barreau ne soit très-court. L'aimantation est plus énergique, si, au lieu du simple contact, on opère en faisant glisser l'aimant à plusieurs reprises dans le même sens et avec le même pôle, le long du barreau d'acier.

Au milieu du siècle dernier, Knight, médecin anglais, imagina une nouvelle méthode qui, modifiée de diverses manières par Michell et Canton, en Angleterre, par Duhamel, Antheaume et Coulomb, à Paris, par Æpinus à Saint-Pétersbourg, constitue la méthode d'aimantation dite de *double touche*, parce qu'elle consiste essentiellement à promener deux aimants dont les pôles contraires sont en regard, le long du barreau d'acier. Nous décrirons seulement la méthode de Duhamel perfectionnée par Coulomb ; elle donne une aimantation moins énergique, mais plus régulière que les autres, et s'emploie plus spécialement pour aimanter les aiguilles destinées aux boussoles : le barreau d'acier est placé au-dessus de deux aimants fixes dont les pôles contraires touchent ses extrémités. Prenant alors deux aimants

---

1. Pour expliquer la différence qui existe entre le fer doux, l'acier recuit, qu'on ne peut aimanter que temporairement, et les corps qui, comme l'acier trempé, acquièrent d'une façon durable le magnétisme polaire, on suppose que la trempe ou certaines autres actions mécaniques donnent aux molécules du corps la propriété de maintenir séparées les forces contraires, quelle qu'en soit d'ailleurs la nature, dont l'existence se manifeste à chaque pôle par des phénomènes d'attraction et de répulsion. On dit alors que le corps a acquis la *force coercitive*, qu'il ne possédait point auparavant.

mobiles, on les pose sur le milieu du barreau, en les inclinant de 25 à 30° sur son plan, de manière que leurs pôles contraires soient en présence, chacun de ces pôles du côté du pôle semblable des deux aimants fixes. Alors on les sépare en les faisant glisser vers les extrémités.

Une barre d'acier s'aimante d'une façon permanente, quand on la place dans le plan du méridien magnétique, parallèlement à la direction de l'aiguille d'inclinaison. Une barre de fer doux s'aimante aussi, mais temporairement, sous l'influence du magnétisme terrestre ; mais si alors on la frappe énergiquement avec un marteau, sa force coercitive se développe, et l'aimantation développée de temporaire devient permanente. C'est là le mode d'aimantation par la Terre.

La force magnétique d'un aimant peut s'altérer à la longue : les chocs, les changements de température causent cette altération. Cette force dépend d'ailleurs du volume de l'aimant, de sa forme, de la trempe de l'acier. On obtient des aimants très-énergiques en réunissant plusieurs barreaux aimantés par leurs pôles de même nom. Le faisceau magnétique, formé de 450 lames de 40 centimètres de longueur, qu'on voit à l'Institut royal de Londres, est assez puissant pour soutenir un poids de 50 kilogrammes.

Arrivons maintenant au mode d'aimantation le plus puissant qu'on connaisse, à l'aimantation par les courants électriques.

Dès 1820, Arago aimantait de petites aiguilles d'acier trempé en les plaçant en croix sur le fil réophore d'une pile. Ampère conçut alors et réalisa la pensée d'aimanter les barreaux en les plaçant dans un fil contourné en spirale et en faisant passer dans ce fil un courant électrique. L'aimantation ainsi produite est temporaire pour le fer doux, permanente pour l'acier trempé. L'invention de l'*électro-aimant* fut la conséquence de ces découvertes, et une nouvelle branche de la science, l'*électro-magnétisme*, fut fondée. Ce n'est pas le lieu d'entrer dans des développements qui trouveront leur place naturelle à ce dernier mot; mais nous devons rappeler que c'est depuis l'époque où Œrstedt découvrait l'action des courants électriques sur l'aiguille aimantée, où Ampère en tira de si fécondes conséquences, et formula sa belle théorie du magnétisme, que les deux branches, jadis séparées, du magnétisme et de l'électricité se trouvèrent reliées en une seule et même science.

C'est à l'aide des électro-aimants qu'on a obtenu une force magnétique assez puissante pour mettre en évidence les phénomènes de diamagnétisme dont il a été question plus haut. Les mêmes appareils donnent aussi le procédé d'aimantation le plus énergique qu'on connaisse : on place, pour cela, le barreau d'acier entre les pôles opposés de deux électro-aimants droits, et on fait glisser sur lui une petite bobine en forme d'anneau recouverte de plusieurs tours de fil, de façon que le même courant électrique parcoure les fils des électro-aimants et celui de la bobine.

Du reste, l'électro-aimant lui-même, qui n'est autre chose qu'un aimant temporaire pouvant recevoir et perdre instantanément et à volonté, sous l'influence du courant électrique, une énorme puissance magnétique, est devenu, soit au point de vue de la science, soit au point de vue de ses applications, un organe d'une bien autre importance que les aimants permanents, artificiels ou naturels. De la pierre de Lydie à l'électro-aimant, il y a le même intervalle qu'entre Thalès et Ampère, le même abîme qu'entre la physique des Grecs et la physique moderne, et cet abîme de 2000 ans n'a exigé pour être comblé, dans le cas particulier qui nous occupe, qu'un peu plus de deux siècles de progrès scientifiques.

BIBLIOGRAPHIE. — Voyez, outre les mémoires cités, Coulomb, *Recherches sur la meilleure manière de fabriquer les aiguilles aimantées.* Paris, 1777. — Nicolas Fuss, *Observations et expériences sur les aimants artificiels et sur la meilleure manière de les faire.*

Saint-Pétersbourg, 1778. — De Haldat, *Histoire du magnétisme*. Nancy, 1847. — Savary, *Mémoire sur l'aimantation.*   AMÉDÉE GUILLEMIN.

AÏNOS. — Ceux qui n'admettent pas que la diversité des types humains ait été la conséquence de l'action des climats ou des autres milieux, et qui considèrent cette diversité comme originelle, ne peuvent pas invoquer d'exemple plus frappant que celui de la race aïno. Les Aïnos, en effet, diffèrent si complétement des autres peuples, et surtout de ceux qui les entourent, qu'il est difficile de ne pas leur attribuer une origine distincte.

Cette race paraît avoir occupé autrefois, sur la terre ferme et dans les îles, une grande partie de la région nord-est de l'Asie, autour de cette espèce de méditerranée qui porte le nom de mer d'Ochotsk. On suppose qu'elle se répandait le long du fleuve Amour, dans toute la Mantchourie, qu'elle remontait de là vers le nord, le long de la côte occidentale de la mer d'Ochotsk, et qu'elle possédait en outre une grande partie du Kamtschatka. De ces diverses résidences en terre ferme, elle n'a conservé que quelques territoires près de l'embouchure de l'Amour, et sur la pointe du Kamtschatka. Dans les îles, les Aïnos occupaient la plus grande partie de Niphon, la grande île d'Yeso, celle de Tarakaï (appelée aussi Tchoka ou Saghalien) et le long archipel des Kouriles, qui s'étend comme un chapelet du Kamtschatka à Yeso, et qui sépare la mer d'Ochotsk du grand Océan. Mais les Tartares Mantchoux leur ont enlevé, du nord au sud, plus des deux tiers de Tarakaï; et d'une autre part les Japonais, après les avoir chassés de Niphon, et s'être emparés d'Yeso, les ont refoulés dans le nord de cette dernière île. Les Aïnos insulaires n'occupent donc plus maintenant que l'archipel des Kouriles, la région méridionale de Tarakaï, et la région septentrionale d'Yeso, et cette race, de plus en plus resserrée entre les Japonais et les Tartares, qui sont déjà maîtres de ses territoires, semble destinée à disparaître tôt ou tard.

Les Aïnos d'Yeso sont mentionnés dans les annales de la Chine et du Japon. Établis dans cette île depuis une époque antérieure aux plus anciennes histoires, ils étaient déjà connus avant Confucius. Ils furent désignés dans les livres sacrés des Chinois, sous le nom significatif d'*hommes velus*. Le nom de *Mo-sins*, que leur donnent les Japonais, a la même signification. C'est en effet par le développement excessif de leur système pileux que les Aïnos se distinguent le plus évidemment des autres races humaines, et ce caractère est d'autant plus remarquable, que tous les peuples environnants, Japonais, Coréens, Mantchoux, Kamtschadales, Aléoutes, ont le tronc et les membres tout à fait glabres, et que tous ont le visage presque nu, à l'exception de la lèvre supérieure. Les Aïnos ont quelquefois des cheveux jusque dans le dos; une barbe épaisse et noire leur masque presque entièrement la figure; et toute leur peau, rude et ridée, est couverte de longs poils noirs. Leurs enfants sont quelquefois velus dès l'âge de huit ans; beaucoup de femmes enfin sont, dit-on, aussi velues que les hommes.

La couleur de leur peau est d'un brun assez foncé, sans mélange de rouge ou de jaune. Desmoulins, d'après les relations russes et hollandaises, la compare à celle des écrevisses vivantes; c'est un peu exagéré; mais on a eu grand tort de prétendre que les Aïnos étaient de race blanche. Cette assertion se rattache à une hypothèse que nous retrouverons tout à l'heure. Il est certain que les Aïnos sont, de tous les peuples situés au nord du 35° degré de latitude septentrionale, celui dont le teint est le plus foncé. Leurs cheveux sont noirs, gros et roides; leurs yeux sont noirs et droits comme les nôtres, au lieu d'être obliques comme ceux des Chinois et des Japonais.

Les Aïnos ont la tête volumineuse, le front plat et bas, les arcades orbitaires très-saillantes, le nez droit et saillant à sa base, mais court, et terminé par un gros lobule arrondi, le visage large et rond, avec des pommettes saillantes, les lèvres assez minces et d'un rouge obscur. Leur taille est petite et fort au-dessous de nos moyennes. D'après les voyageurs russes, elle est comprise, pour les hommes, entre 5 pieds 2 pouces et 5 pieds 4 pouces, c'est-à-dire entre 1^{m}57 à 1^{m}62 (le pied russe n'est que de 304 millimètres). Leurs membres enfin sont trapus, osseux et fortement musclés.

On n'a rien publié jusqu'ici sur les crânes de cette race. Le collége royal des chirurgiens de Londres a reçu récemment un crâne d'Aïno, qu'on m'a permis d'étudier quoiqu'il ne soit pas encore déposé dans le musée. C'est un crâne d'homme grand, massif, très-lourd, remarquable par l'énorme saillie de la protubérance occipitale et des crêtes temporales et occipitales, par le grand volume des bosses pariétales et des apophyses mastoïdes, par l'aplatissement des régions temporales et la petitesse de l'écaille de l'occipital. L'indice céphalique (77.7) dénote un léger degré de dolichocéphalie. Les orbites sont extrêmement larges. La face est assez longue et l'écartement des pommettes est assez considérable. Ce crâne diffère de ceux des Européens tout autant que de ceux des peuples du type mongolique; mais ce n'est pas avec un seul spécimen que l'on peut caractériser une race.

Lapérouse, grand admirateur des Aïnos, qu'il supposait originaires d'Europe, citait à l'appui de son hypothèse jusqu'à trois mots anglais qu'il croyait avoir retrouvés dans leur langue. Une pareille illusion n'est plus possible depuis que Vater et Klaproth se sont procuré des vocabulaires assez étendus des dialectes de la langue aïno. — Cette langue a reçu un certain nombre de mots japonais ou mantchoux qui s'y sont infiltrés par voisinage; c'était inévitable; mais le fonds même est tout à fait spécial, et ne peut se rattacher, quoi qu'on en ait dit, aux idiomes du nord-est de l'Asie. Prichard lui-même reconnaît que beaucoup de mots aïnos sont longs et polysyllabiques, phénomène des plus remarquables, car toutes les langues ougro-japonaises qui entourent l'aïno sont dissyllabiques ou même monosyllabiques, et il avoue qu'en somme, les dialectes aïnos présentent « une grande singularité. »

Les Aïnos, déjà si différents de tous leurs voisins par leurs caractères physiques et par leur langage, ne s'en distinguent pas moins par leurs mœurs, leurs croyances, leur genre de vie. Toutes leurs tribus, celles de la terre ferme comme celles des îles, ont un culte spécial, celui de l'ours. A ce dieu commun de toute leur race, chaque tribu en ajoute un ou plusieurs autres, tels que la mer, les montagnes, le fleuve Amour, les génies de l'eau, du feu, de l'air, des volcans. L'ours, suivant leurs légendes, fut pendant longtemps le seul habitant de leurs contrées. Un jour un esquif déposa sur le rivage méridional d'Yeso une belle déesse, épouse infidèle d'un dieu du sud, qui l'avait chassée. Bientôt survint un chien qui secourut l'exilée et qui la rendit mère du premier Aïno. La nouvelle race, en s'établissant sur le territoire de l'ours, ne prétendit pas nier les droits de ce premier et légitime propriétaire, et reconnut sa souveraineté, en lui vouant un culte spécial, qui commence par l'adoration et finit par le sacrifice. Tous les deux ans, on va à la recherche d'un jeune ourson nouveau-né, que l'on amène dans la tribu; la femme du personnage le plus honoré le reçoit dans sa maison, l'allaite de son propre lait, plus tard le met dans une cage où les dévots viennent l'adorer, puis, lorsqu'il a deux ans, on le tue respectueusement à coups de flèches, et on le met au rang des dieux. Ces détails sont empruntés à une brochure de M. Mermet de Cachon, missionnaire, qui a fait un long séjour chez les Aïnos (Mermet de Cachon, *Les Aïnos*. Paris, 1863, gr. in-8°); mais on savait depuis longtemps que les Aïnos font allaiter les oursons par leurs femmes, et Desmoulins a reproduit dans une des planches de son livre, une gravure japonaise représentant cette scène curieuse. (*Hist. naturelle des races humaines*. Paris, 1826, in-8°, pages 286, 293, et planche VI.)

Les Aïnos, quoi qu'on en ait dit, sont peu intelligents. Ils vivent principalement de pêche et un peu de chasse; ils sont absolument étrangers à l'agriculture. Rien de plus misérable que leurs habitations. Leurs maisons, invariablement composées d'une seule pièce, sont contruites avec des branches cassées, du chaume et du jonc; une seule ouverture sert à la fois de porte et de cheminée. Il y a en outre une petite lucarne pour le passage des mânes de l'ours. Leur costume est le même pour les deux sexes; c'est une robe de toile grossière. Ils pratiquent la polygamie, et la préoccupation des femmes est d'amener de nouvelles concubines à leurs maris.

Telle est cette race singulière, qui contraste d'une manière si profonde, si complète, avec toutes ses voisines, et qui n'a pu être rattachée jusqu'ici à aucune de celles qui sont connues. C'est en vain qu'on a essayé de l'affilier aux races de l'Europe méridionale qui ont, il est vrai, le système pileux très-développé, et qui, sous ce rapport, s'écartent des Aïnos un peu moins que les autres races, mais qui cependant s'en écartent encore assez pour rendre toute parenté invraisemblable. Les monogénistes ont d'ailleurs renoncé à cette hypothèse, qu'il serait dès lors superflu de réfuter. Mais ils n'ont pu en proposer aucune autre, et aucun d'eux n'a entrepris d'expliquer comment les races glabres du nord-est de l'Asie avaient pu se transformer, sous l'influence des milieux, en une race caractérisée par le système pileux le plus exubérant que l'on connaisse. Si Prichard a insinué vaguement et timidement l'idée de cette transformation dans son petit livre, destiné aux gens du monde, il n'a eu garde de la hasarder dans son grand ouvrage, destiné aux savants. Cette idée, en effet, est insoutenable, car les Aïnos du Kamtschatka, de la Mantchourie, des Kouriles, des îles japonaises, vivant dans des milieux très-divers, sont partout semblables entre eux, et partant très-différents de leurs voisins. Aussi Desmoulins, qui a eu le mérite de comprendre le premier l'importance anthropologique de la race aïno, n'a-t-il pas hésité à la considérer comme une des races primordiales de l'humanité, comme une véritable espèce, qu'il a nommée l'*Espèce kourilienne*. Cette expression peut être critiquée, d'une part, parce que les Kouriliens ne forment qu'une faible partie, et la partie la moins connue des peuples de race aïno; d'une autre part, parce que le mot *espèce* a une acception trop contestée pour qu'il y ait avantage à l'introduire dans la classification anthropologique ; mais il est parfaitement certain que la race aïno constitue dans l'humanité un groupe tout spécial, entièrement isolé, dont les caractères étranges, déjà indiqués, il y a plus de 2000 ans, dans les livres chinois, n'ont pas changé depuis lors, et qui, déconcertant toutes les explications des monogénistes, témoignent victorieusement en faveur de la multiplicité primitive des types humains.   PAUL BROCA.

AIR. — CHIMIE. — Nos connaissances précises sur la composition et le rôle de l'air atmosphérique datent seulement de Lavoisier; mais, avant ce grand chimiste, on avait déjà abandonné l'idée que l'air fût un des quatre éléments, comme le croyaient les anciens, et de nombreux savants avaient entrevu la vérité que Lavoisier mit hors de doute par la rigueur de ses expériences. Paracelse, Léonard de Vinci, Roger Bacon avaient indiqué le rôle de l'air dans les phénomènes de la respiration et de la combustion; Van Helmont, malgré ses importantes recherches sur les fluides aériformes, considérait encore l'air comme un élément; Robert Boyle, plus précis, reconnut que l'air est composé et renferme une *substance vitale*, nécessaire à la combustion; mais il ne put isoler cette substance vitale, qui n'est autre que l'oxygène. A la même époque, le physicien Hauksbee remarqua que l'air ayant passé sur des métaux incandescents est irrespirable et éteint la flamme d'une bougie. Des notions plus justes sur le rôle de l'air nous sont fournies par deux contemporains de Boyle, Jean Mayow et Jean Rey. En 1630, Jean Rey publie ses recherches sur la calcination des métaux, et démontre que l'augmentation de leur poids provient de la fixation de particules pesantes de l'air. Les travaux de Jean Rey, si souvent cités, n'ont pas l'importance, la précision des expériences et des raisonnements de Mayow. Cet homme de génie avait découvert la véritable composition de l'air, déterminé l'existence et le rôle de cette *substance vitale* de Boyle, de ce principe qu'il appelait *esprit nitro-aérien*, et que nous appelons oxygène. Le temps lui manqua malheureusement pour donner à ses travaux la dernière preuve expérimentale, car il mourut à 34 ans (1679), et on peut croire, avec M. Hœfer, que cette mort prématurée retarda d'un siècle la fondation de la chimie moderne. En effet, voici ce que dit Mayow, et dans les propositions qu'il émet, il n'y a rien qui ne soit encore rigoureusement vrai aujourd'hui; il suffit de substituer le nom d'oxygène au nom de *particules nitro-aériennes.*

« L'air est imprégné d'un esprit universel, *esprit vital* ou *esprit de feu.* Cet esprit existe dans le nitre, il sert d'aliment au feu, et entretient la respiration des animaux; il n'est pas l'air lui-même, il n'en constitue qu'une partie, mais la partie la plus active. C'est lui qui, se fixant sur les métaux, est cause de l'augmentation de poids de ceux-ci. Il est absorbé pendant la respiration, et est destiné à changer le sang noir ou sang veineux en sang rouge ou artériel; c'est à l'absorption de ces particules nitro-aériennes qu'est due la chaleur animale. »

Enfin, il attribue aux particules aériennes, dans la formation des acides, le rôle que, plus tard, Lavoisier assigna à l'oxygène. Toutes ces vues de Mayow, dont aucune n'est en contradiction avec les découvertes ultérieures, sont appuyées de rigoureuses expériences. Par exemple, il démontre de la manière suivante l'existence des particules igno-aériennes dans le sel de nitre : « Dans le vide, il est impossible de faire brûler les substances les plus combustibles, telles que le soufre et le charbon, mais un mélange de nitre et de soufre peut très-bien être enflammé sous une cloche vide d'air, et ce sont toutes ces particules igno-aériennes du nitre qui font brûler le soufre. » « L'esprit de nitre (acide azotique), dit-il enfin, ne provient pas en totalité de l'air, mais une partie en tire son origine. » Tels sont les travaux de Mayow, qui font de ce chimiste le plus illustre précurseur de Lavoisier [1].

Jusqu'à celui-ci, la connaissance de la composition de l'air ne fait aucun progrès; mais les expériences de Hales et de Black sur les fluides aériformes, la découverte de l'oxygène par Priestley, les recherches de nombreux chimistes, surtout celles de Bayen sur la calcination des métaux, les travaux de Cavendish et de Scheele, fournissent des faits sans nombre, que Lavoisier saura débarrasser des entraves de la théorie phlogistique et préciser d'une manière irrévocable.

C'est en 1777 qu'il exécute la première analyse de l'air, en chauffant du mercure au contact d'un volume d'air limité. Il obtient ainsi une augmentation de poids du mercure, transformé en une matière rouge (oxyde de mercure) par la combinaison avec le métal du principe vital de l'air, de l'oxygène. Et le résidu, impropre à la respiration et à la combustion, est de l'azote, dont il détermine le volume et par suite le poids. Ayant ainsi et le poids de l'oxygène absorbé et celui de l'azote, il trouva que l'air atmosphérique renferme 20 d'oxygène et 80 d'azote. Ces chiffres sont peu éloignés de ceux qu'on a déterminés par des méthodes ultérieures plus parfaites.

1. Voyez Hœfer, *Histoire de la chimie,* 1re édition, t. II, p. 260-271.

Ce mode d'analyse est plus exact que le procédé adopté par Scheele vers la même époque. Scheele analysait l'air en absorbant l'oxygène par un mélange de soufre et de fer humide; mais il ne pouvait, de la combinaison formée, retirer l'oxygène absorbé, tandis que Lavoisier, en chauffant l'oxyde de mercure, en dégageait de nouveau le gaz, et le mélangeant à l'azote obtenu comme résidu reconstituait un fluide doué de toutes les propriétés de l'air atmosphérique. Depuis on a perfectionné les méthodes pour l'analyse de l'air; on y a reconnu l'existence de principes divers en proportions variables, mais on n'a fait que confirmer les expériences de Lavoisier sans y rien ajouter d'important.

Propriétés. L'air atmosphérique est transparent, invisible, sans odeur ni saveur, compressible et élastique. 1 litre d'air pur et sec à 0, sous la pression de 76 centimètres, pèse 1 gramme 2937. On rapporte à la densité de l'air, prise pour unité, la densité des divers gaz.

L'air est un mélange d'oxygène et d'azote, et renferme :

	En volumes.	En poids.
Oxygène	20,93	23,00
Azote	79,07	77,00

Tel est l'air pur et sec; mais l'atmosphère contient en outre de la vapeur d'eau, de l'acide carbonique, et divers autres principes en quantités variables et dont nous parlerons plus loin.

L'air présente toujours et partout une même proportion d'oxygène et d'azote; d'un côté, il est vrai, la respiration et la combustion consomment de grandes quantités d'oxygène qu'elles transforment en acide carbonique; mais, sous l'influence des rayons solaires, les parties vertes des végétaux décomposent l'acide carbonique, en fixant le carbone et laissant dégager l'oxygène, et l'équilibre se rétablit sans cesse. Ces conditions n'existeraient-elles pas, du reste, et les végétaux ne viendraient-ils pas rendre de l'oxygène à l'atmosphère, qu'on ne prévoit pas au bout de combien de siècles on pourrait observer un changement dans sa composition. L'air, en effet, constitue une masse énorme, qui se mélange sans cesse à elle-même par les courants atmosphériques; aussi les causes d'altération produites à la surface du globe se répartissent sur la masse tout entière. En calculant la quantité d'oxygène qui peut être consommée pendant un siècle par la respiration des animaux, la combustion, la putréfaction, et ne tenant pas compte de l'oxygène restitué par les végétaux, MM. Dumas et Boussingault arrivent à cette conclusion : « Prétendre qu'en y employant tous leurs efforts, les animaux qui peuplent la surface de la terre pourraient en un siècle souiller l'air qu'ils respirent, au point de lui ôter la huit-millième partie de l'oxygène que la nature y a déposé, c'est faire une supposition infiniment supérieure à la réalité. »

Cependant, en vertu de la plus grande solubilité de l'oxygène dans l'eau, l'air atmosphérique, recueilli à la surface des grands lacs et de l'Océan, renferme un peu moins d'oxygène que l'air ordinaire (20,6 d'oxygène au lieu de 20,9), ainsi que l'a démontré M. Regnault.

La constance que l'on remarque dans la composition de l'air pourrait faire croire que c'est une combinaison définie, mais il est facile de prouver que ce n'est qu'un mélange.

En effet, ses propriétés physiques et chimiques sont celles d'un mélange d'oxygène et d'azote, et n'offrent rien qui n'ait été observé pour l'un ou l'autre de ces gaz; c'est ainsi que le pouvoir réfringent de l'air est sensiblement la moyenne des pouvoirs réfringents de l'azote et de l'oxygène, en tenant compte des proportions de ces corps.

De plus, quand on mélange de l'azote et de l'oxygène, on n'observe aucun des phénomènes qui caractérisent la combinaison, ni chaleur, ni lumière, ni changement d'aspect. Les gaz, en outre, se combinent toujours suivant des rapports simples de volume (loi des volumes de Gay-Lussac); l'azote et l'oxygène ne sont pas en rapports simples dans l'air. Enfin, lorsque l'on met l'air en contact avec de l'eau, il se dissout plus d'oxygène que d'azote, et chacun s'y dissout en raison de son coefficient de solubilité dans l'eau. L'air extrait de l'eau renferme 33 pour 100 d'oxygène en volume.

Analyse de l'air. Différentes méthodes ont été employées pour déterminer la proportion des parties constituantes de l'air; les unes la déterminent en volumes, les autres en poids. Les plus simples consistent à absorber l'oxygène d'un volume déterminé d'air. Dans un tube gradué, et dont la partie supérieure plonge dans une cuve à mercure, on introduit un certain volume d'air, puis on y fait passer un bâton de phosphore : au bout de quelques heures, tout l'oxygène est absorbé par le phosphore; et de la diminution du volume gazeux on déduit la proportion des deux gaz constituants. On peut remplacer le phosphore par une dissolution d'acide pyrogallique dans la potasse, qui absorbe très-rapidement l'oxygène en se colorant en brun. On arrive aussi à ce résultat par les méthodes eudiométriques; dans un eudiomètre, on introduit 100 volumes d'air et 100 volumes d'hydrogène, et on fait passer dans le mélange une étincelle électrique. Tout l'oxygène de l'air se combine avec de l'hydrogène pour former de l'eau; les 200 volumes sont réduits à 137,1 volumes d'un mélange d'hydrogène et d'azote. Il a donc disparu 62,79 volumes qui ont formé de l'eau; comme celle-ci renferme 2 volumes d'hydrogène pour 1 d'oxygène, ces 62,79 volumes disparus renfermaient 20,93 volumes d'oxygène. Par conséquent, 100 volumes d'air renfermaient 20,93 volumes d'oxygène et 79,07 d'azote.

Dumas et Boussingault ont déterminé la composition pondérale en faisant arriver dans un ballon où le vide avait été fait, de l'air sec et pur qui s'était débarrassé d'oxygène en passant sur du cuivre chauffé au rouge. L'augmentation du poids du ballon vide, après l'expérience, fait connaître le poids de l'azote; l'augmentation de poids du cuivre qui s'est combiné à l'oxygène donne la quantité de celui-ci. Il est inutile de décrire ici l'appareil et les détails de l'opération, qu'on trouvera dans tous les livres élémentaires. Par cette expérience, devenue classique, les auteurs ont trouvé, pour la composition pondérale de l'air, 23,23 d'oxygène et 76,77 d'azote.

Outre ses principes constituants, l'air atmosphérique qui nous environne renferme de petites quantités de matières diverses. Les plus importantes sont la vapeur d'eau et l'acide carbonique.

La vapeur d'eau répandue dans l'air est invisible, tant que celui-ci n'en est pas saturé; dans le cas contraire, elle se sépare à l'état vésiculaire, et c'est elle qui, visible alors, constitue les nuages et les brouillards. On en constate facilement la présence dans l'air même alors qu'il paraît le plus sec, en refroidissant artificiellement une couche d'air. Si, par exemple, on place de la glace dans un vase en verre, la température de l'air, en contact avec les parois extérieures, s'abaissera de telle sorte qu'il sera saturé de vapeur d'eau pour cette température, et que bientôt il la déposera sous forme de rosée. C'est ainsi qu'après les nuits froides de l'hiver, nous trouvons la face intérieure des vitres de nos appartements couverte d'une couche de glace formée par le dépôt de la vapeur aqueuse de l'air que celui-ci renfermait. La quantité de vapeur aqueuse contenue dans l'air est variable suivant les saisons, la température, la situation géographique, etc.

Quant à l'acide carbonique, sa quantité à peu près constante varie entre 4 et 6 dix-millièmes en volume; comme ce gaz est produit par la respiration animale, la combustion de nos foyers, etc., la proportion est un peu moins forte dans les campagnes que dans les grandes villes; elle doit être assez considérable auprès des volcans, qui en émettent des quantités considérables; dans les terrains volcaniques il est des endroits où le gaz carbonique s'accumule en proportions telles, que l'air y est irrespirable : telle est la fameuse grotte du Chien, près de Pouzzoles.

On reconnaît la présence de l'acide carbonique en exposant à l'air un vase rempli d'eau de chaux; bientôt celle-ci se recouvre d'une pellicule de petits cristaux de carbonate de chaux; il suffit de même de souffler avec un tube à travers de l'eau de chaux pour voir se former un nuage blanc de carbonate de chaux, et constater ainsi que l'acide carbonique est un des produits de la respiration.

L'acide carbonique contenu dans l'air se dose facilement. On fait passer un volume connu d'air desséché dans des tubes remplis de potasse caustique, dont le poids est pris avant et après l'expérience; la potasse retenant tout l'acide carbonique de l'air, et le volume de celui-ci étant connu, on trouve la quantité de ce gaz que renferme l'atmosp.. ^re.

L'atmosphère renferme en outre de très-petites quantités d'ammoniaque et d'acide azotique (à l'état d'azotate d'ammoniaque), d'acide azoteux, d'iode, d'ozone, et diverses particules solides en suspension ; ce sont ces poussières de l'atmosphère que les rayons du soleil rendent visibles et brillantes, en pénétrant dans une chambre obscure.

Ces poussières sont formées de particules solides, de débris excessivement fins enlevés par le frottement aux objets qui nous entourent, de grains de fécules, et enfin de germes ou spores, qui se développent lorsqu'ils sont en contact avec un milieu convenable. On recueille les poussières de l'air atmosphérique, en faisant passer celui-ci à travers un tampon de coton-poudre à l'aide d'un aspirateur. Le coton-poudre retient les particules solides, qu'on peut alors soumettre à l'examen microscopique. Enfin, on trouve encore dans l'air des substances organiques, susceptibles d'entrer en fermentation putride, et qu'on a considérées comme des *miasmes* pouvant être cause d'un grand nombre de maladies endémiques ou épidémiques. Le rôle de ces substances organiques n'est peut-être pas encore suffisamment déterminé, mais on constate leur présence dans l'atmosphère en recueillant la vapeur aqueuse qui se condense autour des corps fortement refroidis. Cette eau, abandonnée à elle-même, ne tarde pas à se putréfier en développant une odeur infecte. Parmi ces substances organiques, les unes sont des produits des sécrétions animales (transpiration cutanée, exhalation pulmonaire), les autres proviennent des marécages, et sont les causes des fièvres paludéennes, de la fièvre jaune, du choléra, de la peste, etc. On en constate surtout la présence dans les salles d'hôpitaux, et dans tous les lieux où se réunissent un grand nombre de personnes, ainsi que dans les rizières et les pays de marais.

Les autres substances que peut renfermer l'atmosphère sont accidentelles, et leur existence dépend de causes locales ; tels sont l'hydrogène protocarboné, ou gaz des marais, qui se dégage dans les houillères, dans la vase des marais; l'hydrogène phosphoré produit de la décomposition des matières animales, qui se rencontre dans les cimetières ; l'hydrogène sulfuré qui se dégage des fosses d'aisance, surtout à l'état de sulfhydrate d'ammoniaque, et enfin les gaz que produit l'industrie humaine, comme le chlore, l'acide chlorhydrique, l'acide azotique, les vapeurs nitreuses, les gaz phosphorés, arséniés, qu'on peut rencontrer auprès des usines où se fabriquent divers produits, le gaz de l'éclairage enfin dont on constate facilement par l'odorat l'existence dans l'atmosphère des villes.

Jusqu'ici nous n'avons considéré que la composition de l'atmosphère qui, soumise à des courants incessants par lesquels sa masse est mélangée, présente une composition assez constante; il nous reste à dire quelques mots de l'air confiné, c'est-à-dire de l'air placé dans des conditions telles que son renouvellement est nul ou insuffisant au fur et à mesure qu'il est consommé par la respiration et la combustion. Dans les salles d'hôpitaux, les salles de spectacle, les cafés, partout où l'on trouve réunies un grand nombre de personnes, avec une ventilation insuffisante, l'air ne tarde pas à s'altérer et à changer de composition. La respiration et la combustion en sont les causes principales; l'oxygène diminue, l'azote restant le même, et l'acide carbonique augmente jusqu'à former huit millièmes du volume total, au lieu des quatre à six dix-millièmes que l'atmosphère en renferme normalement. A ces causes d'altérations, viennent se joindre l'évaporation aqueuse qui se fait par la peau et par la muqueuse pulmonaire, et qui peut s'accumuler dans l'espace confiné à ce point qu'on voit ruisseler l'eau sur les murs. Il y a de plus dans cette vapeur aqueuse des substances organiques en dissolution, et qui p··· ᵘnt facilement à la fermentation putride paraissent les principales causes des affections miasmatiques.

L'influence délétère de l'air confiné et vicié peut être lente, insensible, quand la viciation est peu considérable; elle peut aussi agir d'une manière aiguë, amener rapidement la mort. On connaît l'histoire des cent quarante-six prisonniers anglais renfermés dans un cachot éclairé par un étroit soupirail, par lequel l'air se renouvelait à peine. Huit heures après leur emprisonnement, vingt-trois seulement vivaient encore. Un fait semblable s'est passé après la bataille d'Austerlitz; trois cents prisonniers autrichiens furent enfermés dans une cave, et peu de temps après deux cent soixante avaient succombé. C'est un de ces détails horribles de la guerre, qui vient avec bien d'autres obscurcir quelque peu les rayons glorieux du soleil d'Austerlitz.

L'étude des viciations de l'air appartient surtout à l'hygiène, et ce n'est que par une bonne ventilation qu'on peut empêcher les altérations de l'air dans les espaces confinés. (Voyez *Air*, hygiène.)

BIBLIOGRAPHIE. — Lavoisier, *Traité élémentaire de Chimie*, 2ᵉ édition, t. I, p. 33. — Dumas et Boussingault, *Annales de Chimie et de Physique* (3ᵉ série), t. III, p. 257. (Nous citons seulement les travaux les plus importants et qui ont fixé définitivement la composition de l'air; bien d'autres recherches remarquables ont été faites sur l'air et les substances qu'il renferme; on en trouvera l'indication dans le *Traité d'Hygiène* de A. Becquerel, 3ᵉ édition (1864), p. 181.)   E. GRIMAUX.

AIR. — HYGIÈNE. — Tout en nous gardant bien d'anticiper ici sur de prochains articles (*Atmosphère*, *Respiration*), nous sommes obligé de rappeler les résultats généraux obtenus par l'étude physique et chimique de l'air depuis les glorieux travaux de Priestley et de Lavoisier. Nous devrons aussi indiquer très-brièvement quelques-uns des phénomènes physiologiques de la respiration.

De très-nombreuses observations faites à différents degrés de latitude et d'altitude, des régions polaires aux régions équatoriales, du rivage de la mer au sommet des hautes montagnes, résulte ce fait général que la composition de l'air est partout très-sensiblement la même. A Paris, 100 parties d'air en volume contiennent, d'après M. Gavarret, 20,8 d'oxygène et 79,2 d'azote. En poids la proportion serait 23 d'oxygène et 77 d'azote. Les maxima et les minima de la quantité d'oxygène, en poids et en volume, seraient les suivants. Sur 10,000 parties d'air en poids, la proportion d'oxygène varierait entre 2258 et 2314, d'où une différence de 56. Le minimum a été observé en août sur la mer du Nord, le maximum à Bruxelles et à la Guadeloupe. Sur 10,000 parties en volume, l'oxygène en représenterait 2038,8 au maximum et 2120 au minimum, d'où une différence de 81,2. Le minimum a été observé sur le Gange, au mois de mars, et le maximum à Paris. Reste à mentionner, pour énumérer les principaux éléments constituants de l'air normal, une quantité d'acide carbonique variant de trois à six dix-millièmes en volume, de la vapeur d'eau en proportion assez variable et des traces d'iode.

L'état de l'atmosphère, sa composition ont sur la vie et la santé des êtres organisés une influence capitale. Que l'air soit simplement de l'éther cosmique condensé, que les êtres organisés soient de leur côté seulement de l'air condensé, comme on l'a dit, ce sont là des affirmations contestables et discutables, quoiqu'elles renferment une bonne part de vérité. Mais si nous n'osons plus affirmer, comme l'avait déjà fait le philosophe Anaximènes de Milet, que l'air est le principe de tout, nous savons du moins qu'il est par excellence le fluide vital; que la vie de tous les êtres organisés, si l'on en excepte peut-être certains organismes microscopiques, certains infusoires vivant à la surface des eaux stagnantes, n'est qu'une combustion lente, une perpétuelle combinaison des matériaux qui constituent les êtres organisés avec l'oxygène de l'air. Toute modification dans le milieu atmosphérique a donc pour contre-coup nécessaire une perturbation du mouvement vital. Or les modifications atmosphériques partielles, locales, sont fréquentes et multiples; tantôt c'est l'un quelconque des éléments normaux du mélange aérien dont la proportion varie, tantôt des gaz plus ou moins nuisibles sont versés dans l'atmosphère, plus souvent encore, l'air subit des variations dynamiques (état électrique, température, etc.). Quelles sont ces variations chimiques et dynamiques? Quelle est leur influence?

Contrairement à toute prévision, l'air des grandes villes n'est pas beaucoup plus chargé d'acide carbonique que celui des campagnes. L'air de Paris, par exemple, grâce aux courants qui balaient incessamment l'atmosphère, ne contient pas plus de cinq à six dix-millièmes d'acide carbonique; en revanche, on y trouve une certaine quantité d'acétate et de sulfhydrate d'ammoniaque, tandis que l'air de Londres renferme de l'acide sulfureux, produit probable de la combustion de la houille. Mais si l'air des rues n'est pas trop toxique, il en est souvent tout autrement de l'air des maisons. En effet, par suite des cruelles exigences de la vie sociale actuelle, par suite surtout de l'ignorance, de l'incurie, du peu de vulgarisation des notions hygiéniques les plus élémentaires, l'aliment aérien est distribué à la plupart des hommes, surtout des citadins, aussi inégalement et aussi parcimonieusement que les autres. Le civilisé, particulièrement dans les pays froids et tempérés, ne sait pas encore emprunter à l'inépuisable fonds de l'atmosphère la minime quantité d'oxygène qui lui est indispensable. Bien plus, il vicie lui-même l'air qu'il respire, il s'empoisonne en respirant. A chaque inspiration, un homme adulte prend à l'air extérieur environ un tiers de litre de gaz; à chaque expiration il restitue au milieu atmosphérique une quantité d'air correspondante; mais cet air expiré contient à peu près quatre centièmes d'acide carbonique et est parfaitement impropre à l'entretien de la vie, non pas que l'acide carbonique ait des propriétés toxiques bien actives, mais il est irrespirable, il tient de la place. Dans une atmosphère qui en contient une proportion même assez minime, les globules sanguins de l'homme sont mis à la diète; ne pouvant plus s'imprégner, comme il convient, d'oxygène, ils n'en apportent aux tissus qu'une quantité insuffisante; par suite, les actes vitaux primaires s'accomplissent mal, d'où certains troubles nutritifs se décelant par l'étiolement, l'anémie, parfois des maladies tuberculeuses, etc. En outre, aux effets de la combustion vitale s'ajoutent ceux des combustions qu s'opèrent dans nos appareils de chauffage et d'éclairage. Nos chandelles, nos bougies, nos lampes, nos becs de gaz dévorent l'oxygène de l'air ambiant, et le remplacent par de l'acide carbonique, de l'hydrogène carboné, de l'hydrogène bicarboné, de la vapeur d'eau, etc.

A tous ces produits il faut ajouter, surtout quand les appareils marchent mal, quand la combustion du carbone est incomplète, le plus toxique des gaz carbonés, l'oxyde de carbone, qui a la propriété de tuer les globules sanguins, de les rendre à jamais impropres à l'absorption de l'oxygène (Cl. Bernard). Est-ce tout? Nullement. A tous ces gaz nuisibles s'adjoignent les émanations sulfhydriques, ammoniacales des latrines, ce fléau de nos habitations, et enfin les particules organiques dont est chargée la vapeur de la transpiration, de l'exhalation pulmonaire. Or, ces produits azotés suffisent à eux seuls pour déterminer des accidents graves, de vraies intoxications, des fièvres typhoïdes dans nos villes, le typhus dans les hôpitaux. En effet, les animaux meurent dans une atmosphère non renouvelée en totalité, même quand on a soin de neutraliser à mesure l'acide carbonique produit par la respiration, et de remplacer l'oxygène consommé par de l'oxygène frais (Andral et Gavarret). C'est à ces exhalaisons organiques aidées par celles des déjections de toute sorte, qu'il faut surtout attribuer l'apparition dans les grandes agglomérations militaires de ce terrible faucheur, plus redoutable que les chassepots et les mitrailleuses, de cet ennemi insaisissable, qu'on appelle le typhus des armées. Les héros, et surtout ceux qui servent d'instruments aux héros, rencontrent toujours cet effrayant compagnon sur le chemin de la gloire.

Mais le jour où une toute petite lueur de bon sens aura éclairé le cerveau des hommes, il n'y aura plus de gloire militaire, partant plus de typhus des armées. La guerre, considérée comme un acte de pathologie sociale, sera rangée à côté de l'anthropophagie. Le jour aussi où nous serons devenus quelque peu prévoyants, nous trouverons facilement le moyen, soit par une construction plus intelligente de nos habitations, soit par une ventilation bien entendue, d'obtenir les huit ou dix mètres cubes d'air respirable, nécessaires à tout homme adulte pendant chaque laps de temps d'une heure passée dans l'intérieur d'une habitation (voir *Ventilation*).

Les grandes variations météorologiques de l'atmosphère sur lesquelles l'homme ne sait pas influer jusqu'à présent, sont loin d'être indifférentes à sa santé, à la durée de sa vie. Que la pression atmosphérique diminue, soit par une variation momentanée dans la hauteur des couches atmosphériques, soit par l'immixtion dans l'air d'une plus grande quantité de vapeur d'eau, l'homme s'en ressent aussitôt, il éprouve du malaise, de la pesanteur de tête; son cerveau et par suite ses facultés intellectuelles fonctionnent moins allégrement; c'est que le poids atmosphérique d'environ 18,000 kilogrammes que tout adulte supporte par une pression atmosphérique moyenne (17,990 kilogrammes pour une colonne barométrique de 756 millimètres) a diminué, d'où rupture d'équilibre entre les organes et le milieu extérieur, quelque chose d'analogue à ce que l'on éprouve en gravissant les hautes montagnes; c'est, d'un autre côté, qu'à égalité de volume d'air inspiré, l'oxygène est devenu plus rare. Ainsi W. Edwards a constaté que la proportion d'acide carbonique, dans l'air expiré, augmente avec la pression atmosphérique, qu'elle augmente aussi quand une température froide condense l'air extérieur, et inversement. Dans le premier cas, l'homme brûle moins énergiquement, il vit moins fort, par suite son degré d'énergie fonctionnelle décroît. Les climats étudiés à ce point de vue nous apprendraient peut-être pourquoi tel peuple est actif et industrieux, tel autre non;

pourquoi telle nation supporte docilement la servitude, pourquoi le cou de telle autre est absolument rebelle au joug. C'est qu'en effet l'énergie de l'homme dépend pour une large part de la quantité d'oxygène consommée.

Des observations faites sur les ouvriers travaillant dans une atmosphère comprimée, par suite riche en oxygène (travail dans les mines, établissement des piles de ponts), des expériences faites par Beddoes, par MM. Demarquay, de la Passe, relativement aux inhalations d'oxygène plus ou moins pur, de celles faites par Junod, Pravaz, etc., sur l'action de l'air comprimé, il résulte : 1º que, dans l'oxygène confiné, les animaux vivent plus longtemps que dans tout autre gaz confiné ; 2º que l'oxygène absorbé en grande quantité produit le gonflement, la rutilance de la rate, l'augmentation de la masse sanguine, le gonflement exagéré des muscles ; 3º que le séjour dans l'air comprimé excite l'appétit, surtout pour les substances azotées, qu'il excite aussi toutes les fonctions, même les fonctions intellectuelles ; que, dans ce milieu suroxygéné, les ouvriers travaillent plus énergiquement, se fatiguent moins et respirent moins souvent, car le fonctionnement respiratoire se règle dans une certaine mesure sur la composition du milieu aérien. Ainsi Coindet nous a appris que la proportion d'acide carbonique exhalé reste sensiblement la même à toutes les altitudes.

En voilà plus qu'il n'en faut pour justifier l'emploi thérapeutique de l'oxygène ; mais l'oxygène n'est pas toujours semblable à lui-même. En 1840, le docteur Schœnbein, de Bâle, découvrit que l'oxygène à l'état naissant, c'est-à-dire pris au moment où il se dégage d'une combinaison, que de même l'oxygène électrisé possèdent des propriétés oxydantes beaucoup plus actives, au point par exemple de se combiner à froid avec le gaz azote et avec l'argent. Schœnbein baptisa *ozone* cet oxygène suractif auquel on a attribué assez vraisemblablement la propriété de détruire dans l'air les miasmes organiques, car des expériences directes ont démontré que dans une atmosphère ozonisée des chairs putréfiées perdent promptement leur odeur. En outre, on trouve rarement l'ozone dans l'atmosphère de Paris ; on ne le trouve pas dans les salles d'hôpitaux. Des observations contestées, mais pourtant nombreuses, tendent à établir un certain antagonisme entre l'existence d'épidémies cholériques et la présence de l'ozone dans l'air. Un air surozonisé, l'air printanier par exemple, occasionnerait d'autre part diverses affections des voies respiratoires (grippe, bronchites, pneumonie, etc.). Notons enfin que l'oxygène, imprégnant les globules sanguins de l'homme, paraît être à l'état d'ozone, car ces globules ont les mêmes propriétés que les substances ozonifères.

Les autres états dynamiques de l'atmosphère ne sont pas moins importants. L'action de la température aérienne sur l'homme sera étudiée à l'article *Climat*, mais nous devons indiquer brièvement ici l'influence de l'électricité atmosphérique et celle de la lumière. L'action de l'électricité atmosphérique sur l'homme varierait, si l'on en croit Peltier, suivant le mode d'électrisation. Dans un air électrisé positivement l'homme éprouverait une vive impression de bien-être, toutes les fonctions s'exerceraient facilement. Au contraire, un état de langueur, de torpeur, d'abattement, serait la conséquence de l'électricité négative de l'air, surtout par une forte tension. Peltier a même cru pouvoir indiquer les signes distinctifs météorologiques et physiologiques caractérisant les orages positifs et les orages négatifs.

Quoique l'action de la lumière solaire n'ait pas été déterminée par des observations et des expériences bien précises, il semble pourtant que cette action, difficile à isoler de celle de la chaleur, soit éminemment favorable à la vie. Fait-elle défaut ? tous les actes vitaux languissent. La nuit, les végétaux, cessant de décomposer l'acide carbonique de l'air, le laissent filtrer à travers leurs tissus. Les plantes, longtemps privées de la lumière solaire, se décolorent et s'étiolent. Tout le monde connaît les curieuses expériences de W. Edwards sur des têtards qui, maintenus au fond de la Seine, loin, par conséquent, des ondulations lumineuses, ne se métamorphosèrent pas. L'occasion d'observer ce que produit sur l'homme le défaut de lumière et de chaleur solaire, est malheureusement loin d'être rare : dans les rues étroites et sombres, dans les logements mal ensoleillés, les enfants poussent mal et s'étiolent. Leur tempérament devient d'un lymphatisme exagéré ; leurs chairs sont molles ; leurs ganglions s'engorgent, la scrofule les décime. Effets analogues, quoique moins prononcés, sur les adultes.

Un air suffisamment renouvelé, bien éclairé, à une bonne température, bien électrisé, bien purgé d'émanations délétères, est donc un aliment de nécessité première. C'est là une proposition générale d'hygiène que l'on ne saurait trop répéter aux particuliers, que l'on ne saurait trop crier aux oreilles des édiles et des gouvernants si souvent atteints de surdité.

Pour achever cet abrégé de l'histoire hygiénique de l'air, il resterait à parler des miasmes, des granules contagifères, des cryptogames parasites, etc., auxquels l'atmosphère sert trop souvent de véhicule, mais ces considérations seront mieux placées à l'article *Contagion*.

BIBLIOGRAPHIE. — J. Arbuthnot, *On essay on the effects of air on human bodies*. Londres, 1733, 1756. — Andral et Gavarret, *Recherches sur la quantité d'acide carbonique exhalé par le poumon dans l'espèce humaine* (*Ann. de chimie et de physique*, 3e série, 1843). — Boussingault et Lewy, *Observations simultanées faites à Paris et à Andilly, près Montmorency, pour rechercher la proportion d'acide carbonique contenue dans l'air atmosphérique* (*Ann. de phys. et de chimie*, 1844). — Burdach, *Physiologie*. — Coindet, *De l'acclimatement dans les altitudes du Mexique* (*Gazette hebdomadaire de médecine*, 1863, 1864). — Demarquay, *Pneumatologie*. — Ant. Édouard Foley, *Du travail dans l'air comprimé*. — Gavarret, *Article* ATMOSPHÈRE *du Dictionnaire encyclopédique des sciences médicales*. — Junod, *Recherches sur les effets thérapeutiques de la raréfaction et de la condensation de l'air*, etc. (*Comptes rendus de l'Académie des sciences*, 1835). — Lavoisier, *Sur les altérations qui arrivent à l'air dans plusieurs circonstances*, etc. (*Hist. de l'Acad. roy. de médecine*, 1782). — Leblanc, *Recherches sur la composition de l'air confiné* (*Ann. de chimie et de physique*, 3e série, 1842). — Michel Lévy, *Traité d'hygiène*. — Martins et Bravais, *Analyse comparative de l'air à Paris, à Berne et sur le Faulhorn* (*Comptes rendus des séances de l'Acad. des sciences*, 1841). — Peltier, *Recherches sur la cause des phénomènes électriques de l'atmosphère* (*Ann. de chimie et de physique*, avril 1842). — Pravaz fils, *Mémoire sur l'emploi des bains d'air comprimé*, 1859. — Priestley (*Expériences et observations sur l'air, etc.*, trad. Gibelin).   CH. LETOURNEAU.

AIR. — MUSIQUE.— « Un air , dit Mattheson dans l'*Orchestre nouvellement ouvert* (1713), désigne, en général, toute mélodie, qu'elle se produise *vocaliter* ou *instrumentaliter*, mais, *in specie*, c'est une mélodie chantée, qui doit se conformer au caractère des paroles. » La définition du célèbre théoricien est juste, et nous pouvons nous l'approprier sans y rien changer ; mais il n'en sera pas de même pour l'étymologie qu'il donne du mot *aria*, air, Ἀήρ. Ne faire aucune différence entre le fluide gazeux qui nous sert d'atmosphère et la phrase musicale qui caresse nos oreilles, sous prétexte que l'air est le conducteur du son, et qu'une belle mélodie ne peut se comparer qu'à l'air frais et transparent [1], c'est, en effet, pousser un peu loin le droit de

---

1. Mattheson, *Base de la Science mélodique*. Hambourg, 1737, p. 93.

l'hypothèse. La supposition de Saumaise qui fait descendre le mot du latin *aera*, nombre, marque de nombre, signe rhythmique, sans nous satisfaire entièrement, est cependant plus substantielle. M. Littré ne se prononce pas sur cette question, mais, en plaçant le mot sous la rubrique *air*, façon, manière, il en indique, nous le croyons, la véritable racine. Le mot vient du provençal, la langue des trouvères, ménestrels, jongleurs, etc., dont les chants formaient un genre à part, et se distinguaient par un air particulier. Or, il est possible que le mot qui, dans l'origine, ne devait marquer que la qualité distinctive, ait fini par signifier le genre même, et ce qui ne laisse pas de donner quelque poids à notre hypothèse, c'est que le mot correspond directement à l'allemand *Weise* (façon, manière, air), qui s'emploie dans le même sens musical. La solution la plus commode du problème serait d'admettre que le mot est purement et simplement traduit de l'italien *aria*, mais, déjà au xvie siècle, nous trouvons l'usage du mot *air* universellement répandu en France (*airs de danse, airs de cour*, etc.), et nous avons beau feuilleter les ouvrages musicaux italiens des xve et xvie siècles, ce n'est qu'au commencement du xviie que nous remarquons l'apparition timide du mot *aria*. — Quoi qu'il en soit, d'autres feront l'histoire du mot ; quant à nous, nous devons nous occuper ici de la forme musicale à laquelle il sert d'enseigne.

Il est hors de doute que la Grèce fut le berceau de notre musique. — C'est là, dans le pays des Orphée, des Terpandre, des Polymneste, que nous trouverons les commencements de l'air.

Un peuple, dont la langue s'est élevée de bonne heure jusqu'à la perfection de la Métrique et de la Rhythmique, a dû y rencontrer les premiers éléments musicaux. Par une transition insensible, la parole parlée se transforme en parole chantée; le mètre de la poésie devient le mètre de la musique, et, sans élaboration pénible, le chant populaire se crée, un chant parfaitement rhythmé, cadencé en strophes et en périodes. Tels étaient les chants des Grecs, leurs ὕμνοι et νόμοι ; tels étaient leurs airs instrumentaux, les νόμοι αὐληδικοί (airs de flûte), etc. — ils traduisaient en musique tous les sentiments du cœur et célébraient les événements de la vie publique et privée. Le *Péan* chante la victoire et stimule le patriotisme ; l'*Hyménée* salue les jeunes époux, et le *Threnos* pleure la mort du héros : tous les métiers se distinguent par des airs spéciaux ; et les prêtres trouvent dans leurs hymnes les meilleurs auxiliaires du culte religieux.

L'art musical des Grecs, si primitif qu'il puisse nous paraître, ne manquait pas, on le voit, d'importance et de vitalité. C'est cet art qui, passant des Grecs aux Romains, se mélangeant avec quelques réminiscences hébraïques, deviendra l'art du christianisme.

On peut à peine parler d'un art chrétien avant saint Ambroise, archevêque de Milan (364 - 397), qui, le premier, lui a assuré une certaine indépendance par la création du chant *ambrosien*. — Rien de positif ne nous est connu sur la nature de ces airs religieux; selon le témoignage de Guido d'Arezzo, Ambroise observait, dans ses compositions, le mètre rigoureux de la prosodie, et il est probable qu'il empruntait en même temps au chant mondain la variété de ses rhythmes. Aussi, les Pères de l'Église ne se font-ils pas faute de sévir contre les effets sensuels de la musique, et, quelques siècles plus tard, saint Grégoire pape (591-604) se croit appelé à purifier le domaine de l'art musical. Les airs, que ce pape-musicien notait dans son antiphonaire, se distinguaient par leurs mélodies conçues sans nulle préoccupation prosodique; chaque syllabe avait sa note, pleine et soutenue (*cantus planus, plain-chant*, voyez ce mot), chaque note était de valeur égale et l'on ne respectait que le mètre de la pénultième syllabe. Le rhythme et ses effets étaient détruits ; mais, par la structure régulière de ses strophes, Grégoire préparait la future symétrie de la période musicale.

Désormais — ce n'est qu'en sautant par-dessus les siècles que nous pouvons renfermer dans le cadre de cet article l'évolution de la pensée musicale — désormais, dis-je, la musique suit deux voies entièrement distinctes. D'un côté, nous voyons les moines musiciens se perdre dans le labyrinthe des combinaisons scientifiques, de l'autre, le peuple devenir le dépositaire du sentiment rhythmique. Les uns continuent le mouvement grégorien, travaillent pour les besoins de l'Église, et de leurs mains sortira l'œuvre monumentale des contre-pointistes ; — les autres, entraînés par ce besoin de rhythme, qui est une des manifestations de la vie, chantent les joies et les douleurs de l'homme ; ils cherchent l'expression dans la musique et la vérité dans l'expression. L'art moderne devait naître de la rencontre de ces deux mouvements.

Qui dit *air*, dit rhythme. C'est donc au sein du peuple, au milieu des agitations de la vie populaire, que nous devons prendre le fil de nos recherches. C'est là que nous apparaissent, au premier plan et comme les principaux instigateurs de l'art populaire, les figures romantiques des trouvères, des *Minnesinger*, des *minstrels*. Les premières notions que nous possédons sur les exploits de ces poëtes-musiciens datent du viiie siècle, mais ce n'est que plus tard, au xiie et au xiiie siècle, que leur art brille de tout son éclat ; cette dernière époque n'a laissé que de rares vestiges épargnés par le temps. Tel est, par exemple, *Le jeu de Robin et de Marion* (1287), sorte d'opéra-comique d'Adam de la Hale, qui contient des chansons, des airs, conçus dans la forme toute nationale du *rondeau*. Tels sont encore les airs de trouvères et de *Minnesinger*, reproduits dans le volume de Coussemaker, l'*Art harmonique au xiie et au xiiie siècle*, et dans celui de Chrysander, *Jahrbücher*, tome II. La mélodie est expressive, la phrase symétriquement construite et le sentiment rhythmique singulièrement développé. C'est ainsi que l'art profane s'affirme de mieux en mieux, et le moment approche où les musiciens de profession devront compter avec lui.

Après avoir essayé de se rapprocher dans le *style madrigalesque*, les deux courants, dont nous venons d'esquisser à grands traits la physionomie, se confondent au seuil du xviie siècle. Florence devient le foyer de l'art nouveau, et désormais l'*air* suit un itinéraire fidèlement retracé par l'histoire. Renonçant au contre-point, à ses ressources et à ses exigences, tentant un retour vers la noble simplicité de l'art grec, les musiciens des Médicis se contentent d'abord du modeste rôle de traducteurs de la parole, ils en notent l'accent musical et essaient le style récitatif. Le récitatif gagne bientôt en expression ; il en résulte la *cantilène* ; peu à peu la préoccupation des détails cesse chez les musiciens ; il ne s'agit plus pour eux d'accentuer chaque mot, de souligner chaque phrase, mais bien de résumer musicalement toute une situation dramatique et le sentiment qu'elle inspire ; de la cantilène naît l'*air*. Le drame musical existe et l'histoire de l'air se lie intimement à celle de l'opéra.

Ceux qui veulent étudier sur le vif l'air dramatique et ses développements pendant près de deux siècles, n'ont qu'à parcourir le premier volume des *Gloires de l'Italie*, par MM. Gavaërt et Wilder, en ayant soin toutefois de placer les différents morceaux dans leur ordre chronologique. Les airs des compositeurs florentins (Caccini, Cavalieri, Peri, etc.), qui se présentent les premiers, respirent encore une légère odeur de psalmodie et s'élèvent à peine au-dessus de la concision du style récitatif ; mais, à côté de la préoccupation de bien déclamer, les soins apportés à la structure de la période musicale sont manifestes. Poëtes, compositeurs, théoriciens, amateurs, tous joignent leurs efforts pour faire valoir le *nuovo modo di cantare*, et avec l'avénement de l'école romaine (Rossi, Carissimi, Cesti, Legrenzi, etc.), les formes de l'air se dessinent à l'horizon musical en lignes de plus en plus nettes. La *cantata a voce sola* « *La Gelosia* » de Luigi Rossi (1640), qui se trouve dans le volume déjà cité, nous fournit un exemple assez précieux. C'est là un tableau musical relativement parfait, avec contour et parties saillantes, et qui marque un énorme progrès sur les essais des Florentins ; l'*allegro* du commencement, sa répétition à la fin de l'air, l'*andante* de caractère et de rhythme différents, qui s'intercale au milieu, tout cela constitue le type du futur *grand air* ou *Da capo*. Chez Cavalli, Cesti et les autres de la même école, ce type est encore mieux accusé. Le mot *aria* est enfin définitivement adopté comme titre d'une scène dramatique ; la *ritournelle*, exposant le principal motif de l'air, commence et termine le morceau et le tout se divise en trois parties parfaitement équilibrées, s'enchaînant entre elles par des modulations stéréotypées, et dont la troisième n'est que la répétition textuelle de la première. L'école romaine lègue une tâche facile à l'école napolitaine (1700-1700), et à ses chefs Al. Scarlatti, Leo, Vinci, etc. ; la route est indiquée, il ne s'agit plus que de la suivre ; les formes de l'air sont dessinées, il faut maintenant les affermir, les consolider : Rome fournit le modèle, Naples le coule en bronze.

Le *grand air* de théâtre est l'œuvre des Italiens ; il est comme le baromètre de leur opéra, le germe de sa grandeur et la cause de sa décadence.

Le compositeur se rendant de plus en plus maître de la forme, le chanteur, son partenaire, ne pouvait rester en arrière. Quand la langue musicale s'enrichit d'expression, les moyens d'exécution doivent se perfectionner, et l'on n'a qu'à lire la préface des *Nuove musiche* de Caccini (Florence, 1601), pour se rendre compte des efforts qui furent faits en ce sens dès la première heure, et des résultats obtenus. Alors, tout le mécanisme de la voix, l'appareil entier de la vocalisation, n'avaient d'autre but que de servir la pensée du compositeur, de mettre en relief ses intentions, d'accentuer la vérité de l'expression ; mais la moitié d'un siècle n'est pas encore passée que déjà les premiers symptômes du mal se déclarent, — mal héréditaire dont souffre encore la musique de nos jours. — L'histoire de l'air, avons-nous dit, est l'histoire de l'opéra ; c'est aussi l'histoire du *virtuosisme* et des *virtuoses*. — Et de quels virtuoses nous faut-il parler ! Ni hommes, ni femmes, ils étaient ce que vous savez ; depuis 1640 ils avaient fait leur invasion au théâtre, et, pour quiconque ne peut suivre la marche silencieuse de la phrase musicale, à moitié étouffée sous les caresses perfides de la virtuosité, la direction du mouvement, pendant tout le règne de l'école napolitaine, se trouve concentrée entre les mains de pareils *sujets*. — Détournons les yeux de ce tableau attristant, quittons l'Italie et rentrons en France.

Le développement de la musique dramatique, dont *l'air*, nous l'avons dit, forme une partie intégrante, est provoqué en France, comme en Italie, par la fondation d'un théâtre permanent (1669). Le premier compositeur important qui se présente à nos yeux, — Lully (1672), tout en subissant, quant à la physionomie de sa phrase musicale, les influences de ses compatriotes, les Italiens, n'a fait que consolider ce qui existait déjà en France depuis et avant Adam de la Hale. — Ses airs, en aspirant à la majesté du grand opéra, conservent la concision de la chanson nationale. Dans les œuvres de Marin Marais (1650-1718), l'air se trouve considérablement enrichi de développements mélodiques, mais il était réservé à Rameau (1683-1764) de le purger de tous les éléments étrangers, et de le ramener à sa forme véritablement nationale, le *rondeau*. Pour la première fois, nous voyons la *musique italienne* et la *musique française*, se partager en deux camps opposés, de telle sorte que Rameau, ayant à composer, dans les *Indes galantes*, un air sur des paroles italiennes, se voit obligé d'emprunter à l'école Scarlatti son moule, d'intituler le morceau : *air italien*, et de l'isoler ainsi au milieu de la partition.

En Allemagne, *l'air* essentiellement national, c'est le *lied* ; il est comme le sol fructifiant qui nourrit l'art allemand de sa sève intarissable ; il le pénètre de son souffle et le ramène, quand il s'égare, à la source pure de la vérité. Tous les sentiments du cœur, toutes les aspirations de l'homme, trouvent en lui leur expression musicale. Mis par Luther sous le joug de l'Église, ses accents ne perdent pas leur mâle énergie et laissent pressentir toute la richesse de l'harmonie; — associé par Jacques Ayrer aux essais dramatiques de la nation, il traduit la gaieté joviale du populaire, la sagesse sentencieuse du bourgeois, — et plus tard il devient un puissant instrument de propagande patriotique. — Mais l'influence de l'étranger ne tarde pas à se faire sentir : dès 1627, nous voyons apparaître, à la cour de Dresde, la *Dafne* de Rinuccini, avec nouvelle musique de H. Schütz ; bientôt le genre italien accapare églises et théâtres, et les compositeurs du pays, pour se faire écouter, sont obligés d'écrire à la manière italienne, *auf Italiænische Art*. Ce sont là les mots que nous trouvons en tête du poëme musical *Seelewig* de J.-G. Staden (Nuremberg, 1644), espèce de *Singspiel* (pièce avec chants), recueil d'airs, de dialogues, etc., qui sont autant de guides précieux dans l'étude que nous avons entreprise. Quoi qu'en dise le compositeur, il n'a pu entièrement étouffer le souffle national, qui l'a entraîné malgré lui ; sa préoccupation de peindre des caractères, de faire de ses personnages des types musicaux, les soins apportés à la classification des voix (ténor, soprano, basse, contralto, etc.), l'emploi intelligent et raisonné de la vocalisation, tout cela n'est point d'invention italienne, et témoigne hautement son origine.

Malheureusement, le pays était dévasté par la guerre de Trente ans; les forces vives du peuple languissaient au milieu de souffrances sans nom qui frappaient toutes les classes; on ne doit pas s'étonner dès lors que l'invasion étrangère ait eu facilement prise sur le domaine de l'art. Aussi le premier théâtre permanent (Hambourg, 1678), ne se nourrit guère que de traductions. — Lully, Steffani, etc., Français, Italiens, font les frais du spectacle, et malgré les efforts un peu inconscients de Keiser (1673-1739), pour faire renaître le *lied* dans le moule même de l'air italien, l'étranger gagne tous les jours du terrain ; les compositeurs, non contents de sacrifier jusqu'aux tentatives d'un genre national, renient même la langue maternelle, et fabriquent des opéras pastiches où des airs italiens, des airs français et des récitatifs allemands s'entre-choquent dans une étrange macédoine; d'autres, comme les Hasse, les Graun, quittent le sol de la patrie pour parcourir l'Italie, où ils deviennent les représentants les plus renommés de l'art dramatique. Graun (1701-1759), il est vrai, imprime à ses airs une expression souvent très-élevée, soigne la structure de la phrase musicale, et la soutient par une harmonie substantielle, mais Hasse (1699-1783) décompose en interminables roulades la cantilène, à laquelle Scarlatti et son école avaient laissé une certaine largeur, et c'est à peine si son appareil harmonique compte d'autres modulations que celles de la tonique à la dominante et à la sous-dominante; avec lui, l'air devient un article si facile à produire, que souvent le compositeur se contente de noter le commencement de l'*aria*, laissant au premier copiste venu le soin de l'achever. — La lutte, il faut le dire, contre l'ennemi qui avait fait irruption sur le terrain de l'art allemand, ne cessa pas un instant, et telles étaient la vitalité de l'élément national et la puissance de sa résistance que la victoire lui resta, victoire éclatante et radicale, qui remit les rênes du mouvement musical entre les mains de Bach et de Hændel. — Ce sont eux, ces géants de l'art, qui tracent la ligne de démarcation entre le passé et l'avenir; par eux, l'expression de la monodie et les ressources inépuisables de la science se trouvent fondues dans un ensemble merveilleux; dans leurs mains se concentrent tous les courants artistiques et l'organisme de l'art national atteint sa constitution définitive; — ils vont plus loin : au-dessus de la musique allemande, ils créent la musique même, la musique par excellence, telle que nous, hommes du xixe siècle, la comprenons et l'admirons.

Le règne de la période cosmopolite commence. Que Hændel aille briller à la cour de Londres; que Gluck, à Paris, ébranle les traditions du grand opéra, ou que Bach, à Leipzig, entasse, dans l'ombre et le silence, chefs-d'œuvre sur chefs-d'œuvre,— il ne s'agit plus pour eux d'assujétir l'inspiration au joug de la mode, mais chacun, sur des points différents du globe, poursuit le même but, celui de léguer à la postérité les types impérissables de la pensée musicale. On parle encore — on en parlera toujours — de musique française, allemande, italienne, mais, le criterium étant immuablement fixé, c'est avant tout sur la bonne ou la mauvaise musique que se portera l'esprit de discernement.

Nous revenons à l'objet spécial de notre étude. L'air, avons-nous dit, nous vient des Italiens, et ce qu'il est devenu entre leurs mains, nous l'avons démontré — un prétexte pour faire briller les virtuoses. Il fallait un Gluck, la fermeté de son caractère et toute la puissance de son autorité, pour avoir raison des chanteurs, de leurs licences, de leurs exigences. Gluck, tout en conservant les formes du récitatif et de l'air, en corrige les vices, les purifie, et y coule sa pensée noble, sévère et expressive. Mozart, surpassant Gluck, rend à l'air toute sa portée esthétique. Chez lui, la pureté des formes antiques s'allie aux ressources de l'art nouveau, — et ce que Gluck réussit à force d'intelligence et de réflexion, Mozart, grâce à son tempérament prime-sautier et foncièrement humain, le produit naïvement, presque inconsciemment. D'ailleurs, la pensée musicale s'affranchit de plus en plus du moule traditionnel; l'air obéit aux besoins de la situation dramatique, se plie aux exigences de la scène moderne, et les trois parties, autrefois de rigueur, se réduisent à deux (andante et allegro en forme de rondeau), souvent à une seule, si le compositeur et les circonstances le veulent. C'est Mozart qui nous offre la plus riche collection d'airs de tout genre : le grand air, l'air de bravoure, la cavatine, l'arioso, l'ariette, la romance, la sérénade, le lied, etc., etc., en un mot, toutes les formes de l'air ont trouvé par lui leur plus haute expression musicale; la lumière, se brisant sur les angles du prisme, en rejaillit en rayons multicolores; ainsi l'air de Mozart se détache sur le fond lumineux de son œuvre en variétés infinies, resplendissantes de grandeur, de grâce et d'élégance.

Le virtuosisme et la musique à contre-sens devaient reprendre le dessus encore une fois. Une brillante figure apparaît à l'horizon musical, un homme surprenant, l'égal de Mozart par son instinct musical, et qui, en doublant ses qualités naturelles de l'amour sincère de l'art, aurait pu laisser des chefs-d'œuvre qui commanderaient l'estime en sollicitant l'admiration, — nous avons nommé Rossini. L'air rossinien réalise l'idéal rêvé par le chanteur-virtuose. — Personne n'avait encore essuyé ses caprices avec autant de bonne grâce et d'humilité ; ce petit tableau de coulisses, que nous rencontrons surtout du temps de Mozart, et qui nous montre le compositeur aux prises avec sa conscience et les exigences du chanteur, Rossini l'efface de son sourire narquois : des roulades, des traits, des trilles, en voulez-vous ? en voilà ! et son magasin de fausse bijouterie s'ouvre à grandes portes. Du mariage intime entre la parole et la note, entre le caractère d'un personnage et son parler musical, nulle question ! Des choristes égyptiens, célébrant la gloire d'Isis, prêtent leurs chants au comte Almaviva qui y taille une sérénade à l'espagnole, et, avec l'approbation du maître, ses plus fameuses mélodies quittent le théâtre pour se loger dans une sacristie. Sans couleur et sans caractère, dévots et libertins, les airs de Rossini ne trouvent que dans le genre bouffe et à de rares intervalles, dans ses opéras français, les accents de la vérité.

Nous terminerons ici notre étude sur l'air. — Il nous resterait encore un compte à régler avec les imitateurs de Rossini, il nous faudrait surtout raconter la lutte victorieuse entreprise contre eux par d'autres musiciens, plus jaloux de la dignité de l'art, — par Weber, par Richard Wagner, par tant d'autres, dont les noms méritent mieux que les honneurs d'une énumération fastidieuse, — mais si, jusqu'à présent, nous n'avons pu éviter de fréquents empiétements sur le domaine des questions générales, nous risquerions désormais de nous y absorber entièrement. L'air, autrefois l'une des principales formes musicales, a été pour nous comme le fil d'Ariane de l'histoire, et rien de plus; aujourd'hui, ce n'est plus qu'une affaire de convention, une concession faite au chanteur, un cadre préparé d'avance, où les musiciens au cerveau creux peuvent loger leurs inepties; cet air-là disparaîtra et doit disparaître. Les articles *Musique, Musique allemande, Musique française, Musique italienne, Opéra*, en diront les raisons. H. VALLIER.

AIRES (PRINCIPE DES). — La considération des aires décrites pendant le mouvement curviligne d'un point, par la droite qui joint le mobile à un centre fixe, intervient utilement dans d'importantes questions de mécanique, et particulièrement dans celles dont la solution a conduit Newton à la découverte des lois de *l'attraction universelle*. Le simple rapprochement de l'une des trois lois de *Kepler* (voir le mot *Accélération*), et d'un principe relatif aux *aires* démontré par Newton d'une manière très-élémentaire dans les premières pages de son livre immortel sur *les principes mathématiques de la philosophie naturelle*, permet en effet de reconnaître immédiatement que les planètes exécutent leur mouvement comme si elles étaient constamment sollicitées par une force attractive émanée du centre du soleil. Bien que ce ne soit là qu'un premier élément de la loi générale de notre système solaire, son importance est assez grande pour fixer l'attention sur le principe rationnel qui en a permis la découverte, et dont l'utilité se manifeste, d'ailleurs, même dans des théories mathématiques entièrement abstraites.

Borné à l'étude du mouvement d'un corps unique considéré comme un simple point matériel, le principe des aires consiste dans les deux propositions suivantes : lorsqu'un corps se meut sous l'action d'une force dont la direction passe constamment par un centre fixe, quelle que soit la loi suivant laquelle varie l'intensité de cette force, le corps reste toujours dans un même plan, et les aires des portions de ce plan, décrites dans des temps égaux, par le rayon vecteur qui joint le centre fixe au mobile, sont égales entre elles. Réciproquement, si un corps se meut dans un plan, de telle manière que les aires décrites par le rayon vecteur qui le joint à un point fixe du plan, varient proportionnellement au temps, la direction de la force passe constamment par ce point fixe. On peut ajouter que l'intensité de cette force ne dépend que de la distance du mobile au centre, et que la loi qui précise cette dépendance peut être déduite de la seule considération de la figure de la trajectoire. On voit par là que la constance du rapport qui existe entre le nombre qui mesure l'aire décrite pendant un intervalle de temps quelconque par le rayon vecteur mené d'un point fixe à un point mobile, et le nombre qui mesure cet intervalle de temps, caractérise les mouvements produits par une force émanée d'un centre fixe, de même que la constance du rapport entre le chemin décrit par un point qui se meut en ligne droite et le temps employé, caractérise les mouvements uniformes, qui une fois commencés, se continuent en vertu du principe *d'inertie*, sans l'intervention d'aucune force extérieure. En désignant le premier de ces rapports par le nom de vitesse *aréolaire*, et remarquant d'ailleurs qu'il est égal au produit de la vitesse proprement dite du mobile sur sa trajectoire, par la distance du centre de la force à la tangente de cette trajectoire, on peut donc dire que les mouvements curvilignes produits par une force centripète ou centrifuge sont caractérisés par la constance de la vitesse aréolaire autour du centre; ou, ce qui revient au même, que dans de pareils mouvements la vitesse varie en raison inverse de la distance du centre à la droite suivant laquelle le mobile continuerait à se mouvoir, si à un instant quelconque l'action de la force venait à être supprimée.

Le principe des aires, tel que nous venons de l'énoncer, semble admettre la notion d'un point absolument fixe dans l'espace; et comme nous ne pouvons, en réalité, juger de la situation des corps que d'une manière essentiellement relative, on ne se rend point tout d'abord un compte exact de la certitude des conséquences qu'on en déduit dans l'étude de la nature objective; mais la théorie des mouvements relatifs permet d'éliminer toutes ces notions métaphysiques et de marquer avec précision la mesure dans laquelle les faits réels sont régis par des principes relatifs à un ordre de choses subjectif qui n'est regardé comme absolu, qu'en vertu d'une abstraction légitime. Newton indique lui-même explicitement les modifications que le principe des aires doit subir dans l'étude des mouvements réels, en faisant suivre les deux propositions, qui en renferment l'énoncé, de cette troisième proposition, ici transcrite littéralement : « Si un corps décrit autour d'un autre corps, qui se meut d'une façon quelconque, des aires proportionnelles au temps, la force qui anime le premier est composée d'une force qui tend vers le second, et de toute la force accélératrice par laquelle ce second corps est animé. »

Jusqu'ici il n'a été question que d'un corps unique; les systèmes de corps qui agissent les uns sur les autres d'une manière quelconque, soit par choc, par pression ou par attraction, donnent lieu à un principe analogue à celui de Newton, dont on peut le regarder comme une généralisation. Ce principe, habituellement désigné sous le nom de *principe de la conservation des aires*, a été découvert presque simultanément, sous des formes différentes, par Daniel Bernoulli, par Euler et par d'Arcy, en 1746 et 1747, c'est-à-dire postérieurement à la publication du *principe de d'Alembert*, dont il constitue pourtant, comme l'a montré Lagrange, un corollaire presque immédiat. En voici l'énoncé :

Lorsque les différents corps d'un système, libre ou non, sont sollicités par des forces distribuées de manière à s'équilibrer en un instant quelconque, si les corps venaient, en cet instant, à être liés invariablement entre eux et à un point fixe, la somme algébrique des nombres qu'on obtient en multipliant respectivement les masses de ces corps, par les projections sur un plan quelconque des aires que décrivent les rayons vecteurs issus du point fixe, varie proportionnellement au temps, pourvu qu'on regarde comme de signes contraires les projections décrites dans deux sens différents.

Notre système planétaire peut être considéré comme remplissant d'une manière à très-peu près rigoureuse, les conditions imposées par l'énoncé qui précède, car les seules forces appréciables qui s'y manifestent sont des actions mutuelles qui, à cause de l'*égalité de la réaction à l'action*, s'équilibreraient deux à deux si l'ensemble devenait rigide. Il résulte de là une propriété géométrique remarquable des mouvements de notre monde rapportés à un point fixe arbitraire de l'espace; et cette propriété subsiste encore, en vertu de la théorie des mouvements relatifs, si on prend pour *origine des aires relatives* un point mobile entraîné d'un mouvement rectiligne et uniforme, et en particulier le centre de gravité du système. Cette propriété géométrique ne saurait d'ailleurs être altérée ni par les chocs, ni par les explosions, ni par aucun changement dans la forme ou la constitution des corps célestes, ni même enfin par les modifications que pourrait subir la loi d'attraction de la matière.

Au principe de la conservation des aires, se rattache la notion d'un plan remarquable découvert par *Laplace*, et nommé par lui *plan invariable*, parce que sa direction est indépendante du temps. Ce plan n'est autre que celui sur lequel la somme des projections des aires est la plus grande, l'origine des aires étant prise au centre de gravité du système. Il peut être déterminé à un moment quelconque, pourvu que l'on connaisse en ce moment les masses, les situations et les vitesses de tous les éléments du système, et fournit ainsi, théoriquement, un moyen de comparer les observations astronomiques faites aux époques les plus éloignées.

Dans la mécanique analytique, le principe des aires permet d'écrire immédiatement, pour les problèmes auxquels il s'applique, trois équations différentielles du premier ordre entre le temps et les coordonnées des divers points du système; et il fournit ainsi, pour un cas assez étendu, trois premières intégrales d'un système d'équations différentielles du second ordre. TH. MOUTARD.

ALBIGEOIS. — Le midi de la France, au début du XIIIᵉ siècle, quand le fougueux Innocent III devint pape, était dans un état bien menaçant pour l'unité catholique. Ce n'est pas que tout le monde y fût devenu *Vaudois* ou *Albigeois* (nous verrons tout à l'heure quelles croyances on désigna par ces noms) ; les opinions nouvelles n'avaient pas gagné encore tout le monde, tant s'en faut ; mais d'abord, ces opinions faisaient chaque jour des adeptes ; et puis, phénomène singulièrement grave, tous ceux que la foi nouvelle n'avait pas pénétrés encore, n'avaient aucun attachement au catholicisme ; bien plus, ils éprouvaient pour lui une sorte de dégoût. Il ne faut pas aller chercher bien loin la cause première de cet état. Les prêtres du catholicisme, cette religion si austère, si exigeante, étaient peut-être plus livrés aux débauches, aux passions, aux brutalités que le commun même du peuple, et ils avaient, à leur compte, en plus, l'orgueil, l'intolérance, la persécution, la prétention de moraliser les autres, même par force, le tort immense de vivre et de bien vivre d'une religion si mal pratiquée. Quand il y a un écart trop grand entre ce qu'un homme prêche et ce qu'il fait, cet homme inspire nécessairement le mépris. Les clercs étaient méprisés ; on n'en voulait plus; les églises restaient désertes ; elles ne recevaient plus aucuns dons. D'autres causes morales et politiques aidaient à ces dispositions. La féodalité était loin d'avoir dans le Midi la même compacité que dans le Nord; il y avait deux ou trois suzerains très-riches, très-puissants, mais au-dessous peu de grands seigneurs, une foule de petits châtelains, de petits nobles, sans grande fortune, presque sans soldats. Les villes, restées à moitié indépendantes depuis les Romains, étaient devenues tout à fait libres dès le XIIᵉ siècle; l'industrie, l'activité commerciale, la richesse, les inventions, des mœurs plus intellectuelles et plus humaines avaient suivi la liberté, comme c'est l'ordinaire ; d'autant que la race était naturellement gaie, remuante, amie des réunions. Les bourgeois des villes égalaient les nobles de tous points par la culture et la magnificence. Les nobles, tentés du séjour plus agréable des villes, s'y établissaient ou y formaient des relations. Les plaisirs, la fréquentation, le goût commun des lettres, des arts, mettaient bourgeois et nobles presque sur le même pied. A comparer seulement la liste des troubadours connus avec celle des *trouvères,* une chose frappe tout de suite. Tandis que les trouvères sortent, en général, du clergé et de la bourgeoisie, les *troubadours* comptent une multitude de gens de petite noblesse mêlés avec des hommes de toute classe ; on y voit aussi un bien plus grand nombre de femmes ; cela seul indiquerait un tout autre état de société. On était donc alors, dans le Midi, incomparablement plus sociable, plus civilisé, plus humain que dans le Nord. Le catholicisme, en conséquence, convenait moins. Chose étrange, cependant ! le Midi allait être repris par un nouveau catholicisme, plus rigoureux, à certains égards, que l'autre (nous verrons cela clairement tout à l'heure). Comment expliquer ce phénomène ? On ne pouvait pas encore vivre sans religion. Ce qui fit la fortune de la religion albigeoise, ce fut d'abord l'austérité, la sainteté de ses prêtres. L'homme, même quand il a des mœurs mauvaises, adore l'idée de la vertu, et peut-être est-ce dans les sociétés corrompues, qu'on éprouve les soifs les plus violentes de l'idéal. Il semble que le Midi ait connu alors ces vives aspirations. Les prêtres *cathares* lui offrirent tout à coup ce qu'on avait tant et si vainement demandé aux prêtres catholiques. Il faut penser, je crois, que les femmes durent se donner sur-le-champ à une religion si bien représentée. Et puis, la religion cathare apportait la solution, telle quelle, d'un des problèmes les plus graves que l'esprit humain puisse agiter. On a dit que le Midi délirait à la veille de sa ruine, que les fêtes, les galanteries, les profusions et les abandons de toutes sortes y allaient se multipliant, se renforçant. Il semble bien que c'est une erreur. Le Midi avait été au xiie siècle très-léger, très-remuant et très-fol. Au xiiie, sous l'influence des cathares, il montrait, au contraire, une tendance à s'amender. Chaque jour, on voyait croître le nombre des gens qui préféraient aux entretiens ingénieux et plaisants des cours d'amour, les colloques sévères des prêtres albigeois.

Il faut donc dire ce qu'était cette religion nouvelle. Mais d'abord, était-elle née dans le pays, ou bien était-elle venue d'ailleurs ? — Il ne serait pas impossible que les deux fussent vrais. Il est certain que, dès le ixe siècle, en Bulgarie, le long du Danube, un grand nombre d'esprits professèrent les croyances qui devaient, plus tard, s'appeler albigeoises, et qui là, dans ce premier moment, portèrent le nom de catharisme ou doctrine des Purs (du grec καθαρός). Mais il est certain aussi que, peu après, on découvre des cathares dans tous les pays, ce qui ferait penser que ces idées sortirent naturellement partout des conditions morales du temps. L'esprit a, comme le corps, ses affections épidémiques.

Venons maintenant à la doctrine des Albigeois : il n'y a pas qu'un Dieu ; il y en a deux : l'un bon, l'autre mauvais. L'idée qu'il y a deux Dieux est plus naturelle et plus logique qu'il ne semble au premier abord. Il faut convenir qu'elle l'est même plus que le monothéisme, qu'elle explique plus clairement l'existence du mal. Tout ce que les catholiques, les déistes ont jamais pu inventer pour concilier l'existence d'un Dieu nécessairement bon et tout-puissant, avec celle du mal, n'est vraiment qu'une logomachie. « Le mal n'est qu'une limite, la privation du bien, » disent-ils, comme si cette définition ôtait à la douleur la moindre de ses épines ! « L'homme, disent-ils encore, était libre d'être parfait, il ne l'a pas voulu. » Comme si ce n'était pas un mal, une imperfection, et une imperfection établie par Dieu même, que l'homme ait pu vouloir le mal. Les Albigeois, en leur temps, savaient fort bien répondre sur ces deux points à leurs adversaires : « Un Dieu parfait et tout puissant aurait tout créé parfait comme lui. Il n'aurait pas pu tirer de lui-même les maux qui couvrent la terre, » répondaient-ils. Enfermés dans cette proposition, ils étaient invincibles. Il ne faut pas que les catholiques méprisent du haut de leurs pauvres subtilités la conception, fausse assurément, mais plus simple, plus forte et plus logique des deux Dieux.

La doctrine albigeoise sortit de cette question : l'origine du mal. Donc, selon les Albigeois, il y avait deux Dieux. Le bon avait créé des hommes, des hommes immatériels, des esprits humains. Le Dieu mauvais, qui avait créé la matière, séduisit les esprits humains et, les entraînant ici-bas, les enferma dans des corps de terre. L'influence de la matière donna tous les vices, les appétits, le mal. Le règne du mal ne durera pas toujours; le Dieu bon, plus puissant en somme que l'autre, a promis que tous les esprits humains rentreraient finalement au paradis; personne ne sera damné. Toutefois, il faut auparavant que chaque esprit parcoure sur terre, soit dans des corps d'hommes, soit dans des corps d'animaux, une série d'existences malheureuses qui seront comme autant d'expiations. Il y a un moyen de rompre ce cycle fatal, de se soustraire aux expiations successives, et d'aller droit à Dieu, dès sa première mort; c'est d'abord, de reconnaître, de désavouer *son péché originel* en entrant dans l'église cathare, et puis de se dégager autant que possible des liens de la matière : s'abstenir de la chair, vivre de végétaux et manger aussi peu que possible, renoncer à la femme, renier la propriété, la richesse, l'ambition, les honneurs, toutes les affections de famille, ne vivre que pour convertir ses semblables.

Cette hérésie était plus catholique que le catholicisme, ou, pour être plus exact, c'était la même morale où aboutirent de tous temps les plus logiques d'entre les catholiques. Supprimez le dogme des deux Dieux, à coup sûr, saint Bernard, qui combattit violemment les Albigeois, aurait signé leur programme plutôt que celui des moines déréglés de Cluny. Le dernier terme de la logique eût été de se suicider; on dit qu'en effet les prêtres albigeois allaient parfois jusqu'à achever les malades, quand ceux-ci le demandaient par peur de retomber dans les liens de la matière.

C'était là une rude doctrine pour ces populations méridionales si vives, si remuantes, si dissipées. Aussi le nombre des croyants à la foi albigeoise était bien plus considérable que le nombre des pratiquants. Ces derniers s'appelaient les *parfaits* ou les *bons hommes*. Les parfaits n'étaient pas les prêtres de la religion, mais c'est parmi eux que les prêtres se recrutaient. Ils se distinguaient du peuple des croyants par un costume et des habitudes extérieures; il y avait d'ailleurs d'eux aux croyants la différence d'un sacrement reçu : le *consolamentum*, en français *consolation*. La consolation était une sorte de baptême par imposition des mains qui effaçait le péché originel et remettait en état de grâce ceux qui mouraient aussitôt après, ou qui, mourant plus tard, avaient su vivre suivant le terrible programme de la secte; ils retournaient droit au bon Dieu. La plupart des croyants attendaient d'être à l'extrémité pour demander le *consolamentum*, tandis que les parfaits étaient des gens qui avaient osé le recevoir en pleine existence. Remarquons que ce calcul des croyants qui voulaient vivre commodément en ce monde et gagner le ciel par l'acte du *consolamentum in extremis* ressemblait terriblement à celui du catholique qui espère se sauver à la fin par un acte de contrition. Sur ce point, la religion albigeoise valait tout juste le catholicisme. Du reste, ceux des parfaits qui, par leur relâchement, avaient perdu le *consolamentum*, pouvaient se faire reconsoler après des épreuves, et probablement après une confession publique appelée l'*appareillamentum*. On ne peut s'empêcher de songer aux analogies évidentes qu'il y a entre ces pratiques et celles des premiers chrétiens. Aussi, est-il bien à croire que si la secte albigeoise avait vécu, après la période d'austérité, de sincérité par où toute Église débute, la confession et la consolation albigeoises seraient devenues, comme la confession et la communion catholiques, un moyen matériel et commode d'oublier ses fautes, de se laver la conscience, un encouragement à commettre des fautes nouvelles, par le calcul préventif de pouvoir les effacer aisément. Les parfaits, et à plus forte raison les prêtres, ne pouvaient rien posséder. Mais quoi ! les moines catholiques n'ont-ils pas aussi renoncé à la propriété, non-seulement individuelle, mais commune, et, à cause de cela même, les peuples ne les ont-ils pas comblés de dons qu'ils ont acceptés ? Autant, sans doute, en aurait fait le clergé albigeois. Les parfaits seraient devenus probablement le clergé *régulier*, les moines du *catharisme*.

La morale des Albigeois, étant aussi fausse, aussi exagérée et plus que celle de l'Église, n'aurait pas produit des fruits meilleurs. Disons même : elle aurait donné, à très-peu près, les mêmes fruits. Elle aurait été éludée, de même que la morale de l'Église, et par la même raison : il ne faut pas demander à l'homme de n'être pas homme. Déjà même, l'austérité de la doctrine avait ce résultat de dépraver les croyants. L'acte de la génération étant un péché mortel, même dans le mariage, les croyants en tiraient cette conséquence, qu'à se passer cet acte, il importait peu que ce fût avec sa femme ou avec la femme d'autrui : les hommes sont toujours très-logiques, quand cela les mène à prendre leurs aises. Les seules vraiment bonnes choses qu'il y eût dans cette doctrine, c'était : 1° la défense de tuer, pour quelque motif que ce fût, même pour sa défense. Évidemment, la rigueur de la doctrine aurait fléchi sur ce point, comme sur celui du mépris absolu du monde, parce que toute institution, qui dure, s'accommode aux conditions sans lesquelles on ne dure pas ; mais peut-être serait-il resté assez de cette horreur des peines, des supplices, pour établir à jamais la tolérance, résultat immense. 2° Il n'y avait pas d'autorité, de pouvoir, en possession de fixer ce qu'on devait croire ou ne pas croire ; du moins, il n'y en avait pas encore, mais peut-être s'en serait-il élevé un. Il n'y avait pas de pape, quoi qu'on en ait dit, mais seulement des évêques. Certaines causes auraient probablement maintenu la liberté des fidèles : 1° le dogme de la nécessité du salut, puisque, après tout, chacun devait être rappelé en Dieu. Cette idée était aussi propre à adoucir les mœurs, les relations religieuses, que l'idée de l'enfer éternel est propre à endurcir l'âme en l'épouvantant ; le prêtre se modèle sur son Dieu, et ici, le vrai Dieu était clément ; 2° le voisinage des Vaudois. C'est le lieu de dire quelques mots des Vaudois. D'abord, dissidence profonde, les Vaudois étaient monothéistes ; ils admettaient tous les livres saints, l'existence de Jésus-Christ, mais ils repoussaient l'autorité du pape, la hiérarchie ecclésiastique ; ils aspiraient à renouveler les mœurs simples et les vertus des premiers chrétiens. Ils permettaient à chaque homme de chercher et de trouver en lui-même les motifs et les formes de sa croyance. Les Vaudois, au fond, étaient des protestants, et c'est avec raison que les protestants regardent les Vaudois comme leurs pères et prédécesseurs. Les Vaudois étaient beaucoup moins nombreux et moins influents que les Albigeois. La plupart des esprits, ayant à choisir entre l'idée cathare et l'idée vaudoise, choisissaient la première, au xIIIᵉ siècle. Au xvIᵉ siècle, le dogme cathare, s'il avait reparu, aurait eu assurément très-peu de succès contre les idées protestantes ; tant il est vrai qu'il y a un temps et un degré de culture pour chaque doctrine. L'empreinte du catholicisme était encore trop marquée, dans la plupart des esprits, au xIIIᵉ siècle, et le catharisme, en dépit de sa *dualité*, est encore plus proche du catholicisme que ne l'est le protestantisme. Celui-ci n'admet qu'un Dieu, il est vrai, mais il relève la nature humaine, réhabilite le mariage, la famille ; il fait plus encore, il renverse l'idée d'autorité et inaugure le droit individuel en matière de religion ; toute similitude dans le dogme est effacée par cette énorme dissidence morale.

Au reste, disons, en passant, qu'entre les Vaudois et les Albigeois il y avait d'autres doctrines intermédiaires ou mixtes, mais qui bientôt, quand la guerre éclata, se fondirent dans l'une ou l'autre des deux hérésies capitales. Depuis un demi-siècle déjà, l'Église catholique avait commencé de s'alarmer; les papes, les docteurs, les esprits supérieurs ne quittaient pas le Midi des yeux. Dans les hautes régions du catholicisme, le mot de croisade avait même été prononcé. Saint Bernard notamment avait jeté un cri d'alarme à réveiller l'Église, si elle eût été endormie. Bien plus, il était allé de sa personne combattre l'hérésie, mais ses prédications avaient été méprisées. Le pape Innocent III n'était pas homme à supporter patiemment un tel état de choses.

En 1198, il envoie dans le Midi des moines blancs de Cîteaux; mission sans effet. En 1203, autre mission avec de nouveaux agents; pas plus de résultat. Les seigneurs ne veulent pas sévir contre leurs sujets; les sujets disputent avec les missionnaires. « Nous nous convertirons quand vous vous amenderez; » rude réponse *ad hominem!* Les légats quittaient le pays découragés, déroutés, quand ils rencontrent un évêque et un chanoine espagnols revenant de Rome. Le chanoine était le fameux saint Dominique, qui devait fonder l'inquisition et les Dominicains. Ceux-ci dirent aux autres : « Vous vous y êtes mal pris; quittez vos chevaux caparaçonnés, vos riches habits, marchez à pied et nu-pieds. » L'avis est adopté; les voilà tous qui se déguisent en apôtres et recommencent. Ils vont partout raisonnant, discutant, mais menaçant plus encore et reprochant avec violence. Qu'ils n'aient pas été tous assassinés par ces populations hostiles qu'ils insultaient chaque jour, cela prouve bien la douceur des mœurs méridionales. L'un d'eux cependant, Pierre de Castelnau, fut si violent avec le comte de Toulouse en personne, qu'un serviteur de ce prince lui donna un coup de dague. Castelnau en mourut, excellente affaire pour le clergé. Innocent III, sans savoir, sans s'informer, notez ce point, commence par déclarer le comte hors la loi; il donne ses terres à qui les voudra prendre. Ceux qui se croiseront contre les Albigeois auront la rémission de tous les péchés commis depuis la naissance, l'avantage de ne pas payer leurs dettes durant l'entreprise; en sus, de riches pays à piller. Les croisés furent innombrables, disent les chroniqueurs; je n'ai pas de peine à le croire; on allait pouvoir voler, massacrer, faire sans péché une foule de choses ordinairement criminelles. Le comte de Toulouse essaya de faire connaître au pape la vérité sur le fait du meurtre de Castelnau. Le pape, pour séparer le comte d'avec son vassal le vicomte de Béziers qu'on voulait écraser d'abord, eut l'air de l'écouter. Le pauvre comte y fut pris. Il laissa le vicomte de Béziers soutenir seul le choc de la croisade. L'orage effroyable tomba d'abord sur Béziers.

Ici il faut dire quelques mots pour restituer à cette guerre son caractère véritable. Elle ne fut pas, comme on le croit trop, une guerre de religion, ou du moins elle ne fut pas purement cela de part et d'autre. Sans doute, le pape et le clergé, qui lancèrent les Français du Nord sur nos provinces méridionales, eurent pour premier mobile l'intérêt de la religion catholique; dans le premier moment ils songèrent surtout à étouffer des sectes ennemies; sans doute ce premier mobile demeura, mais un autre moins excusable, plus vil, entra en jeu aussi dès le premier moment du côté des croisés, agit constamment de plus en plus et à la fin prévalut, ce fut la cupidité, la soif du pillage, l'espoir de gagner des châteaux et des terres. Du côté des méridionaux le motif religieux fut certainement très-vif et très-fort, mais seulement chez quelques-uns. Un autre sentiment d'un ordre plus terrestre fut plus général; je veux dire le patriotisme. Tous les méridionaux n'étaient pas gagnés à l'hérésie, tant s'en faut. Si la religion eût seule agi de part et d'autre, on aurait vu

le Midi se diviser à l'approche des croisés, et dans chaque ville, dans chaque bourg,
deux partis se former, l'un appelant la croisade, l'autre la détestant; on aurait vu la
guerre intestine éclater partout; c'est ce qui n'eut pas du tout lieu. Sans doute, on
pourrait citer parmi les méridionaux des adhésions individuelles à la croisade; il
était bien impossible que sur des millions d'hommes il ne se trouvât pas quelques
fanatiques; mais, à tout prendre, il est incontestable que la presque universalité des
catholiques ne voulurent jamais se séparer de leurs compatriotes hérétiques. Le
premier fait d'armes de la guerre est bien significatif à cet égard. Les croisés
étaient arrivés devant Béziers; ils campaient autour de la ville dans un appareil
formidable. L'évêque de Béziers, qui avait guidé les étrangers au massacre de ses
ouailles, entre dans la ville, assemble le peuple dans la cathédrale (cette cathédrale
où tout à l'heure ils périront, femmes et enfants) et leur dit : « Je connais les hérétiques qui sont parmi vous. Voulez-vous livrer à la croisade ceux que je désigne-
rai, que j'ai là par écrit; il ne vous sera fait rien autre. » La foule répondit par
d'unanimes cris de refus. « Ils dirent qu'ils mangeraient plutôt leurs enfants ! »
   On sent par ce mot l'indignation, le mépris de ce peuple honnête et humain! Il
se souciait bien de la différence des croyances à cette heure qu'on lui proposait de
livrer au fer ses compatriotes, ses bons *voisins!* (ses pays, comme on dirait aujour-
d'hui). Cependant l'évêque sort, se rend au camp des croisés. Ce qui honore ce
peuple encore, c'est qu'il laissa partir l'évêque, quand il pouvait s'en saisir et s'en
faire un otage. L'évêque exposa que les catholiques ne voulaient pas se séparer des
autres. C'était une difficulté. Le légat du pape l'aurait tranchée en disant : « Tuez-
les tous, Dieu reconnaîtra bien les siens ! » Ce mot a-t-il été dit? peut-être que
non; mettons que l'idée ne fut pas mise en paroles, elle fut mise en action, et non-
seulement ce jour-là, mais durant toute la guerre. On pourrait même résumer cette
histoire par ce bref dialogue : *Les Albigeois.* — « Hérétiques ou catholiques, nous
sommes tous unis dans la mort comme dans la vie. » — *L'Église.*— « Soyez donc unis
dans la mort. » Béziers fut emporté en quelques heures par le flot des assaillants.
Les hommes se firent tuer sur les remparts, dans les rues. Les femmes, les enfants,
les vieillards... Il faut dire qu'ils s'étaient réfugiés dans la grande église de Saint-
Nazaire. Les prêtres de l'église qui n'avaient pas voulu non plus abandonner leurs
voisins sonnaient la cloche, chantaient l'office des morts à cette foule gémissante.
Quand toute résistance eut cessé à l'entour, les croisés entrèrent dans l'église et se
mirent à tuer. Pendant ce temps les prêtres sonnaient toujours. Les croisés tuèrent
tout et à la fin les prêtres même. Alors seulement la cloche se tut.
   De là, les croisés allèrent à Carcassonne. Carcassonne résista. D'après le conseil
des prêtres qui gouvernaient l'armée, on invita le vicomte à venir en toute sécurité
traiter de la paix sous les tentes des croisés. Il y vint; on le jeta en prison, et Carcassonne se rendit. Cet expédient simple fut renouvelé d'autres fois et réussit presque
toujours. Les prêtres firent donner à Simon de Montfort, assez petit seigneur de l'Ile
de France, les États du vicomte. A partir de ce moment, Montfort devenait le chef
de l'entreprise. Voilà la première période. Elle se termina par la mort du vicomte
de Béziers qui, livré à Montfort, mourut de la dyssenterie : on aurait pu s'y attendre.
   Le vicomte de Béziers abattu, le pape excommunia nettement le comte de Toulouse. Montfort se chargea de l'exproprier à son propre bénéfice. Ici se place une
campagne peu intéressante. On se livre de part et d'autre à des prises et des reprises de châteaux. Il ne faut pas s'étonner si l'on ne rencontre pas de batailles,
d'actions générales. Les méridionaux, grâce aux tergiversations, aux indécisions
du comte de Toulouse, ne formèrent pas d'armée. Quant aux croisés, ils arrivaient
en foule au printemps, servaient quarante jours sous Simon de Montfort, puis s'en

retournaient avec leur indulgence et tout le butin possible. Simon ne pouvait rien entreprendre de grand avec ces sortes de troupes. Il serait resté seul ou presque seul l'hiver, si l'on n'eût commencé à distribuer les châteaux pris sur les hérétiques aux principaux d'entre ceux qui venaient. Ceux-ci une fois propriétaires demeuraient. Les clercs ne s'oublièrent pas. L'abbé de Cîteaux se fait élire évêque de Narbonne et duc par-dessus le marché; celui de Vaux-Cernai prend pour lui l'évêché de Carcassonne ; d'autres moins grands s'arrangent de choses plus modestes.

Cependant le roi d'Aragon, Pierre II, ami et suzerain du comte de Toulouse, retenu jusque-là en Espagne par une grande invasion des Maures et libre enfin de ce côté, proteste contre la dépossession des seigneurs méridionaux. Pierre était connu pour excellent catholique; le pape hésita, mais ceux qui profitaient de la croisade, nobles et prêtres, poussèrent de tels cris sur les futurs malheurs de l'Eglise que le pape confirma tout ce qui s'était fait. Le roi d'Aragon vint mettre le siége devant Muret.

Simon de Montfort marcha au secours de Muret, battit et tua le roi d'Aragon avec des forces moindres. Une observation, à ce propos. La chevalerie méridionale, d'une bravoure incontestable, se montra pourtant inférieure à la chevalerie du Nord; mais les bourgeois des villes, à Béziers, à Carcassonne, à Montpellier, à Toulouse surtout, se battirent d'une façon très-brillante. Non-seulement ils tenaient solidement sur leurs remparts, mais, dans les sorties fréquentes qu'ils faisaient, ils culbutaient très-bien ces barons du Nord nés et élevés dans les armes. La défaite de Muret démoralisa un moment tout le Midi. Simon de Montfort parcourut en maître tout le pays, tandis que le comte de Toulouse demeurait obscurément dans une maison particulière de Toulouse.

Cependant le concile de Latran, le plus solennel des conciles du moyen âge, s'assemblait à Rome (1215). Le concile arrête : 1° chaque évêque visitera au moins une fois l'an son diocèse; il choisira trois hommes de bonne renommée qui lui dénonceront, sous serment, les hérétiques ou les suspects d'hérésie; 2° les suspects d'hérésie, s'ils ne se justifient, seront excommuniés ; 3° s'ils restent un an dans cet état, ils seront considérés comme hérétiques; 4° les hérétiques seront abandonnés au bras séculier pour recevoir le châtiment convenable, leurs biens confisqués. C'était l'*Inquisition* dans son premier état. L'Eglise a maintenant son tribunal révolutionnaire : les prêtres vont, par l'accusation d'hérésie, tenir dans leurs mains la vie, l'honneur, la fortune de tous. En même temps le concile autorisait les franciscains et les dominicains; enfin il confirmait la dépossession du comte de Toulouse Raymond VI et celle de son fils Raymond VII, parvenu maintenant à l'âge d'homme.

Déjà le Midi se relevait; la jeune étoile de Raymond VII donnait courage. Avignon, Marseille, toutes les villes du marquisat de Provence l'appelaient dans leurs murs; les bannis, les *faydits* sortaient partout des bois, des lieux sauvages pour aller se ranger à ses côtés. Il eut bientôt une armée et attaqua Beaucaire. Simon, qui était en France, accourut en toute hâte; on lui prit Beaucaire sous les yeux. Simon se retourna sur Toulouse, qui méditait de se révolter. Il y avait à craindre que les Toulousains lui fermassent leurs portes, il n'aurait pas pu les forcer. Mais les Toulousains ne se croyaient pas au contraire en mesure de résister. Folquet, l'évêque de Toulouse, l'âme damnée de Montfort, leur persuada de sortir au-devant de Montfort, en procession, pour fléchir sa colère. Le peuple le crut. A mesure que les Toulousains arrivent au camp, Montfort fait lier les principaux. Quelques-uns s'échappent, avertissent. Le peuple rentre tumultuairement, élève des barricades, fait arme de tout, chasse les traîtres. Folquet s'entremet de nouveau; il dit que Simon va mettre à mort les principaux de la ville restés en son pouvoir (une centaine d'hommes). On envoie des députés; Simon les joint aux autres, puis entre de nuit et enlève les plus riches de la ville (deux mille habitants). Il les parque dans le marché aux bœufs et là les force de renoncer à la garantie des serments que leur avait faits l'évêque. Ce trait de conscience est impayable! Du reste, nous sommes entrés dans ces détails pour montrer qu'une guerre conduite par des prêtres n'est pas une guerre comme une autre. La ville fut ensuite rançonnée et ses murailles rasées. Mais Simon eut le tort de quitter Toulouse un moment. Raymond VI y pénètre; on se soulève, on chasse de rue en rue les étrangers. Simon revient, essaie d'emporter la ville encore tout ouverte, est battu et réduit à faire un siége. Durant neuf grands mois que le siége dura, les gens de Toulouse rendirent au moins à leurs ennemis quelque chose des maux infinis qu'ils en avaient soufferts. Non contents de les repousser, ils allaient à chaque instant les chercher chez eux dans leurs camps et les battre parfaitement. Simon se dévorait de colère et de dépit; il désirait mourir. Une pierre, lancée par une machine, l'exauça enfin. Les croisés abandonnèrent la place. Accordons à Simon de Montfort l'épitaphe qu'un troubadour a faite pour lui : « Si, pour occire les hommes et répandre le sang, pour ravir les terres et massacrer les enfants, un homme peut en ce monde conquérir Jésus-Christ, celui-là doit porter la couronne et resplendir au ciel. »

Ici commence une troisième période. Le fils de Simon, Amauri de Montfort, incapable de se soutenir, va demander secours au roi de France Philippe-Auguste (1219). Honorius III, successeur d'Innocent III, appuie sa demande avec tout le clergé. Le roi y envoie son fils (tout à l'heure Louis VIII). Louis et Amauri vont assiéger Marmande; Marmande résiste, une capitulation est accordée, violée, et tout un peuple passe au fil de l'épée (cinq mille habitants), comme à Béziers. De là les croisés se rendent devant Toulouse. Mais Toulouse ne se laissait pas massacrer; il fallut que Louis repartît au bout de six semaines avec l'unique gloire du carnage de Marmande.

Amauri de Montfort, sentant qu'il ne pourrait jamais reconquérir le *domaine* de son père, offrit au roi Philippe de lui céder ses *droits*. Philippe hésite; mais il meurt peu après et son fils Louis VIII accepte. — Raymond VI était déjà mort et Raymond VII avait à peu près reconquis ses États. — Louis VIII n'était pas prêt à envahir le Midi, c'est pourquoi le pape fait mine de vouloir pardonner; il occupe Raymond VII par un concile, à sa manière habituelle. Quand tout fut prêt, on désabusa Raymond rudement et Louis VIII entra en campagne. Le Midi était bien las, bien épuisé. Néanmoins Avignon résista vigoureusement à l'armée immense du roi de France. On a le plaisir de savoir que la croisade fut décimée par le fer et par la dyssenterie, comme c'était bien justice. Louis VIII mourut quelques jours après la prise d'Avignon. Son sénéchal, Humbert de Beaujeu, continua la désolation du pays. Tout indique qu'à ce moment les peuples méridionaux étaient excédés; ce qui se comprend de reste. Seuls les parfaits, les croyants, qui montrèrent toujours une ténacité, une inflexibilité incomparables, n'étaient pas encore fatigués qu'on les massacrât. Raymond VII conclut avec le roi de France Louis IX (1229) le traité de Meaux. Il mariait sa fille au frère du roi (Alphonse), et lui donnait tous ses États en deçà du Rhône, partie sur-le-champ, partie après sa mort, avec réversibilité à la couronne de France en cas qu'il n'y eût pas d'enfant de ce mariage. Il ne retenait pour lui que le marquisat de Provence, au delà du Rhône. Il s'engageait à rechercher et à punir les hérétiques, à raser les murs de Toulouse et de trente autres places importantes du pays. On convint encore qu'aucun noble des États du comte n'habiterait jusqu'à nouvel ordre dans un château ou dans une ville fortifiée, mais vivrait aux champs, c'est-à-dire dans un lieu sans défenses. Je passe d'autres conditions fort onéreuses, quoique secondaires. Aussitôt après ce traité, un synode se réunit à Toulouse pour organiser la persécution des hérétiques. Tous les officiers royaux ou seigneuriaux eurent l'ordre de fouiller les caves, les cavernes, les forêts. Tous les habitants durent jurer fidélité à l'Église romaine ; on les avertit d'avoir à se confesser trois fois par an sans faute. Enfin l'inquisition que nous avons vue décrétée par le concile de Latran fut établie en fait cette fois. Elle n'était pas encore cependant l'atroce institution qu'elle devait devenir ; mais cela ne tarda guère. Le pape, en 1232, remplaça partout les prêtres séculiers et les laïques chargés de ces fonctions par des moines dominicains ; ceux-ci inventèrent peu à peu cette procédure inquisitoriale restée célèbre comme la plus effrontée contrefaçon de justice qu'on ait jamais vue. Tout y fut organisé pour amener le patient à s'accuser lui-même, fût-il innocent, en vue d'en finir. Des tortures savantes, le secret le plus absolu sur les charges et sur les accusateurs, pas de défenseur ni de défense possible, des condamnations sur un simple témoignage et tout le monde admis à témoigner avec l'indistinction la plus barbare, en un mot le caprice seul du juge avec des formes hypocrites ; le prêtre tout-puissant, sous prétexte de foi, et ayant en main de quoi perdre saintement qui bon lui semble ; voilà ce que le Midi, brûlé, massacré, ravagé depuis vingt ans, reçut des mains du pape pour l'achèvement de sa ruine.

Le traité de Meaux ouvre une quatrième période. Le comte de Toulouse et ses grands vassaux, pour la plupart, se résignent à persécuter l'hérésie pour sauver les restes de leur puissance. Ils donnent réellement la main cette fois à ce que les ordres barbares de l'Église soient exécutés ; mais il n'en est pas de même de la petite noblesse et des bourgeois des villes. Les bourgeois entravent sourdement les persécuteurs ; les nobles qui possèdent des châteaux forts dans les lieux difficiles font mieux : ils recueillent, ils abritent ouvertement les parfaits ; à Pérelle, à Mirepoix, à Termes, à Rabastens, à Montségur surtout, le lieu saint de l'Église cathare, en cent autres châteaux on célèbre publiquement le *consolamentum* et la cène albigeoise. Les villes sont le théâtre d'horribles auto-da-fé ; mais au dehors, dans la campagne, de hardis hobereaux répondent à ces exécutions par des courses contre les églises et les monastères. Ils viennent jusque sous les murs de Toulouse enlever les moines, les nonnes et les pendent aux arbres des routes pour apprendre aux clercs que l'intolérance peut avoir à la fin ses inconvénients. Les inquisiteurs, qui ont maintenant des gardes, ne sortent guère des villes qu'avec une armée, et dans les villes mêmes où ils règnent c'est en tremblant qu'ils terrorisent. Des assassinats ou des soulèvements (comme à Narbonne par exemple) leur renvoient désormais la crainte qu'ils répandent autour d'eux. Quant aux parfaits, ils sont indomptables comme devant ; ils vont, viennent, prêchent, confessent, accourent partout où de mystérieux messagers les appellent, et jusque dans Toulouse, jusque dans les maisons voisines de celle où siége la terrible inquisition.

Si abaissé dans l'âme que fût le comte de Toulouse, les inquisiteurs finirent par l'excéder au point qu'il se releva en 1241, et reprit les armes ; mais ce ne fut qu'un éclair ; tout juste assez pour que les populations pussent massacrer les inquisiteurs un peu partout. Après quoi, le comte se soumit encore plus profondément. Seulement il y eut un moment où le pape fut en peine de recruter des inquisiteurs ; les dominicains ne voulaient plus l'être, trouvant le métier moins aisé depuis qu'on les assassinait. Le pape les dispensa de faire des tournées périlleuses. Plus que jamais, ils se confinèrent dans les villes, bien gardés, bien entourés, et d'autant plus violents, plus furieux. Ils regardent autour d'eux avec des yeux troublés de peur, et ne voient qu'hérétiques. Celui qui abrite ou nourrit un prêtre de la secte, hérétique.

Celui qui l'a seulement salué au passage, hérétique. Celui qui porte des vêtements sombres, et affecte une mine austère, hérétique. Hérétique encore celui qui ne se marie pas, celui qui craint de tuer des bêtes ; celui qui assiste d'un air contraint au sermon de monseigneur l'inquisiteur ; celui qui résiste à ses ordres quelconques ou qui les exécute avec tiédeur. Et cette loi des suspects, ce tribunal révolutionnaire ne durèrent pas un an ou deux, mais un siècle au moins, avec toute la violence des débuts. On trouve, en effet, dans les archives des villes du Midi, des actes témoignant que les inquisiteurs désolent les peuples et que les peuples font effort par des assassinats, des émeutes, ou par des moyens légaux, pour rejeter hors de leur sein ce terrible couteau qui les saigne, et cela jusqu'au milieu du xiv⁰ siècle ; c'est-à-dire que l'hérésie albigeoise palpite encore cent ans et plus, après l'époque où l'on est dans l'habitude de la considérer comme bien tuée et refroidie.

Raymond VII était mort ; Alphonse, son gendre, lui succéda en vertu du traité de Meaux. Cet événement fut, tout l'indique, un coup plus sensible pour l'hérésie que la défaite même de Muret. Tant qu'un prince de la maison de Toulouse avait régné, le Midi s'était senti une nation ; et les Albigeois avaient cru fermement que le catharisme serait tôt ou tard la religion de cette nation. A l'avénement d'Alphonse, prince français, frère du fils aîné de l'Église catholique, il semble qu'on se soit regardé comme conquis, comme réuni sans espoir à la France et partant au catholicisme. Du moins cette idée fut celle des nobles, des seigneurs. A partir de ce moment, la protection dont ils entouraient les parfaits s'attiédit et, peu à peu, tombe. Il faut dire aussi que, chaque jour, l'inquisition confisquait des domaines, des châteaux qui, remis aux évêques ou à Alphonse, étaient ensuite par ceux-ci concédés, comme fiefs, ou à des seigneurs appelés du Nord, ou à des catholiques zélés ; la noblesse s'était ainsi peu à peu renouvelée. Il est probable que la moitié au moins des anciennes maisons du pays furent éteintes par le massacre ou le bannissement. Les parfaits se sentirent enfin atteints du découragement. On les voit alors se diviser, les uns persistant à soutenir la lutte, les autres émigrant en Italie, surtout en Lombardie et jusque dans les provinces danubiennes où la secte avait, dit-on, pris naissance. Alphonse meurt à son tour sans enfants, et le Midi se trouve sous le gouvernement direct du roi. Nouvelle raison de désespérer. L'émigration prend des proportions plus considérables. Les évêques albigeois, restés jusque-là à leur poste, disparaissent, et l'historien ne retrouve plus les traces de l'Église organisée. Il reste encore des croyants parmi le peuple des villes ; mais des générations nouvelles arrivant, qui n'ont pas pris part à la lutte, le peuple des villes, à son tour, oublie les dieux et les saints pour qui ses pères avaient bien voulu tant souffrir autrefois. Le peuple des campagnes persiste plus longtemps, mais enfin lui aussi retourne sans amour ni haine au catholicisme. Vers 1359, tout catharisme a disparu. Les inquisiteurs découvriront encore çà et là non plus des cathares, mais des *Vaudois* qu'ils brûleront et qui feront la chaîne entre les Albigeois du xiii⁰ siècle et les protestants du xvi⁰. Au xvi⁰, par un phénomène de transmission obscure et singulière, tout à coup on verra une foule d'esprits se convertir au protestantisme sur les lieux mêmes où la religion cathare s'était montrée le plus vivace.

On dit que les idées ne meurent pas, qu'on ne les tue pas : c'est altérer par une expression fausse une pensée juste au fond. On tue fort bien une idée particulière, mais on ne tue pas l'esprit d'où sortent incessamment les idées. Si même une idée pouvait être absolument vraie, on ne la tuerait pas, parce que l'esprit la reproduirait obstinément ; mais les idées sont mêlées d'erreurs, aussi meurent-elles usées par le temps ou étouffées par la force, et elles cèdent la place à des idées un peu plus vraies. On peut dire même que la persécution qui étouffe une idée ne fait que frayer la place à l'idée *succédanée* et meilleure. La croisade des Albigeois en est un exemple frappant; les religions persécutrices feront bien de le méditer. Le catholicisme, en tuant le catharisme, dégagea d'abord l'idée vaudoise qui était une idée plus avancée, et puis elle facilita la diffusion du protestantisme qui valait beaucoup mieux. Le catharisme aurait été sûrement, au XVIe siècle, un grand obstacle à la *réforme*. Ainsi les persécuteurs, en se débarrassant des Albigeois, se sont donné à eux-mêmes de bien pires ennemis. Si les massacres servent à l'avancement de l'esprit humain, s'ils ne peuvent rien contre l'humanité en général, ils ne sont malheusement que trop efficaces contre le temps ou le pays particulier sur qui ils sévissent. La guerre des Albigeois, inutile pour le catholicisme et contre la vérité, a tué le génie des races méridionales, en étouffant dans ces provinces toute liberté de spéculation, ce qui a fait perdre à la fin le goût de la spéculation, en amenant l'intervention des rois de France qui ont détruit la nationalité méridionale. Les peuples d'outre Garonne, peuples conquis, parlent aujourd'hui une langue qui n'est pas la leur, c'est la langue de leurs conquérants. Il ne faut pas douter que la spontanéité et la force même de leur pensée s'en soient ressenties, et s'en ressentent encore. Toute conquête est suivie d'un long affaissement.

BIBLIOGRAPHIE. — 1º Historiens contemporains et sources originales : *La Chanson de la croisade,* édit. Fauriel, dans la *Collection des documents inédits sur l'hist. de France,* et l'édition en vers de Mary-Lafon ; *Hist. des Albigeois par le moine de Vaux-Cernai,* la *Chronique de Guill. de Puy-Laurent* (voyez pour les deux les *Scriptores rerum franc.* de Duchesne, t. V). — *Doat,* copies faites en 1669 sur les registres de l'Inquisition, dans les archives du Midi, et formant une série de volumes manuscrits in-fol. à la Bibliothèque impériale. — *Directorium inquisitorum,* de Nicolas Eymericus, in-fol., p. à Rome. — *Innocenti III opera* (Epistolæ), édit. Baluze, 2 vol. in-fol., 1682. — *Ordonnances des rois de la IIIe race,* t. XII. — *Conciliorum collectio,* de Mansi, Florence, in-fol.

2º Historiens modernes : *Histoire critique du manichéisme,* de Beausobre. — Bossuet, *Histoire des variations.* — Catel, *Histoire des comtes de Toulouse.* — Fleury, *Histoire ecclésiastique,* t. XV et XVI. — Papon, *Histoire générale de Provence,* Paris, 1778, in-8, t. XI. — Vaissette, *Histoire générale du Languedoc.* — *Histoire des Albigeois,* de Chassanion, 1596, in-16. — Compayré, *Études historiques sur l'Albigeois.* — *Histoire des Cathares ou Albigeois,* par Charles Schmidt, 2 vol., 1850, Strasbourg (cet ouvrage est de beaucoup le plus complet et le plus sûr). — Pour les mœurs du Midi au XIIIe siècle, l'*Histoire littéraire de la France.* — *Histoire de la poésie provençale,* de Fauriel. — *Choix des poésies des troubadours,* de Raynouard, t. V. — Villemain, *Tableau de la littérature au moyen âge.* — *Histoire de France* de Michelet, et *Histoire de France* de Henri Martin.

ALBINISME.

ALBINISME. — Si nous étudions au microscope la constitution de l'épiderme humain, nous trouverons d'abord à la surface externe une couche de cellules aplaties, polygonales, juxtaposées comme les carreaux d'un parquet, plus ou moins régulièrement. Ces cellules sont transparentes, ordinairement dépourvues de noyau. Ce sont elles surtout qui servent à la peau de vernis protecteur. Elles recouvrent des cellules analogues, mais moins aplaties, plus sphéroïdales, ayant ordinairement un noyau. Plus profondément encore se trouve une dernière couche de cellules, reposant immédiatement sur le derme dont elles tapissent les dépressions et les papilles. Ces dernières cellules sont polygonales, à noyau et infiltrées de très-fines granulations noires, *mélaniques;* elles forment la couche pigmentaire, constante chez tous les hommes de toutes les races, mais plus ou moins riche en

granulations et en cellules, d'où les nuances cutanées si nombreuses des diverses
races humaines, depuis le noir parfait, le noir de suie chez certains nègres, jusqu'à
la blancheur mate de beaucoup de Scandinaves. Énormes différences de coloration,
fort embarrassantes pour quiconque considère l'ensemble si bigarré des types humains actuels comme provenant d'un couple unique, modelé par Jéhovah et interné
d'abord par lui dans une sorte de jardin d'acclimatation appelé Éden.

Que sur toute la surface du corps, la couleur dite pigmentaire soit dépourvue de
granulations noires, il en résulte une coloration ou plutôt une décoloration spéciale de la peau, des cheveux et des yeux que l'on a désignée sous le nom d'albinisme et que nous allons brièvement décrire.

L'albinisme complet existe toujours dès la naissance. Il est dû à un véritable
arrêt de développement. En effet, la couche pigmentaire mélanique n'apparaît normalement qu'à une période assez avancée de la vie fœtale, parfois même elle se
développe seulement dans les premiers mois de la vie extra-utérine.

Mais la couche pigmentaire normale ne revêt point seulement la peau, elle
tapisse encore la surface interne des cavités oculaires. Elle est là très-abondante,
surchargée de granulations noires, d'où la couleur constamment très-noire de l'orifice pupillaire ou prunelle.

C'est là l'état normal chez tous les hommes; mais, chez l'albinos complet, les granulations pigmentaires font aussi complétement défaut à l'œil qu'à la peau, et cette
absence de pigment oculaire est même le caractère vraiment fondamental de l'albinisme, surtout chez les races blanches. Dans ce cas, en effet, le réseau sanguin de la
membrane vasculaire des yeux, de la *choroïde*, n'étant plus revêtu que par des cellules sans pigment, par conséquent transparentes, se voit à travers la prunelle,
d'où la teinte rose vif de cet orifice que l'on dirait alors éclairé par la lampe d'un
ophthalmoscope. La même absence de granulations mélaniques rend l'iris transparent et rosé, car la teinte rouge de la membrane choroïdienne apparaît à travers les
fibres contractiles constituant l'iris.

M. G. Pouchet a donné une explication très-simple des diverses couleurs de
l'iris depuis la teinte noire jusqu'à la teinte rose albinique [1]. Que l'iris, dit-il, soit
revêtu sur ses deux faces d'une couche de granulations noires, l'œil sera noir ou
brun, suivant l'épaisseur plus ou moins grande de la couche pigmentaire. Que les
granulations manquent à la face externe de l'écran irien, l'œil sera d'une nuance
plus ou moins claire, plus ou moins bleue. Enfin, que le pigment fasse défaut sur
les deux faces de l'iris et dans le fond de l'œil, on aura l'aspect rouge albinique.

La même absence de granulations pigmentaires dans la substance des cheveux
et des poils donne à tout le système pileux de l'albinos une teinte incolore, plus ou
moins pâle, rappelant souvent l'aspect du lin.

Sans grande importance pour la peau et le système pileux, le défaut de pigment
devient dans l'œil une véritable infirmité. Toute vive lumière irrite alors le nerf
optique. En outre, des rayons lumineux, filtrant à travers l'iris, viennent troubler
sur la rétine la formation des images. Aussi l'albinos voit mal, clignote sans cesse,
ne peut supporter l'éclat du jour.

L'albinisme coïncide assez fréquemment avec une faiblesse générale de la constitution et avec des facultés intellectuelles débiles. Il en est surtout ainsi dans la
race blanche, car dans les autres races les albinos sont souvent robustes. En effet,
tous les groupes si divers du genre humain, races ou espèces, fournissent leur contingent d'albinos, dont le nom seul varie suivant les pays. Buffon note déjà que les

1. *Bulletin de la Société d'anthropologie*, t. IV, p. 547 (1865).

blafards ou *nègres blancs*, comme il les appelle, se nomment *bedos* à Ceylan, *chacrelas* ou *kakerlaks* à Java et en Asie, *albinos* à l'isthme de Panama, *dondos* en Afrique. On en rencontre, dit-il, aux Indes méridionales, en Asie, à Madagascar, à Carthagène, en Amérique, dans les Antilles, dans les îles de la mer du Sud. On a prétendu que l'albinisme est d'autant plus commun que la race est de couleur plus foncée. C'est vraisemblablement qu'il s'y remarque davantage. En effet, chez les races à peau claire, l'albinisme, pour attirer l'attention, doit être très-complet et surtout atteindre les yeux. Ainsi les cinq albinos observés à la Nouvelle-Calédonie par M. de Rochas, étaient bien portants, robustes. Leurs yeux étaient seulement bleus, aussi supportaient-ils fort bien l'éclat du soleil. Ils eussent passé inaperçus au milieu d'une race blanche, tandis que la couleur de leur peau, leurs cheveux jaunâtres faisaient tache parmi leurs noirs compatriotes. (*Bull. anthr.*, t. II, 1861.)

Il va sans dire que l'albinisme n'altère en rien les caractères anatomiques de la race. L'albinos éthiopien conserve les traits, la conformation, les cheveux laineux du nègre. C'est un *nègre blanc*, comme on disait du temps de Buffon.

L'albinisme peut n'être que partiel, et alors il survient souvent après la naissance, même à l'âge adulte [1]. La captivité, le défaut d'exercice, une mauvaise nourriture, telles sont alors ses causes habituelles chez les mammifères aussi bien que chez l'homme. Dans ce cas, les granulations pigmentaires disparaissent par places. L'homme devient pie, et la décoloration frappe aussi le système pileux de la région malade. Les hommes pies ne sont pas très-rares chez les nègres. Ils sont ainsi tachetés dès la naissance et naissent le plus souvent de parents nègres aussi bien que les albinos complets. Pourtant les bulletins de la Société d'anthropologie contiennent la description d'un homme pie né d'un Anglais et d'une Malgache [2].

On s'accorde à attribuer l'albinisme congénital, soit à des causes débilitantes ayant miné la constitution des parents, soit à l'hérédité directe ou à l'atavisme, car les albinos sont féconds, au moins ceux du sexe féminin. On a prétendu que les albinos mâles étaient inhabiles à la reproduction ; mais cette observation, faite probablement sur des individus mal venus, chétifs, est démentie par ce que nous voyons chez les animaux. L'albinisme, en effet, s'observe chez tous les animaux, mammifères, oiseaux, poissons, etc., pourvus d'un tissu pigmentaire coloré. I.-G. Saint-Hilaire en cite de nombreux exemples dans son *Histoire des anomalies*, et affirme avoir obtenu la décoloration albinique chez des cyprins dorés de la Chine, en les faisant séjourner pendant plusieurs semaines dans de l'eau de puits. En Belgique, M. Ch. Aubé a obtenu des lapins albiniques par l'influence isolée ou combinée d'une mauvaise hygiène et de la sélection [3]. Nombre d'espèces animales sont constamment blanches, surtout dans le Nord. Beaucoup de nos animaux domestiques ont fréquemment le pelage blanc, et l'on n'a pas remarqué que leur fécondité en fût diminuée.

Dans quelques parties de l'Afrique, les albinos sont traqués par les nègres comme des bêtes fauves. Selon Livingstone, les Bechuanas les déclarent *tlolos*, c'est à dire voués à la mort. A Ceylan, les Bédos se cachent dans les bois. En revanche, dans d'autres contrées, ils sont ou ont été vénérés ou recherchés. Montézuma en

---

1. On ne connaît qu'un seul cas d'albinisme cutané presque général, survenu après la naissance, c'est celui d'une jeune négresse de Virginie, relaté par Buffon.

2. *Bulletin anthropologique*, t. IV, p. 89 (1865).

3. *Bulletin anthropologique*, t. V, p. 474 (1866).

entretenait dans son palais. Un roi de Boutam ornait volontiers son sérail de quelques femmes albinos. De temps immémorial, les rois de Siam et les Siamois vénèrent l'albinisme, mais seulement chez les éléphants. Ces pachydermes blêmes logeraient, croit-on, l'âme d'un roi; aussi, sont-ils déclarés divins. A Loango, les albinos (je dis les hommes), sont extrêmement vénérés, passent pour sorciers, vivent à la cour, occupent les charges les plus importantes, quoique, souvent, quelque peu idiots en leur qualité d'albinos. Voilà qui est fait pour nous étonner, nous autres Européens, habitués à avoir pour monarques des hommes providentiels, dont tous les serviteurs, ministres, chambellans, écuyers, veneurs, etc., sont, sans exception, des hommes du plus grand génie.

BIBLIOGRAPHIE. — Blumenbach, *De Gen. hum. Variet. nativa.* — Buffon, *Variétés de l'espèce humaine.* — Burdach, *Traité de physiologie*, t. VII. — I.-G. Saint-Hilaire, *Histoire générale et particulière des anomalies, etc.*— Trélat, article *Albinisme*, du *Dictionnaire encyclopédique des sciences médicales.* — Voltaire, *Mélanges. Relation touchant un Maure blanc.* — *Bulletins de la Société d'anthropologie, passim.* — *Dictionnaire* de Robin et Littré. CH. LETOURNEAU.

ALBUMINOÏDES (substances). — Les substances albuminoïdes sont des principes azotés qui existent dans l'organisme animal et dans les végétaux, et dont les propriétés se rapprochent de celles de l'albumine du blanc d'œuf et du sang. On distingue trois matières albuminoïdes bien connues : l'*albumine,* la *fibrine* et la *caséine ;* on en admet une foule d'autres, mais dont les différences de composition et de propriétés ne sont pas assez marquées pour qu'on soit assuré de leur existence individuelle; c'est ainsi qu'on a distingué l'albumine du blanc d'œuf, celle du sérum ou sérine, celle des exsudations des hydropiques ou métalbumine, la globuline du cristallin, qu'on a admis une caséine végétale ou légumine autre que la caséine du lait, etc.; le nombre des matières albuminoïdes tend à se restreindre, et des expériences récentes ont déjà démontré l'identité de la globuline du cristallin et de l'albumine, et celle de la légumine et de la caséine. Gerhardt, en présence de la multiplicité des substances albuminoïdes que tendaient à faire admettre des recherches incomplètes, ne considérait que l'albumine, la fibrine et la caséine. « Il en est d'autres moins connues, dit-il, qu'une étude plus attentive fera rejeter un jour comme des mélanges ou des substances impures. »

Les substances albuminoïdes sont solides, amorphes; il est difficile de les obtenir pures et de les débarrasser entièrement des matières minérales (phosphates) qu'elles renferment. Les unes sont solubles dans l'eau, et leur solubilité varie avec la température, ou des traces de matières étrangères dont elles sont mélangées ; d'autres sont complétement insolubles. Leur odeur et leur saveur sont à peu près nulles ; lorsqu'elles sont desséchées, elles constituent des masses blanches ou jaunes, friables ou cornées, élastiques, susceptibles de se gonfler dans l'eau. Celles qui sont solubles agissent sur la lumière polarisée, et dévient vers la gauche le plan de polarisation de la lumière. On ne peut les fondre sans les altérer, et à la distillation sèche, elles se décomposent en fournissant de l'hydrogène sulfuré, car toutes comptent le soufre au nombre de leurs éléments.

Elles se dissolvent dans l'acide chlorhydrique en lui communiquant une couleur bleue ou violette, qui ne se produit qu'au contact de l'air; à l'abri de celui-ci, la dissolution s'effectue, mais le mélange reste jaune.

L'azotate acide de mercure leur communique à toutes une coloration rouge et la réaction est assez sensible pour accuser dans une liqueur un cent-millième de matières albuminoïdes (Millon). L'acide nitrique les colore en jaune, l'acide sulfurique concentré les charbonne; l'acide étendu les décompose à l'ébullition, en produisant des amides cristallisées, la *leucine* et la *tyrosine*. L'iode les teint en brun.

Elles se dissolvent dans les alcalis caustiques en dégageant de l'ammoniaque et des ammoniaques composées ; une partie du soufre qu'elles renferment se retrouve à l'état de sulfure et de sulfite. Avec la potasse et la soude fondues, elles forment en outre du cyanure de potassium. Elles sont aussi dissoutes par l'acide phosphorique et par l'acide acétique concentré.

Le suc gastrique naturel ou artificiel les convertit en un produit soluble, appelé *albuminose* ou *peptone;* c'est par cette transformation que les matières albuminoïdes sont introduites dans l'organisme, et sont assimilées.

L'action des agents oxydants sur les matières albuminoïdes produit un grand nombre de dérivés; d'un côté, tous les acides homologues de l'acide formique, depuis celui-ci jusqu'à l'acide caprylique, les nitriles et les aldéhydes correspondants à ces acides, de l'autre, de l'acide benzoïque, de l'aldéhyde benzoïque, et d'autres acides et hydrures de la série aromatique, dont la composition n'est pas encore suffisamment connue.

Enfin, les substances albuminoïdes sont surtout caractérisées par leur extrême instabilité, la faculté de se transformer moléculairement dans une foule de circonstances variées, de passer ainsi de l'état soluble à l'état insoluble et réciproquement, et enfin la facilité avec laquelle, sous l'influence de l'air et de l'humidité, elles se décomposent et se putréfient.

Composition. — Les substances albuminoïdes présentent à peu de chose près la même composition ; elles renferment les mêmes éléments dont la proportion varie peu, et les variations indiquées par l'analyse pour des corps amorphes, dont aucun caractère physique ne vient contrôler la pureté, ne permettent pas de décider si les albuminoïdes sont des principes distincts, ou des états moléculaires différents d'un seul et même produit. Outre le soufre, dont la quantité oscille entre 0,4 et 5 pour cent, elles renferment environ 53 de carbone, 6 à 7 d'hydrogène, 15 d'azote, et 21 à 24 d'oxygène. On a essayé de traduire ces nombres par une formule, dont rien n'indique la réalité, et qu'il est inutile de rapporter. Longtemps, les matières albuminoïdes ont été considérées comme ayant un radical commun, appelé *protéine,* combiné avec plus ou moins de soufre, de phosphore ou d'hydrogène, mais cette théorie n'est pas restée dans la science. Suivant Sterry Hunt, ce sont des amides formées par l'union de la cellulose ou de ses congénères avec l'ammoniaque, moins les éléments de l'eau. Cette opinion paraît avoir une valeur réelle, car elle a été en partie confirmée par les recherches de plusieurs chimistes, qui, en chauffant du sucre ou de la cellulose avec de l'ammoniaque, ont obtenu des matières azotées se rapprochant des albuminoïdes par leurs propriétés.

Gerhardt admettait que les substances albuminoïdes possèdent une même constitution chimique, et qu'elles ne diffèrent que par leur état physique ou par la nature des substances minérales avec lesquelles elles sont combinées dans l'organisme.

« Il y aurait donc un principe unique, un acide faible, qui tantôt soluble, tantôt insoluble, constituerait l'albumine, la caséine, la fibrine, suivant qu'il serait ou non combiné avec des alcalis ou mélangé avec des sels étrangers. Si l'on conserve à ce principe le nom d'albumine, on peut dire que le blanc d'œuf et le sérum, solubles et coagulables par la chaleur, sont formés de bialbuminate de soude; que la caséine du lait, soluble et incoagulable par la chaleur, représente de l'albuminate neutre de potasse, et que la fibrine est de l'albumine insoluble ou coagulée plus ou moins mélangée de phosphates terreux. » (Gerhardt, *Traité de chimie organique*, t. IV, p. 432.)

L'opinion de Gerhardt, qui simplifie l'histoire des matières albuminoïdes, s'appuie sur de nombreux faits : ainsi la fibrine et la caséine coagulée se dissolvent dans les sels à base d'alcali, en donnant un liquide qui, comme l'albumine du blanc d'œuf, se coagule par la chaleur et agit sur la lumière polarisée; la solution de l'albumine dans la potasse se comporte avec les réactifs de la même manière que la caséine, etc. Nous admettons avec Gerhardt que les matières albuminoïdes renferment un même principe, lequel, suivant Sterry Hunt, est une amide ou un nitrile de la cellulose ou de ses congénères.

ALBUMINE. — L'albumine existe à l'état soluble dans le blanc d'œuf et dans le sérum du sang, dans le chyle, dans la lymphe, etc., et dans les sucs extraits des végétaux. Son caractère spécifique est de se coaguler par la chaleur, et l'albumine coagulée présente la même composition que l'albumine soluble.

M. Wurtz l'a extraite du blanc d'œuf à un grand état de pureté, et complétement débarrassée de matières minérales. Cette albumine pure se trouble à 59°, et se coagule complétement à 63°. Le même phénomène est produit par les acides minéraux, le tannin, la créosote, l'aniline, l'alcool concentré, et la plupart des sels métalliques. Les acides organiques et l'acide phosphorique sont sans action sur la solution de l'albumine.

A l'albumine se rattachent divers principes azotés, qui possèdent comme elle la propriété de se coaguler par la chaleur, et dont les autres caractères ne sont pas assez tranchés pour qu'on puisse assurer leur individualité : telles sont la pancréatine, l'hydropisine, la vitelline, etc.

FIBRINE. — Ce principe, dissous dans le sang, s'en sépare spontanément aussitôt que celui-ci est sorti des vaisseaux, et en détermine ainsi la coagulation spontanée. Elle existe également dans la chair musculaire des animaux, et s'y trouve sans doute à l'état soluble pendant la vie; ce serait elle qui, en passant à l'état coagulé, déterminerait la rigidité cadavérique des muscles. On la prépare en fouettant vivement le sang, avec un balai, au sortir des vaisseaux. Elle s'attache sous la forme de filaments fibreux, qu'on lave avec de l'eau distillée et de l'acide acétique pour lui enlever les globules de sang qu'elle retient. Récemment préparée, elle est en fibres amorphes, élastiques, diaphanes, entièrement insolubles dans l'eau, l'alcool et l'éther.

A la fibrine extraite du sang veineux se rattachent la fibrine végétale, ou partie du gluten insoluble dans l'alcool, la fibrine musculaire, l'albumine coagulée.

CASÉINE. — La caséine est la matière azotée qui existe en dissolution dans le lait des mammifères. Le fromage est formé en plus grande partie de caséine, mêlée de matières grasses et des produits de putréfaction de la caséine.

Elle n'est pas coagulable par la chaleur, mais elle se coagule par les acides, par la présure, et lorsque le lait se caille spontanément, le phénomène est produit par l'acide lactique développé par la fermentation acide.

La caséine, telle qu'elle est dissoute dans le lait, s'y trouve combinée avec une grande quantité d'alcali, et présente toutes les propriétés des albuminates de potasse et de soude : aussi pouvons-nous, avec Gehrardt, identifier ces corps. A la caséine se rattache la *légumine*, extraite des semences des légumineuses, et appelée aussi *caséine végétale*.

Nous avons dit qu'on avait admis un grand nombre de matières albuminoïdes, que peut-être on pourrait réduire à trois : l'albumine, la fibrine et la caséine. Nous donnons les noms de ces diverses substances et les caractères qu'on leur a attribués dans le tableau suivant, emprunté à l'excellent article publié par M. P. Schützenberger, dans le *Dictionnaire de chimie pure et appliquée*.

Solubles dans l'eau.

Coagulables par la chaleur.

Seuls.

Albumine et sérine. Ne précipitent ni par l'acide acétique ni par l'acide phosphorique normal.

Vitelline. N'est probablement qu'un mélange de caséine et d'albumine.

Matière azotée des globules. Insoluble dans le sérum ; peut se changer en hémato-cristalline.

Hémato-cristalline. Cristallise en prismes, tétraèdres, tables hexagonales, rhomboèdres.

Hydropisine. Insoluble dans une eau chargée de sulfate de magnésium. Ne se colore pas en rouge par l'eau de chlore.

Pancréatine. Insoluble dans une eau chargée de sulfate de magnésium ; se colore en rouge par l'eau de chlore.

Avec le concours de l'acide acétique.

Paralbumine. Se coagule en flocons.

Métalbumine. Donne un trouble peu abondant.

Non coagulables par la chaleur.

Caséine du lait. Identique avec les albuminates alcalins ; se coagule par la présure de veau ; précipite par les acides acétique et phosphorique normal.

Légumine. Même réaction.

Ferments solubles. Caractérisés par les réactions chimiques qu'ils provoquent.

Albuminose. Diffusible ; non précipitable par les acides ; précipitable par le sublimé corrosif.

Insolubles dans l'eau.

Insoluble dans l'eau salpêtrée ou aiguisée de un millième d'acide chlorhydrique.................................... { *Albumine coagulée.* / *Fibrine cuite.*

Soluble dans l'eau salpêtrée............................ *Fibrine du sang.*

Soluble dans l'eau acidulée de un millième d'acide chlorhydrique.. *Fibrine musculaire.* { *Gluten.*

Soluble dans l'alcool.................................... *Glutine.*

Caractères peu tranchés ne donnant pas de coloration violette avec l'acide chlorhydrique............................... { *Ichthidine.* / *Ichthuline.* / *Emydine.*

L'ichthidine et l'ichthuline ont été retirées des poissons ; l'émydine est une substance albuminoïde fournie par les tortues ; la glutine est la partie du gluten soluble dans l'alcool, l'autre partie constituant le gluten proprement dit ou fibrine végétale.

E. GRIMAUX.

ALCALIS. — On a donné le nom de métaux alcalins au potassium, au **sodium**, au lithium, au rubidium, au césium et au thallium (voir *Éléments*), et l'on a nommé alcalis les oxydes ou plus exactement les hydrates de ces métaux. Ainsi l'hydrate de potassium ou potasse, l'hydrate de sodium ou soude, l'hydrate de lithium ou lithine, les hydrates de rubidium, de césium et de thallium sont des alcalis. Les alcalis sont des bases puissantes, ce sont même les plus puissants de tous les hydrates basiques. De plus, ce sont des bases minérales solubles, caractère qu'elles partagent seulement avec le baryte et la strontiane et, à un degré beaucoup moindre, avec la chaux et la magnésie. Ces bases alcalines sont les seules bases monoatomiques connues. Si l'hydrate d'argent existait, il faudrait le joindre à elles au point de vue de l'atomicité, car l'argent est monoatomique comme les métaux alcalins.

Le calcium, le barium et le strontium ayant reçu les noms de métaux *alcalino-terreux*, leurs hydrates ont pris celui de *terres alcalines.* Le magnésium et l'aluminium ayant reçu le nom de métaux *terreux*, leurs hydrates ont été nommés *terres.*

Les *alcalis*, les *terres alcalines* et les *terres* sont les seuls hydrates basiques qui aient reçu des noms de classes. (Voy. *Bases.*)

Aux alcalis on peut joindre la solution aqueuse de l'ammoniaque ou hydrate d'ammonium. Les anciens chimistes nommaient l'ammoniaque, à cause de sa volatilité unie à ses propriétés basiques, *alcali volatil.* (Voy. *Ammoniaque.*)

Les alcalis étant les bases les plus énergiques, on dit quelquefois propriétés alcalines pour propriétés basiques.   A. NAQUET.

ALCALOÏDES, synonymes : *Alcalis organiques, Bases organiques.* — Au début de notre siècle on ne connaissait d'autres corps doués de propriétés alcalines que les alcalis, les terres alcalines et l'ammoniaque. (Voy. *Alcalis.*) En 1817, Sertuerner retira de l'opium une substance dont les solutions alcooliques bleuissaient le papier rouge de tournesol, et qui se combinait directement avec les acides, à la manière de l'ammoniaque, en faisant des sels solubles dans l'eau et jouissant des réactions caractéristiques des acides qui avaient servi à les former, sels dont la substance organique était précipitée par les alcalis. Sertuerner donna le nom de *morphine* à cette substance, et pour rappeler ses propriétés alcalines il la nomma *alcaloïde.*

Après la découverte de la morphine on reconnut qu'un grand nombre de substances végétales qui jouissent de propriétés physiologiques très-marquées, comme le tabac, la ciguë, le quinquina, la jusquiame, la noix-vomique, la belladone, etc., renferment aussi des alcaloïdes auxquels elles doivent leurs propriétés. Le nombre de ces alcaloïdes naturels aujourd'hui connus est fort grand. Parmi eux il existe des substances dont les propriétés basiques ne sont point assez prononcées pour qu'on puisse les nommer alcaloïdes dans la véritable acception du mot. Toutefois ces corps sont reliés aux alcaloïdes francs par des transitions si insensibles et ils s'en rapprochent sous tant de rapports qu'on est obligé de les considérer comme possédant une constitution analogue à celle de ces derniers. De ce nombre est la *caféine* ou alcaloïde du café.

Depuis 1848, on a découvert en outre toute une classe de corps dérivés de l'ammoniaque ou de l'hydrate d'ammonium, auxquels on a donné le nom d'*alcaloïdes artificiels* ou d'*ammoniaques composées.* Ces alcaloïdes artificiels sont souvent des bases très-puissantes. Mais nous ne nous en occuperons pas ici et leur histoire sera renvoyée au mot *Ammoniaque* (dérivés de l').

Les alcaloïdes naturels renferment tous du carbone, de l'hydrogène et de l'azote, la plupart renferment aussi de l'oxygène. Ce ne sont pas des bases proprement dites comme les alcalis, ce sont des corps analogues à l'ammoniaque qui se combinent de toutes pièces avec les hydracides et les oxacides au lieu de faire la double décomposition avec eux et qui ne deviennent semblables aux bases qu'après s'être assimilé les éléments d'une ou de plusieurs molécules d'eau (caractère qui les rapproche encore de l'ammoniaque).

Les alcaloïdes naturels ont été divisés en deux sections. La première renferme ceux qui ne sont point oxygénés; ils sont volatils et portent, par cette raison, le nom d'*alcaloïdes naturels volatils.* La seconde contient ceux qui sont oxygénés; on les nomme alcaloïdes fixes parce que la plupart d'entre eux ne peuvent pas être réduits en vapeur, la cinchonine faisant seule exception à cette règle.

ALCALOÏDES VOLATILS. — Ces corps existent dans les végétaux, tantôt à l'état de sels solubles, tantôt à l'état de sels insolubles. Pour les extraire, dans le premier cas, on fait une décoction concentrée de la plante, à laquelle on ajoute de la potasse et de l'éther et l'on agite. L'alcaloïde devenu libre se dissout dans l'éther et la solution éthérée gagne la surface de la liqueur aqueuse. On la sépare, on laisse évaporer l'éther qu'elle contient et l'on purifie ensuite l'alcaloïde, soit en le distillant, soit par des moyens spéciaux appropriés à chacun d'eux. C'est ainsi que l'on extrait la *nicotine* du tabac. Dans le cas où les alcaloïdes se trouvent dans la plante à l'état de sels insolubles, on les transforme en sels solubles par une ébullition avec un acide minéral étendu et l'on achève l'extraction comme dans le cas précédent.

Par leurs propriétés, les alcaloïdes volatils se rapprochent entièrement des ammoniaques composées à côté desquelles on doit les placer. Une portion de leur hydrogène peut être remplacée par des radicaux d'alcools. Ceux de ces corps que l'on connaît actuellement ne peuvent toutefois subir cette substitution qu'une fois ou au plus deux fois. Ce sont donc des ammoniaques composées, tertiaires ou secondaires. (Voy. *Ammoniaque* (dérivés de l'). Ainsi l'alcaloïde de la ciguë, la *conine*, paraît être une ammoniaque secondaire.

ALCALOÏDES FIXES. — Le procédé d'extraction de ces corps diffère suivant qu'ils sont ou non solubles dans l'eau. Lorsqu'ils sont insolubles dans ce liquide, ce qui est le cas le plus général, ou fait une décoction de la plante, soit avec l'eau pure, si les sels que la plante renferme sont solubles, soit avec de l'eau acidulée par un acide minéral si les sels sont insolubles. Puis, après avoir filtré et suffisamment concentré la solution, on la précipite par la chaux, l'ammoniaque, les alcalis ou les carbonates alcalins. Il ne reste plus qu'à dessécher le précipité et à le purifier en le dissolvant dans des liquides appropriés à chaque cas, et en le décolorant par le charbon animal s'il y a lieu.

Quand l'alcaloïde est soluble, on opère de façon à l'obtenir à l'état de chlorure ou de sulfate soluble et l'on décompose ensuite la solution aqueuse de ces sels par l'oxyde d'argent si c'est un chlorure, par la baryte si c'est un sulfate. L'alcaloïde reste en solution dans l'eau. On filtre pour séparer le chlorure d'argent ou le sulfate barytique et l'on évapore la liqueur.

Un grand nombre de ces alcaloïdes ont des propriétés basiques très-prononcées et saturent les acides les plus énergiques. Leurs solutions salines, même étendues, sont toutes précipitées sans exception par l'iodure de potassium ioduré, l'iodure double de potassium et de mercure, le phosphomolybdate de sodium et l'acide gallotannique.

Distillés avec les alcalis fixes, ils se décomposent et parmi les produits de leur décomposition on rencontre toute une série d'alcaloïdes volatils. Dans ces conditions, par exemple, la cinchonine et la quinine fournissent de la *quinoléine*, de la *lépidine*, de la *pyrridine*, de la *piccoline*, de la *lutidine* et de la *collidine*.

Lorsqu'on fait agir les éthers iodhydriques sur les alcaloïdes fixes il y a addition directe. L'iodure ainsi formé donne par l'oxyde d'argent humide un hydrate d'ammonium quaternaire [1].

Constitution des alcaloïdes fixes. — Longtemps on a considéré les alcaloïdes comme des amides basiques. Cette hypothèse n'est guère admissible aujourd'hui pour ceux au moins dont les propriétés basiques sont très-prononcées. Il est bien plus probable que ces corps sont analogues aux ammoniaques composées oxygénées découvertes par M. Wurtz. (Voy. *Ammoniaque* (dérivés de l'.) Le seul point par où ils en diffèrent, c'est qu'ils ne possèdent pas comme les bases de M. Wurtz trois atomes d'hydrogène remplaçable; mais on peut très-bien s'expliquer cette différence en y supposant les hydrogènes déjà remplacés par des radicaux d'alcools.

ACTION PHYSIOLOGIQUE DES ALCALOÏDES. — La plupart des alcaloïdes fixes ou

---

1. On reconnaît qu'un alcaloïde est au quatrième degré de substitution à ce que l'iodure de méthyle n'y produit plus de substitution nouvelle.

volatils sont de violents poisons et souvent des substances médicamenteuses précieuses. De ce nombre sont la *morphine*, la *codéine*, la *quinine*, la *strychnine*. Comme ils constituent le principe actif des végétaux d'où on les retire, ils ont permis d'administrer aux malades, sous un petit volume, des médicaments qui exigeaient l'emploi de décoctions ou de poudres volumineuses fort pénibles à prendre. Sous ce rapport, leur découverte a rendu un service signalé. Un autre service qu'on leur doit, c'est un dosage sûr. Lorsqu'on donne un gramme de sulfate de quinine à un malade ou un centigramme de morphine, on sait ce que l'on donne. On ne le savait pas lorsqu'on donnait le quinquina ou l'opium, parce que ces corps ne sont pas toujours d'une richesse égale en principes actifs [1].

Les alcaloïdes ont été employés quelquefois aussi dans un but criminel comme substances toxiques, et la médecine légale a dû se préoccuper de l'empoisonnement par ces corps. A la suite du célèbre empoisonnement qui amena la condamnation à mort du comte de Beaucarmé, M. Stas fit connaître un procédé général pour rechercher les alcaloïdes dans les liquides et les solides de l'économie. Son procédé est, à quelques modifications près, le seul que l'on emploie aujourd'hui. Ce procédé est trop technique pour trouver place ici, nous renvoyons donc aux ouvrages spéciaux et particulièrement à la dernière édition française du traité d'analyse chimique de Fresenius [2]. A. NAQUET.

ALCHIMIE. — Le mot *Alchimie* se compose de l'article arabe *Al* et du mot *Kema*.

Sur ce dernier mot, la tradition rapporte que « les anges épris d'amour pour les » femmes de la terre leur enseignèrent toutes les œuvres de la nature, » et que le livre qui servait à cet enseignement s'appelait *Kema* (Science) [3]. Les Arabes ajoutent l'article *Al* et font le mot *Alchema,* synonyme de *La Science.*

Au IV° siècle, on voit l'adjectif *chimique* employé pour désigner les instruments propres à la fusion, à la calcination, ce qui donnerait à penser que ce mot vient de *couler, fondre* [4].

Au V° siècle, dans un ouvrage de Julius Firmicus, le mot *Alchemia* désigne la science des phénomènes naturels, de ceux qui ne sont pas compris dans la science astronomique. C'est seulement au VIII° siècle qu'on l'adopte universellement, et, pendant toute la durée du moyen âge, il comprend l'étude des phénomènes de la

---

1. On administre encore l'opium, mais grâce à la découverte de la morphine on peut aujourd'hui le doser sûrement. On détermine en effet sa richesse en morphine et on ne se sert dans les pharmacies que d'opium titré contenant 10 pour 100 de cet alcaloïde.

2. Les principaux alcaloïdes naturels connus sont les suivants :

ALCALOÏDES DES GRAINES DE PEGANUM HARMALA, l'*harmaline* $C^{13}H^{14}Az^2O$ et l'*harmine* $C^{13}H^{13}Az^2O$.

ALCALOÏDES DE L'OPIUM, la *morphine,* $C^{17}H^{19}AzO^3+H^2O$; la *codéine,* $C^{18}H^{21}AzO^3+H^2O$; la *thébaïne,* $C^{19}H^{21}AzO^3$; la *papavérine,* $C^{20}H^{21}AzO^4$; la *narcotine,* $C^{23}H^{25}AzO^7$ et la *narcéine,* $C^{23}H^{29}AzO^9$.

ALCALOÏDES DES STRYCHNOS, la *strychnine,* $C^{21}H^{22}Az^2O^2$, et la *brucine,* $C^{23}H^{26}Az^2O^4+H^2O$.

ALCALOÏDES DES QUINQUINAS, la *quinine,*
la *quinidine,*
la *quinicine,*
la *pitayne,* } $C^{20}H^{22}Az^2O^2+nH^2O$; la *cinchonine,*
la *cinchonidine,*
la *cinchonicine,* } $C^{20}H^{24}Az^2O$,

et l'*aricine,* $C^{23}H^{26}Az^2O^4$.

ALCALOÏDE DE L'ACONIT, l'*aconitine,* $C^{30}H^{47}AzO^7$.

ALCALOÏDE DU VERATRUM ALBUM, la *vératrine,* $C^{32}H^{52}Az^2O^8$.

ALCALOÏDE DE LA BELLADONE, l'*atropine,* $C^{17}H^{23}AzO^3$.

Il existe beaucoup d'autres alcaloïdes, mais ils sont moins bien connus.

3. Scaliger emprunte cette citation à un manuscrit de Zosime, auteur grec du III° siècle.

4. Cette dernière opinion est celle de M. Hœfer.

nature, la science de la composition des métaux, l'art de leur transmutation, les recherches sur les moyens d'arriver à la possession de la *pierre philosophale*, de la *panacée universelle*, de *l'âme du monde*.

La science chimique, prise dans son ensemble et au point de vue de l'histoire, se divise en trois périodes distinctes. La première comprend tous les temps historiques jusqu'au IIIe siècle de l'ère chrétienne ; c'est l'époque où certaines observations des phénomènes naturels sont faites isolément, sans aucun but. La seconde s'étend depuis le IIIe siècle jusqu'au XVIIe ; la science, entre les mains des Arabes, paraît un instant sur le point de s'affranchir du joug du mysticisme; mais elle s'y replonge bientôt avec frénésie, en subissant le joug chrétien. Alors, l'objet de son ambition devient la recherche de l'âme du monde, c'est-à-dire du moyen de faire communiquer le monde matériel avec le monde des esprits, puis la découverte de la pierre philosophale, enfin celle de l'élixir universel.

Dans la troisième période, la science, enfin purgée de ses folies, s'efforce de trouver la méthode propre à l'étude des phénomènes naturels et à la découverte des lois qui les régissent.

La seconde de ces périodes constitue seule l'*Alchimie*, mais elle est intimement liée à la première dont elle reçoit en partie les doctrines et les croyances ; c'est pourquoi nous devons parler de ces théories antiques qui plus tard ont servi de bases aux travaux des alchimistes.

Les premiers écrits hermétiques font remonter à Hermès Trismégiste l'origine de cette science, qu'on cultive d'abord sous les noms d'*Art sacré*, de *Science divine*, d'*Art de Rhathon*, d'*Hermès*.

C'est dans les temples égyptiens que les prêtres d'Isis établissent leurs laboratoires ; c'est là qu'ils se livrent à la pratique de la science divine, à la recherche du grand œuvre.

Leur langage est symbolique, leurs opérations sont entourées de mystères, leur science n'est accessible qu'aux seuls initiés ; et les peines les plus sévères garantissent leur silence. La combinaison des nombres, celle des lettres de l'alphabet jouent un grand rôle dans leurs opérations : *Azoth, Abracadabra, Ichona*, sont des mots cabalistiques, des mots redoutables qu'un adepte ose à peine prononcer. Ils attachent la plus grande importance à certaines plantes, aux signes du zodiaque ; pour eux l'influence des astres est incontestable, et chacun des métaux est exprimé par un nom de planète ou par des signes hiéroglyphiques qui rendent plus obscur encore le langage des interprètes.

Plusieurs philosophes grecs voyagent en Égypte : Thalès, Pythagore, Démocrite sont tour à tour initiés à la science mystérieuse des prêtres d'Héliopolis, de Memphis et de Thèbes. Ce n'est point sans doute à ces initiations que les penseurs de 'antiquité empruntent leurs théories sur la constitution de la matière, mais les relations intellectuelles des deux peuples amènent une fusion d'idées qui formaient un tout lorsque, vers le IVe et le Ve siècle, on réunit en un faisceau les éléments épars dont se composait la science hermétique. Parmi ces théories, celle d'Aristote devient au moyen âge d'une importance qui n'est contestée par aucun alchimiste : ses quatre propriétés constitutives de la matière, *sec, humide, froid, chaud*, unies deux à deux à l'exclusion des autres pour former les quatre éléments, *terre, eau, feu, air*, vont subir, par la suite, des transformations successives et, sous l'empire des préoccupations théologiques des chrétiens, devenir de véritables entités qui donnent lieu aux plus étranges conceptions.

La seconde période commence avec les combats que le christianisme à sa naissance livre au paganisme expirant, avec les discussions de l'école néo-platonicienne qui, en face des mystères de la religion du Christ, appelle à son aide le panthéisme mystique de l'ancienne religion d'Égypte ; on dévoile le secret des temples, on révèle aux profanes les pratiques de la science divine, et des ouvrages grecs, premiers commentaires de l'Art sacré, paraissent en grand nombre.

Après l'école des néo-platoniciens, du VIIe au XIe siècle, les Grecs byzantins s'adonnent aux pratiques de la science alchimique : leur curiosité est avide ; il se produit, pour la satisfaire, un nombre considérable d'ouvrages hermétiques, et ces écrits popularisent les théories de l'ancienne Grèce combinées avec les mystérieuses doctrines égyptiennes, conceptions hybrides qui vont servir de base à l'alchimie.

Vers la même époque, les Arabes paraissent ; ils reçoivent de l'empire grec à l'agonie le flambeau de la civilisation, et, dépositaires des théories alchimiques, ils étonnent à bon droit par la grandeur de leurs travaux. Une de leurs gloires, le *maître des maîtres*, Géber emploie déjà la méthode expérimentale : « Nous n'avan- » cerons que ce que nous avons nous-mêmes *vu* et *touché* d'une manière certaine » et expérimentalement, » dit-il dans un de ses ouvrages. Il fait des découvertes d'une extrême importance, l'eau-forte, l'eau régale, la pierre infernale, le sublimé corrosif, le précipité rouge, le foie de soufre. Il trouve l'art d'amalgamer le fer, découverte attribuée à Vogel en 1831. Le premier il expose une théorie complète sur la composition des métaux, et les considère comme composés de deux éléments, *soufre* et *mercure* ; mais ces noms représentent des types, des substances idéales dont le soufre et le mercure de la nature ne sont que d'imparfaites représentations. Le mercure, c'est le principe de fixité, de métallicité, de ductilité ; le soufre repré- sente les principes variables de la modalité. Les différentes proportions dans lesquelles ces principes se combinent engendrent les divers corps de la nature ; et si on parvenait à isoler les substances élémentaires qui entrent dans la composition d'un métal, on aurait en sa possession le pouvoir d'engendrer et de transformer les métaux. On admire combien ces conceptions, tout abstraites qu'elles soient, sont rationnelles ; mais commentées par la métaphysique mystique des chrétiens, elles vont glisser dans l'absurdité.

Cependant, le célèbre Rhasès décrit la préparation de l'eau-de-vie, Artéphius, celle du savon ; les travaux d'Abbucasis sur les appareils distillatoires le font regarder comme l'inventeur de la distillation. Calid, Rachaïdib, sont moins célèbres ; ils laissent de côté toute recherche scientifique sérieuse et leurs écrits, où l'astrologie, la magie, se mêlent aux pratiques alchimiques, sont une sorte de transaction entre les mystères de l'*Art sacré* et les étranges aberrations du moyen âge.

Ainsi popularisées, étendues par les travaux des savants, poétisées par l'imagi- nation orientale, les connaissances alchimiques pénètrent en Occident, à la suite du mouvement provoqué par les croisades selon M. Dumas ; vers les IXe ou Xe siècle, suivant M. Hœfer.

C'est l'époque par excellence où fleurit l'alchimie. Dans l'Europe entière, du XIIIe au XVIe siècle, elle est l'objet d'un enthousiasme qui atteint la démence. C'est le moment où l'intelligence est entraînée par les terreurs superstitieuses, où la rai- son est annihilée sous l'étreinte des conceptions théologiques, où le catholicisme remplit les prisons, forge les cages de fer, élève les bûchers pour ceux qu'un invin- cible amour du vrai pousse à la recherche d'une explication naturelle des phéno- mènes du monde physique.

C'est le temps où le dévouement d'un grand nombre d'hommes, — les uns obscurs, d'autres célèbres, comme Albert le Grand, Roger Bacon, mais tous pleins d'ardeur et de constance, — prépare l'avénement de la chimie moderne.

Albert le Grand, profond investigateur, véritable encyclopédiste, nous laisse dans ses ouvrages alchimiques des études sur le minium, les acétates de cuivre et de plomb, la céruse; sur le cinabre, le cuivre blanc; sur la préparation de la potasse caustique, de l'azur, de l'acide nitrique; il se sert déjà du mot *affinité*, dans le sens adopté aujourd'hui. Ses théories sur l'essence et la composition des métaux diffèrent peu de celles de l'école arabe; elles se rattachent aux idées d'Aristote sur la composition de la matière. Pour lui, les métaux sont identiques dans leur essence, ils s'engendrent, se développent au sein de la terre et, sous l'empire de causes quelconques, restent plus ou moins imparfaits. L'or est le métal le plus parfait. « Quand le mercure pur idéal rencontre le soufre pur idéal, l'or se produit au bout » d'un temps plus ou moins long et par l'action permanente de la nature. »

Ces idées sont aussi celles de Roger Bacon, homme de génie, à la fois chimiste, mathématicien, astronome, médecin, philosophe; mais Bacon ajoute aux deux premiers principes soufre et mercure qu'il appelle *esprits*, l'arsenic qui sert d'intermédiaire et prépare les combinaisons. « Trouver, dit-il, dans le *Miroir des secrets*, un » moyen qui permette de faire en peu de temps ce que la nature fait dans un in- » tervalle beaucoup plus long, c'est ce que les alchimistes appellent *élixir, pierre* » *philosophale*. » Dans ses ouvrages, on trouve, sur la composition et sur les effets de la poudre à canon, sur ceux de la condensation de la vapeur, sur l'air dans ses rapports avec la combustion, une précision de vues qui étonne.

Le surnaturel ne semble jouer aucun rôle dans les théories, dans les observations, dans les expériences que nous ont laissées ces deux savants; et pourtant ni l'un ni l'autre n'échappèrent à l'accusation de magie, et les souffrances de toute une vie de misère, imposées à Roger Bacon par l'autorité ecclésiastique, lui arrachaient à son lit de mort ces paroles amères : « Je me repens de m'être donné tant de peine » pour détruire l'ignorance. »

Le même siècle célèbre la renommée d'Arnauld de Villeneuve, l'un des plus illustres représentants de l'alchimie; mais les œuvres qu'il laisse à la postérité sont pleines de divagations; son langage est incompréhensible, et, s'il est utile à la science en perfectionnant la distillation, il contribue à son asservissement par le mysticisme délirant qui dicte ses ouvrages. C'est ainsi qu'il donne les moyens de se garantir des enchantements, de chasser les démons, de se faire aimer des femmes, d'avoir des enfants. Les mystères religieux jouent un grand rôle dans ses exposés sur la préparation de la pierre philosophale, et ses opérations alchimiques se font sous l'influence des astres, avec l'invocation des puissances surnaturelles. Son élève, Raymond Lulle, malgré l'agitation de sa vie, marche dans la même voie : sa parole est obscure, inintelligible, comme celle du maître; comme lui, il assimile la génération des métaux à celle des êtres doués de vie, et il compare la pierre philosophale à la digestion des aliments au sein de l'organisme vivant. Comme Arnauld de Villeneuve encore, il laisse une grande réputation et un nombre considérable d'ouvrages, dans l'un desquels on remarque un instrument propre à retenir les produits de la distillation. (Cet instrument ressemble au petit appareil à boules de Liebig.) Un certain nombre d'expériences l'amènent à la découverte de l'acide nitrique alcoolisé.

Au xve siècle, Eck de Salzbach démontre que les métaux augmentent de poids par la calcination, et il attribue cette augmentation à un esprit (gaz) qui s'unit au corps du métal. Bernard de Trévise, dans le traité de *Chemio Miraculo* considère la chaleur comme un mouvement. Basile Valentin enrichit la science d'une foule de faits nouveaux et d'un remarquable traité sur l'antimoine. D'après Hœfer, cet alchimiste est le premier qui ait fait mention du danger auquel s'exposent les ouvriers qu'on emploie à l'extraction de l'arsenic. Mais, comme toutes les intelligences de son siècle, il est soumis à l'empire du théologisme et concilie les recherches les plus sérieuses avec les idées les plus bizarres, témoin sa théorie des péchés de l'homme, qu'il considère comme le *résidu de la sublimation des parties divines.*

Nicolas Flamel ne doit sa célébrité qu'aux fables dont on entoure l'origine de sa fortune; longtemps la légende lui attribue la possession du secret de la pierre philosophale, et les récits naïfs de l'époque nous le montrent non point comme un savant, chercheur d'un fait qui doit être la confirmation de ses idées, mais comme un chrétien mystique demandant à genoux aux seules puissances du ciel la réalisation du grand œuvre.

Enfin, l'Allemand Théophraste Paracelse donne, dans les applications de la science chimique à la médecine, le signal d'une révolution qui remplit l'Europe entière du bruit de sa renommée.

Grand par son audace et son originalité, cet homme extraordinaire a sur tout le XVIe siècle une influence incontestable : malgré son ignorance, malgré la forme, aujourd'hui absurde, qu'il donne à ses idées, et le blâme mérité qui s'attache à quelques-uns de ses actes, Paracelse est doué d'une de ces natures ardentes, enthousiastes, qui séduisent, qui passionnent, et la foule l'admire, l'exalte, le suit. Avec ce réformateur, l'alchimie prend une voie nouvelle, et c'est à la découverte de la panacée universelle que tendent tous ses efforts : Paracelse s'occupe peu des théories émises sur la composition des métaux ; le sujet de ses études, c'est l'être humain — qu'il considère comme un composé chimique — et la recherche des moyens qui doivent combattre les altérations possibles de ce composé. Mais il subit entièrement la pression des idées qui dominent les siècles précédents, et, pour lui, la magie est la première des sciences ; tout son système médical même est basé sur l'astrologie.

Après Paracelse, l'alchimie perd son prestige, et l'ardeur des adeptes de la science hermétique commence à se ralentir. C'est le moment où la réforme dégage la pensée si longtemps soumise à l'autorité spirituelle; dès lors l'imagination, qui seule avait le champ libre sous l'étreinte des conceptions théologiques, laisse place à la raison. Alors la science chimique s'élève, peu à peu dépouillée des obscurités, des fantasmagories, des divagations excentriques qui l'entouraient depuis tant d'années.

Pendant le XVIIe et le XVIIIe siècle, on voit encore quelques exaltés que pousse l'amour du bruit. Mais chaque année creuse un abîme entre l'alchimie et la chimie moderne, et, si le XIXe siècle voit encore les disciples d'Hermès ouvrir des cours [1], former des sociétés [2], publier des journaux, c'est que les folies sont de tous les âges, les aberrations possibles à toutes les époques; du reste, la plupart travaillent dans l'ombre, poursuivant malgré les déceptions, malgré les faits contraires à leurs théories, la réalisation de leurs chimères [3].

[1]. Cours publiés à Carlsruhe, jusqu'en 1810.

[2]. Société hermétique de Westphalie.

[3]. Il existe encore des alchimistes à notre époque. On en trouve en Orient qui travaillent avec la même ardeur, la même foi, la même ignorance des lois de la nature qu'au XIIIe siècle. Et, même à Paris, des esprits mystiques cherchent de nos jours la solution du grand problème de la transmutation des métaux. La *France médicale*, du 6 et du 10 janvier 1868, contient un curieux article de MM. J.-Henri Favre et J.-Juste Frantz, sur la transmutation des métaux. Après avoir soumis l'argent à des modes opératoires dont quelques-uns rappellent le moyen âge, ces modernes alchimistes en ont retiré quelques milligrammes d'or. Or, l'argent avait été purifié d'abord, donc l'or résulte d'une transmutation.

Inutile de dire qu'une telle argumentation repose sur une ignorance complète de la chimie. Tel corps qui n'est point précipité lorsqu'il est seul dans une dissolution, est entraîné lorsqu'il est mêlé

Plus longtemps que toute autre science, la chimie est restée soumise à l'autorité théologique; mais doit-on s'en étonner quand le bûcher ou l'échafaud attendaient celui qu'un zèle imprudent avait amené à communiquer ses expériences ou ses observations?

Et pour l'infatigable chercheur lui-même, dans un siècle de mystères et de terreurs, la plus simple des expériences était une merveille : n'est-il point admirable et surnaturel de donner naissance, par la combinaison du soufre et de l'étain, à un corps cristallisé en paillettes dorées (or mosaïque)? de pouvoir faire sur un fourneau, en quelques heures, des corps pareils à ceux que la nature elle-même ne produit qu'à la longue?

Dans leurs laboratoires, des cornues éclataient, des incendies se déclaraient, des gaz s'échappaient avec des odeurs fétides. Les connaissances sur la combustion, sur la dilatation des corps gazeux étaient peu avancées. N'est-il pas tout simple qu'on ait attribué ces effets aux malins esprits acharnés à la poursuite de l'homme?

Et si les idées les plus bizarres, si les absurdités les plus complètes ont présidé aux recherches des alchimistes sur la pierre philosophale, n'en doit-on pas accuser la confusion qui régnait dans les diverses théories sur la composition des métaux, sur leur transmutation ; l'influence des pratiques de l'art sacré, des doctrines professées par les prêtres égyptiens ? L'idée qu'ils avaient de ce mystérieux agent est, du reste, si vague, si fantastique, qu'aucun d'eux ne s'entend sur sa description : pour Artéphius, la pierre philosophale possède la citrinité et la rougeur étincelante; pour Bérigard de Pise, elle a la couleur du pavot sauvage et l'odeur du sel marin; Paracelse la voit rubis foncé et l'Arabe Calid réunit en elle toutes les couleurs : « Elle est blanche, rouge, jaune, verte; » de plus, « elle est liquide, ignée, aérienne, terrestre. » Quelques-uns l'ont touchée, elle est lourde et brillante ; Arnauld de Villeneuve la décrit froide de sa nature, mais propre à acquérir les caractères du feu; enfin, pour un petit nombre d'alchimistes, c'est quelque chose de surnaturel; mais pour tous, c'est une substance propre à transmuter les métaux en or et en argent. On l'a cherchée dans les produits de substances vivantes, dans le lait, dans l'urine, dans le sang, etc., et les traités qui nous restent sur la préparation de ce trésor incomparable, renferment de grandes extravagances, des idées fantastiques, enveloppées d'un profond mysticisme, et exprimées dans le langage le plus incompréhensible qu'on puisse trouver.

Lisez, par exemple, cette exposition d'Arnauld de Villeneuve :

« Sache, mon fils, que je vais t'apprendre la préparation de la pierre philoso-
» phale. Je te dirai d'abord que le Père, le Fils et le Saint-Esprit sont trois en une
» seule personne. Comme le monde a été perdu par la femme, il faut aussi qu'il soit
» régénéré par elle. C'est pourquoi, prends la mère, place-la avec ses huit fils dans
» un lit; surveille-la; et qu'elle fasse rigoureusement pénitence jusqu'à ce qu'elle
» soit lavée de tous ses péchés. Alors elle mettra au monde un fils qui prêchera; des
» signes ont apparu au Soleil et à la Lune; saisis ce fils et châtie-le, afin que
» l'orgueil ne le perde pas. Cela fait, replace-le sur son lit, et lorsque tu lui verras
» reprendre ses sens, tu le saisiras de nouveau pour le plonger tout nu dans l'eau

dans la même liqueur avec un autre corps qui se précipite. Par exemple, précipite-t-on, par un chlorure, une solution renfermant de l'or et de l'argent, l'argent entraîne des traces d'or et le métal rectifié est aurifère. Une série de dissolutions et de précipitations successives sont nécessaires pour obtenir une purification complète. C'est ce qui explique le succès apparent de MM. Favre et Frantz. Ils ont cru opérer sur de l'argent pur parce qu'ils l'avaient précipité par l'acide chlorhydrique et régénéré de son chlorure, et en réalité ils ont agi sur de l'argent qui contenait de l'or.

» froide. Puis remets-le encore une fois sur son lit; et lorsqu'il aura repris ses sens,
» tu le saisiras de nouveau pour le donner à crucifier aux Juifs. Le Soleil étant
» ainsi crucifié, on ne verra pas la Lune : le rideau du temple se déchirera et il y
» aura un grand tremblement de terre. Alors il sera temps d'employer un grand
» feu et l'on verra s'élever un esprit sur lequel beaucoup de monde s'est trompé. »

Le disciple se plaint de ne pas comprendre, et le maître ajoute :

« Nettoie les pierres de la terre, nettoie-les encore, et la chose sera bonne. Si tu
» comprends maintenant les paroles des philosophes, tu auras le secret de l'œuvre.
» Sache donc que le fils qui vient d'être crucifié sera ressuscité des morts; et, comme
» il a une âme, il faudra chauffer davantage, car il se nourrit de feu seulement.
» Aussi les philosophes l'ont-ils appelé *salamandre*, car celle-ci se nourrit également
» de feu. »

Sans être jamais bien intelligibles, les alchimistes employaient cependant quelquefois des symboles dont la science moderne peut pénétrer le sens. C'est ainsi que
M. Dumas, dans son cours de philosophie chimique, donne l'explication de ce passage de Ripley sur la préparation de la pierre philosophale. « Il faut prendre, mon
» fils, le *mercure des philosophes*, et le calciner jusqu'à ce qu'il soit changé en *lion vert* :
» après qu'il aura subi cette transformation, tu le calcineras davantage et il se
» changera en *lion rouge*. Fais digérer au bain de sable ce *lion rouge* avec *l'esprit*
» *aigre de raisin;* évapore ce produit, et le mercure se prendra en une espèce de
» gomme qui se coupe au couteau. Mets cette matière dans une cucurbite lutée et
» conduis la distillation avec lenteur. Les *ombres cimmériennes* couvriront la cucur-
» bite de leur voile sombre, et tu trouveras dans l'intérieur un véritable *dragon, car*
» *il mange sa queue.* Prends ce *dragon noir,* broie-le sur une pierre, fais qu'il avale sa
» queue et distille de nouveau ce produit. Enfin, mon fils, rectifie soigneusement et
» tu verras paraître *l'eau ardente* et le *sang humain.* »

Le mercure des philosophes, c'est le plomb; le lion vert, le deutoxyde de plomb;
le lion rouge, le minium; ce qu'ils nomment esprit aigre de raisin, c'est le vinaigre;
les ombres cimmériennes sont les vapeurs noires qui s'élèvent pendant l'opération;
l'eau ardente est l'acétone, et le sang humain, l'huile d'un rouge brun foncé qui
souille cette substance. Les alchimistes donnent encore au mercure qui se volatilise
le nom de dragon ailé; au mercure en mouvement, celui de dragon qui veille sur la
Toison d'Or; au mercure fixe, celui de dragon endormi par Jason; les quatre éléments sont appelés les quatre enfants de la nature, et la rosée du matin, perle des
philosophes.

Le charlatanisme et la mauvaise foi eurent certainement grande part dans les
paroles et dans la conduite de bon nombre d'alchimistes; l'ignorance était grande,
on vivait au milieu des terreurs de la superstition ; les plus habiles en profitaient
avec une impudence qui dépasse toute limite. Un mémoire de M. Geoffroy à l'Académie des sciences nous montre les tours d'adresse qu'employaient de prétendus
philosophes chimistes pour faire trouver de l'or et de l'argent à la place des matières qu'ils devaient transmuer. « Ils se servent souvent de creusets ou de coupelles
» doublées, ou dont ils ont garni le fond de chaux d'or ou d'argent, ils recouvrent
» ce fond avec une pâte faite de poudre de creuset qu'ils accommodent de manière
» que cela paraît le véritable fond. D'autres fois, ils font un trou dans un charbon
» où ils coulent de la poudre d'or ou d'argent qu'ils referment avec de la cire. Ils se
» servent de baguettes creusées à leur extrémité, dont le trou est rempli de limaille
» d'or ou d'argent, et qui est rebouché avec de la sciure fine du même bois; la
» baguette en brûlant dépose dans le creuset le métal qu'elle contenait... etc. »

Mais il serait injuste de confondre avec ces trompeurs, d'assimiler même aux fous mystiques qui les ont précédés, ces hommes admirables, héroïques chercheurs du vrai, qui consacraient leur vie à la réussite d'une expérience; hommes d'un zèle infatigable, grands par leur persévérance, grands par leur abnégation et auxquels nous devons notre tribut d'hommages. « L'opérateur qu'une mort prématurée » enlevait à ses travaux, dit M. Hœfer, laissait souvent une expérience commencée » en héritage à son fils; et il n'était pas rare de voir celui-ci léguer dans son testa-» ment le secret de l'expérience inachevée dont il avait hérité de son père. Les » expériences d'alchimie se transmettaient de père en fils comme des biens ina-» liénables. »

Leurs conceptions furent erronées, absurdes même; mais ils nous ont légué la méthode expérimentale dont ils sont les fondateurs, et la fièvre ardente qui consommait leur vie n'a pas été perdue pour l'humanité. Ils ont travaillé, ils ont souffert, et nous recueillons les fruits de leur œuvre.

BIBLIOGRAPHIE. — Hermann Kopp, *Geschichte der Chemie* (1844). — Schmieder, *Geschichte der Alchemie*, 1832, à Halle; le livre le plus complet sur la matière. — Figuier, Louis, l'*Alchimie et les alchimistes*, 3e édition. Paris, 1860. — Le *Livre des figures hiéroglyfiques de Nicolas Flamel*, etc., traduit du latin en français, par P. Arnauld, sieur de la Chevallerie, 1612. — Salmon, *Bibliothèque des Philosophes chimiques*. — Basile Valentin, l'*Apocalypse chimique*. — Th. Northon, *le Triomphe hermétique*. — S. Ripley, *le Livre des Douze portes*. — Paracelse, *Opera*, et notamment *de Naturá rerum*, de *Imaginibus, de Homunculis et monstris*. — Pouchet, *Étude sur Albert le Grand*. — Hœfer (Dr), *Histoire de la chimie*. — Lenglet du Fresnoy, *Histoire de la Philosophie hermétique*. — Abbé Vilain, *Histoire critique de Nicolas Flamel*, 1761. — Menget, *Bibliotheca chemica curiosa*. — Hoghelande, *Historiæ aliquot transmutationis metallicæ*. — Philalèthe, *Introitus apertus ad occlusum regis palatium*, 1615.   R... M...

ALCOOLS. — On a donné le nom d'alcools à des corps organiques oxygénés ternaires (composés de carbone, d'hydrogène et d'oxygène) qui ont la propriété de réagir sur les acides en formant de l'eau en même temps que des composés nommés *éthers* (V. ce mot). Ces éthers renferment les éléments des deux corps mis en œuvre pour les former, à l'exception de l'eau éliminée.

Les alcools peuvent être divisés en un grand nombre de classes. Si l'on fait agir sur eux un acide monoatomique, ils subissent la réaction caractéristique, dont nous venons de parler, soit une fois, soit deux fois....., soit six fois. Dans le premier cas on a des alcools monoatomiques, dans le second cas des alcools diatomiques ou glycols, dans le troisième cas des alcools triatomiques et, dans les cas suivants, des alcools tétratomiques, pentatomiques et hexatomiques, confondus jusqu'à ce jour sous le nom commun de sucres.

Les alcools se trouvent donc déjà de par le fait de leur atomicité divisés en six classes. Chacune de ces classes peut à son tour subir une subdivision fondée sur la façon dont ils se comportent en présence des agents d'oxydation.

Un alcool monoatomique peut-il, sous l'influence des agents d'oxydation, perdre deux atomes d'hydrogène en fournissant une aldéhyde (V. ce mot) et prendre un atome d'oxygène, en échange des deux atomes d'hydrogène éliminés, cet alcool est dit *primaire*.

Un alcool monoatomique perd-il deux atomes d'hydrogène, mais sans pouvoir jamais leur substituer de l'oxygène, et donne-t-il, par la perte d'hydrogène, une acétone au lieu d'une aldéhyde, on le nomme alcool *secondaire*.

Enfin, un alcool monoatomique ne peut-il former ni acide, ni aldéhyde, ni acétone en s'oxydant, et ne fournit-il que des produits d'oxydation moins carbonés que lui et résultant de la destruction de sa molécule, on le dit *tertiaire* [1].

Les alcools d'une atomicité supérieure à un peuvent être subdivisés de la même manière, mais en un plus grand nombre de classes. Ainsi l'on peut concevoir des glycols primaires, secondaires ou tertiaires, des glycols mi-primaires, mi-secondaires, des glycols mi-primaires, mi-tertiaires et des glycols mi-secondaires, mi-tertiaires, soit six classes au lieu de trois. Ce nombre de classes, déduit d'après les mêmes règles, serait encore plus considérable dans les alcools d'une atomicité supérieure à deux.

Lorsqu'un alcool peut perdre une première fois deux atomes d'hydrogène en donnant une aldéhyde, et une seconde fois deux atomes d'hydrogène en fournissant une deuxième aldéhyde, différente de la première; lorsqu'il peut en outre prendre un atome d'oxygène en échange de deux atomes d'hydrogène, ou deux atomes d'oxygène en échange de quatre atomes d'hydrogène, avec formation de deux acides distincts, c'est un *glycol primaire*.

S'il ne peut former aucun acide, mais qu'il donne naissance à deux acétones, en perdant deux ou quatre atomes d'hydrogène, c'est un *glycol secondaire*.

S'il ne peut former ni acides ni acétones, et que les produits de son oxydation soient toujours moins carbonés que lui et résultent de la destruction de sa molécule, c'est un *glycol tertiaire*.

Il peut arriver aussi qu'un glycol puisse perdre deux d'hydrogène en donnant une aldéhyde, et prendre en échange un d'oxygène pour former un acide, mais que si on lui fait perdre une seconde fois deux d'hydrogène, on obtienne un produit de nature acétonique incapable de fixer de l'oxygène pour former un deuxième acide. Le glycol est alors *mi-primaire, mi-secondaire*.

Il se peut encore qu'un glycol puisse échanger deux atomes d'hydrogène contre un d'oxygène en donnant un acide, ou perdre simplement deux atomes d'hydrogène en donnant naissance à une aldéhyde, mais qu'il ne puisse plus ensuite subir d'oxydation ultérieure qu'en fournissant des corps moins carbonés que lui, résultant de la destruction de sa molécule. C'est alors un glycol *mi-primaire, mi-tertiaire*.

Enfin un glycol peut, en s'oxydant une première fois, perdre deux atomes d'hydrogène et donner un produit de nature acétonique incapable de fixer ultérieurement de l'oxygène, et ne plus pouvoir subir ensuite d'oxydation qu'en fournissant des produits moins carbonés, résultant de la destruction de sa molécule. C'est alors un glycol *mi-secondaire, mi-tertiaire*.

En appliquant les mêmes règles de division aux alcools triatomiques, tétratomiques, etc., on trouverait qu'il peut exister dix classes de glycérines..... et ainsi de suite, en épuisant dans chaque cas le nombre des combinaisons possibles.

Jusqu'à présent les diverses classes d'alcools dont nous parlons sont extrêmement loin d'être complètes. Beaucoup n'existent qu'en théorie. Mais on connaît des acides qui dérivent d'alcools inconnus appartenant à l'une ou l'autre d'entre elles.

Après avoir défini et classé les alcools, nous aurions à passer en revue chacune de ces classes en particulier, mais nous ne nous occuperons ici que des alcools monoatomiques. Pour les alcools diatomiques, nous renverrons au mot *Glycols*,

---

1. Par exemple, lorsqu'on cherche à oxyder le triméthyl-carbinol $C^4H^{10}O$, ce corps perd du carbone à l'état de gaz carbonique et de l'hydrogène à l'état d'eau, et donne des produits de combustion qui renferment moins de quatre atomes de carbone. C'est un *alcool tertiaire*.

pour les alcools triatomiques, au mot Glycérines, et pour les alcools tétra-, penta- et hexatomiques au mot Sucres.

ALCOOLS MONOATOMIQUES. — I. *Alcools monoatomiques primaires.*

Jusqu'à ce jour ce sont les mieux étudiés de tous les alcools. Nous avons à examiner leur mode de formation et leurs propriétés générales.

MODES DE FORMATION. — Les alcools monoatomiques primaires peuvent être obtenus au moyen des hydrocarbures, au moyen des aldéhydes, au moyen des ammoniaques composées et au moyen des glycols.

1° *Au moyen des hydrocarbures.* — Les alcools, avons-nous dit, sont des composés oxygénés ternaires. Nous ajouterons ici que les alcools monoatomiques, à quelque groupe qu'ils appartiennent, ne renferment jamais qu'un seul atome d'oxygène, le nombre d'atomes d'oxygène que renferme un alcool étant toujours égal, sans exception, à celui qui indique son atomicité (les alcools diatomiques en renferment deux, les alcools triatomiques trois, etc.). Il en résulte que si l'on enlève son oxygène à un alcool monoatomique, on obtient un carbure d'hydrogène, et que l'on obtient un second hydrocarbure, renfermant deux hydrogènes de moins que le premier, lorsqu'on soustrait une molécule d'eau à ce même alcool[1]. Lorsqu'on possède les alcools comme matière première, on peut préparer, au moyen d'eux, les hydrocarbures qui leur correspondent, mais lorsque, au contraire, ce sont les hydrocarbures que l'on possède comme matière première, on peut remonter de ces derniers aux alcools.

Pour préparer un alcool au moyen du plus hydrogéné des deux hydrocarbures qui lui correspondent, on soumet cet hydrocarbure à l'action ménagée du chlore. Un atome de ce métalloïde se substitue à un atome d'hydrogène et l'on obtient l'hydrocarbure primitif monochloré. Ce produit, soumis à l'action de l'acétate d'argent, donne du chlorure d'argent et un éther acétique, composé analogue à l'hydrocarbure chloré, à cela près que le chlore y est remplacé par le résidu halogénique de l'acide acétique (voy. *Acides*). Enfin, soumis à la potasse, l'éther acétique échange son résidu halogénique d'acide acétique contre de l'oxhydryle (radical monoatomique formé d'un atome d'oxygène et d'un atome d'hydrogène) et l'on obtient, comme produits de la réaction, de l'acétate de potassium et de l'alcool[2]. Cette méthode, dans tous les cas où on l'a employée, a toujours fourni, jusqu'à ce jour, des alcools primaires.

Lorsqu'on veut préparer un alcool au moyen de l'hydrocarbure qui en diffère par une molécule d'eau, c'est-à-dire au moyen du moins riche en hydrogène des deux hydrocarbures qui lui correspondent, il faut fixer une molécule d'eau sur ce corps.

---

1. Si, par exemple, on enlève O à l'alcool éthylique ou ordinaire C^4H^6O, on obtient un hydrocarbure, l'*hydrure d'éthyle* C^4H^6 ; si on lui enlève de l'eau H^2O, on obtient un autre hydrocarbure, l'éthylène C^2H^4, qui diffère de l'hydrure d'éthyle par H^2 en moins.

2. Les formules suivantes rendent compte de ces réactions successives :

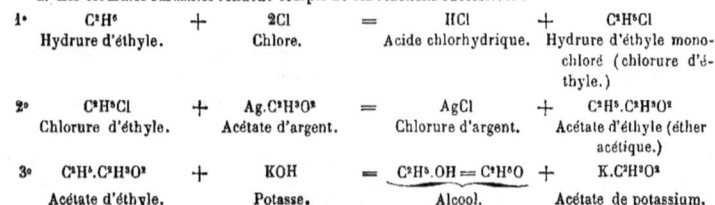

1°	C^4H^6	+	2Cl	=	HCl	+	C^4H^6Cl
	Hydrure d'éthyle.		Chlore.		Acide chlorhydrique.		Hydrure d'éthyle monochloré (chlorure d'éthyle.)
2°	C^4H^6Cl	+	$Ag.C^4H^3O^4$	=	AgCl	+	$C^4H^5.C^4H^3O^4$
	Chlorure d'éthyle.		Acétate d'argent.		Chlorure d'argent.		Acétate d'éthyle (éther acétique.)
3°	$C^4H^5.C^4H^3O^4$	+	KOH	=	$C^4H^5.OH = C^4H^6O$	+	$K.C^4H^3O^4$
	Acétate d'éthyle.		Potasse.		Alcool.		Acétate de potassium.

Mais comme l'eau ne se combine pas directement avec les carbures d'hydrogène, on est obligé de recourir à un moyen détourné.

En agitant l'hydrocarbure avec un acide fort comme l'acide sulfurique, ou en le chauffant avec un hydracide tel que l'acide iodhydrique ou l'acide bromhydrique, on obtient une addition directe de l'acide à l'hydrogène carboné, addition directe dont le produit est un éther sulfurique ou un éther iodhydrique ou bromhydrique (voy. *Éthers*). Si c'est au moyen de l'acide sulfurique que l'on opère, il suffit de distiller le produit avec l'eau pour avoir l'alcool et l'acide sulfurique régénéré. Si c'est au moyen d'un hydracide, il faut traiter successivement par l'acétate d'argent et la potasse l'éther simple obtenu, comme dans le procédé précédent [1]. Avec l'éthylène, cette méthode réussit très-bien et fournit l'alcool ordinaire ou éthylique qui est un alcool primaire. Mais avec les hydrocarbures plus carbonés que l'éthylène : le propylène, le butylène, l'amylène, etc., elle fournit des alcools secondaires ou tertiaires que M. Wurtz à qui est due la connaissance de ce fait avait pris pour une classe d'alcools complétement à part, à laquelle il avait donné le nom de *pseudo-alcools*.

2⁰ *Préparation des alcools au moyen des aldéhydes.* — Nous avons déjà eu l'occasion de dire que quand on soumet les alcools à des influences oxydantes, ceux-ci perdent de l'hydrogène et se convertissent en aldéhydes. La réaction inverse est tout aussi facile: lorsqu'on soumet une aldéhyde à l'action de l'hydrogène naissant développé au moyen de l'eau et de l'amalgame de sodium, il se fixe deux atomes d'hydrogène sur ce corps et il se produit un alcool. Dans les séries où l'on a l'aldéhyde et où l'on ne possède pas l'alcool, dans la série benzoïque par exemple, on emploie ce procédé. On peut encore traiter l'aldéhyde par une solution alcoolique de potasse ou de soude. Deux molécules d'aldéhyde entrent en jeu : l'une perd un atome d'hydrogène, et fixe un atome de métal alcalin et un atome d'oxygène, en se convertissant ainsi en sel alcalin de l'acide correspondant. L'autre fixe l'atome d'hydrogène perdu par la première, ainsi que l'atome du même métalloïde qui reste de l'hydrate alcalin et se transforme en alcool [2]. Ce procédé est moins général que le précédent : il ne réussit que dans la série aromatique. Mais là où il réussit, il est plus commode. Il est dû à M. Cannizzaro.

Troisième et quatrième procédé. — La préparation des alcools monoatomiques primaires au moyen des ammoniaques composées, et la préparation des mêmes corps au moyen des glycols constituent des méthodes compliquées que nous ne pouvons que mentionner ici et pour lesquelles nous renvoyons aux ouvrages spéciaux. (Voir *Principes de chimie fondée sur les théories modernes*, par A. Naquet, II, p. 82, 2⁰ édit.)

---

[1]. Par exemple, en partant de l'éthylène on a les réactions suivantes :

1⁰ C^2H^4 + SO^4H^2 = $C^2H^6SO^4$
       Éthylène.   Acide sulfurique.   Acide sulfovinique (éther
                                                sulfurique acide.)

2⁰ $C^2H^6SO^4$ + H^2O = H^2SO^4 + C^2H^6O
       Acide sulfovinique.   Eau.   Acide sulfurique.   Alcool.

3⁰ C^2H^4 +   HBr   = C^2H^5Br
       Éthylène.   Acide bromhydrique.   Bromure d'éthyle.

Le bromure d'éthyle traité par l'acétate d'argent et la potasse éprouve ensuite les transformations exprimées par les deux dernières équations de la précédente note.

[2]. Exemple :

1⁰ C^7H^6O + H^2 = C^7H^8O
       Aldéhyde benzoïque.   Hydrogène.   Alcool benzylique.

2⁰ C^7H^6O +   KHO   = $C^7H^5KO^2$ + C^7H^8O
       Aldéhyde benzoïque.   Potasse.   Benzoate de potassium.   Alcool benzylique.

PROPRIÉTÉS DES ALCOOLS MONOATOMIQUES PRIMAIRES. — 1° *Action des agents d'oxy-dation*. — Sous l'influence des agents oxydants les alcools monoatomiques primaires peuvent perdre deux atomes d'hydrogène pour former une aldéhyde (*Alcool dehy-drogenatum*). Si l'oxydation est plus énergique, un atome d'oxygène diatomique se substitue aux deux atomes d'hydrogène enlevés et l'on obtient un acide monoa-tomique comme l'alcool dont il provient. C'est ainsi que l'alcool ordinaire ou éthy-lique fournit par un premier degré d'oxydation l'aldéhyde acétique et, par un second degré d'oxydation, l'acide acétique [1].

2° *Action des agents déshydratants*. — Sous l'influence des agents déshydratants, comme le chlorure de zinc, par exemple, les alcools peuvent perdre une molécule d'eau et se transformer chacun en un hydrocarbure déterminé. Si la déshydratation est moins énergique, la molécule d'eau s'élimine aux dépens de deux molécules d'alcool et le produit formé, encore oxygéné, est un éther proprement dit [2].

3° *Action des acides*. — Traités par les acides, à une température qui varie avec l'énergie de ces derniers, les alcools se comportent comme des bases : ils donnent de l'eau et un véritable sel qui a reçu le nom d'*éther simple* lorsqu'il dérive d'un hydra-cide et d'*éther composé* lorsqu'il dérive d'un oxacide (voy. *Éthers et Acides*). Si l'acide que l'on emploie est monoatomique, il forme un seul éther, comme il formerait un seul sel en réagissant sur une base ; s'il est di-, tri-... atomique, il peut former 2, 3... *n* éthers. Parmi ces éthers les uns sont neutres et les autres acides [3].

1. Les équations suivantes expriment ces transformations :

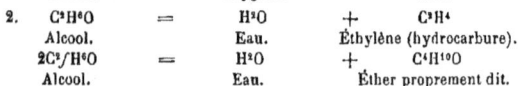

$$C^2H^6O \quad + \quad O \quad = \quad H^2O \quad + \quad C^2H^4O$$
Alcool.   Oxygène.   Eau.   Aldéhyde.

$$C^2H^6O \quad + \quad 2O \quad = \quad H^2O \quad + \quad C^2H^4O^2$$
Alcool.   Oxygène.   Eau.   Acide acétique.

2. $$C^2H^6O \quad = \quad H^2O \quad + \quad C^2H^4$$
Alcool.   Eau.   Éthylène (hydrocarbure).

$$2C^2H^6O \quad = \quad H^2O \quad + \quad C^4H^{10}O$$
Alcool.   Eau.   Éther proprement dit.

3. Par exemple, l'acide acétique monoatomique formera un seul éther composé neutre :

$$C^2H^6O \quad + \quad C^2H^4O^2 \quad = \quad H^2O \quad + \quad C^4H^8O^2$$
Alcool.   Acide acétique.   Eau.   Éther acétique (acétate
d'éthyle).

L'acide lactique diatomique et monobasique forme deux éthers monoalcooliques isomères, l'un neutre, l'autre acide, et un éther dialcoolique neutre :

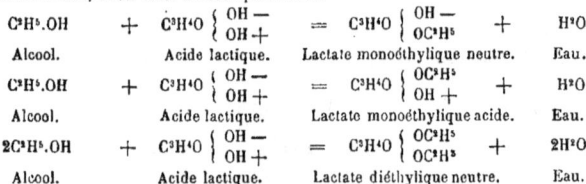

$$C^2H^5.OH \quad + \quad C^3H^4O \begin{cases} OH- \\ OH+ \end{cases} = \quad C^3H^4O \begin{cases} OH- \\ OC^2H^5 \end{cases} + \quad H^2O$$
Alcool.   Acide lactique.   Lactate monoéthylique neutre.   Eau.

$$C^2H^5.OH \quad + \quad C^3H^4O \begin{cases} OH- \\ OH+ \end{cases} = \quad C^3H^4O \begin{cases} OC^2H^5 \\ OH+ \end{cases} + \quad H^2O$$
Alcool.   Acide lactique.   Lactate monoéthylique acide.   Eau.

$$2C^2H^5.OH \quad + \quad C^3H^4O \begin{cases} OH- \\ OH+ \end{cases} = \quad C^3H^4O \begin{cases} OC^2H^5 \\ OC^2H^5 \end{cases} + \quad 2H^2O$$
Alcool.   Acide lactique.   Lactate diéthylique neutre.   Eau.

L'acide sulfurique diatomique et bibasique forme seulement deux éthers : l'un monoalcoolique acide, l'acide sulfovinique ou sulfate acide d'éthyle, l'autre bialcoolique neutre, le sulfate neutre d'éthyle :

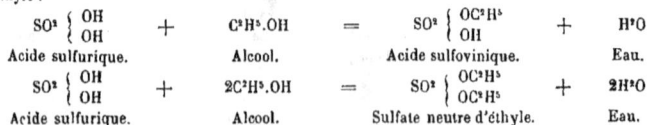

$$SO^2 \begin{cases} OH \\ OH \end{cases} + \quad C^2H^5.OH \quad = \quad SO^2 \begin{cases} OC^2H^5 \\ OH \end{cases} + \quad H^2O$$
Acide sulfurique.   Alcool.   Acide sulfovinique.   Eau.

$$SO^2 \begin{cases} OH \\ OH \end{cases} + \quad 2C^2H^5.OH \quad = \quad SO^2 \begin{cases} OC^2H^5 \\ OC^2H^5 \end{cases} + \quad 2H^2O$$
Acide sulfurique.   Alcool.   Sulfate neutre d'éthyle.   Eau.

L'isomérie des deux éthers monoalcooliques des acides diatomiques et monobasiques est expliquée à l'article *Acides*.

4⁰ *Action des métaux alcalins.* — Les métaux alcalins réagissent vivement sur les alcools monoatomiques; ils en dégagent un atome d'hydrogène auquel ils se substituent. Les produits formés portent le nom d'alcools sodés, potassés, etc. Quelquefois on les dénomme aussi d'après les règles de la nomenclature des sels, l'alcool étant ici considéré comme acide. Ainsi, l'alcool ordinaire, s'appelant *alcool éthylique*, on désigne souvent l'alcool sodé sous le nom d'*éthylate de sodium*. Les produits ainsi formés sont décomposables par l'eau avec régénération d'alcool et production d'un hydrate alcalin. — Les autres propriétés des alcools monoatomiques primaires sont sans importance et ne peuvent trouver place dans un article comme celui-ci, où nous devons nous borner à exposer les propriétés caractéristiques [1].

II. *Alcools monoatomiques secondaires.*

Préparation. — On obtient les alcools secondaires, soit en faisant agir l'hydrogène naissant sur les acétones qui fixent deux atomes de ce corps, soit en traitant les hydrocarbures de la série de l'éthylène par l'acide iodhydrique, et traitant ensuite l'iodure formé par l'oxyde d'argent humide. Nous avons vu, en effet, en nous occupant de la préparation des alcools primaires, que, sauf le cas où l'on opère sur l'éthylène, ce sont des alcools secondaires ou tertiaires que l'on obtient dans cette réaction (pseudo-alcools de M. Wurtz).

Les alcools secondaires ont un certain nombre de propriétés qui leur sont communes à eux et aux alcools primaires. Ainsi, les acides et les métaux alcalins agissent de même sur ces deux classes d'alcools. Les corps déshydratants donnent encore très-facilement un hydrocarbure en enlevant une molécule d'eau à l'alcool; mais on n'a pas observé jusqu'ici que la décomposition de ces corps donnât naissance à un éther provenant de l'élimination d'une molécule d'eau aux dépens d'une double molécule d'alcool.

La réaction qui caractérise les alcools secondaires est l'oxydation. Sous l'influence des agents oxygénants, ces alcools perdent deux atomes d'hydrogène comme les alcools primaires, mais au lieu de se transformer ainsi en une aldéhyde, ils se transforment en une acétone. Celle-ci est isomère de l'aldéhyde que fournirait l'alcool primaire de même formule. Cette acétone ne pouvant jamais fixer de l'oxygène pour donner un acide, il n'existe pas d'acide correspondant aux alcools secondaires [2].

[1]. Les alcools monoatomiques primaires actuellement connus sont : l'alcool *méthylique* ou *hydrate de méthyle* CH^4O, l'alcool *éthylique* ou *hydrate d'éthyle* C^2H^6O, l'alcool *propylique* ou *hydrate de propyle* C^3H^8O, l'alcool *butylique* ou *hydrate de butyle* $C^4H^{10}O$, l'alcool *amylique* ou *hydrate d'amyle* $C^5H^{12}O$, l'alcool *hexylique* ou *hydrate d'hexyle* $C^6H^{14}O$, l'alcool *heptylique* ou *hydrate d'heptyle* $C^7H^{16}O$, l'alcool *octylique* ou *hydrate d'octyle* $C^8H^{18}O$, l'alcool *cétylique* ou *éthal* ou *hydrate de cétyle* $C^{16}H^{34}O$, l'alcool *cérylique* ou *hydrate de ceryle* $C^{27}H^{56}O$, l'alcool *myricique* ou *hydrate de myricyle* $C^{30}H^{62}O$.

L'alcool *benzylique* ou *hydrate de benzyle* C^7H^8O, l'alcool *toluique* ou *hydrate de tolyle* $C^8H^{10}O$, l'alcool *cuminique* ou *hydrate de cumyle* $C^{10}H^{14}O$, l'alcool *sycocérylique* ou *hydrate de sycocéryle* $C^{18}H^{30}O$.

L'alcool *acétylénique* C^2H^4O, isomère de l'aldéhyde ordinaire et de l'oxyde d'éthylène (voyez *Glycols*), l'alcool *allylique* C^3H^6O, isomère de l'aldéhyde propylique, de l'acétone et de l'oxyde de propylène.

L'alcool *campholique* ou *bornéol* $C^{10}H^{18}O$.

L'alcool *cinnamique* ou *styrone* $C^9H^{10}O$ et l'alcool *cholestérique* ou *cholestérine* $C^{26}H^{44}O$.

[2]. Ainsi tandis que l'alcool propylique normal C^3H^8O se transforme par l'oxydation en aldéhyde propionique C^3H^6O, et puis en acide propionique $C^3H^6O^2$, l'alcool isopropylique (alcool secondaire) donne un isomère de l'aldéhyde, l'acétone C^3H^6O, et ne fournit aucun acide.

Les alcools secondaires monoatomiques connus sont :

L'alcool *isopropylique* C^3H^8O, l'alcool *isobutylique* ou *hydrate de butylène* $C^4H^{10}O$, l'alcool *isoamylique* et son isomère l'*hydrate d'amylène* $C^5H^{12}O$, le pseudo-alcool *hexylique* $C^6H^{14}O$, le pseudo-alcool *diallylique* $C^6H^{12}O$ et le pseudo-alcool *octylique* $C^8H^{18}O$. Il est à remarquer que chacun de ces alcools secondaires a un alcool monoatomique primaire pour isomère.

III. *Alcools monoatomiques tertiaires.*

On ne connaît encore que cinq alcools de cette classe : le triméthyl-carbinol, le méthyl-diéthyl-carbinol, le propyl-diméthyl-carbinol, l'éthyl-diméthyl-carbinol et le propyl–diéthyl-carbinol [1].

Tous les alcools tertiaires ont été obtenus par l'action du chlorure d'acétyle ou du chlorure d'un autre radical acide sur le zinc-éthyle ou le zinc-méthyle. Le zinc s'empare de l'atome d'oxygène du chlorure organique, et deux radicaux d'alcools se substituent à cet atome d'oxygène. Le produit est un éther chlorhydrique de l'alcool tertiaire cherché, éther chlorhydrique que l'eau décompose avec production d'alcool tertiaire et d'acide chlorhydrique [2].

THÉORIE DES ALCOOLS.

La fonction alcoolique est une fonction essentiellement organique, c'est-à-dire que l'on ne rencontre que dans la série du carbone. Le carbone est tétratomique, ce qui veut dire qu'un atome de carbone peut s'unir au maximum à quatre atomes d'hydrogène pour former un composé saturé ; ce composé existe, c'est le gaz des marais. Mais on conçoit aussi que deux atomes de carbone s'unissent entre eux par un de leurs centres d'attraction, et qu'ils constituent un groupe de deux atomes, lequel achèvera de se saturer par de l'hydrogène [3]. Nous reviendrons en détail sur

---

1. La formule du triméthyl-carbinol est $C^4H^{10}O$; celle du méthyl-diéthyl-carbinol et de son isomère le propyl-diméthyl-carbinol $C^6H^{14}O$, celle de l'éthyl-diméthyl-carbinol $C^5H^{12}O$ et celle du propyl-diéthyl-carbinol $C^8H^{18}O$. Ces corps sont donc respectivement isomères des alcools butylique, amylique, hexylique et octylique primaires et secondaires, ils ont tous été obtenus par M. Boutlerow, à l'exception de l'éthyl-diméthyl-carbinol, qui a été découvert par M. Popoff.

2. Nous citerons comme exemple la préparation du triméthyl-carbinol.

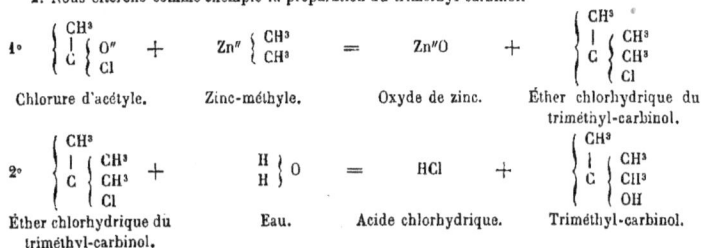

Chlorure d'acétyle.　　　Zinc-méthyle.　　　Oxyde de zinc.　　　Éther chlorhydrique du triméthyl-carbinol.

Éther chlorhydrique du triméthyl-carbinol.　　Eau.　　Acide chlorhydrique.　　Triméthyl-carbinol.

3. Le carbone étant représenté par le symbole —C— qui indique quatre centres d'attraction, on conçoit qu'à chacun de ces centres d'attraction s'ajoute un atome d'hydrogène ; on a alors le gaz des marais H—C—H. Mais on conçoit aussi que les atomes de ce carbone se saturant réciproquement eux-mêmes, on ait des hydrocarbures tels que l'hydrure d'éthyle, l'hydrure le propyle, ou des hydrocarbures non saturés comme l'éthylène.

cette saturation réciproque des atomes de carbone à l'article *Séries organiques* et a l'article *Hydrocarbures*. Qu'il nous suffise de savoir actuellement qu'il existe un grand nombre de corps, saturés ou non, exclusivement formés de carbone et d'hydrogène, et nommés *hydrocarbures*.

Le carbone est placé dans le milieu de la série électrique ; il n'est ni assez négatif pour communiquer à l'hydrogène des propriétés basiques énergiques comme le ferait le chlore, pour qu'en un mot les hydrogènes carbonés soient des acides ; mais il n'est pas non plus assez positif pour que son hydrogène acquière des propriétés négatives et ne puisse être remplacé que par les métalloïdes négatifs ou les résidus halogéniques d'acides. Doué des propriétés mixtes, l'hydrogène des hydrocarbures peut être remplacé, atome par atome, par du chlore, comme dans le gaz des marais monochloré, bichloré, etc. [1]. Il peut aussi être partiellement au moins remplacé par des métaux alcalins. On en voit un exemple dans le sodium-méthyle, qui dérive du gaz des marais par la substitution d'un atome de sodium à un atome d'hydrogène, et qui renferme par conséquent un atome de carbone, un atome de sodium et trois atomes d'hydrogène [2].

Toutefois la substitution du chlore à l'hydrogène se fait par l'action directe du chlore, tandis que la substitution des métaux alcalins n'a lieu que par des moyens indirects. On ne parvient à remplacer l'hydrogène des carbures d'hydrogène par un métal, ni par double décomposition au moyen des bases, comme cela a lieu avec les acides, ni même par l'action directe du métal alcalin. L'hydrogène des hydrocarbures est donc, en somme, plutôt doué de propriétés négatives que de propriétés positives.

Supposons, maintenant, que par un moyen quelconque, on vienne à interposer un atome d'oxygène entre le carbone, et l'hydrogène qui lui est uni, ou, ce qui revient au même, qu'on remplace un atome d'hydrogène d'un hydrocarbure par l'*oxhydryle* (radical formé d'un atome d'oxygène et d'un atome d'hydrogène) [3]. Il est évident que l'atome d'hydrogène lié à l'oxygène sera dans de tout autres conditions que les autres qui sont directement unis au carbone. L'oxygène étant plus négatif que le carbone, cet hydrogène deviendra plus positif, sans cependant encore devenir assez positif pour que le corps puisse constituer un acide (Voir *Acides*). Il ne pourra pas, comme dans les acides, s'échanger contre un métal alcalin

---

1. Le gaz des marais étant CH^4, ses dérivés mono-,di-,trichloré ont pour formules CH^3Cl, CH^2Cl'', $CHCl^3$, etc.

2. Le sodium-méthyle répond à la formule CH^3Na.

3. Par exemple, dans le gaz des marais $H—\overset{\text{H}}{\underset{\text{H}}{C}}—H$ on peut supposer qu'un des quatre atomes d'hydrogène soit enlevé et qu'un atome d'oxygène prenne sa place, cela donnera le composé $H—\overset{\text{H}}{\underset{\text{C}}{C}}—O—$, mais comme l'oxygène est diatomique et qu'une seule de ses atomicités se trouvera saturée par le carbone, il lui en restera une de libre par laquelle il pourra fixer un atome d'hydrogène en donnant le composé $H—\overset{\text{H}}{\underset{\text{H}}{C}}—O—H$. On exprimera la composition de ce corps en disant soit qu'un atome d'oxygène y est interposé entre un atome d'hydrogène et un atome de carbone, soit, pour plus de simplicité, qu'une molécule d'oxhydryle $(OH)'$ y est substituée à un atome d'hydrogène H. Quand on adopte cette dernière forme d'expression, on écrit la formule du composé $CH^3.OH$.

par double décomposition, en formant un sel et de l'eau, sous l'influence des bases (hydrates métalliques); mais d'une part, il deviendra remplaçable par les métaux alcalins sous l'influence directe de ces derniers; et d'autre part, il ne pourra plus, en aucun cas, être remplacé par les corps négatifs tels que le chlore ou le brome.

Les corps qui dérivent ainsi d'un hydrocarbure par la substitution d'un ou de plusieurs oxhydryles à l'hydrogène, dont un ou plusieurs atomes d'hydrogène sont par suite doués de propriétés intermédiaires entre celles de l'hydrogène des hydrocarbures et celles de l'hydrogène basique des acides, sont des alcools. L'hydrogène de l'oxhydryle des alcools prend le nom d'*hydrogène typique*, nom qui reste de la théorie des types, aujourd'hui remplacée par celle plus large de l'atomicité.

Dans un alcool on peut remplacer l'hydrogène typique par un radical d'acide oxygéné ou, ce qui revient au même, on peut remplacer l'oxhydryle par un résidu halogénique d'acide [1]. On peut aussi remplacer l'oxhydryle par le chlore ou ses congénères. Il se forme dans le premier cas des éthers composés et dans le second des éthers simples [2].

Lorsqu'un alcool renferme un seul oxhydryle, il ne peut naturellement fournir qu'une seule série d'éthers, il est monoatomique. Lorsqu'il en renferme deux, il peut subir deux fois la substitution précédente et fournir deux séries d'éthers, il est diatomique; lorsqu'il en renferme trois, il est triatomique et ainsi de suite.

Nous pouvons donc maintenant donner cette définition théorique des alcools :

Les alcools sont des corps qui dérivent des hydrocarbones par la substitution de l'oxhydryle à l'hydrogène. On les dit monoatomiques, diatomiques, triatomiques..... etc., suivant qu'ils contiennent 1, 2..... *n*, molécules d'oxhydryle.

Lorsque dans un carbure d'hydrogène on a remplacé un atome d'hydrogène par de l'oxhydryle pour avoir un alcool, ou par du chlore pour avoir un éther chlorhydrique, il est évident que ce chlore ou cet oxhydryle ont des propriétés différentes de celles de l'hydrogène qui reste de l'hydrocarbure primitif. On pourra donc éliminer le chlore ou l'oxhydryle et les remplacer par d'autres corps simples ou radicaux composés, alors qu'on ne touchera nullement à l'hydrogène qui tient directement au carbone. Le carbone et l'hydrogène qui lui est directement uni constituent donc un groupe qui dans un grand nombre de réactions se transporte intact d'une combinaison dans l'autre par voie de double décomposition, se comporte en un mot comme un corps simple métallique. On donne à ce groupe le nom générique de *radical d'alcool* et un nom spécifique tiré du nom de son alcool. Ainsi les radicaux des alcools méthylique, éthylique, propylique, etc., sont : le méthyle, l'éthyle, le propyle, etc. [3].

---

1. Par exemple, l'alcool méthylique $CH^3.OH$, en réagissant sur l'acide acétique, forme l'éther méthyl-acétique $CH^3.OC^2H^3O$, réaction que l'on peut exprimer en disant que l'hydrogène typique de cet alcool a été remplacé par l'acétyle (C^2H^3O), ou que son oxhydryle (OH) a été remplacé par le résidu halogénique de l'acide acétique (OC^2H^3O), deux manières de s'exprimer qui sont tout à fait synonymes.

2. Si dans un alcool on remplace l'oxhydryle par un résidu halogénique d'acide ternaire, comme dans le cas précédent, on a un éther composé. Si on remplace le même oxhydryle par du chlore ou un de ses congénères, on a un éther simple. Ainsi, l'éther méthyl-chlorhydrique $CH^3.Cl$, qui provient du remplacement de (OH) par Cl dans l'alcool méthylique $CH^3.OH$, est un éther simple.

3. Lorsqu'on traite l'alcool méthylique $CH^3.OH$ par l'acide acétique $C^2H^3O.OH$ ou le chlorure de

Si donc on appelle radical alcoolique le groupe hydrocarboné qui, dans les alcools, est uni à l'oxhydryle, on peut encore définir les alcools, et cette définition revient à la précédente, *des corps qui résultent de l'union de l'oxhydryle avec un radical alcoolique* (c'est-à-dire d'un radical exclusivement formé par de l'hydrogène et du carbone) ; ou encore, puisque les composés résultant de l'union de l'oxhydryle avec un corps simple ou un radical composé portent le nom d'hydrates, on peut dire que les alcools sont des *hydrates de radicaux hydrocarbonés.* Cette définition, la plus simple de toutes, est celle que l'on emploie ordinairement. C'est pour cela que l'on désigne souvent les alcools méthylique, éthylique, etc., sous les noms d'hydrate de méthyle, d'hydrate d'éthyle, etc.

Cette dernière définition adoptée, rien n'est facile comme de définir les éthers. Les éthers proprement dits sont les *oxydes anhydres* des radicaux alcooliques, les éthers mixtes sont des oxydes anhydres de deux radicaux alcooliques différents, les éthers simples sont les sels haloïdes des mêmes radicaux et les éthers composés en sont les sels amphides. (Voy. *Ethers, Sels, Acides.*)

Il ne nous reste plus pour avoir exposé à fond la théorie des alcools qu'à bien faire comprendre en quoi les alcools secondaires et tertiaires diffèrent des alcools primaires, et pourquoi l'on observe entre ces diverses classes d'alcools les différences que nous avons signalées plus haut.

Pour cela jetons d'abord un coup d'œil sur ce qui se passe lorsqu'on oxyde l'alcool méthylique, le plus simple de tous les alcools connus.

L'alcool méthylique est formé d'un atome de carbone dont trois atomicités sont satisfaites par de l'hydrogène, la quatrième l'étant par de l'oxhydryle. Sous l'influence des agents oxydants cet alcool perd deux atomes d'hydrogène qui s'éliminent à l'état d'eau. De ces deux atomes d'hydrogène l'un est pris à l'oxhydryle et l'autre est un des trois directement unis au carbone. Il résulte de cette soustraction d'hydrogène qu'une des atomicités du carbone d'une part et une atomicité de l'oxygène d'autre part, cessent d'être saturées et se saturent réciproquement. On obtient ainsi un premier produit d'oxydation, *l'aldéhyde méthylique,* qui est formé par un atome de carbone dont deux atomicités sont satisfaites par deux atomes d'hydrogène et dont les deux autres atomicités sont satisfaites par un atome d'oxygène diatomique.

Que l'on vienne à oxyder plus fortement l'aldéhyde méthylique, un oxhydryle se substitue à un de ses atomes d'hydrogène et l'on obtient un corps qui renferme un atome de carbone, que saturent un atome d'hydrogène, un atome d'oxygène diatomique et un oxhydryle. L'oxhydryle se trouvant ici dans le voisinage d'un atome

---

méthyle $CH^3.Cl$ par l'acétate d'argent, il se forme de l'eau ou du chlorure d'argent et de l'éther acétique. Le groupe CH^3 qui se transporte intact de l'alcool méthylique ou du chlorure de méthyle dans l'éther acétique, prend le nom de radical de l'alcool méthylique, ou de *méthyle.* Il se comporte en effet absolument comme le potassium dans les réactions de l'acide acétique sur la potasse ou de l'acétate d'argent sur le chlorure de potassium. Les équations suivantes montrent ce parallélisme :

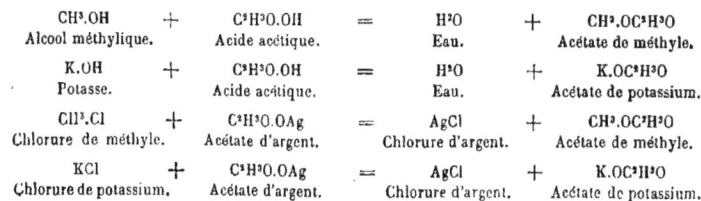

$CH^3.OH$	$+$	$C^2H^3O.OH$	$=$	H^2O	$+$	$CH^3.OC^2H^3O$
Alcool méthylique.		Acide acétique.		Eau.		Acétate de méthyle.
$K.OH$	$+$	$C^2H^3O.OH$	$=$	H^2O	$+$	$K.OC^2H^3O$
Potasse.		Acide acétique.		Eau.		Acétate de potassium.
$CH^3.Cl$	$+$	$C^2H^3O.OAg$	$=$	$AgCl$	$+$	$CH^3.OC^2H^3O$
Chlorure de méthyle.		Acétate d'argent.		Chlorure d'argent.		Acétate de méthyle.
KCl	$+$	$C^2H^3O.OAg$	$=$	$AgCl$	$+$	$K.OC^2H^3O$
Chlorure de potassium.		Acétate d'argent.		Chlorure d'argent.		Acétate de potassium.

d'oxygène uni au même atome de carbone que lui, le produit est un acide (voy. *Acides*), l'acide formique [1].

L'alcool méthylique que nous venons de prendre comme exemple est le type des alcools ; ou, pour le mieux distinguer encore, c'est comme l'appelle M. Kolbe, le *carbinol*. Dans ce corps nous voyons que l'oxhydryle fonctionne seul toutes les fois que les réactions qu'on lui fait subir ne consistent que dans une éthérification ; que l'oxhydryle et l'hydrogène voisins entrent en jeu dans le premier degré d'oxydation ; et que l'oxhydryle et les deux atomes d'hydrogène voisins entrent en jeu dans le deuxième degré d'oxydation, la formation de l'acide formique. Quant au dernier atome d'hydrogène, il reste inactif dans toutes ces métamorphoses et se retrouve dans tous les produits des réactions précitées, aussi bien dans les éthers méthyliques que dans l'aldéhyde méthylique et dans l'acide formique.

Puisque le troisième atome d'hydrogène n'entre jamais en jeu dans les réactions qui caractérisent l'alcool méthylique, il est clair que si l'on venait à le remplacer par un autre radical, un radical d'alcool je suppose, on aurait un composé qui conserverait toutes les réactions caractéristiques de l'alcool méthylique, à cela près que les produits formés renfermeraient toujours un atome d'hydrogène remplacé par un radical d'alcool.

Ces corps qui résultent de la substitution d'un radical d'alcool à *un* des atomes d'hydrogène de l'alcool méthylique existent ; ce sont *les alcools primaires* [2]. Tous les alcools primaires peuvent donc être considérés comme dérivant de l'alcool méthylique par la substitution d'un radical d'alcool à un atome d'hydrogène. Tous sont susceptibles d'éprouver les mêmes réactions fondamentales que l'alcool méthylique lui-même.

Supposons maintenant que dans le méthyl-carbinol on vienne à remplacer un second atome d'hydrogène par un radical d'alcool, le produit engendré ne jouira

[1]. Supposons que l'on ait l'alcool méthylique $C \begin{cases} H \\ H \\ H \\ OH \end{cases}$ et qu'on l'oxyde, on aura la réaction suivante :

$$C \begin{cases} H \\ H \\ H \\ OH \end{cases} + O = C \begin{cases} H \\ H \\ O'' \end{cases} + H^2O$$

Alcool méthylique.   Oxygène.   Aldéhyde méthylique.   Eau.

$$C \begin{cases} H \\ H \\ O'' \end{cases} + O = C \begin{cases} H \\ OH \\ O'' \end{cases}$$

Aldéhyde méthylique.   Oxygène.   Acide formique.

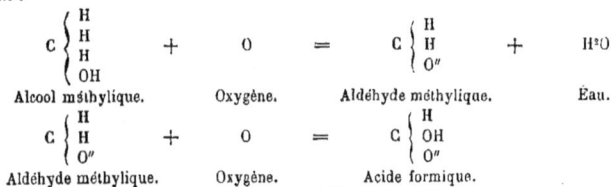

[2]. Supposons que dans l'alcool méthylique $C \begin{cases} H \\ H \\ H \\ OH \end{cases}$ on remplace un hydrogène par un radical d'alcool, le méthyle, CH^3, par exemple, on aura l'alcool ordinaire $C \begin{cases} CH^3 \\ H \\ H \\ OH \end{cases}$ ou méthyl-carbinol. Cet alcool sera un alcool primaire ; il en serait de même de l'alcool propylique $C \begin{cases} C^2H^5 \\ H \\ H \\ OH \end{cases}$ ou éthyl-carbinol, etc. Si l'on oxyde les alcools primaires on obtient, par des réactions analogues à celles qui fournissent l'aldéhyde méthylique et l'acide formique : 1° une aldéhyde qui dérive de l'aldéhyde méthy-

plus des mêmes propriétés que le corps générateur, par la raison que ce second atome d'hydrogène que nous remplaçons intervenait dans une des trois réactions fondamentales des alcools primaires, la transformation de l'alcool en acide. Nous pourrons bien encore éthérifier le produit en remplaçant un oxhydryle par un résidu halogénique d'acide; nous pourrons bien encore enlever l'atome d'hydrogène de l'oxhydryle et l'atome d'hydrogène voisin, de manière à ce que les deux atomicités du carbone, d'abord saturées par l'oxhydryle et l'hydrogène, le soient maintenant par un atome d'oxygène diatomique; mais, comme le produit ainsi formé ne renferme plus d'hydrogène uni au même atome de carbone que l'oxygène, puisque les deux autres atomes de ce métalloïde sont remplacés par des radicaux d'alcools, il ne sera pas possible d'obtenir un acide en remplaçant un nouvel atome d'hydrogène par de l'oxhydryle dans le premier produit d'oxydation. De plus le produit oxydé représentera de l'aldéhyde méthylique dans laquelle non plus un, mais deux atomes d'hydrogène seront remplacés par des radicaux d'alcool. Ce ne sera plus une aldéhyde, ce sera une acétone. Les corps résultant de la substitution de deux radicaux d'alcool à deux atomes d'hydrogène du carbinol seront donc *des alcools secondaires* [1].

Enfin, supposons encore que dans le carbinol on remplace par des radicaux alcooliques trois hydrogènes, c'est-à-dire la totalité de l'hydrogène uni directement au carbone. Le produit pourra encore échanger son oxhydryle contre des résidus halogéniques d'acide pour donner des éthers, mais il ne pourra plus ni perdre deux atomes d'hydrogène pour former une aldéhyde ou une acétone, ni, à plus forte raison, donner un acide correspondant. Pour que le corps puisse s'oxyder, il faudra qu'un ou deux des radicaux d'alcool qu'il renferme s'éliminent à l'état d'anhydride

___

lique par la substitution d'un atome de méthyle ou d'éthyle à un atome d'hydrogène, l'aldéhyde acétique et l'aldéhyde propionique; 2° un acide qui représente de l'acide formique dont un atome d'hydrogène a été remplacé par de l'éthyle ou du méthyle, l'acide acétique ou propionique.

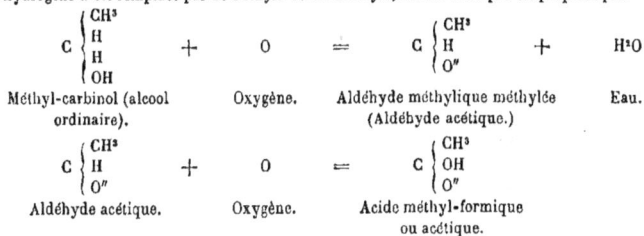

$$C\begin{Bmatrix} CH^3 \\ H \\ H \\ OH \end{Bmatrix} + O = C\begin{Bmatrix} CH^3 \\ H \\ O'' \end{Bmatrix} + H^2O$$

Méthyl-carbinol (alcool   Oxygène.   Aldéhyde méthylique méthylée   Eau.
ordinaire).   (Aldéhyde acétique.)

$$C\begin{Bmatrix} CH^3 \\ H \\ O'' \end{Bmatrix} + O = C\begin{Bmatrix} CH^3 \\ OH \\ O'' \end{Bmatrix}$$

Aldéhyde acétique.   Oxygène.   Acide méthyl-formique
ou acétique.

1. Si dans le carbinol nous remplaçons deux H par du méthyle CH^3 ou de l'éthyle C^2H^5, etc.,

nous obtiendrons le diméthyl-carbinol $C\begin{Bmatrix} CH^3 \\ CH^3 \\ H \\ OH \end{Bmatrix}$ ou le diéthyl-carbinol $C\begin{Bmatrix} C^2H^5 \\ C^2H^5 \\ H \\ OH \end{Bmatrix}$, les corps soumis

à l'oxydation fourniront, le premier de l'acétone ordinaire ou aldéhyde méthylique diméthylée, le second de l'acétone propionique ou aldéhyde méthylique diéthylée, mais ni l'un ni l'autre de ces produits ne pourra être converti, par une oxydation ultérieure, en un acide correspondant.

$$C\begin{Bmatrix} CH^3 \\ CH^3 \\ H \\ OH \end{Bmatrix} + O = H^2O + C\begin{Bmatrix} CH^3 \\ CH^3 \\ O'' \end{Bmatrix}$$

Diméthyl-carbinol.   Oxygène.   Eau.   Acétone.

On voit que, l'acétone ne renfermant plus d'hydrogène uni au même atome de carbone que l'oxygène, il n'est pas possible d'y substituer OH à H et d'obtenir un acide.

carbonique et d'eau, et les produits d'oxydation obtenus seront alors des acétones, des aldéhydes ou des acides moins carbonés que l'alcool primitif. *Cet alcool sera donc un alcool tertiaire* [1].

On peut donc définir les alcools primaires : *des alcools qui dérivent du carbinol ou alcool méthylique par la substitution d'un radical d'alcool à un atome d'hydrogène.*

Les alcools secondaires : *des alcools qui dérivent du carbinol par la substitution de deux radicaux d'alcool à deux atomes d'hydrogène.*

Les alcools tertiaires : *des alcools qui résultent de la substitution de trois radicaux d'alcool à trois atomes d'hydrogène dans le carbinol.*

On peut encore envisager ces corps sous un autre point de vue et en donner une définition plus générale. Il résulte de tout ce que nous venons de dire que ce qui caractérise les alcools primaires, c'est qu'ils renferment pour élément alcoolique un groupe formé d'un atome de carbone, de deux atomes d'hydrogène et d'un oxhydryle, groupe pour lequel nous proposerons le nom d'*élément d'alcool primaire;* que ce qui caractérise les alcools secondaires, c'est qu'ils renferment pour élément alcoolique un groupe formé d'un atome de carbone, d'un seul atome d'hydrogène et d'un oxhydryle, groupe que nous appelons *élément d'alcool secondaire;* qu'enfin *l'élément alcoolique des alcools tertiaires* est exclusivement constitué par un atome de carbone uni à un oxhydryle [2]. Nous pouvons dire par conséquent que nous appelons alcools primaires, *ceux qui renferment l'élément d'alcool primaire;* secondaires, *ceux qui renferment l'élément d'alcool secondaire;* tertiaires, *ceux qui renferment l'élément d'alcool tertiaire.*

Cela posé, revenons aux alcools d'une atomicité supérieure à un. Ces alcools dérivent tous d'hydrocarbures plus ou moins riches en carbone, mais renfermant toujours autant d'atomes de carbone qu'ils ont d'oxhydryles. Or, suivant la manière dont ces atomes d'oxhydryle et de carbone sont groupés, ces alcools peuvent renfermer seulement des *éléments d'alcool primaire,* des *éléments d'alcool secondaire* ou des

---

1. Par exemple, si l'on veut oxyder le triméthyl-carbinol, $C \begin{cases} CH^3 \\ CH^3 \\ CH^3 \\ OH \end{cases}$, on ne le pourra qu'à la condition de supprimer un ou deux radicaux méthyle, et les produits d'oxydation seront par suite moins complexes, moins riches en carbone que l'alcool générateur :

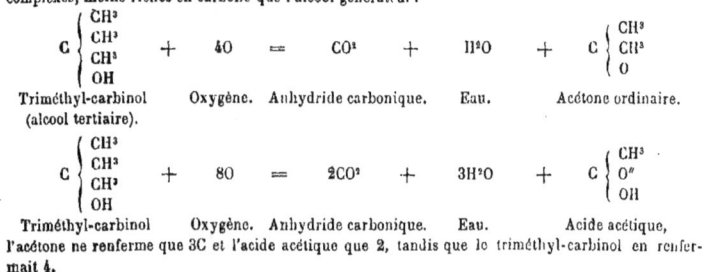

$$C \begin{cases} CH^3 \\ CH^3 \\ CH^3 \\ OH \end{cases} + 4O = CO^2 + H^2O + C \begin{cases} CH^3 \\ CH^3 \\ O \end{cases}$$

Triméthyl-carbinol   Oxygène.   Anhydride carbonique.   Eau.   Acétone ordinaire.
(alcool tertiaire).

$$C \begin{cases} CH^3 \\ CH^3 \\ CH^3 \\ OH \end{cases} + 8O = 2CO^2 + 3H^2O + C \begin{cases} CH^3 \\ O'' \\ OH \end{cases}$$

Triméthyl-carbinol   Oxygène.   Anhydride carbonique.   Eau.   Acide acétique,

l'acétone ne renferme que 3C et l'acide acétique que 2, tandis que le triméthyl-carbinol en renfermait 4.

2. En écrivant le méthyl-carbinol, le diméthyl-carbinol et le triméthyl-carbinol $C \begin{cases} CH^3 \\ H \\ H \\ OH \end{cases}$

$C \begin{cases} CH^3 \\ CH^3 \\ H \\ OH \end{cases}$ et $C \begin{cases} CH^3 \\ CH^3 \\ CH^3 \\ OH \end{cases}$ on voit bien simplement que *l'élément d'alcool primaire* est $C \begin{cases} H \\ H \\ OH \end{cases} = CH^2.OH;$

que l'*élément d'alcool secondaire* est CH.OH et que l'*élément d'alcool tertiaire* est C.OH.

éléments d'alcool tertiaire, ou bien encore un mélange de ces divers éléments. De là la division des alcools polyatomiques en alcools primaires, secondaires et tertiaires; mi-primaires, mi-secondaires, mi-tertiaires..... etc.

HISTORIQUE DES ALCOOLS.

La théorie des alcools n'a point passé par l'ensemble des transformations qu'a suivies la théorie des acides. Elle s'est développée lentement sans révolution dans les idées, et si telles théories ont été émises qui ont été abandonnées plus tard, au moins la nature des corps auxquels on a donné le nom d'alcools n'a-t-elle pas varié comme c'est le cas pour les acides.

Le mot alcool a servi à désigner d'abord non point comme aujourd'hui tout un groupe de corps, mais un corps, *l'esprit-de-vin.* C'est Abucasis qui, vers le xiie siècle, découvrit de nouveau le moyen déjà connu, dit-on, des anciens de retirer l'esprit-de-vin ou alcool hydraté par la distillation des produits de la fermentation des matières sucrées. Plus tard, dans le xiiie siècle, Raymond Lulle réussit à déshydrater à peu près l'esprit-de-vin par le carbonate de potasse. Et ce ne fut que longtemps après que l'alcool absolu (complétement privé d'eau) fut obtenu par Lowitz.

Pendant longtemps toutes les études sur l'alcool se bornèrent à des travaux dont le but était de rechercher si ce corps existe tout formé dans le vin ou s'il prend naissance pendant la distillation. Ces travaux furent exécutés successivement par Fabroni, par Chaptal, par Fourcroy et finalement par Gay-Lussac qui parvint à mettre hors de doute la préexistence de l'alcool dans le vin.

Jusque-là la composition de l'alcool, sa formule étaient inconnues. Lavoisier en avait, il est vrai, tenté quelques analyses, mais ces analyses avaient été faites par une méthode vicieuse et elles étaient inexactes. C'est de Saussure qui parvint le premier à fixer la formule de l'alcool. Quoique ses méthodes fussent très-compliquées, il put arriver à cette conclusion, que l'alcool représente une combinaison de gaz oléfiant (éthylène) et d'eau, conclusion encore acceptable aujourd'hui, à la condition qu'on ne considère pas le gaz oléfiant et l'eau comme préexistant dans l'alcool et qu'on se borne par cette expression à exprimer la formule brute de ce liquide.

Après que de Saussure eut déterminé la formule chimique de l'alcool, Boullay aborda la question de sa constitution. Il émit l'idée que l'éthérification de l'alcool par les divers acides volatils est une réaction d'une seule et même nature, et que les éthers qui résultent de ces réactions sont de vraies combinaisons comparables aux sels, dans lesquels l'alcool joue le rôle de base.

Mais le premier mémoire vraiment important qui ait été publié sur la constitution de l'alcool est celui de MM. Dumas et Boullay fils, qui parut dans les *Annales de physique et de chimie,* en 1827. Ces chimistes émirent l'idée que l'alcool est une combinaison de gaz oléfiant avec deux molécules d'eau, l'éther ordinaire une combinaison de gaz oléfiant avec une seule molécule d'eau, les éthers composés des combinaisons d'éther ordinaire et d'un acide, enfin les éthers simples des combinaisons de gaz oléfiant et d'un hydracide. Dans cette théorie le gaz oléfiant devenait un corps analogue à l'ammoniaque et les éthers étaient représentés par des formules calquées sur celles que MM. Dumas et Boullay admettaient pour les composés ammoniacaux.

Ces analogies entre les combinaisons ammoniacales et les combinaisons alcooliques, qui avaient donné naissance à la théorie de MM. Dumas et Boullay, furent aussi la source des attaques dirigées contre cette théorie.

Berzélius, pour expliquer l'isomorphisme des sels ammoniacaux et des sels potassiques, avait émis une hypothèse qui avait été rapidement acceptée en Allemagne. Il admettait que les sels ammoniacaux sont de véritables sels dans lesquels le métal est remplacé par un radical composé métallique, l'*ammonium*, formé par un atome d'azote et quatre atomes d'hydrogène. Pour lui l'hydrate d'ammoniaque était de l'oxyde d'ammonium. Il supposait, en effet, que l'eau de cet hydrate se décomposait, que son hydrogène se fixait sur l'ammoniaque pour former de l'ammonium, que cet ammonium fixait ensuite l'oxygène pour former un oxyde métallique, qu'enfin cet oxyde métallique fixait un acide anhydre pour former un sel, conformément aux principes de la théorie dualistique qu'il professait. De même le chlorhydrate d'ammoniaque devenait du chlorure d'ammonium, l'hydrogène de l'acide chlorhydrique s'ajoutant d'abord à l'ammoniaque pour constituer de l'ammonium qui se combinait ensuite au chlore.

Étendant sa théorie aux composés alcooliques, Berzélius admit que l'éther est l'oxyde d'un radical composé, l'éthyle, formé par une addition d'hydrogène au gaz oléfiant; que l'alcool est l'oxyde d'éthyle hydraté; que les éthers composés sont les sels amphides, et les éthers simples, les sels haloïdes du même radical.

M. Dumas défendit vivement sa théorie et M. Liebig défendit avec non moins d'énergie la théorie adverse. Nous ne pouvons entrer ici dans les détails de cette grande joute scientifique. Ajoutons toutefois que la victoire ne resta à aucun des deux lutteurs. C'est seulement après les découvertes modernes de Gerhard, de Wurtz et de Kekulé, après l'introduction de l'idée d'atomicité dans la chimie, après la conception nouvelle des radicaux d'après la théorie de l'atomicité, que la théorie de l'éthyle transformée s'est définitivement implantée dans la science sous la forme que nous nous sommes efforcé d'exposer le plus clairement possible, dans la partie de cet article consacrée à la théorie des alcools.

Au point où nous sommes parvenus dans cet exposé historique, on avait fait un grand pas relativement à la connaissance de l'alcool, mais on ne connaissait encore qu'un seul corps de cette classe, on ne connaissait pas encore les alcools.

M. Dumas le premier, par un travail détaillé et extrêmement remarquable sur l'esprit de bois auquel il a donné le nom d'alcool méthylique, ouvrit des horizons nouveaux. Il montra que les composés dérivés de l'esprit de bois peuvent recevoir des formules calquées sur celles des dérivés de l'alcool ordinaire. Dès ce moment l'acception du mot *alcool* s'élargit. Ce mot cessa de désigner un corps, il désigna une fonction chimique.

Depuis ce moment la classe des alcools n'a fait que s'étendre. M. Balard et M. Cahours ont étudié à fond l'alcool amylique; M. Chancel a fait connaître l'alcool propylique; M. Wurtz, l'alcool butylique; M. Faget, l'alcool hexylique; M. Cahours, l'alcool heptylique; M. Bouis, l'alcool octylique; MM. Cahours et Hofmann, l'alcool allylique; M. Berthelot, l'alcool acétylique; M. Cannizzaro, l'alcool benzoïque et l'alcool toluique; M. Kraut, l'alcool cuminique, etc.

En même temps M. Williamson, par des expériences mémorables, donnait une théorie définitive de l'éthérification, qui sera exposée à l'article *Éthers*.

La fonction alcoolique était donc bien connue, au moins en ce qui concerne les alcools monoatomiques. Il restait à montrer qu'il existe des alcools polyatomiques, à découvrir les rapports qui existent entre les alcools d'atomicité diverse, entre ces alcools et les acides qui en dérivent, etc. La gloire de ces derniers travaux revient tout entière à M. Berthelot, à M. Wurtz et à M. Lourenço. M. Berthelot a déterminé la vraie nature de la glycérine, et lui a donné le nom d'alcool triatomique. M. Wurtz a découvert la classe des alcools diatomiques ou glycols dont il n'existait aucun représentant connu dans la nature. M. Berthelot a ensuite démontré que les sucres sont aussi des alcools solides et hexatomiques. Enfin M. de Luynes a fixé l'atomicité de l'érythrine, qui est un alcool tétratomique. Nous reviendrons sur ces divers travaux aux articles *Glycols, Glycérines, Sucres.*

Jusqu'ici on ne connaissait encore que des alcools primaires d'atomicités diverses. Mais bientôt M. Kolbe était amené par la théorie à prédire l'existence d'alcools secondaires et tertiaires, prévision que M. Friedel, d'une part, M. Boutlerow de l'autre, ne tardaient pas à réaliser.

Enfin, n'oublions pas que M. Kekulé, en partant de la tétratomicité du carbone et en systématisant nos connaissances en chimie organique, a mis au jour la théorie définitive et générale des alcools exposée plus haut.

Pour rendre plus complètes les notions contenues dans cet article, lire aussi les mots *Acides, Aldéhydes, Acétones, Glycols, Glycérines, Sucres* et *Atomique (théorie)*.

A. NAQUET.

ALCOOL (INDUSTRIE DE L'). — *Historique.* Les liqueurs fermentées, vin, bière, cidre, etc., renferment un principe spécial, volatil, doué de propriétés stimulantes, d'une saveur caustique, auquel on donne le nom d'alcool (de l'arabe *al-cahol*, corps très-subtil). Il n'est pas connu depuis fort longtemps à l'état de pureté chimique, mais les anciens, déjà, savaient l'obtenir dans un état de concentration assez avancé. Dutens, en effet, affirme que les Grecs et les Romains connaissaient le moyen de le retirer des liqueurs fermentées : les Arabes ont perfectionné cette industrie qui paraît ensuite avoir disparu de nos pays, car généralement on attribue à Arnauld de Villeneuve, savant du xive siècle, le mérite de sa découverte : en cherchant *l'elixir vitæ*, il trouva *l'eau ardente*. Plus tard, au xviie siècle, l'art de la distillation était pratiqué par les jésuites, qui, d'après ce que rapporte Helyot, dans son *Histoire des Ordres monastiques*, distillaient l'eau-de-vie sous prétexte de préparer des médicaments pour les pauvres malades : on les appelait *padri dell'acqua vitæ*. Cette spécialité paraît avoir beaucoup d'attrait pour les ordres religieux, puisqu'aujourd'hui encore nous voyons les Chartreux de l'Isère s'y livrer avec le plus grand succès.

Origine. L'alcool est un des produits principaux de la décomposition du sucre sous l'influence d'un agent spécial, le *ferment*. Toutes les fois qu'on abandonne à elle-même, au contact de l'air, une dissolution sucrée, elle change promptement de nature, elle fermente, le sucre disparaît, se transformant en alcool et en acide carbonique : la présence d'une petite quantité de levûre de bière active considérablement la réaction. Cette transformation a excité longtemps la sagacité des chimistes : les opinions les plus diverses ont été émises, pour l'expliquer, par Lavoisier, Gay-Lussac, Berzelius, Liebig. On admettait jusqu'à ces dernières années que sous l'influence des ferments, soit par l'effet d'une force catalytique (autant ne rien dire du tout), soit par l'ébranlement moléculaire occasionné par la décomposition de ces ferments, le sucre, ou plutôt le glucose, se scindait en deux parties, l'acide carbonique et l'alcool :

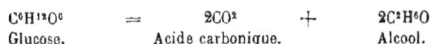

$$C^6H^{12}O^6 \quad = \quad 2CO^2 \quad + \quad 2C^2H^6O$$
$$\text{Glucose.} \qquad\qquad \text{Acide carbonique.} \qquad\quad \text{Alcool.}$$

M. Pasteur a prouvé que cette équation est fausse, car elle néglige divers produits qui se forment, toujours, dans toute fermentation, à savoir la glycérine et l'acide succinique : à la vérité les proportions de ces substances sont peu élevées, elles n'excèdent pas 5 à 6 pour 100, mais elles se développent toujours, elles font partie de la réaction. Partant de ces données, M. Pasteur établit que la production de ces divers produits, alcool, acide carbonique, glycérine, acide succinique, est corrélative du développement vital du ferment alcoolique. (Voir *Fermentation*.)

Purification. L'alcool, dans une liqueur fermentée, se trouve mélangé à une foule de substances étrangères, dont la plus abondante est évidemment l'eau. Pour l'extraire de ce milieu, on a recours à la distillation : l'alcool, en effet, entre en ébullition à une température moins élevée que l'eau. Lors donc qu'on fait bouillir un mélange d'alcool et d'eau, les premières portions vaporisées seront plus alcooliques que les dernières : si on les recueille à part et si, par un refroidissement convenable, on condense ces vapeurs, il est facile de comprendre qu'on obtiendra ainsi un liquide plus chargé en alcool que le liquide primitif. En répétant cette opération un certain nombre de fois on obtient de l'alcool très-concentré : mais comme il a une grande affinité pour l'eau, on ne pourrait par la distillation l'en priver complètement : il en renfermera toujours 10 à 15 centièmes. On a recours pour préparer *l'alcool absolu* à l'intervention d'agents chimiques doués eux-mêmes pour l'eau d'une affinité très-grande : la chaux, le carbonate de potassium, le sodium, par exemple. On laisse ces corps en contact avec l'alcool, puis on distille le tout.

Composition. L'alcool absolu a été analysé pour la première fois par Th. de Saussure. Sa composition est représentée par la formule C^2H^6O, qui permet de le considérer, soit comme un hydrate d'éthylène $C^2H^4 + H^2O = C^2H^6O$ (Dumas et Boullay), soit comme un hydrate d'éthyle C^2H^5OH (Liebig) : cette dernière opinion a seule cours dans la science aujourd'hui.

Propriétés. L'alcool absolu est un liquide incolore, mobile, d'une odeur spiritueuse forte, d'une saveur brûlante. Sa densité $= 0.7939$ à 15°. Son point d'ébullition est à 78°,4. D'après Fuchs, le point d'ébullition de l'alcool absolu est un peu plus élevé que celui de l'alcool renfermant 2 à 3 pour 100 d'eau. Il reste liquide aux températures les plus basses qu'on ait pu produire (c'est ce qui le fait employer pour la construction des thermomètres destinés à l'observation des températures peu élevées); néanmoins il devient visqueux dans un mélange d'éther et d'acide carbonique solide. Il a une grande affinité pour l'eau et s'échauffe à son contact : il se produit en même temps une contraction dont le maximum a lieu avec 52 volumes d'alcool et 48 d'eau : le volume total $= 96$.

Un mélange d'une partie d'alcool à 0° et d'une demi-partie de neige produit un froid de — 37°.

L'alcool est inflammable : il brûle avec une flamme peu éclairante.

Il dissout un grand nombre de corps : les résines, les alcaloïdes, les éthers, les graisses, les matières colorantes; certains corps simples : l'iode, le brome, le phosphore, le soufre; divers gaz : l'acide chlorhydrique, l'ammoniaque, l'acide sulfureux, le cyanogène; certaines classes de sels, les chlorures, et quelques azotates qui possèdent alors la propriété de colorer la flamme de l'alcool (le nitrate de strontiane en rouge, les sels de cuivre en vert, etc.); d'autres classes de sels, les carbonates et les sulfates sont, au contraire, insolubles dans l'alcool [1].

Action sur l'économie. A très-petite dose, l'alcool étendu excite les forces momentanément, et il peut être considéré comme utile; mais, à dose plus élevée, il provoque l'ivresse. Lorsqu'on en abuse, il détermine des irritations chroniques dangereuses. Il ne paraît pas être absorbé par l'économie, car on n'a trouvé dans les produits d'élimination que de petites quantités de ses dérivés, l'aldéhyde, par exemple. Le reste imprègne peu à peu les tissus, et c'est à cette imprégnation que

1. Voir, pour toutes les autres propriétés de l'alcool, l'article *Alcools*.

certains médecins attribuent les combustions spontanées qu'on a observées chez les individus qui abusent des liqueurs alcooliques. L'alcool absolu est un poison énergique, non-seulement à cause de son action stimulante sur le système nerveux, mais encore à cause de son affinité puissante pour l'eau, en raison de laquelle il s'empare des parties aqueuses des membranes de l'estomac, et les désorganise. Il coagule l'albumine; aussi provoque-t-il la mort lorsqu'on l'injecte dans le sang.

Usages. L'alcool sert à une foule d'usages : on l'emploie dans la fabrication des vernis, des teintures et extraits pharmaceutiques, des articles de parfumerie. Il sert, dans une large proportion, dans diverses industries de produits chimiques (matières colorantes, chloroforme, éther, alcaloïdes, etc.). Enfin il est consommé, en nature ou aromatisé par diverses substances, comme boisson excitante, et cette dernière consommation est loin de diminuer; en France, elle est annuellement de 13 litres par tête : en Angleterre elle est de 29 litres !

Les droits exorbitants auxquels sont soumis les alcools rendaient leur emploi impossible dans l'industrie. La loi du 24 juillet 1843 affranchit de tous droits d'entrée, de consommation ou détail, les eaux-de-vie et esprits dénaturés de manière à ne pouvoir être consommés comme boisson. En vertu d'une ordonnance du 14 juin 1844, sont considérés comme dénaturés les alcools tenant en dissolution, dans la proportion d'au moins deux dixièmes du volume du mélange, des essences de goudron de bois ou de houille, des huiles de schiste ou de naphte, une huile essentielle quelconque.

Nous considérons cette réglementation comme des plus onéreuses pour l'industrie. D'abord les droits de dénaturation et d'octroi sont très-élevés : ils s'élèvent à 30 centimes environ par litre d'alcool. De plus, l'obligation de se servir, pour dénaturer l'alcool, des substances ci-dessus mentionnées, et surtout dans les proportions exigées par le règlement, rend son emploi absolument impossible pour certaines industries. On peut, à la vérité, rectifier l'alcool et en séparer ainsi la majeure partie des essences ou des huiles minérales, mais cette séparation n'est jamais complète, et il est de toute impossibilité de se servir de pareils alcools pour une foule d'emplois.

En Angleterre, on dénature l'alcool avec le méthylène (esprit de bois). L'emploi de cette substance, bien suffisant pour rendre l'alcool impropre à la consommation comme boisson, n'est pas un obstacle pour la majorité des usages industriels de l'alcool. Bien d'autres substances pourraient remplir le même but. L'administration française s'est jusqu'ici refusée à en admettre l'emploi et oblige l'industriel à supporter les mesures onéreuses et vexatoires des règlements de 1844.

Alcoométrie. Les liquides spiritueux qu'on trouve dans le commerce sont toujours estimés d'après la quantité d'alcool absolu qu'ils renferment. Cette évaluation se fait au moyen d'instruments spéciaux, d'aréomètres à poids constant, auxquels on a donné le nom d'*alcoomètres*. Autrefois, on se servait en France de l'aréomètre Cartier, marquant 0° dans l'eau pure et 44° dans l'alcool absolu; aujourd'hui l'alcoomètre légal est celui de Gay-Lussac qui marque 0° dans l'eau pure et 100° dans l'alcool absolu. La tige est divisée en 100 parties égales, chacune d'elles correspondant à un centième d'alcool, de telle sorte que dans un mélange de 99 parties (en volume) d'eau et de 1 partie d'alcool, l'alcoomètre marquera 1°; dans un mélange de 98 d'eau et de 2 d'alcool, il marquera 2°, etc. Pour prendre le degré d'un alcool, il suffit donc d'y plonger l'alcoomètre et de lire sur la tige le degré auquel le liquide vient affleurer. Si, par exemple, l'alcoomètre marque 50° à la température de 15°, cela signifie que l'alcool renferme 50 pour 100 d'alcool absolu (en volume). Lorsque la température est différente, il faut faire une correction indiquée par la formule de Francœur [1]. Pour déduire du degré alcoométrique d'un liquide sa densité et sa composition en poids, on a recours à des tables dressées d'après Tralles, Gay-Lussac et H. Kopp.

On connaît dans le commerce diverses sortes d'esprits :

L'eau-de-vie marque	16 à 20° Cartier, 37 à 53° centésimaux.	
L'eau-de-vie ordinaire,	19° — 50°	—
L'eau-de-vie forte,	21 à 22° — 56 à 59°	—

Puis viennent les esprits proprement dits :

Le trois-cinq,	29° Cartier, 78° centésimaux.	
Le trois-six,	33° — 85°	—

Ces désignations anciennes signifient qu'en mélangeant trois volumes d'alcool avec deux volumes d'eau, on a cinq volumes d'eau-de-vie ordinaire à 50° centésimaux, etc. :

L'esprit rectifié marque	36° Cartier, 90° centésimaux.	
L'alcool à 40°	40° — 95°,9	—

Liqueurs fermentées. Pour déterminer la teneur en alcool des boissons fermentées, on ne peut se servir de l'alcoomètre, puisque l'alcool y est accompagné de sucre, et de matières diverses qui en augmentent la densité; on a recours à l'un des procédés proposés par Brossard-Vidal et Conaty, Tabarié, Silbermann : le meilleur et le plus certain consiste à distiller le tiers de la liqueur à essayer (on peut être sûr, ainsi, d'en dégager tout l'alcool), de prendre le degré centésimal de cette partie distillée, et de diviser par 3.

Voici la teneur en alcool de quelques boissons :

Le vin de Porto et de Madère renferme..	18 à 20 pour 100	
— Volnay...................	11	—
— Bordeaux................	8 à 9	—
L'ale forte.........................	8,2	—
La bière ordinaire.................	4 à 5	—
La petite bière....................	1,5	—

Préparation des liqueurs sucrées. Pendant fort longtemps on a produit l'alcool uniquement avec les boissons fermentées, le vin surtout ; lorsque la maladie de la vigne est venue décimer nos vignobles, le prix de l'alcool a augmenté dans des proportions telles qu'on s'est préoccupé de chercher d'autres moyens d'en produire. Aujourd'hui on fait de l'alcool non-seulement avec le vin, et avec presque tous les liquides sucrés que la nature nous offre, sucre de cannes, de betteraves, de garance, mais encore avec l'amidon, la fécule, le ligneux même. Ces substances peuvent, en effet, être transformées en glucose, soit par l'action des acides dilués, soit par l'action de diverses matières organiques.

L'orge germée est un des agents de transformation les plus fréquemment employés : elle renferme, d'après Payen et Persoz, un principe spécial, la *diastase*, qui jouit au plus haut degré de la propriété de séparer et de dissoudre (διαστασις) les matières amylacées, puis de les transformer d'abord en dextrine, ensuite en glucose. Mais l'existence de la diastase comme principe spécial a été combattue dans ces

---

1. X=C± 0,4t, formule dans laquelle X égale la richesse en alcool du liquide, C le degré observé à l'alcoomètre de Gay-Lussac, et t le nombre de degrés qui sépare de 15° la température observée. On retranche le second nombre du premier quand la température est supérieure à 15°; on l'y ajoute dans le cas contraire.

derniers temps par divers savants, qui ont reconnu à presque toutes les substances azotées organiques en décomposition le pouvoir de saccharifier les matières
amylacées. La transformation même de cette matière amylacée en dextrine et de la
dextrine en glucose a été niée par Musculus, qui admet un simple *dédoublement* en
dextrine et glucose.

Pour réaliser industriellement la saccharification des matières amylacées, on les
met en contact, à une température de 60 à 65°, avec une dissolution d'orge germée :
lorsque ces matières amylacées présentent une certaine cohésion, comme par
exemple la pomme de terre, la châtaigne, etc., il faut préalablement les cuire, et les
transformer en bouillie ; après un contact d'une heure environ, pendant lequel on
ne cesse d'agiter les matières, la transformation est complète : tout l'amidon a disparu, et est remplacé par une dissolution sucrée, mélange de dextrine, de glucose,
et, suivant Mulder, de divers principes intermédiaires entre l'amidon et la glucose.
C'est cette dissolution qui, par la fermentation, devra donner de l'alcool.

Lorsqu'on opère sur les liquides sucrés fournis par la nature, l'opération est plus
simple : il s'agit en effet, seulement, d'extraire ces liquides des parties ligneuses qui
les emprisonnent ; chacun sait comment on opère dans le cas des raisins, des cannes
à sucre, etc. Lorsqu'il s'agit des betteraves, ou d'autres plantes analogues, le problème est plus complexe ; car, dans les exploitations agricoles, la fabrication de
l'alcool doit être considérée comme un accessoire, le but principal étant l'élevage et
l'engraissement des bestiaux : il faut donc extraire des betteraves les jus sucrés
qui doivent être utilisés pour la fabrication de l'alcool, et retrouver ensuite la pulpe
avec toutes ses propriétés nutritives. Divers procédés sont actuellement usités dans
les exploitations agricoles pour remplir ce but : ils reposent, en général, sur les
principes suivants. La betterave est débitée en lanières minces, dites *cossettes*, on
en extrait le jus sucré, soit par pression, soit par déplacement, et lorsqu'elles ont été
ainsi privées de leurs principes sucrés, on les arrose avec le résidu d'une distillation
précédente (*vinasses*). Ces vinasses renferment toutes les substances salines, mucila-
gineuses, azotées, contenues dans la betterave, à laquelle on restitue donc tout ce
qu'on lui avait précédemment enlevé, sauf le sucre. Les cossettes ainsi retravaillées
sont mélangées avec de la paille hachée, des tiges de colza, etc., abandonnées à elles-
mêmes pendant un ou deux jours, pour qu'elles subissent un commencement de
fermentation, puis données, comme fourrage, aux bestiaux qui y retrouvent tous
les principes utiles de la betterave elle-même. Telle est la marche générale d'une
bonne exploitation agricole : les divers systèmes employés actuellement portent à
juste titre les noms de leurs inventeurs, Champonnois, Le Play, Kessler, etc.

Fermentation. Les jus sucrés, de quelque provenance qu'ils soient, sont soumis à
la fermentation : on les dirige dans de vastes cuves, où ils sont additionnés de levûre de bière et quelquefois d'un peu d'acide sulfurique. Au bout de peu de temps
la fermentation commence : on observe la production d'une légère écume à la surface du liquide, la température s'élève peu à peu, il se manifeste un dégagement
d'acide carbonique, qui augmente jusque vers le quatrième ou le cinquième jour,
puis le travail se calme de nouveau ; la fermentation est terminée. On constate
alors que la densité du liquide a considérablement baissé, ce qui s'explique aisément, puisque l'alcool est plus léger que l'eau.

Les règles générales d'une bonne fermentation consistent à ne pas laisser la
réaction devenir tumultueuse, à maintenir la température égale et aussi constante
que possible, enfin à ne pas laisser la fermentation aller trop loin, car elle ne tar-
derait pas à devenir acétique, lactique ou visqueuse.

Distillation. Un liquide fermenté ne renferme forcément que de l'alcool très-étendu d'eau, car un liquide sucré concentré ne fermente pas : le but de la distillation est de séparer l'alcool de l'eau et des matières fixes, salines et autres, qui l'accompagnent. L'art de la distillation est arrivé aujourd'hui à un grand degré de perfection, grâce aux appareils de Laugier, Champonnois, Cellier-Blumenthal, Dubrunfaut, Derosne, Coffey, Gall, Pistorius, etc. [1].

Au premier abord, il semble très-simple de séparer un liquide bouillant à 78° d'un autre liquide, l'eau, qui bout à 100° : ne pourrait-on pas tout simplement soumettre ce liquide à une distillation ménagée, et recueillir les premières portions qui sont les plus alcooliques ; puis recommencer, sur ces premières portions, un traitement analogue ? On le pourrait, en effet, mais ces traitements sont extrêmement longs et très-dispendieux.

Avec les appareils dont nous venons de parler, on peut, au contraire, du premier coup, obtenir des alcools très-concentrés.

Les données dont on est parti sont les suivantes : si l'on condense un mélange de vapeurs alcooliques et de vapeurs aqueuses, le produit de la condensation totale sera de l'alcool et de l'eau dans les mêmes proportions que dans le liquide qui a fourni ces vapeurs : mais si, au lieu de les condenser en totalité, on ne les condense que partiellement, les premières portions seront les plus chargées en eau, la température nécessaire pour condenser les vapeurs aqueuses étant suffisamment élevée pour maintenir l'alcool à l'état de vapeur.

Imaginons donc un appareil dans lequel cette condensation partielle se fasse, disposé de telle sorte que les liquides condensés puissent retourner à la chaudière où se fait l'ébullition, tandis que les vapeurs non condensées pourront s'échapper et se liquéfier dans un vase spécial, nous aurons une idée du *déphlegmateur*, ou *analyseur*, employé généralement pour des liquides déjà suffisamment alcooliques.

Admettons maintenant que les vapeurs alcooliques produites dans une chaudière soient dirigées, non point contre une surface métallique refroidie, mais dans une liqueur chargée elle-même d'alcool : elles s'y condenseront également, mais elles enrichiront cette liqueur, et en même temps, comme toute vapeur en se condensant dégage de la chaleur, elles en élèveront la température peu à peu jusqu'à l'ébullition : seulement l'ébullition de cette liqueur plus riche en alcool aura lieu à une température moins élevée puisqu'elle est plus alcoolique ; les vapeurs produites seront donc plus riches en alcool. Si à leur tour elles sont dirigées dans un nouveau liquide alcoolique, les mêmes phénomènes se reproduiront. Supposons une série de vases superposés, communiquant les uns avec les autres ; que dans le vase supérieur vienne s'écouler un liquide alcoolique, qui descendra de vase en vase jusqu'à la chaudière sur laquelle la *colonne* sera établie, enfin que dans cette chaudière on mette en ébullition une liqueur fermentée, les divers phénomènes que nous venons de mentionner se passeront comme nous l'avons dit. Du sommet de la colonne se dégagera un courant de vapeurs très-riches en alcool, tandis que le liquide contenu dans la chaudière s'appauvrira jusqu'à n'en plus renfermer du tout.

Cette opération peut être rendue continue au moyen de dispositions spéciales ; elle est effectuée par les *rectificateurs*.

Généralement on associe les rectificateurs avec les analyseurs et on obtient ainsi du premier coup des alcools à 90° et à 95° [2].

Purification. Pour certains emplois, il est indispensable de priver l'alcool des

---

1. Cet art a été découvert par Édouard Adam. Rendons un juste tribut de reconnaissance à cet inventeur, qui, comme tant d'autres, hélas! mourut à la peine, abreuvé de misères et de dégoût.

2. Voir, pour la description des appareils usités dans les distilleries, Payen, *Précis de chimie industrielle.* — Wurtz, *Dictionnaire de chimie pure et appliquée,* article *Alcool,* d'Émile Kopp.

principes odorants, volatils, qui l'accompagnent presque toujours (*essences, hydrocarbures, alcool amylique*).

Cette purification se fait, soit par une nouvelle rectification ménagée, soit par une filtration sur des plateaux chargés de charbon poreux ou de pierre ponce imbibée d'huile : ces corps absorbent les substances odorantes et en débarrassent complétement l'alcool.

Synthèse de l'alcool. Nous avons montré les moyens dont l'industrie se sert pour produire l'alcool : tous ces procédés reposent sur l'emploi de matières premières fournies par la nature. Peut-être nous sera-t-il donné d'assister bientôt à la synthèse industrielle de l'alcool et de voir ce précieux agent fabriqué de toutes pièces par la main de l'homme. Les tentatives qui ont eu lieu jusqu'ici ont échoué, mais ces insuccès ont des causes connues contre lesquelles il ne sera sans doute pas impossible de lutter.

Les réactions sur lesquelles repose la synthèse de l'alcool sont les suivantes : l'éthylène C^2H^4, qui se produit dans une foule de réactions chimiques, dans la distillation du charbon de terre, dans la décomposition de l'alcool lui-même, peut s'unir avec l'acide sulfurique, pour former un acide, l'acide sulfovinique. L'acide sulfovinique, chauffé avec de l'eau, se décompose en acide sulfurique et en alcool. Ces réactions, découvertes par Hennel, ont été étudiées avec le plus grand soin par M. Berthelot, et dans ces dernières années on a essayé de les appliquer à l'industrie. Les difficultés principales contre lesquelles ce procédé est venu échouer sont : l'impossibilité de se procurer, en grand, un gaz assez riche en éthylène, les frais considérables et les pertes qu'entraîne l'évaporation de l'acide sulfurique qui, après chaque opération, doit rentrer dans la fabrication, enfin la réaction elle-même de l'acide sur le gaz, combinaison qui n'a lieu que sous l'influence d'une agitation constante et longuement soutenue.   CHARLES LAUTH.

ALCOOLISME. — On désigne sous ce nom, depuis Magnus Huss, l'ensemble des phénomènes produits dans l'organisme par l'abus des boissons alcooliques.

Tous les systèmes organiques sont atteints à la longue chez les alcooliques, mais le système nerveux est le premier et le plus profondément frappé. Au premier degré, c'est l'ivresse. Puis viennent la folie alcoolique, la démence et la paralysie. Nous allons passer en revue ces différents états et nous indiquerons ensuite les symptômes et les lésions offerts par les autres organes.

L'ivresse, c'est l'alcoolisme aigu, une sorte de folie temporaire à courtes périodes. Ses caractères varient d'après la quantité d'alcool ingéré, depuis la simple excitation suivie de lourdeur de tête et de sommeil, jusqu'à la mort presque subite, précédée ou non de convulsions. Mais le degré moyen qui constitue plus particulièrement l'ivresse présente deux périodes bien marquées, la première d'exaltation et la seconde de dépression de toutes les fonctions. Cette oscillation, qui se présente dans la plupart des cas de biologie dynamique, n'est qu'un cas particulier de cette grande loi de philosophie première que la réaction est toujours égale à l'action.

Dans la première période il y a surtout un sentiment général de bien-être d'où résulte la séduction de l'ivresse. L'activité intellectuelle est plus grande. Le courage est exalté, ainsi que le sentiment de la force et même la force réelle. La sociabilité augmente aussi, car l'alcool agit autant sur les cellules affectueuses que sur les cellules intellectuelles. La confiance, la générosité participent à l'excitation générale. Il y a longtemps qu'on a remarqué qu'un verre de vin donne du *cœur*. Si les choses en restaient là, le plus grand des problèmes humains, le perfectionnement de notre nature morale, serait résolu. Il suffirait, pour nous rendre meilleurs, d'absorber tous les jours quelques grammes d'alcool. Mais à mesure que l'ivresse augmente, son caractère change. Il y a tendance aux rixes, aux violences, grossièreté de langage et d'action, dégradation morale. Les besoins de parler et d'agir sont incessants, mais l'enivré ne sait plus ni ce qu'il dit ni ce qu'il fait.

A ce moment la réaction est commencée. L'intelligence est moins nette, et finit même par devenir fétichique, comme l'indique cette conversation incohérente qui s'adresse aux arbres, aux murailles et à tous les objets inanimés. Les impulsions sont plutôt automatiques que voulues et l'enivré se laisse plus facilement diriger, malgré la persistance chez quelques-uns d'une idée fixe. Il n'y a de réellement bien éveillé que l'instinct conservateur. Que l'on regarde marcher un ivrogne cherchant à se maintenir sur les trottoirs, à éviter les voitures et faisant effort pour rester debout et pour conserver une direction rectiligne, l'on acquerra la certitude que si c'est le cervelet qui coordonne les mouvements, c'est à coup sûr l'instinct conservateur qui coordonne le cervelet. Enfin le sommeil arrive profond et une anesthésie quelquefois si complète qu'on a pu, dans cette situation, opérer des blessés qui n'ont rien ressenti.

Les lésions viscérales déterminées par l'alcoolisme aigu ont presque toutes pour point de départ la *congestion sanguine* soit active soit passive. On la retrouve dans tous les organes. Dans le cerveau et le poumon, elle peut aller jusqu'à déterminer des apoplexies méningées, cérébrales ou pulmonaires. Dans d'autres cas on rencontre les lésions inflammatoires de l'encéphalite ou de la pneumonie. Notons, comme altération spéciale, la présence, dans les liquides et les solides, de l'*alcool en nature* qu'on peut en retirer par la distillation. Le cerveau se trouve donc, chez les ivrognes de profession, constamment baigné dans l'alcool. Une autre altération presque spéciale est l'*état graisseux du sang* qui contient de petits globules de graisse facilement appréciables au microscope.

Folie alcoolique. — Elle ne survient que chez des personnes adonnées depuis longtemps à l'ivrognerie. Aussi, bien qu'elle ait un caractère aigu, est-elle considérée par les auteurs comme un des symptômes de l'alcoolisme chronique.

La distinction entre ceux qui ont le vin *gai* et ceux qui ont le vin *triste* se retrouve dans la folie alcoolique. Il y a des malades à disposition expansive et des malades à disposition concentrée. Notons toutefois que l'expansion devient beaucoup plus rare que dans l'ivresse. Plus l'ivrogne se plonge dans la vie alcoolique, plus il devient mauvais, triste et défiant.

Toutes les formes de folie peuvent être la conséquence de l'alcoolisme, mais les trois principales sont le *delirium tremens*, la *lypémanie alcoolique* et la *démence* suivie ou non de paralysie.

Delirium tremens. Le délire et le tremblement sont, en effet, les deux symptômes qui appellent l'attention. Le tremblement n'est pas spécial à l'affection qui nous occupe. On le rencontre de très-bonne heure chez les alcooliques, mais dans le *delirium tremens* il est plus prononcé et a frappé davantage. Il affecte tout l'ensemble du système musculaire. Il consiste ordinairement en un simple tremblement fibrillaire; mais il peut aller jusqu'à la chorée et aux convulsions les mieux caractérisées, en passant par tous les états intermédiaires de l'excitation musculaire. Il est très-sensible aux muscles de la face, et notamment aux lèvres qui sont le siége d'une trémulation presque continuelle, d'où résulte l'hésitation et l'embarras de la parole.

Le délire est variable, mais la forme classique consiste dans un délire triste entretenu par des hallucinations terrifiantes. On voit que le malade a peur et fait effort pour fuir. Ces hallucinations, sans être spéciales à l'alcoolisme, comme le prétendent les faiseurs de diagnostic différentiel, y sont pourtant fréquentes. Elles consistent surtout dans la sensation tactile et la vision de bêtes immondes et dégoûtantes, de reptiles qui rampent sur la peau et sur les couvertures, de rats qui grimpent dans les rideaux ou sur la muraille. J'ai constaté que les visions n'étaient pas colorées : les animaux sont noirs.

Si l'on ajoute que la face est injectée, le sommeil absolument nul, la langue sèche et rouge, la soif vive, la respiration accélérée, la peau couverte de sueur, le pouls presque toujours fébrile, on aura à peu près l'idée de cette affection, qui n'est pour moi, dans l'immense majorité des cas, qu'une forme de la périencéphalite aiguë, et qui se termine quelquefois par la mort, plus souvent par la guérison, mais qui laisse toujours après elle des traces de son passage.

La *lypémanie alcoolique* ne diffère pas des autres lypémanies. Les malades sont tristes, défiants, se croient poursuivis, persécutés par des sociétés secrètes. C'est chez eux que l'on peut étudier le mieux, surtout au début, les différents troubles de la motilité et de la sensibilité qui alimentent leur délire. Ce sont, pour la motilité, le tremblement dont nous avons déjà parlé, les crampes, les soubresauts des tendons, l'affaiblissement musculaire; pour la sensibilité, la céphalalgie, les sensations de fourmillements, les tiraillements dans les membres inférieurs. Il leur semble toujours qu'une bête leur monte dans les jambes. On a constaté aussi au début une véritable hyperesthésie; mais à mesure que la maladie progresse, c'est plutôt l'inverse qui a lieu, et l'anesthésie, bornée d'abord aux doigts et aux orteils, peut envahir les membres et même le tronc.

La plupart de ces malades sont poursuivis obstinément par l'idée fixe du suicide.

Démence et paralysie. Que les alcooliques aient passé ou non par la folie, ils finissent toujours, s'ils persistent dans leurs habitudes, par en arriver à l'abrutissement et à la démence. Ils perdent la mémoire et tombent dans la dégradation morale et l'enfance intellectuelle. Ils vivent en végétaux et ont besoin d'être surveillés et gardés, car ils n'auraient même plus l'instinct d'éviter un danger et de chercher leur nourriture.

Cet état mental s'accompagne souvent de paralysie générale. Les mouvements, d'abord plus lents et plus difficiles, deviennent impossibles. Les malades ne peuvent plus rester debout et finissent par être gâteux. Enfin la mort vient tôt ou tard clore la scène. Mais tout ne se termine pas avec eux; car ils lèguent à leurs enfants le plus triste des héritages. Prédisposition à l'ivrognerie et à la folie, dégénérescence physique et morale, tel est le triste lot des fils d'alcooliques.

Les lésions du cerveau dans l'alcoolisme chronique sont, pour la plupart, une conséquence des congestions répétées dont cet organe a été le siége. Telles sont l'épaississement et les adhérences des méninges, les épanchements hémorrhagiques et séreux, les ramollissements locaux ou diffus des deux substances cérébrales, etc. D'autres lésions paraissent tenir plus particulièrement à l'action alcoolique. Ce sont les dépôts de matières grasses dans la substance cérébrale, la dégénérescence athéromateuse des artères et enfin le ratatinement, l'induration et l'atrophie de toute la masse encéphalique, qui ne remplit plus la cavité crânienne.

Symptômes présentés par les autres organes. Après le cerveau, c'est l'estomac qui est le plus rapidement atteint. Il y a gastrite d'abord aiguë, puis chronique, se traduisant par la *pituite* ou vomissement de matières glaireuses, la *dyspepsie* ou trouble de la digestion, l'inappétence et le dégoût des aliments. Quelquefois la gastrite devient ulcéreuse ; il y a alors vomissements de matières noirâtres et sanguinolentes. Enfin le cancer de l'estomac est aussi une conséquence des abus alcooliques. Le reste de l'intestin est plus ou moins affecté. Il y a des coliques, de l'entérite, des alternatives de diarrhée et de constipation.

Le *foie* est toujours altéré chez les buveurs. La cirrhose, la stéatose, l'ictère, l'hépatite dans les pays chauds sont des maladies dues certainement aux excès alcooliques. Il en est de même de la maladie de Bright pour les reins.

L'appareil respiratoire ne reste pas indemne. On connaît la voix des ivrognes (voix de rogomme). J'ai souvent rencontré la pneumonie comme complication du *delirium tremens*. Nous avons déjà parlé de l'apoplexie pulmonaire. La phthisie est moins prouvée, mais elle est probable.

Du côté du système circulatoire on a constaté l'hypertrophie du cœur, des péricardites, des artérites et des phlébites.

On peut donc dire d'une manière générale que tous les appareils, tant de la vie de relation que de la vie végétative, sont atteints par l'alcoolisme. Le poison, charrié par le sang, imprègne tous les organes et les tue. C'est une maladie de *toute la substance*.

Si l'on jette un coup d'œil d'ensemble sur toutes les altérations que nous avons décrites, on peut les rattacher à deux. Dans l'alcoolisme aigu, c'est la *congestion* déterminant, selon les circonstances, des hémorrhagies ou des inflammations. Dans l'alcoolisme chronique on reconnaît aux altérations chroniques de la muqueuse gastrique, aux inflammations adhésives des séreuses, etc., la suite des congestions répétées, mais l'altération principale consiste dans la *transformation graisseuse* des organes. Elle atteint presque tous les viscères et jusqu'aux muscles eux-mêmes.

L'alcoolisme constitue, pour l'espèce humaine, un véritable danger qui, chaque jour, devient plus menaçant ; car pendant qu'on se demande ce qu'il faut faire, le flot monte toujours. En Angleterre, en Amérique, en Suède, en Russie, en Prusse, etc., la production et la consommation de l'alcool augmentent tous les jours. Les pays méridionaux sont les seuls qui résistent encore. La France suit le mouvement général. Tous les renseignements s'accordent à constater une progression continue. J'ai pu, dit M. A. Fournier (article *Alcoolisme* du *Dictionnaire de médecine et de chirurgie pratiques*), me procurer les chiffres officiels de l'octroi de Paris, et voici ce dont ils témoignent :

QUANTITÉS D'ALCOOL PUR INTRODUITES DANS PARIS PENDANT LES ANNÉES SUIVANTES

1850	55,652	hectolitres.
1852	63,045	—
1855	76,669	—
1858	80,470	—
1862, après l'annexion	105,406	—

Si l'on ramène ces chiffres au titre d'une liqueur potable, on voit que dans l'année 1862 il ne s'est pas introduit à Paris moins de 21,081,200 litres d'eau-de-vie à 50°. De même pour le vin. La consommation annuelle de Paris de 1850 à 1859 donnait une moyenne de 123,309,400 litres. Depuis 1860 elle s'est élevée de la façon suivante :

1860	208,271,100	litres.
1861	228,267,500	—
1862	247,105,300	—
1863	269,633,800	—

Mais le chiffre de la population n'est plus le même, dira-t-on. Voici d'après

M. A. Husson (consommation de Paris) dans quelle proportion a augmenté, pour chaque habitant, la consommation de liquides spiritueux.

De 1825 à 1830....... 8,96 litres par an d'alcool pur à 45°.
De 1831 à 1835....... 8,74 —
De 1836 à 1840....... 10,15 —
De 1841 à 1845....... 11,14 —
De 1846 à 1850....... 11,03 —
De 1851 à 1854....... 14,25 —

Les eaux-de-vie contiennent environ 50 0/0 d'alcool; ce qui fait par conséquent 28,50 litres d'eau-de-vie par habitant, et si l'on met de côté les femmes, les enfants et tous ceux qui ne boivent pas, on voit quel chiffre énorme il reste à consommer par les buveurs.

Si l'on réfléchit que 18 cas de folie sur 100 sont dus à l'ivresse (voir Fournier l. c. et que sur quatre suicides il y en a au moins un accompli, soit en état d'ivresse, soit par un alcoolique, on aura une des raisons de l'augmentation des suicides et de la folie.

L'administration a-t-elle le devoir d'intervenir au milieu de ce débordement toujours croissant? Oui, sans doute; mais son action est bornée et il né faut pas lui demander de résoudre par les lois ce qui ne peut l'être que par les mœurs. On peut bien apporter des obstacles à la fabrication et à la vente des alcools, on peut faire des lois contre les ivrognes, on peut encore les rendre responsables de leurs actes, puisque, en somme, l'ivresse est volontaire. Mais la plupart des prescriptions légales, outre qu'elles ont un caractère vexatoire qui répugne à nos idées modernes, peuvent toujours être éludées et l'on n'empêchera jamais un homme de s'enivrer. Le vrai remède consiste à faire des hommes, en faisant prédominer, dans l'éducation, le point de vue moral sur tous les autres et en ne laissant pas les populations ouvrières de nos grandes villes qui sont le foyer de l'alcoolisme, perdre, sous la pression du besoin et des vices précoces, tout sentiment de civisme et de dignité humaine. Il faut protéger l'enfant, reconstruire énergiquement la famille en affranchissant la femme de tout travail extérieur, il faut, par l'éducation, améliorer les cerveaux pour qu'ils recherchent dans les grandes œuvres intellectuelles leur excitation habituelle, au lieu de la demander à la brutale jouissance de l'ivresse qui les tue.

En dehors de ces grandes réformes sociales, il n'y a rien à faire ou presque rien. Toutes les tirades déclamatoires ne feront pas un ivrogne de moins. Les sociétés de tempérance ont échoué. Mahomet seul, réformateur social et religieux, a pu faire reculer devant lui l'immonde fléau. Mais il agissait sur des populations méridionales naturellement plus sobres et il parlait au nom de Dieu à des gens qui y croyaient. On comprend que les procédés qui ont réussi à une époque ne réussissent plus à une autre. Il serait certainement désirable que les Occidentaux renonçassent entièrement à toute liqueur distillée et même au vin dans beaucoup de cas. Seulement, si, pour obtenir ce résultat, nous employions le procédé théologique de Mahomet, je sais beaucoup de gens qui s'en iraient immédiatement acheter de l'eau-de-vie. Il est donc inutile de mettre Dieu en avant puisqu'on n'aboutirait qu'à se rendre ridicule et à doubler le nombre des ivrognes. Ce qu'il faut aujourd'hui, c'est une morale positive et entièrement terrestre dont les prescriptions, toujours démontrables au point de vue social et humain, puissent être acceptées par les esprits modernes. Cette morale existe et dirige déjà tous les vrais émancipés qui n'ont pas besoin, pour être honnêtes, qu'on leur promette des choses fantastiques. Mais le plus grand nombre flotte encore entre la morale théologique à laquelle il ne croit plus et la morale positive qu'il ne connaît pas encore. Tant que cet état transitoire durera, ce sera l'âge d'or des ivrognes et ils s'en donneront à cœur joie sans qu'on sache par où les prendre. Regardons passer ce triste courant qui entraîne avec lui tant d'existences et prenons bien garde qu'en grossissant, il ne nous emporte pas.

BIBLIOGRAPHIE. — Rayer, *Mémoire sur le delirium tremens*, 1819. — Royer-Collard, *De l'usage et de l'abus des boissons fermentées*, 1838. — Roesch, *De l'abus des boissons spiritueuses*, 1838. — Marcel, *de la folie causée par l'abus des boissons alcooliques*, 1857. — Magnus Huss, *Chronische alcohols Krankheit*, Stockolm, 1852. — Lasègue, *De l'alcoolisme chronique*, 1853. — Brière de Boismont, *Du suicide et de la folie suicide*, 1856. — Morel, *Traité des dégénérescences physiques, intellectuelles et morales de l'espèce humaine*, 1857. — Lallemand, Perrin et Duroy, *Du rôle de l'alcool et des anesthésiques dans l'organisme*, 1860. — Racle, *De l'alcoolisme*, 1860. — Courtesse, *Études sur l'alcoolisme*, 1862. — Pennetier, *De la gastrite dans l'alcoolisme*, 1865. E. SÉMÉRIE.

ALDÉHYDES. — Lorsqu'on soumet l'alcool ordinaire à des oxydations ménagées, il se produit un corps qui dérive de l'alcool par élimination de deux atomes d'hydrogène. Ce corps, entrevu par Dœbereiner, et étudié et analysé par Liebig, a reçu de ce dernier le nom d'*aldéhyde*, de *alcool dehydrogenatum*. Bientôt on découvrit qu'à tous les alcools correspond un dérivé, qui en diffère par perte de deux atomes d'hydrogène, et on eut ainsi une nouvelle classe de composés, qui prit le nom générique d'*aldéhydes*.

Dans l'action des agents oxydants sur les alcools, pour les transformer en acides, il se passe deux réactions successives : d'abord deux atomes d'hydrogène sont enlevés à l'état d'eau, et le corps est une aldéhyde, mais si l'oxydation continue, un atome d'oxygène remplace les deux atomes d'hydrogène, et le produit final de la réaction est un acide. Ainsi on a :

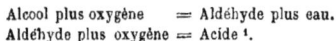

Alcool plus oxygène = Aldéhyde plus eau.
Aldéhyde plus oxygène = Acide [1].

Cette réaction n'est pas générale à tous les alcools, c'est-à-dire à tous les composés jouissant de la propriété de se combiner aux acides, pour former des éthers en éliminant de l'eau. Elle n'est vraie qu'avec ceux qui sont analogues à l'alcool ordinaire, et qu'on a appelés alcools primaires. (Voyez *Alcools*.)

Il faut qu'à un même atome de carbone soient fixés, et le groupe oxhydryle (composé d'un atome d'oxygène et d'un atome d'hydrogène), groupe qui détermine la fonction alcoolique, et deux atomes d'hydrogène. Si à ce carbone, outre un oxhydryle, est attaché un seul atome d'hydrogène, on aura, non pas une aldéhyde, mais une acétone, et l'oxydation ne pourra être poussée plus loin et amener la formation d'un acide; c'est le cas des alcools secondaires ou isoalcools [2].

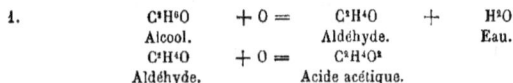

1. $C^2H^6O + O = C^2H^4O + H^2O$
Alcool. Aldéhyde. Eau.
$C^2H^4O + O = C^2H^4O^2$
Aldéhyde. Acide acétique.

2. Les formules suivantes de constitution des alcools primaires et secondaires et de leurs premiers produits d'oxydation rendent compte de ce fait.

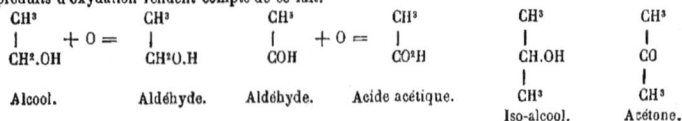

CH³	CH³	CH³	CH³	CH³	CH³
| + O =	|	| + O =	|	|	|
CH²·OH	CH²O·H	COH	CO²H	CH·OH	CO
				|	|
Alcool.	Aldéhyde.	Aldéhyde.	Acide acétique.	CH³	CH³
				Iso-alcool.	Acétone.

On voit qu'avec cette dernière formule on ne peut remplacer les deux hydrogènes enlevés par un oxygène, pour former un acide, car il n'y a plus moyen d'avoir le groupe CO²H, qui détermine la fonction acide. (Voir *Acides*.)

Les aldéhydes dérivent donc des alcools primaires, et sont caractérisées en outre par ceci, qu'elles fixent un atome d'oxygène pour fournir un acide.

Etat naturel et préparation. Un grand nombre d'aldéhydes sont fournies par la nature; elles possèdent toutes une odeur forte, plus ou moins agréable, et constituent plusieurs essences, qu'on obtient par la distillation des végétaux avec l'eau. Ainsi l'essence de cumin, l'essence de cannelle, l'essence d'amandes amères, et peut-être l'essence de rue sont formées en plus grande partie par des aldéhydes. Celles-ci prennent encore naissance dans un grand nombre de réactions, ainsi l'oxydation des matières albuminoïdes fournit les aldéhydes acétique, propionique, benzoïque, etc.

Leurs modes généraux de préparation sont les suivants : 1° l'oxydation ménagée des alcools, ainsi que nous l'avons indiqué; 2° la distillation sèche d'un mélange de formiate de chaux ou de potasse, et du sel de chaux ou de potasse de l'acide dont on veut obtenir l'aldéhyde. Il se forme outre celle-ci du carbonate de chaux. L'équation qui donne ainsi naissance à une aldéhyde est l'analogue de celle qui représente la formation de l'acétone par la distillation sèche des acétates[1]. Indiqué et prévu par Williamson, ce procédé a été réalisé par Piria et Limpricht.

Propriétés. La plus caractéristique est celle dont nous avons parlé plus haut : les aldéhydes se transforment en acides par fixation d'un atome d'oxygène. Cette oxydation a lieu, soit par la simple exposition à l'air, soit par les agents oxydants, soit par la potasse en fusion. D'un autre côté, soumises à l'action de l'hydrogène naissant, les aldéhydes en fixent deux atomes, et régénèrent l'alcool, dont elles étaient dérivées (Wurtz). Elles peuvent également subir la même transformation, lorsqu'on les dissout dans une solution alcoolique de potasse (Cannizzaro); ce procédé n'est pas général, et ne réussit qu'avec quelques aldéhydes. On comprend combien ces réactions sont importantes, puisqu'elles permettent de passer d'un acide à l'alcool correspondant, alors que cet alcool est encore inconnu. En effet, on obtient l'aldéhyde en distillant un mélange du sel de l'acide et d'un formiate, et on fixe sur cette aldéhyde les deux atomes d'hydrogène qui produisent l'alcool.

Elles se combinent toutes avec les bisulfites alcalins, en donnant des composés cristallins; on peut ainsi les séparer des hydrocarbures avec lesquels elles sont mélangées dans les essences naturelles. Il suffit d'agiter celles-ci avec une solution concentrée de bisulfite alcalin, de jeter le magma cristallin sur un filtre, de le laisser égoutter, de le laver à l'alcool. Celui-ci entraîne tout l'hydrocarbure, et on a sur le filtre une combinaison de bisulfite et d'aldéhyde pure. Qu'on distille cette combinaison avec une solution de carbonate de soude, et l'aldéhyde passera à la distillation avec les vapeurs d'eau, d'où on pourra la retirer par simple décantation. Cette propriété de se combiner aux bisulfites n'est cependant pas caractéristique des aldéhydes, car elle appartient aussi à un grand nombre d'acétones. Soumises à l'action du perchlorure de phosphore, les aldéhydes échangent leur atome d'oxygène contre deux atomes de chlore.

Lorsqu'on les soumet à l'action du chlore et du brôme, un atome de l'un d'eux remplace un atome d'hydrogène, et il se produit le chlorure ou le bromure d'un radical acide; ainsi, avec l'aldéhyde acétique, dérivant de l'alcool ordinaire, M. Wurtz a obtenu le chlorure d'acétyle; cette réaction permet de considérer les aldéhydes

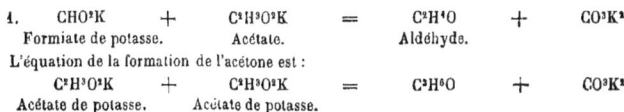

1. CHO^2K $+$ $C^4H^3O^2K$ $=$ C^2H^4O $+$ CO^3K^2
  Formiate de potasse. Acétate. Aldéhyde.

L'équation de la formation de l'acétone est :

$C^4H^3O^2K$ $+$ $C^4H^3O^2K$ $=$ C^3H^6O $+$ CO^3K^2
Acétate de potasse. Acétate de potasse.

comme des hydrures de radicaux acides [1]. Traitées par le perchlorure de phosphore, elles échangent leur atome d'oxygène contre deux atomes de chlore. Le composé obtenu diffère de celui que fournit l'action du chlore sur l'hydrogène carboné de même formule ; ainsi, avec l'aldéhyde acétique C^2H^4O, on a le chlorure $C^2H^4Cl^2$, différant du chlorure d'éthylène de même formule, et qu'on obtient en fixant le chlore sur le gaz oléfiant C^2H^4. Aussi, le composé dérivé de l'aldéhyde a été appelé chlorure d'éthylidène pour marquer cette différence, mais on ne peut cependant en retirer un carbure éthylidène différent de l'éthylène. C'est toujours ce dernier qui prend naissance lorsqu'on enlève le chlore au chlorure d'éthylidène.

L'acide sulfhydrique remplace l'oxygène des aldéhydes par du soufre, et fournit les aldéhydes sulfurées.

Enfin, les aldéhydes appartenant à la série aromatique, comme les aldéhydes benzoïque, cuminique, aisique, etc., présentent quelques propriétés spéciales ; par l'acide azotique fumant, elles donnent des produits de substitution nitrés ; dissoutes dans la potasse alcoolique, elles fournissent et l'alcool et l'acide auxquels elles correspondent ; ainsi l'aldéhyde benzoïque donne du benzoate et de l'alcool benzylique. Elles se combinent avec l'ammoniaque en éliminant de l'eau, et la réaction a lieu entre trois molécules de celle-ci et trois molécules de l'aldéhyde, tandis que les aldéhydes de la série grasse, comme l'aldéhyde acétique, se combinent simplement à l'ammoniaque molécule par molécule.

Constitution des aldéhydes. Les aldéhydes sont formées par un groupe carbonyle ou oxyde de carbone CO, diatomique, et auquel se trouvent fixés et un groupe hydrocarboné et un atome d'hydrogène. Leur constitution est donc représentée par la formule générale $CO \left\{ \begin{array}{l} R \\ H \end{array} \right.$, R étant un radical alcoolique quelconque. Ainsi la formule de l'aldéhyde acétique est $CO \left\{ \begin{array}{l} CH^3 \\ H \end{array} \right.$. Cette constitution est analogue à celle des acides : l'acide ne diffère de l'aldéhyde que par un atome d'oxygène en plus, et il suffit de remplacer l'hydrogène fixé au carbonyle par le groupe oxhydryle OH pour avoir la formule de l'acide à laquelle correspond l'aldéhyde. Quant aux acétones, leur formule générale est analogue ; c'est du carbonyle réunissant deux groupes hydrocarbonés $CO \left\{ \begin{array}{l} R \\ R \end{array} \right.$.

Le nom des différentes aldéhydes se tire de l'acide auquel elles donnent naissance par oxydation, ainsi on dit aldéhyde acétique, aldéhyde benzoïque. Au point de vue de la nomenclature et de l'origine du mot aldéhyde, il vaudrait mieux les dénommer par l'alcool dont elles dérivent, et écrire, par exemple, aldéhyde éthylique, c'est-à-dire alcool éthylique déshydrogéné, aldéhyde benzylique, c'est-à dire alcool benzylique déshydrogéné, mais, quoique plus rationnel, ce nom n'est pas adopté, et il faut nécessairement se conformer à l'usage.

Les aldéhydes étant considérées comme étant des hydrures d'acides, sont appelées souvent *hydrures*, en faisant suivre ce nom du radical de l'acide, qui en dérive par oxydation ; ainsi l'aldéhyde dérivée de l'alcool ordinaire est appelée hydrure d'acétyle, celle qui correspond à l'acide benzoïque, hydrure de benzoyle. En effet, il existe des groupes renfermant du carbone, de l'hydrogène et de l'oxygène, qui se transportent dans les réactions, comme des groupes hydrocarbonés ou alcooliques. Les groupes ternaires appartiennent aux acides, et de même qu'un alcool monoato-

---

[1]. $C^2H^3O.H$ $+$ $2Cl$ $=$ $C^2H^3O.Cl$ $+$ HCl

Aldéhyde. Chlore. Chlorure d'acétyle. Acide chlorhydrique

mique est une molécule d'eau, dans laquelle un atome d'hydrogène est remplacé par un groupe hydrocarboné, de même les acides dérivent d'une molécule d'eau, dont un atome d'hydrogène est remplacé par un groupe ternaire. (Voyez *Acides.*) Les aldéhydes représentent ce groupe ou radical acide, plus un atome d'hydrogène; elles sont donc des hydrures de radicaux acides [1].

Nous n'avons considéré que les aldéhydes correspondant aux acides et aux alcools monoatomiques; il est évident que les alcools polyatomiques peuvent également perdre de l'hydrogène et donner naissance à des aldéhydes, mais les corps de cette nature qui dérivent d'alcools polyatomiques sont en petit nombre et imparfaitement connus; leur histoire générale est encore à faire.

Usage. La plupart des aldéhydes naturelles constituent des essences très-employées dans les arts, et surtout dans la parfumerie; telles sont les essences d'amandes amères, de cannelle, de cumin, d'anis; l'aldéhyde ordinaire ou acétique est préparée dans l'industrie à l'état impur; elle est employée pour l'obtention d'une matière colorante violette, découverte par M. Charles Lauth, et qui se forme lorsqu'on fait agir les aldéhydes sur la rosaniline. Cette couleur violette peu stable n'est pas directement usitée, mais sous l'influence de divers agents, elle fournit les magnifiques verts d'aniline, dits verts-lumière. Aussi se fait-il une assez grande consommation d'aldéhyde pour la préparation de ces verts d'aniline.

E. GRIMAUX.

ALEMBERT (PRINCIPE DE D'). — Le principe de d'Alembert fournit une méthode générale pour mettre en équations tous les problèmes relatifs au mouvement d'un système de corps liés entre eux d'une manière quelconque; c'est une de ces vérités à la fois simples et fécondes, qui en même temps qu'elles renouvellent la face d'une science, deviennent presque évidentes pour l'esprit, à mesure qu'on s'habitue à les appliquer, et l'on s'étonne alors qu'elles aient pu rester inaperçues, et devenir un titre sérieux de gloire pour celui qui les a énoncées le premier. Pour se rendre compte de l'importance de la découverte de d'Alembert, il est nécessaire de jeter un coup d'œil sur l'état dans lequel elle a trouvé la mécanique; il suffira pour cela de résumer l'analyse historique des principes de la dynamique, présentée par *Lagrange* dans sa *Mécanique analytique,* un livre que les géomètres s'accordent à regarder comme un monument d'esprit philosophique, autant que de science mathématique.

Le principe de l'inertie du point matériel et celui de l'indépendance des effets simultanés de plusieurs forces sur un même point, découverts par *Galilée,* précisés et perfectionnés par *Huyghens* et par *Newton,* suffisent pour déterminer le mouvement d'un corps libre sollicité par des forces quelconques, pourvu que le corps puisse être regardé comme se réduisant à un simple point; ils s'appliquent encore à l'étude d'un système quelconque de points matériels, quand on connaît la loi de leurs actions mutuelles, toutes les fois qu'il n'existe entre eux aucune liaison, et même lorsque les liaisons consistent uniquement en ce que certains points sont assujétis à se mouvoir sur des courbes, ou sur des surfaces données. Mais lorsque l'on considère plusieurs corps liés entre eux d'une manière quelconque et agissant les uns sur les autres, par impulsion ou par pression, soit directement comme dans le

---

1. Les formules suivantes montrent clairement ces rapports.

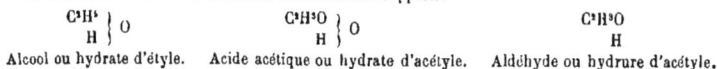

$$\left.\begin{matrix} C^4H^5 \\ H \end{matrix}\right\} O \qquad\qquad \left.\begin{matrix} C^4H^3O \\ H \end{matrix}\right\} O \qquad\qquad \begin{matrix} C^4H^3O \\ H \end{matrix}$$

Alcool ou hydrate d'étyle.   Acide acétique ou hydrate d'acétyle.   Aldéhyde ou hydrure d'acétyle.

choc, soit par l'intermédiaire des liaisons; lorsqu'il s'agit même d'un corps unique
de dimensions finies, et regardé comme un assemblage de points matériels liés
entre eux d'une manière invariable, il n'est pas en général possible de découvrir
directement les forces qui proviennent de ces liaisons, et les principes de Galilée
ne suffisent plus à la détermination du mouvement. Pendant près d'un demi-siècle,
les plus grands géomètres : *Huyghens*, les *Bernoulli, Clairaut, Euler, L'Hopital*, ont
exercé leur sagacité dans des problèmes de ce genre, parmi lesquels, celui du centre
d'oscillation fut surtout célèbre par les efforts auxquels il donna lieu, et l'influence
qu'il eut sur les progrès de la mécanique. Ce problème, qui a pour objet de trouver
la durée des oscillations d'un corps pesant, capable de tourner librement autour
d'un axe horizontal, avait été posé aux géomètres, dès le milieu du xviie siècle, par
Mersenne; il occupa *Descartes, Roberval, Huyghens*, et ne reçut qu'en 1703 une solution
entièrement directe et rigoureuse, due à Jacques Bernoulli. Dans toutes ces questions, la difficulté consistait à découvrir les forces que l'on doit substituer aux
liaisons, pour ramener l'étude du mouvement de corps liés entre eux à celle du
mouvement de points matériels entièrement libres; les géomètres y parvinrent dans
un certain nombre de cas, assez restreints, mais aucun d'eux n'avait encore réussi
à poser des règles vraiment fixes et générales, lorsqu'en 1742 d'Alembert lut, à
l'Académie des sciences de Paris, un mémoire contenant *un principe général pour
trouver le mouvement de plusieurs corps qui agissent les uns sur les autres, d'une manière
quelconque.* Ce principe, qui se rattache à celui de l'égalité entre l'action et la réaction
dû à *Newton*, et dont Lagrange trouve un premier germe dans la solution donnée
par Jacques Bernoulli au problème du centre d'oscillation, s'énonce habituellement
aujourd'hui de la manière suivante : lorsqu'un système de points matériels liés
entre eux d'une manière quelconque, se meut sous l'action de forces quelconques,
il y a, à chaque instant, équilibre, en vertu des liaisons, entre ces forces et les forces
d'inertie, c'est-à-dire les forces égales et directement opposées à celles qui produi-
raient pour chaque point matériel supposé libre, le mouvement qu'il suit en réalité.
Cet énoncé diffère dans la forme de celui donné par d'Alembert lui-même, lequel,
préoccupé d'écarter de la science certaines opinions ontologiques sur la force, qui
étaient encore l'objet de vaines discussions, a fondé sa dynamique sur la considération purement géométrique des quantités de mouvement. Aujourd'hui que la
notion de force a pris dans la plupart des esprits un caractère positif (voir le
mot *Force*), l'emploi du mot n'offre plus d'inconvénients sérieux; mais il n'en est pas
moins intéressant de remarquer avec quelle décision, l'illustre auteur proscrit ce
qu'il appelle des êtres obscurs et métaphysiques, capables de répandre les ténèbres
sur la science la plus claire par elle-même.

Quelle que soit d'ailleurs la forme sous laquelle on énonce le principe, il s'applique aussi bien aux changements brusques produits par les chocs, qu'aux changements qui s'opèrent d'une manière continue, et permet dans tous les cas de faire
dépendre la détermination du mouvement d'un système quelconque, de la recherche
des conditions de l'équilibre de ce même système. La dynamique se trouve ainsi
ramenée à la statique; et *Lagrange* ayant, au moyen du principe des vitesses
virtuelles, réduit cette dernière science à une formule unique, réduisit aussi par
cela même à une seule formule générale tous les problèmes de la dynamique. C'est
le développement des conséquences de cette formule, qui constitue la mécanique
analytique.   Th. Moutard.

ALEXANDRE (empire d'). — La Macédoine, longtemps obscure et même
réputée barbare, était d'un seul coup arrivée à son apogée sous la direction de

son roi, Philippe II (360-336 avant Jésus-Christ). Non-seulement elle avait soumis tous les peuples voisins, elle avait même porté à la Grèce, dans les plaines de Chéronée, la première de ces quatre blessures mortelles qui devaient mettre fin à sa glorieuse nationalité. Toutefois on pouvait croire que cette puissance, œuvre d'un seul homme, s'écroulerait avec lui, comme peu auparavant la grandeur de Thèbes avait succombé avec Pélopidas et Épaminondas, les illustres maîtres de Philippe, et celle de la Thessalie avec Jason. Presque tous, même Desmosthènes, s'y trompèrent ; seul, Phocion jugea combien peu la mort de Philippe devait changer le sort de la Grèce : « L'armée qui nous vainquit, disait-il, n'est diminuée que d'un homme. » Alexandre le montra bientôt aux Grecs en brisant par le sac de Thèbes tout essai de résistance ; aussi, le jeune vainqueur reçut-il dans une assemblée générale tenue à Corinthe le titre qu'avait déjà obtenu son père, celui de généralissime des Grecs contre les Perses.

Par une rare exception, il était alors digne de cette flatterie, et son génie était à la hauteur du rôle qu'on lui décernait. Cette ruine de la Perse qu'avaient commencée les Miltiade, les Thémistocle, les Cimon, les Agésilas, allait donc être achevée par un barbare ? Non. Alexandre, quoique le barbare n'ait que trop souvent reparu, était devenu grec par son éducation et par sa volonté : il est, en effet, autant le fils d'Homère et d'Aristote que de Philippe. Par le premier, il a la jeunesse, l'ardeur, l'élan des temps héroïques ; par le second, la science, les vues larges, humaines de la philosophie grecque. A Troie, devant le tombeau d'Achille, auquel il envie son ami et son poëte, Alexandre est le disciple d'Homère ; ce sont ses poésies qui lui servent d'épée de chevet et qu'il renferme dans la plus précieuse des cassettes de Darius ; il est l'élève d'Homère, lorsqu'au fond de l'Asie, sous sa tente, il lit les œuvres des poëtes, qu'il a fait venir d'Athènes, et lorsque, dans l'enivrement d'un premier succès, il épargne la maison de Pindare à Thèbes ; le choix de l'emplacement où devait s'élever l'immortelle Alexandrie est une réminiscence d'Homère. La vie entière du héros elle-même n'est autre chose que la réalisation des œuvres du « poëte souverain. » La conquête de la Perse est l'*Iliade* d'Alexandre, comme ses voyages d'exploration jusqu'au fond des Indes forment son *Odyssée*. Le barbare reparaît toutefois dans le choix même du modèle : ce n'est pas Ulysse, le Grec par excellence, que le jeune Macédonien prend pour son héros, mais bien le violent Achille ; et ce sera à son imitation qu'il détruira Thèbes qui avait élevé Philippe, créé la grandeur de sa maison, et qu'il fera à Ephestion de cruelles funérailles.

Lorsque Alexandre emmène avec lui son état-major de géographes, son cortége de savants, de philosophes, il met en pratique les leçons d'Aristote, aussi bien que quand il lui envoie des échantillons pour servir à ses études d'histoire naturelle, et quand il trace à Néarque le plan de son voyage de circumnavigation, ou lorsque, obéissant aux instincts de fraternité de la philosophie grecque, « il sème l'Asie de villes grecques ; » enfin, le Macédonien est un grec, lorsqu'il s'écrie : « O Athéniens, vous n'imaginerez jamais à quels dangers je m'expose, pour être loué par vous. »

C'était une entreprise tout hellénique qu'Alexandre allait accomplir, c'est la trame même de l'histoire grecque, qui reparaît toujours dès que les querelles de Sparte et d'Athènes cessent de tout bouleverser. La Grèce qui « est née divisée » par la nature même de son sol, par l'antagonisme de deux races ennemies et profondément diverses, n'a pu encore trouver l'unité nécessaire pour l'accomplissement de ses glorieuses destinées, mais n'a jamais perdu de vue son projet de ruiner la Perse. La popularité, chez elle, s'attache à toute tentative contre l'Asie ;

c'est ce dessein qui assura l'immortalité à la retraite des Dix-Mille, qui grandit l'injuste aventurier Agésilas ; c'est le prix auquel Philippe et Alexandre rachèteront l'odieux de leur conquête ; ce sentiment populaire de la lutte contre les Perses est devenu banal même chez les enfants, et Alexandre n'en est que l'écho lorsque, dans son adolescence, il s'informe, auprès des ambassadeurs de la Perse, des ressources du grand empire, de la distance qui le sépare de la Macédoine et de la Grèce, de la route qui y conduit.

Le jeune conquérant va donc exécuter ce qu'a rêvé l'enfant. Il est fort de son titre de généralissime, de l'oracle que la Pythie, un peu contrainte, a prononcé : « Mon fils, rien ne peut te résister; » ses préparatifs ne le retiennent pas longtemps. Il possède la petite, mais excellente armée de son père : elle est composée de peuples jeunes (Thraces, Illyriens, Macédoniens), guidée par des généraux pleins d'expérience et soutenue par la science, le génie, la tactique d'un peuple mûr (les Grecs) ; ils sont trente-cinq mille fantassins commandés par Parménion et quatre mille cinq cents cavaliers sous la conduite de Philotas ; on n'emporte que peu d'argent et de vivres, la conquête doit fournir à tous les besoins. Alexandre est si convaincu de son succès qu'avant de partir, il distribue à ses amis tout ce qu'il possédait, ne se réservant que *l'espérance*, c'est-à-dire l'Asie tout entière.

L'empire des Perses qui possède tout le monde oriental et qui, depuis le honteux traité d'Antalcidas, pèse plus ou moins visiblement sur la Grèce, est réellement à la veille de sa ruine : tout tend à la dissolution, peuples et satrapes; les armées ne sont qu'un ramassis d'esclaves craintifs qui n'ont d'autre sentiment que celui de la conservation, mais qu'enchaîne la crainte des châtiments et que pousse en avant l'aristocratie perse. Dans ce royaume dégénéré, les populations belliqueuses et fortes sont plutôt un embarras qu'un appui, et, comme Sadowa l'a montré de nos jours, il n'y a rien à attendre de l'honneur et du patriotisme de peuples qui n'ont d'autre lien commun que la servitude.

Darius ne songe pas même à disputer avec une flotte l'étroit passage de l'Hellespont. Le seul homme qui eût pu arrêter Alexandre, Memnon de Rhodes, n'est pas écouté lorsqu'il donne le conseil de ravager l'empire et d'en faire un désert où l'armée grecque périra, faute de ressources: ces actes d'un suprême désespoir ne peuvent être accomplis que par un despotisme puissant ou par un ardent patriotisme. La bonne fortune d'Alexandre le délivre même bientôt de ce général redoutable, et dès lors le héros grec compte chacun de ses pas par une victoire ou une conquête. Le combat du *Granique* lui donne toute l'Asie-Mineure, où, bien accueilli, il trouve vivres et argent pour le reste de son expédition et assure ses communications avec la Grèce. Politique habile autant que général audacieux, il sait que l'allié le plus sûr contre le despotisme, c'est la liberté : il rend donc le gouvernement démocratique à la plupart des villes grecques de l'Ionie et s'avance tranquille désormais, puisqu'il ne laisse derrière lui que des peuples qui le regardent comme un libérateur.

Échappé à une maladie mortelle qui est pour lui, a dit Jean-Jacques Rousseau, l'occasion « d'une sublime profession de foi » où il montre qu'il croit « sur sa tête, au péril de ses jours, à la vertu, » à l'amitié, Alexandre bat Darius, dans les défilés de Cilicie, *à Issus*, et continue son admirable plan de campagne, qui a été longuement développé par les grands tacticiens de l'antiquité, Arrien et Polybe. Plus efficacement même que ses soldats, partout il fait servir à ses conquêtes les croyances des peuples : le nœud gordien tranché et l'oracle de Jupiter Ammon servent sa cause auprès des Asiatiques et des Africains comme la Pythie de Delphes l'a servi auprès des Grecs, au début de sa carrière. La Syrie, la Phénicie, l'Égypte, se donnent à lui plutôt qu'elles ne sont soumises par ses armes.

Forte de sa position, une seule ville lui résiste : Tyr, que son intérêt commercial lie fortement aux destinées de la Perse, Tyr, la rivale des cités maritimes grecques. Alexandre — comme plus tard Richelieu devant La Rochelle — entreprend une lutte héroïque contre la mer elle-même, et, après neuf mois de siége, se rend maître de l'île. Dès lors la décadence de Tyr a sonné : la chaussée qui l'attache au rivage et plus tard la fondation d'Alexandrie achèvent de ruiner la fière et courageuse cité.

A *Arbelles* tombe enfin le frêle et dernier espoir de Darius ; le roi de Perse est contraint de fuir. Alexandre ne le poursuit même pas, tant il le sait peu dangereux; en effet, bientôt après, le roi des rois périt victime de l'ambition du satrape Bessus. Tout se soumet devant le Macédonien : Babylone, Suze, Ecbatane, Pasagardes, Persépolis; à son approche, toutes les villes importantes de l'empire le reconnaissent pour maître.

Le conquérant que la fortune n'a pas encore gâté et qui, après Issus, maître de la tente du roi des Perses, avait contemplé avec mépris toutes ces richesses et dit seulement : « Voilà donc ce qu'ils appellent être roi [1]! » reste fidèle à la pensée qui l'avait guidé. Sa victoire, c'est le droit armé de la force qui exerce des représailles pour le passé et assure l'avenir, c'est la victoire de la civilisation sur la barbarie, de la liberté occidentale sur le despotisme de l'Orient. Toute sa conduite le témoigne hautement. Après le Granique, il envoie à Athènes trois cents armures de nobles Perses, destinées au temple de Minerve avec cette inscription : « *Sur les Barbares d'Asie, Alexandre et les Grecs à l'exception des Lacédémoniens;* » après Arbelles, il écrit en Grèce pour abolir toutes les tyrannies, promet aux Platéens de rebâtir leur ville, en reconnaissance de leur belle conduite dans les Guerres Médiques, renvoie à Athènes les statues d'Harmodios et d'Aristogiton, héros de la liberté athénienne, transportées à Suze par Xercès ; il offre aux Grecs de Crotone, en Italie, une partie des dépouilles pour honorer la part généreuse qu'un des leurs prit avec une galère équipée à ses frais au combat de Salamine. « Tant, dit Plutarque, l'âme d'Alexandre était bonne pour toute vertu ! tant les belles actions se conservaient dans son souvenir affectueux ! »

L'organisation avait accompagné la conquête elle-même, et elle occupa Alexandre pendant trois ans : là encore il déploie ses belles qualités de prudence, de raison et de grandeur d'âme : à part l'incendie de Persépolis, sorte de représailles pour l'incendie d'Athènes, en comparant le Macédonien à ses contemporains, Grecs et Barbares, en tenant compte de l'avarice et de la cruauté de ses soldats, on doit proclamer Alexandre le plus humain des conquérants et un sage qui souvent (par son respect pour la conscience des autres, par exemple) devance son siècle.

Mais trop tôt, hélas ! dans cette courte existence finissent les jours glorieux : la grande prostituée de l'Orient, Babylone, a corrompu son nouveau vainqueur plus vite qu'autrefois les Perses eux-mêmes, et puis tant de succès devaient amener l'infatuation : l'apothéose que tous les temples lui décernent (Delphes, Ammon), la fable impudique de sa naissance, il prend tout au sérieux ; et au lieu de l'établissement de l'*hellénisation* dans l'Orient, c'est l'*orientalisme* qui menace la Grèce et la Macédoine. Le vainqueur établit autour de sa personne le cérémonial et les coutumes usités à la cour de Suze, et, descendant jusqu'au bout cette pente glissante,

---

1. Plus tard, aux extrémités de l'Asie, ce même Alexandre, enivré alors par le succès, après s'être fait ouvrir le tombeau de Cyrus le Grand, n'y trouvant qu'un vieux bouclier, deux arcs scythiques et un cimeterre, couvrira le cadavre du fondateur des Perses de son manteau de pourpre, et lui placera sur la tête une couronne d'or, ne voulant pas qu'un roi d'un si grand nom, maître autrefois de tant de royaumes, fût enseveli aussi simplement « que s'il était un homme du peuple ».

il épouse plusieurs femmes et désire qu'on l'adore comme un dieu lorsqu'on l'abordera.

Ces prétentions insensées et insolentes ne pouvaient plaire aux Grecs ni aux Macédoniens : « Notre roi se fait barbare, disait-on, voilà qu'il fait fi des Macédoniens et de leurs usages. » On se reprocha d'avoir tout fait pour un homme qui commençait à les mépriser. Agis, roi de Sparte, de son côté, s'agitait en Grèce contre Antipater laissé par Alexandre ; d'autre part, l'exemple des satrapes qui, dans la dislocation de l'empire, tendaient à se créer des souverainetés, pouvait exciter l'ambition des officiers supérieurs d'Alexandre, et cependant celui-ci laissait les satrapes aux Perses et se fiait plus aux vaincus qu'il organisait en corps militaires qu'à ses compagnons qu'il licenciait à l'occasion ; puis lorsqu'on croyait se reposer et jouir de la victoire, on avait encore la perspective de guerres lointaines, difficiles et la plupart sans grand profit. Les murmures conduisirent aux complots, représailles habituelles de toutes les aristocraties humiliées et de cette aristocratie macédonienne qui s'était si souvent débarrassée de ses rois par la violence, et même tout récemment du grand Philippe.

L'orgueil et l'opposition qu'il rencontrait rendirent Alexandre cruel : ses mauvais instincts de barbare, dès lors déchaînés, firent périr Philotas, Parménion, Clitus, Hermolaüs, Callisthène, auquel Montesquieu [1] et M. Michelet prêtent une si noble attitude, malheureusement peu certaine. Que cet acte d'énergie ait fait ou n'ait pas fait reculer le tyran, ou que ce fût pour oublier ses cruautés et en fuir le théâtre, Alexandre se rejeta ensuite dans les lointaines expéditions et ne s'arrêta que devant une véritable insurrection de ses soldats fatigués. Si ces expéditions sont généralement hors de proportion avec le but qu'il se proposait, on y retrouve au moins le guerrier intrépide, le politique habile jugeant d'un coup d'œil ce qui convient le mieux à un pays et fondant des villes qui, comme Alexandrie, ont encore aujourd'hui une importance réelle en Orient (Hérat et Kandahar dans l'Afghanistan) ; dans l'Inde, nous assistons à un épisode vraiment épique entre Porus et le Macédonien. Mais, à côté de ces pages glorieuses, la folie des despotes se retrouve : comme ce roi de Perse qui élève une ville à son chameau (Gaugamèle), comme Caligula qui élèvera son cheval à la dignité suprême de consul, Alexandre fonde des villes à son chien, puis à son fameux Bucéphale. Ajoutez à ces indignités les orgies du retour, le triomphe du dieu Bacchus ; alors, comme son cher Ephestion à Ecbatane, Alexandre succombe, âgé d'environ 32 ans, aux excès de vin sous ce climat brûlant, ou peut-être par un poison perfide, dans la ville de Babylone, l'an 323 avant Jésus-Christ.

Un jugement absolu sur Alexandre est difficile : le bien et le mal se mêlent trop souvent dans cette vie si grande, malgré sa brièveté [2]. Les victoires d'Alexandre furent surtout utiles aux nations qu'il avait soumises ; il leur apporta d'ordinaire la prospérité et une plus grande civilisation en échange de la conquête ; la civilisation grecque (par les villes qu'il sema à travers le monde fut) portée sur mille points

---

1. Voir dans Montesquieu le brillant mais un peu dramatique morceau intitulé : *Lysimaque.*

2. Aux attaques furieuses de Sénèque, de Boileau, qui ont traité Alexandre de « fou furieux », digne d'être enfermé « dans les petites maisons », on peut opposer des éloges enthousiastes : « Si quelque homme a ressemblé à un Dieu parmi les hommes, c'est Alexandre », dit Chateaubriand. Hégel, si calme dans ses jugements, le représente comme « l'idéal de la jeunesse de l'humanité » ; pour le sceptique Bayle, Alexandre était « une intelligence incarnée. » Plutarque, Montaigne, Bossuet, Montesquieu, Vauvenargues, Voltaire, Napoléon, Jouffroy, lui sont aussi favorables que M. Michelet lui est hostile (*Bible de l'humanité*, p. 342-361.) — Ces pages sont à lire : quoique discutables, elles sont souvent profondes. — La vérité, nous le croyons, se trouve entre ces opinions extrêmes. Nous avons tâché de l'atteindre et de l'exprimer.

de l'empire perse; le commerce, l'industrie se réveillent à sa voix; les peuples et les idées se mêlent. Il faut admirer dans Alexandre la dernière grande effusion du génie grec. Sans qu'on croie, comme Plutarque, que son ambition était de réunir tous les hommes dans une grande unité fondée sur la communauté des intérêts et des mœurs, sa conduite prouve qu'il voulait établir une union sous l'influence civilisatrice de l'hellénisme entre l'Occident et l'Orient et qu'il ne fut arrêté dans cette « première et la plus énergique tentative qui ait été faite pour fonder l'unité humaine » que par les préjugés étroits et enracinés des Grecs et des Macédoniens, et peut-être par le mécontentement des chefs, à qui il ne permettait pas d'exploiter à leur gré les pays conquis.

L'Orient, avant l'expédition d'Alexandre, était un monde inconnu à l'Europe : Alexandre crut avoir trouvé les sources du Nil dans les Indes; sur les bords du Gange, les Macédoniens se plaignent qu'on les conduit « hors du monde » ; Alexandre s'attendait lui-même à « voir des choses qui n'étaient connues que des dieux immortels. » Le voyage de Néarque est, pour son époque, une entreprise gigantesque, les Grecs n'ayant pas encore franchi les bornes de la Méditerranée. Aussi, M. de Humboldt a-t-il pu dire que les guerres d'Alexandre ont doublé les connaissances géographiques. Toutefois, si la Grèce gagna, sous sa domination, d'être délivrée des dangers et des humiliations que la Perse lui faisait trop souvent subir, frappée de deux blessures mortelles à Chéronée et à Thèbes, en attendant une troisième à Cranon contre Antipater, elle perdit son indépendance, et avec elle cette influence féconde qu'elle exerçait par ses grands écrivains et ses grands artistes. Désormais la Grèce ne sera plus à Athènes, à Sparte, à Thèbes, mais à Pergame, en Sicile, à Antioche et surtout à Alexandrie : avec le corps d'Alexandre dont, sous apparence d'honneurs, Ptolémée s'empara habilement, pendant qu'on le transportait de Babylone en Grèce, Alexandrie semble avoir pris l'héritage du Macédonien : elle devient le siége principal des lettres et des sciences, elle recueille sa mission civilisatrice ; c'est l'image sensible de la Grèce d'Europe dépouillée au profit de l'Égypte, la Grèce Africaine [1].

Tous ces services, rendus surtout à l'Orient, ne peuvent pas faire oublier le grand crime du Macédonien envers l'Occident: Alexandre semble, en effet, n'avoir renversé le despote de l'Asie, le roi des rois, que pour devenir lui-même le despote de l'Occident, le premier type des Césars; au lieu d'élever les Orientaux à la dignité européenne, il exige de ses sujets, malgré leurs répugnances, *l'adoration* orientale, et cela « devant la Grèce encore vivante, dans cette haute lumière de génie et de raison. » Aussi, dit M. Michelet, « le vrai fondateur de toute sottise monarchique est, plus que tout autre, Alexandre.... Exemple si fatal dans un Alexandre qui, du poids de sa gloire infinie et d'une autorité immense, allait peser sur l'univers, qui fit les Césars mêmes, fit les mœurs militaires des armées, la morale des soldats et des rois. »

L'empire d'Alexandre avait pour limites à l'ouest, la Méditerranée, la mer Ionienne et la mer Adriatique; au nord, l'Ister ou Danube, la mer Noire, le Cau-

---

1. Nul homme n'a frappé plus vivement qu'Alexandre l'imagination humaine : on retrouve chez les Perses la légende d'Iskander; les musulmans ayant rencontré partout cette grande trace lumineuse, lui en ont aussi consacré une, *Zoulkarnain, l'homme aux deux cornes* (les cornes d'Ammon figurées sur les médailles), malgré leur horreur pour tous les temps païens. Alexandre est le premier grand nom qui reparaît dans le moyen âge : les poëmes en son honneur ne cessent pas en France, en Espagne, du xiie au xive siècle; il donne son nom à toute la poésie héroïque, et lorsque Georges Castriot, longtemps soldat turc, se tourne contre les musulmans et devient le champion de l'Europe contre l'Asie, on ne lui trouve pas d'autre nom que celui de *Scander-Bey, le bey Alexandre!* Jusque de nos jours les artistes le prennent pour leur héros, Lebrun chez nous et Thorwaldsen à Rome et à Copenhague.

case, la mer Caspienne; à l'est, le Caucase indien, l'Hyphase et l'Indus (le Sind); enfin au sud, la mer Erythrée (golfe d'Oman), le golfe Persique, la mer Rouge, l'Ethiopie et la Lybie; il était trop grand pour rester dans sa famille qui, à sa mort, ne se composait que de femmes, d'enfants ou d'un frère imbécile. Aussi ses généraux, pensant qu'ils se partageaient le prix de leurs fatigues, se disputèrent les lambeaux de cette vaste domination; c'étaient là « les sanglantes funérailles » prévues par le Macédonien mourant. Après vingt-deux années de luttes, de perfidies, de cruautés, pendant lesquelles périt toute la famille d'Alexandre, à la suite de la bataille d'Ipsus (301), il y eut un partage en quatre, puis en trois royaumes : celui d'Égypte qui, avec la Palestine, la Phénicie, la Célésyrie, l'île de Chypre et la Cyrénaïque, devint la part des *Ptolémées* ou *Lagides;* les *Séleucides* eurent, sous le nom de Syrie, l'Asie-Mineure, la Haute-Asie et les provinces depuis le Taurus et le Liban jusqu'à l'Indus. La Thrace, la Macédoine et la Grèce échurent à Cassandre. Tous ces royaumes, après une existence plus ou moins longue, plus ou moins honteuse, tombèrent au pouvoir des Romains.

BIBLIOGRAPHIE. — Sainte-Croix, *Examen critique des anciens historiens d'Alexandre*, 1805. — Droysen, *Geschichte Alexanders des Grossen*, Berlin, 1833. — Williams, *Life and actions of Alexander the Great;* London, 1829. — Linguet, *Histoire du siècle d'Alexandre le Grand*, 1762. — De Bury, *Vie d'Alexandre le Grand.* — Grote, *Histoire de la Grèce*, trad. de L. de Sadous, 19 vol.   ALPH. FEILLET.

ALEXANDRIE (ÉCOLE D'). — Nous renvoyons au mot *Paganisme* ce que nous avons à dire de cette école. Ce qu'elle représente en effet avant tout, c'est la lutte suprême du polythéisme hellénique contre le christianisme grandissant. Ce n'est pas une école de philosophes : c'est une école de théologiens. Elle veut opposer surtout à la nouvelle doctrine une religion. C'est cette idée qui inspire les écoles de Plotin, de Porphyre, de Proclus et de leurs successeurs. Ils demandent tout ensemble aux écrits de Platon et aux traditions de l'Orient ce qu'ils peuvent recéler de mysticisme syncrétique pour combattre sur son propre terrain l'envahisseur. En face de la trinité chrétienne, ils dressent la trinité alexandrine; en face de l'idée de la création, ils établissent la théorie de l'émanation. Ils ont leurs hiérarchies d'anges et de médiateurs. Ils méprisent le corps et la terre : ils proclament l'extase comme suprême moyen de connaissance. Ils méconnaissent ainsi le puissant naturalisme du culte grec pour embrasser les erreurs de leurs adversaires et les combattre homœopathiquement. Ce qu'il y a d'intéressant dans l'école d'Alexandrie, ce n'est donc pas la métaphysique obscure de ses représentants (cette métaphysique sera jugée au mot *Néoplatonisme*), c'est cette lutte de la civilisation païenne contre la domination croissante de l'Évangile. Or ce côté, le seul dont nous ayons à nous préoccuper avec détail, sera bien plus logiquement et plus fructueusement étudié quand nous décrirons la chute du paganisme, ce drame émouvant, à la fois politique, social et religieux, dont l'alexandrinisme n'est qu'un épisode et dont les péripéties n'ont pas encore été popularisées.   LOUIS ASSELINE.

ALGÈBRE. — L'algèbre occupe le premier rang dans l'ordre hiérarchique des sciences, elle forme la base de l'édifice scientifique. En effet, c'est elle qui fournit en tout genre quelconque de recherches, suffisamment avancé, les moyens de formuler les résultats obtenus et d'en faire usage; dès qu'une science quelconque a trouvé ses principes, c'est-à-dire les relations élémentaires qui unissent les causes que l'on y considère aux effets qu'elles produisent séparément, et les lois selon lesquelles ces causes associent leurs effets, lorsqu'elles coexistent, c'est à l'algèbre qu'elle a recours pour formuler ces lois d'abord, et ensuite pour les étudier.

L'algèbre, pourrait-on dire, est la logique même; c'est au moins la logique mathématique, c'est-à-dire la logique dans l'ordre des recherches capables de comporter l'exactitude mathématique. Viète, que l'on peut considérer comme le père de l'algèbre moderne, ne lui donnait pas d'autre nom que celui de *logistice*. « Forma » autem Zetesin ineundi ex arte propriâ est [1] non jam in numeris suam logicam » exercente, quæ fuit oscitentia veterum analystarum, sed per logisticem sub specie » noviter inducendam, feliciorem multo et potiorem numerosâ ad comparandum » inter se magnitudines. »

Toutefois l'algèbre proprement dite ne forme que la partie élémentaire de cette logique générale qui, dans son ensemble, constitue l'analyse mathématique; le calcul infinitésimal qui forme l'analyse transcendante fait suite à l'algèbre proprement dite, mais n'en fait pas partie.

Telle qu'elle est aujourd'hui, si on cherche à la définir par la fonction qu'elle remplit dans l'ensemble des sciences, on peut dire que *l'algèbre est la théorie abstraite des lois* ; nous disons abstraite parce que, comme faisant partie de la logique générale, l'algèbre, d'avance applicable à tous les genres de recherches, ne fait jamais acception de la nature des grandeurs liées entre elles par les lois ou relations qu'elle étudie.

Toute loi se traduit par une équation exprimant qu'il y a égalité constante entre les valeurs de deux formules d'une même grandeur variable, intermédiaire entre les données et les inconnues. Cette grandeur se lie des deux parts aux antécédents et aux conséquents, c'est-à-dire aux grandeurs qui entrent dans le premier et dans le second membre de l'équation et c'est son identité, dans les deux aspects sous lesquels on la considère, que l'on formule par leur équation. On exprime qu'il y a réunion ou concours entre les points où l'on a été amené successivement en descendant et en remontant la chaîne des relations formulées dans l'énoncé de la question qu'on traite.

La théorie des lois consiste principalement dans l'étude des transformation qu'elles comportent. Mais, à cet égard, il y a à faire une distinction essentielle.

Si dans la question que l'on étudie on ne se propose de déterminer qu'un seul effet, dépendant d'un nombre quelconque de causes, l'énoncé ne fournira qu'une seule relation; on n'aura affaire qu'à une seule équation. En général les mesures de l'effet cherché et des causes dont il dépend, c'est-à-dire l'inconnue et les données de la question, se trouveront mélangées d'une manière quelconque dans les expressions des deux membres de l'équation considérée et la question sera de déduire, de la forme primitive et d'abord confuse de la loi notée, une expression nette du mode de dépendance de l'inconnue envers les données, c'est-à-dire une formule indiquant les opérations, toutes immédiatement possibles, qu'il faudrait effectuer sur les données pour en déduire l'inconnue. Cette transformation constitue la *résolution* de l'équation. C'est proprement ce genre de transformation qui est le but de l'algèbre.

Lorsque la question proposée donne lieu à considérer en même temps plusieurs effets distincts, l'énoncé doit fournir un pareil nombre de relations entre ces effets et les causes dont ils dépendent; on a alors affaire à un système d'équations simultanées.

En général les inconnues et les données se trouveront mêlées de telle sorte dans ces équations, que la lecture des formules écrites ne fournirait qu'une idée encore

1. « In artem analyticam isagoge. »

plus confuse que dans le cas précédent de la manière dont chaque inconnue dépend de l'ensemble des données.

La question sera toujours d'obtenir pour chaque inconnue séparément une formule notée des opérations à effectuer sur les données pour en déduire cette inconnue, mais cette question se décompose en deux bien distinctes : il faudra d'abord transformer le système des équations données en un autre équivalent dans lequel chacune des équations ne contienne plus qu'une seule inconnue et ensuite résoudre séparément chacune de ces équations. La première transformation constitue ce qu'on nomme l'*élimination*; pour trouver l'une des inconnues d'une question qui en comporte plusieurs, il faut d'abord éliminer toutes les autres inconnues, c'est-à-dire tirer des équations proposées une équation unique, ne renfermant plus que l'inconnue qu'on a en vue, et qui relativement à cette inconnue équivaille parfaitement au système des équations proposées.

Habituellement on transforme le système des équations proposées en un autre système, dont l'une ne contienne plus qu'une seule inconnue, une autre deux, dont fasse partie la précédente, une troisième trois, dont fassent partie les deux précédentes et ainsi de suite. La première équation alors donne la première inconnue, que l'on remplace par sa valeur dans la seconde équation, de façon à pouvoir en tirer la seconde inconnue, et ainsi de suite.

L'élimination est toujours possible, c'est-à-dire qu'on a des méthodes rigoureuses pour l'effectuer dans tous les cas que présentent les équations qu'on nomme algébriques, mais il est loin d'en être de même de la résolution.

Toutes les transformations au reste que l'on pourra faire subir à une équation ou à un système d'équations, résulteront toujours de l'application de ce principe unique que deux grandeurs égales qui ont subi une même opération donnent des résultats égaux. L'art en algèbre consiste à choisir convenablement les opérations que l'on doit faire subir aux deux membres de chacune des équations, dont on s'occupe, pour donner à ces équations la forme que l'on désirait leur faire prendre.

Les deux membres d'une même équation, nous l'avons déjà dit, sont deux expressions différentes d'une même grandeur intermédiaire entre les données et les inconnues. Ces expressions se notent au moyen des signes d'opérations définies et simples qui forment comme les éléments de toutes les opérations plus complexes. Ces opérations simples, dont les premières sont l'addition et la soustraction, la multiplication et la division, l'élévation aux puissances et l'extraction des racines, ont eu historiquement deux origines bien distinctes : elles sont nées simultanément ou parallèlement des spéculations abstraites sur les nombres et des spéculations concrètes sur les figures géométriques; de telle sorte qu'il y eut même longtemps deux algèbres distinctes, celle des mathématiciens et celle des géomètres, celle de Diophante et celle d'Archimède, entièrement étrangères l'une à l'autre jusqu'aux temps modernes. Mais le concours final des résultats des efforts tentés séparément dans les deux directions n'a rien de fortuit : si l'on réfléchit aux conditions qu'avaient forcément à remplir, les unes par rapport aux autres, les diverses opérations simples simultanément imaginées par les arithméticiens et par les géomètres, on verra que l'échelle en devait être unique.

Pour pouvoir simplifier les explications que nous avons à donner à cet égard, nous définirons quelques mots usuels de la langue algébrique.

On nomme fonction de plusieurs grandeurs une grandeur qui en dépend. Une fonction est implicite ou explicite selon qu'elle est simplement définie indirectement, ou qu'elle peut être déjà notée. Les fonctions explicites, desquelles seules nous parlerons ici, sont simples ou composées. Les fonctions simples élémentaires correspondent aux opérations simples énumérées plus haut, ce sont les sommes et différences, les produits et quotients, les puissances et racines. Il en existe plusieurs autres qui font suite aux précédentes, mais dont il sera inutile de parler ici, parce que les conditions qu'elles ont à remplir sont les mêmes que nous allons indiquer pour les premières.

Remarquons d'abord que les fonctions simples doivent nécessairement aller par couples de deux, l'une directe, l'autre inverse, la seconde propre à défaire ce que la première a fait. Les couples de nos fonctions simples sont la somme et la différence, le produit et le quotient, les puissances et les racines de mêmes indices.

D'un autre côté, pour qu'une fonction puisse être considérée comme simple, il faut qu'elle ne puisse pas être réduite à un nombre fini de fonctions simples des ordres précédents, sans quoi ce ne serait qu'une fonction composée des précédentes. C'est effectivement ce qui arrive des fonctions qui composent les divers degrés de l'échelle adoptée : ainsi la formation d'un produit exigerait une infinité d'additions ou de soustractions, dès que l'un des facteurs serait incommensurable; de même l'extraction d'une racine exigera en général une infinité de multiplications et de divisions; on vérifierait la même relation entre les fonctions puissance et exponentielle, ou racine et logarithme.

Mais il ne suffirait pas, pour qu'une fonction nouvelle et son inverse fussent admises au nombre des fonctions simples, qu'elles ne pussent pas se réduire à un nombre fini d'opérations déjà regardées comme simples, il faut encore, pour qu'il n'y ait pas discontinuité dans l'ordre des moyens employés, ou, ce qui revient au même, pour qu'il n'y ait pas discontinuité dans l'ordre des questions accessibles, des difficultés résolubles, il faut, disons-nous, que chaque nouveau couple de fonctions simples se lie immédiatement et de la façon la plus directe au couple précédent.

A mesure que de nouvelles questions concrètes se soustrairont à l'analyse, il faudra bien introduire de nouveaux couples de fonctions simples pour noter de nouvelles relations irréductibles aux précédentes. Les nouvelles fonctions qui s'introduiront ainsi auront le plus souvent, maintenant, une origine concrète; mais avant de les admettre dans l'échelle des fonctions simples, il faudra d'abord vérifier qu'elles remplissent bien les conditions qui viennent d'être énoncées. C'est ainsi que les fonctions circulaires auraient dû être rejetées de la série des fonctions simples, parce qu'elles ne se reliaient pas directement aux fonctions puissance et racine; leur exclusion prononcée par Euler, qui les trouva composées des fonctions exponentielle et logarithmique, eût été légitime même avant cette découverte. Ces considérations montrent bien qu'il ne pouvait y avoir et qu'il n'y aura jamais qu'une seule série de fonctions simples.

L'algèbre se distingue de toutes les autres sciences par un côté que nous devons mettre en relief, pour préciser mieux le but même de cette science, la résolution des équations. La nature même des recherches imposées à l'algèbre l'oblige à admettre des êtres de raison, de purs symboles, et à les soumettre au calcul comme des grandeurs réelles. Voici comment : toute question posée dans des termes raisonnables ou jugés tels, au premier abord, n'est pas pour cela toujours possible; un même problème peut être possible lorsque les données satisfont à certaines conditions d'inégalités, et devenir impossible dans le cas contraire ; le nombre des solutions que comporte un problème peut aussi changer, selon que les données remplissent telles ou telles conditions. Or, on ne peut généralement pas préjuger les conditions de possibilité, ni savoir à l'avance si elles sont remplies. Il en résulte que l'on est obligé, ce qui constitue en définitive un avantage réel, comme on le verra aux articles *Négatif* et *Imaginaire*, de faire comme si toutes les questions posées étaient actuellement possibles. On résout tous les problèmes, encore même qu'impossibles, comme si les données en devaient être nécessairement compatibles, et en s'efforçant même au besoin de ne pas apercevoir l'impossibilité lorsqu'elle se présente d'elle-même; quelque circonstance qui se présente, on poursuit toujours tous les calculs, comme si aucune impossibilité ne s'était manifestée, jusqu'à ce qu'on ait obtenu les valeurs de toutes les inconnues de la question que l'on se proposait. Outre, en effet, que ce n'est souvent que par les résultats définitifs que l'on peut juger sûrement de la possibilité ou de l'impossibilité du problème, les singularités qui se seront présentées dans le cours du calcul pouvant fort bien tenir seulement à la méthode suivie, à l'introduction artificielle d'inconnues intermédiaires qui peuvent faire défaut sans que les véritables cessent d'être possibles, etc., d'un autre côté, et c'est là le point principal, les formules définitives des inconnues, où toutes les opérations indiquées devraient être possibles, pourront seules, par la discussion qu'on en fera, fournir nettement l'expression des conditions auxquelles le problème peut être possible, ou auxquelles il peut avoir plus ou moins de solutions.

Il résulte de là que la résolution des équations ne peut plus être définie comme ayant pour but de fournir les valeurs des inconnues des questions correspondantes, puisque ces inconnues peuvent n'avoir aucune existence réelle, n'être que de purs symboles. Par résoudre un système d'équations on doit entendre déterminer les formules qui en donneraient les solutions dans le cas où elles existeraient dans le plus grand nombre possible; il en résulte aussi qu'on ne doit résoudre que les équations littérales les plus générales de l'espèce de celles dont on s'occupe, ou que si, par exception, on veut résoudre une équation particulière, il faut encore que toutes les transformations qu'on lui fera subir soient imitées de ce qu'elles eussent dû être si elles avaient été effectuées sur l'équation générale correspondante.

La résolution effectuée d'équations intermédiaires impossibles amène naturellement dans les équations restantes la substitution des valeurs symboliques déjà obtenues. De là naît forcément le calcul des expressions ou quantités *négatives* et *imaginaires*. Ce calcul, généralement mal compris et encore plus mal établi, parce qu'on a voulu en obtenir les règles sans faire acception du but à atteindre, ne présente de difficultés d'aucune sorte lorsqu'on le fonde, comme cela doit être, sur les propriétés de forme dont doivent nécessairement jouir ces quantités, en raison de leur origine même, et qui tiennent à ce que, traitées comme réelles, elles satisferaient aux équations qui les ont fournies, par cela même qu'elles ont été obtenues en résolvant ces équations comme si elles avaient été possibles.

Toutes les règles de ce calcul peuvent se résumer dans ce seul précepte; quelle que soit l'opération algébrique qu'on ait à effectuer, il ne faudra jamais se demander si elle est possible, il faudra faire comme si elle l'était, suivre à la lettre, sans préoccupation aucune, les règles établies pour les cas où les opérations seraient possibles, et, quand bien même l'impossibilité serait évidente, faire encore comme si on ne l'apercevait pas.

Histoire de l'algèbre. L'algèbre, comme nous l'avons déjà dit, s'est développée parallèlement et indépendamment, sous deux formes différentes, chez les mathématiciens de l'école d'Alexandrie et chez les géomètres grecs. Le concours final des efforts des deux écoles vers un même but, n'avait pas même été soupçonné d'abord. Cela tient essentiellement à ce que les géomètres grecs ayant en vue les grandeurs elles-mêmes, spéculaient directement sur elles, sans songer jamais à y substituer leurs mesures, ce qu'ils eussent d'ailleurs jugé contraire aux vrais principes, les mesures de deux grandeurs seulement ne pouvant être qu'exceptionnellement susceptibles en même temps de représentations exactes. Au reste, on ne trouve dans aucun des ouvrages d'Euclide, d'Apollonius, d'Archimède, de formule propre à exprimer une surface ou un volume au moyen de ses dimensions; ils formulent toujours les résultats de leurs recherches par l'énoncé de l'équivalence entre la surface ou le volume étudiés et une surface ou un volume plus simples.

Le langage n'était d'ailleurs pas le même dans les deux écoles. Les géomètres résumaient les deux opérations successives de la multiplication et de la division par une seule opération, la construction d'une quatrième proportionnelle. L'extraction d'une racine carrée avait pour corrélative la construction d'une moyenne proportionnelle, celle d'une racine d'ordre m, l'insertion de $m-1$, moyennes proportionnelles entre deux lignes données. Les géomètres pratiquaient seuls quelques opérations composées, telles que la division d'une droite en moyenne et extrême raison et la construction d'un rectangle au moyen de son périmètre et du côté du carré équivalent, lesquelles répondent à la résolution d'une équation complète du second degré.

On pourrait faire remonter à Hipparque et à Ptolémée l'origine des premières notions intuitives touchant l'accord final des deux algèbres, mais la décadence de l'école d'Alexandrie, qui suivit presque immédiatement la mort de l'auteur de l'*Almageste*, ne permit pas à ces notions de prendre corps. Toutefois il convient de constater dans les ouvrages de quelques géomètres de la décadence, tel que Héron l'ancien, la présence de certaines formules de mesures de surfaces, notamment celle de la mesure d'un triangle en fonction de ses trois côtés, exprimés il est vrai par des nombres, mais que l'on pouvait changer dans la démonstration.

Le culte de l'algèbre paraît avoir passé de l'école d'Alexandrie, non pas aux Arabes, comme on l'a cru longtemps, mais aux Indous. La découverte des ouvrages de Brahmegupta paraît trancher définitivement cette question d'histoire. Les traités des trois fils de l'arabe Mohammed ben Musa, rapportés en Europe par Fibonacci (Léonard de Pise) bien longtemps auparavant, sont évidemment inspirés par ceux du géomètre indou, non-seulement en ce qui concerne la géométrie et l'algèbre mais aussi l'arithmétique, tant pour les règles relatives aux opérations elles-mêmes que pour l'exposition du nouveau système de numération.

Les Italiens, chez qui refleurirent d'abord les sciences en Europe, se traînèrent sur les pas des Arabes, jusqu'à Tartalea et Cardan, à qui l'on doit la résolution de l'équation du troisième degré, dans le cas où elle n'a qu'une seule racine réelle; toutefois les deux trigonométries avaient fait dans l'intervalle quelques progrès notables.

Au reste, les deux points de vue arithmétique et géométrique restaient encore séparés par l'abîme des incommensurables, quoique les points de contact se fussent singulièrement multipliés. C'est à Viète que revient la gloire d'avoir comblé la lacune, d'une manière étrange à la vérité. Descartes acheva la révolution par l'invention de l'unité fictive ou idéale, que nous concevons aujourd'hui comme divisant, à des puissances convenables, tous les termes de nos équations, pour les réduire à la première dimension, lorsque, du moins, nous considérons encore les lettres comme représentant les grandeurs elles-mêmes et non pas leurs mesures.

On sait qu'on doit aussi à Viète les premiers théorèmes généraux sur les racines des équations algébriques de degrés supérieurs, la résolution trigonométrique de l'équation du troisième degré dans le cas irréductible et les élégantes formules de la trigonométrie moderne.

L'algèbre proprement dite doit à Descartes sa fameuse règle des signes et la première idée de la décomposition en facteurs plus simples des premiers membres d'une équation présentant quelques racines égales. Cette théorie fut achevée par le Hollandais Hudde.

Nous n'entrerons pas ici dans d'autres détails qui nous paraîtraient superflus, relativement à l'histoire de l'algèbre. Nous citerons seulement les grands noms de Newton, de Gauss, de Lagrange, de Sturm et de Cauchy.   M. Marie.

ALGÉRIE. — On désigne sous ce nom une vaste contrée du littoral de l'Afrique septentrionale, qui est devenue une terre française il y a trente-neuf ans, et qui est bornée au nord par la Méditerranée, à l'est par la régence de Tunis, à l'ouest par l'empire de Maroc, au sud par le désert de Sahara. Elle offre une étendue de côtes d'à peu près 900 kilomètres entre 4° 35′ long. O., et 6° 15′ long. E. Le point extrême de latitude N. est 37° 5′; elle s'avance au sud jusqu'à une limite située entre 31° et 32°. On distingue deux zones absolument différentes l'une de l'autre : le Tell, au nord, montagneux, cultivable, dont la surface comprend 440,000 kilom. carrés, ou quatorze millions d'hectares; le Sahara, au sud, plaine de sable aride, parsemée de quelques oasis. 700,000 hectares environ provenant soit de concessions domaniales, soit d'achats aux indigènes, sont cultivés. L'Etat possède de plus une réserve de 900,000 hectares qui faisaient partie du domaine des Turks. — La population, d'après les derniers documents officiels, s'élève à 2,694,440 indigènes et 226,606 Européens, sans l'armée. L'effectif de cette dernière était, au 1er décembre 1868, selon le *Livre bleu*, de 64,534 hommes. La population indigène se décompose, suivant d'autres sources, en 259,066 habitants fixes, Maures, Turks, nègres, etc., 2,439,974 habitants des tribus, et 33,925 Juifs. Parmi les indigènes on compte, selon Daumas, 959,450 Berbères ou Kabyles et 1,470,520 Arabes; selon Warnier 1,000,000 de Berbères ayant conservé leur langue, leurs mœurs, leurs coutumes, 1,200,000 ayant pris celles des Arabes, et seulement 500,000 Arabes purs. Quant à la population européenne, elle se divise en 122,419 Français, 52,510 Espagnols, 16,615 Italiens, 10,627 Maltais, 5,436 Allemands, 1,747 Suisses, 4,643 de nationalités diverses. Il est fort difficile de concilier tous ces chiffres. Plusieurs d'entre eux ne peuvent être qu'approximatifs. D'après le docteur A. Warnier, il faudrait compter 33 habitants par kilomètre carré, et l'accroissement annuel moyen de la population européenne serait de 6,428 âmes, tandis que chaque recensement constate la diminution de la population indigène. A raison de 3 hectares de terre cultivable par tête, il y aurait place dans notre colonie pour 4,600,000 âmes. — Il y a en Algérie trois systèmes principaux de montagnes à peu près parallèles à la mer : l'Aourès, à l'est; le Djerdjera, au centre; l'Ouancherich, à l'ouest. Le Djerdjera et l'Ouancherich correspondent au petit et au grand Atlas des anciens. En dehors de ces trois systèmes, on remarque les massifs des Hanencha, des Zardeza, du Ferdjioua et du Zouagha dans l'est, la côte kabyle de Bougie à Dellys, et les monts du Dahra, des Flitta et des Trara dans l'ouest. On désigne sous le nom de Hauts-Plateaux ou Steppes un pays sain et fertile situé entre les systèmes de montagnes et le Sahara, et présentant une sorte de transition entre ces deux régions extrêmes. On a observé la hauteur de quelques sommets : un pic de 2,312 mètres dans l'Aourès ; le Djebel Chettaba près de Constantine, de 1.322 mètres; le Babour, de 1,890 mètres ; une crête neigeuse du Djerdjera, de 2,100 mètres environ ; le Zaccar, près de Milianah, de 1,510 mètres. — L'Algérie n'a point de cours d'eau navigables. Les sources de ceux qu'elle possède sont en général très-rapprochées de la mer et leur parcours a ainsi peu d'étendue. Un très-grand nombre ne sont que des torrents à pente rapide, infranchissables dans la saison des pluies, à sec pendant l'été. On peut citer comme ayant de l'eau toute l'année le Mafrag (90 kilomètres de cours), réunion de l'Ouad-al-Kebir et du Bou-Namoussa; la Seibouse (170 kil.), qui se jette dans la mer près de Bone; le Rummel (110 kil.); l'Ouad-Sahel (180 kil.), près de Bougie; l'Ouad-Sebaou (100 kil.); l'Isser (80 kil.); le Chelif (550 kil.); la Macta, et la Tafna (135 kil.). Les grandes eaux forment des lacs dans les parties basses des plaines, à La Calle, à Bone, à Koléah, à Arzew, à Oran. Les cours d'eau qui descendent du versant méridional des montagnes vont se perdre dans les sables ou dans quelques lacs du Sahara. Dans le sud, on n'a guère que l'eau saumâtre des puits. Mais, dans divers endroits de l'Ouad-Rir, district de Touggourt, on a fait forer des puits artésiens. Celui de Tamerna donne 4,010 litres à la minute. — Les produits géologiques de l'Algérie sont extrêmement nombreux. On trouve le sel gemme principalement chez les Oualad-Kebab, près d'El-Outaïa, et au Djebel-Sahari, non loin au nord de Laghouat; de grands lacs salés dans le Sahara; des eaux thermales et minérales, particulièrement Hammam-Meskoutin, près de Ghelma, et Hammam-Rira près de Milianah; des mines diverses. Dans la province d'Alger, treize mines de cuivre et de fer ont été reconnues. On a rencontré dans les mêmes parages de nombreux indices de lignites et vingt-neuf gîtes de différents minerais, parmi lesquels un gîte d'or dans la haute vallée de l'Harrach. Dans la province d'Oran se trouvent des mines de cuivre, de plomb, de fer oligiste, de zinc, de manganèse; dans la province de Constantine, des mines de fer, de plomb argentifère, de cinabre, d'antimoine et de mercure. Le plus beau produit minéralogique de la colonie, c'est le marbre d'Aïn-Tacbalek, près de Tlemsen, ou *albâtre algérien*. A Filfila, près de Philippeville, il y a des carrières d'un marbre blanc fort semblable à celui de Carrare, et, non loin de là, un beau marbre jaune que l'on croit être le même que le fameux marbre de Numidie si estimé des Romains. Dans les parages d'Oran, de Djigelli, et surtout dans ceux de La Calle on pêche du corail. Il y a trois siècles, des négociants de Marseille possédaient déjà le privilége de cette pêche; les établissements de leurs successeurs furent pillés et brûlés en 1827, et ce fut là un des motifs de la conquête française. — La Flore de l'Algérie est très-variée et d'une très-grande richesse. Au premier rang figurent les céréales. En 1854, notre colonie a expédié en Europe 1,800,000 hectolitres de blé. Le *blé dur* indigène rend plus de farine, et, par conséquent, donne plus de pain que les blés tendres de France. Les primeurs de toute espèce, particulièrement les légumes, nous viennent de l'Algérie. 5,500 hectares de terre sont plantés en vigne, et l'on cite les crus des environs d'Alger, de Médéah, de Milianah, d'Oran et de Mascara. La culture du coton et celle de la garance tiennent une place qui promet de devenir de plus en plus importante. Le henné, divers lichens, la gaude, la maurelle ou tournesol sont indigènes; on acclimate le carthame, l'indigo, le safran. On récolte la cochenille, et le kermès, insecte du pays qui vit sur le chêne. Les matières tannantes que l'on trouve en Algérie, sont les noix de galle, les sumacs, les écorces de chêne. Le sorgho, l'asphodèle, le palmier fournissent des alcools. On tire des essences de la rose, du géranium, du néroli, de la bergamote, du cédrat, de l'absinthe de Portugal, du jasmin, de la bigarade, de la mélarose, du myrte, de la marjolaine, du thym rouge. On utilise les fibres ligneuses de l'opuntia et de différentes sortes de bambous, et les fibres textiles de l'alfa, du diss, de l'aloès, du palmier nain, de l'abaca ou bananier à cordes, de l'agave, du chanvre, du lin. 1,800,000 hectares de terrain dans les trois provinces d'Alger, d'Oran et de Constantine sont couverts de forêts où l'on trouve le chêne-liége, le lentisque, le thuya, l'olivier, le cèdre, le chêne, l'aubépine, l'aune, la bruyère arborescente, le buis, le chêne-zeen, le chêne à gland doux, le cyprès d'Italie, le cytise, l'érable, le frêne, le genévrier, le houx, le jujubier, le laurier-rose, le micocoulier, le myrte, le noyer, l'orme, le peuplier blanc, le phyllirea, le pin d'Alep, le pin maritime, le pin pignon, le prunellier, le ricin, le saule, le sorbier, le sumac tezera, le sumac des corroyeurs, le tamaris, le térébinthe. Les arbres fruitiers particuliers au pays sont l'arbousier, l'azerolier, le caroubier, le citronnier, le figuier de Barbarie, le grenadier, l'oranger, le palmier-dattier. — Parmi les espèces de la Faune algérienne il faut citer le lion, la panthère, l'hyène, le chacal, le cerf, l'antilope, la gazelle, le singe, le caméléon, le scorpion, la tortue, la vipère noire, beaucoup d'insectes insupportables, des variétés nombreuses d'oiseaux aquatiques, l'autruche, le chameau, le chameau coureur ou dromadaire, le mouton à queue adipeuse, le cheval. — Le climat de l'Algérie présente, en général, une grande salubrité. Les quelques points malsains où le mauvais état du pays et le déplorable aménagement des eaux entretenaient des miasmes pestilentiels ont été pour la plupart purifiés de toute infection. Il n'y a que deux saisons en Algérie : la saison sèche de mars à novembre, et la saison pluvieuse de novembre à mars. En été, le thermomètre monte généralement à + 30 et à + 35° centigrades ; le sirocco, ou vent du midi (le *khamsin* d'Égypte), le fait monter jusqu'à + 55 ou + 60. On respire alors une atmosphère embrasée, un air chargé de la poussière brûlante et impalpable du désert. En hiver, le thermomètre descend parfois jusqu'à zéro. La moyenne de pluie qui tombe à Alger du 1er octobre au 1er juin est de 76 à 77 centimètres ; pour les quatre autres mois, elle est de 17 à 18.

L'histoire moderne de l'Algérie commence avec l'invasion des Arabes, en 649 (an 27 de l'hégire), sous la conduite d'Abd-Allah-ben-Abou-Saad, oncle du khalife Othman. Okba-ben-Nafy s'empara ensuite de Bougie, pénétra jusqu'à Tanger et revint victorieux à la ville toute nouvelle de Kaïrouan, en 675. Ce fut alors que les Berbères, ayant à leur tête Kseïla, battirent et tuèrent Okba et s'emparèrent de Kaïrouan. Les Berbères, de race supérieure à celle des Arabes et naturellement hostiles aux sémites et au sémitisme, eurent quelque peine à devenir musulmans. Ils prirent, quittèrent, reprirent l'islam, et adoptèrent avec une extrême facilité les diverses hérésies qui se produisirent dans son sein. Ils contribuèrent puissamment à la conquête de l'Espagne, et ce fait diminue singulièrement l'importance attachée communément à l'expansion du génie arabe, puisque les Berbères ne sont point des Arabes. L'accord ne subsista pas longtemps entre des éléments si contraires de population. Les Berbères, soulevés, se virent un moment en possession de tout le Maghreb (pays du couchant). Ils furent soumis par Handala, envoyé contre eux par le khalife Hescham. La transmission violente du khalifat des Ommiades aux Abbassides, amena de nouveaux déchirements. Dès lors, on vit surgir les dynasties des Edrissites qui dominèrent dans le Maghreb occidental ; des Aglabites qui s'établirent dans le Maghreb oriental et à Alger ; des Beni-Rostem qui prirent place entre les deux premières ; des Fatimites, des Zéirites, des Almoravides, des Almohades. Le berbère Abd-al-Moumen étendit son commandement à tout le Maghreb et même à une partie de l'Espagne. Mais après la défaite de Tolosa, en 1212, la puissance des Almohades déchut rapidement et trois dynasties nouvelles apparurent, parmi lesquelles les Zianites s'établirent dans l'Algérie et firent de Tlemsen leur capitale. Au XVIe siècle, ces trois dynasties, qui avaient sans cesse été en querelle l'une avec l'autre, se trouvaient en pleine décadence. Alger, Oran, presque toutes les villes de la côte, n'étaient que des repaires de pirates. Les Espagnols vinrent s'emparer en 1504 de Mers-al-Kebir, l'abandonnèrent, prirent Oran en 1509, Bougie en 1510 et firent capituler Alger. Haroudjy (Barberousse) s'étant emparé du pouvoir dans cette dernière ville par le meurtre de celui qui l'y exerçait et qui l'avait appelé à son secours, défit en 1516, une armée de huit mille Espagnols. Son frère Khaïr-ed-Dyn, qui lui succéda, reconnut la suzeraineté de la Porte. En 1518, Charles-Quint envoya contre lui une expédition, qui échoua par suite d'une violente tempête. En 1541, il en conduisit lui-même une formidable qui eut un sort pareil. Le principal soutien de la puissance algérienne était la milice turke appelée *Odjak*. Au commencement du XVII⁰ siècle, elle se choisit, avec l'agrément du sultan, un chef ou *dey* qui fut souvent en conflit avec le pacha envoyé de Stamboul. En 1710, Stamboul n'envoya plus de pacha. Sous le règne de Charles IX, les pêcheurs français de corail avaient obtenu, sur les côtes de La Calle, la concession du Bastion de France pour les protéger, en retour de quoi ils payaient un tribut. Mais les pirates algériens ne savaient point respecter les traités. En 1617, une flotte française leur donna la chasse. Plus tard, une expédition envoyée contre Alger fut dispersée par la tempête. En 1664, le duc de Beaufort s'empara de Djigelli, qu'il évacua bientôt. Duquesne en 1683, d'Estrées en 1685, Tourville en 1688, bombardèrent Alger. En 1775, une expédition espagnole échoua. Quatre ans plus tard, la même nation fit subir un nouveau bombardement à la ville d'Alger. Les États-Unis, l'Angleterre, la Hollande essayèrent à leur tour, en 1815, de mettre un frein à la piraterie algérienne. Le bombardement fut terrible, l'incendie dévora, dans le port, toute la marine des forbans. Le dey accepta les conditions qu'on lui imposa. Moins d'un an après, l'appui et les secours de toute nature qui lui vinrent de la Turkie, du Maroc et de Tunis, lui permirent de se créer une nouvelle flotte, et de menacer les navires européens comme par le passé, tout en recevant le tribut annuel que lui payaient honteusement l'Angleterre, l'Espagne, la France, la Hollande, Naples, la Suède, etc. Les deys d'Alger étendaient alors leur supériorité jusqu'aux limites actuelles de la domination française; ils étaient représentés par des beys à Tlemsen, à Constantine, à Oran.

En 1818, Hossein-dey succède à Aly-Khodja. Les griefs de la France datent de l'avénement de ce personnage; mais ce fut surtout en 1825, qu'ils commencèrent à s'accentuer. A cette époque, contre la teneur expresse des traités, des perquisitions furent faites dans la maison consulaire à Bône, sous prétexte de contrebande. Des autorisations illicites de séjourner et de commercer dans cette ville et sur les côtes de la province de Constantine, furent accordées à des négociants anglais et indigènes. Un droit arbitraire de 10 pour 100 fut établi sur les marchandises introduites pour le compte de l'agent des concessions françaises. L'année suivante, des navires étrangers, naviguant sous pavillon français, furent injustement capturés et la restitution en fut refusée. Des propriétés françaises à bord d'un navire espagnol furent confisquées. Des visites arbitraires et des déprédations furent commises à bord des navires français. La souveraineté de la France, sur cette portion de territoire qui se trouve comprise entre la Seibouse et le cap Roux, et dont elle était en possession depuis la seconde moitié du XVI⁰ siècle, fut méconnue. Une somme en litige, réclamée d'un côté et déniée de l'autre, à l'occasion de fournitures de grains faites à la France, en 1793, par deux maisons juives d'Alger, amena un conflit entre le gouvernement de la France et le dey. Celui-ci, aux réceptions du Baïram de 1827, outragea publiquement le consul français, qui reçut de Paris l'ordre de quitter son poste. Bientôt, les forces françaises établirent devant les côtes d'Algérie un blocus qui coûta sept millions et qui ne produisit aucun résultat. En 1829, une dernière démarche de conciliation fut tentée; le dey refusa toute satisfaction à l'envoyé de la France, et ordonna de faire feu sur le bâtiment qui le portait. La guerre fut résolue. Une formidable expédition fut préparée. Peut-être, le gouvernement de l'époque, tout en songeant à la dignité et aux intérêts du pays qu'il administrait, espérait-il créer dans l'opinion publique une diversion heureuse pour lui au coup d'État qu'il méditait contre les lois et contre la liberté. Le 25 mai 1830, la flotte, composée de 101 bâtiments, partit de Toulon, portant des troupes de débarquement au nombre de 37,877 hommes sous le commandement du général Bourmont. Le 12 juin, elle était en vue d'Alger. Le 14, on débarqua sur la presqu'île de Sidi-Ferruch. Le 5 juillet, les Français entraient dans la ville qui avait capitulé. Hossein-dey se retira à Naples avec sa famille et ses richesses. Oran et Bone ne tardèrent pas à ouvrir leurs portes. L'Algérie était française.

Elle l'était à peine devenue que la Révolution de Juillet éclata. Le 2 septembre, le maréchal Bourmont céda la place au général Clausel, son successeur. Nous résumerons rapidement les faits qui constituent l'histoire de notre principale colonie. L'inexpérience, l'indécision, de trop fréquents changements de personnes et d'idées, et par-dessus tout la prolongation indéfinie du régime militaire après l'achèvement de la conquête, telles sont les causes qui ont toujours compromis et compromettent encore aujourd'hui la prospérité de l'Algérie, et font qu'elle est à charge à elle-même et à la métropole.

Le général Clausel marche contre Bou-Mezragh, bey de Tittery, fait occuper Blidah, bat l'ennemi au col de Téniah, entre à Médéah, et force le bey à la soumission. Pendant ce temps, le général Damrémont prenait possession d'Oran. Clausel, ayant entamé des négociations avec deux princes tunisiens, pour les établir en qualité de beys tributaires de la France à Oran et à Constantine, et concentrer ainsi plus facilement tous les efforts de la métropole dans la colonisation de la province d'Alger, est désavoué par le gouvernement français et remplacé par le général Berthezène (janvier 1831). Un désastre subi par ce dernier à Médéah, et la convention conclue par lui avec Sidi-Moubarek, marabout de Koléah, pour que ce personnage maintînt la paix dans la banlieue d'Alger, en recevant un traitement de 70,000 francs, amènent sa retraite. Le duc de Rovigo lui succède (décembre 1831) avec l'adjonction d'un intendant civil, M. Pichon ; Milianah, Koléah et Blidah soulevés sont soumis et traités durement. L'intendance civile est supprimée (12 mai 1832). Mahy-ed-Dyn, père d'Abd-el-Qâder, commence à prêcher la guerre sainte (novembre 1832). On reprend Bone (février 1833) dont Ben-Aïssa s'était emparé. Le commandement provisoire du général Avizard (mars 1833) est remarquable par la funeste création du *bureau arabe*. Le capitaine de zouaves (ainsi nommés de la tribu Kabyle des Zouaoua) Lamoricière en fut le premier chef. Le général Voirol (avril 1833) prend le commandement. Malgré la résistance énergique des Kabyles, le général Trézel se rend maître de Bougie (octobre 1833). Le 24 février de l'année suivante, à Oran, le général Desmichels traite de puissance à puissance avec Abd-el-Qâder, et lui accorde des conditions tout à fait défavorables aux intérêts de la France ; le jeune chef arabe y est reconnu comme prince des croyants, et reçoit la ville d'Arzew avec l'autorisation d'envoyer jusqu'à Alger des agents inviolables. En août 1833, une commission de pairs et de députés était venue examiner l'état de la colonie. On agita, à Paris, dans les chambres, la question de savoir si l'on garderait l'Algérie ou si on l'abandonnerait. Il fut déclaré que « l'honneur et l'intérêt de la France lui commandaient de conserver ses possessions sur la côte septentrionale de l'Afrique. » Tous les pouvoirs sont dès lors remis à un gouverneur général (22 juillet 1834). Le général Drouet d'Erlon occupe ce poste (28 septembre 1834-8 août 1835); ému des revers essuyés à la Macta (juin 1835) par le général Trézel, il cherche à demeurer en paix avec Abd-el-Qâder. On le rappelle et on renvoie à sa place le maréchal Clausel. Après la victoire de l'Habra (3 décembre 1835), les Français entrent dans Mascara. Le général d'Arlanges est cerné dans le camp de la Tafna et délivré par le général Bugeaud. Une expédition désastreuse contre Constantine (novembre-décembre 1836) fait destituer le maréchal. Le général Damrémont le remplace. La prise de Constantine (octobre 1837) coûte des millions, et ne compense pas suffisamment le honteux traité de la Tafna, que Bugeaud avait signé avec Abd-el-Qâder (30 mai 1837). En visitant les travaux du siège de Constantine, Damrémont avait été tué par un boulet. Le général Vallée prit sa place et fut, bientôt après, nommé gouverneur général. On prend possession de Djigelli. Philippeville est fondée. Mais Abd-el-Qâder ne tarde pas à soulever les Arabes et les Kabyles. Partout ils sont battus. Les Français forcent le col de Mouzaïa (12 mars 1840) et prennent Médéah. Du 2 au 6 février, le capitaine Lelièvre, à la tête de 123 Français, avait résisté dans le petit fort de Mazagran à 10,000 Arabes, en avait tué 5 ou 600, et avait mis le reste en déroute. L'armée d'Afrique est portée à 86,000 hommes, dont 13,500 de cavalerie, et Bugeaud succède à Vallée qui avait demandé à être rappelé. Abd-el-Qâder essaie en vain de barrer le passage aux troupes françaises qui vont ravitailler Milianah et Médéah. Tékédempt et Mascara lui sont enlevés (1841), Msila détruit; les tribus de la Tafna l'abandonnent; sa *smala* ou ensemble des tentes de sa famille est prise (mai 1843). L'année suivante, les Kabyles sont battus à Ouarez-ed-Dyn, Dellys est pris et les vaincus se soumettent. Abd-el-Qâder avait cherché un refuge dans le Riff marocain. L'empereur du Maroc le nomme khalifa de la province. Les Marocains attaquent l'établissement français de Lalla-Marghnia. Tanger est bombardé le 6 août 1844; la bataille de l'Isly gagnée le 14, et les canons de Mogador encloués le 15. Peu de temps après, comme pour relayer Abd-el-Qâder, Si-Mohammed-ben-Abd-Allah se lève contre la domination française. Il est surtout connu sous son surnom de Bou-Maza (père de la chèvre). Battu d'abord, il fait insurger tout le Dahra. Ce fut alors que les Pélissier et les Saint-Arnaud imaginèrent, pour hâter la pacification, de miner et d'enfumer les indigènes dans les grottes où ils s'étaient réfugiés et où ils périrent tous d'une mort affreuse. Abd-el-Qâder, ne voulant pas demeurer en reste d'atrocité avec de pareils ennemis, fit massacrer, le 27 avril 1846, cinq cents prisonniers français sur les frontières du Maroc. Bou-Maza se soutenait encore. Il est enfin forcé de se soumettre, et on l'envoie en France. En 1847, Bugeaud et Bedeau conduisent une expédition en Kabylie, et font reconnaître la domination française à cinquante-cinq tribus. Après l'intérim des généraux de Bar et Bedeau, le duc d'Aumale est nommé gouverneur général de l'Algérie. Trahi et attaqué par les Marocains, Abd-el-Qâder est rejeté dans les limites de la colonie et tombe au milieu des troupes françaises. Il se rend (décembre 1847) sous la promesse d'être conduit à Saint-Jean-d'Acre ou à Alexandrie. Lamoricière en prend l'engagement par écrit; d'Aumale le ratifie. Malgré cela, le captif est amené à Toulon, retenu au fort Lamalgue, puis dirigé sur le château de Pau, et enfin enfermé à Amboise, d'où il ne sortit qu'en 1852. Quelques semaines après la soumission d'Abd-el-Qâder, qui, à proprement parler, terminait la conquête, la monarchie de Juillet céda la place à la seconde République française.

A partir de cette époque, les gouverneurs généraux se succèdent fréquemment. C'est d'abord le général Eug. Cavaignac, puis le général Changarnier, puis les généraux Marey (intérimaire), Charon, d'Hautpoul, Pélissier (intérimaire), le maréchal Randon (11 déc. 1861). En 1858, le 24 juin, un ministère de l'Algérie est créé, et le poste de gouverneur général supprimé, pour être rétabli, le 24 nov. 1860, au profit du maréchal Pélissier. Ce dernier meurt en fonctions le 22 mai 1864 et est remplacé, après l'intérim du général de Martimprey, par le maréchal de Mac-Mahon, qui occupe encore la charge (1869). Des révoltes partielles en assez grand nombre, l'expédition dirigée en 1849 contre la petite ville de Zaatcha dans les oasis des Ziban, la soumission des tribus de cette contrée et des environs, une expédition dans l'Aourès et la prise de Nora (1850), la répression des Kabyles de Djigelli et de Kollo (1851), celle des Kabyles de l'Ouad-Kébir et de l'Ouad-Guebli et de la partie limitée par Sétif, Milah, Bougie et Djigelli (1852-53-56), la soumission de la grande Kabylie (1857), tels sont, avec la conquête des oasis du Sahara (1854), les principaux événements militaires de cette période. La brutalité d'un lieutenant de bureau arabe amena en 1864 l'insurrection de la tribu des Oualad-Siddi-Cheikh qui, à l'heure où nous écrivons, se soulève de nouveau avec un à-propos plus qu'étrange, comme pour donner la réplique aux partisans trop intéressés de l'administration du sabre. Ce qu'il y a de certain, c'est que l'insurrection de 1864 servit à faire rendre le décret du 7 juillet de la même année, par lequel le pouvoir civil fut entièrement subordonné au pouvoir militaire. En 1868, une famine cruelle qui a poussé, contre tous les instincts de la race sémitique, les Arabes à des actes d'anthropophagie, a décimé la population indigène de l'Algérie, sans que le système militaire ait rien pu faire pour prévenir ou combattre efficacement le mal.

Le gouverneur général de l'Algérie exerce le commandement et régit la haute administration avec l'assistance d'un conseil de gouvernement sans aucun intermédiaire entre lui et le chef de l'État. Les documents administratifs passent toutefois par le ministère de la guerre. L'Algérie est divisée en *territoire civil* et *territoire militaire*. Le territoire civil, fort restreint, comprend trois *préfectures*, Blidah, Oran et Constantine, subdivisées en *sous-préfectures*, *districts* ou *commissariats civils*, et *communes*. Le territoire militaire se partage en trois *divisions* ou *provinces*, Alger, Constantine et Oran, comprenant des *subdivisions* ou *cercles*. La plupart des administrations civiles n'ont aucune action en territoire militaire ou ne fonctionnent que d'une manière tout à fait subordonnée. Les tribus indigènes obéissent à des chefs de leur sang nommés par l'autorité française et vassaux de cette autorité, qui correspond avec eux par le moyen des *bureaux arabes*. A ceux-ci est dévolu l'examen préalable des affaires qu'ils transmettent, à leur gré, aux conseils de guerre ou aux tribunaux des kadis, mais que plus ordinairement ils retiennent et jugent selon leur caprice et leurs intérêts. Le célèbre procès du capitaine Doineau a révélé une partie des abus qu'entretient la détestable institution du bureau arabe. Les différents services administratifs de la métropole sont représentés en Algérie; on y trouve, en surplus, les services spéciaux des bâtiments civils, des inspections de colonisation, des pépinières du gouvernement. Les chemins de fer sont loin d'être achevés; 28 millions ont été employés en 1868 par la compagnie de Paris-Lyon-Méditerranée, concessionnaire des lignes de Philippeville à Constantine, d'Alger à Oran, par Blidah et Saint-Denis du Sig. La première sera terminée dans le courant de cette année.

L'Algérie actuelle, constituée comme une conquête et non comme une colonie, n'est qu'un pachalik français et une école militaire établie dans des proportions vastes et pittoresques pour l'armée, mais extrêmement onéreuses pour la France. Le colon français y est sujet, et nullement citoyen; il est placé en dehors du droit et de la liberté. Il ne jouit point de l'institution du jury. Il n'a de représentants ni dans le conseil de la commune, ni dans celui de la province, ni dans celui de la colonie, ni au Corps législatif. Le colon étranger est dans une situation plus difficile et plus arbitraire encore. Celui à qui l'on refuse ainsi tous les droits, se voit néanmoins imposer des devoirs et de lourdes charges; et, si l'administration militaire lui promet la paix et la sécurité, qu'elle ne lui donne pas toujours, c'est en faisant payer à chaque Européen 85 fr. 15 centimes par année. D'un autre côté, chaque tête, dans les tribus, coûte au budget 21 fr., et ne lui rembourse que 7 fr. 70 centimes. Depuis 1830, les intérêts de la France sont engagés en Algérie pour la somme énorme de six milliards trois cent cinquante-deux millions. Il faut compter que 150,000 soldats, et autant de colons y ont péri. De tels sacrifices ne sauraient avoir été faits en pure perte. Il en serait ainsi cependant si l'autorité militaire, impuissante et funeste dans les questions de colonisation et d'administration, continuait à tenir dans sa main le sort de l'Algérie. Le déficit des impôts indigènes figure au budget de 1870 pour plus d'un million dans la seule partie perçue au profit du Trésor. Les incendies se sont multipliés; la famine et l'anthropophagie sont arrivées; le revenu de la colonie diminue à chaque exercice; l'immigration est nulle ou peu s'en faut. Sont-ce là les fruits de cette pensée extravagante qu'on appelle le *royaume arabe?* Si l'on admet, par une ignorance complète et flagrante de l'anthropologie, de l'ethnologie et de l'histoire, que la race sémitique, dans les conditions de son existence actuelle, offre les mêmes ressources que la nôtre, puisse se suffire à elle-même, et que la colonie européenne, sur le sol algérien, doive lui être subordonnée, on dépasse les limites extrêmes de l'absurde, et les événements donnent chaque jour à de pareilles erreurs un cruel démenti. Si, après trente-neuf ans, à travers tous les obstacles, malgré tous les désastres, en dépit de tous les fléaux dont le militarisme n'est pas le moindre, la fortune française en Algérie a pu s'élever au chiffre de 6 milliards 352 millions que nous indiquons plus haut d'après l'évaluation du docteur A. Warnier; quel jugement porter sur l'intelligence et le travail des indigènes dont l'avoir, après tant de siècles, ne monte guère qu'à 2 milliards 800 millions? L'article 109 de la Constitution de 1848 était ainsi conçu : « Le territoire de l'Algérie est déclaré territoire français, et sera régi par des lois particulières jusqu'à ce qu'une loi spéciale le place sous le régime de la présente Constitution. » Déjà le gouvernement provisoire avait signé un décret qui donnait à l'Algérie le droit d'élire ses représentants à l'Assemblée nationale. Le régime inauguré par le coup d'État du 2 décembre 1851 a supprimé ce droit sans aucune raison avouable et plausible, et pour punir sans doute la colonie de n'avoir pas absous par ses votes les faits accomplis. Aujourd'hui, il est vaguement question d'accorder à l'Algérie l'élection des conseillers généraux, de constituer la propriété individuelle à la place du communisme théocratique des Arabes, et de leur permettre ainsi de se procurer les fonds indispensables à la culture en vendant l'excédant des terres, d'appliquer le Code civil à la propriété indigène, d'étendre le territoire civil et de favoriser le libre mélange des colons et des Arabes sur le sol algérien. Ces réformes, tout insuffisantes qu'elles seraient, marqueraient un pas dans la voie du progrès réel et feraient un léger contre-poids à la lourdeur du joug militaire qui écrase et tue la colonie. Quant aux indigènes, si l'on en doit attendre quelque concours, c'est bien plutôt à l'élément berbère ou kabyle qu'à l'élément arabe que l'on doit s'adresser. Tandis que le communisme et le despotisme de l'état patriarcal sont encore, ainsi qu'à l'origine, tout le ressort de la tribu arabe, la *commune* (kebyla) existe et fonctionne chez les Berbères; elle est administrée par un *maire* (amin) et un *conseil* (djeman) élus par le vote universel; elle possède un budget et des biens communaux. M. de Dumast fait remarquer avec raison que la race des Berbères ou Kabyles « nous aurait fidèlement secondés contre les sémites mauresques, de la même façon dont ses aïeux, les braves sujets de Massinissa, aidaient Rome contre les sémites carthaginois. » Nous croyons aussi, nous le répétons, que la colonisation française doit trouver un appui sérieux et efficace dans l'élément berbère ou kabyle. Nous croyons que le régime de la conquête a fait son temps, et que l'organisation civile doit succéder définitivement au désordre militaire qui trouble et compromet la prospérité et l'existence même de la colonie. Nous croyons surtout que l'inauguration d'une marche rapide et sincère dans le sens du progrès et de la liberté, dans le sens de l'assimilation de la colonie à la métropole, serait la restitution aux colons du droit d'envoyer à Paris leurs députés librement élus par le suffrage de tous. C'est la première loi de justice et de salut pour nos colonies en général et pour l'Algérie en particulier.

BIBLIOGRAPHIE. — Le Dr A. Warnier, l'*Algérie devant le Sénat*. — Le même, l'*Algérie devant l'opinion publique*. — Le même, l'*Algérie devant l'Empereur*. — Séries d'articles sur l'Algérie publiés dans la *Presse*, par Francis Riaux. — Maurice Block, *Dictionnaire général de la politique*. — *Annuaire encyclopédique*. — *Atlas universel* de Dufour, avec la notice de F. Hugonnet. — *Géographie* de Malte-Brun. — Daumas, *Mœurs des Arabes*. — N. Bibesco, *les Kabyles du Djurjura*, dans la *Revue des Deux Mondes*, d'avril 1865, etc., etc., etc. EUGÈNE GELLION-DANGLAR.

ALGÉRIE. — ANTHROPOLOGIE. — Il est peu de pays où la population soit aussi variée d'aspects et d'origines qu'en Algérie; quatre types principaux très-opposés s'y rencontrent : l'Aryen, le Sémite, le Touranien et l'Éthiopien, et peut-être faudrait-il en ajouter un cinquième, le Libyque. Mais avant de constater le présent, voyons ce que nous apprend le passé.

La géologie, jusqu'à ce jour, n'a rien donné dans cette région sur l'homme des âges paléontologiques; mais l'archéologie, dès ses premiers pas, a fait d'importantes découvertes qui éclairent d'un nouveau jour certains points de l'histoire de l'homme. Ainsi M. Bourguignat a rencontré sur le plateau de Sersou des séries de tumulus formant des figures symboliques et renfermant des silex taillés et des ossements humains. De tous côtés et surtout dans la province de Constantine, on signale une infinité de menhirs, de dolmens et de cromlechs dont la forme, les dispositions et le nombre rappellent ce qu'on voit en Danemark. Les squelettes y sont accroupis de même, les genoux touchant presque le menton. Mais une différence capitale les en distingue. Tandis que les dolmens du Danemark ne renferment que des instruments en pierre généralement polie, et ceux de l'ancienne Gaule, que des instruments en pierre et, par exception, des poteries, de l'or et du bronze, les dolmens de l'Algérie ne renferment plus de pierre polie, mais à sa place des instruments de fer et quelquefois même des médailles. Les premiers, par conséquent, sont très-anciens et les derniers relativement récents. M. Alex. Bertrand en conclut qu'une même race a construit ces dolmens et que, des bords de la Baltique, cette race serait arrivée en un nombre infini de siècles et par étapes successives, l'avant-dernière en Portugal, jusqu'en Algérie où elle aurait été absorbée. De tous côtés on signale encore la présence de tombes mégalithiques. Leur nombre, à Roknia, s'élèverait à deux ou trois mille, auprès desquelles se voient de trois à quatre cents grottes jadis habitées. M. Faidherbe, dans cette localité, a extrait trente crânes auxquels il trouve les caractères les plus purs du type kabyle actuel, et M. Bourguignat, qui a continué les fouilles, en conclut que les sépultures de Roknia sont de l'ordre des dolmens, qu'elles remontent environ à 2,200 avant Jésus-Christ, et qu'elles contiennent des Aryens, les puissants d'alors, des nègres et surtout des Berbers, les *petites gens*, sans doute les vaincus autochthones.

L'histoire ou la légende remonte jusque-là. Diodore de Sicile raconte avec complaisance les nombreuses pérégrinations des armées d'Hercule en Libye jusqu'au détroit qui porta son nom. Hérodote, dont les connaissances n'allaient pas au delà du méridien de Constantine environ, admet trois peuples autochthones en Afrique :

les Libyens sur le littoral, les Ethiopiens dans l'intérieur et les Egyptiens. Salluste y ajoute les Gétules, « peuplades farouches qui prenaient pour gîte l'endroit où la nuit les avait surpris. » Pline, Ptolémée, Pomponius Mela, etc., sont plus explicites, et voici quelle était, à une époque reculée, la position respective des différents peuples qui se rattachent à notre sujet : au nord, sur le littoral, les Libyens proprement dits qui, en se prolongeant à l'ouest, donnèrent naissance aux Maurusiens ou Maures. Au sud, entre l'Atlas, c'est-à-dire les monts Aurasius, Ursagola et Sagapola, et le commencement du Sahara, les Gétules qui prenaient, au voisinage du golfe de Kabès ou petite Syrte, le nom de Mazes, Maziques ou Mazighs, d'où dérive certainement celui d'Amazighs des Tuaregs actuels, et s'appelaient, sur les bords de l'Océan, les Autololes, les Dares, les Banjures, les Pharusiens, etc. Au sud-est, dans le Fezzan actuel, les Libyégyptiens que remplacèrent les Gamarantes. Enfin sur la limite du désert, dans une zone probablement plus arrosée qu'aujourd'hui, les Ethiopiens blancs et les Gétules noirs, les premiers ou Leucéthiopiens avoisinant l'Océan ; les seconds ou Mélanogétules confinant aux Gétules du centre dans la région occupée aujourd'hui par l'Ouargla et l'Oued-Righ. (Voir Duveyrier, *les Tuaregs du Nord.*)

Attachons-nous aux Gétules que les savants s'accordent à regarder comme les ancêtres des Berbers actuels. Les uns conservèrent leur nom et leurs mœurs, s'associant à leurs voisins, ou reculant devant les conquérants, et devinrent les fameux Tuaregs du désert. Les autres se réunirent successivement à des Libyens du littoral, à des colons Perses et Assyriens et à quelques Arabes de l'Yémen et prirent la dénomination de Nomades ou de Numides, parce que, prétend Pline, « changeant sans cesse de lieux de pâturages, ils transportaient leurs *magalias*, c'est-à-dire leurs maisons, sur des charriots. » En sorte que, à la fondation de Carthage, vers l'an 900 avant l'ère chrétienne, il existait dans cette région trois peuples principaux : les Numides, derrière eux les Gétules, à l'ouest les Maures. Deux langues s'y parlèrent bientôt : le phénicien ou carthaginois et l'indigène ou libyque que l'on sait à présent être le berber primitif (Hodgson, voir Carette, *Expl. de l'Algérie*). La Numidie alors comprit toute l'Algérie actuelle, s'étendit jusqu'au pays des Gamarantes et, après la défaite de Jugurtha, fut réduite au tiers. La soumission aux Romains n'y fut jamais complète et plusieurs peuplades, notamment, se firent remarquer, dans les montagnes de la Kabylie et de Babors, par le même esprit d'indépendance dont elles témoignent de nos jours. Les soulèvements des Musulmans en 24 et 17 avant Jésus-Christ et 69 après, et des *Quinquegentes* en 286, 372 et 426 après Jésus-Christ, firent qualifier de *Mons Ferratus*, mont bardé de fer, le Djurjura que surmonte actuellement le fort Napoléon.

A ce moment, apparaît en Afrique une race toute nouvelle, les Vandales, d'origine germanique ; tous probablement succombent en peu de générations. Une autre race plus vivace lui succède, les Arabes originaires d'Asie. Le Koran à la main, ils rejettent les Aryens réfractaires en Italie et en Espagne, refoulent les Numides dans l'intérieur et divisent le pays en deux portions : au nord, la Barbarie, où se concentrent les restes des occupations antérieures, au midi, le Beledjerid ou pays des dattes. Le nom même des indigènes disparaît dans cet ouragan sous celui de Berber que les Arabes rapportèrent d'Egypte (d'Avezac) et appliquèrent aux habitants de la côte, et que les Européens étendirent à tous les habitants de l'Atlas. L'expression n'était pas nouvelle, car les Égyptiens et les Grecs s'étaient servis du mot analogue de βαρβαροι et les Romains de celui de *Barbari* pour désigner les peuples qui ne parlaient pas leur langue ou se montraient réfractaires à leur civilisation. Les Indous aussi le possédaient dans le sanskrit dans deux acceptions : celle de

« cheveux laineux » et celle de « sauvages. » Enfin il existait sur la côte de la mer Erythrée un peuple Berber et un pays appelé Barbarie; non loin de cet endroit, qui répond à la côte d'Ajan, on retrouve aujourd'hui des tribus Nubiennes dites Berebers ou Barabras, dont les traits d'ailleurs s'écartent entièrement de ceux des Berbers du nord. Sous les Arabes, l'esprit séculaire des peuples kabyles reparaît dans toute son énergie, le mont bardé de fer change de nom et devient la terre ennemie, l'*El Adoua*. La résistance se continue sous les Turcs et enfin, jusqu'en 1857, sous les Français.

De ces grands mouvements de population que reste-t-il aujourd'hui? Les Phéniciens, les Romains et les Vandales ont disparu du nord de l'Afrique, mais on y retrouve: 1° l'ancienne race si vivace des Libyens-Gétules-Numides, c'est-à-dire des Berbers, devenus en général sédentaires et dont les groupes s'étendent de l'Océan aux côtes de Tripoli, de la Méditerranée au Soudan; 2° la race conquérante du vii° siècle, les Arabes, toujours nomades; 3° une race bâtarde, produit de l'alliance des indigènes avec les conquérants, les Maures; 4° les derniers venus, les Européens; 5° enfin quelques Turcs, des juifs et des nègres.

Les Berbers[1] ou Amazigh (hommes libres), Imoyerhen (nobles), noms qu'ils se donnent, comprennent les Berbers du haut Atlas ou Brèbes, les Shulah du sud du Maroc, les Berbers des oasis algériennes, les Kabyles de Tunis et d'Alger et les Tuaregs du Sahara dont l'origine, les caractères ethniques, les mœurs (les Tuaregs exceptés qui sont nomades), la langue et la religion sont les mêmes. Prichard y ajoute à tort les Tibbous du désert de Libye. Les Shulah débordent sur notre frontière occidentale jusqu'à Sebdon. Ils sont vifs, intelligents, bien faits, de construction athlétique, de taille moyenne et ont le teint clair et les traits bien caractérisés (Lieut. Washington). Les Berbers de nos oasis occupent la partie du Sahara qui forme la transition des pentes de l'Aurès et du Djebel-Amour à la région des dunes, le véritable désert. Nous donnerons un aperçu d'ensemble des populations multiples de cette zone généralement mal connue.

Une plaine aride, interrompue de loin en loin par un lac salé (*chott*), ou par un groupe d'oasis dans lesquelles se pressent les villes et les villages, et où règne une végétation luxuriante, tel est son aspect général. Les oasis principales sont l'Oued-Sidi-Cheik, campement arabe exceptionnel, le Ziban, chef-lieu Biskra, le K'sour, le Souf, sur des points élevés que préfère la population blanche; enfin, l'Oued-Righ et l'Ouargla, sur le chemin d'Insalah, de Tombouctou et d'Agadès, dans des bas-fonds insalubres où prospère la race nègre. Deux sortes de populations s'y rencontrent: l'une nomade, l'autre sédentaire. La première, Arabe, est propriétaire du sol; ses tribus campent l'hiver aux alentours des habitations, se rendent l'été sur les marchés du Tell, et reviennent à l'automne toucher une redevance en nature, dont le cultivateur commence à se racheter. La seconde se compose de quatre éléments ethniques: le Berber, l'Éthiopien, le Juif et certain type blond. Le premier élément, ou Berber, s'identifie avec le Kabyle au voisinage de l'Atlas, se rapproche du Tuareg dans le sud, et semble former une individualité à part dans le M'zab. C'est le fond de la population du Ziban, du K'sour et du Souf. Il est en minorité au contraire dans l'Oued-Righ et l'Ouargla, et ne s'y observe à l'état de pureté que dans les classes supérieures ou *el H'arar* (gens de race), qui tiennent à honneur de ne pas se mésallier, et font seules partie de l'assemblée des citoyens ou *djema*. Leur teint « extré-

---

1. La manière d'écrire et de prononcer les noms ethnographiques et géographiques de notre sujet est si différente dans les auteurs, et leurs synonymes si nombreux, que nous renonçons en général à les donner et que nous nous en tenons à un seul terme, le plus simple et le plus répandu parmi les Français.

mement blanc, » dit Hodgson, peut-être par contraste avec celui des autres habitants, les fait désigner par les voyageurs du nom de « blancs ». Quant aux M'zabites ou Mozabites, ils prétendent descendre des Moabites de Palestine. Ils ont le crâne déprimé latéralement, la face d'un bel ovale, la physionomie douce et intelligente, les yeux fendus en amande, le corps assez ramassé et les membres charnus (Laveran). L'indice céphalique moyen de la tête de six d'entre eux mesurés par M. G. d'Hercourt, c'est-à-dire le rapport du plus grand diamètre antéro-postérieur au plus grand diamètre transversal, était comme 78 : 100, et leur taille moyenne de 1 mètre 60. De mœurs sévères, ce sont chez eux les puritains du désert ; mais, dans les villes, ils deviennent ivrognes et débauchés. Le second élément, ou Éthiopien, serait représenté par trois types : l'un est le véritable nègre aux lèvres épaisses, au nez épaté, aux cheveux laineux et à la mâchoire prognathe, que l'on trouve partout, importé du Soudan par les caravanes. L'autre est une race métisse issue du croisement du nègre et du Berber ; désignés par les el H'arar d'un terme de mépris, les *Khelatia* ou abandonnés, ces métis forment la population principale de l'Oued-Righ et de l'Ouargla, et y présentent un type que M. Duveyrier appelle sub-Éthiopien et qu'il a aussi rencontré dans le Touat, le Tafileh, le Fezzan, etc. ; « par leurs traits, dit-il, ils se rapprochent du Caucasien (Européen) ; par leur coloration, ce sont des noirs. » Le troisième type a été signalé à Biskra dans les termes suivants : Ce sont des hommes trapus, musculeux, à la tête petite, au teint noir, aux traits heurtés, au visage stupide, au caractère doux et paisible, que l'Algérien, auquel ils servent de portefaix, regarde comme étrangers aux populations Berbères (d'Avezac). Est-ce bien là tout ? Et n'a-t-on pas confondu dans l'un de ces types le plus important de tous, le noir autochthone, le descendant des Mélanogétules et des Éthiopiens Nigrites que Ptolémée place en ces lieux ? Une tradition de Tuggurt assure que, « dans le principe, toutes les familles y étaient noires. » Léon l'Africain dit que des noirs habitaient de son temps le Beledjerid. M. Duveyrier a vu, dans le nord du Sahara, les restes importants d'une ancienne civilisation qu'il rapporte à une population nègre (?). Il est peu vraisemblable que cette race ait entièrement disparu d'une région où l'on nous représente les noirs comme vigoureux et bien constitués, tandis que les blancs y sont très-éprouvés par le climat. Non loin de là d'ailleurs, dans une annexe du Sahara, le désert de Libye, n'existe-il pas déjà une race noire, les Tibbous, différente de la véritable race nègre ? Ce point mériterait d'être étudié. Le troisième élément, ou juif, est indiqué dans le K'sour, le M'zab et l'Oued-Righ. Enfin, la présence d'un type blond est établie par les passages suivants : « Il existe à Tuggurt, dit Hodgson, une tribu particulière qui a le teint et les cheveux blonds et qui ne parle pas arabe. » « Beaucoup dans le M'zab, écrit M. Daumas, ont les cheveux blonds et les yeux bleus. » « Presque tous, dans le M'zab, insiste M. de Castellane, ont les yeux bleus et les cheveux blonds. » Nous reviendrons sur ce fait.

Les *Kabyles* habitent, sur notre territoire, la grande Kabylie et les montagnes de Babors jusqu'à la frontière de Tunis et jusqu'aux monts Aouress ou Aurès, quelques points isolés à l'ouest d'Alger et la chaîne du Djebel-Amour. La Kabylie est un massif montagneux compris entre Dellys et Bougie, dont le centre est formé par le Djurjura, et dont la population est environ de 435,000 âmes réparties entre 2,800 villages (Aucapitaine). Leurs droits à être regardés comme la race autochthone nous sont connus. L'étude des crânes de Roknia nous les montre habitant des cavernes à une époque reculée ; la linguistique établit la similitude de leur langue et de celle des inscriptions libyques trouvées dans le Sahara, dans le pays Gamarante et dans le Beledjerid ; l'histoire poursuit la filiation des peuples du Djurjura, de l'*El-Adoua* et du *Mons Ferratus* avec les Numides-Gétules-Libyens. Passons donc à leurs caractères physiques. Quoique bien caractérisés, ils sont difficiles à fixer, car où prendre le véritable type ? Le Kabyle de Babors et des environs d'Alger est très-mélangé à l'Arabe, celui de l'Aurès vit côte à côte avec une race blonde à part, celui du Djebel-Amour est peu connu, le juif et le nègre ont infusé leur sang çà et là. Resterait le Kabyle du Djurjura, qui semble s'être le mieux tenu à l'écart et que nous aurons en effet spécialement en vue.

Les Kabyles appartiennent au groupe des races blanches, bien qu'ils aient souvent le teint extraordinairement bruni ou bronzé. Ils offrent le type européen pour la plupart des anthropologistes, le type sémite pour M. Pruner Bey, et le plus vrai peut-être serait de dire un type propre, Libyque ou Atlante de Bory de Saint-Vincent. Son crâne est ovale, à occiput saillant, à régions pariétales développées et dolichocéphale. Sur quatre-vingt-onze individus mesurés par MM. G. d'Hercourt, Faidherbe et Duhousset, l'indice céphalique moyen *de la tête* était de 76,5 et, sur cinq mesurés par M. Pruner-Bey, celui *du crâne* était de 76,00 (M. Broca a démontré, en effet, que l'indice céphalique est moindre sur le crâne que sur le vivant). La face est ovale, mais elle l'est irrégulièrement par suite de l'étroitesse du front, de la dépression des tempes, de la saillie considérable des pommettes et du peu de largeur des parties sous-jacentes. Le profil a non moins de caractère ; l'angle facial est presque droit, les arcades sourcilières sont proéminentes et surmontées d'une dépression remarquable, le nez présente à sa racine une échancrure, il est un peu convexe et dépasse notablement la ligne du front, la bouche est petite et bien dessinée, les dents sont blanches et mal plantées et le menton est pointu. Le Kabyle a enfin les cheveux, les sourcils, les cils et la barbe noirs et lisses, les yeux grands et bruns d'un ton plus clair que ceux de l'Arabe, le corps sec et bien pris, les jambes nerveuses, les tendons d'Achille vigoureux et l'épiderme épais, capable de résister aux épines. La taille moyenne des premiers quatre-vingt-onze sujets précédents était de 1 mètre 71 centimètres.

Les caractères moraux du Kabyle sont vigoureusement dessinés. Sa tête, moins fine que celle de l'Arabe, porte le cachet de l'intelligence ; son aspect est franc, son œil vif, sa figure parle (Bibesko, *les Kabyles du Djurjura*). Il est positif, industriel, travailleur, sobre, dur à la peine, hospitalier par nature, d'un caractère doux et sociable, quoique emporté, patient, digne dans l'adversité et belliqueux par nécessité ou par point d'honneur. Il a l'amour de l'indépendance, l'esprit d'égalité, le sentiment de l'honneur et une bonne foi proverbiale. Essentiellement attaché au sol, il montre de grandes aptitudes à l'agriculture, au commerce et à l'industrie. Sa malpropreté, son avarice et son esprit rancunier et querelleur font ombre à ce tableau. La polygamie est rare parmi les Kabyles. Leurs femmes, comparées à celles des Arabes, sont dans des conditions satisfaisantes : elles tissent, filent et vaquent aux soins du ménage. Leurs filles, nubiles à douze ou treize ans, sont mariées, ou mieux vendues, par leurs parents pour une somme qui varie de 70 à 1,200 francs (Bibesko). L'organisation sociale des Kabyles est fort simple et toute républicaine ; chaque village ou *deckra*, composé de maisons ou *gourbies*, se gouverne à sa guise. Les pouvoirs sont aux mains d'une assemblée ou *djema*, formée de tous les citoyens au-dessus de quatorze ou quinze ans, qui charge de l'exécution de ses décrets un magistrat annuel nommé *amine*. Des alliances s'établissent entre deckras en vue des affaires communes ; plusieurs deckras forment l'*arch* ou tribu, plusieurs archs le *kebila* ou confédération, d'où dérive le nom de Kabyle. En cas de guerre, chaque kebila se nomme un amine des amines, d'où un défaut d'unité qui a singulièrement favorisé notre conquête.

Les Berbers sont tous musulmans de la secte schismatique des Schyites ; ils sont peu attachés à leur religion, et M. Ch. Martins en a rencontré de tout à fait incrédules. Leur langue propre diffère fondamentalement de l'arabe et rentre dans le groupe des langues dites d'agglutination (Omallius d'Halloy). Les conjonctions et les adjectifs y font défaut, et l'on ne peut y exprimer d'idées abstraites (Horne-mann). Elle offrirait des points de contact divers avec les langues les plus dissemblables, le basque (Michel), le copte (Pruner-Bey), la langue des Aryas (Ollivier), et les langues sémitiques (Judas, Petrat). C'est assez dire que la connaissance en est très-imparfaite et que sa place dans la classification des langues ne saurait encore être assignée. Ses nombreux dialectes peuvent se réduire à quatre : le chilahh ou shulah et le tamazigh au Maroc, le shewiah ou chaouia en Algérie et le tuareg (temahaq dans le nord, temacheq dans le midi). Les dialectes chaouias de la Kabylie, de l'Aurès, du M'zab et de l'Ouargla ne diffèrent que par la prononciation et le nombre d'emprunts à l'arabe. L'ancienne écriture, absolument perdue chez les Kabyles, a été conservée chez les Tuaregs, et c'est grâce à elle que M. de Saulcy a pu rapprocher l'ancien libyque ou tefinagh du berber actuel. Un dernier caractère des Berbers, c'est l'emploi de la numération quinaire : ils n'ont que cinq mots pour exprimer les cinq premières unités, après quoi ils recommencent (Reinaud).

En terminant sur les Kabyles, il nous reste à parler des vestiges d'une ancienne race blonde que l'on rencontre çà et là mêlés à leurs tribus, et dont la présence a fort exercé la sagacité des savants. C'est dans l'Aurès qu'ils ont été indiqués par Shaw et vus par James Bruce, qui les dépeint en ces termes : « Ils ont le teint plus clair que les habitants du midi de la Grande-Bretagne; leurs cheveux sont blonds ou rouges, leurs yeux bleus, et ils portent au front une croix grecque tatouée. » Guyon ajoute qu'ils n'y forment pas de tribus distinctes, sont de taille moyenne et tièdes observateurs du Koran. Dans la même contrée se voient les Chaouias, cavaliers nomades pour la plupart, qui s'étendent jusqu'à Constantine et à la frontière de Tunis; par leurs yeux bleus, leurs cheveux roux et leur teint d'un blanc mat ou taché de rousseurs, ils se rapprochent des précédents; par leur taille élevée, leur complexion sèche, leur nez aquilin et leur profil, ils rappellent l'Arabe (Bory de Saint-Vincent). Mais un caractère particulier les met à part : ils sont dépourvus de lobule de l'oreille, et à ce propos M. Guyon rapporte un fait curieux : un Chaouia épouse une femme de Constantine et en a deux enfants; l'aîné a les cheveux blonds, les yeux châtains (le père les avait d'un beau bleu) et pas de lobule; l'autre a les caractères de la mère, notamment le lobule de l'oreille. Nous avons déjà signalé l'existence d'individus à teint clair, aux cheveux blonds et aux yeux bleus, dans les oasis algériennes. Ajoutons ici que M. Duvey-rier a rencontré des Tuaregs aux yeux bleus dans le Sahara, et qu'on a signalé la présence d'individus semblables dans le Maroc et les Canaries. D'où proviennent-ils? MM. Shaw, Bruce, Bory de Saint-Vincent, Guyon, Périer, etc., y voient les restes de Vandales échappés au massacre de Bélisaire, et les indigènes de l'Aurès assurent qu'ils descendent d'hommes semblables qui habitaient jadis la contrée et qui en ont été chassés. Mais MM. Pruner-Bey et Aucapitaine ne leur retrouvent pas tous les caractères d'une race germanique, et il est bon de remarquer que celle-ci ne s'acclimate pas en Afrique. Une nouvelle opinion a donc été émise par M. Broca. Nous avons dit que Pline et Ptolémée admettaient des Éthiopiens blancs dans le Sahara. Pomponius Mela en parle aussi et les place dans la région Gétulienne. Scylax, qui écrivait au IVe siècle avant l'ère chrétienne, indique de son côté la présence, auprès du golfe de Cabès, d'hommes beaux et blonds. Procope aussi indique l'existence d'hommes à la peau tout à fait blanche et aux cheveux blonds, sur les confins nord du désert. Que les blancs de Ptolémée (*candidissimi*) soient les mêmes ou non que les blonds de Scylax, etc., il n'en résulte pas moins qu'une race blonde a existé fort anciennement dans ces contrées, et, sans préjuger de son origine, il devient probable pour M. Broca que les blonds d'aujourd'hui, disséminés au nord de l'Afrique sur une aussi vaste surface, en descendent. Quant aux Chaouias en particulier, ils seraient issus, selon Bory de Saint-Vincent, du croisement des précédents avec l'Arabe nomade.

Les *Arabes* forment la masse principale de la population d'Algérie et occupent la campagne, où ils portent aussi le nom de Bédouins. Sémites et originaires d'Arabie, ils naissent blancs avec une prédisposition à se bronzer par le temps; à l'âge adulte, ils sont olivâtres ou presque noirs. Larrey regardait le type arabe comme le plus beau de l'humanité. Son crâne est dolichocéphale et, ainsi que sa face, d'un bel ovale régulier. Sur vingt-trois d'entre eux mesurés par M. G. d'Hercourt, l'indice céphalique moyen *de la tête* était de 75,99 et, sur douze crânes mesurés par M. Pruner-Bey, celui *du crâne* était de 75,3. Son profil est à peu près droit, il a le front peu élevé, les yeux grands, brun foncé, et fendus horizontalement, le bord des paupières plus foncé que la peau voisine (caractère que les femmes exagèrent en se passant entre les cils une sorte de poinçon roulé dans du sulfure d'antimoine), le nez aquilin comme les anciens Pélasges, sans échancrure à la racine, les dents bien plantées, le menton fuyant, les cheveux et la barbe noirs, celle-ci s'amincissant vers les oreilles, enfin le cou dégagé. La taille moyenne de vingt-trois des sujets précédents était de 1ᵐ60. Un peu moins grand que le Kabyle, par conséquent, il est aussi bien fait, mais plus sec. Comme lui, il est jaloux de son indépendance, belliqueux, sobre et hospitalier, mais par réflexion. Au contraire, il est paresseux, indolent, vain, menteur, ami du luxe et de l'ostentation et se complaît dans la mollesse d'une vie contemplative. Pasteur et nomade, il tourne dans un même cercle, habitant les hauts plateaux pendant la sécheresse, et le Tell à l'époque des semences et des moissons. Ses tentes en poil de chameau, disposées en un cercle au milieu duquel sont renfermés les troupeaux et où son cheval, sa bride, ses armes sont toujours prêts en cas d'alerte, constituent le *douar*, dont le chef s'appelle *cheik*. L'organisation des Arabes est entièrement théocratique, les marabouts et les guerriers formant l'ordre des grands. Ils sont musulmans avec fanatisme et orthodoxes de la secte des Makélites, dont le centre religieux est au Maroc. Leur langue présente quelques différences avec celles que parlent leurs frères d'Égypte et d'Arabie.

Les *Maures* ou Maurusiens de Salluste, et plus tard Mauritaniens, descendent des Libyens autochthones du littoral. Mais, de mœurs paisibles et sans cesse mêlés aux conquérants qui se succédaient, ils se sont fortement croisés avec eux et en sont arrivés à constituer une race abâtardie des plus hétérogènes. Pour l'Algérien, ce sont les Arabes des villes, et cela expliquerait le profond mépris que l'Arabe nomade ou des tribus affiche pour le Maure qu'il accuserait de s'être soustrait à la vie traditionnelle des sectateurs de Mahomet. Le Maure répond en général à la description suivante : il est blanc, plus ou moins basané et souvent imberbe. Sur sept d'entr'eux, M. G. d'Hercourt a trouvé l'indice céphalique moyen de la tête de 77,63 et la taille moyenne de 1ᵐ61. Il a les cheveux noirs, le nez aquilin, les yeux grands et un peu langoureux, de bonnes dents, la démarche lourde et par-dessus tout une certaine corpulence qui peut servir à le distinguer au premier abord de l'Arabe et du Berber. Jadis paresseux (Rozet), il est devenu travailleur, industriel et exerce la profession de marchand, d'artisan, etc.

Glissons rapidement sur les autres populations. Les *Turcs*, en petit nombre, sont perdus au milieu des précédents. Appelés en Algérie par Barberousse II, en 1520, ils transformèrent la côte en un repaire de pirates. La Porte y envoyait chaque

année des recrues de toutes provenances, tels que Grecs, Circassiens, Albanais,
Corses, Maltais et renégats chrétiens. Le corps des janissaires du dey représentait
seul les véritables Turcs; il en subsisterait quelques restes : leur regard est sévère,
dit Maltebrun, leurs traits fortement accentués et leur peau aussi blanche que celle
des Européens. Ils sont musulmans de la secte des Hanéfites dont le centre est à
Constantinople. Les *Koulouglis* (fils de soldats) sont des métis de Turcs et de femmes
mauresques. Ce sont de beaux hommes bien faits, d'un certain embonpoint (Rozet)
et généralement blancs; leur crâne souvent cunéiforme et aplati à l'occiput décèle
leur origine turque (Pruner-Bey). Sur quatre d'entre eux l'indice céphalique moyen
de la tête était de 78,76 et la taille moyenne de 1m70 (G. d'Hercourt). Les *Juifs*,
expulsés d'Europe au ve siècle, affluèrent dans les États barbaresques et y rencontrèrent des frères qui remontaient à la destruction de Jérusalem par Titus. Ils sont
jaunes, secs, maigres et ont les cheveux et la barbe noirs (Auburtin). Les *Nègres* sont
disséminés partout : sur le littoral, où ils s'acclimatent mal, et dans les oasis où ils
prospèrent. Les *Européens* viennent les uns des côtes de la Méditerranée, les autres
des pays septentrionaux et jouissent d'une faculté d'acclimatation très-différente.
Tandis que les Espagnols, puis les Maltais et les Italiens réussissent bien en
Algérie, les Français, abandonnés à eux-mêmes, ne tarderaient pas à s'éteindre,
et les Allemands seraient encore plus éprouvés. Ainsi, en l'année 1856, d'après
M. Bertillon, la somme des décès a dépassé la somme des naissances d'un cinquième
chez les Français. Les conclusions de M. Laveran sont identiques. La mortalité des
Français, pendant les années 1847 à 1853 inclusivement, a été à celle des autres étrangers comme 61 : 46. A cela l'administration répond qu'en 1865 le rapport des décès
aux naissances a été comme 49 : 54, en excluant l'armée. Cette question, dont l'importance n'échappera à personne, n'est donc pas absolument jugée. Si les assertions
de MM. Bertillon et Laveran se confirment, il devient urgent que nous n'envoyions
en Algérie que des Français de la Provence, de la Corse, etc., qui, selon les règles
générales de l'acclimatement, y prospéreront mieux que ceux du Nord, ou que nous
cherchions en Afrique même les éléments de notre succès. Or, les Maures et les Juifs
nous sont acquis, les Arabes demeureront réfractaires autant que durera leur
esprit nomade. Mais il reste les Kabyles à nous assimiler, c'est-à-dire cette race
autochthone, vivace et intéressante, probe et laborieuse, dont le caractère offre tant
d'analogie avec le nôtre (voir Aucapitaine, *les Kabyles et la colonisation de l'Algérie*).
Respectons leur indépendance, respectons ces institutions libérales qu'ils ne veulent
pas échanger contre les nôtres, et un grand pas sera fait.   Dr PAUL TOPINARD.

ALIÉNATION MENTALE. — Comme toutes les conceptions humaines, les
théories relatives à l'aliénation mentale ont passé par les deux phases théologique
et métaphysique, avant d'arriver à l'état positif.

Sous chaque phase on a admis, pour la folie, un siége distinct qui permet de
résumer la théorie en une brève formule :

1° Conception théologique : le siége de la folie est en Dieu; 2° conception métaphysique : il est dans l'entité âme; 3° conception positive : il est dans le cerveau.

Quand je dis que, pour les théologiens, le siége de la folie est en Dieu, je ne dis
rien de paradoxal. Dans leur théorie, les aliénés sont *inspirés* ou *possédés*; que l'inspiration cesse, que le démon soit chassé par l'exorcisme, et *immédiatement* l'état
normal reparaît. C'est l'être surhumain qui agit dans et par l'aliéné, parce que tel
est son bon plaisir. L'aliéné est passif. Toute notion scientifique de fonction et
d'organe est absente. Remarquons seulement que, dans l'antiquité, les aliénés
étaient surtout inspirés et que quelques-uns ont même pu se faire, comme

prophètes, une existence assez sortable, tandis que le catholicisme les a considérés plutôt comme possédés et les a brûlés avec énergie, conformément à son procédé habituel de persuasion.

Quand l'entité âme apparaît dans le monde sous l'influence des idées abstraites, elle devient, tout en restant subordonnée à Dieu, un centre de force et d'action, et la folie devient peu à peu une maladie de l'âme. Cette théorie compte encore aujourd'hui des partisans chez tous les spiritualistes logiques.

Enfin la théorie positive, écartant les fictions et les entités, considère la folie comme une maladie du cerveau, au même titre que la pneumonie est une maladie du poumon.

Je donne les trois théories dans leur pureté distincte et d'après leur ordre de naissance; mais, dans la réalité, elles ont coexisté et se sont combinées de plusieurs manières. C'est ainsi que l'école *somatique* admet l'existence de l'âme, tout en accordant que le cerveau seul peut être malade. Il existe même encore, dans les bas-fonds intellectuels, des gens qui croient à la possession et à l'exorcisme. En grattant un peu tel évêque libéral, et même sans le gratter, on retrouve facilement le théologien toujours prêt à vous débiter des insalubrités mentales.

Mais laissons la question historique et venons-en à la théorie positive de la folie.

On appelle âme l'ensemble des fonctions cérébrales; mais cette définition, devenue banale, est précisément admise par tout le monde, parce qu'elle est trop vague et qu'elle n'engage à rien. Il faut la préciser davantage. Où sont les fonctions cérébrales? Elles sont dans les cellules de la substance grise périphérique des circonvolutions cérébrales. L'âme, c'est donc scientifiquement : *la substance grise périphérique en action*. Et qu'on ne se méprenne pas sur ma pensée. Ce n'est pas là qu'est l'âme; c'est cela qui est l'âme. Il faut perdre l'habitude de considérer les fonctions dans l'espace comme si on faisait de la géométrie.

En quoi consistent les fonctions cérébrales? Elles se décomposent en intelligence, passions et caractère. L'unité de l'âme humaine doit marcher de pair avec son immatérialité et son immortalité. Les fonctions cérébrales sont multiples et distinctes. Voilà ce que l'analyse physiologique démontre et ce que la pathologie confirme.

Il y a plus : l'intelligence siège à la partie antérieure du cerveau. Les récents travaux sur l'aphasie ne peuvent plus laisser aucun doute à ce sujet. Les passions ou fonctions impulsives sont en arrière. Il ne reste donc pour le caractère que les côtés, et il y a, du reste, pour le placer là, des raisons positives puisées dans l'étude des altérations du mouvement volontaire. Mais qu'il soit plus haut ou plus bas, il est dans la substance grise périphérique. C'est là qu'il faut le chercher et qu'on doit le trouver. Ce qui importe, c'est de ne pas regarder en l'air.

L'intelligence se subdivise en cinq fonctions irréductibles qui peuvent être atteintes concurremment ou séparément, mais qui donnent lieu à des symptômes différents. L'*organe du langage* est altéré directement dans l'aphasie, comme il l'est encore dans les cas de folie où les malades parlent pendant des mois entiers sans rien dire qui ait un sens. La *contemplation concrète* est atteinte plus spécialement chez les amnésiques et les aphasiques qui ont perdu le souvenir des substantifs concrets ou l'aptitude à les créer. Il y a lésion de la *contemplation abstraite* chez les mêmes malades qui oublient les substantifs abstraits, les adjectifs et les conjugaisons. Il y a, en outre, une sorte d'incohérence qui reconnaît pour cause une altération des relations de succession (*méditation déductive*), ou de similitude (*méditation inductive*).

Les fonctions impulsives ou passions se subdivisent en sept égoïstes et trois altruistes. Les premières sont les instincts *conservateur, sexuel, maternel, destructeur, constructeur, l'orgueil* et la *vanité*. Les secondes sont l'*attachement*, la *vénération* et la *bonté.* Toutes donnent lieu à un délire spécial que nous nommerons tout à l'heure.

Le caractère commande à l'activité volontaire. Or, si l'on considère que tous nos mouvements peuvent être *excités, retenus* ou *maintenus,* on aura les trois organes de l'activité, *courage, prudence, fermeté.* Tous trois atteignent, dans la folie, à des degrés inouïs. On ne peut se figurer l'audace et l'ardeur à entreprendre, de certains maniaques souvent paralytiques. La plupart des mélancoliques, au contraire, poussent la prudence et la circonspection au point de ne plus oser ni marcher, ni bouger, ni manger. On trouve, d'autre part, chez des monomaniaques, une persistance et une intensité de vouloir presque cataleptiques.

Telle est l'âme, placée au sommet du corps, source de toute impulsion, siège de l'intelligence et de l'activité volontaire, plongeant par sa partie postérieure dans tous les viscères dont elle stimule et régularise l'action et qui lui renvoient, par les vaisseaux, de la vie et de l'excitation, communiquant avec le dehors par les nerfs sensitifs qui lui apportent des matériaux et par les nerfs moteurs qui transmettent au milieu la réaction de l'animal. C'est l'âme scientifique.

J'ai dit le siége de l'âme et le nombre des fonctions irréductibles qui la constituent. Avant d'aborder l'étude de sa physiologie anormale ou folie, voyons rapidement sa physiologie normale. Pour savoir comment on délire, il faut savoir comment on raisonne. Toute cette partie de la physiologie cérébrale est toujours prudemment oubliée par les officiels. Ils y viendront plus tard. On les croit nos chefs et ils nous suivent.

Lois de l'état normal. — 1re Loi. — Toutes les idées qui arrivent à la région intellectuelle du cerveau, lui viennent par l'intermédiaire des sens, selon la loi d'Aristote complétée par Leibnitz et Kant, et formulée par A. Comte de la manière suivante : *Nos constructions subjectives sont toujours subordonnées à nos matériaux objectifs.* Cette loi a sa confirmation anatomique dans ce fait que la substance grise, qui constitue l'âme, n'a aucun rapport direct avec l'extérieur. Les sens, sources de nos idées, sont au nombre de huit : le tact, la musculation, la gustation, la calorition, l'olfaction, l'audition, la vision et l'électrition.

2º Loi. — Qu'est-ce qu'une idée ? le souvenir d'une sensation, son image. Je regarde une maison, j'ai la sensation ; je ferme les yeux, j'ai l'image. Dans l'état normal, *l'image est toujours moins vive que la sensation.* Nous verrons cette loi renversée dans la folie.

3º Loi. — Ces images étant fournies par la sensation, les organes de la méditation les combinent. L'organe inductif cherche partout des ressemblances pour généraliser ; l'organe déductif cherche surtout les relations de succession pour coordonner et systématiser. Le travail de la méditation donne lieu à des constructions ou théories qui ont pour but de relier les faits entre eux, tout en respectant, autant que possible, la réalité. Quel est le précepte logique que nous suivons habituellement dans la formation de nos théories ? Le voici :

Construire toujours l'hypothèse la plus simple que comporte l'ensemble des renseignements obtenus. Nous verrons que l'aliéné fait tout le contraire.

4º Loi. — Enfin, l'état normal de notre intelligence se complète par la loi dynamique connue aujourd'hui de tous les penseurs et qui établit que *nos conceptions passent par l'état théologique ou fictif et métaphysique ou abstrait, avant d'en arriver à l'état scientifique ou positif.* Cette loi dynamique, pour être complète, doit embrasser la formule du progrès de l'activité et celle du progrès moral. La première consiste en ce que nous *passons de l'état militaire ou destructeur à l'état industriel ou constructeur, en passant par l'état défensif.* La seconde établit que *l'homme devient de plus en plus dévoué et moral,* puisqu'il s'élève de l'amour de la famille ou de la tribu à l'amour de la patrie et enfin à l'amour de l'humanité, et cela au moment même où il se débarrasse de la vie future et des récompenses célestes. Nous verrons cette marche renversée dans la folie.

Nous savons maintenant comment on raisonne juste, nous allons voir comment on raisonne faux.

DE LA FOLIE. — *Symptômes intellectuels.* — En folie comme en santé, il n'y a rien dans l'intelligence qui ne vienne de la sensation. Mais l'imagination est augmentée.

Contrairement à ce que nous avons vu dans la deuxième loi normale, les images, les souvenirs, ou, si l'on veut, les sensations anciennes ravivées par l'excitation cérébrale deviennent aussi vives et même plus vives que la sensation actuelle. Le malade ne sait plus s'il voit ou s'il se souvient; il ne peut plus distinguer le réel de l'idéal. Il en résulte l'*hallucination*. Elle peut affecter tous les sens. Il y a des hallucinations tactiles, musculaires, gustatives, caloriques, olfactives, auditives, visuelles et électriques.

L'exemple suivant démontrera, mieux que toute dissertation, comment la prédominance de plus en plus grande des images subjectives produit l'hallucination et comment la multiplicité et la fréquence de ces images amènent l'incohérence et la folie.

Un peintre, pour faire ses portraits, ne faisait poser ses clients qu'une fois. Il les regardait attentivement, dessinait son esquisse et les renvoyait. Quand il voulait travailler il replaçait subjectivement son modèle dans la position voulue, le voyait distinctement et obtenait des portraits d'une grande ressemblance. S'étant fatigué à ce travail, il en vint à ne plus distinguer la figure idéale de la figure réelle. Il croyait avoir les clients sous les yeux et leur soutenait qu'ils étaient venus la veille quand ils n'avaient pas paru. Peu à peu le désordre augmenta. Il perdit la conscience de toute notion réelle et fut enfermé dans une maison d'aliénés, où il resta plusieurs années.

Transformation et complication des hypothèses. Illusions. Prenons pour préciser le fait un homme mélancolique et hypocondriaque. Il est défiant, on lui en veut, rien ne lui réussit, etc... Nous connaissons tous de ces types-là. Jusque-là il est sur les limites de la folie, mais il n'est pas fou. Supposons maintenant que, sous l'influence d'hallucinations, ou même sans hallucination spéciale, cet homme en arrive à dire qu'il connaît enfin toute la vérité, que tous ses malheurs viennent de ce qu'il est poursuivi par la haine d'une société secrète qui s'appelle *société plantique*, qu'on veut lui détruire la substance et lui aplatir le cerveau pour l'empêcher de divulguer les secrets de cette société, nous voilà en pleine folie. Eh bien, à ce moment, toutes les croyances scientifiques et philosophiques de cet homme sont profondément altérées. Il croit, par exemple, que ses persécuteurs peuvent s'élever dans les airs et déchaîner sur lui les tempêtes. Lui-même se croira peut-être fils de Dieu, s'accordera aussi des puissances surnaturelles. Il peut mettre ses ennemis dans des bouteilles, les terrasser par certains actes ou certaines formules magiques. Ce malade a une nouvelle conception des choses et du monde. C'est ce phénomène connu sous le nom de *conception délirante* que je désigne sous le nom plus général de *transformation des hypothèses*. C'est là le phénomène décisif de la folie. Quel que soit le nombre des hallucinations, tant que la méditation peut les apprécier et les rectifier, l'intelligence n'est pas perdue; si, au contraire, elle accepte ces sensations nouvelles et se met à construire d'après elles de nouvelles hypothèses, il y a délire formulé, folie complète, car non-seulement l'intelligence ne rectifie plus les renseignements faux fournis par les sens, mais elle les altère quand ils sont exacts. C'est ce qui arrive dans l'illusion.

Le cerveau sain croit à ce qui est et voit les choses *comme elles sont*. Le cerveau malade croit à ce qu'il craint ou désire et voit les choses *comme il veut les voir*. C'est ce phénomène qu'on désigne sous le nom d'*Illusion*.

Nous avons vu que l'hallucination consistait en une image idéale qui venait se superposer à l'image réelle, ou du moins entrer en lutte avec elle. Dans l'illusion, il n'y a pas d'image idéale, mais la sensation réelle et actuelle est transformée et idéalisée au gré de la passion et au service de la théorie.

Prenons un exemple : Un mélancolique se promène dans la rue. Son délire consiste à croire qu'il est un objet d'horreur pour le genre humain. Les personnes qu'il rencontre ont dans le regard quelque chose de haineux et de méprisant. Elles ricanent en passant à côté de lui, elles descendent du trottoir pour n'avoir pas à le toucher. Il a même entendu dire : C'est un misérable; ce ne peut être que pour lui. Il a vu un monsieur s'arrêter pour parler à un sergent de ville et ce dernier a étendu le doigt de son côté, semblant dire : Le voilà, mais soyez tranquille, je le surveille. Derrière lui, il y a des personnes qui le suivent en criant d'une manière insultante, etc... Partout et toujours des ennemis. On comprend qu'un pareil système d'interprétations maladives n'a pas de limites.

Si ce même malade se croit fils de Charles X, l'illusion change, la sensation étant la même. Les physionomies ont un air de gaîté respectueuse. Quelques personnes même, en le voyant venir, descendent du trottoir pour montrer leur déférence. Il les a bien vues porter la main à leur chapeau. L'une d'elles a dit : C'est un misérable ! elle parlait de l'usurpateur. Les sergents de ville même, malgré leur consigne, se le montrent du doigt en disant : C'est lui !

Ainsi quand, sous l'influence de la passion ou par le fait d'une hallucination, une conception nouvelle s'est formée, elle se maintient contre la logique en compliquant davantage l'hypothèse primitive, et contre l'évidence des faits en altérant leur réalité au moyen de l'illusion.

Décadence théologique. — La transformation des hypothèses ne se fait pas d'une manière arbitraire, mais en suivant une marche inverse à celle que nous suivons dans l'état normal. La théologie est le domaine du délire. Les aliénés y reviennent donc tout de suite parce que là seulement ils se trouvent à l'aise. Tout y est subjectif. Ils partent du degré de positivité où ils étaient arrivés et s'en retournent par où ils étaient venus. J'ai expliqué ailleurs comment je comprenais cette décadence. Toutes les notions scientifiques les plus élémentaires sont altérées dans la folie et altérées dans le sens théologique. Non-seulement les aliénés méconnaissent ce qui est réel, mais ils admettent même ce qui est impossible. Ainsi, en biologie, ils ne croient même plus à la mort, ils ressuscitent comme ils veulent et autant de fois qu'ils veulent. En revanche, ils croient aux métamorphoses, c'est-à-dire à la transformation arbitraire des espèces. En physique, ils ne croient plus aux lois de la pesanteur. Ils s'élèvent dans les airs et voyagent dans l'espace au gré de leurs caprices. Les notions mécaniques et même géométriques sont niées; ils inventent le mouvement perpétuel, et admettent au besoin un triangle de quatre côtés. Je ne connais que les notions numériques qui, à cause de leur simplicité, échappent au délire. Tous les aliénés conviennent que $2 \times 2 = 4$ et encore je ne suis pas bien sûr qu'il en soit toujours ainsi. Quand on a pétri des cerveaux avec le dogme de la trinité, il faut s'attendre à les voir prendre quelquefois 3 pour 1 et réciproquement. Je l'ai dit et je le répète, au point de vue mental devenir fou, c'est tomber en théologie.

SYMPTÔMES MORAUX.— Il y a, dans la folie, exaltation générale ou partielle des passions, ou, pour ne pas perdre de vue notre siège anatomique, activité plus grande des cellules de la partie postérieure du cerveau. Les passions surgissant avec violence et à des degrés inégaux, il en résulte un désordre cérébral considérable et un changement dans les sentiments du malade. Tel est le phénomène capital que j'appelle *rupture de l'unité cérébrale;* il se traduit par plusieurs symptômes :

1° *Rétrogradation morale.* — La morale, bien qu'ayant sa source dans notre organisation même, est, quant à ses prescriptions, un produit artificiel résultat de l'éducation, une fleur délicate de civilisation qui se flétrit bien vite au souffle de la folie. Car, dans cette rupture de l'unité, ce ne sont pas les passions généreuses qui l'emportent, mais bien les passions les plus brutales et les plus égoïstes. L'abandon des habitudes morales, et, à la longue, la dégradation morale sont donc le symptôme le plus frappant, comme le plus triste, de la folie ;

2º *Diminution ou abolition de la liberté.* — Dans l'état normal, toute passion qui entre en action peut être contenue par l'ensemble des autres, par le raisonnement, par la conscience d'une impossibilité matérielle ou morale, et même par l'idée égoïste de la punition qui en pourra résulter. Il y a donc liberté, non pas absolue, ce qui n'a pas de sens, mais relative. Dans la folie, la passion surgit toujours avec violence et quelquefois si subite et si impérieuse qu'elle entraîne la volonté comme un torrent entraîne ce qu'il rencontre. Il y a impétuosité du désir et souvent irrésistibilité complète. Dans quelques cas, il n'y a même pas conscience de l'acte accompli ; il a été automatique. Tel est par exemple le cas de cette femme qui, souffrante depuis quelques jours, se lève tout à coup en disant : il faut que je me tue, va se jeter dans la rivière, en est retirée, délire pendant une semaine et revient à elle sans avoir aucun souvenir de ce qui s'est passé ;

3º *Instabilité ou fixité anormales des sentiments.* — Je n'ai pas besoin d'insister sur ces deux symptômes que tout le monde a pu constater. Le premier se rencontre surtout dans la manie où les malades aiment et détestent à chaque instant quelque chose de nouveau ; le second est surtout propre à la monomanie, où la concentration de la passion sur un point exclusif empêche tout autre sentiment de se faire jour ;

4º *Altération de la continuité.* — Quand un homme, après avoir été écrivain spirituel et journaliste influent, en arrive à se croire transformé en tiroir d'économat, il est évident que l'unité et la continuité de son existence morale ont été rompues. Il y a chez lui deux vies successives, dont l'une n'est pas reliée à l'autre. Idées, sentiments, habitudes, croyances, tout est changé. Il y a deux hommes. Les malades en ont souvent conscience et admettent même cette dualité dans un sens entièrement objectif. Celui auquel je fais allusion me disait : il y a deux M... Le vrai n'est pas ici, il est resté à la grille, mais il n'est pas entré ; moi, je suis un faux M... Voilà ce que j'entends par altération de la continuité.

SYMPTÔMES DE L'ACTIVITÉ. — Tous nos mouvements, avons-nous dit, peuvent être excités, retenus ou maintenus. Ce dernier cas se rencontre dans les formes extatiques et cataleptiques. Quand les mouvements sont retenus, il y a inaction ou tendance à l'inaction. Quand ils sont excités, c'est-à-dire quand il y a action réelle et exagérée, *l'activité est destructive.* La plupart des aliénés sont et doivent être enfermés et surveillés parce qu'ils sont dangereux. ils aiment à détruire.

Tel est, considéré d'une manière bien rapide et bien incomplète, l'ensemble des symptômes qui constituent la théorie positive de la folie. Je vais les récapituler dans un tableau synoptique.

FOLIE (excès de subjectivité).

Symptômes intellectuels	statiques.	Hallucination ou prédominance des images subjectives. Illusion ou altération de l'image réelle. Transformation et complication des hypothèses, délires. Incohérence.		
	dynamiques.	Décadence	monothéique (métaphysique). polythéique. fétichique.	Altération de toutes les notions scientifiques, sauf les notions numériques. Notion de volonté substituée à celle de loi.

Rétrogradation morale.
Abolition ou diminution de la liberté.
Instabilité ou fixité anormales des sentiments.
Altération de la continuité.

			Formes.
Symptômes moraux.	Égoïstes par excès de	instinct conservateur.	Folie hypocondriaque. / Délire de persécution, etc.
		instinct sexuel......	Nymphomanie. / Satyriasis, etc.
		instinct maternel....	Folie hystérique.
		instinct destructeur..	Folie homicide, incendiaire, etc.
		instinct constructeur.	Rare, inventeurs.
		orgueil, vanité......	Délire ambitieux. / Monomanie ambitieuse. / Délire des grandeurs se combinant plus fréquemment que les autres avec la lésion des mouvements ou paralysie générale.

Altruistes par excès de

attachement. (Erotomanie, nostalgie.)
vénération. (Théomanie.)
bonté.
(L'impulsion altruiste du début va toujours en diminuant, tandis que les tendances égoïstes augmentent.)

Symptômes de l'activité. Les mouvements peuvent être

Excités : activité destructive (formes épileptiques).
Retenus.
Maintenus : (formes cataleptiques).

Pour compléter ce tableau de classification des symptômes de la folie, il faut y ajouter les symptômes généraux. Je les donne d'après M. le docteur Audiffrent, à qui j'emprunte toujours le plus d'idées que je peux.

FOLIE

Symptômes généraux.

Exosmanie (manie de Pinel). (Dispositions expansives, défaut de prudence.)	Endosmanie (lypémanie d'Esquirol). (Dispositions concentrées, excès de prudence.)

(Ces deux états peuvent alterner.)
Aiguë ou chronique, générale ou partielle (monomanie des auteurs).
Continue ou périodique, avec exaltation (manie d'Esquirol) ou sans exaltation et même avec dépression, d'où stupeur ou stupidité.
Non arrivée à l'état de démence, arrivée à l'état de démence.

Si nous ajoutons que l'on doit faire rentrer, dans le cadre de l'aliénation, l'idiotie caractérisée, contrairement à la folie, par l'excès d'objectivité, et que l'idiotie se divise en imbécillité acquise ou congéniale, en idiotisme et en crétinisme, on aura dit, je crois, tout ce qu'on peut dire en quelques pages sur ces importantes et difficiles questions.

Quels sont les moyens de combattre cette triste maladie qui, chaque jour, frappe quelqu'un à côté de nous? Ils sont presque nuls aujourd'hui, et ils seront immenses le jour où l'on voudra comprendre que la folie est une maladie sociale et doit être traitée socialement.

La principale source qui alimente nos asiles, c'est la fatalité héréditaire. Les fous font des fous. Quand la question politique actuelle sera résolue et que la question sociale reprendra sa vraie place, il faudra songer, par un ensemble de prescriptions légales et surtout morales, à régler la procréation humaine de façon à empêcher les unions malsaines. Ce but paraît difficile à atteindre, mais on y arriverait plus vite et plus radicalement qu'on ne pense si l'on voulait accorder à la puériculture la moitié de la sollicitude qu'inspire l'élève du bétail. On fait, depuis vingt ans, des veaux superbes, mais on ne peut pas trouver un homme.

Avec la diminution ou la disparition des fous héréditaires, la principale source de folie serait tarie et la plus dangereuse, car c'est celle qui fournit surtout les incurables. Mais il est d'autres causes qui tiennent à la nature de notre éducation et à la situation sociale de l'Occident.

L'éducation théologico-métaphysique est une prédisposition évidente à la folie, puisqu'elle ouvre le cerveau à toutes les aberrations. Elle est trop exclusivement subjective. Quand on a pris l'habitude de croire sérieusement à des êtres impossibles ou à des fluides imaginaires, on a fait la moitié du chemin. Comment démontrer à un homme qui se croit Dieu, qu'il est absurde? Il invoque des précédents qui ont réussi. Certes, ni la théologie, ni la métaphysique, ne sont la folie; mais elles y façonnent les cerveaux et leur préparent les matériaux.

Enfin le désordre moral où nous sommes plongés, entre un monde qui finit et un autre qui commence, tient tous les cerveaux modernes dans un état particulier d'instabilité, de doute et d'indétermination très-propre à les faire sombrer. C'est dans ce sens que l'on peut dire que le XIXᵉ siècle est le siècle de la folie. Nous sommes tous malades. Ajoutons à cela les excès de tous genres : excès de travail et de plaisir, excès de veilles et de boissons. En l'absence de conviction morale, l'excès devient la règle. De ce grand milieu parisien qui toujours bouillonne, la préfecture de police écrème tous les jours les dix ou douze plus agités et les dirige sur Bicêtre ou Charenton, où ils s'en vont mourir. Mais l'ébullition persiste et ils sont aussitôt remplacés qu'enlevés.

Telles sont les grandes causes sociales de la folie. Nous pourrons, quand nous le voudrons bien, les tarir dans leur source et, par conséquent, détruire presque complétement la maladie cérébrale. L'anarchie est dans les cerveaux bien autrement que dans la rue. Voilà pourquoi les sauveurs ne sauvent rien, même quand ils sont providentiels. Guérissons-nous nous-mêmes et rappelons-nous toujours que le meilleur moyen de n'être pas gouverné, c'est de se gouverner soi-même.

BIBLIOGRAPHIE. — Hippocrate, *De morbo sacro*. — Galien, *De dignoscendis curandisque animi morbis*. — Pinel, *Traité médico-philosophique sur l'aliénation mentale*. Paris, 1801. — Spurzheim, *Observations sur la folie*. Paris, 1818. — Georget, *De la folie*. Paris, 1820. — Bayle, *Nouvelle doctrine des maladies mentales*. Paris, 1825. — Broussais, *De l'irritation et de la folie*. Paris, 1828. — Esquirol, *Des maladies mentales*. Paris, 1838. — Parchappe, *Traité théorique et pratique de la folie*. Paris, 1841. — Falret, *Considérations générales sur les maladies mentales*. Paris, 1843. — Calmeil, *De la folie*, etc. Paris, 1845. — Morel, *Traité des maladies mentales*. Paris, 1860. — Marcé, *Traité pratique des maladies mentales*. Paris, 1862. — Dagonet, *Traité élémentaire et pratique des maladies mentales*. Paris, 1862. — Griesinger, *Maladies mentales*, traduction Doumic. 1865, etc...

EUGÈNE SÉMÉRIE.

ALIÉNÉS. — HYGIÈNE. — L'hygiène joue un très-grand rôle dans le traitement des affections mentales, et même, pour la plupart des médecins spécialistes, en est le seul traitement, ce qui est beaucoup trop dire. Il est certain toutefois que le médecin, appelé à soigner un aliéné, doit en reconstituer l'organisme délabré par les excès, les privations, les abus de soi-même qui ont marqué le début de la maladie et duré jusqu'au jour du traitement, ou bien qui ont été eux-mêmes la cause première de l'affection cérébrale. Si l'hygiène seule ne suffit pas à la guérison, elle y aide grandement et, tout au moins, prolonge considérablement la vie des malades atteints d'affections incurables. Le défaut d'alimentation suffisante se produit toujours au début de la folie, soit qu'un état dyspeptique existe depuis longtemps déjà, soit que le délire lui-même ait fait négliger le besoin de réparation. Dans la démence paralytique seulement, on peut constater de la boulimie dès l'invasion du mal ; mais les maniaques, les paralytiques généraux atteints de délire, les mélancoliques, les hypocondriaques, les simples hallucinés se nourrissent mal ou pas, les uns par oubli, absorbés par leur excitation et leurs conceptions délirantes, les autres par dégoût ou inertie, ou, ce qui est plus fréquent encore, par système.

L'alimentation est donc la partie de l'hygiène que l'on doit le plus surveiller chez les aliénés. Mais il est difficile de plier les malades aux plus simples lois de la vie ordinaire, et ce n'est que par une régularité inexorable, une patience à toute épreuve, qu'on arrive à un résultat. Les mélancoliques dans la stupeur, qui restent immobiles, inertes, inaccessibles à toute excitation extérieure, passeraient des journées entières devant un repas sans y toucher ; ce n'est que grâce aux plus vives prières ou aux plus formidables menaces, qu'on arrive à leur faire prendre quelque nourriture, et encore cela ne suffit-il pas toujours, on est (quelquefois) obligé de les nourrir à la cuiller comme des enfants ; les hallucinés, soit qu'ils entendent des voix qui leur prêchent le jeûne, soit qu'ils se croient poursuivis par des ennemis imaginaires et craignent d'être empoisonnés, refusent systématiquement tout aliment, et souvent des hallucinations de l'odorat et de la vue les confirment dans leur terreur et les font persister dans leur refus ; ils perçoivent des odeurs nauséeuses dans ce qui leur est servi, ou y voient des objets répugnants. Il est d'autant plus difficile de les détourner de leur crainte ou de leur dégoût que leurs perceptions fausses sont aussi nettes que nos perceptions vraies, ce qui faisait dire à l'un d'eux : Vous prétendez que les voix qui me parlent n'existent pas et que c'est une illusion maladive, une aberration de mes sens ; mais j'entends ces voix aussi distinctement que j'entends la vôtre, et comment ferai-je la différence entre ce qui est illusion et ce qui est réalité ?... Les maniaques ne refusent pas, mais oublient ; constamment absorbés par leur délire verbeux, par les idées innombrables qui se pressent dans leur esprit et naissent avec chacune de leurs sensations, ils ne pensent pas à manger, et on doit les rappeler sans cesse à la réalité pour leur faire prendre un repas entrecoupé de phrases rapides, de cris, de gestes désordonnés. Mais, à force de patience et d'énergie, la régularité imposée ne tarde pas à devenir une habitude, et les uns se nourrissent automatiquement, à heure fixe, comme une pendule montée qui marque les heures, les autres subissent leur repas et accomplissent un devoir auquel ils savent ne pouvoir se soustraire, comme ils subissent la visite du médecin, le bain ou la promenade.

L'excès est à craindre aussi bien que la privation ; mais cela ne se présente que chez les incurables dans la démence, soit consécutive à une forme de folie quelconque, soit paralytique ; dans ce dernier cas surtout, la voracité est quelquefois incroyable, et l'on a vu des malades avaler des aliments jusqu'à ce que mort s'ensuive. Chez les mêmes malades on doit craindre un accident plus fréquent que le précédent, parce que les aliénés n'ont pas toujours à leur disposition une assez grande quantité d'aliments pour donner des inquiétudes. Cet accident est dû à la paralysie des muscles de la déglutition ; leur puissance musculaire ne répondant pas à leur gloutonnerie, une partie du bol alimentaire et plus souvent un fragment d'aliment non divisé s'introduit dans les voies aériennes, et le malade meurt par suffocation. Il est donc nécessaire de donner à ces paralytiques une nourriture appropriée, fortement divisée et d'une déglutition facile.

Il est important que les aliments soient toniques et réparateurs ; à moins de complication fébrile la diète n'est jamais indiquée, et encore ne doit-elle être ni sévère ni prolongée. Souvent on prend, dans les affections mentales, l'atonie du système capillaire pour de la pléthore, et on aggrave l'affection par des saignées et un régime débilitant : l'aliéné, comme le vieillard, s'affaiblit avec une rapidité extrême. Ce n'est que grâce à des repas réguliers et abondants, dans lesquels les féculents entrent dans des proportions restreintes, que l'on prévient les diarrhées chroniques et le scorbut qui ne sont pas rares dans les asiles. M. Billod empêche l'invasion de la pellagre chez ses malades en doublant leur ration de vin. Le docteur Thurnam a prouvé par ses statistiques que les guérisons augmentaient de 6 pour 100 dans les asiles où les malades étaient bien nourris. Le docteur Conolly a confirmé les calculs de Thurnam et ajouté qu'une bonne alimentation diminuait la mortalité de 3 pour 100.

Mais il est des cas où le refus d'aliments est absolu. Le délire religieux, le délire de persécution, de simples hallucinations de l'odorat, de la vue ou de l'ouïe, sans systématisation du délire, des idées de suicide, des conceptions délirantes hypocondriaques poussent les malades à une désolante et invincible obstination. On est alors obligé de recourir à l'alimentation forcée. De tous les procédés, le plus facile et le moins dangereux est celui de la sonde œsophagienne que l'on introduit par les fosses nasales et qui porte l'aliment directement dans l'estomac.

Ce trop rapide aperçu laisse voir de quelles difficultés est entourée cette première loi de l'hygiène : l'alimentation.

Les bains fréquents sont indispensables chez des malades si indifférents aux besoins de leur corps, et ce n'est pas toujours par oubli, mais souvent par système, qu'ils se refusent aux soins de propreté les plus élémentaires. Par une perversion ordinaire dans ces affections, ce sont les gens les plus soigneux d'eux-mêmes avant l'invasion du mal qui deviennent les plus obstinément sordides. D'ailleurs l'usage fréquent des bains facilite les fonctions de la peau souvent insuffisantes. L'hydrothérapie est d'une utilité plus grande encore, son influence sur les sécrétions de la peau est énorme, elle donne une plus grande activité aux phénomènes de la digestion et de l'assimilation et modifie les anomalies des fonctions nerveuses, qui se présentent chez le plus grand nombre des aliénés. Mais les différentes pratiques de l'hydrothérapie doivent être appropriées aux différents individus et aux différentes formes de folie et surveillées dans leur application par une personne expérimentée.

Le travail sédentaire doit être supprimé parce qu'il permet au malade de se replier sur lui-même et de s'enfoncer de plus en plus dans ses conceptions délirantes ; la distraction passive, si j'ose m'exprimer ainsi, qui s'impose aux sens doit être seule recherchée ; permettre à un malade de se distraire lui-même, c'est l'engager à retomber dans son cercle d'erreurs. Le travail manuel, le jardinage, par exemple, occupe l'esprit en même temps qu'il donne au corps un exercice salutaire ; mais tous les malades ne peuvent y être soumis, les uns à cause de leur agitation, les autres à cause de leur inertie, quelques-uns en raison d'une répugnance aristocratique ; on pourrait remplacer, pour ces derniers, le travail manuel par une gymnastique appropriée, ce qui serait d'autant mieux accepté par eux que les exercices du corps sont d'une hygiène usuelle dans le monde qui a le dédain du travail de la terre.

La musique et les spectacles procurent aux aliénés distraction et oubli du délire, ce qu'on ne saurait trop rechercher. Quelques malades sont, il est vrai, singulièrement excités par ces plaisirs, mais c'est le très-petit nombre, et d'ailleurs c'est au médecin à le prévoir. Pendant mon internat à Charenton, je n'ai pas vu un seul exemple d'agitation ou de rechute amené par ce mode de récréation qui est usuel dans cet hospice. Quoi qu'on ait dit, on doit se garder de se priver de ce moyen précieux de soulagement, sinon de traitement.

On a préconisé, avec une insistance qui serait coupable si elle n'était due à une ignorance profonde de la question, l'influence religieuse comme hygiène morale. Rien n'est plus dangereux que les prédications et les pratiques d'un culte quelconque pour ces esprits frappés ; les idées nettes et représentant des objets réels doivent seules être offertes à ces malades dont l'intelligence, appauvrie par la lésion cérébrale, n'a que trop de tendance à spéculer dans le vide et à courir à la recherche des mondes imaginaires. Les mots vagues qui ont cours dans toutes les religions, les affirmations sans preuves qui sont la base de tous les systèmes ne font que les engager plus avant dans leurs affirmations personnelles, et l'inanité de leurs théories personnelles n'est pas plus démontrée que celle des théories que l'on veut leur imposer. Magnétisme, spiritisme, religions, c'est tout un ; parler du surnaturel à un aliéné c'est favoriser et souvent faire naître les hallucinations soit sensorielles, soit psycho-sensorielles. Les pratiques et les spéculations mystiques, la recherche du merveilleux amènent tant de malheureux dans les asiles d'aliénés, qu'il serait insensé de chercher à guérir le cerveau avec ce qui l'a si cruellement frappé.

L'isolement du malade est nécessaire parce qu'il facilite le traitement; l'aliéné qui reste dans le milieu où il a été atteint n'accepte pas les soins qu'exige son état ; les maniaques, les monomanes dangereux, les hallucinés, certains déments ne peuvent rester dans leur demeure sans courir et sans faire courir de grands dangers. Les gens riches seuls peuvent isoler le malade dans de bonnes conditions, en l'entourant des soins et de la surveillance nécessaire. Mais le plus grand nombre est obligé tôt ou tard de mettre l'aliéné dans un asile. On s'est vivement élevé contre les asiles d'aliénés, et c'est avec raison, car on en abuse grandement. Si, autrefois, on reculait devant l'obligation d'envoyer un parent dans un hospice, aujourd'hui, qu'on en a tant construit, la répugnance a disparu et l'on n'hésite pas à se débarrasser, par un moyen commode, légal et honnête, d'un parent malade qui gêne. Le relâchement des liens de famille d'un côté, la facilité de la séquestration de l'autre rendent compte de l'apparente et formidable augmentation des cas de folie. En effet, bien des monomanes tranquilles et inoffensifs, bien des déments, pourraient vivre au dehors sans nuire aux autres ni à eux-mêmes; bien des malades atteints de manie raisonnante, mal si commode, de folie lucide, n'auraient jamais dû y entrer; de plus, on garde trop longtemps les malades après la guérison, qui serait avancée très-souvent par la liberté.

Les asiles ont en outre le tort d'être tristes, menaçants, dominés par des règles inexorables et infaillibles, où l'homme disparaît pour ne plus laisser que le malade passif, indigne de se conduire lui-même, et puni corporellement s'il se conduit mal. Si l'on a supprimé bien des moyens de contention dangereux et barbares, tels que : la machine rotatoire, l'armoire dans laquelle on attachait l'aliéné, la cage circulaire de Reil, on en a conservé quelques-uns qui ne sont pas sans inconvénients : la douche répressive, qui vaut bien les coups de bâton ; la camisole de force, les entraves, le décubitus forcé, qui exaspèrent le malade et sont la cause d'excoriations, au moins, et trop souvent de phlegmons et d'eschares qui à eux seuls ont pu déterminer la mort. Mais il est si commode pour un surveillant de se débarrasser d'un malade difficile en l'attachant. Quelques médecins anglais ont formulé, et établi dans plusieurs asiles, la doctrine du *no-restraint* qui consiste dans la suppression absolue de tout moyen de contention. La surveillance active remplace les cordes et, quand l'agitation est extrême, on enferme le malade dans une cellule matelassée où il ne peut se faire de mal. En France, on a adopté la cellule matelassée, mais on n'a pas abandonné l'usage de la camisole et des entraves ; abondance de biens ne nuit pas.

On a proposé de remplacer les asiles par des colonies d'aliénés semblables à celle qui existe à Gheel, en Belgique. Les malades sont placés chez des paysans ou des bourgeois dont ils partagent la nourriture et les travaux ; une infirmerie placée au centre de la colonie reçoit les malades ou les agités. Des inspections régulières surveillent les nourriciers qui sont récompensés ou punis, selon qu'ils soignent bien ou mal les malades qui leur sont confiés. Les accidents sont rares malgré la liberté relativement énorme dont jouissent les aliénés de la colonie, et ce fait nous prouve qu'une grande quantité de malades, rigoureusement séquestrés chez nous, pourraient vivre libres en Belgique. Quelques faits malheureux rendent désirable l'amélioration du service des inspections, car il suffirait de ces faits rares et isolés pour faire condamner, par les gens prompts à la terreur, un système excellent en soi. Quelques aliénées ont été rendues mères non-seulement par d'autres aliénés, mais par des paysans du pays. Ici la loi doit venir au secours de la morale, et les gens qui abusent de ces malheureuses malades sont aussi coupables que ceux qui font servir les enfants à leur grossier plaisir.

On a cherché en France un système mixte ; on construit aujourd'hui des asiles entourés de champs qui doivent être cultivés par les malades. Mais ce n'est qu'un expédient bâtard, et l'asile reste une prison ; si l'on obtient ainsi une nourriture à meilleur marché, on a le danger de l'agglomération et des maladies qu'elle fait naître.

Les maisons actuelles ne sont pas assez accessibles et les malades y sont trop hermétiquement séquestrés ; il est trop difficile aux parents de voir par eux-mêmes comment leur malade est traité ; ils ont déposé à la porte de l'hospice leur droit de contrôle et doivent se fier absolument à la sollicitude des directeurs, médecins et gardiens. Croit-on d'ailleurs que l'affection soit inutile à un aliéné ? Quelle impression horrible pour un homme qui se sent instantanément abandonné de tous, à la merci d'indifférents, sans secours, sans consolation, sans aide ! C'est le vide le plus absolu de la vie, c'est la prison et la géhenne, c'est l'anéantissement de la personnalité. Et cependant, que de douleurs, de besoins, de misères échappent à la surveillance d'un directeur, qui ne pourraient échapper à l'œil d'un fils ou d'une mère !

Dr H. THULIÉ.

ALIÉNÉS. — LÉGISLATION. — Les païens vénéraient les fous parce qu'ils les croyaient animés par un souffle divin, les catholiques les brûlaient comme possédés du diable ; aujourd'hui, par le temps d'ordre et de code qui court, on les enferme sous l'effrayant prétexte qu'ils sont dangereux pour la société, mais en réalité parce que c'est plus commode pour les familles. Certes les aliénés ont perdu aux progrès de la civilisation, et le ciel a été, pour eux, moins clément que l'Olympe.

Cependant le peuple romain, positif et peu enclin au merveilleux, adorant tous les dieux, parce qu'en fait il ne croyait à aucun, vit dans la folie ce qu'il y a réellement, une maladie ; aussi dans les lois des Douze Tables les principes de tutelle et de curatelle sont-ils déjà formellement établis ; ces principes engendrèrent plus tard des lois plus définies, mais toutes de protection pour le malade et pour ses biens. Le moyen âge anéantit cette œuvre de bon sens, et le catholicisme brûla et roua, sans discussion ni scrupules, les délirants et les hallucinés qui, en ayant des visions orthodoxes, eussent pu devenir des saints ; cette justice était sommaire, mais infaillible et consolante, car, on le sait, Dieu choisit les siens.

Saint Thomas d'Aquin, la lumière du catholicisme, est le seul qui, dans cette longue période, ait cherché la justice, et voici ce qu'il a trouvé : « *Stultitia quæ naturalis quædam dementia est, minime peccatum est.* » Mais comment pouvait-il s'y reconnaître ?

Cette barbarie dura jusqu'à la Révolution française qui éteignit les bûchers et anéantit les prescriptions contre les sorciers et les magiciens. Depuis ce temps, les possédés n'ont pas reparu. En 1790 et 1791, des lois de police, destinées à protéger les malades, furent promulguées et enfin, plus tard, la Convention supprima les chaînes, les cabanons et les cachots ; c'est à un médecin d'ailleurs, à Pinel, que revient l'honneur de l'initiative. Mais bientôt on demanda une réglementation légale, chose si dangereuse pour la liberté individuelle ; l'Empire, absorbé par les grandes tueries, n'eut pas le temps d'y penser, la Restauration ne le voulut pas, et c'est en 1837 seulement qu'un premier projet fut présenté à la Chambre ; la loi ne fut votée que le 30 juin 1838.

Nous sommes encore sous le coup de cette loi incomplète, facile à éluder, qui ouvre la porte aux plus grands abus et peut autoriser tous les attentats contre la liberté individuelle. Tout ce qui réfléchit réclame, tout ce qui pense demande une réforme, mais on n'y touche pas, et, si le Sénat s'en occupe, c'est pour sauver les apparences sans rien changer au fond. Il fallait que l'article 4 fût bien insuffisant pour que des sénateurs y trouvassent à redire ; cet article qui règle les inspections dans les asiles, le seul qui permette au citoyen enfermé de réclamer contre sa séquestration, cet article, qui devrait être protecteur au plus haut point, ne protége rien du tout, et l'homme illégalement détenu reste détenu illégalement malgré l'article et toute la loi. Car tous les préfets, présidents, juges de paix et maires passeraient scrupuleusement les inspections prescrites que justice ne serait ni plus rendue, ni mieux rendue. Admettons que le procureur impérial fasse régulièrement les visites que la loi lui impose, et nous verrons qu'avec la conscience la plus chatouilleuse et les soins les plus minutieux, ces visites ne peuvent porter aucun fruit, et sont condamnées à rester stériles. Un magistrat n'ayant aucune connaissance pratique des affections mentales, ne pouvant avoir sur ce sujet qu'une éducation théorique fort relative, voit en une journée une quantité d'aliénés telle que le médecin le plus habile, le plus versé dans l'étude des maladies du cerveau, ne pourrait se faire une idée, je ne dirai pas nette, mais approximative de l'état mental de chacun d'eux. Il y a en effet un grand nombre d'aliénés dont le délire tout extérieur est facile à saisir, dont la maladie saute aux yeux ; mais les cas difficiles ne sont pas rares et il y a des malades, les plus dangereux souvent, dont le délire est caché et si habilement caché que le spécialiste le plus rompu au métier et le plus subtil se donne quelquefois beaucoup de peine et emploie beaucoup de temps pour le découvrir, pour le faire surgir. Comment un magistrat, en quelques instants, pourra-t-il se faire une opinion là où des médecins ont mis plusieurs jours à se convaincre ? Certes, il sait bien, et les praticiens en ont assez parlé, que les fous les plus gravement atteints peuvent se contenir et paraître raisonnables, surtout quand ils réclament leur liberté ; dans ces cas embarrassants, prendra-t-il avis du médecin traitant et calquera-t-il son opinion sur la sienne ? Non, car ce serait dérisoire et l'inspecté deviendrait alors son propre inspecteur. En supposant que le magistrat ait fait scrupuleusement les choses, est-il bien sûr d'avoir tout vu et tout examiné ? Non, sa visite est imprévue, au moment de son arrivée les malades sont disséminés, quelques-uns dans leurs chambres, d'autres au travail, d'autres au parloir, et ces absents sont ordinairement ceux qui se trouvent dans les conditions de santé les plus favorables ; d'ailleurs, quelques convalescents, qui comptent sur une sortie prochaine, ne réclament pas, ne parlent même pas à l'inspecteur dans la crainte qu'une réclamation ne nuise à leur mise en liberté, d'autres ne réclament plus parce qu'ils ont longtemps réclamé en vain. Dans tous les cas, rien ne lui prouve qu'il a vu tous les malades, et si un chef de maison a un intérêt quelconque à soustraire à la visite légale un prétendu aliéné lucide, comment le savoir ?... Il n'y a aucun moyen de contrôle... Il est impossible d'établir une certitude sur les registres où sont inscrits les malades présents, la maison n'eût-elle que cent malades, et il y en a qui en contiennent huit cents ; quelle mémoire de magistrat y suffirait ?

Pour être certain de faire une inspection complète et efficace, il faudrait que l'inspecteur eût en main la liste complète de tous les aliénés séquestrés, il serait facile d'en vérifier la sincérité sur les registres de l'hospice. En inscrivant ses notes à la suite du nom de chaque individu, il pourrait s'assurer d'un seul coup d'œil qu'il a vu tous les malades ; cela rendrait, sinon impossibles, du moins plus difficiles, l'oubli et la fraude. Et pourquoi d'ailleurs le procureur impérial ne se ferait-il pas accompagner d'un médecin de son choix et versé dans la connaissance de la folie ? Il pourrait ainsi être éclairé ou au moins aidé dans ses recherches.

Les meilleurs inspecteurs seraient les amis du malade ou un médecin appelé par lui. Mais on ne voit un aliéné qu'avec l'autorisation du directeur ou du médecin de l'établissement, ce qui rend les inspections libres à peu près impossibles. Et d'ailleurs comment un séquestré pourra-t-il appeler à son aide ? Les lettres sont interceptées, même, et malgré la défense absolue de la loi, celles qui sont adressées à l'autorité judiciaire ou administrative. Mais comment le prouver, et qui écoutera les plaintes d'un fou ? Dans les maisons scrupuleuses, où l'on s'incline devant la majesté du Code, on ne donne aux gens qui écrivent trop, ni plume ni papier, ce qui sauve la situation ; la loi n'a pas prévu le cas. C'est là ce que dit Marcé dans son livre classique sur la folie, et j'ai de bonnes raisons pour le répéter après lui.

L'article 8 a soulevé plus de bruit que le précédent, parce qu'il touche à la liberté de tous ; il traite des placements volontaires. Il suffit d'un certificat signé par un médecin et constatant l'aliénation mentale, pour faire admettre un citoyen dans une maison d'aliénés. Il est inouï que l'on puisse enfermer un homme à l'aide d'une simple formalité privée ; c'est unique dans notre Code et ce n'est pas tolérable, la sanction de la publicité étant la seule sauvegarde de la liberté individuelle. En admettant la bonne foi la plus absolue, les erreurs sont possibles en matière si délicate. Nous en voyons de plus lourdes et de plus grossières à tout moment. N'avons-nous pas, ces jours-ci, lu dans toutes les gazettes qu'un médecin expert, par son rapport constatant un accouchement datant de vingt-quatre heures, avait fait condamner pour infanticide, à six mois de prison, une jeune fille qui a accouché deux mois plus tard ? Or, si, dans des cas aussi évidents, il peut y avoir de ces erreurs gigantesques, que sera-ce dans des cas de folie où, après plusieurs jours d'examen, on hésite à se prononcer ? Pour certains aliénistes, tout est folie ; les bizarreries, les ambitions, les excès, les dettes sont regardés comme des symptômes maladifs très-graves. Où donc ces médecins ne verront-ils pas des fous et quels certificats ne signeront-ils pas ?... Je prends, dans le livre de l'un des aliénistes les plus estimés de France, cette phrase significative : « Mais surviennent des périodes de trouble et d'agitation, et l'on voit surgir une foule d'individualités dangereuses dont on ne soupçonnait pas l'existence et qui, à toutes les époques de l'histoire.... ont épouvanté le monde par leur cynisme, par leurs opinions folles et subversives, par la cruauté de leurs actes lorsque la faveur populaire les a portés au pouvoir. » C'est assez transparent ; est-ce à dire que Robespierre, Marat, Danton et toute la glorieuse Montagne, eussent dû être séquestrés dans une maison de fous?... Voilà pourtant où nous mène la délicatesse des aliénistes.

Où est la limite nette entre la raison et le délire quand il n'y a pas de symptômes physiques, ou lorsque les hallucinations et les illusions n'existent pas; sur quel critérium s'appuyer lorsqu'on ne sait si c'est la raison qui côtoie la folie ou la folie qui côtoie la raison? Ce critérium, c'est soi-même, n'est-il pas vrai, et alors que fera un sot devant un homme de génie qu'il ne pourra comprendre? Il le fera enfermer. Et il y a des cas si embarrassants et si peu définis : la monomanie raisonnante, par exemple, caractérisée par l'absence de monomanie, et aussi de raison puisque celui qui en est atteint est fou; cela, soit dit entre parenthèse, est assez curieux comme dénomination. « La monomanie raisonnante, disent les auteurs, est un état particulier dans lequel les sujets, tout en conservant en apparence un jugement sain et une grande habileté de raisonnement, passent leur vie à exécuter des actes bizarres et nuisibles, se laissant aller à tous les mouvements passionnés, à tous les désirs qui traversent leur esprit. » N'est-ce pas l'histoire de toutes les passions? et le débauché, le joueur, le libertin, le voleur et l'assassin, qui raisonnent très-bien et commettent cependant des actes bizarres ou nuisibles, sont-ils donc tous des monomaniaques raisonnants?

L'imbécillité, la démence, le délire ambitieux peuvent servir aussi aux séquestrations illégales. Un jeune homme, après avoir commis un attentat aux mœurs, fut placé par sa famille dans une maison d'aliénés; il comparut devant le tribunal; deux aliénistes soutinrent l'imbécillité, et par conséquent la non-responsabilité, deux autres soutinrent la responsabilité, et par conséquent la raison. L'aliéné devint un coupable et fut condamné; donc, ce jeune homme avait passé illégalement trois mois de sa vie dans une maison de fous, et un médecin avait signé un certificat d'entrée, déclaré faux par le fait du jugement. Cela prouve encore que si quatre médecins de mérite sont si peu d'accord, un seul médecin est bien audacieux de signer une lettre de cachet dans des cas au moins douteux.

Le vieillard affaissé par l'âge peut être enfermé comme atteint de démence.

Un jeune homme a été enfermé pendant deux ans, au moins, pour délire ambitieux, pour s'être procuré de l'argent par des moyens malhonnêtes et avoir porté un titre qui ne lui appartenait pas. On ne pouvait trouver chez lui aucune trace de délire, il avait de l'esprit et de l'instruction; mais la famille était riche et il fallait sauver l'honneur de la famille. Le savant maître Rayer me disait un jour : « Dans le monde, il y a des hommes d'une ambition insatiable que rien ne peut assouvir, qui ont un véritable délire ambitieux; et pourtant, ils ne sont pas aliénés. » Le maître avait raison, l'histoire ancienne nous le prouve et l'histoire contemporaine aussi; tel homme, aujourd'hui célèbre ou puissant, aurait passé hier pour un insensé incurable aux yeux du spécialiste, s'il lui avait confié ses rêves et ses espérances. Mais, s'il a réussi, le même spécialiste le tient pour un génie.

Qu'il y ait erreur ou mauvaise foi de la part du signataire du certificat d'entrée, quel recours a l'homme privé de sa liberté? Dans les maisons du gouvernement, un certificat de quinzaine signé par le médecin de l'établissement; dans les maisons privées, une visite d'un médecin de l'administration dans les trois jours qui suivent la séquestration. Un certificat de quinzaine est une bien faible garantie, quand on se rappelle la déplorable tendance des spécialistes à voir de la folie partout. Pour beaucoup de médecins, tout homme entré dans une maison d'aliénés est aliéné; si la maladie ne se montre pas d'abord, on attend qu'elle apparaisse, c'est à l'individu séquestré de prouver qu'il jouit de sa raison et, quoique cela paraisse singulier, j'affirme que c'est fort difficile. Le certificat de quinzaine est alors rédigé avec une prudence extrême, ne dit rien, mais n'affirme pas la raison, jamais, jamais. Tout le monde se rappelle le cas de M. Sandon ; après un an et demi de séjour dans une maison d'aliénés, il en est sorti dans le même état d'esprit qu'à l'époque de son entrée. Aurait-on, dans ce cas, et contrairement à toutes les habitudes, relâché un aliéné, ou séquestré un homme qui n'était pas malade ? On n'a jamais pu le savoir.

Dans les maisons privées, la visite des médecins de l'administration n'est pas une garantie suffisante, car ils ne peuvent voir en une seule fois ce que les autres mettent plus de temps à découvrir. Je vais citer un exemple : une dame de la campagne, d'un tempérament sanguin, d'un caractère résolu et emporté (c'est l'observation qui le dit), est séquestrée dans une maison privée, à l'aide d'un certificat qui porte comme diagnostic : *monomanie aiguë de jalousie.* Deux médecins de l'administration viennent dans les trois jours et constatent la maladie. La personne séquestrée n'offrit pour tout symptôme que trois accès de colère dans l'espace de quatre mois et demi ; accès de colère que les médecins de l'administration n'avaient pu constater, et qui, d'ailleurs, ne pouvaient surprendre chez une personne *sans éducation et d'un caractère résolu et emporté* qui se voyait enfermée, illégalement à son avis. La fille de la malade demanda une expertise ; le Dr Ferrus fut délégué et, après *deux mois* d'observation, donna son rapport qui concluait à la non-séquestration. Le tribunal ordonna l'élargissement. La colère est regardée comme un symptôme, on le voit, et tout homme qui s'emportera contre une illégalité commise à son préjudice, aura de grandes chances de passer pour un malade dangereux et de rester indéfiniment dans l'hospice, avec accompagnement de douches et de camisole de force.

Il y a, dans cet article 8, un paragraphe bien dangereux : « En cas d'urgence, les chefs d'établissement pourront se dispenser d'exiger le certificat du médecin. » Voilà qui facilite bien les choses et l'on pourra toujours invoquer le cas d'urgence, car, en effet, qui pourra le contester ? Le malade ? Mais il est fou, qui le croira ? Les parents ?... Mais ils ont demandé la séquestration, et les visites des amis sont impossibles. On applique en grand ces deux lignes de la loi, et, quand un *bon* malade se présente, on n'a garde de le refuser. Le lendemain, la famille envoie le certificat médical, ou bien, ce qui est plus commode, un médecin, qui a la confiance de l'établissement, fait un certificat constatant l'aliénation mentale du malade entré d'urgence, et le tour est joué. Souvent, le plus souvent même, il n'a pas vu l'individu séquestré.

Ces cas d'urgence n'existent pas. Il n'y a pas de délire qui éclate d'une façon si imprévue et si foudroyante qu'il faille enfermer sur l'heure le malade frappé ; des symptômes sensibles pour tous ont toujours précédé l'explosion grave de l'affection. D'ailleurs, y a-t-il beaucoup de médecins qui, dans ces cas de délire soi-disant foudroyants, seraient assez sûrs d'eux-mêmes pour affirmer, dès le début et au premier examen, que cette exaspération nerveuse n'est pas symptomatique d'une lésion viscérale encore inconnue ? On a vu des personnes, atteintes du délire symptomatique de la pneumonie ou de la fièvre typhoïde, séquestrées comme aliénées, et certainement cette séquestration ne s'effectuait pas dès le début du délire.

Le mode de placement volontaire consacré par l'article 8 de la loi permet donc tous les abus ; il est incompatible avec les garanties qu'exige la liberté individuelle. Mais le danger de l'article 18 est bien autrement grave : « A Paris, le préfet de police, et, dans les départements, les préfets, ordonnent d'office le placement, dans un établissement d'aliénés, de toute personne interdite ou non interdite, dont l'état d'aliénation compromettrait l'ordre public ou la sûreté des personnes. » Voilà un article qui peut tout autoriser, l'ordre public est chose si insaisissable ou si élastique, et la limite de la folie est si peu établie que tout philosophe, tout publiciste, tout orateur pourra être placé d'office et légalement à Bicêtre ou à Charenton, si ses théories ne cadrent pas avec la philosophie et la politique officielles. Que certain prélat devienne préfet de police et je connais quelques athées qui ne tarderont pas à habiter les petites-maisons.

En 1838, les députés Isambert et Odilon Barrot demandèrent l'intervention du pouvoir judiciaire dans les séquestrations. On répondit ce que l'on répond aujourd'hui : la publicité aurait de fâcheux résultats pour les familles. Ce secret des familles, qui a tant servi en 1838 à M. de Montalembert et autres pour combattre la loi, n'a aucune raison d'être et, en cherchant à ménager la famille, on sacrifie l'individu. La folie n'est pas une honte, l'affection du cerveau n'est pas plus humiliante que l'affection des poumons ou du foie. A ce compte, on devrait donc séquestrer les cancéreux et les phthisiques pour ménager le secret des familles. C'est grotesque, en vérité !

C'est la publicité des tribunaux qui est la sauvegarde de l'individu et de la justice. On ne peut nous interdire, nous dépouiller de la direction de nos biens sans un jugement, mais on peut nous dépouiller de notre liberté sans formalité judiciaire. Notre argent nous serait-il donc plus précieux que nos personnes ?

En Prusse, on ne peut enfermer un malade sans l'intervention du pouvoir judiciaire; si cela se pratique en Prusse, cela peut se pratiquer en France : il est vrai qu'il y a des juges à Berlin. Un juge, assisté de deux médecins experts, examine le malade et ordonne la séquestration, s'il y a lieu. C'est donc mieux qu'en France, mais ce n'est pas suffisant. Je voudrais que le malade pût choisir son médecin défenseur, comme le tribunal choisit son médecin expert, qu'il y eût enquête et contre-enquête, et que ce ne fût pas un juge qui prononçât la séquestration, mais un jury.

Par ce trop rapide aperçu, on peut voir s'ils ont tort ceux qui demandent la réforme de cette loi, si insuffisante quand elle doit protéger le malade, si cruellement dangereuse pour les hommes bien portants.   Dr H. THULIÉ.

ALIMENTATION. — Tout être organisé est soumis à des déperditions continuelles; il est obligé, pour les réparer et pour entretenir la vie, d'introduire dans son intérieur des aliments appropriés à ses besoins. Deux sensations, celle de la faim et celle de la soif, indiquent l'urgence de prendre des aliments solides ou de donner à l'organisme les liquides qui lui font défaut. Quiconque ne satisfait pas la faim éprouve bientôt des douleurs d'estomac qui deviennent de plus en plus violentes, tout le corps est envahi par la souffrance, la céphalalgie devient intolérable, la température du corps s'abaisse, enfin la mort arrive, précédée souvent par un affaissement général ou par des hallucinations, par une surexcitation étrange, dans laquelle l'homme furieux, privé de toute raison, n'a plus qu'un mobile, celui d'assouvir sa faim. L'histoire nous rapporte de nombreux faits de cannibalisme survenus pendant le blocus des villes, sur des vaisseaux naufragés; dernièrement encore, n'avons-nous pas assisté aux repas de chair humaine dans notre malheureuse colonie d'Afrique? Les relations du naufrage de *la Méduse* nous montrent les désordres intellectuels qui s'étaient emparés des naufragés ; les uns, furieux, voulaient briser le radeau sauveteur; d'autres, hallucinés, croyant retrouver leur famille, leur logis, s'élançaient au milieu des flots.

La sensation de la soif est plus pénible encore que celle de la faim; c'est d'abord une sécheresse dans l'arrière-gorge, puis une pression, un étranglement; la bouche s'empâte, la peau se sèche, une forte fièvre se développe, l'haleine devient fétide, le délire apparaît, et il est bientôt suivi de la mort.

On appelle aliment toute substance qui, introduite dans l'économie, peut contribuer à la réparation des pertes subies et à la formation de la chaleur animale. Les aliments sont empruntés aux animaux et aux végétaux, leur action est aidée par plusieurs substances tirées des corps inorganiques. Ceux qui proviennent des animaux sont : les viandes comestibles, les œufs, le lait (qui contient le beurre et le fromage); ceux qui proviennent des végétaux sont : les farines de plantes nombreuses, des légumes, des fruits.

Quelque nombreuses que soient les matières alimentaires, elles sont toutes réductibles en principes immédiats dont on peut faire trois groupes : 1° *albuminoïdes,* 2° *gras,* 3° *féculents* ou *sucrés.*

Les principes immédiats albuminoïdes sont : l'albumine, qui existe dans le blanc d'œuf et les tissus animaux; la fibrine, qui fait la base des muscles, qui se trouve dans le sang; la caséine, qui entre dans la composition du lait ; la gélatine, qui s'extrait des os; la chondrine, qui s'extrait des cartilages ; l'albumine végétale, qui existe dans un grand nombre de graines; le gluten ou fibrine végétale, qui se trouve en assez forte proportion dans les farines des céréales; la légumine ou caséine végétale, qui existe dans les légumes secs, tels que pois, haricots, fèves, etc.

Les principes immédiats gras sont : la graisse, qu'on trouve en plus ou moins grande abondance chez les animaux; le beurre, qui existe dans le lait; les huiles fixes, fournies par un grand nombre de végétaux.

Les principes immédiats féculents ou sucrés sont : l'amidon ou fécule, qui se trouve en abondance dans les farines des céréales, dans la pomme de terre et la plupart des végétaux; les sucres fournis par les plantes ou ceux qu'on trouve dans les produits animaux, tels que le lait et le miel; les gommes; les principes gélatineux des fruits ou pectine, etc.

Toutes celles de ces matières qui ne sont pas solubles dans l'eau trouvent dans le tube digestif des produits (salive, suc gastrique, suc pancréatique, bile, suc intestinal), qui les modifient, les rendent absorbables et permettent, de cette manière, leur passage dans le sang.

Au point de vue de la composition chimique, les aliments peuvent être distingués en *azotés* et en *non azotés.* Les premiers sont constitués par les substances albuminoïdes, qui toutes, en effet, contiennent de l'azote uni à de l'oxygène, de l'hydrogène et du carbone ; aussi les désigne-t-on souvent sous le nom d'*aliments quaternaires.* Les aliments non azotés sont constitués par les matières grasses et par les matières féculentes ou sucrées; ils sont composés d'oxygène, d'hydrogène et de carbone, et souvent désignés par le nom d'*aliments ternaires.*

Le tableau suivant donne la composition de quelques principes immédiats.

		Carbone.	Hydrogène.	Oxygène.	Azote.
Azotés.	Albumine végétale ou animale.....	53.47	7.17	23.64	15.72
	Fibrine végétale ou animale.......	52.75	6.99	23.69	16.57
	Caséine végétale ou animale.......	53.56	7.10	23.47	15.87
	Gélatine.......................	50.07	6.25	24.26	19.32
	Chondrine	50.61	6.58	28.37	14.44
Non azotés.	Graisse de mouton...............	79.00	11.70	9.30	
	Graisse de porc..................	79.00	11.10	9.80	
	Huile d'olives...................	77.20	13.30	9.40	
	Huile de noix....................	79.70	10.50	9.10	
	Huile d'amandes.................	77.40	11.50	10.80	
	Fécule........................	43.81	6.10	50.09	
	Sucre cristallisé.	42.58	6.37	51.05	
	Glucose........................	36.80	7.00	56.20	

Les aliments azotés, étant destinés plus spécialement à la rénovation de nos tissus, ont été qualifiés de *plastiques*, et les aliments non azotés, qui sont destinés à être brûlés au moyen de l'oxygène fourni par la respiration, sont dits *respiratoires*. Cette distinction en aliments plastiques et en aliments respiratoires n'est cependant pas absolue : l'expérience a démontré que les premiers peuvent, dans le sein de l'économie et selon le besoin, se transformer en aliments respiratoires.

Les principes non azotés, ingérés seuls, sont incapables d'entretenir la vie. Magendie a vu périr, au bout d'un maximum de trente jours, des chiens nourris avec de l'huile d'olive, du beurre, du sucre ou de la gomme. Tiedmann et Gmelin ont nourri des oies avec du sucre, de la gomme, de l'amidon, et ont vu ces animaux mourir du seizième au quarante-cinquième jour. Les principes azotés ingérés seuls amènent un résultat analogue; des chiens nourris exclusivement avec de la fibrine, de l'albumine, de la gélatine, succombent nécessairement.

L'alimentation doit donc se faire au moyen d'aliments azotés et non azotés mélangés.

L'aliment animal ou végétal, tel qu'il se présente dans la nature, renferme le plus souvent à la fois des principes immédiats azotés et d'autres non azotés, de sorte que l'herbivore, comme le carnivore, prend une nourriture mixte; de plus, cet aliment renferme ordinairement des corps inorganiques semblables à ceux qui existent dans l'être à nourrir. C'est ce que démontre l'analyse.

Le lait, qui est un aliment complet et qui suffit seul à nos premiers besoins, contient des principes albuminoïdes qui se trouvent en grande partie dans la caséine, des principes gras qui résident dans le beurre, des principes sucrés représentés par la lactose ou sucre de lait, quelques sels et 80 à 90 parties d'eau.

Le tableau suivant montre la composition du lait de femme, comparée à celle du lait de la vache, de l'ânesse et de la chèvre :

	Eau.	Caséine, etc.	Beurre.	Sucre de lait.
Femme....................	88.6	3.9	2.6	4.9
Vache....................	87.4	3.6	4.0	5.0
Chèvre...................	82.0	9.0	4.5	2.6
Anesse...................	90.5	1.7	1.4	6.4

y compris les 0,18 à 0,60 centièmes de sels.

Les œufs, qui constituent aussi un aliment complet, renferment les trois sortes de principes : les matières albuminoïdes sont représentées par le blanc d'œuf et la vitelline, les matières grasses sont contenues dans le jaune, et les matières sucrées existent dans les membranes. On trouve en plus différents sels tels que des phosphates de chaux et de magnésie, des chlorures de sodium et de potassium, du sulfate de potasse.

La viande, les pommes de terre, les légumes, contiennent aussi les trois sortes de principes, comme le prouvent les analyses dont les résultats suivent :

D'après Berzélius, 100 parties de chair de bœuf donnent :

Eau..	77.17
Fibrine...	15.80
Gélatine..	1.90
Albumine..	2.20
Substances solubles dans l'eau (créatine, acide lactique, etc.).	1.05
Substances solubles dans l'alcool, graisses?................	1.80
Sels insolubles..	0.08
	100.00

D'après M. Payen, 100 grammes de blé renferment, en moyenne :

Eau	15.00
Matières azotées (gluten, etc.)	13.25
Amidon ou fécule	60.68
Dextrine et glucose	5.48
Cellulose	2.66
Matières grasses	1.68
Sels	1.25
	100.00

D'après MM. Braconnot et Payen, 100 grammes de riz contiennent

Eau	5.00
Matières azotées	6.44
Fécule	85.10
Dextrine, etc	0.90
Cellulose	1.05
Matières grasses	0.76
Sels	0.75
	100.00

En comparant entre elles les analyses de 100 grammes de pommes de terre, de fèves, de haricots, de pois, de lentilles, on forme le tableau suivant :

	Eau.	Matières azotées.	Fécule, dextrine et glucose.	Cellulose.	Matières grasses.	Sels.
Pommes de terre.	74.00	1.60	21.09	1.64	0.11	1.56
Fèves	16.00	24.40	51.50	3.00	1.50	3.60
Haricots	9.90	25.05	55.70	2.90	2.80	3.20
Pois	9.80	23.80	58.70	3.50	2.10	2.10
Lentilles	11.50	25.20	56.00	2.40	2.60	2.30

La viande de bœuf contient 30 pour 100 de matière plastique, les lentilles plus de 25 pour 100, les haricots 25,5, les fèves 24,40, les pois 23,80, le blé 13,25, le riz 6,44, les pommes de terre 1,6.

Le tableau suivant, dû à M. Payen, peut être consulté avec fruit ; il donne les quantités proportionnelles de carbone, d'azote, de matières grasses et d'eau contenues dans bon nombre de matières alimentaires.

	Azote [1].	Carbone.	Graisse.	Eau.
Viande de bœuf (sans os)	3.000	11.00	2.000	78.000
Bœuf rôti	3.528	17.76	5.190	69.890
Cœur de bœuf	2.831	16.16	6.155	74.674
Foie de veau	3.093	15.68	5.580	72.330
Foie gras (oie)	2.115	65.58	54.570	22.700
Poumon de veau	3.458	14.50	2.540	73.520
Rognons de mouton	2.655	12.15	2.125	78.200
Raie	3.850	12.25	0.470	75.490
Congre ou anguille de mer	3.950	12.65	5.020	79.910
Morue salée	5.020	16.00	0.380	47.020
Harengs salés	3.110	23.00	12.720	49.000
Harengs frais	1.830	21.00	10.030	70.000
Merlan	2.041	9.00	0.380	82.950
Maquereau	3.740	19.26	6.760	68.280
Sole	1.910	12.25	0.250	86.140
Limande	2.890	11.50	2.005	79.410

1. En multipliant par 6.5 les nombres de cette colonne, on obtient le poids de la substance azotée.

	Azote.	Carbone.	Graisse.	Eau.
Saumon........................	2.090	16.00	4.850	75.700
Brochet.......................	3.250	11.50	6.600	77.530
Carpe.........................	3.490	12.10	1.090	76.970
Barbillon.....................	1.570	5.50	0.210	89.350
Goujons.......................	2.770	13.50	2.670	76.890
Anguille.	2.000	30.50	23.860	62.070
Sardines (à l'huile, en boîte).....	6.000	29.00	9.360	46.040
Ablettes......................	2.790	17.00	8.030	72.890
Œufs (blanc et jaune ensemble)..	1.900	13.50	7.000	80.000
Lait de vache..................	0.660	8.00	3.700	86.500
Lait de chèvre.................	0.690	8.60	4.100	83.600
Moules........................	1.804	9.00	2.420	75.740
Huîtres fraîches.	2.130	7.18	1.510	80.380
Homard (chair crue)...........	2.930	10.96	1.170	76.610
Fromage de Brie...............	2.930	35.00	25.730	45.250
— de Gruyère...........	5.000	38.00	24.000	40.000
— à la pie...........	2.376	24.43	9.429	68.760
— de Roquefort.........	4.210	44.41	30.140	34.550
Chocolat (pour 100 grammes)....	1.520	58.00	26.000	8.000
Fèves.........................	4.500	42.00	2.500	15.000
Haricots......................	3.920	43.00	2.800	9.900
Lentilles.....................	3.870	43.00	2.600	11.500
Pois secs......................	3.660	44.00	2.100	8.300
Blé dur du Midi...............	3.000	41.00	2.100	12.000
Blé tendre....................	1.810	39.00	1.750	14.000
Farine blanche de Paris.......	1.640	38.50	1.800	14.000
Farine de seigle...............	1.750	41.00	2.250	15.000
Orge d'hiver ou escourgeon......	1.900	40.00	2.200	13.000
Maïs..........................	1.700	44.00	8.800	12.000
Sarrasin......................	2.200	42.50	2.840	12.000
Riz...........................	1.800	41.00	0.800	13.000
Gruau d'avoine...............	1.950	44.00	6.100	13.000
Couscousson des Arabes........	3.000	42.00	2.000	12.000
Pain blanc de Paris...........	1.080	29.50	1.200	35.000
Pain de munition ancien........	1.070	28.00	1.500	41.000
— nouveau......	1.200	30.00	1.500	35.000
Pain de farine de blé dur.......	2.200	31.00	1.700	37.000
Châtaignes ordinaires..........	0.640	35.00	4.100	26.000
Châtaignes sèches.............	1.040	48.00	6.000	10.000
Pommes de terre...............	0.330	11.00	0.100	74.000
Batates	0.170	9.00	0.250	79.640
Carottes......................	0.310	5.50	0.150	88.000
Champignons de couche........	0.660	4.52	0.396	91.010
Groseilles à maquereau........	0.140	7.79	non dosée.	81.300
Figues fraîches	0.410	15.50	—	66.000
Figues sèches.................	0.920	34.00	—	25.000
Pruneaux....................	0.730	28.00	—	26.000
Café (quantité dans une infusion de 100 grammes.)...........	1.100	9.00	0.500	0.975
Thé (infusion de 20 grammes)...	0.200	2.10	0.040	0.995
Lard	1.480	71.14	71.000	20.000
Beurre ordinaire (frais)..........	0.640	83.00	82.000	14.000
Huile d'olives.................	traces.	98.00	96.000	2.000
Bière forte....................	0.080	4.50	»	90.000
Vin..........................	0.015	4.00	»	90.000

Il ne faudrait pas croire que la valeur nutritive des aliments azotés fût en raison directe de la quantité d'azote qu'ils contiennent; cette valeur « ne s'exprime, en définitive, que par la quantité d'azote qu'ils cèdent à l'assimilation; de telle sorte qu'un aliment moins azoté, mais qui livre tout son azote à l'action des organes digestifs, nourrit mieux qu'un autre aliment plus riche d'azote, mais en partie réfractaire à la digestion. » M. Boussingault, calculant sur des données moyennes le pouvoir nutritif de plusieurs substances alimentaires, a déterminé leurs équivalents théoriques confirmés généralement par la pratique :

. 28	parties de pommes de terre nouvelles équivalent	
à 41	—	de pommes de terre anciennes.
25	—	de topinambours.
35	—	de carottes.
40	—	de betteraves champêtres.
55	—	de betteraves blanches de Silésie.
61	—	de navets.
37	—	de choux blancs.
2	—	de vesces.
2	—	de féveroles.
3	—	de pois.
2 1/2	—	de haricots.
3	—	de lentilles.
6	—	de maïs.
5	—	de sarrasin.
5	—	de froment.
5	—	de seigle.
6	—	d'orge.
5	—	d'avoine.
5	—	de farine de froment.
6	—	de farine d'orge.
9	— 15 de son de froment.	

Il résulte de ces données que, pour introduire dans l'économie une même quantité de matières assimilables, il faudrait faire usage de quarante-quatre parties de pommes de terre anciennes ou de cinq parties de farine de froment. Aussi les ouvriers des campagnes, dont le régime est peu azoté, consomment-ils à chaque repas une grande quantité de nourriture ; leur tube digestif s'habitue à ce régime et lorsqu'ils arrivent dans les grandes villes, le régime beaucoup plus azoté qu'ils sont forcés de prendre amène presque constamment des désordres des voies digestives.

Toute alimentation doit avoir pour but de rendre à l'économie les principes azotés éliminés de l'organisme, d'introduire la quantité de carbone nécessaire à la respiration et aux sécrétions, de fournir les sels des sécrétions et les matériaux des matières grasses. Elle varie avec chaque être pour la quantité d'aliments, pour leur choix, leur composition, selon l'âge, l'état de santé, le genre de vie, le climat, etc.

Envisageons les différentes particularités de l'alimentation :

1º *Quantité d'aliments.* D'après M. Payen, un homme adulte, en bonne santé, perd chaque jour, en travaillant modérément :

Carbone exhalé par la respiration....................................	250 grammes.
— excrété avec les urines.....................................	45 —
— contenu dans les excréments, mucus divers, exhalaisons cutanées.	15 —
En somme....................	310 grammes.

Azote contenu dans l'urine...	14.5 grammes.
— des excréments, mucus divers, exhalaisons cutanées............	5.5 —
En somme....................	20.0 grammes.

D'où il suit que, pour entretenir la santé de cet homme, il lui faut une matière alimentaire contenant au moins 310 grammes de carbone et 20 grammes d'azote assimilables.

La ration du soldat français consiste en 1,391 grammes de substances alimentaires :

Viande fraîche......	125 gr.	représentant 70 gr. de matières azotées sèches.			
Pain blanc de soupe.	316	}			
Pain de munition...	750	} —	64	—	595 mat. non azot. sèch.
Légumineux........	200	—	20	—	150 —

Total........ 1.391 gr. représentant 154 gr. de matières azotées sèches, 745 non azotées sèches.

Celle de l'ouvrier anglais, en 2 kilogrammes 410 d'aliments, dont le tiers environ est d'origine animale ; le tout représente une ingestion de 31 grammes 9 d'azote et 484 grammes 10 de carbone.

Celle de l'ouvrier irlandais, en 6 kilogrammes 848 d'aliments ; le centième seulement est d'origine animale ; le tout représente une ingestion de 18 grammes 50 d'azote et 666 grammes 80 de carbone.

Hâtons-nous de dire que nous trouvons en nous la juste mesure de la quantité d'aliments qui nous est nécessaire. Cette mesure nous est donnée par le sentiment de l'accomplissement régulier de nos fonctions.

Lorsque l'alimentation est insuffisante (en quantité ou en qualité), l'économie devient le siége de perturbations analogues à celles que produit l'inanition ; la mort est retardée, mais elle est précédée par la perte du poids du corps, qui est en raison directe des privations, par la diminution de chaleur animale, par un assoupissement profond ou des hallucinations. Il résulte des belles expériences de Chossat que, dans l'alimentation insuffisante continue, les animaux meurent, lorsque leur perte s'élève en moyenne aux quatre dixièmes du poids initial de leur corps. C'est à l'alimentation insuffisante qu'il faut attribuer ces hallucinations, ces visions miraculeuses, dont il a été si souvent question au moyen âge et dans les temps modernes ; c'est à l'alimentation insuffisante qu'il faut attribuer cette prédisposition fâcheuse des populations pauvres aux maladies épidémiques et contagieuses, ces exanthèmes, ces gangrènes des extrémités, la perforation de la cornée, etc. M. de Meersmann raconte ainsi ce qu'il a observé lors de la disette survenue dans les Flandres belges en 1846-47, et qui a occasionné la terrible épidémie qu'il a appelée *Fièvre de famine.* « Ce qui frappait d'abord, dit-il, c'étaient l'extrême maigreur du corps, la livide pâleur du visage, les joues creuses, et surtout l'expression du regard, dont on ne pouvait perdre le souvenir quand on l'avait subi une fois. »

« Il y a, en effet, une étrange fascination dans cet œil où toute la vitalité de l'individu semble s'être retirée, qui brille d'un éclat fébrile ; dont la pupille, énormément dilatée, se fixe sur vous sans clignotement et avec un étonnement interrogatif, où la bienveillance se mêle à la crainte. Les mouvements du corps sont lents, la marche chancelante ; la main tremble ; la voix, presque éteinte, chevrote. L'intelligence est profondément altérée, les réponses sont pénibles ; la mémoire, chez la plupart, est à peu près abolie. Interrogés sur les souffrances qu'ils endurent, ces infortunés répondent qu'ils ne souffrent pas, mais qu'ils ont faim !......... »

Dans chaque pays, il est à remarquer que la mortalité suit la progression ascendante du prix du blé.

La trop grande abondance de nourriture amène aussi des désordres dans l'économie, désordres qui varient avec les individus. A la suite d'un repas immodéré, il se manifeste un sentiment de malaise de l'estomac, de pesanteur ; des nausées se succèdent et souvent le vomissement a lieu. Ou bien, c'est un engourdissement

dans lequel l'intelligence disparaît et qui se termine dans un lourd sommeil. Avec
l'habitude, le sentiment de réplétion de l'estomac devient un besoin et alors, chez
les uns, survient une sécrétion urinaire abondante, une disposition aux hémorrhagies, aux congestions cérébrales ; chez les autres, c'est l'apparition de la gravelle,
des calculs ou de la goutte ; chez les personnes lymphatiques, particulièrement, le
tissu cellulaire sous-cutané, le péritoine, se gorgent de graisse, les saillies musculaires disparaissent, les muscles semblent avoir perdu leur énergie contractile et,
phénomène fréquent, l'intelligence s'engourdit, l'homme devient incapable de
manifester de nobles passions ou des mouvements généreux.

    2⁰ *Choix des aliments.* Il a été établi plus haut que tout aliment doit contenir à la
fois des principes azotés et des principes non azotés. Cet aliment, les animaux carnivores l'empruntent au règne animal, les animaux herbivores l'empruntent au
règne végétal ; l'homme, dont le tube digestif rappelle à la fois celui des carnivores
et celui des herbivores, doit tirer sa nourriture des deux règnes. On trouve, il est
vrai, dans les *Annales d'hygiène*, de nombreux exemples d'hommes ayant vécu uniquement de substances végétales ; on sait que les corporations des portefaix et des
rameurs de Constantinople comprennent des hommes d'une grande force, d'une agilité peu commune, et que le régime de ces hommes est tout à fait végétal ; on sait
que la plupart des travailleurs des campagnes font usage d'une très-petite quantité
de viande, mais il est de remarque journalière que l'usage des viandes favorise l'action cérébrale et l'action musculaire ; on sait que, dans la construction du chemin
de fer de Paris à Rouen, en 1841, il suffit de substituer le roastbeef, le bœuf rôti au
bouilli, aux légumes dont se nourrissaient les ouvriers français, pour mettre ceux-
ci en état de rivaliser en main-d'œuvre avec les ouvriers anglais qui travaillaient à
côté d'eux et se nourrissaient de viande. Le défaut de viande dans l'alimentation
affaiblit les forces physiques et les forces intellectuelles. « Que de grands faits dans
la vie des nations, dit I. Geoffroy Saint-Hilaire, auxquels les historiens assignent
des causes diverses et complexes, et dont le secret est au foyer des familles ! Voyez
l'Irlande et voyez l'Inde ! L'Angleterre régnerait-elle paisiblement sur un peuple en
détresse, si la pomme de terre, presque seule, n'aidait celui-ci à prolonger sa lamentable agonie ? Et, par delà les mers, 140 millions d'Indous obéiraient-ils à quelques
milliers d'Anglais, s'ils se nourrissaient comme eux ? Les Brames, comme autrefois
Pythagore, avaient voulu adoucir les mœurs ; ils y ont réussi, mais en énervant les
hommes. »

    On a dit qu'un aliment est d'autant plus digestible qu'il reste moins dans l'esto-
mac, qu'il subit plus vite les modifications déterminées par les sucs des voies digestives ; mais il faut remarquer que la digestibilité d'un aliment varie avec l'appé-
tence de chacun au moment de la digestion, avec l'âge. Ces circonstances variables
diminuent de beaucoup la valeur des tableaux qu'on a dressés sur la digestibilité
des divers aliments. En général, les viandes fumées, saumurées, la viande de porc,
sont moins digestibles que les autres viandes fraîches, colorées ; les viandes colorées
sont moins digestibles que les viandes blanches ; les viandes blanches sont moins
digestibles que le poisson ; les œufs peu cuits, le lait, sont plus digestibles que les
viandes blanches. La viande des animaux trop jeunes, celle des homards, des lan-
goustes, le pain frais, les choux et les choux-fleurs frais, sont d'une digestion laborieuse. Les fruits se digèrent facilement. La cuisine, les condiments, influent sur la
digestibilité des aliments ; ainsi, la viande rôtie se digère plus facilement que la
viande bouillie ; l'addition de sel marin active la digestion, etc. La cuisson, en
ramollissant les aliments, en les désagrégeant, facilite la mastication et, par conséquent, l'action des sucs digestifs ; elle agit aussi sur les germes des parasites, sur

les parasites eux-mêmes, sur les virus qui peuvent être contenus dans les matières alimentaires et qu'elle détruit. C'est par la cuisson que les Brésiliens débarrassent les tubercules de manioc du poison contenu ; c'est en faisant bouillir l'huile de ricin avec du sulfate d'alumine et du sucre, que les Chinois retirent à ce liquide son principe irritant et le convertissent en huile alimentaire.

Condiments. Les condiments ou assaisonnements excitent la sécrétion des liquides digestifs et facilitent la digestion ; ils deviennent des aliments, lorsqu'ils apportent dans l'économie les éléments nutritifs dont ils sont composés. Le plus utile entre tous est le sel marin ou chlorure de sodium ; ce sel est contenu dans tous nos aliments ; et notre économie en a un tel besoin, qu'il est indispensable à tous. Dans ces dernières années, des vaches laitières, des moutons, qui recevaient du sel marin uni à leurs aliments, ont montré, par l'augmentation du volume de leur corps, par leur santé prospère, par l'excellence du lait ou de la chair, quel rôle jouait le sel marin ingéré en quantité convenable.

Le vinaigre et plusieurs acides, pris à doses modérées, provoquent aussi la sécrétion des sucs digestifs ; mais, à dose élevée et par un usage continu, ils altèrent la sensibilité et amènent des dyspepsies. Le sucre uni aux substances fades leur donne un goût agréable qui les fait entrer dans l'alimentation. Puis viennent tous les condiments âcres ou aromatiques : l'ail, l'oignon, l'échalote, la moutarde, les piments, les poivres, le persil, le cerfeuil, le laurier, etc., etc.

Boissons. La boisson la plus commune, celle qui convient à tous, c'est l'eau. L'eau la plus saine est celle qui est bien aérée, qui contient en proportion convenable du chlorure de sodium, du carbonate de chaux, qui n'a pas d'odeur, est limpide, sans saveur, et dissout le savon. Le vin contient, selon sa provenance, une quantité plus ou moins grande d'eau et d'alcool ; il renferme aussi des substances albuminoïdes, des substances grasses, et doit être considéré comme un aliment. L'alcool occupe un des premiers rangs parmi les aliments respiratoires. La bière , le cidre, le poiré, qui renferment avec de l'eau une certaine quantité d'alcool, sont aussi des aliments respiratoires ; mais la bière est, parmi les boissons fermentées, celle qui contient le plus de principes nutritifs. Enfin, les infusions de café, de thé, le chocolat, riches en matières azotées, sont de véritables aliments ; chacun agit en outre d'une façon particulière sur l'économie.

M. de Gasparin a signalé le singulier rapport qui existe entre la faible nourriture azotée (14 gr. 82 d'azote par jour) des ouvriers mineurs de Charleroi et la quantité de café qu'ils prennent (30 gr. 59) ; « il semblerait, dit M. Payen, que le café ait la propriété de rendre plus stables les éléments de notre organisme, en sorte que, s'il ne pouvait pas par lui-même nourrir davantage, il empêcherait de se *dénourrir*, ou diminuerait les déperditions. »

L'alimentation aux différents points du globe. L'alimentation dont il vient d'être question est celle qui est en usage en Europe, dans les pays tempérés ; mais elle varie avec les latitudes.

L'habitant du nord de l'Amérique, qui vit presque exclusivement de sa chasse et dont le régime est par conséquent éminemment plastique, recherche les liqueurs alcooliques qui doivent lui servir d'aliments respiratoires et, à défaut de ces liqueurs, il absorbe de grandes quantités d'huile de poisson. Les Indiens des Andes qui font un usage presque exclusif de la pomme de terre ont soin d'unir ce produit avec du fromage ; c'est ce qui constitue le *locro*. Les Indiens des Indes orientales consomment d'immenses quantités de riz, mais ils font aussi usage du *kari*, mélange de viande et de légumes. Partout les liqueurs fermentées, les condiments viennent aider à l'alimentation. En Europe, l'eau-de-vie de France, le goldwasser de Prusse, le kirchenwasser d'Allemagne, le maraschino de Zara, le troster des bords du Rhin, le slivovitza d'Autriche, le rakia de la Dalmatie, le rhum des Antilles, et beaucoup de mélanges alcooliques aromatisés (cassis, curaçao, absinthe, bitter, vespetro, etc.) sont les liqueurs les plus employées. Les habitants des Antilles et de la Guyane font usage de rhum et de tafia, les Mexicains ont l'agua ardiente, beaucoup d'Américains consomment du rack, les habitants du Kamtschatka recherchent le watky, les Égyptiens se servent de l'araki. Les cardamomes, les piments, le poivre, la muscade, le gingembre, la cannelle excitent les voies digestives des habitants des pays chauds. Le thé, le café, devenus d'un usage universel, favorisent la digestion, activent la circulation et augmentent l'énergie des fonctions intellectuelles; le matte ou thé du Paraguay jouit de la même propriété. La coca, constituée par les feuilles de l'Érythroxyle du Pérou, jouit, au plus haut degré, de ce pouvoir d'anti-déperdition attribué au café. Avec un peu de coca dans la bouche, le mineur péruvien accomplit les plus rudes travaux, inconscient de la soif, de la faim et de la fatigue.

Beaucoup de voyageurs et particulièrement Labillardière, Spix et Martius, de Humboldt et Bonpland rapportent de nombreux exemples de *géophagisme*. Mais l'analyse des prétendues terres nutritives ne révélant pas trace de matières organiques, tout porte à croire que ces substances n'ont qu'un rôle mécanique.

L'anthropophagie, autrefois si répandue, tend à diminuer de jour en jour. On ne connaît de peuples anthropophages que dans le centre de l'Afrique, dans les régions montagneuses de l'ouest de l'Amérique et dans quelques îles océaniennes, telles que la Nouvelle-Calédonie, Sumatra, etc. L'anthropophagie est née soit de la privation d'aliments animaux, comme à la Nouvelle-Calédonie, où les mammifères ne sont représentés que par des chauves-souris, soit d'un sentiment religieux, comme au Mexique, où il était d'habitude de manger les chairs des victimes offertes aux dieux, mais le plus souvent elle est due à la vengeance réciproque d'individus non civilisés qui, dans leur fureur, se repaissent du corps de leurs prisonniers.

Nous aurions maintenant à nous occuper de l'*alimentation publique* au point de vue de l'économie sociale et de l'administration. Ces questions seront traitées au mot *Subsistances*.

BIBLIOGRAPHIE. — Magendie, *Mémoire sur les propriétés nutritives des substances qui ne contiennent pas d'azote*, Paris, 1816. — Trousseau, *Des principaux aliments envisagés sous le point de vue de leur digestibilité et de leur puissance nutritive*. Thèse de concours, Paris, 1838. — Pereira (J.), *A Treatise on Food, with observations on the dietetical regimen suited for disordered states of the digestive organs, etc.*, London, 1843. — Chossat, *Recherches expérimentales sur l'inanition*, 1843. — Reveillé Parise, *Physiologie et hygiène des hommes livrés aux travaux de l'esprit*, 1843, Paris. — De Gasparin, *Note sur le régime alimentaire des mineurs belges*, Comptes-Rendus de l'Acad. des sciences de Paris, 1850. — Boussingault, *Économie rurale*, Paris, 1851. — Liebig, Boussingault, *Divers mémoires* dans les *Annales de chimie et de physique*, dans les *Annales d'hygiène*. — Bouchardat, *De l'alimentation insuffisante*, Paris, 1852. — Payen, *Des substances alimentaires*, Paris, 1854. — Cl. Bernard, *Leçons de physiologie expérimentale, etc.*, 1854-55. — Fonssagrives, *Traité d'hygiène navale*, 1856. — *Hygiène alimentaire, etc.*, Paris, 1860. — Michel Lévy, *Traité d'hygiène publique et privée*, Paris, 1862, etc., etc.   Dr H. BOCQUILLON.

ALLÉGORIE. — LITTÉRATURE. — Le propre de l'allégorie est de dire autre chose (ἄλλα ἀγορεύειν) que ce qu'elle veut faire entendre, de transporter l'idée pour la mieux mettre en lumière. Elle procède par exemples, par métaphores, par comparaisons tronquées dont un terme sous-entend et implique l'autre. Son but étant de figurer aux yeux ce qu'elle adresse à l'esprit, elle est amenée le plus souvent à personnifier des vertus, des vices, de pures abstractions, à leur prêter une vie allégorique et anthropomorphe.

A considérer l'allégorie comme procédé de l'esprit, son domaine est vaste, son rôle capital. C'est d'elle que relèvent et le langage et les religions et les métaphysiques. En appliquant aux forces extérieures des expressions propres à l'activité humaine et dont le sens figuré cessa d'être compris, l'allégorie spontanée du langage enfanta les mythes et les aventures des dieux. Réfléchie et cherchée après coup, elle fut la mère du symbolisme, ingénieux mais faux, qui, dans les mythes inconscients, sut glisser des intentions morales ou philosophiques, et de celui qui, rattachant l'Évangile à la Bible, voit dans le Serpent d'Airain une figure du Christ crucifié, ou dans l'histoire de Jonas une évidente annonce de la Résurrection. Mais les occasions ne nous manqueront pas de revenir sur les divagations, inoffensives ou funestes, de l'allégorie. Nous ne voulons ici qu'esquisser rapidement son histoire littéraire.

La parabole et l'apologue présentent à la fois tous les caractères de l'allégorie. Ce sont des exemples d'où se dégage une leçon que l'auditeur ou le lecteur peut s'appliquer. Les deux genres, assez peu distincts l'un de l'autre, nous viennent de l'Orient, probablement de l'Inde. On retrouve dans les fables d'Esope, de Phèdre, de Marie de France, de La Fontaine, le vieux fond des contes du *Pantchatantra*. Il est peu de formes d'enseignement plus heureuses que cette comédie humaine jouée par des animaux, des arbres ou des personnages typiques qui représentent une passion, un âge de la vie. La moralité, conclusion de la comparaison implicite qui est l'essence de l'apologue, n'a besoin que de quelques mots, tant l'allégorie parle d'elle-même. Si la plupart des apologues renferment une instruction utile (comme le dit le titre même d'un recueil indien, *Hitopadêça*), il est un certain nombre de paraboles, ou apologues religieux, dont on fera bien de se défier. Celle du figuier stérile dénote un bien faible sentiment de la justice, et celle qui apprend aux intendants infidèles à se faire des amis avec les richesses mal acquises n'encourage pas beaucoup la probité. La parabole d'ailleurs n'a pas eu son La Fontaine ; le mauvais latin ou le grec très-plat des évangiles canoniques, non plus que la faconde du père Giraudeau, n'ont pu l'élever à la hauteur d'un genre littéraire.

Après les récits allégoriques, viennent les personnages allégoriques, frères puînés des dieux, abstractions parentes d'abstractions, mais dont nous comprenons aisément le sens. Ces figures remontent à l'antiquité ; elles fourmillent à l'entour des Panthéons et des Olympes : c'est la Pudeur d'Hésiode, le Sommeil d'Homère, la Pauvreté d'Aristophane (Plutus), la Force et la Violence d'Eschyle, et toutes les machines des épopées modernes, la Mollesse et la Discorde du *Roland Furieux* et du *Lutrin*, l'Envie de la *Henriade* ; ce sont enfin les allusions mythologiques familières à notre poésie, fille de la Grèce et de Rome.

Le moyen âge a fait un usage particulier, ingénieux, mais fade à la longue, des personnages allégoriques. Le *Roman de la Rose* tout entier n'est qu'un art d'aimer mis en allégories. Oiseuse, Faux-semblant, Bel-accueil, Jalousie, tout ce qu'il peut y avoir de passions ou de phases dans la poursuite amoureuse, se groupent autour de Bouton-de-rose, trésor que l'Amant convoite. Quant au *Roman du Renard*, piquant fabliau qui tient le milieu entre l'apologue et le poëme allégorique, les passions et les vices de l'état féodal y sont représentés par des animaux. Le goût des personnages allégoriques s'est perpétué en France jusqu'aux temps de Marot.

Peut-être pourrions-nous omettre ici les *Allégories* de J.-B. Rousseau, œuvres qui respirent un mortel ennui. En voici un spécimen :

> Noble vertu, ton cœur est mon asile.
> C'est dans ce temple où la noble Candeur,
> La Dignité, la solide Grandeur,
> La Foi constante et l'Équité suprême,
> La Vérité, je me nomme moi-même,
> Viennent t'offrir un tribut immortel!

Ne croyez pas cependant que l'allégorie soit morte ; elle est l'âme de la poésie et s'épanouit toujours en expressions figurées et en belles métaphores. Nous n'en connaissons pas de plus admirable exemple que ces vers fameux d'Aug. Barbier (*Iambes*, p. 39) ·

> O Corse à cheveux plats, que la France était belle,
> Au grand soleil de messidor!
> C'était une cavale indomptable et rebelle.....
> Mourante, elle tomba sur un lit de mitraille
> Et du coup te cassa les reins!

André Lefèvre.

ALLÉGORIE. — beaux-arts. — On doit admettre que les arts plastiques ont des limites qu'ils ne peuvent franchir, et que les moyens d'expression dont ils disposent ne sauraient traduire toutes les conceptions du cerveau humain. Mais on ne pourra jamais empêcher que l'artiste n'ait sans cesse la tentation de reculer ces limites, et n'essaye de dire à son tour, à l'aide des procédés qui lui sont propres, ce que le poëte et le penseur énoncent clairement en se servant du langage. L'histoire des beaux-arts nous raconte ces essais renouvelés sans relâche. Partout le sculpteur et le peintre, quand ils ont eu représenté la forme humaine littéralement, et quelquefois même sans passer par cette période d'imitation stricte, ont voulu s'élever plus haut. Ils ont ajouté au modèle l'expression d'idées, simples d'abord, plus compliquées ensuite. Et, pour exprimer ces dernières, ils ont créé d'une part des figures allégoriques, et d'une autre les symboles qui les complètent et les expliquent, et qui ne sont parfois que des façons d'écriture. Les Grecs, par exemple, par un phénomène d'anthropomorphisme qui est au fond de presque toutes les religions, avaient appelé d'un nom particulier la force unie à la sagesse, qualités qu'ils appréciaient tous les jours chez les héros qu'ils reconnaissaient pour leurs chefs. Le sculpteur, s'emparant de cette abstraction qu'on adorait sous le nom de Minerve, essaya de la traduire en marbre, d'autant plus volontiers que, pour le peuple grec, d'un génie précis, les dieux créés par les poëtes devinrent vite des êtres réels, se confondant souvent avec des personnages qui avaient eu une existence historique. Le sculpteur figura donc une femme au visage calme, aux membres robustes, dans l'attitude du repos et de la réflexion. Puis, comme cette image manquait encore de netteté, il ajouta à son œuvre ce qu'on a appelé des attributs, l'égide et la chouette, par exemple, qui, par voie d'allusion à la légende de la déesse et de symbolisation acceptée déjà d'une de ses qualités, donnaient à la statue le degré de précision nécessaire. Les chefs-d'œuvre de l'antiquité, qui sont en grande partie des images hiératiques, furent conçus d'après cette méthode. L'artiste empruntait à la forme humaine les éléments nécessaires pour exprimer les qualités du dieu qu'il voulait représenter, et précisait ensuite à l'aide de symboles, ou en se servant de couleurs convenues pour peindre les vêtements de la statue, sculptés par lui. Quand l'art grec dégénéra, le type s'effaça de plus en plus, et le symbole, plus facile à exprimer, persista seul.

Cette méthode de composition, empreinte de l'admirable logique du génie grec, fut transportée dans le christianisme, spécialement sous l'influence des platoniciens. Alors même que l'humanité avait renoncé à s'adorer directement dans ses vertus et dans ses grandeurs, les artistes ne cessèrent pas de créer des figures allégoriques, toutes les fois qu'ils voulurent atteindre à l'expression d'idées générales. Mais il faut remarquer deux choses : d'abord, le mépris des chrétiens pour la forme humaine leur fait négliger de demander aux beaux modèles des éléments de composition; puis, l'idée de l'unité de Dieu leur défend de donner une réalité aux abstractions que traduisent les artistes. De là, la décadence rapide et profonde de l'art byzantin.

A la Renaissance, l'allégorie refleurit avec quelque éclat. Les artistes retournèrent à la nature et admirèrent enfin librement la beauté humaine. Mais les figures allégoriques créées par eux ne passèrent pas, aux yeux même du peuple, pour des réalités ; elles n'eurent pas le caractère local, qui, en Grèce, leur faisait éviter la froideur qui s'attache aux abstractions. De plus, les esprits, encore imbus des errements théologiques, avaient une tendance aux complications extrêmes et obscures. Et les figures allégoriques, rarement isolées, mêlées soit à des actions historiques, soit à des sujets religieux, n'eurent guère d'autre valeur que celle d'une exécution plus ou moins parfaite.

L'emploi des allégories présente bien des inconvénients. Seules, elles sont le plus souvent peu compréhensibles, même quand elles sont accompagnées d'images symboliques, si les images ne sont pas acceptées et connues de tous, comme en Grèce. Il y a, par exemple, au Musée du Louvre, une composition d'Andrea Mantegna, représentant la *Sagesse victorieuse des vices*. Dans ce cadre s'agitent la Chasteté, la Philosophie, l'Oisiveté, l'Inertie, la Fraude, la Malice, l'Ivrognerie, la Volupté, l'Ignorance, l'Ingratitude, l'Avarice, la Justice, la Force, la Tempérance. Quelque ingéniosité qu'ait déployée le peintre dans ces figurations, quelque soin qu'il ait pris de se servir des symboles qu'il pouvait croire universellement admis, tels que les Balances pour la Justice, le Frein pour la Tempérance, quel que soit enfin le mérite de l'exécution, il n'a réussi à peindre qu'un logogriphe. Le but de son œuvre échappe évidemment à la foule. Il a dépassé la limite des idées que la peinture peut exprimer, si bien qu'il lui a fallu placer dans son tableau des légendes explicatives et recourir à l'écriture pour donner un commentaire de son œuvre.

Lorsque, au contraire, comme il arrive le plus souvent, les figures allégoriques sont mêlées à une action où l'on trouve également des figures historiques connues, elles sont en général plus faciles à comprendre pour le public. Mais on ne peut les admettre que par une convention, et l'esprit moderne paraît, dans les beaux-arts comme en littérature, admettre assez peu volontiers que des figures allégoriques concourent à une action commune avec des êtres réels. Les grandes compositions peintes, comme les poèmes épiques, tombent dans la froideur en l'essayant. Pour obvier à ce que cette hypothèse a de choquant, le peintre est amené à représenter avec la même facture allégories et réalités, afin de donner à l'œuvre une unité apparente. Tantôt, comme Rubens, il exécutera, avec le même degré de réalité, les Fleuves, les Génies et les personnages historiques; tantôt il sera amené à modifier le type des êtres réels qu'il peint, pour les faire ressembler à des figures inventées, et, comme on dit, il idéalisera ses modèles. Dans l'un et l'autre cas, quelle que soit la beauté d'exécution de l'œuvre, elle n'en choquera pas moins la logique à laquelle l'esprit moderne s'attache de plus en plus.

L'art doit-il se refuser absolument la faculté de créer des figures allégoriques ? Nous ne voudrions pas l'affirmer. Mais nous pensons qu'il lui faudra renoncer à les mêler aux actions humaines, et qu'il devra s'attacher seulement à traduire des abstractions, auxquelles on cherche à donner une figure sensible pour les faire aimer de la foule. Il n'est pas dit qu'on ne retourne pas au procédé de composition des artistes grecs, créant des dieux en exprimant une grande idée par une belle forme. En attendant, il est tout naturel, par exemple, que, pendant la Révolution, on ait songé à concevoir une image de la République, destinée à devenir l'objet d'un culte populaire. Prud'hon l'a essayé. Il nous a montré une femme aux nobles traits, coiffée du bonnet d'affranchi, foulant aux pieds des chaînes brisées, un fusil à la main, tandis qu'à côté d'elle on voit le chat, symbole de la vigilance, et les attributs des sciences et des arts. Ce même peintre, confondant volontairement la figure légendaire de Caïn avec l'idée abstraite du crime, et le faisant poursuivre par la Justice et la Vengeance divines, a encore donné un exemple de composition allégorique facilement accessible à tous. Ingres a également pu représenter deux poëmes, *l'Iliade* et *l'Odyssée*, sous la forme de deux femmes, tenant l'épée et la rame, grâce seulement à la présence d'Homère au centre de la composition, qui ne permet pas d'équivoque. Mais il faut considérer qu'ils ont exprimé des idées simples, et fait allusion à des événements très-connus. A mesure que les artistes s'adressent plus directement à la foule, il convient de les engager à ne jamais dépasser les notions universellement répandues. Une œuvre d'art qui n'impressionne pas du premier coup la grande majorité du public, et qu'un homme simple ne comprend pas, est une œuvre d'art, si ce n'est inférieure, du moins en désaccord avec l'esprit de la démocratie moderne, dont il est difficile de ne pas tenir compte ; — et c'est condamner les trois quarts des allégories, qui, pour être goûtées, demandent une sorte d'initiation qui nous fait de plus en plus défaut. HENRY FOUQUIER.

ALLEMAGNE. — GÉOGRAPHIE. — L'Allemagne (*Deutschland*) est le centre de l'Europe. Donnant au nord sur une mer ouverte, chemin de l'Angleterre et de l'Amérique, et sur une mer qui baigne aussi la Finlande et la Scandinavie, touchant au sud l'Adriatique, qui borde la Turquie et regarde l'Afrique, rattachée à l'orient hongrois, slave et roumain, et presque à l'Asie, par le cours de son plus beau fleuve, le Danube, elle relie l'Europe romane à l'Europe slave. Bornée au nord par la mer du Nord ou mer Allemande, le Jutland et la mer Baltique ou mer Orientale (*Ostsee*), à l'est par la Russie lithuanienne et polonaise, la Galicie et la Hongrie, au sud par l'Adriatique et l'Italie, à l'ouest par la Suisse, la France, la Belgique et la Hollande, elle offre une largeur d'environ 10 degrés, du 55° au 45° degré de latitude nord; dans le sens de la longitude, elle s'étend sur plus de 16 degrés, du 4° au 20° degré à l'est du méridien de Paris ; mais ces limites enferment aussi diverses contrées peuplées de races non germaniques. La surface entière de l'Allemagne est évaluée à 64 millions d'hectares.

Vue de haut, l'Allemagne se relève au sud vers les Alpes; au nord, elle s'abaisse vers la mer par une plaine immense, que l'Océan, s'il montait de 150 mètres, recouvrirait tout entière; entre la plaine et les Alpes s'élèvent des montagnes moyennes. Comme l'a très-bien dit un poëte, « la haute montagne, la montagne moyenne et la plaine se suivent en Allemagne, du sud au nord, comme l'ode, l'idylle et la prose. »

Les massifs du mont Blanc, du mont Rose, de la Jungfrau, de la Bernina, ces géants des Alpes, appartiennent à la France, à la Suisse, à l'Italie; toutefois, les systèmes alpins qui forment au sud de l'Allemagne comme une énorme barrière entre les populations germaniques et italiennes ont aussi une grande élévation. Ces massifs sont, dans la direction de l'ouest à l'est, ceux de l'Ortler, de l'Oetzthal, de Stubaier, le groupe des Hauts-Tauern, que domine la cime du Gross-Glockner, en forme d'obélisque, et les monts de Hallstadt, au delà desquels les Alpes proprement dites n'ont plus qu'une importance secondaire. Les montagnes de la chaîne principale, composées de gneiss, de schistes et de micaschistes, groupés autour de massifs granitiques, dépassent toutes par leurs sommets la hauteur de 3,000 mètres et sont revêtues de neiges; mais plus à l'est, dans les monts de la basse Autriche, compris entre l'Enns et le célèbre passage du Soemmering, aucun sommet n'atteint 2,300 mètres. Au sud-est, où les populations allemandes font graduellement place aux Slaves, les cimes élevées sont rares; le Karawankas, entre la Drave et la Save, se redresse en magnifiques arêtes calcaires d'un rouge pâle; mais son plus haut mont, le Stou-Brch, n'a que 2,280 mètres; le Terglou, qu'entourent les sources de la Save, a plus de 3,000 mètres. Au sud de la Save, et jusqu'au rebord des versants stériles qui longent de près l'Adriatique, s'étend le Karst, le pays calcaire le plus curieux de l'Europe par l'âpreté de ses roches vives, les déchirures de ses arêtes et la profondeur de ses cavernes, où fuient dans l'ombre en sourdes cascades des torrents qui vont rejaillir près de la mer par des sources abondantes.

Dans les hautes Alpes allemandes du Tyrol, principalement dans le massif de l'Oetzthal, les glaciers sont nombreux; toutefois, ils sont inférieurs par l'étendue et l'abondance des eaux aux champs de glace de la Suisse. De même, la limite des neiges persistantes est plus haute dans les Alpes autrichiennes que dans celles de la Suisse et de la France; ce phénomène tient à la moindre élévation moyenne des chaînes orientales, à la nature plus poreuse de leurs roches, absorbant rapidement l'humidité, à la plus grande rareté des pluies, et surtout au climat continental, c'est-à-dire sec et froid en hiver, chaud et humide en été. Au nord des grands massifs des monts du Tyrol, qui par leur disposition générale peuvent être considérés comme une chaîne continue de montagnes, s'élève le groupe des Alpes bavaroises, composé de roches jurassiques, crétacées et néocomiennes, dont les assises ont été redressées par les massifs plus élevés qui forment l'arête principale des Alpes. Les monts bavarois sont actuellement dépourvus de glaciers, mais leurs gorges étaient aussi remplies par les glaces durant la période de froid qui a précédé l'époque actuelle. Le vaste plateau de la haute Bavière, le plus élevé et le plus grand de l'Allemagne, sert de base à ce massif de montagnes, et s'abaissant par terrasses successives, se prolonge jusqu'à la vallée du Danube bordée de terres alluviales. Des lacs charmants, situés entre le plateau et les montagnes, emplissent toutes les dépressions à l'issue des gorges.

Les chaînes moyennes qui traversent l'Allemagne centrale en diverses directions sont relativement peu élevées; la plupart n'atteignent pas 1,000 mètres: une seule, le Riesen-Gebirge, à l'est de la Bohême, dépasse 1,600 mètres; mais sa plus haute cime est encore inférieure de 280 mètres au Puy de Sancy, le plus haut pic de la France centrale. Presque toutes les chaînes du centre de l'Allemagne sont composées de gracieuses montagnes, appartenant d'ailleurs aux formations géologiques les plus diverses, et bien différentes des hautes cimes stériles des Alpes autrichiennes, d'où les roches brisées s'écroulent en avalanches. Semblables à nos Vosges, elles attirent par le charme indicible de la nature que l'homme n'a pas encore dépouillée, par le calme de leurs solitudes, la profondeur de leurs forêts, la mélancolie de leurs lacs, la pureté de leurs torrents, la grâce de leurs cascades, la grandeur de leurs ruines féodales et leurs rocs d'où le regard se perd en été sur un paradis de verdure, en hiver sur une mer de neige parsemée d'obscurs îlots de sapins aux aiguilles frangées de blanc par les frimas.

Telle est, au sud-ouest de l'Allemagne, la Forêt-Noire (Schwarz-Wald), dont les montagnes de grès rouge, de schistes et de granit forment la contre-partie des vallons des Vosges, qu'on aperçoit à l'ouest, de l'autre côté du Rhin : la Forêt-Noire est comprise entre le brusque tournant du Rhin à Bâle et le plateau de la Souabe et de la Franconie, le plus vaste de l'Allemagne après celui de la Haute-Bavière. La plupart des massifs de montagnes qui occupent la partie de l'Allemagne comprise entre la vallée du Mein, le cours moyen du Rhin, les basses plaines du nord et les monts de la Saxe et de la Bohême, ont le même caractère. Parmi ces montagnes, les plus remarquables par la beauté de leurs paysages sont le Thüringerwald, « l'Arcadie allemande, » chaîne de porphyre, de granit et de roches éruptives, revêtue de forêts et de prairies, et le Fichtelgebirge, beau massif de granit et d'assises métamorphiques, où les cultures alternent avec les forêts et qui constitue un faîte de partage entre les affluents de l'Elbe, du Danube et du Rhin. Cependant, il est aussi dans cette région quelques groupes de monts aux formes plus sévères, aux vallées arides. Ainsi le massif basaltique du Rhœne, dit M. Adalbert Daniel, « étonne ceux mêmes qui connaissent l'extrême Nord par une stérilité égale à celle des hautes régions scandinaves ; » de l'autre côté de la Fulda naissante, se trouve un autre massif désolé, le Vogelberg, l'une des plus grandes masses basaltiques connues. Sur la rive gauche du Rhin, les monts de l'Eifel, volcans éteints, sont remarquables par leurs anciens cratères changés en lacs. C'est un phénomène géologique très-curieux que celui d'une série de massifs volcaniques, parsemés irrégulièrement de l'ouest à l'est, à travers toute l'Allemagne centrale, au sud des vastes plaines du nord. Dans une période antérieure, alors que la mer recouvrait toute la partie septentrionale de l'Allemagne, des volcans bordaient le littoral sur un espace de mille kilomètres.

Le centre géographique du continent d'Europe est formé par la Bohême, que l'on a souvent comparée à une sorte de citadelle entourée de bastions. La Bohême, il est vrai, n'est point complétement environnée de barrières de montagnes : au sud-est même, elle n'est séparée de la Moravie que par des plateaux doucement ondulés, d'où les eaux s'épanchent, d'un côté vers le Danube, de l'autre vers l'Elbe ; mais sur les trois autres côtés, les chaînes, coupées çà et là de cols et de profonds défilés, forment en réalité une sorte de rempart ; au sud-ouest, c'est le Bœhmerwald, série d'arêtes et de pics, de plateaux schisteux et cristallins, où les forêts alternent avec les solitudes rocheuses ; au nord-ouest, l'Erzgebirge, appelé ainsi (montagnes des métaux) à cause de sa grande richesse métallifère et de ses importantes mines de houille, tourne sa pente abrupte vers la Bohême, tandis que de l'autre côté, il s'affaisse du côté des plaines du nord par un plateau faiblement incliné et couvert de cultures et de villages jusqu'à la cime ; au nord-est se succèdent plusieurs massifs de montagnes, entre autres le Riesengebirge ou montagnes des Géants, remarquable par la grande variété de ses roches résumant, pour ainsi dire, toute la géologie de l'Allemagne. Ce massif appartient au système des Sudètes et se continue à l'est pour rejoindre les Carpathes, au nord de la Hongrie. A l'angle septentrional de la Bohême, le système des Sudètes est séparé de l'Erzgebirge, par la vallée de l'Elbe, que dominent les superbes falaises et les montagnes cubiques si pittoresques de la Suisse saxonne. Ce défilé, creusé dans les roches crétacées, est l'une des portes par lesquelles les populations allemandes qui assiégent la Bohême pénètrent dans le pays et se mêlent de plus en plus aux Slaves (Tchèques) autochthones. Au nord de la Bohême et des montagnes qui se rattachent à l'Erzgebirge, du côté de l'ouest, il n'y a plus de hauteurs, si ce n'est le massif isolé du Harz, aux longues pentes schisteuses et granitiques revêtues de sapins et de hêtres.

Des montagnes moyennes à la mer s'étend, à des centaines de kilomètres, la basse plaine alluviale et tertiaire qui se relie du côté de l'est à celle de la Russie, et vers l'ouest à celle des Pays-Bas et de la France septentrionale. Cette région serait d'une extrême monotonie sans le grand nombre de ses lacs aux rives boisées, sans ses grandes forêts, ses dunes et ses mamelons noirs de pins, ses collines que leur isolement et l'uniformité de la contrée grandissent comme des montagnes. Soigneusement cultivée par des paysans qui arrachent au sol tout ce qu'il peut produire, elle est peuplée comme si elle était généralement fertile, et ses habitants ont plus que jamais, par leur ville de Berlin, une influence décisive sur les destinées de l'Allemagne. Quant à la région qui borde le littoral jusqu'à une certaine distance dans l'intérieur, elle est en grande partie occupée par des landes, élevées en moyenne d'une quinzaine de mètres au-dessus de l'Océan, et par des prairies occupant la zone aqueuse naguère couverte de marécages. Cette terre basse, où l'on voit des prairies de dix, de vingt et même de cent kilomètres carrés de superficie, a été rendue fertile par les débris de rochers que les glaces flottantes venues de la Scandinavie y ont laissé tomber pendant la période glaciaire. A l'est de l'Elbe, dans le Mecklembourg et la Poméranie, les lacs sont fort nombreux : ils occupent en certains districts la moitié du territoire.

Les côtes allemandes, qui se prêtent mal à l'active navigation d'un peuple aventureux, émigrant et commerçant, bordent à l'ouest la mer du Nord ou d'Allemagne, à l'est la Baltique. Le long de la mer du Nord, profonde de 20 à 30 mètres dans ces parages, le rivage est bas et très-exposé aux lames de l'Océan ; elles ont dévoré au moyen âge et jusqu'à nos jours de vastes campagnes, dont il ne reste que des îles ou des bancs de sable. L'ancien littoral est indiqué par une série d'îlots en partie rongés par les vagues. Cependant sur la plus grande étendue des côtes, les agriculteurs ont accepté le combat avec l'Océan, ils lui arrachent des lambeaux de terre, rattachent les îles au continent par des chaussées insubmersibles et dessèchent les marais qu'avait envahis la mer. Le long des rivages de la Baltique, le domaine des eaux s'est au contraire rétréci par la formation de flèches sablonneuses ou *nehrungen*, qui se sont infléchies semi-circulairement à l'entrée de tous les golfes et les ont séparés de la mer : ce sont maintenant des estuaires ou *haff*, graduellement transformés en terre ferme par les alluvions des fleuves.

Sans compter le bassin supérieur de l'Adige, dans le Tyrol méridional, et le Karst, dont les eaux sont entraînées sous terre vers l'Adriatique, l'Allemagne appartient à deux bassins hydrographiques, celui de l'océan Atlantique et celui de la mer Noire. Les cours d'eau tributaires de l'Océan se jettent dans la mer du Nord ou dans la Baltique.

Le principal affluent de la mer du Nord est le Rhin, *Vater Rhein*, rendu cher aux Allemands par les plus grands souvenirs de leur histoire, par la beauté de ses rives et surtout par la prétention qu'ont souvent eue les Français de vouloir en conquérir toute la rive gauche. Ce grand fleuve, qui ne prend pas sa source « au pied du mont Adule, entre mille roseaux, » mais sort des glaces dans les hautes gorges à l'est du Saint-Gothard, reçoit les torrents de la plus grande partie de la Suisse, traverse le lac de Constance, le plus vaste de l'Allemagne, perce les assises du Jura, célèbres par la cataracte de Schaffouse, puis, grossi de l'Aar, s'engage à Bâle dans la magnifique plaine rhénane comprise entre les Vosges et la Forêt-Noire; il en sort au-dessous de Mayence, en se frayant une issue à travers les montagnes schisteuses de

l'Odenwald par un défilé fameux, baigne la base des anciens volcans du Siebenge-
birge et coule en aval de Bonn et de Cologne, à travers des plaines presque horizon-
tales, jusqu'en Hollande, où son delta se mêle avec celui de la Meuse et de l'Escaut.
A l'est du Rhin, l'Ems, le Weser, sont des fleuves moins importants. Puis vient la
grande artère centrale de l'Allemagne, l'Elbe, qui se forme de la Moldau et de la
haute Elbe, sort de sa prison de Bohême par le fameux défilé de la Suisse saxonne,
passe à Dresde, Magdebourg, reçoit la Havel, qui n'est qu'un chapelet de lacs,
comme son affluent la Sprée, la rivière de Berlin, puis se mêle à la mer dans le
large estuaire au bord duquel est situé Hambourg, l'un des quatre ou cinq ports
principaux de l'Europe.

Le plus grand affluent purement allemand de la Baltique est l'Oder, qui descend
de la Silésie autrichienne, arrose Breslau et va se jeter dans l'estuaire de Stettin, communiquant avec la mer par l'étroite passe de Swinemünde. A l'est, la Vistule, fleuve
polonais qui n'appartient à l'Allemagne que par son cours inférieur, se jette par
plusieurs embouchures dans la Frische Haff. Toute la partie occidentale de l'estuaire
a déjà été comblée par les alluvions de la Vistule, dont les eaux doivent plus à l'est
se frayer un passage à travers la flèche de sable qui sépare le Haff de la haute mer.
Cette embouchure a souvent changé de place, tantôt parce que les hommes l'ont
obstruée, tantôt parce que la nature elle-même a ménagé une autre issue.

Le tributaire de la mer Noire est le *Danube* (*Donau*), fleuve de première grandeur,
germanique par son cours supérieur seulement. Formé près du Rhin, dans la Forêt-
Noire, il se grossit des eaux vertes, qui lui viennent des Alpes de Bavière, de Suisse
et du Tyrol, bien plus que des petites rivières moins pures, que lui envoient les plateaux de la Souabe. Coulant au pied du Jura de Franconie, puis traversant le
Bœhmerwald, il engloutit dans son lit le *Lech* qui passe à Augsbourg, l'*Isar* qui
vient de Munich, l'*Inn*, l'une des grandes rivières des Alpes, plus considérable que le
Danube lui-même. Après avoir serpenté dans les gorges de la haute et de la basse
Autriche, aussi belles peut-être que celles du Rhin, le Danube arrose Vienne, reçoit
par la *March* toutes les eaux de la Moravie et passe en Hongrie au-dessus de
Presbourg ; deux grosses rivières, en partie germaniques, le rejoignent hors de
l'Allemagne, la *Drave*, grossie de la *Mur*, et la *Save*.

Bien que l'Allemagne s'étende sur 10 degrés de latitude et sur plus de 16 de
longitude, le climat y est assez uniforme, le sol se relevant constamment vers le
sud, de sorte que la hauteur des plateaux et des montagnes compense au midi la
latitude plus élevée des plaines du nord. Augsbourg et Munich ont en moyenne un
climat plus froid que Breslau, Stralsund et Copenhague ; Hambourg a presque la
même température annuelle qu'Innsbruck. En somme, le climat, tout en gardant à
peu près la même moyenne de chaleur du nord au sud, devient, dans la même
direction, plus continental, c'est-à-dire plus extrême dans les ardeurs de l'été et
les froideurs de l'hiver. De l'ouest à l'est, le même phénomène s'observe pour les
modifications du climat ; mais, dans ce sens, on remarque en outre un abaissement notable de la température moyenne : c'est qu'en marchant vers l'est, on
s'éloigne des grandes étendues maritimes qui égalisent le climat et qui apportent
les vents chauds du sud-ouest, les vents humides du nord-ouest ; on cesse
d'être sous l'influence du Gulf-Stream, et l'on se rapproche de la grande masse
continentale de la Russie et de l'Asie centrale, où soufflent les vents froids de
l'est. En résumé, le climat de l'Allemagne est celui de la zone tempérée froide. Sa
végétation et ses productions naturelles varient suivant la latitude, mais beaucoup
plus suivant l'altitude, l'exposition et la plus ou moins grande distance de la mer.
Quelques contrées des plus favorisées, les vallées de la Moselle, du Rhin, du

Neckar, sont fières de ce qu'elles appellent leur « noble vin de feu. » L'Allemagne a plus de droits à s'enorgueillir de ses forêts.

Les divisions politiques de l'Allemagne, très-compliquées avant la guerre qui se termina si brusquement par le coup de théâtre de Sadowa, sont encore très-bizarres; d'ailleurs tout fait présager qu'elles seront prochainement modifiées, et peut-être au profit de la Prusse, la grande puissance envahissante du Nord. La Prusse, qui se composait, avant 1866, de deux grands tronçons, celui des plaines du nord-est et celui des contrées rhénanes, s'est annexé le Hanovre, le Schleswig-Holstein, Hesse-Cassel, Nassau, et s'est en outre subordonné divers États, la Saxe, Oldenbourg, le Brunswick, une moitié de Hesse-Darmstadt. Au sud de la ligne du Mein, elle ne possède que les comtés du Hohenzollern; mais le grand-duché de Bade obéit à son influence politique prépondérante. Les seuls États encore indépendants du sud sont le Wurtemberg, la Bavière, ainsi que l'Allemagne autrichienne et la Bohême unies à la Hongrie et aux provinces slaves pour former l'empire d'Autriche.

La population totale de l'Allemagne est d'environ 45 millions d'habitants, sur lesquels 8 à 9 millions de Slaves, 140,000 Lithuaniens, 125,000 Danois, 500,000 Italiens, 13,500 Wallons et Français. Les Slaves comprennent les Polonais et les Masures, dans la Prusse orientale, la Posnanie, la Silésie prussienne et autrichienne; les Tchèques ou Czeckes, dans la Silésie autrichienne, la Bohême et la Moravie; les Slaves du sud, dans la Styrie, la Carinthie, la Carniole et les plateaux de l'Istrie. Les Lithuaniens habitent une partie de la Prusse orientale, les Danois le nord du Schleswig, les Italiens le Tyrol méridional et les côtes de l'Istrie, les Wallons les frontières de la Belgique. Les 36 millions d'Allemands proprement dits, qui du reste sont par l'origine fort mélangés de Celtes, de Slaves, de Touraniens hongrois et finnois, s'accroissent rapidement en nombre par le surplus des naissances, du moins en Prusse et dans la plupart des contrées voisines; mais cet accroissement est peu de chose en comparaison de celui qu'ils pourraient avoir, si tous les colonisateurs et les émigrants sortis d'Allemagne avaient gardé leur nationalité germanique. Habitant un pays dépourvu de frontières naturelles, si ce n'est du côté du sud, les Allemands n'ont cessé de déborder sur les contrées environnantes, autrefois comme conquérants, aujourd'hui surtout en industriels et en commerçants pacifiques. Ce sont eux qui ont détruit le monde romain et fondé le royaume des Lombards en Italie; ce sont eux qui ont envahi les Gaules, et renouvelé jusqu'à la Loire les populations devenues françaises; à la même époque et plus tard, ils contribuèrent par les Saxons et les Normands à modeler le fonds celtique, qui est devenu le peuple anglais; plus tard encore, ils conquirent par le fer, mais gardèrent par la charrue, par les métiers, par l'intelligence, de vastes contrées habitées par des Slaves barbares, et ce mouvement de colonisation et de civilisation dure encore. Les Allemands sont toujours les éducateurs de l'Orient slave et hongrois. S'ils avaient toute la ténacité (*ausdauer*) dont ils se vantent, ils auraient presque fait de l'Europe une Allemagne; mais leur malléabilité, leur bonté naturelle, leur sympathie universelle, qui se transforme aisément en servilité ou du moins en profonde admiration pour les façons d'être étrangères, leur facilité à apprendre plus qu'à prononcer toutes les langues, les ont noyés au milieu de peuples qui ne les valaient pas toujours. La supériorité dans l'agriculture, dans l'industrie, dans le commerce, dans tout ce qui s'appelle aujourd'hui la civilisation, la supériorité numérique même, ne les a pas empêchés de se fondre, et telle ville, telle contrée où l'on ne connaît pas l'allemand, n'est peuplée que d'Allemands qui ont gardé leurs noms tudesques, ou les ont traduits en slave, en hongrois, en italien;

quelques-uns des chefs principaux du mouvement national slave en Bohême, en Moravie, dans l'Autriche du Sud, mouvement tout à fait antigermanique, portent des noms purement allemands.

Sans colonies, les Allemands colonisent partout, avec les Anglais dans toutes les contrées où se parle la langue anglaise, avec les Russes partout où règne le tzar. Ils ont fourni à la grande république américaine des millions de citoyens, aux jeunes nations de l'Amérique du Sud leurs travailleurs les plus actifs, leurs commerçants les plus entreprenants, leurs professeurs les plus sérieux. Ils s'établissent en Algérie, en Australie, dans la Nouvelle-Zélande, dans les îles de la mer du Sud. Les Allemands sont le peuple cosmopolite par excellence. Sans patrie, Bavarois, Hessois, Prussiens, Autrichiens, ont pour patrie le monde entier.

ONÉSIME RECLUS.

ALLEMAGNE. — HISTOIRE. — Un précis de l'histoire d'Allemagne, pour être complet, doit s'ouvrir par un souvenir donné à Charlemagne [1]. Entre autres bienfaits dont les Allemands sont redevables à ce grand homme, à ses conquêtes et à ses lois, il faut placer au premier rang la conscience de leur nationalité. Les guerres de Charlemagne eurent pour résultat de révéler à l'Allemagne sa propre identité, de lui constituer une nationalité dont l'idée s'est souvent obscurcie, mais qui dure et qui persiste en dépit de toutes les contrariétés de la fortune. Avant Charlemagne, les diverses peuplades de l'Allemagne formaient autant d'unités séparées qui vivaient sous leurs propres lois. En les faisant entrer, même pour un temps bien court, dans l'unité de son immense empire, il a fait que ces diverses peuplades se sont reconnues liées entre elles par l'affinité de la langue et de la race, et dans la personne de leurs représentants appelés à ces assemblées générales que le grand empereur tenait à Aix-la-Chapelle. Jusqu'à Charlemagne, l'Allemagne, ou pour mieux dire, les tribus germaniques s'étaient sans cesse avancées vers l'ouest, sur l'ancienne Gaule. A partir de son règne, on voit ces tribus rétrograder et refouler vers l'est les peuplades slaves. C'est, à proprement parler, le territoire allemand qui se forme; la langue et la race germaniques ont trouvé leur assiette géographique; la grande patrie allemande peut naître.

Charlemagne est-il un *Franc* ou un *Français* ? Doit-on ranger Charlemagne parmi les souverains de la Germanie ou parmi ceux de la France? Question encore obscure, et non résolue jusqu'à ce jour entre les historiens de la France et de l'Allemagne. Quand on se représente Charlemagne, ce géant de six pieds, plus robuste que tous ses compagnons d'armes, et que l'on dirait à peine échappé des forêts de la Germanie; quand on songe à son éducation, si négligée dans son enfance qu'il ne put jamais la refaire dans son âge mûr; quand on le voit demeurer toute l'année sur les bords du grand fleuve allemand, le Rhin, et de là partir sans cesse pour des expéditions et des conquêtes sur les races germaniques, on ne peut guère prétendre historiquement que Charlemagne ait été un souverain français. L'avénement de sa famille au pouvoir marquait la prédominance des Francs austrasiens sur les Francs neustriens. Sa politique le porta dans de certaines occasions à faire des concessions à ceux qu'il avait subjugués, mais il resta toujours Germain. La tournure de son génie particulier est celle du génie de sa race. La grande idée de l'unité de l'empire romain lui apparut sans doute ; mais la législation qu'il a donnée, l'administration, si admirable pour le temps, qu'il sut créer, ce souci constant des détails, cette fidélité au costume comme aux usages de sa nation, cette application à réviser sans

1. Pour plus de détails sur Charlemagne, voyez l'article *Carlovingiens.*

cesse les coutumes législatives des peuplades germaines comme pour leur communiquer une vie nouvelle, ces soins personnels donnés à la collection des souvenirs populaires et des poésies héroïques de sa race, tout annonce que Charlemagne, qui ne revêtit que deux fois en sa vie la pourpre impériale, ne se considéra jamais comme l'empereur latin que le pape Léon III, récompensant tant de services rendus à l'Église par le guerrier barbare, voulut sacrer de ses propres mains dans l'église du Vatican, le jour de Noël de l'an 800. A ses propres yeux Charlemagne demeura toujours le chef des Francs austrasiens, et c'est à bon droit que les Allemands, voyant en lui le plus grand de leurs aïeux, s'inclinent avec respect devant la vieille statue de pierre qu'ils lui ont érigée sur le pont de Francfort, d'où il semble commander encore à toute l'Allemagne.

L'empire de Charlemagne, que soutenaient seuls son ferme génie et sa main robuste, ne devait pas lui survivre. L'unité qu'il avait créée était d'ailleurs toute factice. Empruntée à l'empire romain, cette unité fut plutôt une idée politique qu'une réalité. A peine voit-on l'empire transmis aux mains débiles de Louis le Pieux ou le Débonnaire (814) que les éléments dont il se compose tendent à se séparer. Après avoir commis la faute, peut-être inévitable, de s'associer ses fils et de leur donner des royaumes taillés dans l'empire, Louis la compliqua en revenant sur le précédent partage, pour donner un royaume à son fils Charles le Chauve, né d'un second mariage. Son règne ne fut qu'une longue suite d'humiliations pour lui et de guerres intestines entre ses enfants révoltés. Il fut déposé deux fois, et dut s'accuser lui-même, dans une pénitence publique, d'avoir excité la guerre civile par des *divisions arbitraires* de l'empire. « Reproche grave, dit M. Michelet, qui révèle la pensée du temps. C'est la réclamation de l'esprit local qui veut désormais suivre le mouvement matériel et fatal des races, des contrées, des langues, et qui dans toute division politique ne voit que violence et tyrannie. » Louis le Pieux mort (810), la France et la Germanie manifestèrent sérieusement leur vœu de vivre sous des rois particuliers. Son fils aîné Lothaire ayant succédé au titre d'empereur, les nations germaniques s'attachèrent davantage à Louis le Germanique, qui n'était cependant que roi, et bientôt entrèrent dans une ligue contre le *Keisar*. La guerre éclata entre les trois fils de Louis le Débonnaire, Charles le Chauve, Louis le Germanique et l'empereur Lothaire, qui était roi des possessions situées au midi du vaste empire de Charlemagne. Charles et Louis, ligués entre eux, livrèrent bataille à leur frère à Fontanet, près d'Auxerre (841). Dans cette terrible journée où plus de cent mille hommes trouvèrent la mort, les fils des *Welskes* et des *Teutsckes* combattirent sous les mêmes drapeaux pour le renversement du système politique fondé par Charlemagne. La bataille qui devait être le jugement de Dieu ayant été considérée comme peu décisive, Lothaire rallia de nouvelles forces, et ses deux frères durent songer à former une nouvelle alliance. Ils se réunirent avec leurs armées en conférence à Strasbourg ; et là les deux rois s'engagèrent entre eux, par un serment solennel, prononcé tour à tour en langue tudesque par Charles le Chauve et en langue romane par Louis le Germanique, afin d'inspirer une mutuelle confiance à leurs troupes ; ils reçurent aussi les serments de leurs officiers respectifs dans les mêmes formes.

Lothaire, bientôt abandonné de ses troupes, ne tarda pas à demander à traiter. Un nouveau partage de l'empire établit à perpétuité la séparation des peuples du Midi et du Nord. Lothaire eut, avec le titre d'empereur, un royaume qui servait de limite aux deux autres, et qui étroitement resserré entre eux, ne devait pas durer longtemps. Il s'étendait de l'Italie à la mer du Nord en longeant les rives du Rhône, de la Saône et de l'Escaut. Louis le Germanique eut toute l'Allemagne, et Charles le Chauve tous les pays de l'occident, c'est-à-dire la France. A partir de ce traité conclu à Verdun (843) la France et la Germanie cessèrent d'être en communication directe par le gouvernement et par la langue. Aussi les historiens s'accordent-ils généralement à faire commencer l'histoire de l'Allemagne au traité de Verdun, c'est-à-dire au point précis où la nationalité allemande, — au sens moderne où il est possible d'entendre ce mot, — se dégageant du chaos du monde barbare, apparaît avec ses principaux caractères.

La mort de Lothaire amena bientôt le partage de ses possessions entre Charles le Chauve et Louis le Germanique. Celui-ci réunit à son royaume la Lorraine actuelle, l'Alsace et les Pays-Bas. De son règne date l'organisation politique de l'Allemagne. Quatre populations composaient le royaume de Louis : les Francs austrasiens, les Bavarois, les Alémans, et les Saxons, sans parler d'autres peuplades de moindre importance, tels que les Thuringiens et les Frisons. Ces populations étaient commandées par des ducs nommés par le roi et qui administraient le pays en son nom ; sous ces ducs se trouvaient des comtes et des margraves, véritables fonctionnaires qui n'étaient nommés que temporairement, mais à qui, faute d'argent, l'on céda des terres royales pour salaire : telle fut l'origine de la grande féodalité allemande. D'un autre côté, l'Église avait pris une grande importance politique, par suite des dotations qu'elle avait reçues. Les grands fonctionnaires, les prélats et ce qui pouvait rester de propriétaires libres formèrent les premiers éléments des diètes qui jouèrent plus tard un rôle si considérable dans les affaires de l'Allemagne.

A la mort de Louis le Germanique, ses trois fils se partagèrent ses États (876). Mais les branches de la race carlovingienne s'éteignaient avec une telle rapidité que, moins de dix ans après (884), le plus jeune de ces fils, Charles le Gros, réunit sous son sceptre tout l'héritage de Charlemagne, avec le titre d'empereur. Ce titre pompeux ne fit que mieux accuser sa faiblesse et son incapacité. Les Normands faisaient des incursions dans l'empire, et se livraient au pillage des principales villes. Tant de désastres, que l'ineptie de l'empereur ne pouvait réparer, amenèrent sa déposition à la diète de Tribur près de Mayence (887) : dernière et victorieuse protestation des diverses nations, jadis soumises par Charlemagne, contre l'unité de l'empire. La diversité des races, des langues et des mœurs éclata tout à coup. L'Allemagne seule se sépara en trois groupes qui devaient se morceler plus complétement encore. A ce moment, la puissance de l'aristocratie, la soif du repos, un besoin pressant d'organisation jettent les bases du système de la *Féodalité*. (Voyez ce mot.)

Le premier roi national des Allemands fut Arnulf de Carinthie, fils naturel de Carloman, l'un des fils de Louis le Germanique. Il s'était rendu à la diète de Tribur, pour la déposition de Charles le Gros, avec des forces imposantes. Il s'y fit proclamer roi de Germanie. De race carlovingienne, il rêva toute sa vie de reconstituer l'empire de Charlemagne ; il réussit même à se faire couronner empereur, et à ressusciter comme un vain simulacre de l'ancienne puissance de ses pères. Quelques succès sur les Normands, une courte expédition en Italie illustrèrent son règne. Vers l'époque de sa mort (899) les Hongrois, tribu tartare, s'établirent dans les plaines qui ont depuis gardé leur nom. Le fils d'Arnulf, Louis l'Enfant, lui succéda à peine âgé de six ans. Il mourut bientôt (911) et avec lui s'éteignit la dynastie carlovingienne en Allemagne.

A sa mort, deux nations dominaient entre toutes les autres dans le pays, les Franconiens et les Saxons, ceux-ci plus forts et plus redoutés que les premiers, à cause de leur longue résistance à Charlemagne. Les chefs de ces deux peuples pouvaient se disputer à qui aurait la couronne de Germanie. Othon, duc de Saxe, fit élire Conrad, duc de Franconie. Ce prince s'occupa tout aussitôt de dompter les vassaux et de donner à l'Allemagne l'unité. On voit apparaître clairement ce dessein dans le choix qu'il fit pour lui succéder, de Henri Ier l'Oiseleur (918), duc de Saxe, au détriment de son propre frère. C'est sous le règne de Henri l'Oiseleur que se débrouille un peu le chaos de l'Allemagne. Il faut que ce prince ait été un des rois les plus dignes de régner, dit Voltaire, car sous lui les seigneurs de l'Allemagne, si divisés, sont réunis. Antérieurement à son règne, il n'y avait pas de villes en Allemagne. Aussi les Hongrois, encore barbares, ne rencontraient-ils aucun obstacle dans leurs invasions. Henri fit fonder et fortifier un grand nombre de villes, battit les Hongrois, et permit à l'Allemagne de respirer. Son fils Othon Ier, dit le Grand (936), surpassa sa gloire. Après avoir remporté une victoire décisive sur les Hongrois sous les murs de la ville d'Augsbourg, réduit les populations esclavonnes à l'état de tributaires et dompté la Bohême, il tourna ses regards vers l'Italie, obéissant ainsi à la tradition barbare qui a toujours poussé la race germanique à s'étendre vers le midi de l'Europe. Les Italiens eux-mêmes, excités par le pape Jean XII, toujours faibles et divisés, appelaient le prince qui avait su rétablir l'ancienne puissance carlovingienne en Allemagne. Othon entra en Italie, et s'y conduisit comme Charlemagne. Il se fit sacrer et couronner empereur des Romains par les mains du pape. Voulant se faire de la papauté un instrument de domination, il eut l'idée de confirmer les donations de Pepin le Bref et de Charlemagne, sans spécifier, dit Voltaire, quelles sont ces donations si contestées. En revanche, il obligea les Romains à n'élire de pape qu'en présence de ses envoyés. C'était s'arroger le pouvoir de nommer le pape lui-même. Il jeta ainsi entre l'Allemagne et l'Italie le germe des calamités qui ont affligé le monde pendant tant de siècles. Othon Ier, après avoir déposé le pape Jean XII et fait élire Léon, rentra en Allemagne, et mourut (973) avec la gloire d'avoir rétabli l'empire d'Occident.

Mais l'acquisition de la couronne impériale par la maison de Saxe devint pour les successeurs d'Othon une source de maux incessants. Les révoltes éclatèrent au sein de l'empire, le pouvoir des grands vassaux s'affermit en se développant. Pendant que les rois d'Allemagne étaient occupés par la chimère de la couronne impériale, les principaux feudataires se rendaient indépendants de la royauté. L'incapacité politique des successeurs d'Othon le Grand, Othon II (973-982), Othon III (982-1002), contribua pour beaucoup à la décadence de la maison de Saxe; à la mort d'Othon III, il fallut prendre Henri de Bavière surnommé le Pieux, arrière-petit-fils de Henri l'Oiseleur, pour maintenir la couronne dans cette maison. Avec ce prince, connu surtout pour son asservissement au clergé et les libéralités sans nombre dont il enrichit les couvents, s'éteignit (1026) la dynastie des Empereurs saxons. Sous cette dynastie la puissance germanique s'était fondée, et, malgré des guerres continuelles, l'Allemagne s'était accrue en population. Pendant la même période, on voit croître l'influence ecclésiastique, en raison directe de l'étendue des possessions territoriales du clergé.

Cette influence se fit sentir dans l'élection du successeur de Henri le Pieux. On voulut donner le plus grand éclat à cette élection, tous les princes de l'Allemagne y furent appelés, y compris même les chefs des peuplades tributaires. La voix de l'archevêque de Mayence décida le choix de l'assemblée en faveur de Conrad de Franconie, premier souverain de la race salienne, laquelle occupa le trône pendant un siècle entier. Conrad, à qui revient la gloire d'avoir ajouté la Bourgogne helvétique à l'empire, essaya de lutter contre les forces de l'aristocratie, mais sans obtenir de résultats satisfaisants. Son fils et successeur Henri III, dit le Noir (1039-

1056) parut un moment plus heureux dans cette tâche. Sa main de fer sembla destinée à constituer l'unité de l'Empire ; la Pologne et la Hongrie reconnurent la suzeraineté de l'Empereur, et le pouvoir impérial, qui suivait une marche ascendante, serait peut-être parvenu à dominer la grande féodalité, si la mort de Henri le Noir n'avait fait monter sur le trône un enfant de six ans, Henri IV (1056-1106), sous le règne duquel éclata la grande querelle du sacerdoce et de l'empire ou *Querelle des Investitures*. (Voyez ce mot.)

L'Église, impuissante pour repousser les barbares, avait été obligée de laisser la force à la féodalité; peu à peu elle se trouva elle-même toute féodale. Les évêques se faisaient barons et les barons évêques. Les dignités ecclésiastiques, attribuées aux enfants des nobles, devenaient insensiblement héréditaires. Alors parut le moine Hildebrand, qui fut élu pape sous le nom de Grégoire VII et dont l'empereur Henri IV ne put empêcher l'élection. Hildebrand entreprit d'abord la réforme de la discipline ecclésiastique, établit le célibat des prêtres, et, l'Église étant ainsi purifiée, se mit à attaquer l'Empire et à reprendre son rêve de domination universelle. Ce moment est décisif dans l'histoire de la civilisation européenne. « S'il eût été possible à l'Empire et à la papauté de s'unir en paix, l'idée de l'unité chrétienne l'eût alors emporté sur celle des développements nationaux, et dans le centre de l'Europe, en Allemagne et en Italie, se fût élevé un pouvoir monarchique, une forme de gouvernement unitaire qui eût apporté les plus grandes entraves au développement national et humanitaire de l'Europe entière. Une pareille combinaison échoua, grâce à la jalousie des deux puissances, qui se disputèrent la suprématie sur toutes les couronnes et sur tous les royaumes chrétiens, grâce aussi aux haines nationales qui animèrent les Italiens et les Allemands les uns contre les autres. Mais ce qui, dès l'origine, rendit sa réalisation impossible, ce fut cette particularité du caractère germanique qui, en opposition complète avec ces projets de fusion de tous les États en un seul, essayait de subdiviser même les États existants. Les races germaniques apportèrent de tout temps d'insurmontables difficultés à cette idée latine de l'unité dans l'État, dans la loi et dans la religion, à cause de leurs droits d'hérédité et de suffrage, à cause de leur système féodal et de vasselage ainsi que de leur propension à fonder la liberté sur des fédérations d'associés[1].

La première attaque de Grégoire VII contre l'Empire fut violente. Il lança son décret sur les investitures, par lequel il déclarait qu'au pape seul appartenait le droit de nommer les chefs de l'Église. Auparavant, les prélats de l'Allemagne étaient nommés par les chanoines, et leur choix était soumis à l'approbation royale. Par son décret sur les investitures, le pape s'emparait de la souveraineté du tiers de l'Allemagne. Henri IV ayant voulu résister, ayant même fait déposer Grégoire VII par un concile tenu sous ses auspices à Worms, le fougueux moine excommunia l'Empereur, et dès lors la guerre fut allumée entre la haute aristocratie, qui prit parti pour le pape, et l'Empereur qui perdit, dans cette lutte, tout le fruit des efforts déjà faits pour dompter la féodalité et constituer l'unité de l'Allemagne. La querelle des investitures, un des épisodes les plus dramatiques de l'histoire du moyen âge, remplit tout le règne de Henri IV, et, après la mort si lamentable de ce prince (1106), recommença et se termina par le concordat de Worms (1122) sous le règne de son fils Henri V (1106-1125), le dernier des Empereurs saliques, de la maison de Franconie. Les deux premiers princes de cette maison avaient beaucoup fait pour accroître le pouvoir impérial; mais les prétentions du pape, les jalousies et les craintes de la haute aristocratie allemande, et surtout cette guerre effroyable de

---

1. M. Gervinus, *Introduction à l'histoire du* xixᵉ *siècle.*

quarante ans, engendrée par la querelle du sacerdoce et de l'Empire, arrêtèrent le développement de la puissance de l'Empereur qui seule eût pu donner à l'Allemagne son unité politique. Vers la même époque, la race capétienne montait sur le trône de France qu'elle devait occuper pendant près de huit cents ans. En Allemagne, le spectacle est tout différent. On voit les races royales se succéder rapidement, et, avec les familles, changer les traditions, l'esprit, les intentions politiques. Mais là n'est pas la seule cause des différences profondes que l'on découvre dans la royauté en France et en Allemagne. Aux raisons tirées du caractère germanique, que nous avons empruntées plus haut à un historien justement considéré au delà du Rhin, il faut ajouter qu'après la dissolution de l'empire de Charlemagne le démembrement de cet empire ne s'était pas accompli en Allemagne comme en France. En France, les races étaient mêlées et confondues, ignorantes les unes des autres et déjà groupées dans des villes ; en Allemagne, au contraire, peu ou point de villes, mais des populations disséminées, gardant le souvenir d'une existence indépendante à l'état de tribu d'abord, puis à l'état de royaumes, parlant le même dialecte, ayant la même loi, la même histoire, jalouses les unes des autres et surtout du maître commun. Quand les grands feudataires luttaient contre l'Empereur, ils pouvaient s'appuyer sur l'indépendance des nations, et c'était pour eux une force considérable. C'est ce qui explique comment, dans la lutte des Empereurs contre les seigneurs, les Empereurs ne purent jamais venir à bout d'enlever aux seigneurs l'hérédité, tandis que les seigneurs réussirent à empêcher que la couronne impériale cessât d'être élective.

La maison salique de Franconie avait été impuissante à établir une monarchie héréditaire. De guerre lasse, et possédée d'ailleurs du besoin de l'unité politique, l'Allemagne se tourna vers ceux des princes qui avaient combattu les prétentions de cette maison. Une brillante assemblée, convoquée à Mayence par l'archevêque de cette ville, réunit tous les princes ecclésiastiques et laïques de l'Allemagne avec l'élite de leur noblesse. On y comptait en tout plus de soixante mille hommes. Le droit d'élection appartenait encore à tous les princes. Mais on voit déjà des degrés se former dans cette élection. L'assemblée nomma un comité de dix princes qu'elle chargea de la *prétaxation*, c'est-à-dire du soin de lui désigner les candidats les plus dignes. Telle fut l'origine des Électeurs. L'archevêque de Mayence décida de l'élection en faveur du duc de Saxe, qui fut reconnu roi à Aix-la-Chapelle sous le nom de Lothaire II et qui, plus tard, dans une expédition en Italie, reçut la couronne impériale des mains du pape Innocent (1125-1135). Le règne de ce prince fut de courte durée. Il légua cependant les plus graves embarras à l'Allemagne. Pour recevoir la couronne impériale des mains du pape, il s'était abaissé à l'excès devant lui, il avait renoncé à l'une des prérogatives concédées aux Empereurs par le concordat de Worms, le droit de veiller sur les élections ecclésiastiques ; c'était blesser l'Allemagne et préparer des guerres nouvelles contre la papauté. De plus, en Allemagne même, il avait eu, lors de son élection, des rivaux puissants dans la personne des princes de la maison de Hohenstauffen et de Franconie. Lothaire n'avait qu'une fille mariée à Henri de Bavière, de la maison de Welf. Afin d'assurer la couronne d'Allemagne à son gendre, Lothaire l'investit du duché de Saxe et de la possession des fiefs italiens (Toscane), qui lui étaient venus par héritage de la grande comtesse Mathilde. Cette puissance de la maison de Welf effraya bientôt toute l'Allemagne, et, après la mort de Lothaire (1235), Conrad de Hohenstauffen fut choisi comme roi de l'Allemagne par l'assemblée des Électeurs, grâce aux intrigues des évêques et du légat du pape. La guerre contre la maison de Welf ne tarda pas à éclater. Conrad fit signifier à Henri de Welf d'opter entre ses deux duchés de Saxe et de Bavière. Sur son refus, Conrad donna l'investiture de la Saxe à Albert l'*Ours*, margrave de Brandebourg. Henri de Welf ne mourut pas sans avoir repris la Saxe. Albert l'*Ours* reçut en compensation de la perte de la Saxe, qui lui avait été donnée, la charge héréditaire de grand chambellan. C'est là le point de départ du royaume de Prusse qui menace aujourd'hui d'absorber toute l'Allemagne. On verra, en suivant le cours des événements et des siècles, comment cette puissance est allée sans cesse en se développant.

Cette guerre déclarée par les Hohenstauffen à la maison de Welf est l'origine sanglante des luttes des *Guelfes* et des *Gibelins* (voyez ces mots), qui durèrent peu en Allemagne, mais qui, transportées au delà des Alpes, déchirèrent pendant si longtemps l'Italie. Ces noms désignent d'abord les partisans de la famille de Henri de Welf, dit Henri le Superbe, et de Conrad, de la maison impériale de Souabe. Plus tard, la rivalité de ces deux familles s'étant renouvelée pendant que l'Empereur faisait la guerre à l'Italie, et ceux des Italiens qui combattaient pour leur indépendance nationale, s'étant unis aux Guelfes, le nom de *Guelfes* désigna les partisans de l'indépendance italienne, et le nom de *Gibelins* les partisans de l'autorité d'un Empereur étranger. Plus tard encore, quand les Empereurs eurent perdu l'autorité réelle sur l'Italie, et que, dans les villes italiennes devenues républiques, il s'éleva des seigneurs qui s'efforcèrent de constituer à leur bénéfice de petites royautés, en s'appuyant de la volonté des Empereurs, le nom de *Guelfes* désigna les partisans de la liberté républicaine, et le nom de *Gibelins* les seigneurs et leurs partisans[1].

A cette époque, toute l'Europe était travaillée par l'immense mouvement des *Croisades* (voyez ce mot). La première avait eu lieu en 1099, après les prédications de Pierre l'Hermite. L'Allemagne n'y prit qu'une part secondaire. Elle fut traversée par les bandes de pèlerins pillards qui firent la première guerre sainte; quelques recrues allemandes se joignirent à ces troupes, et ce fut tout. Mais Conrad, excité par l'éloquence entraînante de Bernard, abbé de Clairvaux, qui était accouru de France pour l'engager à se croiser avec le roi Louis VII, voulut conduire lui-même une armée allemande en Palestine. Il laissa de côté l'Italie, où pourtant on l'appelait à prendre possession de Rome et de son territoire, pour s'en aller en Orient. Son expédition ne fut qu'une longue série de déceptions et de défaites. Abandonné par les guides grecs qui devaient conduire son armée à travers l'Asie Mineure, il perdit toutes ses troupes, moitié dans des combats contre les Turcs du sultan d'Iconium, moitié par les fièvres et la faim. Après une absence de deux ans, il s'en revint mourir en Allemagne (1152). Mettant les intérêts de sa maison au-dessus de ceux de son propre fils, il avait en mourant remis les ornements impériaux à son neveu Frédéric de Souabe, connu dans l'histoire sous le nom de Frédéric Ier dit *Barberousse*.

La désignation faite par Conrad III fut ratifiée par l'assemblée des seigneurs allemands. Frédéric fut élu à Francfort et couronné à Aix-la-Chapelle. C'était, dit Voltaire, un homme comparable à Charlemagne et à Othon le Grand. Il reprit toutes les prétentions de ses prédécesseurs, les Césars du saint-empire romain; il reprit aussi tous leurs projets et toutes leurs querelles. Le grand objet de l'ambition allemande, c'était l'Italie. Avant de rien entreprendre au delà des Alpes, il commença par faire sa paix avec Henri le Lion, de la maison de Welf, fils de Henri le Superbe, en lui promettant la restitution de la Bavière.

L'Italie formait toujours un royaume qui, depuis Othon le Grand, était réuni à la

1. Dans la première guerre entre Conrad de Souabe et Henri le Superbe, *Hie Welf* était le cri de guerre du parti des Guelfes; *Hie Waiblingen* celui des Hohenstauffen, dont le fief de famille s'appelait *Waiblingen* (Gibelin).

couronne de Germanie. Mais ce roi, qui vivait presque toujours au delà des Alpes, ne pouvait exercer une bien grande influence dans la Péninsule. L'action du pouvoir central était presque nulle, et les villes si nombreuses de l'Italie du nord étaient pour ainsi dire abandonnées à elles-mêmes, car on pouvait y compter pour rien l'autorité des comtes que les rois d'Allemagne y envoyaient pour les administrer en leur nom. En outre, dans leur résistance contre les incursions des Sarrasins et des Hongrois, les villes du nord de l'Italie avaient dû songer à se fortifier et à s'unir entre elles. De plus, le commerce les avait enrichies ; elles étaient prospères et puissantes, et si, d'un côté, elles étaient unies contre l'étranger, d'un autre côté, entre elles, elles ne cessaient de se jalouser, de se disputer la prééminence, et de se faire une guerre acharnée. Il faut joindre à ces causes incessantes de discorde en Italie la lutte soutenue par les Romains contre les papes, dont ils ne pouvaient se décider à accepter l'autorité temporelle.

Au temps de Frédéric Barberousse, un homme de génie, Arnauld de Brescia, hardi, libre, révolutionnaire, avait réussi, avec le concours des nobles et du peuple, à rétablir la république romaine. C'en était fait du pouvoir temporel des papes, et déjà saint Bernard, la voix la plus écoutée de la chrétienté, invitait le pape Eugène III à gouverner l'Église en se passant des Romains, quand le successeur d'Eugène, Adrien IV, eut l'idée d'appeler en Italie Barberousse, avec l'espoir de se servir d'abord de l'Empereur contre les Romains, puis des Romains contre l'Empereur. Frédéric, qui ne demandait qu'une occasion d'entrer en Italie et d'y conquérir le prestige de ses prédécesseurs, passa les Alpes. Il cimenta son alliance avec Adrien IV, en livrant Arnauld de Brescia au pape qui fit brûler vif cet illustre défenseur de la liberté italienne. Le roi d'Allemagne reçut la couronne impériale (1155) arrosée du sang de plus de mille citoyens romains, qui voulaient maintenir leur indépendance, et Frédéric retourna en Allemagne. Il y fut reçu avec le plus grand respect. A la diète de Würtzbourg, des ambassadeurs d'Italie, de France, de Bourgogne, d'Espagne et d'Angleterre vinrent lui rendre hommage et lui jurer fidélité. Frédéric profita de cet ascendant pour faire reconnaître sa suzeraineté par les rois de Pologne.

Cependant les villes du nord de l'Italie étaient toujours remuantes et impatientes de la domination étrangère. Frédéric, malgré la défense héroïque de Milan, parvint une première fois à les réduire. Dans son admiration pour les Césars de l'ancienne Rome et pour l'antiquité, il rétablit l'enseignement du droit romain, et imposa des droits régaliens à toutes les cités du nord de l'Italie. Le mécontement devint universel. Le pape Adrien IV brûlait du désir de s'affranchir de la tutelle impériale ; il prit le premier prétexte venu pour se brouiller avec Frédéric Barberousse. L'Empereur, de son côté, renonça au concordat de Worms, qui avait mis fin aux démêlés du sacerdoce et de l'Empire, et la querelle des investitures se ralluma. Adrien IV mourut ; les cardinaux qui lui étaient attachés nommèrent à sa place Alexandre III. L'Empereur fit élire des papes par son parti, et les excommunications s'échangèrent de part et d'autre. Les villes du nord de l'Italie, décidées à résister jusqu'au bout, rétablirent leurs murs et s'unirent entre elles dans une ligue à laquelle s'associa la ville de Venise, et qui a pris dans l'histoire le nom de *ligue lombarde*. Sept armées allemandes descendirent successivement du haut des Alpes ; le patriotisme italien en vint à bout. Milan fut assiégée, prise, réduite en cendres et rasée ; on sema du sel sur ses ruines. Cette catastrophe mit le comble à la fureur des villes italiennes : grâce au concours de Venise, Frédéric fut vaincu à la bataille de Legnano (1176) et contraint de venir s'humilier devant le pape qui lui mit, dit-on, le pied sur la gorge en signe de domination. Une trêve fut conclue, qui se changea six ans après, par le traité de Constance (1182), en une paix durable. Les villes lombardes furent assimilées aux villes libres impériales de l'Allemagne, avec droit de lever des troupes et d'entretenir des fortifications.

Une des causes de la défaite de Frédéric en Italie avait été la guerre sourde et opiniâtre que Henri le Lion, duc de Saxe et de Bavière, n'avait cessé de lui faire en Allemagne. Barberousse voulut en tirer vengeance. La Saxe fut donnée de nouveau à Albert l'Ours, et la Bavière à Othon de Wittelsbach, chef de la maison de ce nom, qui règne encore à Munich. Henri le Lion, mis au ban de l'Empire, s'exila en Angleterre. L'Allemagne goûta quelque repos après tant de guerres (1182). L'Empereur s'appliqua à faire exécuter les clauses du traité de Constance en Italie, et à faire disparaître diverses coutumes barbares dans l'Empire. En l'année 1185, croyant assurer l'avenir de sa maison en Italie, il maria son fils avec Constance, héritière du royaume de Sicile. Cette période de calme relatif fut de courte durée. Saladin, sultan des Sarrasins, venait de reprendre Jérusalem sur les chrétiens. Le pape Clément III prêcha une nouvelle croisade, à laquelle Frédéric Barberousse commit la faute de prendre part avec une armée de cent mille hommes. L'empereur grec de Constantinople lui ayant contesté son titre de chef du saint-empire, il fallut en venir aux mains et forcer le passage à main armée. Frédéric y réussit; il vainquit également les Turcs d'Iconium et vengea la défaite de Conrad; il s'apprêtait à poursuivre sa route, quand il mourut de la maladie qui avait failli emporter Alexandre le Grand, après son bain dans les eaux glacées du Cydnus (1190).

Frédéric Barberousse est l'un des plus grands princes qui aient régné sur l'Allemagne. Son souvenir est demeuré dans la mémoire du peuple allemand à l'état de légende. On peut dire qu'il porta la puissance impériale à son plus haut degré : la diète de Würtzbourg est le point culminant de la prospérité du saint-empire. Longtemps, en Allemagne, on ne voulut pas croire que le grand Empereur fût mort. On ignorait le lieu de sa sépulture. « Barberousse n'est pas mort, dit la légende. Il dort seulement. Il dort dans un vieux château désert sur une montagne. Un berger l'y a vu, ayant pénétré à travers les ronces et les broussailles. Il était dans son armure de fer, accoudé sur une table de pierre, et, sans doute, il y avait longtemps, car sa barbe avait crû autour de la table et l'avait entourée neuf fois. Le vieil empereur Barberousse, soulevant à peine sa tête appesantie, dit seulement au berger : — Les corbeaux voltigent-ils encore autour de la montagne ? — Oui, encore. — Ah! bon, je puis me rendormir. Quand le vieil empereur Frédéric Barberousse reparaîtra, il suspendra son bouclier à un arbre desséché. On verra l'arbre reverdir, et ce sera le signe d'une nouvelle époque, d'une nouvelle ère de vertus et de félicités. » — La légende est touchante; tout patriote allemand la sait par cœur. C'est le symbole de la grandeur de l'Allemagne, assurée par son unité, grandeur que l'Allemagne a connue au temps de Barberousse, qu'elle n'a pas retrouvée depuis, mais qu'elle ne désespère pas de reconquérir un jour. Barberousse sortira-t-il de sa caverne? Que de fois déjà, depuis le moyen âge, cette illusion n'a-t-elle pas trompé l'Allemagne ?

Frédéric Barberousse mort, son fils Henri lui succéda. Le règne assez court de ce prince (1190-1199) vit finir la domination des Normands en Sicile. Henri VI avait épousé Constance, héritière du royaume de Sicile. Les Normands refusèrent de le reconnaître pour roi ; l'Empereur fit la conquête de Naples et de la Sicile, et s'en empara après des massacres terribles. Sous son règne, les querelles avec Rome s'assoupirent un peu ; en Allemagne, il ne se passa aucun événement extraordinaire, à part la captivité de Richard Cœur de Lion, à son retour de la croisade. Tel était alors le prestige de l'Empire qu'un roi d'Angleterre fut retenu en otage par le César allemand, pour avoir osé traverser les domaines de l'un des grands feudataires de l'Empire. Richard fut obligé de se défendre devant une diète et de payer rançon. Henri VI mourut en Italie, au moment où il méditait de rendre l'Empire héréditaire dans sa famille, au moyen de concessions faites aux seigneurs féodaux.

Son fils Frédéric était trop jeune pour lui succéder. Il fut néanmoins proclamé roi des Romains, ce qui était une désignation pour devenir plus tard Empereur. Philippe de Souabe, frère de Henri VI, tenta de se faire donner la couronne. Le parti guelfe, soutenu par le pape Innocent III, proclama Othon de Brunswick de la maison de Guelfe, et fils de Henri le Lion. La guerre civile éclata dans l'Empire et dura pendant dix années; Philippe de Souabe fut assassiné par Othon de Wittelsbach, qu'il avait outragé en lui refusant sa fille, et Othon fut reconnu Empereur sans contestation. Du parti guelfe, s'appuyant sur le pape, Othon IV fit des concessions extraordinaires au clergé. Innocent III gouvernait alors l'Église. Son ambition était extrême. Il ne tarda pas à entrer en lutte avec l'Empereur qu'il avait contribué à faire, sentant que la puissance impériale était trop accablante et enserrait trop étroitement le petit principal temporel des pontifes romains. Othon avait à peine reçu la couronne qu'il était excommunié, et qu'il trouvait dans le jeune fils de Henri VI, Frédéric II de Hohenstauffen, un concurrent redoutable, prêt à lui disputer la possession de l'Empire. Othon résista, protégé par l'Angleterre ; Frédéric, de son côté, vint chercher des secours auprès du roi de France Philippe Auguste, qui avait élevé ce royaume à un haut degré de prospérité. La guerre éclata. Voltaire remarque qu'Othon IV est le seul empereur d'Allemagne qui ait jamais donné une bataille en personne contre un roi de France. Il ajoute que la guerre que l'on fit alors à Philippe Auguste est la première guerre entreprise en faveur du système de la balance de l'Europe, qui n'a prévalu que quatre cents ans plus tard : on combattait Philippe Auguste parce qu'il était prépondérant. C'est dans cette guerre que fut donnée la célèbre bataille de Bouvines (1218), où l'Empereur fut complétement défait. Othon mourut peu de temps après; il avait régné dix ans.

Depuis la défaite de Bouvines, Frédéric II de Hohenstauffen était en pleine possession de l'autorité impériale. Ce prince, l'un des hommes les plus extraordinaires de son siècle, demeura toute sa vie dans une situation équivoque. Fils d'une Italienne, comtesse de Sicile, né et élevé en Italie, il avait reçu l'éducation la plus complète de son temps. Les Grecs et surtout les Arabes de la Sicile lui avaient appris le peu de notions scientifiques que le monde possédât alors. Instruit, sceptique, de mœurs élégantes, il ne put jamais se plier aux nécessités de la vie rude et grossière que l'on menait au delà des monts. Quand il était en Allemagne, toujours entouré de jurisconsultes et de poëtes italiens, il semblait comme un étranger dans son Empire. En Italie, on le trouvait trop adonné à la culture des sciences qui passaient pour des maléfices et des sortiléges. Sa compagnie était faite d'Arabes et de Sarrasins infidèles, et il passait pour se livrer à la composition de livres impies où Jésus-Christ était mis au rang des imposteurs avec Moïse et Mahomet. Son ambition n'était pas inférieure à celle de ses pères. Mais nul plus que lui ne fut le jouet de la chimère germanique, la domination de l'Italie. A ce titre, les Allemands pourraient, en toute justice, l'accuser d'avoir négligé ses devoirs envers l'Allemagne, et cependant ils l'admirent à cause de cette faiblesse même. C'est son règne qui fixe décidément le sort de l'Allemagne. Tout semblait prêt pour l'établissement du pouvoir impérial en dehors et au-dessus de la grande féodalité : l'alliance de l'Empereur et des villes, qui eût contribué à délivrer le peuple de l'oppression des seigneurs, était le moyen le plus sûr d'assurer cet établissement. L'éducation tout italienne de Frédéric, sa prédilection marquée pour le pays où la civilisation était le plus avancée et où personnellement il se plaisait davantage, ses démêlés avec les papes, le détournèrent de l'Allemagne. Sous son règne, la lutte recommença entre l'Allemagne et l'Italie, entre l'Empire et l'Église. Jamais elle ne fut plus acharnée; les princes de la maison de Souabe y succombèrent jusqu'au dernier.

La querelle eut pour origine la promesse que Frédéric II avait faite de se croiser pour aller délivrer Jérusalem. Longtemps il éluda cette promesse. Le vieux pape Grégoire IX l'excommunia pour ses retards. L'Empereur partit enfin, mais il fut obligé bientôt de revenir pour défendre ses États contre une armée de croisés d'un nouveau genre, enrôlés par le pape pour lui faire la guerre. Ainsi l'autorité impériale s'affaiblissait. Mais la force d'expansion propre à la race allemande se manifestait vers le même temps. Deux ordres religieux militaires, les chevaliers de la Tour et de l'Épée et les chevaliers Teutoniques, qui devaient plus tard se fondre en un seul ordre, soumettaient l'Esthonie, la Courlande et la Livonie; des colons allemands s'établissaient dans la Poméranie, la Silésie, dans les marches de Brandebourg et jetaient les bases du futur État prussien.

Un moment réconcilié avec le pape après son retour de la Palestine, Frédéric, qui persistait à demeurer en Italie, au lieu de se tenir en Allemagne, vit se former contre lui une seconde ligue lombarde à laquelle prit part Grégoire IX, malgré ses quatre-vingt-dix-sept ans. Frédéric est dénoncé au monde comme auteur du livre des *Trois imposteurs*, et excommunié comme ennemi de l'Église. En vain il cherche à unir tous les rois et les princes temporels contre la domination du pape. Saint Louis refuse de s'associer à lui. Ce qui achève de perdre les affaires de l'Empereur, c'est l'avénement au trône pontifical d'un nouveau pape, Innocent IV, ancien ami de Frédéric, qui convoque le concile de Lyon, prononce contre lui la sentence d'excommunication majeure et le met au ban des nations chrétiennes. La lutte s'engage alors avec un redoublement de vigueur et de cruauté. L'Empereur s'entoure d'une garde de Sarrasins; il chasse de ses États les Dominicains et les Franciscains, milice aveuglement dévouée au saint-siége, qui excitait les peuples à la révolte. Mais la trahison l'environne; les revers tombent sur lui coup sur coup; la Sicile se révolte, l'Allemagne se divise et obéit à deux anti-Césars, suscités par le pape pour le combattre, Henri de Thuringe et Guillaume de Hollande; en vain son fils Conrad essaie-t-il de résister; Enzio, bâtard de Frédéric et héritier de ses talents, qui soutenait sa cause, est fait prisonnier. L'Empereur alors parle de se soumettre. Une dyssenterie violente le soustrait à cette humiliation. Il meurt presque subitement, après avoir porté pendant cinquante-deux ans le titre de roi de Sicile, pendant trente-huit ans celui de roi de l'Allemagne, et pendant trente ans celui d'Empereur (1220-1250). Après sa mort, la lutte continue : son fils Manfred est tué par Charles d'Anjou, appelé dans le royaume de Naples par le pape; son petit-fils Conradin, dernier rejeton de la famille des Hohenstauffen, veut tenter un dernier effort en Italie pour la cause de ses pères et pour la domination de l'Allemagne dans la Péninsule. Il est vaincu et pris à Tagliacozzo. Après un jugement dérisoire, il meurt sur l'échafaud, emportant avec lui les dernières espérances des Allemands en Italie.

A la mort de Frédéric II, commença cette période de vingt-deux ans qu'on appelle le *Grand Interrègne* (1250-1272). Ce n'est pas que l'Allemagne ait manqué d'Empereurs pendant cette période; au contraire, elle en avait toujours plusieurs à la fois. Ainsi, le fils de Frédéric II, Conrad IV, disputa un instant la couronne à Raspon de Thuringe et à Guillaume de Hollande, cet anti-César appelé le roi des Prêtres et suscité contre Frédéric II par les intrigues des émissaires du pape. Mais on peut dire que l'Allemagne vécut dans une véritable anarchie. Le pouvoir impérial avait succombé

dans sa lutte contre la féodalité et l'Église ; la couronne d'Allemagne était devenue
un fardeau qu'aucun prince allemand n'ambitionnait. D'ailleurs les vassaux
laïques de l'Empire n'avaient aucun désir de mettre un terme à un état de choses
qui assurait leur souveraineté personnelle. Seuls les princes ecclésiastiques sentirent le besoin d'un roi qui les protégeât contre la rapacité des seigneurs. C'est
ainsi que l'archevêque de Cologne songea à donner la couronne impériale au frère
du roi d'Angleterre Henri III, Richard duc de Cornouailles, tandis que les autres
électeurs prenaient pour Empereur Alphonse X, roi de Castille. Cette double élection
offre cette particularité remarquable que, pour la première fois, on n'y vit
prendre part que les grands dignitaires de l'Empire. Les titulaires de certaines
charges de cour prétendirent qu'en vertu de la dignité qui était héréditaire dans
leur maison, à eux seuls appartenait le droit d'élire les Empereurs. Tel était alors
l'état d'anarchie qui désolait l'Allemagne que les autres princes, plus jaloux d'assurer leur souveraineté sur les territoires qu'ils détenaient que de conserver un droit
qu'ils jugeaient de peu d'importance, ne songèrent pas à contester les prétentions des hauts dignitaires. Ainsi le comte palatin du Rhin comme écuyer tranchant, le roi de Bohême comme échanson, le duc de Saxe comme maréchal et le
margrave de Brandebourg comme chambellan de l'Empire, se posèrent en face de
l'Allemagne en Électeurs des Empereurs. Trois princes ecclésiastiques se joignirent à eux. Ce furent les archevêques de Mayence, de Cologne et de Trèves, à
titre de chanceliers des royaumes d'Allemagne, d'Italie et de Bourgogne. Chose
remarquable ! sur les deux Empereurs élus, l'un d'eux, Alphonse de Castille, ne
parut jamais en Allemagne ; l'autre, Richard de Cornouailles, y vint à plusieurs
reprises, mais sans y séjourner.

La vérité est que c'en était fait de la suprématie de l'Empereur. Avec les Hohenstauffen disparut cette puissance qui avait été si fière pendant tout le moyen âge.
Héritiers de Charlemagne, les Empereurs allemands avaient dominé les autres rois
du haut de leur dignité. Ils avaient lutté d'influence avec les papes ; ayant eu l'art
de faire parler les jurisconsultes romains, ils avaient subordonné les lois à leur
volonté. L'un d'eux, Othon III, avait eu l'audacieuse et sacrilège curiosité de contempler Charlemagne dans son tombeau d'Aix-la-Chapelle ; il lui avait pris la croix
d'or, la couronne, le sceptre et le glaive. Ses successeurs avaient ajouté à ces
reliques augustes d'autres reliques, plus vénérées encore de la piété grossière du
moyen âge, telles que la lance de saint Maurice, la couronne de fer des Lombards
faite d'un clou de la croix du Christ, lesquelles donnaient une sorte de caractère
religieux à la prépondérance des Césars allemands. Les officiers de la maison
impériale étaient des princes puissants, portant couronne, dans les fonctions
diverses qu'ils exerçaient auprès de la personne sacrée de l'empereur d'Allemagne.

Tout cet éclat extérieur dissimulait une faiblesse profonde. En réalité, ce
n'était pas au profit de la suzeraineté impériale que l'ancienne et éphémère unité
germanique s'était dissoute. A la place des royaumes qu'Othon le Grand avait
autrefois réunis dans sa main puissante, des centaines de souverainetés immé-
diates s'étaient établies, qui avaient eu à leur tête de petits princes ambitieux et
remuants, dont l'unique souci était d'échapper à la suprématie impériale. Du
démembrement de la Saxe et de la Bavière, opéré par Barberousse à la mort de
Henri le Lion, il était sorti un nombre considérable de ces souverainetés immé-
diates. Quand la mort du jeune Conradin eut livré l'héritage des Hohenstauffen à
l'avidité des princes, la même division de la souveraineté eut lieu. On peut dire
que l'Allemagne de cette époque se retrouva partagée, comme autrefois la Germanie, en tribus indépendantes. Ainsi l'Allemagne resta privée de l'unité d'action
qu'en d'autres pays, en France par exemple, la royauté sut imprimer à tout le corps

social. Mais il ne faudrait pas croire que dans cette sorte de chaos politique, où les royautés et les principautés, incessamment mêlées et confondues, étaient tour à tour séparées et réunies, il n'y eût aucune vie. Bien au contraire, si l'État était faible, les individualités étaient vivaces. Pendant les années du grand interrègne, si souvent déplorées par les Allemands comme ayant été fatales à leur unité politique, les villes du Rhin grandirent et se développèrent. Soit pour faire du commerce, soit pour résister aux entreprises des seigneurs, on les vit s'associer et se réunir, à l'imitation des villes commerçantes du Nord, déjà liées entre elles par les statuts de la *Ligue hanséatique.* (Voyez ce mot.) En outre, sur toute l'étendue de l'Allemagne étaient disséminées des villes *impériales,* qúi auraient pu tout aussi bien prendre le nom de villes libres, car elles formaient tout autant de petites républiques. Ces villes étaient de véritables centres d'activité commerciale. Elles étaient riches pour la plupart et faisaient volontiers des sacrifices pour la culture des lettres et des sciences et pour l'encouragement des arts. (Voyez plus loin l'article *Art allemand.*)

Quant à l'état des paysans, voici ce qu'en écrit Ludwig Bœrne : « Vers la fin du moyen âge, l'état des paysans était beaucoup plus misérable en Allemagne que dans les pays méridionaux de l'Europe. Là, ils n'étaient tourmentés que par leurs maîtres immédiats; mais, en Allemagne, le pays étant partagé entre d'innombrables petits et grands dominateurs, le souverain et le seigneur se trouvant, par là, souvent réunis en une même personne, les paysans étaient doublement chargés et vexés, d'abord comme serfs et ensuite comme sujets; il leur fallait contenter à la fois et la cupidité du propriétaire et l'orgueil du souverain. Les villages étaient collés aux murs des châteaux comme des nids d'hirondelles, et perpétuellement menacés par les aires des vautours placées au-dessus de leurs têtes. Les princes et seigneurs allemands étaient des ivrognes à têtes lourdes, qui passaient leur vie à guerroyer, à chasser, à boire et à jouer. Leurs plaisirs les endurcissaient autant que leurs occupations et les rendaient inaccessibles à la pitié[1]. »

Au milieu du désordre enfanté par les guerres continuelles que ces grossiers seigneurs se faisaient entre eux, les princes ecclésiastiques qui vivaient sur les bords du Rhin, au sein de villes riches et libres, sentirent les premiers la nécessité de revenir à la tradition qui plaçait un titre et une autorité au-dessus de toutes les ambitions individuelles, et d'élire un Empereur qui ramenât la paix, défendît les possessions des évêques contre les attaques des seigneurs et protégeât le commerce des villes. L'archevêque de Mayence réunit à Francfort-sur-le-Mein les principaux Électeurs et les pressa de faire un choix. On voulait bien d'un Empereur, mais on ne voulait pas qu'il fût trop puissant. Ottocar, roi de Bohême, à qui l'étendue de ses domaines patrimoniaux donnait une puissance considérable, fut écarté comme portant trop d'ombrage aux autres princes. L'archevêque de Mayence eut alors l'idée de proposer à l'assemblée un pauvre seigneur qui ne pouvait inspirer aucune défiance, le comte Rodolphe de Habsbourg; il réussit à le faire agréer. Les princes d'Allemagne ne prévoyaient pas alors que ce même Rodolphe serait le fondateur d'une maison longtemps la plus florissante de l'Europe, la maison d'Autriche. (Voyez *Maison d'Autriche.*)

A peine élu (1273), le nouvel Empereur, qui, pour se faire accepter, avait à ménager le pape et les princes allemands, trompa tout le monde. Rodolphe se présenta à l'Allemagne comme le successeur du grand empereur Frédéric II, dont il était le filleul et sous le commandement duquel il avait fait ses premières armes, et comme le continuateur de la politique nationale des Hohenstauffen. On le vit alors parcourir toute l'Allemagne, visitant chaque château féodal comme un lieu

1. Ludwig Bœrne, *Fragments politiques et littéraires.* Paris, 1842.

de pèlerinage, afin de se faire connaître individuellement et de se ménager l'appui des seigneurs. En même temps, et à mesure qu'il prenait plus d'autorité, il s'attachait à faire revivre la politique des Empereurs souabes à l'intérieur; il cherchait à rendre à la couronne impériale une partie du lustre que le brigandage des seigneurs lui avait enlevé; il se conciliait les populations par des promesses hypocrites et par le secours qu'il leur prêtait contre les rapines seigneuriales. A l'extérieur, il suivait une voie toute différente. Il s'assurait le concours du pape, en reconnaissant toutes les prétentions du pontife romain à la suprématie, et sacrifiait toutes les prérogatives autrefois défendues avec tant d'acharnement par les Empereurs gibelins, droits régaliens, droit de nomination des évêques; il abandonnait au saint-siége les possessions provenant de l'héritage de la comtesse Mathilde; il renonçait à intervenir en Italie. « L'Italie, disait-il, est comme la caverne du lion; on sait bien comment on y entre, on ne sait pas comment on en sort. » Tant de concessions soulevèrent les vieux cœurs allemands. Le slave Ottocar, roi de Bohême, crut le moment favorable pour enlever la couronne impériale à Rodolphe, mais la fortune trahit ses espérances. Après une première campagne, dans laquelle Ottocar fut contraint de s'humilier devant son rival, et que Rodolphe termina par des mariages avantageux pour ses filles, le roi de Bohême voulut reprendre les armes. Il succomba une seconde fois, frappé de dix-sept blessures, à la sanglante journée de Markfeld (1278). Rodolphe donna l'Autriche, la Carniole, la Styrie et la Carinthie, à titre de fiefs héréditaires, à ses deux fils. La maison d'Autriche était fondée, et Rodolphe put mourir, treize ans plus tard, avec la certitude que sa race avait pris rang parmi les familles royales de l'Europe. Les intérêts privés de Rodolphe avaient passé avant ceux de l'Empire. Son règne inaugure une époque nouvelle dans l'histoire allemande. L'Empire germanique perd toute influence extérieure. Au dedans, sous les Empereurs qui succèdent à Rodolphe, les vassaux constituent leurs droits et réduisent l'Empereur à n'être qu'un chef nominal. L'Empereur, de son côté, qui n'a plus qu'une puissance imaginaire, sans domaines et sans juridiction, s'efforce d'enrichir sa famille et de lui livrer les plus grands fiefs, afin d'arriver à maintenir la couronne sur la tête des siens. Trois maisons principales, celles d'Autriche, de Luxembourg et de Wittelsbach, deviennent ainsi rivales et se disputent la dignité impériale, jusqu'à ce que définitivement elle devienne héréditaire dans la famille des Habsbourg (1438).

Le fils de Rodolphe de Habsbourg, Albert d'Autriche, ne lui succéda pas comme Empereur. On le trouvait déjà trop puissant. On lui préféra le comte Adolphe de Nassau. La guerre aurait éclaté aussitôt (1292) entre les deux prétendants à la couronne impériale, si les États héréditaires d'Albert d'Autriche, qui s'étaient révoltés, ne l'avaient forcé de s'occuper de ses propres affaires. Mais, après six ans de règne, passés à faire la fortune de sa maison, Adolphe, qui n'avait pas su se créer des partisans en Allemagne, se vit, à l'instigation d'Albert d'Autriche, déposé par les Électeurs. Une bataille terrible décida tout. A Gœlheim, entre Worms et Spire, la rencontre eut lieu, et, dans la mêlée, Adolphe de Nassau périt, frappé de la main même de son compétiteur (1298).

Digne fils de Rodolphe de Habsbourg, Albert demeura fidèle à la politique que ce prince avait inaugurée et qui consistait à agrandir les possessions héréditaires, soit par des conquêtes, soit par des annexions par mariage. Cette politique égoïste réussit le plus souvent à mécontenter les sujets des Habsbourg accablés d'impôts et de vexations de toute nature. C'est ainsi que l'empereur Albert perdit la Suisse, le pays de ses ancêtres, où il avait conservé un droit de protection sur les communautés libres, qu'il prétendit convertir en un droit de souveraineté pure et simple. La glorieuse et triomphante révolte des cantons suisses éclata le 13 janvier 1308. Albert s'apprêtait à châtier l'insolence de ces paysans, quand il mourut assassiné par son neveu Jean de Souabe, qu'il n'avait pas voulu mettre en possession de ses États héréditaires et qui avait ourdi contre lui une conjuration avec d'autres seigneurs allemands.

L'Empire, à sa mort, demeura vacant pendant près de sept mois. Philippe le Bel, roi de France, briguait l'honneur de ceindre la couronne de Charlemagne. Les Électeurs, effrayés de la puissance de ce prétendant, arrêtèrent leur choix sur Henri de Luxembourg, dont la réputation de sagesse s'était étendue au delà des frontières de son petit État des Ardennes. Henri VII, aussitôt élu, s'attacha à reprendre l'ancienne politique des Hohenstauffen et tourna ses regards sur l'Italie, toujours divisée en Guelfes et Gibelins. Il apparut d'abord comme un libérateur, mais à peine eut-il mis le pied sur le sol de l'Italie que la haine de l'étranger étouffa les divisions intestines des villes italiennes, et qu'il se trouva obligé de faire la guerre pour nourrir ses troupes. Il se préparait à une expédition contre le royaume de Naples, quand il mourut, empoisonné, dit-on, par des moines dominicains (1313). Il avait eu l'heureuse fortune de marier son fils Jean avec la sœur du roi de Bohême, Wenceslas, et de lui assurer la possession héréditaire d'une partie du royaume d'Ottocar. Son passage sur le trône impérial, sans profit pour l'Allemagne, n'avait du moins pas été inutile à sa maison.

Pendant son expédition au delà des monts, l'Allemagne avait été le théâtre de guerres féodales qui se prolongèrent, après sa mort, par la rivalité de Frédéric d'Autriche et de Louis de Bavière, qui se disputaient le titre d'Empereur. Ce moment marque le point culminant du régime féodal : à part les temps effroyables de la guerre de Trente ans, l'Allemagne n'a pas connu de période plus malheureuse; au brigandage armé vinrent se joindre des pestes partielles qui décimèrent la population. Vers cette époque, la Suisse conquit son indépendance, à la bataille de Morgarten, livrée par les montagnards des Alpes à Léopold d'Autriche. Cette bataille fut une défaite pour la féodalité tout entière : l'unité et la liberté de la Suisse y furent fondées (1315).

Louis de Bavière, étant resté seul à la tête de l'Allemagne, voulut se mêler des affaires italiennes. Le pape Jean XXII, non content d'excommunier l'Empereur, poussa l'audace jusqu'à le déposer, à donner son titre au roi de France, et à jeter sur l'Allemagne une horde de Sarmates. Louis de Bavière passa les Alpes, alla jusqu'à Rome, — où les papes ne résidaient pas alors, — s'y fit couronner et revint en Allemagne, rapportant l'excommunication, qui fut renouvelée depuis par trois papes successifs. En vain il s'humilia, comme autrefois Louis le Débonnaire; il ne put désarmer la colère de ses adversaires, qui lui suscitèrent un compétiteur dans la personne de Charles de Luxembourg, petit-fils de Henri VII. Louis de Bavière mourut en 1347, après un règne malheureux de trente-trois ans. Il avait été un Empereur médiocre; mais, au milieu de ses démêlés avec les papes, il avait, selon les principes qui dominaient alors, beaucoup fait pour la grandeur de la maison de Wittelsbach à laquelle il appartenait.

Charles de Luxembourg, après quelques démêlés avec Gunther de Schwarzbourg, resta Empereur sous le nom de Charles IV. Le jour de son élection, la bannière de l'Empire, qui flottait au-dessus du Rhin, tomba dans le fleuve et ne put être retrouvée, digne présage du règne qui commençait! Charles IV est cependant resté célèbre dans l'histoire de l'Allemagne par la constitution qu'il essaya de donner à l'Empire et qui est connue sous le nom de *Bulle d'or*, à cause du sceau d'or qu'on nommait *bulla* en basse latinité. Ce vieil Empire germanique avait besoin d'être rajeuni par une organisation nouvelle et mieux appropriée aux besoins du temps. Charles IV, après avoir, suivant la coutume de cette époque, agrandi ses États héréditaires, s'occupa de rédiger lui-même une sorte de règlement de l'élection des Empereurs. « Le style de cette charte, délibérée dans une diète tenue à Metz, se ressent bien de l'esprit du temps, dit Voltaire. Elle commence par une apostrophe à Satan, à l'orgueil, à la colère, à la luxure. On y dit que le nombre des sept Électeurs est nécessaire pour s'opposer aux sept péchés mortels. On y parle de la chute des anges, du paradis terrestre, de Pompée et de César. On y assure que l'Allemagne est fondée sur les trois vertus théologales comme sur la Trinité. Dans cette organisation bizarre et compliquée, l'Empereur s'était proposé de combiner le nouvel élément communal des villes avec la féodalité. Toutes les idées et tous les intérêts n'y étaient pas représentés, mais confondus. Les Électeurs furent fixés au nombre de sept, trois princes ecclésiastiques, et quatre princes temporels, titulaires des charges héréditaires de l'Empire, ceux-là même qui avaient pris l'initiative des élections pendant le grand interrègne. Ce règlement eut pour résultat de livrer définitivement la couronne impériale d'Allemagne à celui des princes qui serait le plus puissant ou le plus riche. En revanche, il ne donna à l'Empereur, élu par tous ces collègues multiples, ni une puissance plus grande, ni une souveraineté plus effective.

Au reste, ce curieux document que l'on appelle la Bulle d'or touchait à une infinité de questions étrangères à la constitution de l'Empire. Un article, par exemple, interdisait aux seigneurs et princes les excès de table, trait caractéristique d'une époque où le clergé donnait l'exemple de la mollesse et de la débauche, et alimentait son luxe effréné avec les produits de l'usure et de la simonie. Le nom de Charles IV a mérité de lui survivre pour d'autres raisons encore que la promulgation de la Bulle d'or. Il a fondé l'université de Prague sur le modèle de celle de Paris et construit le pont de pierre que l'on admire encore sur la Moldau, dans la capitale de la Bohême. Il a aimé et encouragé les arts, en protégeant les confréries et corps de métiers, et en leur donnant des privilèges avec des constitutions. Il avait la passion du faste ; à la cérémonie de la promulgation de la Bulle d'or, on déploya une splendeur inouïe. Charles IV mourut en 1378.

La Bulle d'or de Charles IV consacrait l'individualité des différents États de l'Allemagne : des guerres privées entre ces divers États devaient être la conséquence inévitable du développement de ces individualités. Les Empereurs, réduits à porter la couronne, symbole d'une puissance imaginaire, n'avaient plus d'intérêt à maintenir l'ordre entre des princes qui ne tenaient pas compte de leur dignité impériale dans la décision des affaires de l'Allemagne. Ils comprirent si bien la position nouvelle qui leur était faite, qu'ils se bornèrent de plus en plus désormais à demeurer dans leurs domaines où ils exerçaient une autorité incontestée, afin de chercher à les étendre. C'est ce que l'on voit faire à Wenceslas, fils de Charles IV, esprit bizarre, détaché de tous rêves de grandeur et adonné d'ailleurs à des passions vulgaires et basses qui ne pouvaient pas relever le prestige de la couronne. Wenceslas avait essayé de diviser les États de l'Allemagne en quatre cercles, dont chacun devait avoir un directeur chargé de veiller au maintien de la paix dans son département. Cette tentative ne produisit que de médiocres résultats. Wenceslas abandonna l'Allemagne pour se confiner dans son royaume de Bohême, où du moins il put réaliser quelque bien. Son règne est l'âge d'or du royaume de Bohême, et son souvenir est demeuré cher aux populations tchèques. Vers cette époque, si l'union avait pu s'établir entre les cantons affranchis de la Suisse et les villes libres de Souabe et de Franconie, la face de l'Allemagne méridionale aurait été changée. A supposer que les villes de Souabe et de Franconie eussent été aussi heureuses que les Suisses le furent dans leur lutte contre les archiducs d'Autriche, grâce au dévouement resté célèbre du chevalier Arnol de Winkelried (1386), peut-être aurait-on vu s'établir dans le midi de l'Allemagne une sorte de fédération de villes républicaines, dont la destinée historique eût offert beaucoup de ressemblance avec celle des cantons de la Suisse allemande. Cette union des villes libres avec les cantons affranchis n'a pu se réaliser. En tous les cas, il est remarquable que des liens d'affinité puissants ont existé entre le sud de l'Allemagne et la Suisse à toutes les époques, et que plus d'une fois déjà, dans le cours de l'histoire, les tendances fédéralistes du sud se sont accusées avec éclat : aujourd'hui, nous voyons les mêmes tendances reparaître, et le sud de l'Allemagne tourner de nouveau ses regards vers la Suisse pour y chercher des institutions et des exemples.

Wenceslas abandonna la couronne impériale à son frère Sigismond, roi de Hongrie (1411), à la suite des démêlés qu'il s'était créés avec les princes de l'Allemagne, ayant à leur tête Robert, comte palatin du Rhin. Sigismond essaya de remettre un peu d'ordre en Allemagne, en confirmant la division de l'Empire en cercles. Jamais le saint-empire romain n'était peut-être tombé aussi bas. Mais, sur les conseils de son gendre, Albert d'Autriche, il s'employa surtout à détruire le schisme qui désolait l'Église, et qui avait fini par élever trois papes à la fois, s'excommuniant, s'anathématisant l'un l'autre au grand scandale de la chrétienté. Dans cette intention, l'empereur Sigismond prit une grande part à la convocation du concile de Constance où il se rendit en personne, accompagné d'Albert d'Autriche. Celui-ci fit profiter la cour de Rome de toute l'influence qu'il avait sur l'esprit de l'Empereur, et sut renouer avec la papauté pour le compte de l'Autriche cette vieille alliance qui avait tant profité à Rodolphe de Habsbourg (1414). Ainsi la maison d'Autriche, dans la personne d'Albert, apparaît au moment où ses destinées vont se fixer et où sa grandeur va prendre tout son essor, la main dans la main de Rome, associée avec elle pour persécuter les idées nouvelles et lui jurant fidélité au pied du bûcher sur lequel ont péri les premiers apôtres de la libre pensée moderne, Jean Huss et Jérôme de Prague.

A ce même concile de Constance, qui ferme le moyen âge, se rattache le souvenir de l'élévation de la maison de Hohenzollern qui règne encore en Prusse. L'empereur Sigismond, voulant faire un voyage en Italie et en France pour les affaires de l'Église, se trouva obligé d'emprunter de l'argent à Frédéric de Hohenzollern, burgrave de Nüremberg, et de lui donner en gage la marche de Brandebourg ; ne pouvant acquitter sa dette, il lui vendit définitivement cette province avec la dignité électorale. Sigismond fonda encore la maison qui règne aujourd'hui en Saxe avec le titre royal, en conférant à Frédéric, margrave de Misnie, l'Électorat de Saxe et en le faisant admettre dans le collége des électeurs. Enfin, en déclarant son gendre héritier pour la Bohême et pour la Hongrie, il prépara l'avénement à l'Empire d'Albert d'Autriche et de sa maison. La mort de Sigismond (1438) mit fin à la maison de Luxembourg, sous le règne de laquelle l'unité de la nation germanique avait achevé de se dissoudre.

La dignité impériale rentra dans la maison d'Autriche en 1438 : depuis lors, elle n'en est plus sortie. Mais on ne voit pas que jamais les Habsbourg se soient préoccupés de refaire l'unité de l'Allemagne. Plus jaloux de la grandeur de leur maison que de celle de l'Empire, ils ont eu des périodes de fortune vraiment inouïe, ils ont été, sous Charles-Quint, les maîtres du monde : l'Allemagne n'en était pas plus unie. Ainsi s'explique comment les Allemands, toujours à la poursuite de leur insaisissable rêve de l'unité, n'ont jamais eu pour les Habsbourg les sentiments d'affection qu'en d'autres pays on a vu les peuples témoigner à leurs rois. L'histoire de l'Allemagne, considérée comme Empire, se confond désormais avec celle de la *Maison d'Autriche* (voyez ce mot). D'ailleurs, il ne faudrait pas croire que la domination des Habsbourg d'Allemagne ait été jamais bien profonde. L'Allemagne était alors, suivant l'heureuse expression de M. Michelet, comme une petite Europe au milieu de la grande. « On y trouvait, au xvᵉ siècle, toutes les formes de gouvernement, depuis les principautés héréditaires ou électives de Saxe et de Cologne, jusqu'aux démocraties des cantons suisses d'Uri et d'Underwald, depuis l'oligarchie commerçante des villes libres de la Hanse, jusqu'à l'aristocratie militaire de l'ordre Teutonique. » Cette époque est celle où l'on voit le pouvoir royal chercher à prendre décidément l'ascendant sur les aristocraties féodales et y réussir comme en France, en Angleterre et en Espagne. En Allemagne, sous les premiers Habsbourg, sous Frédéric III, sous Maximilien Iᵉʳ, la maison d'Autriche fit quelques efforts en ce sens. Mais, plus attentive à jeter, au moyen de ses alliances de famille, les fondements d'une vaste réunion de territoires qu'à concentrer entre ses mains les droits arrachés à la féodalité expirante, cette maison égoïste et sans vues larges ni profondes, négligea de faire triompher les prétentions que les jurisconsultes imbus du droit romain auraient pu suggérer aux successeurs des Césars.

Sous Charles-Quint, petit-fils de Maximilien Iᵉʳ, la maison d'Autriche est à son apogée. On pouvait craindre que l'Empire germanique, aux mains de l'Autriche, avec la puissance territoriale des Habsbourg, ne reprît les plans d'une domination universelle. Mais, au sein même de cette puissance redoutable, et qui devait effrayer si justement l'Europe, l'empereur Charles-Quint trouvait le seul pouvoir qui lui offrit quelque résistance : « c'était, dit M. Gervinus, le pouvoir des grands feudataires allemands qui, loin de partager le déclin de la noblesse féodale du reste de l'Europe, tendaient à s'élever à l'indépendance de petits souverains. »

A ce moment parut Luther, qui prêcha la Réforme de l'Église. (Voyez le mot *Réforme*.) C'est toute une révolution politique et sociale qui découla de sa prédication. On a dit que la Réforme était née, comme la Révolution française, d'un déficit dans les finances. Les papes auraient cherché à couvrir leurs grandes dépenses par la vente des indulgences. C'est trop rabaisser l'origine de ce grand mouvement. La science et les habitudes de la vie, le raffinement et la rudesse des mœurs, les coutumes et les passions, le sentiment naturel et l'anarchie, les intérêts de toutes les classes, ceux de l'Église et ceux de l'État, ceux de l'Empereur aussi bien que ceux des paysans, tout a contribué à faire de la Réforme un événement d'une importance sans pareille dans l'histoire de l'Allemagne. Les questions religieuses se trouvent à l'origine de cette grande révolution ; mais sa cause véritable, c'est l'aspiration de l'esprit humain vers la libre pensée. « La religion fut plutôt le prétexte que le motif réel des entreprises qui s'exécutèrent. Si l'intérêt privé des princes et des États ne s'y fût promptement joint, jamais la voix des peuples qui demandaient la Réforme n'aurait trouvé si facilement accès auprès des souverains. Sans doute la Réforme doit son origine à l'enthousiasme de ceux qui, se croyant appelés à corriger les mœurs du clergé, finirent par renverser l'édifice sur lequel se fondait la puissance sacerdotale. Mais les nouveaux principes trouvèrent des protecteurs dans les princes qui y voyaient un moyen de se délivrer à la fois de l'influence d'un clergé riche et puissant et d'enrichir l'État de ses dépouilles. » Tel fut bien, à leur origine, le caractère des luttes auxquelles donna lieu la Réforme de Luther, mais l'esprit d'examen en matière de religion conduit nécessairement à des institutions libres en fait de gouvernement. C'est donc avec raison que la nation allemande s'est toujours glorifiée d'avoir, par la Réforme, fait faire un grand pas à la civilisation générale. « L'humanité, par ce mouvement, dit M. Gervinus, s'avança dans une voie qui présentait une perspective si étendue qu'il fallut plusieurs siècles avant qu'entièrement habituée au changement, elle commençât à reconnaître et à aimer le bien qu'une lutte aussi rude lui avait gagné dans ce temps-là. »

Il semble que l'auteur d'une telle révolution, Luther, ait dû rester comme l'une des plus grandes personnifications de l'Allemagne. On se tromperait cependant si l'on croyait la mémoire de Luther trop vénérée au delà du Rhin. La Réforme a été souvent jugée avec une extrême sévérité par les Allemands eux-mêmes. On reproche à cette commotion, dont les bienfaits se sont étendus sur toute la surface du monde, d'avoir plus profité aux savants et aux princes qu'à la masse générale du peuple allemand. « Plébéien parvenu, dit Ludwig Bœrne, en parlant de Luther, il haïssait et méprisait l'État d'où il était sorti et aimait mieux être le protégé des princes que le protecteur de ses semblables. Ces princes le flattaient parce qu'ils le craignaient. Luther fut touché de leur crainte, et si étourdi de leurs caresses qu'il n'aperçut pas que les princes n'avaient embrassé sa doctrine que par ambition et par cupidité, et qu'ils se moquaient de son enthousiasme religieux et philosophique. Luther a fait beaucoup de mal à son pays. Avant lui, on ne trouvait chez les Allemands que la servitude ; Luther les dota encore de la servilité [1]. » Il ne faut voir ici qu'une boutade. Cependant, au fond, il est juste de reconnaître que les princes du nord de l'Allemagne ayant adopté le luthéranisme, la patrie germanique, déjà si morcelée, vit se produire dans son sein une cause nouvelle de désunion, qui ne fut pas la moins puissante de toutes. Le *particularisme*, cette plaie fatale de l'Allemagne, si souvent déplorée par les unitaires modernes, date de Luther ; car il est vrai en effet que, depuis la Réforme, les populations s'attachèrent aux princes qui suivirent leur foi religieuse et qui en prirent la défense. Pour ce qui est de la grandeur de Luther, elle reste considérable. Luther a fait pour l'Allemagne plus que tous les Empereurs du saint-empire. Il l'a fait entrer dans le grand courant qui entraîne les peuples modernes. Par Luther, l'Allemagne est devenue, dans le monde de la pensée, maîtresse et initiatrice. Ce noble rôle, qui fait aujourd'hui sa gloire, vaut bien celui de l'action politique qu'elle n'a jamais cessé de rêver, sans pouvoir y atteindre. Enfin, s'il fallait défendre Luther, au point de vue des unitaires eux-mêmes, il suffirait du legs impérissable que ce grand homme a fait à sa race dans sa traduction de la Bible, le premier en date des chefs-d'œuvre de la langue allemande et le plus puissant moyen d'unité, comme le lien le plus étroit, qui puisse exister entre les peuples de l'Allemagne.

La politique traditionnelle de la maison de Habsbourg, qui sans cesse avait mis l'Autriche en opposition avec le reste de l'Allemagne, inspira Charles-Quint, le jour où il se déclara contre Luther et sa Réforme, à cette diète de Worms où le courageux moine s'était rendu sur l'invitation même de l'Empereur (1517). Charles-Quint était roi d'Espagne et du Nouveau-Monde, il avait besoin du pape dans ses affaires d'Italie et dans ses démêlés avec la France; enfin il croyait que son titre d'Empereur et de premier souverain de l'Europe le constituait le défenseur de l'ancienne foi. Mais, au fond, il ne se dissimulait pas, dans son ambition, qu'il pourrait profiter du dévouement des catholiques pour renverser la constitution de l'Empire et s'assurer un pouvoir absolu. De la part d'un prince autrichien, qui ne tenait à

[1] Ludwig Bœrne, *op. cit.*

l'Allemagne que par les plus faibles liens, en qui se trouvaient mêlés et confondus les sangs divers et antipathiques de plusieurs races royales également odieuses à la vieille nationalité germanique, et dont toutes les entreprises politiques étaient appuyées sur des forces étrangères, des Espagnols et des mercenaires italiens, la détermination que prit Charles-Quint de soutenir la cause catholique ne laissa pas de causer de l'inquiétude à ceux des souverains qui craignaient pour leur sûreté particulière autant que pour la perte de l'équilibre général. Les princes protestants d'Allemagne s'unirent contre l'Empereur et le parti catholique, parce que la Réforme était pour eux un moyen de s'affranchir définitivement du joug de la suprématie impériale et de se faire des revenus en sécularisant les biens ecclésiastiques, tout en se portant les défenseurs du parti national allemand et en donnant satisfaction à cette haine invétérée qui a toujours divisé les peuples du Nord et ceux du Midi [1].

On s'est demandé souvent pourquoi un prince aussi puissant que Charles-Quint n'a pas pensé à attaquer sur-le-champ les princes ligués et fait servir les divisions sans cesse renaissantes en Allemagne à ses projets ambitieux. Les forces dont il pouvait disposer, mises en œuvre par l'activité prodigieuse de son esprit et soutenues d'ailleurs par le zèle inconsidéré de certains catholiques allemands, auraient pu fonder pour toujours la domination de l'Autriche en Allemagne par la destruction du parti protestant. Mais il ne faut pas perdre de vue que l'ambition même de Charles et ses rêves de monarchie universelle furent pour sa puissance des causes de sérieux affaiblissements, en contribuant tout ensemble à lui aliéner l'Allemagne et à donner l'éveil aux États voisins qui ne redoutaient que trop les envahissements excessifs de la maison d'Autriche. De plus, les Turcs menaçaient à tout instant la chrétienté. Charles-Quint se trouva forcé de les combattre et s'épuisa dans des guerres et des expéditions ruineuses, pendant que les princes allemands affermissaient leur ligue, en y faisant entrer les princes étrangers. Jamais Charles-Quint, vieilli, accablé déjà d'infirmités et de soucis, n'eût pu réussir à vaincre les protestants, si la mort presque simultanée de leurs alliés à l'extérieur, Henri VIII d'Angleterre et François Iᵉʳ de France, et la division que la politique astucieuse de l'Autriche sut jeter parmi les princes alliés, ne lui eussent permis d'écraser leurs forces principales en une seule journée, à la bataille de Mühlberg (1547). Charles-Quint avait gagné cette bataille grâce au concours de Maurice de Saxe, protestant zélé et cousin de l'Électeur, qui avait trahi son parti en se rangeant du côté de l'Empereur. Sa trahison fut récompensée : Maurice de Saxe reçut l'Électorat, dont son cousin venait d'être dépouillé. Il se trouva bientôt le plus puissant des princes protestants de l'Allemagne, et, trahissant l'Empereur comme il avait trahi l'Électeur, il revint dans les rangs des partisans de la Réforme et rallia les débris de la ligue de Smalkalde. Maurice se présenta à l'Allemagne pour la défendre contre la domination de l'Espagne et de Rome. Sous la conduite de Maurice, l'Allemagne résistera à la maison d'Autriche pour ne pas être foulée aux pieds par les Espagnols et les prêtres; elle luttera contre le vieil Empereur qui est à ses yeux un prince étranger; elle refusera unanimement d'accepter son fils Philippe II pour roi des Romains. Non-seulement Charles-Quint se vit forcé d'accorder, par le traité de Passau, le libre exercice du culte protestant (1552), mais trois ans après (1555), une diète, tenue à Augsbourg, fit de la liberté de conscience une loi organique de l'Empire. Charles s'était soustrait à l'humiliation de signer cette défaite de la

1. Consultez à cet égard Schiller, *Histoire de la guerre de Trente ans*, liv. I. Motifs qui rattachent la maison d'Autriche au catholicisme.

politique autrichienne en abdiquant la couronne impériale qui passa à son frère Ferdinand, roi de Hongrie et de Bohême.

Cette célèbre paix d'Augsbourg, qu'on croyait éternelle, portait en elle deux principes de discorde dont les conséquences funestes ne devaient pas tarder à se manifester. Ces deux principes, c'étaient d'une part la difficile question de la sécularisation des biens autrefois possédés par l'Église, dans les États allemands devenus protestants, et d'autre part la question de savoir si les princes protestants étaient admis au droit de parvenir à la couronne impériale. La paix d'Augsbourg était donc moins un traité entre deux puissances égales, protestants et catholiques, qu'une convention entre un maître irrité et un rebelle indomptable. Toutefois, sous les règnes des empereurs Ferdinand Ier (1556-1564), Maximilien V (1564-1576), Rodolphe II (1576-1612), Mathias (1612-1619), l'Allemagne et les luthériens eurent quelque répit. Ce dernier Empereur régna dans les circonstances les plus périlleuses pour la grandeur de sa maison. La France, après les guerres de religion, avait été pacifiée par Henri IV, et ce prince habile avait mis pour ainsi dire à l'ordre du jour de la politique française le programme d'abaissement de la maison d'Autriche, qui, depuis lors, a joué un si grand rôle dans notre histoire. Abaisser la maison d'Autriche, c'était s'attaquer à l'Allemagne, qui devait pâtir de toute l'ambition de la maison de Bourbon.

L'Allemagne, après la mort de Henri IV, et au moment où les conséquences de la paix d'Augsbourg se faisaient sentir, pouvait se comparer à un amas de matières combustibles que la moindre étincelle suffit pour embraser. On sait que l'étincelle sortit du palais impérial même. Elle alluma un incendie qui a duré trente années (1618-1648). C'est la *guerre de Trente ans* (voyez ce mot). Des sujets protestants, des princes ecclésiastiques furent empêchés dans l'exercice de leur culte, au mépris de la paix de Religion; ils s'adressèrent à l'Empereur, qui séjournait alors à Prague, et qui leur fit faire par ses conseillers une réponse négative. La foule envahit aussitôt le palais, s'empare des conseillers auliques et les jette par la fenêtre. Ce fait est connu sous le nom de Défenestration de Prague (1618). L'année suivante, Mathias mourait, laissant le trône impérial et l'Autriche à Ferdinand II, prince d'une énergique obstination et d'un fanatisme cruel, dont le nom est encore aujourd'hui la terreur de l'Allemagne par les souvenirs d'atroce désolation qu'il rappelle. Au début de la guerre de Trente ans, pendant les deux premières périodes palatine et danoise, les protestants eurent partout le dessous. Que pouvaient-ils espérer avec des chefs tels que l'électeur Jean Georges de Saxe, qui trônait à une table de festin pendant qu'on mourait pour lui dans la plaine, à la bataille de la Montagne-Blanche (1620), une des rares victoires qu'ait remportées l'Autriche dans sa longue histoire? La persécution suivit de près la défaite. Jamais peut-être à aucune époque l'Allemagne ne fut aussi malheureuse. Les infortunés luthériens avaient à choisir entre l'abjuration et la mort. Les temples furent fermés, les biens confisqués; une sorte de mort civile fut décrétée pour tous les hérétiques, et tous pouvoirs furent donnés aux jésuites et aux soldats, leurs dignes serviteurs, sur la vie et la propriété des familles protestantes. Les premiers succès de l'Autriche encourageant son gouvernement dans cette voie de réaction à outrance, Ferdinand jugea qu'il pouvait reprendre le plan de la politique de Charles-Quint et tendre à l'unité de l'État, à l'accroissement de la puissance impériale, à son affranchissement des lois séculières; il négligea de convoquer la diète de l'Empire; il créa et disposa arbitrairement des princes; il se déclara souverain absolu, et affranchi comme tel des ordonnances de la diète, et se mit au-dessus de sa juridiction; enfin, non content de faire entrer, comme Charles-Quint, des troupes espagnoles en Allemagne, il entretint en outre aux frais du trésor, ce qui ne s'était jamais vu auparavant, une armée impériale considérable. Ce fut la cause du premier revirement de la fortune de l'Autriche [1]. Les puissances étrangères commencèrent à s'effrayer de cette prépondérance, et l'équilibre européen, dont la notion s'établissait peu à peu dans tous les esprits politiques, parut menacé. De plus, la solidarité des nations se révéla. Les protestants de Suède, de France et d'Angleterre, s'émurent des souffrances de leurs coreligionnaires d'Allemagne. Un politique de génie, le cardinal de Richelieu, s'emparant avec habileté de ces éléments divers, sut les tourner contre l'Autriche dont la France désirait depuis si longtemps l'abaissement et prépara l'intervention en Allemagne du protestant Gustave-Adolphe, roi de Suède. L'aspect des choses changea aussitôt : « le héros suédois, que Ferdinand appelait un *roi de neige*, déconcerta la routine allemande par une tactique impétueuse qui sacrifiait tout à la rapidité des mouvements, qui prodiguait les hommes pour abréger la guerre [2]. Avec beaucoup de sens politique, Gustave-Adolphe se présenta aux Allemands comme un champion de l'Empire contre l'Empereur, c'est-à-dire contre l'Autriche et les Habsbourg ; sa gloire parut au comble, quand il eut défait le vieux Tilly ; il n'y avait dans toute l'Allemagne à lui opposer que le célèbre Wallenstein, qui se fit si longtemps prier, et à qui l'Empereur, pour le décider, dut se résoudre à donner un pouvoir presque égal au sien. Gustave-Adolphe tomba sur le champ de bataille de Lützen, mais sa mort ne rétablit pas les affaires des catholiques. La France reprit pour son compte l'œuvre du roi de Suède, et à la période suédoise de la guerre de Trente ans succéda la période française. Tout était fini, pour ainsi dire, à la mort de Richelieu. Le jeune prince de Condé eut l'honneur de mettre fin à cette longue tuerie d'hommes, par les foudroyantes victoires de Rocroi, de Sens, de Fribourg et de Nordlingen (1643). L'empereur Ferdinand III, parvenu au trône depuis 1636, se décida enfin à conclure les traités de Westphalie (1648).

Les congrès de Münster et d'Osnabrück, où furent débattues les conditions de la paix, sont à juste titre regardés comme les premières assises tenues par la diplomatie moderne. La tâche des plénipotentiaires était immense. Pour la première fois, le droit de changer de gouvernement et de se constituer à leur manière fut reconnu à des nations. De grandes réformes furent introduites dans la constitution du corps germanique ; au lieu de ce pouvoir despotique que Ferdinand II avait exercé dans l'Empire, son successeur conservait à peine son autorité d'Empereur. Un cri général, suscité et habilement soutenu par la France et la Suède, avait réveillé dans tout le corps germanique l'amour de son ancienne liberté : cette liberté fut garantie par des institutions. La France et la Suède se chargèrent de garantir effectivement les formes prescrites ; mais pour ce rôle et en quelque sorte pour les récompenser des frais de cette mission, on leur offrit des *dédommagements* en nature, par la cession, à chacune de ces puissances, de différents territoires appartenant à l'Empire, et dont les princes ecclésiastiques, tous clients de l'Autriche, firent les frais à eux seuls. On posa le principe des *sécularisations* afin d'arriver à payer les indemnités promises ; et par voie de conséquence, en même temps que le principe des indemnités s'introduisait dans le droit public de l'Europe, on vit apparaître celui des *compensations* qui a été admis et appliqué depuis lors dans tous les traités de paix. La maison d'Autriche perdit la prépondérance politique. La liberté de l'Empire germanique et la liberté religieuse étaient les moyens les plus sûrs de lui enle-

1. M. Gervinus, *Introduction à l'histoire du* xixe *siècle.*
2. M. Michelet, *Précis d'histoire moderne.*

ver son ascendant dominateur. Par l'égalité entre les confessions religieuses, on brisait les liens qui avaient rattaché jusqu'alors l'Empereur au pape et qui le soumettaient à la domination spirituelle de Rome, dont il profitait à son tour pour écraser l'Allemagne. De plus, en opposant les princes de l'Empire germanique à l'Empereur choisi depuis 1438 exclusivement dans la maison de Habsbourg, on contenait la puissance autrichienne par celle des autres souverainetés reconnues en Allemagne. Enfin, pour prendre les choses de plus haut, les traités de Westphalie firent prévaloir et consacrèrent solennellement un des grands principes de la politique moderne, sauvegarde de toute liberté et de toute civilisation, en déclarant « que l'hypothèse d'une monarchie universelle, conséquence extrême du droit de la guerre, admise par les anciens peuples, notamment par les Romains et par l'Église, était chimérique; qu'ainsi, quelles que fussent les guerres qui pourraient à l'avenir désoler les nations chrétiennes, ces guerres ne pouvaient aller jusqu'à les absorber toutes en une seule et à renouveler de la sorte l'expérience d'un État unique ; que, sauf la délimitation à faire des territoires, la pluralité des puissances était à l'avenir reçue en principe et autant que possible maintenue en *équilibre*. Depuis cette époque le principe de l'équilibre a été reçu dans le droit des gens. Cette idée, qui a changé le cours de la civilisation, ne peut manquer de transformer à la longue, partout où elle existe, l'unité intérieure de la centralisation des États [1]. »

La guerre de Trente ans avait détruit les deux tiers de la population allemande, en partie par le fer, mais bien plus par la famine et les maladies pestilentielles qui en furent les suites. Des milliers de villes et de villages ruinés étaient abandonnés aux loups qui se multipliaient dans toute l'Allemagne au point de pénétrer jusque dans les habitations des hommes. Nul commerce; nulle industrie; partout la dépopulation, la misère, la mort. Il fallut prendre des mesures extrêmes. L'empereur d'Allemagne alla jusqu'à interdire la profession des vœux religieux avant l'âge de soixante ans, jusqu'à permettre la bigamie aux personnes laïques. M. Gervinus remarque que ce fut un grand bien pour l'Allemagne de conserver sa constitution fédérale après les traités de Westphalie. Inévitablement, si l'Autriche, par exemple, eût réussi dans ses tentatives d'unification religieuse et politique, l'Allemagne se serait pliée au système monarchique, et aurait eu la destinée commune aux autres monarchies de l'Europe. Soumise au sceptre de la maison de Habsbourg, elle aurait participé au déclin qui devait résulter fatalement de l'état de torpeur intérieure de l'Autriche, tandis que la nouvelle culture intellectuelle, les besoins du bien-être plus faciles à satisfaire par les progrès des sciences et de l'industrie, permirent à l'Allemagne divisée un rajeunissement complet de sa vie nationale. L'activité des esprits si longtemps courbés sous le poids du malheur des temps se réveilla et se tourna vers les jouissances morales et matérielles. Le grand nombre des petites cours indépendantes et rivales fut utile sous plus d'un rapport; chaque prince voulut avoir le nom de protecteur des lettres et des sciences. Aussi vit-on se former quinze universités nouvelles dans un court espace de temps.

A partir du traité de Westphalie, l'histoire moderne de l'Allemagne cesse, à proprement parler, d'être l'histoire d'une unité. Il ne restait plus du saint-empire que le nom, et les droits de l'Empereur n'étaient plus qu'honorifiques. Sous Léopold Ier (1658-1705); la diète germanique obtint d'être déclarée permanente. Ainsi disparut la dernière prérogative de l'Empereur, qui était de pouvoir dissoudre la diète. C'est de cette époque que date la bureaucratie, si fatale en Allemagne à la prompte exécution des affaires. A cause de la séparation des États de l'Empire,

---

1. P.-J. Proudhon, *Si les traités de 1815 ont cessé d'exister.*

dans le sein de la diète, en États protestants et États catholiques, les princes souverains cessèrent bientôt d'assister aux délibérations ; ils s'y firent représenter. L'habitude de temporiser et de remettre sans cesse la décision des affaires, l'appareil compliqué des délibérations rendirent l'intervention des puissances étrangères plus facile. L'Allemagne apparaît alors comme une arène où se débattent les plus grands intérêts de l'Europe. Tout sentiment national disparaît, et le patriotisme devient local et exclusif. Ajoutez à cela que le droit d'alliance à l'extérieur avait été accordé aux États contre l'Empereur, et que les princes en profitèrent le plus souvent pour contracter à l'étranger des mariages qui leur assuraient des trônes, à la défense desquels ils employaient leurs troupes allemandes. Aussi les Empereurs de la maison de Habsbourg, Léopold Ier et ses successeurs, cessèrent-ils tout à fait de s'occuper des affaires de l'Allemagne, pour asseoir définitivement leur puissance dans leurs États héréditaires.

Les rêves de domination universelle de Louis XIV émurent cependant l'Allemagne. Le despotisme de ce prince, son intolérance, sa passion pour la guerre, la révocation de l'édit de Nantes, la dévotion tout espagnole de la cour de Versailles, dans les dernières années du XVIIe siècle, avaient aliéné à la France les sympathies de toutes les nations qui devaient leur prospérité au protestantisme. L'empereur Léopold prit part à toutes les ligues formées pour combattre Louis XIV. Le roi de France effrayait l'Europe non moins que Charles-Quint au temps de sa puissance : la guerre de la Succession d'Espagne n'eut pas d'autres causes. Dans cette affaire, l'Empereur était le rival naturel du roi de France ; aussi toute l'Allemagne se retrouva-t-elle avec l'Empereur, quand on apprit que, par le testament du faible Charles II, le petit-fils de Louis XIV était appelé à prendre possession des immenses États de la monarchie espagnole. Un Français de naissance, Eugène de Savoie, engagé au service de l'Autriche, releva le prestige tombé si bas des armes impériales. Léopold ne vit pas finir la guerre. Il mourut (1705) au moment où la France était à deux doigts de sa perte. Vers la même époque, grandissait, dans le nord de l'Allemagne, cette obscure maison de Hohenzollern à qui Sigismond avait donné en payement la marche de Brandebourg. La Réforme luthérienne, dont elle avait épousé la cause, avait fait sa fortune ; les premières sécularisations — celles surtout de l'ordre Teutonique — avaient accru ses richesses et sa puissance. Sous Léopold Ier, le duc de Prusse, électeur de Brandebourg, prit le titre de *roi* (1701).

A la mort de Joseph Ier, prince qui avait succédé à Léopold (1705-1711), la couronne impériale passa à son fils l'archiduc Charles, déjà proclamé roi d'Espagne, par les alliés, dans la guerre de la Succession. L'avénement à l'Empire d'un prince si puissant et le rétablissement de la monarchie de Charles-Quint à son profit, effrayèrent l'Europe qui dès lors résolut d'arrêter la guerre. Villars, à la bataille de Denain, avait rétabli la fortune de la France. On signa la paix à Utrecht (1713) et à Rastadt. Ces traités, conçus d'après la notion essentielle de l'équilibre européen, furent cependant avantageux à l'Autriche, à qui ils donnèrent Naples, la Lombardie, la Belgique et la Sardaigne. Quant au corps germanique, il avait perdu, à la suite des différentes guerres de Louis XIV, la Franche-Comté et l'Alsace, avec les trois évêchés lorrains, Metz, Toul et Verdun, conquis par le roi de France Henri II, que l'on avait promis de rendre à l'Allemagne, et que la France a toujours gardés.

Charles VI ne fut occupé, tout le long de son règne, qu'à assurer à sa descendance, quelle qu'elle fût, le trône impérial. Ce fut l'objet de la Pragmatique-Sanction qui porte son nom. En 1740, il mourut, ne laissant pas d'héritier mâle. Avec lui s'éteignit la branche masculine des Habsbourg, celle qu'on nomme la branche des Habsbourg d'Autriche. « Cet événement fait époque dans l'histoire de l'Allemagne, parce qu'il fournit au roi de Prusse l'occasion d'élever sa monarchie au rang de puissance prépondérante. Dès lors on put regarder l'Allemagne comme partagée pour ainsi dire en deux corps politiques, ayant des intérêts différents et souvent opposés; l'un, que l'on peut appeler le parti autrichien, se composait surtout des princes ecclésiastiques, dont le grand nombre assurait à l'Autriche la majorité à la diète; l'autre parti, les princes héréditaires et principalement ceux de la confession d'Augsbourg, se rangeaient sous la bannière de la Prusse et aimaient à être regardés comme les défenseurs de la liberté de l'Allemagne contre les empiétements de l'autorité impériale. Cette division est une des causes qui renversèrent la constitution germanique [1]. »

A peine Charles VI eut-il fermé les yeux que plusieurs prétendants se jetèrent sur son riche héritage. Le signal fut donné par le jeune roi Frédéric de Prusse, qui envahit la Silésie à l'improviste. L'hostilité entre la Prusse et l'Autriche est désormais déclarée. Il y aura des temps d'arrêt et de repos dans cette lutte acharnée, mais la lutte elle-même ne finira plus. La Prusse est destinée à renouveler la vieille opposition saxonne contre la maison d'Autriche. En 1748, la paix fut conclue à Aix-la-Chapelle. Marie-Thérèse, fille de Charles VI, fut reconnue comme héritière des domaines de son père, et son époux François de Lorraine, sur la tête duquel elle avait placé la couronne d'Allemagne, comme Empereur sous le nom de François Ier. Ce fut le premier prince de la maison de Lorraine-Habsbourg, maison qui règne encore de nos jours sur l'empire d'Autriche. Marie-Thérèse, dont tous les États avaient été menacés au début de la guerre, ne perdit que Parme et Plaisance qu'elle dut céder à l'Espagne. Mais la Prusse, cette rivale née d'hier et déjà si dangereuse, avait fait mieux que s'agrandir d'une province comme la Silésie. Frédéric II avait jeté les bases de la politique suivie depuis son règne avec tant de fidélité par ses successeurs. Il avait hardiment présenté sa dernière campagne, — qui n'avait d'autre but que de lui assurer la possession définitive de la Silésie, — comme une revendication de la liberté du corps germanique contre une puissance étrangère oppressive. C'était tracer d'avance le programme de l'ambition prussienne.

Frédéric II avait gardé la Silésie, Marie-Thérèse voulut la reprendre. Sur les conseils du prince de Kaunitz, elle chercha des alliés. Elle en trouva en France, où régnait alors la Pompadour. Elle en trouva en Russie, où régnait l'impératrice Élisabeth, qui envoya des troupes. C'est la première fois que l'on voit les Russes s'immiscer dans les affaires de l'Europe! La guerre de *Sept ans* éclate. Elle finit par le traité d'Hubertsbourg, qui prouva à l'Autriche qu'il n'était plus possible de détruire la Prusse (1763).

Joseph II ne tarda pas à en faire l'expérience quand il voulut envahir la Bavière, à la mort de l'électeur Maximilien-Joseph, pour réclamer une partie de ses États à son successeur Charles-Théodore. Frédéric de Prusse, déjà très-vieux, reprit les armes et pénétra en Bohême. Marie-Thérèse fit signer la paix à Teschen (1779). L'Autriche retrouva encore la Prusse devant elle quand Joseph II songea à échanger ses possessions de Belgique contre la Bavière qui avoisinait ses États. L'Empereur avait obtenu le consentement de l'électeur Charles-Théodore; il s'était ménagé des alliés à l'extérieur : Catherine II et sa sœur Marie-Antoinette de France. Mais Joseph II avait compté sans le grand Frédéric, toujours attentif à veiller sur les

---

1. Le comte de Garden, *Histoire des traités de paix*.

intérêts de la Prusse et toujours prêt à grouper les princes allemands contre l'Empereur au nom de leur salut commun. Frédéric poussa les hauts cris, protesta, mit en avant le traité de Teschen, accumula démarches sur démarches, constitua la *Ligue des Princes* où il fit entrer pêle-mêle l'électeur de Saxe, l'électeur de Hanovre, le duc de Brunswick, les princes ecclésiastiques. L'Empereur n'osa pas passer outre devant une telle coalition (1785).

Pendant tout le xviiie siècle, le corps germanique s'était tenu debout. Mais ce n'était qu'un fantôme. Les diverses parties de cette agrégation politique n'ayant pas de vie commune étaient sans force réelle. La Révolution française mit fin à ce vieil organisme épuisé. Cependant, dans le cours du xviiie siècle, l'Allemagne si morcelée et si divisée avait préparé les éléments de sa rénovation. Elle s'était donné une littérature. Lors de la guerre de Trente ans, l'Allemagne avait été inondée de peuples étrangers et indigènes ; la langue en avait souffert autant que le pays. Il fallut d'abord songer à refaire la langue. Un homme d'un génie transcendant, Leibniz, qui n'écrivit guère pour son compte qu'en latin ou en français, rédigea en allemand un excellent mémoire sur l'usage et le perfectionnement de la langue allemande, et appela sur ce point l'attention publique. Le célèbre Wolf répondit à l'attente de Leibniz. Bientôt après vinrent les pères de la littérature allemande, Wieland, Lessing, Winckelmann, Gessner, et surtout Klopstock, poëte de génie, passionné pour la langue nationale, qui consacra toutes ses facultés au progrès des lettres allemandes. Enfin parurent deux hommes qui agrandirent ce mouvement en le rendant populaire : Schiller, poëte lyrique et tragique, historien national, et surtout celui en qui l'Allemagne a cru souvent reconnaître son propre génie, le grand J. W. Goëthe. D'un bout à l'autre de la vaste contrée où se parle la langue allemande, on lut les œuvres de ces écrivains illustres. Les Allemands, si séparés les uns des autres par leurs princes et leurs lois iniques et absurdes, se retrouvèrent unis dans les régions élevées de la science et de l'art : cette union prépara le retour des aspirations vers l'unité politique, et leur donna une force qu'elles n'avaient pas encore eue, même au temps du moyen âge.

89 s'était levé sur le monde et la transformation héroïque de la société française s'opérait sous les yeux de l'Allemagne éblouie. Les philosophes, les poëtes, les publicistes ne se lassaient pas d'admirer ce réveil prodigieux et le célébraient dans leurs écrits. A la nouvelle de la prise de la Bastille, le vieux Kant était sorti de sa retraite pour annoncer aux gens de Kœnigsberg qu'une ère nouvelle allait commencer pour le monde. Les vœux, que l'on faisait en Allemagne pour le succès d'une révolution politique et sociale sans précédents dans l'histoire et qui commençait par déclarer les droits du genre humain, n'étaient pas cachés. La cause de la Révolution était populaire au delà du Rhin ; les princes, au contraire, étaient fort hostiles aux idées nouvelles.

La mort de Joseph II amena la convocation des Électeurs du saint-empire pour lui donner un successeur. On sait que parmi les Électeurs se trouvaient trois princes ecclésiastiques qui avaient conservé dans les provinces allemandes, successivement cédées à la France, des possessions et des priviléges respectés par la monarchie, mais que la Révolution s'était empressée de détruire. Les Électeurs, au moment d'élire pour empereur Léopold II, introduisirent dans le texte du serment un article par lequel il s'engageait à défendre leurs intérêts. La guerre avec la France était au bout de ce serment.

La lutte fut acharnée et dura, tout le monde le sait, pendant vingt ans. Ces guerres, commencées par la Révolution qui ne fit que se défendre, mais si fatalement continuées par Napoléon Ier, eurent pour résultat final d'exaspérer les nations qui étaient le plus sympathiques à la France, en foulant aux pieds leurs droits et leurs libertés. Au début, toute l'Allemagne, entraînée par ses princes, se leva contre la Révolution. La Prusse et l'Autriche était alliées. La Prusse s'arrêta la première (1795) au traité de Bâle. Le nord de l'Allemagne, habitué déjà à la suivre, imita son exemple. L'Autriche résista plus longtemps. En 1801, au traité de Lunéville, les coups les plus terribles furent portés au corps germanique. L'Allemagne perdit la rive gauche du Rhin. Les principautés ecclésiastiques cessèrent d'exister, car il fallut bien, à l'exemple de ce qui s'était fait au traité de Westphalie, donner des indemnités aux princes dépossédés. On y parvint en *sécularisant* toutes les petites souverainetés du clergé. En outre, dans la diète, on réduisit le chiffre des voix de deux cent quarante à cent quarante-deux. Enfin, par les coups suprêmes portés à l'autorité impériale, par la ruine des villes libres, par l'assujétissement de l'ancienne noblesse aux nouvelles maisons princières, tous les débris des anciennes libertés locales et provinciales, dont pouvait encore jouir l'Allemagne, furent absolument effacées. Le saint-empire n'existait plus. François II, qui avait succédé à son père Léopold, le comprit si bien que, dès 1804, il ajouta à son titre d'empereur d'Allemagne, le titre d'empereur héréditaire d'Autriche. En 1805, les souverains de Bade, de Wurtemberg et de Bavière, s'étant séparés de l'empereur François II dans sa lutte contre Napoléon Ier ; celui-ci lors de la paix de Presbourg, qui suivit la victoire d'Austerlitz, prit le titre de protecteur de la confédération du Rhin, et François II renonça à son titre d'empereur d'Allemagne pour se contenter de celui qu'il avait inauguré, l'année précédente. Ainsi disparut jusqu'au nom du vieil empire de Charlemagne (12 juillet 1806).

L'établissement de la confédération du Rhin par Napoléon Ier ne parut pas d'abord aux Allemands un événement qu'ils dussent regretter. Le sentiment de la nationalité n'était pas encore réveillé dans les cœurs. De plus, la confédération du Rhin avait eu pour effet de détruire tout ce qui subsistait de l'ancien empire d'Allemagne. Les villes libres, les princes et comtes du saint-empire furent *médiatisés*, c'est-à-dire qu'ils devinrent sujets des souverains dans les États desquels étaient situés leurs domaines. Le grand nombre de princes souverains a toujours été considéré comme un fléau par les patriotes allemands. Tout événement, qui amène la suppression d'une ou de plusieurs de ces petites souverainetés, est dès l'abord favorablement accueilli en Allemagne, sauf à déterminer plus tard une réaction qui rarement se fait attendre. Il ne restait à Napoléon qu'à soumettre toute la Prusse pour être maître de l'Allemagne. Frédéric-Guillaume III, souverain faible et imprévoyant, cédant, soit à de perfides suggestions, soit à des réclamations de l'Angleterre, se jeta dans une guerre que Napoléon sut terminer en une seule campagne ; à Iéna, au premier choc, la Prusse fut vaincue et renversée ; à Tilsitt, après Friedland, elle fut immolée. L'Allemagne fut aux pieds de Napoléon (1807). On jeta les bases d'une nouvelle Pologne, on agrandit le roi de Saxe, on créa le royaume de Westphalie. La Prusse ne conserva un reste de puissance que grâce à l'influence du czar Alexandre de Russie séduit par les charmes de la reine. La guerre, qui éclata en 1809 entre l'Autriche et la France, eut les mêmes résultats. L'Autriche fut encore affaiblie ; elle perdit trois millions de sujets donnés à ceux des princes de la confédération du Rhin que protégeait l'empereur Napoléon. Toute l'Allemagne, pour ainsi dire, était soumise soit à des préfets français, soit à des princes allemands qui en tenaient lieu et qui n'osaient pas résister aux caprices du maître. Les lois oppressives de la conscription et des douanes, les abus du régime militaire, l'insolence du soldat vainqueur, l'Inquisition déguisée sous le nom de police, portèrent au comble l'exaspération des vaincus, et rallumèrent le sentiment patriotique. « Un ministre du roi Frédéric-Guillaume de Prusse, le baron de Stein, conçut l'audacieuse pensée de chercher le salut du pays en dehors de la sphère d'un gouvernement régulier. Persuadé que c'était dans le moral des masses, dans leurs passions graduellement excitées qu'il fallait chercher la force nécessaire à l'affranchissement de l'Allemagne, il fonda la société du *Tugenbund* dont les membres étaient étroitement unis par le serment de se vouer à la délivrance de la patrie commune, et qui fit bientôt des progrès rapides, non-seulement en Prusse mais dans toute l'Allemagne, embrassant tous les rangs, touchant presque au trône et tenant par ses racines aux masses obscures et passionnées des vaincus. » A partir de cette époque, Schiller devient le poëte chéri de l'Allemagne; *Wallenstein, Guillaume Tell,* sont dans toutes les mémoires; la spéculation impartiale et purement critique de Kant cède le pas à la philosophie plus affirmative de Fichte. « Vous seuls, vous seuls, répétait-il incessamment, vous êtes une nation, car vous avez une parole qui n'est qu'à vous; vous seuls possédez un verbe pur, original, indigène[1]. » Au même moment, un accord admirable et bien rare s'établit entre les hommes d'État et le peuple. En Prusse, Hardenberg, Stein prennent des mesures populaires, démocratisent l'armée et portent les premiers coups à la bureaucratie. Un élan d'enthousiasme soulève toute les populations contre le despote ; et, dans cet élan, un poëte, Arndt, trouve l'expression des aspirations de l'Allemagne remuée jusque dans les profondeurs. « Quelle est la patrie de l'Allemand? Est-ce la Prusse? est-ce la Souabe? sont-ce les rives du Rhin où fleurit la vigne? sont-ce les rivages du Belt où la mouette décrit les courbes de son vol? — Oh! non, oh! non ; sa patrie doit être plus grande..... aussi loin que la langue teutonne résonne, c'est là cette patrie. Elle est là la patrie du Teuton où la pression de la main vaut un serment, où la bonne foi brille dans le clair regard de l'œil, où l'amour siége dans le cœur qu'il réchauffe, où le clinquant des Welches disparaît sous le vent de la colère, où tout Français est un ennemi ; voilà la patrie du Teuton. » Enflammée de cette sainte fureur, l'Allemagne suivit ses princes dans la lutte contre Napoléon. En deux campagnes Napoléon fut vaincu à son tour (1814-1815).

Au congrès de Vienne, l'Allemagne recouvra ses anciennes limites, et se vit délivrée de la domination étrangère. La guerre héroïque de l'Indépendance avait eu lieu au cri de liberté et d'unité. Les déceptions ne tardèrent pas à survenir. Les princes avaient fait de trop belles promesses, et « le tyran abattu » comme ils disaient, au lieu de donner la liberté aux peuples qui la réclamaient, ils ne songèrent plus qu'à l'affermissement de leur pouvoir absolu. Toutes les classes réclamaient, chacune dans le sens de ses intérêts. En Prusse et en Autriche, le roi Frédéric-Guillaume et l'empereur François se bornèrent à rétablir l'ancien ordre de choses; les petits États furent un peu mieux traités par leurs souverains. Dans le cours des deux années 1818 et 1819, les princes de Bavière, de Wurtemberg et de Bade, donnèrent des constitutions à leurs sujets, et furent bientôt imités par les ducs de Nassau et de Saxe-Weimar.

Frustrée de ses libertés, l'Allemagne ne fut pas moins trompée dans ses espérances unitaires. Sous ce rapport, les traités de Vienne et l'acte fédéral du 8 juin 1815, étaient restés fort au-dessous des désirs des populations. Cet acte morcelait la patrie allemande et la morcelait au nom du droit divin qui était reconnu au plus petit souverain comme à l'empereur d'Autriche lui-

---

1. Voyez le livre de Fichte, *Considérations sur l'histoire de la Révolution française,* traduit avec une introduction par Jules Barni.

même. Les princes médiatisés eurent, dans certains cas, une haute juridiction civile et criminelle. L'Allemagne devint ainsi, non pas un État fédéré, mais une fédération d'États reliés entre eux par la vague obligation « de maintenir la sûreté intérieure et extérieure du territoire. » De plus, il était visible que les deux grandes puissances allemandes se réservaient une pleine et entière liberté d'action en dehors du corps germanique, qu'elles rendaient de la sorte immobile et inerte. Il est vrai qu'une diète fédérale semblait destinée à pallier le vice du *particularisme*, si manifeste dans la constitution du corps germanique, et à donner une direction unitaire aux affaires collectives. Cette diète, impuissante pour sauvegarder l'honneur et les intérêts de la patrie allemande à l'extérieur, se trouva très-puissante pour généraliser à l'intérieur les mesures oppressives les plus iniques. Le mode de votation rendait toute réforme difficile sinon impossible à réaliser. Et quant à réviser le pacte fédéral en lui-même, personne en Allemagne n'y pouvait songer, la politique du prince Metternich ayant placé cette charte fondamentale de la confédération sous la garantie des puissances européennes.

Cependant, l'esprit de 1813 s'était conservé dans les universités allemandes, véritables foyers de patriotisme. Le *Tugenbund* fit bientôt place à une autre association plus générale, connue sous le nom de *Bürschenschaft*, qui communiquait à tous ses membres le sentiment énergique de l'unité allemande. Les patriotes maudissaient l'article du pacte fédéral de 1815, qui appelait l'étranger dans la décision des affaires de l'Allemagne. Ils s'indignaient de se voir maltraités par l'Europe et par les publicistes étrangers. On les adjurait de ne pas cesser de travailler *more Germanorum*, obscurément et solitairement pour le reste du monde, *discreti atque diversi*, comme dit Tacite, dans les champs de l'abstraction et de la philosophie, de ne pas renoncer à la douceur de leur existence calme et paisible dans leurs petites capitales. Toutefois, il faut dire que l'indépendance même laissée aux petits États, ne laissa pas de favoriser le développement du régime constitutionnel; et le peu de vie publique dont on jouissait dans les petits centres, dans les chefs-lieux d'université, facilita plus qu'on ne le croit l'élaboration des idées au delà du Rhin. A la vérité, les aspirations des patriotes allemands étaient contradictoires et confuses. La très-grande majorité des esprits tournés vers la politique, soit qu'ils obéissent à un sentiment de haine mal dissimulée contre la France, soit qu'ils éprouvassent le besoin de relier le présent de l'Allemagne à son passé glorieux, avait embrassé avec ardeur le culte du moyen âge et des anciennes institutions germaniques. « Tandis que tout un peuple allait se passionner pour la vieille unité du XIIIe siècle, pour les Empereurs de la maison de Souabe, les gouvernements profitaient de ce bel enthousiasme archéologique et déchiraient les promesses de liberté faites la veille. » Il fallut attendre qu'un nouveau parti se fût formé, qui reconnût que la Révolution française, fille de la grande philosophie du XVIIIe siècle, en proclamant la souveraineté du peuple, avait commencé une politique nouvelle, et travaillé pour toutes les nations.

Au reste, l'agitation intellectuelle et politique demeura longtemps concentrée dans les universités. Là, les sentiments étaient poussés jusqu'à l'exaltation. En 1817, le 18 octobre, le treizième jubilé séculaire de la Réforme de Luther réunit à la Wartbourg les étudiants des universités de Halle, d'Iéna et de Leipsig. Cette agglomération de jeunes hommes, tous décidés à pousser l'Allemagne dans des voies nouvelles, effraya justement les souverains. Les perquisitions, les emprisonnements commencèrent. Certaines universités furent supprimées, mais le mouvement, bien loin d'être enrayé par les proscriptions, ne fit que s'accroître. On le vit bien en 1819 quand, sur le simple soupçon que Kotzebue, écrivain allemand au service de l'empereur de Russie, avait fourni au czar les éléments d'un mémoire destiné à signaler aux souverains les progrès de l'esprit révolutionnaire, le jeune étudiant Carl Sand se jeta sur Kotzebue et le poignarda au cri de *Vivat Germania!* Les souverains qui venaient de conclure entre eux le traité de la Sainte-Alliance arrêtèrent à Carlsbad les mesures propres à mettre un terme à cette agitation. La diète fédérale de Francfort, placée sous l'influence du prince de Metternich, donna son approbation à tous les projets arrêtés à Carlsbad à cet effet. Une commission extraordinaire, restée célèbre, fut instituée à Mayence, avec mission de condamner ceux des étudiants qui lui étaient déférés comme se livrant à des menées occultes et révolutionnaires. Quand les sociétés secrètes furent dispersées et les universités rendues dociles ou craintives par la terreur, les souverains se crurent délivrés, grâce à un système d'espionnage et de police intime, étendant ses filets sur toutes les classes de la société, et grâce surtout au rétablissement de la censure et à l'engagement qu'ils contractèrent entre eux de se protéger mutuellement contre les attaques de la presse.

L'Allemagne était tranquille, mais le feu couvait sous la cendre. Les libéraux des États constitutionnels continuèrent avec patience une lutte obscure. Mais la masse générale de la nation, découragée, ne chercha pas même à les suivre. L'Allemagne se replongea dans les immensités de la pensée pour y trouver l'oubli. Gœthe, son grand poëte, las et fatigué, semblait lui donner l'exemple. A la même époque commençaient les émigrations qui ont peuplé les États-Unis. Cependant par la littérature l'Allemagne devait encore renaître. A ce moment, tout ce qui tenait une plume gourmandait la paresse des esprits au delà du Rhin, à propos de tout, à propos d'histoire, de théâtre, de critique littéraire et musicale. « Que d'intelligences perdues, s'écriait avec douleur Ludwig Bœrne en pensant aux constructeurs de systèmes philosophiques, perdues pour la vraie philosophie libérale, pour les conquêtes de la civilisation ! » et ailleurs encore : « Agrandir le domaine de la philosophie, c'est rétrécir le champ de la liberté, tandis que la liberté gagnerait tout l'espace qui serait enlevé à la philosophie. » L'Allemagne s'égarait ainsi dans les abstractions et se détournait de ses propres affaires. La jeunesse se reprit tout à coup à aimer les idées françaises. Henri Heine et Ludwig Bœrne, en donnant à la littérature allemande les qualités françaises, la netteté, la clarté, la grâce, l'agilité avec l'esprit du bon sens, ont contribué à cette heureuse révolution. D'un autre côté, l'Allemagne politique s'intéressait au réveil de la Grèce, sans perdre de vue le travail de rajeunissement fécond auquel se livrait la France, dans tous les domaines de l'activité, vers les dernières années de la Restauration.

L'étincelle de Juillet embrasa tout. Brunswick, en chassant un prince indigne, méprisé pour son avarice et ses débauches, donna le signal, auquel répondirent Leipsig et Dresde. Une constitution pour la Saxe fut la récompense de ce premier effort. Les institutions de la Hesse furent retrempées. En Hanovre même, on vit des étudiants et des bourgeois fraterniser dans des espérances communes et obtenir des garanties constitutionnelles supérieures à celles que les souverains du Sud avaient octroyées en 1818 et 1819. Le même mouvement se fit sentir à Munich, et la diète de Francfort parut un moment à la veille de disparaître. La presse avait rompu violemment les liens dans lesquels on l'avait enchaînée, et repris sa campagne contre les souverains absolus. L'insurrection polonaise avait éclaté, et déjà les souverains de la Sainte-Alliance se voyaient à la veille de perdre le fruit de tous leurs efforts. La diète reprit ses anciens décrets, et voulut supprimer les journaux, comme on avait fait après le congrès de Carlsbad. Le 27 mai 1832, à l'appel des propriétaires des journaux menacés, la *Tribune allemande* et le *Messager de l'Ouest*, les docteurs Wirth et Siebenpfeiffer, une foule immense, venue de tous les pays constitutionnels de l'Allemagne, se rassembla dans la Bavière rhénane, au pied du vieux château de Hambach, sur l'une de ces pittoresques hauteurs qui dominent le Rheingau, pour célébrer l'anniversaire de la constitution bavaroise et jeter les bases d'une association pour la défense de la liberté de la presse. Fête admirable et qui a laissé de grands souvenirs dans les cœurs allemands! Elle n'amena cependant pas d'autres résultats que de précipiter les décisions répressives de la diète. Sur les ruines contemporaines des Hohenstauffen, on avait entendu chanter la *Marseillaise*, et le docteur Wirth provoquer toute l'Allemagne à imiter la France, à chasser ses rois et à faire sa révolution. Les ordonnances de Francfort parurent alors; on peut les appeler les ordonnances de Juillet d'outre-Rhin. Rendues sous l'influence de l'Autriche et de la Prusse, elles avaient pour but d'étendre les attributions politiques de la diète. Le système monarchique triompha partout, appuyé sur la noblesse, qui, dans tous les États, composait les chambres hautes et la représentation nationale. Dans les deux Hesses, il y eut quelques résistances à peine sensibles : il fallut dissoudre deux fois une chambre des députés assez audacieuse pour décréter d'accusation un ministre impopulaire, M. Hassenpflug, l'un des hommes les plus haïs et les plus méprisés de l'Allemagne.

Cependant, au moment même où les ordonnances de Francfort déniaient toute liberté politique à l'Allemagne, au moment où les souverains assemblés au congrès de Münchengratz se liguaient contre leurs sujets, se réalisait le premier rêve d'unité véritable entre les différents États de la Confédération. L'union douanière (*Zollverein*, voyez ce mot), dont l'idée avait été mise en avant dès 1819, s'établissait entre la Prusse, la Bavière, le Würtemberg, le royaume et les duchés de Saxe. Cette union existait déjà entre les deux royaumes du Sud, le Wurtemberg et la Bavière, qui avaient conclu un traité de commerce en 1827. A l'imitation de cette première union, d'autres s'étaient formées dans le centre et dans le nord. Ces diverses unions se rapprochèrent pour fonder enfin la grande association allemande, qui a placé la Prusse à la tête du développement industriel et commercial de l'Allemagne. C'est par là que la Prusse a commencé d'attirer à elle les populations du Nord, et c'est de là que vient le caractère particulier des constitutions fédérales que l'on a vues depuis s'établir entre leurs différents États, à savoir que le législateur s'y montre plus attentif à régler des intérêts commerciaux qu'à établir des droits et à décréter des garanties politiques.

Un autre mérite de la Prusse fut de ne pas craindre les idées. Le célèbre philosophe Hegel avait été professeur de philosophie à l'université de Berlin; son influence était alors prépondérante en Allemagne. La chaire de philosophie de Berlin fut longtemps comme une tribune nationale, d'où tombaient des accents prophétiques. Fichte l'avait illustrée au temps de la guerre de l'Indépendance. Hegel y remplaça Fichte. On a beaucoup reproché, et non sans raison, à Hegel d'avoir trop bien pris son parti du despotisme politique, afin de se livrer en paix aux plus hautes comme aux plus hardies spéculations philosophiques. Cependant, les Allemands doivent à ce puissant esprit plus qu'un système de philosophie; ils lui doivent le sentiment profond de la grandeur de leur génie national et des destinées extraordinaires qu'ils croient réservées à leur race. Cet orgueil a été depuis habilement exploité par ceux-là même des écrivains de l'Allemagne qui ont le plus vivement combattu Hegel et son influence. En 1840, parut une histoire de la littérature allemande, écrite par M. Georges Gervinus, où l'idée nationale, l'idée d'une existence commune et d'un grand rôle politique à jouer dans l'avenir était présentée à la jeunesse allemande comme le but de ses efforts. C'était la pensée de Hegel faisant son entrée dans la politique. A partir de ce moment, l'on peut dire que l'idée fixe de la grandeur et de la gloire de l'Allemagne dans l'unité et par l'unité n'a pas cessé de tenir en éveil et de tourmenter les esprits au delà du Rhin. On voulut devenir pratique à tout prix, on laissa là les rêves de la métaphysique pour travailler avec une ardeur fiévreuse aux destinées de la grande patrie allemande

L'attitude entreprenante et belliqueuse du cabinet français présidé par M. Thiers, en 1840, entraîna le réveil du patriotisme allemand. Aux jactances venues de Paris, on répondit par la chanson « du vieux Rhin allemand » de Becker. La nation tout entière tressaillit. On parlait de patrie commune, d'honneur allemand, de gloire allemande. La même année, mourut le vieux roi, Frédéric-Guillaume III, bureaucrate et protestant, attentif seulement à doter la Prusse d'universités et d'écoles; au reste, allié de M. de Metternich toutes les fois qu'il s'agissait de conjurer « l'esprit subversif des nouveautés. » Sa mort fut comme un présage d'ère nouvelle. Son successeur arrivait au trône avec des idées bizarres pour un roi. Frédéric-Guillaume IV voulait la réforme de la confédération pour laquelle il désirait plus d'unité à l'intérieur et plus d'influence au dehors; il rêvait aussi de relever la grande tradition germanique, et par là il attirait vers la Prusse tous les regards des patriotes allemands. Somme toute, les progrès de l'esprit public étaient lents. L'Allemagne d'ailleurs était travaillée par une sorte de mouvement religieux singulier. C'était le temps où s'agitaient les *Amis des lumières* (Lichtfreunde), qui cherchaient à pousser la réforme luthérienne jusqu'à ses conséquences extrêmes; c'était le temps des prédications du prêtre catholique Jean Ronge, curé de Laurahütte, qui voulait rompre avec Rome sans devenir protestant. Au fond de toutes ces rêveries se retrouvait la pensée unitaire.

Cependant, peu à peu, l'Allemagne sentait d'une manière confuse que la Prusse se détachait de l'Autriche, et que M. de Metternich était plus gêné dans la domination qu'il exerçait sur la diète. Les chambres des petits États, les vieux libéraux du Sud redoublaient d'efforts et d'éloquence pour créer des liens entre les diverses représentations constitutionnelles. A Heidelberg, parut bientôt une feuille destinée à traiter des intérêts de la patrie commune. La *Gazette allemande* prit pour programme : unité par la liberté; péréquation et solidarisation des États par le développement homogène des institutions parlementaires; parlement national, issu de l'élection populaire. En présence de ce mouvement, le roi de Prusse sentit, de son côté, qu'il fallait faire quelque chose. Il donna, en 1847, la constitution méditée par lui depuis si longtemps; charte singulière, où les souvenirs du moyen âge tenaient la plus large place, où la hiérarchie des castes était savamment construite, sans que rien fût laissé à l'élément populaire, monument législatif étrange et bien digne de celui que les Allemands appelaient le Romantique sur le trône. Ce fut une déception générale. Pendant ce temps-là, la Bavière gémissait sous la royauté de Louis Ier, l'excentrique amant de la danseuse Lola Montès, qui faisait et défaisait à son gré les ministères, et sous la désastreuse administration d'une bureaucratie toute dévouée à la Compagnie de Jésus et à l'influence ultramontaine.

Soudain éclata en France le coup de tonnerre de février 1848.

La révolution de février a rendu aux Allemands le grand service de les mettre aux prises, sur le terrain de la pratique, avec les difficultés de la rénovation politique et sociale de leur pays. Jusqu'alors, on peut le dire, les Allemands s'étaient abîmés dans les rêveries sans fin de la spéculation. En 1848, ils ont commencé d'agir. Qu'à ce titre, du moins, la date si glorieuse de 1848 leur reste sympathique, et puissent-ils ne jamais oublier ni la France, ni la République française, initiatrices généreuses d'un mouvement auquel ils devront peut-être un jour cette grande patrie, objet de tant de désirs, depuis tant de siècles [1].

On a vu que les esprits étaient préparés à la révolution dont le peuple de Paris venait de donner le signal. Le 3 mars 1848, un comité de cinquante et un citoyens prend l'initiative de convoquer à Francfort, ville libre, sanctuaire vénérable des traditions de la vieille Allemagne, une assemblée de notables, chargés d'élaborer une loi électorale pour tous les Allemands, de veiller sur les périls qui pourraient menacer l'unité que l'on voulait fonder, d'installer le parlement national issu des élections. Ce programme fut admirablement servi par les événements : révolution à Vienne le 13 mars, révolution à Berlin le 18 mars. On força le roi de Prusse à convoquer une assemblée constituante et à déclarer que la Prusse adopterait pour politique de se fondre dans l'Allemagne. Les élections ont lieu. L'Autriche elle-même, qui venait de se délivrer de la longue et pesante domination du vieux prince de Metternich, y prend part. Le 19 mai 1848, le baron Henri de Gagern, connu depuis longtemps pour sa résistance au despotisme de l'électeur de Hesse, ouvre, dans l'église Saint-Paul, à Francfort, à côté du vieil édifice du Roëmer où sont renfermés tous les souvenirs du saint-empire, la grande Constituante germanique. « Ce qui fait le droit du parlement, dit M. de Gagern, c'est la difficulté, c'est l'impossibilité de confier la tâche qui nous incombe à un autre pouvoir. » C'était proclamer le principe de la souveraineté du peuple. Mais on avait hâte de constituer un signe visible de l'unité que tout le monde désirait. On décida que le pouvoir central sur toute l'Allemagne serait confié à un archiduc d'Autriche avec le titre de vicaire de l'Empire. « L'unité de l'Allemagne, qui n'existait jusqu'ici qu'au fond de nos consciences, va devenir un fait et occuper sa place dans le monde. » Les espérances les plus naïves étaient au fond de tous les cœurs, et, quand l'archiduc Jean, ce fils respecté des derniers Empereurs d'Allemagne, fit son entrée dans Francfort, on put croire que l'Empire du xviiie siècle était rétabli. « Frédéric Barberousse va sortir de sa caverne, l'arbre va reverdir, » disait-on partout. Cette illusion ne fut pas de longue durée.

A la vérité les difficultés étaient immenses pour le parlement de Francfort. Entreprendre de reconstruire un édifice politique où la vraie puissance moderne, la démocratie, devait tenir la plus large place, et cela sur le modèle du moyen âge; installer sur les ruines de gouvernements qui, la veille encore, étaient presque absolus, des institutions parlementaires dont l'Allemagne n'avait pas encore la connaissance pratique; reprendre les traditions glorieuses des anciens Empereurs avec des éléments divers et disparates qui n'avaient pas encore eu le temps de se fondre ensemble : tel était le programme, quelque peu contradictoire, du parlement de Francfort. La tâche de remplir un tel programme était au-dessus de ses forces. Il y succomba. L'histoire n'aurait rien à reprocher à cette assemblée si, malheureusement, elle n'avait pas montré, à côté d'une incapacité qui ne lui est pas exclu-

---

1. On conçoit qu'il ne rentre pas dans le cadre de cet article de traiter d'une manière complète de la révolution de 1848 en Allemagne, révolution qui s'est produite à la fois dans les diverses capitales des différents États allemands : Autriche, Bavière, grand-duché de Bade, Würtemberg, Hesse, Prusse, etc. On trouvera le récit des faits dans l'*Encyclopédie*, sous chacun de ces mots à l'article *Histoire*. On a dû se borner ici à traiter les faits généraux embrassant toute l'Allemagne, tels, par exemple, que le développement de l'unité allemande. C'est dans cet esprit qu'a dû être conçue la fin de ce travail, pour la maintenir dans d'exactes proportions avec le commencement.

sivement reprochable, un esprit de convoitise, de domination et de conquête, qui ternit la Révolution allemande.

Non contents de prendre pour règle de conduite la chanson de Arndt « où est la patrie de l'Allemand ? — partout où résonne la langue allemande, » les docteurs de l'assemblée de Francfort, imbus des nouvelles idées répandues par les historiens patriotes, déclarèrent que l'Allemagne était partout où il y avait intérêt allemand, honneur allemand, mission allemande. Avec de tels principes, on devait aller loin. Ce n'était pas assez pour le parlement de Francfort de prendre le duché de Limbourg à la Hollande, le duché de Sleswig au Danemark, dans l'intérêt maritime de la future Allemagne que l'on voulait constituer, et tout cela sur le papier, au moyen de déclarations votées avec enthousiasme! Les fougueux nationalistes allemands applaudissaient avec fureur M. de Radowitz déclarant que le Mincio, fleuve qui coule en Italie, est la vraie frontière de l'Allemagne du Sud ; ils votaient des remercîments au général Windischgraetz qui bombardait Prague où les Slaves de Bohême avaient réuni leur assemblée nationale; ils décrétaient l'incorporation du grand-duché de Posen, habité par des hommes de nationalité polonaise, dans la confédération germanique ; enfin ils allaient, sur la proposition de M. Einsemann, jusqu'à donner un souvenir de regret à leurs « frères d'Alsace » et à jeter un regard de convoitise sur ces provinces d'outre-Rhin devenues irrévocablement françaises. On voit tout de suite par où devait faillir l'assemblée de Francfort. Elle était en plein idéal historique, et ne cherchait pas les moyens de constituer au plus vite un embryon d'unité qui fût doué de quelque force. L'Autriche fut la pierre d'achoppement des docteurs de Saint-Paul. Comment faire pour l'admettre dans le nouvel Empire avec des races si diverses, Hongrois, Croates, Roumains, Italiens ! C'était impossible. Détacher les provinces allemandes et laisser s'en aller à la dérive toutes les populations du bas Danube, on n'y pouvait pas songer. Exclure l'Autriche tout à fait de la Confédération : c'était entrer trop avant dans les visées de l'ambition prussienne, et le parti révolutionnaire ne pouvait s'y résoudre, n'ayant aucune confiance dans la monarchie des Hohenzollern. Cependant le temps s'écoulait. La réaction reprenait le dessus, et l'Autriche, fidèle à la politique astucieuse qui consiste à caresser et à endormir tout le monde, exploitait les passions des partisans de la grande Allemagne ! Tout à coup, elle fit volte-face. Elle déclara, par l'organe du prince de Schwarzenberg, que la ferme durée de la monarchie autrichienne avec la complète unité des États qu'elle embrasse, était un besoin impérieux pour l'Allemagne et pour l'Europe. » Ce fut un *tolle* général dans le parlement. On cria à la trahison. Pour punir l'Autriche, on se tourna vers la Prusse. La couronne impériale héréditaire fut décernée à Frédéric-Guillaume IV, le 28 mars 1849. Il était trop tard. Déjà partout, en Europe, la Révolution de février était vaincue. Louis-Napoléon Bonaparte avait été élevé à la présidence de la République française, et méditait le coup d'État qui devait rétablir l'empire; l'Italie avait succombé à Novare; dans l'ombre se préparait l'expédition de Rome ; on parlait de l'intervention en Hongrie de l'autocrate Nicolas, appelé par le jeune empereur François-Joseph désespéré et suppliant; enfin le roi de Prusse lui-même avait congédié sa Constituante et pris pour ministre M. de Manteuffel, l'un des chefs du parti féodal. Frédéric-Guillaume ne refusa pas tout d'abord la couronne impériale qu'on lui offrait. Ses hésitations calculées entretinrent quelque temps les espérances de ceux qui voulaient à tout prix de l'hégémonie prussienne. Mais le roi de Prusse ne se décida point. Le parti féodal prussien lui conseillait de résister aux aventures. Un député de ce parti, ancien militaire et journaliste à ses heures, M. le comte de Bismarck-Schœnhausen, finit un discours en refusant de reconnaître que son roi devint le vassal des professeurs universitaires de l'église Saint-Paul. « Jamais, jamais, je n'abandonnerai en aveugle le vaisseau de l'unité aux courants et aux tempêtes ; jamais ainsi il n'atteindrait le port, » s'écria le roi de Prusse. On rapporta cette réponse au parlement de Francfort, qui l'écouta consterné. « L'Allemagne était allée à Berlin comme la fiancée au-devant de l'époux et on l'a congédiée comme une servante » dit alors M. Simon (de Trèves). Cette parabole amère est le résumé de la première tentative des Allemands pour constituer leur unité sous la forme monarchique. Les républicains seuls ont conservé le souvenir de cette cruelle déception. La Prusse voulait bien prendre l'Allemagne, mais à son heure et suivant ses convenances. Il fallait être doué de bien peu de sens politique pour ne pas comprendre que la Prusse et ses souverains n'ont pas à prendre conseil de la démocratie allemande dans leurs entreprises. La politique prussienne a été depuis longtemps tracée pour la première fois par le grand Frédéric. Agir tantôt par la force et tantôt par la ruse : qu'y a-t-il de commun entre cette politique d'expédients et la politique de principes et de chimères inaugurée dans le parlement de Saint-Paul ?

La Prusse mit à profit le reste de prestige qu'elle avait conservé après le refus de la couronne impériale par le roi Frédéric-Guillaume, pour tenter de bâcler l'*Union restreinte*. Le traité des *Trois-Rois* eut pour but de réaliser cette union. Les rois de Prusse, de Saxe et de Hanovre, avec vingt-quatre autres petits souverains à qui la Prusse avait rendu des services en les aidant à combattre les révolutionnaires, entrèrent dans cette confédération nouvelle. Mais l'Autriche était là qui ne pouvait pas souffrir que sa rivale conquit ainsi la direction supérieure de toute une partie de l'Allemagne. Délivrée de ses embarras de Hongrie par la capitulation de Gœrgey, elle se hâta d'agir. Bientôt, les deux rois de Hanovre et de Saxe se séparent de Frédéric-Guillaume. La Prusse essaye en vain de faire appel à l'élément populaire en convoquant un parlement à Erfurth. Ce parlement s'assemble, délibère et vote un nouveau projet de constitution fédérale ; mais cette constitution est bafouée, rejetée par le parti révolutionnaire, de plus en plus défiant du roi de Prusse. De son côté l'Autriche, ayant à sa tête le prince de Schwarzenberg, s'employait à battre en brèche l'Union restreinte. Les démêlés du peuple de Hesse avec l'Électeur, qui venait de reprendre pour ministre M. Hassenpflug, l'homme le plus détesté de l'Allemagne, et de proclamer l'état de siège, fournissent à l'Autriche une occasion favorable. La Hesse avait fait partie de l'Union restreinte : le peuple hessois se réclame de la Prusse qui en avait la direction, l'Autriche prend parti pour l'Électeur. Voilà la Prusse bien embarrassée. Elle cherche à faire bonne contenance. Elle se prépare à la guerre contre l'Autriche. Toute l'Europe est attentive. Les sympathies révolutionnaires sont du côté de Berlin ; le grand parti de l'ordre fait en secret des vœux pour l'Autriche. On croit que le grand duel va enfin avoir lieu, et que le peuple allemand pourra profiter des événements. Un coup de canon a déjà été tiré aux avant-postes, quand M. de Manteuffel, sur un ultimatum menaçant, se décide à signer les préliminaires de paix à Olmütz. La Prusse capitula (29 novembre 1850). C'était pour elle une humiliation honteuse qui s'aggrava de toute l'insolence de l'Autriche, quand le prince de Schwarzenberg annonça l'intention de faire entrer dans la Confédération germanique même celles des provinces autrichiennes qui n'en avaient jamais fait partie. La Prusse sentit le danger. L'Autriche allait peser de tout son poids sur l'Allemagne, et c'en était fait des ambitions prussiennes. La Prusse demanda elle-même à retirer le grand-duché de Posnanie de la Confédération, afin de ne pas donner prétexte à l'Autriche d'y faire admettre ses provinces non allemandes. D'ailleurs, les puissances européennes, la

France réactionnaire au premier rang et bientôt suivie de l'Angleterre, commençaient à protester contre les projets du prince de Schwarzenberg, au nom des intérêts généraux de l'Europe. Le 30 mars 1851, l'ancienne diète fédérale reprenait ses séances à Francfort, sous la présidence de l'Autriche, et l'Allemagne retombait sous le joug de la constitution de 1815. Après trois ans de convulsions, il n'y avait rien de changé au delà du Rhin. On avait seulement acquis un peu d'expérience, au prix de la vie de bon nombre de patriotes et de la liberté d'un plus grand nombre encore. Dans tous les États de l'Allemagne, les hommes du parti révolutionnaire avaient subi des persécutions sans nombre. Il n'y eut si petit prince allemand qui ne voulût avoir ses victimes, et les fils de la patrie allemande se dispersèrent sur tous les chemins de l'exil. L'Angleterre et surtout l'Amérique en recueillirent la plus grande part.

La puissance la plus réactionnaire de l'Allemagne, l'Autriche, cette vieille prêtresse du despotisme, était redevenue d'autant plus insolente qu'elle avait été plus près de sombrer dans la tempête. Elle ne parlait de rien moins que d'absorber l'Allemagne, en remaniant à son profit la constitution du *Zollverein*. Il restait du moins à la Prusse humiliée la consolation d'avoir été vaincue avec le parti libéral allemand, et à ce parti lui-même il restait la constitution prussienne, donnée par Frédéric-Guillaume en décembre 1848. Les institutions parlementaires de la Prusse allaient devenir l'ancre de salut des patriotes allemands. Un moment, ces institutions faillirent être emportées à leur tour dans un dernier orage. L'effort suprême de la réaction européenne venait de se produire; la République française, espoir des vaincus de la Révolution, avait disparu dans la nuit du 2 décembre 1851.

Dans les premiers temps qui suivirent le coup d'État de décembre, ce furent en Prusse comme de vraies saturnales de réaction; c'était la belle époque de la *Gazette de la Croix*, organe du parti féodal, qui ne songeait à rien moins qu'à ramener la Prusse au moyen âge. En Autriche, c'était le règne incontesté des centralisateurs despotiques, les Bach et les Schwarzenberg. Le reste de l'Allemagne végétait dans le silence et le découragement. Survient la guerre de Crimée. La France et l'Angleterre sont alliées pour combattre la Russie. Que va faire l'Allemagne? L'Autriche, suivant le mot du prince de Schwarzenberg, étonne le monde par son ingratitude. La Prusse imitera-t-elle ce bel exemple? Un député libéral, M. de Vincke, fait entendre à la tribune de Berlin des paroles qui réveillent à demi l'Allemagne. Il veut secouer la domination russe; il demande que la Prusse ne se contente pas de conserver la neutralité, mais entre dans l'alliance franco-anglaise. En vain le parti féodal veut-il que la Prusse se joigne à la Russie, la chambre résiste, et le ministère tout entier se retire sur les conseils du prince de Prusse Guillaume, frère du roi, qui gagne ainsi de la popularité. L'occasion était belle, disaient les libéraux prussiens aux applaudissements de l'Allemagne, on pouvait venger Olmütz. Le roi, toujours hésitant, dégoûté de toute politique active depuis la tourmente de 1848, déjà malade, ne veut rien faire. La Prusse, en vain sollicitée par les alliés franco-anglais, est bientôt éconduite par eux des délibérations. Au traité de Paris, elle ne fut admise qu'avec une extrême difficulté, quand tout était fini, et pour signer. Quand M. de Manteuffel vint en France, pour assister aux délibérations, on dit en Prusse et en Allemagne que c'était un second Olmütz.

A ce même congrès de Paris, le petit Piémont venait de jouer un rôle autrement glorieux. M. de Cavour, avec une habileté qui ne fut pas soupçonnée tout d'abord, venait de poser les jalons de la question italienne. Les esprits méditatifs, au delà du Rhin, se prirent à réfléchir. Un singulier travail s'était d'ailleurs accompli dans les intelligences allemandes. Autant sous l'influence d'une réaction implacable qui poursuivait toutes les anciennes idées que par l'effet du tempérament propre aux Allemands, et qui les entraîne tout entiers d'un extrême à l'autre, les systèmes absolus et radicaux étaient abandonnés dans tous les domaines de la pensée, en théologie, en philosophie, en politique. On ne voulait plus que du relatif ; on cherchait partout des compromis, aussi bien dans l'histoire du passé que dans les applications de l'esprit aux choses contemporaines. Plus de vastes travaux et, par leur cadre infini, d'une compréhension universelle ; la critique sèche et positive des faits, l'étude des législations comparées avaient remplacé les spéculations d'autrefois. Une seule œuvre, inspirée d'un sentiment absolu, mérite d'être signalée. C'est l'*Histoire du dix-neuvième siècle*, de M. Gervinus, monument élevé à la glorification de la race germanique qui, par ses exagérations mêmes, prête souvent à sourire.

Au mois de janvier 1858, le prince héritier de Prusse épousa la fille aînée de la reine Victoria d'Angleterre. Le projet de ce mariage avait été conçu par sa mère, la princesse Augusta, femme du prince Guillaume, celui qui avait su se rendre populaire en se rapprochant du parti libéral prussien. Ce fut une joie universelle en Allemagne : l'amour-propre national allemand se trouva flatté d'une si haute alliance ! Car il ne faut pas oublier que ce qui pèse le plus aux Allemands, c'est de se croire relégués au second plan en Europe. Aussi quand, au mois d'octobre de la même année, Frédéric-Guillaume chargea son frère d'exercer l'autorité souveraine, ce fut un enthousiasme général de voir la direction des affaires entre les mains d'un prince entouré d'autant de sympathies que le prince Guillaume. Le discours qu'il prononça en prenant la régence se terminait par ces mots devenus depuis si célèbres : *La Prusse doit faire des conquêtes morales en Allemagne*. Ce fut assez pour faire renaître l'espérance que la Prusse reprendrait la lutte contre l'Autriche, qui soutenait la Confédération germanique de 1815, restée si odieuse aux Allemands. Ce fut assez pour que le gouvernement du prince régent fût appelé du beau nom d'*Ère nouvelle*. A peine le régent eut-il prononcé le mot de liberté que l'Allemagne tout entière lui répondit par le mot d'unité. Le mouvement national eut son réveil pendant la guerre d'Italie (1859). L'opinion publique prit l'affaire d'Italie avec une vivacité extrême et marqua une fois de plus la défiance jalouse des Allemands. Presque tous les journaux d'outre-Rhin soutinrent cette thèse étrange qu'il fallait défendre le Rhin sur le Pô. Les petits États prirent l'alarme, en voyant l'Autriche si menacée. Dans la diète fédérale, leurs représentants demandèrent qu'on lui portât secours. Il fallait l'assistance de la Prusse, et, pour l'obtenir, on ne se montra que trop disposé à lui faire des avances. La brusque interruption de la guerre à Villafranca tira le régent de Prusse de ses incertitudes, en rendant son concours inutile.

Mais l'ébranlement causé par cette guerre communiqua à l'Allemagne un mouvement qui depuis lors ne s'est pas arrêté. Les difficultés que l'on avait eues pour tenir prêtes à entrer en campagne des troupes fédérales, à cause des tiraillements qui se produisaient sur chaque question au sein de la diète de Francfort, ramenèrent l'attention des esprits sur les vices organiques de la Confédération. Les petits États eux-mêmes prirent l'initiative de propositions relatives à la réforme fédérale. En même temps, se formaient les premiers éléments de la vaste association nationale (*National-Verein*), qui devait prêter un concours si actif à la Prusse, par l'influence qu'elle exerça sur les esprits et par le détour qu'elle imprima aux idées du parti démocratique et libéral. On vit un des princes souverains de l'Allemagne, le duc Ernest de Saxe-Cobourg-Gotha, prendre part aux délibérations de cette association. On compta bientôt dans ses rangs tous les libéraux des petits

États. Le *National-Verein* entreprit de donner à la Prusse l'hégémonie incontestée de l'Allemagne ; il demanda que les petits souverains abdiquassent en sa faveur, que toute l'organisation militaire fût réunie dans sa main, ainsi que toute la représentation diplomatique au dehors ; il proclama que la Prusse était l'État modèle dans lequel tout devait s'absorber. En même temps le *National-Verein*, si complétement rallié à la Prusse que, plus d'une fois, on lui a reproché de trahir pour cette puissance les intérêts du reste de la patrie germanique, réveillait les anciennes idées de grandeur nationale et militaire ; il agitait l'opinion pour arriver à la création d'une flotte fédérale allemande.

En 1861, le roi Frédéric-Guillaume IV mourut, et son frère, le prince régent du royaume, lui succéda sous le nom de Guillaume Ier. Les députés libéraux du parlement de Berlin cherchèrent à profiter de son avénement pour faire déclarer, dans l'adresse, qu'il serait utile que l'Allemagne eût un parlement central avec un Empereur tout à fait allemand. C'était blesser inutilement l'Autriche. L'adresse ne fut pas votée. Mais les anciennes opinions de 1848 reparaissaient au jour une à une, et le *National-Verein*, qui s'étendait chaque jour davantage, leur prêtait une force croissante. Le roi Guillaume d'ailleurs cachait son ambition sous les dehors d'un souverain imbu des principes du droit divin. Il ne parut d'abord songer qu'à réformer l'armée et à la rendre plus forte. Les dépenses qu'il impose à la Prusse pour cet objet indisposent d'abord les députés libéraux. Une lutte s'engage entre la couronne et les chambres, lutte que l'Europe ne comprend pas et qui aliène pour quelque temps à la Prusse les sympathies allemandes. Au milieu de cette lutte, M. de Bismarck-Schœnhausen, précédemment ambassadeur à Paris et à Pétersbourg, qui avait pu étudier de près le fort et le faible des deux gouvernements réputés les plus puissants du monde, entre dans les conseils du roi Guillaume et devient président du conseil. L'Allemagne pousse un cri d'aversion, en voyant arriver aux affaires un homme du parti féodal, un ennemi juré de la Révolution.

A partir du jour où M. de Bismarck dirige la politique prussienne, on voit les événements se dessiner plus nettement et le cours des choses se précipiter.

Le nouveau ministre, sans rien céder sur le terrain parlementaire, se rapproche du *National-Verein* ; il manifeste ses sympathies pour toutes les sociétés populaires, tireurs, chanteurs de l'Allemagne. Toutes ces démarches ont pour but de masquer les projets arrêtés dans la pensée de M. de Bismarck. Il veut reprendre les errements du grand Frédéric, créer le berceau de la marine prussienne, compenser par des succès extérieurs l'affaiblissement qui résulte pour la Prusse du conflit prolongé entre la chambre libérale et la couronne, ramener l'Allemagne à lui pour tâcher d'agrandir, aux dépens des États voisins, les États des Hohenzollern. Tel est son plan. La question du Sleswig-Holstein s'offre à lui comme l'occasion favorable. Cette question n'était pas nouvelle en Allemagne. Elle datait de 1848 et avait pris naissance dans cette extraordinaire délibération du parlement de Francfort, adoptée si légèrement en pleine effervescence du sentiment germanique.

A cette époque déjà, l'on avait essayé de porter atteinte à l'autorité du Danemark sur les duchés de l'Elbe, et une guerre avait eu lieu entre la Prusse et le Danemark, mais l'Europe était intervenue et tout s'était arrangé. L'Europe avait même sanctionné de son autorité le traité par lequel le roi Frédéric VII avait réglé l'ordre de sa succession. A la mort de ce prince, la succession étant ouverte, un orage effroyable éclate en Allemagne ; on exige que le Holstein soit constitué d'après les règles applicables aux pays qui font partie de la Confédération germanique. Le Danemark refuse. M. de Bismarck se démasque alors et déclare qu'il va prendre en main la cause de la Confédération. Qui rendait M. de Bismarck si audacieux? En premier lieu, la certitude d'être suivi par toute l'Allemagne; en second lieu, la division funeste qui éclata entre les deux grandes puissances, la France et l'Angleterre, et qui les empêcha de secourir le Danemark, comme c'était leur devoir et leur intérêt. L'événement l'a bien prouvé depuis. Dans cette effervescence de l'Allemagne, la diète germanique entraînée ordonne l'exécution fédérale pour contraindre le Danemark à donner au duché de Holstein la constitution. L'Autriche, qui ne veut pas se laisser distancer par la Prusse, prend part à la guerre. Et voilà toute l'Allemagne qui se jette sur un petit État pour le dépouiller. C'était le digne commencement de la politique de fer et de sang inaugurée par M. de Bismarck! La campagne fut de courte durée. Les Prussiens remportèrent les deux glorieuses victoires de Düppel et de Missunde. Dans ces deux journées, on se servit du fameux fusil à aiguille qui a tout fait pour la grandeur de la Prusse. Mais, chose bizarre, cet engin de destruction, appelé à une si triste célébrité, passa complètement inaperçu à cette époque. Il fallut la terrible journée de Sadowa pour lui donner tout son lustre.

L'Autriche et la Prusse, qui s'étaient si bien entendues pour accomplir cette belle équipée, ne demeurèrent pas longtemps d'accord. Au fond, cette affaire du Danemark n'était qu'un épisode de la lutte entre les deux puissances. La vraie question entre elles, c'était la domination de l'Allemagne. La réforme de la constitution fédérale était la préoccupation constante des deux cabinets de Vienne et de Berlin. Pendant cette même année 1863, au mois de juillet, les deux souverains d'Autriche et de Prusse avaient eu, dans la petite ville de Gastein, une entrevue dans laquelle ils avaient discuté entre eux les divers plans suivant lesquels cette réforme pouvait s'accomplir. L'empereur d'Autriche voulait l'unification de l'Allemagne, mais avec le concours des princes souverains qui seraient convoqués à l'effet de délibérer sur les modifications à apporter à la constitution du pacte fédéral. François-Joseph invita le roi Guillaume à se présenter au congrès des princes, convoqué dans la ville de Francfort; le roi de Prusse s'y refusa. L'empereur d'Autriche, entouré du reste des souverains allemands, fit une entrée solennelle à Francfort. Quelques idéalistes rêvèrent encore une fois de la résurrection du saint-empire romain. Ce jour (14 août 1863) vit les derniers hommages rendus par une ville allemande à un prince de la famille de Habsbourg. L'absence du roi de Prusse fit tout échouer. L'Angleterre se montra cependant favorable à la tentative de François-Joseph; le gouvernement impérial de France, au contraire, ne laissa pas d'en témoigner quelque humeur.

La question du Sleswig-Holstein devait remettre aux prises les deux puissances alliées. On vit en effet la Prusse congédier fort brutalement les contingents fédéraux de la Saxe et du Hanovre et s'installer dans les duchés conquis. L'administration en fut confiée à des commissaires autrichiens et prussiens; de là une source incessante de conflits qu'il fallut bientôt régler. On crut sortir de la difficulté en se partageant la conquête : nouveau crime ajouté au premier. Le Holstein fut attribué à l'Autriche et le Sleswig à la Prusse. Cette complicité n'amena pas le bon accord. A partir de janvier 1866, les événements se déroulent avec une rapidité effrayante. M. de Bismarck déclare dans la chambre des députés de Berlin que la Prusse doit songer à ses intérêts, dans le cas où l'Autriche persisterait à soulever des difficultés. Pendant ce temps-là, il nouait avec l'Italie une alliance offensive et défensive, sous les auspices de l'empereur Napoléon III. C'était la guerre dans le plus bref délai. L'Autriche s'y prépara ouvertement, et chercha à se créer des alliés dans les souverains de la Confédération. La Prusse entrait en campagne, de son côté, avec une armée admirablement instruite et pourvue d'armes excellentes. Elle y ajouta par surcroît les sympathies de l'Allemagne, en provoquant la réforme immédiate de la constitution fédérale. En vain l'Europe essaya-t-elle d'intervenir. De part et d'autre, on était résolu à en finir par les armes. Les deux puissances s'accusèrent réciproquement d'avoir violé le traité de Gastein par lequel elles s'étaient partagé la possession (*condominium*) des Duchés, et les deux armées reçurent l'ordre de se mettre en marche. En moins de quatorze jours la Prusse avait été prête. Elle occupait la Saxe, le Hanovre, la Hesse électorale. L'armée autrichienne commit la faute de rester inactive. Après une série de combats partiels, les deux armées se trouvèrent en présence, le 3 juillet, sur le champ de bataille de Sadowa. A la fin de la journée, les Autrichiens abandonnaient le terrain, après avoir perdu 40,000 hommes, 174 canons, 18,000 prisonniers et 11 drapeaux. Vienne était découverte. L'empereur François-Joseph songea à se ménager l'intervention de la France, et, dans ce but, il crut habile de céder la Vénétie à l'empereur Napoléon. Mais son espoir fut trompé, et il dut se résigner à accepter les préliminaires de paix qui lui furent offerts par le roi de Prusse à Nikolsbourg (18 juillet 1866). La paix fut signée le 23 août à Prague. La Confédération germanique était dissoute. L'Autriche donnait son adhésion à une nouvelle organisation de l'Allemagne, sans sa participation; elle reconnaissait par avance la Confédération restreinte que le roi de Prusse fonderait au nord de la ligne du Mein, et consentait à l'union que les États du Sud feraient avec cette Confédération; elle s'engageait aussi à reconnaître les changements territoriaux qui pourraient être introduits par le roi de Prusse dans les États du Nord.

La Prusse usa rigoureusement envers l'Allemagne de cette victoire éclatante. Elle annexa (suivant l'expression moderne) le Hanovre, la Hesse électorale, le duché de Nassau, la ville libre de Francfort et le Sleswig-Holstein. Elle frappa les autres États d'une contribution de guerre qui ne s'éleva pas à moins de 300 millions, sans parler des vexations de toute nature que la soldatesque prussienne imposa aux pays conquis. De plus, elle affirma sa prépotence en concluant dès le mois d'août des traités avec les États du Sud, aux termes desquels elle reste maîtresse de leurs forces militaires. La politique de fer et de sang portait, comme on le voit, d'assez beaux fruits!

Les conséquences, au point de vue de l'Allemagne, de cette foudroyante bataille de Sadowa, qui a changé la face de l'Europe, sont en train de se dérouler sous nos yeux. Il serait peut-être téméraire, en tout cas il serait dangereux, de préjuger l'avenir que la domination incontestée de la Prusse, monarchie militaire, réserve à l'Allemagne. Il est évident que, dans le domaine des faits, un sérieux commencement d'unité est réalisé. La Confédération du nord de l'Allemagne, dont la Prusse a la présidence, ressemble plus à un État unique qu'à une fédération d'États. Le parlement de cette Confédération agit directement sous l'influence de M. de Bismarck, chancelier fédéral. Indépendamment des traités militaires conclus avec le Sud, la Prusse s'est rattaché les populations méridionales, en réorganisant le Zollverein. Un parlement douanier (*Zollparlment*) décide pour toute l'Allemagne dans les questions économiques. Cette assemblée, d'un jour à l'autre, pourra se transformer en assemblée politique. Ce jour-là, l'unité sera consommée. Mais ce ne sera pas l'unité allemande; ce sera l'absorption de l'Allemagne par la Prusse. On dit que peu importe le nom, pourvu que la chose existe. C'est possible, quoiqu'il y ait dans l'une ou l'autre des deux solutions des questions de principes engagées, qui ne permettent pas de les confondre et de les prendre indifféremment l'une pour l'autre.

Quoi qu'il arrive d'ailleurs, l'histoire se doit à elle-même de signaler dès à présent l'incroyable revirement que ce coup de force inattendu a subitement déterminé dans les esprits au delà du Rhin. Jamais peut-être on ne vit toute une nation changer aussi subitement que la nation allemande, après Sadowa. La popularité de M. de Bismarck fut tout d'un coup portée à son comble : la Prusse parut être la Providence de l'Allemagne. Les libéraux, les démocrates, les révolutionnaires eux-mêmes, tout le monde crut que les destinées de la patrie germanique allaient s'accomplir. La plupart des exilés rentrèrent; et, quant à ceux qui demeurèrent au dehors, on les vit écrire des lettres, des mémoires pour recommander à leurs concitoyens de suivre la Prusse dans les voies où elle entraîne l'Allemagne. Le premier effet de la victoire de la Prusse ayant été de supprimer quelques princes, il n'en fallut pas davantage pour que cette victoire fût considérée comme une victoire de la démocratie, comme si la démocratie avait rien à espérer d'une politique monarchique, arrangée et combinée entre despotes, et réalisée à coups de canon et de fusils à aiguille. C'est à peine si, dans le Sud, quelques hommes de principe et de courage osèrent protester contre les scandales de la conquête prussienne. Le parti libéral prussien donna le premier l'exemple funeste de cet abaissement de la conscience publique devant la force. Un seul homme a résisté à cet engouement passionné : c'est M. Jacoby. Aussi l'appelle-t-on d'un air de raillerie *Jacoby der Benker*, Jacoby le Penseur, comme si les Allemands voulaient témoigner par là qu'ils forment aujourd'hui un peuple pratique, ennemi des rêveurs et des idéologues. Le parti démocratique allemand conservera, comme une tache indélébile, cette fatale adoration du succès dont il a rendu le monde témoin, après la victoire prussienne.

Car après tout, est-ce bien une victoire pour la démocratie allemande que cette concentration violente de toutes les forces vives de l'Allemagne entre les mains de la Prusse? Qui pourrait le soutenir? L'Allemagne, pas plus que les autres nations, ne saurait, en un seul jour, abolir ses traditions et son histoire, changer son tempérament, abdiquer son génie. Or, les traditions et l'histoire de l'Allemagne,— on vient de le voir,— attestent que l'unité du pouvoir n'a jamais existé, même au temps où les Empereurs les plus puissants régnaient sur les populations germaniques. Son tempérament est ainsi fait, que l'unité non-seulement n'a jamais pu s'y accommoder, mais que toute règle, toute domination uniformes sont essentiellement antipathiques au développement des diverses parties de l'Allemagne, si profondément différentes les unes des autres. Et, quant au génie de l'Allemagne, génie vaste et complexe, c'est lui surtout qui s'oppose à cette unité violente, dont la Prusse poursuit la réalisation. L'indépendance, l'activité de ces nombreux petits centres d'intelligence et d'affaires répandus sur tous les points du territoire, qui ont tant contribué aux progrès de l'Allemagne, seraient inévitablement anéantis dans un court délai par la lourde pression de la centralisation administrative et militaire, qui a toujours été l'appui nécessaire des monarchies. Mais il ne suffit pas de considérer le passé des sociétés européennes, pour arriver à se convaincre que l'unité monarchique de l'Allemagne ne peut être acceptée comme un progrès véritable; il faut jeter un coup d'œil sur leur avenir. L'avenir des sociétés démocratiques, quel est-il? C'est la paix dans le travail et dans la liberté. La paix n'a jamais été le présent fait aux nations par le despotisme militaire; le travail n'est pas, dans les pays de centralisation coûteuse et de bureaucratie tracassière, productif et rémunérateur comme il l'est dans les sociétés bien réglées, où les fonctions sociales, restant à la portée des plus humbles citoyens, s'exercent sans frais dans la région qu'ils habitent. La liberté! Ne sait-on pas qu'elle est radicalement incompatible avec l'existence d'une armée nombreuse, avec une savante hiérarchie de fonctionnaires habitués à tout attendre du pouvoir? La démocratie allemande — à part le courageux petit groupe des fédéralistes du Sud, — n'est pas encore pénétrée de ces vérités. Avec le temps, elle arrivera à compléter son éducation politique, qui laisse encore tant à désirer. Au reste, il existe dès à présent en Allemagne des germes certains d'un avenir consolant. Les Allemands se vantent avec un juste orgueil d'être le peuple le plus instruit du monde. Cette instruction, si universellement répandue, les élèvera rapidement au-dessus de la condition misérable que l'ignorance impose à d'autres races moins favorisées. Le prolétariat, si difficile à organiser partout ailleurs, s'organisera de lui-même en Allemagne grâce à l'esprit d'association, dont les ouvriers allemands, depuis si longtemps initiés aux questions sociales par les deux écoles rivales de Schulze-Delitsch et de Ferdinand Lassale, se montrent profondément pénétrés. Qu'y a-t-il donc à souhaiter à l'Allemagne? Qu'elle renonce aux rêves ambitieux que, sous l'empire de la fascination exercée par le grand Frédéric et par ses successeurs, elle roule dans son imagination trop aventureuse. Elle s'est indignée de ne pas compter jusqu'à présent dans les destinées du monde, et elle aspire à jouer un grand rôle. Mais n'est-ce donc rien que d'avoir fait la Réforme dans le passé? Et n'est-ce pas un assez grand rôle, pour plus tard, que d'être appelée à former la base indestructible de cet édifice merveilleux de la démocratie moderne que verra l'avenir, et qui s'appellera les États-Unis d'Europe?

BIBLIOGRAPHIE. — Pertz, *Monumenta Germaniæ historica ab anno 500 ad annum 1500*. In-f°. — Meibonius, *Scriptores rerum germanicarum*. 3 vol. in-f°. — Lunig, *Archives de l'Empire germanique*. 24 vol. in-f°. — Pfeffel, *Abrégé chronologique de l'histoire et du droit public d'Allemagne*. — Luden, *Histoire des Allemands*. — Pfister, *Histoire d'Allemagne*. 11 vol. in-8°. — Raumer, *Histoire des Hohenstauffen*. — Voigt, *Grégoire VII et son siècle*. — Olenschlager, *De Bullâ aureâ*. — Voltaire, *Essai sur les mœurs et l'esprit des nations*. *Annales du Saint-Empire*, annotées par M. Georges Avenel. Édition du *Siècle*, tomes 2 et 5. — Gervinus, *Histoire du XIXᵉ siècle depuis les traités de Vienne*. 20 vol. — Lebas, *L'Allemagne (Univers pittoresque)*. 2 vol. — Loudun (Eugène), *Les trois Races*. 1 vol. in-8°. — Saint-René Taillandier, *Études sur la Révolution en Allemagne*. 2 vol. in-8°, Paris. *Revue des Deux-Mondes* et divers autres périodiques, *passim*. — Cherrier (de), *Histoire de la lutte des papes et des Empereurs de la maison de Souabe*. 4 vol. in-8°, Paris, Delloge.   E. SPULLER.

ALLEMAGNE. — PHILOLOGIE. — Nous renvoyons aux recherches patientes et ingénieuses, mais parfois aussi quelque peu hasardées, des philologues de l'Allemagne, ceux qui voudraient étudier de près la question des origines premières, antéhistoriques, de la langue allemande. Nous nous bornons ici à rappeler que cette langue appartient incontestablement à l'une des nombreuses familles issues de la souche primitive indo-européenne, ou, comme disent volontiers les Allemands, indo-germanique. Les merveilleux progrès de la science philologique, depuis le commencement de ce siècle, ont mis désormais ce fait hors de doute : les travaux des frères Grimm, ceux de Graff, de Bopp, de Dorn, de Hammer, etc., ont démontré en effet que l'allemand, dans ses racines et ses formes grammaticales, garde une étroite parenté avec le sanscrit, le zend, le grec et autres langues de même origine.

Les plus anciens monuments de la langue allemande ne consistent aujourd'hui qu'en quelques noms propres, recueillis par les écrivains grecs et latins. Pomponius Méla nous apprend qu'une bouche romaine pouvait à peine les prononcer, et le rhéteur Nazarius assure que le son de ces mots, émis par un organe germanique, excitait une sorte d'effroi. Nous savons, par le témoignage de Tacite, que les anciens

Germains possédaient des chants nationaux. Aucun de ces chants n'est parvenu jusqu'à nous : ils ne se transmettaient d'une génération à l'autre que par tradition orale. S'il est vrai, comme plusieurs l'ont prétendu, que, dès lors aussi, les Germains avaient une écriture, il faut admettre que cette écriture, en caractères runiques, conservée par la caste sacerdotale, ne s'appliquait — et encore dans une mesure fort restreinte — qu'à l'usage mystérieux de certaines pratiques magiques ou superstitieuses.

De toutes les races allemandes, la plus noble, la plus ancienne peut-être, et certainement la plus accessible aux lumières, aux bienfaits et aux mœurs de la civilisation, était celle des Goths. Vers le milieu du IVe siècle de l'ère chrétienne, leur empire occupait toutes les contrées qui s'étendent depuis le Don, servant alors de frontière entre l'Europe et l'Asie, jusqu'à la Theiss, affluent du Danube, et depuis la mer Noire jusqu'à la Vistule et à la Baltique. Il comprenait ainsi la Thrace, l'ancienne Mésie (Servie et Bulgarie), la Dacie (partie de la Hongrie, le Banat, la Bukowine, la Transylvanie, la Valachie, la Moldavie jusqu'au Pruth), de grandes étendues de la Pologne, de la Russie, de la Prusse, et il avait absorbé, au nord, quelques races slaves, finnoises et lettoniennes. C'est parmi les Goths alors répandus sur les deux rives du bas Danube, parmi ceux-là surtout qui, de leur séjour en Mésie, étaient appelés Mésogoths, que — sans doute en raison de leur voisinage et de leurs rapports avec les Grecs — se montrent dans leur première éclosion, historiquement constatée, l'art de l'écriture et celui de la composition littéraire.

Les Goths, à cette époque, étaient déjà convertis au christianisme. Pour affermir cette conversion, celui qui peut-être en avait été le promoteur, l'évêque Ulfilas ou Wulfila, entreprit, vers 360, de traduire, en faveur de ses compatriotes, la Bible tout entière.

La langue et le traducteur étaient préparés à cette œuvre.

Ulfilas devait aux circonstances une éducation exceptionnelle : il savait le grec et le latin. Pour rendre possible l'entreprise qu'il avait conçue, il inventa un alphabet particulier, approprié à la langue des Goths. Cette langue était, de tous les idiomes allemands, le plus ancien, celui qui tenait de plus près à la langue mère. Le peuple qui la parlait possédait, déjà peut-être depuis longtemps, des chants héroïques, annales poétiques de l'histoire et des hauts faits de la race, conservées par la tradition. Si l'on s'en rapportait au témoignage de leur historien, Jornandès, les Goths, à cette époque, auraient eu même un code de lois écrites : on suppose, non sans raison, qu'il faut plutôt l'entendre de poésies sentencieuses ou morales. Quoi qu'il en soit, et bien que la traduction d'Ulfilas ne nous soit pas parvenue entière, ce que nous en possédons suffit, et au delà, à faire comprendre tout ce qu'il y avait déjà dans cette langue de flexibilité, d'éclat et d'originalité. Elle possède ce don de création, qui n'appartient qu'aux langues primitives, de puiser sans cesse en elles-mêmes de nouvelles richesses. A l'abondance des racines, elle joint une grande variété de flexions dans les mots, dérivés ou composés, et cette variété est toujours soumise à des règles fixes. Les formes du langage se prêtent, plus que celles de l'allemand moderne, à la clarté et à la précision : dans la déclinaison, qui se distingue en *forte* et en *faible*, et où le duel subsiste encore, comme en grec, les cas, par leurs terminaisons, se différencient davantage l'un de l'autre; dans la conjugaison, également *forte* ou *faible*, et qui n'a, comme toutes les langues germaniques, que deux temps seulement, le présent et le prétérit, on trouve du moins encore, au présent de l'indicatif et du subjonctif, les débris d'une forme passive, ou moyenne, qui n'existe plus en allemand. Le prétérit, ou parfait, y reçoit, comme en grec, un augment et **un redoublement**. Tous ces avantages, on le conçoit, permettaient à la langue gothique d'apporter dans les formes, dans les allures de sa syntaxe, plus d'aisance et de liberté. Ajoutons que cette langue présente aussi quelques variétés de dialectes, mais en petit nombre, et qu'on y remarque bien davantage, dans beaucoup de mots empruntés aux langues des Huns, des Celtes, des Scythes, des Slaves, des Grecs et des Romains, cette propension native, particulière aux Allemands, vers tout ce qui est étranger : ce qui tient chez eux à un esprit de cosmopolitisme, dont, pour ma part, je suis bien éloigné de leur faire un reproche.

A peu près dans le temps qu'Ulfilas traduisait la Bible, une grande invasion des Huns en Europe refoula les peuplades germaniques, qui, rompant à leur tour les barrières du sud et de l'ouest, inondèrent alors l'empire romain d'Occident. Sur plusieurs points, leur langue et leur nationalité souffrirent de cette dispersion ; elles furent altérées là où elles ne succombèrent pas entièrement. Seuls, les Anglo-Saxons, d'après une récente théorie, réussirent à les conserver intactes. La langue allemande, en ce qu'elle a d'essentiel, ne trouva dès lors de refuge que dans les contrées anciennement habitées par des peuples germaniques, et c'est alors aussi que, sans doute en raison de la séparation des races, la langue se partagea progressivement en dialectes nombreux, se rattachant, dans l'Allemagne proprement dite, aux deux principaux dialectes primitifs, les uns au haut allemand (*Hochdeutsch*), les autres au bas allemand (*Niederdeutsch*). Le premier des deux obtint tout d'abord et conserva la prééminence. La période de sa plus ancienne formation, ce que les Allemands appellent *die althochdeutsche Periode*, s'étend de l'affermissement de la domination franque en Allemagne jusqu'au commencement des croisades, ou du VIe à la fin du XIe siècle.

Cette époque est aussi celle de la conversion, plus ou moins forcée, des peuples allemands au christianisme ; et cette circonstance fut loin de profiter au progrès de la langue et de la littérature. Les poëmes et les chants nationaux, parce qu'ils célébraient des héros païens, l'écriture runique, elle aussi, parce qu'elle servait surtout aux pratiques de l'ancien culte, étaient proscrits par les apôtres du culte nouveau.

Charlemagne exerça une puissante influence, non-seulement sur l'état politique, mais aussi sur la science, l'art, la langue et la littérature de l'Allemagne. Il ne semble pas qu'il ait réussi à faire adopter l'allemand dans la prédication religieuse ; et le latin continua d'être la langue officielle, celle des juristes et des savants. Mais on savait la prédilection de l'empereur pour sa langue maternelle : il l'avait manifestée, en particulier, en faisant rédiger pour la première fois, ou, selon plusieurs, en rédigeant lui-même une grammaire allemande, et en s'appliquant à recueillir les anciens chants épiques conservés en cette langue. Cette haute protection calma, au profit de la poésie allemande, l'animosité du clergé ; elle se prolongea jusque sous le règne du successeur immédiat de Charlemagne. Louis le Pieux, en fait de poésie, n'aimait que les chants d'église ; il dédaignait, il repoussait les épopées nationales. Ce fut précisément alors que, par une heureuse et féconde activité, un savant ecclésiastique, disciple d'Alcuin, Raban Maur, devenu directeur de l'école abbatiale de Fulda, puis archevêque de Mayence, entretint et propagea, en Allemagne, l'amour et l'étude de la langue maternelle.

Cette langue, à la même époque, échappa à un autre danger : grâce au traité de Verdun (843), et à la séparation, désormais irrévocable, de la nationalité française et de la nationalité allemande, celle-ci fut mise à l'abri des influences menaçantes des langues romane et latine.

Les Allemands se félicitent aussi de ce que, dans le même temps (vers 850), un disciple de Raban Maur, Otfried, ait composé une sorte de poëme, qui n'est autre

chose que l'histoire évangélique mise en vers, et dans lequel il substitua l'allitération à la rime, qui était d'importation ecclésiastique. Cette œuvre, comme poésie,
a très-peu de valeur ; mais on y trouve une grande pureté de langage, et de
précieux documents pour l'histoire de la langue allemande et pour la connaissance
des formes de versification alors en usage.

La langue fit peu de progrès sous les Empereurs de la maison de Saxe (912-1024).
Elle subissait alors de nouveau l'influence de la civilisation méridionale. La poésie
noble, aussi bien que l'histoire et la jurisprudence, ne s'exprimaient qu'en latin.
L'allemand était abandonné à la poésie populaire. La prose, néanmoins, qui avait
fait, pour la première fois, son apparition sous les Carlovingiens, trouva protection
dans les monastères : elle était l'instrument nécessaire de la prédication religieuse.

Plus triste encore se montra, en Allemagne, l'état de la littérature et de la
langue, aux temps, si pleins de démêlés et de guerres, de la maison de Franconie
(1024-1136) : les écoles tombèrent alors si bas en Allemagne, que les ecclésiastiques
eux-mêmes étaient forcés d'aller chercher en France l'instruction qu'ils ne trouvaient plus chez eux. De cette époque datent pourtant la paraphrase en prose allemande du *Cantique des Cantiques* de Salomon, par le moine Willeram, et une œuvre
beaucoup plus importante, dont l'auteur est resté inconnu, le *Panégyrique de saint
Anno*, archevêque de Cologne : c'est un poëme lyrique, mêlé de récits épiques,
en quarante-neuf strophes, où se confondent souvent les deux dialectes de la
Franconie et de la Souabe.

Avec la domination des Empereurs de la maison des Hohenstauffen commence,
pour la langue et la littérature allemandes, une vie nouvelle. C'est l'époque du
moyen-haut-allemand (*Mittelhochdeutsch*) : le dialecte franconien, qui avait prévalu
jusque-là, est supplanté par le dialecte alemannique ou souabe, qui, déjà doué de
richesse et de flexibilité, se pare bientôt encore de la grâce et de l'harmonie, que
réclame le nouvel esprit poétique. C'est aussi l'époque des *Minnesänger* (chantres
d'amour). La poésie lyrique et l'épopée ont retrouvé leur ancien caractère ; leurs
chants retentissent à la fois et dans les cours des princes et dans les monastères ;
des ménestrels ambulants les propagent de tous côtés ; princes et seigneurs les
protégent, les encouragent, quelquefois même par leur exemple.

L'épopée allemande se perfectionna, en prenant pour modèles nos trouvères,
et en imprimant aux sujets, qu'elle leur empruntait souvent, une forme nationale :
ainsi fit Henri de Veldeck, qui reproduisit l'*Énéide* d'après le français de Chrestien
de Troyes ; ainsi firent les trois grands maîtres, qui servirent eux-mêmes de modèles à tous les autres : Hartmann von der Aue, Godefroy de Strasbourg, et
Wolfram d'Eschenbach. — Le *Nibelungenlied* est l'œuvre la plus remarquable de
cette époque : c'est l'Iliade des Allemands.

Les poëtes lyriques, parmi lesquels Gauthier de Vogelweide occupe le premier
rang, se formèrent aussi, en beaucoup de points, d'après les modèles que leur
fournissaient les poëtes de notre pays.

On comprend que ce puissant mouvement littéraire ne demeura pas sans
influence sur la langue. Outre qu'elle s'enrichit alors d'un grand nombre de mots,
elle gagna aussi beaucoup, grâce surtout à l'introduction de la rime dans la poésie,
en harmonie, en souplesse, en vivacité.

Tout cet éclat s'éteignit avec la chute des Hohenstauffen. On vit alors reparaître
la confusion des différents idiomes populaires. La langue s'altéra, elle se corrompit
par l'emploi de termes bas et grossiers, par la perturbation apportée dans les rapports de quantité des syllabes, par le sans-souci complet de la rime, etc. Cette
dégénérescence était due, avant tout, aux *Meistersänger* (maîtres chanteurs), qui,

dans leurs compositions, à l'exception du plus célèbre d'entre eux, Hans Sachs, ne se refusaient à aucune licence.

Alors parut Luther. Sa traduction de la Bible, tant de fois et si soigneusement retouchée et corrigée par lui, a fixé la langue, autant du moins qu'elle peut l'être. Ce n'est pas le moindre service qu'il ait rendu à ses compatriotes. La langue, renouvelée par lui jusque dans sa syntaxe, et désormais capable d'exprimer, avec autant de correction que de noblesse et de convenance, tous les ordres de la pensée et du sentiment, la langue de Luther, en un mot, étendit rapidement sa domination sur toute l'Allemagne. Sa Bible devint l'école où tous les écrivains considérables qui parurent après lui apprirent à se former. Aucun de ses contemporains, comme écrivain, n'égala Luther; quelques-uns, en petit nombre, se placèrent à côté de lui.

Il est pourtant vrai de dire qu'après une aussi belle réforme de l'instrument de la pensée, le seul nom qui se recommande, en Allemagne, à notre attention, dans la seconde moitié du xvi⁰ siècle, est celui du satirique Jean Fischart, le traducteur de Rabelais. Il mania sa langue avec une rare vigueur.

Pendant tout le xvii⁰ siècle, et jusqu'assez avant dans le xviii⁰, l'Allemagne littéraire ne produisit rien de remarquable, rien d'original. Elle n'avait alors de goût que pour les imitations étrangères. Opitz la servit selon son goût. Vanté, de son temps, outre mesure, il a eu du moins le mérite de contribuer à la pureté de la langue, et la révolution qu'il opéra dans la prosodie, en tenant compte de l'accent des mots, sans toutefois proscrire la rime, lui a valu le surnom de père et restaurateur de la poésie allemande.

Environ à la même époque, il se forma un assez grand nombre de sociétés littéraires, dans le but hautement avoué, comme dit l'un de leurs historiens, G. Neumark, « de ramener la langue maternelle à son antique pureté et parure primitive, de l'affranchir du joug oppressif des langues étrangères, et de la fortifier des termes d'art anciens et nouveaux. » En dépit des noms ridiculement prétentieux dont s'affublèrent ces sociétés réformatrices, leur tentative eut peu de succès. Plus tard, celle du grammairien Gottsched n'en eut pas beaucoup plus. Radlof devait encore, longtemps après (1814), réclamer contre « la tyrannie de la langue et de l'esprit français en Europe. »

Phénomène assez étrange au premier abord, mais qui peut, je crois, s'expliquer : les Allemands, même après Luther, surtout peut-être après Luther, ont longtemps dédaigné leur propre langue. On sait que cette sorte de mépris fut encore encouragé par l'exemple du roi de Prusse, Frédéric II. Et cependant, alors, l'Allemagne pouvait déjà se glorifier, en littérature, des noms de Klopstock, de Lessing, de Wieland, de J.-J. Engel, etc., qui avaient conquis à leur patrie un rang honorable parmi les nations vouées à la culture de la poésie et du beau langage. En même temps, Herder, dans ses *Fragments sur la nouvelle littérature allemande* (1766), enseignait à mieux apprécier le génie et le caractère d'une langue qui, s'avançant d'un progrès continu, marchait rapidement à sa perfection. Elle touchait, en effet, au moment de sa floraison la plus éclatante : c'est l'époque de Goethe et de Schiller.

Depuis le xvii⁰ siècle, elle n'avait guère cessé d'être, pour un certain nombre de grammairiens et de philologues, un objet d'études. Ils avaient porté leurs recherches en particulier sur les sources de la littérature allemande du moyen âge, dont ils avaient publié divers monuments, en vers et en prose, avec accompagnement de lexiques et de commentaires. Des grammaires avaient été aussi composées, surtout pour les besoins du haut-allemand moderne (*Oberdeutsch*). La plus ancienne est celle que composa, vers 1527, sous ce titre, *Teutsche Grammatica*, Valentin Ickelsamer. Ces travaux de philologie furent, au temps de Gottsched, repris avec une nouvelle ardeur, et depuis continués sans interruption. Gottsched lui-même, Bodmer et Breitinger tirèrent de l'oubli les *Minnesänger* et les *Nibelungen*. A côté de ces noms se placent encore, dans le même temps, comme représentants des études de philologie allemande, ceux de Ch. H. Müller, d'Oberlin, d'Adelung, d'Eschenburg, de Campe, etc.

La philologie allemande se trouva tout à coup, après la guerre de l'Indépendance, élevée au rang de science par Benecke, les frères Grimm et Lachmann. On sait que Jacques et Guillaume Grimm, — pour ne parler ici que d'eux, — embrassèrent, dans toute son étendue, l'ensemble de cette science : ils en parcoururent le domaine dans toutes les directions, et les premiers en établirent sur des fondements certains la méthode et les lois. S'appuyant sur les nouveaux principes que Bopp, dans le même temps, appliquait en général à toutes les langues indo-européennes, J. Grimm, dans sa *Grammaire allemande* (1810-37), exposa avec autant de clarté que d'érudition, — et cette érudition est immense, — toutes les révolutions subies, aux différentes époques de leur histoire, par les mots et par la proposition simple, dans toutes les langues germaniques. Alors se révélèrent, à la lumière de l'évidence, les destinées, jusque-là enveloppées de ténèbres, des anciennes races du peuple allemand (*Geschichte der deutschen Sprache*), les antiques croyances religieuses (*Deutsche Mythologie*), et les principes primitifs du droit (*Deutsche Rechtsalterthümer*) ; de son côté, G. Grimm discuta les origines de l'écriture primitive allemande (*Deutsche Runen*), les éléments et la formation de l'épopée nationale (*Deutsche Heldensage*), etc., etc.

Contemporains de ces maîtres de la science, ou venus après eux, beaucoup, avec ardeur, avec succès, ont continué ou continuent encore aujourd'hui leurs efforts. Toute science est infinie, et cet attrait n'est pas le seul que présente à ses amants la science philologique.

Essaierons-nous maintenant de porter sur la langue allemande un jugement synthétique et d'en apprécier rapidement le génie et le caractère, les beautés et les défauts? Les Allemands vantent eux-mêmes avec un juste orgueil l'avantage qu'elle possède de pouvoir instantanément, sans sortir de chez elle, et selon les besoins ou les caprices de la pensée et du sentiment, créer sans cesse des mots nouveaux, pourvus tout d'abord, en naissant, du droit de cité, grâce à l'infinie variété de combinaisons dont ses éléments sont susceptibles. Aucune autre langue vivante ne présente en effet un vocabulaire aussi riche. Malheureusement, cette richesse ne se retrouve pas dans les formes et les désinences de la déclinaison et de la conjugaison : là nous rencontrons de la monotonie et de la lourdeur. Les noms allemands se déclinent ; mais, à l'exception du génitif singulier dans les substantifs masculins et neutres (car la langue allemande, bien que sans motifs suffisants, a les trois genres), et souvent aussi du datif pluriel, les cas n'ont point, comme en grec et en latin, de terminaisons distinctives : on y supplée, quoique imparfaitement, au moyen de l'article, dont la déclinaison est plus complète. — L'adjectif, toujours invariable comme attribut, prend, comme épithète qualifiant un substantif, tantôt les terminaisons de la déclinaison *forte*, celles de l'article, tantôt celles de la déclinaison *faible*. Le verbe allemand n'a qu'une conjugaison, et cette conjugaison n'a que deux temps simples, le présent et le prétérit : point de forme passive, comme dans les langues classiques anciennes. L'allemand partage amplement avec la plupart des langues modernes cette sorte de pénurie.

La prose allemande a souffert, beaucoup plus que la poésie, de ces défectuosités. La belle prose est rare en Allemagne, même depuis Lessing, même depuis Goethe. Il y faut infiniment d'art.

On oserait dire, au contraire, que quiconque ne connaît pas la poésie allemande, ou ne la connaît que par des traductions, n'a pas une notion complète de la poésie : tant la langue est essentiellement poétique !

À cette prérogative l'allemand en joint une autre qui procède en partie de la première, et qui, considérée en elle-même, n'est guère moins précieuse : c'est de posséder, surtout depuis Voss et plusieurs des écrivains de l'école romantique, Tieck et Schlégel par exemple, une certaine facilité qui s'était déjà manifestée au plus haut degré dans Goethe et dans Schiller, celle de reproduire, avec une fidélité d'expressions et d'images qui n'appartient, je crois, qu'à cette langue, les chefs-d'œuvre poétiques, anciens et modernes, de toutes les autres nations du globe.

Ajoutons que l'allemand doit aussi à sa grande richesse de mots, à la facilité incessante d'en créer de nouveaux, à la combinaison si variée de ses particules, préfixes et suffixes, de pouvoir, dans le domaine des spéculations philosophiques, poursuivre loin, très-loin, toutes les nuances de la pensée : de là, en partie du moins, la célébrité des grands philosophes de l'Allemagne. Mais on doit avouer que, pour apprécier justement le progrès accompli dans cette voie et la valeur exacte des idées émises, il faut tamiser ces idées en français et projeter sur elles la clarté de notre langue : défiez-vous de celles qui ne résistent pas à cette épreuve. Les philosophes, en particulier, ont trop facilement admis que les Allemands, comme disait Mᵐᵉ de Staël, « aiment à comprendre péniblement. »

On demande encore assez souvent quelles sont celles des contrées de l'Allemagne où se parle aujourd'hui le meilleur, le plus pur allemand. Le savant J.-C. Adelung en limitait le domaine à une seule contrée : suivant lui, le haut allemand, dans sa pureté, ne se rencontre que dans la haute Saxe, ou plutôt dans le cercle de Misnie, dont Dresde est la capitale. Il est, ce me semble, plus juste de prétendre que, depuis la réforme, non pas religieuse, dont Luther a été le promoteur, le haut allemand (*Oberdeutsch*), c'est-à-dire la langue épurée, développée par les bons écrivains de l'Allemagne, est devenue celle des classes éclairées dans tous les pays où l'on parle allemand. Il convient cependant de remarquer que, dans l'Allemagne du sud, surtout dans les contrées les plus méridionales, au pied des Alpes et des Carpathes, ainsi que dans les plaines du nord et du nord-est, la langue, même celle des gens instruits, est moins affranchie qu'ailleurs d'idiotismes provinciaux. Elle se montre plus dure dans la prononciation des voyelles, plus abondante en consonnes sifflantes, dans la haute Souabe, dans la haute Bavière et en Autriche. Dans la Westphalie occidentale, sur le Rhin inférieur, dans le Mecklembourg et la Poméranie, sans doute par suite de l'influence du climat sur les organes de la voix, la prononciation est plus lâche et plus molle. Elle est plus pure, et la langue est aussi plus dégagée d'idiotismes, dans l'Allemagne centrale, particulièrement dans la haute Saxe, où cependant, à mesure qu'on se rapproche des montagnes des Géants, la prononciation devient ou dure ou chantante, molle et fade vers les parties basses du Brandebourg. La langue et la prononciation sont plus pures encore dans les contrées méridionales de la basse Saxe, dans le Hanovre et le Brunswick. On prétend qu'en dehors des frontières de l'Allemagne, c'est parmi les descendants des colons allemands établis dans la Courlande et la Livonie que l'allemand s'est conservé le plus pur : il y est resté, dit-on, à l'abri des influences du langage populaire des provinces. Nous nous souvenons, à ce propos, qu'autrefois, quand nous étions étudiant en Allemagne, nous avons entendu les membres de la colonie française, établie à Berlin après la révocation de l'édit de Nantes, se vanter de parler encore la pure langue du temps de Louis XIV : cette prétention, à vrai dire, ne nous semblait pas suffisamment autorisée. Il est possible que celle des Allemands de Livonie et de Courlande le soit davantage.

Bibliographie. — Outre les ouvrages déjà indiqués dans le courant de cet article, on peut consulter : Fr. Budde, *Chrestomathie zur Geschichte der deutschen Sprache und Poesie*, Münster, 1829. — W. Wackernagel, *Wörterbuch zum altdeutschen Lesebuch*, Berlin, 1861. — K. W. Heyse et Rumpelt, *Deutsche Grammatik*, Berlin, 1860. — Heyne, *Kurze Grammatik der altgermanischen Sprachstämme*, Paderborn, 1862. — Kehrrein, *Grammatik der deutschen Sprache des 15. bis 17. Jahrh.*, Leipzig, 1854. — Vernaleken, *Deutsche Syntax*, Vienne, 1861-63. — Holtzmann, *Ueber den Umlaut*, Carlsruhe, 1843; *Ueber den Ablaut*, 1844. — Jacobi, *Beiträge zur deutschen Grammatik*, Berlin, 1843; *Untersuchungen über die Bildung der Nomina*, Breslau, 1848. — Leo Meyer, *Ueber die Flexion der Adjectiva im Deutschen*, Berlin, 1863. — Götzinger, *Die deutsche Sprache und ihre Literatur*, Stuttgart, 1836. — Aug. Schleicher, *Die deutsche Sprache*, Stuttgart, 1860. — Haupt, *Zeitschrift für deutsches Alterthum*, qui se publie à Leipzig et à Berlin. — Fr. Pfeiffer, *Germania*, qui se publie à Stuttgart et à Vienne. — Kuhn, *Zeitschrift für vergleichende Sprachforschung*, qui se publie à Berlin, etc., etc. Citons encore, pour finir, la dernière édition du *Conversations-Lexikon* de Brockhaus, Leipzig, 1865, au mot : *Deutsche Sprache*.　　　　　　　　　　　　　　M.-L. Boutteville.

ALLEMAGNE. — philosophie. — Bien que la philosophie allemande proprement dite ne commence guère avant Kant, il convient cependant de remonter un peu plus haut dans le temps, si l'on veut bien comprendre la suite des systèmes qui se sont succédé au xviiie et au xixe siècle. Qui connaît d'une manière approfondie un seul de ces systèmes, les connaît tous. De la philosophie de Leibnitz, comme de celles de Kant, de Fichte, de Schelling et de Hegel, se dégage un caractère commun qui domine toutes les ressemblances et toutes les différences. Ce caractère, commun à toute la philosophie allemande, est le penchant invincible à placer toute réalité dans l'esprit, dans l'idée, dans les notions synthétiques et *à priori* de l'entendement humain. Or, toute philosophie qui construit le monde *conformément à l'idée* est *idéalisme*. La philosophie allemande est donc essentiellement idéaliste, et, en étudiant les différents systèmes qui la constituent, nous ne trouvons guère que des formes diverses de l'idéalisme.

La philosophie moderne commença en Allemagne avec Leibnitz, comme elle avait commencé en Angleterre avec Bacon, et avec Descartes en France. Au xviie siècle, quand Leibnitz parut, la philosophie scolastique enseignait encore dans les universités allemandes que les changements d'état des corps n'étaient pas dus à des changements dans les parties qui les constituent, mais bien à des substitutions de *formes substantielles ;* que les qualités des corps, comme la lumière, la chaleur, etc., provenaient de l'addition de *formes accidentelles ;* et que les accidents et les formes substantielles déterminaient la matière. Les causes occultes, les essences, les fluides, les vertus sympathiques régnaient sans conteste dans l'école. On connaît la réforme de Gassendi et de Descartes. Pour ce dernier, il n'y avait dans l'univers que deux sortes de substances, des substances étendues et des substances pensantes, des corps et des esprits, réductibles dans toutes leurs modifications : les unes aux propriétés inhérentes à l'étendue, telles que la figure, la situation, le mouvement, les autres aux propriétés inhérentes à la pensée, telles que le plaisir, la douleur, le jugement, le raisonnement et la volonté. Que demandait Descartes pour construire ce vaste mécanisme qu'on appelle le monde ? Des figures et des mouvements. Donc, d'une part, les règles du mouvement, de l'autre, les lois découvertes par la géométrie suffisaient pleinement pour expliquer l'univers. La quantité de substance et de mouvement contenu dans le monde ne pouvait être détruite ni diminuée. Mais d'où venait le mouvement ? Descartes se représentait la substance comme absolument passive, il expliquait les phénomènes du monde physique, les plantes et les animaux eux-mêmes, par des impressions et des chocs. En somme, Dieu était assez inutile dans ce système. Pascal, on le sait, ne pouvait pardonner à Descartes d'avoir voulu se passer de Dieu, mais, ajoutait-il, « il n'a pu s'empêcher de lui faire donner une chiquenaude, pour mettre le monde en mouvement. » Tout cartésien éclairé devait donc se poser cette question : Quel est le principe du mécanisme universel ? Quelle est la cause du mouvement, et partant l'essence même de la substance ? Leibnitz, qui admettait avec Descartes que tout dans la nature doit s'expliquer mécaniquement, en vint bientôt à douter que l'essence des corps consistât dans l'étendue. L'idée d'une substance absolument passive, sans force intérieure qui la poussât à devenir et à se développer, lui répugnait. Il vit donc l'essence de toute substance, non dans l'étendue, mais dans la force. Il définit la substance corporelle et spirituelle, « un être capable d'action. » La divisibilité des corps prouvait que chacun d'eux n'était qu'un agrégat de substances. Ces substances simples et élémentaires, ces atomes qui constituent les corps, sont des substances essentiellement actives, indivisibles, inétendues, immatérielles, impérissables. Dieu, qui les a créées, pourrait seul les anéantir. Ce sont ces substances que Leibnitz a appelées *monades*. Ce que nous nommons un corps est un agrégat de substances simples ou monades. L'étendue, c'est-à-dire la continuité des surfaces, est une illusion de notre sensibilité. Dieu est la monade des monades dont toutes les monades créées ou dérivatives sont des productions qui naissent, pour ainsi dire, par des *fulgurations* continuelles de la divinité. Il n'y a pas deux monades semblables dans la nature. Les unes n'ont que des propriétés mécaniques, d'autres ont des propriétés végétatives, d'autres des propriétés sensitives, intelligentes, etc. Les monades accompagnées de conscience sont des âmes. Chaque monade a en soi le principe de son activité et de ses développements ultérieurs. Elle ne saurait subir aucun changement par l'action du dehors. Chacune exerce à sa manière son activité propre. L'accord qu'on remarque entre toutes les substances, entre le corps et l'âme, par exemple, cette harmonie grandiose et magnifique qui éclate dans les parties de l'immense univers, ont été établis par Dieu à l'origine : c'est ce que Leibnitz appelle l'*harmonie préétablie*.

Qu'est-ce que ce système ? On peut trouver d'abord qu'il diffère peu de celui de Spinosa, en tant que l'univers n'est qu'un développement de la nature divine, un ensemble de modes dont Dieu est la substance. Mais tout système qui admet l'idée d'une substance en soi et de substances créées arrive plus ou moins au même résultat. Au fond, qui dit création, dit émanation. La Monadologie de Leibnitz n'est qu'une des formes de l'atomisme. Mais l'adversaire de Gassendi s'est bien gardé de considérer les substances simples et élémentaires comme des atomes matériels. Les atomes de Leibnitz sont des atomes spiritualisés, des points métaphysiques, des centres de force et d'énergie. Mais ces atomes, ces points, ces centres sont inétendus. Sans doute, on serait tenté d'objecter, avec Euler, qu'il est absolument impossible de composer un tout étendu avec des éléments inétendus, mais Leibnitz a prévenu cette objection en nous avertissant que la prétendue continuité des surfaces dans les corps est une pure illusion des sens ; puis il est bien certain que la constitution intellectuelle d'un homme du XVIIe siècle différait fort de notre manière d'envisager les choses. Ceux qui, aujourd'hui encore, fidèles au dualisme cartésien, admettent dans l'homme un principe spirituel qu'ils appellent *âme*, comprennent fort bien ce que c'est qu'une « force inétendue. » Ces derniers représentants d'une espèce humaine presque entièrement disparue vous diront encore, avec Leibnitz : « La force, dites-vous, nous ne la connaissons que par ses effets, et non telle qu'elle est en soi. Il en serait ainsi si nous n'avions pas une âme et si nous ne la connaissions pas. C'est en nous-mêmes que nous trouvons les semences de ce que nous apprenons, à savoir les idées et les vérités éternelles qui en naissent, et il n'est pas étonnant que, ayant la conscience de nous-mêmes, et trouvant en nous l'*être*, l'*unité*, la *substance*, l'*action*, nous ayons l'idée de toutes ces choses. » A cela, on le voit, il n'y a rien à répondre. Il paraît bien que l'humanité se compose, en somme, d'hommes qui ont une âme, et d'hommes qui apparemment n'en ont pas. Quant à nous, il nous est impossible de ne voir dans l'univers qu'un agrégat de points métaphysiques.

Certes, Leibnitz fut un génie singulièrement vaste et lumineux. Point de plus grand et de plus noble penseur dans toute l'Allemagne du xviiᵉ siècle. Mais qu'a-t-il vu, ce puissant génie, qu'a-t-il compris véritablement? Que l'on compare son œuvre à celle de Bacon, on verra sans peine laquelle a le plus contribué aux progrès de la science pure et appliquée. Leibnitz fut et resta cartésien. Il est, avec Malebranche et Spinosa, le plus fidèle disciple de Descartes. Ses monades et son harmonie préétablie ne soutiennent pas plus l'examen que les causes occasionnelles. Sa méthode, comme celle de Descartes, est la méthode rationnelle *à priori*, la méthode déductive, la méthode qui engendre les sciences mathématiques. Ses procédés pour construire la science et toute science sont l'intuition pure et la déduction logique. L'intuition de quoi? Non pas, certes, de ce que perçoivent les sens et de ce que l'imagination se représente, mais de ce que la raison voit dans l'entendement divin où les choses existent éminemment ou virtuellement. L'intuition pure atteint seule les éléments premiers et irréductibles dont se composent les idées de l'esprit. Or, une idée vraie est celle qui est possible, une idée fausse est celle qui implique contradiction. Ainsi, dans l'étude de la nature, l'expérience n'a qu'une importance secondaire. L'hypothèse donnée *à priori* comme possible doit se justifier *à posteriori* par sa conformité avec le réel. « La vérité physique, dit Leibnitz, doit être puisée effectivement à la source des perfections divines, et le fondement de la vérité des choses contingentes et singulières est dans le succès qui fait que les phénomènes des sens sont liés justement comme les vérités intelligibles le demandent. » Il y a, dit encore Leibnitz, dans sa Monadologie, il y a deux sortes de vérités, celles de raisonnement et celles de fait. Les vérités de raisonnement·sont nécessaires et leur opposé impossible ; celles de fait sont contingentes et leur opposé est possible. Aux premières appartiennent les sciences mathématiques, la métaphysique, la logique et la morale. Aux secondes appartient la physique. Les lois de la physique, ou du monde, sont donc contingentes au fond. Dieu a créé l'ordre actuel de choses que nous voyons parce qu'il l'a cru le meilleur possible, mais il aurait pu, et il peut toujours en créer un autre. Savoir, c'est voir les ·choses dans la lumière divine, dans l'entendement divin auquel participe la raison humaine. Qu'est-ce que le monde? Une production de la pensée divine. *Quum Deus calculat et cogitationem exercet, fit mundus.* Or, la raison, indépendamment de toute expérience sensible, a la faculté de reproduire par la dialectique la pensée divine. Les lois de la nature sont donc identiques aux lois de la logique. Tout ce qui est rationnel est donc réel, et tout ce qui est possible est.

Si nous avons insisté un peu longuement sur le système de Leibnitz, c'est que tous les systèmes des philosophes allemands du xviiiᵉ et du xixᵉ siècles reproduisent plus ou moins les propositions essentielles de cette doctrine. Sans doute, nous trouverons quelques variantes, et c'est bien heureux, car autrement où serait le charme de l'histoire de la philosophie? mais, on l'aura sans doute déjà reconnu, il y a, dans la philosophie de Leibnitz, des propositions qui se retrouvent presque à la lettre dans les systèmes de Fichte, de Schelling et de Hegel. D'où vient cela? Non pas assurément d'une filiation directe. Leibnitz, je l'ai dit, n'est point le père de ce qu'on nomme ordinairement la philosophie allemande. Mais qu'importe? Si des philosophes d'époques si différentes sont arrivés aux mêmes résultats, c'est qu'ils ont employé des méthodes au fond identiques. Ce serait se tromper étrangement que de croire à l'originalité absolue des penseurs de la famille de Hegel. Ce n'est pas d'hier que l'on a *construit* le monde au lieu de l'observer. Ce qui est d'hier, ce qui est relativement nouveau, c'est l'observation systématique de la nature et la méthode expérimentale. Telle science naturelle, comme la chimie, n'a pas encore un siècle. La physiologie, qui suppose la chimie; la biologie, l'histologie, etc., qui supposent toutes les sciences antérieurement découvertes, et qui, par conséquent, n'ont pu naître avant, datent de quelques années à peine. Qui peut dire de combien de sciences nouvelles s'enrichira encore le savoir humain dans dix, vingt, trente siècles? On le voit, la science est très-jeune et la spéculation est très-vieille. Voilà pourquoi sans doute elles s'accordent si mal.

La philosophie de Leibnitz, remaniée et réunie en un corps de doctrine par Wolf, fut suivie dans les universités allemandes jusque vers le XVIIIe siècle. Les adversaires de cette doctrine, Lange, Rüdiger, P. de Crousaz, Crucius, etc., finirent cependant par l'emporter. Ils ne manquèrent pas, comme on pense bien, d'accumuler contre Leibnitz et contre Wolf les accusations ordinaires d'athéisme et d'immoralité. Mais ce qui contribua davantage à faire tomber cette philosophie, ce fut sans contredit le ridicule qu'encouraient le formalisme et le pédantisme des Wolfiens. C'est en 1757 que parut la première édition de *Candide* ou l'optimisme. Il devenait de plus en plus difficile de croire aux monades, à l'harmonie préétablie et au meilleur des mondes possibles. La métaphysique perdait visiblement du terrain. Les philosophes officiels n'osaient plus s'avouer métaphysiciens, et, comme toujours en pareille occasion, ils se disaient éclectiques. L'Académie de Berlin elle-même avait en quelque sorte condamné Leibnitz, son fondateur, en couronnant l'auteur d'une critique de la Monadologie (1747). Avec Fontenelle, Maupertuis, Voltaire, Montesquieu, Rousseau, La Mettrie, Condillac, Diderot, Helvétius, d'Holbach, Buffon, avec la physique de Newton, le sensualisme de Locke, le scepticisme de Hume et les doctrines de l'Encyclopédie, avec le progrès général de la littérature et de l'esprit allemand, éveillé à la fin par tant de lumière et de bruit qui, de tous côtés, pénétraient dans le vieil empire germanique, on aurait pu se croire à mille ans de distance de Leibnitz et des cartésiens. Frédéric II régnait à Berlin et jetait les fondements d'une civilisation et d'un empire qui sont aujourd'hui plus forts et plus inébranlables que jamais. Klopstock publiait les chants de sa *Messiade*, Winckelmann son *Histoire de l'art chez les anciens*, Hamann, le mage du Nord, ses livres tout pénétrés d'un mysticisme étrange, et l'auteur du *Laocoon*, Lessing, mourait en 1781, l'année même où parut, à Riga, la *Critique de la raison pure*.

Kant avait alors cinquante-sept ans. Depuis bien des années, il enseignait dans l'université de Kœnigsberg, sa ville natale, la logique et la métaphysique, l'anthropologie pratique, la géographie physique, la pédagogie, le droit naturel, la morale, la philosophie religieuse, etc. Dès 1747, il avait publié des ouvrages qui attestent un savoir encyclopédique : *Pensées sur la véritable évaluation des forces vives; Examen de la question de savoir si la terre, dans sa rotation autour de son axe, a subi quelques changements; Examen de la question de savoir si la Terre vieillit; Des diverses races humaines*, etc. Kant s'occupait de tout, pouvait traiter toutes les questions, lisait

tous les livres, ceux de Montesquieu comme ceux de Voltaire, ceux des Encyclopédistes comme ceux de Rousseau. Il admirait fort Jean-Jacques en particulier, et il
avait placé dans son appartement le portrait de l'auteur de l'*Émile*. Il ne s'intéressait pas moins aux hommes qu'aux idées. On sait avec quelle attention profonde et
sympathique il suivit tous les progrès de la guerre de l'indépendance d'Amérique et
ceux de la Révolution française. Parmi les ouvrages publiés avant la *Critique*, il en
est un surtout qui montre bien toute la grandeur du génie de Kant. La *Théorie générale du ciel*, ou essai sur la constitution et l'origine mécanique de l'univers, d'après
les principes de Newton, ouvrage dédié à Frédéric II, et qui parut anonyme en
1755, est remplie de vues et de conjectures dont la science astronomique a fait son
profit. L'hypothèse grandiose qui a immortalisé Laplace se trouve déjà dans la
Théorie du ciel. Kant explique par les seules forces mécaniques de la matière, dispersée en atomes dans l'espace sans bornes, l'origine et la fin des mondes, des systèmes de soleils et d'étoiles fixes qui gravitent autour d'un soleil central d'après
des lois identiques, éternelles et universelles comme leur cause, — qui est Dieu.
C'est par cette dernière hypothèse seulement que Kant se sépare des anciens
atomistes de l'Ionie et de la science moderne.

Kant avait assisté à la ruine de la métaphysique de l'école. Il avait compris de
bonne heure la profonde insuffisance, le néant même de la philosophie traditionnelle, de celle de Leibnitz et de Wolf en particulier. Comme Locke et Condillac, il
rejeta toute cette science de mots qu'on enseignait de génération en génération, et,
avant de croire à la science, il se demanda si nous pouvions savoir quelque chose.
En d'autres termes, il se proposa de rechercher quelles étaient l'origine, l'étendue
et les limites de la connaissance humaine. C'est l'exemple du sceptique David Hume,
avoue Kant lui-même, dans la préface des *Prolégomènes*, qui le réveilla du « sommeil
dogmatique. » Hume, on le sait, niait la possibilité d'une science véritable. Toute
science est un système de lois dont le caractère essentiel est la nécessité et l'universalité. Or, comme Locke, Hume réduisait toute expérience à l'observation sensible,
à une masse de perceptions isolées, fixées par la mémoire et ordonnées par l'imagination. La conscience, le moi, n'était pour lui qu'un « faisceau d'impressions. » Les
idées que nous nous faisons des choses n'ont pas plus que les impressions qui les
produisent un caractère de nécessité et d'universalité. Soit, par exemple, l'idée de
cause. Sur quoi repose la certitude avec laquelle nous affirmons qu'un fait ou un
événement sera suivi d'un autre fait ou d'un autre événement? Sur une induction
expérimentale. L'habitude nous a fait considérer comme étant dans une dépendance mutuelle des faits qui se succèdent seulement dans un certain ordre, et l'imagination nous a fait établir une connexion nécessaire entre des phénomènes qui
coexistent ou se suivent simplement. L'idée de cause, tout empirique, n'a pas plus
que la connaissance humaine en général les caractères compris dans la définition
même de la science. Kant vit très-bien que le scepticisme de Hume ruinait du
même coup les propositions fondamentales des mathématiques pures, de la physique
générale, de l'ontologie, de la logique, en un mot, toutes celles qui emportent avec
soi un caractère de nécessité et d'universalité absolues. Mais d'abord, Kant n'appartenait pas à cette école qui reconnaît Bacon pour maître et dans laquelle on considère l'entendement humain comme une table rase à l'origine. Kant ne croyait pas
que l'entendement n'eût en lui que ce qu'il devait à l'observation objective aidée de
l'induction. Il croyait à la raison, à ce qui, selon lui et selon les rationalistes, s'y
révèle spontanément, immédiatement, sans l'intervention d'aucun sens, avant toute
expérience interne ou externe. Aussi distinguait-il avec soin le savoir rationnel du
savoir empirique. Dans l'introduction à ses « Leçons sur la logique, » Kant disait:

« On peut distinguer le savoir d'après la source où il est puisé, et à cet égard il est ou *rationnel* ou *expérimental*, et d'après son origine subjective, c'est-à-dire d'après la manière dont il est acquis, et, sous ce point de vue, il est ou *rationnel* ou *historique*, quelle qu'en soit d'ailleurs la source... Les connaissances rationnelles, en tant qu'elles sont opposées aux connaissances expérimentales et historiques, sont *à priori*. Il y a deux sortes de connaissances *à priori*, les mathématiques et la philosophie. »

Cela posé, résumons brièvement les propositions principales de sa fameuse *Critique de la raison pure*. Nous savons déjà que Kant appelle de ce nom la raison avant toute expérience. Nous savons aussi que, suivant lui, les sens ne donnant que le particulier et le contingent, et non l'universel et le nécessaire, ne sauraient suffire pour expliquer la connaissance humaine. L'universalité et la nécessité sont donc un double *criterium*, au moyen duquel nous pouvons distinguer les connaissances qui viennent de l'expérience, ou *à posteriori*, de celles qui n'en viennent pas, ou *à priori*. Comment les jugements synthétiques *à priori* sont-ils possibles? Telle est la question fondamentale de la *Critique*. Kant répond: Les jugements synthétiques *à priori* sont possibles, parce qu'à la matière de la connaissance, fournie par sa *réceptivité* empirique, l'homme ajoute certaines formes pures de la connaissance qu'il tire de lui-même spontanément et indépendamment de toute expérience. Quelles sont les formes de la connaissance ? Pour Kant, penser n'est pas sentir. L'esprit n'est pas la matière. L'entendement a une activité propre, des principes, des formes qui le font ce qu'il est. Ce sont: 1º les formes de l'*intuition*; 2º les formes de l'*entendement*. De là deux sciences: l'*esthétique transcendantale*, qui a pour objet les rapports des phénomènes avec les formes de l'intuition, et la *logique transcendantale* qui s'occupe des lois et des formes de l'entendement. Trois facultés concourent à la formation de la connaissance : la sensibilité, l'entendement et la raison.

Les formes des intuitions sensibles, ou des représentations des objets au moyen des sensations, sont l'espace et le temps. Ces deux formes pures *à priori* de la sensibilité, ces deux notions simples et irréductibles, sont toutes subjectives, et ne peuvent nous avoir été fournies par l'expérience dont elles sont la condition même. L'espace et le temps sont les formes de tous les phénomènes externes ou internes. Nous ne voyons les choses que sous les formes dont nous les revêtons nous-mêmes. L'idéalité de l'espace et du temps entraine naturellement celle de tous les objets de la connaissance empirique donnée par l'intuition. Ce que nous appelons les objets extérieurs n'est donc que les apparences des choses sous la forme de l'espace et du temps. Quant aux choses en soi, il nous est impossible de les connaître. De là une distinction capitale entre la chose en soi et la chose telle qu'elle nous apparaît, entre le noumène et le phénomène. L'homme ignore ce que sont les choses en elles-mêmes, il ne connaît que la manière dont elles affectent son organisation. Certes, hors de nous il y a des corps; mais comme l'espace et le temps, formes subjectives de l'intuition, rendent seuls l'expérience possible, il s'ensuit que les corps, comme phénomènes, n'existent que dans le sujet.

Les formes pures de l'entendement, qui réunit et coordonne les données de la sensibilité, constituent douze catégories déduites des formes logiques du jugement, car l'entendement est en général la faculté de juger. Ces catégories sont l'unité, la pluralité, la totalité ; la réalité, la négation, la limitation; la substantialité, la causalité, la communauté (action réciproque); la possibilité, l'existence et la nécessité. Les catégories de l'entendement sont les conditions *à priori* de la connaissance des objets sensibles, de même que les formes de la sensibilité sont les conditions *à priori* de l'intuition de ces objets. Elles sont à l'entendement ce que le temps et l'espace sont à la sensibilité. Ces lois de notre esprit sont aussi toutes subjectives, et, en tant que dérivées de notre organisation spirituelle, elles ne se règlent pas sur la nature des choses qu'elles ont à nous faire connaître.

Enfin, la raison pure opère à son tour, à l'aide des idées qui sont les formes suivant lesquelles elle s'exerce, sur les produits de l'entendement, comme celui-ci, à l'aide des catégories, opère sur les données de la sensibilité. La raison s'élève au-dessus de l'entendement et de la sensibilité, et achève la connaissance en nous four-nissant des principes ou des idées auxquels nous puissions rattacher l'ensemble des notions de l'expérience. De même que les catégories de l'entendement ont été déduites des formes logiques du jugement, les idées de la raison pure sont déduites des formes logiques du raisonnement. Ces idées, au nombre de trois, sont les idées du moi, du monde et de Dieu, d'où dérivent les trois sciences appelées psy-chologie, cosmologie et théologie. Les formes ou idées de la raison, comme celles de la sensibilité et de l'entendement, n'ont qu'une valeur subjective. Les idées de la raison nous font bien concevoir certains objets, comme Dieu, le monde, la liberté et l'immortalité de l'âme; mais, en tant que ces objets sont en dehors de l'expérience, les idées ne peuvent en connaître ni les attributs ni la réalité. Les idées de la raison ne doivent être que des régulateurs, non des principes constitutifs de connaissance.

Kant s'est attaché à mettre en lumière les contradictions et les paralogismes qui sont l'essence même de la psychologie, de la cosmologie et de la théologie, en tant que sciences rationnelles. Il a examiné une à une les assertions dogmatiques de ces trois sciences, et il les a pour toujours radicalement ruinées. Partant de ce principe, plus que jamais inébranlable, que tout ce qui sort des limites de l'expé-rience est pour nous transcendant, c'est-à-dire inaccessible, Kant prouve d'abord que tous les concepts de la psychologie rationnelle ont pour fondement quatre para-logismes : 1º l'âme est une substance; 2º elle est simple dans sa qualité; 3º elle est numériquement une et identique; 4º elle est en rapport avec les choses extérieures. La vérité est que nous ne savons rien de tout cela, et qu'il nous est impossible d'en rien savoir. Née d'une illusion de la raison, la psychologie retourne ainsi au néant. De même, dans la contemplation du cosmos, la raison non guidée par la critique a été dupe de l'illusion, et n'a pu arriver qu'à des solutions contradictoires. Ce sont ces contradictions que Kant a appelées *antinomies* de la raison pure. Ainsi, on peut également soutenir ces deux propositions antithétiques : « 1º le monde a commencé dans le temps, et est limité quant à l'espace; » « 2º le monde n'a ni commence-ment ni limite, il est infini et quant au temps et quant à l'espace. » La raison pure, en effet, ne peut rien nous apprendre de certain sur ces questions qui sont au delà des limites de l'expérience. Quant aux assertions dogmatiques de la théologie, qui prétend établir par des arguments ontologiques, cosmologiques et physico-théolo-giques l'existence de Dieu, elles sont tout aussi impuissantes que les assertions de la psychologie et de la cosmologie rationnelles à nous faire conclure de l'idée à l'être. L'idée de Dieu n'est qu'un idéal dont on ne peut démontrer la réalité objective[1].

On le voit, l'idéalisme critique ou transcendantal n'est pas l'idéalisme vulgaire, et n'a rien de commun au fond avec celui de Berkeley. Kant ne nie pas le monde exté-

---

1. L'espace nous manque pour parler de la *Critique de la raison pratique*, qui parut sept ans plus tard (1788). On sait que Kant accorda à ce qu'il appelle la *raison pratique* une autorité souveraine et universelle, et qu'il en dégagea une loi *à priori*, la loi morale, absolument impérative, qui s'impose à la volonté pour servir de règle à l'exercice de la liberté. Dieu, l'âme, etc., ressuscitèrent comme par enchantement. Tout cela affaire de foi, non de certitude. Cette distinction entre une raison *théorique*, ou conscience de ce qui est, et une *raison pratique*, ou conscience de ce qui doit être, est absolument inintelligible. Aussi bien, cette contradiction crève les yeux, et elle a été relevée par tout le monde, par Jacobi, etc.

rieur, la nature; il croit à la réalité objective des choses, il les a profondément étudiées, et il peut parler du cosmos en physicien, en astronome et en naturaliste. Ce qu'il n'admet pas, c'est que nous connaissions les choses telles qu'elles sont en soi. Avant d'arriver jusqu'à nous, elles doivent passer par les formes de la sensibilité et par les catégories de l'entendement. Elles ne peuvent nous apparaître que selon les conditions particulières de notre organisation physique et intellectuelle. Le monde réel n'existe pas pour nous, mais seulement le monde phénoménal. L'idéalité absolue des formes de la sensibilité et de l'entendement, conditions de la connaissance, entraîne celle du monde que nous connaissons. Les lois de ce que nous appelons la nature ne sont donc que les lois de notre esprit. L'homme est vraiment la mesure de toutes choses : mais cette mesure n'apprécie pas les choses telles qu'elles sont en réalité, mais seulement telles qu'elles sont par rapport à nous. Kant est un grand sceptique, mais son scepticisme est conséquent et ne recule devant rien. Il nie la réalité objective de notre science, mais il nie aussi la réalité objective des idées rationnelles, de l'âme et de Dieu.

Comment, après une critique si profonde, si solide et si radicale de la connaissance humaine, comment tant de philosophies et de systèmes divers ont-ils pu naître en ce siècle? Comment la théologie, la métaphysique, le spiritualisme, l'éclectisme, sont-ils encore possibles? Comment peut-on encore parler d'ontologie, de psychologie et de théologie rationnelles ? Comment peut-on toujours discuter sur l'existence et les attributs de Dieu, sur l'immatérialité de l'âme et sur les causes finales? Comment l'Allemagne surtout, la patrie de Kant lui-même, a-t-elle pu donner au monde le scandale des longues saturnales de la philosophie de l'identité et de l'idéalisme absolu? C'est là, pour ceux qui savent, un sujet d'étonnement sans fin. Certes, nous sommes loin d'admettre sans réserve tous les principes et toutes les conclusions de la *critique* de Kant. Nous croyons à la réalité objective de nos connaissances. Mais notre croyance, pour être plus forte que tout argument logique, n'en demeure pas moins une simple croyance. Ici, en effet, on ne peut faire la preuve. On peut ne pas poser le problème de la même manière que Kant; mais, dès qu'on admet ses prémisses, il faut se rendre à ses conclusions. On peut ne point tenir compte de la *Critique de la raison pure*, mais on ne peut la réfuter. Ce que cette critique a ruiné par les fondements est tombé pour ne plus se relever. S'occuper encore de Dieu, de l'âme, de l'absolu, de l'infini, des mille entités creuses de la scolastique, c'est montrer qu'on est superficiel, ignorant et borné; c'est faire voir qu'on a l'esprit chimérique et le jugement faussé; c'est prouver une fois pour toutes qu'on n'entend rien aux questions que l'on prétend traiter. Et de fait, l'œuvre capitale de Kant est loin d'avoir encore porté tous ses fruits. Kant, peu compris de ses contemporains, a été plus d'une fois indignement travesti par ses prétendus disciples. La vérité, c'est que Kant n'a pas eu de disciples. Nous savons, par les Mémoires très-fidèles qu'on a publiés sur les dernières années de Kant, qu'il levait les épaules quand il était question de Reinhold, le premier cependant qui interpréta clairement sa philosophie. Quant à Fichte, il ne fallait pas lui en parler.

Fichte, passant par Kœnigsberg, avait pourtant vu Kant et lui avait remis le manuscrit de son *Essai d'une critique de toute révélation*, ouvrage qui parut tellement dans l'esprit de la philosophie de Kant que la *Gazette littéraire* d'Iéna l'annonça comme une nouvelle œuvre de ce philosophe. Mais combien, en réalité, ce disciple immédiat ressemblait peu au maître! Sans doute, tout est dans tout, et l'on peut voir dans l'idéalisme de Fichte une exagération de l'idéalisme de Kant. Mais, de bonne foi, comment rendre Kant responsable de toutes les divagations de ses successeurs, de Fichte, de Schelling et de Hegel, des « trois sophistes », en un mot,

comme les appelle Schopenhauer? Le système de Fichte est tout simplement monstrueux. Partant de ce principe, vrai en soi, que la science absolue suppose l'identité
du sujet et de l'objet, il fait dériver, dans sa *Doctrine de la science*, toute connaissance
philosophique d'un principe unique, le *moi*. Voici les trois propositions sur lesquelles
repose tout le système, car Fichte procède déjà par thèse, antithèse et synthèse :
1° A = A, ou moi est moi. Le moi pose primitivement et d'une manière absolue son
propre être. 2° Le moi oppose au moi un non-moi absolu. 3° Le moi et le non-moi
sont posés tous deux par le moi et dans le moi, comme se limitant ou se déterminant
réciproquement. Ce qui peut se formuler ainsi : « Dans le moi j'oppose au moi divisible un non-moi divisible. » Mais, en vertu du fameux procédé de triplicité, de cette
proposition qui résulte des trois principes susdits : « Le moi et le non-moi, posés
dans le moi par le moi, se limitent réciproquement », résultent encore ces deux
propositions : « Le moi se pose lui-même comme limité ou déterminé par le non-
moi », principe de la philosophie théorique, et « le moi pose le non-moi comme
déterminé par le moi », principe de la philosophie pratique. — Voyons un peu ce
qu'il y a au fond de cette philosophie qui se chante avec la mesure à trois temps. Et
d'abord, qu'est-ce que ce « moi? » Ce moi, qui est naturellement infini et absolu, ce
moi qui est virtuellement toute réalité et d'où sort la nature, ce moi est tantôt le
moi humain, individuel, tantôt Dieu. Dans la première partie de l'œuvre de Fichte,
le moi absolu est bien le moi humain, dans la seconde, c'est Dieu. On peut donc
choisir. Pris en soi, le moi est d'abord sans étendue et sans mouvement, comme un
point mathématique. Bien qu'il ait en lui l'infini et l'absolu, il éprouve le besoin de
sortir de lui-même, de se développer, de se réaliser, et son activité s'exerce par un
mouvement centrifuge et centripète. Le moi, devenu non-moi, sans avoir cessé d'être
moi, pose le monde objectif, la nature, l'univers, et, ainsi déterminé, prend
conscience de lui-même, c'est-à-dire connaît les choses. Mais ce monde, cette
nature, ces choses, ce non-moi enfin, tout cela est *en soi* vide de toute réalité, tout
cela est émané du moi, tout cela n'est qu'en tant que posé dans le moi, par le moi
et pour le moi. Le moi est virtuellement toute réalité et rien n'existe que par un
effet de son activité absolue. La prétendue réalité du monde objectif n'est qu'un
produit de l'activité du moi, sujet et objet à la fois. Le moi ne perçoit que ses propres
perceptions. Percevoir, c'est tout simplement avoir conscience d'une modification
de soi-même. Avoir conscience, c'est voir hors du moi ce qui est dans le moi. De
propriétés des choses, de science des choses, il n'en faut point parler. Fichte n'a
jamais su un mot de physique. Et c'est ici surtout qu'on voit combien cet idéalisme
subjectif diffère de l'idéalisme critique de Kant. Le sage de Kœnigsberg admettait
parfaitement, non-seulement l'existence d'un sujet sensible et pensant, fournissant
les formes de la connaissance, mais aussi des choses en soi, réelles, inaccessibles
sans doute dans leur essence à l'esprit humain, mais fournissant toute la matière
de la connaissance. Selon Fichte, au contraire, le sujet seul existe d'une manière
absolue, et les objets ne sont qu'autant que le sujet les pose ou les détermine.
Il dit sans ambages : « De sens extérieurs, il est évident que nous ne pouvons en
avoir, par la raison bien simple que nous ne percevons rien d'extérieur... La
lumière n'est pas hors de moi, mais bien en moi, car c'est moi-même qui suis la
lumière. »

Tout a une fin en ce monde, même l'enthousiasme des philosophes. Un jour vient
où ils s'aperçoivent que leurs systèmes, pour sublimes qu'ils soient, ne perdraient
pourtant rien à s'accommoder quelque peu aux exigences du sens commun. Beaucoup,
il est vrai, meurent dans l'impénitence finale, mais quelques-uns se ravisent. C'est
le cas de Fichte. Par un procédé renouvelé de Kant, après avoir détruit avec sa

philosophie théorique la croyance au monde extérieur, Fichte s'attacha à fonder sur la foi en la loi morale la croyance à la réalité du monde sensible. Ce n'est pas de la science, c'est de la conscience et des profondeurs mêmes du sens intime que naît cette foi. En vain la science me dit que toutes ces apparitions qui, dans l'espace, se montrent semblables à moi, ne sont en réalité que des créations de ma pensée. La voix de ma conscience me crie que, quelles que puissent être d'ailleurs ces apparitions, *je dois* les considérer comme des créatures libres, indépendantes de moi, existant par elles-mêmes. Ainsi, le sens commun, le droit, la morale, me forcent d'admettre une pluralité de moi individuels. Mais chacun de ces moi individuels, fini, relatif, borné dans l'espace et dans le temps, n'est pas le moi infini et absolu, sujet éternel et immuable dont tout émane. Ce moi absolu, dont le moi humain est l'image et l'expression bornée, est Dieu. Fichte rapporte donc à Dieu, qui n'est guère pour lui qu'un idéal réalisé et personnifié par la foi, tout ce qu'il a dit d'abord du moi considéré comme sujet absolu. L'univers est Dieu se posant hors de lui par la pensée. Dieu seul est l'être véritable, comme l'était le moi. Semblable à Dieu virtuellement, le moi fini, ou l'homme, doit tendre éternellement à le devenir de fait par l'exercice de sa liberté. Issu de Dieu, vivant en Dieu, l'esprit de l'homme reproduit en lui-même le savoir divin au moyen de l'intuition intellectuelle.

Fichte finit par le mysticisme et par l'extase. Certes, c'était un grand et noble cœur, un bon citoyen surtout, comme l'attestent ses « Paroles à la nation allemande » (1808). Sa vie fut d'un héros. Il est vrai qu'il vécut dans un temps où l'on faisait de grandes choses. Nul n'a salué avec un enthousiasme plus sincère la Révolution française comme l'aurore d'un jour nouveau, qui devait luire sur tous les enfants des hommes réunis en une seule famille. Ces simples et naïfs Germains, de l'autre côté du Rhin, se laissaient aller à rêver une république universelle. Aux plus mauvais jours, en 93, Fichte ne nous abandonna pas. Il publia cette année même ses *Considérations pour rectifier le jugement du public sur la Révolution française*. Il fut plus d'une fois inquiété, calomnié, persécuté pour l'indépendance indomptable de son caractère et l'âpre franchise de sa parole. Il déplut à Goethe et dut quitter la chaire où il professait avec tant d'éclat à l'université d'Iéna. Il alla de ville en ville, toujours plus stoïque et plus inébranlable dans sa foi. On a peine à comprendre comment un si grand caractère a pu tomber dans les illusions et dans les contradictions que nous avons relevées en étudiant son système. Il faut pourtant se rendre à l'évidence. Un grave et savant historien de la philosophie allemande, Chalybaeus, le dit lui-même : « Fichte a cru à la réalité du monde, mais en dehors de son système, par la foi seulement dans la loi morale. »

On l'a vu, l'idéalisme subjectif de Fichte devint idéalisme objectif dans sa seconde manière, lorsqu'il introduisit dans son système l'idée de Dieu comme moi absolu. C'est cette nouvelle direction que suivit Schelling que l'on considère généralement comme le père de l'idéalisme objectif. Fichte avait dit : Le moi est tout. Schelling dit : Tout est moi. Aussi bien, l'idéalisme subjectif, qui faisait de la nature, de la religion et de l'art une vaine apparence, vide de toute réalité, n'était plus possible avec le développement de plus en plus grand que prenaient en Allemagne les sciences positives, la littérature et l'art romantique. Schelling s'inspira des doctrines de Kant et de Fichte, mais bien plus encore des idées des néoplatoniciens, de Spinosa, de Jordano Bruno, de Jacob Böhm, et il en forma son système de *l'identité absolue*. Kant avait laissé le monde et l'esprit en face l'un de l'autre. Schelling identifia dans l'absolu la nature et l'esprit, le réel et l'idéal, l'objet et le sujet. L'absolu est l'unité primitive ou l'indifférence totale du subjectif et de l'objectif. L'identité absolue ne peut se connaître elle-même d'une manière infinie sans se poser comme infinie, comme sujet et comme objet. L'évolution de l'absolu, ou la création de l'univers, est un acte de connaissance éternel. L'absolu, comme un fleuve infini, se répand identiquement dans l'esprit avec conscience, et dans la nature, sans conscience. En d'autres termes, les deux pôles de l'absolu sont l'esprit et la nature. La science de l'esprit, considérée en soi, est le sujet de la *philosophie transcendantale*. La science de la nature, prise en soi, est le sujet de la *philosophie de la nature*, ou *physique spéculative*. La force qui se répand dans la nature est, dans son essence, identique avec celle qui fait évolution dans l'esprit. Tout ce qui est est un, et tout est virtuellement en tout : Identité dans la Triplicité. Il n'y a donc pas deux sciences, mais une seule et même science. La science de l'esprit et la science de la nature sont parallèles l'une à l'autre en tant qu'expression identique d'un même contenu, l'absolu, sujet et objet. Savoir, c'est reproduire en soi, au moyen de l'*intuition* intellectuelle, l'acte de connaissance éternel par lequel la raison absolue se donne la conscience d'elle-même. Comme la raison est une, la raison humaine est identique avec l'intelligence divine. Elle a la science innée. Elle tire tout d'elle-même spontanément et n'a que faire de l'expérience. Philosopher, ce n'est pas réfléchir le monde en nous, c'est le créer. Comme l'idéal et la réalité, la pensée et l'être, l'esprit et la nature sont primitivement identiques, on peut toujours conclure, en toute science, de l'idée à la chose. Pour expliquer le monde, il suffit d'observer en soi le travail de la pensée, d'écouter les révélations de la conscience, d'ajouter foi à l'expérience intime, et de reproduire la dialectique divine qui a créé l'univers.

L'identité absolue est la totalité absolue des choses. Elle n'est pas la cause de l'univers, mais bien l'univers lui-même. En se réalisant, elle produit une première totalité relative, la *matière*, expression de l'identité absolue à sa première puissance. La matière est une et homogène en soi. Schelling la considérait comme un aimant infini. L'aimant empirique est le fer : tous les corps ne sont que des métamorphoses du fer. Leurs différences proviennent uniquement de la place qu'ils occupaient dans l'aimant universel. Le magnétisme est la condition de toute formation. L'expression de l'identité absolue à sa seconde puissance est la *lumière*. Par la lumière l'identité absolue apparaît elle-même dans la réalité. La lumière est identique dans son essence : ainsi s'évanouit, dit Schelling, le spectre solaire de Newton. La lumière est l'existence de l'identité absolue elle-même, elle est un *principium mere ideale actu existens*. La pensée elle-même n'est que le dernier développement de la lumière. L'expression de l'identité absolue à sa troisième puissance est l'organisme : c'est, dit Schelling, la lumière combinée avec la gravitation. Il est tout aussi primitif que la matière même. La nature organique n'est pas sortie de la nature inorganique. Ainsi, la gravitation (A^1), la lumière (A^2) et la vie (A^3), c'est-à-dire la matière, le mouvement et l'organisme, constituent le système du monde. Trois degrés d'une même force régissent le monde inorganique : l'action chimique, l'action électrique et le magnétisme. Trois degrés d'une même force régissent le monde organique : la force productive, l'irritabilité et la sensibilité. Ces trois forces des deux natures inorganique et organique se correspondent respectivement et dépendent des trois forces qui constituent la nature générale : la lumière, l'électricité et le principe du magnétisme. Il ne suffit pas que l'univers soit constitué par ces forces primitives, il faut aussi qu'il soit construit par d'autres forces organisatrices qui en déterminent l'évolution dans le temps et dans l'espace : 1° la force d'expansion, par laquelle l'identité absolue, en vertu du principe d'évolution, tend à se répandre en dehors avec une vitesse infinie ; 2° la force de suspension, qui retarde le cours de ce torrent impétueux et rend possibles des produits déterminés ; 3° la force de gravitation qui fixe ces mêmes produits. Enfin viennent les forces purement mécaniques qui ne font pas partie de la philosophie de la nature.

La philosophie transcendantale, ou science de l'esprit, est divisée en *philosophie théorique*, en *philosophie pratique* ou *morale* et en *philosophie de l'art*. Bien qu'indépendantes les unes des autres, les choses et les idées n'en sont pas moins sorties de la même source. La même activité créatrice s'est répandue dans la nature et dans l'esprit. Il y a donc entre les choses et les idées harmonie préétablie et le principe de la connaissance comme celui de l'existence ne fait qu'un. La téléologie et l'art reposent sur l'harmonie intime de l'activité consciente et inconsciente de l'absolu. L'art est l'infini représenté dans le fini. Telle est la définition de la beauté, d'après Schelling. L'histoire est une révélation progressive de l'absolu. Schelling distingue trois périodes de cette révélation de l'absolu ou de l'histoire qu'il désigne comme périodes du Destin, de la Nature et de la Providence.

Schelling, qui avait toujours beaucoup incliné vers un syncrétisme et un mysticisme qu'on pourrait appeler alexandrins, finit par tomber dans la théosophie. Lorsque, vers la fin de sa vie, il remonta dans sa chaire de professeur (1841), lorsque après la mort de Hegel, il annonça qu'il venait non pas détruire, mais compléter la philosophie antérieure, lorsqu'il promit à l'Allemagne une « philosophie positive », ce ne fut guère que pour disserter sur la mythologie et la révélation, sur les puissances et les personnes de la divinité, pour chercher à concilier le christianisme de Pierre et de Paul, c'est-à-dire le catholicisme et le protestantisme, dans une Église supérieure, l'Église de l'avenir, l'Église de Jean.

Hegel développa et systématisa la philosophie de l'identité en appliquant au système de Schelling la méthode du mouvement dialectique. Depuis Fichte on sait quel emploi la philosophie allemande a fait de ce procédé facile. L'entendement humain étant conforme à l'entendement divin, la dialectique des philosophes est la reproduction de la dialectique divine et créatrice. Pour un philosophe, connaître le monde, c'est le construire. Ils savent le monde parce qu'ils le créent. Aussi définissent-ils la philosophie la science de la science, la conscience de la conscience, la pensée de la pensée. Suivant Hegel, l'absolu sort de soi en vertu d'une contradiction dont il porte le germe, se réalise en prenant conscience de lui-même, devient autre dans la nature, et retourne à soi dans l'esprit. Les trois moments du développement de l'absolu, ou dialectique immanente, sont donc : 1º l'idée en soi, ou puissance, à l'état d'involution, 2º l'idée pour soi, réalisée, à l'état d'évolution, 3º l'idée en soi et pour soi, revenue à elle, affirmation, négation, négation de la négation ou conciliation, thèse, antithèse, synthèse : tel est le rhythme du système où se retrouve partout la sainte triade. Les trois parties de la philosophie qui correspondent aux trois moments du développement de l'absolu, sont la logique, la philosophie de la nature et la philosophie de l'esprit. La logique est la science de l'idée pure, c'est-à-dire non encore réalisée. Elle se divise en trois parties : la *théorie de l'être*, la *théorie de l'essence* et la *théorie de la notion*. Le développement dialectique a pour point de départ l'être pur, indéterminé, qui, pris en soi, est identique au non-être ou au néant. De l'identité dans la différence de l'être et du néant se dégage une unité supérieure qui est le *devenir*. Le résultat du devenir est l'existence, l'être déterminé, quelque chose. Or, comme l'a dit Spinosa avant Hegel, toute détermination est une négation. Quelque chose trouve donc sa négation dans autre chose, devient l'être pour soi, l'être en soi, et, en tant que déterminé par autre chose, nous fait passer de la catégorie de la *qualité* à celle de la *quantité* pour arriver à celle de la *mesure*. La théorie de l'essence traite de l'essence comme fondement de l'existence. La théorie de la notion traite de la notion subjective que Hegel divise en notion comme telle

(Begriff), en jugement ou dirremption *(Urtheil)*, et en conclusion *(Schluss)*. La réalisation de la notion dans la conclusion est l'*objet*. Les moments parcourus par la
notion objective sont le mécanisme, le chimisme et la téléologie, mots qu'il faut
entendre ici dans un sens tout métaphysique. Enfin, l'unité de la notion et de sa
réalisation, du sujet et de l'objet, est l'*idée*. Les moments de l'idée sont la vie, la
connaissance et l'idée absolue. L'idée absolue est la forme pure de la notion, l'idée
se pensant soi-même ou l'idée logique.

L'idée logique sort d'elle-même à son tour et devient nature. Les moments principaux par lesquels elle accomplit son évolution, sont le *process* mécanique, physique et organique. La philosophie de la nature traite donc séparément de ces trois
moments, c'est-à-dire de la mécanique, de la physique et de la physique organique, laquelle comprend l'organisme terrestre, les végétaux et les animaux. La
nature aspire à retrouver l'unité perdue : aussi l'esprit est-il le but et la fin de la
nature.

L'idée revenue à soi est l'Esprit. Les trois moments de cette évolution suprême
sont l'Esprit subjectif, l'Esprit objectif et l'Esprit absolu. Tel est le sujet et la division de la philosophie de l'Esprit. Les degrés principaux de l'Esprit subjectif sont
l'esprit considéré en soi, l'âme, objet de l'*anthropologie*, l'esprit considéré pour soi, la
conscience, objet de la *phénoménologie*, et l'esprit considéré en soi, ou comme tel,
objet de la *psychologie*. L'Esprit objectif se réalise à trois degrés divers, dans le droit,
la moralité et les mœurs, dans la *famille*, la *société* et l'*Etat*. Enfin, l'Esprit absolu,
ou l'esprit arrivant à la conscience absolue de lui-même, se réalise sous la forme
objective de l'intuition sensible comme *art*, sous la forme objective du sentiment et
de la représentation comme *religion*, et sous la forme à la fois subjective et objective
de la pensée pure comme *philosophie*. Les différences de l'art symbolique ou oriental, de l'art classique ou grec, et de l'art romantique ou chrétien, reposent sur le
rapport de l'idée avec la matière. Écrasé sous la forme matérielle de l'art oriental,
étouffé sous les formes sensuelles de l'art grec, l'esprit ne se dégage vraiment de la
matière que dans l'art romantique. Les degrés de la religion, dans son développement historique, sont d'abord les religions de la nature, telles que les a connues
l'Orient, puis les religions où Dieu est considéré comme sujet absolu, telles que les
religions de la Judée et du monde gréco-romain, enfin la religion absolue ou le
christianisme. Toutes ces déterminations de l'esprit sont autant de définitions successives de Dieu auxquelles correspondent les divers cultes. Après avoir parcouru
les diverses phases de son développement, l'Esprit, dégagé de toutes les formes
finies, des formes de l'art comme des formes de la religion, prend enfin définitivement conscience de lui-même dans la philosophie de l'absolu. La philosophie est
l'idée qui se pense, la vérité qui se sait, la raison qui se comprend. L'histoire de la
philosophie est proprement l'histoire de l'évolution de l'absolu. Tous les systèmes
antérieurs ne sont que les moments de la philosophie de l'absolu. La philosophie
des Eléates, d'Héraclite et des Atomistes, répond à l'être pur, au devenir et à l'être
pour soi, la philosophie de Platon aux catégories de l'essence, celle d'Aristote à la
notion, celle des Néoplatoniciens à l'idée concrète, la philosophie des temps modernes
à l'idée comme Esprit ou comme l'idée se sachant. La philosophie de Descartes, celle
de Kant et de Fichte, sont des formes encore plus élevées du développement de
l'Esprit. Dans la philosophie de Schelling, l'absolu est la raison conçue comme
l'identité absolue de la nature et de l'Esprit. Mais ce n'est que dans la philosophie
de Hegel, dans la philosophie définitive, que l'absolu se révèle pleinement sous la
forme de la pensée pure ou de la science absolue.

Si, après la longue épreuve de la scolastique, l'humanité avait encore besoin d'une expérience plus haute et plus décisive pour être bien convaincue de la profonde vanité de toute philosophie spéculative, elle doit être enfin satisfaite. L'idéalisme subjectif, l'idéalisme objectif et l'idéalisme absolu forment une vaste trilogie qui, pendant un demi-siècle, occupa en Allemagne l'attention de presque tous les penseurs, absorba toute l'activité des intelligences, et prétendit gouverner les sciences de la nature comme celles de l'esprit. On n'attend pas de nous la critique d'un système de philosophie qui fait sortir de l'être pur, c'est-à-dire du néant, la notion qui comprend virtuellement l'univers. *Ex nihilo nihil.* Cela dit, tout est dit. Nous avouons sans difficulté ne rien comprendre à la déduction de la catégorie du *devenir*, reposant sur l'identité de l'être et du non-être. Nous n'avons qu'un regret, c'est que Hegel, si difficile à entendre, soit au fond si peu original. Toute sa dialectique n'est que le développement de cette proposition de Fichte : tout ce qui est fondé dans l'esprit est d'une vérité absolue. Nous avons vu que ce principe se trouvait déjà dans Leibnitz. Il est également dans Platon, dans Parménides, dans Xénophanes. Où n'est-il pas? Ce principe, tout spontané, a été le germe d'où est sortie la végétation la plus luxuriante qui ait jamais couvert la terre de son ombre. C'est ici surtout qu'on reconnaît l'affinité profonde de la mythologie avec la métaphysique. « Tout ce qui est rationnel est réel, » dit Hegel : voilà d'où tout est sorti, les dieux, les mythologies et les métaphysiques. L'histoire des systèmes idéalistes comme celle des religions est l'histoire d'une immense duperie, d'une « illusion divine, » diraient nos littérateurs élégants. Il est également impossible d'imaginer ce qu'il y a d'original dans le fameux rhythme à trois temps, d'après lequel tout paraît et disparaît emporté dans le tourbillon dialectique de l'absolu devenir. La sainte triade, qui aura toujours des adorateurs, est vieille comme le monde. Toute cette philosophie de l'identité, comme tout système de philosophie spéculative, est réductible, en dernière analyse, à un petit nombre de thèmes rebattus et insipides dont voici les principales formules : Tout ce qui est rationnel est réel. Les lois et les formes de la raison individuelle sont identiques aux lois et aux formes d'une raison universelle et créatrice qui se développe conformément à ses lois nécessaires. Les lois de l'esprit sont les lois de l'univers. Connaître le monde, c'est le créer. La nature n'est qu'une logique en acte. La science doit être construite avec des formules *à priori*, et la vérification de ces formules, ou l'expérience *à posteriori*, est au-dessous du savoir. La nature n'est qu'une forme transitoire de l'esprit. L'esprit est tout, et tout est esprit.

Grâce à toutes les connaissances empiriques antérieurement acquises, l'hégélianisme, appliqué au droit, à la politique, à l'art, à l'histoire et à la religion, a pu produire quelques idées nouvelles. Reste à savoir si ces idées sont justes. Et d'abord il m'est impossible d'être de l'avis de certains critiques qui voient une grande profondeur et une grande nouveauté dans ce fameux principe en vertu duquel *une assertion n'est pas plus vraie que l'assertion opposée.* Cette prétendue vérité, renouvelée des Grecs, de Protagoras ou de Gorgias, est tout simplement une ineptie. Il n'est pas vrai que nous admettions jusqu'à l'identité des contraires. De ce que la morale n'est pour nous que l'expression des mœurs, de ce que les principes résultent pour nous des faits, il ne s'ensuit pas du tout, comme on l'a dit, que « la vertu moderne se résume dans la tolérance, » qu'il n'y a plus pour nous ni vérité ni erreur, et que le vrai et le faux, le bien et le mal, la justice et l'iniquité sont une pure affaire de nuances. Nous ne disons pas, avec Mme de Staël, que tout comprendre serait tout pardonner. Nous disons que tout comprendre, c'est simplement expliquer tout. Or, toute explication suppose que les faits à expliquer peuvent être définis, c'est-à-dire classés dans un groupe ou compris dans un genre. Qu'il s'agisse d'esthétique, de morale, de philologie ou d'histoire, les faits sont susceptibles de détermination comme en physique, en anatomie ou en physiologie. Les méthodes sont sans doute plus difficiles à établir dans les sciences de l'esprit que dans celles de la nature. Celles-là sont encore loin d'atteindre à l'exactitude parfaite où sont arrivées celles-ci. Mais les faits de ces deux ordres de science étant absolument identiques au fond, les méthodes ne sauraient être différentes. Stuart Mill a affirmé que les sciences inductives avaient, dans ces derniers temps, plus contribué au progrès des méthodes logiques que les philosophes. La réduction de toutes les méthodes antérieures à la méthode inductive est d'ailleurs un fait accompli dans le domaine des sciences de l'esprit. Chacun sait aujourd'hui que les méthodes de nos historiens, de nos philologues et de nos linguistes, sont celles des naturalistes et des chimistes. Toute science n'existe comme telle qu'à la condition d'avoir des principes fixes et absolus, invariables et éternels comme la nature des choses dont ils sont tirés. L'opinion seule a un caractère relatif. La science est la certitude absolue, ou elle n'est pas. La science ne dit pas oui et non sur toute chose, la science n'admet pas que ce qui est contraire soit identique, la science n'enseigne pas qu'une assertion n'est pas plus vraie que l'assertion opposée. Je proteste ici hautement contre quelques sophistes contemporains qui, dans notre pays, ont appliqué à la science et à la critique ces formules absurdes, et se sont plu à les présenter au public comme le dernier mot de l'esprit moderne. Ces sophistes ont trop compté sur l'ignorance ou la légèreté de leurs lecteurs. La patrie de Voltaire n'est pas la patrie de Hegel. Nous estimons que les plus courtes folies sont les meilleures, et voilà pourquoi nous ne saurions flétrir trop énergiquement ce batelage intellectuel qui déshonore la science et la philosophie.

Il faut en dire autant de la prétendue nouveauté de l'idée de *progrès* que Hegel aurait déposée, comme un germe fécond, dans tous les ordres de la connaissance humaine. Les Français qui écrivent de pareilles choses n'ont sans doute jamais lu d'Alembert, Diderot, Turgot ni Condorcet. Il suffit donc de les renvoyer à ces auteurs. J'ajoute que, entendue au sens hégélien, rien n'est plus faux que cette idée d'un progrès infini dans le monde. Non-seulement aucun absolu ne se réalise, mais il n'y a rien dans les choses qui ressemble à un enchaînement logique quelconque. L'univers n'est qu'un fait complexe résultant d'un ensemble de faits enchevêtrés. Ce que nous appelons *causes* n'est que la simple succession des faits hiérarchiquement ordonnés selon les principes de la mécanique. Il n'y a point de *forces*, mais des mouvements indéfiniment variés, en d'autres termes, de la matière et du vide. Il est bien vrai qu'un agrégat quelconque, système solaire, plante ou animal, passe par une suite d'états moléculaires que l'on appelle sa formation, sa croissance, et son déclin ou sa mort, mais où est le but, l'intention, le sens de ces transformations? La même force qui fait que je respire aujourd'hui me tuera dans un temps plus ou moins rapproché. Je connais la nature, mais elle ne peut me connaître. Pour que la nature travaillât à réaliser quelque idée, il faudrait qu'elle eût une conscience, c'est-à-dire un système nerveux et un cerveau. Certes, s'il y a dans l'univers une chose vaine, indifférente et sans signification aucune, c'est bien l'existence d'une flore ou d'une faune qui couvrent pendant quelques milliards de siècles la croûte solidifiée d'une planète. A quoi servent tous ces vers de terre qui s'agitent et se tordent au soleil, dans la vase des marais, qu'ils appellent les vallées, les bois et les forêts? A qui sont-ils chers, ces débiles parasites, qu'un peu de lumière et de chaleur a tirés hier de la pourriture, et qui demain y retourneront pour l'éternité? Plaisante ambition que celle d'un métaphysicien qui croit que l'univers s'occupe de lui et a élu domicile sous son occiput!

« Voilà bientôt vingt ans que les Allemands font de la philosophie transcendante, disait Gœthe. S'ils viennent une fois à s'en apercevoir, ils se trouveront bien ridicules. » Humboldt s'en amusait fort aussi de son côté. Quant aux naturalistes éminents, il ne s'en trouva pas un seul, dit Helmholtz, qui voulût accepter les idées de Hegel. Le grand homme mort, Schelling tombé dans la bigoterie, le charme s'évanouit, l'illusion cessa, les rêves et les visions de l'insomnie firent place aux réalités du grand jour. Peu à peu, le cerveau encore plein de fumées ténébreuses, l'Allemand sortit du lourd « sommeil dogmatique. » Il avait rêvé qu'il était Dieu, il s'était empli d'absolu et soûlé d'idéal, il avait échappé à l'espace et au temps, et, ravi dans un délire extatique, il avait cru que, comme Brahma, il créait des mondes ! Le réveil fut pénible, triste et désenchanté comme au lendemain d'une orgie. « L'arlequinade philosophique » avait pris fin.

Le carnaval était passé, et, au jour terne et gris du mercredi des cendres, le masque tragique de Fichte, le clinquant de Schelling et les grelots de Hegel parurent choquants et de mauvais goût. Ah ! c'est qu'on n'est jamais plus sévère qu'au lendemain d'un jour de débauche ! On fut sans pitié. La trilogie tomba sous les sifflets et sous les huées. On n'eut pas assez de railleries et d'insultes pour Hegel, « ce philosophe phénoménal, hypertranscendant et acrobatique, qui a eu le malheur de perdre son corps, » « ce grossier charlatan, » « ce philosophe créature de ministre ! » Ceux qui enseignaient la doctrine du maître, les florissants professeurs de la philosophie d'État, s'entendirent partout traiter de « pachydermes, » « d'hydrocéphales, » de « castrats pédants, » formant « le cortège apocalyptique *della Bestia triumphante !* » Ce fut, on le voit, comme à l'ancienne descente de la Courtille !

Celui qui, le premier, de sa main de fer, arracha les masques et souffleta les faces, est Schopenhauer. Comme la statue du Commandeur, il apparaît à la fin de l'orgie et entraîne chez les ombres le maître triomphant. Ceux de nos contemporains qui ont vu Schopenhauer (il n'est mort qu'en 1860), dans la vieille ville de Francfort-sur-le-Mein, nous le représentent comme un homme dont le costume, les manières et l'instruction rappelaient la société polie du xviiie siècle. Tout enfant, il avait assisté à Paris aux fêtes de la déesse Raison. Il savait par cœur Chamfort, La Rochefoucauld, Vauvenargues, et ne se lassait point de relire Helvétius, Cabanis et Bichat. Il avait voyagé dans toutes les contrées de l'Europe, en Italie surtout, connaissait beaucoup l'Angleterre, et possédait à fond la philosophie de Locke. Mais son maître véritable, celui pour qui il avait une sorte de culte, était Kant. Schopenhauer ne faisait aucun cas de tous les philosophes allemands qui, depuis Kant, avaient déraisonné sur l'identité et sur l'absolu. Il voyait dans cet idéalisme bâtard une déviation, nullement un progrès. Ceux qu'il désignait ordinairement comme « les trois sophistes » étaient Fichte, Schelling et Hegel. Ces gens habitués à prendre des mots pour des choses lui faisaient pitié. « Diluez un *minimum* de pensée dans cinq cents pages de phraséologie nauséabonde, disait-il, et fiez-vous pour le reste à la patience vraiment allemande du lecteur. » « C'est un défaut essentiel des Allemands, disait-il encore, de chercher dans les nuages ce qu'ils ont à leurs pieds. Quand on prononce devant eux le mot d'*idée,* qui offre à un Français ou à un Anglais un sens clair et précis, on dirait un homme qui va monter en ballon. » Le portrait plein d'*humour* qu'il a fait des jeunes hégéliens de l'université berlinoise est connu de tout le monde. Du fond de sa retraite, il méditait amèrement sur les longues saturnales de la philosophie spéculative qui se prolongeaient, il déplorait l' « aplatissement » des cervelles, et il dictait des aphorismes profonds sur la sottise humaine. « La principale cause de cet extrême aplatissement a été Hegel, dit-il, tête médiocre, qui, par tous les moyens connus, a voulu se faire passer pour un grand philosophe, et est arrivé à se poser en idole devant quelques très-jeunes gens d'abord subornés, et maintenant à jamais bornés. » Si Hegel avait dit tout d'abord, d'une façon intelligible, qu'il se proposait de tirer l'existence du monde empirique d'idées abstraites, s'il n'avait pas dissimulé ce monstrueux non-sens sous des formes obscures et emphatiques, que ni lui ni ses disciples n'ont jamais comprises, Schopenhauer était convaincu, et nous le sommes également, qu'alors on eût ri au nez du grave Brahma, créateur des mondes, et qu'on eût trouvé cette bouffonnerie de mauvais goût.

Ce n'est pas que Schopenhauer échappe lui-même entièrement aux reproches qu'il fait à la philosophie de son temps. Sa philosophie n'est qu'une forme de l'idéalisme. L'espace, le temps et les catégories de l'entendement ont pour lui, comme pour Kant, une origine purement subjective. La *chose en soi* du philosophe de Koenigsberg devient pour Schopenhauer, non plus l'objet, mais le sujet absolu, le principe de tout ce qui est, et il appelle cette cause suprême la *volonté* (*Wille*). Le monde visible, l'univers, n'est qu'une affirmation de la volonté, une objectivation du sujet, une représentation phénoménale de l'absolu, au sens de Kant. Nous ne connaissons que des phénomènes. L'essence de la chose en soi nous échappe. Toujours la même distinction entre l'être et le paraître. Il y a deux mondes, le monde des apparences, considéré par Schopenhauer comme image représentative, et le monde de la réalité absolue, considéré comme volonté. Enfin, outre les deux mondes, et comme intermédiaires entre l'unité de la volonté et les individus dans lesquels elle se manifeste, sont les idées de Platon. La volonté, en tant que principe des choses, sommeille dans la roche, s'éveille dans la plante, et se développe pleinement dans l'homme. « Chez moi, dit Schopenhauer, l'éternel, l'indestructible dans l'homme, ce n'est pas l'âme, mais, pour employer un terme de chimie, c'est la *base* de l'âme, la volonté. » De là une psychologie assez originale. L'entendement, la connaissance, l'intelligence, la raison ne sont plus ce qui constitue l'homme. L'homme tient de sa mère la sensibilité et l'entendement, formes éphémères qui ne nous survivent pas, mais il tient de son père la volonté, principe indestructible et immuable de toute vie dans l'éternité. La raison n'est qu'une forme de la sensation. Schopenhauer est bien ici le disciple d'Helvétius et de Condillac, et sa théorie de l'entendement est sensualiste et matérialiste. Schopenhauer croit à l'éternité du monde et des forces de la matière. Il condamne comme une chimère l'immortalité de la conscience individuelle. Il n'y a pour lui d'autre immortalité que celle de l'espèce. La vie, d'ailleurs, force aveugle et irrésistible de la volonté, est le plus grand des maux. Ce monde, que Leibnitz appelait le meilleur des mondes possibles, est pour Schopenhauer le plus mauvais et le plus affreux. Vivre, c'est souffrir. Comment se délivrer de l'existence? Schopenhauer ne conseille pas le suicide, mais, comme l'ascète bouddhiste qui rêve au Nirwana, ou comme le moine chrétien qui aspire à la mort, Schopenhauer enseigne qu'il faut, par la justice, par la pitié et la douceur envers toutes les créatures, se détacher peu à peu des sentiments aveugles et égoïstes de la nature humaine; il nous montre le salut dans la liberté, et la liberté dans l'anéantissement absolu de la volonté. Le xixᵉ siècle n'a pas produit un humoriste dont la verve et l'originalité égalent celles de Schopenhauer. Ses livres, surtout ses « *Parerga und Paralipomena,* » sont remplis de pensées, de sentiments et de réflexions d'une poésie et d'une profondeur incomparables : « Les religions sont comme des vers luisants. Elles ont besoin de l'obscurité pour briller. » « La vie de l'homme est une suite de variations sur un thème connu. La vie finit comme la cavatine de Don Juan par un accord en mineur. » « Qu'est-ce que la vie? Une étoffe qui ne vaut pas ce qu'elle coûte, une chasse incessante où, tantôt chasseurs et tantôt chassés, les êtres se disputent les lambeaux d'une horrible curée, une guerre de tous contre tous, *bellum omnium*, une mort anticipée, disait Parménide, et, pour tout dire enfin, une sorte d'histoire naturelle de la douleur qui se résume ainsi : « Vouloir sans motif, toujours souffrir, toujours lutter, puis mourir, et ainsi de suite *in sæcula sæculorum*, jusqu'à ce que la croûte de notre planète s'écaille en tout petits morceaux. »

En somme, on s'accorde généralement à voir dans la philosophie de Schopenhauer une philosophie de transition, Schopenhauer étant à la fois idéaliste comme Kant et réaliste comme les philosophes de l'époque actuelle. « Il a développé d'une manière remarquable, dit Loewenthal, l'élément empirique de Kant, en sorte que, sous ce rapport, il lui arrive involontairement d'avoir un pied sur le terrain de l'expérience et du naturalisme moderne. » Toutefois, n'oublions pas que la philosophie de Schopenhauer n'a exercé aucune action sur celle de son temps, et que la gloire de ce « philosophe inconnu » est toute posthume. D'ailleurs, pour que la philosophie spéculative mourût plus tôt, il fallait la laisser se dévorer elle-même. L'idéalisme absolu portait en lui sa contradiction ou sa négation qui, tôt ou tard, devait le faire rentrer dans le néant. Herbart est un de ceux d'où partit la réaction. Mais il est bien plus curieux de voir fermenter au sein même de l'école hégélienne tous les éléments de dissolution. Ces contradictions, ces germes de mort que renfermait la philosophie de Hegel, éclatèrent lors de la publication des livres de Frédéric Richter, de Strauss, de Richard Rothe, de Bruno Bauer et de Feuerbach, tous disciples de Hegel. De 1833 à 1841, ces livres se succédèrent et retentirent dans toute l'Allemagne comme des coups de tonnerre. A l'étonnement de la première heure succédèrent le dépit des uns et la colère des autres. Hegel, en effet, s'était toujours montré, sinon dans sa doctrine, au moins dans sa conduite, éminemment conservateur. Sa philosophie même, interprétée dans un certain sens, expliquait l'ordre de choses existant, le rendait légitime et nécessaire, en le présentant comme l'expression actuelle de la raison. Hegel n'aimait pas les révolutions. Aussi, appuyée et protégée par le gouvernement prussien, sa philosophie était-elle devenue la philosophie officielle, la philosophie de l'État. Or, c'est à cette école que s'étaient formés des hommes comme Strauss, comme Bruno Bauer, comme Feuerbach ! Ce qu'il y avait de plus grave, ce qui changeait en stupeur l'ébahissement des naïfs, c'est que ces disciples n'étaient point hérétiques, c'est qu'ils ne faisaient guère que tirer les conclusions logiques de la doctrine qu'on leur avait enseignée. Hegel n'avait-il pas dit qu'entre toutes les manifestations supérieures de l'absolu, la philosophie était la forme la plus haute du développement de l'idée ? Encore à l'état d'image dans la religion, n'était-ce pas dans la philosophie seulement que l'esprit prenait enfin pleine conscience de lui-même ? La science ne devait-elle pas remplacer la foi ? Lors donc que l'auteur de la *Vie de Jésus* s'efforçait de dégager l'essence éternelle du christianisme de toutes ses formes caduques et périssables, lorsqu'à la place du Christ de la tradition il offrait à l'humanité le Christ idéal, il était fidèle à la doctrine du maître. La *Vie de Jésus* n'en était pas moins la négation la plus radicale de la religion chrétienne, et la bonne harmonie entre l'orthodoxie religieuse et l'orthodoxie philosophique fut rompue pour toujours. Strauss cependant, en bon hégélien, repoussait l'accusation d'avoir voulu écraser le christianisme. Il était et prétendait rester théologien. La *Critique de l'histoire évangélique*, de Bruno Bauer, qui livrait une lutte à mort à l'esprit théologique, creusa encore l'abîme qui séparait l'hégélianisme de l'Église. Mais c'est dans Feuerbach que la religion trouva son adversaire le plus redoutable. L'*Essence du Christianisme* (1841), comme l'*Essence de la religion* (1849), sont de ces livres qui comptent plus dans la vie morale et dans le développement intellectuel de l'humanité que les systèmes et les théories dont ils sont en partie l'expression. Puisque, selon Hegel, l'esprit divin s'est réalisé dans l'esprit de l'homme, l'homme est Dieu, la piété véritable est le dévouement à l'humanité et la prière est la contemplation de l'esprit. Il faut remplacer la théologie par l'anthropologie. Aussi bien, sous toutes les formes religieuses possibles, c'est toujours lui-même que l'homme a adoré. Il l'ignorait, il le sait maintenant : voilà toute la différence.

Feuerbach ne s'attaque pas plus au christianisme qu'au bouddhisme, il n'est pas plus l'ennemi de l'islamisme que du brahmanisme, il reconnaît que toutes ces religions ont eu leur raison d'être, mais il constate que ces formes finies, désormais vides et sans signification, doivent disparaître sous peine d'être une entrave pour l'esprit. « Le sentiment que l'homme a de sa dépendance, dit Feuerbach, voilà le fondement de la religion. L'objet de ce sentiment, ce dont l'homme dépend et se sent dépendant, n'est dans l'origine autre chose que la nature. La nature est le premier objet de la religion... Ce que je désire ardemment, je l'anime, je l'*enchante* par mes désirs... Ce sont les larmes du cœur qui, en s'évaporant dans le ciel de la fantaisie, forment l'image nuageuse de la divinité. Dieu est la révélation de l'homme intérieur. L'homme ne sait pas directement que la conscience qu'il a d'un Dieu n'est autre chose que la conscience qu'il a de lui-même : c'est précisément le manque de cette connaissance qui est le fondement de l'essence propre de la religion. »

Ainsi, dès 1841, les noms de « chrétien » et « d'antichrétien » n'avaient aucun sens pour un certain nombre d'hégéliens. On ne voulait pas plus du christianisme que du bouddhisme, je le répète, on ne voulait plus de religion. On prétendait que dans les universités la faculté de théologie devait être absorbée par la faculté de philosophie. On demandait à grands cris la séparation de l'Église et de l'État. On ne voyait plus dans le monde que deux sortes d'hommes, ceux qui *savent* et ceux qui *croient*. La guerre, une guerre à mort entre les hommes de la tradition et les hommes de l'avenir, éclata dès lors, et cette guerre est loin d'être terminée. Nous-mêmes, qui faisons plus qu'assister à cette lutte, nous avons peine à nous faire aujourd'hui une idée juste de la passion et de l'enthousiasme qui animaient les tribuns de la gauche hégélienne. Le fanatisme de la négation, bien autrement sombre et grandiose que le fanatisme de la foi, ébranla d'un effort suprême les vieilles murailles du dogmatisme dont quelques pans croulèrent et ensevelirent les assaillants sous les ruines. Arnold Ruge, l'un des fondateurs des *Annales de Halle* (1838-40), se vit chasser de ville en ville. Abreuvé de dégoût et d'ennui par ses compatriotes, il vint en France, à Paris, et continua son œuvre au milieu de nous. Les *Annales de Halle* avaient propagé dans toute l'Allemagne, avec la *Gazette du Rhin*, le grand mouvement antireligieux auquel Feuerbach avait donné la plus violente impulsion. C'est Arnold Ruge qui écrivait : « Je ne suis pas de ceux qui voient la délivrance dans l'athéisme. L'athéisme est aussi religieux que Jacob luttant avec Dieu, et l'athée n'est pas plus libre qu'un Juif qui mange du jambon. Autre chose est un renoncement à Dieu et au christianisme et autre chose la science sincère et naïve de la nature et de l'homme. Il ne suffit pas de lutter contre la religion : il faut ou l'oublier ou s'élever au-dessus d'elle. » « Depuis Athènes et Rome, disait-il encore, l'histoire des hommes n'a été que l'histoire de leurs absurdités, et la nouvelle phase de l'humanité régénérée est bien jeune encore. Elle commence avec la Révolution française, car alors seulement on s'est rappelé qu'il y a eu jadis dans le monde des héros, des républicains et des hommes libres. » Mais celui qui, plus encore que Feuerbach et Arnold Ruge, épouvanta le monde, celui qui s'est attiré plus de malédictions que l'antechrist, celui dont nos philosophes officiels ne prononcent le nom qu'avec horreur et en se signant, c'est Max Stirner. Max Stirner ruina l'éthique comme Feuerbach avait anéanti la théologie. Il nia le devoir, il nia la loi morale, il se gaussa de l'impératif catégorique de Kant. « Je ne connais aucun commandement d'amour, » dit-il. Si nous avons renversé les temples des dieux et brisé leurs statues, est-ce donc pour élever à leur place, sur un piédestal, le dieu *Humanité? Homo sibi Deus.* L'homme est à lui-même son propre Dieu. En somme, Max Stirner affirmait le droit en niant le devoir. Il rejetait parmi les divinités du vieil Olympe une entité creuse, l'humanité, et mettait en pleine lumière une réalité, l'individu. Il disait tout haut ce que chacun pense tout bas, il foulait aux pieds les oripeaux sacrés de Basile et de Tartuffe, il souffletait la société avec ses vices et lui jetait crûment ce mot à la face : Hypocrite! Notre morale, la morale scientifique, la morale dont nous cherchons à dégager et à fixer les principes et les lois, n'est autre au fond que la morale de Max Stirner. Reconnaissons-le donc hautement, avec Strauss et Feuerbach, Max Stirner est un des maitres de cette période de la philosophie allemande que nous aimons et que nous vénérons le plus.

Après la révolution de 1848, qui agita profondément l'Allemagne, et pendant laquelle les prédications révolutionnaires et socialistes des néo-hégéliens soulevèrent tant de tempêtes, le naturalisme renaissant, comme système et comme philosophie, trouva sa plus haute expression dans le livre de Moleschott sur *La circulation de la vie* (1852). Les *Lettres sur la physiologie,* écrites en réponse aux *Lettres sur la chimie,* de Justus Liebig, excitèrent dans la patrie de l'idéalisme subjectif un enthousiasme et une sorte d'allégresse joyeuse dont certains écrits du temps, comme les lettres de Mathilde Reichardt à Moleschott, peuvent seuls nous donner une idée. Cette philosophie nouvelle qui opposait la science à la révélation, qui considérait les sens comme l'unique source de nos connaissances, qui affirmait que l'expérience et la philosophie ne devaient être qu'une seule et même chose, et qui déployait aux regards de la nation allemande le large fleuve de vie de la matière éternelle, animant tout, produisant tout, depuis la terre, l'air et l'eau, jusqu'aux êtres susceptibles de croître et de penser, — cette philosophie nouvelle, dis-je, était bien vieille. On l'a remarqué avec raison, le matérialisme n'a pas d'histoire. Comme tout ce qui est vrai d'une vérité absolue, les trois ou quatre grandes propositions fondamentales du matérialisme sont nées spontanément en nous de la simple contemplation des choses. Si c'est aux Grecs de l'Ionie qu'il a été réservé de formuler les premiers ces principes immortels, c'est sans doute parce qu'il n'y eut jamais dans le monde de têtes mieux faites et de cerveaux plus sains.

La vérité résulte avant tout de l'application d'un sens simple et droit à la réalité. Or, il n'y a pour nous d'autre réalité que l'univers. Les Grecs durent se borner à observer la nature, sur laquelle ils n'avaient que peu de prise, puisqu'ils manquaient d'instruments. Les modernes, depuis le xvie siècle surtout, ont vérifié les données de l'observation empirique par l'expérimentation, toutes les fois que cela est possible, comme dans les sciences physique, chimique et biologique. Nos grands aïeux du xviiie siècle, dont beaucoup n'ont pas connu Lavoisier, n'ont pu naturellement donner au matérialisme cette rigueur scientifique que nous sommes heureux de trouver dans des livres comme ceux de Moleschott, de Vogt, de Büchner, de Dubois-Raymond, de Lœwenthal, voire même de Czolbe, mais enfin, il faut bien le dire, le matérialisme, ou le naturalisme n'est pas plus allemand que français. Le matérialisme n'est pas la philosophie de telle ou telle nation, il est la philosophie de la grande famille humaine tout entière, il est la philosophie de la science, il est la science elle-même. Y a-t-il une astronomie allemande? une physique allemande? une physiologie allemande? Non, il y a ce que l'on nomme l'astronomie, la physique, la physiologie, c'est-à-dire des systèmes de lois sur la nature et sur la vie, une science créée par l'homme et pour l'homme, enseignée sur tous les points de cette planète, et parfaitement identique à Paris ou à Berlin, à Londres ou à New-York. La grande unité du genre humain, ce rêve des idéologues et des utopistes, est l'unité spirituelle dans la science.

Que conclure de ce rapide examen de la philosophie allemande? Que penser aujourd'hui de tous ces systèmes? Qu'en pense l'Allemagne elle-même? Gruppe, l'auteur de *Présent et avenir de la philosophie en Allemagne*, désigne sous le nom de « période de la mauvaise foi » le long règne de la philosophie spéculative à partir de Fichte. Cette mauvaise foi, dit-il, est reconnue aujourd'hui, la domination de la dialectique a pris fin, l'arbitraire des constructions métaphysiques n'a plus aucun succès, la spéculation est devenue pusillanime, et de tout l'éclat de cette philosophie, il n'est resté que l'impression du sophisme. Toutes les opinions s'accordent sur ce point que les routes suivies jusqu'ici par la philosophie doivent être abandonnées. Gruppe ajoute ces paroles suprêmes et qui resteront : « Le temps a rendu en silence un verdict de mort sur Kant, Fichte, Schelling et Hegel, sur leurs systèmes comme sur leurs méthodes [1]. » C'en est donc fait de la « science » qui part de l'idée pour expliquer le monde ! C'en est fait de cette philosophie pour qui la matière, n'étant rien en soi, n'est qu'un produit de la pensée, pour qui l'organisation du corps n'est qu'un produit de la virtualité de l'esprit, pour qui l'univers n'est rien et le néant est tout! C'en est fait de ces philosophes orgueilleux et superbes qui, comme les gnostiques des premiers siècles de l'ère chrétienne, regardaient le reste des humains comme un troupeau de brebis bonnes tout au plus pour brouter l'herbe des champs ! C'en est fait de ces philosophes « créatures de ministre » qui se chargeaient d'arranger l'idéal avec la réalité, la spéculation avec la pratique, la science avec la politique, et qui se tiraient d'affaire avec des jeux de mots et des calembours! C'en est fait de ces charlatans, en robe et en bonnet de docteur, qui, comme Méphistophélès, disaient à l'écolier naïf : « Somme toute, tenez-vous-en au mot. Là où manquent les idées, un mot trouve à propos sa place. Avec des mots on discute vaillamment. Avec des mots on érige un système. On peut fort bien croire aux mots. » Charlatans! charlatans et fourbes! Schopenhauer vous a bien jugés.

Est-ce à dire qu'il n'y a plus en Allemagne de philosophie spéculative? N'y aurait-il plus, d'aventure, dans la patrie de Hegel, ni idéaliste ni spiritualiste? Nous avons sous les yeux une longue liste de noms dont nous faisons grâce au lecteur. Grâce aux dieux, en Allemagne comme partout, les gens bien pensants sont encore en majorité, et l'on n'est pas près de voir supprimer l'enseignement de la théologie et de la philosophie. Toutes les nations civilisées tiennent à honneur d'avoir pour l'enseignement de l'État des professeurs spiritualistes, gens bien élevés et de bonne compagnie, qui n'effraient point les pères de famille, et qu'on peut présenter aux étrangers quand on leur a montré la cathédrale, le Muséum et le palais des souverains. Comme les petits cadeaux entretiennent l'amitié, les spiritualistes allemands font de petits envois aux spiritualistes français qui s'empressent de leur rendre leurs politesses. M. Janet écrit-il un livre contre le « matérialisme contemporain », M. le professeur Fichte junior s'empresse de le faire traduire en

---

1. On pourrait citer bien d'autres textes. Büchner en a réuni quelques-uns fort significatifs, dans un article sur la philosophie de l'époque actuelle. (Voyez *Science et Nature*, t. II, p. 59 et suivantes, dans la *Bibliothèque de Philosophie contemporaine*.) J'y lis ces paroles remarquables de Kirchner · « Celui qui s'occupe une première fois de la logique d'Hegel ne dépasse presque jamais l'*être pour soi*, et j'ai même entendu des philosophes de profession avouer que, pour eux, *quantité et mesure* sont toujours restées de profonds mystères. »

bonne langue allemande et d'y ajouter une préface de sa composition. On fait assaut de courtoisie et de bons procédés comme gens qui savent vivre. Mais qui trompe-t-on ici ? comme dit Figaro. Qui donc est dupe, je vous prie ? Qui prendrait pour des vivants ces revenants de l'ancien régime ? S'il est un philosophe allemand que tous vénèrent, et qui ait toujours des disciples, c'est le vieux Kant, le plus implacable adversaire du spiritualisme et de toute philosophie spéculative. La philosophie du vieux maître est encore l'âme des travaux scientifiques de tous ceux qui se tiennent en dehors de tout système philosophique, des naturalistes comme des critiques, d'Alexandre de Humboldt, d'Apelt, de Joh. Muller, de Bona Meyer, d'Ernst Reinhold, de Virchow, de Helmholtz surtout, le savant le plus profond et le plus universel de l'Allemagne contemporaine.

Si jamais *thèse* rencontra en ce monde une *antithèse* tout à fait *adéquate*, c'est bien celle-ci, qui résume toute cette étude :

Thèse. La philosophie allemande rejette l'*expérience sensible* comme source unique de la connaissance, elle rejette également la *matière* comme le principe de toute existence et condamne ainsi le *matérialisme*, le *sensualisme* et *l'empirisme*.

Antithèse. La science reconnaît l'*expérience sensible* comme source unique de la connaissance, elle reconnaît également la *matière* comme le seul principe de toute existence, et démontre ainsi la vérité absolue du *matérialisme*, du *sensualisme* et de *l'empirisme*.

Est-ce clair ?

Avant de finir, nous devons bien un souvenir aux hégéliens de ce côté-ci du Rhin. Ce n'est pas que Hegel ait jamais été beaucoup plus compris en France qu'en Allemagne, et cela fait quelque honneur à ces deux nations, mais, depuis 1820 environ, il est certain qu'il y a dans l'air, comme on dit, certaines idées, certaines manières de voir et de sentir, qui ne sont pas françaises, et reviennent de plein droit à l'Allemagne. C'est vers ce temps (1817), comme on sait, que le grand Victor Cousin franchit le Rhin, et partit pour l'Allemagne comme pour un voyage de découverte dans le Nouveau-Monde. Ce qu'il en rapporta, vous le savez de reste. Lui-même a avoué, avec une rare candeur, que les « grandes généralisations » et les « formules altières » de la philosophie allemande « avaient déteint sur sa pensée et sur son langage. » « Dès les premiers mots, dit-il, j'avais plu à M. Hegel, et il m'avait plu. » Victor Cousin, on le voit, était en bon chemin. Mais quoi ! l'homme des « Fragments, » l'homme des recherches érudites et des discours académiques était bien trop français pour s'astreindre à apprendre quelque chose, pour se faire disciple et pour jurer sur les paroles d'un maître. Il se borna donc à prendre une « teinture » d'hégélianisme et nous donna une philosophie de sa façon, point pédante, point difficile à entendre, et dont l'essence est de n'avoir ni méthode ni principes propres. Au fond, Victor Cousin n'eut jamais une passion bien vive pour la philosophie, avec laquelle on l'avait marié à peine au sortir de l'enfance. Il la délaissa de bonne heure pour Mme de Longueville, et depuis on ne le rencontra plus que dans le *royaume de Tendre*. Triste fin pour un hégélien qui avait donné de si belles espérances en 1817 ! Pierre Leroux et Proudhon doivent surtout à l'influence de l'hégélianisme leurs allures de hiérophantes et leur dogmatisme tranchant. Quant à la sainte triade, qui aura toujours des croyants, elle est un peu plus ancienne que Hegel. Mais le grand, le vrai, le seul hégélien authentique qu'ait produit la France, c'est M. le professeur Vera que l'université de Naples possède. Belle Italie ! donne à ce vaillant cœur la gloire et le repos que lui a refusés son ingrate patrie ! Être hégélien, en 1869, c'est tout simplement de l'héroïsme. Mais les causes vaincues ont toujours su plaire aux grandes âmes. *Sed victa Catoni.*

Il faut d'autant plus de courage pour être hégélien en ce pays de France que nos philosophes spiritualistes font bonne garde et ne laissent guère le troupeau qui leur est confié s'écarter du droit chemin. N'ayant ni le génie de Kant, ni la poésie de Schelling, ni la puissance d'abstraction de Hegel, ils se sont constitués les gardiens de la morale et de l'ordre établi, les sauveurs de la société, les conservateurs désintéressés du dogme, de la tradition et de l'Église. Ce sont les gardes-chiourme du bagne social. Après tout, c'est là une profession comme une autre. Elle a ceci d'excellent qu'elle est fort lucrative, très-honorable, et n'exige pas en général une grande dépense d'activité musculaire et nerveuse. On vit très-vieux dans cet état et la santé est généralement bonne. Mais que disons-nous là ? On va croire que nous ne désirons rien tant que la destruction pure et simple de la Sorbonne. Il n'en est rien pourtant.

Et d'abord, la philosophie ne coûte pas tant aux peuples civilisés que les armées permanentes. Il est des maux nécessaires qu'il faut savoir supporter. Il paraît même que la société vit surtout d'abus. Puis, dans un temps comme le nôtre, où tout change et se renouvelle si vite, il serait peu prudent de faire disparaître à tout jamais les derniers représentants de la scolastique. M. Hauréau, par exemple, le savant historien de la philosophie scolastique, n'aurait jamais pu mener son œuvre à bonne fin, s'il n'avait eu sous les yeux, à sa portée, quelques débris fossiles, ou demi-fossiles, de ces fameux cornificiens de la rue du Fouarre qui dissertaient si subtilement sur l'âne de Buridan. Comme l'ancienne Sorbonne, la Sorbonne de notre temps a ses maîtres, ses docteurs, ses décrets, ses argumentations, ses doctrines et son orthodoxie hors de laquelle il n'y a point de salut pour les pauvres écoliers. L'Université a ses Docteurs Séraphiques, ses Docteurs Subtils, ses Docteurs Angéliques et Dulciflues, elle a ses Bonaventures, ses Thomas et ses Duns Scot. Ce n'est que là, en Sorbonne, qu'on parle bien de la forme et de la matière, de la substance et des qualités, de l'infini et de l'absolu, de l'être et du non-être, etc. Trouvez-vous dans un auteur déjà ancien, dans Leibnitz, par exemple, un passage difficile à comprendre, comme celui que nous avons cité, où il est question de « forces inétendues »? Comment sortirez-vous d'embarras, si vous n'avez là, sous la main, des hommes parfaitement réels qui savent, eux, ce qu'est une « force inétendue », et qui se feraient tuer sur place plutôt que de nier la réalité absolue des « universaux »? Or, si, dès cette année 1869, la science a besoin pour s'éclairer de recourir à ces derniers représentants, de plus en plus rares, je ne dis pas des époques préhistoriques, mais de temps déjà très-anciens, si, dès aujourd'hui, on est bien aise d'avoir à sa portée des formes primitives et intermédiaires du développement philosophique de l'humanité, combien ce besoin ne se fera-t-il pas sentir davantage pour les savants du XXᵉ siècle ! La Sorbonne est un établissement scientifique qui, comme le Muséum et le Musée de Saint-Germain, peut être à juste titre décrété d'utilité publique.

Mais, si l'on chercherait vainement en France un hégélien, il n'en est pas de même malheureusement de l'hégélianisme. Je parle d'un hégélianisme bâtard, faux, maniéré, doucereux, sentimental, équivoque, bon à tout dire, — et à tout faire. Car nos idéalistes de ce côté-ci du Rhin ne sont pas de simples spéculatifs. Comme Hegel, leur maître, ils savent vivre en assez bon accord avec toutes les puissances de ce monde. Très-révolutionnaires dans le fond, ils sont éminemment conservateurs dans la forme. Ils reconnaissent que la religion est une pure illusion et que la science a tué la foi, mais ils n'en composent pas moins de gros livres où la religion, niée à chaque recto, est exaltée à chaque verso. Ils sont gens à écrire, comme Michelet de Berlin, l'illustre disciple du maître, des livres avec ce titre : « Sur la personnalité de Dieu et l'immortalité de l'âme », le tout pour dire que l'âme n'est immortelle qu'en Dieu et que Dieu n'est personnel qu'en l'homme, ou bien encore, si vous aimez mieux, que l'âme n'est pas immortelle et que Dieu n'est pas personnel ! Voilà comme on parle lorsqu'on est fort en dialectique.

Nos idéalistes nient Dieu, mais ils affirment que c'est la plus haute réalité. Ils nient l'immortalité, mais ils affirment qu'un jour les justes ressusciteront. Ils nient la distinction du bien et du mal en soi, mais ils affirment que le mal n'est pas le bien, et que le bien n'est pas le mal. Ils nient que la conscience et la pensée puissent exister sans système nerveux et sans cerveau, mais ils affirment que la conscience du monde se fait, et que les planètes travaillent à quelque œuvre profonde ! Et ainsi sur toute chose. Ce ne sont dans leurs livres que thèses et antithèses. L'esprit de chacun de ces idéalistes est naturellement l'ineffable synthèse où toutes ces contradictions se concilient dans une harmonie suprême. Malheureusement le public n'est pas admis dans le sanctuaire. Si ces auteurs n'ont pas trop à se plaindre de cette philosophie, les éditeurs en sont ravis ; car, libres penseurs et conservateurs peuvent également acheter ces livres, dont chacun prend ce qui lui convient. En somme, l'hégélianisme n'aura guère en France qu'un succès de librairie. Mais quel succès ! Un historien futur fera un portrait en pied de l'éditeur moderne, ce Mécène des savants et des littérateurs.

En dépit de toutes les grandes choses que devaient réaliser nos profonds « idéalistes » contemporains, ils n'ont encore réalisé que l'idéal du libraire. C'est bien quelque chose ; mais cet idéal n'est pas plus celui de Hegel que le nôtre. « Il faut déchristianiser la France ! » lit-on dans Arnold Ruge. Il faut déraciner l'hégélianisme de notre pays, dirai-je à mon tour. L'hégélianisme nous a fait un mal immense. Il serait facile de prouver que les études de critique religieuse, d'histoire littéraire et de philosophie, n'ont pas produit en France une seule œuvre vraiment originale depuis Benjamin Constant, Villemain et Jouffroy. Certes, nous ne nous faisons aucune illusion sur la valeur absolue de *La Religion*, des *Mélanges philosophiques* et du *Cours de littérature française*, nous disons seulement que la France peut revendiquer ces œuvres, quelles qu'elles soient, comme des créations de son génie. Il y avait chez ces auteurs ces grandes et solides qualités qui ont rendu illustres dans le monde entier nos savants du xviie et du xviiie siècle, je veux dire l'érudition critique, l'indépendance du jugement, la lucidité de l'esprit et la droiture du caractère. Quant à moi, je l'avoue, je puis difficilement m'empêcher de rire quand je vois nos grands hommes du jour, nos idéalistes raffinés et délicats, se décerner à eux-mêmes les noms de penseurs, d'historiens critiques, et affirmer naïvement que l'histoire et la critique sont nées de nos jours, c'est-à-dire, s'il vous plaît, avec eux. Puis-je ne pas songer à Montesquieu, à Fleury, à Mabillon, à Montfaucon, à Le Nain de Tillemont, à Voltaire lui-même ?

Quand je regarde, dans nos bibliothèques, les grandes collections des *Historiens de France* et du *Gallia christiana*, l'*Histoire ecclésiastique* et l'*Esprit des lois*, l'*Histoire littéraire de la France* et l'*Encyclopédie*, quand je compare involontairement ces grands et vénérables monuments du génie de ma patrie aux charmants petits in-octavo de nos « penseurs, » à ces romans historiques, véritables bijoux littéraires, dont la pensée, tirée à quatre épingles, n'est pas moins élégante que la forme, oui, quand je compare cette littérature de gandins à ce que jusqu'ici on a appelé en France science et littérature, je me sens un peu inquiet, je l'avoue, et je désire voir finir au plus tôt les ravages que l'hégélianisme et l'idéalisme allemand ont déjà faits parmi nous dans les intelligences et dans les cœurs.

Quoi qu'il en soit, nos penseurs idéalistes, nos critiques hégéliens, nos historiens de l'*absolu devenir*, seront amusants à peindre quant le moment de l'apothéose sera venu pour chacun d'eux. On verra ces Protées qui savent si bien prendre tour à tour des mines d'Ajax ou de Basile, qui, après avoir dévotement étranglé, avec un chapelet, la religion et la morale, n'ont pas manqué de leur faire un enterrement de première classe, et qui s'agenouillent volontiers au pied des autels du Dieu qu'ils ont renié dans leurs discours et dans leurs livres. On verra ces savants austères, qui sont en même temps hommes du monde, et, au besoin, courtisans. On verra ces farouches amants de la vérité s'efforcer de concilier l'idéal avec la réalité, la science pure et désintéressée avec les hautes convenances sociales, le point d'honneur vulgaire avec une large compréhension des choses, et l'impératif catégorique de Kant avec le savoir-vivre de la « bonne compagnie. » On verra enfin ces apôtres intègres du progrès recevant des deux mains, à certains jours, hésitant entre la thèse et l'antithèse, puis se décidant pour la synthèse.

BIBLIOGRAPHIE. — Heinr. Mor. Chalybäus, *Histor. Entwicklung der speculativen Philosophie in Deutschland von Kant bis Hegel*. Dresden, 1837, 5 Aufl. 1860. — Karl Ludw. Michelet, *Geschichte der letzten Systeme der Philosophie in Deutschland von Kant bis Hegel*, 2 Bände. Berlin, 1837-38; et *Entwicklungsgeschichte der neuesten deutschen Philosophie*. Berlin, 1843; un article du même auteur dans le premier fascicule du septième volume du journal *Der Gedanke*. Berlin, 1867 : « *Wo stehen wir jetzt in der Philosophie?* » — O. F. Gruppe, *Gegenwart und Zukunft der Philosophie in Deutschland*. Berlin, 1852. — Ed. Löwenthal, *Geschichte und System des Naturalismus*. Leipzig, 1861. — Friedrich Ueberweg, *Grundriss der Geschichte der Philosophie von Thales bis auf die Gegenwart*. Dritter Theil : *Die Neuzeit*. Berlin, 1866. — Rémusat (de), Rapport sur le concours ouvert par l'Académie des sciences morales et politiques, pour l'examen critique de la philosophie allemande. — Willm, *Histoire de la philosophie allemande, depuis Kant jusqu'à Hegel*. 4 vol. in-8°. Paris, 1846. — Barchou de Penhoen, *Histoire de la philosophie allemande*. — Foucher du Careel, *Hegel et Schopenhauer*. Paris, 1 vol. in-8°.

JULES SOURY.

ALLEMAGNE. — LITTÉRATURE. — L'histoire de la littérature allemande, comme celle de la plupart des littératures européennes, devrait se partager en trois périodes principales, autour desquelles se grouperaient des époques secondaires de préparation, de transition, de réaction ou de décadence. Ces trois périodes sont le Moyen âge, la Renaissance ou la réformation, les Temps modernes. En tête de la première et à la suite de la troisième, il faut ajouter chez tous les peuples deux périodes d'un caractère bien différent, mais également difficiles à apprécier pour des causes contraires, l'une parce qu'elle est trop loin, l'autre parce qu'elle est trop près de nous : je veux parler des origines et de l'époque contemporaine. Chez les Allemands en particulier, il faut remarquer deux époques de transition, celle qui commence avec la décadence du moyen âge et conduit jusqu'aux jours de la Réformation, puis celle qui s'étend de la Réforme au XVIIIe siècle, vers le milieu duquel seulement, commence, à proprement parler, la littérature allemande moderne.

En somme, l'histoire littéraire de l'Allemagne qu'on a souvent partagée en sections trop nombreuses, d'après l'influence locale dominante, peut se diviser ainsi :

1° Les Origines (périodes gothique et franque), du milieu du IVe siècle au XIIe;

2° La brillante période du Moyen âge (période souabe), comprenant les XIIe et XIIIe siècles;

3º La décadence du Moyen âge (période rhénane), du xiv⁰ siècle à la Réforme ;
4º La Réforme (période saxonne), ou xvi⁰ siècle ;
5º Temps modernes (écoles silésienne et suisse), comprenant le xvii⁰ et la première période du xviii⁰ siècle ;
6º Brillante période des temps modernes (allemande ou classique), du milieu du xviii⁰ siècle jusqu'en 1830 ;
7º Période contemporaine, de 1830 à nos jours.

Première période : les Origines (du iv⁰ au xii⁰ siècle). — L'histoire contemporaine de l'Allemagne ne saurait remonter plus haut que celle de sa langue. Il est donc puéril de chercher un monument littéraire quelconque avant la traduction de la Bible en idiome gothique par l'évêque Ulphilas, qui vécut de 318 à 388. Cette Bible a une importance considérable dans l'histoire de la langue et de la civilisation ; l'évêque des Goths, qui avait des relations suivies avec les Grecs, adopta le texte des Septante, et pour le traduire avec une exactitude toute littérale, il dut créer des mots nouveaux, empruntés en partie à la langue grecque, puis développer et perfectionner l'alphabet des Germains. Il avait traduit tout l'Ancien Testament, sauf le livre des Rois, qu'il s'abstint de publier, dans la crainte, dit-on, de donner un aliment nouveau à l'ardeur belliqueuse de son peuple. Il nous reste de sa version de l'Ancien Testament quelques fragments à peine, mais on a conservé la plus grande partie de la traduction du Nouveau. Le principal manuscrit qui nous l'a transmise est célèbre sous le nom de « Manuscrit d'argent, » *codex argenteus*, ainsi nommé de la matière même des lettres appliquées sur un parchemin de couleur pourpre : manuscrit d'or, suivant les enthousiastes, si on a égard à sa valeur (*argentei, si pretium spectes, vere aurei dicendi codicis*).

On peut à peine mentionner pour mémoire les prétendus chants de guerre des anciens Germains que les historiens romains appellent *bardits* ou *barrits*, et que Tacite rappelle en ces termes : « Sunt illis hæc quoque carmina, quorum relatu » quem barditum vocant, accendunt animos, futuræque pugnæ fortunam ipso » cantu augurantur ; terrent enim trepidantve, prout sonuit acies. » Il ne s'agissait que d'une sorte de clameur sauvage, comparée par Ammien Marcellin au mugissement des vagues qui se brisent contre les rochers, et par l'empereur Julien, au cri des oiseaux de proie L'analogie fortuite du mot *barditus* avec le nom de barde, a fait croire, sans autres preuves, à l'existence chez les tribus germaniques de chanteurs de profession. Les trois chants dialogués de prétendus bardes germains, composés par Klopstock en l'honneur d'Hermann, sont un pur caprice d'inspiration poétique.

Les plus anciens monuments de la langue et de la littérature allemande, après la Bible d'Ulphilas, sont les *Gloses du Malberg*, commentaires des lois saliques, traduits du latin, avant le viii⁰ siècle, dans un allemand presque inintelligible ; *la Prière de Wessobronne*, de la même époque, sorte d'acte de foi, de *Credo* en vers à allitération ; *le Chant d'Hildebrand*, fragment curieux de poésie épique, contemporain de Charlemagne ; le poëme d'*Heliand* (le Sauveur), écrit par Louis le Débonnaire ou sous ses auspices, pour la conversion des Saxons, récit édifiant et épique de la vie du Christ ; *Muspilli*, autre fragment d'un poëme saxon du ix⁰ siècle sur le jugement dernier, singulier mélange d'idées chrétiennes et de souvenirs païens ; *le Chant de Louis* (Ludwigslied), dont une version franque s'est conservée chez nous sous le titre de *Cantilène sur la bataille de Saucour* ; *Merigarto* (jardin entouré par la mer), fragment d'une sorte de poëme encyclopédique, composé par un prêtre vers le milieu du xi⁰ siècle ; enfin, *le Livre des héros* (Heldenbuch), importante collection de poëmes et fragments de poëmes remontant au xii⁰ siècle, mais malheureusement remaniés, altérés et tronqués par leur compilateur, Gaspard de Roen. Les compositions de ce dernier recueil qui, dans leur forme actuelle, devraient se rattacher à la période suivante, ont été élaborées, dans l'âge gothique, par divers auteurs inconnus; elles ont pour sujet, comme le *Chant d'Hildebrand*, des récits fabuleux et légendaires se rattachant surtout à Attila, appelé Etzel dans les vieux chants germaniques, et à Théodoric le Grand, mis en scène sous le nom de Dietrich de Berne. Pour la forme, comme pour le fond, elles se rapprochent du grand poëme des *Nibelungen*, qui, dans sa rédaction définitive, va devenir l'œuvre poétique capitale de la littérature allemande au moyen âge. Dans *le Livre des héros*, les idées, les sentiments, les détails de la vie nationale, témoignent d'une haute antiquité, et marquent, par le mélange des mythes merveilleux et des légendes héroïques, la transition de l'ancienne littérature païenne à la littérature chrétienne ou romantique.

On n'est pas étonné que les poëmes et fragments qui précèdent soient tous anonymes. Dans ces époques, où la poésie se transmet par la tradition plutôt que par l'écriture, les œuvres sont plus connues que les auteurs; elles sont d'ailleurs, dans les remaniements perpétuels nécessités par les variations de la langue, le produit d'une élaboration successive. Aussi, jusqu'au XIIᵉ siècle, ne trouvons-nous d'autres noms d'auteurs que ceux assez obscurs de cinq ou six moines, tels que Kero, à qui on attribue, au VIIIᵉ siècle, une traduction allemande à peu près inintelligible des règles de saint Benoit; Otfrid qui, vers 870, compose une *Vie de Jésus*, d'après les Évangiles (*Evangelienbuch*), en vers rimés groupés en strophes; Notker, dit Labéo et le Teutonique, qui traduit divers livres chrétiens et païens en langue saxonne, notamment les *Psaumes*, les *Catégories* d'Aristote et la *Consolation* de Boèce; Hartmann et Heinrich, tous deux fils de la poétesse Ava, et auteurs, l'un d'un poëme de *la Foi*, l'autre d'un poëme sur *la Pensée de la mort*. De leur mère, on possède une *Vie de Jésus*, en vers rimés, d'après les Évangiles. Il ne faut pas oublier, à cette époque, une femme de lettres plus célèbre, l'abbesse de Gandersheim, Hroswitha, qui écrivit, au Xᵉ siècle, un certain nombre de poëmes religieux en latin et toute une suite de comédies latines, moitié profanes, moitié édifiantes : essai isolé d'une littérature savante dans une époque barbare, sur laquelle elle n'exerce aucune influence.

Seconde période : le Moyen âge, brillante période souabe (XIIᵉ et XIIIᵉ siècles.) — Pendant toute la durée du moyen âge, la littérature allemande est l'expression très-vive des idées, des sentiments, des mœurs et des institutions. Elle se concentre dans de grandes compositions épiques ou s'éparpille dans de petits poëmes; elle est tour à tour populaire, aristocratique, puis bourgeoise; elle est l'écho vivant des souvenirs nationaux ou bien l'amusement stérile des cours. Les divers genres qui fleurissent au moyen âge, se développent dans des dialectes locaux, suivant que la civilisation a son foyer dans telle ou telle province, en attendant que la grande œuvre de Luther ait adopté un de ces dialectes pour en faire la langue de l'unité nationale religieuse et, par suite, de l'unité littéraire.

Les quatre siècles du moyen âge sont d'ordinaire partagés en deux périodes, d'après les transformations mêmes des genres et d'après les pays où ces transformations s'accomplissent : la première s'appelle la période souabe et va de l'avénement de la brillante dynastie des Hohenstaufen à l'origine des universités allemandes; commençant avec l'empereur Conrad de Franconie (1137), elle se prolongerait jusque vers le milieu du XIVᵉ siècle : c'est la période des chantres d'amour, *Minnesingèr* ou *Minnesaenger*. L'autre période est dite rhénane et va du milieu du XIVᵉ siècle à la Réforme de Luther qu'elle prépare ; elle est marquée par l'abaissement et par l'extension de la culture littéraire : c'est celle des maîtres chanteurs, *Meistersinger* ou *Meistersaenger.*

Le XII° et le XIII° siècle sont remplis par le développement de grandes épopées. Il en est deux essentiellement nationales, que les Allemands et quelques étrangers ne craignent pas de mettre sur le même rang que les poëmes homériques : ce sont les *Nibelungen* qu'ils appellent leur *Iliade*, et *Gudrun* qu'ils comparent à l'*Odyssée*. Les *Nibelungen* ne sont que le développement d'une de ces légendes héroïques consignées au *Livre des héros*, cet antique et mobile répertoire des traditions et des fables nationales. Le vaste poëme, si simple dans sa distribution, a pour fond les souvenirs communs des nations germaniques relatifs aux temps d'Attila et de Théodoric le Grand ; le sujet propre est le récit de la vengeance de Chrimhilt, veuve de Siegfrid, contre les meurtriers de ce héros. Le poëme est plein de scènes effroyables de carnage, et représente la vie barbare dans sa cruauté naïve, avec le courage qui l'ennoblit. Toute la grande famille des Goths, les Francks, les Burgondes, y retrouvent leur origine et leurs titres ; les anciens mythes, apportés du Nord par la race conquérante, y jettent un dernier éclat, avant de s'évanouir en se mêlant à la foi populaire du Midi chrétien. Il y a là une lutte très-intéressante de légendes et de mystères, de mœurs et de sentiments, de pensées et d'actions, de religions et de nationalités. On ne peut s'empêcher de voir dans les *Nibelungen*, avec M. de Laveleye, « une œuvre qui nous touche de plus près que l'*Iliade* et l'*Énéide* ; car elle est le » produit des facultés poétiques de la race à laquelle nous appartenons. »

Un rapport remarquable des épopées de ce temps avec les poëmes des anciens cycles grecs est l'incertitude qui règne sur leurs origines et leur élaboration successive. Le texte actuel des *Nibelungen* s'est formé, vers l'an 1200, par la fusion de chants nationaux beaucoup plus anciens ; mais l'auteur, qui a donné à ces fragments épars de poésie populaire l'unité de la composition et de la forme, est tout à fait inconnu. On a attribué ce travail tour à tour aux plus célèbres minnesingers par des conjectures sans fondement.

Le poëme de *Gudrun* où l'action est plus compliquée et plus fabuleuse, révèle plus d'art, un travail plus personnel ; il doit émaner d'un seul auteur, inconnu aussi, et découler d'une seule source. M. Gervinus loue, dans cette épopée, la souplesse du langage, la richesse des pensées, l'éclat des images, la sonorité des rimes. L'habileté avec laquelle les situations sont amenées et conduites, l'originalité des caractères, la constance des personnages dans leur rôle, l'unité parfaite de la conception et de la forme ont fait dire à Guillaume Grimm que « *Gudrun* est un des plus remarquables chefs-d'œuvre de la poésie épique. » Malgré son unité, ce poëme, aux XII° et XIII° siècles, n'était aussi qu'un remaniement d'une œuvre nationale antérieure, formée, du VIII° au XI° siècle, de traditions anglo-saxonnes. D'autres poëmes populaires, tels que *le duc Ernest, Salman et Morolt*, dans sa forme primitive, *Annolied*, etc., nous montrent encore l'imagination allemande travaillant sur les traditions héroïques et les légendes religieuses.

Les minnesingers, parmi lesquels on cherche les auteurs ou les arrangeurs de ces grands poëmes épiques, répondent assez bien en Allemagne aux troubadours et trouvères français du même temps ; ils cultivent à la fois l'épopée et la poésie lyrique : celle-ci avec leurs impressions personnelles, celle-là sous l'inspiration populaire. Toutefois, les légendes héroïques de la période gothique ne leur suffisent pas ; ils vont emprunter à la France tous ses grands poëmes de chevalerie. Une partie de nos chansons de geste et tous nos romans d'aventures sont importés en Allemagne par des traductions ou des imitations serviles. La *Chanson de Roland*, celle de *Guillaume d'Orange*, celle de *Flore et Blanchefore*, tous les poëmes sur le roi

Arthur, le Saint-Graal et la Table-Ronde, *Parcival, Lohengrin, Titurel, Tristan et Yseult, Lancelot du Lac*, etc., passent avec diverses modifications dans la poésie allemande, tantôt d'après les récits français ou normands, tantôt d'après les versions provençales. Toute la matière de l'antiquité est traitée de même, sous l'inspiration de nos trouvères. Nos longs poëmes fabuleux de *la Guerre de Troie*, d'*Alexandre le Grand*, etc., passent le Rhin et sont propagés par des traductions ou des imitations allemandes. Aucun pays ne montre mieux que l'Allemagne, à cette époque, l'universalité d'influence exercée, au moyen âge, par la poésie française.

Une des formes les plus originales de la poésie allemande au xiiie siècle, c'est l'institution de tournois poétiques, dans lesquels les minnesingers faisaient assaut de panégyriques en l'honneur des princes à la cour desquels ils étaient attachés. Il en résultait des poëmes très-étendus, où le genre lyrique le disputait en fécondité d'inventions avec l'épopée. Tel est, entre les plus célèbres, celui qui s'intitule la *Guerre des chanteurs à la Wartbourg*, ou plus simplement le *Combat de la Wartbourg* (Wartburgkrieg).

Les poëtes auxquels on doit ou on attribue la plus grande part dans la production littéraire des xiie et xiiie siècles sont : Henri de Veldecke, Wolfram d'Eschenbach, Gottfried de Strasbourg, Conrad de Wurtzbourg, Walther de Vogelweide, Hartmann von Aue, Rodolphe d'Ems, Henri d'Ofterdingen, Klingsor, les deux Reinmar, etc. L'histoire a laissé sur la vie et les œuvres de plusieurs une grande incertitude. Ce qui se rattache avec le plus de précision à des noms propres, ce sont de petits poëmes, chants et chansons d'amour (*lieder* et *minnelieder*), paraboles, pensées morales et toutes sortes de stances lyriques.

La prose, dans cette brillante époque, n'est guère représentée que par des recueils de droit et de décrets, connus sous le titre de *Miroirs*, comme le *Miroir de Saxe* et le *Miroir de Souabe*, qui datent tous deux du xiiie siècle. Il faut y joindre quelques publications populaires comme le *Miroir du salut* ou la *Bible des pauvres*, qui avaient pour but l'instruction ou l'édification chrétienne. Les manuscrits, illustrés de gravures, en étaient très-nombreux, et ils furent les premiers reproduits par la presse, lors de la découverte de l'imprimerie.

Troisième période : décadence du Moyen âge, période rhénane (du xive siècle à la Réforme). — Le xive et le xve siècle marquent la lente dégradation de la littérature allemande du moyen âge, puis la préparation de la Réforme religieuse. La poésie épique cède le pas à la poésie lyrique qui devient de plus en plus artificielle. Aux minnesingers succèdent les meistersingers, qui se constituent en corporations et cherchent, à l'envi les uns des autres, le chant du maître, *meistergesang*. Au lieu de s'adresser au grand public, ils récitent ou chantent leurs vers dans des sociétés particulières qui ont établi des règles poétiques déterminées, dites *tabulatures*, et font passer leurs membres par les grades successifs d'apprenti et de compagnon, avant de leur décerner celui de chanteur. Ces sociétés de poëtes reçoivent des gouvernements, des franchises et des honneurs ; elles font pénétrer le goût de la poésie savante dans la bourgeoisie et dans le peuple; mais elles ne suscitent aucune œuvre supérieure. A part le tailleur de pierres Henri de Mügelin, et le cordonnier Hans Sachs, peu de noms de meistersingers méritent d'être mentionnés. Encore Hans Sachs ne doit-il pas sa réputation à ses six mille pièces lyriques ou chansons, mais à son influence comme auteur dramatique, et à ses divers écrits en prose. En outre, il n'appartient plus à la période du moyen âge, mais au siècle de la Réforme. Car il faut dire que les maîtres chanteurs ont conservé leur nom et perpétué leurs stériles institutions littéraires jusque dans les temps modernes. La corporation de la ville d'Ulm ne s'est dissoute que de nos jours.

En dehors des poésies médiocres des meistersingers, le xiv° et le xv° siècle présentent des œuvres plus populaires ou qui contribuent davantage à une transformation littéraire. La fable propage l'enseignement moral et tourne à la satire; le *Roman de Renart* (Reinecke Voss) est répandu par une traduction en bas allemand, calquée plus ou moins librement sur des versions flamandes de l'original français. La satire des mœurs contemporaines de l'Allemagne est plus directe et plus mordante dans l'œuvre originale de Sébastien Brant, *le Vaisseau des fous*. La jovialité allemande se donne encore plus complétement carrière dans le fameux *Eulenspiegel* ou *Till espiègle*, sorte d'épopée bouffonne qui se reproduit dans tous les dialectes, en se modifiant suivant les temps et les pays ou suivant l'influence politique et religieuse. La poésie épique n'est représentée que par le poëme populaire de *Teuerdank*, ayant pour sujet le mariage de Maximilien et où un fait contemporain est surchargé de toutes les broderies des anciens poëmes chevaleresques.

On se familiarise cependant avec l'antiquité grecque et latine et avec l'Italie. Nicolas de Wyle traduit l'*Ane* de Lucien et divers ouvrages de Sylvius Æneas, de Poggio, de Pétrarque, de Boccace et de l'Arétin. Jean Reuchlin contribue plus directement à la restauration des lettres en Allemagne par ses ouvrages de grammaire, de rhétorique et d'érudition. En même temps, des prédicateurs et des écrivains mystiques, comme Geiler de Kaisersberg et Tauler, raniment le sentiment religieux national et lui donnent une expression dans la langue populaire. Les esprits et la langue se préparent également pour l'œuvre de la Réforme.

Quatrième période : la Réforme, période saxonne (xvi° siècle). — Luther domine toute cette période, non-seulement par l'influence de ses idées et l'énergie de son caractère, mais encore et surtout, au point de vue qui nous occupe, par la création de la langue classique allemande. Sa traduction de la Bible en langue vulgaire est une œuvre capitale dans l'histoire littéraire comme dans l'histoire religieuse; elle coûta, à Luther et à ses amis, dix années de travail opiniâtre. Le dialecte employé est le haut saxon déjà adopté par quelques écrivains mystiques, et qui, retrempé aux sources populaires et dégagé de toutes les locutions propres aux châteaux et aux cours, devint dès lors la langue nationale avec des qualités presque inconnues en Allemagne jusque-là, la clarté, la force, la noblesse, des alternatives de simplicité et d'éclat. L'*Ancien* et le *Nouveau Testament* donnèrent à l'Allemagne des modèles de tous les genres de style. Luther mania la langue avec plus de souplesse encore et surtout avec une vivacité et une énergie portées jusqu'à l'excès, dans plusieurs traités, dans ses pamphlets, ses sermons et ses lettres. Les chants d'église renouvelèrent aussi la poésie lyrique. Parmi les amis de Luther, Melanchton et Zwingli servent avec le même zèle la cause des lettres et celle du christianisme renouvelé, quoique celui-ci ait écrit en dialecte suisse et celui-là en latin. Ulrich de Hutten se distingue entre les plus éloquents; Herder l'appelle le « Démosthènes de l'Allemagne. »

Luther a des adversaires dignes de lui, comme écrivains. Le principal est Thomas Murner qui poursuit les vices et les travers contemporains dans ses pamphlets avec la verve désordonnée qui caractérise les polémiques de cette époque. Sa *Conjuration des fous* surpasse le *Vaisseau des fous* de Sébastien Brant, et sa *Corporation des fripons* va plus loin encore dans la satire. « Nulle part ailleurs, dit Lessing, on ne trouvera au même degré les qualités de notre idiome : énergie, rudesse, grossièreté, tout ce qui le rend propre à la raillerie et à l'invective. »

La langue grandit partout dans la lutte des idées. Hans Sachs, que ses milliers de chansons rattachent aux maîtres chanteurs de l'époque précédente, est un des partisans zélés de la Réforme et montre une égale verve dans ses innombrables improvisations dramatiques et dans ses pamphlets contre le papisme. Jean Fischart mérite le titre de Rabelais de l'Allemagne, en traduisant ou plutôt en appropriant à son pays et à son temps les exploits de Pantagruel et de Gargantua. Il a sur notre Rabelais l'avantage d'exercer son immense érudition et son imagination exubérante dans une langue qui a reçu sa formation définitive. Georges Rollenhagen recommence, dans son poëme *des Merveilleuses cours des grenouilles et des rats,* les satires sociales du *Roman de Renart,* en les compliquant de discussions religieuses.

Les polémiques n'étouffent pas les autres genres littéraires. Le théâtre, après Hans Sachs, est cultivé avec succès par Jacques Ayrer, Brummer, etc.; la fable est renouvelée par Waldis et Alberus. L'histoire, qui sera bientôt l'une des gloires de la savante Allemagne, a déjà des représentants célèbres, Sleidan, que l'on a comparé à Thucydide, Tschudi, « le père de l'histoire suisse », le chroniqueur Thurmayr ou Aventinus, l'énergique Goetz de Berlichingen, écrivant lui-même sa vie pleine d'agitations et de violences. L'érudition, la grammaire, l'archéologie, la science profitent de l'essor donné à l'activité intellectuelle tout entière par la puissante et féconde impulsion de la Réforme.

Cinquième période : temps modernes, écoles silésiennes et suisses (xviie siècle et première moitié du xviiie.)—Le mouvement si large et si beau du xvie siècle s'arrête ou plutôt dévie tout d'un coup au siècle suivant. Les temps modernes sont inaugurés, dans l'Allemagne littéraire, par une étonnante stérilité. Les écrivains abondent, les poëtes surtout, mais les œuvres manquent ; la poésie s'éparpille dans une foule de petits genres artificiels où la forme trouve des raffinements nouveaux, mais où fait défaut l'inspiration. On ne secoue la torpeur de l'esprit national, qu'en le jetant dans l'imitation servile des littératures étrangères. Les écoles pourtant se multiplient ; la Silésie, plus épargnée par les désastres de la guerre de Trente ans, est le principal foyer d'activité littéraire. On ne distingue pas moins de trois écoles silésiennes, qui marquent, avec l'école suisse, les divers degrés de cet affaiblissement ou les tentatives de réaction.

C'est une époque de sociétés littéraires qui organisent les poëtes, réglementent la poésie, disciplinent la langue, fixent l'orthographe et s'occupent plus des mots que des idées. La plus célèbre est la société des Fructifiants qui était un ordre véritable et dont le chef, d'après les statuts, devait être un prince de l'Empire. Grand honneur pour des académiciens, mais pauvre garantie d'inspirations libres et fécondes! Opitz, le chef de la première école silésienne, est la gloire de cette société; il reçoit le titre de « père et restaurateur de la poésie allemande. » Il maintient, il est vrai, la langue classique, celle de Luther, en y introduisant la science du rhythme, l'élégance et la correction. Il s'exerce surtout dans le genre didactique, le plus favorable aux qualités artificielles, aux règles de convention. Il entreprend aussi dans quelques essais dramatiques, imités de l'antiquité, la réforme classique du théâtre, où il est éclipsé par Gryphius, son second pour tout le reste.

D'autres sociétés littéraires font du soin de la forme des applications tout à fait puériles; telle est celle des Bergers de la Pegnitz, qui s'appelait aussi « l'ordre fleuri et couronné des bergers. » Ses membres recevaient, en entrant, un nom pastoral : Myrtile, Daphnis, Damon, etc. Sous prétexte de pureté et d'élégance, cette société fit tomber la versification dans de ridicules raffinements. Le chef de la seconde école silésienne, Hoffmannswaldau, le rival d'Opitz, rappelle, par les effets de style, les concetti des Italiens et les préciosités de l'hôtel de Rambouillet. Lohenstein va plus loin encore et forme une secte littéraire qui se modèle sur l'affectation italienne. La réaction se fait à l'aide de la traduction des chefs-d'œuvre classiques français. Le mal et le remède viennent également de l'étranger. Tous les genres littéraires, la poésie surtout, sont encombrés d'œuvres médiocres de seconde main.

Les écrits satiriques et les ouvrages de polémique religieuse conservent seuls quelque chose de leur originalité du siècle précédent. Les sermons et les allégories de Schupp, les *Merveilleuses et véritables visions* de Moscherosch, les bizarres homélies d'Abraham à Santa-Clara, font revivre la verve mordante et la vivacité vulgaire des Murner et des Sébastien Brant. Un roman très-populaire, l'*Aventureux Simplicissimus* de Grimmelshausen, est à peu près la seule expression littéraire de l'état de l'Allemagne pendant la guerre de Trente ans : c'est une sorte de *Robinson* national. Cependant la langue philosophique s'assouplit, s'anime et s'échauffe dans les livres de Jacob Bœhm, l'illuminé; mais le plus illustre métaphysicien allemand de cette époque, Leibniz, néglige la langue vulgaire pour le latin ou le français. Le célèbre publiciste Pufendorf écrit tour à tour en latin et en allemand ; le non moins célèbre Grotius n'écrit qu'en latin ; mais à côté de ses grands ouvrages de politique, d'histoire ou de théologie, il compose des *Poëmes sacrés* qui ont l'honneur d'avoir inspiré, dit-on, l'auteur du *Paradis perdu*, et d'être commentés par les critiques allemands autant que les modèles de l'antiquité.

Enfin, une réaction sérieuse sortit de la lutte de deux critiques célèbres, Gottsched et Bodmer, et fut soutenue par l'exemple d'un illustre savant qui fut en même temps un très-grand écrivain, un poëte lyrique de premier ordre, le naturaliste suisse Haller. Gottsched, partisan déclaré de l'imitation des classiques français, repoussait cependant de la langue littéraire les mots étrangers qui l'avaient envahie, tout aussi bien que les trivialités de style d'une origine nationale. Il eut une grande influence, qui tomba avec la vogue de l'imitation française.

A cette vogue, si fort encouragée par le goût particulier de Frédéric II pour la France, Bodmer opposait une autre imitation, celle de la littérature anglaise, qui avait des rapports plus étroits d'origine et de traditions avec l'esprit germanique. Il traduisit Milton pour l'opposer à Voltaire. Il remonta jusqu'au moyen âge, dont il édita les poëmes, pour retrouver, dans sa source même, l'inspiration nationale. Les nobles écrits de Haller, où l'esprit allemand s'abandonnait librement à son enthousiasme pour la nature et les choses divines, firent encore plus que les efforts de Bodmer, et l'école suisse triompha des écoles silésiennes. Des poëtes de mérite, Hagedorn, Rost, Gellert, J.-Élie Schlegel, des satiriques mordants, Rabener, Liscow, des historiens et des prédicateurs estimables, J.-H. et J.-Ad. Schlegel, Mosheim, etc., se groupent autour des chefs de cette réforme littéraire qui rend enfin la langue et la nation allemande à leur propre génie.

Sixième période : temps modernes, période classique ou allemande (de 1750 à 1830). — Un des noms les plus populaires de l'Allemagne ouvre l'ère classique qu'on a appelée aussi période allemande, pour marquer que la littérature s'est enfin affranchie des influences locales pour devenir vraiment nationale : ce nom est celui de Klopstock. En 1748, Klopstock donne, dans le *Recueil de Brême*, sous les yeux de Badmer transporté, les trois premiers chants de la *Messiade*, qui excitent dans toute la nation un immense enthousiasme. Le jeune poëte s'identifie tout entier avec son œuvre, et dès lors sa vie devient une sorte de pontificat poétique. On appelle la *Messiade* moins une épopée qu'un poëme divin. Le sentiment chrétien y règne et y soutient le souffle de l'inspiration lyrique; les grâces de l'idylle tempèrent parfois l'austérité d'un sujet plus propice aux méditations de la foi qu'aux inventions de la poésie. Le récit et le dogme, trop fixés d'avance, n'abandonnent à l'imagination que les broderies du détail; le sujet, monotone et borné, est fécond pour l'âme chrétienne en épanchements d'enthousiasme et d'amour. L'art allemand se réveille et se reconnaît dans cette inspiration sincère et profonde, plus propre pourtant à le rejeter vers le passé qu'à lui ouvrir les voies de l'avenir.

Après les effusions lyriques où Klopstock, quelque genre qu'il traite, laisse éclater le sentiment chrétien, le sentiment de la nature ou le sentiment national, Wieland vient heureusement donner à l'art des sujets plus variés et plus vivants, et inaugurer une poésie moins allemande, mais plus humaine. Il commence, sous l'influence de l'école suisse et de l'imitation anglaise, par des poésies morales et religieuses, où la première inspiration est encore le sentiment chrétien. Bientôt sa pensée prend un autre tour ; entre les deux littératures qui se disputent la domination intellectuelle de son pays, celle de la France et de l'Angleterre, il se rapproche de la première, mais avec indépendance. On l'appelle le « Voltaire de l'Allemagne, » et il mérite ce titre moins encore par le nombre et la variété des écrits que par la vivacité de l'esprit, la grâce, la légèreté, unies au bon sens et à un immense savoir. Il a la curiosité insatiable du philosophe, l'érudition de première main d'un savant de profession, la riante imagination du poëte, tout le charme de style du conteur. Il a rendu à la langue allemande le service de l'assouplir, de lui donner de la vivacité et de l'élégance ; il a substitué, dans la versification, à une solennité pesante la facilité, la grâce et l'harmonie; il y a ramené l'élément musical moderne, la rime, que Klopstock bannissait de ses vers pour mieux revenir au mètre grec. Le plus grand mérite de Wieland est d'avoir retenu le génie allemand sur la pente de l'excentricité emphatique et pédante où l'emportait la prétention à l'originalité nationale. Il a fait tomber lui les barrières de ce monde idéal, chrétien et métaphysique, où l'enfermait le chantre du Messie; il a laissé reprendre à la réalité ses droits. Ennemi de l'austérité ascétique, il a fait à l'épicuréisme sa place dans l'art ; il a voulu la muse plus vivante, au risque d'être moins chaste. Il a tempéré l'influence chrétienne par l'influence païenne, associé à la raison les sens, et l'esprit au sentiment. Disciple de Lucien, d'Horace, de l'Arioste, il n'a pas oublié les légendes du moyen âge, si cher à l'imagination germanique, mais l'auteur d'*Oberon*, de *Musarion*, du *Nouvel Amadis*, d'*Agathon*, etc., a voulu les traiter en allemand du XVIIIe siècle.

Tandis que l'imagination prenait ainsi son essor, la critique allemande naissait et s'affermissait dans les ouvrages de Lessing, pour qui l'étude comparée des œuvres connues ouvrait une nouvelle voie à l'originalité. Il fonde en Allemagne la critique créatrice qui s'appliquera successivement à la poésie, à l'art, à l'histoire, à la philosophie, à la religion. Il pressent les nouveaux besoins d'un siècle avide de tout connaître et de tout juger, et leur donne une première et large satisfaction. Il est le maître ou le précurseur de Herder, de Gœthe, de Winckelmann, de Kant, des deux Schlegel et de tant d'autres chercheurs, préoccupés de trouver sous les faits leur raison d'être et leur principe. Dans les matières savantes de la critique, comme dans ses innovations théâtrales, Lessing est toujours un grand écrivain, hardi, éloquent, fortement personnel et national. Pourtant, en réagissant contre les excès de l'imitation française, il subit encore l'influence de notre XVIIIe siècle. Il a conservé de la manière de nos encyclopédistes tout ce que le tempérament allemand peut comporter. C'est presque un Diderot d'outre-Rhin, réaliste par tendance autant que par système, et plus voisin, en philosophie, du scepticisme de Bayle et de Voltaire que de la foi enthousiaste de Klopstock.

Des noms célèbres, et qui rappellent des œuvres importantes, se pressent autour des premiers chefs de cette grande rénovation et tendent ou parviennent à les dépasser. C'est un tourbillon, une sorte d'ouragan littéraire qui a fait donner à cette époque le nom bizarre de « période d'assaut et d'irruption » (*Sturm- und Drang-*

periode). Trois figures s'en détachent : celles de Gœthe, de Schiller et de Herder.

Gœthe est à la fois l'écrivain le plus original et le plus universel de l'Allemagne. Il s'exerce dans tous les genres, en transforme entièrement quelques-uns et laisse partout une vive et profonde empreinte. Il traite la chanson et le poëme épique, l'élégie et la ballade, le roman et l'histoire, le drame sous toutes ses formes, depuis la tragédie classique jusqu'à la fantaisie merveilleuse, depuis la comédie de mœurs jusqu'à l'opéra. Dans ces divers genres, il prend tous les tons, il s'adresse à toutes les facultés de l'âme, à la passion, à l'imagination, à l'esprit. Il porte partout le sentiment de l'art et tire des effets esthétiques de tous les éléments de la pensée et de toutes les situations de la vie. Toutes les aspirations de la science et tous les sentiments humains ont une place dans son âme d'artiste. Penseur et écrivain cosmopolite, il voit l'avenir par delà le présent, et par delà l'Allemagne, l'humanité. Mais il a peur d'être dupe de lui-même; il se défend des mouvements violents qui nuisent à l'attitude, de l'exaltation qui trouble l'intelligence, de l'enthousiasme, cette chaleur du sentiment qui se produit souvent aux dépens de la lumière des idées.

Tout autre est Schiller, plus allemand et moins humain, exalté, enthousiaste, ne reconnaissant la vérité, la justice, la beauté que par les mouvements généreux qu'elles excitent en lui, craignant moins le ridicule des exagérations sentimentales que la sécheresse qui naît d'une tranquillité d'âme égoïste. Il pense avec son cœur, il écrit sous la dictée de la passion; il voit la nature et l'humanité à travers le prisme de l'idéal. Ses créations reflètent sa belle âme; ses héros sont généreux, magnanimes, passionnés, et représentent l'humanité, non telle qu'elle est, mais telle qu'il veut la voir. Par leurs qualités diverses, et par leurs défauts contraires, Gœthe et Schiller se complètent l'un l'autre. Ils satisfont tour à tour les tendances opposées du caractère allemand; ils en flattent, mais peuvent aussi en corriger les excès.

Herder se place à côté d'eux, aussi bien par la valeur littéraire des œuvres que par l'influence des idées et l'importance des directions imprimées à l'esprit. Disciple de Spinosa et élève du mystique Hamann, il élargit l'horizon de la théologie et de la métaphysique allemande; il épure le sentiment religieux, en l'agrandissant, et lui laisse son tour poétique. En prose comme en vers, en philosophie comme en littérature, en théologie comme en histoire, il n'a qu'une inspiration, une muse, l'humanité. Le sentiment de la dignité de notre nature et de la grandeur de nos destinées, visibles ou cachées, le conduit à la poésie par l'enthousiasme. Hors de l'Allemagne, le nom de Herder ne rappelle guère que ses idées sur la philosophie de l'histoire; pour ses compatriotes, l'importance du philosophe est inférieure à celle du poëte et de l'écrivain. Il est un des premiers, dans le genre lyrique, par le charme, l'harmonie, la flexibilité de sa langue et l'habileté à s'approprier les beautés de toutes les poésies primitives et étrangères. « Il a fait jaillir, dit Gervinus, sur la terre allemande, tous les courants poétiques de l'humanité. » Comme prosateur et comme critique, il n'a pas déployé moins de talent, en exerçant sur ses compatriotes une puissance encore plus grande d'initiation.

Toutes les directions sont désormais ouvertes au génie allemand, et l'on peut à peine citer les écrivains distingués qui suivent la trace de ces grands promoteurs. On a l'habitude de mettre à part une famille d'auteurs que l'on distingue, au milieu de cette période nationale, sous la dénomination assez vague d'école romantique. Cette école n'avait pas les mêmes raisons d'être et ne devait pas avoir les mêmes visées que ce qu'on a appelé, un demi-siècle plus tard, le romantisme français. Tandis que celui-ci naissait d'une révolte tardive de l'esprit moderne contre des règles consacrées par une tradition séculaire et brisait les entraves et le joug de conventions trop respectées, le romantisme allemand n'avait pas à affranchir une littérature qui avait repris son libre essor et qui marchait, maîtresse d'elle-même, dans les voies du génie national. Après Klopstock, Lessing et Wieland, les contemporains ou les rivaux de Gœthe et de Schiller n'avaient plus à accomplir une révolution, ils pouvaient seulement chercher à en modifier la direction. Les chefs du romantisme, Louis Tieck et les deux Schlegel, dépensèrent beaucoup de talent et d'ardeur à cette œuvre. Ils se signalèrent par une double exagération : ils poussèrent jusqu'à la violence la réaction contre la littérature française, dont l'imitation servile avait tenu si longtemps la littérature allemande dans la plus triste médiocrité ; ils accordèrent une préférence systématique aux traditions chevaleresques et chrétiennes du moyen âge sur l'art grec. Ils tentèrent, une fois de plus, d'enfermer l'Allemagne en elle-même et de la river à son passé national et religieux. Œuvre impossible, heureusement, à côté des aspirations cosmopolites de Gœthe et des efforts de ce génie puissant pour transporter dans l'art la réalité de la vie et pour animer la beauté des formes antiques du mouvement de la pensée moderne. Aussi, tandis que les enfants perdus du romantisme persévéraient dans leur tentative, les chefs de l'école se hâtaient de l'abandonner et rentraient dans le grand courant, national ou non, du xviiie siècle. Tieck a passé la dernière partie de sa vie à réagir contre ses propres exagérations, et ses meilleures œuvres sont le produit d'une inspiration moins exclusive. Guillaume Schlegel se laissa aussi gagner à une esthétique plus large, malgré la persistance de son aversion pour la France, doublée de son animosité personnelle contre le gouvernement impérial. Ses idées sur la littérature et l'art chrétien avaient été sur le point de l'entraîner au catholicisme, comme son frère Frédéric, que l'engouement pour le moyen âge avait conduit à en embrasser la foi. Il se raffermit dans le protestantisme et ouvrit à son esprit, par l'étude des littératures étrangères, des horizons de plus en plus vastes.

Dans cette grande période, on pourrait établir bien d'autres divisions, signaler des mouvements secondaires, caractériser des écoles particulières, suivre diverses influences personnelles ou locales, étudier tour à tour les modifications apportées à la culture nationale par les gouvernements, les climats, l'action des milieux politiques et des centres littéraires. Mais toutes ces divisions, que les historiens sont conduits à multiplier, par suite de l'extrême morcellement de l'Allemagne, ne sont pas sans quelque confusion, et la plupart s'effacent à distance, pour ne plus laisser voir que le génie allemand, représenté dans tous les genres par de remarquables individualités.

Il brille dans la poésie lyrique qui, au jugement de la critique allemande, occupe le premier rang dans les productions des écrivains de cette époque, plus populaires à l'étranger par leurs autres ouvrages. A l'exemple de Klopstock, de Herder, de Gœthe, de Schiller, tous les poètes, en Allemagne, ceux dont le nom est plus particulièrement attaché à l'épopée, au genre dramatique, au poëme didactique, etc., ont leur place parmi les poëtes lyriques ; les historiens, les philosophes se sont eux-mêmes exercés, à un moment donné, dans le genre lyrique, le plus naturel, pendant tant de siècles, à l'esprit allemand. La légende poétique, la ballade, qui se personnifie dans Bürger, est comme un produit indigène et national. La France a valu à l'Allemagne, mais par réaction, une forme toute spéciale de poésie lyrique, au commencement de ce siècle : c'est celle des chants patriotiques. La défense du sol allemand contre nos armées suscite, vers 1813, tout un groupe de Tyrtées qui s'immortalisent par leurs vers et par leur courage : tels sont Kœrner, Arndt, Ruckert, Uhland, le chef de l'école souabe. Mais malheureusement leurs imitateurs, après avoir poussé le sentiment national à de trop légitimes résistances contre l'invasion étrangère, l'ont maintenu ou ramené dans les préjugés d'un chauvinisme étroit, et ont fait de l'ambition des souverains un argument contre la cause de la liberté des peuples.

Après la poésie lyrique, le genre dramatique, dont nous suivons les destinées dans un article à part (Voy. ci-après), est celui qui compte le plus de noms. On en trouve plusieurs aussi dans la poésie épique; mais les œuvres que ces noms rappellent aux historiens de la littérature n'ont rien eu de la popularité de la *Messiade* ou d'*Hermann et Dorothée*. Au contraire, dans l'idylle, la poésie descriptive ou didactique, la fable et la parabole, des œuvres célèbres ont maintenu les noms de Gessner, de Voss, de Krumamacher, etc. Un exercice poétique où l'Allemagne du XVIII° siècle excelle est celui de la traduction en vers. Les belles versions de l'*Iliade* et de l'*Odyssée*, par Voss, sont des modèles de fidélité absolue, dans une langue qui, sans trop forcer sa nature, peut reproduire les chefs-d'œuvre des langues étrangères, dans l'esprit et la lettre, la pensée et le style, dans les détails de la forme et les moindres accidents du rhythme. Les traductions de G. Schlegel, de L. Tieck et de tant d'autres ont la valeur d'œuvres originales.

Le roman peut revendiquer, parmi les contemporains de Gœthe, un grand nombre d'écrivains célèbres, appartenant ou non à d'autres genres, tels que les dramaturges Klinger, L. Tieck et Kotzebue, le savant Frédéric Schlegel, le théologien de Wette, l'illustre humoriste Jean-Paul Richter, le sombre et fantastique Hoffmann, le spirituel satirique Nicolaï, le mystique et chevaleresque Lamotte-Fouqué, le non moins romanesque d'Arnim, le Français de naissance Chamisso, si bien naturalisé allemand par l'esprit, qu'il est resté, grâce à son *Pierre Schlemihl*, l'un des plus romantiques et des plus fantastiques parmi ses compatriotes d'adoption; Wilhelm Hauf, mort à vingt-cinq ans, au moment où le succès de *Lichtenstein* promettait à ses admirateurs un Walter Scott national.

Les branches savantes de la littérature sont entièrement renouvelées; l'histoire est traitée d'une façon magistrale par le Suisse Jean de Müller; elle entre, avec Niebuhr, dans les voies des révolutions radicales. La critique littéraire et l'érudition offrent des noms devenus tout à fait européens : les deux Schlegel, Otfried Müller, Lachmann, Heyne, Wolf, Hermann, Guillaume de Humboldt, G. Grimm, Fr. Bopp, le créateur de la grammaire comparée. La philosophie proprement dite, l'esthétique, la pédagogie, la théologie et la critique religieuse, objets favoris de la science allemande, rencontrent, parmi de hardis penseurs, de célèbres écrivains. Winckelmann fonde la science du beau; Mendelsohn et Hamann rendent le mysticisme éloquent jusqu'à l'emphase; Lavater mérite mieux sa réputation comme écrivain que comme physionomiste; Pestalozzi, Basedow, Campe font de l'éducation un art digne de l'homme; Kant, Jacobi, Novalis, Fichte, Schelling, Hegel et toute son école conquièrent et s'arrachent le vaste domaine de la métaphysique; Kreutzer, de Wette, Schleiermacher ouvrent à la critique des religions une route où la liberté ne trouvera plus d'obstacles.

Mais il faut arrêter ces énumérations qui resteront toujours incomplètes; car les deux tiers de siècle qui séparent Klopstock des contemporains ont inscrit plus de noms dans l'histoire littéraire de l'Allemagne que n'en avaient laissé, dans le souvenir des historiens anciens, les quatorze siècles écoulés depuis Ulphilas.

Septième période : époque contemporaine (de 1830 à nos jours).—Il est difficile de tracer par une date une limite précise entre deux périodes littéraires. L'histoire manifeste, jusque dans les époques de réaction, la grande loi de continuité; elle ne connaît pas les temps d'arrêt marqués par la chronologie. Cette difficulté se fait surtout sentir quand on tente d'établir une ligne de démarcation entre le passé et le présent dans l'histoire littéraire de l'Allemagne. La période qui suit 1830 continue, à beaucoup d'égards, la période antérieure. Seulement un essor plus vif est imprimé à l'activité intellectuelle par le contre-coup de notre révolution de Juillet, au delà du Rhin. La littérature se désintéresse de moins en moins de la cause nationale; la poésie se fait politique; le roman, la critique, l'histoire se jettent dans la mêlée des partis. La victoire de la France sur le système politique, social, religieux du passé, décoré du nom de droit divin, ébranle dans l'Allemagne tous les petits gouvernements absolus qui le pratiquent. On se souvient de leurs promesses de 1813 et de 1814, partout violées. Une vive agitation intellectuelle et morale se mêle à l'agitation politique et la continue. Un nouveau rapprochement momentané s'est fait entre l'Allemagne et la France, et a amené une solidarité d'idées et d'intérêts qui se manifeste, des deux côtés du Rhin, par un redoublement d'activité littéraire et philosophique. L'esprit allemand y gagne une vivacité qui lui était jusque-là inconnue. Deux des chefs du mouvement, Louis Boerne et Henri Heine sont, pour ainsi dire, des Allemands de Paris; ils ont le style et le tour d'esprit français. Toute la « jeune Allemagne » vit sur les idées mises en circulation par nos saint-simoniens, et ses sociétés secrètes suivent les tendances de nos sociétés politiques. Le génie allemand conserve plus d'originalité dans les questions de pure philosophie et de critique religieuse. Il associe une hardiesse de plus en plus grande à sa science accoutumée. L'école de Hegel s'est subdivisée en plusieurs sectes qui rivalisent d'audacieuses négations. Sa « gauche » ou sa « Montagne,» comme s'appelle l'une d'elles, fait la guerre au spiritualisme lui-même, aussi bien qu'au christianisme, dont la symbolique a ébranlé les fondements légendaires. L'histoire, l'érudition, l'archéologie, la philologie participent au mouvement général de la pensée par des recherches toujours hardies et souvent fécondes.

Il est impossible de citer tous les noms qui brillent, à leur heure, dans les divers genres, et il est difficile de choisir. Dans la littérature proprement dite, il se fait beaucoup d'efforts, mais il ne se dégage pas de ces individualités puissantes qui semblent incarner en elles l'esprit même de leur siècle et qui en résument l'histoire. Nous ne pouvons que grouper un certain nombre de noms, en faisant remarquer que nos groupes sont nécessairement très-incomplets, surtout pour les hommes qui appartiennent à la plus récente actualité, et dont le rang, sinon le talent, est encore contesté. En outre, beaucoup d'auteurs, appelés contemporains, appartiennent aussi bien à la période antérieure à 1830 qu'à celle qui suit, malgré la date récente de leur mort ou la prolongation de leur existence jusqu'à nous.

En poésie, notamment dans le genre lyrique, à côté de Ruckert, de Maurice Arndt, d'Uhland et de G. Schwab, dont la popularité encore vivante remonte aux années 1813-1815, on peut placer H. Heine, Auersperg (Anastasius Grün), N. Lenau, Herwegh, Freiligrath, Prutz, Maurice Hartmann, P. Heyse, Em. Geibel, H. Lingg, Bodenstedt, Hoffmann de Fallersleben, Fr. Dingelstedt, M. Strachwitz, L. Schefer, W. Jordan, G. Kinkel, O. de Redwitz, O. Roquette, etc. — Au théâtre (Voyez ci-après), un concours extraordinaire d'efforts de production a signalé à l'attention publique une foule d'écrivains, dont la plupart figurent dans quelque autre branche de littérature. — Le roman se fait aussi remarquer par une fécondité analogue à celle de la France ou de l'Angleterre, dans le même genre. Laissant de côté les romans-feuilletons, pour tenir compte des livres, nous devons citer: B. Auerbach, G. Freytag, Ch. Sealsfield, J. Gotthelf, Gutzkow, Prutz, R. Giseke, Al. de Sternberg, Laube, Wilibald Alexis, H. Kœnig, Hacklaender, Mmes Fanny Lewald, Ida Hahn Hahn, Louise Mühlbach, Clara Mundt, etc.

L'histoire a fait de nos jours le plus grand honneur à l'Allemagne; toute l'Europe connaît les beaux et savants travaux de Frédéric Dahlmann, de Gustave Droysen, de Gervinus, de Léopold Ranke, de Mohl, de Henri Pertz, de Fréd. de Raumer, de Théodore Mommsen, de Henri de Sybel, de Max Duncker et de tant d'autres qui ont éclairé, par leurs recherches originales, les points obscurs de l'histoire, ou popularisé, par des récits animés, les résultats de leurs découvertes. La géographie et les voyages sont, en Allemagne, une branche très-importante à la fois de science et de littérature. Nulle part, le globe et ses races diverses n'ont été l'objet d'une description aussi savante et aussi animée que dans les ouvrages des de Humboldt, des Ritter, des Berghaus, des Ch. de Raumer et des Petermann.

La philosophie, dans la patrie de Kant, ne fait pas défaut à l'époque moderne. Je dois laisser à un autre le soin de montrer comment la métaphysique, avec ses applications sociales, religieuses, politiques, compte toujours de nombreux représentants sans que, dans l'éparpillement de l'école hégélienne, aucun nom résume d'une manière dominante la direction des esprits. Je me bornerai, pour finir, à une remarque : c'est que la philosophie et les branches littéraires qui en relèvent sont celles où l'on remarque le mieux l'incertitude de la pensée contemporaine, manifestée, en Allemagne, comme partout ailleurs, par la complaisance banale du public pour les idées les plus contraires, dès qu'elles sont mises en œuvre avec talent. Le mérite de la forme fait tout passer et vaut aux hommes de toutes les écoles, ou à ceux qui ne sont d'aucune, une vogue éphémère. Mais personne n'a conquis, dans ces dernières années, cette vivante et durable popularité qui n'est assurée au génie même que par une étroite communion d'idées et de sentiments entre l'écrivain et toute sa génération. Communion impossible ou précaire, tant que la société actuelle flottera indécise entre un passé moral et religieux qu'elle se prend à regretter, sans pouvoir ni vouloir le faire renaître, et le monde intellectuel nouveau dont elle a peur, mais qui l'attire invinciblement! Dans cette situation des esprits, la période contemporaine ne peut être, pour l'Allemagne littéraire, qu'une période de transition et d'attente : elle appelle les hommes et les œuvres destinés à donner au XIXᵉ siècle son expression : *Exoriare aliquis !* Quel peuple peut avoir aujourd'hui une autre attitude et une autre devise ?

Je n'ai pas besoin, en terminant ce rapide aperçu de l'histoire de la littérature allemande, de reprendre les caractères généraux qui se sont dégagés d'eux-mêmes de la suite des faits; il sera plus utile de rappeler ici les principaux travaux dont cette même histoire a été l'objet. Les critiques et les historiens littéraires ne manquent pas à l'Allemagne contemporaine. La littérature nationale défraye, là plus qu'ailleurs, les cours des professeurs et les livres des écrivains. Nous pourrions citer toute une pléiade de ces derniers : Koberstein et son *Esquisse de la littérature nationale allemande.* Leipzig, 2ᵉ édition, 1845 et suiv., 3 vol. — Gervinus et son *Histoire de la poésie nationale allemande.* Leipzig, 4ᵉ édition, 1853, 5 vol. — Wackernagel et son *Histoire de la littérature allemande.* Bâle, 1851-1855, ouvrage inachevé. — Goedeke et son *Précis d'histoire de la poésie allemande.* Dresde, 1860 et suiv. — Menzel et sa *Littérature allemande.* Stuttgart, 2ᵉ édit., 1838, 4 vol., objet de si violentes polémiques. — Heinsius et son *Histoire de la littérature allemande.* Berlin, 1823 et suiv., abrégée, en français, par MM. Henry et Apffel. Paris, 1839. — Kurz et son *Histoire de la littérature allemande.* Leipzig, 4ᵉ édit., 1863-1864, 3 vol. gr. in-8ᵒ à deux colon., illustré. — Hillebrand et sa *Littérature nationale allemande du XVIIIᵉ siècle.* Gotha, 1845-1847, 3 vol. — Julien Schmidt et son *Histoire de la littérature allemande au XIXᵉ siècle.* Leipzig, 4ᵉ édit., 1858, 2 vol., l'un des tableaux les plus estimés de la littérature allemande contemporaine. — Gottschall et son *Histoire de la littérature nationale allemande dans la première moitié du* XIXᵉ *siècle.* Breslau, 2ᵉ édit., 1860, 3 vol. — Enfin Prutz et sa *Littérature allemande du temps présent.* Leipzig, 2ᵉ édit., 1860; 2 vol., avec son *Histoire du théâtre allemand.* Berlin, 1847. — Nous ne pouvons que renvoyer à leurs ouvrages ceux de nos lecteurs qui désirent puiser aux sources allemandes. Un très-petit nombre ont été traduits en français. Il faut citer à part, dans notre langue, *l'Allemagne* de Mᵐᵉ de Staël, expression fidèle, pour les grands traits, des principales physionomies littéraires du siècle dernier. On consultera avec fruit *les Poëtes contemporains de l'Allemagne,* de M. N. Martin. 1ʳᵉ série 1846, in-8º, 2ᵉ série 1860, in-18. — La traduction des *Nibelungen,* par M. Em. de Laveleye. — La très-savante mais confuse *Histoire légendaire des Francs et des Burgondes,* par M. E. Beauvois, 1867, gr. in-8º, puis une foule d'études critiques éparses dans nos grandes revues et dont plusieurs, comme celles de M. Saint-René Taillandier, ont été publiées en volumes. On me permettra d'ajouter que tous les noms des écrivains de l'Allemagne de nos jours cités dans cet article, et beaucoup d'autres encore, figurent dans le *Dictionnaire des contemporains,* avec l'indication des ouvrages auxquels ils doivent leur notoriété.   G. Vapereau.

ALLEMAGNE. — LITTÉRATURE DRAMATIQUE. — Le théâtre mérite d'être considéré à part dans l'histoire littéraire d'un peuple; il est, en effet, l'expression la plus fidèle et la plus vive des idées et des sentiments qui dominent à chaque époque. Composées pour la foule et s'adressant directement à elle, les œuvres dramatiques doivent s'inspirer de sa vie, de ses mœurs, de ses goûts, des institutions qui la régissent; autrement, le théâtre n'existe que de nom; les pièces, faites pour la lecture et non pour le spectacle, sont des ouvrages artificiels qui marquent seulement les goûts particuliers d'une classe ou d'un auteur.

Tel est le caractère des premières œuvres dramatiques conservées dans la littérature allemande : ce sont les comédies de l'abbesse Hroswitha, écrites en latin pour être jouées peut-être dans son couvent, peut-être aussi pour la satisfaction solitaire d'une femme savante dans un milieu ignorant. Quoique visiblement imitées de Térence, elles n'ont de l'auteur latin que des réminiscences de procédés comiques et de style; les sujets sont chrétiens et monastiques. Les comédies de Hroswitha célèbrent, en général, le triomphe de la chasteté, et quelques-unes offraient des peintures assez scabreuses. Ici, de saints personnages se hasardent dans des lieux de perdition pour arracher à la débauche ses victimes; là, un amoureux de trois vierges prodigue aux marmites et chaudrons de leur cuisine les embrassements passionnés qu'il ne peut donner à leurs personnes. Ailleurs, une chrétienne, poursuivie par l'amour d'un païen, se sent trop disposée à y répondre et, pour échapper à sa propre faiblesse, demande à Dieu et obtient de mourir; son amant, dans une passion égale à celle de Roméo, viole sa tombe. Ainsi, jusque dans l'ombre du cloître, le théâtre factice est encore l'écho du monde, et M. Villemain trouve dans l'œuvre de Hroswitha « un sentiment vrai de l'histoire. »

Hors du cloître, la littérature dramatique n'existe pas encore; on ne voit rien qui ressemble à des pièces de théâtre à côté de ces grandes épopées héroïques qui se développent et se transforment avec la langue, jusqu'à leur complet épanouissement au XIIᵉ et au XIIIᵉ siècles. La littérature héroïque n'a pas eu de scène. La poésie lyrique qui jaillit, comme d'une source inépuisable, dans les chansons des Minnesingers, s'est approchée de plus près de la forme dramatique. On a même voulu voir dans les tournois poétiques du genre du *Combat de la Wartbourg,* une sorte de mise en scène de la poésie et du poëte lui-même; ce sont plutôt des plaidoiries poétiques où les deux adversaires luttent de comparaisons et d'hyperboles en l'honneur du prince dont ils défendent la cause. Ces plaidoiries sont, du moins, tout à fait dans le goût du temps, elles en reproduisent les connaissances et les préjugés et font une grande part aux sciences occultes : ce sont des assauts de savoir et de magie; on se propose des énigmes philosophiques et théologiques, les diables interviennent et suggèrent des questions humainement insolubles; l'adversaire répond par l'invocation d'un diable supérieur ou par l'exorcisme. Si ce n'est pas encore la forme du théâtre, c'est déjà le fond commun des mystères, ces premières institutions dramatiques de tous les peuples chrétiens.

On ne trouve guère de mystères proprement dits, en Allemagne, avant le XIVᵉ siècle, et ils ne portent pas de désignation particulière, mais le nom général de jeux (Spiele). L'un des plus anciens jeux dont on ait conservé le souvenir, est celui des *Vierges sages et des vierges folles*, représenté à Eisenach, en 1322, et qui fit, dit-on, une telle impression sur le landgrave Frédéric de Thuringe, qu'il en mourut. Mais l'un des premiers dont le texte nous soit parvenu a pour auteur Théodorich Schernberg, qualifié « diseur de messes » par les historiens du temps. Le drame étant partout sorti de l'Église, où l'office divin se complétait par le spectacle, il n'est pas étonnant que les premières pièces de théâtre soient d'un prêtre. Celle qui nous reste de Schernberg est intitulée *Beau spectacle de dame Jutte*; elle marque, pour le style, la suite de l'action et l'invention des caractères, un degré notable d'avancement qui laisse supposer une assez longue série d'essais antérieurs. Le sujet est l'histoire populaire de la papesse Jeanne, relevée par la mise en scène du merveilleux chrétien. L'héroïne, vouée à l'enfer par Satan, vient à Paris, déguisée en homme, pour étudier la théologie avec son amant. Reçus tous deux docteurs, ils vont à Rome et sont nommés cardinaux; puis dame Jutte est élue pape. Quand une malencontreuse grossesse fait découvrir que c'est une femme, le Christ irrité la condamne à la mort et au feu éternel; le diable emporte son âme; mais, sur les instantes prières de Marie et de saint Nicolas, Dieu se laisse toucher et permet à l'archange Michel d'aller arracher dame Jutte à Satan et de la conduire au ciel. Cette pièce, sans avoir un sujet profane, s'éloigne déjà, par la liberté d'invention, des spectacles pieux qui avaient pour thème la nativité, l'enfance, l'enseignement et la passion de Jésus, ou la vie édifiante des saints.

Les pièces profanes paraissent, à la même époque, avec Jean Rosenblüt, de Nuremberg, surnommé le *Schnepperer*, ou mauvaise langue. Noble et poète, il a vécu dans les cours et guerroyé. Écrivain facile, il a composé de nombreux contes à la manière italienne et des récits épiques sur les événements contemporains. Au théâtre, où il marque surtout sa trace, il traite les sujets les plus divers qu'il emprunte aux mœurs populaires, à l'histoire et aux romans de chevalerie. Gottsched l'appelle « le Thespis de la scène germanique. » C'est un Thespis que les Eschyle, les Sophocle et les Euripide ne suivent qu'à une distance de quatre siècles. Les pièces qu'il a laissées ne sont que des « spectacles de carnaval » (*Fastnachtsspiele*), les seuls que comporte la grossièreté des mœurs populaires au XVᵉ siècle. Les pièces de son contemporain Hans Folz portent la même désignation et sont plutôt des mascarades que de véritables œuvres dramatiques.

La Réformation donne une impulsion assez vive au théâtre allemand, sans y favoriser le progrès littéraire qui s'accomplit, sous l'influence générale de la Renaissance, dans les théâtres nationaux de la France, de l'Italie, de l'Espagne et de l'Angleterre. Le principal auteur dramatique allemand de cette époque est le poète universel, le trop fécond Hans Sachs. Ses centaines de pièces de théâtre sont ce qu'il a laissé de plus médiocre, dans cette longue suite d'œuvres improvisées qui se comptent par milliers. Il s'est essayé dans tous les genres et a traité tous les sujets, sacrés et profanes, historiques et légendaires, classiques et populaires. Mais il n'y a, dans ses pièces les plus sérieuses, ni plan ni intérêt, ni situation dramatique, ni vérité, ni vraisemblance. Les personnages sont rapprochés par d'incroyables anachronismes : Sémiramis et Cléopâtre, Clytemnestre et Agrippine figurent sur la même scène. Quelques caractères pourtant se dessinent avec netteté, et le dialogue a de l'aisance. Le style est le même dans tous les rôles, ou plutôt il fait dans tous également défaut. Les pièces de carnaval de Hans Sachs ont plus de mérite. L'auteur n'était pas homme à s'élever au-dessus de son siècle par la haute culture littéraire que l'Europe d'alors demandait à l'antiquité ; il se retrouve lui-même, quand il croit retomber au niveau commun, avec ses qualités personnelles ; ses farces se rapprochent, par certains côtés, de la bonne comédie ; elles sont une peinture buresque des mœurs du temps. Des bouffonneries qui sont de leur époque et de leur pays, comme celle intitulée *Comment le diable épousa une vieille femme*, ont plus de prix que toutes les imitations et traductions de Sénèque et de Térence.

La popularité de Hans Sachs, au xvie siècle, est partagée par Jacques Ayrer qui le prit pour modèle. Ses tragédies et comédies, ses « beaux et plaisants spectacles de carnaval, » ses pièces chantantes, d'où l'opéra devait sortir, marquent un progrès notable, sinon sous le rapport de l'action, du moins sous celui de la conception des caractères et du style. Autour de Hans Sachs et d'Ayrer, on écrit beaucoup pour le théâtre ; on traduit les Grecs et les Romains ; on les copie, on les imite, sans abandonner les drames bibliques. On invente aussi le drame didactique et le drame polémique ; on fait du théâtre une chaire et une arène pour les discussions religieuses. Mais, malgré tout, l'intérêt du moment n'est pas là ; le grand spectacle est dans les églises où se prêche la Réforme, sur la place publique de Wittenberg, où Luther brûle la bulle du pape, à la diète de Worms où il soutient ses doctrines, en bravant le sort de Jean Huss et de Savonarole, dans tous les lieux publics enfin où se lisent ses pamphlets contre les princes, soutiens de l'Église. Le spectacle où la foi et l'art trouvent leur compte, ce sont ces grandes réunions de nouveaux fidèles où l'on chante à pleine voix les hymnes de Luther, et où la musique devient un instrument de propagande chrétienne.

La stérilité littéraire du xviie siècle et de la première moitié du xviiie, en Allemagne, est frappante au théâtre. La poésie artificielle des sociétés et bergeries silésiennes peut faire quelque illusion dans les genres lyrique et didactique ; son impuissance ne pouvait qu'éclater à la scène. La langue épurée du poëte Opitz ne suffisait pas pour animer ses traductions et ses imitations du théâtre antique. Des comédiens anglais, parcourant alors l'Allemagne, excitaient un grand enthousiasme pour les pièces de leur pays, tandis que le peuple en restait aux mystères et aux pièces bibliques. Klay ou Clajus lui donnait ce pieux et grossier aliment.

La tragédie et la comédie furent renouvelées avec plus d'audace que de bonheur par Griph ou Gryphius, qui mit à contribution particulièrement l'histoire du Bas Empire, féconde en crimes féroces. Il ne recule devant aucune des horreurs de ses sujets ; dans une pièce empruntée à l'histoire anglaise, *le Régicide ou Charles Stuart*, il fait exécuter le roi sur la scène. Suivant l'exemple du théâtre anglais, Griph donne au spectacle la plus grande variété ; il multiplie les changements de scènes ; il prodigue les personnages et mêle aux héros historiques des êtres fantastiques et des allégories personnifiées. Ses comédies se rapprochent davantage du genre burlesque français. Son *Berger extravagant* est traduit de Thomas Corneille ; mais l'*Absurda comica, ou M. Squenz* et *Horribilicribrifax* sont des œuvres originales renfermant, avec des traits comiques qui vont jusqu'à la charge, une satire amusante des travers du temps. Griph, malgré ses inégalités, a été considéré à bon droit comme le créateur du théâtre allemand.

Ce mouvement sérieux de rénovation théâtrale ne devait être repris et développé que dans la période classique. Le génie épique de Klopstock reste sans influence directe sur la scène, malgré ses essais de drames patriotiques rattachés aux prétendus bardes germains. Ses trois fameux *bardits* en l'honneur d'Hermann, ne sont que de magnifiques odes dialoguées où le patriotisme allemand éclate dans toute sa ferveur. Ils appartiennent à peine par la forme à l'histoire du théâtre. Wieland ne tient pas beaucoup plus de place dans cette histoire, malgré un drame bourgeois, une tragédie historique imitée de l'anglais et quelques librettos d'opéra.

Il n'en est pas de même du dernier des trois grands promoteurs de la littérature allemande classique, de Lessing. Il agit d'abord sur les destinées de l'art dramatique allemand, par ses travaux de critique, surtout par sa fameuse *Dramaturgie de Hambourg*, précieux journal du théâtre national, à la fondation duquel il avait été appelé à concourir, et où, sous prétexte de rendre compte des pièces représentées et d'en expliquer le succès ou la chute, il expose toutes ses idées sur le théâtre en général et en particulier sur le théâtre allemand. Il y combat de toutes ses forces l'imitation de la tragédie française, comme le principal obstacle à l'établissement d'un art national; il repousse les règles attribuées par erreur à Aristote, et essaye de constituer un type de drame tragique, en combinant la poétique ancienne avec les exemples des maîtres grecs, celui de Shakespeare et de Calderon et les idées de Diderot. Lessing appliqua lui-même ses principes dans un certain nombre de drames et de comédies pénétrés des sentiments, des idées et même des intérêts politiques du moment. *Miss Sara Sampson*, tragédie bourgeoise, tirée du roman de Richardson, est traitée dans le goût de la sentimentalité allemande; *Minna de Barnhelm* respire l'esprit guerrier qui animait l'armée de Frédéric, à la fin de la guerre de Sept ans : *Émilia Galotti*, sur un sujet d'histoire étrangère, laisse passer toutes les idées de l'auteur sur la situation politique de son pays; *Nathan le sage*, dans la donnée d'un conte de Boccace, soutient cette vérité moderne, que tous les honnêtes gens méritent la même estime, sans acception de foi religieuse. Ainsi Lessing, comme les philosophes français de son temps, trouve dans le théâtre, comme dans l'art en général, un moyen d'action et de prosélytisme.

Gœthe et Schiller dominent l'art dramatique dans la belle période allemande et en marquent les directions. Non-seulement ils agiront tous les deux sur une foule d'imitateurs ou de rivaux, mais ils exercent l'un sur l'autre une action féconde; unis d'une étroite amitié, ils se soutiennent, ils s'éclairent dans leurs études, et le progrès de leur affection commune se manifeste dans leurs œuvres par un nouveau degré de perfection. Gœthe donne d'abord sa mesure, dans le drame romantique, par *Goetz de Berlichingen*, où l'âge chevaleresque revit dans toute sa naïve brutalité. Il écrit plus tard les chefs-d'œuvre de la tragédie allemande : *Iphigénie en Tauride*, où le pathétique, comme dans les pièces de Corneille, naît de l'admiration; *le Comte d'Egmont*, où le génie lyrique éclate aux dépens de l'action et de l'intérêt dramatiques; *Torquato Tasso*, qui met en scène les souffrances privilégiées attachées fatalement à la poésie et à l'amour, etc. Une œuvre dramatique à part est la fantaisie métaphysique de *Faust*, à laquelle l'auteur donne une suite à trente-trois ans de distance, et qui semble la plus haute expression de sa pensée : expression assez obscure et interprétée de mille manières par les commentateurs. Gœthe appelle lui-même son *Faust* « une lumineuse énigme. » Un enthousiaste contemporain y voyait « quelque chose de plus qu'un chef-d'œuvre; » un des derniers commentateurs, M. Schœbel, y trouve enfermée la révélation des vérités scientifiques les plus nouvelles, et, notamment dans l'épisode d'*Homunculus*, la démonstration de la génération spontanée. Cependant Gervinus appelle le second *Faust* « un caprice de vieillard, à

reléguer parmi les productions insipides et sans valeur. » Il faut y voir l'amuse-
sement d'un esprit puissant plutôt qu'une œuvre faite pour la scène.

Schiller, avec plus de passion pour le théâtre et un sentiment plus juste de ses
exigences, produit *les Brigands* qui excitèrent, dans la jeunesse allemande, un
enthousiasme aussi exagéré que le style et les idées de l'auteur; *la Conjuration de
Fiesque*, la plus faible de ses tragédies; *Intrigue et amour*, où le naïf et l'horrible se
touchent; *Don Carlos* qui, avec l'intérêt enthousiaste pour les idées libérales personnifiées dans le marquis de Posa et avec une juste haine contre Philippe II, inspire
pour son jeune fils une sympathie que l'histoire mieux connue désavoue; *Wallenstein*, grande trilogie historique déroulant toute une époque, avec les intérêts et
les passions qui font agir les hommes, les causes qui préparent et dirigent les
événements, œuvre à la fois d'une pensée profonde et d'un intérêt puissant; *Marie
Stuart*, avec ses grandes scènes devenues classiques; *Jeanne d'Arc*, avec ses contre-
sens historiques; *la Fiancée de Messine*, dont les chœurs comptent parmi les plus
beaux morceaux lyriques; enfin *Guillaume Tell*, le chef-d'œuvre de Schiller, celui du
théâtre allemand et peut-être du théâtre moderne : tableau merveilleusement fidèle
des mœurs helvétiques et de la nature qui leur sert de cadre, mise en scène simple
et grande d'une action héroïque, admirable elle-même de simplicité et de grandeur.
La vérité, l'éloquence, le pittoresque ne peuvent être portés plus loin.

Autour et au-dessous de Gœthe et de Schiller, la littérature allemande prodigue
les tragédies et les drames remarquables, malgré les excès qui tiennent aux genres
traités, au talent des auteurs, au caractère de la nation. Werner prend un rang
très-élevé dans le drame romantique avec son beau tableau historique de *Martin
Luther*, avec *Attila*, *Wanda*, *Cunégonde*, etc.; mais il abuse de la terreur dans *le Vingt-
quatre février*. Il fait lui-même école, et Mullner se fait encore un nom parmi ses
imitateurs. Parmi les tragédies romantiques, les Allemands donnent un souvenir
aux œuvres de Leisewitz, dont le *Jules de Tarente* soutint la réputation ; de Klinger,
dont une pièce, *Assaut et irruption*, a fourni son nom et sa devise à une époque
d'effervescence littéraire; de Guillaume Schlegel; des deux Stolberg; de L. Tieck,
l'un des romantiques les plus fameux ; de Collin; d'Œhlenschlaeger, le poëte des
héros du Nord ; de Grillparzer; du fécond Raupach qui, dans ses vingt-deux volumes
d'ouvrages dramatiques, n'a pas laissé moins de seize tragédies sur les Hohenstauffen, et rivalisé avec Shakespeare et Gœthe; de Grabbe, déclaré le plus grand
poëte dramatique après Schiller, et qui a mis en scène les plus énergiques figures
historiques nationales ou étrangères, Annibal, Arminius, Barberousse et Napoléon ;
d'Iffland, le créateur ou plutôt le rénovateur du drame réaliste ou drame de famille;
de Kotzebue, auteur de plus de deux cents pièces, accueilli tour à tour avec une
faveur ou une aversion passionnée que le fanatique Sand traduit par un coup de
poignard; de Platen-Hallermünde qui renia le romantisme, après lui avoir donné
des gages; de Charles Immermann, auteur de la remarquable trilogie d'*Alexis*, de
la *Tragédie dans le Tyrol*, etc. ; du baron Münch-Bellinghausen; de Lamotte-Fouqué;
de la princesse Amélie de Saxe, imitatrice d'Iffland; de Mᵐᵉ Charlotte Birsch-
Pfeiffer, poussant à ses dernières limites le genre larmoyant qui eut, à certaines
époques, tant de succès sur la scène allemande.

On remarquera que, dans cette longue suite d'œuvres et d'auteurs qu'il nous eût
été facile d'étendre encore, la comédie ne tient à peu près aucune place. C'est, en
effet, le genre où les Allemands ont, de tous temps, le moins réussi. Lessing en
avait cependant donné un modèle dans *Minna de Barnhelm ;* mais personne n'a su le
suivre dans cette voie. Les comédies de Gœthe, *le Caprice d'un amoureux*, *les Torts
réciproques*, *le Général bourgeois*, etc., ne sont pas des essais dignes de son génie.

Schiller, dans *Médiocre et rampant* et *Encore des Ménechmes*, s'est borné à imiter notre bon Picard; ailleurs il imite l'Italien Gozzi. Ce sont aussi les auteurs français, et surtout Picard, qui sont mis à profit et pillés par Kotzebue, plus original dans le drame que dans le genre comique. La comédie bourgeoise, en Allemagne, a tourné à ce qu'on appelle les tableaux de famille (*Familiengemaelde*) et pièces de conversation (*Conversationstücke*). La censure méticuleuse des nombreux petits États allemands a pu être un obstacle à la production d'un genre dramatique qui vit d'études de mœurs et de leçons toujours plus ou moins voisines de la satire; mais le même obstacle a existé dans d'autres pays, dans le nôtre, par exemple, et a été tourné, sinon surmonté, par la souplesse et la finesse railleuse de l'esprit national.

Nous avons peu de chose à dire du théâtre tout à fait contemporain. Plusieurs des auteurs que nous venons de citer, comme appartenant au mouvement classique ou romantique du xviiie siècle, ont vécu presque jusqu'à nos jours et maintenu les genres auxquels ils ont dû leur popularité. Ch. Immermann, Grabbe, Tieck, Uhland, Raupach ont rempli de leurs œuvres une bonne partie du xixe siècle. Quant aux efforts de la « jeune Allemagne » pour renouveler le théâtre, ils ont été plus actifs que féconds. Des tentatives ont été faites dans tous les genres, surtout avec la volonté déclarée de faire tourner les succès de la scène au triomphe des idées politiques ou sociales. Ce dessein se manifeste dans les années qui suivent notre révolution de 1830, et où se développent, entre les peuples sinon entre les gouvernements, l'entente intellectuelle de la France et de l'Allemagne. M. Gutzkow, que ses livres d'histoire et ses romans révolutionnaires font poursuivre et condamner par la police badoise, acquiert au théâtre un surcroît de popularité avec ses drames historiques, *Néron, le Roi Saül*, ses drames tout politiques, *Richard Savage* et *Patkul*, et des comédies, *l'École des riches, la Feuille blanche*, etc. M. Hebbel, avec une imagination excessive et un style d'une énergique originalité, ramène le drame à l'horrible des situations et aux exagérations de sentiments. Il a publié lui-même la théorie de ses drames, dont l'un des derniers, *les Nibelungen*, a remporté, en 1863, le prix de la fondation Schiller. Le vigoureux poëte mourut à la fin de la même année. Une fin plus prématurée avait enlevé Georges Büchner, après le succès de *la Mort de Danton*. La tragédie des *Macchabées* et le drame populaire *le Forestier* ont répandu le nom de M. Otto Ludwig. *Le Gladiateur de Ravenne*, de Frédéric Halm (Münch-Bellinghausen) passe pour l'une des meilleures œuvres dramatiques modernes. Le romancier H. Laube, devenu directeur de la première scène de Vienne, a aussi obtenu de vifs succès avec ses drames de *Monaldeschi, la Sorcière* et *Struenzée*. Dans la comédie enfin, où l'insuffisance de l'esprit allemand s'accuse elle-même par la multiplicité des traductions de pièces étrangères, parisiennes surtout, M. Benedix a su trouver et exploiter avec bonheur une veine populaire.

En Allemagne, comme en France, des concours et des prix importants sont fondés pour susciter des chefs-d'œuvre. Plus de cent tragédies en cinq actes étaient soumises récemment au jury qui couronna M. Paul Heyse, auteur d'un certain nombre de pièces plus recommandables par l'habileté et le savoir que par la puissance et l'originalité. Il est vrai que ces dernières qualités sont de celles que les concours ne font pas naître et que les récompenses officielles n'encouragent pas. Au théâtre, comme dans les diverses branches de la littérature, l'Allemagne actuelle est dans la période d'attente et de préparation.

Pour la bibliographie de l'histoire du théâtre, nous pouvons renvoyer à la plupart des ouvrages mentionnés à la fin de l'article *Littérature allemande*.

G. VAPEREAU.

ALLEMAGNE. — ART. — A l'Allemagne, comme à la France, comme aux Pays-Bas, il a manqué un Vasari, surgissant aux jours intermédiaires où la tradition orale subsiste encore et où les monuments primitifs se maintiennent debout, racontât, dans un livre naïf et vrai, la vie, les œuvres de ses artistes. De l'Italie, amoureuse d'elle-même jusqu'à l'infatuation, nous savons plus qu'il n'en faut savoir, tous les noms, tous les faits, toutes les dates; et le premier audacieux qui, abandonnant le décalque des cartons byzantins pour l'étude de la vivante nature, inaugura l'ère nouvelle; et l'innombrable armée de travailleurs qui s'élancèrent sur ses pas à la conquête du monde inconnu qu'il venait de découvrir : nous ne savons rien, ou presque rien, de la naissance de l'art en France, aux Pays-Bas, en Allemagne; et l'obscurité, qui enveloppe son berceau, nous cache sa croissance l'espace de plus d'un siècle.

Cette question d'origine est pourtant capitale: nul ne saurait comprendre les formes particulières et nécessaires que l'art a revêtues dans les diverses contrées, s'il ne se mettait en peine de la résoudre préalablement. De plus, comme elle est la même pour tout un groupe de peuples contemporains, nous la rencontrerions à chaque pas devant nous, si nous ne prenions le parti de la vider sans retard, en nous guidant aux lueurs de l'histoire générale.

I. — Au lendemain de l'an mil, dans cette Europe féodale foulée aux pieds des chevaux et toute retentissante des chocs d'armures, lorsque la pauvre espèce humaine, courbée sous l'effroi des cauchemars religieux, releva sa face épouvantée et reconnut que, contrairement aux sinistres prédictions de ses moines, le soleil n'avait pas déserté l'horizon, soulagée en un instant de l'angoisse qui l'oppressait, elle laissa échapper un long soupir de délivrance. Miracle ! la fin des choses était promise pour hier, et le monde vit encore. S'il vit aujourd'hui, c'est qu'il n'est pas condamné à périr. Il vivra demain, et après, et toujours : le monde est immortel !

De cette aperception rapide de la destinée, entrevue ainsi qu'en un éclair, il résulta un de ces ébranlements de la conscience universelle qui sont, dans tous les temps, les signes précurseurs d'un immense renouvellement social. Cette fois, le renouvellement allait être tel, que jamais, le christianisme compris, l'histoire n'en devait compter de plus important. Toute la civilisation moderne en découle. On attache à ce phénomène extraordinaire le beau nom de *Renaissance*; mais ce serait peu que d'entendre la seule renaissance des arts et des lettres; ce fut, à vrai dire, comme si l'humanité naissait une seconde fois.

Et de fait chacun se reprend à la vie. On s'attache à cette terre qu'on avait cru perdre, et on s'occupe à en rendre le séjour supportable. La résistance au brigandage des nobles et des prêtres s'organise, comme en vertu d'un mot d'ordre qui se propage. On s'assemble, on se concerte, on se ligue; et, quand il faut combattre pour ses droits, on arrive, le bâton ferré en main. Fédérations d'artisans s'associant entre eux pour affirmer la liberté du travail et imposant un pacte à leur seigneur; fédérations de villes s'associant entre elles pour briser le lien qui les attache au pouvoir central et par la victoire acquérant l'indépendance : tel est le tableau que nous présente le monde féodal pendant cent ans. Pendant cent ans, sur tous les points, en Toscane, en Lombardie, en Provence, en Languedoc, en Aquitaine, en Bourgogne, en Lorraine, en Brabant, en Flandre, en Souabe, en Bavière, en Franconie, du sud au nord et de l'ouest à l'est, l'histoire n'est marquée que par la formation de *communes*, toutes nées du même besoin, toutes établies sur l'énergie de leurs éléments indigènes, toutes dissemblables par conséquent, différant entre elles non-seulement d'organisation et d'aspect, mais encore de génie, de caractère et de tendances.

Autant de communes, autant de patries. C'est là le fait considérable, par où la Renaissance tout entière s'explique. La ville, avec sa ceinture de murailles et de fossés, son corps de magistrats, sa milice, son beffroi où veille la cloche du tocsin toujours prompte à sonner l'alarme, est une patrie ; patrie en miniature, si vous voulez, mais patrie moins abstraite, plus visible, et par conséquent plus aimée que ne le seront jamais nos interminables patries modernes. Comme le fils à sa mère, comme l'amant à sa fiancée, tous ses enfants vont lui vouer tendresse, la défendre, l'embellir. L'épargne de chacun ne sera jamais assez grosse pour la parer comme il le voudrait, l'enrichir de monuments, la rendre digne d'admiration et d'envie dans tous les pays à la ronde. Rappelez-vous le haut langage de la municipalité de Florence ordonnant la construction de son dôme [1]. Ce sentiment se retrouve partout, plus ou moins énergiquement accusé ; et les œuvres d'art particulièrement en portent l'empreinte, l'artiste étant fils de la cité et tout fier de travailler pour elle sous les yeux de ses concitoyens.

Et maintenant, regardez : le XIII° siècle s'est ouvert. Communes, républiques, villes libres, associations de toute nature se sont multipliées à l'infini. Chacune marchant avec hardiesse dans la voie tracée à son développement par sa situation géographique, les aptitudes spéciales de sa race, les conditions du milieu politique et social dans lequel elle était appelée à se mouvoir, toutes ont grandi, toutes ont prospéré. Bien mieux, rien n'a grandi, rien n'a prospéré qu'elles. Dans les épaisses ténèbres qui enveloppent le moyen âge, elles seules brillent. De la mer Tyrrhénienne à l'Adriatique et de l'Adriatique à la mer du Nord, votre œil les suit de proche en proche dans l'étendue du vieux continent. Comptez-les ; leur nombre est illimité. En Italie : Venise, Amalfi, Florence, Pise, Sienne, Lucques, Pistoie, Gênes, Milan, Parme, Bologne, Mantoue, Ferrare, Modène, Crémone, Bergame. En France : Marseille, Arles, Montpellier, Albi, Avignon, Grenoble, Toulouse, Lyon, Troyes, Reims, Dijon, Beauvais, Laon, Amiens, Noyon, Cambrai, Saint-Quentin. En Flandre : Lille, Douai, Gand, Bruges, Ypres, Anvers. En Allemagne : Cologne, Nuremberg, Lubeck, Brême, et les soixante-cinq villes de la ligue hanséatique. Poussière d'étoiles, véritable voie lactée terrestre. Ne cherchez pas à côté, dans le noir espace qui les sépare ; vous n'apercevriez rien. La nuit est partout. Elles seules, au sein de cette nuit faite de barbarie, d'ignorance et de misère, représentent l'activité, l'intelligence, la vie. L'une, Florence, occupe trente mille ouvriers dans ses manufactures de draps et prépare son grand ascendant moral en menant de front les lettres, les arts, la politique et la guerre. L'autre, Venise, transporte les croisés sur les mers, s'empare de Constantinople, monopolise le commerce du Levant et de l'Inde. Celle-ci, Bruges, fait sortir trente mille soldats de ses portes, bat le roi de France et emprisonne l'Empereur. Celle-là, Ypres, tient deux cent mille tisserands courbés sur ses métiers. Marseille, la romaine, se gouverne elle-même et traite souverainement avec les rois. Cologne fait rencontrer sur

---

1. Un sénatus-consulte de l'ancienne Rome n'est pas plus fier que ce décret rendu au XIII° siècle. En voici le texte, regardé encore aujourd'hui comme un modèle de l'italien le plus pur : *Atteso che la somma prudenza di un popolo d'origine granda, sia di procedere nelli affari suoi di modo che dalle operazioni esteriori si riconosca non meno il savio che magnanimo suo operare; si ordina ad Arnolfo, capo maestro del nostro Comune, che faccia il modello o disegno della rinnovazione di Santa-Reparata, con quella più alta et sontuosa magnificenza. che inventar non si possa, ne maggiore ne più bella dall' industria e potere degli uomini; secondo che da più savi di questa città è stato detto e consigliato in publica e privata adunanza, non doversi intraprendere le cose del Comune, se il concetto non è di farle corrispondenti ad un cuore che vien fatto grandissimo, perchè composto dall' animo di più cittadini uniti insieme in un sol volere.*

son marché les gens de la Hanse et les trafiquants d'Italie. Toutes rayonnent,
éclairent, percent l'ombre : feux naissants de la civilisation qui recommence,
premières lueurs de la grande flamme intellectuelle qui va embraser le monde!

Comme les voyages sont longs de l'une à l'autre, les communications rares, le
développement s'est fait sur place. Il n'en est que plus particulier et original.
Chaque cité est devenue un centre distinct que rien ne relie aux centres avoisi-
nants. Chacune a ses institutions, sa physionomie, ses monuments, ses mœurs.
Tout ce qui naît, tout ce qui croît, tout ce qui s'agite dans la circonférence de ses
murailles, hommes, choses, idées, tout est indigène, sorti du sol, marqué à
l'empreinte du lieu, du climat, de la race. Autant de centres, autant de capitales ;
autant de capitales, autant d'histoires distinctes. Il n'y pas l'Italie et les Italiens :
il y a les Florentins, les Milanais, les Vénitiens, les Pisans, les Génois. Il n'y a
pas la France et les Français : il y a les Provençaux, les Gascons, les Poitevins,
les Picards, les Normands, les Bourguignons, les Lorrains. Il n'y a pas l'Allemagne et les Allemands : il y a les Bohèmes, les Saxons, les Bavarois, les Thuringiens, les Souabes; et ainsi du reste.

Qui n'a pas une idée exacte de cet état de choses, en doit prendre son parti dès
à présent : il n'entendra jamais rien aux arts de la Renaissance. Il les considérera
à travers le préjugé banal, comme une résurrection du passé ou comme une importation étrangère. Il s'imaginera qu'ils viennent de l'Italie, sans songer que le mouvement se produit dans toute l'Europe occidentale à la fois, à vingt ou trente ans
près, selon la latitude des pays. Il prétendra qu'ils dérivent de l'art antique, sans
réfléchir que l'art antique n'a été découvert qu'à la longue et postérieurement au
primitif essor. Il ne saura dire véritablement ni où ni pourquoi ils sont nés, ni de
quels éléments ils ont vécu, ni quelles réalités préexistantes avaient déterminé
leurs caractères. Pour avoir sur tous ces points des notions exactes, il faut se
représenter, comme nous venons de le faire, les changements opérés dans la vie
générale par l'établissement des communes en France, des républiques en Italie,
des villes libres en Allemagne : état fragmentaire qui précéda la centralisation
intellectuelle aussi bien que la centralisation politique. C'est un spectacle auquel
la réflexion doit habituer l'esprit. Nous ne sommes pas au temps des nationalités
à millions d'hommes; nous n'avons devant nous ni puissances unitaires, ni
grandes capitales cosmopolites, comme le seront plus tard Paris, Rome, Madrid,
Vienne, Berlin. La société qui s'étend sous nos yeux est faite de petites sociétés
autonomes et distinctes, ayant chacune son centre, son origine, sa tradition, ses
intérêts, son génie, et l'art qui s'en va suivre ne peut être autre chose que l'expression directe de toutes ces immanences. Quel que soit le point où il émerge,
il sera le produit de la cité; quel que soit le degré de perfection qu'il atteigne,
il naîtra, il restera indigène et local.

II. — Grande ou petite, quand une société est fondée, qu'elle existe, qu'elle
fonctionne, son énergie se porte aussitôt dans toutes les branches de l'activité et
de la spéculation. Le développement n'est pas nécessairement égal ou parallèle;
mais, là où il y a développement du bien-être et par suite création du luxe, il y
a toujours développement de l'intelligence et du goût, par suite création de
l'art.

III. — La prospérité des cités allemandes date du XIIe siècle. Quoique enclavées
dans les États des grands vassaux, elles étaient libres sous l'autorité immédiate de
l'Empereur. « Les Ottons, raconte Pfeffel dans son *Histoire du droit public en Alle-*

magne, avaient abandonné aux évêques l'*avouerie* des villes, c'est-à-dire la lieute-
nance impériale ; l'empereur Henri V révoqua ces concessions abusives et rétablit
l'ancienne immédiateté; Lothaire II suivit son exemple, et dès lors, comme à
l'envi, ses successeurs s'appliquèrent à multiplier ces petites républiques. » A l'inévitable accroissement de la fortune générale, à l'admirable déploiement des forces
individuelles que la liberté amène toujours avec elle, ajoutez pour l'artiste, à la
fois habitant et citoyen, englobé dans la corporation qu'il honore et qui le protége,
la nécessité de faire de l'art avec les éléments qu'il a à sa disposition, et qui seuls
sont accessibles à ses contemporains, je veux dire avec les idées, les mœurs, les
costumes, les figures de son temps ; tenez compte de l'immense amour de la vie
qui a pénétré toutes les générations d'alors, et vous aurez le secret de la naissance
de l'art dans les villes allemandes en même temps que le secret de son caractère
immédiat.

L'art est né en Allemagne à la même époque et de la même façon qu'en Italie, en
France, aux Pays-Bas ; il est né dans les villes libres devenues tout à coup riches et
puissantes ; il est né d'un regard enfin jeté par l'artiste sur la nature réelle. Il suit
de là qu'inventé sur place et pour les besoins particuliers d'un groupe, il s'est montré immédiatement naturaliste et municipal ; naturaliste, c'est-à-dire traduisant
les idées, les aspects et les actes de la société environnante; municipal, c'est-à-dire
appliqué à la parure des deux grands édifices communs, la cathédrale et l'hôtel de
ville. Si chaque pays se découvrait par hasard un Vasari oublié ou perdu, on serait
étonné de voir que chaque pays, chaque cité peut-être a eu, comme Florence, son
Cimabue, son révélateur indigène, celui qui le premier, ayant à peindre une figure
d'apôtre ou de vierge, imagina de prendre un modèle vivant pour le faire poser
devant lui. Tous les développements ultérieurs de la Renaissance sont contenus
dans ce fait en apparence si simple, et ce fait s'est produit universellement :
l'esprit d'une époque est identique à lui-même dans tous les lieux où il opère.

Pour nous en tenir à la seule Allemagne, nous dirons que, de ses nombreux
centres politiques, industriels et commerciaux, où l'art local a dû nécessairement
naître et grandir à partir de la fin du xiiie siècle, les seuls qui aient laissé trace et
souvenirs sont Prague, Cologne, Nuremberg, Colmar, Augsbourg et Wittemberg.

Prague arrive la première en date. Quoique de fondation relativement peu
ancienne, c'était, à cette époque, la capitale d'un grand royaume et une cité si
altière, que les Tartares envahisseurs de la Bohême avaient passé au pied de ses
murs sans rien oser entreprendre contre elle. Elle avait les palais de ses rois, de
vieilles églises byzantines, un pont sur la Moldau et sa magnifique cathédrale
gothique, qu'accompagnait un clocher de 169 mètres d'élévation. Charles IV, l'empereur à la bulle d'or, l'avait dotée d'une université modelée sur celle de Paris
et qui devait rassembler bientôt plus de vingt mille étudiants.

Industrieuse et savante, Prague devait être artiste: elle le fut.

En 1348, douze ans seulement après la mort de Giotto, — date importante et qui
montre une fois de plus que l'art primitif allemand est contemporain de l'art primitif italien, — nous voyons Charles IV organiser en confrérie les peintres de
Prague et leur donner des statuts. En tête de la liste des membres composant la confrérie, figure Théodoric, qui travailla pour l'une des églises de sa ville natale, Sainte-
Croix, et pour le vieux château de Karlstein. On retrouve des débris de ses
ouvrages au musée du Belvédère à Vienne: ce sont des figures de saints, établies de
profil sur fond d'or, à la façon byzantine. Thomas de Mutina, contemporain de

Théodoric, ne diffère guère de lui; c'est toujours la roideur et la sécheresse des premiers essais. Mais où le progrès se fait tout à coup sentir, c'est chez Nicolas
Wurmser. Le fond d'or disparaît; le mouvement, la vie, l'expression entrent en
même temps dans la peinture. Son *Christ en croix* entre Marie et saint Jean, qui est
au Belvédère, est peint sur un fond de couleur sombre et triste. « Il n'y a d'or que
les auréoles qui entourent les trois têtes; et sur les traits des visages, dans les
attitudes, dans les gestes des personnages, vus en entier, de grandeur naturelle, se montre un profond et religieux sentiment de douleur. » (Viardot.) Les
biographes placent Wurmser à la même époque que les deux maîtres précédents.
A la liberté de son métier, on le croirait venu après.

Après ces trois vieux maîtres, au moment où il semblait que le bouton dût devenir fleur, la Bohême fut emportée dans la tourmente de la guerre des Hussites.
Pendant plus d'un demi-siècle, ce ne fut partout que combats, incendies, pillages,
dévastation. En 1424, Prague fut prise d'assaut et détruite. Il est vrai que Sigismond la rebâtit plus tard sur un plan plus régulier. Mais les éléments intellectuels qu'elle avait un moment engironnés dans son sein, s'étaient dispersés. A
partir de ce jour, ce fut un foyer éteint.

Au xiiie siècle, Cologne entra dans la confédération de la ligue hanséatique, et
du premier coup y disputa la prééminence à Lubeck. Cologne, une des plus importantes villes libres impériales, était une cité tumultueuse et extraordinairement
vivante, où le peuple faisait la guerre à la noblesse, et où peuple et noblesse
s'unissaient parfois pour quereller l'archevêque. Ses tisserands faisaient mouvoir
trente mille métiers. Centre du commerce des contrées riveraines du Rhin avec les
Pays-Bas et l'Allemagne, elle était arrivée à un développement d'affaires considérable, et l'art y poussait à travers l'orage des guerres intestines. Elle venait
d'achever son grave et sévère hôtel de ville, quand elle commença (1248) cette
énorme cathédrale, monument démesuré de son faste et de son orgueil, qui devait
rester interrompu comme la tour de Babel, et que les Prussiens ont repris de nos
jours, comme s'il était donné à la passion politique de mener à accomplissement
les entreprises qui ont lassé jadis la passion religieuse.

La cathédrale, l'hôtel de ville, c'est, dans tous les centres de la Renaissance,
le berceau propre de l'art. Où il y a un architecte pour bâtir, on voit apparaître
aussitôt des sculpteurs pour sculpter et des peintres pour peindre.

L'art naquit donc à Cologne comme il était né à Prague, comme il naîtra tout à
l'heure à Nuremberg, du sol même, sans transmigration d'une cité à une autre. Si les
produits des diverses villes ont entre eux une incontestable analogie, cela tient à la
ressemblance des sociétés allemandes et surtout aux difficultés de l'apprentissage.
Moins heureux que les Italiens en effet, les peintres de l'Allemagne primitive
n'ont pas connu ces statues antiques qui furent de bonne heure une révélation pour
les artistes latins; et, moins bien doués que les Flamands, ils ont tâtonné plus
longtemps devant le modèle, à la recherche du véritable mode d'interprétation.
De là, avec une expression toujours remarquable de naïveté, ces gaucheries de
poses, ces maigreurs de membres, ces roideurs de plis que l'on rencontre partout
et qui sont comme la marque de l'époque.

« En l'an 1380, dit la *Chronique du Limbourg*, il y avait à Cologne un peintre
nommé Guillaume. C'était le meilleur de toutes les contrées allemandes, suivant
l'opinion des maîtres : il peignait les hommes de toute figure comme s'ils étaient
en vie. » Ce Guillaume, qui peignait les hommes comme s'ils étaient en vie, est le
premier peintre nommé dans les annales de Cologne. Avant lui, l'obscurité ; après

lui, les ténèbres. Qu'a-t-il fait ? On ne le sait seulement pas. On lui attribue les peintures du dôme, mais c'est une hypothèse purement conjecturale.

Vers 1397, après une violente guerre de rues où triomphe le parti populaire, Cologne se trouva tout à coup débarrassée des guerres civiles, et entra comme dans un renouveau de prospérité. L'architecture se remit à l'ouvrage. En 1406, on dota l'hôtel de ville d'un beffroi, et, en 1425, d'une chapelle. Le goût des arts s'affermissant, Étienne Lothener, de Constance, vint se fixer dans la ville et y travailla jusqu'à sa mort (1442-1451). C'est lui qui exécuta pour la nouvelle chapelle de l'hôtel de ville ce fameux triptyque qui est aujourd'hui à la cathédrale, et qui représente une *Adoration des Mages,* non point dans l'humble crèche de Bethléem, mais devant une Vierge glorieuse qu'entourent d'un côté saint Géréon et ses chevaliers, de l'autre sainte Ursule et ses vierges : monument d'antique et générale vénération, qu'Albert Durer visita dans son voyage en Flandre et nota sur son journal [1].

Si l'art primitif allemand est avant tout indigène et municipal, comme l'histoire bien comprise le démontre, c'est à tort que l'on rattache au groupe de Cologne le vieux Martin Schöngauer, connu en Allemagne sous le nom de Martin Schœn et en France sous le nom du beau Martin. Celui-là était fils de Colmar, et quoiqu'il ait dû voyager, puisqu'il a subi l'influence des Van-Eyck et entretenu, dit-on, des relations avec le Pérugin, c'est à Colmar qu'il revint se fixer ; c'est à Colmar qu'il travailla et devint célèbre ; c'est à Colmar qu'il mourut. Colmar était alors une ville libre impériale, engagée dans la politique de toutes les villes du Rhin ; les Habsbourg ne dédaignaient pas de l'assiéger, et elle-même envoyait son contingent aux Suisses pour les combats de Granson et de Morat. Martin Schœn, qui d'orfèvre s'était fait graveur, et de graveur peintre, y peignit, y grava pendant près d'un demi-siècle (1440-1488). Michel-Ange put copier, dans sa jeunesse, une de ses gravures qui représentait le *Rêve de saint Antoine;* et son chef-d'œuvre en peinture, une vierge Marie, se voit encore à la cathédrale. Sa manière était sèche ; sa couleur sans force ; ses contours arrêtés comme par un trait de burin. L'école qu'il fonda à Colmar et à laquelle appartinrent ses frères, retomba après lui dans l'obscurité.

Je montre l'art naissant dans chacun des berceaux que le mouvement même de la vie a préparés ; et, au début, pour justifier ce municipalisme inaperçu jusqu'à ce jour, je faisais appel à l'idée de patrie. Voulez-vous que l'induction de l'historien devienne pour vous une réalité indéniable? Lisez cet aveu échappé à la plume d'un des meilleurs peintres de cette période : « Il y a dix-neuf ans, écrivait Albert Durer aux magistrats de Nuremberg, le doge de Venise me pria de venir demeurer dans sa ville, en m'offrant 200 florins par an d'honoraires. Plus tard, pendant mon voyage aux Pays-Bas, la commune d'Anvers m'offrit 300 florins de Philippe par an, et y ajouta la perspective d'une belle maison. Je refusai par l'inclination et l'amour tout particulier que j'ai de vos Seigneuries, de notre ville, de ma patrie : j'ai préféré vivre ici simplement que d'être riche et puissant ailleurs. »

Il aimait sa patrie, le grand homme, et il ne la pouvait quitter. Ce trait lui est commun avec tous. Au xvie siècle seulement, on se déplacera, on voyagera, attiré vers la splendeur croissante des cours. Maintenant on demeure, satisfait de travailler sous les yeux des siens, avec eux et pour eux.

---

1. *Item,* donné deux blancs pour faire ouvrir le tableau que maître Étienne a peint à Cologne. (*Journal d'Albert Durer.*)

Pour Albert Durer, la chose est plus décisive encore; il aima sa patrie, même parcimonieuse, même avare[1]. Mais aussi, comment le plus gothique des artistes ne se fût-il point attaché à la plus gothique des cités? Comment eût-il pu dérober ses yeux au spectacle de cette architecture bizarre, de ces rues étroites, de ces boutiques mystérieuses et profondes où s'emmagasinaient les produits de l'Inde avant de s'acheminer vers le nord, de cette population variée, de tout ce mouvement et de toute cette vie qui faisaient de Nuremberg l'une des métropoles de l'Allemagne, en même temps que l'une des plus importantes villes de l'Europe? Prospérité radieuse que pouvait seule entamer la découverte du cap de Bonne-Espérance, en modifiant circulation et en changeant la route du commerce.

Quand avait-on commencé à faire de l'art à Nuremberg? L'histoire ne le dit point.

Le premier peintre qu'elle nomme est un certain Jacob Walen, dont il ne reste aucun souvenir, sinon qu'il fut le maître de Michel Wohlgemuth.

Michel Wohlgemuth (1434-1519), le prédécesseur immédiat d'Albert Durer, est connu. La Pinacothèque de Munich compte de lui plusieurs panneaux importants, et le Belvédère de Vienne un admirable polyptyque, où se déroulent les compositions les plus compliquées. Ce sont des œuvres d'un travail très-précis et très-arrêté, des œuvres de graveur, où néanmoins l'expression acquiert une grande force et où le coloris charme par son éclat. Elles ont beaucoup d'affinités avec les premiers essais d'Albert Durer : ainsi, en Italie, Raphaël jeune continue le vieux Pérugin et le dépasse.

Quel que soit le mérite des travaux de Wohlgemuth, ils n'effacent pas pour lui la gloire d'avoir été le maître d'Albert Durer, qui fut l'un des plus grands artistes du monde et qui serait le plus grand peintre de l'Allemagne, si Holbein n'avait pas existé.

Albert Durer (1471-1528) était fils d'un artisan hongrois, qui se trouvait originaire d'un petit village des environs de Wardein où sa famille élevait des bœufs et des chevaux, et qui était devenu bourgeois de Nuremberg pour y avoir épousé la fille de son vieux patron, l'orfèvre Jérôme Haller. L'enfant qui devait illustrer son nom, et résumer en lui toutes les virtualités artistiques de la primitive Allemagne, lui vint quatre ans après ce mariage.

Fils d'un orfèvre, non-seulement Albert Durer devint graveur et peintre, mais encore il sut manier d'un doigt habile le compas de l'architecte, le ciseau du sculpteur, la plume de l'écrivain. Dans ces merveilleuses capitales du xvᵉ siècle, la division des fonctions sociales n'a point encore amené le fractionnement de l'intelligence ; les hommes aux aptitudes multiples s'y rencontrent à chaque pas ; nous en trouverons de nouveaux exemples en France et de plus fameux encore en Italie.

Envisagée dans sa régularité noble, la tête d'Albert Durer, avec son front vaste, ses grands yeux bleus, sa barbe blonde et ses longs cheveux bouclés, éclate de beautés intellectuelles et de beautés bien équilibrées. L'observation s'y joint à l'imagination. On y démêle, à côté du contemplateur exact, le penseur attentif, habile à composer, avec les réalités les plus rigoureuses, des ensembles dont le groupement fortement volontaire appartient à la seule invention.

---

1. « Dans notre ville, pour ce qui est de mon art, j'ai travaillé plus souvent gratis que pour de l'argent; et, depuis trente ans que j'habite ce pays, je puis le dire avec vérité, les travaux dont j'ai été chargé ne se sont pas élevés à 500 écus, somme peu considérable et sur laquelle je n'ai pas eu un cinquième de bénéfice. » (Cité par M. Charles Narrey.)

C'est là le caractère essentiel qui marque son génie; il le garda toujours.

Nulle influence extérieure, si entraînante qu'elle fût, ne vint modifier la nature et la direction de sa pensée originale. Voyageur dans sa jeunesse, voyageur encore dans son âge mûr, il séjourna à Venise, visita Anvers et Bruges, sans se laisser troubler par l'épanouissement de l'Italie ou des Flandres. Tant qu'il vécut, il resta l'homme de sa ville et de son âge ; le croyant, soumis aux traditions ; l'Allemand pensif et calme, doublement apte à concevoir et à sentir; le rêveur mystérieux, qui, fidèle à la sensation perçue et respectant les aspects vrais de la vie, les combina sur un mode tour à tour puissant ou grandiose, et atteignit les frontières du surnaturel.

Il fut ainsi l'expression la plus complète et la plus réfléchie d'un art où la naïveté sert de parure à la profondeur, et qui, par cette alliance, a le pouvoir de remuer encore après tant de temps écoulé, après tant de changements opérés dans les idées ! Tel il se montre dans ces *Quatre apôtres* de Munich, qui, debout et de taille naturelle, impressionnent si vivement par l'intensité de vie physique qui s'y mêle à l'intensité de la vie morale. Tel encore dans cette *Trinité* de Vienne, où par-dessus le plus réel des horizons terrestres, il étage la double représentation spirituelle et temporelle du monde de son temps, élus, bienheureux, apôtres, patriarches, prophètes, martyrs; et le pape, à la tête d'une procession de prêtres, de moines et de religieuses; et l'Empereur à la tête d'un cortège de gens de guerre et de femmes de cour. Par la sublimité de la conception, comme par la force du rendu, c'est un ensemble à terrasser l'esprit. On dirait, qu'avant de disparaître, le vieux symbolisme chrétien a senti le besoin de se contempler une dernière fois. Luther peut venir maintenant et amener au pied de l'édifice vermoulu le bélier de la libre pensée : le monde du passé a son image qui ne périra plus.

Quelquefois la recherche d'Albert Durer est douloureuse et décèle des pressentiments prophétiques. Un voile de mélancolie rembrunit son front clair, sa jeunesse ingénue disparaît sous les rides d'une vieillesse prématurée. Hélas! c'est que la fin est proche ; le monde gothique auquel cet homme appartient n'est pas destiné à durer. La sève du génie municipal a jailli trop fort et trop vite; voilà que son énergie commence à s'épuiser. Encore quelques années, et de toutes ces admirables communes, si industrieuses, si riches, si fécondes en créations de toute nature, il ne restera plus que ce qui reste d'un torrent desséché ou d'une source tarie!

L'art finit à Nuremberg avec la prospérité de la ville. Albert Durer allait mourir (1528), que déjà la découverte du cap de Bonne-Espérance et le changement des voies commerciales faisaient sentir leur influence de mort. L'activité s'arrête et avec elle l'invention. Les élèves du maître, ayant perdu leur flambeau et envisageant la solitude qui allait se faire autour d'eux, hésitent et s'interrogent. Quelques-uns, les amis, ceux qui avaient vécu le plus près du grand homme et connu le charme de son enseignement, Hans Burgkmair, Altdorfer, Schaenffelein, Kulmbach, Feselen, lui restent fidèles. Les autres, Hans Schoorel, Gregorius Penz, voyant à l'horizon du nord et à l'horizon du midi, monter de plus en plus incandescentes, les deux grandes flammes italienne et flamande, passent à l'étranger et se font ennemis.

Nous entrons dans le xvıe siècle, et déjà les artistes, infidèles à l'inspiration populaire, commencent à se détacher de la ville natale, pour rechercher les nobles patronages et la fréquentation des rois. Passons par-dessus Lucas Sunder, de Kranach (1472-1543), qui fit son noviciat dans les Pays-Bas, et, de retour à Wittemberg, y fut attaché, en qualité de peintre de la cour, aux trois électeurs de Saxe, Frédéric le Sage, Jean le Constant et Jean-Frédéric le Magnanime. S'il balança dans son temps la renommée d'Albert Durer, la postérité ne l'a point maintenu à cette hauteur. Pour caractériser sa manière, bornée à l'imitation exacte de la nature matérielle, il faudrait plus de place que nous n'en avons ici. D'ailleurs, le temps nous presse d'arriver à Hans Holbein, le dernier et le plus illustre représentant de cette période de l'art.

Hans Holbein (1498-1554) naquit à Augsbourg, séjourna à Bâle, vécut, travailla et mourut en Angleterre.

Au moment où la famille des Holbein (il y a deux frères de ce nom, Johann et Sigismond) y pratiquait le métier de peintre, Augsbourg était, comme Nuremberg, une des grandes étapes du chemin qui reliait le nord de l'Allemagne aux États du midi. Enrichie par son commerce, elle avait peu à peu racheté son indépendance des ducs de Souabe, ses souverains, et était devenue ville libre impériale (1276). Une bourgeoisie opulente y dominait. On ne cite aucun artiste de la ville antérieurement au vieux Johann Holbein (1450-15..). Mais l'art de celui-ci est déjà si sûr de ses moyens, qu'il n'est pas téméraire de lui supposer toute une longue lignée ascendante. C'est déjà un art positif et précis, se basant sur l'observation sans chercher à la dépasser, et se donnant pour tâche unique d'exprimer cette chose fugitive qu'on appelle la vie : idéal plus ardu qu'on ne le supposerait à ce simple énoncé, et qui ne fut pleinement atteint que par Hans Holbein, le fils.

Hans Holbein, voilà le peintre. L'Allemagne, qui ne s'en glorifie pas assez, peut le mettre en parallèle avec les plus grands noms de l'art européen, Velasquez, Titien, Véronèse, Rembrandt, Rubens. Différent d'eux tous, il n'est inférieur à aucun. Il a le génie propre de la peinture, je veux dire qu'il eût eu la puissance de l'inventer, si elle n'avait pas existé avant lui. Ne l'inventa-t-il pas d'ailleurs? Ne parcourut-il pas en quelques années, seul et sans autre guide que son expérience personnelle, ce cercle d'efforts qui mène des tâtonnements de l'apprentissage à la science maîtresse de tous ses moyens? Ses premiers essais, contemporains de la vieillesse de son père, sont secs et roides; les œuvres de son âge mûr sont admirables de liberté, de souplesse et d'harmonie. Entre ces deux points extrêmes, qu'y a-t-il ? Un séjour à Bâle, où personne, même son père, ne l'eût pu enseigner; un court passage à Anvers, où tout l'enseignement qu'il put recevoir fut d'être confirmé dans la direction de ses instincts. Il se fit donc de lui-même, et de lui-même épura ses qualités originelles. Il avait l'aptitude native : il eut le goût, il eut la mesure, et par-dessus tout l'entente souveraine de ce qui convient. A la façon dont il travaille en Angleterre, à la cour de Henri VIII, peignant le monde qui l'entoure, rois, reines, seigneurs, bouffons, tournois, batailles, entrevues royales, toute époque et certes une curieuse époque de l'histoire, on voit que son cerveau s'est habitué à recevoir l'impression juste du monde extérieur, que sa main s'est façonnée à rendre juste l'impression que le cerveau a reçue. Il n'invente point, il ouvre les yeux et il reproduit l'image qu'ils lui donnent. Bien voir et bien rendre, approcher l'art aussi près que possible de la nature, faire avec la réalité des tableaux harmonieux, qui, par le mouvement et la couleur, présentent l'aspect même de la vie : tel est pour cet esprit exact l'objet propre de la peinture. Après bien des aberrations et bien des folies, la sagesse humaine commence à reconnaître que cette manière de voir n'est pas éloignée d'être la bonne.

Lucas Cranach n'avait quitté que sa ville natale pour aller vivre à la cour du royaume. Hans Holbein, enveloppé tout enfant dans l'émigration paternelle, quitta jusqu'à son pays pour aller vivre à la cour d'un des plus puissants monarques de l'Europe. Il ne doit rien à l'esprit particulier d'Augsbourg, rien à l'esprit particulier de l'Allemagne. Dans son talent, vous ne trouveriez pas la plus petite trace d'indigénat, ni même de nationalité. A une époque où la centralisation intellectuelle commence à exercer son empire, il y échappe, ou plutôt il choisit lui-même son centre en s'expatriant. Il apparaît ainsi comme un homme sans origine et sans attache, qui s'arrête où il veut, choisit pour résidence le point du monde d'où il lui convient le mieux d'observer la vie. Une société tout entière passa devant l'orbe de son regard, et il en retint les plus intéressants spécimens pour l'émerveillement de la postérité. Cette société lui était étrangère, il est vrai. Mais qu'eût-il fait de plus ou de mieux dans sa patrie? le génie municipal était mort, le génie allemand n'était pas encore né.

IV. — Je viens de donner en deux mots la formule de la période qui s'ouvre. Le génie municipal n'est plus, le génie allemand n'est pas encore. De là, dans la vie artielle, ralentissement et arrêt. D'où viendrait à l'artiste l'inspiration? Le voilà, sur le sol même de ses pères, sans patrie et tout à l'heure sans dieux. Les temps ont accompli leur évolution et procuré leurs effets nécessaires. Tous les liens qui avaient présidé à la forte constitution des cités impériales se sont distendus ou vont se distendre. L'indépendance des centres primitifs est menacée par la rapide ascension des grands feudataires. L'ère des constructions communales est fermée : on ne bâtit plus ni hôtels de villes, ni cathédrales. Les institutions ébranlées s'effondrent, ou, immobiles, attendent leur renouvellement. Les capitales dans lesquelles doit se centraliser à nouveau l'énergie créatrice de la nation, ne sont pas encore désignées par le sort. La Réforme, qui souffle et mêle de toutes parts les passions religieuses aux passions politiques, amène des mouvements de peuples et des déplacements de forces qui bouleversent toutes les traditions et tous les souvenirs. Les guerres particulières se succèdent et vont bientôt se résoudre en une guerre générale, la plus horrible et la plus longue qui ait peut-être jamais éprouvé une race, guerre qui doit procurer comme résultat final un remaniement de l'Europe et une constitution nouvelle des peuples modernes.

Au milieu de ces déchaînements et de ces fluctuations, que pourrait l'humble artiste, le pauvre enjoliveur de panneaux? Les groupes naturels, au sein desquels il avait accoutumé de vivre, prennent peur ou se dispersent; les foyers lumineux où il réchauffait son âme, se refroidissent et s'éteignent. Resté seul, il sent s'affaiblir en lui l'enthousiasme producteur; et, lorsque, tremblant devant le tourbillon des idées et des faits qui tord l'antique Germanie, il interroge la route de l'avenir, il n'aperçoit que ténèbres.

Cependant au nord, par delà les pâles brouillards du Rhin, au sud, par delà le cercle bleu des Alpes tyroliennes, une immense rougeur, grandissante depuis deux siècles, illumine les deux points de l'horizon.

D'où vient cette miraculeuse clarté? C'est l'art qui continue de rayonner chez deux peuples voisins.

Italie! Pays-Bas! foyers persistants de chaleur et de vie, quelle est la puissance de votre aimant mystérieux! L'Italie a déjà eu son Raphaël et fourni son cycle d'or. Les Pays-Bas ont eu leurs Van-Eyck, leur Memlinc, leur Quentin-Metzys, leur Lucas de Leyde; ils vont tout à l'heure avoir leur Rubens. Noms glorieux, qui sont en ce moment dans toutes les bouches; terres prédestinées, vers lesquelles l'Europe entière va se mettre en pèlerinage. Le moyen de résister? C'est là qu'habite la lumière; n'est-ce pas là qu'il la faut aller prendre, pour en rapporter ensuite une étincelle à la mère patrie? Nous reviendrons! disent-ils en bouclant leur sac de voyage et en embrassant leurs blondes fiancées. Illusion d'émigrants, qui partent les yeux en larmes et le cœur en angoisses. Beaucoup s'établirent dans les pays qu'ils n'avaient entrepris que de visiter : Hans Schoorel, à Harlem; les deux Ostade de Lubeck, à Amsterdam; Gaspard Netscher de Heidelberg, à La Haye; Philipp Roos de Francfort, à Rome et plus tard à Tivoli. Quant à ceux qui revinrent, Gregorius Pencz, Maxing, Hans von Calcar, Christophe Schwartz, Hans Rottenhammer, Joachim Sandrart, Adam Elzheimer, Ulrich Loth, leur originalité s'était tellement fondue à la contemplation des chefs-d'œuvre étrangers que, les uns copiant Titien et les autres Quentin-Metzys, personne n'eût pu les reconnaître au retour, tant ils étaient changés : ils étaient partis Allemands, ils retournaient Flamands ou Italiens!

C'est que tout le monde n'a pas la puissante personnalité d'un Holbein. Nous avons vu ce grand artiste s'expatrier le premier de tous, quittant successivement Augsbourg pour Bâle, et Bâle pour l'Angleterre. Mais Holbein emportait avec lui un art si complet et si sûr, que, loin d'être exposé à subir une influence étrangère, il devait s'imposer souverainement partout où il aurait plu au maître de porter ses pas. Ceux qui le suivirent sur les grands chemins de l'émigration, débiles et caducs, n'eurent ni cette autorité ni cette vigueur; aussi défaillirent-ils dès la première halte. De créateurs qu'ils pouvaient être, ils descendirent à se faire imitateurs, quelquefois même copistes; et, pendant deux siècles et demi, l'histoire de la peinture allemande n'est autre que l'histoire de cette longue abdication individuelle.

Détachons de ce fonds banal le nom de Balthasar Denner (1685-1747), le portraitiste curieux qui, impuissant à généraliser, trouva son originalité dans la reproduction attentive des menus détails de la peau : art plus singulier que grand, mais qui, par un autre chemin, aboutit également à l'effet cherché, puisqu'il donne la sensation de la vie. Peintre voyageur, déambulant d'une cour à l'autre, tantôt en Allemagne, tantôt en Hollande, tantôt en Angleterre, peignant partout et n'assignant à l'art d'autre but que le gain, Denner est un type qui résume assez bien les praticiens de son temps. Sans attaches, sans principes, sans élévation, sans enthousiasme, sans attendrissement, il localise le monde entier dans le modèle qu'il a sous les yeux et passe indifféremment d'une tête à une autre. Son cosmopolitisme et ses royales fréquentations nous disent assez la situation de l'Allemagne. L'influence est remontée des villes aux États : de populaire et républicain, l'art est devenu monarchique et courtisan.

V. — Dans les premières années du xviii⁰ siècle, il se passa en Italie un fait extraordinaire, autant par les circonstances où il se produisit que par l'influence décisive qu'il allait imprimer à la direction de l'art dans toute l'Europe.

C'était l'époque où le prince d'Elbœuf, général des galères de Naples, se faisait construire à Portici, suivant le goût d'alors, une maison de plaisance, avec jardin au pied du Vésuve et terrasse au bord de la mer. On eut besoin de poudre de marbre pour les stucs de la salle à manger; le prince alors se rappela que plusieurs années auparavant des paysans, qui creusaient un puits à quelques pas de là, avaient trouvé, au lieu d'eau, une grande quantité de morceaux antiques, remarquables par la richesse de leurs couleurs, et il donna l'ordre de reprendre l'excavation abandonnée. La rencontre fut encore plus prodigieuse que la première fois. On cherchait des fragments bons à être broyés sous le marteau; on donna contre les murs d'une ville. Là, en effet, à vingt-cinq mètres au-dessous de la surface du sol, sans que personne au monde en eût le soupçon, Herculanum, la cité gréco-romaine, qui avait été au temps de sa prospérité un des centres populeux de la Campanie, le rendez-vous du luxe, des plaisirs et des arts, gisait engloutie depuis seize cents ans, squelette de murs recouvert par une double couche de débris calcinés.

Une ville antique, contemporaine du plus bel âge civilisé, embaumée en quelque sorte dans la lave d'un volcan et conservée par le miracle même de sa destruction, apparaissant tout à coup dans la nuit de la terre, et laissant deviner, par l'ouverture béante d'un puits, ses monuments, ses habitations, ses places, ses rues, avec le cortège obligé des marbres, des bronzes, des mosaïques, des fresques, des ornements de toute nature dont les anciens étaient si prodigues : il y avait là plus qu'il n'en faut pour frapper l'imagination des érudits et pour mettre en rumeur tout ce que l'antique Italie contenait alors de savants et d'artistes.

Les antiquaires de Naples accoururent, puis les antiquaires de Rome, puis les antiquaires étrangers. Le président de Brosses, qui accomplissait vers ce temps dans la Péninsule le voyage dont il nous a laissé une si mordante relation, vint lui-même, attiré par le bruit (1739).

Ce n'est pas le lieu de faire ici le récit de cette lente exhumation, ni de raconter à la suite de quelles nécessités les fouilles de Pompéï furent tout à coup substituées à celles d'Herculanum (1750). Il nous suffira de dire les richesses de cette seconde mine. En 1755, quand le Français Barthélemy, revenant de Pæstum, où il était allé « contempler les plus anciens monuments de l'architecture grecque », vint à Portici visiter l'incomparable merveille, les morceaux rassemblés dans les salles du palais étaient en tel nombre et présentaient un tel ensemble, qu'on pouvait déjà reconstruire en les examinant tout le passé de la société grecque, et que Barthélemy enthousiasmé conçut en leur présence l'idée de son *jeune Anacharsis*.

A l'époque où ces miraculeux événements vinrent occuper l'attention publique, l'art n'existait plus en Europe. Là où il n'avait pas cessé de produire, il était tombé dans la frivolité, l'afféterie, la manière. L'Italie, veuve de ses grandes gloires, avait perdu cette royauté du génie dont elle s'était montrée si fière. L'Espagne, écrasée par le despotisme, énervée par l'inquisition, dévorée par sa lèpre de mendiants, était rentrée dans l'immobilité de la mort. La Hollande, déshéritée des grands horizons, végétait dans les minuties de l'accessoire. La France, affolée de sensualités et de fadeurs, se lançait à corps perdu dans la déification de la débauche.

La découverte d'Herculanum et de Pompéï fut le fait fatidique qui, donnant aux intelligences la commotion initiale, les tira de l'engourdissement et les incita vers les chemins nouveaux. Jusque-là, on n'avait connu que des fragments d'antiquité, fragments sans lien, isolés non-seulement les uns des autres mais encore de la société qui les avait produits; et les artistes qui les avaient étudiés, j'entends les mieux doués et les plus originaux, n'y avaient cherché qu'un perfectionnement à leur propre manière. Cette fois, c'est l'antiquité elle-même qui se montre avec son génie, sa grâce, sa force, son intelligence des choses, sa sûreté d'exécution, sa variété inépuisable, enfin toutes ses incomparables qualités de nombre, de vérité, d'harmonie. Depuis près d'un demi-siècle, les archéologues, par une sorte de prescience historique (Caylus, Barthélemy, Hamilton, Heyné), invoquaient sa venue. Aussi, lorsque, réfléchie dans le cerveau puissant d'un Winckelmann et systématisée par sa logique rigoureuse, elle apparut tout à coup dans son ensemble, avec ses idées, sa méthode, ses procédés, sa philosophie, son histoire, elle subjugua tous les esprits, rallia tous les assentiments, fut proclamée aussitôt comme la forme définitive du vrai.

C'est de Rome, ville improductive et morte, nécropole de souvenirs et de ruines, dont la stérilité n'a jamais pu produire un artiste, mais qui, à toutes les époques, a eu la fortune de pouvoir attirer et retenir chez elle les plus grands artistes de

l'univers; c'est de Rome, dis-je, que va partir le signal du renouveau. Ce renouveau
d'ailleurs sera bien différent de celui auquel nous avons assisté dans le cours des
xiiie et xive siècles. L'humanité vieillie n'a plus la séve des premières années.
Ce n'est pas de la création, c'est de la résurrection seulement qu'elle peut donner.
L'art que nous allons voir se former ne sera plus un art local, indigène, inspiré
par le génie particulier d'une race et s'attachant à manifester ce génie dans ses
œuvres; ce sera un art cosmopolite, inspiré d'une civilisation disparue, reconstruit
avec plus ou moins de bonheur par l'érudition, habile, à cause de ses tendances
généralisatrices, à se propager en tous lieux, mais impuissant à se plier au goût,
au caractère, au tempérament, aux nécessités historiques des peuples où il se sera
implanté. Une exception, une seule, et elle est à l'avantage de la France : Louis
David qui, par son maître Vien et par lui-même, avait reçu à Rome l'enseignement précieux, ne garda pas, de ce côté des monts, le tour d'archaïsme pur qu'on
avait imprimé à sa jeune intelligence. Nourri de la plus forte moelle des anciens,
il eut l'énergie de leur caractère, se monta à la hauteur de leur patriotisme, mit
son art au service de son époque, et, sous couleur d'antiquité, ne peignit jamais
autre chose que les idées de la Révolution.

Dès 1760, Rome était devenue un foyer d'érudition ardente, où le contre-coup
des nouvelles découvertes se faisait à chaque instant ressentir. Il y avait là un
petit noyau d'amateurs, très-épris de l'antiquité et très-amoureux des discussions
esthétiques, dont le peintre Raphaël Mengs, nommé professeur de l'Académie fondée
au Capitole par Benoît XIV, se faisait le centre. Cet artiste était Allemand et originaire d'Aussig en Bohême. Établi depuis longtemps à Rome, il n'avait pas encore
fondu ensemble, comme il le prétendit plus tard et comme le grand Winckelmann
lui-même eut la faiblesse de le dire, le dessin de Phidias, la couleur de Titien, le
clair-obscur de Corrége et l'expression de Raphaël; mais c'était déjà un homme
instruit, disert, intéressant à entendre et à suivre. On s'assemblait le soir, on lisait
les publications nouvelles, on feuilletait les estampes publiées par la cour de Naples,
on s'extasiait sur la simplicité grecque, on discourait sur les moyens de la ramener
dans l'art. Vien, qui avait côtoyé ce milieu de 1744 à 1750, avait entendu l'écho
des conversations engagées ; mais jeune encore, il ne s'était point détaché de
l'étude de la nature. La cour et la ville prenaient part dans ces querelles, et c'était,
dans Rome, une ardeur, un entrain comme on n'en avait pas connus depuis les
grands jours.

Ces velléités de rénovation seraient sans doute tombées d'elles-mêmes, comme
une fièvre passagère, s'il ne s'était rencontré aussitôt un homme de premier ordre,
capable de les résumer, et, en leur donnant un corps, de leur imprimer une direction. Winckelmann accomplit cette œuvre. Ami de Raphaël Mengs, mais mieux
doué, plus savant et plus divinateur, il n'eut pas plutôt visité Rome, Herculanum,
Pompéï, qu'il revit l'antiquité entière et qu'il en parla, comme s'il eût été lui-même
citoyen d'Athènes. La nature de l'esprit, les qualités de la main, l'objet poursuivi,
les beautés exprimées, il comprenait tout, démontrait tout; et, quand il donna le
commencement de son *Histoire*, pour la première fois on eut de l'art ancien une
théorie complète, raisonnée, emportant la conviction, théorie qui depuis a pu être
modifiée par parties, mais qui subsiste encore dans son ensemble et n'a jamais été
dépassée.

Ce livre fit merveille. Son auteur, installé dès 1763 comme président des antiquités et bibliothécaire au Vatican, vit son autorité grandir d'année en année, et
avec elle l'ascendant de Rome. Du moment que la vieille capitale ne se bornait
plus à être le musée universel des âges, mais se haussait jusqu'à se faire l'apôtre

d'une doctrine nouvelle destinée à régénérer l'art chez toutes les nations, de tous les points de l'Europe, on accourut vers elle. Et la propagande que ses savants avaient entreprise devint effective. Winckelmann a beau mourir assassiné, d'Agincourt continue son œuvre. Le retour vers l'antique s'accuse avec une énergie croissante. Vien retourne en 1775 pour prendre la direction de la Villa-Médicis, et se voit obligé de modifier les bases de son enseignement. Louis David, son élève, qu'il a amené avec lui, accomplit le pieux pèlerinage de Pompéï ; et le jour où, sentant l'orage révolutionnaire gronder par delà les Alpes, il veut, pour première leçon, montrer à ses concitoyens ce que c'est que le dévouement à la patrie, il revient à Rome exécuter son *Serment des Horaces*. En 1779, Canova arrive de Venise; puis, à partir de ce moment les grands noms se succèdent. C'est Flaxmann, qui débarque d'Angleterre en 1787; c'est Thorwaldsen, qui descend du Danemarck en 1776; c'est Ingres, qui vient de France en 1806; c'est Overbeck, qui arrive d'Allemagne en 1810. Mais déjà nous avons franchi les frontières extrêmes du xviiie siècle. Le mouvement, commencé il y a quarante ans par Raphaël Mengs et Winckelmann, a dévié de son point de départ. La tradition classique, en marchant, subit l'influence des faits; elle avait débuté avec les pures données païennes, la voici qui se teinte de l'élément spiritualiste et chrétien.

Tandis que, des diverses contrées du Nord, les pèlerins de l'art s'acheminaient sur Rome, les uns pour lui demander l'inspiration et repartir après, les autres pour faire de la ville éternelle leur résidence définitive, il s'était accompli en Europe, particulièrement en Allemagne, des événements prodigieux. L'agrégation factice, qui avait constitué jusqu'alors le corps germanique, touchait à sa fin. Un esprit nouveau, l'esprit de la jeune Allemagne, soufflait. Comme on voit des touffes vertes passer dans l'écartement des ruines, les idées de liberté et de patrie se faisaient jour à travers les interstices du vieil édifice césarien. Une littérature nationale, immédiatement portée à l'apogée par les plus grands noms de la philosophie et des lettres, avait pris naissance. Prélude de l'unité politique, l'unité morale s'établissait.

Comment l'empire de Charlemagne disparut sous le contre-coup des guerres qui suivirent la Révolution française; comment le sentiment de la race s'enfiévra par le fait des invasions étrangères; comment le patriotisme, surexcité par les prédications des journaux et les chants des poëtes, eut enfin raison du lugubre maniaque qui, à ce moment de l'histoire, ensanglantait le monde, mon collaborateur Spuller l'a montré dans son étude historique si savante et si complète. Je n'ai pas à revenir sur ces aperçus généraux. Le seul point qui me reste à examiner, c'est celui de savoir si l'Allemagne moderne, enfin débarrassée de la guerre et maîtresse de son sol, possédant sa langue et poursuivant le rêve de son unité politique, ayant une conscience nette de sa tradition et ses tendances, en un mot, se sachant elle-même et sachant son génie propre, si l'Allemagne moderne, dis-je, a affirmé ce génie en peinture avec autant de netteté et de force qu'il lui a été donné de le faire en philosophie, en critique, en science, en poésie.

A cette question nettement posée, il convient de répondre nettement : non.

D'abord, son art nouveau lui vint de l'étranger. C'est en Italie, c'est à Rome, foyer de la Renaissance classique au xviiie siècle, qu'il se forma. On connaît l'histoire de cette petite colonie allemande, qui, vers 1810, passa les monts sous la conduite de Frédéric Overbeck, et vint chercher dans la ville éternelle un refuge contre les agitations de la politique. Esprits solitaires, que le bruit des peuples en lutte effrayait, leur premier soin fut de se retrancher dans une sorte de solitude cénobitique. Séparés de la mère patrie par la barrière des Alpes, ils jugèrent encore à propos de creuser un fossé entre le monde et eux. Lanzi avait dit que les artistes modernes devraient étudier les artistes des premières époques de l'art, plutôt que Raphaël lui-même; et il en avait donné pour raison que Raphaël, sorti de ces peintres, leur avait été supérieur, tandis que parmi ceux qui étaient sortis de Raphaël, nul ne l'avait égalé. Ils suivirent l'absurde conseil de Lanzi et d'un bond uniforme se précipitèrent dans le passé. Seulement, le passé qui convenait à leur âme affadie, n'était point l'antique qu'avait étudié Mengs, qu'avait glorifié Winckelmann, et dont le républicain Louis David s'était emparé pour façonner un art à la révolution française. Vingt ans nous séparent de cette période et la tournure des esprits est bien changée. Déjà le romantisme a fait son apparition en Allemagne; avec lui se développent ces tendances à la mysticité qui doivent couvrir d'une ombre si triste et si noire toute la première moitié de ce siècle. Le temps est au religiosisme, au monachisme, au cléricalisme. Ils s'arrêtent un peu au delà du xvıe siècle, à la peinture primitive, croyant trouver dans la maigreur des formes l'expression même de l'idéal chrétien; puis, pour dernier trait de caractère, tous abjurent le protestantisme. Une fois qu'on a proclamé comme Overbeck que « l'art a pour objet de servir la religion » il n'y a plus de folie qui coûte : ceux-ci se sont faits catholiques, ils auraient pu pousser plus loin encore et se faire moines ou prêtres.

Pierre Cornelius, Wilhem Schadow, Philippe Veit, Jules Schnorr, tous les maîtres, qui, revenant plus tard en Allemagne, ont jeté à Munich, à Dusseldorff, à Berlin et ailleurs, la semence des écoles contemporaines, sont sortis de la petite communauté mystique de 1810. Tous, plus ou moins, en ont reçu l'empreinte archaïque; et l'art qu'ils ont apporté à leur patrie s'est trouvé entaché dès le berceau d'un double vice rédhibitoire : il n'était pas national, il ne fut pas vivant.

Être de son temps et de son pays; faire de la vie la matière même de l'art; réfléchir dans le miroir exact de son œil, et puis ensuite jeter sur la toile les multiples aspects de la société environnante, avec les tempéraments, les caractères, les passions, les idées, les faits, les mœurs, les costumes; exprimer un moment de l'histoire, et l'exprimer puissamment par les moyens propres de la peinture, qui sont le dessin et la couleur; avoir le mouvement et la vérité de la nature; posséder le goût; envelopper toutes ses compositions, les plus compliquées comme les plus simples, d'un intangible tissu d'harmonie : tel est l'idéal du peintre. Les plus grands sont ceux qui s'en sont le plus approchés. Contemplateurs, penseurs, exécutants, ils ont été tout cela. Velasquez l'a été à Madrid; Veronèse l'a été à Venise; Holbein l'eût été à Augsbourg, s'il n'eût préféré à sa ville natale le grand théâtre d'une cour européenne. Les artistes de l'Allemagne contemporaine ont eu beau entreprendre des travaux plus gigantesques que ceux de ces hommes illustres, orner des palais et des musées, couvrir de leurs élucubrations mythologiques ou religieuses des surfaces immenses, ils n'ont pas compris la véritable destination de l'art; ils ont sacrifié la forme à l'idée, le présent au passé, la vie à la mort; ils peuvent être des philosophes ou des poëtes, ils ne sont pas des peintres. Cornelius, le mieux doué et de beaucoup le plus puissant d'eux tous, est une tête encyclopédique, un cerveau avoisinant la capacité d'un Goëthe; écrivain, il eût peut-être ordonnancé la plus grande des tragédies ou le plus magnifique des poëmes. Peintre, il n'aura fait qu'une œuvre bizarre, obscure, monotone, stérile et déjà condamnée.

Une ville, renouvelée dans ce siècle et considérablement embellie, résume assez bien dans son aspect le caractère de toute cette période. C'est Munich. Munich n'est ni bavaroise ni allemande : elle est grecque, c'est la nouvelle Athènes. Les noms des rues, des musées, des monuments sont grecs. On y voit la Glyptothèque, la Pinacothèque, les Propylées. Les scènes peintes et les personnages sculptés appartiennent à la Grèce; Cornélius, le peintre d'histoire, a représenté l'Olympe et tous ses dieux; Charles Reutmann, un paysagiste, a relevé la topographie des campagnes de l'Attique; Kaulbach a peint une bataille, c'est la bataille de Salamine; Andreas Muller a figuré des noces, ce sont les noces d'Alexandre. Pendant ce temps, Philippe Foltz raconte l'histoire de Périclès, et Ginelli célèbre la malice d'Ésope. C'est, dans toutes les cervelles et sur tous les murs, la folie de l'antiquité : il ne manque plus que de parler grec et de se promener en chlamyde.

Où est le génie allemand dans tout cela? Où est la patrie allemande? Où sont les personnages? Où sont les actes? Où sont les idées? Cette image précise que les générations qui passent doivent laisser d'elles-mêmes, en témoignage de leur grandeur ou de leur misère, de leurs revers ou de leur gloire, dans quelle série d'œuvres apparaît-elle?

Ainsi, depuis moins de cent ans, l'Allemagne aura accompli les plus grandes choses qu'il soit donné à un peuple d'accomplir; elle aura conquis son idiome, affranchi son territoire, renouvelé ses institutions, produit dans tous les ordres de l'intelligence ou de l'action une légion de grands hommes, réalisé peut-être son unité tant rêvée; et les peintres qui vivaient pendant ce même temps, les Overbeck, les Cornelius, les Lessing, les Hess, les Schnorr, les Schadow, détournant la face et regardant derrière leurs talons, auront passé leur vie à poursuivre, à travers la poussière des siècles, je ne sais quelles vieilles idées et je ne sais quelles vieilles formes! A quoi sert-il donc à une nation d'être puissante, à une époque d'être glorieuse, si ses peintres, c'est-à-dire les hommes chargés de la figurer aux yeux, ne savent pas la voir?   CASTAGNARY.

ALLEMAGNE. — ARCHÉOLOGIE. — En Allemagne comme en France, l'architecture du moyen âge procède du passé. La cathédrale la plus compliquée n'est en somme que la basilique romaine voûtée et appropriée au culte. Des moyens inventés pour résister à la poussée des voûtes sont nés le roman et le gothique. L'appui intérieur, c'est-à-dire la force et l'épaisseur des murailles, caractérise le roman; l'appui extérieur ou arc-boutant, et, par suite, l'extrême légèreté des murs, sont les attributs les plus saillants du gothique.

C'est dans les régions où les Gallo-Romains et les Germains se sont rencontrés, dans la vallée du Rhin, qu'il faut chercher le berceau de l'architecture allemande. Dès le IVᵉ siècle, les basiliques de Cologne et de Trèves, transformées en églises, et les édifices reconstruits sur le plan même de leurs ruines, fournirent le type qui peu à peu pénétra, en se déformant, dans l'intérieur de la Germanie. Il nous reste un précieux spécimen de cet art intermédiaire, qui n'est plus le style classique et n'est pas encore le roman, dans l'église de Gernrode en Lusace, presque tout entière du Xᵉ siècle (963). Ses trois nefs sont couvertes par un *lacunar*; déjà elle présente un transept, aux bras inégaux; deux tours flanquent le chœur occidental; le chœur oriental est une addition du siècle suivant. L'édifice a bien, du moins à l'intérieur, l'aspect d'une basilique du Vᵉ siècle; et cette forme, si l'on en juge par Saint-Michel d'Hildesheim, semble s'être conservée en Allemagne, même après la naissance du roman.

L'apparition du style roman dans la vallée du Rhin (première moitié du XIᵉ siècle) coïncide avec l'arrivée d'architectes byzantins qui accompagnaient la princesse Théophanie, épouse d'Othon II. En tout cas, il prit rapidement un carac-

tère particulier et national qui écarte l'hypothèse, pourtant bien naturelle, d'une
influence française. La cathédrale de Spire, construite en 1030-1061, et relevée après
un violent incendie, en 1159, nous présente le modèle du roman germanique. C'est
encore la basilique à trois nefs, mais voûtée, munie de transepts très-saillants,
dont quatre tours occupent les aisselles. Le chœur, profond, se termine en abside
circulaire. La coupole octogone qui surmonte le carré du transept est voûtée à
plein cintre. De forts piliers garnis de colonnettes supportent les voûtes d'arêtes,
soutenues par de puissants arcs doubleaux. D'élégantes arcades forment la décoration extérieure. L'édifice est long de 132 mètres sur 70. La nef centrale s'élève à
32 mètres au-dessus du sol. Après Spire, on peut citer les cathédrales de Naumbourg,
de Bamberg, Sainte-Marie du Capitole à Cologne, l'église abbatiale de Limbourg
près Durckeim.

A l'époque romane succède une période de transition où l'art national lutte avec
énergie contre l'importation française du gothique. L'influence du style nouveau ne
s'accuse d'abord que dans l'exhaussement insensible des voûtes et des doubleaux,
comme à Mayence, dont la cathédrale est le type le plus parfait de l'art de transition (1191), ou à Trèves (1196), et dans la présence d'un arc brisé isolé, par exemple
à Kammsin en Poméranie (fin du XIIIe siècle). Le plein cintre règne dans les nefs
collatérales et même dans les grands arcs. L'invasion du gothique fut lente; et le
Munster de Bâle, qui date du XIVe siècle, présente encore une colonnade et des
chapiteaux qui rappellent le style de transition.

La première église allemande qui soit véritablement gothique, est Notre-Dame
de Trèves (1236-1242). Le type le plus fameux du gothique allemand est fourni par
la cathédrale de Cologne, imitation d'Amiens et de Beauvais. Commencée le
14 août 1263, elle n'était pas encore achevée en 1437. La construction de Saint-
Laurent à Nuremberg et du Munster d'Ulm dura deux siècles (du XIVe au XVIe).
Les Allemands ont excellé dans le gothique, mais sans avoir dépassé, quoi que
puisse prétendre leur orgueil national, les grandes églises françaises qui leur
servirent de modèle.

Nous devons une mention à l'élégant emploi de la brique dans les édifices du
nord de l'Allemagne, où la pierre est rare. Des églises gothiques du XIVe siècle,
Sainte-Catherine de Brandebourg, Sainte-Marie de Stargard, Sainte-Marie de
Lubeck, Saint-Nicolas de Stralsund, la cathédrale de Prenzlau, sont décorées ainsi
de briques vernissées, disposées en mosaïques, en frises éclatantes, en encadre-
ments qui ressortent sur des enduits diversement colorés. On ne connaît en
Allemagne qu'une seule église romane construite en briques, celle de Jerichow, dans
la marche de Brandebourg. Elle date de 1147.

Sans nous étendre sur l'architecture civile et militaire, nous pouvons signaler
les belles ruines du château de Gelnhausen, un des plus beaux spécimens du
XIIe siècle, séjour que la tradition attribue à Frédéric Barberousse. Les colonnes y
sont traitées avec une pureté antique, et les tympans sont délicatement fouillés de
ciselures qui rappellent les arabesques de l'Alhambra. L'habile restauration d'un
architecte français, à Rheineck, peut donner une idée des somptueuses constructions romanes. Les châteaux de Meissen et d'Heidelberg sont aussi d'admirables
types, mais d'époques moins anciennes.

Les plus vieilles maisons de l'Allemagne, à étages surplombants, à poutres apparentes et sculptées, ne sont pas antérieures au XVIe siècle. On en trouve surtout
dans le Harz et la région circonvoisine, notamment à Wernigerode.

Si nous passons de l'architecture aux arts accessoires, nous y découvrons également la marque d'une initiation latine ou byzantine. Les diptyques d'ivoire

(XIe siècle) conservés à Munich et les peintures du XIIe siècle, dont les débris se voient dans l'église de Gernrode, en fournissent la preuve irrécusable. A l'influence gothique, sensible dès le milieu du XIIIe siècle, s'oppose, dès le siècle suivant, une tendance naturaliste, moins amoureuse de l'expression que de la forme; mais la forme elle-même reste molle et empâtée jusqu'aux temps d'Holbein et d'Albert Dürer.

L'émaillerie, qui a jeté en Allemagne un vif éclat, est une importation de Théophanie, princesse byzantine. Régente après la mort d'Othon, elle appela près d'elle de nombreux artistes de son pays, où cet art florissait, et fonda des ateliers qui, dès le commencement du XIe siècle (1015-1022), donnèrent un rapide essor à l'émaillerie allemande. On peut voir, dans les chroniques du temps, la description d'un riche calice en or émaillé que le pieux empereur Henri II donna, pendant son voyage en Italie, à l'abbaye du mont Cassin. Les premiers émaux allemands que l'on connaisse sont deux croix d'or conservées au monastère d'Essen et qui remontent à 998 ou 1002. Ajoutons-y une croix qui appartient au roi de Hanovre et une boîte d'or où est renfermé un évangéliaire (ms. 54, bibliothèque de Munich). Le style distinctif de ces pièces est une imitation très-gauche de l'art byzantin; dans les descriptions qui les décorent, on remarque le mélange des caractères grecs et romains. Leurs couleurs, bleu foncé, bleu clair, rouge, carnations rosées, sont d'une grande vivacité. Le XIIe siècle se dégage de la servilité byzantine et voit éclore une école originale qui naît sur les bords du Rhin et se distingue de l'émaillerie limousine par l'usage du compas et l'emploi presque exclusif des diverses combinaisons du cercle. Aux divers bleus, à trois nuances de rouge, au jaune, au noir et au blanc s'ajoutent le violet et le gris de fer; ces couleurs sont harmonieusement mariées sur le cuivre; l'émail est versé avec art dans les intailles qui forment des fleurons variés, des inscriptions, des chairs indiquées par de fines gravures niellées. Une réaction byzantine amène, aux XIVe et XVe siècles, une décadence dont l'émaillerie ne s'est pas relevée, et qui correspond au développement de la ciselure et du repoussé. Les châsses de Saint-Maur, des rois mages à Cologne, de Charlemagne à Aix-la-Chapelle, doivent être comptées parmi les chefs-d'œuvre de l'émaillerie allemande. Eilbert de Cologne et Nicolas de Verdun sont à peu près les seuls émailleurs dont on connaisse le nom.

Le blason allemand se distingue du blason français bien plutôt par la forme de l'écu que par les couleurs ou la disposition des pièces.

Tantôt oblong, tantôt rectangulaire à la base et oblong au sommet, l'écu des évêques et des abbés est timbré de la mitre croisée de la crosse; du timbre se détachent deux rubans ou lambrequins qui enveloppent l'écu tout entier. Une échancrure profonde sur les deux côtés caractérise presque invariablement l'écu laïque dans l'Allemagne du nord; à mesure qu'on avance vers le sud, se rencontrent en petit nombre les écus ronds, oblongs ou carrés. Le timbre est un heaume rond et grillé; les lambrequins s'arrêtent à l'échancrure. Le sommet est couronné d'un panache droit, formé de plumes de paon ou de deux crêtes de coq, parfois remplacé par deux cornes, par des couronnes perlées ou émaillées, ou par une figure héraldique. D'ordinaire la pièce qui surmonte le casque est reproduite sur l'écu. Peu ou point de *pièces honorables*, de devises et de supports, si ce n'est dans les blasons méridionaux. Quelques nobles, surtout des bourgeois anoblis de villes libres, tels que les Függer, par exemple, timbrent leur écu d'autant de heaumes qu'il comporte de pièces héraldiques.

Quant au mobilier, c'est dans les miniatures et les manuscrits qu'il faut chercher quelques renseignements épars sur la période romane. Les éléments d'un travail spécial et précis manquent ici presque complétement. On est du moins autorisé à dire que le mobilier carolingien et roman était rude et lourd. La sculpture était remplacée par une gravure grossière de deux à trois millimètres, dont les fonds étaient peints de couleurs plus ou moins sombres. C'est la décoration que présente une vieille armoire, de date incertaine, conservée dans la cathédrale de Munich. Le placage d'ivoire et de métal nous est indiqué par une miniature du manuscrit de Herrade de Landsberg. Les plaques d'ivoire plus ou moins délicatement gravées d'intailles où l'on coulait du vert, du rouge et du noir, étaient ensuite appliquées et assemblées, comme une chemise précieuse, sur la carcasse de bois.

Les lits, bas et simples, rembourrés à la tête, étaient abrités par des courtines suspendues à deux poutres, sans ciel de lit. Une miniature du manuscrit de Herrade nous montre un roi couché, la nuque sur un coussin. Au pied du lit est un marchepied de bois; le chevet s'appuie au mur; un réchaud sur quatre pieds, sans roulettes, occupe l'angle; au milieu de la chambre on voit un siége en forme de X, à côté d'une table oblongue couverte d'une nappe. Au XIIIe siècle, la menuiserie gothique remplace le placage roman. Les meubles plus grands, plus compliqués, se couronnent d'arcatures où s'enroulent des inscriptions latines ou allemandes, par exemple, sur une armoire : *In te, domine, speravi; non confundar in œternum;* sur un lit, le fameux proverbe : *Morgenstunde hat Gold im Munde.*

En Allemagne comme en France, l'archéologie nationale date du XIXe siècle. Jusqu'à cette époque, les nombreux érudits allemands, et il en est, comme Grüter et Potter, dont la postérité gardera les noms, ont consacré leur sagacité à l'étude exclusive des monuments grecs et romains. Le XVIIIe siècle se borna à la reconstruction plus ou moins heureuse d'anciens édifices, par exemple le Dom de Spire.

C'est la cathédrale de Cologne qui paraît avoir attiré l'attention des Allemands sur leur art national. Dès 1802, G. Forster, dans ses *Vues du Bas-Rhin,* décrit avec enthousiasme ce bel édifice et fait des vœux pour son achèvement. F. Schlegel, dans sa *Description de Paris et des Pays-Bas,* ne resta pas en arrière. En 1808, se formait, à Cologne même, une société de jeunes gens qui, dans l'espoir d'une reconstruction prochaine, se mirent à étudier la cathédrale et à en dresser le plan détaillé. Parmi eux se distinguaient les deux frères Boisserée, qui ont depuis si bien mérité de l'archéologie. Gœthe, qui les avait connus en 1810, les retrouva à Cologne après la paix de 1815; et, de cette rencontre, naquit, sous le titre de *Art et antiquité sur le Rhin et le Mein,* le premier journal archéologique publié en Allemagne. Gœthe en écrivit à lui seul tout le premier cahier.

Dès lors, les travaux se multiplièrent. 1821 vit paraître le grand ouvrage de S. Boisserée sur les *Monuments du Bas-Rhin.* En 1822, commença cette longue restauration de la cathédrale de Cologne qui a déjà coûté à l'Allemagne près de quatre millions de thalers.

De 1830 à 1850, G. Moller et Kallenbach publient leur reproduction, avec texte, des plus beaux monuments du moyen âge allemand. Le Dr Puttrich s'attache aux édifices de la Saxe; Popp et Bulau, à Ratisbonne et à la Bavière. De 1850 à 1860, Geier et Görz étudient le roman des bords du Rhin; Essenwein, les constructions en briques de l'Allemagne du nord. Ajoutez les excellentes monographies de M. Boisserée (1842), de J. Wetter (1835) sur Mayence et Cologne. G. Kinckel et E. Schnaase (1844-45) soutinrent, avec une érudition digne d'une meilleure cause, le symbolisme du roman et du gothique. Chaque jour, les journaux et les publications d'innombrables sociétés archéologiques viennent animer par des découvertes et de précieuses indications un mouvement qui a pénétré les masses elles-mêmes, mouvement attesté par les souscriptions incessamment versées pour la restauration de la cathédrale de Cologne et du Munster d'Ulm.

Bibliographie. — (Archéologie des anciens Germains) : *Kostümkunde oder Geschichte der Pracht, des Baues, und des Geräthes der Völker des Alterthums, von* Hermann Weiss. Stuttgard, 1860. — Klemme, *Histoire de la civilisation en Allemagne et en Europe*, 10 volumes, 1843-1852.

(Architecture, peinture, sculpture, etc., depuis l'ère chrétienne jusqu'à la Renaissance) : S. Boisserée, *Monuments de l'architecture du Bas-Rhin* (Cologne). — *L'art au moyen âge en Westphalie*, d'après les monuments subsistants (texte allemand). Leipzig, chez T. O. Weigel, 1853. — *Monuments de l'architecture allemande*, par G. Moller, Darmstadt, in-fol. — *Monuments d'architecture de la Saxe*, par le Dr Puttrich. — *Architecture allemande au moyen âge*, par Kallenbach (atlas et texte). — *Architecture du moyen âge à Ratisbonne*, par Popp et Bulau. — *Monuments de l'architecture romane des bords du Rhin*, par Geier et Görz, Francfort, 1846 (allemand). — F. Krugler, *Manuel de l'histoire de l'art*, Berlin, 2e édition, 1850, in-8o (non traduit). — E. Schnaase, *Histoire des arts plastiques au moyen âge*, Dusseldorf, 1844, in-8o. — G. Kinckel, *Histoire des arts plastiques chez les peuples chrétiens depuis le commencement de notre ère jusqu'à nos jours*, Bonn, 1845, in-8o. — *Cathédrales romanes du Rhin central*, par de Quast. — A. Essenwein, *La construction en briques au moyen âge dans l'Allemagne septentrionale*, Carlsruhe, 1854. — *Journal d'architecture* de L. Forster, 1840-41 et suiv. — *Deutsches Kunstblatt*, 1850-51 et suiv. — *Les meubles au moyen âge*, Ungewitter, chez Morel (atlas). — *Histoire des arts industriels*, par M. Jules Labarte, Morel, 1864. — *Jean Labmaeker's Grosses Wappenbuch*, 1772. — *Krieg von Hochfelden, Geschichte der Militär-Architektur des Frühern Mittelalters in Deutschland*. — De Quast, *Émaux d'Allemagne et du Limousin*, Paris, 1860. — Cours professé par M. Quicherat à l'École des Chartes, 1865-66.   Francis Molard.

ALLEMAGNE. — musique.

L'édifice de la musique italienne, miné par le virtuosisme, allait crouler de fond en comble, lorsque surgirent de l'autre côté des Alpes, en Allemagne, deux artistes surprenants, dont l'apparition ouvre l'ère de la musique moderne. Par Bach et par Haendel, l'Allemagne conquit l'hégémonie du monde musical ; elle fut comme la seconde patrie de la musique, et quoique la fable et la légende les aient ridiculement exagérées, les aptitudes du peuple allemand aux choses de cet art sont devenues proverbiales. Un intérêt particulier s'attache donc à l'étude du mouvement musical en Allemagne, et nous tâcherons de le suivre dans tous ses développements, depuis son origine jusqu'à son apogée.

Vue de très-haut, la musique allemande se trouve encadrée entre l'œuvre de Beethoven et les premiers chants de la Germanie; malheureusement, ces derniers sont et demeureront probablement toujours inconnus. Tous les peuples, les Égyptiens, les Hébreux, les Grecs, les Chinois, ont laissé des documents à l'aide desquels nous pouvons donner un aperçu superficiel de leur système musical, et si nous n'y trouvons pas toute la vérité nous en déduisons au moins des conjectures, voisines de la certitude. Seuls, les Germains, les derniers venus, eux qui devaient être le peuple musical par excellence, ne nous ont transmis aucune notion sur leurs premiers exploits musicaux : par un caprice de l'histoire, la musique des Germains se perd dans la nuit des temps. Les poëtes, il est vrai, interrogent les forêts de la vieille Thuringe; elles leur redisent les superbes chants des Chérusques et des Cattes; au loin, ils entendent comme le bruit des glaives qui marquent un rhythme sauvage sur l'airain retentissant, et l'écho leur répète les chants de liberté qui appellent le Germain au combat contre l'oppresseur. Mais certains historiographes détruisent d'une main impitoyable ces prétendues chimères. A en croire leurs récits, les habitants de la Germanie étaient à peine des êtres humains; plongés dans la plus noire barbarie, ils erraient dans les bois et se nourrissaient de glands ; leur langue était une suite de cris inarticulés; leur poésie, un assemblage de mots barbares, et leur chant imitait le croassement du corbeau. Les uns affirment, les autres nient ; au-dessus des controverses plane le témoignage de Tacite, contre lequel il n'existe encore aucun argument sérieux. Le grand historien parle avec intérêt, presque avec amour, des peuplades de la Germanie; c'est au fond de leurs forêts séculaires qu'il allait chercher les exemples de courage et de vertu qui devaient faire rougir de honte ses compatriotes dégénérés. Inutile de dire, cependant, que Tacite ne nous fournit que très-peu d'éléments pour l'objet spécial de notre étude; la musique des Germains ne pouvait être un art cultivé, et toutes leurs manifestations musicales devaient se borner au chant populaire, qui, après tout, est la source de toute musique. Or, nous pouvons admettre que ce chant, si sauvage qu'il ait paru aux Romains de la décadence, n'était point dépourvu d'expression, et qu'il était fortement marqué du sceau de la nationalité.

Tacite parle de plusieurs chants germaniques, du chant d'Arminius surtout, qui, un siècle après la mort du héros, se trouvait encore dans toutes les bouches, portant à la postérité le nom du libérateur de l'Allemagne du nord, et célébrant la fameuse bataille où périrent les légions de Varus. Quels étaient la nature de ces chants, le caractère de leur mélodie? Pouvons-nous déjà parler de mélodie proprement dite, de mélodie conçue dans un système tonal régulièrement établi? ou bien ne s'agissait-il, en réalité, que d'une déclamation fortement colorée? Nous ne saurions le dire, mais il faut insister sur un détail relaté par Tacite, et dont on n'a pas encore saisi toute l'importance. Ces chants se chantaient *ensemble*[1]. L'habitude de chanter ensemble, de chanter en grande masse, était décriée chez les autres peuples comme une habitude barbare; les ἀοιδοί des Grecs, par exemple, n'étaient qu'une sorte de solistes, qui cherchaient à charmer ou à exciter leur auditoire; la perfection de la forme, une certaine virtuosité dans l'exécution, devait être leur principal but; — chez les Germains, au contraire, tout le monde prend part aux chants; dans la mêlée de la bataille, au milieu de la fête publique, sur l'autel de Theut, partout ce sont des milliers de voix qui entonnent le même chant; chacun, personnellement, trouve plaisir à joindre sa voix à celle des autres, tout le monde veut faire sa partie dans ce concert primitif; la forme devait rester rude, du fini de l'exécution il ne pouvait être question, mais cet amour des Germains pour l'ensemble, amour dont héritent les Allemands d'aujourd'hui, ne nous révèle-t-il pas la cause première de leurs dispositions musicales? Du chant d'ensemble à la découverte de l'harmonie, il n'y a qu'un pas; et M. Fétis, qui penche à attribuer cette découverte aux peuples septentrionaux de l'Europe[2], trouvera un appui pour sa thèse hardie dans la conjecture que nous sommes le premier à hasarder.

C'est à peine si nous avons pu soulever le voile mystérieux qui, depuis dix-huit siècles, couvre l'antique Germanie. Un jour peut-être, saurons-nous quelque chose de précis sur la musique des Germains, grâce aux recherches sans cesse renouvelées de l'archéologie, de la linguistique et des autres sciences; jusque-là force nous est de nous tenir dans les régions de l'hypothèse. — Le premier rayon de lumière qui traverse la nuit des siècles, nous le voyons briller vers l'époque où les premiers chrétiens s'établissent sur les bords du Rhin; en Allemagne, comme partout ailleurs, le christianisme devient le premier et le principal instigateur de l'art musical. Est-ce à dire que sans la venue du christianisme, l'art n'aurait jamais pros-

---

1. Voir Vilmar, *Geschichte der Deutschen National-Literatur*. Marburg, 1857.
2. Fétis, *Histoire générale de la musique*, p. 154 et suiv. Didot, 1869.

péré, et qu'il aurait toujours croupi dans la barbarie ? Le christianisme serait-il la condition *sine qua non* de son existence? C'est là une thèse que les historiographes de la musique aiment à soutenir, et que nous devons combattre de toutes nos forces. Admettre que les dispositions naturelles d'un peuple ne pouvaient croître et se développer que sous la voûte d'une église ou dans les cellules d'un monastère, — c'est nier la vie et ses effets; c'est aussi nier l'histoire ; car jamais, ni nulle part, le christianisme n'a apporté d'éléments nouveaux à l'art musical; il s'était donné pour mission de confisquer à son profit l'art déjà existant, d'accaparer les germes artistiques, d'en détruire les tendances naturelles et nationales, pour les plier à l'usage de l'Église — voilà tout. Le terrain était fertile, sans doute, en Germanie, et facile à cultiver ; il y avait là beaucoup de choses à prendre. L'élément mélodique se nourrissait de la séve intarissable du chant populaire; l'harmonie — nous l'avons dit plus haut — essayait probablement ses premiers pas, et il ne serait point impossible que les anciens Germains eussent connu une sorte de notation. (Au moment où nous écrivons, la science s'occupe à constater que les *runes* servaient de caractères à la musique aussi bien qu'à la littérature.)

Le christianisme, on le sait, commença à s'établir d'une façon définitive en Allemagne, lorsque l'Anglo-Saxon Winfried (680-753), connu sous le nom de saint Boniface, apôtre des Allemands, parcourut les provinces de la Germanie, renversant les autels de Wodan, abattant de ses propres mains le chêne sacré de Thor, et prêchant partout la foi nouvelle aux peuplades étonnées. Nommé par le pape Grégoire III primat de l'Allemagne entière, toute l'organisation du culte religieux relevait de son autorité, et l'une des principales questions liturgiques, les chants d'église, appelait nécessairement son attention. Par ses soins ou par les soins des évêques qu'il avait le droit d'instituer où bon lui semblait, des Allemands furent envoyés à Milan et à Rome pour y étudier le *chant ambrosien* et le *chant grégorien ;* des professeurs italiens vinrent s'établir en Allemagne, et chaque évêché fut doté d'une école de chant où les aspirants aux emplois cléricaux reçurent leur éducation musicale.

Dès ce moment, une vie musicale, relativement animée, se manifeste dans toutes les provinces de l'Allemagne; — il est vrai qu'on avait soin de la cloîtrer dans les abbayes et les monastères. Deux de ces abbayes furent célèbres entre toutes par leurs richesses et leur puissance, et surtout par l'influence qu'elles exercèrent sur le mouvement littéraire et musical de l'époque — nous voulons parler des abbayes de Fulda et de Saint-Gall. — A Fulda, ce furent surtout l'illustre abbé Hràbanus Maurus (822) et son élève Walafried Strabo, plus tard abbé du monastère de Reichenau, qui cultivèrent le chant ecclésiastique. A Saint-Gall, les moines Ison et Marcel enseignaient les principes de la musique dans une école de chant, véritable conservatoire, créé par l'abbaye et accessible à tous les habitants de la ville. Leur plus célèbre élève fut Notker Babulus (mort en 912), connu surtout pour ses *proses (sequentiæ),* dans lesquelles il cherchait à concilier les principes du chant grégorien avec les manières du chant profane (le *liudón,* sorte de vocalisation), qui s'étaient glissées dans les hymnes de l'Église. Plusieurs des proses de Notker se chantaient en langue tudesque, particulièrement cultivée à l'abbaye de Saint-Gall, et ce fut là une des premières concessions que l'Église ait faites au peuple.

En dehors du chant, les moines excellaient dans l'art instrumental et la fabrication des instruments de musique. Dans la seconde moitié du IXe siècle, beaucoup d'églises allemandes, celles de la Bavière surtout, possèdent des orgues construites et jouées par des Allemands; l'orgue de Munich conserve sa réputation pendant des siècles, et le pape Jean VIII (872-886) prie l'évêque Anno de Freysing de lui envoyer à Rome un orgue et un organiste. D'autres instruments destinés à accompagner le chant populaire — *laicorum cantus obscœnos*, selon l'expression cléricale — arrivent à une perfection relative : le son criard de la *phîfâ* (*Pfeife*, fifre) se mêle aux *winileodes*, chants érotiques, et la harpe aux accents solennels accompagne le *siswa*, chant mortuaire. Eckchard, l'historiographe de l'abbaye de Saint-Gall, nous dit que Notker Babulus et ses collègues excellaient à jouer des instruments à cordes et à vent, et plus tard le *Nibelungenlied* célèbre Volker le violoneux, dont l'archet savait charmer les héros légendaires de la Germanie.

En Allemagne, plus que partout ailleurs, un échange continu d'éléments musicaux s'établit entre l'Église et le monde. L'Église, nous l'avons dit plus haut à propos des proses de Notker, emprunta volontiers au peuple certaines manières du chant populaire, voire même des airs tout entiers, quitte à les lui rendre mieux arrondis et plus corrects de forme. A l'époque reculée qui nous occupe, et plus tard encore pendant tout le règne des *Minnesinger* (xiie et xiiie siècle), le chant clérical et le chant profane devaient donc se rapprocher au point de paraître identiques. Cette similitude apparente, cette ressemblance des notes, ne cachaient pas moins une profonde différence : le chanteur populaire possédait une ressource dont le prêtre ne pouvait ni ne devait disposer. Cette ressource se résumait tout entière dans l'expression, et lorsque l'épopée des temps anciens s'éteignit aux premiers rayons de la poésie lyrique, lorsque le peuple fut amené à laisser parler son cœur et qu'il puisa ses inspirations à la source de sa propre vie, l'expression musicale, c'est-à-dire la manière particulière dont se disaient les mélodies populaires, ne pouvait manquer de suivre l'essor de la poésie. Comment admettre, d'ailleurs, que les Kürenberg, les Dietmar von Eist, les Walther von der Vogelweide, toute cette brillante pléiade des chantres de l'amour, qui illustraient alors le Parnasse allemand et qui paraissent avoir connu le secret de l'éternelle jeunesse, comment admettre, disons-nous, qu'ils aient débité leurs fraîches et suaves poésies, modèles imités et non surpassés par nos lyriques modernes, sur le ton uniforme et psalmodiant du prêtre catholique ! Animés par le souffle de la poésie, naturellement excités par le sujet de presque tous leurs chants — l'amour, — les chanteurs s'exprimaient avec un entrain, une chaleur et une vivacité que les moines ne connaissaient pas et qu'il leur était défendu de connaître. On ne peut douter que l'instinct rhythmique n'ait réclamé ses droits en même temps que l'expression musicale, et il est probable que les premiers poëtes musiciens se servirent dès lors de l'*Ars cantus mensurabilis* (chant mesuré, par opposition au *cantus planus*, plain-chant), qui est devenu l'objet d'un célèbre traité de Francon de Cologne.

Francon de Cologne, dont le nom a donné lieu à des controverses historiques fort intéressantes, est né, d'après les témoignages les plus récents et les plus autorisés, dans le premier quart du xie siècle, et il ouvre, pour ainsi dire, l'ère glorieuse des théoriciens allemands. Chanter, c'était déjà un besoin pour toutes les classes du peuple ; l'atelier de l'artisan, la maison du citadin, le château du chevalier, retentirent des mêmes chants populaires, dont le nombre allait en augmentant tous les jours ; déjà la *holde Frau Musika*, la délicieuse dame Musique, pouvait venir s'asseoir à tous les foyers, et pendant que le peuple s'abandonnait librement à son instinct musical, des hommes studieux méditaient, dans le silence de leurs cellules, sur cet art enchanteur qui savait captiver le cœur et les sens, en recherchaient les lois, et, dans le tissu embrouillé des habitudes acquises, ils finirent par apercevoir la trame invisible de la théorie. Dans le siècle de Francon, nous voyons s'occuper de l'enseignement théorique : *Berno Augiensis*, abbé à Reichenau ; *Hermannus Contractus*, savant bénédictin, et comte de Vehringen ; *Wilhelmus Hirsaugiensis*, abbé à

Hirschau, etc., etc., sans compter tous ceux dont les noms et les œuvres se sont éteints dans le silence de l'histoire oublieuse. Ils n'ont rien inventé, tous ces doctes musiciens ; leur seul mérite est d'avoir éclairé des rayons de la science le travail obscur de l'instinct musical, et Francon lui-même dit expressément que les principes qu'il avait cherché à grouper dans une théorie générale, étaient pratiqués longtemps avant lui. La bibliothèque de Wolfenbüttel possède le manuscrit d'un chant du xe siècle, le *cantus Ottinc* « *Magnus Cæsar Otto, quem his modus refert*[1]. » C'est une mélodie conçue dans un ton franchement majeur, parfaitement rhythmée, régulièrement construite par périodes de deux mesures, et qui est une des pièces historiques à l'appui d'une vérité qui pourrait se passer de preuves, car elle ressort de la nature des choses.

Ce sont les théoriciens qui jusqu'au commencement du xive siècle constituent la classe des musiciens de profession ; — de compositeurs proprement dits, il n'en était guère question encore. Des centaines de mélodies sont dans toutes les mémoires, sur toutes les lèvres. Qui les a composées ? Où sont-elles nées ? Personne ne le dit, personne ne le demande. La pensée musicale appartient à tout le monde ; le seul, le vrai compositeur, c'est encore le peuple. — Cependant les musiciens de profession ne devaient pas toujours rester en dehors du mouvement ; séduits eux-mêmes par les accents des chants du peuple, attirés par le charme de sa poésie, ils commencent par embellir d'une main artiste les mélodies en vogue, et finissent par en composer de nouvelles ; — de théoriciens, ils deviennent créateurs. Nous l'apprenons par la chronique limbourgeoise[2] qui raconte l'essor que prit la musique vers 1360, et par la chronique de Francfort qui dit textuellement : *Musica ampliata est, nam novi cantores surrexere et componistæ et figuristæ incepere alios modos assuere.*

Ce xive siècle est d'ailleurs d'une importance particulière pour l'Allemagne et l'art allemand. Dès le commencement du siècle, il y a comme un esprit nouveau qui souffle sur les masses ; on dirait un regain de jeunesse qui renouvelle toutes les forces du peuple et lui communique une vigueur irrésistible. Le centre du mouvement artistique s'est déplacé ; ce n'est plus à la cour du seigneur, au château du chevalier, c'est dans la cité prospère et grandissante, au milieu de populations instinctivement artistes, que le culte de l'art musical se continue. C'est à ce moment que fleurit le *lied* allemand, profane et religieux, tel que les premiers maîtres chanteurs l'ont cultivé. Les airs profanes, malheureusement, ont presque tous disparu ; les airs d'église, au contraire, — pour la plupart, du reste, d'origine mondaine, — ont été conservés en assez grand nombre. Ils sont frais, expressifs, et témoignent d'une Mélodique fort développée[3].

On s'accorde généralement à considérer comme les premiers maîtres chanteurs les quelques hommes qui, vers 1311, à Mayence, se groupaient autour de Henri Frauenlob, pour cultiver la poésie et la musique d'après certaines lois préalablement fixées. Nul doute que ces hommes ne marquent la transition entre les *Minnesinger* et les *Meistersinger*, mais on aurait tort de les confondre avec les maîtres chanteurs des siècles suivants. Surpris du développement spontané de l'art populaire, cherchant à en suivre l'essor, ces bourgeois de Mayence trouvaient de puissants éléments d'émulation dans l'observation des règles qu'ils s'imposèrent, et surtout dans le commerce intime qu'ils établirent entre hommes de tendances

---

1. Reproduit et traduit en notation moderne, par Coussemaker, *Histoire de l'harmonie au moyen âge.*
2. *Deutscher Volksgesang im XIV Jahrhundert, Chrysander's Jahrbücher,* t. I.
3. Wackernagel, *Kleines Gesangbuch.* Stuttgart, 1860. — Voir aussi pour les paroles : Wackernagel, *Das Deutsche Kirchenlied,* deuxième édition.]

égales, amoureux, les uns et les autres, de musique et de poésie ; ils ne s'écartent point encore du mouvement populaire, seulement ils tâchent de lui donner l'apparence d'un art cultivé, et, envisagée de ce côté, leur œuvre est d'une influence incontestable sur l'art national. — Mais le principe de l'association s'affermit parmi les citadins, les artisans multiplient leurs corporations, et partout on voit surgir, en grand nombre, les corps de métiers, asiles ouverts à l'amour de la liberté et de l'indépendance. Or, l'esprit qui préside à la vie sociale du bourgeois, finit par le guider dans ses occupations intellectuelles ; la production artistique se réglemente, comme s'il s'agissait de la confection d'un article de commerce, et l'imagination, l'inspiration étouffent sous un amas de lois et de restrictions, nommé « tablature ». Plus nous approchons de la Réformation, et plus s'accentue la décadence des maîtres chanteurs ; rien du *lied* populaire dans leurs mélodies ; cela est sec, trivial, conçu dans une forme ridicule, et les mélodies conservées par le manuscrit ulmois [1] — pour ne citer qu'un seul exemple — sont certainement au-dessous de tout ce que l'époque pouvait produire en matière de composition musicale. Ce n'est plus là de l'art, c'est à peine du métier. Saluons, néanmoins, la période des maîtres chanteurs avec le plus profond respect : au-dessus de leurs travaux littéraires et artistiques, il nous faut voir leur importance sociale. Par leurs réunions régulières, ils tinrent éveillés le sentiment de la fraternité, l'esprit de la solidarité, et c'est dans leurs sociétés, à leurs écoles, que le culte de la famille, l'honnêteté à toute épreuve, la tradition de toutes ces vertus antiques dont se glorifient à juste titre les classes bourgeoises de l'Allemagne, se continuèrent. Voilà pourquoi l'œuvre des maîtres chanteurs, malgré son entière nullité artistique, devait avoir longue vie. Ce n'est qu'au XVIIe siècle que leurs sociétés commencent à disparaître ; la société de Strasbourg ne s'éteint que vers la fin du XVIIIe siècle (1780), et c'est dans ce siècle même (1839), que quatre braves artisans d'Ulm, derniers débris d'une curieuse institution, prononcent la déchéance définitive des *Meistersinger*. Léguant leurs livres de chant, leur « tablature » et tous leurs insignes au *Liederkranz* de la ville, ils marquent une transition directe entre les sociétés des maîtres chanteurs et les sociétés chorales d'aujourd'hui, et rallient ainsi le passé au présent.

On s'est si bien habitué à décrier l'œuvre des *Meistersinger*, qu'on oublie volontiers de rendre justice au réel mérite de ceux qui, pendant le XIVe siècle et encore au commencement du XVe, ont été les précurseurs et les premiers instigateurs de cet intéressant mouvement intellectuel, et qui — nous l'avons dit plus haut, — puisaient leurs inspirations à la source même de l'art populaire. C'est ici qu'il convient de citer un précieux recueil de chants, document d'une importance capitale pour l'histoire de la musique allemande aussi bien que pour l'histoire générale de la musique ; — nous voulons parler du *Locheimer Liederbuch*[2], manuscrit récemment découvert et qui contient environ quarante *lieds*. Ces *lieds*, composés entre les années 1390 et 1420, doivent être attribués, selon toute apparence, à des maîtres chanteurs, et ils ne laissent pas d'ébranler l'opinion de ceux qui se sont habitués à considérer cette époque comme une époque de sécheresse musicale. Leurs mélodies hautement expressives, où nous remarquons des sauts d'une hardiesse toute moderne (intervalles de sixte, d'octave, de septième mineure et majeure, une fois même un saut de neuvième), leurs tonalités, qui se divisent visi-

1. Quelques-unes sont reproduites par Otto Elben, dans sa *Geschichte des Deutschen Mœnnergesang's*. Tübingen, 1855.
2. Reproduit en notation moderne dans le second volume des *Musikalische Jahrbücher*, de F. Chrysander, avec une introduction de W. Arnold.

blement en *mineur* et *majeur*, presque trois siècles avant la fixation quasi officielle de ces deux modes, la variété des rhythmes et la régularité des périodes, tout enfin concourt à placer ces compositions au premier rang des documents historiques. Mais ce qui doit surtout appeler notre attention, c'est leur accompagnement et les formes savantes qu'il revêt. D'après W. Arnold, auquel nous devons l'exhumation tardive de cet intéressant recueil, ce sont là les premiers essais d'un contrepoint régulier, et s'il est vrai, comme tend à le prouver le savant musiciste que la mort a prématurément enlevé à ses travaux, — s'il est vrai que les œuvres du premier contrepointiste flamand, Guillaume Du Fay, soient nées entre les années 1440 et 1460 (et non pas entre 1380 et 1400, comme le prétendent Fétis, Kiesewetter et autres), c'est-à-dire vingt ans environ après le *Locheimer Liederbuch*, c'est aux Allemands, et non aux Flamands, qu'il faudrait rapporter le mérite d'avoir inventé l'art du contrepoint. Du reste, cette question, comme presque toutes celles que la musique du moyen âge a fait naître, est loin d'avoir trouvé sa solution, — l'opinion de ceux qui assistent en spectateurs aux luttes pacifiques de nos savants, n'est point encore fixée, et, malgré d'intéressantes découvertes, d'actives recherches et de fécondes discussions, nous sommes encore à attendre la pleine lumière. Peut-être devancerons-nous la vérité, en conseillant à nos savants spécialistes de ne point résoudre les questions d'art au point de vue du sentiment national ; de même que l'échange des idées s'est établi de bonne heure entre les différents peuples de l'Europe, il devait exister entre eux une sorte de solidarité artistique, en vertu de laquelle telle partie de l'art qui exista chez les uns à l'état rudimentaire, atteignit chez les autres son développement définitif.

L'art instrumental se développe en Allemagne beaucoup plus lentement que l'art vocal, et, pendant des siècles encore, nous le trouverons relégué au second plan, destiné seulement à pourvoir le chanteur d'un accompagnement aussi simple que possible. Une seule forme instrumentale — la danse — a su conquérir de bonne heure une certaine indépendance, et il est plus que probable qu'elle ne fut pas sans exercer une certaine influence sur la Rhythmique et la Mélodique de l'époque. La danse allemande proprement dite (« *der deutsche Tanz* ») se divisa alors, paraît-il, en deux parties : la première, en mesure binaire, fut une danse-promenade, la seconde, en mesure ternaire, une danse tournante ; on dirait la « Polonaise » des Allemands d'aujourd'hui. D'autres danses nationales comme le *Hupfauff*, le sautillant (en mesure ternaire), étaient encore plus compliquées ; une foule de danses étrangères de provenance française ou italienne complétaient le répertoire.

Plusieurs causes peuvent expliquer le retard de la musique instrumentale sur la musique vocale. D'après une proposition par elle-même intelligible, l'instrument qui fonctionne dans notre gosier occupera toujours la première place dans la famille des instruments ; par conséquent, ceux qui doivent leur existence à l'imagination et à la faculté inventive de l'homme, seront condamnés à rester longtemps dans l'imperfection de leur état primitif. La dernière cause appartient à un autre ordre d'idées ; elle consiste tout entière dans cette sorte de mépris qui, pendant tout le moyen âge, entourait ceux qui faisaient métier d'instrumentistes. Cette classe de musiciens avait, en effet, la réputation la plus détestable ; c'était presque un crime que d'être joueur d'instruments ou fils de joueur d'instruments. Parias de la société, sans feu ni lieu, les *Spielleute* parcourent en mendiants les provinces de l'Allemagne ; l'Église les excommunie et les lois ne leur offrent nul appui. Leur situation ne devient supportable que lorsqu'ils obtiennent la permission de se fixer dans les villes et de se réunir en confréries. Dans les chroniques d'Augsbourg, de 1300 à 1330, nous trouvons déjà plusieurs noms d'instrumentistes inscrits comme bourgeois de la ville, et, à la même époque, l'Empereur allemand institue à Vienne le *Oberspielgrafen-Amt*, qui règle définitivement le sort de ces malheureux artistes. C'était une espèce de ministère, investi d'un pouvoir absolu, possédant une juridiction et une pénalité particulières, dont relevaient tous les mimes, histrions et instrumentistes du pays. Le titulaire de la charge, le *Oberspielgraf*, s'appelait vulgairement le « roi des fifres » (*Pfeifer-König*), — le domaine artistique sur lequel il exerçait son autorité, c'était le « royaume des gens ambulants » (*Königreich der fahrenden Leute*). Une seule catégorie d'instrumentistes formaient une caste à part et jouissaient de priviléges tout à fait exceptionnels; c'étaient les timbaliers et surtout les trompettes. Placés au rang d'officier, directement justiciables de l'Empereur, ils briguaient et obtenaient souvent les honneurs les plus insignes : les puissants de la terre ont besoin d'éclat et chérissent le bruit. L'art de la trompette prospérait à merveille dans cette atmosphère de grâces et de faveurs; aujourd'hui, dans notre temps de bugles et de cornets à pistons, on déclare impossible ce que les trompettes d'autrefois exécutaient couramment sur leurs instruments.

Outre les trompettes, il y avait encore les organistes, dont la réputation se trouvait à l'abri du mépris public. La prédilection des Allemands pour l'orgue est notoire, et nous avons dit plus haut qu'ils excellèrent de tout temps dans l'art de le jouer et de le construire. C'est aussi à un Allemand, Bernhard, qu'on attribue l'invention des pédales (1470); cependant, il parait certain que, cinquante ans auparavant, l'usage en était déjà répandu en Allemagne. Le plus célèbre de tous les organistes de l'époque est sans contredit Conrad Paumann, qui naquit aveugle à Nuremberg vers 1410, et mourut à Munich en l'an 1473; c'était « le plus grand artiste sur tous les instruments et le maître de la musique », dit l'épitaphe de son tombeau, sur lequel nous voyons son portrait, sculpté de main de maître et entouré de ses instruments favoris, l'orgue, le théorbe, le luth, la harpe, etc. Sa vie ressemble à une marche triomphale; les princes se disputaient le musicien aveugle; l'Allemagne et l'Italie rivalisaient à qui le comblerait le plus d'honneurs et de gloire. Mais plus importantes que les circonstances de sa vie sont pour nous et pour l'histoire musicale les compositions de Paumann, dont un certain nombre a échappé à la rigueur du temps. Le recueil d'œuvres d'orgue, intitulé : *Fundamentum organisandi Magistri Conradi Paumanns*[1] et le *Locheimer Liederbuch* déjà cité sont les seuls documents artistiques qui nous permettent d'apprécier d'une façon quelque peu précise l'état de l'art musical en Allemagne durant la première moitié du xvᵉ siècle. L'un nous a révélé les formes relativement parfaites de la musique vocale, l'autre nous montre ce qu'était alors la musique instrumentale. Du reste, le terme *organisare*, qui figure dans le titre du recueil, ne signifie point « jouer de l'orgue, » comme on pourrait le croire; ce terme appartenait alors au vocabulaire du compositeur, il voulait dire : inventer un chant figuré sur une basse donnée, qui servait de *canto fermo*, et c'est aussi dans ce sens-là que presque tous les morceaux du livre d'orgue sont traités. Tout cela, sauf quelques compositions signées Püteheim, Legrant, Paumgartner, etc., où nous rencontrons une remarquable habitude du contrepoint et certaines hardiesses dans l'harmonie, surprenantes pour l'époque, tout cela, disons-nous, est sec, gauchement tourné, et ressemble à des essais théoriques plutôt qu'à des inspirations musicales. Au surplus, ce que les Allemands désignent par *Reinheit des Satzes*, pureté du style, se trouve complé-

---

1. Reproduit et traduit de la tablature de l'orgue, en notation moderne, par W. Arnold, dans les *Musikalische Jahrbücher*, de F. Chrysander, t. II.

tement méconnu : tout de suite, à la troisième mesure du premier morceau, une progression de deux quintes en mouvement direct choque notre oreille, et le recueil foisonne de progressions analogues. C'est d'autant plus étrange que le principe sur lequel repose la fameuse défense, ne pouvait être inconnu de Paumann, puisqu'il se trouve strictement observé dans tous les morceaux du *Liederbuch*, qui devance de vingt ans environ le *Fundamentum organisandi* du musicien aveugle. Les organistes, paraît-il, furent moins bien surveillés que les chanteurs.

Ainsi, la musique sort du chaos des essais et des expérimentations; c'est un art désormais, dont on reconnaît la loi ; des hommes consacrent leur vie entière à son culte, et l'histoire retient leurs noms; exécutants, compositeurs, théoriciens, ils illustrent leur patrie et l'étranger ne tarde pas à les attirer. En même temps que les adeptes de la glorieuse école flamande — souvent avant eux — nous voyons briller les musiciens allemands dans les cours fastueuses des princes italiens. Paumann et Bernard, déjà cités, émerveillent Venise et Florence par leur virtuosité; Joannès Godendag est recherché par toute l'Italie, comme le premier professeur de l'art musical; Henri Fink figure, en 1480, comme maître de chapelle à la cour du roi de Pologne ; en Allemagne même, Ducis, que Fétis réclame pour la Belgique, Étienne Mahu, Lapicida, Adam de Fulda, jettent les bases de la première école allemande, dont la plus grande illustration fut Henri Isaak, probablement en 1475 déjà maître de chapelle de Laurent de Médicis, plus tard compositeur de Maximilien 1er (1486-1519). Les œuvres d'Isaak dépassent en grâce, en expression, en pureté de style et de formes, tout ce que les Flamands, ses contemporains, ont pu créer; aucun recueil de musique ne put alors paraître sans contenir une ou plusieurs compositions de l'*Arrigo tedesco*, et ses œuvres, ainsi que celles de ses compatriotes, ne laissent pas de nous donner à réfléchir sur la prétendue stérilité des compositeurs allemands de l'époque.

C'est à ce moment, au commencement du xvie siècle, que l'invention de l'Italien Ottavio Petrucci (1502) fournit à l'art musical un puissant élément de propagation. Petrucci fut le premier qui, pour imprimer la musique, se servit de caractères mobiles et métalliques. Avant lui on ne connaissait que la gravure sur bois, fort pénible et fort longue. Les plus anciens spécimens allemands de ce dernier genre d'impression sont les *Flores musicæ omnis cantus Gregoriani*, éditées en 1488 par Hugo de Reutlingen, et les *Melopoiæ*, qui, en 1507, ont paru chez Oeglin, à Augsbourg. Presque en même temps que Petrucci, Peter Schœffer de Mayence, fils du célèbre associé de Gutenberg, se sert de types mobiles pour l'impression des notes. Un « livre de tablature de l'orgue et du luth, » édité par lui, se trouve à la bibliothèque de Leipzig, et porte la date de 1512; mais ce n'est qu'à partir de 1520 que l'invention de Petrucci se généralisa en Allemagne. Répandus ainsi dans toutes les provinces, portés à la postérité par l'art des Petrucci et des Schœffer, les noms des compositeurs se présentent désormais en grand nombre.

Luther avait affiché ses thèses à l'église de Wittenberg, la guerre était ouverte entre le présent et le passé ; tout le monde prit part au combat, et les musiciens eux-mêmes ne purent garder la neutralité; emportés par l'esprit nouveau du temps, c'est avant tout vers le genre religieux qu'ils tournent les regards. La musique est pour quelque chose dans l'œuvre de la Réformation. Luther, reconnaissant en elle un puissant élément de propagande, appela le peuple à s'associer par ses chants, d'une façon directe et active, au culte religieux. Il était naturel dès lors que l'usage du latin fût supprimé dans les églises, et que la langue du pays reconquît tous ses droits. Au ixe siècle déjà nous avons eu à signaler comme une tentative pour introduire la langue allemande dans l'Église; plus de six cents ans après, en 1527, le premier service religieux en allemand fut célébré à Wittenberg. Luther commença par traduire et par mettre en rimes les différentes parties de la messe catholique ; les poésies ainsi obtenues se chantaient, avant et après le sermon, sur des mélodies populaires, que tout le monde connaissait. Il y a jusqu'à une chanson française : « *Il me suffist de tous mes maulx,* » qui s'est trouvée ainsi transformée en un choral allemand ! — Mais bientôt les compositeurs s'emparent de ce nouveau genre de musique vocale qui sollicite leur inspiration, et les *chorals*, éternels symboles de la foi protestante, surgissent de tous côtés. Luther lui-même, grand admirateur de l'art musical, nous apparait en tête des compositeurs; toutes ses productions ne sont pas assurément de valeur égale, mais il en est trois (les chorals : « *Eine feste Burg ist unser Gott* », « *Wirglauben all an einen Gott,* » et « *Vom Himmel hoch da komm ich her* »), qui sont et demeureront toujours des modèles de simplicité et de grandeur. A côté du grand réformateur, nous voyons une foule de poëtes compositeurs travailler pour les besoins du nouveau culte : le docteur Speratus (baron de Spretten, 1487-1554), Lazare Spengler (1479-1534), Wolfgang Dachstein (1524, organiste à Strasbourg, et auteur des célèbres chorals : *An Wasserflüssen Babylons ; Aus tiefer Noth,* etc., etc.), etc., etc. Ce n'étaient point, d'ailleurs, ces compositeurs de cantiques protestants qui donnaient la plus forte impulsion au mouvement musical de l'époque, c'étaient avant tout ceux des musiciens qui illustraient le choral des savants ornements du contrepoint. Cette partie de l'art atteignait déjà à un haut degré de perfection; et Luther, quoique ignorant la pratique du contrepoint, trouva un sensible plaisir aux travaux des contrepointistes, et loin de les bannir de l'Église, il alla jusqu'à écrire au plus célèbre d'entre eux, à Ludwig Senfl (mort vers 1556), musicien catholique et maitre de chapelle d'un prince catholique, pour lui demander de sa musique. Il faut dire que le choral, avec ses notes prolongées, avec les trésors d'harmonie qu'il recèle, se prête admirablement aux combinaisons infinies de la science musicale, et provoque, pour ainsi dire, l'imagination du savant. Après Senfl, le plus célèbre élève d'Henri Isaak et le plus grand musicien de son temps, nous devons citer Jean Walter, vers 1530, maitre de chapelle de Maurice de Saxe ; son « *Geistlich Gesangbüchlein,* » petit livre de chants religieux (Wittenberg, 1537), est le premier recueil de chorals écrits à plusieurs parties. Nous devons également une mention à George Rhaw (mort en 1538 à Wittenberg), compositeur distingué, écrivain didactique très-apprécié, célèbre imprimeur et éditeur de musique.

Le contrepoint ayant ainsi pénétré dans l'Église protestante, le principe de Luther qui assure au peuple et à ses chants la participation au service religieux, menaça de se noyer dans le flot des combinaisons savantes; une tendance à revenir à la noble simplicité des premiers chorals se manifeste chez les compositeurs de la seconde moitié du XVIe siècle. La mélodie du choral, traitée jusqu'à présent en *canto fermo*, étouffée pour ainsi dire sous les caresses de la science, revient au premier plan, et s'étale librement sur la base solide d'une harmonie cristallisée. Après avoir épuisé, en faveur du choral, toutes les ressources du contrepoint, les compositeurs s'appliquent maintenant à en tirer la quintessence harmonique. Le choral, tout à l'heure le puissant levier de la *polyphonie*, devient la pierre angulaire de l'*homophonie*. Seth Calvisius (1566-1615), *cantor* à l'école Saint-Thomas de Leipzig, un des prédécesseurs de Sébastien Bach; Léon Hasler (1564-1612), que l'on compte parmi les plus habiles musiciens de l'Allemagne, — et surtout Jean Eccard (1553-1611), sans contredit le plus important des compositeurs allemands du XVIe siècle, étaient ceux qui cultivaient avec le plus de succès le choral dans sa forme homophone. C'est dans leurs œuvres qu'il faut chercher la source de ce profond sentiment harmonique, par lequel l'école allemande, ancienne et moderne, s'est toujours distinguée.

Mais les musiciens ne se bornèrent pas à la composition de chorals ; ils produisirent d'autres œuvres du genre religieux, tels qu'hymnes, psaumes, motets, etc., et Bartholomée Gesius (Gese), dédie, en 1588, une « Passion d'après saint Jean, » aux magistrats de la ville de Görlitz. Le genre profane, d'ailleurs, ne pouvait rester entièrement délaissé, et le *lied* allemand trouve en Léon Hassler, déjà nommé (« *Lustgärtlein*, » ou « Petit jardin de plaisir, » recueil de chansons, Nuremberg, 1601), en Jean Jeep (« *Studentengärtlein* » ou « Petit jardin d'étudiants, » recueil de chansons, Nuremberg, 1607), etc., etc., d'habiles propagateurs. Le comique, le burlesque même, agrée aux musiciens, et nous rencontrons les noms les plus illustres parmi les auteurs de ces *quolibets musicaux*, si populaires alors en Allemagne.

Une nouvelle série de compositeurs surgit vers les dernières années du xvie siècle. L'engouement pour les réputations étrangères, qui est un des signes particuliers du caractère allemand, a déjà gagné du terrain ; les musiciens traversent les Alpes, pour aller acquérir, sous la direction des Gabrieli, des Merulo, une Mélodique plus douce, plus séduisante, et ceux qui ne quittent point le sol de la patrie, produisent néanmoins sous l'influence de l'art italien. Parmi ceux qui recherchent ainsi l'union entre la suavité de la mélodie italienne et la puissance de l'harmonie allemande, nous devons citer Melchior Frank (1580-1639); Jean Crüger (1598-1662), qui dote le choral d'un accompagnement instrumental tout à fait indépendant de la mélodie; Michel Praetorius (1571-1621), qui lui attache les ornements du chant italien et le transforme en morceau de concert (voir sa *Polyhymnia*), — sans parler de Henri Schütz, sur lequel nous reviendrons tout à l'heure. Le seul Hermann Schein (1586-1630), successeur de Calvisius à l'école de Saint-Thomas, paraît avoir conservé l'antique simplicité, l'éloquente concision de la mélodie allemande, vierge de tout contact étranger.

Parmi les noms que l'Allemagne enregistre pendant le cours du xviie siècle, Henri Schütz (1585-1672) occupe certainement la première place. Le surnom de père de la musique allemande, dont ses contemporains le gratifiaient, nous semble empreint d'exagération, il est vrai ; mais il n'est pas moins certain que ses œuvres, ses « concerts sacrés » (*geistliche Concerte*, 1639), ses *symphoniæ sacræ*, et surtout ses quatre *Passions*, des oratorios en due forme, qu'il écrivit à l'âge de quatre-vingt-un ans, compteront toujours parmi les chefs-d'œuvre de la musique allemande. Quant au plus intéressant de ses ouvrages, l'histoire, malheureusement, n'en a retenu que le titre : c'est son opéra *Daphné*, qui fut représenté, en 1627, à la cour de l'électeur de Saxe, et qui est le premier opéra sorti de la plume d'un compositeur allemand. Schütz avait passé quatre ans sous le ciel de l'Italie, il avait presque vu naître l'opéra, et on dirait qu'il ait voulu donner un second baptême à cet enfant naturel de la Renaissance. Sa *Daphné* n'est autre que celle que Rinuccini-Peri firent représenter à Florence en 1594, traduite par Moritz Opitz, et pourvue d'une musique nouvelle par le compositeur allemand. Il est probable que dans ce premier essai de musique dramatique (les « mystères » et les « *Singspiele* » appartiennent plutôt à la littérature), la préoccupation d'imiter autant que possible le modèle italien dominait le compositeur.

Cet amour de l'imitation, ce besoin de s'associer quand même des éléments étrangers, faillit devenir funeste à l'art allemand, et il fallait toute la vigueur de tempérament des compositeurs indigènes, leur persévérance et leur savoir traditionnel, pour combattre et maintenir dans de justes limites l'invasion du dehors. Les circonstances, malheureusement, ne la favorisaient que trop. Pendant la guerre de Trente ans, la musique allemande tint encore à ses racines nationales; le *lied* offrit au peuple comme un asile contre les souffrances inouïes qui le frappaient; mais la paix de Westphalie rencontra des populations qui existaient à peine, qui n'avaient plus et ne pouvaient plus avoir aucune conscience de leur mission artistique. C'est alors que les princes, jaloux de luxe et de pompe, appelèrent, pour renouveler le faste de leurs cours, l'art et les artistes de l'étranger. Ce ne fut pas assez d'avoir imposé l'imitation de l'italien au génie allemand, on alla jusqu'à le supprimer tout à fait; la langue et la musique du pays disparaissent dans les cours des seigneurs, et des artistes italiens, compositeurs, chanteurs, virtuoses, peuplent les résidences. Dresde, ville italienne jusque dans les commencements du xixᵉ siècle, donne l'exemple. En 1662 « *Il Paride,* » *drama musicale*, musique de Buontempi, est exécuté par des artistes italiens au service de l'électeur de Saxe, Jean Georges II. Son fils et successeur, Jean Georges III, décrète la permanence de l'opéra italien, et la domination de l'étranger paraît ainsi définitivement établie. Maintenant, c'est à qui payera le mieux les artistes transalpins. Velthen, le premier acteur allemand de l'époque, gagnait 200 thalers par an, tandis que les traitements des chanteurs italiens atteignaient déjà le chiffre de 1,500 thalers. La cour de Vienne dépasse en magnificence celle de Dresde. Léopold Iᵉʳ et son successeur Joseph Iᵉʳ cultivaient avec une véritable passion l'opéra italien ; Charles VI dépensait parfois jusqu'à 60,000 florins pour une seule représentation. Les cantatrices recevaient le traitement, fabuleux alors, de 4,000 florins, et sa chapelle d'instrumentistes absorbait annuellement une somme ronde de 200,000 florins. Les petits princes, les électeurs de Bavière, les ducs de Wurtemberg, les ducs de Brunswick, etc., rivalisent avec les premières cours de l'Allemagne, et dépassent souvent leur exemple[1].

La musique des opéras destinés à divertir les souverains de l'Allemagne, avait rarement quelque valeur; on n'y trouve pas autre chose que ces éternels madrigaux à une ou plusieurs voix, liés entre eux par le *recitativo secco*, qui mérite si bien son nom. L'unique préoccupation des princes paraît avoir été de développer de leur mieux les germes de décadence que l'opéra italien portait en lui. — Cependant, l'opéra ne devait pas toujours rester le privilége des princes ; les classes bourgeoises, elles aussi, commençaient à y prendre goût ; Nuremberg, Augsbourg, Leipzig, Breslau, construisent des scènes spécialement affectées aux exécutions musicales, et Hambourg, cette ville essentiellement commerciale et qui cependant a toujours été comme le foyer du théâtre allemand, fait, en 1678, le premier essai d'un opéra permanent, populaire et national[2]; un siècle plus tard, Lessing devait y venir tenter une entreprise analogue sur le domaine de la littérature. Le premier bénéfice de cette nouvelle institution fut pour les musiciens allemands, qui trouvaient enfin accès au théâtre, tandis que jusqu'alors ils n'avaient pu s'y produire que de loin en loin. Le très-remarquable ouvrage dramatique *Scelewig* (voir le mot *Air*) date de 1644, il est vrai, mais l'on ne sait pas s'il a jamais été représenté devant le public.

L'entreprise des mélomanes de Hambourg n'était pas douée d'une vitalité suffi-

1. Une série d'ouvrages spéciaux nous donnent des renseignements très-circonstanciés sur le mouvement musical, que suivaient alors les cours allemandes : Fürstenau, *Geschichte der Musik u. des Theaters am Hofe der Kurfürsten v. Sachsen.* Dresde, 1861. — Rudhart, *Geschichte der Oper am Hofe zu München.* Freising, 1865. — Köchel, *Die Kaiserliche Hofmusik-Kapelle in Wien von 1543 bis 1867.* Vienne, 1869, etc. — Lire aussi *Ideen zur Æsthetik der Tonkunst*, par C.-F.-D. Schubart.

2. Voir le livre d'Otto Lindner : *Die erste stehende deutsche Oper* (le premier opéra permanent allemand). Berlin, 1855.

·sante pour s'élever à la hauteur de sa tâche. Au lieu de chercher dans la vie même les émotions du drame, les compositeurs demandaient leurs sujets d'opéras à la religion, ou bien ils essayaient leur talent sur les lourdes allégories des Lohenstein, des Hoffmannsmaldau, quand ils ne s'emparaient pas tout simplement des traductions ou des imitations de livrets étrangers. Le premier opéra représenté à Hambourg porte un titre qui peut se passer de commentaires; il s'appelle : *Der geschaffene, gefallene und wieder aufgerichtete Mensch* (L'homme, sa création, sa chute et sa réhabilitation); la musique était d'un élève de Schütz, Jean Theile; inutile de dire qu'elle devait être un décalque de la musique italienne; la mode le voulait ainsi. A l'originalité, à l'esprit, au talent absents on suppléait par un système de décorations très-compliqué et très-coûteux. On dirait que le désir de marcher sur les pas des princes de l'Allemagne tourmentait ces bons bourgeois de la ville hanséatique; comme eux, ils recherchent avant tout le luxe de la mise en scène; comme eux, ils finissent par exiler de l'opéra la langue maternelle, et si les compositeurs d'origine allemande n'ont point le même sort, c'est qu'ils sont formés à l'école italienne, italianisés par un long séjour dans le pays des Scarlatti, et surtout moins habitués aux gros traitements que les artistes étrangers. Kusser (1657-1727), qui prit la direction de l'Opéra en 1693, fit souvent représenter des ouvrages en langue française ou italienne; le titre devenait polyglotte (par exemple, on pouvait lire en tête des livrets : « *Masagniello furioso,* » ou « l'Insurrection des pêcheurs napolitains »), parfois même l'allemand, le *Plattdeutsch* (espèce de patois allemand), le français, l'italien, s'entremêlaient dans le même opéra. Les compositeurs, après tout, valaient mieux que les poëtes et le public; Schütz leur avait indiqué la route à suivre pour réaliser le mariage de raison entre la musique italienne et la musique allemande, qui devait laisser la prépondérance au génie de la dernière ; un instant violemment écartés de leur but par les exigences impérieuses de la mode, ils rentrent bientôt dans le chemin que le maître leur avait frayé, et à l'entrée du xviiie siècle, l'Opéra de Hambourg, illustré par les premiers musiciens de l'Allemagne, brille de tout son éclat.

Le plus fécond, en même temps que le plus méritoire, des compositeurs allemands fut alors Reinhard Keiser (1673-1739). Certes, les cent vingt opéras que nous devons à sa plume, ne sont pas tous des chefs-d'œuvre. Le maître n'a sacrifié que trop à la muse italienne, mais, sous le clinquant de l'art étranger, on sent je ne sais quoi de personnel, de primesautier, de foncièrement allemand, qui donne une saveur particulière à toutes ses productions ; c'est comme le réveil d'un art nouveau, et le mirage d'un opéra vraiment national doit avoir apparu à cet infatigable compositeur. A ses côtés, se font applaudir Telemann (1681-1767), génie très-productif, qui malheureusement se perdit trop souvent dans les détails du genre descriptif, — Mattheson (1681-1764), plus distingué comme critique et écrivain didactique que comme compositeur, — et enfin Händel, qui pose les premiers jalons de sa route glorieuse. De fiers champions, on le voit, disputaient le terrain à l'opéra italien, mais leurs efforts, inconscients peut-être, pour créer une musique dramatique nationale, ne furent pas couronnés de succès. Vers 1720, la musique italienne reste seule maîtresse des théâtres allemands, et pendant longtemps personne n'osera plus lutter contre son empire.

Cette séparation ouverte fut cependant le salut de l'art national. Bannis du théâtre, les compositeurs se réfugient à l'église, et la légende religieuse, dans toute son étendue, sous toutes ses formes, devient pour eux une source d'incomparables chefs-d'œuvre. Là, plus de gêne, plus de mode impérieuse, plus de concessions faites à un public corrompu; la fibre dramatique des compositeurs peut résonner à l'aise, et leur génie propre se développer sans entraves. Nous entrons dans la période de l'oratorio ou drame religieux, période qui a immuablement fixé la gloire de la musique allemande, et à laquelle s'attachent les noms de Bach et de Händel.

Bach (1685-1750[1]), fils d'un modeste musicien d'Eisenach, appartient à une famille où les facultés musicales étaient héréditaires et qui forment une de ces dynasties artistiques dont les Couperin en France nous offrent un exemple analogue. Depuis 1630 environ, presque toutes les orgues de la Thuringe, toutes les places de *cantor* (sorte de maître de chapelle), étaient pour ainsi dire le fief des Bach. Mais si excellents qu'eussent été ces honorables musiciens, leur illustre descendant les distança tous ; plusieurs générations semblent avoir accumulé leur talent, leur savoir, leurs facultés productrices, pour les concentrer dans la personne du grand Sébastien. Sans impulsion du dehors, sans émulation, et — chose mille fois étonnante — sans autres modèles que ceux que son imagination lui offrit, Bach tira de l'inconnu un nouveau monde musical, que personne n'avait encore entrevu ; l'idéal poursuivi pendant deux siècles reçoit enfin une forme palpable : le génie allemand a trouvé son expression musicale.

Il ne peut être question ici d'énumérer par le menu les œuvres gigantesques que le grand homme a léguées à la postérité ; leur nombre est immense et la moitié suffirait pour remplir la vie de dix musiciens. C'était d'ailleurs un trésor pendant longtemps enfoui ; le xixe siècle devait le tirer de l'obscurité, et chaque ouvrage, qui renaît à la lumière, fait grandir l'étonnement et fait mieux admirer cette puissance d'expression, cette grandeur de style, cette chaude imagination fécondée par une science prodigieuse, qui font de l'œuvre de Bach une des plus belles conceptions de l'esprit humain. La pensée musicale nous y apparaît sous tous ses aspects, et ceux qui regrettent que le théâtre soit resté fermé à un pareil génie, trouveront une riche compensation dans ses admirables « cantates » (dont il a écrit plus de deux cents), et surtout dans ses « Passions, » où le sentiment dramatique coule à pleins bords. Quant au genre purement instrumental, il est bon de jeter un regard en arrière sur ce qui avait été fait avant Bach, afin de comprendre toute la portée de cette partie de son œuvre.

L'orgue était de tous les instruments celui que Bach cultivait avec la plus grande ardeur. De mérite égal comme compositeur et comme exécutant, il a développé le style propre de l'orgue au point de rendre tout progrès presque impossible. Avant Bach, Frohberger (1635-1695), Kerl (1625-1690), élève du célèbre organiste italien Frescobaldi, Jean Pachelbel (1653-1706), etc., mettent au service de l'orgue de très-grandes facultés créatrices ; entre leurs mains la fugue, qui, jusque-là, n'avait été qu'une sorte de canon, prend une forme de plus en plus nette, de plus en plus solide ; d'autres, comme Buxtehude (1669-1707), Nic. Bruhns (1666-1697), etc., brillent plutôt par leur virtuosité et provoquent ainsi le perfectionnement du mécanisme de l'orgue ; mais aucun d'eux ne fait pressentir ce que Bach créera sur ce terrain. Entre son œuvre et celle de ses prédécesseurs, il existe un abîme que rien ne peut expliquer, et, à l'heure où nous écrivons, ses « fugues d'orgue, » ses « chorals *figurés*, » etc, etc., passent encore pour être le dernier mot de l'orgue.

Il en est de même pour le clavecin. Le clavecin, qui, après avoir passé par les formes embryonnaires du *clavicordium* et du *clavicembalum*, est devenu le père du

---

1. Forkel, *Bach's Leben*, etc. (biographie de Bach), nouvelle édition. Leipzig, 1855. — Hilgenfeld, *Bach's Leben*. Leipzig, 1850. — G.-H. Bitter, *Johann Sebastian Bach*. Berlin, 1865.

piano moderne, était alors, pour ainsi dire, le représentant du style profane. Le choral fournit des types à l'orgue, le *lied* et la danse inspirent le clavecin. Les deux instruments, chacun dans la direction de son caractère, aident à consolider les formes musicales et à en créer de nouvelles. C'est au clavecin que se développe la forme de la *suite*, et que la *sonate* de Kuhnau (1667-1722) essaie ses premiers pas; arrive Bach qui ouvre de nouveaux horizons à cet instrument. Les formes musicales les plus sévères comme les plus alertes s'adaptent dans ses mains au caractère du clavecin et font oublier son mécanisme nécessairement imparfait. Le *clavecin bien tempéré* n'est pas seulement un des plus beaux monuments que la science, esclave de l'inspiration, ait élevés à la musique; c'est encore, au point de vue purement technique, l'école modèle du pianiste, le point de départ de tous ceux qui, loin de se reposer sur les lauriers faciles d'une virtuosité d'apparat, ambitionnent l'empire absolu sur le mécanisme rebelle de l'instrument et cherchent à le rendre docile à toutes les intentions du musicien.

D'autres instruments, les instruments à archet surtout, ont appelé l'attention de Sébastien Bach, qui écrivit pour eux des suites, des sonates, des concerts, etc., etc. Il n'est pas jusqu'au luth qui n'ait appelé son attention, et nous citons son « prélude avec fugue pour le luth, » moins pour sa valeur musicale que pour donner une mention à l'instrument, qui pendant des siècles a été le plus populaire en Allemagne, la joie des familles, et, tout comme le piano d'aujourd'hui, la terreur des musiciens.

Bach n'était pas, comme on le dit généralement, sans avoir été hautement apprécié par ses contemporains; mais c'est surtout l'éminent virtuose, le compositeur de musique instrumentale qu'ils admiraient en lui; l'auteur des cantates, le créateur des *Passions*, restait toujours plus ou moins inconnu. Comment, d'ailleurs, ces splendides inspirations auraient-elles pu sortir de leur prison à Leipzig, et se répandre dans le monde, puisque le seul moyen de les propager — l'impression — n'existait plus? Chose étrange! l'art de Petrucci, si florissant jusqu'à 1630, tomba tout à coup en décadence, et, vers 1730, on ne trouve plus dans les principales villes allemandes, à Leipzig, à Hambourg, etc., de quoi imprimer une page de musique, de sorte que Bach se voit obligé de prendre lui-même le burin pour graver péniblement une demi-douzaine de ses plus infimes compositions. Ce n'est qu'en 1754, quatre ans après la mort de Bach, qu'Emmanuel Breitkopf (1719-1794) apparaît, sauvant l'art d'imprimer les notes de sa chute complète, le renouvelant et le portant à ce degré de perfection qui lui permet de répondre à toutes les exigences de la musique moderne. Fondateur de la maison Breitkopf (plus tard Breitkopf et Härtel), aujourd'hui encore la première imprimerie du monde musical, son nom appartient à l'histoire de la musique allemande. Lorsque, en 1850, au centième anniversaire de la mort de Bach, on chercha le moyen de célébrer dignement la mémoire du grand homme, l'Allemagne jugea que le plus beau monument de sa gloire serait une édition complète de ses œuvres. L'édition, confiée aux soins de la maison Breitkopf et Härtel, devint en même temps le plus beau monument de l'impression musicale.

Un changement à vue, et nous passons de la vie modeste et retirée du *cantor* de Saint-Thomas à l'existence brillante de Frédéric Händel [1] (1685-1759).

Là, un tout autre spectacle se présente à nos yeux. Très-différent de Bach, de tempérament et de caractère, Händel suit, dès le commencement de sa carrière, une route diamétralement opposée — la route des succès. — L'opéra italien l'attire.

1. F. Chrysander, *G.-F. Händel*, Leipzig, 1858, trois volumes, dont le troisième sous presse.

En 1607, il quitte Hambourg, le théâtre de ses premiers triomphes; il parcourt l'Italie, et l'Italie acclame le « *caro Sassone* »; Venise, Florence, Rome, Naples se disputent ses opéras, et partout l'attendent les honneurs et la fortune. Il passe ainsi treize ans de sa vie en voyage, partageant son séjour entre l'Italie, l'Allemagne et l'Angleterre. En 1720, nous le trouvons définitivement établi dans ce dernier pays, qui devint pour lui une seconde patrie et l'enchaîna à son sol jusqu'au moment où il alla rejoindre, à Westminster, les gloires de la nation anglaise.

— Aujourd'hui, les opéras de Händel passent pour n'avoir plus qu'une valeur historique; mais ils n'étaient pas sans porter au front le sceau de sa gigantesque personnalité. Le fait, qu'arrivé à l'apogée de son talent, il puisa parfois à pleines mains dans le trésor de ses premières œuvres le prouve assez. Cependant, la conscience de sa véritable mission ne possède Händel que vers l'âge mur; il était dans sa cinquantième année lorsque le but de sa vie artistique lui apparut : 1738 voit naître son oratorio *Israël en Égypte*. Enveloppé de l'atmosphère puritaine de Londres, se sentant attiré par la grandeur de l'épopée biblique, musicalement préparé à ce nouveau genre de composition par des essais antérieurs, Händel ouvre ainsi cette série d'oratorios, impérissables chefs-d'œuvre qui remplissent la dernière moitié de sa vie et constituent ses plus beaux titres à l'immortalité. *Saül, le Messie, Samson, Judas Macchabée*, etc., se suivirent presque sans interruption. Jusqu'à sa mort, son génie ne connut plus ni trève, ni repos, et, lorsqu'au déclin de sa vie il était devenu aveugle comme Bach, le maître infatigable dicta encore son oratorio *Jephté*, testament artistique d'un grand génie.

L'œuvre de Bach et celle de Händel réfléchissent, comme des miroirs fidèles, l'image de la personnalité et de la vie de chacun. Bach créa son monde, Händel fut créé par le monde. Ce dernier avait acquis, dans sa carrière théâtrale, cette précision de l'expression, cette concision de la forme, qui vous concilient *à priori* la faveur du public; son style, moins pur, moins sévère que celui de Bach, est plus brillant; son travail polyphone, moins gigantesque, est plus transparent. Händel devança son époque, Bach dépassa l'avenir. A une époque où l'Allemagne littéraire et artistique, depuis longtemps sortie de son assiette, emboîte le pas derrière toutes les nations de l'Europe, tous les deux maintiennent ferme le drapeau de l'Allemagne musicale, prouvant ainsi que, si troublé qu'il soit, si opprimé qu'il puisse paraître, le génie allemand découvre toujours un coin du monde intellectuel où il se manifeste grand, beau, vigoureux.

Malgré Bach, malgré Händel, l'antagonisme entre le style allemand et le style italien subsiste, plus éclatant, plus accentué que jamais. Les faveurs des princes, les délices du succès sont encore pour ceux des musiciens allemands qui s'abandonnent corps et âme au culte du genre italien — pour Hasse (1699-1783), élève du vieux Scarlatti, compositeur attitré de Métastasio, et qui est certainement l'incarnation la plus brillante de l'opéra italien de son temps — pour Graun (1701-1759), qui, suivant l'exemple des compositeurs du XVIIᵉ siècle, recherche plutôt la fusion des éléments allemands et italiens, — pour Naumann (1741-1801), qui retombe de plus belle dans le vide et dans la platitude des opéras transalpins, — pour tous ces « compositeurs de cour » dont l'inspiration courbe l'échine devant les puissants de la terre, et qui produisent, au commandement, opéras, messes, concerts, oratorios, etc., le tout pour le bon plaisir du roi, leur gracieux maître. Qui connaît encore leurs œuvres? Qui se souvient de leurs noms? De temps à autre, la chapelle catholique de Dresde exécute une messe de Naumann, un *Te Deum* de Hasse; Berlin, obéissant à une tradition solidement établie, prépare tous les ans une exécution de *la Mort de Jésus*, de Graun, — mais c'est là tout ce que la postérité a voulu faire pour ces bâtards de l'art musical. — *Questo ragazzo ci farà dimenticar tutti,* « ce garçon nous fera tous oublier » s'écria Hasse en entendant le *Mithridate* du jeune Mozart; jamais prophétie ne s'est plus vite réalisée.

Çà et là, pendant le pouvoir absolu de l'opéra italien, des velléités de lutte se manifestent dans le camp des musiciens allemands; l'idée d'un opéra national n'est pas entièrement morte. — Le théâtre de Hambourg, après une agonie de vingt ans, succombe en 1740, et les éléments qui surnagent dans ce premier naufrage du théâtre allemand, finissent par trouver un asile à Mannheim, à la cour de l'électeur Charles-Théodore. Ce prince, lui-même musicien fort distingué, prononce l'exil contre les spectacles étrangers, et cherche à faire revivre sur la scène les grandes figures patriotiques. En 1777, il ouvre l'Opéra de Mannheim avec le « *Günther von Schwarzburg,* » musique de Holzbauer (1711-1783); Mozart qui l'entendit lors de son séjour dans la capitale du Palatinat, en dit beaucoup de bien dans sa lettre du 16 novembre 1777. Il y eut quelque chose de plus important encore, pour le développement de l'opéra national, que l'essai de Holzbauer, ce fut l'ouvrage qui sortit de la collaboration de Wieland et de Schweitzer (1737-1787), — nous voulons parler de l'opéra *Alceste* qui eut un tel succès à Mannheim, que l'électeur commanda aussitôt un second ouvrage aux mêmes auteurs. L'opéra *Rosemonde,* qui suivit *Alceste,* ne fut cependant jamais représenté à Mannheim; l'électeur, devenu duc de Bavière, émigra à Munich avec toute sa cour, et le plan d'un opéra national retomba encore une fois dans le gouffre des utopies. Ni Holzbauer, ni Schweitzer, ni même Georges Benda (1722-1795) qui, dans ses opéras et surtout dans ses mélodrames, fit preuve d'un talent au-dessus de l'ordinaire, ne purent lutter contre l'omnipotence de l'opéra italien et des compositeurs italiens; les efforts de Joseph II qui, poussé par des raisons d'économie, cherchait à faire revivre à Vienne l'entreprise de Charles-Théodore furent également impuissants. Là où les princes et leurs humbles serviteurs échouèrent, un seul homme devait réussir; cet homme s'appela Christophe Gluck (1714-1787). Il imposa sa loi à l'opéra italien et provoqua une révolution radicale dans le domaine de la musique dramatique. (Voir *Musique française.*)

En Allemagne, de même qu'en France, de même qu'en Italie, — d'une façon moins éclatante, cependant, et aussi moins exclusive, — le génie national se réfugia dans les sphères modestes du genre comique. Le *Singspiel* (pièce de chants), qui tient la place de l'opérette allemande et qui, avant la Réformation déjà, fournissait au peuple des récréations fort recherchées, revient à la mode et féconde l'inspiration de compositeurs au caractère gracieux et aimable, d'Adam Hiller (1728-1804), de Himmel (1765-1814), etc., ou bien provoque la verve populaire des Kauer (1751-1831), des Wenzel-Müller (1767-1836), dont les noms se rencontrent parfois encore dans les répertoires d'aujourd'hui. Les plus méritants de tous ces joyeux compagnons qui — chose étrange! — ont presque tous fini leurs jours dans la plus affreuse misère, sont sans contredit Jean Schenk (1761-1836), le même auquel Beethoven aimait à demander des conseils, et surtout Dittersdorf (1739-1799), qui nous mène droit à l'opéra comique de Mozart. Son œuvre est comme le sourire du xviiie siècle et il prélude gaiement aux joviales partitions de Lortzing (1803-1851).

Jusqu'à présent — on l'a pu voir par ce qui précède — le mouvement musical en Allemagne s'est concentré dans le Nord, à Berlin, à Hambourg, à Dresde, à Leipzig, et ce n'est qu'exceptionnellement que nous avons dû mentionner certaines villes du Midi. C'est ici que s'établiront désormais les principaux foyers de l'art musical : la musique quitte le Nord protestant pour se donner tout entière au

Midi catholique, et Vienne, la ville impériale, assiste à un défilé de compositeurs, unique dans l'histoire de l'art. Haydn et Mozart ouvrent la marche.

Joseph Haydn (1732-1809) est un de ces artistes dont l'œuvre fait époque. La seule chose que Bach n'ait pas imaginée, et dont ses illustres fils Friedemann et Philippe Emmanuel n'eurent qu'un faible pressentiment, l'humble maître de chapelle d'un prince autrichien la réalise : l'orchestre, l'orchestre moderne, sort de ses mains. Il fait naître le corps sonore et en dessine nettement les formes : créateur de l'orchestre, Haydn est en même temps « père de la symphonie. »

Haydn détermine le style instrumental, Mozart (1756-1791 [1]) renouvelle le style dramatique. L'opéra, que Gluck, amoureux de l'antiquité, avait maintenu dans les limites d'un idéalisme étroit, se rapproche de la vie et devient le miroir de l'humanité. Plus grand musicien que Gluck, maître absolu de tous les moyens musicaux, Mozart réalise le programme même de l'illustre réformateur avec plus d'éclat et d'une façon plus radicale. « Mozart, dit Richard Wagner [2], a démontré le pouvoir » infini que possède la musique de répondre, avec une abondance inimaginable, » à toutes les exigences du poëte. Tout en procédant d'une façon instinctive plutôt » que réfléchie, cet admirable musicien, par la vérité de son expression dramati- » que, par la manière infiniment variée dont il sait amener la pensée musicale, a » révélé ce pouvoir de la musique d'une façon bien plus éclatante que Gluck et » tous ses successeurs. » L'Allemagne musicale, en particulier, devra une éternelle reconnaissance à l'auteur de tant de chefs-d'œuvre ; lui aussi avait épousé le rêve d'un opéra national : *l'Enlèvement du sérail* et *la Flûte enchantée*, tous deux, écrits sur des paroles allemandes et pour un théâtre allemand, se trouvent placés aux deux extrémités de sa carrière. Ils encadrent son œuvre, qui est comme la Divine Comédie de la musique, et forment les deux pierres angulaires d'un admirable édifice. L'Allemagne les inscrit avec un légitime orgueil dans les annales de sa musique dramatique.

Ainsi l'orchestre existe, l'expression musicale a grandi ; tous les deux disposent de richesses inconnues jusqu'alors : Beethoven peut paraître.

Nous touchons au seuil du xixᵉ siècle. L'Europe a vu briller l'aurore de la liberté ; la Révolution française, sortant des entrailles de l'humanité, a remué tous les cœurs, ouvert toutes les intelligences ; la littérature, la philosophie allemandes se ressentent de ses effets, et ce sera l'éternelle gloire de la musique allemande que d'avoir pris sa modeste part au mouvement qui entraîna alors le monde. Loin de nous la pensée de nous faire l'apôtre de la prétendue musique démocratique et républicaine ! Il n'y en a pas, selon nous ; mais cela n'empêche pas les musiciens d'être des hommes de parti. Beethoven est une de ces rares exceptions, et il est impossible de ne pas reconnaître que les idées qui, de son temps, agitaient les esprits, fermentent dans son œuvre ; il est impossible de ne pas y entendre comme un écho des grands événements de l'époque. La précision de la pensée musicale, — risquons le mot, — apparaît comme possible. La musique, libre de la parole, se constitue en art indépendant. Écoutez la *symphonie en ut mineur*, *l'Eroica*, écoutez tous ces monuments de la musique instrumentale, les émotions qu'elles vous communiqueront, si différentes qu'elles puissent paraître quand vous essaierez de les traduire en paroles vulgaires (il est hasardeux d'ailleurs de le faire), appartiennent cependant toujours à un certain ordre d'idées. Que ce soit la

---

1. De toutes les biographies, la plus importante, et qui restera toujours un modèle de recherches consciencieuses et de jugements impartiaux, c'est celle d'Otto Jahn : *Mozart*. Leipzig, 1856, 4 volumes.

2. *Opéra et Drame*, p. 30. Leipzig, 1869.

lutte de la lumière contre les ombres de la nuit, l'éternel combat de l'humanité contre ses ennemis, le triomphe de la liberté sur la tyrannie, que vous admettrez comme pensée mère de son œuvre, ou bien que vous vous absteniez de lui prêter aucun sens précis (ce qui vaudrait peut-être mieux), ce sera toujours l'expression d'une puissante individualité qui frappera votre esprit; toujours vous découvrirez, à chaque page de ses partitions, l'ineffaçable trace d'une grande pensée.

Confinés dans le cercle étroit d'une école dont ils avaient épousé les principes et les préjugés, les compositeurs d'autrefois n'avaient d'autre but que de suivre pas à pas leurs modèles, qui eux-mêmes ne faisaient que continuer une tradition séculaire. De personnalité, nulle question! C'est à peine si l'un ou l'autre essaie timidement de parler à sa façon la langue musicale. Le grand exemple de Bach ne trouve d'imitateur qu'en Mozart, mais c'est par Beethoven (1770-1827) que l'individualité artistique conquiert son importance définitive; la subjectivité, comme disent les philosophes allemands, devient la première qualité d'une œuvre d'art. Désormais c'est moins la nationalité qui nous intéresse que le style. Qu'on respecte plus ou moins les lois de l'école, qu'on s'approche ou qu'on s'éloigne de la tradition, peu nous importe! pourvu que la pensée musicale se révèle spontanée et indépendante, pourvu qu'elle porte l'empreinte d'une personnalité : Αὐτὸς ἔφα! — Voilà les hauteurs d'où nous devons envisager les illustres épigones de Beethoven, Fr. Schubert (1797-1828), M. de Weber (1786-1826), Mendelssohn (1809-1847), Robert Schumann (1810-1856).

Schubert, le compositeur le plus prodigieusement fécond qui ait jamais traversé le monde, continue directement l'œuvre de Beethoven. Grand symphoniste, grand compositeur dramatique, passé maître dans toutes les branches de l'art, il attache cependant son nom à un genre d'allure modeste, au *lied*, qui devient par lui le langage le plus spontané, le plus éloquent du cœur humain. Avant lui, à côté de lui, d'autres cultivent ce genre essentiellement national : F. Reichardt (1751-1818) et Zelter (1758-1832), les compositeurs attitrés de Gœthe, — Ludwig Berger (1777-1830), Bernard Klein (1794-1832), — Zumsteeg (1760-1802) et Löwe, qui excellent dans la ballade, — mais aucun d'eux ne saurait être comparé, même de bien loin, au grand psychologue dont les chants traduisent, jusque dans leurs moindres nuances, tous les sentiments de l'homme. N'oublions pas que les autres, Zumsteeg excepté, appartiennent au Nord, à la ville monotone de Berlin, tandis qu'avec Schubert nous nous trouvons toujours sur les bords du Danube, dans la joyeuse Vienne, au milieu d'une nature où le charme le dispute à la grandeur. Or, qui oserait limiter l'influence que l'entourage et le milieu exercent sur la production artistique? Beethoven aurait-il écrit la symphonie pastorale dans la plaine sablonneuse qui entoure Berlin? N'est-ce pas le reflet d'un paysage merveilleux que nous voyons briller dans l'œuvre de Schubert, où tout est fleurs, parfums, printemps éternel? — Visitez aussi les bords de l'Elbe, pénétrez dans les forêts enchantées de la Suisse saxonne, — ne vous semble-t-il pas y entendre la Mélodie de Weber, et ne dirait-on pas que l'illustre auteur du *Freischütz*, écrivant chaque matin, dans sa maisonnette d'Hosterwitz, une page de ses admirables partitions, n'avait qu'à interroger la nature et à noter ses réponses? L'Allemagne se retrouve tout entière dans l'opéra de Weber; voilà pourquoi elle y puise une plénitude de satisfaction qui dépasse notre admiration la plus sincère, voilà pourquoi le rêve d'un opéra national, ce rêve de deux siècles, parut définitivement réalisé. — Chez Mendelssohn, au contraire, nous rencontrons toutes les qualités qui caractérisent l'Allemagne du Nord : l'esprit de réflexion, la finesse d'observation, la science des détails prédominent dans son œuvre, et quand il s'inspire du spectacle de la nature, c'est le

côté purement extérieur qui l'a séduit, et il le reproduit en teintes délicieuses finement nuancées, juste comme le calque d'un paysage. — Schumann nous transporte
dans un monde tout nouveau : on dirait Jean Paul mis en musique. L'illustre fan-
taisiste était d'ailleurs son poëte de prédilection et semble lui avoir légué toute
son originalité. Une sensibilité exquise, souvent outrée, une forme capricieuse,
parfois abandonnée, toujours originale, la poursuite incessante de l'idéal et un
intarissable *humour*, voilà ce qui distingue l'œuvre du poëte comme celle du musicien. Ainsi que le nom de Schubert, celui de Schumann reste attaché à l'histoire du
lied allemand. Jamais poëte n'a été mieux traduit que par lui : il épie le génie de
Gœthe, de Heine, de Rückert, de Chamisso, etc., pénètre leurs intentions les plus
secrètes et observe les battements de leurs cœurs. Le mouvement littéraire de
l'époque se reflète dans son œuvre, de même que nous avons retrouvé dans
Beethoven les effets du mouvement politique.

Si diverses que soient les brillantes individualités que nous venons d'esquisser,
une chose les unit cependant, un même accent retentit dans toutes leurs œuvres :
la foi dans leur art, l'inébranlable conviction artistique. C'est pourquoi leur
passage dans le monde musical a porté des fruits et excité une vive émulation.
Marschner (1795-1861) et Spohr (1783-1859), marchent sur les traces de Weber, —
Hiller, Rietz, Gade, etc., continuent l'œuvre de Mendelssohn, — F. Brahms,
J. Raff, etc., procèdent plutôt de Schumann. D'autres enfin, comme François
et Vincent Lachner, sont les derniers rejetons d'une époque immortalisée sous le
nom de « l'époque classique. »

C'est ainsi que l'Allemagne musicale a rempli la tâche qui lui était échue. La
mélodie a fleuri à l'ombre du *lied* populaire, l'harmonie et la science du contre-point
se sont développées par le choral ; l'oratorio a grandi sous Bach et Haendel et la
symphonie est sortie radieuse et gigantesque des mains de Haydn — Mozart —
Beethoven. Le style intime de la musique de chambre (quatuor, piano, violon, etc.), a atteint des hauteurs sublimes ; — la théorie a trouvé son Marx, son
Hauptmann, etc., et la littérature musicale s'enrichit avec une rapidité extraordinaire, grâce aux efforts de Kiesewetter, Winterfeld, Jahn, Chrysander, Am-
bros, etc., etc. — Tout semble être pour le mieux, et pourtant l'Allemagne musicale
est en proie à de grands déchirements. La question séculaire de la musique dramatique s'est dressée devant elle plus pressante, plus brûlante que jamais. L'œuvre
commencée par Weber, qui la continuera, qui l'achèvera ? L'opéra qui doit triompher de l'invasion étrangère de rechef menaçante et où l'Allemagne doit se
retrouver entière avec ses passions, ses sentiments, ses aspirations, qui le lui donnera ? Et Richard Wagner, l'audacieux, a dit : Moi, je le lui donnerai ! A visage
découvert, il combat tous les préjugés, il déclare une guerre à outrance à la tradition et fait ainsi mieux que consolider un genre national : il jette les bases de
l'universelle réorganisation dramatique. Grâce à ses efforts, à son influence, à son
exemple, le temps est proche où l'opéra se réconciliera avec la logique et le bon
sens (Voir *Musique dramatique*). En attendant, la lutte continue : à la première
manifestation de Wagner, des partis s'étaient formés ; les uns, conduits par Liszt,
se constituent en « nouvelle école allemande, » les autres se rangent sous la bannière de la tradition. Wagner peut se vanter d'avoir trouvé des adversaires sérieux
— en Allemagne ; la France ne lui a pas encore fait cet honneur-là. Un sifflet, un
éclat de rire, et un homme est perdu chez nous. Cette fois, l'homme est resté
debout, plus grand, plus vainqueur que jamais, et son passage a laissé des traces
de feu : l'émulation s'échauffe, l'enthousiasme s'excite, et le vide se fait autour des
rieurs.

« La marche du siècle nous amena un homme, qui, plein de mépris pour le
» clinquant de sons frivoles, sentit la nécessité de lier intimement entre eux ses
» notes et les sentiments humains. Il descendit de ces hauteurs où le commun des
» musicastres vantards proclama la musique maîtresse de la poésie, et mit ses
» notes au service des paroles, du sentiment, de l'action dramatique. D'aucuns ten-
» tent à se rapprocher de lui ; bientôt, peut-être, y en aura-t-il qui lui reproche-
» ront d'avoir renversé toute la boutique du clinquant déchiqueté et dépiécé,
» d'avoir élevé un Odéon, un solide édifice lyrique, où la poésie, la musique, l'ac-
» tion et le décor se confondent dans un merveilleux ensemble. » — C'est ainsi
qu'il y a cent ans, Herder s'exprima sur son contemporain Gluck. Les noms ont
changé, les choses sont restées les mêmes : il y aura toujours des hommes qui
aimeront mieux reculer qu'avancer. Tâchons de ne pas suivre leur exemple.

H. VALLIER.

ALLIAGES. — CHIMIE ET MÉTALLURGIE. — On donne le nom d'*alliages* aux
produits obtenus par l'association des métaux entre eux. Lorsque le mercure est
l'un des éléments de l'alliage, celui-ci reçoit la dénomination spéciale d'*amalgame*.

Les alliages peuvent être envisagés au point de vue chimique et au point de vue
industriel, c'est-à-dire dans leur constitution même ou dans leurs applications.

Le mode d'association des métaux dans les alliages est encore mal déterminé.
On admet assez généralement que les métaux sont susceptibles de former entre eux
un certain nombre de combinaisons chimiques définies, et que dans les
alliages usuels ces composés peuvent être à l'état de mélange avec un excès de
l'un des métaux composants. Mais cette opinion éclectique n'a pas satisfait tous les
esprits, et quelques-uns ont prétendu que les métaux peuvent se combiner en toutes
proportions, alors que d'autres affirment que les alliages ne sont jamais des combinaisons, mais bien de simples mélanges, ou des dissolutions d'un métal dans un
autre. Les partisans de la combinaison définie invoquent l'autorité de Berzélius,
des expériences anciennes de Rüdberg, celles plus récentes de Crookewitt sur les
amalgames, et celles qu'entreprit M. Robert Hunt, au musée de géologie pratique
de Londres, pour chercher un alliage propre à la fabrication de médailles militaires. M. Guettier, qui a beaucoup étudié cette question, remarque qu'on n'obtient
pas d'alliages homogènes et utiles en formant des composés à proportions indéter-
minées, et que les propriétés de ceux qui sont habituellement employés dans les
arts sont souvent profondément modifiées par la moindre variation dans le dosage
de leurs éléments. Mais d'autre part, M. Jullien, qui s'est fait le promoteur de la
doctrine des dissolutions, pose en principe que les métaux ne se combinent pas
entre eux, mais se dissolvent en constituant les alliages. Cette théorie a déjà été
indiquée à propos de l'acier. En ce qui concerne les alliages proprement dits, elle
repose en partie sur ce que, d'après MM. Minary et Résal, la quantité de chaleur
nécessaire pour fondre un alliage est égale à la somme des quantités de chaleur
nécessaires pour mettre en fusion chacun des métaux composants pris isolément.

Lorsqu'un alliage est fondu et soumis à un refroidissement lent, il arrive souvent
qu'il se sépare en plusieurs portions de densités différentes, formées soit par de
nouveaux alliages des mêmes métaux, soit par ces métaux isolés lorsque leurs
points de fusion sont très-éloignés les uns des autres. Ce phénomène porte le nom
de *liquation* ; il est cause souvent de grandes difficultés pour obtenir des alliages
homogènes, lorsque la masse métallique est un peu considérable, et constitue ainsi
l'un des principaux obstacles à la coulée des statues et autres grandes pièces de
fonderie ; il est facile, par exemple, de constater que la colonne Vendôme a été fort

mal réussie comme fonte, et que l'étain de l'alliage s'est liquaté en formant des traînées blanches sur le fond mat du bronze. La liquation est utilisée dans quelques anciennes méthodes métallurgiques, par exemple pour la séparation du plomb et de l'argent, pour le traitement des cuivres noirs argentifères, etc.

Propriétés physiques des alliages. — Il n'est pas exact de dire, comme on le fait souvent, que ces propriétés sont intermédiaires entre celles des métaux composants.

Les alliages sont ordinairement plus fusibles que le moins fusible des métaux composants, et très-souvent plus fusibles que chacun d'eux pris isolément. Cette règle, toutefois, n'est pas générale.

Les alliages sont aussi plus durs et plus aigres que le plus dur et le plus aigre des métaux constituants. Certains métaux très-mous, le plomb, par exemple, peuvent donc augmenter la dureté des métaux avec lesquels ils s'allient.

La ténacité et la ductilité des alliages sont généralement moindres que celles du métal le plus dur et le plus tenace entrant dans leur composition. Leur ténacité est en outre fortement influencée par leur texture moléculaire ; aussi certains alliages doivent-ils être préparés et refroidis avec des soins tout particuliers pour obtenir la structure cristalline qui correspond à la ténacité que l'on recherche.

La densité des alliages n'est liée par aucune loi précise à celle des métaux constituants ; elle est tantôt plus grande, tantôt plus petite que la densité moyenne de ces métaux. Les expériences de Muschenbroeck et celles de Wertheim conduisent à admettre qu'il y a combinaison plus intime, et par suite tendance à la contraction, quand l'alliage est formé de deux métaux ayant une grande affinité mutuelle. Au contraire, il y aurait accroissement de volume quand les deux métaux, n'ayant qu'une faible affinité l'un pour l'autre, sont pour ainsi dire simplement mélangés. La densité est d'ailleurs naturellement subordonnée à la loi de variation du volume de l'alliage par rapport à la somme des volumes des métaux associés.

Dans les intéressantes recherches sur les propriétés mécaniques des métaux, Wertheim a montré que les alliages se comportent comme les métaux simples au point de vue des vibrations et de l'allongement ; leurs coefficients d'élasticité concordent assez bien avec la moyenne des coefficients d'élasticité des métaux simples qui les composent, observation qui permet de calculer d'avance la composition d'un alliage devant avoir une certaine élasticité, c'est-à-dire produire un son déterminé ; de plus, le coefficient d'élasticité augmente à mesure que le grain est plus fin et plus homogène.

Les métaux peuvent être classés d'après le caractère dominant qu'ils impriment aux alliages, et il est utile de connaître leur influence spéciale sur les propriétés des composés. Parmi les métaux mous, l'étain est employé pour augmenter la fusibilité et la ténacité de quelques alliages ; le plomb donne de la sécheresse et du grain, ce qui rend le travail du burin plus facile ; le zinc en petite quantité peut durcir notablement les alliages. Parmi les métaux ductiles, l'or et l'argent sont rarement employés comme éléments modificateurs des alliages à cause de leur valeur, mais le cuivre sert à accroître la ténacité des alliages facilement fusibles. Le bismuth et l'arsenic, métaux cassants, augmentent la dureté des alliages.

Principaux alliages usuels. — Les alliages employés aujourd'hui dans l'industrie sont extrêmement nombreux, mais se rattachent à un certain nombre de types dont il suffira d'indiquer les éléments constitutifs et les propriétés ou les usages, sans s'arrêter beaucoup aux proportions de ces éléments, qui varient suivant les cas, et, pour ainsi dire, suivant les habitudes de chaque fabrique.

Les plus importants de tous ces alliages sont les *bronzes*, connus dès l'antiquité, et caractérisés surtout par la présence du cuivre et de l'étain comme éléments dominants. Ils présentent diverses variétés ainsi composées :

Bronze des canons, en France.	{	cuivre, 100 étain, 11	*Tamtams et cymbales*.........	{	cuivre, 80 étain, 20
Bronze des cloches, en France.	{	cuivre, 78 étain, 22	*Miroirs des télescopes*.........	{	cuivre, 66 étain, 33

Les *bronzes d'art* renferment en outre une certaine quantité de zinc, et quelquefois de plomb dans le bronze des statues. Ces bronzes sont ordinairement soumis à l'action d'un mordant chimique, qui leur fait acquérir la *patine* recherchée des amateurs.

Les nouvelles monnaies de bronze à l'effigie de Napoléon III contiennent 95 de cuivre, 4 d'étain et 1 de zinc.

Le *laiton* ou *cuivre jaune* est essentiellement formé de cuivre et de zinc, dans la proportion moyenne de 64 du premier pour 32 à 33 du second métal, le surplus se composant de plomb et d'étain.

On compte un assez grand nombre de ces alliages de cuivre et de zinc ; les principaux sont connus sous les noms de *similor, chrysocale, or de Manheim, tombac, pinschbech, métal du prince Robert*, etc.

Le cuivre, le nickel et le zinc constituent une autre classe d'alliages appelés *cuivre blanc de la Chine* ou *pakfong, argentan, maillechor*.

Les alliages monétaires, en France, sont formés d'or ou d'argent associé à un dixième de cuivre. On dit que leur titre est de 0,900.

La bijouterie et l'orfévrerie emploient divers alliages d'or, dont les titres légaux sont : premier titre, 0,920 ; deuxième titre, 0,840 ; troisième titre, ou or commun, 0,750. L'argent est admis dans les alliages à deux titres légaux : 0,950 et 0,800.

On emploie, pour la fabrication des couverts et de divers vases, tels que les théières et cafetières, plusieurs alliages principalement composés d'étain ou d'antimoine ; ils sont appelés *métal d'Alger, minofor, métal anglais, métal Britannia*, etc. L'antimoine entre également dans la composition de l'alliage pour caractères d'imprimerie, dans la proportion de 1 pour 4 de plomb.

Le bismuth figure dans la plupart des *alliages fusibles*, tels que l'*alliage Darcet*, qui fond ou se ramollit à 100°, et d'autres employés dans la chirurgie dentaire.

Parmi les alliages récemment introduits dans l'usage, on ne saurait oublier celui qui porte la dénomination vicieuse de *bronze d'aluminium*, et qui a pris place immédiatement parmi les matières les plus utiles à l'orfévrerie, en dehors des autres applications qu'il a reçues dans les arts. Il se compose de 10 pour 100 d'aluminium et 90 de cuivre. Il est très-dur et se laisse parfaitement laminer ; il est aussi très-ductile. Sa ténacité et sa dureté sont presque aussi grandes que celles de l'acier, ce qui a permis d'en faire des cuirasses plus légères et aussi résistantes que les cuirasses ordinaires. Sa couleur est d'un beau jaune d'or, et le rend très-propre à la confection d'objets de luxe. Il se laisse très-bien ciseler et polir.

Préparation des alliages. — Elle se fait par deux méthodes distinctes.

1° On fond simplement ensemble les métaux à allier, soit en les mettant tous à la fois dans le même creuset, soit en les y ajoutant successivement. C'est ainsi que se préparent généralement les bronzes. Chaque fondeur a d'ailleurs des tours de main particuliers, auxquels il attribue une influence toute spéciale ; ainsi il paraît que si les métaux constituants ne sont pas fondus à la fois, l'ordre dans lequel on les ajoute successivement n'est pas sans importance, quant aux propriétés du produit obtenu. Les célèbres bronzes des frères Keller paraissent devoir leurs qualités remarquables à quelque pratique de ce genre plutôt qu'à leur composition chimique, ce qui revient à dire que l'état physique ou moléculaire des alliages entre pour beaucoup dans les propriétés qu'ils possèdent.

2° Si l'un des métaux est volatil, ou que la réduction des oxydes isolés soit très-difficile, on peut obtenir les alliages en réduisant par le charbon les oxydes des métaux mélangés, ou l'un des oxydes associé aux autres métaux. Tel est le principe du procédé imaginé à Nuremberg depuis plusieurs siècles pour la fabrication des laitons, et qui est encore suivi quelquefois aujourd'hui. Le cuivre est alors employé à l'état de cuivre rosette, tandis que le zinc nécessaire à la formation du laiton, est fourni par la calamine ou la blende grillée. Dans quelques usines françaises, on fabrique maintenant le laiton au four à réverbère, en fondant directement le cuivre et le zinc; on obtient ainsi une économie sur le combustible, mais on a un déchet notable sur les matières premières.

BIBLIOGRAPHIE. — Guettier : *Guide pratique des alliages métalliques.* — Docteur Bischof : *Das Kupfer und seine Legirungen.* — Scoffern, Truran, etc. : *Useful metals and their alloys.* — Docteur Ure's : *Dictionary of arts, manufactures and mines.* — Jullien : *Introduction à l'étude de la chimie industrielle.*   ED. GRATEAU.

ALLUMETTES. — TECHNOLOGIE. — Jusques il y a un demi-siècle environ le choc ou le frottement d'un corps dur paraissaient exclusivement employés pour se procurer du feu. *On battait le briquet* avec une pièce d'acier contre un morceau de silex; l'étincelle en jaillissant met le feu à une substance telle que l'amadou, facilement combustible à l'approche de la moindre étincelle.

Les allumettes consistaient en général en tiges sèches de chanvre ou autres bois très-légers dont une des extrémités avait été trempée dans du soufre fondu. Pour s'en servir il fallait avoir du feu à sa disposition, elles ne pouvaient avoir pour but que de faciliter la combustion, et servaient par conséquent dans les conditions où l'on emploie encore actuellement les copeaux, les rognures de papier, les pommes de pins, etc. Ce n'étaient donc pas là des allumettes telles que nous les connaissons en tiges de bois ou même de cire, préparées à un bout de telle façon qu'un frottement en détermine l'inflammation.

Il y a donc dans les allumettes en usage deux parties principales à considérer : la tige, et la composition chimique dont on l'enduit pour en déterminer la combustion par le frottement. Depuis l'origine de la fabrication, la tige carrée ou ronde en bois léger, a peu varié dans sa nature et sa constitution, sinon dans les moyens d'exécution. L'outillage a été, en effet, notablement perfectionné; et, si la substance chimique a reçu des modifications dans sa composition, elle n'est cependant pas telle encore qu'elle satisfasse à toutes les exigences auxquelles un semblable objet doit répondre. Les plus anciennes allumettes *chimiques* remontent aux premières années de ce siècle. Elles étaient obtenues par une dissolution de soufre à laquelle on avait ajouté un peu de chlorate de potasse, dont les propriétés venaient d'être découvertes par Berthollet. Mélangée à du sucre, de l'amidon, du sulfure d'antimoine ou du cinabre, et frottée dans de l'acide sulfurique, cette substance prend instantanément feu; on en enduisait donc une des extrémités de l'allumette, et on la trempait dans une petite fiole en verre contenant de l'amiante humecté d'acide sulfurique. Le sucre ou les matières gommeuses brûlent vivement et mettent le feu au soufre de l'allumette et à sa tige en bois. L'ensemble de ce petit appareil contenu dans une boîte était désigné sous le nom de *briquet oxygéné.* Ce briquet ne se popularisa pas, il était trop cher et trop peu sûr, l'acide sulfurique, élément essentiel, se détériorait trop facilement à l'humidité. On chercha, en conséquence, à se passer de cet agent, en imaginant les allumettes congrèves à friction. Le bout soufré, additionné d'un mélange détonant, était frotté entre les deux surfaces d'un papier sablé. Ce principe de la friction du corps inflammable encore usité, avait l'inconvénient, avec les anciennes compositions détonantes, d'exiger un frottement trop fort qui détachait souvent la pâte chimique du bois avant d'enflammer ce dernier. On remédia à cet inconvénient en substituant au sulfure d'antimoine nécessitant une haute température pour brûler, et par conséquent un frottement énergique, le phosphore ordinaire combustible à une bien plus basse température et par conséquent sous une faible friction. Les allumettes phosphoriques portèrent également le nom d'*allumettes chimiques allemandes*. Le reproche fait avec raison à ce genre de produits, c'est le danger d'incendie et celui d'empoisonnement. Le premier résulte de la propriété explosive du chlorate de potasse mélangé au phosphore, surtout au moment de la fabrication ou du transport des allumettes ; ce danger est en grande partie évité en substituant un bioxyde de plomb au chlorate de potasse.

M. Payen a fait connaître les deux recettes suivantes pour pâte d'allumettes sans chlorate de potasse.

1° POUR LES ALLUMETTES AVEC BOUT SOUFRÉ		2° POUR LES ALLUMETTES SANS SOUFRE
Pâte à la colle forte.	*Pâte à la gomme.*	AU BOUT.
Phosphore...... 2,5	2,5	
Colle forte...... 2,0	2,3	Phosphore......... 3,0
Eau.......... 4,5	3,0	Gomme.......... 0,3
Sable fin....... 2,0	2,0	Eau............. 3,0
Ocre rouge...... 0,5	0,3	Sable............ 2,0
Vermillon...... 1,1	0,1	Bioxyde de plomb.. 2,0 ou acide azotique 0,50.

Cependant ces compositions préservatrices des accidents causés par inflammation spontanée pendant la fabrication ou le transport, ne peuvent mettre à l'abri des sinistres si fréquents occasionnés par l'imprudence, ni des empoisonnements résultant des propriétés vénéneuses du phosphore lorsqu'il est mélangé aux aliments, par suite d'une action criminelle. On est à la recherche de moyens pour mettre la société à l'abri de ces deux derniers inconvénients graves. Jusqu'ici on n'a trouvé à cet effet que l'emploi du phosphore rouge dit amorphe. Malheureusement ce moyen ne remédie qu'à une partie du problème, la moins importante, celle concernant les chances d'incendie, attendu que la pâte dans laquelle entre cette substance ne prend feu qu'avec un frottoir spécial. Mais les propriétés toxiques de cette composition sont également dangereuses et susceptibles de causer des empoisonnements. Les allumettes dites *kali* sont, il est vrai, obtenues avec une pâte où le phosphore est entièrement exclu, mais pour lesquelles on a repris le chlorate de potasse. L'usage de ces nouvelles allumettes ne s'est cependant pas très-répandu jusqu'ici, probablement parce qu'elles ne présentent pas tous les autres avantages des allumettes phosphorées.

Quoi qu'il en soit, la fabrication des allumettes est devenue une grande industrie. On cite des établissements en Allemagne qui occupent 5,000 ouvriers ; en France, où la spécialité a moins d'importance, il y en a cependant qui emploient 600 personnes. On estime à plus de 250 millions de francs la valeur de cet article pour toute l'Europe qui y consomme annuellement au moins 400,000 mètres cubes de bois léger et sec, avec un personnel d'environ 50,000 ouvriers. Ce développement considérable a été surtout le résultat des perfectionnements apportés à l'outillage mécanique et de la division du travail introduits dans les moyens qui embrassent les diverses transformations de la fabrication, pratiquées dans l'ordre suivant :

Opérations qui concourent à l'exécution. Ces opérations comprennent :

1º Le débitage ou la division du bois en tiges minces [1].

2º La mise en presse des tiges.

3º Le trempage ou le soufrage.

4º La préparation de la pâte phosphorée.

5º Le chimicage ou trempage du bout soufré dans la pâte phosphorée ou le chlorate de potasse.

6º La dessiccation des allumettes.

7º Le démontage des presses.

8º La mise en paquets ou en boîtes.

Le *débitage* des bois a parfois lieu en dehors des fabriques, dans les ménages, sur les lieux de l'abatage, et parfois dans les établissements, au moyen d'outils ou de machines spéciales variant d'organes suivant la forme à donner aux tiges; des scies ou des rabots mécaniques sont en usage à cet effet. Le rabot donne en général des tiges moins pelucheuses et plus nettes à leur surface que la scie. *La mise en presse*, qui a pour but de maintenir solidairement, quoique isolées les unes des autres, un grand nombre d'allumettes pour les tremper à la fois dans le soufre ou la composition qui doit les enduire, a lieu au moyen d'une espèce de cadre, dans lequel les allumettes sont disposées. Ce cadre est formé par une série de planchettes à crans, chacun de ceux-ci ayant pour but de ménager la place d'une allumette. Il y a une vingtaine de planchettes ainsi superposées formant autant de rangs de tiges. Elles sont assemblées et fixées par tringles filtées, disposées dans les angles, et dont le serrage a lieu par des boulons saillants sur une surface ou planche pleine qui recouvre la série des planchettes. Certains appareils automatiques réalisent la mise en presse plus rapidement avec des moyens mécaniques qui distribuent et placent les tiges par une impulsion imprimée à l'appareil.

Trempage. L'extrémité de toutes les tiges contenues dans la presse est trempée simultanément, sur la hauteur de un centimètre environ, dans la matière fluide que contient une espèce d'auge en fonte. On enduit de cette façon un millier d'allumettes à la fois.

Le chimicage, qui suit le trempage, se fait de la même manière dans la pâte étalée sur une surface plane ou une auge plate. Il a lieu à chaud ou à froid, suivant la composition de la pâte ; la chaleur est nécessaire lorsqu'on fait intervenir la colle forte ; si c'est de la gomme ou de la dextrine, on opère à froid.

La dessiccation de la matière adhérente doit se faire à l'air chaud dans des séchoirs à vapeur, préférables à la chaleur des poêles aussi bien sous le rapport de la régularité du résultat, que de la sécurité contre les accidents. Une fois séchées, les presses sont ouvertes pour en retirer les allumettes et les placer dans des boîtes ou en paquets. MICHEL ALCAN.

---

1. Les bois employés sont les essences légères, telles que celle du *tremble*, du *bouleau* et même du *sapin*.

TABLES

TABLE DES MOTS USUELS

DE **A** A **AL**

qui ne figurent pas dans la nomenclature, mais qui sont ou seront traités
aux articles indiqués ci-dessous.

TABLE ANALYTIQUE

DES ARTICLES CONTENUS DANS LE PREMIER VOLUME

TABLE DES MATIÈRES

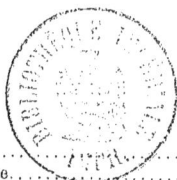